2012
天津社會科學年鑑

王争仲題

天津市社会科学界联合会　编著

天津人民出版社

图书在版编目(CIP)数据

天津社会科学年鉴. 2012 / 天津市社会科学界联合会编著. —天津：天津人民出版社，2012.11
ISBN 978-7-201-07780-2

Ⅰ.①天… Ⅱ.①天… Ⅲ.①社会科学—天津市—2012—年鉴
Ⅳ.①C122.1-54

中国版本图书馆 CIP 数据核字（2012）第 264007 号

天津人民出版社出版、发行
出版人:刘晓津
(天津市西康路 35 号 邮政编码:300051)
邮购部电话:(022)23332469
网址:http://www.tjrmcbs.com.cn
电子信箱:tjrmcbs@126.com
天津午阳印刷有限公司印刷

2012 年 11 月第 1 版 2012 年 11 月第 1 次印刷
880×1230 毫米 16 开本 45.375 印张 13 插页
字数:1000 千字 印数:1-1000

定 价:206.00 元

党和国家领导人视察天津

2011年4月30日，中共中央总书记、国家主席、中央军委主席胡锦涛考察中新天津生态城国家动漫产业综合示范园，中共中央政治局委员、天津市委书记张高丽，市委副书记、市长黄兴国等领导同志陪同。

2011年10月25日，中共中央政治局常委、国务院总理温家宝同南开中学师生们谈心。

2011年6月27日，中共中央政治局委员、国务委员刘延东在中共中央政治局委员、天津市委书记张高丽，市委副书记、市长黄兴国等领导同志陪同下察看海河教育园公共实训中心。

2011年6月2日，中共中央政治局委员、中央书记处书记、中宣部部长刘云山在中共中央政治局委员、天津市委书记张高丽等领导同志陪同下考察天津电视台数字电视大厦。

天津市党政领导视察调研

2011年8月22日，中共天津市委理论学习中心组察看河北区经纬艺术街区并进行现场交流。

2011年1月31日，中共中央政治局委员、天津市委书记张高丽等领导同志看望中国工程院院士、天津中医药大学石学敏教授。校党委书记张金钟，中国工程院院士、校长张伯礼陪同。

2011年6月24日，中共中央政治局委员、天津市委书记张高丽到南开大学调研。

2011年1月30日，中共中央政治局委员、天津市委书记张高丽看望中国科学院院士、南开大学葛墨林教授。校党委书记薛进文，校长龚克陪同。

2011年6月18日，国家统计局局长马建堂，中共天津市委常委、常务副市长杨栋梁看望著名经济学家谷书堂教授。

2011年6月23日，中共天津市委常委、常务副市长杨栋梁到南开大学调研。校党委书记薛进文，校长龚克陪同。

2011年11月7日，中共天津市委常委、市委教育工委书记苟利军到天津师范大学调研。市政协副主席、天津师范大学校长高玉葆，党委书记王璟陪同。

2011年1月16日，中共天津市委常委、市委教育工委书记苟利军、滨海新区区长宗国英到天津科技大学视察工作。市政协副主席、天津科技大学校长曹小红，党委书记李旭炎陪同。

2011年10月13日，中共天津市委常委、市委教育工委书记苟利军、天津市教委主任靳润成到天津市社联调研。市社联党组书记李家祥、秘书长陈根来陪同。

2011年9月20日，天津市人大常委会副主任李亚力出席中国科协、天津市政府主办、市社联承办的第十三届中国科协年会“环渤海区域发展与天津战略选择”专题论坛，并同与会专家合影。

2011年10月17日，中共天津市委常委、市委教育工委书记苟利军，副市长张俊芳到天津财经大学考察。校党委书记王玉英陪同。

2011年11月23日，中共中央编译局局长衣俊卿与中共天津市委常委、市委教育工委书记苟利军共同为“中共中央编译局天津外国语大学中央文献翻译研究基地”揭牌。

学术活动

2011年4月15日，天津市社联举办第40次理论创新论坛。

2011年5月7日，天津商业大学举办纪念建党90周年学术研讨会。

2011年5月14日，天津市社联和天津滨海综合发展研究院共同举办第24次滨海新区开发开放系列研讨会。

2011年6月13日，中共天津市委党校、市党建研究会等联合召开纪念中国共产党成立90周年理论研讨会。

▲2011年7月11—14日，全国体育院校思想政治理论教学研讨会在天津体育学院召开。

▶2011年8月28日，第四届“中国·小站文化研讨会”在南开大学举办。

▼2011年9月20日，由中国科协、天津市政府主办，天津市社联承办的第十三届中国科协年会“环渤海区域发展与天津战略选择”专题论坛在市社联召开。

2011年9月24日，天津师范大学举办“多元文化与国家建设学术研讨会”。

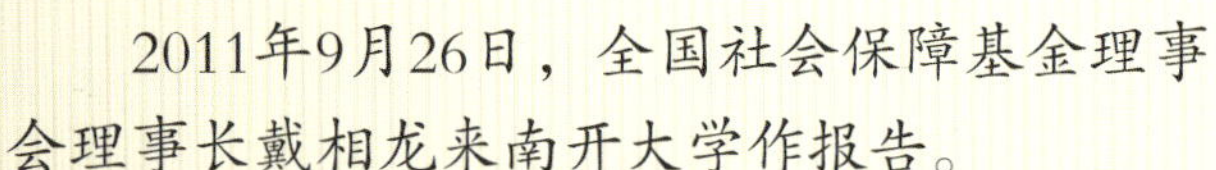
2011年9月26日，全国社会保障基金理事会理事长戴相龙来南开大学作报告。

2011年11月4日，由中国老年学学会老年心理专业委员会等共同主办“中国首届老年心理研究与发展论坛”在天津师范大学举行。

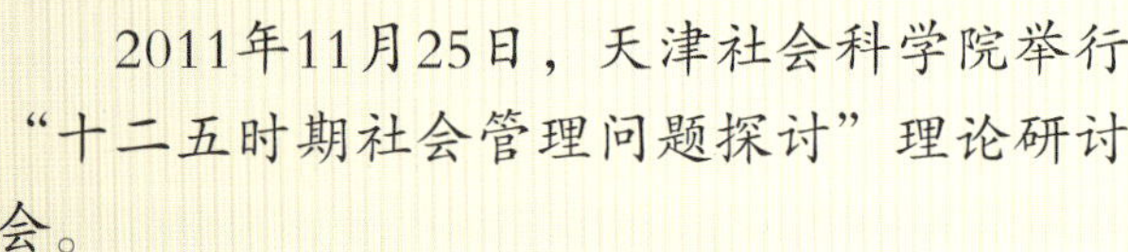
2011年11月25日，天津社会科学院举行“十二五时期社会管理问题探讨”理论研讨会。

2011年12月5日和7日，天津社科理论界“天津精神”提炼总结工作座谈会在市社联召开。

国际学术交流

▲2011年4月22日，“中国欧洲学会第八届年会”在天津举办。

◀2011年4月23日，“中国共产党与中国现代化国际学术研讨会”在天津举办。

▶2011年6月11日，美国族裔与社会文化国际学术研讨会在南开大学举行。

▼2011年5月21日，南开大学校长龚克出席创新与创造力国际研讨会。

▼2011年6月24—26日，“第八届服务系统与服务管理国际学术研讨会”在天津举办。

▲2011年7月4—12日，由法国人文科学基金会、法国国家科学研究院、天津市社联、天津商业大学联合主办“第四届中法国际论坛”在法国巴黎举行。

◀2011年9月21日，天津科技大学承办中国科协第十三届年会分会场“食品营养与健康国际研讨会”。

▼2011年12月14日，天津行政学院代表团赴美开展学术交流活动。

学会活动

▲2011年2月23日，天津市统计学会召开“统计科研课题意向研讨会”。

◢2011年4月1日，天津市金融学会召开学术报告会。

▶2011年6月26日，天津市逻辑学学会召开“逻辑应用与网络文化研讨会”。

◀2011年6月26日，天津市中共党史学会等召开纪念中国共产党成立90周年理论研讨会。

2011年6月29日，天津市河北区教育学会举办第三届中美基础教育学术论坛。

2011年8月12—15日，天津市世界语协会召开天津世界语教学研讨会。

2011年8月21日，天津市法制心理学会举办心理问题研讨活动。

2011年9月17日，天津市历史学学会等共同举办“纪念辛亥革命百周年座谈会暨学术研讨会”。

▲ 2011年9月30日，天津市档案学会召开第七届青年档案学术交流会。

◀ 2011年10月9日，天津市国学研究会等召开“孙中山先生对传统文化的继承与发展”学术研讨会。

▲ 2011年11月27日，第二届天津市青年政治学论坛暨（2011）天津市政治学学会年会在天津市社联举办。

▼ 2011年12月23日，天津市高等职业技术教育研究会成立大会召开。

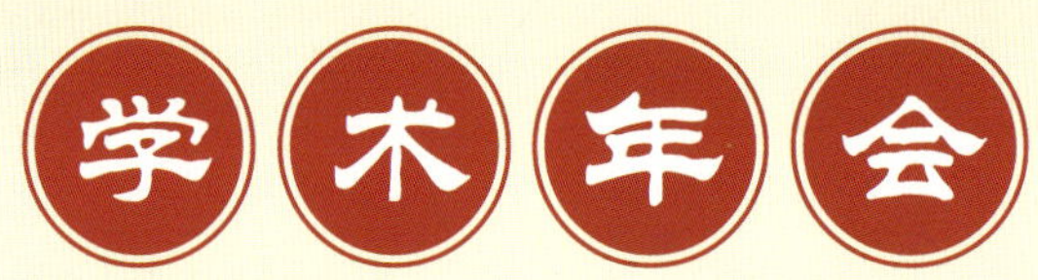

2011年11月29日，天津市社会科学界第七届（2011）学术年会主会场会议召开。

天津市社联主席罗远鹏为获奖者颁发证书。

天津市社联党组书记李家祥讲话。

获优秀论文奖作者领奖。

获组织工作奖的单位领奖。

天津滨海综合发展研究院院长郝寿义教授发言。

天津师范大学经济学院副院长吕景春教授发言。

天津大学马克思主义学院院长孙兰英教授发言。

天津财经大学图书馆黄凤羽教授发言。

南开大学副校长佟家栋教授点评。

天津财经大学副校长高正平教授点评。

天津市教育科学研究院党组书记荣长海教授点评。

天津商业大学魏胤亭教授点评。

学术年会分会场

2011年6月20日，天津市社会科学第七届学术年会南开大学分会场举办“科研评价与哲学社会科学发展”研讨会。

2011年6月30日，天津市社会科学界第七届学术年会天津城市建设学院分会场举行“天津城市定位与未来发展”研讨活动。

2011年9月27日，天津市社会科学界第七届学术年会天津师范大学分会场举办“追寻先行者足迹：纪念辛亥革命一百周年”研讨活动。

2011年10月19日，天津市社会科学界第七届学术年会天津商业大学分会场举办“管理科学研究热点问题与创新研究”的主题报告会。

2011年10月20日，天津市社会科学界第七届学术年会天津工业大学分会场举行创新与发展论坛。

2011年10月28日，天津市社会科学界第七届学术年会天津医科大学分会场举办“医学与人文”研讨会。

2011年11月3日，天津市社会科学界第七届学术年会天津市教育科学研究院分会场在学术报告厅举办“教师专业化发展的区域推进策略”学术研讨会。

2011年11月12日，由天津市世界经济学会主办的天津市社会科学界第七届学术年会天津市世界经济学会分会场“变局中的世界经济与中国”在南开大学召开。

社会科学普及周

中共天津市委常委、市委宣传部部长成其圣出席并讲话。

2011年9月2日，天津市第九届社会科学普及周举行开幕式。

天津市委宣传部常务副部长陈浙闽宣读表彰决定。

天津市委宣传部副部长李毅主持开幕式。

天津市政府副秘书长，南开大学教授、博士生导师陈宗胜作主题报告。

市社联党组书记李家祥作社科普及周筹备工作报告。

第九届社科普及周赠书仪式。

2011年8月30日，天津市第九届社科普及周新闻发布会在市社联举行。

中共天津市委宣传部领导慰问参加咨询活动的社科专家。

天津市社联党组书记李家祥接受媒体采访。

金街咨询活动现场。

社科专家为市民普及家庭教育知识。

社科专家为市民群众进行科学知识普及。

专家为少年儿童普及社科知识。

日常科普活动

2011年4月1日，知名学者、南开大学常务副校长陈洪教授在渤海名家大讲堂为市民作文学理论讲座。

2011年5月16日，河北区图书馆邀请市青少年心理学研究中心主任王虹翔教授为中学同学作“中学生青春期心理健康”讲座。

2011年6月16日，天津市委党史研究室副主任李文芳在允公社区大讲堂作中共党史讲座。

2011年7月13日，社科专家为青年学生讲人生。

2011年7月18日，中共天津市委党校漆玲教授在河北区图书馆为武警二支队举办公益讲座。

2011年10月21日，和平区图书馆举办“社科讲坛”。市食文化研究会许先老师为市民开讲“饮食生活方式与健康”。

《天津社会科学年鉴》编辑委员会

《天津社会科学年鉴》编辑委员会

编 辑 说 明

《天津社会科学年鉴》是在中共天津市委宣传部领导下，由天津市社会科学界联合会编纂出版的大型资料工具书。每年出版一部。自2003年出版第一部始，今年是第十部。本年鉴全面系统地搜集了天津市社会科学创新发展的主要资料，反映了天津市社会科学在年度内的整体发展现状、研究动态和所具有的地方特色，真实地记录了天津市社会科学发展进程，体现出符合时代要求和创新体系建设的基本特征，为广大社会科学工作者提供丰富的资料，为社会各界人士及海内外专家学者提供科学翔实的学术信息，成为了解、考察上年度社会科学发展状况和谋划下年度科研规划必备的参考书、案头书。因其在存史功能上具较高的权威性、在学术资料收录上具较广的涵盖性、对理论工作和实际科研部门具较强的参考性，故入选《中国年鉴资料全文数据库》，并在2005年被评为“中国年鉴全文数据库核心年鉴”。

《天津社会科学年鉴》(2012年卷)以2011年为时限，设有特载、发展报告、学科综述、学术专论、对策研究、滨海新区开发开放研究、学术活动、学术年会、宣传普及、科研课题、机构、研究基地、学术团体、学术期刊、大事记、统计资料、附录和近30版彩页等18个篇目。其中，“特载”收集的党和国家领导人发表的重要讲话和重要文章，对哲学社会科学的繁荣发展具有重要的指导作用；“发展报告”对本市社会科学整体发展状况、对文化发展和市民社会价值观变迁的整体状况、对高等院校社会科学研究和学术论文及其引用等重要科研指标进行了科学的定量分析和评价，重点反映了哲学社会科学的学科发展、队伍建设、成果转化以及基地平台等所形成的年度创新体系发展状况；“学科综述”比较全面地概述了本市社会科学各学科重要研究成果及重大学术观点创新的成果；“学术专论”搜集了全市专家学者发表的有影响的理论文章，并对部分文章的重要学术观点进行了摘编；“对策研究”和“滨海新区开发开放研究”从理论和实践相结合的角度，较全面地记录了年度内在经济建设、政治建设、社会建设、文化建设以及党的建设和生态文明建设中，在推进滨海新区开发开放中，天津学者积极探索所形成的对策成果；还整理了由本市社会科学界和自然科学界联合开展“两界联盟课题研究”确定课题所形成的重要成果；“宣传普及”、“学术年会”记录了社科专家对开展对市民普及知识、进行学术交流的整体活动情况，并附有活动指南，方便读者研阅；“学术团体”撰写了年度综述，发布了最新团体增减信息；“附录”收集整理了本市社会科学工作者在本年度发表和出版的主要学术成果，具有极强的参考价值和史料价值。

本卷《天津社会科学年鉴》所采用的稿件，由本市高等院校、科研机构、有关实际部门和学术团体提供。其中，综述性、专论性和部分对策性文章均约请有关专家学者撰写。

《天津社会科学年鉴》(2012 年卷)主要面向本市各高等院校、科研院所、党干校、实际部门和社会科学学术团体发行，同时面向国内外公开发行。

在本卷编纂过程中，得到了上级领导的热情关怀和肯定，社会科学界各有关单位及学术团体的领导和专家学者给予了大力支持和帮助，特别是天津人民出版社的编辑做了大量细致的编校工作，在此一并表示衷心的感谢。

《天津社会科学年鉴》编辑部

2012 年 10 月

目　　录

特　　载

发展报告

学科综述

马克思主义

哲学

社会学

教育学

管理学

学术专论

专论摘要

对策研究

滨海新区开发开放研究

专论文摘

学术活动

国际学术活动

全国(港澳台)学术活动

学术年会

宣传普及

科研课题

机　　构

研究基地

学术团体

学术期刊

大事记

统计资料

附　　录

CONTENTS

Special

Development Reports

Reviews of Social Science Disciplines

Literature

History

Economics

Law

Political Science

Sociology

Education

Academic Monographs

Countermeasure Researches

Research in the Union of Natural and Social Sciences

Studies on the Development and Opening up of Tianjin Binhai New Area

Abstracts

Academic Activities

International Academic Activities

Academic Annual Symposiums

Publicity

Research Projects

Universities and Institutions

Research Bases

Academic Communities

Academic Journals

Chronicle of Events

Statistical Data

Appendix

特　载

坚定不移走中国特色社会主义文化发展道路
努力建设社会主义文化强国

2011年10月18日

胡锦涛

文化建设是中国特色社会主义事业总体布局的重要组成部分，文化繁荣发展是全面建设小康社会的重要目标。全会通过的决定，全面总结党领导文化建设的成就和经验，深刻分析文化建设面临的形势和任务，在集中全党智慧的基础上，阐述了中国特色社会主义文化发展道路，确立了建设社会主义文化强国的战略目标，提出了新形势下推进文化改革发展的指导思想、重要方针、目标任务、政策举措，是当前和今后一个时期指导我国文化改革发展的纲领性文件。全党要认真学习、深刻领会，共同把全会精神落到实处，为实现全会提出的目标任务而奋斗。

第一，深刻认识推进文化改革发展的重要性和紧迫性。充分发挥先进文化引领前进方向、凝聚奋斗力量、推动事业发展的作用，是我们党的一条宝贵经验和一大政治优势。在革命、建设、改革各个历史时期，我们党都结合时代条件、围绕党的中心任务提出文化纲领、文化目标、文化政策，坚持不懈推进文化建设，有力推动了党和人民事业发展。经过改革开放以来的不懈努力，我们走出了中国特色社会主义文化发展道路，显著提高了全民族思想道德素质和科学文化素质、促进了人的全面发展，显著增强了国家文化软实力，为坚持和发展中国特色社会主义提供了强大精神力量，为进一步兴起社会主义文化建设新高潮奠定了坚实基础、积累了宝贵经验。

当今世界正处在大发展大变革大调整时期，当代中国正在新的历史起点上向着新的奋斗目标迈进，文化的作用更加广泛而深刻。从国际看，综合国力竞争的一个显著特点就是文化的地位和作用更加凸显，许多国家特别是主要大国都把提高文化软实力作为增强国家核心竞争力的重要战略。在世界范围内各种思想文化交流交融交锋更加频繁的背景下，谁占据了文化发展制高点，谁拥有了强大文化软实力，谁就能够在激烈的国际竞争中赢得主动。同时，我们必须清醒地看到，国际敌对势力正在加紧对我国实施西化、分化战略图谋，思想文化领域是他们进行长期渗透的重点领域。我们要深刻认识意识形态领域斗争的严重性和复杂性，警钟长鸣、警惕长存，采取有力措施加以防范和应对。从国内看，经过新中国成立以来特别是改革开放30多年来的发展，我国经济实力和综合国力显著增强，但我国仍处于并将长期处于社会主义初级阶段的基本国情没有变，人民日益增长的物质文化需要同落后的社会生产之间的矛盾这一社会主要矛盾没有变。我国已经进入全面建设小康社会的关键时期和深化改革开放、加快转变经济发展方式的攻坚时期，文化越来越成为民族凝聚力和创造力的重要源泉、越来越成为综合国力竞争的重要因素、越来越成为经济社会发展的重要支撑，丰富精神文化生活越来越成为我国人民的热切愿望。从我国文化建设自身看，文化领域正在发生广泛而深刻的变革，文化发展取得了巨大成就，但总体而言，文化发展同经济社会发展和人民日益增长的精神文化需求还不完全适应，束缚文化生产力发展的体制机制问题尚未根本解决，文化在引领风尚、教育人民、服务社会、推动发展等方面的作用还没有得到充分发挥，我国文化整体实力和国际影响力与我国国际地位还不相称，“西强我弱”的国际文化和舆论格局尚未根本扭转。在理想信念教育、思想道德建设、诚信建设、文艺创作、公共文化服务、文化产业发展、农村文化发展、流动人口文化生活、网络建设和管理、推动中华文化走出去等方面都还存在不少突出矛盾和问题，必须抓紧加以解决。

总之，抓住和用好我国发展的重要战略机遇期，在新的历史起点上深化文化体制改革、推动社会主义文化大发展大繁荣，关系实现全面建设小康社会奋斗目标，关系坚持和发展中国特色社会主义，关系实现中华民族伟大复兴。全会提出了推进文化改革发展的指导思想，强调要全面贯彻党的十七大精神，高举中国特色社会主义伟大旗帜，以马克思列宁主义、毛泽东思想、邓小平理论和“三个代表”重要思想为指导，深入贯彻落实科学发展观，坚持社会主义先进文化前进方向，以科学发展为主题，以建设社会主义核心价值体系为根本任务，以满足人民精神文化需求为出发点和落脚点，以改革创新为动力，发展面向现代化、面向世界、面向未来的，民族的科学的大众的社会主义文化，培养高度的文化自觉和文化自信，提高全民族文明素质，增强国家文化软实力，弘扬中华文化，努力建设社会主义文化强国。全党要深刻领会和全面贯彻这一指导思想，在坚持以经济建设为中心的同时，自觉把文化繁荣发展作为坚持发展是硬道理、发展是党执政兴国第一要务的重要内容，作为深入贯彻落实科学发展观的一个基本要求，进一步推动文化建设与经济建设、政治建设、社会建设以及生态文明建设协调发展，为继续解放思想、坚持改革开放、推动科学发展、促进社会和谐提供坚强思想保证、强大精神动力、有力舆论支持、良好文化条件。

第二，坚定不移走中国特色社会主义文化发展道路。中国特色社会主义文化发展道路内涵丰富，具体体现在全会决定提出的指导思想、重要方针、目标任务、政策举措之中，要全面领会、全面贯彻。这里，我想强调几个问题。

坚持中国特色社会主义文化发展道路，必须坚持以马克思主义为指导，坚持社会主义先进文化前进方向。坚持以马克思主义为指导、以社会主义先进文化为引领，是中国特色社会主义文化最鲜明的特征，也是事关文化改革发展全局的根本问题。只有坚持以马克思主义为指导、以社会主义先进文化为引领，才能打牢中国特色社会主义文化发展的根基。在社会主义市场经济日益发展和对外开放不断扩大的形势下，我国社会思想更加多样、社会价值更加多元、社会思潮更加多变，坚持以马克思主义为指导、以社会主义先进文化为引领的重要性和紧迫性更加凸显。推动社会主义文化大发展大繁荣，必须坚持马克思主义在意识形态领域的指导地位，为文化建设提供有力理论指导，确保文化改革发展始终沿着正确道路前进；必须坚持把马克思主义理论特别是中国特色社会主义理论体系应用于文化改革发展各个领域，不断丰富和发展具有中国特色、符合时代发展要求的文化建设理论，使我国文化各方面发展建立在深厚理论基础之上；必须坚持为人民服务、为社会主义服务的方向和百花齐放、百家争鸣的方针，正确处理弘扬主旋律和提倡多样化的关系、教育人民和满足人民多样化精神文化需求的关系、把社会效益放在首位和提高经济效益的关系，有效引领社会思潮，有力抵制各种错误和腐朽思想影响，不断巩固和壮大社会主义主流思想文化。

坚持中国特色社会主义文化发展道路，必须发挥人民在文化建设中的主体作用，坚持文化发展为了人民、文化发展依靠人民、文化发展成果由人民共享。为了谁、依靠谁是我们推进文化改革发展的根本问题，决定着社会主义文化的性质和方向。中国特色社会主义文化是人民共建共享的文化，人民是推动社会主义文化大发展大繁荣最深厚的力量源泉。坚持这一点，是我国社会主义制度的本质要求，也是我们党立党为公、执政为民理念的重要体现。推动社会主义文化大发展大繁荣，必须坚持以人为本，以满足人民精神文化需求、促进人的全面发展为根本目的，不断提高全民族思想道德素质和科学文化素质，培育有理想、有道德、有文化、有纪律的社会主义公民；必须贯彻党的群众路线，尊重人民主体地位和首创精神，使全社会文化创造活力竞相迸发；必须坚持以人民为中心的创作导向，关心人民命运，体察人民愿望，反映人民心声，在人民伟大创造中汲取营养，把最好的精神食粮奉献给人民；必须坚持面向基层、面向群众，把满足人民基本文化需求作为社会主义文化建设的基本任务，鼓励创作生产更多受到群众欢迎的文化产品，让文化发展成果惠及全体人民。

坚持中国特色社会主义文化发展道路，必须继承和发扬中华优秀文化传统，大力弘扬中华文化，建设中华民族共有精神家园。中华文化源远流长、博大精深，积淀着中华民族的深厚精神追求，是中华民族生生不息、团结奋进的不竭动力，是发展中国特色社会主义文化的深厚基础。推动社会主义文化大发展大繁荣，必须大力弘扬中华优秀文化传统，大力弘扬五四运动以来形成的革命文化传统，大力弘扬改革开放以来文化领域形成的一系列新思想新观念新风尚，立足中国特色社会主义伟大实践，发展社会主义先进文化；必须以更加开阔的视野、更加博大的胸怀对待外来文化，积极参与国际文化交流合作，学习借鉴一切有利于我国文化改革发展的有益经验和优秀成果。

坚持中国特色社会主义文化发展道路，必须坚持一手抓公益性文化事业、一手抓文化产业，推动文化事业和文化产业全面协调可持续发展。发展公益性文化事业是社会主义制度下保障人民基本文化权益的基本途径，是实现文化发展成果由人民共建共享的制度保障。发展文化产业是社会主义市场经济条件下满足人民多样化精神文化需求的重要途径，是充分发挥市场在文化资源配置中的积极作用、激发全社会文化创造活力的必然要求。推动社会主义文化大发展大繁荣，必须科学界定人民的基本文化权益和多样化精神文化需求，全面把握政府和市场在文化建设中的职责和功能，推动形成文化事业和文化产业两手抓、两加强的工作格局；必须按照公益性、基本性、均等性、便利性的要求，以政府为主导，以公共财政为支撑，以公益性文化单位为骨干，以全体人民为服务对象，以保障人民基本文化权益为主要内容，鼓励全社会积极参与，大力发展公益性文化事业；必须着力培育一批有实力、有竞争力的骨干文化企业，提高我国文化产业整体实力和竞争力，形成公有制为主体、多种所有制共同发展的文化产业格局。无论发展公益性文化事业还是发展文化产业，都要坚持社会主义先进文化前进方向，正确处理社会效益和经济效益的关系，始终把社会效益放在首位。

第三，以改革创新精神落实好全会提出的各项任务。全会对新形势下推进文化改革发展作出全面部署，提出一系列新任务新举措新要求，各地区各部门要统筹兼顾、立足实际，有计划分步骤加以落实，既要全面贯彻又要突出重点，最重要的是要紧紧围绕全会决定关于推进文化改革发展指导思想中的“四个以”来抓好落实。

坚持以科学发展为主题。科学发展是党和国家工作的鲜明主题，也是文化改革发展的鲜明主题。要自觉把科学发展要求贯穿文化改革发展各个方面，紧密结合文化改革发展实际，着力转变文化发展方式，提高文化发展质量和效益，不断提高文化发展科学化水平。要坚持以人为本，贴近实际、贴近生活、贴近群众，保障人民各项文化权益，促进人的全面发展。要坚持全面协调可持续发展，着力解决影响文化科学发展的突出问题，协调好文化改革发展各个领域和各个环节，促进文化持续快速健康发展。要坚持统筹兼顾，正确认识和妥善处理文化改革发展重大关系，统筹文化改革发展各项工作，完善文化布局、文化结构、文化资源配置，促进城乡、区域文化一体化发展，推动文化资源向农村、基层倾斜，向革命老区、民族地区、边疆地区、贫困地区倾斜，不断增强文化发展后劲，实现文化又好又快发展。

坚持以建设社会主义核心价值体系为根本任务。社会主义核心价值体系是根源于民族优秀文化和社会主义先进文化并吸收人类文明成果发展起来的，是我国社会主义文化的引领和主导。推动社会主义文化大发展大繁荣，必须紧紧抓住社会主义核心价值体系建设这个根本。要坚持用中国特色社会主义理论体系武装全党、教育人民，大力推进马克思主义中国化时代化大众化，用发展着的马克思主义指导新的实践。要坚持以理想信念教育为重点，引导广大干部群众不断增强坚持中国特色社会主义道路、中国特色社会主义理论体系、中国特色社会主义制度的自觉性和坚定性。要广泛开展民族精神和时代精神、社会主义荣辱观宣传教育，深化群众性精神文明创建活动，加强思想道德建设，建设和谐文化，培育文明风尚。要在全党深入开展社会主义核心价值体系学习教育，把社会主义核心价值体系融入国民教育、精神文明建设和党的建设全过程，贯穿改革开放和社会主义现代化建设各领域,体现到精神文化产品创作生产传播各方面。建设社会主义核心价值体系非一日之功,既是当前的紧迫任务,又是长期的战略任务,必须通过坚持不懈、持之以恒的努力,使之真正成为全党全社会的普遍共识,转化为广大干部群众的自觉行动。

坚持以满足人民精神文化需求为出发点和落脚点。满足人民对实现自身文化权益和丰富自身精神文化生活的要求,必须大力繁荣文化创作,丰富群众文化生活,提高人民文化生活质量。要加大对城乡基层文化建设投入力度,深入实施重点文化惠民工程,加快公共文化基础设施建设。要加强文化创作生产引导,引导文化工作者坚持正确文化立场,弘扬真善美,贬斥假恶丑,把学术探索和艺术创作融入实现中华民族伟大复兴的事业之中,创作生产出思想性艺术性观赏性相统一、人民喜闻乐见的优秀文艺作品。要发展健康向上的网络文化,使互联网等新兴媒体真正成为社会主义先进文化新阵地、公共文化服务新平台、人民精神文化新空间。要组织开展群众乐于参与、便于参与的文化活动,引导群众在文化建设中自我表现、自我教育、自我服务,依靠人民的智慧和力量推动文化繁荣发展。

坚持以改革创新为动力。只有深化文化体制改革,创新文化内容和形式,才能不断解放和发展文化生产力,不断为推动社会主义文化大发展大繁荣提供强大动力。要围绕构建充满活力、富有效率、更加开放、有利于文化科学发展的体制机制,努力在重点领域和关键环节取得新进展,破除制约文化发展的体制机制障碍。要深化公益性文化单位改革,深化国有经营性文化单位改革,深化文化管理体制改革,加快政府职能转变,加强文化法制建设。要加快构建公共文化服务体系,创新公共文化服务运行机制,不断提高公益性文化单位服务群众能力和水平。要提高文化产业规模化、集约化、专业化水平,优化文化产业结构,促进文化和科技融合发展,推动文化产业成为国民经济支柱性产业。要围绕提高中华文化国际影响力和竞争力,积极开拓国际文化市场,创新文化走出去模式,不断提高国家文化软实力。

各级党委和政府要把文化建设摆在全局工作重要位置,纳入经济社会发展总体规划,与经济社会发展一同研究部署、一同组织实施、一同督促检查。要认真开展调查研究,总结经验,发现问题,结合实际制定贯彻落实意见,明确工作责任,提出具体要求,确保全会提出的目标任务和政策举措落到实处。要把文化改革发展成效纳入科学发展考核评价体系,作为衡量领导班子和领导干部工作业绩的重要依据。要把文化人才队伍建设摆在更加突出的位置,着力加大对年轻人才、高层次人才、复合型人才的培养力度,努力造就一批有影响的文化名家、文化大师和各领域领军人物,建设宏大文化人才队伍。要深入做好知识分子工作,充分调动广大知识分子的积极性和创造性,把广大知识分子紧紧团结在党的周围。总之,全党要贯彻落实好全会精神,在全面建设小康社会进程中、在科学发展道路上奋力开创社会主义文化建设新局面。

(这是胡锦涛同志在党的十七届六中全会第二次全体会议上讲话的一部分)

(本文来源:《求是》2012 年第 1 期)

同南开中学的师生们谈心

2011 年 10 月 25 日

温家宝

同学们、老师们:

屈指算来,我阔别南开中学已 51 年了,正式回母校看望师生,这还是第一次。我愿借此机会同大家谈谈心。

我 1942 年农历八月出生在天津北郊宜兴埠一个书香门第。我爷爷在村子里办学校,曾祖父是农民。再往以前,我家都是农民。我们家是从什么地方来到天津的,至今也没有人能说清楚。据说是从山西来投奔这里的温氏家族的。因为家里穷、没有地位,温氏家谱始终没有把我们家列入其中。

爷爷办的乡村小学,是冲破地主豪绅的阻力,第一个招收女生的学校。我记得,他常年为两件事奔波:一件是招聘教师,一件是为学校筹款。就是这样一所小学,很多教师都是大学毕业生,有的解放后当了教授。外婆家也在本村,外公去世很早,外婆靠开一个小药店谋生,家里还种着几亩地。每年秋天收玉米时,我坐在板车上玉米堆里从地里回家的情景至今历历在目。

我出生的年月正是日本侵略者在华北大扫荡和实行“三光”政策的时期。妈妈对我讲的一件事,至今记忆犹新:日本侵略者将全村人集合在村西南的空地上,四周架起机关枪,用刺刀杀死无辜的平民。当时,妈妈把我紧紧搂在怀里。这件事深深刻在我的脑海里。

天津解放前夕,国民党军队为“坚壁清野”放火烧了宜兴埠。我的家连同爷爷办的学校、外婆家和她的小药店,全部化为灰烬。我们家逃难到天津城里,住在救济院。外婆在逃难中生了病,没过多久就去世了。她是最疼爱我的人。孩提时代,她抱着我,我常常揪她的头发,她一点儿也不生气。天津解放的那一晚,是一个不眠之夜。解放军包围了驻扎在救济院里的国民党军队,当晚进行了激战,手榴弹扔进了院子里,家里人都害怕地躲在床铺下,我却一点儿也没有害怕。第二天,天津解放了。

我的童年是在战争和苦难中度过的,穷困、动荡、饥荒的往事在我幼小的心灵里留下了难以磨灭的印象。我深知,这不是我们一个家庭的苦难,也不是我出生的那个年代的苦难,中华民族的历史就是一部苦难史。我逐渐认识到一个道理:中华民族灾难深重极了,唯有科学、求实、民主、奋斗,才能拯救中国。“如将不尽,与古为新”、“周虽旧邦,其命维新”。只有推翻封建专制和官僚买办的统治,人民才能得到解放;只有不断革新,中国才能进步。

在我上小学、中学期间,家境十分贫寒。父母和我们三兄妹一直租住在一间不到9平方米的小屋子里,每月的房租相当于一袋面粉钱,那时父亲月工资最低时只有37元。我患过一次白喉,父亲把仅有的一块手表卖掉,买药给我打针。此后他多年没有戴过手表。因为经常目睹普通百姓生活的艰辛,我从小就富有同情心,这尤其表现为对普通百姓特别是穷人的同情,对不公道事情的憎恶。一种朴素的平等观念在我的心中萌生:人人生而平等,社会的每一个成员都应平等相处。

我的中学是在南开上的。从12岁到18岁是一个人成长的关键时期。因此,南开六年的学习生活,对我人生观的形成有着重要影响,也给我留下了终生难忘的印象。南开中学是一所历史悠久的学校,她的建立、成长和发展始终同国家的兴衰和民族的命运联系在一起。无论是战争年代,还是建设时期,她都为国家输送了大批人才,这就是南开的道路。我在这所学校里学习,首先懂得的就是一个人必须有远大的理想,有崇高的志向。从小就应该立志把自己的一生献给祖国和人民。我努力学习知识,坚持锻炼身体,刻苦自励,从学习和生活的点点滴滴入手,努力把自己造就成为一个对国家和人民有用的人。南开的校训是“允公允能,日新月异”。这八个字就是南开的灵魂,它提倡的是为公、进步、创新和改革。我上中学时就愿意独立思考,渴望发现问题,探索真知,追求真理。我记得,那时除了学习课本知识以外,我还广泛阅读国内外政治、经济、文化书籍。南开永葆青春,这就是南开精神。在求学期间,我和同学们总是朝气蓬勃,不怕困难,勇往直前。除了学习以外,我还喜欢参加各种课外活动。我不仅爱读书,还是体育爱好者。南开永远年轻,她的学生也都充满活力。我们要坚持走南开的道路,崇尚南开的风格,发扬南开的精神。

上高中和大学以后,我家里人在接连不断的政治运动中受到冲击。爷爷在1960年因脑溢血去世,是我把他背进医院的。现在他教过书的学校还留着他的档案,里面装了一篇篇的“检查”,小楷字写得工工整整,字里行间流露出对人民教育事业的忠诚。父亲也在1960年因被审查所谓的“历史问题”,不能教书,被送到郊外一个农场养猪,后来到图书馆工作。我考上大学向他告别就是在离城很远的养猪场。父亲告假回家帮我收拾行李。他是个老实人,一辈子勤勤恳恳。今年他过世了,可谓“生得安分,走得安详”。尽管家里出现这样一些情况,我仍然追求进步。我是个善于思考的人,我总是把书本里学到的东西同现实加以比较,立志为改造社会而献身。

因为父亲喜欢自然地理,我从小就对地球科学产生了兴趣。在北京地质学院,我在地质系就读5

年。大学期间，我加入了中国共产党。后来又考取了研究生，专攻大地构造。回忆在地质学院近8年的学习和生活，我曾概括为三句话：母校给了我地质学知识，母校给了我克服困难的勇气，母校给了我接触群众的机会。那段时期同样是难忘的。

参加工作以后，我有14年时间是在海拔4000到5000米的极其艰苦的祁连山区和北山沙漠戈壁地区工作。这期间，我一边工作一边接触基层群众，更使我深深懂得了民生的疾苦和稼穑的艰难。我来自人民，我也有苦难的童年，我同情每一个穷人，愿为他们的幸福献出自己的一切。到中央工作后，从上世纪80年代中期开始，我用整整10年时间，深入农村、厂矿、科研院所调研。在农村，我白天坐在农民家的炕头上了解情况，晚上开座谈会。我住过乡里、住过粮库，经常在一个县一呆就是一个星期。我几乎走遍了中国科学院的研究所，同科学家交朋友、谈心。我认为，一个领导者最重要的是要懂得民情、民心、民意，而民心向背决定政权的存亡。衡量政策好坏的标准只有一条，就是群众高兴不高兴、满意不满意、答应不答应。我之所以经常讲穷人的经济学、穷人的政治学和穷人的教育学，就是想让人们懂得在中国乃至世界上，穷人占多数。一个政府、一个社会应该更多地关爱穷人，穷人应该拥有平等的权利。在中国，不懂得穷人，不懂得农民和城市贫困阶层，也就不会懂得穷人的经济学，更不可能树立穷人的教育观。公平的核心是在生存、竞争和发展的机会上人人平等，而不是基于财富或其他特权的平等。一个政府如果忽视民众和民生，就是忽视了根本。而公平和正义是社会的顶梁柱，失去了它，社会这个大厦就会倒塌。“国之命，在人心”，说的就是民心向背决定社会的发展和政权的存亡。政府是穷人最后的希望，民众的贫穷是政府最痛心的事。只有把这些道理真正弄懂，才算真正理解“以人为本”的含义。

新中国成立60多年来，特别是改革开放30多年来，我国经济社会发展取得了很大的成就，这是有目共睹的，必须充分肯定。但也要看到，我国经济社会发展还存在不平衡、不协调、不可持续的问题，城乡差距、地区差距依然存在；一些地方还存在干部脱离群众，形式主义、官僚主义严重，甚至以权谋私和贪污腐败的现象；收入分配不合理，有的地方社会矛盾比较突出，群体性事件时有发生。在这种情况下，我们必须做好经济发展、社会公正、民主法治和干部廉洁这几件大事。这都是人心所向，无论哪个方面出了问题，都会影响到社会稳定和国家安宁。而要做到这一切，必须在党的领导下，推进改革开放，坚持走中国特色社会主义道路。

我担任总理已近9年了。这段时期，我们国家遇到许多灾害和困难。从2003年的“非典”到2008年的汶川大地震，再到2010年舟曲特大山洪泥石流灾害，各种自然灾害和突发事件几乎没有中断过。百年不遇的国际金融危机已持续4年之久，给中国经济发展带来了极大的冲击。在这种情况下，我们的人民没有畏惧，没有退缩，总是满怀信心、坚持不懈地努力把自己的事情办好。我十分清楚，实现现代化目标，任务还十分艰巨，需要许多代人的长期艰苦奋斗。这一历史任务必将落在你们青年人肩上。未来是属于青年的。青年兴则国家兴，青年强则国家强。但愿青年朋友们以青春之人生，创造青春之中国、青春之社会，实现中华民族的伟大复兴。

讲到这里，我又想起了南开，中国没有南开不行，南开不与时俱进不行。这句话的意思是，中国需要教育，更需要有理想、有本领、勇于献身的青年，这是中国命脉之所在。张伯苓先生自创办南开之日起，就善于借鉴世界优秀文明成果，紧密结合中国国情，坚持自主办学，重视教育改革和创新，提倡个性教育和多样化教育，推崇“独立之精神、自由之思想”，努力培养全面发展的人才。57年前，当我坐在这座礼堂里第一次参加开学典礼的时候，杨坚白校长和杨志行校长穿着一样的米色中山装，并肩站在讲台上，用他们特有的气质给大家讲话，告诉我们做人的道理，这一幕我至今难以忘怀。南开之所以涌现出一大批志士仁人和科技、文化俊才，是因为她有自己的灵魂。人是要有灵魂的，学校也要有灵魂。让我们牢记“允公允能、日新月异”的校训，共同努力把南开办得更好，使“巍巍我南开精神”发扬光大，代代相传。

南开培养了我，南开是我心里的一块圣地，我是爱南开的。过去如此，现在依旧，而且愈发强烈。南开精神像一盏明灯，始终照亮着每一个南开人前进的道路。我愿同师生们一起奋斗，做一个无愧于南开的南开人！

（本文来源：《光明日报》2011年10月29日）

关于推进文化改革发展的重大举措

2011年10月15日

李长春

《决定》围绕建设社会主义文化强国和实现到2020年文化改革发展奋斗目标,围绕各地区各部门各方面普遍关注的重点问题,从6个方面作出工作部署、提出重大举措。

第一,推进社会主义核心价值体系建设,巩固全党全国各族人民团结奋斗的共同思想道德基础。历史和现实反复证明,没有核心价值体系,一种文化就立不起来、强不起来,一个民族就没有赖以维系的精神纽带,一个国家就没有统一意志和共同行动。基于这样的认识,《决定》首先对推进社会主义核心价值体系建设进行阐述和部署,并将这方面的总体要求作为一条红线贯穿全篇。《决定》提出,社会主义核心价值体系是兴国之魂,是社会主义先进文化的精髓,决定着中国特色社会主义发展方向。要把社会主义核心价值体系融入国民教育、精神文明建设和党的建设全过程,贯穿改革开放和社会主义现代化建设各领域,体现到精神文化产品创作生产传播各方面,坚持用社会主义核心价值体系引领社会思潮,在全党全社会形成统一指导思想、共同理想信念、强大精神力量、基本道德规范。围绕这项任务,《决定》从4个方面作出工作部署。一是坚持马克思主义指导地位。《决定》提出,要毫不动摇地坚持马克思主义基本原理,用发展着的马克思主义指导新的实践,推动学习实践科学发展观向深度和广度拓展。要大力推进马克思主义学习型政党建设,深入推进马克思主义理论研究和建设工程,实施中国特色社会主义理论体系普及计划,推动中国特色社会主义理论体系进教材、进课堂、进头脑,加强和改进学校思想政治教育。二是坚定中国特色社会主义共同理想。《决定》提出,中国特色社会主义是当代中国发展进步的根本方向,集中体现了最广大人民根本利益和共同愿望。要深入开展理想信念教育,深入开展形势政策教育、国情教育、革命传统教育、改革开放教育、国防教育,坚定广大干部群众对中国特色社会主义的信心和信念。三是弘扬以爱国主义为核心的民族精神和以改革创新为核心的时代精神。《决定》提出,爱国主义是中华民族最深厚的思想传统,最能感召中华儿女团结奋斗;改革创新是当代中国最鲜明的时代特征,最能激励中华儿女锐意进取。要广泛开展民族精神教育,广泛开展时代精神教育,大力弘扬一切有利于国家富强、民族振兴、人民幸福、社会和谐的思想和精神,大力发扬艰苦奋斗、劳动光荣、勤俭节约的优良传统,加强民族团结进步教育,加强爱国主义教育基地建设。四是树立和践行社会主义荣辱观。《决定》提出,社会主义荣辱观体现了社会主义道德的根本要求。要深入开展社会主义荣辱观宣传教育,推进公民道德建设工程,深化群众性精神文明创建活动,拓展各类道德实践活动,全面加强学校德育体系建设,深入开展学雷锋活动,开展道德领域突出问题专项教育和治理。要大力推进政务诚信、商务诚信、社会诚信和司法公信建设,抓紧建立健全覆盖全社会的征信系统,加大对失信行为惩戒力度。要加强法制宣传教育,弘扬科学精神,深入开展反腐倡廉教育。

在征求意见和起草调研过程中,一些同志建议对社会主义核心价值体系作概括,提出简明扼要、便于传播践行的社会主义核心价值观。文件起草组进行深入调研,多方听取意见,委托有关部门和单位进行专题研究,梳理关于社会主义核心价值观的各种表述。从调研情况看,概括出能够得到广泛认同的社会主义核心价值观,需要在实践中继续探索。

第二,全面贯彻“二为”方向和“双百”方针,为人民提供更好更多的精神食粮。推动文化繁荣发展,满足人民多样化精神文化需求,不论是发展文化事业还是发展文化产业,基础工作是要创作生产更多优秀作品。这是文化繁荣发展的重要标志,也是文化繁荣发展的重要支撑。当前,我国文化产品创作生产方向总体上是正确的,文化创作生产呈现积极向上、繁荣发展的景象。同时,我们也要看到,与人民群众的需求和期待相比,文化创作生产仍然存在不小差距,叫得响、传得开、留得住的高质量文化产品还不多,特别是人民群众对文化创作生产中存在低俗、一切向钱看等问题反映强烈。因此,必须加强对文化创作生产的引导,特别是要牢牢坚持正确创作方向。《决定》提出,正确创作方向是文化创作生产的根本性问题,必须全面贯彻为人民服务、为社会主义服务的方向和百花齐放、百家争鸣的方针,必须牢固树立人民是历史创造者的观点,坚持以人民为中心的创作导向,引导文化工作者牢记为人民服务、为社会主义服务的神圣职责,坚持正确文化立场,弘扬真善美、贬斥假恶丑,发挥文化引领风尚、教育人民、服务社会、推动发展的作用。

文化产品创作生产,最主要的领域是哲学社会科学、新闻舆论、文艺作品、网络文化。《决定》分别对这些领域作出工作部署。关于繁荣发展哲学社会科学。《决定》强调,必须大力发展哲学社会科学,使之更好发挥认识世界、传承文明、创新理论、咨政育人、服务社会的重要功能。要巩固发展马克思主义理论学科,建设具有中国特色、中国风格、中国气派的哲学社会科学。要坚持以重大现实问题为主攻方向,加强对全局性、战略性、前瞻性问题研究,实施哲学社会科学创新工程,发挥国家哲学社会科学基金示范引导作用,整合哲学社会科学研究力量,建设一批具有专业优势的思想库。关于加强和改进新闻舆论工作。《决定》强调,舆论导向正确是党和人民之福,舆论导向错误是党和人民之祸。要坚持马克思主义新闻观,牢牢把握正确导向,提高舆论引导的及时性、权威性和公信力、影响力,加强和改进正面宣传,加强社会热点难点问题引导,加强和改进舆论监督。新闻媒体和新闻工作者要秉持社会责任和职业道德,真实准确传播新闻信息,自觉抵制错误观点,坚决杜绝虚假新闻。关于推出更多优秀文艺作品。《决定》强调,各领域文艺工作者都要积极投身到讴歌时代和人民的文艺创造活动之中,创作生产出思想性艺术性观赏性相统一、人民喜闻乐见的优秀文艺作品。要实施精品战略,鼓励原创和现实题材创作,扶持代表国家水准、具有民族特色和地方特色的优秀艺术品种,积极发展新的艺术样式,抵制低俗之风。针对互联网等媒体快速发展的新情况新挑战,《决定》重点就发展健康向上的网络文化作出工作部署。互联网催生了新的文化生产和传播方式,形成特色鲜明的网络文化,成为干部群众特别是青少年精神文化生活的重要组成部分,也成为各种思想文化交汇和意识形态较量的重要平台。经过这些年的努力,我们在网络建设和管理方面积累了成功经验,初步形成了一套有效的管理体制,管理水平不断提高。同时,互联网突出的特点是技术更新快、发展普及快、信息扩散快,新型网络传播手段不断涌现,加强网络文化建设和管理十分重要。《决定》抓住“建设和管理”这两个关键环节作出工作部署,强调加强网上思想文化阵地建设,是社会主义文化建设的迫切任务。要认真贯彻积极利用、科学发展、依法管理、确保安全的方针,加强网上舆论引导,实施网络内容建设工程,支持重点新闻网站加快发展,打造一批在国内外有较强影响力的综合性网站和特色网站,广泛开展文明网站创建,督促网络运营服务企业履行法律义务和社会责任。要加强网络法制建设,加强对社交网络和即时通信工具等的引导和管理,规范网上信息传播秩序,培育文明理性的网络环境,深入推进整治网络淫秽色情和低俗信息专项行动,维护公共利益和国家信息安全。完善文化产品评价体系和激励机制对引导文化产品创作生产具有重要意义。《决定》提出,要坚持把遵循社会主义先进文化前进方向、人民群众满意作为评价作品最高标准,把群众评价、专家评价和市场检验统一起来,形成科学的评价标准。要建立公开、公平、公正评奖机制,精简评奖种类,改进评奖办法,开展积极健康的文艺批评,在资金、频道、版面、场地等方面为展演展映展播展览弘扬主流价值的精品力作提供条件。

第三,大力发展公益性文化事业,保障人民基本文化权益。满足人民基本文化需求是社会主义文化建设的基本任务。《决定》提出,必须坚持政府主导,加强文化基础设施建设,完善公共文化服务网,让群众广泛享有免费或优惠的基本公共文化服务。从公益性文化事业发展状况和要求看,当前和今后一个时期必须在构建公共文化服务体系、发展现代传播体系、建设优秀传统文化传承体系、加快城乡文化一体化发展 4 个方面取得突破,《决定》就此作出工作部署。关于构建公共文化服务体系。《决定》提出,加强公共文化服务是实现人民基本文化权益的主要途径。要以公共财政为支撑,以公益性文化单位为骨干,以全体人民为服务对象,以保障人民群众看电视、听广播、读书看报、进行公共文化鉴赏、参与公共文化活动等基本文化权益为主要内容，完善覆盖城乡、结构合理、功能健全、实用高效的公共文化服务体系，把主要公共文化产品和服务项目、公益性文化活动纳入公共财政经常性支出预算，加强公共文化服务设施建设，统筹规划和建设基层公共文化服务设施，引导和鼓励社会力量参与公共文化服务。关于发展现代传播体系。《决定》提出，提高社会主义先进文化辐射力和影响力，必须加快构建技术先进、传输快捷、覆盖广泛的现代传播体系。要加强党报党刊、通讯社、电台电视台和重要出版社建设，加强国际传播能力建设，整合有线电视网络，推进电信网、广电网、互联网三网融合，发挥各类信息网络设施的文化传播作用。关于建设优秀传统文化传承体系。优秀传统文化凝聚着中华民族自强不息的精神追求和历久弥新的精神财富，是发展社会主义先进文化的深厚基础，是建设中华民族共有精神家园的重要支撑。《决定》提出，要全面认识祖国传统文化，加强对优秀传统文化思想价值的挖掘和阐发，加强国家重大文化和自然遗产地、重点文物保护单位、历史文化名城名镇名村保护建设，抓好非物质文化遗产保护传承，广泛开展优秀传统文化教育普及活动，发挥国民教育在文化传承创新中的基础性作用，繁荣发展少数民族文化事业。关于加快城乡文化一体化发展。增加农村文化服务总量，缩小城乡文化发展差距，对推进社会主义新农村建设、形成城乡经济社会发展一体化新格局具有重大意义。《决定》提出，要以农村和中西部地区为重点，加强县级文化馆和图书馆、乡镇综合文化站、村文化室建设，深入实施文化惠民工程，加大对革命老区、民族地区、边疆地区、贫困地区文化服务网络建设支持和帮扶力度。中央、省、市三级设立农村文化建设专项资金，保证一定数量的中央转移支付资金用于乡镇和村文化建设。

第四，加快发展文化产业，推动文化产业成为国民经济支柱性产业。发展文化产业是社会主义市场经济条件下满足人民多样化精神文化需求的重要途径。文化产业是最具发展潜力的新兴产业之一，对推动经济结构战略性调整、加快转变经济发展方式具有重要作用。近年来，我国文化产业总体发展较快，2004 年至 2010 年全国文化产业增加值年平均现价增长速度超过 23%。2010 年，我国文化产业增加值突破 1.1 万亿元，占国内生产总值比重为 2.75%。《决定》强调，必须坚持社会主义先进文化前进方向，坚持把社会效益放在首位、社会效益和经济效益相统一，按照全面协调可持续的要求，推动文化产业跨越式发展，使之成为新的经济增长点、经济结构战略性调整的重要支点、转变经济发展方式的重要着力点，为推动科学发展提供重要支撑。围绕这项任务，《决定》从 4 个方面作出工作部署。一是构建现代文化产业体系。《决定》提出，必须构建结构合理、门类齐全、科技含量高、富有创意、竞争力强的现代文化产业体系，在重点领域实施一批重大项目，推进文化产业结构调整，发展壮大传统文化产业，加快发展新兴文化产业，加强文化产业基地规划和建设，加大对拥有自主知识产权、弘扬民族优秀文化的产业支持力度，推动文化产业与旅游、体育、信息、物流、建筑等产业融合发展。二是形成公有制为主体、多种所有制共同发展的文化产业格局。《决定》提出，加快发展文化产业，必须毫不动摇地支持和壮大国有或国有控股文化企业，毫不动摇地鼓励和引导各种非公有制文化企业健康发展。要培育一批核心竞争力强的国有或国有控股大型文化企业或企业集团，在发展产业和繁荣市场方面发挥主导作用。在国家许可范围内，引导社会资本以多种形式投资文化产业，营造公平参与市场竞争、同等受到法律保护的体制和法制环境。三是推进文化科技创新。科技创新是文化发展的重要引擎。《决定》提出，要发挥文化和科技相互促进的作用，深入实施科技带动战略，增强自主创新能力，加强核心技术、关键技术、共性技术攻关，依托国家高新技术园区、国家可持续发展实验区等建立国家级文化和科技融合示范基地，把重大文化科技项目纳入国家相关科技发展规划和计划。四是扩大文化消费。增加文化消费总量，提高文化消费水平，是文化产业发展的内生动力。《决定》提出，要创新商业模式，拓展大众文化消费市场，开发特色文化消费，扩大文化服务消费，提高基层文化消费水平，有条件的地方要为困难群众和农民工文化消费提供适当补贴。要积极发展文化旅游，发挥旅游对文化消费的促进作用。

第五，进一步深化改革开放，加快构建有利于文化繁荣发展的体制机制。文化引领时代风气之先，是最需要创新的领域。推动社会主义文化大发展大繁荣，必须牢牢把握正确方向，加快推进文化体制改革，建立健全科学的文化管理体制和富有活力的文化产品生产经营机制，发挥市场在文化资源配置中的积极作用，创新文化走出去模式。围绕这项任务，《决定》从6个方面作出工作部署。一是深化国有文化单位改革。《决定》提出，要以建立现代企业制度为重点，加快推进经营性文化单位改革，培育合格市场主体。要推进一般国有文艺院团、非时政类报刊社、新闻网站转企改制，拓展出版、发行、影视企业改革成果，形成符合现代企业制度要求、体现文化企业特点的资产组织形式和经营管理模式。要全面推进文化事业单位人事、收入分配、社会保障制度改革，创新公共文化服务设施运行机制。要推动一般时政类报刊社、公益性出版社、代表民族特色和国家水准的文艺院团等事业单位实行企业化管理，增强面向市场、面向群众提供服务能力。二是健全现代文化市场体系。促进文化产品和要素在全国范围内合理流动，必须构建统一开放竞争有序的现代文化市场体系。《决定》提出，要重点发展图书报刊、电子音像制品、演出娱乐、影视剧、动漫游戏等产品市场，发展现代流通组织和流通形式，加快培育要素市场，办好重点文化产权交易所。三是创新文化管理体制。《决定》提出，要深化文化行政管理体制改革，加快政府职能转变，强化政策调节、市场监管、社会管理、公共服务职能，推动政企分开、政事分开，完善管人管事管资产管导向相结合的国有文化资产管理体制，健全文化市场综合行政执法机构，加快文化立法，提高文化建设法制化水平。要落实谁主管谁负责和属地管理原则，深入开展“扫黄打非”，完善文化市场管理，坚决扫除毒害人们心灵的腐朽文化垃圾。四是完善政策保障机制。《决定》提出，要保证公共财政对文化建设投入的增长幅度高于财政经常性收入增长幅度，提高文化支出占财政支出比例，落实和完善文化经济政策，设立国家文化发展基金，扩大有关文化基金和专项资金规模，提高各级彩票公益金用于文化事业比重，继续执行文化体制改革配套政策。五是推动中华文化走向世界。《决定》提出，要开展多渠道多形式多层次对外文化交流，创新对外宣传方式方法，实施文化走出去工程，培育一批具有国际竞争力的外向型文化企业和中介机构，加强海外中国文化中心和孔子学院建设，支持海外侨胞积极开展中外人文交流。六是积极吸收借鉴国外优秀文化成果。《决定》提出，要坚持以我为主、为我所用，学习借鉴一切有利于加强我国社会主义文化建设的有益经验、一切有利于丰富我国人民文化生活的积极成果、一切有利于发展我国文化事业和文化产业的经营管理理念和机制。要加强文化领域智力、人才、技术引进工作，吸收外资进入法律法规许可的文化产业领域。

第六，建设宏大文化人才队伍，为社会主义文化大发展大繁荣提供有力人才支撑。推动社会主义文化大发展大繁荣，队伍是基础，人才是关键。《决定》提出，要加快培养造就德才兼备、锐意创新、结构合理、规模宏大的文化人才队伍。围绕这项任务，《决定》从3个方面作出工作部署。一是造就高层次领军人物和高素质文化人才队伍。《决定》提出，要继续实施“四个一批”人才培养工程和文化名家工程，建立重大文化项目首席专家制度，造就一批人民喜爱、有国际影响的名家大师和民族文化代表人物，抓紧培养善于开拓文化新领域的拔尖创新人才、掌握现代传媒技术的专门人才、懂经营善管理的复合型人才、适应文化走出去需要的国际化人才。二是加强基层文化人才队伍建设。《决定》提出，要制定实施基层文化人才队伍建设规划，设立城乡社区公共文化服务岗位，对服务期满高校毕业生报考文化部门公务员、相关专业研究生实行定向招录，壮大文化志愿者队伍，形成专兼结合的基层文化工作队伍。三是加强职业道德建设和作风建设。《决定》提出，要引导广大文化工作者特别是名家名人自觉践行社会主义核心价值体系，增强社会责任感，努力追求德艺双馨。要鼓励文化工作者特别是文化名家、中青年骨干深入实际、深入生活、深入群众，增强国情了解，增加基层体验，增进群众感情。

（这是李长春同志《关于〈中共中央关于深化文化体制改革推动社会主义文化大发展大繁荣若干重大问题的决定〉的说明》的一部分）

（本文来源：《人民日报》2011年10月27日）

谈谈调查研究

习近平

调查研究是做好领导工作的一项基本功，调查研究能力是领导干部整体素质和能力的一个组成部分。到中央党校学习培训的都是县以上党员领导干部，党校不少班次都有专题调查研究的教学安排。现在到了年终岁末，各地各部门都要总结今年的工作，谋划明年的工作，加强调查研究很有必要。

一、调查研究不仅是一种工作方法，而且是关系党和人民事业得失成败的大问题

重视调查研究，是我们党在革命、建设、改革各个历史时期做好领导工作的重要传家宝。马克思主义的辩证唯物主义、历史唯物主义世界观和方法论，党的实事求是的思想路线，党的从群众中来、到群众中去的根本工作路线，都要求我们的领导工作和领导干部必须始终坚持和不断加强调查研究。只有这样，才能真正做到一切从实际出发、理论联系实际、实事求是，真正保持党同人民群众的密切联系，也才能从根本上保证党的路线方针政策和各项决策的正确制定与贯彻执行，保证我们在工作中尽可能防止和减少失误，即使发生了失误也能迅速得到纠正而又继续胜利前进。回顾我们党的发展历程可以清楚地看到，什么时候全党从上到下重视并坚持和加强调查研究，党的工作决策和指导方针符合客观实际，党的事业就顺利发展；而忽视调查研究或者调查研究不够，往往导致主观认识脱离客观实际、领导意志脱离群众愿望，从而造成决策失误，使党的事业蒙受损失。

调查研究的过程，是领导干部提高认识能力、判断能力和工作能力的过程。经常走出领导机关，深入实际、深入基层、深入群众，进行各种形式和类型的调查研究，非常有益于促进领导干部正确认识客观世界、改造主观世界、转变工作作风、增进同人民群众的感情，有益于深切了解群众的需求、愿望和创造精神、实践经验。现在的交通通信手段越来越发达，获取信息的渠道越来越多，但都不能代替领导干部亲力亲为的调查研究。因为直接与基层干部群众接触，面对面地了解情况和商讨问题，对领导干部在认识上和感受上所起的作用和间接听汇报、看材料是不同的。通过深入实际调查研究，把大量和零碎的材料经过去粗取精、去伪存真、由此及彼、由表及里的思考、分析、综合，加以系统化、条理化，透过纷繁复杂的现象抓住事物的本质，找出它的内在规律，由感性认识上升为理性认识，在此基础上作出正确的决策，这本身就是领导干部分析和解决问题本领的重要反映，也是领导干部思想理论水平和工作水平的重要反映。领导干部不论阅历多么丰富，不论从事哪一方面工作，都应始终坚持和不断加强调查研究。

为什么对领导干部的调查研究，要强调“始终坚持”和“不断加强”呢？一是因为我们所肩负的任务是不断变化的，原有的任务完成了，新的任务又摆到了面前，又需要重新学习和调查研究。二是因为我们党的领导干部是要不断地进行新老交替和不断地调换工作岗位的，老干部离开了领导岗位，新一批干部上来了，老干部学习和调查研究的经验可以供新上来的干部学习借鉴，但代替不了新上来干部的学习和调查研究。领导干部从一个地区和部门到另一个地区和部门，都必须进行调查研究。即便是回到曾经熟悉的工作岗位和工作环境，也不能刻舟求剑，还需要重新调查了解新情况。三是客观事物总在不断变化，新矛盾新问题每日每时都在出现，在当代中国社会主义现代化事业蓬勃发展的形势下，在当今世界多极化、经济全球化深入发展和科学技术突飞猛进的条件下更是如此。这也要求领导干部必须坚持不懈地进行和加强调查研究。

应该看到，当前在领导干部中，不重视调查研究、不善于调查研究的问题还是存在的。有的走不出“文山会海”，强调工作忙，很少下去调查研究。有的满足于看材料、听汇报、上网络，不深入实际生活，坐在办公室关起门来作决策。有的自认为熟悉本地区本部门情况，对层出不穷的新情况新问题反映不敏锐，对形势发展变化提出的新课题新挑战应对不得力，看不到事物的发展变化是一个由量变到质变的过程，凭经验办事，拍脑袋决策。有的调研走过场，只看“盆景式”典型，满足于听听、转转、看看，蜻蜓点水、浅尝辄止。凡此种种，严重影响决策的科学性，妨碍党的路线方针政策的贯彻执行，也损害领导机关、领导干部的形象。

胡锦涛同志在党的十七届六中全会上再次明确要求，各级党委要立足我国社会主义初级阶段基本国情，以宽广的眼界观察世界，组织力量开展调查研究，努力回答对我国经济社会发展带有全局性、战略性的重大问题。各级领导干部要充分认识调查研究的重要性，按照胡锦涛同志提出的要求加强和做好调查研究工作。

二、学习和掌握正确方法，努力提高调查研究水平和成效

做好新形势下的调查研究工作，要坚持以中国特色社会主义理论体系为指导，紧紧围绕党的路线方针政策和中央重大决策部署的贯彻执行，坚持解放思想、实事求是、与时俱进，深入研究影响和制约科学发展的突出问题，深入研究人民群众反映强烈的热点难点问题，深入研究党的建设面临的重大理论和实际问题，深入研究事关改革发展稳定大局的重点问题，深入研究当今世界政治经济等领域的重大问题，全面了解各种新情况，认真总结群众创造的新经验，努力探索各行各业带规律性的东西，积极提供相应的对策，使调查研究工作同中心工作和决策需要紧密结合起来，更好地为各级党委和政府科学决策服务，为提高党的领导水平和执政水平服务。

调查研究，是对客观实际情况的调查了解和分析研究，目的是把事情的真相和全貌调查清楚，把问题的本质和规律把握准确，把解决问题的思路和对策研究透彻。这就必须深入实际、深入基层、深入群众，多层次、多方位、多渠道地调查了解情况。既要调查机关，又要调查基层；既要调查干部，又要调查群众；既要解剖典型，又要了解全局；既要到工作局面好和先进的地方去总结经验，又要到困难较多、情况复杂、矛盾尖锐的地方去研究问题。基层、群众、重要典型和困难的地方，应成为调研重点，要花更多时间去了解和研究。只有这样去调查研究，才能获得在办公室难以听到、不易看到和意想不到的新情况，找出解决问题的新视角、新思路和新对策。领导干部搞调研，要有明确的目的，带着问题下去，尽力掌握调研活动的主动权，调研中可以有“规定路线”，但还应有“自选动作”，看一些没有准备的地方，搞一些不打招呼、不作安排的随机性调研，力求准确、全面、深透地了解情况，避免出现“被调研”现象，防止调查研究走过场。党的十七届四中全会《决定》明确规定：“领导干部下基层调查研究，要轻车简从，不扰民，不搞层层陪同，不组织群众迎送”。这个要求，各级领导干部要认真贯彻落实。

搞好调查研究，一定要从群众中来、到群众中去，广泛听取群众意见。人民群众的社会实践，是获得正确认识的源泉，也是检验和深化我们认识的根本所在。调查研究成果的质量如何，形成的意见正确与否，最终都要由人民群众的实践来检验。毛泽东同志1930年在寻乌县调查时，直接与各界群众开调查会，掌握了大量第一手材料，诸如该县各类物产的产量、价格，县城各业人员数量、比例，各商铺经营品种、收入，各地农民分了多少土地、收入怎样，各类人群的政治态度，等等，都弄得一清二楚。这种深入、唯实的作风值得我们学习。领导干部进行调查研究，要放下架子、扑下身子，深入田间地头和厂矿车间，同群众一起讨论问题，倾听他们的呼声，体察他们的情绪，感受他们的疾苦，总结他们的经验，吸取他们的智慧。既要听群众的顺耳话，也要听群众的逆耳言；既要让群众反映情况，也要请群众提出意见。尤其对群众最盼、最急、最忧、最怨的问题更要主动调研，抓住不放。这样才能真正听到实话、察到实情、获得真知、收到实效。

调查研究必须坚持实事求是的原则，树立求真务实的作风，具有追求真理、修正错误的勇气。现在有的干部善于察言观色，准备了几个口袋，揣摩上面或领导的意图来提供材料。很显然，这样的调查是看不到实情、得不到真知、做不出正确结论的。调查研究一定要从客观实际出发，不能带着事先定的调子下去，而要坚持结论产生在调查研究之后，建立在科学论证的基础上。对调查了解到的真实情况和各种问题，要坚持有一是一、有二是二，既报喜又报忧，不唯书、不唯上、只唯实。有些干部，不是不了解情况，也不是看不到问题，而是不愿正视现实，不敢讲真话，报喜不报忧。这些现象都是违背实事求是原则的。在调查研究中能不能、敢不敢实事求是，不只是认识水平问题，而且是党性问题。只有公而忘私，把党和人民利益放在第一位，才能真正做到实事求是。在领导机关、领导干部中，要进一步营造和保持讲真话、讲实话、讲心里话的良好氛围，鼓励如实反映情况和提出不同意见，积极开展批评与自我批评，坚决反对上下级和干部之间逢迎讨好、相互吹捧，坚决反对把党内生活庸俗化。

调查研究，包括调查与研究两个环节。衡量调查研究搞得好不好，不是看调查研究的规模有多大、时间有多长，也不是光看调研报告写得怎么样，关键要看调查研究的实效，看调研成果的运用，看能不能把问题解决好。从目前领导干部开展调查研究的实际情况看，有调查不够的问题，也有研究不够的问题，而后一个问题可能更突出。有的同志下去，只调查不研究，装了一兜子材料，回来汇报一下写个报告就了事；有的领导干部连调研汇报也不听，调查材料也不看。这种调查多、研究少，情况多、分析少，不解决什么问题的调查研究，是事倍功半的。我们要充分认识到，调查研究的根本目的是解决问题，调查结束后一定要进行深入细致的思考，进行一番交换、比较、反复的工作，把零散的认识系统化，把粗浅的认识深刻化，直至找到事物的本质规律，找到解决问题的正确办法。

调查研究方法也要与时俱进。在运用我们党在长期实践中积累的有效方法的同时，要适应新形势新情况特别是当今社会信息网络化的特点，进一步拓展调研渠道、丰富调研手段、创新调研方式，学习、掌握和运用现代科学技术的调研方法，如问卷调查、统计调查、抽样调查、专家调查、网络调查等，并逐步把现代信息技术引入调研领域，提高调研的效率和科学性。

三、建立和完善制度，保证调查研究经常化

我们党有重视调查研究的优良传统，在新的形势下要大力弘扬。在坚持和加强调查研究方面，我们党相继制定了一系列行之有效的制度，要在实践中不断健全完善，切实抓好贯彻落实，使调查研究真正成为各级领导干部自觉的经常性活动。

坚持和完善先调研后决策的重要决策调研论证制度。陈云同志说："领导机关制定政策，要用百分之九十以上的时间作调查研究工作，最后讨论作决定用不到百分之十的时间就够了。"这是很有道理的。决策是一个提出问题、分析问题、解决问题的过程。为了防止和克服决策中的随意性及其造成的失误，提高决策的科学化水平，必须把调查研究贯穿于决策的全过程，真正成为决策的必经程序。该通过什么调研程序决策的事项，就要严格执行相关调研程序，不能嫌麻烦、图省事。对本地区、本部门事关改革发展稳定全局的问题，应坚持做到不调研不决策、先调研后决策。提交讨论的重要决策方案，应该是经过深入调查研究形成的，有的要有不同决策方案作比较。特别是涉及群众切身利益的重要政策措施出台，要采取听证会、论证会等形式，广泛听取群众意见。要在建立、完善落实重大项目、重大决策风险评估机制上取得实质性进展，使我们的各项工作真正赢得群众的理解和支持，从源头上预防矛盾纠纷的发生。

坚持和完善领导机关、领导干部的调研工作制度。领导干部要带头调查研究，拿出一定时间深入基层，特别是主要负责人要亲自主持重大课题的调研，拿出对工作全局有重要指导作用的调研报告。为什么要强调各级领导机关的主要负责人亲自下去做调查，亲自主持重大课题的调研呢？因为对各种问题特别是重大问题的决策，最后都需要主要负责人去集中各方面的意见由领导集体决断，而主要负责人亲自做了调查研究，同大家有着共同的深切感受和体验，就更容易在领导集体中形成统一认识和一致意见，更容易做出决定。上世纪 60 年代初，为了度过当时国民经济的严重困难，全党同志就当时一些重大问题同时开展调研，尤其是各级领导机关的主要负责人都参与了调研，结果很快就形成了解决一系列重大经济社会问题的正确决策，使困难局面迅速得到扭转。那次全党大调研给我们留下了宝贵经验。中共中央办公厅去年印发的《关于推进学习型党组织建设的意见》明确要求："建立健全调查研究制度，省部级领导干部到基层调研每年不少于 30 天，市、县级领导干部不少于 60 天，领导干部要每年撰写 1 至 2 篇调研报告"。对这些要求，各级领导干部要认真执行，各级领导机关要经常督促落实。

坚持和完善领导干部的联系点制度。建立领导干部联系点，是防止领导干部脱离群众的一种重要手段，也是发现和解决问题的有效途径。各级领导干部要坚持这一制度，并注意总结经验，不断加以完善。党政主要领导干部要以身作则，率先垂范。不仅要"身入"基层，更要"心到"基层，始终关心基层联系点，关心联系点的群众。到联系点调查研究，要真心实意地交朋友、拉家常，通过面对面交流，直接了解基层干部群众的所想、所急、所盼。同时，还可有选择地开展蹲点调研。蹲点调研、解剖"麻雀"是过去常用的一种调研方式，在信息化时代依然是管用的。要注意选择问题多、困难大、矛盾集中,与本职工作密切相关的农村、社区、企业等基层单位,开展蹲点调研,倾听群众心声,找准问题的症结所在。近年来,有些领导干部包括有的省部级干部不打招呼、不要陪同,一竿子插到底,直接深入基层和群众之中进行调查研究。一些省区市和中央部委开展"领导干部下基层"、"进千村入万户"等活动,每年安排一批干部到村镇、社区和其他基层单位蹲点。中央组织部近两年组织开展万名组织部长下基层活动,推动各级组织部长深入基层、深入一线,与群众零距离接触、与干部面对面交流,实地考察基层经济社会发展和党的建设情况,解决了一批影响和制约地方科学发展的突出问题,发现和总结了许多基层党建新经验,结交了普通百姓朋友,密切了党群、干群关系,同时也发现了一批优秀人才。今年8月以来,中央宣传部、中央外宣办、国家广电总局、新闻出版总署、中国记协等五部门在新闻战线开展"走基层、转作风、改文风"活动,大批编辑记者深入基层蹲点调研、采访写作,采写的新闻报道令人耳目一新,在了解基层实际、反映群众意愿、树立良好形象、推动具体工作上取得了积极进展,受到广大干部群众的普遍好评。浙江省嘉善县从2008年起,每年分批选派近200名部门中层干部到基层单位开展为期3个月的蹲点调研,采取"菜单式点题"、"承诺式蹲点"和"全程式联挂"等形式,组织机关干部集中下基层开展服务、调研活动。3年来,参与调研的干部每年都提出了一批好的工作建议,并为基层和群众解决了一批突出问题,办了不少实事,群众赞誉"党的好传统、好作风又回来了"。像这样的例子在中央机关和地方还有不少。以上这些做法,都有助于了解实际情况、听取群众意见、发现和解决问题、密切党群关系,值得学习和借鉴。

(这是习近平同志2011年11月16日在中央党校秋季学期第二批入学学员开学典礼上的讲话,发表时作了文字处理)

(本文来源:《学习时报》2011年11月21日)

完善全球经济治理　促进各国共同发展

——在第二届全球智库峰会上的演讲

2011年6月25日

李克强

尊敬的各位来宾,

女士们、先生们、朋友们:

很高兴参加第二届全球智库峰会。两年前,在第一届全球智库峰会上,来自各国的代表们为应对国际金融危机、促进世界经济复苏,提出了很多富有睿智的政策建议。今天,中外智库人士、政界人士和企业家再次聚首北京,对世界经济复苏中一些重要问题进行探讨,这对于推动世界经济强劲、可持续、平衡增长很有意义。在此,我谨代表中国政府向远道而来的嘉宾们表示欢迎!对峰会的召开表示祝贺!

当前,世界正处于大发展大调整大变革之中,和平、发展、合作的时代潮流不可阻挡,世界多极化、经济全球化深入发展,新兴市场国家和发展中国家快速成长,国际经济秩序出现深刻变化。在各方的共同努力下,全球经济开始走出危机的阴影,但复苏的道路并不平坦,还存在诸多不确定、不稳定因素。实现世界经济全面复苏和健康发展,需要我们从战略的高度、全球的视野、长远的角度,认真思考危机产生的原因和未来发展方向;在变化中的世界中,承担起符合自身角色的社会责任和国际责任。这里,我愿结合本次峰会主题,就全球经济治理的共同责任问题谈几点看法,同大家交流讨论。

第一,加强全球经济治理对世界经济发展十分重要。国际金融危机的爆发,暴露了国际金融体系存在的缺陷,也揭示了全球经济治理的不足之处。

为提高经济危机防范能力，需要各国继续发扬在应对危机中形成的齐心协力、加强合作、同舟共济的精神，完善和创新全球经济治理。在相关机制建设中，应遵循相互尊重、集体决策的原则，增加新兴市场国家和发展中国家的代表性和发言权。中国作为世界上最大的发展中国家，愿意与其他国家共同应对全球性挑战、共同分享发展机遇。我们将继续支持联合国及相关机构在全球治理中发挥基础性作用，支持和推动二十国集团在全球经济治理中发挥更大作用，积极参与多哈回合谈判，深化区域经济合作，促进国际经济秩序朝着更加公正合理的方向发展。

第二，完善财政金融体系是消除金融危机根源的关键之举。当前世界经济正在复苏，但一些国家主权债务和财政风险加大，有的国家还面临经济下行的压力，国际金融市场起伏不定，导致危机的一些深层次矛盾尚未根除。国际社会应继续推进全球金融结构调整和改革，加强对金融创新、资本流动的监管，保持主要储备货币流动性的合理稳定，推动建立公平、公正、包容、有序的国际货币金融体系。还应重视对各国财政金融的监测分析，根据不同情况采取调整措施，降低财政金融失衡度，增强经济发展后劲。

第三，实现经济健康复苏需要警惕全球性通胀风险。历史告诉我们，经济从衰退到复苏充满着挑战，增长和通胀往往是相伴而生的。近一时期，国际市场上粮食、石油、煤炭等大宗商品价格高位波动，通货膨胀在全球呈现一定的蔓延之势，给经济增长带来阴影。面对全球性通胀等挑战，单靠个别国家努力远远不够。需要各国相互沟通，加强宏观经济政策的协调，把握好政策导向、重点和力度，既恢复和保持经济增长，又抑制和减轻通货膨胀，促进世界经济健康运行。

第四，推动经济持续发展必须坚持全球化与自由贸易。贸易自由化是世界经济发展的重要引擎，也是全面复苏的必要条件。经济发展的理论和实践表明，只有通过合理的国际分工和自由贸易，才能实现产品和要素在全球范围内优化配置，从而提高社会生产力和人类福祉。但近年来，贸易和投资保护主义有所抬头，在一定程度上阻碍了复苏的进程。国际社会应坚持经济全球化的基本方向，坚决反对和抵制各种形式的保护主义，推动建立均衡、普惠、共赢的多边贸易体系，使自由贸易的好处为各国人民所共享。

第五，缩小南北发展差距是促进世界持久繁荣的根本措施。当今世界，财富增长相对较快，但南北不平衡更加突出，这是全球经济最大的不平衡。国际金融危机及大宗商品涨价，又使一些发展中国家受到严重冲击，延缓了实现千年发展目标的进程，甚至影响社会秩序和稳定。国际社会应当提升南北问题在全球议程中的地位，把支持欠发达国家作为促进世界经济平衡的重要任务，为之提供更多的经济资源、更好的制度保障，提高其自我发展能力，促进全球共同发展。

各位朋友！

今年年初，中国制定了第十二个五年发展规划纲要，它不仅为中国人民描绘了未来发展蓝图，也吸引了世界的目光。我们正在编制若干“十二五”国家重点专项规划，以使规划纲要的实施更具有可操作性。未来五年，中国将坚持以科学发展为主题，以加快转变经济发展方式为主线，把经济结构战略性调整作为主攻方向，推动科技创新，深化改革开放，促进经济长期平稳较快发展与社会和谐进步。立足当前，着眼长远，需要重点推进以下几项工作。

一是保持经济平稳运行。这是转方式、调结构的重要基础。今年是“十二五”规划的开局之年。几个月来，中国经济呈现出平稳较快增长的势头。但也面临着通胀压力等问题。对此，中国把保持物价总水平基本稳定作为宏观调控的首要任务，努力处理好保持经济平稳较快发展、调整经济结构、管理通胀预期的关系，巩固经济发展势头，提高发展质量和效益。我们千方百计保持粮食稳定增产，目前夏粮丰收已成定局。中国立足国内生产能源，保证煤电油气稳定供应，强化需求侧管理。一方面增加粮食、能源等有效供给，一方面抑制不合理需求，有利于保持经济平稳运行、控制通胀预期。

二是致力于扩大消费需求。这是最大的结构调整。中国人多地广，国内市场潜力巨大。我们将坚持扩大国内需求特别是居民消费需求的战略。通过加大收入分配调节力度等措施，实现居民收入增长和经济发展同步、劳动报酬增长和劳动生产率提高同步。推进教育、就业、社会保障等基本公共服务均等化，减少民众对扩大消费的后顾之忧，增强全社会消费能力。我们正在实施一批重大民生工程，包括大规模建设保障性安居工程、促进困难群众住有所居,深化医疗卫生体制改革、实现全民基本医保等,这既能保障和改善民生,又是优化结构、促进增长的重大举措。

三是着力推进绿色发展。这是结构调整的大趋势。中国将以此为契机,加快科技创新步伐,调整和优化产业结构,把节能环保、新一代信息技术、生物、新能源等产业确立为战略性新兴产业,给予重点鼓励和扶持。同时,加快发展循环经济、低碳技术,逐步关闭高耗能、高排放的落后生产能力,推动能源生产和利用方式变革,合理控制能源消费总量,构建绿色清洁的生产方式和消费模式。

四是协调经济和社会发展。这是转方式、调结构的重要任务。经过长期努力,中国现代化建设已经站在一个新的历史起点上。但发展中不平衡、不协调、不可持续问题仍然突出,特别是社会发展"短板"的矛盾亟待缓解。我们加快转变经济发展方式,不仅要求对经济结构进行调整,而且涉及社会结构的调整。需要大力发展各项社会事业,深化社会领域相关改革,使转变经济发展方式贯穿于经济社会发展的全过程和各领域。

五是进一步深化改革开放。这是转方式、调结构的应有之义和强大动力。过去30多年,中国依靠改革开放促进了经济社会发展,今后将继续把制度创新作为转型发展的强大动力。要以更大的决心和勇气全面推进各领域改革,更加重视改革的顶层设计和总体规划,坚持经济体制改革的市场化取向,力争在企业、行政、财税、金融、价格等重点领域改革上取得突破性进展。在对外开放中,由出口和吸收外资为主,转向进口与出口并举、引进外资与对外投资并重,使国际市场与国内市场进一步深度融合。中国把扩大进口作为战略举措,这为世界各国发展提供了重要机遇。

各位朋友!

智库汇聚了各学科、各领域的知识精英,不仅为各国政府决策提出了重要建议,也为人类生存和发展、全球和地区安全、国际难点热点化解等提供了宝贵的建设性意见。当今世界,如何解决全球经济治理中存在的问题,既是对决策者的挑战,也是对人类智慧的考验。希望全球智库同仁能够借此机会、利用好这个平台,各抒己见,畅所欲言,为完善和创新全球经济治理贡献经验和智慧。

最后,祝第二届全球智库峰会取得圆满成功!祝各位在北京工作顺利、身体健康!

谢谢大家。

(本文来源:《人民日报》2011年6月27日)

进一步提高党的建设科学化水平为经济社会发展提供坚强保证

张高丽

胡锦涛总书记"七一"重要讲话,深刻总结了我们党90年的光辉历程、伟大成就和宝贵经验,明确提出了新的历史条件下提高党的建设科学化水平的目标任务,精辟阐述了在新的历史起点上把中国特色社会主义伟大事业全面推向前进的大政方针,是一篇马克思主义的纲领性文献。胡锦涛总书记深刻指出:"回顾90年中国的发展进步,可以得出一个基本结论:办好中国的事情,关键在党。"党的领导和党的建设是中国特色社会主义伟大事业不断取得胜利的重要法宝。在新的历史条件下,我们必须全面认识和自觉运用马克思主义执政党建设规律,紧密结合新的实践,全面推进党的建设新的伟大工程,不断提高党的建设科学化水平,为经济社会又好又快发展提供坚强有力的保证。

一、坚持理论武装,提高干部思想政治水平

列宁说过,只有以先进理论为指南的党,才能实现先进战士的作用。天津市第九次党代会以来,我们坚持以邓小平理论和"三个代表"重要思想为指导,深入贯彻落实科学发展观,根据中央的决策部署和胡锦涛总书记对天津工作的一系列重要要求,确定了符合天津实际的一整套发展目标、发展思路、发展战略、发展举措,推动各项工作站在高起点、抢占制高点、达到高水平,探索了一条符合科学发展观要求、具有天津特点的发展路子。实践证明,天津每前进一步、取得的每一个成绩,都是坚持理论武装、认真贯彻落实科学发展观的结果。

理论上的成熟是政治上坚定的基础,理论上的与时俱进是行动上锐意进取的前提,思想上的统一是全党步调一致的重要保证。我们按照建设马克思主义学习型政党要求,抓住领导干部这个重点,在全市广泛开展"解放思想、干事创业、科学发展"大讨论和深入学习实践科学发展观活动,着力解决不适应不符合科学发展观的思想观念、体制机制、精神状态、工作作风等问题,不断增强贯彻落实科学发展观的自觉性和坚定性。市委理论学习中心组坚持集体学习制度,每年举办读书会,组织部委办、区县局主要负责同志到兄弟省区市考察学习,开展16个区县互看互比互学,把理论学习与现场交流、推动工作结合起来,在认清目标、明确任务中解放思想,在比学先进、查找差距中更新观念,在真抓实干、破解难题中创新发展,有力促进了天津科学发展和谐发展率先发展。我们认识到,在新的历史条件下提高党的建设科学化水平,必须始终把思想理论建设放在首位,大力推进马克思主义中国化时代化大众化,以建设马克思主义学习型党组织为抓手,以推进大规模干部培训为载体,引导全体党员、干部自觉把学习作为一种精神追求,深入学习和掌握马克思列宁主义、毛泽东思想,深入学习和掌握中国特色社会主义理论体系,牢固树立辩证唯物主义和历史唯物主义世界观和方法论,真正做到学以立德、学以增智、学以创业,在推动科学发展的实践中不断深化理论武装、提高理论水平,使各项工作更好地体现时代性、把握规律性、富于创造性。

二、坚持围绕中心,坚定不移走科学发展道路

我们党的一切奋斗,归根到底都是为了解放和发展生产力,不断改善人民生活。在新的历史条件下提高党的建设科学化水平,必须继续牢牢扭住经济建设这个中心,继续牢牢坚持发展是硬道理的战略思想,继续牢牢抓好发展这个党执政兴国的第一要务,实现国家的兴旺发达和长治久安。我们紧紧抓住加快推进天津滨海新区开发开放的重大历史机遇,大力实施市委"一二三四五六"的奋斗目标和工作思路,着力构筑高端产业、生态宜居、自主创新三个高地,全力打好滨海新区开发开放、结构调整优化升级、体制机制改革创新、文化大发展大繁荣、保持社会和谐稳定五个攻坚战,加快转变经济发展方式,在发展中促转变,在转变中谋发展。2010年,全市生产总值增长17.4%,人均超过1万美元,地方财政收入增长30.1%,城市居民人均可支配收入增长13.5%,农村居民人均纯收入增长10.5%。万元生产总值能耗、化学需氧量、二氧化硫排放量累计分别下降21%、9.6%、11.2%,提前一年完成"十一五"节能减排目标。今年上半年,全市生产总值增长16.6%,地方财政收入增长40%,城乡居民收入分别增长13.6%和17%,万元生产总值能耗下降4%以上,努力实现速度、质量、效益的统一,全面协调可持续发展。

在新形势下,坚持发展是硬道理的本质要求就是坚持科学发展。天津要在新的起点上实现更高水平发展,必须牢牢抓住和用好我国发展的重要战略机遇期,坚持主题主线主攻方向,着力解决发展不平衡、不协调、不可持续问题,全面提高发展质量和效益。加快调整优化产业结构,坚持不懈抓好高水平大项目好项目建设,坚决淘汰落后产能和重复建设,努力构建符合天津实际、具有比较优势、多元发展、多极支撑的现代产业体系,大力发展现代农业,大力培育战略性新兴产业,发展壮大航天航空、石油化工、装备制造、电子信息、生物医药、新能源新材料、国防科技、轻工纺织等八大优势支柱产业,加快发展服务业,推动三次产业在更高水平上协同发展。统筹加快滨海新区开发开放,推动中心城区全面提升、各郊区县加快发展,增强区域发展活力,使这三个层面在更高水平上联动协调发展。加快提高自主创新能力,建设创新型城市,在掌握核心关键技术、加速科技成果转化、集聚高端创新人才上下功夫,推动科技进步在更高水平上取得突破。加快发展低碳、绿色、循环经济,加大节能减排和环境保护力度,推进生态市建设新的三年行动计划,增强城市载体功能、服务功能和综合保障功能,深化"同在一方热土、共建美好家园"活动,推动城乡规划建设管理在更高水平上全面提升,努力把天津建设成为独具特色的国际性、现代化宜居城市。

三、坚持党的宗旨,大力保障和改善民生

来自人民、植根人民、服务人民,是我们党永远立于不败之地的根本。在新的历史条件下提高党的建设科学化水平,必须坚持以人为本、执政为民理念,始终把人民利益放在第一位,把实现好、维护好、发展好最广大人民根本利益作为一切工作的出

发点和落脚点，更加重视、切实保障和持续改善民生，只有这样，才能使我们的工作获得最广泛最可靠最牢固的群众基础和力量源泉。

近年来，天津坚持从解决群众最关心最直接最现实的利益问题入手，累计实施了五个20项民心工程，健全一整套民生保障机制，努力使人民群众学有所教、劳有所得、病有所医、老有所养、住有所居。制定了低收入家庭住房保障五年规划(2008—2012年)和管理办法，不断加大公租房建设力度，“十一五”时期累计建设保障性住房33.5万套、2405万平方米，共41万户家庭受益，今年开工新建1200万平方米。多渠道开发就业岗位，新增就业186万人。采取切实措施增加群众收入，增加企业退休人员养老金，城市最低生活保障标准由2006年的265元提高到2011年的480元，最低工资标准由590元提高到1160元。加快建设覆盖城乡居民的社会保障体系，在全国率先建立了基本养老和基本医疗保险城乡统筹制度。坚持教育优先发展，制定实施中长期教育改革和发展规划，加快建设海河教育园区和国家职业教育改革创新示范区。深化医药卫生体制改革，建设一批重大公共卫生项目，基层医疗机构实行基本药品零差率销售。加快公共文化服务体系建设，实施农家书屋等重点文化惠民工程，推出天津文化中心等一批重大文化项目，不断满足人民群众日益增长的精神文化需求。改善城乡人居环境，连续四年奋战900天，大规模综合整治市容环境、里巷道路，植树造林，保护生态，改造并开放100多个公园，取得了较好的效果。加强和创新社会管理，扎实做好新形势下群众工作，推进和谐天津、法治天津建设，强化安全生产管理和食品安全监管，保持社会和谐稳定。

“生气勃勃的创造性的社会主义是人民群众自己创造的”。这些年我们之所以能够战胜各种风险困难，办成许多大事难事，根本的一条就是始终把人民放在心中最高位置，尊重群众主体地位，尊重群众首创精神，把政治智慧的增长、执政本领的增强深深扎根于人民群众的创造性实践之中。不论是制定政策还是规划，都坚持问政于民、问需于民、问计于民，真诚倾听群众呼声，真实反映群众愿望，真情关心群众疾苦，依法保障人民群众经济、政治、文化、社会等各项权益。牢固树立马克思主义群众观点，自觉贯彻党的群众路线，真正把群众放在心上，把群众当亲人，坚持工作重心下移，深入实际、深入基层、深入群众，知民情、解民忧、暖民心，增进对群众的思想感情，增强服务群众本领，真正做到权为民所用、情为民所系、利为民所谋。

四、坚持改革开放，增强经济社会发展动力

改革开放是我们党在新的历史条件下领导人民进行的新的伟大革命，是决定当代中国命运的关键抉择，是坚持和发展中国特色社会主义、实现中华民族伟大复兴的必由之路。进一步提高党的建设科学化水平，必须坚持不懈把改革创新精神贯彻到治国理政各个环节，为实现经济社会又好又快发展注入强大动力。

天津是我国最早对外开放的城市之一。新世纪新阶段，党中央、国务院作出了加快推进天津滨海新区开发开放的重大战略决策。我们按照中央对滨海新区的定位要求，全力打好滨海新区开发开放攻坚战，大力实施综合配套改革，重点推进金融、土地、涉外经济、科技、社会管理等领域的改革创新，更好地发挥先行先试的重要作用。滨海新区管理体制改革实现重大突破，市委机构调整和市政府机构改革顺利完成，行政审批制度改革深入推进，市级审批事项由1033项减少到495项，现场审批率达到96.5%。国有企业累计改制3584户，改制面达到95.3%。大力扶持民营经济和中小企业发展，制定政策措施，改善发展环境，民营经济占全市生产总值比重达到40%。全方位扩大对外开放，加强对外交流合作，成功举办夏季达沃斯论坛等重大国际性会议和活动，天津的影响力和知名度不断提升。

天津的发展变化得益于改革开放，天津未来发展必须坚定不移依靠改革开放。随着社会主义市场经济深入发展，制约科学发展的深层次矛盾和体制机制障碍躲不开、绕不过，必须通过深化改革加以解决。我们一定要坚持在党的领导下，不断完善中国特色社会主义制度，加快改革攻坚步伐，加大改革攻坚力度，以更大的决心和勇气全面推进经济、政治、文化、社会等领域改革，提高改革决策的科学性，增强改革措施的协调性，找准深化改革开放的突破口，形成体制机制创新的新优势。大胆探索，积极作为，全面实施滨海新区综合配套改革新三年计划，加快推进重点领域和关键环节改革，实行更加积极主动的开放战略，不断拓展新的领域和空间，以开放促发展、促改革、促创新，提高开放型经济水平。

五、坚持德才兼备，建设过得硬的干部队伍

政治路线确定之后，干部就是决定的因素。选准用好干部，对党的事业至关重要。在新的历史条件下提高党的建设科学化水平，必须坚持五湖四海、任人唯贤，坚持德才兼备、以德为先用人标准，把各方面优秀人才集聚到党和国家事业中来。近年来，我们全面贯彻党管干部原则和干部队伍“四化”方针，坚持在干中培养、考察、锻炼、使用干部，公道正派选人用人，不断深化干部人事制度改革，加大竞争性选拔干部工作力度，2010年全市通过竞争性选拔方式任用局级干部105名，处级干部1572名，科级干部5158名，分别占同期提拔同职级干部总数的45.3%、45.1%和69.5%。

干部队伍的水平关系到发展的水平，干部工作的活力影响着发展的活力。实现天津“十二五”奋斗目标，必须建设一支高素质干部队伍。必须坚持正确用人导向，完善干部选拔任用机制，以更宽的视野、更高的境界、更大的气魄，广开进贤之路，真正把政治坚定、有真才实学、实绩突出、群众公认的干部选拔上来，决不能任人唯亲、搞小圈子、凭个人好恶选人用人。精心做好换届工作，讲政治、顾大局、守纪律，营造风清气正的环境，严格执行中央纪委、中央组织部“5个严禁、17个不准和5个一律”的纪律要求，切实选好干部、配强班子。旗帜鲜明地支持改革者，鼓励创业者，批评空谈者，教育失误者，追究诬告者，惩治腐败者，进一步形成团结和谐稳定、风正气顺心齐、想干会干干好的环境氛围。发扬求真务实的工作作风，以对党的事业高度负责的精神，干事创业，造福百姓，为长远打基础，为后人留财富，做到标准要高、要求要严、调子要低、工作要实、效果要好，坚决反对形式主义、官僚主义，绝不盲目追求攀比低水平的速度，绝不搞劳民伤财的形象工程，绝不给后人留下包袱负担，以实实在在的政绩取信于民，经得住历史和实践的检验。大力培养造就优秀年轻干部，引导他们自觉到条件艰苦、矛盾集中、困难较多的地方经受考验，把重大工程、重点项目、基层一线作为培养锻炼干部的主战场。牢固树立人才是第一资源、是国家发展战略资源的理念，让各类人才都拥有广阔的创业平台、发展空间，使每个人都成为有用之才，努力形成人才辈出、人尽其才、才尽其用的生动局面。

六、坚持惩防并举，保持党的先进性和纯洁性

坚决惩治和有效预防腐败，关系人心向背和党的生死存亡，是党必须始终抓好的重大政治任务。在新的历史条件下提高党的建设科学化水平，必须把反腐倡廉建设摆在更加突出的位置，以更加坚定的信心、更加坚决的态度、更加有力的举措推进惩治和预防腐败体系建设，坚定不移地把反腐败斗争进行到底。

在团结带领全市人民建设天津发展天津的实践中，我们深深体会到，抓党风廉政建设直接关系到提高党的战斗力、发展社会生产力。党的事业越发展，改革开放越深入，党风廉政建设和反腐败工作就越要抓得紧而又紧、实而又实。我们坚持标本兼治、综合治理、惩防并举、注重预防的方针，制定落实中央《建立健全惩治和预防腐败体系2008—2012年工作规划》实施办法，不断加大从源头上预防和治理腐败力度，以党性党风党纪教育为重点，有针对性地开展示范教育、警示教育和岗位廉政教育，扎实推进廉政教育基地建设和廉政文化建设，筑牢拒腐防变的思想道德防线。我们坚持以解决群众反映强烈的问题为落脚点，认真落实党风廉政建设责任制，保持同人民群众的血肉联系。我们坚持从实际出发，完善制度、创新体制，探索科学防治腐败新途径，制定出台一系列规章制度，深化村务、厂务、政务、公共企事业单位办事公开，积极推进党务公开，不断完善防治腐败体制机制，规范领导干部用权行为，确保权力干净运行。我们坚持每年由市领导带队，认真开展落实党风廉政建设责任制和惩防体系建设情况检查工作，严肃查处腐败案件不手软，坚决纠正各种不正之风，群众对天津党风廉政建设和反腐败工作认可度逐年提高，2010年达到87.4%，比2008年提高5.3个百分点。

当前，反腐败斗争形势依然严峻、任务依然艰巨。我们必须警钟长鸣，充分认识反腐败斗争的长期性、复杂性、艰巨性，进一步完善惩治和预防腐败体系，坚持不懈地开展党风廉政建设和反腐败斗争。加强领导干部廉洁自律，严格执行《廉政准则》各项规定，始终牢记“两个务必”，自重、自省、自警、自励，讲党性、重品行、作表率，立身不忘做人之本、为政不移公仆之心、用权不谋一己之私，永葆共产党人政治本色。严明党的纪律特别是政治纪律，强化领导责任，把党风廉政建设责任制和党政领导干部问责制结合起来，建立健全反腐倡廉制度体系，加强和改进巡视工作，坚决查处各类违纪违法案件，不断取得反腐败斗争新成效。

在世情、国情、党情深刻变化的新形势下，面对许多前所未有的新情况新问题新挑战，经受住执政、改革开放、市场经济、外部环境的考验，防止精神懈怠、能力不足、脱离群众、消极腐败的危险，提高党的建设科学化水平的任务比以往任何时候都更为繁重、更为紧迫。我们一定要时刻居安思危，不断增强忧患意识，多看到存在的问题和差距，从新的实际出发，坚持以科学理论指导党的建设，以改革创新精神研究和解决党的建设面临的重大理论和实际问题，常怀忧党之心、恪尽兴党之责，以更加奋发有为的精神状态推进党的建设，不断提高党的建设科学化水平，用党的建设的新成就，促进天津科学发展和谐发展率先发展。

（本文作者为中共中央政治局委员、天津市委书记）

（本文来源：《人民日报》2011 年 8 月 8 日）

把握加强和创新社会管理的着力点

黄兴国

胡锦涛同志在省部级主要领导干部社会管理及其创新专题研讨班上强调指出，加强和创新社会管理，是继续抓住和用好我国发展重要战略机遇期、推进党和国家事业的必然要求，是构建社会主义和谐社会的必然要求，是维护最广大人民根本利益的必然要求，是提高党的执政能力和巩固党的执政地位的必然要求，对实现全面建设小康社会宏伟目标、实现党和国家长治久安具有重大战略意义。我们必须充分认识加强和创新社会管理的重要性和紧迫性，从全局和战略的高度准确把握加强和创新社会管理的着力点，力求取得实实在在的成效。

又好又快发展是加强和创新社会管理的根本

当前，我国发展既处于重要战略机遇期，又处于矛盾凸显期，社会结构、社会组织形式、社会利益格局、社会思想观念正在发生深刻变化，经济社会发展不协调、城乡及地区之间发展不平衡问题仍然存在，社会成员收入差距有拉大趋势，社会矛盾易发多发。在众多社会矛盾中，主要矛盾仍然是人民日益增长的物质文化需要同落后的社会生产之间的矛盾。解决好这个主要矛盾，就能够为解决其他矛盾奠定坚实基础；而要解决好这个矛盾，就必须坚持科学发展。只有坚持科学发展，既把“蛋糕”做大又把“蛋糕”分好，才能解决诸多社会问题，始终得到广大人民群众的衷心拥护。

近年来，天津市紧紧抓住滨海新区开发开放这一历史机遇，努力保持经济社会快速发展的良好势头，人均 GDP 突破 1 万美元，地方财政收入突破 1000 亿元，投资规模快速增加，产业结构发生显著变化。在经济发展的同时，民生也得到明显改善。“十一五”时期，新增就业 186 万人；为 41 万户困难家庭提供住房保障；居民收入实现年均两位数增长；社会保障体系进一步完善，困难群体得到有效帮扶。经济又好又快发展，居民生活不断改善，绝大多数群众比较满意，社会和谐就有了稳固基础。

今年是“十二五”开局之年，对于天津市实现更高水平的发展至关重要。我们要以科学发展为主题，以加快转变经济发展方式为主线，以调整优化经济结构为主攻方向，继续按照滨海新区、中心城区、各区县三个层面联动协调发展的布局，着力构筑高端产业、自主创新、生态宜居“三个高地”，全力打好滨海新区开发开放、结构调整优化升级、体制机制改革创新、文化大发展大繁荣、保持社会和谐稳定“五个攻坚战”，加快实施大项目、“小巨人”、楼宇经济等战略举措。通过坚持不懈的奋力拼搏，力争经济社会发展达到更高水平、群众生活持续得到改善，为加强和创新社会管理创造条件、提供保障。

改善民生是加强和创新社会管理的基础

科学发展观，核心是以人为本。社会管理说到底是对人的管理和服务。加强和创新社会管理，必须坚持以人为本，以人民群众利益为重，以人民群众期盼为念，把人民群众满意作为出发点和落脚点，着力解决人民群众最关心、最直接、最现实的利益问题，协调好各社会群体的利益关系，让人民群众的生活越过越好。这是社会管理追求的价值目标，也是搞好社会管理的前提和基础。在发展社会主义市场经济条件下加强和创新社会管理，政府必须按照法治平衡原则，合理制定社会政策，维护和促进社会公平正义，保障人民群众权益，努力使全体人民学有所教、劳有所得、病有所医、老有所养、住有所居，特别是要高度关注困难群众的生活，不但把"蛋糕"做大，还要把"蛋糕"分好。

近年来，天津市制定的帮扶困难群众、惠及民生的各类政策措施达200多项，收到很好效果，得到了人民群众的拥护。比如，坚持每年实施20项民心工程，群众多方面受益；住房保障形成"三种住房、三种补贴"政策体系，做到了应保尽保；率先建立基本养老和基本医疗保险城乡统筹制度，实现社会保险制度全覆盖；连续3年出台增加群众收入的政策措施，四次提高最低工资标准；统筹做好就业工作，城镇登记失业率稳定在3.6%；医疗卫生保障水平日益提高；积极发展让人民满意的教育；实施惠及广大农民的农村"三区"联动发展战略；城市拆迁平稳有序，群众合法权益得到维护；年年增加企业退休人员养老金，为城乡无养老保障的老年人发放生活补贴，65岁以上老年人免费乘坐公交车；大力帮扶困难群体，1018户三类困难企业的56万职工得到妥善安置；建立基本生活必需品价格上涨与困难群众生活补贴联动机制；等等。今后，我们要继续坚持以人为本，进一步完善惠及民生的社会政策体系，扎实推进各项民心工程，使加强和创新社会管理具有更加坚实的群众基础。

夯实基层基础是加强和创新社会管理的关键

基层是维护社会稳定的第一道防线，基层稳则全局稳，基层安则全局安。加强和创新社会管理，重点在基层。基础不牢，地动山摇。只有把基层基础工作做扎实，协调好各种利益关系，理顺群众思想情绪，及时化解各类矛盾，才能为实现社会长期和谐稳定打下坚实的基础。

基层党组织是党全部工作和战斗力的基础，是党执政的根基。它们广泛分布于社会基层，植根于人民群众之中，担负着直接联系群众、组织群众的重要责任，是加强和创新社会管理最基本、最直接、最有效的力量。加强和创新社会管理，首先应加强基层党组织建设，建强班子、健全制度，充分发挥基层党组织和党员推动发展、服务群众、凝聚人心、促进和谐的作用，把党的政治、组织优势转化为管理、服务优势，实现党的领导全覆盖。中央明确要求，乡镇、街道工作的重心要转移到社会管理上来，建立综合性服务和矛盾调处平台，充分发挥服务群众需求、反映群众诉求、化解社会矛盾的重要作用。社区是社会的基本单元，维护和谐稳定的根基在社区，社会管理的重心也应放在社区。人们可以自由择业、自主创业，不断地变换工作，但总要有一个工作场所，总要在某一个社区立足。要建立健全以社区党组织为核心、以社区自治组织为主体、与驻社区单位和物业管理机构密切配合、社区居民广泛参与的社区管理体系，把社区建设成为管理有序、服务完善、文明祥和的生活共同体。彻底改变矛盾发生在块上、权力配置在条上以及有权管的看不见、看得见的没权管的状况，将城市管理重心下移，整合社会管理资源，把能下放的职权下放到街道，使其有职有权。所有驻区组织都要到社区报到，所有人员都要参与社区建设，所有设施都要向社区有序开放，人力、财力要向社区倾斜，让基层组织有权管事、有人做事、有钱办事。

切实加强基础工作，需要把工作重心从治标转向治本、从事后救急转向源头治理，更加重视制度建设，形成长效机制，建立源头治理、动态协调、应急处置机制，使社会管理关口前移，从源头上减少社会问题、化解社会矛盾。当前应抓好的基础工作包括：完善居民身份证制度，完善人口管理和对特殊人群的服务管理办法；建立健全企业特别是非公经济组织劳动关系协商机制；对各类社会组织建立分类发展、分类监督的机制；建立境外非政府组织在华活动的联合管理机制；建立互联网、手机等信息网络管理机制；健全社会治安防控体系；健全食品药品安全监管机制；健全安全生产监管体制；完善突发事件应急管理机制；实施提高全民文明素质的基础性工程；等等。通过加强和创新社会管理的基层基础工作，实现一旦出现问题基层组织能靠得住、拉得出、化得了、稳得住。

干部风清气正是加强和创新社会管理的保证

政治路线确定之后，干部就是决定因素。从一定意义上讲，社会建设水平的高低、社会管理能力的强弱，是衡量和检验干部能力和水平的重要标志。发展经济也好，管理社会也好，都需要干部去组织推动。火车跑得快，全靠车头带。广大干部特别是领导干部担负着兴一方经济、富一方百姓、保一方平安的重要责任。党风正才能民风好，领导干部作风好是加强和创新社会管理的重要保证。

干部作风犹如一面镜子，既照出个人形象，又折射党风和社会风气。因此，每个干部尤其是领导干部必须充分认识作风建设的重要性，时刻牢记时代赋予的责任与使命。应当认识到，只有具备良好作风，严格遵守政治纪律、组织纪律、廉政纪律，才能推动经济社会又好又快发展，不断开创科学发展的新局面；才能营造和谐的党群干群关系，形成共建和谐的强大力量；才能更好地发挥先锋模范作用，增强党的创造力、凝聚力和战斗力。一是坚定理想信念。树立正确的世界观、人生观、价值观，始终在思想上、政治上、行动上与以胡锦涛同志为总书记的党中央保持高度一致，做到理想信念不动摇、政治立场不动摇、大是大非不糊涂。二是牢记根本宗旨。自觉摆正自己的位置，思想上尊重群众、感情上贴近群众、工作上依靠群众，深入生产生活的第一线，带着真情去妥善处理各种矛盾；坚持从群众中来、到群众中去，问政于民、问需于民、问计于民，努力实现好、维护好、发展好最广大人民的根本利益。三是做到克己自律。克己自律是一种自身修养，也是一种境界。能够做到克己自律，是对自己人格的尊重，对自己名誉、形象的珍惜，也是对社会风气的引领。应讲操守、重品行，明辨事非、克己慎行，弘扬新风正气、抵制歪风邪气。

遵守廉政准则，严格执行领导干部廉洁从政各项规定，自觉抵制腐朽思想的侵蚀，秉公用权、勤政为民，既要干事又要干净。严守组织纪律，坚持民主集中制原则，公道正派、规规矩矩。

（本文作者为中共天津市委副书记、天津市市长）

（本文来源：《人民日报》2011年4月19日）

全力打好文化大发展大繁荣攻坚战

——访中共天津市委宣传部部长成其圣

记者陈建强

中共天津市委常委、宣传部部长成其圣日前接受了《光明日报》记者陈建强的采访。

记者：胡锦涛总书记“七一”重要讲话，对继续大力推动社会主义文化大发展大繁荣、坚定不移地发展社会主义先进文化提出一系列重要论述，对此，您有什么感想和认识？

成其圣：胡锦涛总书记“七一”重要讲话，提出了一系列新思想新观点新论断，是继续推进中国特色社会主义伟大事业的纲领性文献，特别是讲话精辟阐述了推进文化体制改革创新，坚定不移发展社会主义先进文化的重要意义，为推动社会主义文化大发展大繁荣指明了方向。党的十六大以来，以胡锦涛同志为总书记的党中央高度重视文化建设，就文化改革发展作出一系列重大决策部署。在“七一”讲话中，胡锦涛总书记进一步指出，社会主义先进文化是马克思主义政党思想精神上的旗帜。在前进的道路上，要继续大力推动社会主义文化大发展大繁荣，坚定不移发展社会主义先进文化。面对当今文化越来越成为综合国力竞争重要因素的新形势，总书记要求我们，必须以高度的文化自觉和文化自信，以更大力度推进文化改革发展。这一系列重要论述，是对我们党90年来文化建设经验的概括总结，体现了我们党对文化建设规律的科学把握和推进文化建设的坚强决心，进一步为文化改革发展指明了方向。

当前，宣传思想文化工作重中之重的任务，就是深入学习贯彻胡锦涛总书记重要讲话精神，高扬中国特色社会主义先进文化的旗帜，加快文化体制改革，加快构建公共文化服务体系，加快发展文化事业和文化产业，加强对文化产品创作生产的引导，充分挖掘和用好天津丰富的文化资源，在推进天津经济社会又好又快发展的实践中进行文化创造，加快实现建设文化强市的战略目标。

记者：文化体制改革已进入攻坚克难的关键阶段，迫切需要在已有工作基础上，抓住关键环节和重点领域，加大力度、加快进度。天津在解决影响和制约文化科学发展的一些深层次矛盾和问题、推动文化改革发展上,有哪些思路和做法?

成其圣:天津市委、市政府高度重视文化建设,市第九次党代会明确提出了建设富有独特魅力和创造活力的文化强市的战略目标。2009年,市委作出“着力构筑三个高地,全力打好五个攻坚战”的战略部署,把打好文化大发展大繁荣攻坚战作为五个攻坚战之一进行部署推动,专门成立指挥部,集中各方面的力量,抓关键环节和重点领域,举全市之力推动文化体制改革和文化事业产业发展。实施文化大项目好项目战略,去年和今年分两批推出100个重点项目,总投资达889亿元。通过攻坚战,基本完成了中央规定的改革任务,完成了全市农家书屋等一批重点文化惠民工程,建设了天津文化中心等一批标志性公共文化设施,创作生产了一批既叫好又叫座的优秀文化产品,文化产业增加值年均增长超过30%。“十一五”时期是天津文化投入最多、发展最快、两个效益最好的时期。“十二五”期间,我们将牢牢把握文化科学发展这条主线,着力破解文化发展难题,着力转变文化发展方式,在深化文化体制改革、加快文化事业产业发展、加强文化产品创作生产上迈出新步伐。

记者:我们注意到,2005年天津文化产业增加值只有80亿元,2009年达到235亿元,2010年达到303亿元,连续两年上了两个百亿台阶。“十一五”时期,文化产业年均增长30%。天津提出,到“十二五”末,文化产业增加值占GDP的5%。如何看待和解读这些数字?

成其圣:与兄弟省区市相比,天津文化产业起步较晚、差距较大,近年来我们不断加大力度,发展速度有了明显提高。“十一五”时期,特别是市委提出“打好文化大发展大繁荣攻坚战”以来,天津文化产业呈现跨越发展的态势,初步形成了文化创意业、广播影视业、出版发行业、演艺娱乐业、文化旅游业、数字内容和动漫业、文化会展业、艺术品交易业等八大门类组成的文化产业体系,各类文化企业超过两万多家,从业人员达20万人,国家动漫产业综合示范园、国家数字出版基地、中国天津3D影视创意园区、国家影视网络动漫实验园和研究院等一批国家级大项目好项目落户天津,形成了30多个文化创意产业聚集区,培育了一批龙头文化企业和知名文化品牌。这些数字,如果自己和自己比,看起来还可以,但放到全国看,特别是跟先进省市比,就显得总量太小。要实现文化产业成为国民经济支柱性产业的目标,压力还很大。

天津文化资源丰富,特别是近现代历史文化资源厚重,关键是要科学规划,有效开发利用。“十二五”时期,天津将进一步完善山、海、城、乡“四带多点”文化产业布局,突出中心城区都市文化产业带、滨海新区开放型海洋文化产业带、北部山区休闲旅游文化产业带、区县民俗文化产业带。重点发展文化创意、立体影视、新兴媒体、数字出版、动漫游戏、高新技术印刷复制等战略性新兴业态,打造高端化高质化高新化的文化产业体系。

记者:在推动文化改革发展中,如何实现文化事业和文化产业“两轮驱动、两翼齐飞”?

成其圣:推动文化改革发展,必须以胡锦涛总书记“七一”重要讲话为指导,深入贯彻落实科学发展观,以改革创新精神推动文化事业和文化产业繁荣发展。要立足经济社会发展全局,深入研究如何把文化建设真正放到“四位一体”总体布局中进行正确定位,努力实现文化建设与经济建设、政治建设、社会建设共同推进、协调发展。要树立新的文化发展理念,把文化产业作为经济发展新的增长点和国民经济的支柱产业进行战略谋划,把文化发展作为保障人民群众基本权益的重要内容进行科学统筹。在深化文化体制改革的过程中,必须正确处理“两种属性”、“两个效益”的关系,始终把社会效益放在首位,努力做到经济效益社会效益有机统一,不能一讲改革就是推向市场、搞创收,防止出现文化泛产业化的倾向。要建立完善科学的评价激励机制,进一步明确评价标准、完善评价体系,把人民群众满意作为第一标准,科学合理地设置票房、收视率、发行量等市场接受程度的量化指标,科学制定文化企事业单位的考评标准,努力实现社会效益最大化和经济效益最优化。在推进文化项目上,一定要正确区分项目的不同性质,按照不同的原则和要求分别推进,一手抓公益性文化事业,一手抓经营性文化产业,努力做到文化事业和文化产业“两轮驱动、两翼齐飞”。

(本文来源:《光明日报》2011年7月29日)

责任编辑:丁大同

发展报告

天津市社会科学发展报告

李家祥　陈根来　丁大同　周京奎　沈丽妹

内容提要：本文对天津市哲学社会科学2011年度的发展概况、全市社会科学类重点科研单位、学会研究会、高校投入人文社科研究活动经费、获国家和市级社会科学基金规划项目、本市学科建设、出版著作、发表学术论文、审核增设的博士学位授权一级学科，人文社会科学重点研究基地建设等基本情况进行了资料搜集和归纳，既概述了2011年全市社会科学发展的基本情况，又进行了研究与分析。

关键词：天津市　社会科学　学科建设　事业发展

2011年是实施"十二五"规划的第一年。天津市社会科学理论战线坚持以邓小平理论和"三个代表"重要思想为指导，深入贯彻落实科学发展观，坚持为人民服务、为社会主义服务的方向和百花齐放、百家争鸣的方针，全面贯彻党的十七届四"中、五中、六中全会精神，贯彻落实中央和市委的决策部署，高举旗帜，围绕大局，打好文化大发展大繁荣攻坚战，充分发挥哲学社会科学认识世界、传承文明、创新理论、咨政育人、服务社会的重要作用，着力构筑"三个高地"，全力打好"五个攻坚战"，实现天津经济社会又好又快发展。在2011年天津市社会科学发展中，广大社会科学工作者致力于服务经济社会和谐发展，扎实推进了全市哲学社会科学重点学科建设工程，积极参与中央马克思主义理论研究和建设工程，紧紧把握党对繁荣发展哲学社会科学的新要求，深入实际调查研究，形成了一批有重大价值、有重要影响的研究成果和政策建议，为推进全市社会科学创新发展做出了新的贡献。

一、发展概况

2011年，天津市从事哲学社会科学研究的主要高等院校有南开大学、天津大学、天津师范大学、天津财经大学、天津商业大学、天津外国语大学、天津工业大学、天津科技大学、天津理工大学、中国民航大学、天津职业技术师范大学、天津城市建设学院等25个单位。内设教学、科研机构约320余个，比去年增加10个，主要是天津大学的低碳建筑国际研究中心等。国家重点人文社会科学研究基地9个，新增"人权研究中心"，天津市人文社会科学重点研究基地30个。

科研机构、党干校和实际部门等重点科研单位有中共天津市委研究室、天津市政府研究室、中共天津市委党史研究室、天津社会科学院、天津市教育科学研究院、中共天津市委党校、天津市行政学院、天津市地方志编修委员会办公室、天津市经济发展研究所、天津市科学学研究所、天津滨海综合发展研究院、天津市艺术研究所、天津市财政研究所、天津市哲学社会科学规划办公室、天津市教育科学规划办公室、天津市艺术规划办公室，以及有关委办局内设研究机构20余个。此外本年度，天津市社会科学类市级学会研究会116个，有民办社会科学研究机构10个。新成立学会1个，撤销学会1个。全市有会员达10万余人，涉及哲学、文学、历史学、艺术学、经济学、法学、政治学、社会学、教育学、管理学及有关新兴学科和不同的重大研究方向。

本年度从事社会科学工作的职业者196133人。其中高校人文社科和社会科学研究机构正高级人才1400余人,副高级人才3000余人。在社会科学领域,有长江学者3人,人事部新世纪百千万人才工程入选者6人,教育部跨世纪人才入选者10人,教育部新世纪优秀人才支持计划入选者42人,有天津市131创新人才30人,天津市“五个一批”理论人才19人。

2011年,天津市高校投入人文社科研究活动经费23077.02万元。其中,政府资金投入13915.34万元,占总拨入经费的60.30%,其中科研活动经费达到9648.10万元;非政府资金投入9161.68万元,其中企事业单位委托项目经费达到7652.23万元,占总经费的33.16%。本年度,天津社科研究与发展经费拨入比2010年的19273.26万元增加了19.74%,经费拨入中政府资金拨入比2010年的11923.06万元增加了16.70%;企事业单位委托经费比2010年的5781.95万元增加了32.35%。

2011年,本市获国家社会科学基金项目61项,立项率为14.88%,获得资助935万元。其中,重点项目2项、一般项目33项、青年项目26项,分别由南开大学、天津师范大学、天津财经大学、天津理工大学、市委党校、天津社会科学院、天津体育学院、天津大学、天津科技大学、天津工业大学、天津医科大学、天津中医药大学等12所高校和科研单位获得。立项课题涉及马列·科社、哲学、经济理论、应用经济、政治学、社会学、法学、国际问题、民族问题、中国历史、世界历史、中国文学、新闻学、语言学、图书馆情报与文献学、统计学、管理学、体育学等20个学科。2011年,本市获得国家自然科学基金管理科学资助项目62项,获得资助2132.7万元,其中南开大学30项,天津大学19项,天津财经大学6项,天津理工大学2项,天津工业大学、天津商业大学、天津师范大学、天津科技大学、天津城市建设学院各1项。获教育部人文社会科学研究规划立项127项,国家社科基金艺术学项目4项,国家软科学研究计划立项3项。

从整体上看,天津的科研立项体现了天津哲学社会科学事业繁荣发展的良好局面。马克思主义基本理论和中国特色社会主义理论体系的研究立项、着眼于中国经济社会发展中的重大理论和现实问题的研究立项仍具较强实力,表明了本市在这些方面的研究积累和研究力量的雄厚。此外,本市的优势学科、特色学科如政治学、历史学、经济学、管理学、统计学、国际问题研究等和青年学者的研究立项较往年更加突出,选题角度和研究领域注重着眼于当前经济社会发展的重大理论和现实问题,体现出较好的创新性、前瞻性、针对性和国际视野,符合社会科学创新发展的总体要求。本年度天津市共有国家在研项目302个,推出论文、专著等阶段性成果260项。这些阶段性成果在为党和政府科学决策服务,为经济建设和社会发展服务,促进学科创新发展,培育研究队伍上发挥了重要作用。

2011年,天津市哲学社会科学规划项目205项,立项率为24.1%,其中重点项目18项。资助总额为370.6万元。在本年度立项的课题中,关系党和国家事业发展全局的重大理论和现实问题的课题以及与天津经济社会发展密切相关的课题各占三分之一。本年度,天津市科技发展战略研究计划项目立项90项。

2011年本市社会科学界共出版著作745部,其中专著308部。在CSSCI刊物上发表论文2671篇,全国共被CSSCI收录论文88510篇,天津占3.1%,在全国各地区排名12位。由于统计时限原因,与去年相比本年度全国与天津市论文总量均有所下降。南开大学、天津大学、天津师范大学和天津财经大学四所大学总录入量为1939篇,约占本年度天津社会科学论文总录入量的72.6%。其中南开大学收录量为1162篇,占全市的43.5%。其中管理学、哲学、文学、历史学、经济学、政治学、图书馆、情报与文献学、教育学的科研论文收录量均在100篇(含跨学科论文)以上。特别是经济学收录量为796篇,占总数的30%,充分体现了学科优势和现实需要。

此外,本年度本市学者在国内著名报刊发表相关学术论文:《人民日报》11篇,《光明日报》17篇,《中国社会科学》3篇,《新华文摘》17篇,《中国社会科学文摘》22篇,《高等学校文科学术文摘》14篇,合计为84篇。体现出本市科研工作者被高端杂志所关注,学术影响力有了新的提高。

截至2011年,本市社会科学类一级学科博士学位授权点28个,二级学科博士学位授权点6个;其中,2011年新增一级学科博士学位授权点7个,分别是:南开大学的法学、外国语言文学和公共管理,天津大学的公共管理,天津师范大学的教育学和中国语言文学以及天津财经大学的管理科学与工程。另外,南开大学的考古学、世界史、中国史和天津师范大学的世界史、中国史调整为博士一级学科,见表1。

表1　天津市社会科学类博士授权点一览表(2011年)

序号	学校名称	学科代码	学科名称	博士点批号	授权类别
1	南开大学				
		0101	哲学	9	博士一级学科授权
		0201	理论经济学	7	博士一级学科授权
		0202	应用经济学	8	博士一级学科授权
		0301	法学	11	博士一级学科授权
		0302	政治学	10	博士一级学科授权
		0303	社会学	10	博士一级学科授权
		0305	马克思主义理论	10	博士一级学科授权
		0501	中国语言文学	8	博士一级学科授权
		0502	外国语言文学	11	博士一级学科授权
		0601	考古学	D	博士一级学科授权
		0602	中国史	D	博士一级学科授权
		0603	世界史	D	博士一级学科授权
		0714	统计学	D	博士一级学科授权
		1201	管理科学与工程	10	博士一级学科授权
		1202	工商管理	9	博士一级学科授权
		1204	公共管理	11	博士一级学科授权
2	天津大学	1201	管理科学与工程	7	博士一级学科授权
		1202	工商管理	10	博士一级学科授权
		1204	公共管理	11	博士一级学科授权
3	天津师范大学	0302	政治学	10	博士一级学科授权
		0401	教育学	11	博士一级学科授权
		0402	心理学	9	博士一级学科授权
		0501	中国语言文学	11	博士一级学科授权
		0602	中国史	D	博士一级学科授权
		0603	世界史	D	博士一级学科授权
4	天津财经大学	0202	应用经济学	10	博士一级学科授权
		1201	管理科学与工程	11	博士一级学科授权
		1202	工商管理	10	博士一级学科授权
5	南开大学	120501	图书馆学	9	博士二级学科授权
		120502	情报学	10	博士二级学科授权
6	天津大学	040108	职业技术教育学	10	博士二级学科授权
7	天津师范大学	030501	马克思主义基本原理	9	博士二级学科授权
		030503	马克思主义中国化研究	10	博士二级学科授权
		030505	思想政治教育	9	博士二级学科授权

注:"博士点批号"栏目内的"D"表示该学科为2011年学科目录调整后认定新增的学科。

按照国家教育部相关文件精神,经过积极组织相关单位进行申报,南开大学和天津财经大学被国务院学位委员会批准为开展审计硕士专业学位授权单位。天津职业技术师范大学、天津商业大学、天津城市建设学院、天津音乐学院被授予同等学历人员硕士学位授权单位。

2011年,市教委"十一五"综合投资规划学科建设项目实施超额完成任务,取得丰硕成果。其量化建设指标总计55项,其中超额完成40项,占73%,完成率达到150%以上的23项,占42%。与"十五”完成指标比较，有54项指标超过了“十五”期间完成的数量，其中超过50%的有45项，占82%，超过100%的有35项，占64%。

由市教委确立的天津市重点学科建设是根据本市高等教育发展战略与社会重大需求，择优确定并重点建设的培养创新人才、开展科学研究的重要举措，在高等教育学科体系中居于骨干和引领地位。截止到2010年已开展了三期重点学科建设。2011年，为深入贯彻国家及天津市中长期教育改革和发展规划纲要，促使高等教育为全市经济社会和滨海新区建设发挥更大更好的作用，天津市政府学位委员会公布了天津市高等学校第四期重点学科名单，其中社会科学类市级重点学科入选49个，见表2。

表2　天津市高校(第四期)社会科学重点学科

所在单位	序号	学科代码	学科名称
南开大学	1	0101	哲学
	2	0201	理论经济学
	3	0202	应用经济学
	4	0301	法学
	5	0302	政治学
	6	0303	社会学
	7	0305	马克思主义理论
	8	0501	中国语言文学
	9	0502	外国语言文学
	10	0602	中国史
	11	0603	世界史
	12	0713	生态学
	13	0714	统计学
	14	1201	工商管理
	15	1201	管理科学与工程
	16	1205	图书情报与档案管理
天津大学	1	0401	教育学
	2	1201	管理科学与工程
	3	1202	工商管理
	4	1204	公共管理
天津师范大学	1	0302	政治学
	2	0305	马克思主义理论
	3	0401	教育学
	4	0402	心理学
	5	0501	中国语言文学
	6	0603	世界史
天津财经大学	1	0202	应用经济学
	2	1202	工商管理学
	3	0201	理论经济学
	4	030107	经济法学
	5	1201	管理科学与工程
天津科技大学	1	1305	设计学
天津理工大学	1	1201	管理科学与工程
天津职业技术师范大学	1	0401	教育学

续表

所在单位	序号	学科代码	学科名称
天津外国语大学	1	0502	外国语言文学
	2	010103	外国哲学
	3	020105	世界经济
	4	0501	中国语言文学
天津商业大学	1	0202	应用经济学
	2	030105	民商法学
	3	1202	工商管理学
天津体育学院	1	0403	体育学
	2	040102	课程与教学论
天津音乐学院	1	1302	音乐与舞蹈学
	2	1303	戏剧与影视学
天津美术学院	1	1304	美术学
	2	1305	设计学
中国民航大学	1	1202	工商管理
中国人民解放军军事交通学院	1	1201	管理科学与工程

本年度，本市社会科学各有关单位特别是高等院校把学科建设作为头等大事，把与我国和天津市经济社会发展，与社会需求的理论和实际问题相关的学科建设紧密相连，加大资金投入，加强基地建设，开展高水平的交流活动，创新激励机制，特别是提高服务意识，发挥学科优势和人才优势，为我国和天津市改革开放和现代化建设服务，为滨海新区开发开放服务，为文化大发展大繁荣服务。如南开大学、天津师范大学、天津财经大学等高校的滨海新区发展研究机构，继续承担有关滨海新区发展的重点难点问题的研究工作；南开大学、天津大学、天津财经大学、天津理工大学等成立的金融改革、区域经济、循环经济、和谐社会等领域的研究机构也取得了一批标志性成果，得到了市领导和滨海新区有关部门的肯定。同时，在服务经济社会实践中提高了学术影响力，促进了学科发展和人才队伍建设。本年度，市社联及所属学会研究会通过组织社会科学学术年会、理论创新论坛、滨海新区开发开放研讨会、两界联盟课题研究，编辑《社科界咨政要报》、《天津学术文库(2011 年度)》和《天津社会科学年鉴》，组织“五个一批”理论人才评选等，积极组织推动全市社会科学工作者和专家学者，从不同学科角度和各自的研究领域，注重科研组织形式创新和学科的交叉与综合学科的运用，着眼于学术前沿和重大现实问题的探索，推出了一批有价值的研究成果。其中，《社科界咨政要报》获得中共中央政治局委员、天津市委书记张高丽，市委副书记、市长黄兴国等市领导批示 29 次，有的研究成果转化为政策法规。两界联盟充分发挥自然科学与社会科学相融合的优势，开展的“智慧天津建设研究”具有很强的时代感和前瞻性，其研究成果经市领导批示成为市经信委制定发展规划的重要依据。2011 年，市社联承办的以“环渤海区域协调发展与天津战略选择”为主题的第十三届中国科协年会分论坛，产生较大反响，《中国改革报》以整版报道了会议成果。本年度，市社联及所属学会研究会开展不同类型和不同层次的学术交流会议 400 余次，其中一些国际会议和全国性会议产生了较大反响。活动的举办交流了学术思想，促进了成果转化，在加快推进学科体系创新的发展战略中做出了贡献。此外，2008 年夏季达沃斯论坛参考报告成果，由陈宗胜、陈根来主编的《引领全球的声音》获 2011 年第二届中国软科学奖政府治理奖。

2011 年，天津市哲学社会科学学者对传统学科、重点学科等学科发展与学科建设问题进行了探讨。在哲学学科发展上，李淑梅教授认为，要加强历史唯物主义的研究：一是应该突出历史唯物主义面向现实的特点，深入研究现实社会结构中的基本矛盾和问题，充分发挥历史唯物主义指导现实社会生活的功能。二是改变哲学、政治经济学和社会主义学说相互分割的研究方式。① 王存刚教授认为，在马克思主义国际关系理论及其中国化研究方面，研究主题涉及理论概述和诠释、国际关系重大现实问题分析、与西方主流国际关系理论的比较、发展路径和方法思考等。未来应加强经典文本及方法论的研究，追踪当代新马克思主义理论的发展，深化与西方主流国际理论的比较研究，高度关注并深入解读当今国际关系中的重大理论和现实问题。②

在马克思主义理论学科发展上，逄锦聚教授认为，随着中央关于加强马克思主义理论学科的一系列部署和措施的落实，高校马克思主义理论学科建设、教育教学，要以需求和问题为导向，选择马克思主义发展进程中的重大理论和实践问题，进行战略性、前瞻性、全局性的研究。为此，马克思主义理论学科的科学研究须着力处理好三个关系：一是科学研究要为教学和人才培养服务。二是科学研究要为学科建设服务。三是科学研究要为加强党的思想理论建设研究和中国特色社会主义理论研究，为改革开放和现代化建设、为马克思主义中国化、时代化、大众化作出贡献。对于马克思主义理论学科建设的问题，要跟踪马克思主义理论学科建设的进程，对学科建设进程中提出的重大理论和实际问题进行研究，要着力加深并拓宽学科的理论基础，开展马克思主义理论学科的方向性、规律性和整体性研究。经过科学研究，产出一系列高水平成果，为马克思主义理论学科建设提供理论导向和支撑。③ 荣长海教授则在总结马克思主义中国化九十年的基础上，从概念、进程和规律解说了马克思主义学科的发展历程。④

在比较文学与世界文学学科建设与人才培养上，王志耕教授认为，必须让学生学会做标准的学术研究，而在目前有限的学制下，宏大的比较性课题不宜作为研究对象。⑤ 孟昭毅教授指出，在冷静思考比较文学本体论意义之后，比较文学正逐渐形成回归文学性的文化自觉，重新探寻对文学文本的解读。⑥

在历史学学科建设上，国家教育部2011年公布了新学科目录，“中国历史”、“世界历史”和“考古学”并列成为3个一级学科，这将对未来一个时期史学学科建设，包括史学研究和人才培养产生重要导向性的影响。如何在新学科（目录）框架下做好规划和推进历史学科建设，对历史学研究意义十分重大。在中国史学科建设上，南开大学校长龚克说，在最新一轮学科目录调整中，中国史成为一级学科，这为学科发展提出了新的要求。南开大学在治学上，注重学术规范与求真精神。在史学人才培养上，要给予学生更大的舞台和更多的自由度，使学生同时具备深邃的目光和宽广的视野。⑦ 侯建新教授认为，世界史学科的发展，一是要以一级学科博士点建设带动学科建设；二是加强世界史本科专业建设；三是扩大科研队伍的规模，走外延扩大和内涵发展齐头并进的道路。⑧

在学科建设和科研成果转化的问题上，学者们也提出了新的见解。何桢教授对当前科技成果转化评价指标体系研究现状进行了梳理，构建了基于粗糙集的科技成果转化评价指标体系，利用构建的指标约简方法，对初步建立的指标体系进行约简，演示了指标约简方法的具体应用，验证了方法的科学性和适用性。⑨ 张慧颖教授等提出重点学科建设中成果转化流程的供应链协同思想，并据此构建了成果转化流程的支持模型。⑩

在交叉学科和新兴学科建设方面，于立教授认为，作为一门经济学与法学交叉的边缘学科，法律经济学逐渐发展成为当代经济学中的一个重要分支。我国现行经济学学科设置存在的问题，基于对我国现行经济学门类学科分类的分析发现，其学科设置存在问题：一是分类不当，二是涵义不清，三是将大划小，四是主辅倒置，五是很多学科需要更名，六是急需增设部分二级学科。“法律经济学”为经

①李淑梅：《历史唯物主义与政治哲学的变革》，《哲学研究》2011年第4期。
②王存刚：《国内学界关于马克思主义国际关系理论及其中国化研究——进展与问题》，《国际政治研究》2011年第3期。
③逄锦聚：《关于加强马克思主义理论学科科学研究的一些思考》，《思想理论教育导刊》2011年第3期。
④荣长海：《马克思主义中国化90年——概念、进程和规律》，《理论学刊》2011年第11期。
⑤郝岚：《反思·辨析·前瞻——比较文学与世界文学博导论坛综述》，《中国文化传媒网》2011年4月29日。
⑥吕超：《反思与前瞻——中国“比较文学与世界文学”博导高层论坛会议纪要》，《外国文学研究》2011年第4期。
⑦王昊：《抓住契机，科学布局，巩固创新——“古典学、国学与中国史一级学科建设高峰论坛”纪要》，《历史教学》（下半月刊）2011年第9期。
⑧张晓晗、赵文君：《机遇与前景：全国世界史学科建设座谈会综述》，《天津师范大学学报》（社会科学版）2011年第4期。
⑨何桢等：《基于粗糙集的科技成果转化指标约简方法研究》，《软科学》2011年第1期。
⑩张慧颖、史紫薇、陈根来、张颖春：《科技成果转化流程中的供应链协同思想》《天津市社会科学界第七届学术年会优秀论文集：新规划·新视野·新发展》（下），天津人民出版社2011年版。

济学第K个分支学科，说明了其重要性。从各国特别是我国的法律体系建设需要看，法律经济学是有待开发的“金矿”性学科，事关我国经济学甚至整个社会科学学科的发展。①

此外，适应于时代的发展和实践和需要，以问题为导向的课下周研究已成为必然趋势，特别是经济社会的复杂性、关联性，催生了学科的交叉融合发展。本年度市教委指导创办的研究基地充分体现了人文与社会、人文与科技的交叉融合，也为本市学科的创新发展增添了动力。

二、国家重点学科建设

（一）发展概况

2011年，天津市哲学社会科学的国家级重点学科数量仍然处于全国前列，共有一级学科4个，二级学科31个，分布在南开大学、天津大学、天津师范大学、天津财经大学等四所高校。其中，南开大学拥有理论经济学、应用经济学、历史学3个一级国家重点学科，同时覆盖政治经济学、区域经济学、世界经济、经济史、中国史、世界史等25个二级学科，在哲学社会科学领域继续保持着传统优势。天津大学拥有管理科学与工程1个国家一级重点学科，近年来该学科综合采用数学、统计学、社会科学、信息技术和计算机科学等技术和方法，以制造业、工程建设业、金融服务业为主要研究对象，取得了许多重大科研及获奖成果，在国内外同类学科中有较大影响。天津师范大学拥有发展与教育心理学、政治学理论2个国家一级重点学科。天津财经大学在统计学领域拥有1个国家一级重点学科。随着教育部和地方政府支持力度的加大，这4个国家重点学科的学术和社会影响力有了显著提高。本年度，天津市国家重点学科的学科带头人在全国具有一定的影响和地位，成为天津市乃至全国的领军人物。在科研方面，推出了一批学术理论层级高、反响力大、创新性强的精品力作；在应用对策方面，为党和国家的决策提供了有份量的咨询报告和科研成果。在人才队伍建设方面，注重对青年人才的培养，一批青年学者脱颖而出，为国家重点学科发展奠定了坚实基础；在学科方向创新方面，坚持基础理论研究与应用对策研究并举的原则，注重优化专业结构，以交叉学科建设为突破口，以我国经济建设、政治建设、文化建设、社会建设和党的建设、生态文明建设面临的重大问题为导向促进专业方向创新，从而形成了新的学科发展态势。

（二）国家传统重点学科

南开大学历史学是国家一级重点学科，包含史学理论及史学史、考古学及博物馆学、历史地理学、历史文献学、中国古代史、中国近现代史、世界史等所有学科。其学科门类齐全，师资和研究力量雄厚，特别是中国古代史、中国近现代史和世界史学科，在全国具有很强的竞争力和重要的学科地位。近几年，以“985工程”哲学社会科学创新基地“世界现代化进程研究中心”和“中国思想与社会研究中心”、教育部人文社会科学重点研究基地“世界近现代史研究中心”和“中国社会史研究中心”为依托，演化出“中国社会历史”和“世界多元文明与现代化进程”两大学科群，名家云集，国内外瞩目。2011年，该学科把关注重大历史事件、创新理论研究思路和引入新方法作为推动学科发展的着力点。本年度，在中国古代史、近现代史、世界史等领域发表CSSCI论文150余篇，有9位教师的论文分别发表在一级学科权威期刊、《新华文摘》、《求是》、《人民日报》、《光明日报》。本年度中国古代史领域的研究涵盖了朝贡体制、社会整合模式、国家祭祀体制、宗族组织制度、古代边疆控制模式等。中国近现代史领域的研究包括中国近代交通社会史、民国社会文化史、近代文化发展史等，强调近代交通体系对华北区域社会变动的影响。世界史领域的研究包括欧洲国家关系史、拉美国家现代化史、世界文化交流史，强调了国家关系、文化交流水平及现代化模式在推动地区发展方面的重要作用。

在经济学领域，南开大学有理论经济和应用经济国家一级重点学科，包含了政治经济学、经济思想史、经济史、西方经济学、世界经济、人口、资源与环境经济学；国民经济学、区域经济学、财政学与税收学、金融学与保险学、产业经济学、国际贸易学、劳动经济学、统计学、数量经济学、国防经济等。本年度在政治经济学学科理论的创新和发展上，强调马克思抽象方法在经济学研究中的重要地位，深入讨论了马克思价值理论的现实意义，围绕马克思产权思想、人的发展思想、货币与经济危机、收入分配、土地问题、产业成长和区域经济发展等重大理论和现实问题展开了深入的探索，取得了丰硕的研

①于立：《现行经济学学科设置问题与法律经济学的兴起》，《改革》2011年第4期。

究成果。南开大学区域经济学在全国占有重要地位,本年度着眼于滨海新区开发开放,以空间经济学、制度经济学、循环经济学和城市经济学等学科理论为基础,在宏观与微观领域的研究主要包括空间经济理论研究、区域经济理论研究、区域经济增长和区域协调发展研究、滨海新区发展研究、城市问题研究、房地产研究、交通物流等研究。南开大学金融学在沿承国家重点学科优势的基础上,通过国家“211”工程和“985”工程建设,教学水平、科研质量以及国际学术交流等呈现出不断提升的态势。本年度在金融风险、汇率问题、中央银行货币政策、中国银行业改革、金融监管及其所面临的挑战等方面的研究取得了诸多成果。南开大学世界经济学科拥有跨国公司研究中心和APEC研究中心两个教育部人文社会科学重点研究基地以及“985”工程哲学社会科学跨国公司研究创新基地,汇集了一批在全国有影响的专家教授,实力很强。本年度承担科研课题12项,发表论文74篇,专著6部,提交咨询研究报告25篇。在世界经济理论研究方面,重点探讨了全球经济失衡的原因及特征、世界经济周期的同步性;在国别地区经济研究方面,主要关注美国、欧盟和日本的经济发展,发展中国家特别是新兴经济体的经济发展以及亚太地区经济特别是APEC的发展;在国际直接投资的研究方面,有关国际直接投资的技术溢出效应及其对东道国的经济影响是学者们探讨的重点。另外,区域贸易协定特别是中日韩自由贸易区、反倾销以及有关金融发展产生的影响问题等也是学者们探讨的重点。南开大学经济史研究本年度与往年相比,以天津及其腹地为主的华北区域经济史研究方面研究成果较为丰富和集中。这些研究主题在地域上围绕着天津、冀中定县、锦州等华北区域经济圈展开。从研究内容看,市镇、集市与城市经济研究成为一个关注的热点。在研究方法方面,历史地理学的研究方法开始被介绍和引入到天津经济史学界。在研究领域拓展方面,环境经济史的研究受到关注。经济史研究正由宏观经济发展史逐渐转向微观层面的研究,微观化、细致化的深度研究方兴未艾。南开大学经济史在提高自身学术研究的同时,积极参与国内、国际合作与交流,为扩大南开大学经济史学科的影响、推动经济史教学和研究的发展起到了积极作用。

天津大学管理科学与工程学科是传统的国家级重点学科,2011年理论研究成果显著,学科建设日趋完善。所取得的研究成果,主要体现在工业工程、物流供应链管理、工程项目管理、基础科学、管理科学研究等方面。管理创新已成为当前我国转变经济方式过程中的重要内容。本年度受滨海高新区委托,天津大学开展“滨海高新区中小企业管理创新关键要素与提升策略研究”项目等。低碳经济与可持续发展也成为未来管理科学研究的热点。

(三)优势重点学科

2011年,本市优势重点学科瞄准国际学术前沿,紧密结合中国实际,服务天津发展,呈现出良好发展态势。

南开大学马克思主义哲学学科取得了突出的成绩。本年度学者们以其马克思主义哲学基础理论研究为支持,密切结合中国社会实践,深入研究我国和谐社会建设过程的理论基础、实施过程、主要内容等问题。研究主要包括马克思主义哲学基础问题研究、马克思主义哲学著作文本研究、马克思主义政治哲学问题研究、国外马克思主义哲学理论研究等。在学术期刊上发表论文53篇,其中在《中国社会科学》(英文版)和《哲学研究》等权威刊物发表论文6篇;出版著作7部,其中包括英文和土耳其文著作各1部。代表性论文2篇分别被《新华文摘》2011年第1期、第8期转载。

南开大学中国古代文学影响力进一步扩大,在诸多研究领域取得新的成果,其中包括先秦两汉魏晋南北朝文学研究、唐宋文学研究、元明清文学研究等,一些跨学科、综合性研究成果和不同研究方向的重要成果发表在国内顶尖学术报刊上。

南开大学企业管理在创业管理、公司治理、营销管理、财务管理、组织与战略管理、人力资源管理、服务管理以及旅游管理等多个研究领域都获得了长足的发展与进步。共发表中文论文100余篇,出版各类论著7部,在国际刊物上发表论文10多篇,在国际学术年会上发表论文数十篇。成功举办了“创业与创新研究暨青年学术研讨会”、“公司治理国际研讨会”、“组织创新与人力资源管理变革学术研讨会”等多场高端学术会议。

天津师范大学政治学充分发挥现有学科优势,在政治学理论领域进一步深入探索,并通过加强学术交流扩展学科的影响力。2011年共获省部级以上科研立项8项,在全国中文核心期刊发表论文68篇,其中CSSCI论文52篇,《新华文摘》转载1篇,

《中国社会科学文摘》转载6篇、出版专著5部、教材4部。

2011年,南开大学政治学学科得到了进一步发展。本年度进一步对公共服务体系和服务型政府建设的有关理论和实践问题进行深入、系统的探讨与研究。出版了3部著作,其中两部为21世纪政治学系列教材。在《人民日报》上刊载3篇论文,《新华文摘》转载3篇,其中一文在《人民日报》刊载后,又被《新华文摘》全文转载。

天津师范大学发展与教育心理学学科建设成绩显著,2011年获中央财政支持地方高校发展特色重点学科建设项目计划专项资金170万元、学校配套40万元。获天津市资助的购置各种仪器设备经费511万元。添置设备 Psyc - ARTICLES 心理全文数据库。沈德立教授再次被教育部聘为全国普通高等学校学生心理健康教育专家指导委员会主任委员,梁宝勇教授再次被教育部聘为该委员会秘书长。本年度学者们主要对心理活动的事件相关电位、中文阅读的眼动、注意控制、英语学习的有意遗忘记忆等专题开展了研究,取得了丰硕的成果。

天津财经大学统计学以中国经济统计研究中心为平台来推进学科建设,本年度重点关注了统计理论与方法、统计在经济领域应用等方面的研究,取得了一系列有较高应用价值的科研成果。本年度获批国家哲学社会科学基金项目1项,教育部人文社会科学研究项目1项,全国统计科学研究计划重点项目1项,一般项目2项。

三、市重点学科建设

2011年,天津市高等学校社会科学类第四期重点学科共有49个学科入选,建设期为2011年—2015年。建设天津市重点学科是提升本市高等教育在全国的地位和影响的重要举措,旨在进一步增强高校自主创新能力,优化资源配置,逐步在本市范围内形成布局合理、各具特色和优势的重点学科体系,以此带动高水平大学的建设和全市社会科学整体水平的提高。

2011年,本市马克思主义学科以理论创新推动学科发展,以中国化马克思主义理论研究推动教学发展,密切联系中国特色社会主义理论教育的历史与实践,在对现实问题的讨论中取得了丰硕的成果。在马克思主义理论学科建设方面,着重从马克思主义中国化、大众化、时代化和“三化”的整体性问题展开研究。

南开大学和天津师范大学思想政治教育学科影响力进一步提高。本年度在各类期刊、报纸上发表学术论文近百篇,出版学术专著2部。主要围绕思想政治教育学科建设、思想政治教育学基本理论、网络思想政治教育、高校思想政治教育等方面展开了深入研究。2部学术专著分别是《思想政治教育活动研究》和《交往视域中的思想政治教育》。

中国社会思想史研究是南开大学社会学系的优长学科。专家申报的教育部第二批“马克思主义理论研究和建设工程”项目《中国社会思想史》教材建设项目获得批准立项。本年度教材大纲已经通过教育部专家组审核。南开大学的社会思想史研究中的社会建设选题注重历史实证,在民间思想研究上也取得新进展。本年度出版专著2部:《传统社会思想与当代核心价值建构》、《中国人的命理信仰》。科学社会学是南开大学理论社会学研究的重要方向之一。本年度承办中国科协2011年第13届年会“当代中国科学家学术谱系研究论坛”,还向中国科协提供了题为“科技工作者的分层问题研究”的调查报告。在社会政策与社会工作方面,本年度承办了“社会发展与社会政策:国际经验和中国的挑战”学术研讨会,还与美国罗格斯大学就互派交流学生、开展学术交流进行了详细探讨,并正式签署了合作备忘录,举行了合作启动仪式。

2011年,南开大学中国哲学研究通过挖掘史料文献,进一步总结了传统思想资源的现代价值。同时,积极把握时代精神,围绕儒家乐文化的生态意义、心性论的结构与张力、“仁”的生态意义等选题,对传统哲学资源的现代诠释、先秦思想、古代中后期哲学思想、近现代哲学思想等领域展开研究,出版了一系列高水平的学术论著。

2011年,南开大学法学获得一级学科博士授权点,并入选天津市第四期重点学科,取得了重大突破。学者们主要围绕法学理论研究、法律史研究、宪法学与行政法学研究、国际法学及民商法研究等方面进行了探讨。在CSSCI发表文章30余篇,出版专著8部,编著和教材10余部。国际法和法律史的研究水平居于国内前列,一些研究领域处于领先地位。

天津大学公共管理本年度获得一级学科博士授权点,并入选天津市第四期重点学科。依托天津市人文社会科学重点研究基地“公共资源管理研究中心”,在社会管理创新研究、低碳城市发展下的公共管理与治理研究、政府行政体制改革研究、教育、科技、医疗与卫生事业等方面展开研究。在国内外核心期刊发表论文124篇,其中SSCI、SCI检索论文4篇,EI检索论文8篇,CSSCI检索论文102篇;出版学术专著、教材等3部;获得各类科研成果奖4项。

天津师范大学比较文学与世界文学以特色专业为基础,积极扩展研究领域。出版专著2部,教材5部,发表论文180余篇。本年度天津师范大学文学院主办的中国首届"比较文学与世界文学博导高层论坛",在会上学者们回顾总结了比较文学与世界文学学科在"十一五"期间的成果,并深入地探讨了中国比较文学与世界文学学科理论发展方向以及高层次人才培养模式等。

天津商业大学产业经济学紧密结合天津经济发展实际,本年度发表论文达数百篇,主要集中在现代服务业与服务创新、产业发展与资源、环境协调、产业组织与政府规制、产业政策与区域产业发展,其中对生产性服务业进行了比较集中的研究,强调出口导向型经济是造成我国生产性服务业发展严重滞后的重要原因,并提出大力扶植本土高端生产性服务企业等政策建议。

天津财经大学金融学结合金融学的理论与经济发展的现实情况,研究涉及金融学多个二级学科领域,研究视角更趋多元化,研究内容更趋深入化,总体研究水平有了明显的提升。主要围绕宏观金融与政策调控、汇率制度与国际资本流动、商业银行风险与金融监管、实体经济与虚拟经济发展等方面展开深入研究和探讨,推出了一批高质量的研究成果。本年度学者们撰写的一批有应用价值的研究成果,得到天津市委市政府领导的批示和有关部门的采纳。

天津财经大学会计学是传统优势学科,研究领域与选题颇具特色。本年度在会计准则、公司治理会计、税务会计、内部控制、审计等研究领域取得了诸多研究成果,如《会计确认的再认识及应用——基于事实判断和价值判断的认知论释义》、《我国与国际及美国每股收益准则的比较》等。

本年度,中共天津市委宣传部确定的市级重点学科建设取得突出成绩。天津市哲学社会科学重点学科建设工程立项26项,资助53万元,其主题围绕当代中国马克思主义大众化、反邪教研究等重要领域。

四、交叉学科、新兴学科建设

《高等学校哲学社会科学繁荣计划(2011—2020年)》指出,要充分发挥高等学校学科齐全的优势,着力推进跨学科研究,促进哲学社会科学不同学科之间、哲学社会科学与自然科学、工程技术之间的交叉融合,培育新的学术领域和学科增长点。本年度本市交叉学科新兴学科紧密结合重大现实问题,注重从自然科学和社会科学的跨学科领域和社会科学不同学科的融合来联合攻关,使学科体系创新和优化学科特色得到进一步发展。其中,循环经济、东北亚区域经济、公共安全、舆情学、电子商务等活跃在实践前沿的交叉学科和新兴学科取得突出成果,在全国产生了一定影响。

由天津市社联、市科协、市社科院、市哲学社会科学规划办共同主办的社会科学界和自然科学界"两界联盟"是本市打造新学科的有效平台。本年度继续发挥优势,确立了"智慧天津建设研究"的主题,主要围绕光纤基础设施建设、物联网关键技术研究与应用、科技型中小企业发展、航空制造业智慧型产业链、智慧政务等。经过近一年的调查研究,取得了一批高水平的研究成果,同时也促进了技术经济、电子政务、智能交通管理等学科方向的发展。

2011年,天津市循环经济研究在制度完善、激励政策设定等方面的理论研究和实践探索,取得了新的研究成果。特别是低碳经济成了众多学者关注的热点问题。依托南开大学循环经济与低碳发展研究中心和天津理工大学的循环经济与企业可持续发展研究中心,在循环经济、低碳经济、绿色经济的理论研究、循环经济体系构建、海洋循环经济研究、循环经济发展的对策研究等方面展开了研究。

2011年,天津市公共安全学科在公共安全理论研究方面取得了丰富的成果,而且将理论与公共安全的实际领域相结合,为保障社会安全稳定作出了贡献。在公共安全基础理论方面,主要围绕危机管理、突发事件应对、应急管理体系建设、风险危机背景下政府治理等方面展开研究。在公共安全实践方面,主要围绕食品安全、医药卫生、环境与资源、网络信息、城市公共安全等方面展开研究。

天津市电子商务、环境法学、环境美学等也都以现实为主要研究对象,组织团队,立项课题,开展了不同形式的理论探讨,取得了一批有分量的学术成果。在经济社会发展中,本市的交叉学科、新兴学科积极创新,特别是在低碳经济、技术经济、信息安全等问题研究上取得了高水平成果。

五、研究基地建设

(一)基地概述

2011年,本市研究基地建设认真贯彻落实科学发展观,紧密结合改革开放和现代化建设的实际,结合加快转变经济发展方式和滨海新区开发开放的实际,以当前经济社会发展中出现的重大理论和现实问题为着眼点,以创新基地和研究中心为平台,开展多学科和跨学科研究,从学科的交叉、融合中寻找新的学术营养、研究思路和科研方法。2011年,本市研究基地的学科方向和研究方向得到进一步凝练,加快推进了学科的创新发展。

2011年,天津市有教育部国家重点人文社会科学研究基地8个,包括南开大学跨国公司研究中心、南开大学世界近现代史研究中心、南开大学中国社会史研究中心、南开大学APEC研究中心、南开大学公司治理研究中心、南开大学政治经济学研究中心、南开大学人权研究中心、天津师范大学心理与行为研究院。此外,天津体育学院的体育人文社会科学研究中心为国家体育总局首批体育哲学社会科学重点研究基地,见表3。2011年,国家教育部对人文社会科学研究基地非常重视,提出加强高校重点科研基地和创新平台建设。积极推动高校承担各类科研任务。加快科技领军人才培养和创新团队建设。推动高校创新科研组织模式,大力开展有组织科研,积极推进高校基础研究改革试点,加强产学研用结合。加强战略研究,完善以创新和质量为导向的科研评价机制,提升社会服务能力。深入实施"高等学校哲学社会科学繁荣计划",实施新一轮高等学校人文社会科学重点研究基地建设计划,着力提高咨政育人和文化传播水平。本年度,本市国家人文社会科学重点研究基地主动适应教育部的要求和社会需要,发挥人才和学科优势,聚集了包括长江学者和国务院学科评议组成员的一大批高层次人才。各重点研究基地主动调整研究方向,加强基础理论与应用对策研究,承担国家重大基金招标项目和教育部项目,加强国际学术交流,主动服务政府决策,形成了国内乃至国外享有较高声誉的研究基地,引领着本市哲学社会科学的繁荣发展。

表3　国家重点人文社会科学研究基地

序号	基地名称	所属部委	所在学校	成立日期
1	APEC研究中心	教育部	南开大学	1995年
2	跨国公司研究中心	教育部	南开大学	2000年
3	政治经济学研究中心	教育部	南开大学	2000年
4	中国社会史研究中心	教育部	南开大学	2000年
5	心理与行为研究院	教育部	天津师范大学	2000年
6	体育人文社会科学研究中心	国家体育总局	天津体育学院	2001年
7	公司治理研究中心	教育部	南开大学	2004年
8	世界近现代史研究中心	教育部	南开大学	2004年
9	人权研究中心	教育部	南开大学	2011年

2011年,天津市人文社会科学重点研究基地达到30个。瞄准国家、区域发展战略的重大理论和现实问题,天津市构筑研究高地,以人文社会科学重点研究基地为依托,凝练研究方向,汇聚学术队伍,推动理论创新和学术繁荣,持续产生具有重大价值的研究成果。

(二)国家重点研究基地

2011年,本市国家重点研究基地服务国家需求,引领学术发展,努力为经济社会发展和繁荣哲学社会科学事业做出更大的贡献。

1.科研工作。各重点研究基地通过创新组织模式,加强开放合作,组合集成优势,激发科研活力,形成了能够满足高水平项目需求的开放、联合、竞争的研究队伍和"产学研"一体化的运行机制,从我国特别是本市经济社会发展中的重大理论和现实问题着手,承担高层次和高水平的研究课题,开展多学科、跨学科和综合学科的研究,取得了一大批高质量的成果。本年度国家重点研究基地承担国家社科基金重大招标项目及一般项目、教育部重点项目、教育部人文社科项目和中央部委项目36

项,在 CSSCI 期刊上发表论文 400 余篇。其中,政治经济学研究中心主任逄锦聚的《中国道路的客观性》发表在《人民日报》上,《人才培养是根本任务》发表在《光明日报》上。有关研究中心承担与出版专著,如《中国人权事业发展报告》、《2011 亚太区域经济合作发展报告》、《高级政治经济学——马克思主义经济学的发展与创新探索》、《欧洲文化研究丛书》(七卷本)等产生较大影响。

2. 人才培养。作为国家重点研究基地,必须要有多个无论从学术地位上、还是从年龄结构上都较为合理的学术带头人,他们是基地人才队伍建设的核心。2011 年,基地承担了教育部的重点课题和青年课题,一批青年人才脱颖而出,人事部百千万人才、教育部新世纪优秀人才支持计划、优秀青年教师基金等人才培养工作都取得了成绩。

3. 社会服务。承担了"中日韩 FTA 可行性联合研究"、"跨太平洋战略经济伙伴协定(TPP)专项研究"、"天津滨海低碳循环发展战略联盟"等。南开大学人权研究中心常健教授、赵正群教授作为专家组成员受国务院新闻办公室邀请参加《〈国家人权行动计划(2009—2010 年)〉评估报告》的起草工作。南开大学 APEC 研究中心应邀作为中方代表团成员参加历次中日韩三方自由贸易区联合专家组会议,参与筹策各种应对方案和讨论口径,为此得到商务部有关部门的高度肯定和好评。协助、配合河北省廊坊市政府成功举办第二届"亚太经济合作组织(APEC)智慧城市智能产业高端会议",自始至终地参与了会议的前期筹备工作、起草会议主旨报告与相关致辞及演讲稿、大会发表的"行动倡议"等全过程,并提供咨询报告 25 篇。南开大学政治经济学研究中心谢思全教授牵头并协调组织了"天津滨海低碳循环发展战略联盟",联盟成员包括国家级研究机构、知名高校、专业技术学会等社会团体、著名节能服务型企业,以及中国首家综合性环境权益交易机构天津排放权交易所等,天津滨海新区区长宗国英曾两次对联盟的有关报告进行批示,给予了肯定与支持。2011 年 2 月 28 日,《光明日报》第 10—11 版以"立足创新、提高质量、继往开来——高校哲学社会科学繁荣计划'十一五'成就巡礼"为题,报道南开大学通过研究将影响公司治理水平的多种复杂因素进行科学量化,形成了系统的公司治理评价指数,该项成果取得了显著的经济效益和社会效益。

4. 学术交流。本市国家人文社会科学重点研究基地已经成为天津对外学术交流的重要窗口。本年度举办了 6 次有影响的国际学术会议,包括南开大学政治经济学研究中心、南开大学经济研究所和谷书堂经济学学术基金共同主办的"谷书堂经济学学术基金成立大会暨南开经济学论坛",南开大学中国社会史研究中心主办"中国日常生活史的多样性"国际学术研讨会,南开大学公司治理研究中心和台湾金融教育协会等共同主办的"2011 年两岸金融研讨会暨高峰论坛",南开大学世界近现代史研究中心主办的"美国族裔与社会文化"国际学术研讨会等,是高层次、高质量、影响颇为广泛的学术活动。国家重点研究基地还召开了不同层次的全国会议和区域会议,如南开大学人权研究中心举办的"中国人权事业发展研讨会"等,带动了本市与国内外学术机构的交流。

5. 模式创新。各研究基地注重以问题为导向,从科学研究要适应经济社会发展,学科建设要适应科学动态发展的视角,开展多学科、跨学科和综合学科的研究,通过建立课题组研究人员聘任制改革,从基地建设的宗旨、目标和任务要求出发,在体制改革、科学研究、人才培养、咨询服务、资料和信息化建设等方面都发挥出引领作用。

(三)市重点研究基地

2011 年,本市普通高等学校人文社会科学重点研究基地从国家经济建设与社会需要和高等教育改革的需要出发,推动体制创新和科研方法创新,凝练研究方向,汇聚学术队伍,推动学科交叉,以问题研究为中心,最终产生出有代表性的成果。

南开大学创业与中小企业管理研究中心主任张玉利教授被聘请为"中国首批火炬创业导师"、"创业教育教学指导委员会委员",中心拥有"全国百篇优秀博士学位论文"、"国家级精品课程(《创业管理》、《项目管理》)"等标志性成果,作为核心力量参与了天津市科技型中小企业"十二五"发展规划、滨海新区创业孵化发展规划、高等学校创业教育教学基本要求的论证。2011 年,本中心在国内首次针对中国新生创业者展开了为期 3 年的动态跟踪调查,建立了"新生创业者动态跟踪调查数据库"

(CPSED),并于2011年9月正式向社会开放。南开大学现代物流研究中心2011年获批纵向课题24项,其中国家级16项,省部级8项;向有关政府和企事业单位提交咨询报告12份;中心出版专著3部,学术论文76篇。代表性的著作有第九部国家物流产业报告——《中国现代物流发展报告[2011]》中文版和英文版,受到国内外学术界和实业界的高度评价。南开大学性别文化与社会发展研究基地依托南开大学社会学、社会工作、中国语言文学、历史学、心理学、教育学、经济学、人口学、管理学、传播学和艺术学等多学科的人才力量,形成了以中国文学文化的性别研究、妇女/性别与社会发展的社会学研究以及性别与近代中国史研究等主要方向。本年度承担课题研究共计10余项,出版专著2部,教材1部,发表论文20余篇,其中主持《南开学报》性别研究专栏三期,刊发论文11篇。南开大学中国政府与政策联合研究中心本年度获批社科项目9项,发表论文200余篇,其中CSSCI期刊及以上层次的论文60多篇,被《新华文摘》转载论文2篇;出版专著6部。该联合中心以朱光磊牵头的"中国政府与政策"国家级教学团队为核心力量,通过对中国政府与政策的多角度和跨领域的研究,力求促进南开大学社会科学学科的融合和交流,并为国家建设和政府发展建言献策,加快社科研究成果的实践转化。南开大学政治哲学与和谐社会建构研究中心。2011年承担国家社科基金项目7项,教育部社科基金项目10项,其他部委、省区市社科基金项目5项。发表论文53篇,其中在《中国社会科学》(英文版)和《哲学研究》等权威刊物发表论文6篇;出版著作7部,其中包括英文和土耳其文著作各1部。南开大学马克思主义研究中心本年度承担了包括国家社会科学基金项目共15项,实到科研经费37.6万元。发表论文60余篇,出版学术专著5部,提交研究报告2份。南开大学循环经济和低碳发展研究中心2011年承担或完成与循环经济相关的欧盟SWITCHASIA项目、国家社科基金项目、国家自然科学基金、中国清洁发展机制基金等项目11项。本年度特设立青年开放课题项目,优先资助开放课题集中在以下研究领域:循环经济理论、方法与政策;气候变化与低碳发展理论与政策;产业生态学理论与方法;环境规划与评价理论与方法。天津大学科学技术与社会研究中心2011年申请和承担了多项研究课题,在国内本专业重点期刊发表多篇论文。天津大学公共资源管理研究中心本年度承担各类课题19项,研究总经费305万元。中心研究人员积极参与电台、电视台的社会热点问题讨论,并开始注重在国内重要报刊发表研究文章(如《人民日报》理论版、《光明日报》理论版),使社会影响力不断扩大。天津大学教育科学研究中心2011年承担国家级、省部级研究课题13项,科研经费累计达到了153.1万元。发表学术论文50余篇,出版专著与教材3部;获第四届全国教育科学研究优秀成果奖一等奖、二等奖各1项。获天津市第二届教育科学研究优秀成果优秀奖1项。天津大学中国文化遗产保护国际研究中心本年度获批国家级、省部级、国际科研项目11项,发表学术论文30余篇。徐苏斌教授日文专著《中国的城市建筑与日本》分获日本建筑学会奖和日本建筑史学会奖,该奖项首次由外国学者获得;张玉坤教授和天津大学建筑学院、天津大学城市规划设计研究院、建筑设计研究院合作完成的《四川省阿坝州汶川县映秀镇鱼子溪村震后重建修建性详细规划及建筑设计》,获住房和城乡建设部村镇建设司和中国城市规划协会2011年颁发的2009年度全国优秀村镇规划设计一等奖。天津大学中国社会计算中心承担国家级课题30多项,市级项目26项,发表论文230多篇,其中国内180余篇,国外50余篇。承办了教育部社科司"社会科学中的社会计算实验方法研讨会"、"海外华人学者管理科学与工程协会(OCSAMSE)第四届年会"等国内外学术会议,有力地促进了本领域内国内外学者的交流与合作。

天津师范大学政治文化与政治文明建设研究院本年度共获省部级以上科研立项8项,在全国中文核心期刊发表论文68篇、出版专著5部、教材4部。其中,由研究院主持、人民出版社出版的"政治文化与政治思想研究丛书"在2011年新推出2种:《在平等与责任之间》、《和平与得救》(黄其松著)。由研究院承办的《政治思想史》杂志自2010年创刊以来,在论文质量和转载率等方面取得显著成效,2011年人大复印资料学术期刊排名中,《政治思想史》杂志在政治学类转载率排在12名,政治学类综合指数排第16名。天津师范大学欧洲经济—社会发展研究中心本年度获省部级以上科研立项7项，其中国家级项目2项，省部级重点项目1项，省部级一般项目4项；获委局级重点项目1项。本中心科研人员出版专著3部；在核心期刊发表学术论文近20余篇；本中心编辑的《经济—社会史评论》已由三联出版社出版五辑。本中心侯建新教授主持修订的全国义务教育历史课程标准已以文件形式正式颁行；侯建新教授担任主编的全国义务教育历史教科书《世界历史》将于2012年秋季启用；刘景华教授参加教育部第一批高等学校哲学社会科学重点教材《世界文明史》的编写工作。天津财经大学金融与保险研究中心本年度撰写的一批有实际价值的研究成果，得到市委市政府多位领导的批示和有关部门的采纳。出版6期《滨海金融专报》，为天津市委、市政府决策提供理论依据和参考意见。天津理工大学公共项目与工程造价研究中心本年度获国家863项目1项(已公示)；国家科技支撑计划项目1项(已下达)；国家自然基金面上项目2项；国家社科基金面上项目1项；教育部社科基金3项，其他省部级项目9项；横向委托项目7项，科研经费近680余万元。在核心刊物上发表论文60余篇，其中CSSCI检索13篇，出版专著3部；荣获天津市科技进步三等奖1项。天津理工大学循环经济与企业可持续发展研究中心依托天津理工大学管理学院、循环经济研究院，以及天津市循环经济促进中心，以管理科学与工程(天津理工大学博士点建设学科，已通过教育部中期检查验收)、工商管理等一级学科硕士点为支撑，成为天津市较有影响的循环经济与企业可持续发展的专业性研究单位。近年来共承担科研项目164项，包括国家社会科学基金项目3项，教育部社科基金2项，省市区社科基金25项，国际合作项目1项，实到科研经费555.7万元；出版专著3部。天津商业大学管理创新与评价研究中心研究方向包括管理与制度创新理论、实践和经济与管理评价理论、方法及实践，具体细化为面向现代服务业的管理运行模式、高新技术企业的知识员工管理、市场营销与服务管理和企业内部控制等管理创新与经济评价四个方面。本年度获教育部人文社会科学研究项目5项，完成1项，在研4项；获天津市哲学社会科学规划项目等纵向课题14项。出版专著3部，教材27部，在核心期刊上发表论文40余篇。天津外国语大学外国语言文学文化研究中心本年度获天津市社科规划项目1项，天津市教委科研项目1项。出版学术专著2部，《当代外国术语学与术语标准化研究》、《隐喻形态研究》；在《中国外语》、《天津外国语大学学报》、《俄罗斯文艺》等学术刊物发表论文10余篇。修刚教授主持的国家社会科学基金项目《术语标准化研究与多语种术语对照词典编撰》历时3年完成相关工作，取得了丰硕成果。包括专著1部，工具书1部，译著3部和研究报告《术语标准化研究在相关学术领域的价值与意义》等。天津外国语大学语言符号应用传播研究中心本年度获批国家社科基金重大项目1项，国家社科基金一般项目1项，发表论文8篇。包括在全国核心期刊发表论文4篇，(其中《中国社会科学》1篇)，在其他学术期刊发表论文4篇。天津科技大学食品安全管理与战略研究中心本年度获批国家自然科学基金委员会管理科学部应急主任基金项目1项，国家社科基金项目1项，另有1项研究获国家863计划的资助。王硕教授等与中国标准化研究院、天津顶育公司等进行了“食品加工环节监督管理规范”、“化学危害物毒理学数据库”等一系列的建设研究。承办了“供应链食品安全管理论坛”、中国科协第十三届年会“食品营养与健康国际研讨会”、天津市第七届社科年会天津科技大学分会场“食品安全风险控制研讨会”等学术会议。中国民航大学航空法律与政策研究中心本年度承担社科基金项目1项、天津市哲学社会科学规划项目1项，获天津市教委课题3项，其中重点课题2项，民航局软科学项目3项以及其他部委企事业单位委托项目15项。在《法学杂志》等学术期刊发表论文20余篇，出版著作3部：《航空法学原理与实例》、《航空法学评论》等。天津工业大学现代纺织产业创新研究中心本年度参与国家纺织工业“十二五”发展规划的起草工作，承担国家发改委、财政部、工信部、中国纺织工业联合会、天津市国资委、天津市经信委等政府委托项目和企事业委托项目10余项，到位科研经费近150万元。由赵宏教授主持的国家社科基金项目“推进创新的体制和政策措施研究“顺利结题并评审为优秀。发表论文30余篇，出版教材2部，专著1部。孙淮滨教授主持编辑了本年度的“中国纺织工业发展报告”。获得军队科技进步二等奖1项;获得中国纺织工业联合会颁发的"中国纺织工业科技进步奖"和"中国纺织经济论文奖"多项。天津职业技术师范大学师范能力与职业能力研究中心本年度获国家人文社科基金项目1项;全国教育规划教育部重点项目1项;天津市社科规划办、天津市高校人文社科重大项目1项、教育科学规划办等省部级科研纵向课题16项。2010年,学校为该中心设立人文社科研究基地开放基金,2011年向全市组织申报研究基地开放课题20项,其中重点课题4项,一般课题16项。发表学术论文49篇,其中在CSSCI来源期刊上发表学术论文12篇。中心获天津市第四届全国教育科研优秀成果教育部优秀成果二等奖1项,三等奖1项。天津城市建设学院城镇化与新农村建设研究中心本年度承担在研国家自然科学基金项目1项,发表论文40余篇,其中,EI13篇,核心期刊21篇,出版著作和教材7部。天津音乐学院艺术创作与表演研究中心自2007年重建至2011年,获文化部、天津市哲学社会科学规划项目、中共天津市委宣传部、天津市文化局等课题立项12项,发表论文42篇。由杨雁行和靳昕等人参加的天津市委宣传部2011年宣传思想文化工作调研课题"文化艺术团体'走出去'海外演出经营运作模式研究"获一等奖。本年度承办"第四届全国艺术院校民族打击乐教学研讨会"等学术会议。河北工业大学企业信息化与管理创新研究中心本年度获批立项的厅局级及以上纵向科研项目共49项,新签订横向科研合同项目22项,合同金额398万元。在核心期刊发表论文30篇,出版学术专著2部,提交会议论文共50篇。

(四)天津社会科学院

天津社会科学院是本市最大的社会科学类综合研究机构,有天津市社会科学重点学科2个,分别是:中华民国史、城市社会学;院级重点(扶持)学科8个,分别是:中国特色社会主义研究、天津文学、华北区域城市史、天津经济、城市社会学、当代日本研究、舆情研究、经济社会发展预测研究。本年度,社科院继续坚持学科建设在整个科研工作中的龙头作用,密切结合国家和天津市的理论动态和现实发展需要,及时调整研究方向。同时进一步深化学科建设和学科分支方向调整,使其跟上形势的发展和社会需求。本年度全院科研人员共承担国家课题1项,天津市哲学社会科学规划课题17项,院级课题35项(其中委托重点课题12项,重点课题10项,青年课题13项)。此外,还承担中共天津市委宣传部宣传思想文化工作重点调研课题2项,天津市政府决策咨询重点课题5项。应用研究成果数量、质量较往年明显提高。申报调研报告、对策研究、咨询研究成果共128项,在98项国家级报刊(免评)成果中,对策和咨询研究成果有42项,其中7项成果得到中共中央政治局委员、天津市委书记张高丽和市长黄兴国的批示。《论点·建议》本年度出刊40期,其中获市主要领导批示16次,10余期被市委办公厅《内参》、市政府办公厅《信息专报》转载,受到市委市政府的高度重视。

(本文作者:李家祥,天津市社会科学界联合会党组书记、教授、博士生导师;陈根来,天津市社会科学界联合会原秘书长、《天津社会科学年鉴》编辑部副主任、兼职教授;丁大同,《天津社会科学年鉴》编辑部副主任;周京奎,南开大学经济学院教授;沈丽姝,《天津社会科学年鉴》办公室副主任)

2011年天津市文化产业发展报告

李文利

内容提要:2011年,天津市着手建立强有力的协调推动机制,实施打好文化大发展大繁荣攻坚战;坚持规划先行,形成科学的文化产业布局;加强部市合作,建设国家级文化产业园区;实施重大项目带动战略,像抓经济工作一样抓文化产业项目;丰富和完善产业门类,进一步壮大整体实力;加强政策支撑,建立多层次融资平台;搭建技术服务和宣传推介平台,为文化产业发展创造良好条件。

关键词:文化事业　文化产业　天津　经济发展方式

2011年,天津市委、市政府把加快文化产业发展作为转变经济发展方式的重要举措,紧紧围绕建设文化强市目标,实施文化产业振兴规划,组织文化大发展大繁荣攻坚战,积极培育新的经济增长点,取得明显成效。"十一五"时期,天津市文化产业年均增长近30%,明显快于全市GDP增长速度。文化产业增加值从2005年的80亿元上升到2011年的392.7亿元,文化产业占GDP比重从2005年的2.17%上升到2011年的3.5%,实现了跨越式发展。

一、建立强有力的协调推动机制,实施打好文化大发展大繁荣攻坚战

天津市委提出,要拼出天津精神天津速度天津效益,作出了"构筑三个高地,全力打好五个攻坚战"的战略部署,把打好文化大发展大繁荣攻坚战作为五个攻坚战之一,下发了《中共天津市委天津市人民政府关于打好文化大发展大繁荣攻坚战实施意见》。市委、市政府召开了打好文化大发展大繁荣攻坚战推动会,中共中央政治局委员、市委书记张高丽作动员,市长黄兴国作部署,各区县、各部委、各单位党政一把手参加会议,吹响了全市打好文化大发展大繁荣攻坚战的进军号。为保证各项任务落到实处,天津市成立了打好文化大发展大繁荣攻坚战指挥部,由市委常委、宣传部部长任总指挥,分管副市长任副总指挥,下设文化体制改革、公共文化建设、文化产业三个项目分指挥部,还设立了指挥部办公室、项目规划组、金融服务组、区县协调组、检查监督组五个职能部门。指挥部成员单位包括:市委宣传部、市政府办公厅、市发改委、市科委、市工商局、市财政局、市规划局、市国土房管局、市统计局、市金融办、市旅游局、市文广局、市新闻出版局、国家开发银行等单位。指挥部的主要任务是策划项目,检查进度,协调解决重大问题。设立了五个督查组,按照6月、9月、12月三个时间节点进行工作督查。指挥部开展互看互比互学活动,组织项目单位负责同志现场考察文化产业项目,查找差距,学习经验,明确方向,推动各项任务落实。各个区县也都成立了文化体制改革和文化产业发展工作领导小组,下设办公室,建立协调推动机制,把文化体制改革和文化事业、文化产业发展纳入了日常工作。

二、坚持规划先行,形成科学的文化产业布局

天津的文化资源特别是近代历史文化资源非常丰富,天津市积极利用这一优势,把符合历史发展规律的主流文化提炼并规划出来,使之形成可持续发展的文化产品。按照城市定位和地理文化特征,制定了《天津市文化产业发展"十二五"规划》,以山、海、城、乡"四带多点"布局文化产业。

1. 中心城区都市文化产业带

发挥中心城区文化积淀深厚、文化设施完备、文化人才集中、相关产业发达的综合优势,以海河为主轴线,形成五大产业板块:一是老城传统文化板块。整合开发三岔河口、大悲院、吕祖堂、文庙、庄王府、桃花堤等资源,发展具有历史文化特色的项目;打造以相声为代表的传统曲艺集中演出街区;整合天后宫、天妃宫等妈祖文化资源,培育发展相关产业;依托古文化街、大胡同、估衣街等传统商贸聚集区推动文化用品集散贸易;搞好西站城市副中心文化设施配套建设,发展相关文化休闲娱乐产业。二是文化创意产业板块。进一步建设发展天津创意街、六号院、桥园创意产业园、陈塘创意基地、C92文化创意产业园区、凌奥创意产业园、3526创意产业园、北新文化创意产业基地等;继续扩大

天津音乐街建设规模，发展音乐产品产权交易、音乐教育、音乐保健以及声音产品等相关产业；用好天津美术学院、天津工艺美术职业学院等资源，建设天津美术街，发展美术产品产权交易、美术教育、美术设计以及相关产业。三是近现代历史文化板块。加强一宫花园、五大道、解放北路、小白楼等历史街区的保护利用，发展多元化消费和旅游；发掘名人故居、风貌建筑、近代工业、商业、军事、通讯、交通、教育、金融等历史文化遗存，建设多种形式的博物馆、展览馆和体验馆；加强对三条石民族工业发祥地旧址、天津造币总厂旧址、天津动力机厂、天津热电厂等重要工业遗产的保护开发利用，选址建设天津工业遗产公园；发掘整合以文庙为代表的古代官学，以电报学堂、水师学堂、武备学堂等为代表的新式学堂，以南开学校、北洋大学等为代表的现代学校和以法汉学堂、汇文中学等为代表的外国教会学堂等，形成中国近现代教育发展风景线。四是当代艺术展演板块。发挥天津文化中心、津湾广场的引领、聚集和辐射作用，整合演出场馆资源，发展京剧、评剧、梆子、曲艺、杂技等传统艺术，扶持民族乐、交响乐、室内乐、芭蕾舞等艺术门类，打造演艺与商贸旅游相结合的特色精品演出，做强“海河之春国际音乐节”、“打开音乐之门”等演出品牌，办好天津国际少儿艺术节、全国(天津)相声新作品大赛、中国原创歌曲颁奖典礼以及中国(天津)演艺交易博览会、天津舞蹈节、津门曲荟等重大活动；充分利用天津文化中心、梅江会展中心及博物馆、展览馆，举办各种形式的艺术展览和艺术品展卖。五是总部型高端产业板块。充分利用中心城区资源聚集优势，重点发展新闻服务、出版发行和版权服务、广播电影电视服务、文化艺术服务等核心层文化产业，汇聚总部型文化企业、高端文化产品和服务、知名文化品牌，形成天津文化的核心竞争力、吸引力和辐射力。

2. 滨海新区开放型海洋文化产业带

以建设滨海新区国家级文化产业示范园区为重点，充分发挥滨海新区沿海开放的区位优势、先行先试的政策优势、高新技术汇集的科技优势以及资金、土地、人才密集等综合优势，以海岸线为主轴、以海河中下游为纵深，形成五大产业板块：一是海洋与湿地文化板块。深入挖掘海洋文化的丰富内涵，提升海洋文化产业的规模和层次，建成国家海洋博物馆、天津极地海洋世界，规划建设海洋主题公园等文化设施，形成独具特色的天津海洋文化景观群；开展海洋文明、海洋意识、海洋艺术、海洋科学等多种形式海洋主题文化活动，建设命名一批海洋文化宣传教育基地；开发保护贝壳堤、牡蛎礁、七里海湿地、北大港湿地、大黄堡湿地和团泊洼湿地，建设古海岸和退海湿地公园、博物馆、旅游区。二是港口与海洋工业文化板块。以天津港为中心，整合开发海运、河运、漕运、渔港等文化资源，密切联系世界港口城市，丰富港口博物馆文化内容，策划举办多种形式的港口文化活动，进一步树立天津国际港口城市形象和影响；保护开发利用天津船厂(大沽船坞)、永利碱厂遗址等工业遗存，从早期制盐、制碱、造船到现代化大型企业，形成完整的海洋工业文明发展史链。三是近现代爱国主义文化板块。保护开发以大沽炮台为中心的海防要塞遗址群、小站练兵遗址、日军华工转运站遗址等，建设沿海爱国主义文化景观群。四是战略性文化产业聚集示范板块。沿汉沽开发区、中新生态城、空港经济区、东丽湖、响螺湾商贸区、官港森林公园、北大港水库，建设动漫制作、数字出版、3D影视、主题游乐园等大型文化产业项目，形成多个战略性文化产业项目聚集示范区。五是文化交流与贸易板块。发挥滨海新区开放度高、国际国内联系广泛、交通联络便利以及物流、资金流、信息流、人才流活跃等优势，发展文化产权交易、文化产品贸易、文化交流合作、文化产业融资，建设相关市场和平台，成为天津文化交流与贸易的重要窗口。

3. 北部山区休闲旅游文化产业带

充分发挥北部山区自然和文化资源丰富、靠近京畿等独特优势，做大做强“山”文化。以蓟县为中点，向京、津两大都市延伸，形成四大产业板块：一是山地文化休闲旅游板块。提升盘山、黄崖关、八仙山等山区旅游景点文化含量和服务水平；举办渔阳金秋旅游、黄崖关长城国际马拉松等文化旅游节庆活动；扶持发展评剧和具有蓟县地域风格的演艺种类，打造与文化旅游紧密结合的演出剧目。二是革命传统教育板块。整合盘山烈士陵园、抗日战争遗址等文化资源，开展红色旅游；开发建设军事主题公园和体验营地。三是山地文化与科学教育板块。深度开发利用蓟县国家地质公园等科学文化资源，规划建设登山、探险、攀岩、地质科学考察、生物科学考察等营地和服务设施；加强对蓟县国家地质公园科学文化内涵的普及宣传。四是文化园区板块。建设盘龙谷、国家画院创作基地等大型文化场馆和设施聚集区，引进国际国内文化项目，建设影视、书画、文学等创作基地。

4. 区县民俗文化产业带

进一步挖掘资源，环绕中心城区形成多点发育、各具特色的文化产业集群，重点培育四大文化产业板块：一是古运河文化板块。用好用足南运河、北运河、蓟运河的自然景观和漕运文化资源，建设杨柳青明清街和大院文化聚集区、北辰皇仓廒舍文化产业博览区等，形成特色突出、错位发展的运河文化集群。二是古镇文化板块。结合新农村建设和城镇改造，部分保留或恢复杨柳青古镇、渔阳古镇、杨村古镇、独流古镇、葛沽古镇等历史名镇，形成天津特色的北方古镇文化群。三是民间文化艺术板块。培育版画、木刻、剪纸、农民画、泥塑等特色民间艺术，推动产业化、公司化经营运作；扶持发展狮子会、高跷会、飞镲、宝辇等特色民间花会艺术，鼓励走出去交流演出；发掘黄帝问道、姜子牙垂钓、精卫填海、哪吒闹海、盐母煮盐等民间传说和戚继光镇守长城、赶大营、小站练兵、义和团红灯照等历史故事，以及狗不理包子、独流老醋等传统商业品牌，创作生产相关文艺产品。四是文化主题园区板块。发挥周边区县区域和土地优势，依托农村和农场、湖、河、名胜古迹，发展农业休闲文化体验、文化创意、文化用品制造交易流通、文化娱乐主题公园。

三、加强部市合作，建设国家级文化产业园区

天津市加强与国家有关部委的联系与合作，积极争取更多的文化大项目好项目落户天津，形成国家级文化产业项目集群。天津市先后与文化部、国家广电总局、新闻出版总署、中国文联、国家工商总局等部委分别签署了战略合作框架协议，共同建设国家级园区。目前，在天津市的国家级文化产业园区已经达到8个，分别是天津市国家级滨海新区文化产业示范区、国家动漫产业综合示范园、中国天津3D影视创意园区、国家数字出版基地、国家影视网络动漫实验园、国家影视网络动漫研究院、国家级滨海广告产业园、团泊文化产业示范园区。

1. 国家影视网络动漫实验园、国家影视网络动漫研究院

园区坐落在滨海高新区，围绕“文化·科技·创意”与“新型商业模式”相结合这一发展主线，从产业规划、环境建设、招商引资、政策扶持等四个方面入手，全力打造新媒体大发展潮流下的创新型国家级动画产业基地。重点定位在广播影视业、数字内容与动漫业、电子出版业、文化创意业。目前，实验园内已有各类文化创意企业近70家，汇集了北方电影集团、天津广电网络、天津电视剧制作中心、酷米网络、天津全时尚讯、神界漫画、猛犸科技、福丰达、魔幻动力、仁永动画、唐图科技等知名文化创意企业，注册资金达12亿，年产原创动画达4000分钟。

2. 国家动漫产业综合示范园

园区坐落在中新生态城，是天津市和文化部合作建设的首个国家级动漫产业示范园，总投资40亿元，占地1平方公里，建设面积77万平方米。规划建设创意编剧策划区、研发与孵化区、综合服务区、高端设备集成和智能衍生品集成基地、高端办公区、动漫人才培育学校及动漫主题公园在内的七大功能区。经过近两年的努力，一期工程30万平米建设全部完工，2011年5月27日举行了开园仪式。文化部蔡武部长参观动漫园后表示，短短一年多的时间，动漫园建设就取得这么大的成就，体现了天津速度，事实证明，把这个项目放在天津是完全正确的。目前在园区注册的企业180家，80家企业入园办公。园内的公共技术服务平台以3D立体动画电影高端制作流水线为基础，涵盖了当今数字动画主流制作核心系统，包括动作捕捉室、录音棚、渲染提交区、开发中心、三维扫描室、高端视频制作区、审片室、摄影棚等功能房间，达到了世界一流水平。

3. 天津国家数字出版基地

位于空港经济区，是国家新闻出版总署授予的国家级出版基地，规划面积1平方公里，由产业园区和产业发展区两部分组成。产业园区总建筑面积41万平方米，产业发展区总占地面积60万平方米。目前，天津国家数字出版基地已经聚集了华旗资讯、中兴通讯、大唐电信、智汇中健等一批领先的数字出版终端和内容企业。创新体验中心项目、云计算中心项目、数字版权交易所等公共平台建设已经完成。

4. 中国天津3D影视创意园区

2011年已开工建设由中新天津生态城与深圳华强集团合作建设，占地1000亩，预计总投资30亿元，建设3D影视体验区（主题公园）、3D影视创意基地、3D影视技术研究院、3D影视生产基地，以及为上述项目配套服务的相关设施。正在规划建设之中的项目有，天津市国家级滨海新区文化产业示范区、国家级滨海广告产业园、团泊文化产业示范

园区等。

四、实施重大项目带动战略，像抓经济工作一样抓文化产业项目

近几年，天津文化建设进入了投资最大、项目最多、发展最快的时期，每年推出一批重点文化项目。2009年，推出了天堂电影沙龙、津味相声风景线、“打开音乐之门”音乐节、今晚听听室内乐系列演出、北方娱乐星阵营、“开心麻花”舞台剧、天津音乐艺术街等11个精品项目，取得了良好效果。2010年，天津市推出了打好文化大发展大繁荣攻坚战第一批40个重点项目，总投资达383亿元。天津电影艺术中心、北方印刷基地一期项目、杨柳青大院文化区、宝坻玉佛宫、天影朗香国际影城、天影滨湖影城等28个项目当年完成，12个跨年度项目进展顺利。2011年，推出第二批60个重点项目，总投资达277亿元，已完成投资119亿元，71个子项目中已经完成40项，西岸相声会馆、经纬艺术街区、精武门·中华武林园、东丽区文化产业孵化器、航讯大型网游及电子商务运营平台等投入使用后产生良好效益。天津市还引进了蓝猫卡通、深圳华强等龙头企业，在津建设了蓝猫卡通动漫园、华强3D影视基地等，发挥了龙头带动作用。到2011年天津市共推出111个项目，总投资达660亿元。

五、丰富和完善产业门类，进一步壮大整体实力

天津市在发展传统文化产业的同时，大力发展文化创意、立体影视、新兴媒体、数字出版、动漫游戏、文化主题公园、高新技术印刷复制、广告、下一代广播电视网等战略性新兴文化产业，实施文化科技“小巨人”成长行动，按照“一企一策”选择重点文化企业，列入科技小巨人成长计划，给予重点扶持。经过努力，天津各类文化企业超过两万多家，从业人员达20万人，初步形成了由文化创意业、广播影视业、出版发行业、演艺娱乐业、文化旅游业、数字内容和动漫业、文化会展和广告业、艺术品交易业等八大门类组成的文化产业体系。

目前，文化创意业方兴未艾，以各区和各功能区为主，形成了一大批文化产业集群。天津创意街、天津音乐街、六号院、凌奥创意产业园、C92创意产业园、北新创意产业园、经纬艺术街区、天津3526创意工场、绿领低碳创意园、陈塘科技商务区等30多个文化产业聚集区已经形成了规模，发挥了带动作用。广播影视业发展迅速，传统的影视节目制作、播出、广电网络传输不断提升，移动多媒体广播、网络广播影视、手机广播电视等新兴业态异军突起，形成了国有广播影视和电信企业为主，以民营企业为辅的产业格局，是目前资产最多、规模最大、效益最好的产业门类。出版发行业逐渐壮大，传统出版业已经形成了集出版、印刷、发行为一体的完整体系，通过改革重组，形成了天津出版传媒集团、北方报业印务公司等一批龙头企业。大力发展电子书、手机报、网络出版等数字出版业。演艺娱乐业日益繁荣，国有文艺院团立足本市逐步适应和开拓市场，民营演出团体积极、活跃，“津味相声”形成品牌，各种演出中介机构快速发展，各种商业演出快速增长。形成了国际少儿艺术节、全国相声新作品大赛、中国原创歌曲颁奖典礼等演艺品牌。

文化旅游业渐成热点。在天津市旅游景点和设施的改造提升中，注入越来越多的文化内涵，仅市内六区海河两岸就形成了多个文化组团，文化创意、文化交易、文化遗迹、文化旅游形成了“海河文化带”，“近代中国看天津”的文化主题愈加清晰。数字内容和动漫业生机勃勃，以滨海高新区、中新生态城、空港经济区为主要聚集区，数字内容和动漫的开发、设计、制作、传播和销售方兴未艾。福丰达、猛犸科技、神界漫画等一批本地优秀企业脱颖而出。文化会展和广告业形成品牌，近年打造的中国（天津）演艺交易博览会、中国（天津）书法节、中华（天津）民间艺术精品博览会、滨海文化旅游节在全国产生重要影响。艺术品交易业持续活跃，古文化街、沈阳道等传统艺术品交易市场在全国具有重要影响，各类艺术品商店遍布全市，建立了天津文化产权交易所、天津海泰数字版权交易服务中心、天津国际版权交易市场等，规范了文化资产和艺术品交易。

六、加强政策支撑，建立多层次融资平台

天津市和各区县先后出台一系列促进文化产业发展的意见措施和扶持政策，形成政策支撑体系。制定实施《天津市文化发展“十二五”规划》、《天津市文化产业发展“十二五”规划》、《关于支持天津市文化产业发展的实施意见》等政策。全市共筹集财政资金200亿元，用于支持包括科技型文化企业在内的科技型中小企业发展。其中90亿元作为“天使资金”，主要以无偿资助和股权投入的方式，对初创期科技型中小企业提供支持，额度一般在10—60万元。110亿元作为政府资助周转基金，对进入成长期和壮大期的科技型企业可提供100—

500 万元的政府无息借用资金,2—3 年后归还。天津市还成立规模为 20 亿元的天津文化产业股权投资基金,支持科技文化企业发展。设立了 2.5 亿元的天津市文化产业发展专项资金,2011 年发放 4000 万元,对代表新兴文化产业发展方向、取得初步成果的项目给以奖励,发挥了良好的引领和撬动作用。各区县纷纷设立文化产业发展引导资金,其中滨海新区文化产业引导资金已达到 5 亿元,2011 年发放 1 亿元,支持了 77 个重点项目,其中科技类文化产业项目达 52 个。推动海泰担保投资公司进入文化创意产业领域,为 16 家动漫类企业提供了担保,融资额达 2.63 亿元。市委宣传部与 11 家金融机构分别签署了协议,支持天津文化产业发展的授信额度达 260 亿元,缓解中小文化企业融资难问题。

七、搭建技术服务和宣传推介平台,为文化产业发展创造良好条件

建成了国家动漫园动漫技术服务平台和国家超级计算中心,将二者紧密联合起来,以“天河一号”为核心建立了目前国内最大、最快的特效与渲染集群系统,大大缩短了影视产品制作周期。建立了中国天津“物联网”与“云计算”产业创新基地,中国天津工业与工程设计“云计算”数据中心、工程体验中心、创业孵化中心等一批服务平台,为企业提供技术服务。建成了数字出版公共网络服务平台——天下出版网,已向各方出版机构全面开放。建成了亚洲最大的高性能计算机生产基地——曙光计算机产业基地,年产曙光高性能计算机 25 万台,可辅助完成科研领域大量计算任务。建立天津文化产业网,宣传天津市扶持文化产业发展的优惠政策和文化企业动态。组织市新闻媒体对各区县委宣传部长进行采访,及时报道文化项目建设进展情况,推动形成竞相发展的态势。建立“今晚演艺资讯”信息平台,提供各种演艺信息。组织重点文化企业参展深圳文博会、北京文博会,宣传展示天津市文化产业发展新成就。

(本文作者:李文利,天津市文化体制改革办公室副主任)

2011 年天津市民社会价值观调查报告

黄 瑛 郑 礼

内容提要:2011 年,天津市统计局社情民意调查中心开展了系列抽样调查,考察天津市民社会价值观的变迁状况。考察的内容主要有:社会公德,包括市民社交方式、见义勇为的主流社会价值观、社区公益的新风尚;家庭观念,包括市民是否接受“裸婚”、孩子缺少玩伴现象、邻里关系和陌生人关系状况;生活环境观念,包括市民居住环境与宜居意识、市民如何评价市容整治效果、对新建和提升改造公园工程与健身场所的市民认可度;文化生活观念,包括对文化强市建设的认可、对城市居民文化消费的认知、对农家书屋建设的认可度等。

关键词:市民社会 价值观 社会公德 家庭观念 宜居意识

2011 年,天津市统计局社情民意调查中心开展了一系列抽样调查,考察和了解市民对待一些社会现象的态度和做法,在一定程度上反映了天津市民社会价值观的总体概况。调查采用计算机辅助电话调查系统(CATI)进行抽样,按年龄、受教育程度、收入、职业等特征进行样本配额,在全市居民固定电话用户中抽取调查样本,有效保证了各调查项目对全市居民具有代表性。

一、社会公德

1. 市民社交方式趋于多元化

七成市民常和家人一起休闲。《居民社会热点现象调查》①结果显示,在参与调查的 1000 名市民中,下班后或不工作时主要和家人在一起的占 72.6%,

①调查对象为市内六区及环城四区 20 岁以上的常住居民,完成调查问卷 1000 份。样本分布如下:从年龄分布看,20 至 29 岁占 27.2%,30 至 39 岁占 20.6%,40 至 49 岁占 16.9%,50 至 59 岁占 15.6%,60 岁以上占 19.7%;从性别分布看,男性被访者占 41.8%,女性被访者占 58.2%。

和朋友在一起的占13.7%，无社交的占7.8%，上网聊天的占5.9%。从年龄上看，20至29岁年龄群体和家人一起的时间相对少，上网聊天、和朋友一起的比例高；30至39岁年龄群体下班后或不工作时和家人在一起的比例为85.0%，比其他年龄群体比例高；50至59岁年龄群体无社交的比例为11.5%，比其他群体高。

七成市民常和同学、同事聚会。调查显示，73.3%的市民平时会和同学、同事聚会。其中，经常聚会的占21.5%，周末常聚的占12.6%，一季度一次或者半年一次的占24.7%，一年一次的占14.5%。从来不聚会的市民占26.7%。从年龄上看，90.8%的30岁以下的青年人会和同学、同事聚会，经常聚会的占25.0%，和同学、同事聚会的比例和频率高于其他年龄群体，但随着年龄的增大，聚会的人群比例降低。

16.4%的市民有网友。在参与调查的1000名市民中，有164人有网友，占16.4%；有127人有俱乐部、社团的朋友，占12.7%。从年龄上看，网上的朋友比例随着年龄的上升而下降，20至29岁年龄群体在网上认识的朋友比例最高，占57.2%；俱乐部、社团的朋友比例随着年龄的上升而上升，60岁以上年龄群体俱乐部、社团的朋友比例最高，占53.3%。

2. 见义勇为依然是主流社会价值观

遇到老幼跌倒，七成市民愿意施救。《居民社会热点现象调查》结果显示，76.3%的市民愿意对跌倒的老人或小孩伸出援手，其中，44.3%的市民表示会“毫不犹豫，救人要紧”，32.0%的市民表示会“找到证人，一起施救”；只有23.7%的市民表示不会直接施救，而其中大多数会采取其他方法帮忙，直接走掉的只占8.8%。

年龄越大愿意施救的比例越高。调查显示，60岁以上的人愿意施救的比例最高，占82.2%；40至49岁年龄组的人愿意施救的比例占81.1%，50至59岁年龄组的人愿意施救的比例占75.6%，40岁以下年龄组的人愿意施救的比例占72.4%。选择“毫不犹豫，救人要紧”的做法的，60岁以上年龄组比例最高，为60.4%；选择“找到证人，一起施救”的，40岁以下年龄组比例最高，为37.2%。

3. 社区公益渐成新风尚

九成市民热心社区公益。《居民社会热点现象调查》结果显示，98.7%的市民愿意对有困难想要寻求帮助的邻居伸出援手，89.6%的市民愿意为社区治安、卫生献力献策，86.1%的市民愿意参加社区组织的公益活动，81.1%的市民表示会积极维护社区治安。从年龄看，20至29岁年龄组中，86.4%的人愿意参加社区公益活动，其中愿意积极参加的占59.2%，居各年龄组之首。由此可见，年轻人参加社区公益活动的积极性更高。

业主委员会尚需进一步发挥作用。调查显示，79.9%的市民居住的社区属于物业管理，其中，53.7%的市民居住的社区内成立了业主委员会，12.6%的市民居住的社区内没有业主委员会，13.6%的市民不知道什么是业主委员会；20.1%的市民居住的社区不属于物业管理。社区成立了业主委员会的市民中，48.2%的人认为业主委员会发挥了作用，51.8%的人认为业主委员会没有发挥作用。

二、家庭观念

1. 三成市民接受“裸婚”

“裸婚”是2008年兴起的网络新词汇。一般意义上的“裸婚”，是指不买房、不买车、不办婚礼甚至没有婚戒而直接领证结婚的一种简朴的结婚方式。由于生活压力以及现代人越来越强调婚姻的“自由”和“独立”，“婚礼”在年轻一代的婚姻中被重视的程度日益削弱，因而“裸婚”也就成为“80后”新潮的结婚方式。

《市民对“裸婚”看法调查》①结果显示，87.9%的市民知道“裸婚”，67.6%的市民了解“裸婚”的确切含义，31.4%市民表示可以接受“裸婚”。30岁左右的年轻人对“裸婚”的认知度最高，这部分人群正处于适婚年龄段，对“裸婚”现象比较关注。30岁以下处于适婚年龄的年轻女性反对“裸婚”的比例最高，反对的原因主要是觉得没有房子的婚姻无保障。相反，30岁以下的未婚男性接受“裸婚”的比例较高，也是由于现在的社会风气造成男性结婚成本远高于女性，所承受的压力大。40岁以上人群接受“裸婚”的比例最高，主要是由于这部分人群多已为人父母，子女的结婚成本很大，一部分是由他们支

①调查对象为市内六区20岁以上的常住居民，完成调查问卷1200份。样本分布如下：从年龄分布看，20至29岁被访者占44.9%，30至39岁被访者占38.5%，40岁及以上被访者占16.6%；从性别分布看，男性被访者占46.5%，女性被访者占53.5%；从婚姻状况看，已婚且有适婚年龄子女的占6.7%，已婚且无适婚年龄子女的占56.2%，单身的占37.1%。

付，所以支持子女“裸婚”也是无奈之举。

2. 六成孩子缺少玩伴

《居民社会热点现象调查》结果显示，在参与调查的456个家庭中，77.6%的孩子在家有玩耍时间，22.4%的孩子在家没有玩耍时间。在77.6%有玩耍时间的孩子中，43.4%的孩子主要由家长陪着玩，21.3%的孩子自己一个人玩，11.6%的孩子和邻居孩子玩，1.3%的孩子和同学朋友玩。由此可见，孩子由家长陪着玩的比例最高，孩子自己一个人玩的比例其次，与同龄孩子玩的比例最低。

一些市民反映由于害怕孩子远离自己的视线会遇到不可测的危险，或学习其他孩子的坏习惯，由自己陪伴孩子玩耍，家长没有时间或外出时，就让孩子一人在家中玩耍。有研究表明，经常和家长玩耍的孩子做事情会有一定的依赖心理，习惯自己一个人玩耍的孩子性格容易变得孤僻。

3. 九成邻里见面寒暄，半数市民对陌生人不信任

九成邻里见面相互寒暄。俗话说，“远亲不如近邻”。但是，随着住房商品化以及人们生活节奏的加快，很多市民反映邻里关系越来越淡漠。《居民社会热点现象调查》结果显示，经常和邻居打招呼的市民占89.6%，邻里见面不打招呼的占10.4%。相对来说，老年人与邻里更熟，见面打招呼的比例和人数较其他年龄人群高，30岁以下的青年人与邻里打招呼的比例相对较低。究其原因，青年人的生活被紧张的工作或学习占据，挤掉了他们许多交流沟通的时间，同时手机、网络的普及，使邻里互助需求进一步减弱。

半数市民对陌生人不信任。“诚信”本是人人应该遵循的道德标准，然而生活在当下的人们都已经感受到了信任危机，这种信任危机弥散在整个社会的各个方面，包括不同的人群、阶层和行业之间。调查显示，48.5%的市民对日常生活中接触到的陌生人（如保姆、查水表或电器的维修人员）表示信任，但仍然有51.5%的市民对陌生人持不信任态度，超过半数。

三、生活环境观念

1. 市民居住环境与宜居意识不断提升

生态城市建设第二轮行动计划成效初显。2011年，天津市启动实施《2011—2013年天津生态市建设行动计划》，包括节能降耗、污染减排、水环境治理、绿化、固体废物和噪声治理、农村环境防治、循环经济等七个方面，安排重点工程项目166项，总投资约254亿元；截至年末，已完工58项，62项正在施工建设。第一热电厂关停，供热转换顺利完成；环境空气质量二级以上良好天数达到320天，占总监测天数的87.7%。高标准实施清水工程，综合治理卫津河、复兴河等38条河道，城镇污水处理率达到87.5%，饮用水源地水质达标率保持100%。新创建“安静居住小区”23个，总数达到260个。当年造林27.3万亩，林木覆盖率达到21.8%，比上年末提高0.5个百分点；西青区建成国家生态区，23个镇完成创建生态镇任务，新创建文明生态村139个。

新一轮市容环境综合整治高标准实施。2011年，天津市实施新一轮奋战300天市容环境综合整治，对道路、建筑、公园、绿化、社区进行全方位整治梳理，进一步净化、美化、细化市容环境；同时，因连续四年奋战900天实施市容环境综合整治，城市面貌明显改观，荣获“中国城市民生成就最佳范例奖”。全年整修建筑5239栋，整治道路571条、社区350个，新建和改造公园22个，新建和提升绿地2427万平方米，建成区绿化覆盖率提高到31.6%，海河夜景灯光体系进一步提升，展现了生态宜居的城市特色。

公用事业服务水平不断提升。围绕优化人居环境、改善民计民生、促进社会和谐，天津市加快推进公用事业发展，努力使公用服务设施功能与人民群众生活需求相适应。2011年，全市新增供排水、供气、供热等地下管网1000公里，更新改造老住宅供水、供气管道11万户，新增供热面积2040万平方米。新建一批菜市场、农村消费品连锁店。建成人行天桥20座，增设交通安全岛45处，新增停车泊位2万个。全社会用电量695.15亿千瓦时，增长7.7%。公共交通服务规模持续扩大。新辟公交线路13条，优化调整线路25条，更新车辆791辆；年末全市公交线路523条，运营车辆7686辆；全年公交客运量13.01亿人次，增长5.1%。更新出租汽车1020辆，总数保持31940辆。地铁客运量4853.61万人次，增长16.1%。轻轨客运量2585.48万人次，增长15.3%。

2. 市民切身感受市容整治效果

《市容整治效果调查》①结果显示，97.0%的市民对海河夜景提升改造认可；95.9%的市民对老旧住宅节能改造工程满意；88.0%的市民对天津市街容的整治效果感到满意；更新、配建健身园八成市民受益；80.7%的市民反映，城市轮廓越来越清晰了；逾七成市民感受到路况的改善；71.7%的市民感到小区增添了健身设备；六成市民感受到所居住社区绿化面积明显增加；公园的提升改造使五成市民常年受益。

3. 新建、提升改造公园工程获得市民认可

随着中心城区免费公园的陆续对外开放，使市民节假日出行有了好去处。调查中市民纷纷表示免费公园的开放为大家带来了福利，以前由于要收门票，去的人不多，现在免费了可以经常去公园锻炼和出游。一些平时不常去公园的市民也反映，从电视上看到或是出门经过附近公园感觉变化很大，不仅绿化景观漂亮了，而且配套设施也很齐全。还有市民对部分公园经常举办的一些展览和主题活动赞不绝口，希望更多的公园也能开展类似活动，丰富市民的文化生活。

《市民到免费公园出游习惯调查》结果显示，半数以上市民经常去免费公园，青年人的出游比例最高。四成以上市民每周去免费公园1至3次，老年人每周去免费公园的频率较高。半数以上市民去免费公园的时间在一个小时以上，去免费公园时长与年龄分布成正比。男性每周去免费公园的比例比女性略高，而中年男性去免费公园的比例最低。

4. 新建、更新、配建健身场所，八成市民受益

《市民健身习惯调查》结果显示，近八成市民每天锻炼健身，老年人更加注重锻炼健身；三分之一的市民每天锻炼半小时，半数青年人每天锻炼时间在半小时以内；男性比女性更注重锻炼健身，中年女性参加锻炼健身的人群比例低。2011年天津市新建体育公园30个，更新、配建健身园1500个的工程已经全面铺开，九成锻炼健身人群从场地和设施的改善中受益，六成市民保持原来的锻炼健身时间，三成市民增加了锻炼健身时间。

群众体育蓬勃开展。2011年，天津市发布实施《天津市全民健身实施计划（2011—2015年）》，为群众体育规范化开展提供了制度保障。举办第二届全民健身运动会、第七届农民运动会，开展“新年步步高”登天塔、健身大拜年、奥林匹克日长跑等大型群体活动。新建和更新改造1500个健身园和30个体育公园。年末全市有各种群众体育社团107个。

四、文化生活观念

1. 文化强市建设驶入快车道

2011年，天津市认真贯彻落实《中共中央关于深化文化体制改革、推动社会主义文化大发展大繁荣若干重大问题的决定》，提出努力构筑“社会主义核心价值体系、公共文化服务体系、现代文化产业体系、文化创造和传播体系”四大体系，打造“文化旅游、津派表演、群众文化、文艺创作”等知名品牌，搭建“文化旅游合作、文化科技结合、文化投资融资、文化产品交易、对外文化交流、文化人才聚集”六大平台，加快建设“马克思主义理论研究、动漫产业、3D影视、数字出版、传媒创意、纪录片生产”等国家级重点基地，为全市文化事业发展指明了方向。

城乡公共文化服务体系建设同步推进。市文化中心主体工程完工，杨柳青木板年画博物馆建成开馆，李叔同故居纪念馆对外开放，平津战役纪念馆提升改造完成。村文化室建设基本实现全覆盖，“千村百站”基层文艺骨干培训工程全面完成，全年农村公益数字电影放映超过47000场，农村直播卫星广播电视公共服务工作启动。年末全市有艺术表演团体38个，文化馆18个，博物馆19个，公共图书馆31个，电影放映单位55个；全市广播节目达到21套，市级电视节目36套；有线电视用户达到270万户，其中数字电视用户230万户。

文艺创作演出成果丰硕。举办了纪念建党90周年系列文化活动，创作了电视剧《辛亥革命》等文艺精品，京剧《无旨钦差》、歌剧《原野》、电视剧《解放》等一批优秀作品荣获大奖。全年电视剧立项备案31部，增长34%；审查通过电视剧9部、动画片8部、电影7部，影视作品创作数量高于上年。对外文化交流保持活跃，全年引进涉外文化交流项目98项、1855人次，办理出国及赴港澳台文化交流52

①调查对象为市内六区30岁以上的常住居民，完成调查问卷1000份。样本分布如下：从区域分布看，和平区样本占15.3%，河东区占16.7%，河西区占18.1%，南开区占17.7%，河北区占16.0%，红桥区占16.2%；从年龄分布看，30至39岁被访者占15.7%，40至49岁占15.1%，50至59岁占26.8%，60岁以上占42.4%；从性别分布看，男性被访者占41.2%，女性被访者占58.8%。（《市民到免费公园出游习惯调查》和《市民健身习惯调查》样本同上）

项、423人次。

文化产业快速发展。2011年,天津市文化产业增加值392.73亿元,现价增长29.6%,占全市生产总值的3.5%。国家动漫产业综合示范园投入使用,动漫产业公共技术服务平台达到世界领先水平。成功举办2011年中国(天津)演艺产业博览会,观众近5万人次,现场成交额2.3亿元,协议成交额近5亿元。文化体制改革继续深化,组建天津广播电视台、天津广播电视传媒集团。

2. 城市居民文化消费水平不断提高

近年来,随着天津市经济的不断发展,人民生活水平逐步提高,促进了文化娱乐消费的快速增长。2011年,城市居民人均文化娱乐用品支出651元,比上年增长14.7%;人均文化娱乐服务支出684元,增长18.1%,其中,团体旅游支出增长34.2%,健身活动支出增长25.0%。文化娱乐服务支出增速快于文化娱乐用品,表明居民文化消费已由单纯的物质需求向精神需求的方面转化,居民文化消费的层次逐步迈上新的台阶。

从物质需求的变化上看,随着新型、时尚数码产品的不断推出,居民家庭中文化类耐用消费品的质量明显提高。2011年末,城市居民家庭平均每百户拥有彩色电视机125.9台,家用电脑95.6台,组合音响20.9台,摄像机13.7台,照相机59.3架,钢琴1.4架、其他中高档乐器2.9件,健身器材2.4套。

3. 农家书屋建设成果显著

农家书屋建设是"十一五"期间国家实施的重点文化工程,是切实保障广大农民群众基本文化权益的一项民生工程。自2008年启动农家书屋建设试点工作以来,目前天津市所有行政村已全部按标准建成,提前实现了行政村全覆盖的目标。

基本设施配套齐全。按照《农家书屋工程建设管理暂行办法》的要求,农家书屋面积不低于20平方米,书柜不低于4个,图书不低于1500册。农家书屋基本上都按照规范统一的标准执行,严格把握书屋选址,按需配备书柜、书架等硬件设施,有些书屋则以更高标准配置。如静海大邱庄镇农家书屋面积多在60平方米以上,配有4—6个书柜。部分农家书屋还配备了电脑、电视机等设备。

图书音像制品种类丰富。按照图书选配标准,各农家书屋充实了法律法规、党务知识、农业科技、实用技术、休闲娱乐等多类图书资料和音像制品。每个农家书屋的图书配备一般不少于500种、1500册,期刊30种,音像制品和电子出版物不少于100种。部分书屋在市级标准的基础上增加了图书配备量。如静海县静海镇部分书屋在妇联、民政部门的配送下图书达2500多册,超标准1000多册。

图书管理员队伍健全。每个落成的农家书屋基本上都配有管理员,管理员多以村会计、出纳、妇代会主任、青年民兵负责人等村干部为主,而且文化素质较高,初中以上文化程度者居多。如静海县农家书屋共配备管理员383名,高中学历占绝大多数,具有本科及以上文化程度的9人,占图书管理员总数的2.3%。

各项管理制度初步建立。为保证建成后的农家书屋规范运行,有关部门相继出台了多项管理措施,制定了一系列制度,确保书屋运转良好。有的区县已建立《农家书屋图书管理办法》、《管理员岗位责任制度》、《图书借阅制度》等,为农家书屋的规范运行提供了基本的制度保障。

书屋运转效果良好。农家书屋建成以来,充分解决了群众买书贵、看书难的问题,在丰富农民文化生活、服务农村经济发展方面发挥了积极的作用,受到了农民朋友的欢迎。自从建起了农家书屋,很多村民来读书看报,还有的村民专门带着本子把有用的知识记录下来。许多农民在农家书屋翻阅水果、蔬菜防病知识后,提前进行了防治,减轻了经济损失。

(本文作者:黄瑛,天津市统计局综合处处长;郑礼,天津市统计局综合处)

2011年天津市高等院校社会科学研究统计分析报告

李英霞　王瑞文

内容提要:本文依据天津市高校人文社会科学统计数据对2011年天津市高校人文社会科学研究状况进行分析,从科研人员、经费、课题、成果四个方面分别分析了天津市高校近六年整体发展状况和2011年度各高校社会科学研究状况。分析数据显示:社科人员发展状况基本维持良好,经费投入比较充足,科研课题人员投入数量略有下降、高级别项目比例偏小,科研成果产出质量略有提高。

关键词:天津市　高校　社科研究　统计分析

统计数据和资料是制定社科研究政策、编制科研发展规划,实现科研管理科学化、规范化的基础。本报告依据天津市高校2011年度社科统计工作的数据资料,从科研人员、经费、项目、成果四个方面,分别分析了天津市高校社会科学研究近五年整体发展状况和2011年度各高校社会科学研究状况,旨在为全市高校社科研究发展规划提供数据支撑。

2011年,天津市共有19所普通高等学校含人文、社会科学类学科。其中,国家教育部所属院校2所,中央其他各部、委所属院校1所,天津市地方所属院校16所。

一、人文社会科学研究人员情况

1.人文社会科学研究人员总体发展状况

2011年,天津市高校人文社会科学类教学与科研人员共9301人,其中教授1335人,副教授2564人,占总人员41.92%;具有博士学位2128人,具有硕士学位人员3746人,占总人员63.15%;按照年龄划分,35岁以下3425人,35岁至50岁4297人,50岁以上1579人,年龄结构比较合理;教学与科研人员中科技活动人员为6421人,占教学与科研人员总数的69.04%;其中,研究与发展非全时人员折合全时人员与全时人员总和1906人年,占科技活动人员的28%。

2011年,天津市高校人文社科教学与科研人员9301人,比2010年的8998人增加了3.37%,全市高校社科教学与科研人员队伍呈增长势头。2011年教学与科研人员中从事科技活动人员6421人,比2010年的6115①人增加了5%。2011年研究与发展人员全时与折合全时人员总数1906人年,比2010年的1712②人年增加了11.31%。总体来说,自2006年至2011年六年间,天津市高校从事人文社科研究的教学与科研人员增长1419人,科技人员增长2407人,研究与发展折合后全时人员总数增长454人。从表1和图1中,可以分析出天津市高校人文社科研究人员的投入在近六年的发展情况,教学与科研人员总数稳步增长,参加科技活动人员有明显的增长势头,人员总体科研精力的投入在近三年有所增长。

表1　2006—2011年天津市高校人文社科研究人员投入发展状况

年　度	教学与科研人员(人)	其中:高级	科技活动人员(人)	研究与发展全时人员(人年)
2006年	7882	3269	4014	1452
2007年	8407	3455	4642	1703
2008年	8558	3602	4850	1706
2009年	8731	3702	4942	1625
2010年	8998	3834	6115	1712
2011年	9301	3899	6421	1906

①根据2010年天津市社科统计年报数据显示,该数据为8182人。由于2010年将各高校参加科技活动的研究生统计在内,因此出现个别高校科技活动人员大于教学科研人员的情况,本报告为便于进行各年度数据的发展比较,在此将这一数据进行了剔除研究生的计算。

②根据天津市社科统计年报数据显示,该数据为2260人年,理由同上,进行了剔除研究生的计算。

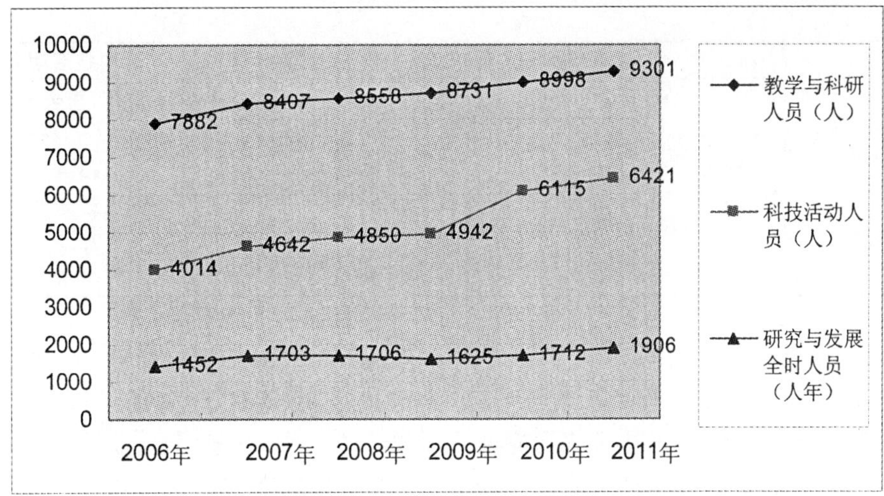

图1 2006—2011 年天津市高校人文社科研究人员投入发展状况

2. 人文社会科学研究人员分高校情况

表2所示，为天津市参加高校社科统计的19所高校教育与科研人员和科技活动人员情况。天津市含有社会科学研究的高校中，南开大学、天津师范大学的教学与科研人员数量超过千人，之后依次为天津财经大学、天津外国语大学、天津商业大学、天津工业大学、天津理工大学等。在高级职称及其所占本校人员比例上，全市高级人员数量占教学与科研人员总数比例为41.9%，其中南开大学达到69.7%，天津大学达到48.2%，超出平均数较多。对科技活动人员数量的统计，由于包含了参加科研活动的在校研究生，而教学与科研人员的指标不包含在校研究生，因此两个指标不具备可比性。在科技活动人员中折合全时人员数量及其所占比例上，全市折合全时人员所占科技活动人员比例为29.7%，折合全时后的科研投入人员超出全部科技活动人员的四分之一，其中，南开大学、天津美术学院、天津农学院、天津工业大学、天津城市建设学院、天津大学、天津科技大学的折合全时科研投入人员比例超出平均比例。

表2 2011 年天津市各高校人文社科研究人员投入情况

学校名称	教学与科研人员(人)			科技活动人员		
	合计	其中:高级人数及所占比例		合计(人)	折合全时(人年)及所占比例	
合计	9301	3899	41.9%	6421	1905.7	29.7%
南开大学	1250	871	69.7%	1292	512.6	39.7%
天津大学	452	218	48.2%	264	88.1	33.4%
天津科技大学	391	145	37.1%	185	56	30.3%
天津工业大学	626	257	41.1%	422	153.1	36.3%
中国民航大学	303	92	30.4%	156	40.8	26.2%
天津理工大学	518	178	34.4%	283	69.5	24.6%
天津农学院	233	65	27.9%	195	75	38.5%
天津医科大学	176	50	28.4%	124	31.8	25.6%
天津中医药大学	148	31	20.9%	95	24.6	25.9%
天津师范大学	1034	434	42.0%	1066	245.1	23.0%
天津职业技术师范大学	286	127	44.4%	165	45.5	27.6%
天津外国语大学	791	282	35.7%	235	52.1	22.2%
天津商业大学	679	289	42.6%	412	97.6	23.7%
天津财经大学	835	293	35.1%	499	116.9	23.4%
天津体育学院	377	142	37.7%	396	113.6	28.7%

续表

学校名称	教学与科研人员(人)			科技活动人员		
	合计	其中:高级人数及所占比例		合计(人)	折合全时(人年)及所占比例	
天津音乐学院	318	92	28.9%	47	13.4	28.5%
天津美术学院	322	128	39.8%	121	52.5	43.4%
天津城市建设学院	266	102	38.3%	213	72.7	34.1%
天津职业大学	296	103	34.8%	251	44.8	17.8%

二、人文社会科学研究经费情况

1. 人文社会科学研究经费总体发展状况

高校人文社科研究与发展经费,主要来源有两个方面:一是政府资金拨入,主要包括科研活动经费、科研活动人员工资以及科研基建费;二是非政府资金拨入,主要以企事业单位委托项目经费为主。2011年,天津市高校投入人文社科研究活动经费23077.02万元,其中政府资金投入13915.34万元,占总拨入经费的60.30%,其中科研活动经费达到9648.10万元;非政府资金投入9161.68万元,其中企事业单位委托项目经费达到7652.23万元,占总经费的33.16%;研究与发展经费共支出20710.56万元,其中内部经费支出20592.17万元。

2011年,社科研究与发展经费拨入比2010年的19273.26万元增加了19.74%;经费支出比2010年的15320.94万元增长了35.18%,增幅明显上升。在经费拨入中,2011年政府资金拨入比2010年的11923.06万元增加了16.70%;2011年企事业单位委托经费比2010年的5781.95增加了32.35%,增幅比较明显;非政府资金拨入中其他经费来源数额略有减少。2011年天津市高校社科活动经费增长保持了2010年经费增长的良好势头,其中企事业单位委托经费高于政府经费拨入的增长比例。总体来说,天津市高校人文社科科研经过"十一五"的发展,自2006年到2011年六年间科研活动总经费呈明显递增趋势,尤其是后三年增幅较快。2011年作为"十二五"开局的第一年,比"十一五"第一年经费拨入的9237.3万元增加了149.83%,其中政府拨入资金增加了121.62%,而企事业单位委托经费增长了353.09%;2011年社科支出经费比2006年的8306.4万元增加了149.33%,经费收支总体上保持平衡。2006—2011年社科研究与发展活动经费情况,见表3,各类经费拨入来源情况,见图2。

表3 2006—2011年天津市高校人文社科研究活动经费情况　　单位:万元

年　度	经费拨入	其中:政府拨入资金	其中:企事业单位委托项目经费	支出经费
2006年	9237.3	6278.8	1688.9	8306.4
2007年	11154.4	7219.0	2355.9	10188.9
2008年	12247.5	6504.0	3732.8	12400.5
2009年	16001.0	9832.2	5030.5	14310.4
2010年	19273.3	11923.6	5781.9	15320.9
2011年	23077.0	13915.3	7652.2	20710.6

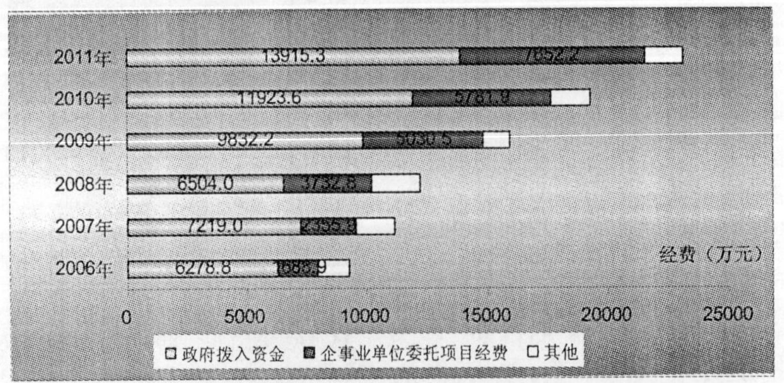

图2 2006—2011年天津市高校人文社科研究与发展经费拨入来源

2. 人文社会科学研究经费分高校情况

2011 年,天津市各高校在人文社科研究的经费投入和支出基本保持平衡。拨入经费总额最高的为南开大学,达到 9818.51 万元,其政府拨入资金超过六千万,企事业单位委托项目经费超过两千万,在科研经费的投入上有明显优势。其他高校拨入经费总额超过一千万元的依次是:天津财经大学、天津师范大学、天津工业大学、天津体育学院、中国民航大学、天津商业大学。这些高校中政府拨入资金超过六百万的依次是:天津体育学院、天津财经大学、天津师范大学、天津工业大学。中国民航大学的企事业单位委托项目经费超过一千万元。高校中企事业单位委托项目经费超过八百万的依次是:天津工业大学、天津财经大学、天津师范大学。其他高校的企事业单位委托项目经费较少。由上述统计可以看出,各高校在积极争取横向合作项目、开展交叉学科、综合学科的研究提供社会服务上,是大有可为的,需要得到社会的广泛认可和更大支持。各高校人文社会科学研究与发展经费情况,见表 4。

表 4　2011 年天津市各高校人文社会科学研究与发展经费情况　　单位:万元

学　校	拨入经费	其中:政府拨入资金	其中:企事业单位委托项目经费	经费支出
合计	23077.02	13915.34	7652.23	20710.56
南开大学	9818.51	6761.75	2757.10	8621.56
天津大学	581.84	581.84	0.00	397.34
天津科技大学	204.37	124.43	64.20	190.61
天津工业大学	1569.50	666.08	892.42	1552.67
中国民航大学	1456.64	274.74	1180.90	1141.19
天津理工大学	854.12	376.13	436.86	852.42
天津农学院	162.75	157.09	3.66	119.60
天津医科大学	73.42	69.92	0.00	65.17
天津中医药大学	91.13	91.13	0.00	66.37
天津师范大学	1845.62	903.85	801.73	1715.18
天津职业技术师范大学	215.00	165.30	27.40	214.78
天津外国语大学	648.10	211.30	15.02	645.47
天津商业大学	1165.66	479.57	350.33	1116.61
天津财经大学	1872.99	958.57	841.32	1786.29
天津体育学院	1512.41	1422.68	89.72	1320.08
天津音乐学院	102.39	49.39	0.00	87.37
天津美术学院	418.03	346.00	0.00	405.73
天津城市建设学院	349.86	171.28	176.58	289.36
天津职业大学	134.69	104.29	15.00	122.76

三、人文社会科学研究课题情况

1. 人文社会科学研究课题总体发展状况

2011 年,天津市高校共承担人文社科研究课题 6898 项,当年投入人员折合全时 2470 人,当年投入经费 14660.54 万元,当年支出经费 12295.32 万元。按课题活动类型分类,基础研究经费投入 5470.32 万元,占全部课题经费的 37.31%;理论研究经费投入 9121.37 万元,占 62.22%;应用研究经费投入 68.84 万元,占 0.47%。

2011 年,天津市高校承担的人文社会科学研究项目总数比 2010 年增加了 485 项,课题投入总人数比 2010 年增长 220 人,投入经费比 2008 年增加了 2888.48 万元,增幅达到 24.54%。总体上看,2006 年到 2011 年天津市高校承担的人文社会科学课题总数逐年增加,6 年内增加了 72.58%,经费投入的增幅达到了 204.61%,但研究课题投入总人数仅增加 19.86%;2011 年平均每项课题拨入经费 2.13 万元,平均每全时人员占有课题经费 5.93 万元,呈现了上升的趋势。经费投入的增多,部分地取决于当年各级各类项目本身的政策条件和资助力度。另外,平均每项课题投入全时人员,从 2006 年起的 0.52人年/项逐年递减到 2010 年的 0.35 人年/项,至2011年为0.36人年/项，说明了社科研究课题人员投入数量实际上是呈下降趋势的。天津市高校2006—2011年人文社会科学研究课题情况，见表5。

表5 2006—2011年天津市高校人文社会科学研究课题情况

年度	课题数（项）	课题当年投入人数（人年）	研究课题当年拨入经费（万元）	平均每项课题投入全时人员（人年/项）	平均每项课题拨入经费（万元/项）	平均每全时人员占有课题经费（万元/人）
2006年	3997	2061	4812.83	0.52	1.20	2.34
2007年	4552	2312	4952.46	0.51	1.09	2.14
2008年	5299	2375	6932.96	0.45	1.31	2.92
2009年	5524	2183	9854.62	0.40	1.78	4.51
2010年	6413	2250	11772.06	0.35	1.84	5.23
2011年	6898	2470	14660.54	0.36	2.13	5.93

2.人文社会科学研究课题分高校情况

2011年，南开大学承担2415项课题，当年课题拨入经费达到6390.01万元，当年投入课题全时人数为930.2人，其中包括研究生434.5人，其投入人数和经费约占全市的一半。天津师范大学的课题数超过千项。其他高校中承担课题较多的依次是：天津财经大学、天津商业大学、天津理工大学、天津工业大学等。课题当年投入经费超过一千万的高校依次是：天津财经大学、天津师范大学、中国民航大学、天津工业大学。各高校人文社会科学研究课题情况，见表6。

表6 2011年天津市各高校人文社会科学研究课题情况

学校名称	课题数	其中当年新开课题	当年投入人数（人年）	当年拨入经费（万元）	当年支出经费（万元）
合计	6898	2179	2470.3	14660.54	12295.32
南开大学	2415	616	930.2	6391.01	5334.90
天津大学	136	48	104	426.80	242.30
天津科技大学	232	48	55.8	131.49	92.39
天津工业大学	294	172	185.9	1156.13	1127.30
中国民航大学	176	36	73.3	1367.10	970.76
天津理工大学	421	104	70.1	677.62	671.47
天津农学院	94	32	74.4	74.30	49.79
天津医科大学	66	23	31.8	22.54	14.29
天津中医药大学	43	6	24.6	29.40	4.64
天津师范大学	1174	387	255.5	1392.30	1261.86
天津职业技术师范大学	190	104	38.5	92.15	91.93
天津外国语大学	103	33	54.6	74.44	45.05
天津商业大学	440	151	97.4	517.76	441.71
天津财经大学	466	165	122.4	1501.91	1413.11
天津体育学院	237	57	139.8	346.42	163.10
天津音乐学院	68	32	13.4	42.59	33.57
天津美术学院	80	49	81.9	18.60	11.60
天津城市建设学院	98	42	72.3	349.86	289.36
天津职业大学	165	74	44.4	48.12	36.19

3. 人文社会科学研究课题来源情况

2011 年,天津市高校承担的课题按照课题来源进行统计分析,见表 7。高校所承担的国家社会科学基金项目 318 项,单列学科项目 31 项,国家自然科学基金项目 116 项,国家级项目占项目总数的 6.74%;教育部人文社科研究项目 750 项,占项目总数 10.87%;省、市、自治区社科项目 1288 项,占项目总数 18.67%;各学校校级社科研究项目 1520 项,占项目总数 22.04%;企事业单位委托项目 1748 项,占项目总数 25.34%。在项目来源类别中,国际合作项目、与港澳台合作研究项目、外资项目共 46 项,相对比例较低。由此可以看出,在新的发展时期,需要扩大对外科学研究的交流与合作,以增强天津市高校社科研究在国际上的学术影响力。

表 7　2011 年天津市高校人文社会科学研究课题来源隶属关系对比情况

课题来源	课题数(项)	当年投入人数(人年)	当年拨入经费(万元)	当年支出经费(万元)
合计	6898	2470.3	14660.54	12295.32
国家社会科学基金项目	318	190	1355.40	1033.06
国家社会科学基金单列学科项目	31	13.7	43.86	37.29
教育部人文、社会科学研究项目	750	405	1364.67	1195.09
高校古籍整理研究项目	9	2.2	16.00	16.47
国家自然科学基金项目	116	109.1	1100.47	796.75
中央其他部门社科专门项目	270	82.8	1112.71	866.30
省、市、自治区社科项目	1288	587.7	532.01	529.36
省教育厅社科项目	414	152.4	194.93	162.48
地、市、厅、局等政府部门项目	328	91.2	681.12	431.99
国际合作项目	10	4.1		49.00
与港、澳、台合作研究项目	8	1.8	1.00	6.00
企、事业单位委托项目	1748	381.5	7644.21	6582.06
学校社科研究项目	1520	427.3	294.59	256.83
外资项目	28	7	287.92	299.03
其他项目	60	14.5	31.64	33.60

四、人文社会科学研究成果情况

1. 人文社会科学研究成果总体发展状况

2011 年天津市高校共出版人文社会科学研究著作 679 部,比 2010 年减少 24 部,其中出版专著 293 部,比 2010 年增加 19 部;发表人文社科类学术论文 6527 篇,比 2010 年减少了 279 篇,其中发表在国外刊物的 136 篇,也比 2010 年减少 13 篇。

总体来说,2006 至 2011 年天津市人文社会科学研究成果产出量变化的规律性不强,出版著作数量略有减少,其中专著数量略有提高;发表论文总数六年间仅增长了 14.35%。天津市高校人文社科研究成果情况,见表 8。

表 8　2006—2011 年天津市高校人文社科研究成果情况

年度	出版著作(部)		发表论文(篇)	
	合计	其中:专著	合计	其中:国外学术刊物
2006 年	750	282	5708	107
2007 年	805	316	6195	118
2008 年	662	244	5674	133
2009 年	707	277	6374	113
2010 年	703	274	6806	149
2011 年	679	293	6527	136

2. 人文社会科学研究成果分高校情况

2011 年,天津市高校中研究成果最多的仍然是南开大学,其出版专著和发表论文数约占天津市总数的三分之一。著作的出版数量较多的高校依次是:天津师范大学、天津财经大学、天津商业大学、天津大学等;发表论文数量超过三百篇的高校依次是:天津师范大学、天津商业大学、天津大学、天津财经大学、天津理工大学。2011 年各级奖励评审较少,全市高校总体获奖数量不多。总体来说,天津市各高校成果的产出与其在人员、经费、科研项目的投入保持了比较平衡的比例。2011 年天津市各高校人文社会科学研究成果情况,见表 9。

表 9　2011 年天津市各高校人文社会科学研究成果情况表

学校名称	出版著作(部)		发表论文(篇)		获奖成果数(项)		
	合计	其中:专著	合计	其中:国外学术刊物	合计	部级奖	省级奖
合计	679	293	6527	136	13	11	2
南开大学	175	100	2043	59	1	1	0
天津大学	55	38	387	10	1	1	0
天津科技大学	5	2	183	0	0	0	0
天津工业大学	43	4	246	0	0	0	0
中国民航大学	8	4	267	8	0	0	0
天津理工大学	21	12	315	0	0	0	0
天津农学院	11	0	178	0	1	0	1
天津医科大学	7	5	132	0	0	0	0
天津中医药大学	12	3	29	0	0	0	0
天津师范大学	90	38	712	13	0	0	0
天津职业技术师范大学	6	1	139	5	2	2	0
天津外国语大学	15	4	208	7	0	0	0
天津商业大学	60	11	669	15	0	0	0
天津财经大学	65	28	353	7	2	2	0
天津体育学院	27	10	196	1	5	4	1
天津音乐学院	2	1	53	0	0	0	0
天津美术学院	32	32	132	0	0	0	0
天津城市建设学院	5	0	103	11	0	0	0
天津职业大学	40	0	182	0	1	1	0

通过以上对天津市高校社会科学研究的统计与分析,可以了解到2011 年全市高校社科研究的总体发展变动情况以及各高校科研能力提升的状况,可为高校社科研究和管理人员提供基本的数据参考,为科研管理的政策制定、规划设计等提供数据借鉴。

(本文作者:李英霞,天津市教育委员会科技处副处长;王瑞文,天津商业大学社科处副处长、副教授)

2009—2011年天津市人文社会科学论文定量分析

于叶青　陶喜林　陈大辉

内容提要:本文以CSSCI检索系统所收录的来源文献数据为依据,对2011年天津人文社会科学研究进行统计分析。分析的主要内容有:2009—2011年天津市社会科学各学科论文被CSSCI收录情况分析、2009—2011年天津市各研究机构社会科学论文为CSSCI收录情况分析、高产作者的机构与学科分布、被引频次等多角度的分析,明确了天津社会科学研究的总体概况,清晰地了解了学术研究层面的优势与不足。

关键词:天津市　人文社会科学　论著　定量分析　CSSCI

本文以CSSCI检索系统所收录的来源文献数据为依据,对2011年天津人文社会科学论文进行统计分析。本文选取了2009年到2011这一分析时间段,将2011年数据放到特定历史范围来考察,以期在明确天津社会科学领域的整体发展情况以及各个学科的发展情况的同时,对其发展的动态过程有所揭示。

一、2009—2011年天津市社会科学各学科论文被CSSCI收录情况分析

社会科学划分为若干学科,要研究哪些学科是优势学科就要从各学科论文被CSSCI收录的数量入手。这里选取了2009—2011年天津社会科学各学科被CSSCI收录的论文数据。CSSCI检索系统的"学科分类"依照教育部1997年颁布的《授予博士、硕士学位和培养研究生的学科、专业目录》,按一级、二级学科对所收录的论文进行了类分。本文所列学科为一级学科,见表1。

被纳入统计范围的有29个一级学科,其中军队指挥学、军制学、战术、战略、军队政治工作学、军事后勤学与军事装备学都查无信息。从发文的绝对数量看,应用经济学、工商管理、图书、情报与档案管理、理论经济学、历史学、教育学、中国语言文学、政治学、哲学、管理科学与工程10个学科排在前列,都在300篇以上;法学、公共管理、新闻传播学、社会学、心理学、体育学、外国语言文学7个学科论文数量在100篇至300篇之间。很明显,处于前列的10个学科被CSSCI收录的论文较多,共有7388篇,约占总数的78.25%,而其余学科(不含"其他")只占约17.10%。特别是属于经济学门类的应用经济学和理论经济学论文数量较多,共计2855篇,约占总数的30.24%。

表1　2009—2011年天津社会科学各学科论文被CSSCI收录量(篇)

学　　科	数量	学　　科	数量	学　　科	数量
应用经济学	2153	管理科学与工程	314	环境科学与工程	69
工商管理	854	法学	281	农林经济管理	29
图书、情报与档案管理	823	公共管理	238	艺术学	19
理论经济学	702	新闻传播学	203	军事思想及军事历史	7
历史学	640	社会学	189	战役学	1
教育学	532	心理学	187	军事后勤学与军事装备学	1
中国语言文学	489	体育学	187	军队指挥学	0
政治学	464	外国语言文学	118	军制学	0
哲学	417	民族学	85	其他	439

对各学科而言,弄清哪些学科是优势学科,哪些学科处于劣势,仅只作绝对数量上的比较是不够的。发文数量的多少并不能完全说明学科是否有优势,有可能某个发文较多的学科恰恰发展还不足,对比全国的情况还处于劣势;而有些发文较少的学科,由于其在全国处于领先地位,有可能还是

天津地区的优势学科。对这一问题进行量化分析，一般采用“相对优势指数”(RCA)指标来评价。它的定义是,某省区某学科领域论文在该省区全部社会科学领域发文总数的份额,与该学科领域全国的发文总数在全国全部社会科学领域发文总数的份额的比较。表2统计了2009—2011年全国人文社会科学各学科论文被CSSCI收录的数量。将表1和表2的数据加以比对分析可以得出表3各学科相对优势指数。

表2　2009—2011年全国社会科学各学科论文被CSSCI收录量(篇)

学　　科	数量	学　　科	数量	学　　科	数量
应用经济学	44790	理论经济学	13427	艺术学	974
教育学	25771	公共管理	7356	军事思想及军事历史	150
中国语言文学	22276	体育学	6328	军事后勤学与军事装备学	19
哲学	16452	社会学	6160	军队政治工作学	12
法学	16371	管理科学与工程	5971	军队指挥学	10
历史学	15675	外国语言文学	4723	战略学	9
工商管理	15550	民族学	4033	军制学	8
政治学	15433	心理学	3435	战役学	1
新闻传播学	14798	环境科学与工程	3391	其他	15342
图书、情报与档案管理	13469	农林经济管理	1112		
以上共计273046篇					

表3　天津社会科学各学科相对优势指数

学　　科	优势指数	学　　科	优势指数	学　　科	优势指数
应用经济学	1.3902	管理科学与工程	1.5209	环境科学与工程	0.5885
工商管理	1.5883	社会学	0.8874	民族学	0.6095
图书、情报与档案管理	1.7672	新闻传播学	0.3967	农林经济管理	0.7542
历史学	1.1808	心理学	1.5745	军事思想及军事历史	1.3497
理论经济学	1.5121	法学	0.4964	军队指挥学	0.0000
教育学	0.5970	体育学	0.8547	战役学	28.9213
哲学	0.7331	公共管理	0.9357	军事后勤学与军事装备学	1.5222
中国语言文学	0.6349	外国语言文学	0.7226	军制学	0.0000
政治学	0.8695	艺术学	0.5642	其他	0.8276

通过表1与表3的对比,可以发现应用经济学、工商管理、图书、情报与档案管理、历史学、理论经济学这5门发文量靠前的学科是天津的优势学科,其他发文量较少的学科,如管理科学与工程、心理学、军事思想及军事历史、战役学、军事后勤学与军事装备学也是优势学科。这些优势学科既包含了发文量较多的学科,也包含了发文量较少的学科。同时也应该注意到,教育学、哲学、中国语言文学和政治学虽然发文量位于前6—9位,但与全国的发展情况比较,优势指数都小于1,属于需要加强研究的学科。

二、2009—2011年天津市各研究机构社会科学论文为CSSCI收录情况分析

以下数据的统计范围在2009—2011年天津市各机构社会科学论文被收录数据的基础上,选取第一作者属于天津市的论文,而天津市作者非第一作者的论文被忽略。表4列出了论文被收录30篇以上的机构,共17个。这17个机构的论文总数为8060篇,约占天津市各机构论文总数(9441篇)的85.37%。

表 4　2009—2011 年天津各机构被 CSSCI 收录的数量(篇)

作者机构	论文数	作者机构	论文数	作者机构	论文数
南开大学	4151	天津商业大学	178	天津音乐学院	70
天津大学	1331	天津理工大学	131	天津外国语大学	65
天津师范大学	713	天津市图书馆	88	中共天津市委党校	46
天津财经大学	546	天津科技大学	83	天津医科大学	43
天津社会科学院	228	天津体育学院	81	天津农学院	30
天津工业大学	204	中国民航大学	72		

由表 4 可知,论文被收录百篇以上的共有 8 个机构,分别是:南开大学、天津大学、天津师范大学、天津财经大学、天津社会科学院、天津工业大学、天津商业大学、天津理工大学。这 8 个机构论文总数为 7482 篇,约占全部机构论文总数的 79.25%,它们是天津市社会科学领域的主力军。其中南开大学的数量最多,占总数的将近一半,这说明南开大学在天津市社会科学研究方面有着举足轻重的地位。

那么,以上这些机构的优势学科是哪些?表 5 列出了论文收录量位于前 8 位的机构,并统计了其各自论文收录量在前 10 位的学科,从中可以发现这些机构在社会科学领域的研究侧重点。结合表 3,还可看出哪些机构的学术研究形成为天津市的优势学科。例如,南开大学、天津大学、天津财经大学等机构是应用经济学的主要研究机构;图书馆、情报与档案管理的主要研究机构有南开大学、天津师范大学、天津大学、天津工业大学等单位。当然,未列出的其他机构虽然发文量较少,也在一些特色学科上有一定的研究实力。必须指出,以下各机构的学科分类因为只依据其发表的论文数量,与其本身实际的学科设置有可能是有差异的。

表 5　2009—2011 年天津市主要研究机构优势学科概览

机构	优势学科
南开大学	应用经济学 961 篇　历史学 492 篇　理论经济学 422 篇　工商管理 361 篇　中国语言文学 291 篇　图书馆、情报与档案管理 272 篇　哲学 245 篇　政治学 240 篇　公共管理 102 篇　社会学 85 篇
天津大学	应用经济学 426 篇　工商管理 198 篇　管理科学与工程 106 篇　教育学 128 篇　理论经济学 86 篇　公共管理 40 篇　图书馆、情报与档案管理 35 篇　哲学 25 篇　新闻传播学 14 篇　环境科学与工程各 29 篇
天津师范大学	政治学 100 篇　心理学 95 篇　中国语言文学 82 篇　历史学 65 篇　图书馆、情报与档案管理 69 篇　教育学 54 篇　新闻传播学 39 篇　哲学 26 篇　应用经济学 25 篇　理论经济学 15 篇
天津财经大学	应用经济学 270 篇　工商管理 102 篇　理论经济学 50 篇　法学 19 篇　图书馆、情报与档案管理 16 篇　管理科学与工程 12 篇　历史学 9 篇　新闻传播学 8 篇　中国语言文学 7 篇　公共管理 7 篇
天津社会科学院	哲学 31 篇　中国语言文学 28 篇　历史学 16 篇　应用经济学 15 篇　理论经济学 15 篇　社会学 12 篇　政治学 11 篇　图书馆、情报与档案管理 8 篇　工商管理 6 篇　公共管理 4 篇
天津工业大学	应用经济学 41 篇　图书馆、情报与档案管理 27 篇　教育学 23 篇　工商管理 15 篇　理论经济学 10 篇　新闻传播学各 10 篇　管理科学与工程 8 篇　哲学 7 篇　中国语言文学 6 篇　法学 6 篇
天津商业大学	应用经济学 53 篇　图书馆、情报与档案管理 26 篇　法学 21 篇　工商管理 15 篇　教育学 13 篇　理论经济学 12 篇　公共管理 10 篇　管理科学与工程 6 篇　教育学 6 篇　哲学 4 篇
天津理工大学	应用经济学 48 篇　图书馆、情报与档案管理 28 篇　教育学 16 篇　工商管理 14 篇　理论经济学 14 篇　外国语言文学 11 篇　中国语言文学 8 篇　管理科学与工程 8 篇　哲学 3 篇　历史学 3 篇　哲学 3 篇

三、高产作者的机构与学科分布

上述分析明确了天津市在社会科学领域中贡献最多的机构以及各机构的优势学科。那么，这些优势学科中也涌现出不少高产作者，他们为天津市社会科学事业的发展做出了学术贡献。本文所列的高产作者，是指在2009—2011年间发表的社会科学论文被CSSCI收录的数量为10篇及以上的第一作者，共有78人，见表6。这些作者所属学科较为集中，主要分布在经济学、管理学、历史学、社会学、图书馆、情报与档案管理、民族学、艺术学、哲学、政治学、教育学、中国文学、外国文学、体育学，共13门学科。

南开大学的高产作者数量居首，在78位作者中，有55位作者来自南开大学。有10位及以上高产作者的学科是经济学和管理学。发表论著数量排在前10位的高产作者有：王知津(68篇)、王家庭(35篇)、柯平(25篇)、马蔡琛(22篇)、刘纯彬(20篇)、赵黎明(20篇)、吴晓林(19篇)、罗振亚(17篇)、乔治忠(16篇)、任世江(15篇)、张分田(15篇)。要说明的是，该统计选取第一机构作为作者机构。有的作者多篇论文归类为多个学科，以多数论文的学科为准，若2门学科论文数目并列第一，则一并列出。

表6　2009—2011年天津市社会科学高产作者(共78位)

姓　名	论著篇数	学科名称	作者机构(第一机构)
王知津	68	图书馆、情报与文献学	南开大学
王家庭	35	经济学	南开大学
柯　平	25	图书馆、情报与文献学	南开大学
马蔡琛	22	经济学	南开大学
刘纯彬	20	经济学	南开大学
赵黎明	20	管理学	天津大学
吴晓林	19	政治学	南开大学
罗振亚	17	中国文学	南开大学
乔治忠	16	历史学	南开大学
任世江	15	教育学	天津古籍出版社
张分田	15	历史学、政治学	南开大学
杜传忠	14	经济学、管理学	南开大学
冯尔康	14	历史学	南开大学
李维安	14	管理学	南开大学
逄锦聚	14	教育学	南开大学
张　云	14	经济学	南开大学
安虎森	13	经济学	南开大学
常建华	13	历史学	南开大学
丁　军	13	政治学	南开大学
方建军	13	艺术学	天津音乐学院
高永久	13	管理学、民族学、政治学	南开大学
李　娜	13	哲学	南开大学
施炳展	13	经济学	天津财经大学
吴志成	13	政治学	南开大学
薛富兴	13	哲学	南开大学
张玉利	13	管理学	南开大学
常士訚	12	政治学	天津师范大学
丁明磊	12	经济学	南开大学
韩志明	12	管理学	天津师范大学
李腊生	12	经济学	天津财经大学
李淑梅	12	哲学	南开大学
李喜所	12	历史学	南开大学

续表

姓　　名	论著篇数	学科名称	作者机构(第一机构)
盛　斌	12	经济学	南开大学
王南湜	12	哲学	南开大学
吴晓云	12	管理学	南开大学
阎孟伟	12	哲学	南开大学
杨义芹	12	哲学	天津社会科学院
周立群	12	经济学	南开大学
盖　地	11	经济学	天津财经大学
和学新	11	教育学	天津师范大学
李学峰	11	经济学	南开大学
李　月	11	经济学	南开大学
李治安	11	历史学	南开大学
马伟华	11	民族学	南开大学
秦　剑	11	管理学	南开大学
沈庆劼	11	经济学	天津财经大学
王春峰	11	经济学	天津大学
王　健	11	经济学	南开大学
王先明	11	历史学	南开大学
许恒周	11	经济学	天津大学
许　晖	11	管理学	南开大学
杨　龙	11	管理学	南开大学
赵益民	11	图书馆、情报与文献学	南开大学商学院
周　建	11	管理学	南开大学
周　密	11	经济学	南开大学
陈　通	10	经济学	天津大学
程新生	10	经济学	南开大学
景维民	10	经济学	南开大学
李建标	10	经济学、管理学	南开大学
刘　畅	10	经济学	天津财经大学
刘晨阳	10	经济学	南开大学
卢盛江	10	中国文学	南开大学
宁光杰	10	经济学	南开大学
庞瑞芝	10	经济学	南开大学
齐善鸿	10	管理学	南开大学
任碧云	10	经济学	天津财经大学
任　慧	10	经济学	天津大学
孙浦阳	10	经济学	南开大学
王晓平	10	外国文学	天津师范大学
王雪青	10	经济学	天津大学
杨仁忠	10	哲学	天津师范大学
尹贻林	10	经济学	天津大学
于善旭	10	体育学	天津体育学院
余泳泽	10	经济学	南开大学
张　莉	10	中国文学	天津师范大学
张立彬	10	图书馆、情报与文献学	南开大学
张荣明	10	政治学、历史学	南开大学
赵万里	10	社会学	南开大学

能够充分体现学者学术水平的另一个重要指标,是其论文的被引频次。在78位高产作者中,有4位作者的上百篇论文在3年中被引用过上百次。如王知津有163篇文章被引,被引总频次为266次;柯平有156篇文章被引,被引总频次为287次;李维安有188篇文章被引,被引总频次为379次;张云有115篇文章被引,被引总频次为138次。这些作者都来自南开大学,可见南开大学引领了天津市社会科学研究的发展方向。

结语

本文统计分析了"十一五"期间以及"十二五"初期天津市社会科学论文被CSSCI的收录情况。通过收录总量、学科分布、机构分布、高产作者、被引频次等多角度的分析,明确了天津社会科学研究的总体概况,清晰地了解了学术研究层面的优势与不足。上述统计与分析应能为相关学术研究部门进行更为合理的规划,采取更加有效的措施,全面推进天津市社会科学研究提供有科学依据的帮助。

(本文作者:于叶青,天津科技大学图书馆助理馆员;陶喜林,天津科技大学图书馆助理馆员;陈大辉,天津科技大学图书馆研究馆员)

2010—2011年天津社会科学引文情况分析

梁淑玲

内容提要:参考文献(被引用文献)与正文(引用文献)文献之间的引证关系,反映了文献之间的内在联系。本文以CSSCI数据库为依托,采集并分析了天津社会科学作者2010和2011年被该数据库所收录的论文的引用情况,以及2011年该数据库所收录的论文引用天津作者的论文情况。从CSSCI引文的角度,考察了天津市社会科学研究的整体学术影响力以及文献间的联系。

关键词:社会科学　引文　天津市　科学研究　学术影响力

现代科学论文的一个重要特征,是在"参考文献"标志下依序列出所援引文献或者产生重要影响文献的著录事项,即我们所说的引用文献。参考文献(被引用文献)与正文(引用文献)文献之间的引证关系反映了文献之间的内在联系,包括"归誉和起源、提供证据和说明、将目前的工作与以前的工作联系起来、批评或否定过去的著作"①。通过对一个地区的社会科学的引文情况的统计与分析,不仅可以溯根求源,而且可以探寻学术嬗变的轨迹,反映该地区的社会科学研究水平与学术影响力。

目前,应用广泛的引文检索系统,主要有SCI(科学引文索引)、SSCI(社会科学引文索引)、EI(工程索引)、CPCI—S(会议录索引)、CPCI—SSH(社会科学与人文会议录索引)、Scopus以及CNKI(清华同方中国学术期刊数据库)、CSSCI(南京大学中文社会科学引文索引数据库)、Vip(维普中文科技期刊数据库)、万方等。上述检索系统各有特色。CSSCI遵循文献计量学规律,采取定量与定性相结合的方法,根据中国社会科学研究评价中心提供的各学科期刊总被引次数、2004—2006三年他引影响因子及其加权值数据,对拟入选CSSCI来源期刊进行了定性评价,删除了属于一号多版、自然科学类以及编辑不规范等不符合CSSCI选刊标准的期刊,在考虑地区与学科合理布局的基础上,从全国2700余种中文人文社会科学学术性期刊中精选出学术性强、编辑规范的500多种学术期刊②作为来源期刊。鉴于此,本文以CSSCI数据库为依托,采集并分析了天津社会科学作者2010和2011年被该数据库所收录的论文的引用情况,以及2011年该数据库

①严怡民:《情报学概论》(修订版),武汉大学出版社1994年,第137页。

②中国社会科学研究评价中心:《中文社会科学引文索引数据库》(1998—2009)。http://cssci.nju.edu.cn/news_show.asp? Articleid=52 [2012—08—31]。

所收录的论文引用天津作者的论文情况，以从CSSCI引文的角度来考察天津社会科学研究的整体学术影响力以及文献间的联系。

一、2010年收录天津作者论文被引用情况

2010年的CSSCI数据库收录了天津2508位作者发表的论文2993篇，其中，有96篇被当年CSSCI收录的论文引用118次，单篇论文被引最高次数为5次；342篇被2011年CSSCI收录的论文引用次457次，单篇论文被引最高次数为11次。2010年收录的天津作者发表的论文总被引用438篇575次，被引篇数占发表篇数的15%。

从表1看，2010年被CSSCI收录的、天津作者发表的论文收录最多的是王知津教授，有20篇被收录，其中有3篇论文被2011年收录的论文引用了4次。收录论文超过6篇的天津作者共有25位，其中有19位作者的论文都在2010年(当年)或者转年被引用，说明他们的论文质量是比较高的，学术影响力也比较大。我们还从高被引论文、高被引机构、高被引作者、高被引学科方面来考察他们学术影响力情况，见表2至表5。此外，有72位作者自引了82篇文献。

表1　收录论文超过6篇的天津作者被引用情况

作　者	单　位	收录论文数(篇)	被引次数(篇/次)	被引次数(篇/次)	
				2010年被引用	2011年被引用
王知津	南开大学	20	3/4	0	3/4
王家庭	南开大学	11	3/3	0	3/3
杨义芹	天津社会科学院	11	1/1	1/1	0
刘纯彬	南开大学	9	0	0	0
马蔡琛	南开大学	8	0	0	0
罗振亚	南开大学	8	1/1	0	1/1
李维安	南开大学	8	5/8	4/7	1/1
韩志明	天津师范大学	8	0	0	0
吴晓林	南开大学	8	2/2	2/2	0
韩　炜	天津财经大学	7	0	0	0
乔治忠	南开大学	7	2/2	1/1	1/1
沈庆劼	天津财经大学	7	1/1	0	1/1
冯新舟	南开大学	7	3/3	0	3/3
柯　平	南开大学	6	3/8	0	3/8
李　月	南开大学	6	1/1	0	1/1
刘　军	南开大学	6	1/1	0	1/1
马伟华	南开大学	6	1/1	0	1/1
施炳展	天津财经大学	6	1/1	0	1/1
王春峰	天津大学	6	2/2	1/1	1/1
常士訚	天津师范大学	6	0	0	0
陈媛媛	南开大学	6	1/2	0	1/2
丁　军	南开大学	6	0	0	0
丁明磊	南开大学	6	2/2	0	2/2
杜传忠	南开大学	6	2/4	0	2/4
尹晓亮	南开大学	6	2/3	0	2/3

表2　高被引论文情况(被引用3次及以上)

题　名	作　者	作者所在单位	来　源		被引次数		
			出版物名称	年卷期	总被引次数	2010年被引次数	2011年被引次数
从功能性收入看中国收入分配的不平等	龚　刚	南开大学	中国社会科学	2010,(2):54—68	11	4	7
出路与展望:直面中国管理实践	齐善鸿	南开大学	管理学报	2010, 7 (11): 1685—1691	7	0	7
我国公共体育服务的市场化改革研究	唐立慧	天津商业大学	西安体育学院学报	2010, 27 (3): 257—261	4	0	4
新时期我国社会政策建构和发展的若干理论分析	关信平	南开大学	江苏社会科学	2010,(2):38—45	4	0	4
论工资性收入占国民收入比例的演变	龚　刚	南开大学	管理世界	2010,(5):45—55	5	2	3
词切分对初学者句子阅读影响的眼动研究	沈德立	天津师范大学	心理学报	2010, 42 (2): 159—172	4	1	3
非上市公司执行企业会计准则经济后果研究	盖　地	天津财经大学	江西财经大学学报	2010,(1):16—20	4	1	3
经理才能、公司治理与契约参照点——中国上市公司高管薪酬决定因素的理论与实证分析	李维安	南开大学	南开管理评论	2010, 13 (2): 4—15	4	1	3
日本公共养老保障体系的财政困境及对我国的启示	原　新	南开大学	现代日本经济	2010,(2):57—64	4	1	3

表3　高被引机构情况(前5名)

机构名称	收录论文数(篇)	被引次数(次)		
		被引总次数	2010年被引用	2011年被引用
南开大学	1463	364	84	280
天津大学	446	53	7	46
天津师范大学	269	42	7	35
天津财经大学	168	37	7	30
天津社会科学院	81	17	1	16

表4　高被引作者情况(前5名)

作　者	作者所在单位	被引次数			收录论文数(篇)
		被引总次数(次)	2010年被引用(篇/次)	2011年被引用(篇/次)	
龚　刚	南开大学	16	2/5	2/11	2
柯　平	南开大学	8	0	3/8	6
李维安	南开大学	8	3/3	3/5	8
齐善鸿	南开大学	7	0	1/7	3
刘秉镰	南开大学	7	1/1	4/6	5

表5　高被引学科情况

学　　科	被引篇数	学　　科	被引篇数
管理学	71	体育学	11
高校综合性社科学报	59	语言学	9
综合性社会科学	59	社会学	7
图书馆、情报与文献学	56	环境科学	6
经济学	45	新闻学与传播学	6
教育学	24	哲学	5
政治学	21	法学	2
历史学	19	艺术学	1
统计学	16	人文、经济地理	1
心理学	15	考古学	1
马克思主义	12	中国文学	1

二、2011年CSSCI收录的论文引用天津作者已发论文的被引用情况

2011年CSSCI收录了天津作者发表的文献2444篇，其中有3篇论文被当年发表的、CSSCI来源刊论文所引用。2011年被CSSCI收录的论文引用了413篇天津作者发表的文献。表6至表9，将高被引论文作者（被引用3篇及以上）情况、论文高被引（被引用3次及以上）情况、高被引机构（前5名）情况、高被引学科情况用图表的形式列出，从而将学术带头人、学术影响力大的论文、学术研究强势机构、强势学科呈现出来。表10描述了被引文献的年代情况。可以看出，20世纪30年代、50年代的论文至今依然被引用。

表6　期刊高被引论文作者情况（被引用3篇及以上）

作　　者	作者所在单位	题　　名	来　　源		总被引篇数
			出版物名称	年卷期	
李凌杰	天津科技大学	从学科建设角度优化馆藏文献信息资源配置研究：以天津科技大学为例	图书馆工作与研究	2009.（6）:50－53	4
		从学科建设角度优化馆藏文献信息资源配置研究——以天津科技大学为例	图书馆工作与研究	2009.（6）:50－53	
		基于UNICORN系统的天津市高校图书馆馆际互借服务研究	图书馆学研究	2010.（7）	
		天津市高校图书馆特色数据库建设现状与分析	图书馆工作与研究	2008.（9）:73	
肖林鹏	天津体育学院	我国青少年体质健康服务体系构建的理论分析	天津体育学院学报	2009. 24（4）:283－284	4
		公共体育服务概念及其理论分析	天津体育学院学报	2007.（2）:97－98	
		我国公共体育服务体系概念开发及其结构探讨	天津体育学院学报	2007. 22（6）:472－475	
		公共体育服务体系概念及其理论分析	天津体育学院学报	2007. 22（2）:97－101	
陈之楚	天津财经大学	提升中国医疗保障水平与公平性研究	现代财经（天津财经大学学报）	2007.（1）	3
		天津寿险市场需求相关性分析	天津经济	2004.（118）:27－30	
		小额保险供给制度对传统保险的突破及其功能定位	现代财经（天津财经大学学报）	2009.（12）	

续表

作者	作者所在单位	题名	来源		总被引篇数
			出版物名称	年卷期	
陈宗胜	南开大学	影响农村三种非农就业途径的主要因素研究——对天津市农村社会的实证分析	财经研究	2006.(5):4－14	3
		加速市场化进程推进经济体制转型	天津社会科学	2001.(3):55－58	
		影响农村三种非农就业途径的主要因素研究——对天津市农村社会的实证分析	经济研究	2006.(5)	
韩鲁安	天津体育学院	社会体育专业增设体育旅游专业方向的必要性和可行性	天津体育学院学报	1999. 14（1）: 40－42	3
		体育旅游对国民经济和社会发展的作用	天津体育学院学报	2000.(2)	
		体育旅游学初探	天津体育学院学报	1998. 13（4）: 61－64	
金相郁	南开大学	中国城市聚集经济实证分析:以天津市为例	城市发展研究	2004.(1):42－47	3
谭融	南开大学	论财政压力下的乡镇政府改革——以广西NK镇为例	天津师范大学学报	2007.(6):22－28	3
		美国的利益集团政治理论综述	天津大学学报(社会科学版)	2001.(3):8	
		试析美国的司法能动主义	天津师范大学学报(社会科学版)	2003.(6)	
王来华	天津社会科学院	论网络舆情与舆论的转换及其影响	天津社会科学	2008.(4):66－69	3
		“舆情”问题研究论略	天津社会科学	2004.(2):78－81	
		舆情信息汇集和分析机制刍议	天津大学学报(社会科学版)	2007.(5)	
王南湜	南开大学	从“理想国”到“法治国”——现实性的马克思主义政治哲学何以可能	天津社会科学	2006.(5)	3
		论市场经济条件下的文化运作方式	天津社会科学	1994.(5)	
		启蒙及其超越	天津社会科学	1999.(3)	
阎耀军	天津社会科学院	天津滨海新区未来社会发展大趋势	未来与发展	2006.(8):12－15	3
		天津市社会环境竞争力研究——基于倪鹏飞《城市竞争力报告》的分析	理论与现代化	2007.(4)	
		文化区域与区域文化性格的识别	天津大学学报	2007.(2)	

续表

作　　者	作者所在单位	题　　名	来　　源		总被引篇数
			出版物名称	年卷期	
张分田	南开大学中国社会史研究中心	“公私观念与中国社会”学术讨论会	天津社会科学	2003.(3)	3
		从理想政治模式的视野研究传统社会道德建设理论	天津社会科学	2008.(6)	
		关于儒家民本思想历史价值的三个基本判断	天津师范大学学报	2009.(5)	

表7　期刊论文高被引情况(被引用3次及以上)

题　　名	作　　者	作者所在单位	来　　源		总被引次数
			出版物名称	年卷期	
影响农村三种非农就业途径的主要因素研究——对天津市农村社会的实证分析	陈宗胜	南开大学	财经研究	2006.(5):4—14	4
我国青少年体质健康服务体系构建的理论分析	肖林鹏	天津体育学院	天津体育学院学报	2009.24(4):283—284	3
身份污名的建构与社会表征——以天津N辖域的农民工为例	管　健	南开大学社会心理学系	青年研究	2006.(3)	3
基于知识链的管理	徐建锁	天津大学管理学院	天津大学学报(社会科学版)	2003.(4)	3
食品安全的认知和消费决定:关于天津市个体消费者的实证分析	王志刚	南开大学经济研究所	中国农村经济	2003.(4)	3

表8　期刊高被引机构(前5名)及引用文献年代跨度情况

机　　构	被引总次数	被引论文发表年代
南开大学	80	1956.(1)—2011.(11)
天津体育学院	52	1985.1(1)—2010.25(4)
天津大学	51	1993.(6):9－20—2011.(1):70
天津社会科学院	38	2007.(5):270—274—2010.(6)
天津师范大学	35	1984.(4):84—88—2010.(5)

表9　高被引学科情况

学　　科	被引篇数	占总被引次数百分比
高校综合性社科学报	175	175/413
综合性社会科学	96	96/413
体育学	60	60/413

表10　引文年代情况

年　　代	被引篇数(篇/次)	该年代中高被引文献	
		被引文献	来源文献
1930年代	1/1	天津中国银行.天津商业调查概略.银行周报.1930.14(26)	1 龚关.腹地、军阀官僚私人投资与近代天津的经济发展.史学月刊.2011,(6):46—55
1950年代	1/1	鲍觉民.城市建设:天津都市聚落的兴起和发展.南开大学学报.1956.(1)	1 张利民/任吉东.近代天津城市史研究综述.史林.2011,(2):173—178

续表

年　代	被引篇数（篇/次）	该年代中高被引文献	
		被引文献	来源文献
1960 年代	4/4	天津市纺织工业局. 编旧中国时期的天津纺织工业. 北国春秋. 1960.（1）	1 张利民/任吉东. 近代天津城市史研究综述. 史林. 2011,（2）:173—178
1970 年代	2/2	董振修. 马克思列宁主义在天津的早期传播. 天津师院学报. 1979.（1）	1 张利民/任吉东. 近代天津城市史研究综述. 史林. 2011,（2）:173—178
1980 年代	21/22	丁世洵. 解放前天津棉纱批发商业史略. 南开学报. 1981.（5）	1 龚关. 腹地、军阀官僚私人投资与近代天津的经济发展. 史学月刊. 2011,（6）:46—55 2 龚关. 腹地、军阀官僚私人投资与近代天津的经济发展. 史学月刊. 2011,（6）:46—55
1990 年代	38/39	李强. 社会支持与个体心理健康. 天津社会科学. 1998.（1）:67 – 70	1 张明妍/王大华/Power, Mick/Laidlaw, Ken. 老年人重要社会支持的特点及其与老化态度的关系. 心理科学. 2011,34（2）:441—446 2 成云. 贫困大学生的社会支持与心理健康关系研究. 重庆大学学报（社会科学版）. 2011,17（4）:169—172
		陈宗胜. 影响农村三种非农就业途径的主要因素研究——对天津市农村社会的实证分析. 财经研究. 2006.（5）:4 – 14	1 董金秋. 推动与促进:家庭资本对青年农民非农就业行为的影响机制探析. 青年研究. 2011,（1）:55—62 2 高连水. 什么因素在多大程度上影响了居民地区收入差距水平？——基于 1987 – 2005 年省际面板数据的分析. 数量经济技术经济研究. 2011,28（1）:130—139 3 徐增海. 我国农民工资性收入波动及其环境因素的实证研究. 中国软科学. 2011,（6）:186—192 4 彭海艳. 中国收入分配差距扩大的异质性因素分析. 贵州社会科学. 2011,（3）:60—65
2010 年代	52/56	董永梅. 天津滨海新区信息生态系统的构建. 情报理论与实践. 2010.（1）:113 – 116	1. 肖钠. 我国信息生态理论研究综述. 情报科学. 2011,29（7）:1114—1120 2. 刘学平. 生态视阈下推进馆员生态发展的战略构想. 图书馆理论与实践. 2011,（4）:10—15
		张慧君. 从经济转型到国家治理模式重构——转型深化与完善市场经济体制的新议题. 天津社会科学. 2010.（2）	1. 黄秋菊. 俄罗斯转型期的国家制度能力与经济发展. 俄罗斯中亚东欧研究. 2011,（3）:41—46 2. 黄秋菊/景维民. 后危机时代中国治理模式提升的策略选择. 经济社会体制比较. 2011,（1）:132—140
		王静. 民初天津摊贩生存空间的转换与控制. 历史教学. 2010.（20）	1. 高超群. 2010 年中国近代经济史研究述评. 中国经济史研究. 2011,（2）:157—1652. 楚永全/张仲民. 2010 年中国近代史研究述评. 学术月刊. 2011,43（4）:154—159
		张红星. 农民利益保护与交易机制的改进——来自天津“宅基地换房”模式的经验. 农业经济问题. 2010.（5）	1. 严金海. 农村宅基地整治中的土地利益冲突与产权制度创新研究——基于福建省厦门市的调查. 农业经济问题. 2011,32（7）:46—53 2. 刘润秋. 近期中国农村土地流转模式理论争鸣及原因探析. 农村经济. 2011,（5）:32—35

结语

2010—2011 年天津作者发表论文被引用情况反映了以下特点:

1. 被引作者群广泛。2010—2011 年被引用的天津作者有教师、研究者、一线工作人员,如图书馆馆员、公司员工等,说明天津的社会科学研究基础是比较雄厚的。

2. 被引文献年代时间跨度大。近两年天津学者所引用文献的时间段是从 1930 年到现在,被引用文献的时间跨度大、范围广。这说明,天津学者的研究成果具有可借鉴的理论价值和实践价值,引起学术界的广泛注意,具有久远的学术影响力。

3. 被引文献学科广泛。CSSCI 所收录的 25 大类,包括管理学、马克思主义、哲学、宗教学、语言学、中国文学、外国文学、艺术学、历史学、考古学、经济学、政治学、法学、社会学、民族学、新闻学与传播学、图书馆、情报与文献学、教育学、体育学、统计学、心理学、综合性社科期刊、高校综合性社科学报、人文、经济地理、环境科学等,在每个学科都有 1 篇或若干篇被引用,这反映了天津社会科学界的整体学术水平是较高的。

4. 被引文献的作者多样。既有课题组一类的团体作者,也有数量庞大的个人作者,这说明天津社会科学研究的团队是较为成熟的,并形成了一定的学术群体。

5. 被引文献的专题优势显著。比如,被 2011 年引用了 57 篇的《天津大学学报》刊载的文献作者,有 39 篇是天津大学的作者,占 68%;被 2011 年引用了 5 篇《天津电大学报》刊载的文献作者,全部是天津广播电视大学的作者,占 100%;被 2011 年引用了 54 篇《天津体育学院学报》刊载的文献作者,全部是天津广播电视大学的作者,占 100%。这反映了天津社会科学界已经形成了某些学科研究团队或强势专题研究团队。

6. 部分学术机构的学科影响力突出。从表 1 至表 10 可以看出,南开大学、天津大学、天津师范大学、天津财经大学等的社会科学影响力及其学术地位是突出的。

概言之,由上对天津社会科学引文分析可以看出,2010—2011 年 CSSCI 论文被引频次作为评价天津社会科学整体科研能力与学术水平的一项指标,从一个侧面揭示出了天津社会科学的学科研究与发展水平的基本走向、继承发展和创新趋势的共有特点。

(本文作者:梁淑玲,南开大学图书馆副研究馆员)

责任编辑:丁大同

学科综述

马克思主义

马列主义毛泽东思想研究综述

寇清杰

2011年,天津社会科学界以建党九十周年为契机,在对已往马列主义毛泽东思想研究中热点问题进行更深层次研究的同时,不断加大对重大理论和实践问题的探讨力度。在学术刊物发表文章近百篇,取得了丰硕的成果。

一、关于马克思主义理论学科建设的研究

作为一门独特的学科,马克思主义理论一级学科的建立对于加强高校马克思主义理论和思想政治教育课程的建设,对我国坚持和发展马克思主义、巩固马克思主义在意识形态中的指导地位具有重要意义。逄锦聚就加强马克思主义理论学科科学研究的问题进行了若干思考和总结。首先,他分析了马克思主义理论学科科学研究的地位及其与人才培养、学科建设的关系。根据2010年颁布的《国家中长期教育改革和发展规划纲要》提出的要求和高校长期发展的具体实践,他明确指出:人才培养、科学研究、学科建设是高校的三项重要的工作,其中人才培养处于中心地位;科学研究对于人才培养和学科建设具有重要的支撑作用;科学研究的主要任务,一要为人才培养服务,二要为发展科技文化服务,三要为现代化建设服务。其次,他强调要以需求和问题为导向,选择马克思主义发展进程中的重大理论和实践问题,进行战略性、前瞻性、全局性的研究。再次,他提出马克思主义理论学科科学研究中需要正确认识并妥善处理的几个重要关系:一是马克思主义理论学科与其他学科的关系以及马克思主义理论学科内部的关系;二是基础理论研究、应用研究和政策研究的关系;三是马克思主义理论学科科学研究中的党性、阶级性与学术性的关系;四是中国化马克思主义与国外马克思主义的关系;五是马克思主义经典著作研究与当代中国马克思主义创新发展的关系。①

二、关于马克思主义中国化问题研究

继承与发展马克思主义,不断将马克思主义基本原理同中国具体实际相结合,是建设中国特色社会主义理论体系的重要组成部分。杨永志、马淑娟认为,马克思主义中国化的过程不仅是运用马克思主义基本原理解决中国实际问题的过程,也是马克思主义和中国传统文化在思维方式、实践传统上的融合过程。他们通过中西哲学的对比分析,指出中国哲学智慧的三个特征。由于马克思主义的中国化,这个过程也自然而然地带有这些特征:其一,中国哲学对世界终极目的"道"的追求,使中国化的马克思主义形成了独有的整体观念,注重对马克思主义整体精神的把握,形成了一脉相承的发展道路;其二,中国哲学取类比象的思维方式使中国化的马

①逄锦聚:《关于加强马克思主义理论学科科学研究的一些思考》,《思想理论教育导刊》2011年第3期。

克思主义出现了独有的触类旁通、举一反三的思维特点和活泼生动的外在形式;其三,中国哲学中注重实践的传统和马克思主义的历史唯物主义、时代创新精神相融合,生成了马克思主义中国化的直觉实践能力。①

荣长海对马克思主义中国化的概念、进程和规律进行了具体分析,他认为,马克思主义中国化这一概念正式提出,至今已有70多年,它在中国政治思想领域中反复出现的频率及其重要意义是人所共知的。在中国共产党成立90周年的时候,提出马克思主义中国化90年这个命题,表明中国共产党90年来一直致力于将马克思主义中国化。研究马克思主义中国化,首先要分别界定"马克思主义"、"中国"、"化"三个层面的概念,这些界定表明马克思主义中国化贯穿于中国共产党的全部发展历程。马克思主义中国化的进程大体上要经历前马克思主义中国化时期、马克思主义中国化初期、马克思主义中国化中期、马克思主义中国化后期和后马克思主义中国化时期这五个阶段。而实现马克思主义中国化则要具备三个基本要素,即马克思主义原创理论、中国文化和实现转换者。三个要素之间的相互作用即表现为马克思主义中国化的规律。②

申心刚从实践性的视角对马克思主义中国化进行了解读。他认为,将马克思主义普遍真理与中国实际相结合,由此生成能够指导中国革命和建设的特殊理论就是马克思主义中国化。文章通过结合中国的具体历史背景与社会状况,论述了马克思主义为什么会被中国社会所接受、相对于资本主义为什么马克思主义在中国取得了成功以及马克思主义中国化的必然逻辑性,指出马克思主义从产生到与中国革命和建设的一步步结合,无时不在用实践的方法来证明和完善着自己。③ 田贵平则指出,建设学习型政党是当代马克思主义中国化的一种新思路。他认为,马克思主义学习型政党理论的提出,是马克思主义中国化的内在要求,是马克思主义中国化的最新成果,也是马克思主义中国化的最新课题。建设马克思主义学习型政党,对推动中国特色社会主义建设的伟大事业和马克思主义中国化的历史进程具有重要的现实价值。④

三、关于马克思主义大众化问题研究

利用马克思主义中国化的最新成果,不断提升马克思主义在人民群众中的影响力、渗透力,为社会主义和谐社会和中国特色社会主义的顺利建设赢得广泛的群众基础和政治支持,是马克思主义大众化的重要任务。张静、赛北结合延安时期毛泽东关于文艺大众化的思想,提出了马克思主义大众化中的"两个转化"、"两个学习"和"两个标准"的思想。"两个转化"即马克思主义大众化和理论工作者的大众化;"两个学习"即学习马克思主义和学习社会;"两个标准"即政治标准第一,艺术标准第二。他们指出,理论只有与群众利益有关,群众才可能对理论感兴趣,才能更好地推动马克思主义大众化。⑤

杨谦、邵新顺以班杜拉社会学习理论视角,对马克思主义大众化进行了创造性的解读和分析。通过结合班杜拉社会学习的相关理论,他们指出新民主主义革命时期是马克思主义大众化的观察学习过程。对于当代马克思主义大众化的推动,他们提出了相应的方法,包括强化群众的学习动机、党的政策教育、正反两方面的典型人物教育、理论与实践的结合、广度与深度的统一。⑥ 李国忠从"大众化"的视角出发,阐述了马克思主义大众化的问题。他指出,由于当代中国大众的变化,因而推进马克思主义大众化的进程、方式也必须随之进行政策策略的调整。从宏观角度上,要注重五个方面,包括认清意识形态的现状和发展趋势,搞清马克思主义大众化的定位,马克思主义大众化的"分众化"等。⑦

杨东、齐霁以民主革命时期的实践为例,分析了"马克思主义大众化在何种程度上是可能的"这一问题。通过"通俗化"与"大众化"的对比,指出通俗化与大众化之间不仅不能完全等同,而且还存在着相当大的距离。作者从"干部"和"群众"这两个群体指出了马克思主义大众化的路径,指出在当前

①马淑娟、杨永志:《马克思主义中国化的智慧形态研究》,《中国特色社会主义研究》2011年第6期。
②荣长海:《马克思主义中国化90年——概念、进程和规律》,《理论学刊》2011第11期。
③申心刚:《从实践性视角看马克思主义中国化》,《天津师范大学学报》(社会科学版)2011年第1期。
④田贵平:《学习型政党:当代马克思主义中国化的新理路》,《求索》2011年第2期。
⑤张静、赛北:《延安时期毛泽东文艺大众化思想对马克思主义大众化传播的启示》,《贵州社会科学》2011年第7期。
⑥杨谦、邵新顺:《班杜拉社会学习理论视角中的马克思主义大众化》,《学术论坛》2011年第5期。
⑦李国忠:《"大众"视角下的马克思主义大众化问题》,《中共天津市委党校学报》2011年第5期。

推动马克思主义大众化的过程中，与其说是将重点放在"化"大众，还不如说是"化"干部，同时需要民众的参与实践，要更多地去问计于民。[①]

聂丽琴则从日常生活世界角度，提出了马克思主义大众化的方法。作者根据日常生活世界的"个体化、自在性、基础性"的特点，指出了马克思主义大众化面向日常生活世界的意义，同时提出了相关原则和路径，路径则包括：制度化路径、人格化路径、大众传媒化路径。[②]

四、关于马克思主义"三化"的整体性问题研究

党的十七届四中全会通过的《中共中央关于加强和改进新形势下党的建设若干重大问题的决定》明确指出，要不断推进马克思主义中国化、时代化、大众化的战略任务。关于"三化"的概念，"三化"之间的互动关系，新时期推进"三化"的战略路径等，学术界展开了颇有意义的研究和讨论。

关于马克思主义中国化、时代化、大众化三者之间的关系，学界众说纷纭。赵铁锁、任春峰认为，中国化着眼于国情，从世界走向中国，是一个由外到内的吸收与创新过程；时代化着眼于世情，从中国走向世界，是一个由内到外的顺应与引领潮流的过程；大众化着眼于民情，从理论走向实践，是一个理论普及运用与发展的过程。它们三者是一个着眼于不同领域又密切联系、相互促进的统一整体，从而丰富和发展了党的指导思想。[③] 杨永志则深刻挖掘了马克思主义时代化的理论蕴含，分析了马克思主义中国化和马克思主义时代化的关系，指出虽然马克思主义中国化内在包含着马克思主义时代化，但是二者之间不是包含关系，而是并列关系，两者有一定的区别，提出要改变"重民族化"（在中国叫中国化）而"轻时代化"的问题。他提出必须深刻领悟马克思主义时代化的当代意义和实践价值主要体现在共产党人与时代发展的同步伐上，强调必须科学理解马克思主义时代化的基本内涵和理论蕴意。[④]

余金成认为，马克思主义中国化、时代化、大众化统一于中国特色社会主义实践之中，呈现出并列关系、递进关系、互通关系的辩证一致性。[⑤] 魏继昆通过梳理延安时期中共关于马克思主义中国化与大众化的互动轨迹，总结出其互动的历史特点：一是求实求是；二是辩证互动；三是优势互补。[⑥] 姜晓梅从文化视角对"三化"的关系进行了探讨，她认为，在马克思主义中国化、时代化、大众化三者中，中国化是前提；时代化则是马克思主义中国化和大众化之间的桥梁；大众化是马克思主义中国化和时代化的逻辑结果，三者缺一不可，不能相互替代。[⑦]

张博颖指出，马克思主义中国化、时代化、大众化之间有着紧密的内在联系：马克思主义中国化的过程及其结果，必然要求时代化，而无论是马克思主义中国化和马克思主义时代化，都应该为广大人民群众所掌握，为人民群众改造主观世界和客观世界服务。大众化则是马克思主义中国化、时代化的主体性归宿，因为广大人民群众是马克思主义中国化、时代化的实践承担者。[⑧]

漆玲从四个方面论述了"三化"之间的辩证关系，即从内涵以及各要素在系统中的地位作用看，中国化作为核心规定着时代化、大众化，而时代化和大众化则表现着中国化；从针对性看，马克思主义时代化首当其冲，中国化与大众化都必须突显时代特色；从现实性看，大众化是基础和载体，中国化和时代化则是从空间和时间对大众化的展开；从实现马克思主义中国化、时代化、大众化的内在要求看，中国化是总体，时代化是关键，而大众化则是实现马克思主义"三化"的载体。[⑨] 黄燕从不同的角度，提出了以马克思主义的"三化"指导我国的道德建设问题。她认为，马克思主义中国化与我国道德建设具有内在统一性；马克思主义时代化是中国特色社会主义道德建设的现实需要；马克思主义大众化是中国特色社会主义道德建设的基本路径。[⑩]

总之，对于马克思主义中国化、时代化、大众化

①杨东、齐霁：《马克思主义大众化究竟在何种程度上是可能的——以民主革命时期的实践为例》，《科学社会主义》2011 年第 1 期。
②聂丽琴：《面向日常生活世界的马克思主义大众化》，《科学社会主义》2011 年第 5 期。
③赵铁锁、任春峰：《关于马克思主义中国化、时代化、大众化的若干思考》，《徐州工程学院学报》（社会科学版）2011 年第 5 期。
④杨永志：《马克思主义时代化的理论蕴含》，《人民论坛》2011 年第 5 期。
⑤余金成：《马克思主义中国化、时代化、大众化的辩证统一》，《学习论坛》2011 年第 3 期。
⑥魏继昆：《论延安时期马克思主义中国化与大众化的互动》，《天津师范大学学报》（社会科学版）2011 年第 3 期。
⑦姜晓梅：《文化视域中的马克思主义中国化时代化大众化》，《天津社会科学》2011 年第 4 期。
⑧张博颖：《关于马克思主义中国化、时代化、大众化的几点思考》，《理论与现代化》2011 年第 4 期。
⑨漆玲：《中国共产党在马克思主义"三化"中的主体性及其实现》，《中共天津市委党校学报》2011 年第 6 期。
⑩黄燕：《论以马克思主义"三化"指导我国的道德建设》，《海南大学学报》（人文社会科学版）2011 年第 1 期。

之间关系的看法,学术界总体上达成了共识,即都认为三者是相互联系的统一整体,至于其具体关系分析,应当从不同视角展开,并且视角不同,结论也不同。

五、关于毛泽东思想研究

张静、赛北认真考察了延安时期毛泽东的文艺大众化思想,指出它是马克思主义文艺理论与中国革命具体实践相结合的产物,对推动新民主主义社会政治、经济、文化及社会发展发挥了重要作用,在今天对推进马克思主义大众化仍然具有重要的理论启示和实践指导意义。主要表现在:毛泽东文艺大众化思想中的"两个转化"即主体对象化和对象主体化,"两个学习"即学习马克思主义和学习社会,"两个标准"即文艺批评中的政治标准和艺术标准等重要理论和方法,对当今推进马克思主义大众化进程中关于如何推进理论工作者的大众化,如何进行马克思主义大众化的理论与实践创新,如何改革马克思主义大众化的内容及形式等方面具有启示和借鉴意义。①

王金双则对新中国成立以后毛泽东的文艺思想进行回顾和研究。他指出,1942 年《在延安文艺座谈会上的讲话》的发表,标志着毛泽东文艺思想形成完整的理论体系;1956 年"双百"方针的提出,则标志着毛泽东文艺思想进入了新的发展阶段。在"双百"方针的指引与鼓励下,文学创作在短期内出现了一个短暂的"含苞待放"时期,但在其后的 20 年间中国的文艺界和学术界并未出现"百花齐放,百家争鸣"的辉煌局面。他重点分析了 1949 年至 1979 年间,一方面受当时国内外政治变动的影响,另一方面受当时文艺思想上的"左"倾教条主义的影响,即:一是错误理解文艺与政治的关系;二是对"写真实"的批判,使文艺失掉了现实主义的优良传统;三是把"歌颂"与"暴露"对立起来,把文学的视野限制在一个狭小的范围内,文艺界反右运动扩大化,至此文艺界连"含苞待放"的局面也荡然无存。②

毛泽东和邓小平都十分重视意识形态建设工作,王力、马采瑞就邓小平对毛泽东意识形态建设思想进行的丰富和发展进行了若干思考。他们指出,毛泽东确立了马克思主义在我国意识形态领域的主导地位,提出了判断人们言行是非的"六条政治标准",强调思想政治工作是维护社会主义意识形态安全的重要方面。邓小平则继承并丰富和发展了毛泽东意识形态建设思想:提出必须用中国化的马克思主义而不是教条化的马克思主义作为意识形态建设的核心内容,把四项基本原则作为意识形态理论建设的核心,正确处理意识形态建设和经济建设的关系,高度重视思想政治工作的地位和作用。③

(本文作者:寇清杰,南开大学马克思主义教育学院副院长、教授、博士生导师)

中国特色社会主义理论研究综述

荣长海 王 勇

一、研究概况

1. 学术活动

建党九十周年前夕,市科学社会主义学会在市社联召开"马克思主义中国化九十年"学术研讨会。本市 40 余位专家学者与会。会议由学会秘书长薛新国教授主持。与会人员围绕马克思主义中国化、时代化、大众化进行了研讨,会议在马克思主义中国化、时代化、大众化各自的内涵和推进路径、三者的关系等方面,提出了许多创新性的观点。学会会长荣长海教授对研讨会进行了总结并提出了需要进一步深入研究的问题。11 月 22 日,市中国特色社会主义理论研究会在市社联召开学术年会。会长李锦坤教授,副会长李家祥教授、荣长海教授以及专家学者 40 余人与会。会议由荣长海教授主

①张静、赛北:《延安时期毛泽东文艺大众化思想对马克思主义大众化传播的启示》,《贵州社会科学》2011 年第 7 期。
②王金双:《从"含苞待放"到"含苞未放"——建国后毛泽东文艺思想研究(二)》,《内蒙古民族大学学报》(社会科学版)2011 年第 3 期。
③王力、马采瑞:《邓小平对毛泽东意识形态建设思想的丰富和发展》,《理论探索》2011 年第 3 期。

持。与会人员围绕“加强和创新社会管理”这一主题展开热烈研讨。11 月 28 日,市科学社会主义学会在天津农学院召开“学习党的十七届六中全会暨科学社会主义学科建设座谈会”。学会会长荣长海教授等专家学者共 50 余人与会。与会人员围绕“深化‘文化’认识,学习全会精神”的主题进行了研讨与交流。专家们还就如何搞好科学社会主义学科建设发表了自己的见解。

2. 学术成果

据不完全统计,2011 年全市学者共发表关于中国特色社会主义与科学社会主义的学术论文 80 余篇,另有纪念中国共产党成立 90 周年的文章数十篇,内容涉及马克思主义基本原理,中国特色社会主义与科学社会主义的基础理论,马克思主义中国化、时代化、大众化,社会主义核心价值体系,社会主义意识形态,社会建设与社会管理,世界社会主义等。其中,马克思主义中国化、时代化、大众化的研究成果尤为丰硕。

二、学术观点

1. 关于马克思主义基本原理与中国特色社会主义

有学者指出,马克思主义原创理论虽然正确地肯定了历史规律与物质运动规律的趋同性,却没有深入考察二者的趋异性。中国改革追求社会主义共同富裕目标,所启动的传统文化资源,将在一定程度上改造市场体制的资本主义模式。新的模式将保留市场的基本运作机制,但将在一定程度上予以改造,使其最终将形成与资本主义市场不同的社会结果。社会主义将由此出发逐步实现理想社会目标。而人类将看到一种与资本主义不同的发展模式,它更有效率、更公平,也更优越、更具吸引力。①

有学者指出,如果说,作为理论形态的科学社会主义是以消灭阶级,实现经济平等为本质内容;那么,在落后国家的社会主义实践中,则体现在关注民生、改善民生,在从传统社会向现代社会转型的现代化过程中,通过促进经济发展、推动社会进步、消除贫富分化、实现共同富裕。正确认识中国社会主义选择的历史必然性及社会主义在中国发展面临的现实问题,不是依据科学社会主义原则规范中国实际,而是必须挖掘中国传统文化资源,认识它在近代以来由传统向现代转化的特点,进而从中剖析出中国社会主义选择和发展中所包含的历史命题。②

有学者指出,马克思跨越资本主义“卡夫丁峡谷”理论为生产力落后国家的发展前途提供了理论指向,也留下了实践难题。毛泽东依据中国革命的特殊情势提出了新民主主义革命的前途是社会主义的跨越理论,邓小平领导的改革开放解决了生产力落后国家建立社会主义制度后如何吸收和借鉴资本主义的文明成果的问题,江泽民和胡锦涛提出了社会生产力特别是科技的跨越发展理论,这些理论成果丰富并发展了马克思的跨越理论,并形成了具有中国特色的中国化跨越理论。③

有学者指出,马克思、恩格斯论证了理想社会主义代替资本主义的必然性,对于二者的并存只存在于他们的思维逻辑中。真正面对社会主义与资本主义并存问题的是列宁,他对社会主义与资本主义关系的认识经历了从期待世界革命实现全世界范围内社会主义对资本主义的代替到呼吁和平共处,维系社会主义与资本主义的共存,再到利用资本主义建设社会主义这样一个渐进的过程,深化了对两制关系问题的研究。④

有学者认为,在一定意义上,经典社会主义理论可以说是第一个真实、科学地反映和引领劳动者的主体意识的理论形态。其出发点与归宿是人类解放,其论证理想社会的潜在线索是个体本位。在前所未有的关切个人、关注民生、建设和谐社会的今天,借助经典社会主义理论的主体意识视角,探讨我国社会主义的具体实现模式,具有极为重要的现实价值。⑤

有学者指出,改革开放使社会主义现代化全面启动了起来,现代性成为社会发展的必然选择和内在动力。但现代性是以市场逻辑与理性主义合谋而发展的,它在推动社会变革和现代化发展的同时,又造成了市场律令至上和工具理性独断,导致了社会断裂分化、道德理想失落、生态问题严重和

①余金成:《历史规律与中国特色社会主义》,《理论学刊》2011 年第 4 期。
②董四代:《民生与中国社会主义的历史源流和现代走向》,《聊城大学学报》(社会科学版)2011 年第 3 期。
③王力、马彩瑞:《马克思跨越理论的中国化与中国化的跨越理论》,《科学社会主义》2011 年第 3 期。
④陈香兰、荣长海:《列宁对社会主义与资本主义并存关系的认识与思考》,《前沿》2011 年第 16 期。
⑤王保彦:《经典社会主义理论的主体意识视角初探》,《湖湘论坛》2011 年第 1 期。

人们精神家园荒芜。全面建设小康社会以寻求共同富裕和提高发展质量抑制现代性悖论。科学发展观寻求人在社会发展中的终极意义,强调全面协调与可持续发展,体现了对工具理性的规范和思维范式的超越。①

有学者指出,中国特色社会主义作为中国共产党领导中国人民进行的伟大事业,是以中国共产党的哲学作为哲学基础的。这种中国化的马克思主义哲学,由于其内容的丰富性,从不同角度可以有不同的概括和表达。从党的思想路线的角度,可以将其概括为实事求是;从党应该如何处理革命和建设中所面临的各种矛盾的角度,可以将其概括为"斗争哲学"与"和谐哲学"。当前,建构与我们党提出的构建社会主义和谐社会以及建设和谐世界的目标相适应的中国化马克思主义哲学新形态,需要做进一步的努力。②

有学者指出,中国特色社会主义理论体系的科学性在于它包含的邓小平理论、"三个代表"重要思想和科学发展观具有内在的历史和逻辑的统一性,在于三大理论成果各自形成过程中都具有明确的问题前提,正是这些问题引发党的领导人思考"什么是社会主义,怎样建设社会主义"、"建设什么样的党,怎样建设党"、"实现什么样的发展,怎样发展"的主题,逐步发展出一系列的重大理论成果。未来的中国特色社会主义需要依据科学发展观和构建和谐社会的目标,通过文化创新完成对资本主义市场方式的超越,这构成推进当代中国改革的逻辑前景。③

2. 关于马克思主义中国化、时代化、大众化

(1)关于马克思主义中国化

有学者指出,马克思主义中国化必须具备五个条件:信仰马克思主义的自觉的人,使用中国的文字,符合中国人的思维,反映中国国情需求,系统的理论。按照这个标准,只有中国共产党人将马克思主义实现了中国化,这个中国化过程始于中国共产党成立并将贯穿于中国共产党的全部生命历程。实现马克思主义中国化需要三个基本要素,即马克思主义原创理论、中国文化和实现转换者。在这三个要素的相互作用中,实现转换者具有决定性作用。④

有学者指出,马克思主义中国化是在首先认同社会主义,而后在它与中华传统文化精华内在统一中实现的。在这其中,传统理想现代转化是其前提,现代性判断与理想追求是其内在线索,实事求是是其动力,现代化追求和社会主义选择是其主题。必须从这几个方面审视马克思主义中国化的进程,才能从历史与逻辑的统一上正确总结过去、判断现在、追求未来,深刻认识中国特色社会主义理论在其中的重大意义。⑤

(2)关于马克思主义时代化

有学者认为,马克思主义中国化内在包含着马克思主义时代化,但二者间不是包含关系,而是并列关系。从本质上说,马克思主义时代化是马克思主义与时俱进理论品质的集中体现,其当代意义和实践价值主要体现在共产党人"与时代发展同步伐"上。马克思主义时代化,就是把马克思主义基本原理同时代特征相结合,不断吸收新的时代内容,使马克思主义紧跟时代发展步伐。⑥

(3)关于马克思主义大众化

有学者指出,理解和把握马克思主义大众化的科学内涵,需要明确三个"有机统一",即马克思主义大众化是过程与目标的有机统一、真理性与价值性的有机统一、基本原理大众化与马克思主义中国化理论成果大众化的有机统一。推进马克思主义大众化,需要坚持群众主体化、教育分众化、形式民族化、理论实践化的基本原则。⑦

有学者研究了当代中国马克思主义大众化的实践载体,指出通俗理论读物、理论图册画报、理论宣讲报告、传媒理论解读、文化下乡工程、主题实践活动等是实现当代中国马克思主义大众化的有效载体。在推动当代中国马克思主义大众化的实践进程中,应当总结、借鉴、开发和应用这些行之有效的载体,努力实现马克思主义中国化最新成果在广

①董四代:《中国特色社会主义:从追求现代性到超越理性》,《河北科技师范学院学报》(社会科学版)2011年第2期。
②张景荣:《中国特色社会主义与中国共产党的哲学》,《毛泽东思想研究》2011年第5期。
③王力:《中国特色社会主义理论体系内在的历史与逻辑统一性论纲》,《马克思主义研究》2011年第2期。
④荣长海:《马克思主义中国化90年——概念、进程和规律》,《理论学刊》2011年第11期。
⑤董四代:《马克思主义中国化若干问题探论》,《武汉科技大学学报》(社会科学版)2011年第4期。
⑥杨永志:《马克思主义时代化的理论蕴含》,《人民论坛》2011年5月(中)。
⑦张静、刘占奎:《关于马克思主义大众化的若干思考》,《天津师范大学学报》(社会科学版)2011年第3期。

大人民群众中的传播与普及。①

有学者强调，按照现阶段中国改革发展的特定需要，马克思主义大众化同时又是马克思主义时代化的逻辑目标，属于一项具有前瞻性的理论工程，仅就后一意义而言，马克思主义大众化决不能止步于通俗化，还需要强调三点：第一，实现马克思主义大众化的第一对象是社会精英，而不是普通民众。第二，实现马克思主义大众化的第一要务是理论研究，而不是政治宣传。第三，实现马克思主义大众化的第一原则是思想解放，而不是固步自封。②

有学者对中国共产党90年来推进马克思主义大众化的历史经验进行了总结：坚持在理论创新中不断推进马克思主义大众化；坚持把对人民群众进行马克思主义宣传教育与解决人民群众的实际问题相结合；准确把握党员群众的思想状况和理论需求；坚持灌输与其他多样化宣传教育方式有机结合；充分发挥马克思主义理论队伍的重要作用；高度重视用马克思主义教育和武装青年；充分利用中国优秀传统文化资源推进马克思主义大众化；不断创新和完善马克思主义宣传教育的体制、机制。③

有学者指出，当代中国马克思主义大众化问题中，一是需要进一步总结我们党和国家推进马克思主义大众化的历史经验。二是需要进一步总结和借鉴国外在相关方面的认识和做法。三是需要进一步研究实践中的成功案例，对其进行理论上的概括和分析。四是需要进一步拓展调查研究的对象和范围，并且需要对调研获得的数据进行深层次分析。五是需要进一步开展马克思主义大众化特别是当代中国马克思主义大众化的内在依据和外在途径的研究。④

(4)关于马克思主义中国化、时代化、大众化的关系

有学者指出，马克思主义中国化、时代化、大众化统一于中国特色社会主义实践之中，呈现出并列关系、递进关系、互通关系的辩证一致性。第一，并列关系。中国化是一种空间尺度，强调的是马克思主义基本理论与中国实际相结合。时代化是一种时间尺度，强调的是马克思主义理论体系与当代实际相一致。大众化是一种主体尺度，强调的是马克思主义意识形态被社会民众普遍认知和运用。第二，递进关系。作为实践进程，马克思主义中国化是依据实事求是原则从修正发展战略开始的；其成果积累至一定程度，就会要求从整体上确认其历史方位，即提出马克思主义时代化的任务；马克思主义一旦实现时代化，就获得了解释当代新的事实的能力，就会被越来越多的人自觉运用，实现其大众化。第三，互通关系。马克思主义中国化、时代化、大众化共同构成中国特色社会主义发展模式。每一“化”都要求有自己的实践三要素，都在逻辑上涉及其他两“化”。在中国特色社会主义实践发展的每一时期三方都共同存在，并将按照中国化—时代化—大众化顺序，分别依次呈现为“一主两辅”的辩证关系。⑤

3.关于中国特色社会主义文化和社会主义核心价值

有学者探讨了社会主义核心价值体系对于形成社会的规范性结构的重要作用，认为任何社会制度的确立都必然会形成与这个制度的基本性质相吻合的核心价值体系或“集体意识”。事实上，社会主义核心价值体系也就是中国特色社会主义的“集体意识”，它的重要功能不仅在于为更高层次的社会整合提供精神凝聚力和思想基础，更在于为中国特色社会主义社会的规范性结构提供价值合理性的根据，从而能够对整个社会生活产生规范调节力。⑥

有学者指出，个人主义与集体主义是当代人类依据不同的传统文化和现实需要形成的体现生命自由趋势的两种具体价值观形式。科技革命目前到达了一个新的阶段：个人主义价值观所形成的效率机制继续发挥重要作用，但其负面影响正在上升；而集体主义价值观所形成的计划布局继续发挥一定作用，但其负面效应正在被遏制。现代社会主义可以通过改造市场经济的资本主义运用方式，有望为人类展示一个新的市场经济。这种结合了两种价值观优势的发展模式，将更有助于实现个人平

①杨昕：《论当代中国马克思主义大众化的实践载体》，《信阳师范学院学报》（哲学社会科学版）2011年第4期。
②余金成：《马克思主义“三化”与社会主义建设规律论要》，《中国延安干部学院学报》2011年第1期。
③张博颖等：《中国共产党推进马克思主义大众化的历史经验》，《毛泽东邓小平理论研究》2011年第4期。
④张达：《当代中国马克思主义大众化研究的现状与前瞻》，《求索》2011年第9期。
⑤余金成：《马克思主义中国化、时代化、大众化的辩证统一》，《学习论坛》2011年第3期。
⑥阎孟伟：《核心价值体系与社会的规范性结构》，《云南师范大学学报》（哲学社会科学版）2011年第6期。

等和社会民主,并推动人类生命自由目标的实现。①

有学者指出,集体主义价值观是社会主义意识形态的本质体现,是社会主义核心价值体系的主线,是社会主义核心价值观的基本内涵。社会主义核心价值体系所包含的马克思主义、共同理想、民族精神、荣辱观、时代精神等基本内容,无不以集体主义为维度。社会主义核心价值体系本质上就是集体主义价值观的展开与完善,社会主义核心价值观的凝练不能离开集体主义价值观。②

有学者指出,社会主义核心价值体系是中国文化软实力的思想基础。提升文化软实力要准确把握当代世界深刻变革中文化软实力竞争的特点。我国文化软实力的内涵是共同的理想信念、价值追求、行为准则、精神家园。要以创新精神通过抢占文化制高点,引领社会思潮,坚持核心价值导向,唱响和谐文化主旋律,坚持从实际出发,正确处理各种关系,拓展全球视野,树立共同发展的时代思维等有效路径来提升我国文化软实力。③

4. 关于中国特色社会主义社会建设与社会管理

有学者总结了中国共产党创建90年来领导社会建设的基本经验:一是树立以人为本理念明确社会建设的根本目标;二是坚持社会主义原则把握社会建设的道路方向;三是围绕优化社会结构制定社会建设的相关政策;四是创新社会管理体制整合社会建设的各方资源;五是按照统筹兼顾方针营造社会建设的良好环境。④

有学者研究了社会建设与社会管理的关系,认为社会建设离不开社会管理,社会管理也离不开社会建设,它们是一个问题的两个方面,统一于构建社会主义和谐社会的实践中。当前社会管理问题突出地体现为社会建设不足。社会管理,除了要基于中国特色社会主义的理论和实践,即反映社会主义性质和基本国情并遵循“社会”运行的规律之外,更要遵循“管理”的一般规律,这与社会建设有质的区别。⑤

有学者指出,改革开放新时期逐步形成并日渐完善的“党委领导、政府负责、社会协同、公众参与”的社会管理模式,鲜明地体现了善治的基本趋向,既是重大的理念创新,也是重大的制度创新。它以特有的方式体现了我国社会管理的政治优势和政府主导型现代化的基本特征。这种新的社会管理模式,不完全等同于善治理论倡导的社会管理模式,又根本区别于计划经济条件下的社会管理模式。它的重大意义在于体现了积极的管理理念和政策导向。随着实践的深入推进,这一模式必将不断发展和完善。⑥

5. 关于世界社会主义

有学者认为,放弃社会主义价值目标是苏联解体的根本原因。价值目标是社会主义事业规律性的集中体现,属于其总战略和总原则。在现代科技革命条件下,社会主义替代资本主义的过程被拉长,使其价值目标实现形成长期性、统摄性、超越性特点,至关重要却又极易被忽视。放弃社会主义价值目标导致苏联改革出现两大失误,首先,苏联改革忽略了民众对经济发展的直接依赖,过早转向政治领域,致使生产遭到破坏,失去了民意支持社会主义的经济条件。其次,苏联改革忽略了民众对历史成果的心理依赖,过度否定苏联模式,致使信念遭到冲击,失去了民意支持社会主义的政治条件。⑦

有学者把苏共丧失政权的历史教训概括为三点:第一,在对基本国情的认识和把握上,长期以来缺乏对社会发展阶段正确的认识,尽管后来认识不断改进,但终因多次丧失重要的战略发展期而使改革走入歧途。第二,在对党的领导方式和领导体制、执政方式和执政体制的认识和把握上,先是长期以来的党政融为一体、以党代政,使党成为凌驾于国家和社会之上的力量,后是在理顺党政关系的激进改革中,使得改善党的领导的主观愿望沦为取消党的领导的可悲实践。第三,在对党的建设的认识和把握上,长期以来走的是一条党内缺乏民主和领导者个人高度集权畸形发展的道路,从而使党丧失了创新的能力。⑧

①余金成:《生命自由、个人平等和社会民主原则论析——人类与自然界关系视阈中的价值观问题》,《探索》2011年第6期。
②杜鸿林、赵壮道:《集体主义与社会主义核心价值观》,《理论与现代化》2011年第4期。
③孙兰英:《我国文化软实力的思想基础与提升路径》,《高校理论战线》2011年第4期。
④刘景泉、张健、伍绍勤:《中国共产党领导社会建设的实践和基本经验》,《南开学报》(哲学社会科学版)2011年第2期。
⑤王勇:《论社会建设与社会管理》,《党政论坛》2011年5月号。
⑥王勇:《中国社会管理模式的善治取向》,《中国社会科学报》2011年6月9日。
⑦余金成、郑安定:《放弃社会主义价值目标是苏联解体的根本原因》,《当代世界与社会主义》2011年第4期。
⑧钦建军、井建斌:《苏联共产党丧失政权的历史教训及其启示》,《理论与现代化》2011年第4期。

有学者对部分俄罗斯左翼学者关于俄罗斯未来的社会主义发展前景的探讨进行了介绍与评析，这些左翼学者的代表性观点有：斯莫林认为，未来的社会主义是民主社会主义；斯拉温提出，未来社会主义应最大化彰显“自由”这一特征；普里加林认为，未来社会主义应当体现其“过渡”的属性。[①]

（本文作者：荣长海，天津市教育科学研究院党委书记，天津师范大学政治与行政学院教授、博士生导师；王勇，天津社会科学院马克思主义研究所助理研究员，中共中央党校科学社会主义教研部博士后。）

中共党史党建研究综述

刘景泉　李朝阳

2011年，天津学界关于中共党史党建的研究呈现出两大特点：一是中心突出。围绕纪念中国共产党成立90年，召开了相关研讨会，产生了一些有力度的研究成果。二是天津学界研究的热点问题，如关于李大钊、周恩来的研究等得以不断延续。

一、学术交流

2011年4月22—24日，南开大学主办了“中国共产党与中国现代化”国际学术研讨会。来自越南、日本和我国23个科研单位、党校、高校的60余位专家学者参加会议，提交论文50多篇。与会学者围绕中国共产党与中国现代化、中国共产党领导人与中国现代化、中国共产党的现代化、中国共产党的建设、中国共产党与中国特色社会主义等问题展开深入的研讨。

2011年11月16—18日，中国中共文献研究会刘少奇思想生平研究分会和中共天津市委党史研究室联合举办了“刘少奇与马克思主义中国化”学术研讨会。来自全国各地从事中共党史人物和刘少奇思想生平专题研究的一百余名专家学者参加了研讨会。王双梅、徐行、温勇、刘晶芳、翟昌民、王永玺等专家学者发言，于伟峰、何薇、刁伟、张雪梅、刘新庆、韦磊等6位论文作者先后阐述论文提要。

另外，中共天津市委组织部、市委宣传部、市委党校、市委党史研究室、市委教育工委、市教委、市社联、天津社会科学院、天津警备区政治部联合召开了天津市纪念建党90周年理论研讨会。市党建研究会、市委党校、市委党校教育研究会联合召开了纪念中国共产党成立90周年理论研讨会。天津师范大学、天津大学、天津商业大学等多个高校和部门都围绕建党90周年召开了理论研讨会。

二、中共党史研究

李大钊研究是天津党史界研究的热点。有学者专题研究了李大钊的建党思想，认为主要包括以下内容，即中国共产党是以马克思主义为指导改造旧中国的政党，是密切联系和依靠人民的政党，是建立和巩固统一战线的政党，是以实现中华民族伟大复兴为己任的政党。这些思想对于我们加强和改进新形势下党的建设，提高党的建设科学化水平具有重要启示。[②] 有学者研究了李大钊理想中的社会主义，认为李大钊是中国科学社会主义和共产主义运动的先驱，在研究和宣传马克思主义的过程中，他对未来的社会主义社会形成了很多独到见解。例如，社会主义“没有不顾社会秩序的”、“没有不顾个人自由的”，社会主义是一个民主法治的社会，每一个人能够在这个制度下最大限度地发展个性，实现全面发展。同时，社会主义社会也是一个充满活力、安定有序的社会，自由与秩序不可偏废；社会主义“是要富的，不是要穷的”；社会主义要创造超越东西方的“第三文明”；社会主义要“互助、互爱，为大多数人谋幸福”。[③] 又有学者论述了李大钊对待马克思主义的态度，认为李大钊在对待马克思

①丁军、杜宝玲：《俄左翼学者对社会主义的新研讨》，《高校理论战线》2011年第11期。
②杨升祥、徐颖、杨睿：《李大钊建党思想新论——纪念中国共产党成立90周年》，《天津法学》2011年第3期。
③赵壮道：《李大钊理想中的社会主义》，《党的文献》2011年第2期。

主义的态度上具有独到的见解和做法，主要有：他把马克思主义作为改造中国社会的工具，初步提出了马克思主义与中国实际相结合的原则；他对其他进步思想采取宽容态度，在各种思想平流并进中扩大马克思主义的影响；他从劳工利益出发阐释马克思主义的科学性，用马克思主义论证劳工运动的合理性；他坚持在人民大众中宣传马克思主义，把马克思主义与人民群众的实践结合起来。① 还有学者研究了李大钊与中共北方区委的关系，指出李大钊不仅是中国共产党的主要创始人之一，也是中共北方地区党组织的创始者和主要领导者，他在精心筹建中共北方区执行委员会后，为培养革命骨干立即着手建立了中共北方区委党校，并积极指导和帮助建立了中共北方区委领导下的各地方党组织，促进了北方地区党组织的迅速发展。与此同时，在他的领导下中共北方区委积极开展农民运动、工人运动、学生运动，配合了国民革命军的北伐，推动了北方革命运动的蓬勃发展。②

周恩来研究也是天津党史界研究的热点。有学者对周恩来在党的建设方面的贡献给予高度评价，认为他是中国共产党的发起者和创建人之一，他在早期建党理论与实践及干部培养方面作出了贡献，对党的第一、二代领导集体的形成有重大贡献，多次挽救党和国家于危亡之际。他强调思想建设是建党的首要问题，高度重视党的组织建设，倡导优良作风，搞好党风建设。③ 有学者研究了周恩来的公仆精神，认为周恩来公仆精神是中华传统美德与马克思主义公仆观相结合的产物，其内涵十分丰富，主要表现在鞠躬尽瘁、甘当公仆，实事求是、为公为民，清正廉洁、克己奉公，大爱无疆、心系人民等方面。周恩来公仆精神对当前党员干部深入落实立党为公、执政为民，科学发展、以人为本，廉洁自律、清正为民，甘当公仆、一心为民的执政理念具有重要的指导意义。④

张太雷在天津的革命活动是张太雷研究的一个重要环节。有学者指出，天津是张太雷革命生涯的摇篮。在天津的五年时光里，张太雷不仅打下了扎实的学识基础，而且关注社会政治，注重社会实践活动，积极参加爱国学生运动，培养和锻炼了卓越的组织和宣传才能。同时，张太雷在思想上接受马克思主义，完成了由爱国青年向中国早期共产主义运动的革命者和领导者的转变，并在天津及周边地区积极从事建立青年团和共产党早期组织、开展工人运动等中国早期的共产主义运动。该学者进一步指出，以天津为起点，张太雷开启了他为之终生奋斗的旨在谋求中华民族独立、人民解放的革命之路，不仅成为中国共产党创建时期的重要领导人之一，而且为近代中国人民的革命事业作出了重大贡献。⑤

有学者研究了抗战时期中国共产党领导的协商民主实践，作出了“三三制”政权是协商民主在中国的一种实践雏形的判断。其所表现出来的协商民主的基本特征为：民主选举；各党派团体在平等的基础上坚持中国共产党的领导；民主集中制基础上的协商一致。这一探索为我们今天的协商民主实践提供了有益的借鉴和思考。⑥

有学者专题研究了1938—1952年中国共产党领导的机关生产的变迁，指出：机关生产是革命根据地党政军民各机关、各团体重要的经济活动，早期以农业手工业生产为主，为打破敌人封锁、解决根据地物资匮乏问题发挥了重要作用。但随着革命形势的好转，机关生产纷纷转向商业领域，出现了侵犯私营工商业、囤积居奇、破坏财经政策等现象，机关生产的积极作用已退居其次。为此上级政府采取种种措施予以限制和打击，但都收效甚微，1952年政务院第126次政务会议通过决定，果断停止了机关生产。该学者指出中国共产党机关生产是特定历史时期的产物，在对其做价值判断时必须要与一定的时代背景结合起来。在经济困难时是为了弥补财政的不足，但当经济形势好转时，必须注意机关生产的特殊性，对其消极作用要有所认识。同时，机关部队生产的目的是动员机关干部自己动手、自力更生，以切实减轻人民负担，因此将群众与国家利益放在首位是这一运动的出发点和落

①魏先法、王淑辉：《论李大钊对待马克思主义的态度》，《攀登》2011年第4期。
②徐行、李俐：《李大钊与中共北方区委》，《天津法学》2011年第3期。
③刘焱：《周恩来与中国共产党的建设》，《淮阴师范学院学报》（哲学社会科学版）2011年第5期。
④王磊：《论周恩来公仆精神及其时代价值》，《江汉大学学报》（社会科学版）2011年第4期。
⑤蔡文杰、刘玉珊、王岚：《张太雷在天津的革命思想与实践探析》，《天津大学学报》（社会科学版）2011年第6期。
⑥陈映霞：《抗战时期中国共产党领导的协商民主实践》，《天水行政学院学报》2011年第6期。

脚点。但革命阶段的机关生产实践已经证明,机关生产的存在一定程度上会与群众利益、国家的政策法令发生冲突,各系统应该加强对机关生产的监督与管理,否则就会犯舍本逐末的错误。①

有学者对延安时期党的妇女政策予以高度评价,认为新妇女政策的制定与实施,使得边区的广大妇女翻了身,她们无论是在政治上还是在经济上都获得了独立自主的地位。党在各根据地普遍实施了包括妇女在内的选举制度,对不合理的婚姻制度进行了改革,开展了大规模的反缠足运动,使妇女获得了受教育的权利等等。这些政策的实施,充分调动了广大妇女积极参战的热情,为保证抗日战争的胜利和新民主主义革命在全国的胜利奠定了坚实的基础。②

三、党的建设研究

近年来,学习型政党建设研究一直是党建研究的热点。有学者论述了学习型党组织的“学习”的意义,认为应当从我们党肩负的历史使命和责任的高度来加以认真理解。对于党员和领导干部来讲,从世界观、人生观和价值观意义上理解,学习是一种信念,也是一种责任;学习是一种品行,也是一种党性;学习是一种胸怀,也是一种境界;学习是一种精神,也是一种能力;学习是手段,也是目的。③ 有学者认为,中国共产党思想文化上的自觉,源于其学习自觉。中国共产党的学习自觉表现在她对学习于历史于民族于政党进步作用的深刻认识,对学习发展规律的正确把握,对与时俱进学习的主动担当。90 年的奋斗历程足以证明中国共产党是一个具有学习自觉性的马克思主义政党。以毛泽东同志为核心的党的第一代中央领导集体在马克思主义中国化的历程中开启了学习自觉之门。以邓小平同志为核心的党的第二代中央领导集体在开创中国特色社会主义道路中实现了学习领域的拨乱反正。以江泽民同志为核心的党的第三代中央领导集体在继往开来中把党的学习自觉推进到一个新阶段。在新的战略机遇期,以胡锦涛同志为总书记的党中央开辟了我党学习自觉的新境界。该学者总结了中国共产党 90 年学习自觉的历史启示,主要有:党的学习必须与世情、国情、党情、社情和民情紧密结合;党的学习必须着眼于党的理论创新,党的领导首要的是党的思想领导,而党的思想领导,首要的就是要用科学的理论武装全党、教育人民;党的学习必须立足于不断增强党的先进性和执政能力;党的学习必须要求全体党员尤其是党员领导干部做学习的表率;党的学习必须不断加强和改进学习制度建设;党的学习必须以维护和发展最广大人民群众的根本利益为出发点和归宿。④

党的形象是关系党的前途的重要课题。有学者指出,党的形象具有主观与客观的统一、形与神的统一、个体形象与组织形象的统一、稳定性与动态性的统一等特点。对政党自身建设来说,党的形象具有引导、凝聚的功能。中国共产党在领导革命、建设和改革事业的过程中形塑了良好形象,同时也深切认识到了党的优良形象所具有的重要价值。这是中国共产党永葆执政地位和领导核心地位的重要保障,是中国共产党领导人民取得建设中国特色社会主义事业胜利的重要保障。塑造党的优良形象对解决现阶段党的建设中存在的一些突出问题具有重要价值。⑤

党的制度建设科学化是党的建设科学化的重要内容。有学者总结了中国共产党制度建设科学化的发展历程,指出这一过程体现了历史发展的阶段性和连续性相统一、曲折性和复杂性、始终以完善党章和民主集中制为核心的基本特征。在这一过程中,我们得出的基本经验是,实现党的制度建设科学化必须坚持科学建党的基本原则,坚持把制度建设同其他建设紧密结合起来。该学者进一步指出,总结党的制度建设科学化的正反两方面历史经验,应不断加强学习型政党建设,努力提高党的制度建设科学化水平;牢牢坚持实事求是的思想路线,以改革创新的精神推进党的制度建设科学化。⑥

党代会常任制是学术界的热点,很多专家呼吁恢复党代会常任制。然而,经过 20 多年的试点,至今仍停留在试点阶段。有学者分析了党代会常任

①樊云剑:《抗战以来中共领导的机关生产之变迁》,《中共党史研究》2011 年第 8 期。
②王纪鹏:《延安时期中国共产党的妇女政策》,《党的文献》2011 年第 2 期。
③李毅:《论学习的意义——关于学习型党组织建设的一点思考》,《思想理论教育导刊》2011 年第 3 期。
④杜鸿林、万奎:《论党的学习自觉——关于中国共产党 90 年学习之路的回顾与思考》,《天津师范大学学报》(社会科学版)2011 年第 3 期。
⑤李朝阳:《党的形象:关系党的前途的重要课题》,《天津师范大学学报》(社会科学版)2011 年第 1 期。
⑥赵铁锁、肖光文:《党的制度建设科学化的历史回顾与经验总结》,《天津师范大学报》(社会科学版)2011 年第 6 期。

制难以推行的原因。他认为，在历史上，党代会常任制的实践有两次：一是20世纪50年代实行；二是改革开放后的地方试点。比较两次实践过程，我们可以分析出党代会常任制难以推行的主要原因，即党建思想上的误区，理论脱离实际，难以处理民主与效率的关系，以及对党代会常任制认识上的误区。①

民营企业党建最突出的问题是未能融入企业经济活动中，特别是在公司治理结构中位置“缺失”。有学者指出，要改变民营企业党建“边缘化”这一现状，就应当针对民营企业公司治理的实际问题，加强党在民营企业外部治理环境建设方面的主导作用，探索民营企业党建嵌入公司董事会、监事会等内部治理结构的创新模式，从而切实发挥党的基层组织在民营企业发展中的重要作用。②

有学者从党、国家、社会关系视角研究了中国共产党的意识形态建设，指出，政党进行意识形态建设，要适应党、国家、社会关系的变化，加强政党自身意识形态建设，并正确处理党的意识形态与国家意识形态、社会意识形态的关系。中国共产党意识形态建设的基本历程可以划分为三个阶段，形成了三种模式：中国共产党成立——中华人民共和国建立时期的内分离模式，中华人民共和国建立——十一届三中全会时期的混一模式，十一届三中全会以来的内合一模式。要搞好中国的意识形态建设，首先，要认清意识形态的定位；其次，制定意识形态科学的发展战略、大众化和社会化战略、中国化和国际化结合战略；最后，理顺党的意识形态、国家意识形态和社会意识形态的关系，建立健全科学而有效的党的意识形态国家化、社会化机制。③

（本文作者：刘景泉，南开大学教授、博士生导师；李朝阳，天津师范大学马克思主义学院教授）

思想政治教育研究综述

王秀阁　刘　娜

2011年，天津市思想政治教育学界的理论同仁积极进行学科建设，开展学术交流，取得丰硕成果。据不完全统计，本年度在各类期刊、报纸上发表学术论文近百篇，出版学术专著2部。2部学术专著，一是褚凤英的《思想政治教育活动研究》，一是闫艳的《交往视域中的思想政治教育》。

一、学科发展

在学术活动方面，2011年5月，天津大学马克思主义学院主办并召开“高校思想政治理论课教育教学与建党90周年研讨会”。12月，天津大学马克思主义学院举办了“社会主义核心价值体系研讨会”，清华大学吴潜涛教授、东北师范大学田克勤教授应邀出席，并在与会期间开展讲座。

获得奖励方面，据不完全统计，天津师范大学王秀阁教授荣获第六届“天津市教学名师”称号。南开大学孙寿涛、李玉萍、傅佩缮、张健，天津大学徐锦中、周小兵、由俊生、孟宪勇，天津师范大学刘维、王淑辉、王作印，天津科技大学刘阁春、于江涛，天津城市建设学院王玮、张淑君等高校若干教师荣获“天津市普通高校优秀思想政治理论课教师”称号。天津城市建设学院王玮等教师荣获“天津市教育系统优秀党务工作者”称号。

二、学术研究

1. 关于思想政治教育学科建设的研究

平章起、李伟指出，思想政治教育科学化是思想政治教育理论研究与实践创新的根本目标，思想政治教育学科建设内在要求不断推进思想政治教育的科学化。思想政治教育不断走向科学化的基本思路应该是坚持学科建设合目的性与合规律性的统一，坚持马克思主义指导与马克思主义中国化

①赵铁锁、王广峰：《党代会常任制难以推行的原因分析》，《理论探讨》2011年第2期。
②初明利、张敏：《民营企业党建嵌入公司治理的思路与模式》，《天津师范大学学报》（社会科学版）2011年第1期。
③李国忠：《党、国家、社会关系视角下的中国共产党意识形态建设新探》，《南方论丛》2011年第2期。

理论指导的统一,坚持学科建设的综合性与独立性的统一,坚持学科建设的继承性与现代化的统一,坚持学科建设的实践发展与理论创新的统一。①

2. 关于思想政治教育学基本理论研究

关于思想政治教育研究视角转换的研究。主要提出两种观点:一是"人学范式"的转换。褚凤英认为,要将思想政治教育研究置于马克思主义唯物史观基础之上,把思想政治教育看作"现实的个人"所参与的主体性活动,并具有高效性的价值追求。具体而言,就是把思想政治教育看作人的一种生命活动,看作一种满足人的生存和发展需要的主体性活动,即从"现实的个人"出发,以"人的主体性活动"为切入点,来研究思想政治教育学元理论,实现思想政治教育研究的"人学范式"转向命题。循此思路,褚凤英进一步指出,思想政治教育的本质是调节个人与社会的思想政治关系,促进个人价值取向与社会价值导向同质发展,以实现个人与社会良性互动;思想政治教育的功能在于促进个人思想品德和社会思想文化的发展;思想政治教育的价值是人本价值,即实现人对社会思想文化的适应与超越;思想政治教育的目的是培养思想品德建构活动和社会生活的主体,以实现"教是为了不教"。② 二是交往视角的转换。闫艳认为,首先,应转换思想政治教育的研究范式,解构对象性思想政治教育研究范式,改变"无人"的思想政治教育,构建交往性思想政治教育研究范式,确立"以人为本"的思想政治教育。其次,以交往理论为依据,以交往实践为基础,要改变"主—客"型的思想政治教育,将教育对象视为物化客体的思想政治教育,确立"主—客—主"型的思想政治教育,即将教育对象视为主体人的思想政治教育。再次,交往性思想政治教育较之对象性思想政治教育具有多级主体性、双向建构性和平等对话性等本质特征。最后,闫艳在著作中进一步阐明,实现交往性思想政治教育要从实现对象性思维到关系思维、从线性思维到非线性思维、从封闭思维到开放思维方式的转变。③

关于思想政治教育目的的研究。闫艳、王秀阁认为,现代思想政治教育倡导人与社会的共赢,幸福生活作为人与社会共同的终极愿景,理应成为思想政治教育根本目的指向,唯其如此,思想政治教育才能彰显其存在的本体价值,才能真正稳固自己的根基。④

关于思想政治教育本质、价值的研究。李月玲、王秀阁认为,对于思想政治教育本质的研究是深入把握思想政治教育的前提,学界对此问题的研究大体可以归为两类,即"社会本位说"和"个体本位说"。从马克思主义关于个人与社会的有机统一、人的一般性和特殊性的统一、人的发展与社会发展的统一等理论观点出发,思想政治教育的本质应是以正确分析和把握社会要求与个人思想品德差距为基础,在实践过程中,通过不断完善社会要求和个人思想品德,实现个人和社会的良性互动和有机统一⑤。李月玲、王秀阁在对思想政治教育价值的探讨中认为,思想政治教育具有社会价值和个体价值两种价值形态。传统思想政治教育重视社会价值却忽略个体价值,现代思想政治教育重点强调个体价值而轻视社会价值。实质上思想政治教育的社会价值和个体价值是统一的,社会价值和个体价值是同构共生的。⑥

关于思想政治教育环境的研究。刘娜认为,思想政治教育环境是多样的,思想政治教育学界对于思想政治教育环境的划分纷繁复杂。其实,思想政治教育环境始终面对的是有血有肉、有情感的"现实中的个人"。人的意识活动和行为活动所处的环境是思想政治教育环境建设的永恒主题。在思想政治教育的意识活动环境中,个体的认知环境是基础、情感环境是核心、意志环境是精髓。同时,具有普遍意义的价值选择环境和交往环境共同构成了思想政治教育的行为环境。⑦

关于思想政治教育史的研究。闫艳、王秀阁从交往的视角考察了春秋战国时期的德育思想,认为春秋战国时期的德育思想在我国德育思想史上具有非常重要的地位,此时期的思想家从交往视角阐

①平章起、李伟:《思想政治教育科学化探析——基于思想政治教育学科建设的思考》,《思想教育研究》2011 年第 11 期。
②褚凤英:《思想政治教育活动研究》,人民出版社 2011 年版。
③闫艳:《交往视域中的思想政治教育》,人民出版社 2011 年版。
④闫艳、王秀阁:《论现代思想政治教育目的观》,《求实》2011 年第 1 期。
⑤李月玲、王秀阁:《思想政治教育本质述评》,《学校党建与思想教育》2011 年第 4 期。
⑥李月玲、王秀阁:《思想政治教育价值新解》,《长白学刊》2011 年第 5 期。
⑦刘娜:《关于思想政治教育环境的思考》,《思想理论教育导刊》2011 年第 8 期。

述了很多德育思想。厘清这些文化遗产，剔除其时代局限性，延承其内在合理性因素，是建立现代交往德育观的必要性过程，它将起到背景与渊源的基础性意义。①

3. 关于网络思想政治教育的研究

关于思想政治教育博客的研究。喻洁、张九海认为，思想政治教育博客是思想政治教育者具有时间连续性的、不断发表的网络日志，内容包括教育者与博客访问者之间对时事政治、经济、文化，甚至生活琐事的评论和争辩。作为思想政治教育的传播载体与方式，博客的优势不仅在技术性，也包括对独立人格与自主思想的根本性要求。但当前部分思想政治教育博客陷入仪式化生存状态，在主体性上表现为双主体缺失，在内容上表现为简单复制公布栏式的言说，在方式和过程上缺乏争辩、交流。而微博客较博客更具有公共领域的特征，提供了思想政治教育博客去仪式化的新契机。② 王荃认为，“微博”如今已成为青年了解社会、认知世界、获取外部信息的媒介之一，这对传统的思想政治教育工作形成了极大的挑战。面对这一突如其来的电子信息技术变革，思想政治教育工作者必须主动驾驭微博，运用“微博”平台了解青年群体的思想动态，积极、正确地引导青年认知社会，使“微博”成为青年群体与思想政治教育工作者沟通的新途径。③

关于网络思维与思想政治教育的研究。张九海认为，网络思维特征对思想政治教育的变革具有启发意义。其中心性和无中心性的统一启发思想政治教育要坚持一元主导和多元并存；历时和共时的统一启发思想政治教育要拓展教育空间，坚持历时教育与实时教育；隐私性与开放性的统一启发思想政治教育要尊重隐私、开放包容；限制性和非限制性的统一启发思想政治教育要坚持显性教育和隐性教育相结合；逻辑性和非逻辑性的统一启发思想政治教育向度的转变，重视同辈教育；虚拟性和现实性的统一启发思想政治教育重视虚拟交往与现实交往的变换。④

4. 关于高校思想政治教育的研究

关于深化高校思想政治教育的研究。李莉、刘孜勤提出，高校思想政治教育应增加人文关怀的内容，认为师德建设是高校思想政治教育人文关怀实现的基本前提，“以人为本”是高校思想政治教育人文关怀的核心指导原则，构建民主、平等的师生关系是高校思想政治教育人文关怀得以体现的重要保障，情感投入是高校思想政治教育人文关怀的内在要求，“和风细雨”式的工作方式是高校思想政治教育实现人文关怀的必要方式，心理疏导是高校思想政治教育人文关怀的必备手段。⑤ 李旭炎提出高校思想政治教育与马克思主义中国化、时代化、大众化有着密不可分的联系，认为高校思想政治教育内容源自于马克思主义中国化，高校思想政治教育实效源于马克思主义时代化，高校思想政治教育目标在于马克思主义大众化。高校思想政治教育有效性源于加强社会主义价值体系的教育引领作用，大学生群体是最佳介质。⑥

关于大学生思想政治教育的研究。王玮、王秀阁认为，建立绿色交往是大学生思想政治教育的重要内容，绿色交往是人与人之间所崇尚的纯真、友善、和谐的交往。绿色交往是实现自我完善的一种重要精神力量，能够为大学生的良性发展提供生态交往环境，促进大学生身心健康，发展大学生多方面才能，建立良好的社会关系。高校应结合大学生的特点，充分利用课堂、课外活动、宿舍、网络新媒体等路径与载体，加强交往观念及行为指导，帮助大学生实现绿色交往。⑦ 邹绍清、李国安、李伟提出，应用科学发展观引领大学生思想政治教育方法创新，认为其具体包括目标引领、任务引领和方法引领等方面。将系统分析法、要素交互法和协同共生法等方法论运用于大学生思想政治教育，是在科学发展观引领下，拓展和创新思想政治教育方法的有益探索。⑧ 苌庆辉提出应加强大学生德育的生活互动，认为大学德育困境的根本在于忽视生活互

①闫艳、王秀阁：《春秋战国时期思想家从交往视角阐述的德育思想》，《学术论坛》2011 年第 1 期。
②喻洁、张九海：《微博客——思想政治教育博客去仪式化的新契机》，《思想教育研究》2011 年第 2 期。
③王荃：《微博时代思想政治教育工作的挑战与应对》，《中国青年研究》2011 年第 12 期。
④张九海：《思想政治教育的新变革——基于网络思维特征的思考》，《国家教育行政学院学报》2011 年第 1 期。
⑤李莉、刘孜勤：《高校思想政治教育工作人文关怀的几个着力点》，《教育理论与实践》2011 年第 6 期。
⑥李旭炎：《高校思想政治教育与推进马克思主义中国化、时代化、大众化》，《高校理论战线》2011 年第 6 期。
⑦王玮、王秀阁：《大学生绿色交往初探》，《学术交流》2011 年第 10 期。
⑧邹绍清、李国安、李伟：《科学发展观指导下大学生思想政治教育方法创新的若干思考》，《思想理论教育导刊》2011 年第 11 期。

动。兰德尔·柯林斯的互动仪式链理论对个体在一定会话际遇下的微观互动进行了阐释,为反思大学德育提供了新的启示。当前德育活动的形式化导致空洞或强迫的互动仪式出现,德育活动空间的虚拟化使会话际遇脱离了现实,德育的个体化倾向导致群体团结的减少和神圣物的祛魅。改变现有困境需要重构已有的互动仪式,增加真实情境下的会话际遇,让互动符号与群体道德返魅。① 秦萍提出应创新高校贫困生思想政治教育,认为当前高校贫困生的思想政治教育面临一些困境与挑战,亟待在理论上予以创新。个案社会工作作为社会工作专业的三大方法之一,其理论对于提高高校贫困生思想政治教育工作的实效性具有重要的启示作用。心理与社会治疗模式可以协调贫困生个人与环境之间的关系,理性情绪治疗模式有助于调整贫困生的认知偏差。②

关于网络与大学生思想政治教育的研究。纪振强认为,社交网站的兴起带动了以真实性、开放性和平等性为核心特征的新型社交网络文化的流行,也引发了对当代大学生思想道德价值的多重影响。参与SNS社交网站交友互动,一方面可以规范大学生道德自律意识、弱化功利思想、培养民主精神,另一方面也可能诱发道德危机和形成社交障碍。高校要因势利导、积极渗透、引导社交网络文化合理健康发展,并借此开辟思想政治教育新的网络阵地。③ 张颖认为,网络舆论是伴随着网络这一新的传播模式而诞生的。随着网络的发展,网络舆论给个人和社会带来了巨大影响。网络舆论的双重性使网络舆论的效果难以预测,健康、有序的网络舆论有利于大学生思想政治教育的正常开展;规避网络舆论的负效应,使其回归理性需要政府、媒体、高校三方的合力。④

关于高职院校思想政治教育的研究。张泽玲提出要加强高职院校思想政治理论课教学建设,根据人才培养目标的定位,制定“思想道德修养与法律基础”课的教学目标,设计实践项目的教学情境,探索灵活多样的教育教学方法,创新课程考核评价体系。通过科学的教育内容模块设计,在学生职业素质养成教育和成人成才的德育教育中充分发挥思想政治理论课的主渠道作用。⑤ 她认为胡锦涛“七一”重要讲话,在人才观、学习观、党和青年的关系、就业创业等方面有着新颖而深刻的表达,对青年寄予厚望,提出了新的要求,意义非常重大,需要我们认真领会,深入学习。贯彻落实“七一”讲话精神,必将指导我们开创高职院校德育工作的新局面。⑥ 钱伟荣、许韵苓、王娓娓认为,德育有效性建立在学生坐得下来、听得进去的基础上,但目前高职德育却难以对学生产生吸引力,大大降低了实效性。要提高高职德育的吸引力,使教育入耳、入脑、入心,高职德育必须贴近职业、贴近学生,德育工作者必须爱学生、懂学生。⑦

(本文作者:王秀阁,天津师范大学马克思主义学院教授、博士生导师;刘娜,天津师范大学马克思主义学院副教授)

---

①表庆辉:《德育互动的重构:互动仪式链理论对大学德育的启示》,《现代教育科学》2011年第4期。
②秦萍:《个案社会工作理论在高校贫困生思想政治工作中的运用》,《青少年研究》2011年第1期。
③纪振强:《社交网络文化对大学生思想政治教育的影响及其对策》,《北京青年政治学院学报》2011年第7期。
④张颖:《网络舆论的影响力及其对大学生思想政治教育的影响》,《科教导刊》(上)2011年第4期。
⑤张泽玲:《关于高职院校“基础”课教学模块设计的几点思考》,《思想理论教育导刊》2011年第1期。
⑥张泽玲:《胡锦涛“七一”讲话精神引领下的高职院校德育工作探析》,《思想理论教育导刊》2011年第10期。
⑦钱伟荣、许韵苓、王娓娓:《提高高职德育吸引力初探》,《教育与职业》2011年第5期。

哲　学

马克思主义哲学研究综述

赵亚琼

2011年，马克思主义哲学学科积极面对当今社会现实对马哲理论传统及其发展所提出的各项课题，开展深入、坚实和创造性的研究与探索，形成了一系列具有重要学术价值且不乏现实影响力的思想成果。

一、马克思主义哲学基础问题研究

有学者认为，将马克思哲学视为一种全新的实践哲学，而将它所批评的传统哲学归结为理论哲学，当能更好地表达马克思本人哲学革命的实质和中国马克思主义哲学理论形态转换的实质。① 有学者则认为，马克思哲学革命突出表现在其世界观的变革上，而其世界观即以历史作为解释世界的原则，其特点在于以人类解放为价值诉求，以改变世界为理论指向。②

有学者进一步指出，在实践哲学已然成为一种强劲的思想潮流的现今，有必要辨析各种实践哲学的差别。不然我们就只能不断地谈论实践的转向，而不可能使这一转向深入下去，以真正推动实践哲学的进展。于是，划清马克思与其他现代实践哲学流派的任务也就摆在了人们面前。事实上，近年来马克思主义哲学界关于历史唯物主义的深入探讨，正是人们力求揭示马克思哲学不同于其他现代哲学之独特性的努力。揭示历史唯物主义之本真意蕴，正是阐发马克思实践哲学独特性之关键所在。③

有学者倡导回到原本的马克思哲学，将历史唯物主义理解为一种“批判的历史科学”。由于“批判的历史科学”超出了既有的哲学与科学的分类方式，向人们惯常的思维方式提出了挑战，因而很长时间不为其后的研究者们所理解。但这一概念是革命性的，其意义在于它为人类把握自身历史提供了一种新科学，使我们能够以一种合理的方式解决长期困扰人类理性的自由意志与历史必然性的关系问题，并由之而带来对一系列重大哲学问题的全新理解。其核心之点就在于这一用于把握历史的方法论原则的有限客观性。④

有学者认为，历史唯物主义包括两个基本向度：一是解释处于一定历史阶段的特殊社会的本质和发展趋势，二是解释历史的一般规律和过程。前者主要聚焦于历史河流中的一个特殊阶段，特别是现存的社会结构，对其进行分析和评判；后者放眼于人类历史长河，从中找出历史的一些共同标志和规定。这两个向度相互支撑，互为前提。我们应该加强对现存社会结构的研究，解释现存社会的基本矛盾和问题，充分发挥历史唯物主义指导现实社会生活的功能。⑤

有学者指出，蒂利希吸收黑格尔的逻辑思想，并将其与存在主义的本体论有机地结合起来，从而建立起一种对历史唯物主义的全新研究范式，将马克思主义界定为一种对人类实存的历史决定性的诠释模式，并将此视为历史唯物主义的总体特征。这种对历史唯物主义的存在主义诠释在20世纪西方宗教学界的马克思主义研究中最具代表性。⑥

二、马克思主义哲学著作文本研究

有学者探讨了马克思《评詹姆斯·穆勒〈政治经济学原理〉一书摘要》的具体内容，认为马克思从人的直接社会生产和交往的类本质出发，分析批判了私有制条件下的商品生产和交换。商品交换是

①王南湜：《中国马克思主义哲学范式转换研究析论》，《学术研究》2011年第1期。
②杨仁忠、屈彩霞：《马克思世界观的内涵及特点——由近年来历史唯物主义的争论说起》，《理论探讨》2011年第4期。
③王南湜：《与望月清司“历史理论”的相遇》，《哲学动态》2011年第9期。
④王南湜：《走向“批判的历史科学”》，《社会科学战线》2011年第5期。
⑤李淑梅：《历史唯物主义与政治哲学的变革》，《哲学研究》2011年第4期。
⑥于涛：《评蒂利希对马克思唯物史观的研究》，《哲学研究》2011年第6期。

生产发展到一定阶段的产物，它以私有制为基础，是私有者之间相互外化的关系。商品交换以谋生的劳动为前提，谋生的劳动是以谋取私利或以维持生存为目的的活动，是私利性生产与社会性需要矛盾的表现，是劳动和资本对立的表现。这些都为马克思在《1844 年经济学哲学手稿》中系统地阐述公认的异化劳动等理论奠定了思想基础。①

有学者从恩格斯在 1885 年为《资本论》第二卷所作的序言中对氧化说与马克思的剩余价值理论所做的类比出发，探讨马克思唯物辩证法与黑格尔辩证法之间的对立与传承关系，并挖掘了马克思唯物辩证法的理论内涵与实践特征。认为只有将马克思唯物辩证法的表述方式与研究方式区分开来，才能真正在新的历史条件下推动马克思哲学的纵深拓展。②

有学者结合对马克思的博士论文、《莱茵报》时期的评论文章、《论犹太人问题》、《〈黑格尔法哲学批判〉导言》、《评詹姆斯. 穆勒〈政治经济学原理〉一书摘要》、《1844 年经济学哲学手稿》、《神圣家族》、《关于费尔巴哈的提纲》、《德意志意识形态》等一系列著作的研究，揭示了马克思早期对人的理解经历的思想转变过程，这伴随着他对利己主义的人及利己主义的理论批判方式的变化，展现了他追求人类解放的思想历程，对我们理解他的早期思想发展具有重要意义。③

三、马克思主义政治哲学问题研究

有学者主张以马克思的解放理论为依据，确立既能体现市场经济发展的内在逻辑和客观要求，又能体现社会主义社会的基本性质和终极价值的政治理念。这种政治理念把当代中国政治文明建设的基本内涵界定为“旨在人类解放的政治解放”。这不仅是一种理论的设定，更是现实社会生活发展的要求，它能够反映出我国市场取向的改革在新的历史阶段所面临的各种矛盾和问题的普遍性质和深层根源，并能够为解决这些矛盾和问题确定出正确的政治原则和实际策略，并由此为确立符合中国实际的政治理念提供必要的经验根据。④

有学者认为，要在历史唯物主义的研究中理解马克思超越资产阶级政治哲学的路径和方法。马克思首先把现存社会作为历史的一个特殊阶段来理解和定位，分析其内在结构及其矛盾，评判其主导的价值观念；他还在解剖现存社会结构的基础上理解已逝的较低社会形态，把握社会发展的未来趋势，概括出历史的一些共同因素和规定，建立贯穿不同历史阶段的唯物主义观点。通过这两个向度的探讨，实现了政治哲学的变革。⑤

有学者指出，我国学界对马克思主义国家学说的简单化和片面化理解影响到对国家政治合法性的准确理解。依据马克思和恩格斯的学说，国家在起源和本质上不仅具有阶级性，同时也具有公共性。国家作为“第三种力量”，意味着阶级统治和政治统治之间有着重要区别，并且作为公共权力机构在其政治统治上具有自主性和独立性。社会主义国家的阶级性与公共性之间理论上不存在无法克服的矛盾，但在社会主义市场经济的发展中却面临着合法性问题。⑥ 还有学者指出，在马克思恩格斯看来，国家有超阶级的一面。列宁的非政治国家与国家的超阶级性不是一回事。他过于强调国家的阶级性质，强调其暴力镇压作用，这是他过于突出人的阶级身份、忽视了人的阶级之外的身份的必然结果。⑦

有学者从与自由主义对比的角度来理解马克思的自由理论，认为当代自由主义自由观的基本特征是把自由与必然的关系从自由问题中排除出去，从而认为人在其现实性上所能实现的仅仅是法律上的、形式上的平等与自由，而反对实现事实上、实质上的平等与自由。马克思的自由理论深刻地批判了自由主义自由观的表面性和不彻底性，从而揭示了自由与奴役的关系和自由与必然的关系的内在联系，对于我们认识和把握当代社会发展中的自由问题有着重要的现实意义。⑧

①李淑梅：《人的类本质与对生产、交换异化的批判——重读马克思的〈詹姆斯·穆勒〈政治经济学原理〉一书摘要〉》，《社会科学辑刊》2011 年第 4 期。
②王时中：《论马克思唯物辩证法的实践特征——以氧化说与剩余价值说的类比为视角》，《广州大学学报》（社会科学版）2011 年第 9 期。
③李淑梅：《马克思早期对人的本质理解方式的变化》，《河北学刊》2011 年第 5 期。
④阎孟伟：《公民权利和贫富分化问题与当代中国政治文明的基本理念》，《教学与研究》2011 年第 9 期。
⑤李淑梅：《历史唯物主义与政治哲学的变革》，《哲学研究》2011 年第 4 期。
⑥阎孟伟：《国家的性质、功能及其合法性——从恩格斯的国家学说谈起》，《马克思主义与现实》2011 年第 2 期。
⑦谢江平：《列宁的非政治国家观及其局限》，《山西师范大学学报》（社会科学版）2011 年第 5 期。
⑧阎孟伟：《自由的理念与现实》，《高校理论战线》2011 年第 2 期。

四、国外马克思主义哲学理论研究

后马克思主义是一种对马克思主义的独特阐发，这种思潮主要包括阿多诺、阿尔都塞、拉克劳以及齐泽克等诸多当代马克思主义者。有学者指出，他们虽然在哲学与政治倾向上略有差异，但却都通过创造性地解读黑格尔来展开其理论构建。其中，黑格尔的辩证法是这一解读的主要对象。对辩证法中否定性维度的强调导致了延迟的否定；辩证矛盾所具有的不可消除性为拉克劳的社会对抗概念提供了本体论意义上的支撑；而阿尔都塞与齐泽克对于黑格尔的"精神是块头盖骨"的解读再次让黑格尔的"精神"等同于拉康的真实界，变成了一种"不可能性"。从这一意义上说，黑格尔的辩证法思想构成了后马克思各色思想所具有的共同的隐形逻辑。因而，挖掘作为一种思潮的后马克思主义理论中的黑格尔要素，对于我们准确把握后马克思主义的思想精髓显得十分重要。①

法国哲学家阿尔都塞是公认的结构主义的马克思主义的奠基人，有学者围绕其著作文本展开了全面的深层解读，试图为目前的马克思主义哲学研究提供可资借鉴的思想资源。阿尔都塞在《哲学的改造》一书中提出马克思主义哲学再生产悖论，揭示了哲学作为政治斗争之理论延续的意识形态特征，最后创造性地提出了"哲学实践"的观点以作为马克思主义哲学再生产难题的解决方案。② 阿尔都塞《读〈资本论〉》一书对马克思的经典著作《资本论》一书主题与对象的阐释为我们理解马克思对政治经济学的批判、进而探索马克思历史科学的内涵具有重要的启发意义。③ 阿尔都塞在《列宁和哲学》一书中马克思历史科学的解读，对我们厘定马克思历史科学的前提、对象与方法具有重要参考价值。④阿尔都塞对"意识形态国家机器"之理论特征与运行机制的深入分析，为马克思主义政治哲学的拓展开辟了道路。⑤

（本文作者：赵亚琮，南开大学哲学院讲师）

中国哲学研究综述

吴　倩

2011 年天津市从事中国哲学研究的学者，一方面保持了以往哲学史研究厚重扎实的特色，在准确理解史料文献的基础上注重挖掘传统思想资源的现代价值；另一方面把握新的时代精神，促进中西方思想资源的融会贯通，展望中国哲学的现代走向，推动了中国哲学学科的发展。

一、传统哲学资源的现代诠释

1. 中国传统生态哲学研究

近年来，生态哲学逐渐成为国内外学界的热点，中国传统思想资源中所蕴涵的生态智慧也成为相关领域学者们关注的重点课题。乔清举教授出版了儒家生态文化方面的专著，考察了中国古代儒家对动物、植物、土地、山川等生存环境和自然资源予以爱护的思想，从理论的高度揭示了自然儒家哲学的生态维度，最终归结于"天人合一"的生态立场。他指出，由于近代西方启蒙运动所确立的"人类中心主义"造成了人类生存的巨大危机，而危机的克服必然要求人类进行一场重究"天人之际"、再探"群己权界"的新启蒙运动，即重新认识人与自然的关系，实现生存方式的生态转向，在这方面传统儒家思想中有丰富的资源。⑥

乔教授还撰写了一系列论文对这一课题予以

①夏莹：《回到黑格尔：后马克思主义的隐形逻辑》，《南京社会科学》2011 年第 6 期。

②王时中：《论马克思主义哲学的再生产难题——以阿尔都塞的解答方案为视角》，《现代哲学》2011 年第 3 期。

③王时中：《政治经济学批判与马克思历史科学的点击——以阿尔都塞对〈资本论〉的解读为研究视角》，《学习与探索》2011 年第 6 期。

④王时中：《马克思历史科学：历史的"科学"还是"革命"？——评阿尔都塞对马克思历史科学的解读》，《中共天津市委党校学报》2011 年第 1 期。

⑤王时中：《论后革命时代的阶级斗争——以阿尔都塞对斯大林的批评视角》，《马克思主义哲学研究》2011 年第 0 期。

⑥乔清举：《泽及草木、恩至水土——儒家生态文化》，山东教育出版社 2011 年版。

更为细致的探讨，从物理、价值、本体、功夫、境界、知识六个方面对传统“天人合一”思想予以新的诠释[①]，以当代生态哲学的道德共同体为切入点对儒家之“仁”的演变过程及其生态意义进行分析[②]，以《易传》为中心探讨了儒家自然哲学的天道时序观的生态意义[③]，并对《易传》的“生生”思想的生态意义予以阐发[④]，对儒家的“乐”理论的生态意义予以揭示[⑤]。以上成果均为乔教授主持的国家社科基金重点项目“儒家生态哲学史研究”的阶段性成果，在国内外学界已经引起一定的反响。

2. 中国古代哲学观念研究

吴学国教授考察了中国古代哲学关于时间与存在的思想，认为在殷人的意义世界中，时间是神话时间和历法时间的交织，时间与存在混然同一，是唯一普遍的存在关联；在周初思想中，实践的深化强化了人们对事物因果性的意识，导致时间开始被去神话化和伦理化，蜕变为普遍的宇宙和伦理时间；在春秋以降的思想中，对实践的内在反思，使事物的存在呈现为完全由自身因果性决定、在时间中自身持续并具必然性的、现实的存在，与之相应的是儒、墨等家思想中的现实的时间，而后期道家则企图解构这一时间。[⑥]

3. 儒家思想整体特征研究

刘伟、陈寒鸣探讨了儒学的内在生命力，认为正是这种内在生命力使得儒学能够适应不同历史发展时期的社会生活实际需要，因此，实现儒学的现代化，关键在于切实体认儒学固有的内在精神，重振儒学的内在生命力，依据当代中国社会生产生活实践来开辟儒学的发展新路。[⑦]

李宪堂考察了儒家身体观念的宗教性特征，指出儒家所理解的身体不是一种私人性的生理肌体，而是一种关系中的功能性存在：既是展示真理的感性符号，又是示敬作则的礼仪之具；既是交通天人的媒介，又是承续族类之永恒的结点。通过对身体的敬持与统筹，儒家将他们作为道德个体的当下生存系连于宗族的延续、天道的永恒。[⑧]

安晋军对儒家的“忠恕”思想展开了研究认为，儒家忠恕思想的特点在于带有强烈的世俗性和人间色彩，突出自己的主动性和自为性及其实践的身体性基础和物质性基础。[⑨] 忠恕思想和儒家人性论的内在契合主要表现在两个方面：从形式上看，儒家忠恕思想以其内在的自然演绎的逻辑进路表征了人性可向善的信念；儒家忠恕思想在实质上尊重了交往主体相互的欲求，体现了相互尊重和平等的精神。[⑩]《大学》中“忠恕”思想的表现形态有宏观和微观两种：从宏观来看，表现为“修齐治平”；从微观来看，“忠恕”思想则表现为“絜矩之道”。[⑪]

潘新丽指出，儒家思想对传统医德的影响主要有三个层面：社会之仁是传统医家的价值追求，类性之仁是传统医德的人性依据，本体之仁是传统医德的形而上根源。在这三个层面的影响下，古代医家将天道、人道和医道相贯通，医德获得了深刻的内涵和广泛的外延，并与儒家思想具有了内在精神的一致性。[⑫]

尹业初将儒家的“义利”思想归结为“见利思义”、“以义取利”、“义处是利”和“义即大利”四个方面，并认为四者虽然都指向建构现实人生的道德境界，但又体现出不同的道德意义。[⑬] 他探讨了儒家忠孝伦理的现实性，指出：随着时代的变革，应创造性转化儒家“忠孝”伦理精神所指向的对象与所承担的功用，由重单一的忠君孝亲向多维度的社会对象开放，由偏重情感无私付出向行为主体多层次的责任与义务意识转化。[⑭]

二、先秦思想研究

先秦哲学是中国哲学的源头，也是长期以来中

①乔清举：《天人合一论的生态哲学进路》，《哲学动态》2011 年第 8 期。
②乔清举：《论“仁”的生态意义》，《中国哲学史》2011 年第 3 期。
③乔清举：《论儒家自然哲学的天道时序观及其生态意义——以〈易传〉为中心》，《周易研究》2011 年第 5 期。
④乔清举：《论〈易传〉的“生生”思想及其生态意义》，《南开学报》（哲学社会科学版）2011 年第 6 期。
⑤乔清举：《儒家乐理论的生态意义》，韩国成均馆大学《儒教文化研究》（国际版）第十五辑，2011 年版。
⑥吴学国：《中国古代哲学中的时间与存在》，《南开学报》（哲学社会科学版）2011 年第 1 期。
⑦刘伟、陈寒鸣：《论儒学的内在生命力与现代发展》，《求索》2011 年第 2 期。
⑧李宪堂：《由成身到成人：论儒家身体观的宗教性》，《人文杂志》2011 年第 3 期。
⑨安晋军：《比较视野中儒家忠恕思想的特点探究》，《道德与文明》2011 年第 2 期。
⑩117 安晋军：《论儒家忠恕与其人性论的内在契合》，《济宁学院学报》2011 年第 1 期。
⑪安晋军：《〈大学〉中的“忠恕”思想浅探》，《山西高等学校社会科学学报》2011 年第 4 期。
⑫潘新丽：《儒家思想对传统医德的影响》，《社会科学家》2011 年第 8 期。
⑬尹业初：《论儒家“义利”思想与人生道德境界的提升》，《湖南师范大学教育科学学报》2011 年第 4 期。
⑭尹业初：《儒家“忠孝”伦理及其现实性探微》，《吉首大学学报》（社会科学版）2011 年第 2 期。

国哲学界探讨热点最为集中的领域,2011 年天津学者对先秦儒家、道家、法家等思想的研究取得了丰硕的成果。

1. 先秦儒家思想研究

周延良教授考察了“孝”观念的起源。根据《尚书·虞书》的相关记载,他指出,原始社会晚期华夏人类已经把以“孝”为中心的人际伦序作了规定性的界说。他进一步指出,孔子及其后学在“孝弟”义的认识基点上引申出“德、仁、信、忠、勇、爱、敬”等伦理概念,这些人际关系的伦序概念在中国社会中所以能延续两千多年,乃是因为其具有超时空的普适意义。①

邓军海从人性论的角度考察了先秦儒家的“文质观”。他指出,孟子主张性善,所以重质不重文,主张先质后文、要以质救文;荀子认为性恶,所以重文不重质,注重以文灭质;性善论和性恶论的因素在孔子的思想中都存在,所以他主张文质彬彬,既主张先质后文,又主张以文救质。②

石洪波指出,荀子的学习思想以其人性思想为根基,在学习方法上,荀子强调以礼为先,重视后天努力和环境影响,这些都着眼于对后天人性的改造;在学习目标上,荀子的学习思想包含了不同的层次,而这些层次亦是人性向善的路向上的不同层次的体现。③

张红柳分析了荀子的“礼”与“礼治”思想的主要内涵,对荀子礼治观的历史意义与在现实中实现“创造性转化”的可行性问题作了简要的评议。④

邵秋艳指出,在先秦儒家的视野中,王道的内涵是以仁爱之心推行仁政,具体表现为为政以德、养民富民、仁战仁兵;霸道的内涵则是以功利之心推行力政,具体表现为以力假仁、聚敛财富、崇武尚战。⑤

2. 先秦道家思想研究

张绍斌从本体论和辩证法的本质内涵和相互关系角度出发辨析《道德经》,讨论了“老子论道”和“老子所论之道”的各自内涵和相互关系。作者认为,“道”不能作为《道德经》严格意义上的本体论的核心,《道德经》不是以道为中心的一元论,也不是以“道”和“自然”为核心的二元论,其可以归类于以“自然”为核心的唯物论的宇宙观和世界观,很大程度上属于辩证唯物主义世界观范畴。⑥

3. 先秦法家思想研究

苏晓威通过考证《管子·七臣七主》篇,指出对比马王堆帛书《伊尹·九主》,从君臣关系以及君臣不同表现上来看,所谓“七主”应该是申主一、惠主一、侵主一、芒主二、劳主一、振主一,所谓“七臣”为法臣一、饰臣一、侵臣一、乱臣二、愚臣一、奸臣一。《管子》原文没什么错误,不必改读。⑦

王元明比较了中西方的“人性好利论”,他指出,中国的韩非认为人的本性是好利恶害,专制君主应利用人性之好恶制定赏罚之法以统治臣民;而西方的爱尔维修等人则认为人的本性是自我保存同时又爱人,专制制度违反人性,应用民主制取而代之。⑧

4. 易学研究

历史上,“周易”、“易经”称谓使用不一,何者包含《易传》成为难题。王汐朋撰文在考证和梳理的基础上提出,权宜的称谓是以“周易”指古经(包括卦爻画和卦爻辞),以“易经”为包含古经和《易传》的合称。⑨

钟志强以《咸卦》为中心,对《周易》中的夫妇伦理观念展开研究,指出《周易》的经传作者认为男性应在男女互动关系中居于主动地位。⑩

三、古代中后期哲学思想研究

秦汉以降,中国哲学的发展呈现出儒、道、佛三教争鸣互动的发展趋势。2011 年天津学者在两汉经学、魏晋玄学、隋唐佛学、宋明理学等多方面展开了研究,推进了相关领域的发展。

1. 两汉经学研究

范玉秋对西汉著名经学家萧望之的思想进行

---

①周延良:《“孝”义考原——兼论先秦儒家“孝”的伦理观》,《孔子研究》2011 年第 2 期。

②邓军海:《儒家文质观与其人性论的内在关联》,《内江师范学院学报》2011 年第 9 期。

③石洪波:《荀子学习思想浅析——以其人性思想为中心》,《廊坊师范学院学报》(社会科学版)2011 年第 1 期。

④张红柳:《荀子“礼治”观评议》,《天津市财贸管理干部学院学报》2011 年第 4 期。

⑤邵秋艳:《试述先秦儒家视野中的王道和霸道》,《华北水利水电学院学报》(社科版)2011 年第 1 期。

⑥张绍斌:《〈道德经〉中的本体论和辩证法》,《青年文学家》2011 年第 15 期。

⑦苏晓威:《〈管子·七臣七主〉篇中的“七臣七主”再认识》,《中国典籍与文化》2011 年第 3 期。

⑧王元明:《中西性好利论比较》,《天津师范大学学报》(社会科学版)2011 年第 5 期。

⑨王汐朋:《周易、易经书名辨正》,《福建论坛》(人文社会科学版)2011 年第 9 期。

⑩钟志强:《〈周易〉的夫妇伦理观念发微——以〈咸卦〉为中心》,《文艺评论》2011 年第 10 期。

了研究，指出萧望之在学术上兼采众长，注重衍经术以示政治，强调通经以致用，由是形成齐学与鲁学、“好古”与“趋时”融汇兼综的治经风格，为汉代经学的发展做出了重要贡献。①

2. 魏晋玄学研究

许吉芬考察了何晏在《论语集解》中蕴含的玄学思想，指出其使用《易》理来说解《论语》，开启了《论语》玄学化的序幕，但这种具有援道入儒的玄学化倾向尚不占主流。②

林颐从嵇康“越名教而任自然”的核心命题出发，指出其哲学思想不仅有出于现实关怀而对现实不公所做的批判，更充满了对于真实自然、自由人生和“任自然”的理想境界三方面的渴望与追求。③

赵荣华指出，郭象的政治哲学以其对人性的思考为运思起点，而从圣凡关系、君民关系和群己关系这三个维度展开，并始终贯穿着名教与自然的关系这条主线。尽管郭象统合名教与自然的努力并不成功，但足以证明魏晋玄学并非脱离现实的学问。④

3. 唐代思想研究

高会霞对柳宗元援佛入儒、统合儒释的思路展开研究，指出，柳宗元认为儒佛相合于“性”，因此要想复兴儒学就必须吸取佛教心性论思想精髓，从“复性”入手，而复性思路的提出为理学的产生奠定了基础。⑤

4. 宋明理学研究

乔清举从“形气之体”、“义理之所”和“虚灵之体”三个层面对朱熹“心”范畴的内在结构展开研究，他指出，朱子心性关系的基本结构是：“心”与“性”在本体上、应然上、先验上（潜在地）统一，在功用上、实然上、经验上分离，通过功夫可以重新达到现实的统一。⑥ 王寅考察了顾炎武学术思想体系的建构，指出其论学从“以音通经”和“博学于文”入手，发扬了明末清初经世致用的学风，对后世学风产生了深远影响。⑦

四、近现代哲学思想研究

1. 近代哲学研究

韩爱叶将近代中国对现代化的探索的三种模式对应于道德理性、启蒙理性、历史理性三种取向，认为这三者反映了对人的本质的不同定位，也反映了不同的思维方式和价值追求，归根结底体现为唯心与唯物两种不同的历史观。⑧

李喜所指出，儒学在近代经历了解体与重构的剧烈变化，在抵御西学的冲击中连连失败，教育、政治和伦理等三大功能皆失，走向衰亡。但儒学的包容和嬗变本性，配之以那些学贯中西的精英们的研究和倡导，巧借民族危亡和文化民族主义兴盛的历史机缘，又在融会西学和顺应现代化潮流中得以新生，实现了儒学历史演进中第三次重大变革。⑨

周德丰、李杨指出，中国近代早期改良派的思想理论创新在于：(1)化“天下”观念为全球意识，以西方文明为改良范型；(2)“国强基于国富，国富唯赖行商”；(3)“惟有利而后能知义，亦惟有义而后可以获利”；(4)“致富勿愚民，广学开其智”；(5)倡立议院政治，恃为富强之本；(6)穷变通久而道器兼备，道非即通则假器以通。作者进一步指出，上述观念之成因在于早期改良思想家不仅受经世思潮的鼓荡、通商口岸的影响，而且得益于洋务运动的启迪，同时也与他们多有涉外经历和特殊阅历密切相关。⑩

李玉杰探讨了严复前期的政治哲学思想，指出其基本内容包括进化国家观、政治伦理价值的功利主义基础以及关于自由、民主、宪政与专制的见解。但严复理论中关于社会进化与人道伦理、天演与人为之间在逻辑上存在难以克服的悖论，这种状况使他的政治哲学理论同时朝着两个相反的方向发展。⑪

2. 现代哲学研究

赵建永从汤用彤写于1913年的首篇论文《道德为立国之本议》出发：对学衡派的思想渊源进行

①范玉秋：《萧望之及其经学思想探论》，《临沂大学学报》2011年第3期。
②许吉芬：《何晏〈论语集解〉所反映的玄学思想》，《社科纵横》（新理论版）2011年第1期。
③林颐：《由“越名教而任自然”透视嵇康哲学思想的内涵》，《天中学刊》2011年第6期。
④赵荣华：《明内圣外王之道——郭象政治哲学发微》，《洛阳理工学院学报》（社会科学版）2011年第1期。
⑤高会霞：《柳宗元的“统合儒佛”思想及其复性路向》，《天津大学学报》（社会科学版）2011年第2期。
⑥乔清举：《朱子心性论的结构及其内在张力》，《哲学研究》2011年第2期。
⑦王寅：《在义理与经世之间——论顾炎武学术思想体系的构建》，《中国城市经济》2011年第26期。
⑧韩爱叶：《对近代中国现代化探索的哲学反思》，《中国社会科学院研究生院学报》2011年第4期。
⑨李喜所：《儒学在近代的历史命运：败也西学，成也西学》，《学术月刊》2011年第2期。
⑩周德丰、李杨：《中国近代早期改良思想家的理论创新》，《南开学报》（哲学社会科学版）2011年第6期。
⑪李玉杰：《严复前期政治哲学思想论析》，《理论月刊》2011年第4期。

考察，指出该文是汤氏的一篇文化宣言，对他的治学方向，和《学衡》"昌明国粹，融化新知"宗旨的确立都具有奠基作用。① 作者另文指出，在当时各派学说的纷争中，汤用彤既看到中国传统文化的缺陷，也看到其长处，避免了激进派与保守派的偏颇，臻于平和而又公允的圆融境界。②

马鹏翔比较了冯友兰与汤用彤对于魏晋玄学研究的方法论，指出冯氏通过对郭象玄学的研究提出了"辨名析理"的方法论进路，汤氏通过对王弼玄学的研究提出了"得意忘言"的方法论进路。作者从魏晋玄学的特质和两位学者的学术旨趣展开分析，指出这两种方法论进路正好相互补充，构成魏晋玄学乃至中国哲学研究的一个基本的方法论原则。③

韩强、邵秋燕比较了熊十力和牟宗三的哲学思想，指出熊氏认为通过"断染成净"而可达致"性智全显"的境地，儒家传统的内圣由此开出科学民主的新外王，体现了体用相即的致思进路，这一理论在他自己的哲学体系中是比较圆融的；而牟氏认为良知本体需要经过自我的坎陷，才能开显出"纯粹知性"，也即是科学和民主，牟宗三的这一理论存在着缺陷，其原因就在于牟宗三没有完全继承熊十力的体用相即的方法。④

卢兴、吴倩考察了牟宗三的"良知坎陷"说，指出该学说的根本症结在于牟氏将"事实/价值"的区分等同于"现象/本体"的区分，缺失了"事实性之本体"和"价值性之现象"两个重要的层面，由此造成了"知识上不去、道德下不来"的理论难题。因此，只有将平列性的"价值/事实"与立体性"本体/现象"区别开来，才能真正解决"坎陷说"的难题。⑤ 作者另文考察了牟宗三对康德"物自身"学说的改造，指出牟氏对这一概念予以实体化和价值化，进而将"本体界"等同于"价值世界"，这种"价值优位"的立场来自于儒家传统，在现代性的语境中成为"价值的泛化"，而儒家思想的现代发展必须克服这种倾向，尊重事实世界的独立性。⑥

贺曦比较了冯友兰和冯契关于理想人格的学说，指出冯友兰论述了"极高明而道中庸"的"境界人格"学说，而冯契则阐发了"平民化自由人格"理论。在比较的意义上，虽然两人的哲学立场、方法与进路迥然不同，但面对中国20世纪共同的时代主题，他们有着共同的哲学期许——"转识成智"，两人的理想人格学说在"去圣化"与追求高明境界方面有"殊途同归"的契合。⑦ 作者另文比较了冯友兰《新理学》之"气"与金岳霖《论道》之"能"两个重要范畴，指出两者都是没有任何规定性的"纯料"，"气"的使用弥补了《新理学》形上本体"理之无能"，"能"的自性能动则保证了《论道》之"可能界"到"个体界"的顺利过渡。"气"与"能"的使用反映出通过强化逻辑分析法而建立形上学体系。⑧

（本文作者：吴倩，天津外国语大学涉外法政学院讲师；审定：周德丰，南开大学哲学院教授、博士生导师）

外国哲学研究综述

吕雪梅

2011年，天津外国哲学研究延续了"传统领域探索稳健，新思路新方法不断涌现"的特征，还体现出"交叉领域探究不断深入，国内外哲学交流再创新高"的新特点。

①赵建永：《从汤用彤的首篇论文看学衡派的思想渊源》，《哲学研究》2011年第11期。
②赵建永：《汤用彤东南大学时期的文化观发微——以汤用彤与〈学衡〉宗旨为中心》，《东南大学学报》（哲学社会科学版）2011年第1期。
③马鹏翔：《"辨名析理"与"得意忘言"——冯友兰、汤用彤先生魏晋玄学方法论研究论析》，《中州学刊》2011年第2期。
④韩强、邵秋燕：《熊十力"断染成净"说与牟宗三"良知坎陷"说的比较》，《清华大学学报》（哲学社会科学版）2011年第3期。
⑤卢兴、吴倩：《"事实/价值"等于"现象/本体"吗？——对牟宗三"良知自我坎陷说"的一个检讨》，《河南社会科学》2011年第4期。
⑥卢兴、吴倩：《牟宗三对康德"物自身"学说的改造及其内在问题》，《华南师范大学学报》（社会科学版）2011年第1期。
⑦贺曦：《理想人格的现代诉求——试论冯友兰与冯契的理想人格学说》，《天府新论》2011年第3期。
⑧贺曦：《"气"与"能"：〈新理学〉与〈论道〉之比较研究》，《中国矿业大学学报》（社会科学版）2011年第2期。

一、学术研究

1. 分析哲学

在分析哲学领域，李国山潜心研究意义理论，探讨柏拉图语言哲学思想，从中挖掘出当代意义理论的根源；研究洛克的意义理论，发现洛克的意义理论内部是有困难的；研究穆勒和普特南等人的意义理论对现代语言哲学的影响和作用。2011 年李国山教授撰文研究高尔吉亚的语言思想，指出高尔吉亚的三个著名命题：无物存在；即使有事物存在，也不可以认识；即使可以认识，也无法传达给别人。事实上，这三个命题是在探索语言哲学的根本问题，也就是语言表达式如何具有意义？只是高尔吉亚给出了极端怀疑主义的回答：语言不表达意义。李国山在文中大胆假设、合理推断，高尔吉亚的哲学之路开始于语言的批判，并最终推导向否定性的形而上学结论即无物存在。高尔吉亚的这种语言批判威胁到了此前哲学家们已搭建好的语言、思想、世界“三界同一”的基本架构，在某种意义上也激起了柏拉图、亚里士多德等人对哲学的重建工作。① 李国山教授对语言意义的不断探索不仅展示了语言意义理论的发展脉络，而且还从分析哲学的视角深刻地透析了西方哲学的发展。

李国山撰文指出，休谟的经济思想建立在他的人性论基础之上。休谟总是从人的特性和需求方面来研究各种经济现象。休谟的这种研究思路对于“人的发展经济学”的理论构建有以下几点可以借鉴：第一，构建人的发展经济学必须从研究人本身开始，并且人的发展经济学的目标就是为人的全面自由的发展提供理论支持。第二，构建人的发展经济学必须阐述清楚技术进步和物质财富的积累与人的精神需求之间的关系。应该着力研究如何使人们获得更多的财富，同时享受财富带给人们的快乐和安慰。第三，构建人的发展经济学必须清醒地意识到任何一种理论的局限性。②

2. 近代哲学

贾江鸿撰文指出，笛卡尔虽然对心和物做了根本的区分，但从一开始就一直坚持身心统一论的观点，并把身心统一和心、物看成是同样不可怀疑的、最确定的原初概念。所以，笛卡尔的身心关系问题就远远不能是简单的心物相加和弥合的问题。③ 贾江鸿指出，通过直观概念的分析，发现笛卡尔的直观是作为人类良知的一种体现，实际上是人类主动构建科学知识的最基本的精神力量。他认为，这种理论的进一步系统化形式正是胡塞尔的直观现象学。④

宋斌论述了“夸张的怀疑”是笛卡尔得出其形而上学第一命题的方法，这种方法后来被胡塞尔认为是现代哲学中首次揭示了“意向性”概念的内涵。笛卡尔不仅可以完成观念论式的二元论证，而且也认识到人是“灵魂与肉体的紧密结合体”，并指明了建立在二元论基础上的“笛卡尔科学”独特的伦理内涵。⑤ 宋斌、原琦详述了笛卡尔的人的本质是“灵魂与肉体的紧密结合”，其“意志”的自由选择需要得到“理性”的规范。因此，要获得人生的幸福，一方面，人要成为自身行为的主人；而另一方面，人需要凭借理性认清自己的“自然倾向”，进而在自由地顺应自然倾向的基础上获得心灵持久的快乐与满足。⑥

3. 现象学的交叉领域

钟汉川论述了舍勒的价值论所面临的各种内在困难与外在误解，根源在于未能清楚地理解纯粹质料的秩序及其奠基关系。通过对纯粹质料的现象学分析，在某种意义上澄清了舍勒的价值论。⑦ 钟汉川还论述了舍勒的伦理学奠基旨在寻求对道德标准和道德起源这两个元伦理学问题的一种综合，这种综合促成了一种“目的论的直观主义”立场。他指出，舍勒伦理学奠基其实是要在反对道德相对主义和道德绝对主义的时候，建立起一门既具有质料多样性又具有价值先天性的伦理学。⑧ 钟汉川还撰文探讨了舍勒的质料先天主义是试图在康德主体性的形式先天之外发现经验世界之中质料内涵的先天性。而这种发现是通过精神行为的本质直观来实现的。舍勒的这种质料先天主义其实

①李国山：《高尔吉亚的语言批判及其历史意义》，《贵州社会科学》2011 年第 4 期。
②李国山：《试析休谟经济思想的哲学基础——兼论“人的发展经济学”的理论构建问题》，《改革与战略》2011 年第 9 期。
③贾江鸿：《重新梳理和思考笛卡尔的身心问题》，《自然辩证法研究》2011 年第 3 期。
④贾江鸿：《笛卡尔的直观理论新探》，《现代哲学》2011 年第 2 期。
⑤宋斌：《论作为现象学“意向性”概念之起源的笛卡尔式“夸张的怀疑”》，《现代哲学》2011 年第 2 期。
⑥宋斌、原琦：《心为之主与顺其自然——笛卡尔伦理学发微》，《天津大学学报》(社会科学版)2011 年第 3 期。
⑦钟汉川：《价值认定与价值存在——马克斯・舍勒的价值现象学探析》，《南开学报》(哲学社会科学版)2011 年第 1 期。
⑧钟汉川：《马克斯・舍勒伦理学奠基的策略及其演进》，《贵州社会科学》2011 年第 4 期。

从根本上表明了:世界的本质性的质料内涵向我们敞开与精神行为对世界本质性的观看是结合在一起的哲学立场。①

4. 政治哲学及科技哲学

在政治哲学领域,陈建洪探讨了阿波罗多洛斯其人其情,分析了不同中译文对相关段落的不同处理及其缘由,比较和辨析了阿尔基比亚德和阿波罗多洛斯的气质区别,反思了阿波罗多洛斯的性情和苏格拉底的哲学精神之间的关系,并论证了苏格拉底哲学精神的危险性和神圣性。②

天津科技哲学以南开大学科技哲学博士点带头人李建珊教授为代表,他主要对科学价值论、中西科学史比较、西方科学哲学、环境哲学等问题展开了深入研究。李建珊、乔文娟探讨了人类在对生态危机的反思中意识到自身是这场危机的真正主导者。主体性的过度膨胀才是生态危机的真正诱因;人类传统价值观对自然的漠视,成为生态危机的内在因素;人类的外化器官(科学技术的强势)成为生态危机的推动力。人类只有树立合理的价值观念,确立自己的有限主体性,并恰当运用科学技术,才能寻求人的全面发展,追求人性的真、善、美,才能彻底解决当前所遇到的生态难题。③

二、学术交流

2011 年,天津外国哲学界学术交流活动十分活跃,邀请国内外知名学者来津相互交流,还进行了学科内研究者与在校学生之间的良好互动。2011 年 11 月 19 日,由天津市社联、天津市哲学学会、天津外国语大学科研处、天津外国语大学欧美文化哲学研究所联合举办的“天津市社会科学界第七届(2011)学术年会天外分会场——天津市哲学学会学术年会暨第二届哲学专业研究生论坛”在天津外国语大学逸夫莎翁厅举行。本次哲学论坛不仅有利于贯彻和落实教育部关于设立研究生学术交流平台,营造创新氛围的有关精神,而且有利于拓宽研究生的学术视野,激发研究生的创新热情。

2011 年 12 月 3 日南开大学举办了研究生“哲学学术沙龙”,这次活动由南开大学党委研究生工作部主办,南开大学哲学院团委承办、哲学研习会协办。本期学术沙龙由哲学院副院长陈建洪主持,外国哲学专业博士研究生代海强主讲,题目为《通往维特根斯坦神秘主义的双重路径:论神秘主义与语言、逻辑的关系》。他从维特根斯坦的《逻辑哲学论》出发,深刻分析了前期维特根斯坦的神秘主义。

天津外国哲学界开展了一系列丰富多彩的讲座。2011 年 3 月 18 日至 4 月 29 日,美国三一学院哲学系罗毅丹(DanLloyd)教授应邀来到南开大学哲学院为广大师生作“莎士比亚作为哲学家”系列讲座,罗毅丹教授围绕着这一主题分为“时间”、“存在”、“自我”、“恶”、“爱”五场讲座,讲座中还结合了莎士比亚的名著解读。2011 年 6 月 10 日,台湾辅仁大学哲学院潘小慧教授来访南开大学,并作了题为“多玛斯仁爱与儒家仁爱之比较”的学术讲座。潘教授指出,虽然中西各自的仁爱观所涉具体理念不尽相同,但是两者仍具有共同点:它们都属于德行伦理学,并都强调德行对现实的积极意义。2011 年 6 月 10 日至 11 日,北京大学哲学系赵敦华教授应邀到访南开大学,并在哲学院会议室围绕“黑格尔如何理解精神现象学”这一主题做了“精神现象学对黑格尔意味着什么”和“向黑格尔学习如何做中国哲学”两场讲座。赵敦华教授的讲座内容丰富深刻,令学生们近距离领略了名家风采。2011 年 11 月 21 日至 23 日,比利时鲁汶大学神学与宗教学院教授法森(Robertus Faesen)应邀来访南开大学并作了“中世纪神秘默观文学与人格的尊严”和“吕斯布鲁克如何思考人神合一”两次讲座。这两次讲座让大家对欧洲中世纪思想尤其是低地国家的神秘主义思潮有了新颖的理解。2011 年 12 月 2 日,中国人民大学哲学院教授、《中国人民大学学报》主编段忠桥教授来访南开大学,并作了题为“分析的马克思主义的政治哲学转向”的学术讲座。段教授在讲座中分析了马克思主义的兴起、基本特征和主要贡献与马克思主义的政治哲学转向。2011 年 12 月 9 日,美国路易斯维尔大学亚洲研究部主任华世平教授应邀来访南开大学,并作题为“中国的乌托邦主义:中国改革思想与日本和俄罗斯的比较”的讲座。华世平教授在对中国 20 世纪四次改革与明治维新和戈尔巴乔夫改革的对比中,得出改革的起因是结构性的,而改革的方向是由文化所决定的。2011 年 12 月 30 日,当代著名分析哲学家、英国约克大学迈

①钟汉川:《马克斯·舍勒的质料先天主义》,《世界哲学》2011 年第 6 期。

②陈建洪:《论阿波罗多洛斯的疯狂——兼注柏拉图〈会饮〉173d》,《云南大学学报》(社会科学版)第十卷第二期 2011 年 2 月。

③乔文娟、李建珊:《探析生态危机中人的问题》,《前沿》2011 年第 5 期。

克·比尼教授应邀来访南开大学,并作了"澄清意义:分析哲学中解释性分析的本质和局限"的主题讲座。比尼教授介绍了三种分析模式,还详细介绍了弗雷格对于解释性分析概念的使用,并指出它的局限性。

(本文作者:吕雪梅,南开大学哲学院博士生)

逻辑学研究综述

查　非

2011年,天津市逻辑学研究者在逻辑哲学和现代逻辑研究以及中国逻辑史研究方面取得了显著成果。据CNKI数据库统计,2011年天津逻辑学研究者公开发表的论文共30余篇①,出版逻辑学著作3项②,组织召开国际逻辑学专业会议一次,省市级逻辑学专业会议一次。从逻辑学研究成果的质量来看,本年度在学术水平上有了明显的提升。

一、哲学逻辑与逻辑哲学研究

1.非经典逻辑

李娜、娄永强撰文分析了巴维斯、盖贝和哈特纳斯根据巴维斯的信息通道理论构造出的表征完美信息流推理的信息流逻辑存在的缺陷,并指出他们的信息流逻辑对信息通道理论中的相关直觉原则和信息通道之间的复合运算并没有做充分表达,不能解释逻辑推理。针对以上不足,作者构造出表征完美信息流推理的理想信息流逻辑的树图系统,并证明了可靠性和完全性。③

李娜、王湘云撰文回顾了自20世纪80年代至今关于共代数与模态逻辑的克里普克语义之间对应关系的种种进展,系统阐述了建立在共代数语义基础上的共代数模态逻辑相对于建立在克里普克语义基础之上的正规模态逻辑所具有的一般性。④

于磊撰文介绍了粗糙集理论与智能算法集成方法在故障诊断这一技术领域的应用前景,指出了该类方法在故障诊断领域的实际应用价值。⑤

赵鹏、姚从军撰文比较了从卢卡西维茨的L3到鲍契瓦尔B3,克林的K3,莱欣巴哈的R3,波斯特的P3这几个主要的三值逻辑系统,并从中发掘出构造三值逻辑系统的一些规律。⑥

李娜、赵鹏撰文归结了20世纪90年代中期以来,在解决语义悖论方面的新尝试,主要包括反基础模型论方法、语境图方法和其他学者在"解悖"方法上所做的工作⑦,又撰文介绍了新世纪以来沃克用语境图解决说谎者悖论和强化的说谎者悖论的尝试,进而对沃克的语境图解悖方法分别与传统上的巴威斯情境语义学解悖方案以及塔斯基的语言层次理论进行了比较;并得出结论:沃克的解悖方法在一定的范围内消除了矛盾,但是没有处理好非特设性问题。⑧

2.归纳逻辑

李章吕撰文详细讨论了证据决策理论的基本观点和理论基础,以及它的合理性和适用范围,并对其所遭遇的理论困境以及可能的出路进行探讨。⑨ 黄闪闪在《绿蓝悖论是悖论吗?》一文中试图证明"绿蓝悖论"不是悖论,认为它不能完全表达"新归纳之谜"的丰富内涵。⑩

3.逻辑哲学与科学哲学

翟锦程、方义撰文回顾了20世纪分析哲学领

①该统计数字来源于"CNKI系列全文数据库"公开发表的论文。
②该统计数字来源于"全国大中专教材网,http://www.jiaocaichina.com/"。
③李娜、娄永强:《理想信息流逻辑的树图系统》,《安徽大学学报》(哲学社会科学版)2011年第1期。
④李娜、王湘云:《共代数模态逻辑研究述评》,《哲学动态》2011年第1期。
⑤于磊:《基于粗糙集智能集成方法的故障诊断应用综述》,《农业装备与车辆工程》2011年第12期。
⑥赵鹏、姚从军:《三值逻辑系统的分析与比较》,《毕节学院学报》2011年第6期。
⑦李娜、赵鹏:《解悖方法研究近况》,《哲学动态》2011年第11期。
⑧李娜、赵鹏:《沃克语境图解悖方法述评》,《重庆理工大学学报》(社会科学版)2011年第10期。
⑨李章吕:《论证据决策理论的困境与出路》,《哲学动态》2011年第6期。
⑩黄闪闪:《绿蓝悖论是悖论吗?》,《淮阴师范学院学报》(哲学社会科学版)2011.年第1期。

域指称的描述理论与直接指称理论之间爆发的争论,重点分析了罗素的指称理论与维特根斯坦前期逻辑图像思想的理论渊源,并针对斯特劳森与唐纳兰对摹状词理论的批评对摹状词理论进行了辩护。①

贾向桐撰文回顾了实在论的一个进化的版本——科学实在论与其对立的立场——以劳丹为代表的反实在论之间的争论,阐明了在反实在论者的"悲观归纳"质疑面前,实在论者借助于"拉姆齐置换"对理论术语的指称问题所作出的有力回应,最后指出"科学实在论的拉姆齐语句辩护还没有完全摆脱'悲观归纳'问题的困扰,拉姆齐语句实在论还有很长路要走"。②

张巍撰文介绍了罗梅因与威廉姆森等人的工作,即利用理论变更与语言变更研究中使用的"叉熵距离函数极小化"模型来对关于科学假说变更的"微调法"及其适用范围与有待完善之处进行了论述,进而总结出在科学假说的变更中应当遵循的一些合理性原则。③

徐弢撰文对前期维特根斯坦"形而上学主体"概念进行了非常细致的解析。作者在文中指出,"他的自我,因为他的自我或主体不在他所看见的世界中现身,而是世界的一个界限,所以他会认为这是一种分离(isolieren)出真正主体或自我的方法";在这一问题的解读方面,作者的观点同韩林合先生在《〈逻辑哲学论〉研究》④一书中的观点产生分歧,并提出了自己的解读:"维特根斯坦的观点是,形而上学主体不是世界中的一部分,不在世界中现身,而是世界的一个界限,我们在所看见的世界中不能找到形而上学的主体",并在后文中反复使用原著进行印证。作者对原著细节的把握,以及与作为国内前期维特根斯坦研究经典的《〈逻辑哲学论〉研究》一书产生的交锋使得本文值得从事前期维特根斯坦研究的国内学者予以关注。⑤

崔文芊、黄海撰文介绍了罗素的摹状词理论,以及斯特劳森及唐纳兰对摹状词理论的批判,并进行了简要的评述。⑥

宋珊撰文较为详尽地论述和整理了维特根斯坦后期思想中对私人语言的反驳,其中引述了布劳丹·威尔逊对维特根斯坦关于意义的标准和检验思想的澄清:维特根斯坦并没有断定缺乏独立的检验使得一个陈述无意义,只是使陈述没有对或错之分,因此意义独立于检验。⑦

二、逻辑史研究

1. 逻辑动态研究

任晓明、潘沁撰文系统分析了冯·诺依曼自动机理论的发展轨迹,并归纳总结了其理论所蕴含的哲学内核:最高层次的抽象应当借助严密的数理逻辑方法去完成;只有抽象的形式结构可以了解整个世界;只有严密的逻辑体系才可能包含普遍真理,计算机的设计必须追求逻辑简洁性;借助数量极少的术语和规则可以在计算机上做出极其复杂的计算或推理;不断追求逻辑的简洁性和形式美,是计算机科学研究的永恒目标;并最终指出冯·诺依曼的自动机理论源于毕达哥拉斯主义,是毕达哥拉斯主义数学自然观的产物。⑧

李娜、孙雯撰文系统介绍了国外在逻辑学教学与科研领域具有代表性的软件,包括模拟亚里士多德三段的 Computational Aristotelian Term Logic,模拟数理逻辑以及模态逻辑的 Introductory Logic Animations 软件,以及可以检验一些逻辑系统中公式的可证明性和模型中公式的有效性,为动态逻辑绘制并编辑 Kripke 模型以及用计算机测定逻辑语义图的 Akka 软件等,并简述了国内在逻辑学习软件的使用和开发方面的进展。⑨

2. 中国逻辑史研究

翟锦程首先介绍并分析了墨家逻辑在中国逻辑中的核心地位,回顾了自 20 世纪以来,伴随着西学东渐脚步的加快,中国学者围绕着墨家逻辑,在探索中国逻辑方面所取得的一系列进展,并且在方法论层面上进行了总结;以此为基础,作者从逻辑

①翟锦程、方义:《描述理论的困境》,《黑龙江社会科学》2011 年第 6 期。
②贾向桐:《科学实在论的指称问题与拉姆齐语句的解答》,《科学技术哲学研究》2011 年第 2 期。
③张巍:《科学假说变更的合理性研究——一种基于贝耶斯主义认识论的"微调法"》,《湖北社会科学》2011 年第 1 期。
④韩林合:《〈逻辑哲学论〉研究》,商务印书馆出版社 2000 年版。
⑤徐弢:《"自我"是什么? ——前期维特根斯坦"形而上学主体"概念解析》,《学术月刊》2011 年第 4 期。
⑥崔文芊、黄海:《再谈罗素摹状词理论》,《中州学刊》2011 年第 5 期。
⑦宋珊:《意义和检验——维特根斯坦对私人语言的一个反驳》,《重庆工商大学学报》(社会科学版)2011 年第 1 期。
⑧任晓明、潘沁:《冯·诺依曼的计算机科学哲学思想》,《科学技术哲学研究》2011 年第 4 期。
⑨李娜、孙雯:《国外逻辑学习软件初探——兼谈国内逻辑学习软件情况》,《逻辑学研究》2011 年第 4 期。

和中国文化的角度对墨家逻辑进行了新的探索，最终指出，用逻辑的一般特性来分析墨家逻辑，依据工具性、形式性和有效性这三个方面，是解释墨家逻辑的一个新角度。①

崔清田以其在长期的中国逻辑史研究生涯中的深厚积淀，总结并回答了“关于中国逻辑史的五个问题”，分别是：其一，为什么开始中国逻辑史的研究？其二，你认为应当如何界定你所从事的研究领域？其三，你能给出一个展示中国早期思想家逻辑敏锐性的例子吗？其四，你认为中国逻辑史的研究中最困难或最大的问题在哪里？其五，你认为哪个领域会从对中国逻辑史的研究中获益？反过来，中国逻辑史的研究可以从哪些学科的研究中获益？②

崔清田分别从三个方面总结了张东荪有关“逻辑与文化”的思想：其一，东荪关于比较法的方法论思想，明确了“逻辑与文化”讨论的基本思想，规避了简单比附的偏差，对中国逻辑思想乃至中国思想的认识与研究有十分积极的意义；其二，东荪关于“把逻辑当作文化的产物，用文化来解释逻辑”的思想有合理的意义，然而他关于“不是逻辑左右文化”的说法完全排除了逻辑对构成文化系统的其他要素乃至文化的整体发展的影响，则值得商榷。③

张晓芒、郑立群提出，在研究中国古代逻辑思想的过程中，应秉承以下三条理念：一是“温情与敬意”的态度；二是“时代意见”与“历史意见”的统一；三是“决定论”与“互动论”的融贯；进而增强对中国古代逻辑思想的理论原则、文化传统、人文精神的了解，增强对传统思维方法论意义、文化认同意义的感受，弘扬民族文化的优良传统。④

程云龙（意大利学者）、张晓芒比较了亚里士多德逻辑系统与古代中国墨家学派的逻辑系统之间的共性并总结了两者的差别：墨家学派的逻辑强调类推的思维方式，其逻辑辩论的本性是关于类推的；而亚里士多德逻辑强调演绎思维方式。⑤ 关于逻辑的任务，亚里士多德认为是“探索方法”，而对于墨家逻辑系统来说，由于它的“辩”的目的之一是为如何治理社会服务的，因此其推论的前提一定是预设的信念。⑥

刘琪、张晓芒从两个社会热点事件引出了儒家正名思想所蕴含的逻辑关系，指出正名实思想对纠正我国官场中乃至社会中“以实乱名”的现象、名不符实的行为有重大借鉴意义；正确的名实关系有利于增强政府的公信力，对我国社会主义建设有积极的推动作用。⑦

淮芳指出，陈大齐是现代研究因明的学者中的佼佼者，其著作《因明大疏蠡测》也是后人研究因明不可或缺的参考文献之一；在《因明大疏蠡测》中陈大齐认定了因明的逻辑身份，同时也承认因明多于逻辑，等等。⑧

淮芳回顾了古因明论式从十支到五支的演变过程，阐明了五支论式的几种不同表现方式之间的差别；关于世亲的五支，认为其在喻支上做出了较大的改革，出现了假言命题，从而为陈那继承发扬其学说并创造出三支论式做出了理论准备。⑨

黄海、崔文芊对章士钊在中国近代逻辑史方面所做出的贡献进行了总结概括。认为章士钊从逻辑思维基本规律、逻辑思维形式和基本逻辑方法三个方面，介绍了西方逻辑；同时对中国逻辑进行了深入的挖掘；此外，章士钊将中西逻辑进行了比较，并用大量事实批驳了“中国无逻辑”论。⑩

王加良就中国古代逻辑的“类”观念的演变进行了较为系统的考察，指出“类”作为真正意义上的逻辑范畴被自觉运用是从墨家开始的。⑪

路晓锋提出，逻辑与历史的统一是思维方法论研究的重要内容，并从范畴界定分歧、文本依据之争、内在学理辨析、外在表现证明、适用范围划定等多方面总结了国内学界对该问题的讨论，通过对国内学界对逻辑与历史统一问题的研究加以梳理和

①翟锦程：《A New Interpretation of Reasoning Patterns in Mohist Logic》，《逻辑学研究》（英文版）2011 年第 3 期。
②崔清田：《关于中国逻辑史的五个问题》，《毕节学院学报》2011 年第 9 期。
③崔清田：《关于张东荪的“逻辑与文化”》，《毕节学院学报》2011 年第 10 期。
④张晓芒、郑立群：《如何对待中国古代逻辑思想研究》，《湖北大学学报》（哲学社会科学版）2011 年第 1 期。
⑤程云龙、张晓芒：《亚里士多德和墨家学派的逻辑系统比较》，《毕节学院学报》2011 年第 12 期。
⑥张晓芒、郑立群：《如何对待中国古代逻辑思想研究》，《湖北大学学报》（哲学社会科学版）2011 年第 1 期。
⑦刘琪、张晓芒：《儒家正名逻辑思想的现代思考》，《毕节学院学报》2011 年第 12 期。
⑧淮芳：《陈大齐的因明研究》，《中国城市经济》2011 年 03 期。
⑨淮芳：《古因明论式的发展变化》，《晋中学院学报》2011 年第 2 期。
⑩黄海、崔文芊：《章士钊逻辑思想初探》，《河南师范大学学报》（哲学社会科学版）2011 年第 5 期。
⑪王加良：《〈墨子〉的“类”观念及逻辑意义》，《昆明学院学报》2011 年第 4 期。

概括，展示当前学界对该问题认识的基本状况。①

三、逻辑学在社会科学中的应用研究

1. 批判性思维研究及其他

张晓芒分析了意向性在作为现今唯一仍在使用的象形文体——汉字的漫长发展过程中所产生的深刻影响，指出意象性思维是一种主观情愿与外在物象相融合的思维方法，在创造中国古代表意文字的过程中，意象性思维方式也以其观象比类的认知途径，规范着中国古代文字发展的历史进程，引导着中国人在造字过程中的审美观念与方法。与此同时，重新品味其在中国文字造字过程中的规范作用，能够帮助我们从逻辑与文化的角度增强对传统思维方法论意义、文化认同意义的感受。②

张晓芒提出，逻辑学在具有求真功能的同时还具有求善功能，强调逻辑的求善功能，有助于提高沟通交际中的人文精神，有助于提高思维创新能力与创新精神，有助于培养真正的逻辑精神，有助于不同文化之间思想方式的沟通；同时对于研究先秦逻辑思想也可以提供一种新的理念支撑。③

张维真提出，辩证思维本质上是一种思维框架，表达的是一种方法论含义，这种框架源于客观世界的辩证性，作为一种思维方式其表现形式是一种观念形式，通过辩证法的基本范畴和规律予以展示。从辩证思维视角来看，创新的动力是主客观需要的辩证统一；创新本质上是人类的一种核心认识方式和实践方式，是创新性认识与实践的辩证统一；创新的价值在于满足主客观需要。辩证思维是创新的实质和基础，因而，创新需要辩证思维的指导。④

刘明明提出，"正名"逻辑是我国古代关于如何正确使用"名"的理论，用来规范思维和行动，矫正"名实乖乱"社会现实；并且针对当前"名实淆乱"的社会经济现象从经济逻辑的视角对"正名"逻辑进行了现实的解读。⑤

崔文芊介绍和评述了命题逻辑中由真值表反推合式公式的写真法、写假法。⑥

2. 法律逻辑研究

史涵玉撰文提出，法律论证中的逻辑理性，在法律的自我完善过程中，起着极其重要的作用。法律的逻辑理性是建立健全法制的重要砝码和内在准则。法律论证中的逻辑理性对法律本身以及整个社会所起到积极的作用。⑦

王彬撰文指出，哲学解释学对法律解释学的冲击打破了传统法律方法论事实与规范二分的格局，法律适用模式从规范与事实的三段论涵摄走向了事实与规范之间的解释学循环。在这一观念的启示下，产生了类型归属、案件比较、等置模式等法律适用的诠释学模式。诠释学模式对传统法律适用模式的批判与改造并非意在否定逻辑，而在于恢复司法者在法律适用过程中的主体性。⑧

四、逻辑学著作

2011年天津学者出版逻辑学著作三部：一是任晓明教授、桂起权教授合著的《非经典逻辑系统发生学研究——兼论逻辑哲学的中心问题》⑨，系天津市哲学社会科学规划研究项目"非经典逻辑系统发生学研究——逻辑哲学的中心问题"的结项成果。该书紧紧围绕逻辑系统发生，特别是对非经典逻辑发生中"恰当性问题"、"恰当性和对应性"、"涵义与指称"、"二值与多值"等关键问题，在包括"模态逻辑"、"道义逻辑"、"多值逻辑"、"归纳逻辑"等领域展开了讨论；并从逻辑哲学的视角对非经典逻辑系统的未来发展演变进行了展望。二是李娜教授著《集合论含有原子的自然模型和布尔值模型》⑩一书，在含有原子的公理集合论系统的基础上，力图建立两大类模型——自然模型和布尔值模型。这在理论上丰富了数理逻辑的重要分支——公理集合论的刻画集论模型的理论，为现代逻辑的研究提供了证明根据，并促进了现代数理逻辑与哲学逻辑之间的渗透、融合。三是张晓芒教授著《先秦诸子

①路晓锋：《国内关于逻辑与历史统一问题研究综述》，《中国城市经济》2011年第29期。

②张晓芒：《古代意象性思维方式在造字过程中的规范作用》，《理论与现代化》2011年第2期。

③张晓芒：《逻辑的求善功能》，《南开学报》（哲学社会科学版）2011年第4期。

④张维真：《试论辩证思维与创新》，《天津行政学院学报》2011年第4期。

⑤刘明明：《经济逻辑视角下的"正名"逻辑解读》，《天津商业大学学报》2011年第6期。

⑥崔文芊：《写真法、写假法探析》，《华北水利水电学院学报》（社科版）2011年第4期。

⑦史涵玉：《对法律论证中逻辑理性的思考》，《法制与社会》2011年第19期。

⑧王彬：《法律适用的诠释学模式及其反思》，《中南大学学报》（社会科学版）2011年第6期。

⑨任晓明、桂起权：《非经典逻辑系统发生学研究——兼论逻辑哲学的中心问题》，南开大学出版社2011年版。

⑩李娜：《集合论含有原子的自然模型和布尔值模型》，北京师范大学出版社2011年版。

的论辩思想与方法》①,通过系统梳理先秦时代诸子的论辩思想及方法,对先秦诸子论辩思想的生成、论辩理论的学说基础、论辩方法的艺术特色进行了对比分析研究,从“是什么”和“为什么”两个层面阐述了先秦诸子的论辩思想与方法,展现了先秦时代论辩文化的思想特点、方法论特点、语言特点,论证了具有中国传统思维方式特色的主导推理类型——“推类”对中国传统文化的影响。

(本文作者:查非,南开大学哲学院讲师;审定:任晓明,南开大学哲学院教授、博士生导师)

伦理学研究综述

赵士辉　刘　阳

2011 年,天津学者积极对社会主义文化与道德建设的相关问题进行研究,召开了“社会主义文化与道德建设研讨会”,参加了“第二届周秦伦理与现代道德价值国际研讨会”等国内外学术交流活动,提交的《周秦伦理文化中耻教思想的基本内容和历史价值》等论文引起会议反响。本年度天津学者主持的“先秦儒家情理主义道德哲学形态研究”、“马克思的技术伦理思想及其对当代食品安全伦理指导的研究”等课题,获得国家哲学社会科学基金项目与省部级社会科学基金项目。2011 年天津学者发表伦理学研究论文 70 余篇,课题基金约占成果总数的 30%,整体研究质量有所提高。

一、伦理学基本理论与道德建设研究

赵士辉针对加强社会主义道德建设问题,提出需要注意着力建设社会道德示范群体。社会道德示范群体的形成有其自身的要求和规律,它不仅是该社会的政治、经济、文化及其教育背景的必然产物,也是该社会坚持长期培育社会道德风尚,坚持进行有效的道德建设的必然产物。建设一定的社会道德示范群体是培育社会道德风尚的有效途径,在社会道德示范群体建设中需要重点进行公务员、教师和青年等群体的道德建设。②

寇鸿顺则提出,民主不仅是一种政治制度和文化形态,也是民主理念和伦理观念。探究民主的伦理意蕴有助于进一步加深对民主政治的认识,推进民主政治建设与社会和谐。民主的伦理意蕴体现着个体与社会、个体与国家之间的一种政治与伦理关系。在个体与社会关系中蕴含着平等、自由、自主、尊重、参与、包容等价值追求,在国家层面和行政层面体现在回应、责任和促进人的全面发展等内容。③

分配正义是当今社会发展过程中的一个重大理论和现实问题,朱琳在借鉴西方罗尔斯的分配正义理论的基础上,从构建和谐社会的视角探讨中国当代的分配正义问题。她认为,构建和谐社会的基础是要在社会政治经济活动中实现和谐制度安排,建立和完善利益协调机制,但分配正义是实现和谐制度安排的本质所在,是建设社会主义和谐社会的客观要求,是构建和谐社会的伦理基础。她对和谐社会视角下的分配正义实现路径作了探讨。④

和文波针对我国目前民众道德水准的现状,明确提出了加强道德建设的必要性与紧迫性问题。在从历史和现实等多个层面深入剖析造成我国目前道德水平下滑的前提下,有针对性地提出要从弘扬传统道德文化、借鉴西方文化先进经验、加强法制建设和制度约束、反腐倡廉打击行业不正之风、创建和谐、公平社会环境等多方面入手,实施综合治理以提高国民道德素质。⑤

二、中国传统伦理思想研究

刘玮玮对儒家生命伦理观与道家生命伦理观进行比较分析,指出虽存在歧义但其精神实质相同。对于人类生命的地位及其价值,儒家认为人贵

①张晓芒:《先秦诸子的论辩思想与方法》,人民出版社 2011 年版。
②赵士辉:《社会道德示范群体建设简论》,《天津市社会科学界第七届学术年会优秀论文集》,天津人民出版社 2011 年版,第 563 页。
③寇鸿顺:《试论民主政治的伦理意蕴与道德追求》,《道德与文明》2011 年第 1 期。
④朱琳:《论和谐社会视角下的分配正义》,《河南理工大学学报》(社会科学版)2011 年第 1 期。
⑤和文波:《关于国民社会道德水准问题的思考》,《前沿》2011 年第 1 期。

于物而道家主张天人并生,但它们都有着贵生精神。对于不同生命之间的地位,虽然儒家仅主张德性平等,道家认为物无贵贱,但它们都具备平等精神。对于生命所持情感,虽然儒家主张兼爱万物,道家主张泛爱万众,但它们都充满仁爱精神。对于生命的存在状态,虽然儒家侧重于人际和谐,道家侧重于天人和谐,但它们都彰显了和谐精神。对于生命的终结问题,虽然儒家主张通过建功立业来超越死亡,道家主张通过与"道"合一来超越死亡,但它们都表现出超越精神。①

郭卫华分析了孟子以"乐"为核心的幸福观及其现代价值,认为孟子道德哲学是以"情"为本体,所追求的人生目的是获得生命的安适、满足和愉悦,追求幸福的最初发端是以血缘亲情为根基的天伦之乐,进而追求以个体内在的向善之情为精神内核的道德人格之乐,其最终目的是达至"天人合一"之乐的幸福境界。这种注重血缘亲情和精神自由的幸福观,为有效消解现代社会中"财富增长和幸福未见增长"悖论提供了重要的价值启迪。②

何伶俐通过梳理"诚"、"信"的含义及关系提出其在道德建设理路中的重要意义,认为信是"义务的道德",要求建立外在的行为规范,为诚信道德提供制度保证;诚是"愿望的道德",要求加强内在修养和社会激励制度建设。无"诚"难以立"信",无"信"难以修"诚","诚""信"相互依赖,共生共促。现在倡导"诚信"还须深究其源,而不能只停留在表面意义上的理解和诠释,这样才能施有所重,行有专门。③ 庾良辰认为,儒家"礼"思想的根本意义是为维护宗法等级制度服务,但"礼"思想中的道德规范价值内涵对当代道德教育仍具有启示意义,需要在当代道德教育中批判地吸收其有益的因素,融汇于当代道德教育理论和实践中。④

儒家忠孝伦理以"亲亲"与"尊尊"的宗法血缘为根据,把中国古代社会维系成为组织结构有序、行为进退有度的家国同构模式,并塑造了中华民族独特而伟大的性格。尹业初认为,随着时代剧变和社会环境迥异,儒家"忠孝"伦理精神所指向的对象与所承担的功用应创造性转化,使之由重单一的忠君孝亲向多维度的社会对象开放,由偏重情感无私付出向行为主体多层次的责任与义务意识转化,使之在新时代焕发崭新的光辉。这既是对我国传统伦理思想的继承与肯定,也是对不完美道德现实的增益。⑤ 周延良则认为,"孝"观念作为人类社会发展到一定文明阶段的产物,它所体现的最突出的社会特征是人际秩序,因此它又是人类社会延续过程中非常重要的伦理定律。⑥

三、西方伦理思想与中西伦理思想比较研究

朱琳研究了罗尔斯两个正义原则对功利主义的超越,指出这两个正义原则作为罗尔斯正义理论的核心内容,是在对功利主义的批判中论证了两个正义原则的优越性,从而实现了两个正义原则在承诺的强度、公开性、终极性和稳定性方面对功利主义的超越。⑦ 钟汉川则系统分析了马克斯·舍勒伦理学奠基的策略及其演进思想,认为舍勒的伦理学奠基旨在寻求对道德标准和道德起源这两个元伦理学问题的一种综合,由此促成了"目的论的直观主义"立场。在道德标准问题上舍勒不仅批判了一般目的论,而且还指出康德义务论对前者的批判也必须建立在一种质料价值之中,为此舍勒区分目的和目标概念,并说明了从意欲到追求再到追求目标的关联过程,进而指出追求目标也奠基于价值之中,如此证成一门质料的价值伦理学。在道德起源问题上舍勒肯定康德心向伦理学对成效伦理学的批判,但指出道德心向也只是道德行动的一个环节而已,前者必须奠基于后者。在后者的分析之中舍勒说明了道德价值对道德起源的奠基作用。舍勒伦理学奠基其实是在反对道德相对主义和(唯理论的)道德绝对主义的时候,建立起一门既具有质料多样性又具有价值先天性的伦理学。⑧

徐曼对20世纪初西方伦理学在中国传播的特点及影响进行了分析,认为20世纪初期在西学东

①刘玮玮:《儒家生命伦理观与道家生命伦理观之比较》,《长沙理工大学学报》2011年第6期。
②郭卫华:《论孟子以"乐"为核心的幸福观及其现代价值》,《天津市社会科学界第七届学术年会优秀论文集》,天津人民出版社2011年版,第273页。
③何伶俐:《"诚"、"信"及其对道德建设理路的意义》,《长春理工大学学报》2011年第10期。
④庾良辰:《儒家"礼"思想对当代道德教育的启示》,《道德与文明》2011年第4期。
⑤尹业初:《儒家"忠孝"伦理及其现实性探微》,《吉首大学学报》(社会科学版)2011年第2期。
⑥周延良:《"孝"义考原——兼论先秦儒家"孝"的伦理观》,《孔子研究》2011年第2期。
⑦朱琳:《论罗尔斯两个正义原则对功利主义的超越》,《西南科技大学学报》(哲学社会科学版)2011年第1期。
⑧钟汉川:《马克斯·舍勒伦理学奠基的策略及其演进》,《贵州社会科学》2011年第4期。

渐大背景下西方伦理学在中国的传播开始全面起始，并在传播渠道、传播主体、传播途径上呈现出鲜明特点。传播渠道上主要是通过日本间接输入，日本起到了关键的桥梁作用；传播主体上启蒙思想家及思想敏锐的新型知识分子和留日学生成为这一时期传播西方伦理学的主导力量；传播途径上以翻译、出版西书、刊载文章和学堂教育为主。随着西方文化的呼啸而来和对世界了解的加深，介绍和传播并推崇西方伦理道德变为一种新的潮流，对中国传统伦理道德观念产生了冲击，潜移默化地催生了新的价值取向，引发了近代中国政治社会、家庭伦理的变革，促进了中国社会文化的现代转型。①

温克勤梳理和分析了中外伦理思想史上曾发生过诸多道德争论，如“理欲之辨”、“名教与自然之辨”、“才德之辨”、“美德(德性)论与规范论”、“功利论与道义论”等的对立和争论，认为争论双方所持观点相互否定，似乎冰炭不容而实际上它们是可以结合起来、统一起来的，其间体现了一个肯定、否定、否定之否定的辩证发展过程。这种肯定、否定、否定之否定，或者如黑格尔表述的“正题、反题、合题”，在道德发展和认识史上是带有普遍性的。道德合题不仅融合了正题、反题对立双方的积极因素，体现了事物矛盾发展和辩证否定的规律性，从而避免了绝对主义，而且也体现了社会存在决定社会意识的唯物史观。② 段元秀通过对孟子与柏拉图的伦理政治观进行比较，认为他们理想政治的蓝图分别是王道政治与正义城邦，其政治思想有颇多相似之处，但是二人思想的逻辑理路、价值诉求、理想政治模式、历史影响却又截然两分，主要体现在性善论和“美德即知识”的逻辑起点、仁义与正义的情理两分的价值诉求、王道仁政与正义城邦的政治理想、德治传统与理性主义政治传统的不同等方面。对此进行深入比较有助于我们从源头上了解中西政治文化的异同并从中取精华去糟粕，去伪存真。③

四、应用伦理学研究

1. 环境伦理学研究

王建新探讨了环境伦理与环境立法的关系，认为环境伦理指导着环境立法，正确的环境伦理观念是环境立法的重要保证，在环境立法上转变环境伦理观念十分重要。采取承认自然界与人享有同等权利的自然主义中心观点，人类社会是自然界中的一部分，与自然界的万事万物处于平等地位。侵犯任何权利都要承担责任，侵犯他人权利，法律要求侵犯人承担责任，侵犯自然界的权利，自然规律会让人类承担责任。④ 关于农业环境保护问题，崔淑芬认为，人与自然的和谐是和谐社会与科学发展观的共同价值诉求，环境、资源的可持续发展是科学发展观的重要内涵之一。农业自然资源与环境资源的和谐、可持续利用与发展是我们建设和谐社会的重要组成。因此，在实践上要自觉把对自然的改造、对人自身的改造和社会的改造有机地统一起来，保证人与自然、人与社会、人与人的关系以及社会、生产力的关系全面和谐地综合协调起来。在生产实践的过程中应坚持最小伤害原则、比例性原则、公正补偿原则，以实现农业生态环境资源可持续发展。⑤

2. 医学伦理学研究

医患关系是近年来社会的热点问题，潘新丽对传统医患伦理进行探讨，认为改善医患关系需要多种因素的共同作用，其中传统医患伦理的作用不能忽视。传统医患伦理的现代价值表现为浓厚的人道主义精神，有助于降低医患关系的物化程度；传统医患关系的道德性有助于改变医患利益分离和对立的现状；对医德的注重是改善现代医患关系的根本；对患者责任的强调有助于增加医患信任。她还对于“慎”规范在中国传统医业道德规范中的地位进行了分析，认为传统医德规范以“慎”为核心，所以历代医家把“慎”规范的要求落实在行医施治的各个环节，“慎”的规范观念体现出了传统医家生命至重的思想，同时以“慎”为核心的传统医德还具有丰富的表现形式。以“慎”为核心的医业道德规范是认识、理解传统医德所不可或缺的一部分内容。⑥

田冬霞、张金钟撰文阐释了医学伦理审查委员

①徐曼:《20世纪初西方伦理学在中国传播特点及影响》,《历史教学》2011年第24期。

②温克勤:《试谈“道德合题”》,《天津社会科学》2011年第6期。

③段元秀:《王道政治与正义城邦:孟子与柏拉图伦理政治观比较》,《中国石油大学学报》(社会科学版)2011年第3期。

④王建新:《环境伦理与环境立法》,《理论界》2011第11期。

⑤崔淑芬:《关于农业环境保护的一些思考:伦理与道德的反思与尊重》,《农业环境与发展》2011年第3期。

⑥潘新丽:《论传统医患伦理的现代价值》,《山西师大学报》(社会科学版)2011年第4期。《“慎”在中国传统医业道德规范中的地位》,《中国医学伦理学》2011年第3期。

会运作氛围的营造,伦理审查委员会的顺利运作不仅仅取决于委员会工作能力的强化,需要完备的运作监管体系为保障,还需要依赖于一个良好的运作氛围。而营造伦理审查委员会运作氛围的核心是培育伦理意识,研究伦理学教育的普及是营造伦理审查委员会运作氛围的必由之路。①

郭卫华从伦理价值角度对我国医疗卫生体制改革问题进行了分析,认为我国医疗卫生体制改革在市场化过程中不仅要对其进行经济效益考核,还必须对其进行伦理价值的评估。从伦理角度看我国医疗卫生体制改革主要存在功利与价值、效率与公平、公平与平等之间的矛盾和冲突,只有处理好这三方面的道德难题,才能保证我国医疗卫生体制改革的合道德性。②

3. 企业伦理学研究

安晋军对近年来国内企业道德责任做了综述分析,指出目前学界围绕企业道德责任的涵义、理据和我国转型期企业道德责任缺失的表现和原因以及进路等问题进行了广泛而深入的研究,取得了明显的成果,同时仍有一些问题需要进一步加强研究。从根本和长远意义看,道德问题最终仍须借助道德方式来解决,学界有必要深入地研究如何开掘道德运行机制,从内在的道德信仰高度和外在的道德规约角度为企业道德责任的切实履行提供有力有效帮助和指导。③

徐公仁认为,企业既是经济实体也是伦理实体,具有经济和伦理的二重属性。缺乏企业伦理的基础和合理的价值体系作支撑,企业质量意识势必淡漠,质量管理必然陷入混乱,最终使企业发展受到严重阻碍和停滞。无论是市场经济的有序发展还是企业的成长壮大都需要企业伦理的支撑。④ 李彦敏、马力认为,公司伦理守则作为指导和约束公司及其全体员工行为的道德规范,维护其稳定有利于确保公司的道德行为,提高公司伦理绩效。公司伦理守则产生实效的基本条件包括:领导率先垂范、吸纳员工及重要利益相关者参与公司伦理守则的制定,广泛、深入的宣传教育、反复修正检验、伦理组织、伦理奖惩、决策支持系统等配套制度的完善等。⑤

4. 传媒伦理学研究

李蓓对近30年我国传媒伦理研究现状进行了分析,梳理出以传媒伦理内涵、传媒伦理范畴为主的学理研究;以道德评价为主的实证研究;以媒体困境及行为失范分析为主的案例研究;以归因研究及建构路径为主的对策研究等方面的内容。认为近30年来我国传媒伦理研究成果虽然丰富但并不成熟,当前学界无论是在研究理念、研究视野还是研究模式上尚待进行规范化建构,主要解决明确理论维度和理论框架、整合研究对象、规范研究方法等问题。传媒职业伦理所建构的价值体系必须在兼顾社会公共道德的同时,更多地考虑到传媒职业的专属性,以新闻价值、新闻专业主义、新闻职业目标和新闻职业原则等为依据,才能对新闻实践中所特有的专业性问题给予具体化解答,破除传媒及其从业者所面临的伦理困境,体现其内容的合理性和有效性。⑥

李灏桢对灾难新闻中存在的伦理问题进行梳理,认为在灾难性报道领域许多媒体运用自身的公共性力量推动着社会的进步。尽管部分媒体在灾难新闻处理中仍然存在争议,比如如实报道与瞒报事实真相的冲突;坚持正确健康舆论导向与过度渲染恐怖气氛的冲突;救灾扶危第一与急于追求新闻价值的冲突;尊重事实与刻意炒作的冲突。但正是争议造就了进步,推动了我国灾难新闻采访伦理观念不断更新,促进着我国灾难新闻报道伦理问题得到进一步的解决。⑦

(本文作者:赵士辉,天津科技大学法政学院教授;刘阳,天津科技大学机械学院讲师)

①田冬霞、张金钟:《浅论伦理审查委员会运作氛围的营造》,《卫生软科学》2011年第4期。

②郭卫华:《论中国医疗卫生体制改革的道德难题》,《医学与哲学》(人文社会医学版)2011年第6期。

③安晋军:《近年来国内企业道德责任研究综述》,《前沿》2011年第5期。

④徐公仁:《企业伦理与质量管理》,《内蒙古电大学刊》2011年第1期。

⑤李彦敏、马力:《公司伦理守则的思考》,《环渤海经济瞭望》2011年第4期。

⑥李蓓:《近三十年我国传媒伦理研究综述》,《新闻与传播研究》2011年第6期。《应然性、合理性、有效性:谈传媒职业伦理存在及制定的依据》,《中国广播电视学刊》2011年第3期。

⑦李灏桢:《突发灾难性报道中所涉及的伦理问题刍议》,《影视与传媒》2011年第4期。

美学研究综述

邓军海

2011年,天津学者共发表美学相关论文60余篇,出版教材7部、专著3部,主办美学学术会议1次,成果斐然。现撷要述之。

一、美学基本理论研究

由李逸津主编、天津师范大学文学院文艺理论教研室集体编著的《美学导论》教材,采用历史与逻辑相结合的方法,对美学学科的渊源流变、马克思主义美学的产生与基本原则、审美活动的发生与发展、美的本质、美的存在形式与审美范畴、审美心理、审美教育等一系列美学基本问题,作了提纲挈领、简明扼要的阐述和论析。① 全书共160页,20万字,阐说通俗生动,既可作全日制普通高校本科教材,也适合中等以上文化水平读者阅读。

杨岚从情感哲学角度透视审美范畴,得出"美学范畴是情感分类学"这一颇有洞见的结论。她认为,从情感的性质来看,悲剧和喜剧分别代表情感的两极;而从情感的量度看,优美与崇高代表情感强度之两端。优美对应着相对平和而愉悦的情感状态,最易滑入大众心灵。而崇高则对应激烈的情感冲突和精神提升的状态,丑怪内蕴着精神反抗,新异凸显了精神自由。崇高、丑怪、新异这类痛而后快、惊而后喜的美感,需逐步为人理解和欣赏。柔弱的精神倾向优美,强悍的心灵则欣赏崇高;优美惹人爱怜,崇高令人敬畏。②

张大为对当前文艺学研究的三大思维取向进行了元理论反思。这三大思维取向分别是:"反本质主义"的文艺学、历史主义的文艺学和"自主性"文化概念下的文艺学。该文指出,正因为在当前文化场景之中,"文艺学不再是形而上学的文艺学,不再是神学前提的文艺学,不再是国家意识形态的文艺学,所以文艺学才成为'元文论'"。③ 其《走向理论的深处:关于"元文论"的若干问题》一文则指出,在理论爆炸、理论"过剩"、理论观念过于"丰富"的文化空间当中,我们有必要从事黑格尔所谓的"关于思维的思维"意义上的"元理论"探究。元理论和文学理论的区别在于,"元文论"并不直接面对和思考文学作品和文学现象,而是首先思考文学理论本身。换言之,元理论不关注"文学是什么",而是首先关注"文学理论是什么"。④ 邓军海则从元理论角度分辨了比较美学和美学比较这两个概念。他指出,比较美学的重点是"美学",而美学比较的重点则是"比较"。我国学界的比较美学著作,严格说来,只是美学比较,而非比较美学。又因为其仅仅从事中西比较,所以称之为中西美学比较则更为合适。比较美学要走向深化,必须走出中西二元对立的思维模式,寻找更多他者,从而从美学比较走向比较美学,这不仅是比较美学的内在学理要求,而且是全球化的呼唤。⑤

潘道正从美学理论角度,对两个相貌丑陋的人物进行了颇具意味的解读。一个人物是柏拉图《会饮篇》中参加"美的竞赛"结果"完败"的苏格拉底。苏格拉底以其自身提出了如何看待外表丑的问题,其答案就是内在美才是最重要的。换言之,内在美或灵魂美这一概念出现的前提就是,外表丑。⑥ 另一个人物是法国《巴黎圣母院》中的敲钟人卡西莫多。以往的研究者大多着力发掘卡西莫多形象的社会道德内涵,视之为敢于反抗压迫的平民英雄的象征。但诸如此类的诠释远不足以揭示雨果在小说序言中所肯定的"宿命、悲惨的寓意"。事实上,从爱情悲剧的角度来看,卡西莫多形象的永恒魅力在于揭示了爱与丑之间永恒的矛盾及其悲剧性。⑦

二、美育研究

①李逸津:《美学导论》,中国文史出版社2011年版。
②杨岚:《悲剧与喜剧的层次和品位》,《美与时代》2011年第9期。
③张大为:《走向"元文论":当下文艺学思想条件及思想语境的"元理论"反思》,《天津大学学报》(社会科学版)2011年第5期。
④张大为:《走向理论的深处:关于"元文论"的若干问题》,《文艺评论》2011年第5期。
⑤邓军海:《从美学比较到比较美学》,《内蒙古社会科学》(汉文版)2011年第2期。
⑥潘道正:《苏格拉底"选美":一个审丑问题》,《吉林师范大学学报》(人文社会科学版)2011年第1期。
⑦潘道正:《爱与丑的永恒矛盾:论卡西莫多的爱情》,《重庆理工大学学报》(社会科学版)2011年第2期。

2011年7月26日,天津市美学学会美育专业委员会获准成立,美育研究取得长足进步。宁薇撰文对改革开放30年来中国高校美育研究成果作了较为全面梳理。该文指出,现有研究的主要缺陷在于,缺乏实践性、内容浮泛及问题意识不足。她提出开阔学术研究视野、以问题为取向并从美育学角度开展研究的建议。① 杨岚则从情感哲学和美学理论角度阅读冯梦龙选录的历代笔记小说《情史》(又名《情史类略》或《情天宝鉴》),既探究了中国古代文人的爱情哲学,又探究了中国古代两性审美理想对今人的启示。②

邓军海撰文指出,美育之重要,人所共知。美育之难,鲜有提及。美育之难,表现有:(1)有关审美之知识,乃"默会知识"(tacitknowledge),而非"明言知识"(explicitknowledge),可以意致,难以言论;(2)空前繁荣的现代艺术,鲜是启示之来源,多为迷惑之渊薮;(3)艺术之根本在于精神自由,但艺术界却奉行名利场逻辑;(4)人皆有之的爱美之心,一旦形成风潮,给人带来的将不是解放,而是压迫。只有重视这些难题,美育之论才会落到实处,而非纸上谈兵。③ 还认为,王国维并不主张"以美育代宗教",蔡元培先生则提出流行百年的"美育代宗教"。这一看法的大背景是五四时期的反宗教运动。此口号是为数众多的"取代论"之一种,其理论根基则是清末民初蔚为大潮的"唯科学主义"。我们应重视、提倡并落实美育,而"以美育代宗教"却大可不必,尤其在主张和谐、宽容之时,就更不必如此了。④

高红樱《电影台词美学阐释》一书,成功打破学问与现实生活、哲学思辨与内心感受之间的隔膜,可以说是一部让美学走下书架步入个体心灵及日常生活的美育读本。作者以其朴素而又敏感的心灵,重温82部电影中那些有深度有灵性又有生命的台词,细致入微地叙写了自己对生活对人性的思考。所有这些台词,有一个共同主题,即联系你我他的"心"和"爱"。⑤

三、中国美学研究

中国美学研究方面,2011年最令人瞩目的是一些中青年学者崭露头角,推出了一批别开生面的研究成果。

杨伯《皆是灵山花下人:佛教与中国传统文人生活》一书,以信仰选择、偶像崇拜、读书生活、政治生活、情感生活这五个读书人必然涉及的精神生活领域为论题,以韩愈、谢灵运、苏东坡、王维、柳宗元、苏曼殊等十几位文人为个案,讲述了中国传统文人如何看待佛教、如何通过佛教审视自己生活的历史故事。该著之引人之处在于,以优雅轻松而又富含哲思之笔调叙述历史,告知我们这一朴素得不能再朴素、但我们却一再遗忘的道理:"历史没有义务合乎逻辑地发展,历史中的人也没有义务合乎逻辑地生活"。⑥ 概而言之,该书之最大意义在于,有助于中国美学史写作走出观念史研究及历史决定论之陈规。

楚爱华探讨了琴乐作为一种内涵丰富的叙事客体,对中国古代小说文学叙事的意境生成的影响。作者指出,琴乐使文学叙事的情绪节奏、叙事节奏等骤然发生改变,由闹热趋于静冷,由快实趋于慢虚,渐入清微淡远、含蓄静雅的美学境界。中国古代小说呈现出的这些艺术风貌,与琴乐的文化气质、审美要求等艺术规定性有着紧密联系。⑦

江渝与张瑞利指出,《文选》的文体分类不仅是文体学的研究对象,也应是美学的研究对象。我们完全可以去发掘其文体分类中所蕴涵的审美精神。例如,"行旅"诗与"游览"诗之区分,刻划出中国人既安土重迁又向往出离自由的审美情结;赠答诗的分类规定了后世表现、抒发友情的审美方式;"杂拟"类诗反映了古人的审美心理。这些审美精神作为中国传统审美范式,塑造着后人的审美感受、审美欣赏和审美思维方式。⑧

邓军海对国内美学界流布甚广的文化民族主义情绪进行理论反思。他指出,中国哲学或文化,非"天人合一"四字所能概括。将征服自然这一面

---

①宁薇:《中国高校美育研究的现状及展望》,《天津大学学报》(社会科学版)2011年第6期。
②杨岚:《从〈情史〉看中国传统爱情哲学:〈情史〉今读(中篇)》、《从〈情史〉窥探中国传统的性别审美观念及爱情的艺术表现形式:〈情史〉今读(下篇)》,《美与时代》2011年第2期、第6期。
③邓军海:《美育之难》,《美育学刊》2011年第3期。
④邓军海:《重读"美育代宗教"小札》,《美育学刊》2011年第6期。
⑤高红樱:《电影台词美学阐释》,天津社会科学院出版社2011年版。
⑥杨伯:《皆是灵山花下人:佛教与中国传统文人生活》,中国物资出版社2011年版。
⑦楚爱华:《琴乐与古代小说文学叙事的意境生成》,《南开学报》(哲学社会科学版)2011年第6期。
⑧江渝、张瑞利:《〈文选〉文体分类的美学研究》,《台州学院学报》2011年第5期。

划给西方，而将师法自然这一面划给中国，以“天人合一”和“天人对立”这对概念来概括中西文化，是现代中国知识分子寻找民族认同感的产物，是在“发明传统”。在环境危机已经成为人类文明危机的今天，借生态美学之名来弘扬中国文化，只会使得我国的生态美学研究，成为民族主义之张本。①

赵利民评析了曾繁仁的学术理路，将之归结为三个方面：(1)自觉反思认识论、阶级论美学及文艺理论的弊端，关注文学艺术及审美活动的内在规律；(2)将美与艺术同人的生存状态相联系，重视人文精神的培养和审美教育实践；(3)反思实践美学，提出崭新的生态存在论美学观。②

四、环境美学研究

环境美学研究是2011年我市美学研究领域成果最为丰硕的一个领域，其中对环境美学之领军人物艾伦·卡尔松的研究，居全国领先水平。

薛富兴撰文就艾伦·卡尔松所提出的湿地(沼泽)自然审美欣赏难题，提出了与卡尔松不同的解决方案。薛富兴认为，要破解野生自然审美困难的问题，需要采取“哲学—认知—物理”的综合方案。在哲学上树立自然内在价值观念，承认大自然环境、对象有独立于人的需求之外而谋求自身生存发展的“自然之善”；在认知上运用现代科学知识深化对各类自然对象的正确认识，消除想象性恐惧；在物理上采取切实的防护措施，保护欣赏者的人身安全。而在这三个要素的基础之上，他进一步将野生自然分为危险自然、丑陋自然、平凡自然三类。③《艾伦·卡尔松论建筑审美特性》一文指出，卡尔松将建筑的审美特性概括为三项：存在、处所与功能。存在指建筑物巨大的物理体量；处所指特定物理、文化环境对建筑物存在合理性的规定；功能则是指建筑存在的独特意义。这三项不仅揭示出建筑区别于其他艺术对象的独特本质，而且为建筑美学与人类环境美学筑起沟通桥梁。④《卡尔松论日常建筑的审美欣赏》一文重点揭示卡尔松建筑美学思想的理论意义，即，将建筑从传统的艺术范畴解放出来，让它回归服务人类日常生活之本性，使建筑的审美内涵发生质的改观；提倡对日常生活建筑的审美欣赏，将审美视野扩大到日常生活中的所有人造结构物，使建筑美学的领域大大拓展。⑤

卡尔松的科学认知主义基于自然审美与艺术审美的类比，左剑锋则认为，这一“类比”存在如下不足：将非普遍性的艺术欣赏原则作为普遍性欣赏原则，将非审美原则作为审美原则，将外在的、辅助性的因素作为内在的、核心的因素。他指出，这些缺陷导致卡尔松所言的自然审美欣赏，在坏的情况下并不是审美，在好的情况下亦只能获得一种非自由的“依附的美”。⑥ 邓军海则对肯定美学这一颇遭中国学界误解的环境美学概念进行逻辑辨析。认为肯定美学并非一个新的美学分支或研究趋向，而是一种欣赏态度。其支持者认为，对于未经人类染指的原生自然，恰当的欣赏态度是肯定美学；而对于园林和艺术，恰当的欣赏态度则是“批评美学”。肯定美学所反映的这种对于自然的尊崇态度，几乎和人类文明一样古老。因反对“如画美学”这一流行的自然审美态度，肯定美学成了环境美学界的一个理论焦点。大多学者将肯定美学简化为“自然全美”，不仅大失肯定美学之本旨，而且诱使我们以常识来反对肯定美学。肯定美学之所以会引起争论，并不在于其违反常识，而在于其命题自身的逻辑含混及其支持者的意见分歧。⑦

五、西方美学及环境设计研究

瑞士著名神学家巴尔塔萨被誉为20世纪最博学的人，在中国学界则多其因神学美学而为人所知。李进超的《巴尔塔萨美学与文化思想研究》一书，是国内学界首部研究巴尔塔萨的专著。该著以巴尔塔萨的15卷巨著“神学三部曲”为主要研究对象，系统梳理其美学与文化思想，讨论了美与美感体验、巴尔塔萨与女性主义的异同及其对当代文化的反思等论题。⑧ 该著的理论意义在于，可以帮助我们反思西方美学研究。因为中国学界对于西方美学的理解，大多遵循源自希腊的“哲学美学”传统，而对源自希伯来的“神学美学”传统鲜有在意。

①邓军海：《勿让生态美学成为民族主义之张本》，《华中科技大学学报》(社会科学版)2011年第6期。
②赵利民：《学术反思与学术超越：读曾繁仁先生〈美学之思〉》，《美育学刊》2011年第2期。
③薛富兴：《艾伦·卡尔松论野生自然的审美欣赏》，《社会科学》2011年第2期。
④薛富兴：《艾伦·卡尔松论建筑审美特性》，《西北师大学报》(社会科学版)2011第4期。
⑤薛富兴：《卡尔松论日常建筑的审美欣赏》，《理论与现代化》2011年第4期。
⑥左剑峰：《论卡尔松环境美学中的“类比”及其理论困境》，《中南民族大学学报》(人文社会科学版)2011年第3期。
⑦邓军海：《“肯定美学”析义》，《上海交通大学学报》(哲社版)2011年第4期。
⑧李进超：《巴尔塔萨美学与文化思想研究》，天津人民出版社2011年版。

该著的实践意义在于，揭示了巴尔塔萨对后工业社会的人文启示。该著别具新意之处在于，比较巴尔塔萨与当代一些女性主义批评家之异同，这也体现出了作者的性别意识。

由彭军主编的《商业空间设计》、《设计模型表达与应用》、《空间概念设计》、《装饰材料与构造》等6部"高等院校环境艺术设计专业系列教材"，2011年由天津大学出版社出版。该系列教材涵盖了环境艺术设计的全部领域，标志着我市设计美学教材走向独立。彭军编著的《英国景观艺术》一书，收集了编著者考察英国城镇时所拍摄的系列照片。① 不但帮助我们直观了解英国景观艺术，也为我国环境艺术设计提供了实用参考。

（本文作者：邓军海，天津师范大学文学院副教授）

科学技术哲学研究综述

王树恩　柳　洲

2011年，天津市的科学技术哲学研究在生态自然观、科学哲学、技术创新、科技与社会的系统研究等领域，做了大量、深入的工作，推出了一批具有学术价值和学术影响的研究成果。

一、关于生态自然观的研究

生态系统是承载文明大厦的基石，是人类社会产生、存在和发展最深厚的基础。在对生态危机的反思中，人类逐渐意识到自身才是这场危机的真正主导者。乔文娟、李建珊认为，主体性的过度膨胀是生态危机的诱因；传统价值观对自然的漠视是生态危机的内在因素；人的外化器官——科学技术的强势是生态危机的助力。他们指出：只有树立合理的价值观念，确立自己的有限主体性，并恰当运用科学技术，寻求人的全面发展，追求人性的真、善、美，才能彻底解决当前所遇到的生态难题。②

二、关于科学哲学的研究

冯·诺依曼是计算机科学哲学理论的主要奠基人之一，他的计算机科学哲学思想主要体现在他的理论计算机模型，即以生物系统为参照系的自动机理论中。通过追溯冯·诺依曼计算机和自动机理论的历史渊源，任晓明、潘沁指出，冯·诺依曼用数学和逻辑的形式化方法揭示了计算机最本质的方面，为计算机科学尤其是自动机理论奠定了逻辑基础。其关于计算机逻辑结构的考虑以及对自动机理论的不断探讨，都是寻求自动机理论背后的数学和逻辑基础的顽强努力，追求数学的和谐性、对称性和形式美在冯·诺依曼计算机科学哲学观念中占主导地位，是科学研究的永恒目标。他们还进一步指出，冯·诺依曼的计算机科学哲学的基本理念源于古希腊毕达哥拉斯主义，他的计算机科学哲学思想是毕达哥拉斯数学自然观的产物，与毕达哥拉斯主义是一脉相承的。③

指称问题是贯穿科学实在论两条基本原则（形而上学与认识论）的核心环节，它和真理问题一起构成实在论"非奇迹论证"的理论基础。但以劳丹为代表的反实在论针对性地提出"悲观归纳"问题，借助历史主义的案例分析方法，深刻揭示了"非奇迹辩护"推理存在的问题：科学理论的成功（包括预测和解释的成功）与其理论的指称和真理性并无因果必然联系。通过对"悲观归纳"和拉姆齐语句的研究，贾向桐指出，科学实在论针对"悲观归纳"的质疑，试图通过拉姆齐置换解决理论术语的指称问题，这代表了一种结构实在论的理论方案，它诉诸科学理论的数学结构来答复反实在论提出的指称问题；他进一步指出，拉姆齐语句并没有完全实现对实在论指称合理性的辩护，拉姆齐语句实在论在指称问题方面存在诸多难题，它也"面对着与沃勒尔要在理论转换中选择出相似结构的同样问题"。

①彭军：《英国景观艺术》，中国建筑工业出版社2011年版。

②乔文娟、李建珊：《探析生态危机中人的问题》，《前沿》2011年第5期。

③任晓明、潘沁：《冯·诺依曼的计算机科学哲学思想》，《科学技术哲学研究》2011年第4期。

因为在科学史上，拉姆齐语句的指称问题解释科学理论时问题依然存在，理论的“连续性在于对理论术语的描述”，但这些术语的意义是随拉姆齐语句的不同而变化的，它们具有不同的属性。这样一来，科学实在论的拉姆齐语句辩护还没有完全摆脱“悲观归纳”问题的困扰，拉姆齐语句实在论还有很长路要走。①

科学实在论试图通过“溯因推理”方法保留认识论的乐观主义，将科学在现实社会中取得的成功作为理论具有真理性的最佳理由，这就是著名的“非奇迹论证”。但劳丹、普特南等人则针对这种最佳解释推理模式，提出了“悲观归纳”论题，强有力地揭示了实在论“非奇迹辩护”推理模式的困境——不符合科学史事实。在分析了“悲观归纳”和“非奇迹论证”的诸多讨论的基础上，贾向桐指出，反科学实在论的“悲观归纳”问题提出以后，科学实在论将“局部实在论”逐渐发展成为新的主要辩护策略，它初步解答了劳丹等人的质疑，但从总体来看，科学实在论还是面临着一系列理论难题，需要从理论上进一步回应“悲观归纳”问题的挑战。②

三、关于系统科学理论及其广泛应用的研究

当前，系统科学理论特别是复杂性科学理论及其广泛应用的研究，是科学技术哲学研究的一个重要而又活跃的前沿领域。具体表现在：运用系统科学理论特别是复杂性科学理论，研究企业或产业集群成长的内在机制与一般模式，以制定企业或产业集群发展的战略与对策；或研究区域的资源、经济与社会协调发展的内在机制与一般模式，以制定区域协调发展的战略与对策等。原继东、王树恩研究了我国出版企业系统成长的结构效应③与动力机制。④ 在我国出版企业系统成长的结构效应的研究中，他们指出，企业系统成长的结构效应是在企业成长过程中，由于企业系统内部各子系统之间相互联系与相应作用的方式的变化而使企业系统整体产生特征、属性、功能及行为的突变现象，主要包括组织结构效应、战略结构效应和资源结构效应，完善和优化出版企业系统的组织结构、战略结构和资源结构，是充分发挥结构效应以促进出版企业系统快速成长的主要途径。在我国出版企业系统成长动力的研究中，从现代复杂科学理论的视角出发，他们指出，企业是由人和物的要素结合成的并通过自组织和自适应不断与外部环境进行物质、能量和信息交换的复杂的社会经济系统，我国出版企业系统成长动力是外生动力和内生动力的动态统一，其中，外生动力主要包括出版市场的挤压力、出版组织的导向力、出版需求的推动力和出版技术的推动力，内生动力主要包括出版企业发展目标与现实水平的差异性、出版企业各子系统的不平衡性等所产生的动力。同时，还具体地分析和构建了我国出版企业系统不同发展阶段成长动力的作用机制和作用模型。

四、关于科技创新与创新团队的研究

产业集群是区域创新网络的中心，对区域经济的发展具有举足轻重的作用。影响产业集群发展的关键性因素之一是集群中企业的技术创新战略的选择，这关系到产业集群的竞争优势和区域经济的可持续发展。杨剑、王树恩针对产业集群内企业在研发中创新和模仿的策略选择问题，建立了产业集群内企业创新和模仿的博弈模型，分不同的时间区间计算出企业在创新和模仿策略下的收益，解出了企业创新选择的混合策略解，为产业集群内企业技术创新的战略选择提供了理论参考，并对进一步加强产业集群的创新动力提出了政策性建议。⑤

创新是出版企业的生命线，是出版企业成长的核心动力。出版企业技术创新的广义内涵一般包括内容创新、管理创新、品牌创新、文化创新和设备工艺创新等，创新行为渗透于出版企业的方方面面。原继东、王树恩根据复杂适应系统（CAS）理论，认为出版企业技术创新系统是一个复杂适应性系统，并分析和论述了出版企业技术创新的行为模式，其中基于复杂的刺激—反应原理，构建了出版企业技术创新系统的主体行为模式；基于复杂的适应—学习原理，构建了出版企业技术创新系统的整体行为模式；基于复杂的层次—涌现原理，构建了出版企业技术创新系统的演化行为模式。这种复杂性科学的非线性、非均衡、复杂整体论的新的思

①贾向桐：《科学实在论的指称问题与拉姆齐语句的解答》，《科学技术哲学研究》2011 年第 2 期。
②贾向桐：《“悲观归纳”与科学实在论的辩护问题》，《社会科学》2011 年第 8 期。
③原继东、王树恩：《浅析出版企业成长的结构效应》，《出版科学》2011 年第 4 期。
④原继东、王树恩：《我国出版企业的成长动力研究》，《出版发行研究》2011 年第 8 期。
⑤杨剑、王树恩：《产业集群内企业创新与模仿的博弈分析》，《工业工程》2011 年第 1 期。

维模式，为研究出版企业技术创新的行为模式提供了一种新的视角。①

当今世界，科学发展的分支化和综合化趋势加强，多学科交叉发展使传统学科间的界限变得越来越模糊。刘慧等指出，各学科之间的交叉性和渗透性达到了前所未有的程度，科研人员不仅需要独立思考和研究，而且需要团队攻关。高校中的科研团队一般存在以下几种模式："导师＋学生"模式；"学科带头人＋教师"模式；跨学科的"教师＋教师"模式。高校不同模式的科研团队存在不同的问题，科研团队要实现高绩效，就必须从考核机制、激励机制等方面进行完善。②

"卓越工程师教育培养计划"是教育部启动的重大改革项目，旨在培养一批创新性强、能够适应经济和社会发展需求的高层次工程技术人才，是促进我国由工程教育大国迈向工程教育强国的重大举措。孙颖等对实施过程中取得的成果及遇到的问题进行了深入的分析和总结，并就推进"卓越工程师教育培养计划"的现实阻力作了相应的对策性思考。③

随着知识经济在全球的兴起，作为知识载体的高校科技创新团队也倍受关注。陈士俊、邱玉敏指出，加强高校科技创新团队建设是实施科教兴国和人才强国战略的重要措施，但是在对其激励过程中存在着一些问题和难点，如何有效地对高校科技创新团队进行绩效管理并提出切实可行的激励措施，是决定高校生存发展的重要因素。④

五、关于科技中介与成果转化的研究

当前企业的竞争是基于价值链的创新能力竞争。常爱华等认为，科技创新服务系统包括信息服务系统、资金服务系统、人才服务系统、技术配套系统和管理咨询系统构成。他们以"创新服务链"为理论框架，分析了提升我国科技中介系统整体服务能力应当注意的若干问题，指出科技中介是现代服务业的重要组成部分，围绕企业的创新链，分析创新需求，提供相应的服务，是科技中介机构存在的价值所在。⑤

科技中介是现代服务业的重要组成部分，是知识经济时代凸显的重要社会现象。王峥等指出，我国科技中介系统的整体服务能力和水平远远不能满足创新型国家建设的需求。从系统的角度，他们通过从理论上界定科技中介机构技术创新服务模式的含义，分析了技术创新服务模式的构成要素（包括人员、服务"产品"、服务提供方式、物质支撑平台以及文化制度支撑平台）以及影响因素，并针对性指出了技术创新服务模式的基本类型，即低综合低增值模式、高综合低增值型模式、低综合高增值服务模式和高综合高增值模式。⑥

科技企业孵化器作为培育自主创新企业和企业家的平台，是创新成果产业化的重要载体，促进科技型中小企业发展的支撑力量。王希良等指出，20 世纪 80 年代以来，我国科技企业孵化器迅猛发展，但是应用计量分析方法研究科技企业孵化器发展趋势的文献并不多。他们利用 eview5.0 软件，通过建立计量模型，对科技企业孵化器进行了回归分析。通过研究结果，他们认为，科技企业孵化器的发展趋势是一个倒 U 型的发展模式，今后我国科技企业孵化器将进入内涵式发展的新阶段。⑦

以生产力促进中心、科技企业孵化器、科技咨询与评估机构、技术交易机构、创业投资服务机构为代表的科技中介机构，是国家创新体系的重要组成部分。王希良、柳洲认为，我国科技中介机构面临市场化转型的紧迫需求，但是政府主导型发展模式所存在的诸多问题严重阻碍了科技中介机构的市场化运行，因此，亟须建立科技中介机构"市场化"发展新模式。⑧

六、关于科技与社会多元关系的研究

对科学技术本身进行历史学、哲学和社会学研究，无疑是当代学术的一项重要成就。社会学是当代科学技术研究（简称 STS）的重要进路之一。赵万里、胡勇慧根据国内外有关研究文献，分阶段回

①原继东、王树恩：《基于 CAS 理论的出版企业技术创新行为模式研究》，《科学管理研究》2011 年第 4 期。
②刘慧、陈士俊、张丽霞：《高绩效科研团队构建的问题与对策分析》，《天津师范大学学报》（社会科学版）2011 年第 3 期。
③孙颖、陈士俊、杨艺：《推进卓越工程师孵化的现实阻力及对策性思考》，《高等工程教育研究》2011 年第 5 期。
④陈士俊、邱玉敏：《高校科技创新团队的绩效管理影响因素与策略分析》，《科技管理研究》2011 年第 6 期。
⑤常爱华、王希良、梁经纬、柳洲：《价值链、创新链与创新服务链——基于服务视角的科技中介系统的理论框架》，《科学管理研究》2011 年第 2 期。
⑥王峥、梁经纬、柳洲：《科技中介机构的技术创新服务模式探析》，《天津职业大学学报》2011 年第 1 期。
⑦王希良、梁经纬、柳洲：《基于计量分析的我国科技企业孵化器发展趋势》，《内蒙古师范大学学报（哲学社会科学版）》2011 年第 11 期。
⑧王希良、柳洲：《科技中介机构"市场化"发展的需求与对策》，《科学管理研究》2011 年第 5 期。

顾了STS社会学研究的发展历程和主要贡献。他们认为,社会学视角进入STS研究不仅是STS理论走向成熟的关键因素,而且催生了丰富多彩的经验研究成果,客观上促进了我们对科学技术体制、科学技术知识、科学技术实践更为深入的理解。他们对科学社会学和科学知识社会学的理论多样性持一种积极评价,视其为社会学说明模式日益开放的标志,而对STS研究近年来出现的试图超越社会学的各种"转向",则持保留的态度。①

现象学社会学构成知识社会学的一个重要传统。它关于日常知识的生成机制和建构社会的功能的基本思想,揭示了日常知识同生活世界之间辩证的交互建构关系,以及个体知识同社会共享知识之间的转化机制。赵万里、李路彬认为,现象学社会学关于生活世界的日常知识是一种"现实感"的阐释,既显现知识同主观世界的关联,也没有否定知识的客观性,并且在知识的客观真实性问题上提出了不同于知识社会学其他学派的主张。它对常识知识的关注及其社会建构论思想,对当代知识社会学的发展均有重大贡献。②

1980年,摩西低桥政治性的提出,乃至其后30年的争论,都始终冲击着技术中立性的观点。王阳指出,摩西低桥的政治性不是一个简单的是或者不是的问题,也不是一个可以轻易地下结论说好或者坏的事情。对这一技术产品政治性的新理解加深了对技术中立性的质疑;过去30年围绕着摩西低桥的解释出现的生态版本、交通法规版本、汽车时代的先见之明等无论哪个版本,都折射出了技术与社会多元的复杂关系,都揭示着技术的潜在社会涵义。王阳进一步指出,今天的工程师,不能只是一位熟悉技术的工程师,也应当是一位洞察人文、理解社会的工程师。他应当充分意识到技术产品复杂且丰富的社会内涵,进而采取恰当的行动。这也是摩西低桥讨论的根本目的所在。③

基于现代科技技术发展及其成果应用的大背景研究和解决"三农"问题,以促进农村现代化的发展和我国工业化、城市化的进程,是科学与社会的系统研究领域中的一个重要而有意义的研究方向。王艺华、王树恩研究了农民专业合作社的联合发展④、农村社区服务中心的建设⑤和新型农村社区经营服务体系的构建⑥等现实问题。在关于农民专业合作社联合发展的研究中指出,面对千变万化的大市场,弱小、分散和实力不强的农民单体专业合作社,难以承担增加农民收入、扩大农民消费、促进农村发展的重任。农民专业合作社联合发展可以对接大市场;可以延伸农业产业链;可以促进现代农业进程;可以增强自我服务功能;可以提高对社会资源的承接和利用能力。实现农民专业合作社的联合发展,是农村经济社会发展的现实需要,也是专业合作社发展的必然趋势。要积极稳妥地推进农民专业合作社联合发展;创新发展观念,促进联合;创新市场观念,按市场经济规律办事;创新国际化观念,参与国际竞争;创新信用观念,塑造良好形象;创新人才观念,培育懂管理、会经营的人才队伍等。在关于建设农村社区服务中心的研究中,介绍了供销合作社建设农村社区服务中心的起因、基本思路、进展及其取得的成效,分析了建设农村社区服务中心存在的主要问题,并提出了建设农村社区服务中心的进一步发展对策。在关于构建新型农村社区服务体系的研究中指出,伴随着农村土地综合整治和城镇化进程的加快,由相邻或周边几个村合并而形成新型农村社区的工作正在展开。合村并建使农民的生产和生活发生了多方面的变化,提出了多方面的需求,成为了农村现代化发展的契机。同时,他们还重点分析和论述了构建新型农村社区经营服务体系的思路、途径和运作方式。

(本文作者:王树恩,天津大学科技与社会研究中心教授、博士生导师;柳洲,天津大学科技与社会研究中心副教授)

①赵万里、胡勇慧:《当代STS研究的社会学进路及其转向》,《科学与社会》2011年第1期。
②赵万里、李路彬:《日常知识与生活世界——知识社会学的现象学传统评析》,《广东社会科学》2011年第3期。
③王阳:《摩西低桥与技术产品政治性》,《科学与社会》2011年第3期。
④王艺华、王树恩:《论农民专业合作社的联合发展》,《山东社会科学》2011年第3期。
⑤王艺华、王树恩:《供销合作社建设农村社区服务中心实践探析——以山东省为例》,《安徽农业科学》2011年第12期。
⑥王艺华、王树恩:《供销合作社新型农村社区经营服务体系的构建》,《山东农业科学》2011年第3期。

文　　学

语言学研究综述

王红旗　许光灿

2011年，天津学者开展语言学研究，取得了丰硕成果。现将主要成果综述如下。

一、本体语言学研究

1.语音、音韵、方言和民族语文研究

石锋、冉启斌评论了曹文的《汉语平调的声调感知研究》一文，不同意曹文否定上声是低平调的结论。通过对实验结果的再分析，他们确认普通话上声的本质是低平调，认为半上和全上是平等的变体，并强调语音实验应考虑语言的因素，语音学不能离开语言学。①

冉启斌考察了北京话、四川话歧义“动单+名单”结构的重音表现，认为语法结构与重音之间的关系存在方言类型差异。②

王萍基于“语调格局”的思想，从广义的语调出发，系统地分析考察了起伏度、停延率和音量比对于语调的音高、音长和音强的定量表现，进而发现不同语言的语调中存在的规律和共性。③

孔祥卿认为，辛集方言两字组的重音模式有中重、重中、轻声三种，每种重音模式的变调表现不同。④

时秀娟使用鼻音计对天津话响音的鼻化度进行了考察，找出了天津话元音鼻化度与舌位高低、前后的关系。⑤

曾晓渝通过对海南三亚回辉话的性质特点进行重新考察，认为它是由占语与汉语、黎语等长期深度接触而融合形成的一种特殊语言，已蜕变了南岛语的基本类型特点。⑥

李兵、李文欣发现鄂伦春双音节词重音的主要声学对应音高。⑦

2.语法研究

谷峰认为，古汉语的形容词“诚”和动词“果”分别通过隐喻和语用推理发展为表真值确认的语气副词，后来演变为“到底、究竟”。⑧

王红旗根据“语义三角”理论，认为所有的实词都有指称功能，并分析了句子中的各类实词是如何实现其指称功能的。谓词可以指称，是该文的一个重要观点。该文解释了语言学各个分支学科中“指称”概念的含义，对人们深入理解指称很有帮助。⑨

郭继懋将副词“倒”的基本意义概括为“颠倒”，“颠倒”的意义是指，在句子当前的语义背景下，所产生的事实是与其相反的语义背景下理应产生的预期，在实际中发生了“颠倒”。⑩

郭昭军认为“该”类助动词有必要和必然两类，它们在形式上是有区别的。必要和必然虽分别属于道义模态和认识模态，但二者具有相同的逻辑本质，即必然性。⑪

于秒采用眼动技术分析“三个工厂的工人”类词组歧义的倾向性，发现“三个工厂的工人”类词组的强倾向意义与弱倾向意义在眼动指标上的差异十分显著，然后从认知上的距离象似性、可及性和

①石锋、冉启斌：《普通话上声的本质是低平调——对〈汉语平调的声调感知研究〉的再分析》，《中国语文》2011年第6期。
②冉启斌：《北京话、四川话歧义“动单+名单”结构的语音差异及意义》，《世界汉语教学》2011年第4期。
③王萍：《试论语调格局的研究方法》，《当代外语研究》2011第5期。
④孔祥卿：《辛集方言两字组连读变调与轻声》，《中国语文》2011年第1期。
⑤时秀娟：《天津话响音的鼻化度分析》，载于《天津市社科联优秀成果奖论文集》2011。
⑥曾晓渝：《回辉话的性质特点再探讨》，《民族语文》2011年第3期。人大复印资料《语言文字学》2011年第10期转载。
⑦李兵、李文欣：《鄂伦春语双音节词重音实验语音学报告》，《民族语文》2011年第3期。
⑧谷峰：《上古汉语“诚”“果”语气副词用法的形成与发展》，《中国语文》2011年第3期。
⑨王红旗：《“指称”的含义》，《汉语学习》2011第6期。
⑩郭继懋：《副词“倒”的基本意义》，《南开语言学刊》2011第2期。
⑪郭昭军：《“该”类助动词的两种模态类型及其选择因素》，《南开语言学刊》2011第2期。

标记理论加以解释。①

王用源、施向东认为，汉语和藏语复音拟声词的结构形式和语音造词手段极为相似，而衍生方式不同；词形上都存在一词多形现象，在造词功能、音节结构等方面具有很强的共性。②

3. 词汇、语义、训诂、文字研究

陈家宁认为，在外语词进入现代汉语系统时，必须接受一定的汉化处理，以符合现代汉语的发音习惯、词汇和语法规则。在外语词的汉化处理过程中，社会应遵循“柔性原则”对其进行引导和规范，从而促进现代汉语的健康发展。③

杨琳肯定了敦煌文献唐代郑馀庆撰《大唐新定吉凶书仪》的重要性，针对前人文献中存在的问题提出订正及解读意见，以使读者准确理解书仪的内容，从而正确认识唐代社会的风俗习惯。④

蒋玉斌从李学勤先生发表的《清华简九篇综述》说起，讨论“沇”和“沖”的关系，认为《它簋》中的“沇子”即文献中的“沖子”。⑤

李玉平穷尽考察郑玄分析谐声字的材料，对了解郑玄及郑众的“谐声”观及其在汉字学史上的贡献有着重要的意义。⑥

陈燕认为，秦汉时期属于汉字字序法的早期，其性质是根据意义排序。《说文》部首法将秦汉时期的表义字序法推向顶峰。《说文》根据表义偏旁，进而组成表义部类，建立部首。这个表义的部首系统是用来为汉字排序，而非用来检索的。⑦

4. 有关著作

杨琳论述了训诂应遵循的三项基本原则以及12种训诂方法。⑧

邵艳红研究了近代日语的汉字词汇，具体分析了汉字词的数量构成、词性特征、构词特征等。⑨

二、应用语言学研究

石锋通过对中介语和混合语的元音发音的实验结果进行对比分析，深入探讨了二语习得和语言接触的发展进程，比较了过渡、越位和反转三种变化模式，进一步证实二语习得实际上是一种特定的语言接触。二语习得和中介语的研究意义将由此提升。⑩

王红厂通过语料调查俄罗斯留学生使用“了”时产生的偏误，归纳出偏误的类型、比率及其分布情况，并分析偏误的原因，以期为俄罗斯留学生的汉语教学提供更有针对性的参考。⑪

夏慧言以《英国国家语料库》为基础，采用计量语言学的方法，探讨了英语词长和词汇意义之间的关系，验证了相关理论假设和数学模型。⑫

吕世生指出，汉英语篇结构的非对应常导致汉语语篇的英译语篇结构不符合英语规约，其深层原因是语篇结构与思维模式不匹配。⑬

郭松、田海龙认为，语境研究在社会语言学与批评话语分析的理论构建中具有举足轻重的地位，批评话语分析中的语境理论可以成为社会语言学传统语境研究的有力补充。⑭

在有关著作、教材、论文集方面，王延栋校点精审《战国策》，注释简洁明了，译文准确流畅，点评言简意赅。⑮ 卢福波认为，语言力求浅显明白，语法规则力求条理化，尽量减少讲解概念和理论说明，以期达到使学生自己较容易地读懂本书的目的。⑯ 段文菡《声临其境——高级实况听力教材（下）》有如下特点：40个热点话题、语料原汁原味、强化听力技巧、听说训练结合。⑰

三、科研立项

①于秒：《“三个工厂的工人”类词组歧义倾向性研究——来自眼动实验的证据》，《汉语学习》2011年第2期。
②王用源、施向东：《汉语和藏语复音拟声词的比较研究》，《天津大学学报》2011第1期。
③陈家宁：《谈外语词的汉化处理》，《天津大学学报》2011第5期。
④杨琳：《〈大唐新定吉凶书仪·节候赏物第二〉校证》，《敦煌研究》2011第1期。
⑤蒋玉斌：《据清华简释读西周金文一例——说“沇子”、“沇孙”》，《出土文献》第二辑，中西书局2011年11月。
⑥李玉平：《郑众、郑玄的“谐声”观及其对后世的影响》，《语言科学》2011年第2期。
⑦陈燕：《秦汉时期的汉字字序法》，《天津师范大学学报》2011年第2期。
⑧杨琳：《训诂方法新探》，商务印书馆2011年版。
⑨邵艳红：《明治初期日语汉字词研究》，南开大学出版社2011年1月。
⑩石锋等：《二语习得和语言接触的关系——分析留学生汉语元音发音的偏误》，《华文教学与研究》2011第1期。
⑪王红厂：《俄罗斯留学生使用“了”的偏误分析》，《汉语学习》2011年第3期。
⑫夏慧言、孙凤兰：《英语词汇长度与词汇意义关系的计量语言学研究》，《外语与外语教学》2011年第3期。
⑬吕世生：《汉英语篇结构非对应与思维模式转换》，《中国翻译》2011年第4期。
⑭郭松、田海龙：《语境研究：从社会语言学到批评话语分析》，《外语学刊》2011年第6期。
⑮王延栋：《战国策——传统文化普及读本》，长春出版社2011年。
⑯卢福波：《对外汉语教学实用语法》，北京语言大学出版社2011年。
⑰段文菡：《声临其境——高级实况听力教材》（下），高等教育出版社2011年。

曾晓渝的《明代南京官话军屯移民语言在津、滇、黔、琼六百年历史演变比较研究》入选国家社会科学基金重点项目。王红旗的《汉语句法中的指称问题研究》获得国家社科项目立项。李兵的《生成音系学基础理论》入选教育部人文社科研究项目。李鸿斌的《中国崛起与国家独特宏观外语资源需求理论及实证研究》入选教育部人文社科规划项目。周宝宏的《西周青铜重器铭文集释(西周早期)》入选国家社科项目立项。邵艳红的《关于明治初期的日语汉字词研究》入选天津市哲学社科规划项目。田海龙的《语境的本体与认知研究》入选教育部人文社科规划项目。赵芃的《批评话语分析在中国语境中的应用研究》入选天津市社科规划基金项目。

四、获奖情况和学术活动

李春艳《汉赋中四音格联绵词语音模式分析》、李玉平《郑众、郑玄的"谐声"观及其对后世的影响》、时秀娟《天津话响音的鼻化度分析》获得天津市第13届社会科学优秀成果奖。

2011年6月11日至13日,南开大学和天津市语言学会联合主办国际中国语言学学会第19届年会,来自日本、韩国、新加坡、马来西亚、澳大利亚、美国、加拿大、英国等17个国家和地区的300余位从事中国语言学研究的专家学者参加了年会。2011年11月15日,天津外国语大学举办纪念《语法修辞讲话》发表60周年学术研讨会。来自国内外83所高校和科研院所的160余名专家学者和研究生代表参加了研讨会。

(本文作者:王红旗,南开大学文学院教授;许光灿,南开大学文学院博士研究生)

中国古代文学研究综述

张培锋

一、先秦两汉魏晋南北朝文学研究

2011年度,先秦两汉文学研究阙如,研究成果主要集中在魏晋南北朝阶段。张峰屹撰文研究了魏晋南朝诗坛普遍存在着的逞竞才学、游戏文字的创作现象。指出这种情形的形成,与当时张扬才学的社会文化氛围、帝王权贵常常招聚文士酬唱的风气以及寒士以文才求仕进的现实密切相关。它对于诗歌表现艺术的进步,乃至古典诗歌某些基本特质的形成都发生了重要作用。① 赵沛霖发表多篇有关魏晋南北朝诗歌的论文,其中多篇涉及对郭璞《游仙诗》的研究。② 在这些论文中提出,郭璞的《游仙诗》从生命存在的视角抒写生命悲剧及其所引起的焦虑和痛苦,通过反复探索,选定了摆脱生命悲剧的途径。郭璞对于神仙世界的追求绝非一时的冲动和偶然的兴趣,而是他一以贯之的宗教信仰。他认为在人间之外存在着一个独立的神仙世界,而人通过修炼可以成为神仙。赵沛霖的《封建时代女性视角下的爱情与婚姻——南朝女诗人鲍令晖诗歌简论》则从女性文学视角研究了南朝女诗人鲍令晖,指出她创作的爱情诗具有女性感受的独特性、认识生活的深刻性和思想内容的丰富性。③ 卢盛江对北朝诗歌声律的发展作出概述,指出:东西魏分裂之后,声律追求大大前进了一步,但还没有达到和南朝声律同步发展的程度。北齐北周已完全接受永明声律说,南北诗歌声律基本上没有差异,说明政治上统一之前,文学上就已有了南北合流的趋势。④

孙昌武发表《早期中国佛法与文学里的"真实"观念》一文,对佛教的"真实"观念在中国文学中的

①张峰屹:《逞才游艺与魏晋南朝诗歌及诗学》,《文学评论》2011年第5期。

②赵沛霖:《两种不同人生价值取向的抉择——郭璞〈游仙诗·京华游侠窟〉试解》,《北京大学学报》2011年第3期;赵沛霖:《从郭璞的神仙道教信仰看他的〈游仙诗〉》,《中州学刊》2011年第5期;赵沛霖:《郭璞的生命悲剧意识与〈游仙诗〉——兼析"非列仙之趣"与"列仙之趣"部分之间的关系》,《天津社会科学》2011年第6期。

③赵沛霖:《封建时代女性视角下的爱情与婚姻——南朝女诗人鲍令晖诗歌简论》,《贵州社会科学》2011年第5期。

④卢盛江等:《论北朝诗歌声律的发展》,《吉林大学社会科学学报》2011年第6期。

深刻影响作出系统研究，指出佛教对于“真”与“俗”、“体”与“用”、“理”与“事”等关系作出新的、具有辩证内涵的理解，对文学创作中区别“生活真实”与“艺术真实”给予了重要的启发和指引，进而对于魏晋时期“文学的自觉”及文人开拓文学创作和文学理论的新境界起了积极的推动作用。① 孙昌武教授的多卷本学术著作《中国佛教文化史》本年度由中华书局出版，其中对佛教与古代文学关系的论述作出很多精辟阐发。张培锋撰写了有关文章，对孙昌武教授在佛教文学研究方面的贡献作出评介。②

宁稼雨编撰的《先唐叙事文学故事主题类型索引》一书由南开大学出版社出版。该书是一部带有学术研究性质的工具书，从主题学角度对唐前古小说进行分门别类的索引，为进一步深化这方面的研究打下了基础。

此外，张黎明发表文章指出，在魏晋南北朝志怪小说中，伐树故事虽情节简单却意蕴丰富，其主要情节是伐树中出现的怪异现象，如伐树出血、树创随合等。这些怪异现象不是古人的凭空臆想，而是根植于古老的巫术观念和当时的民间信仰。③

二、唐宋文学研究

本年度唐宋文学研究数量不是很多，但也取得了很多重要成果。罗宗强的《隋唐五代文学思想史》经修订后，本年度由中华书局出版。卢燕新的博士论文《唐人编选诗文总集研究》被评为 2011 年全国优秀博士学位论文。

卢盛江继续围绕唐代声律学发表多篇论文。他指出：“蜂腰说”与永明以来创作有矛盾，其原因在声律追求自身的矛盾，另外，一些病犯规则从理论的提出到创作中实际运用有一个过程。④ 在对刘善经的《四声指归》作出系统介绍后提出：从刘善经《四声指归》可以了解沈约、刘滔、王斌等齐梁声病说的具体思想。《四声指归》自身对八病也有全面系统的阐述。可以说，《四声指归》是隋代以前声韵病犯说集大成的著作。⑤ 殷璠所编《河岳英灵集》及其《序》和《集论》，有意识地反映了盛唐文学思想。他提出的兴象与陈子昂兴寄说有着密切的关系，但又反映了盛唐人创造的意境诗美内容。《河岳英灵集》通过选诗评诗展现了风骨之美，既表现功业壮心和豪雄气慨，又表现失意不平和悲愤。殷璠风骨说的这两面，既吸收了刘勰风清骨峻之说，又融人了盛唐诗美的新内涵。⑥ 卢燕新《初唐编纂的诗歌总集考论》指出：初唐编纂的诗歌总集，可补考者尚有《歌录集》、《金轮万岁集》、《瑶山玉彩》、《送并州旻上人诗》等。由此可知初唐人的选诗观与诗学观上承魏晋六朝，下启盛唐，他们完善了本朝人选本朝诗的选诗观。⑦

李剑国通过对晚唐裴铏的传奇集《传奇》一书进行校读，提出了文言小说校勘应当遵循的原则、采用的方法以及需要注意的问题。⑧ 吴真的《敦煌孟姜女曲子的写本情境》一文，以法国国家图书馆公布的敦煌伯希和残卷的原件照片，研究了这些写本的个人书写习惯、书写次序、语调音韵、讲述场合、装帧形式等问题，有助于理解孟姜女故事在写本时代的口头传播。⑨

有关宋代文学研究，孟昭连在《中国社会科学》杂志上发表了《宋代文白消长与小说语体之变》一文，指出：古代白话自汉魏之际始现于书面语，经过长期发展，至宋代随着由雅趋俗的文化进程，广泛渗入多种文体。在此语言背景下，古代小说语体发生巨大的变革。一方面，文言小说语体变“华艳”为“平实”，出现浅俗化倾向，这是后人认为“宋人小说不及唐人”的重要原因。另一方面，白话小说语体的形成，与近代汉语的发展有着直接关系。“话本”既非说书人的“底本”，也非“记录本”，而是为了满足雕版印刷的出版需要，模拟说书艺术以书面白话语创作的新型小说文体。⑩ 吕堃从主题学角度研究了南宋以来两大济公故事群的形成及原因。⑪

①孙昌武：《早期中国佛法与文学里的“真实”观念》，《文学遗产》2011 年第 4 期。
②张培锋：《孙昌武教授与佛教文化研究——以〈中国佛教文化史〉、〈禅思与诗情〉为中心》，《武汉大学学报》2011 年第 4 期。
③张黎明：《魏晋南北朝志怪小说中伐树故事的民俗文化渊源》，《福建论坛》2011 年第 5 期。
④卢盛江：《蜂腰论》，《文学遗产》2011 年第 3 期。
⑤卢盛江：《〈四声指归〉与唐前声病说》，《北京大学学报》2011 年第 2 期。
⑥卢盛江：《殷璠诗学几个问题新析》，《吉林师范大学学报》2011 年第 6 期。
⑦卢燕新：《初唐编纂的诗歌总集考论》，《山西大学学报》2011 年第 6 期。
⑧李剑国：《唐传奇校读札记之三》，《文学遗产》2011 年第 2 期。
⑨吴真：《敦煌孟姜女曲子的写本情境》，《民俗研究》2011 年第 2 期。
⑩孟昭连：《宋代文白消长与小说语体之变》，《中国社会科学》2011 年第 3 期。
⑪吕堃：《两大济公故事群的形成及原因》，《学术交流》2011 年第 4 期。

孙克强撰文提出，沈义父的《乐府指迷》是南宋末期词发展到新阶段的理论总结，具有鲜明的词学价值取向和时代精神，包含了深刻的词学批评理论。《乐府指迷》正视词体发展至南宋中后期的现实，在词体的音乐性和书面化的关系、词体风格如何面对俚俗和古奥两种偏向等问题提出了深刻的见解。① 张璇的文章指出，刘辰翁对《世说新语》的评点开创了小说评点的先河。他对《世说新语》的评点范围相当广泛，涉及了训释疏通、指出归类不当、指漏纠谬、提出不同的见解、评骘人物故事、品评艺术特色等多个方面。其评点内容对《世说新语》的传播及明清时期的小说评点都有深远影响。②

三、元明清文学研究

本年度，有关这一时期文学的研究成果数量较多，涉及诗文、小说、戏曲等各种问题。关于元代文学研究，南开大学查洪德撰文指出，姚燧是元代最具代表性的文章家。近些年陆续有研究姚燧文章的论文发表，但对其文章成就和特点的认识，似乎还不到位。只有准确把握其文章特色，才能客观评价其文章的成就和价值。姚燧文章特色可以概括为多个方面，如破体求新、正中见奇、以传奇为传记等。③

明代诗文研究成果，有罗宗强的《明代文学思想个案研究的整体观照》、《嘉靖末至万历前期文学思想的转变》等文章发表。指出，嘉靖末至万历前期，有一群追求表现自我、求真、抒写性灵的作者。他们有一个共同点，即反对复古，主张任情适意，张扬个性，不加粉饰地表现自己的真感受、真性情，与公安派的性灵说相接，是重自我、重真情、重创造的文学思潮发展的不同阶段。④ 罗宗强还提出，明代台阁体文学思潮的主要展开时期是永乐初至正统末，天顺以后逐渐消退。台阁思潮的产生，是皇帝提倡，重臣推动的结果。台阁文学思潮之特点是传圣贤之道与鸣国家之盛，以及提倡和平温厚的文风。⑤ 郭长保的文章认为：从中晚明以来的王阳明、李贽，直至晚清的梁启超、鲁迅等人构成了中国文化史上一个颇为壮阔的史无前例而极为清晰的文化思想图谱。⑥

付善明发表了有关《金瓶梅》的两篇论文，指出，兰陵笑笑生发现了家庭、家族，并以之为题材，创作了异于传统的第一部多声部宏大叙事的世情小说。他突破了小说显现单一的光明色调的传统，暴露黑暗、揭示丑恶，创作了众多和现实生活中同样复杂的人物。⑦《金瓶梅》中有众多通过词曲叙事来表达人物心理活动的情境，主要有唱曲传情、以曲代言、以唱代哭等形式。词曲叙事展现了人物的内视角，使得其心声得以披露。⑧ 张培锋对《西游记》的佛学内蕴作出阐述，指出由《西游记》反映的佛学理念看，其作者应该是受到晚明狂禅思潮影响的人物。⑨ 陈洪撰文对《水浒传》中的道教意蕴作出阐发，指出《水浒传》作者在佛教与道教之间，作者有鲜明的宗教偏向，即左袒道教。作品不吝辞费所写的道教科仪，在情节结构方面具有特殊的意义。⑩ 刘俐俐撰文从文艺学角度分析了凌濛初《神偷寄兴一枝梅侠盗惯行三昧戏》一篇的叙事艺术，指出宋以降的白话小说，介于说话艺术和文人创作的交融、转换及成熟过程中，其讲述形式、故事与人物之关系、人物心理内涵之底蕴，以及叙事与议论等方面，都有文人创作自觉追求的特性。⑪

值得注意的是，本年度《明清小说研究》杂志第4期集中发表了本市多位学者有关明清小说研究的论文，使这一期杂志几乎成为“天津学者专刊”，显示了天津学者在这方面的研究优势。这些论文作者包括：宁宗一、鲁德才、陶慕宁、陈洪、李剑国、宁稼雨、冯大建、鲍震培、陈宏等。这些文章，有宏观，有微观，从不同角度和侧面对明清小说作出较为深

①孙克强：《〈乐府指迷〉的理论价值及其词学史意义》，《徐州师范大学学报》2011年第2期。

②张璇：《评刘辰翁〈世说新语评〉》，《内蒙古大学学报》2011年第5期。

③查洪德：《以传奇为传记：姚燧散文读札》，《文学遗产》2011年第1期；查洪德：《姚燧文章特色论》，《文学与文化》2011年第3期。

④罗宗强：《嘉靖末至万历前期文学思想的转变》，《天津社会科学》2011年第6期；罗宗强：《明代文学思想个案研究的整体观照》，《文学遗产》2011年第3期。

⑤罗宗强：《政策、思潮与文学思想倾向——关于明代台阁文学思潮的反思》，《文史哲》2011年第3期。

⑥郭长保：《王阳明“心学”与晚明及新文学思想的勃兴》，《船山学刊》2011年第3期。

⑦付善明：《〈金瓶梅〉作者笑笑生的创作智慧》，《南京师范大学文学院学报》2011年第2期。

⑧付善明：《曲表心声：〈金瓶梅〉的词曲叙事》，《明清小说研究》2011年第4期。

⑨张培锋：《西游佛踪：〈西游记〉佛学内蕴七题》（《文史知识》2011年第8、第9期连载。

⑩陈洪：《“〈水浒〉与道教”四题》，《文学与文化》2011年第3期。

⑪刘俐俐：《从我国古代白话短篇小说的系列故事叙事看其介于口头艺术和作家文学之间的特性——以凌濛初的〈神偷寄兴一枝梅侠盗惯行三昧戏〉为例》，《文学与文化》2011年第2期。

人的研究。如陶慕宁的论文,将中国古代小说的性描写分为"唯美蕴藉型"、"色情诙谐型"、"铺陈渲染型"和"世情暴露型"四种类型,并作出分析。

有关《红楼梦》研究,郑铁生指出,红楼梦研究所重校本《红楼梦》明确地对程伟元、高鹗整理和出版百二十回《红楼梦》的历史功绩给予了恰当而公正的评价,并标明前八十回作者是曹雪芹,后四十回是"无名氏"。论文围绕这一问题作出一些新的阐述。[①] 赵建忠撰文对《红楼梦》续书、仿作的研究作出评介。[②] 张璇的论文指出,《红楼梦》中成功地运用了"不完句法",形成了人物语言的一大特色。"不完句法"在《红楼梦》中发挥着塑造人物性格、刻画人物神态、呈现人物语言个性、揭示人物心理、显示人物关系等叙事美学功能。[③] 有关《聊斋志异》发表了多篇论文。宁稼雨指出,《聊斋志异》主要描写鬼狐怪异故事,但却折射出当时社会的各种弊端、世俗风情以及人们的精神理想,从而表现出清初社会上人们普遍的文化追求和价值取向。[④] 李丽丹撰文研究了《聊斋志异》中的异类婚恋故事,指出其空间叙事在中国古典文学中具有典型性。[⑤] 王晓平就《聊斋志异》对日本文学的影响问题,发表多篇论文指出,20 世纪以来,日本作家、艺术家从各方面对《聊斋志异》元素加以挖掘利用,也借用《聊斋志异》的声誉扩大作品影响。冠以"志异"之名的日本小说与原作在思想内容和艺术趣味上越来越远,多数作品以异人、异类、异境来将当下社会的人境以及与之相关的价值观、世界观相对化,以此分散与消解现实中的苦恼。[⑥]

有关清代诗文研究,天津师范大学韩胜撰文提出,学界对清代诗学家翁方纲肌理说的研究,一直以翁方纲《神韵论》、《格调论》等论诗专文和《石洲诗话》为主,而较少论及他在诗歌选本中的思想。事实上,对古代诗歌的甄选和评价,直接体现了翁方纲对诗歌的多方面认识,是翁方纲诗学思想不可或缺的一部分。[⑦] 孙爱霞撰文研究了天津盐商张霖所建的遂闲堂及其相关的文人群体,勾勒了清代天津文学的一个侧面。[⑧] 孙克强撰文对朱彝尊词学理论作出系统阐述,认为提出了一系列的词学新见:学习南宋风格,以姜夔、张炎为宗,倡导雅正规范,构筑了系统的词学批评理论,奠定了浙西派的词学理论基础。朱彝尊的词论批评具有反拨明代词学观念的性质,有极强的针对性。[⑨] 孙克强另一篇文章研究了谢章铤的词学观,认为谢章铤洞悉南北宋之争的由来和变化,通过揭示朱彝尊尚南宋之论的目的等,充分肯定了浙西词派提倡南宋词的历史意义。[⑩]

(本文作者:张培峰,南开大学文学院教授)

中国现当代文学研究综述

卢　桢　时世平

2011 年,天津学者对中国现当代文学的研究延续了 2010 年的发展势头。为了深入总结新诗语言探索中的规律、经验与教训,实现新诗研究的再度"出发",南开大学文学院与中国当代文学研究会于

①郑铁生:《〈红楼梦〉后四十回叙事的意脉》,《红楼梦学刊》2011 年第 5 期。
②赵建忠:《"涉红小说"〈小红楼〉补考——兼谈〈红楼梦〉续仿研究的当代进展》,《红楼梦学刊》2011 年第 5 期。
③张璇:《论〈红楼梦〉中"不完句法"的叙事美学功能》,《名作欣赏》2011 年第 11 期。
④宁稼雨:《〈聊斋志异〉与清初文化价值取向》,《明清小说研究》2011 年第 2 期。
⑤李丽丹:《〈聊斋志异〉异类婚恋故事的空间叙事》,《理论月刊》2011 年第 12 期。
⑥王晓平:《〈聊斋志异〉异人幻象在日本短篇小说中的变身》,《山东社会科学》2011 年第 11 期;王晓平《〈聊斋志异〉与日本明治大正文化的浅接触》,《山东社会科学》2011 年第 6 期;
⑦韩胜:《翁方纲早期唐诗选评的"神韵说"倾向》,《文艺评论》2011 年第 2 期。
⑧孙爱霞:《遂闲堂文人创作论》,《理论界》2011 年第 6 期。
⑨孙克强:《试论朱彝尊词学理论的成就及意义》,《武汉大学学报》2011 年第 1 期。
⑩孙克强:《谢章铤论析南北宋之争》,《兰州大学学报》2011 年第 6 期。

2011 年 6 月 25—28 日在南开大学联合主办了“中国现代诗歌的语言”国际学术研讨会。来自海内外各大学及研究机构的 30 余位学者齐聚南开，围绕百年新诗创作与理论所涉及的语言问题进行了深入的探讨与交流。① 2011 年 9 月 17 日—18 日，南开大学文学院与鲁迅博物馆共同主办了“纪念鲁迅诞辰 130 周年学术讨论会”，会议在南开大学举行，共收到论文 30 余篇，来自全国 15 个省市的 60 余位专家学者出席了会议。会议围绕着鲁迅思想、鲁迅作品、鲁迅与其所处时代的关系、对鲁迅研究的反思、鲁迅对当代中国的意义等命题，进行了认真、深入而热烈的讨论，取得了颇多重要成果。② 9 月 24 日，由天津市戏剧家协会、天津曹禺故居纪念馆、天津人民艺术剧院主办的“永远的曹禺——2011 戏剧周”话剧展演在天津曹禺剧院开演，“缅怀戏剧大师，瞻仰大师风采”主题活动在曹禺故居纪念馆举行。这些学术会议的召开和纪念活动的开展，促进了相关领域的研究与交流，形成了一批引起学术理论界关注的优秀成果。在强化学术特色的同时，研究者们在鲁迅、周作人研究、性别文学研究、新诗研究、现代中国小说研究以及地域文学研究等方面发表了一批有影响的学术成果。

一、鲁迅、周作人研究

如何客观而科学地评价新文化运动的先驱周氏兄弟的文学成绩，探讨其不同选择对于当今文化建设及文学创作的启示作用，是近年来研究界的热门课题。2011 年是鲁迅诞辰 130 周年，新版《鲁迅大全集》的编纂完成和出版是鲁迅研究界和中国读书界的一件大事。此次出版的《鲁迅大全集》③由南开大学文学院教授李新宇与鲁迅哲嗣周海婴共同主编，收入了鲁迅的创作、翻译、古籍整理、绘画、书法、画册编纂等全部作品，共计 1500 万字，33 卷。大全集采取编年体编辑体例，与过去的鲁迅全集相比，新增文本近百个。除此之外，还增加了两类文字：一是过去全集未收的演讲记录 20 余篇；二是同代人回忆文章中的鲁迅语录。据出版方介绍，周海婴先生生前将鲁迅当年赠送给妻子许广平的手迹文物二十多件，一并交给编委会辑录出版，公之于世。

在鲁迅研究中，一些学者采取文本细读的方法，试图为历史文本建立合理的现代诠释机制。作为启蒙的呐喊，《狂人日记》面对中国的历史传统发出了最为惊人的声音，堪称现代短篇小说的开山之作。李新宇指出，鲁迅的《狂人日记》对中国的历史做出了惊人的评判。但这篇小说有两个叙事者，这说明鲁迅当时并非没有顾虑。鲁迅的见解借狂人之口表达，把一个怀疑者和批判者与其生存处境的矛盾充分展示出来。狂人不仅是一个质疑者，也是一个反省者。他对历史的批判是与自我反思一起进行的。他执意要人们摆脱吃人与被吃的命运，但最后的呼喊是无力的，充满犹豫而不敢肯定。在阅读《狂人日记》时，应该同时阅读《灯下漫笔》。这二者，一是象征性的艺术表达，一是直白的思想表达，代表了鲁迅的不同创作姿态。④ 刘堃从学界对《伤逝》的传统阐释出发，认为这种研究思路形成了两种倾向，一是站在研究者后设的女性主义立场上对鲁迅/涓生作为男性/知识精英的性别意识加以批判；二是把小说文本与鲁迅本人的生活现实、思想现实及五四运动落潮期的社会现实直接联系起来，其阐释未能逾越写实主义的边界。这两种倾向都存在一定的问题，如果从性别角度进行深入考察，可以发现《伤逝》所蕴含的深意。⑤

鲁迅是以启蒙主义和“为人生，而且要改良这人生”为宗旨进行小说创作的，他的小说主要描写的几乎都是辛亥革命前后发生在中国的社会现实。张铁荣指出，鲁迅小说是对于辛亥革命反思与失望的形象倾诉，是他文学化的辛亥观。⑥

从校勘的角度进入鲁迅的作品，也是鲁迅研究的一种思路和方法。刘运峰一直致力于从多方面考证和辨析鲁迅著作。作为第一本鲁迅佚文集，《集外集》在鲁迅作品版本史上占有特殊的地位，刘运峰梳理了《集外集》的编辑出版经过，讨论鲁迅如何亲自参与了此书的编选。⑦ 李新宇从鲁迅文章的注释出发，认为《鲁迅全集》2005 年版的注释在

①罗麒：《“中国现代诗歌的语言”国际学术研讨会综述》，《中国现代文学研究丛刊》2011 年第 11 期。
②林晨：《“纪念鲁迅诞辰 130 周年学术讨论会”综述》，《鲁迅研究月刊》2011 年第 9 期。
③李新宇、周海婴主编：《鲁迅大全集》，长江文艺出版社 2011 年版。
④李新宇：《〈狂人日记〉重读札记——纪念鲁迅诞辰 130 周年》，《文学与文化》2011 年第 4 期。
⑤刘堃：《写实主义的边界：重新解读〈伤逝〉中的性别问题》，《鲁迅研究月刊》2011 年第 9 期。
⑥张铁荣：《在骨子“依旧”中上下求索——鲁迅小说中的辛亥革命言说》，《鲁迅研究月刊》2011 年第 9 期。
⑦刘运峰：《鲁迅〈集外集〉编辑出版始末》，《现代中文学刊》2011 年第 4 期。

1981年版基础上“去意识形态化”取得了可喜的进步，可是《答徐懋庸并关于抗日统一战线问题》一文后面的题注却只字未改；考其原因发现，这条注释涉及冯雪峰、周扬等人的沉浮和悲欢，裹挟着历史的政治烟云，体现着当代文化的曲折历程。①

此外，在周作人研究中，高恒文关注周作人对俞平伯散文创作的影响，进而指出，“晚明小品”问题是中国现代文学史上的重要事件之一，其影响不仅重大、深远，而且有超乎文学史之外的思想史意义；周作人对“晚明小品”有“再发现”之功，两者的审美理想——“低徊趣味”与“晚明小品”的审美特征有着密切的理论联系。②

二、性别研究

作为中国性别研究的学科带头人和教育部哲学社会科学研究重大攻关课题“性别视角下的中国文学与文化”的学术带头人，乔以钢在2011年陆续发表了系列论文，对这一课题进行了深入的探讨。从“生态女性批评”的理论出发，指出生态女性主义批评的生成有着特定的西方文化背景，它在本土批评实践中的有效性尚待探询；当前在运用这一理论方法的过程中，既有揭示文本深层蕴涵的收获，也存在过度阐释、牵强附会的倾向。在借鉴来自国外的生态女性主义理论的同时，能否恰切地整合本土资源，吸收传统中华文化有关人与自然之间关系问题的思考，不仅关系到批评的实践，同时也会对理论的创新及其生命力产生重要影响。③ 论者还从性别视角出发，论述舒芜的妇女观及其性别文化批评，指出舒芜的妇女观及其性别文化批评以现代人文精神和两性平等理念为根基，深厚的历史意识与现实情怀相交融、文化批判与文化建设相结合。他真诚关注妇女的生存状况，毫不留情地揭示造成歧视和压迫女性的腐朽思想和文化秩序，其核心着眼点是批判男权道德对女性的“淫心”和“杀意”。他坚持两性平等的性别观念和文化立场，自觉超越男性本位和男性中心意识，在长达60多年的时间里为妇女“代言”。舒芜有关性别问题的思考和言论，为现代中国的思想文化建设做出了可贵贡献。④ 陈千里从《中国古代文学与文化的性别审视》一书的性别理念和学科理念出发，围绕当代性别研究的若干问题，特别是“性别”与中国文学“现代性”发生的问题进行了细致论述，启示研究者在新的世纪对此类问题进行认真的反思。⑤

在乔以钢主持的《南开学报》专栏“性别视角下的中国文学与文化”中，刘堃对梁启超早期女学思想作出论述，认为提倡女学是晚清改革论述中的一个重要方面，妇女缺乏教育往往被视为造成政治危机的根源。梁启超是当时妇女教育最积极和最有号召力的提倡者之一。他的女学思想基本上取径西方传教士的言论，而以强调女性的传统道德和新兴社会角色/责任为特色。他把儒家伦理传统中占据优先地位的“妇德”与新的国族意识巧妙而和谐地融合起来，在西方知识的冲击与救亡焦虑的合围里，他坚定地守护传统女性教化的领地，同时不忘给“道德”披上启蒙与进步的外衣。⑥

借助文本细读的方法，张莉论述了萧红对当代文学的影响力，特别指出她和迟子建在创作上的对应关系：正是在对“生”与“死”的书写上，萧红和迟子建相遇；也正是因为对世界观的整体认知不同，两个作家又各自出发，各行各路。这也意味着，两个人的风景貌似相同，但又有内在肌理的巨大差别。⑦ 刘卫东细读了韦君宜《思痛录》和《露沙的路》，指出作者以“思索痛苦根源”的心态回顾一生，颇出人意料。从时间上看，《思痛录》比小说《露沙的路》出版得要晚，也可以理解为病榻上的韦君宜意犹未尽，最终意图是用“事实”而不是含沙射影的“小说”来叙述自己的经历。韦君宜不是站在既定历史叙事的立场写作，而是对此立场进行了反思。韦君宜的叙述的“私人性”和“真实性”，使她的经历带有以正视听的意味，而她晚年的思想正是我们应当关注的。⑧

新世纪以来，女性作家不仅人数众多，而且文本质量突出，这应该是一个不争的事实。张莉围绕社会性别意识与新世纪女性写作的关系作了系统

①李新宇：《〈鲁迅全集〉：一条注释的沉重历史》，《东岳论丛》2011年第11期。
②高恒文：《晚明小品：周作人和俞平伯的“低徊趣味”》，《文学与文化》2011年第3期。
③乔以钢、李晓丽：《论生态女性主义批评及其本土实践》，《天津社会科学》2011年第2期。
④乔以钢、李玲：《舒芜的妇女观及其性别文化批评》，《中国现代文学研究丛刊》2011年第5期。
⑤陈千里：《评〈中国古代文学与文化的性别审视〉兼论女性主义理论的本土化问题》，《妇女研究论丛》2011第6期。
⑥刘堃：《“理而情”的选择：论梁启超早期女学思想》，《南开学报》（哲学社会科学版）2011年第2期。
⑦张莉：《一个作家的重生——关于萧红的当代文学影响力》，《文艺争鸣》2011年第5期。
⑧刘卫东：《韦君宜晚年的思想——以〈思痛录〉和〈露沙的路〉为中心》，《扬子江评论》2011年第2期。

论述，认为新世纪十年来，女性写作发生了重要的变化，它较先前更关注社会热点问题，更关注底层女性的命运，更具知识分子视野和人文情怀。深具社会性别意识的女性写作范式，是新世纪女性写作乃至中国现代女性写作史上的珍贵收获。①

三、新诗研究

在近些年兴起的“新世纪诗歌研究”中，罗振亚透过纷繁芜杂的诗歌现象进入其本质，他指出，判定21世纪中国诗歌已经完全被边缘化或进入空前复兴期这两种学术指认，分别看到了诗坛的部分“真相”，而遮蔽了诗坛的另外“真相”所在。如今诗坛实际上充满着喜忧参半的矛盾“乱象”，但它一直在寻找突破的机遇和方式，并以其“行动”的力量昭示出一种希望：一是诗人们在突破过程中学会了承担，使写作伦理大面积复苏；二是诗人们注重艺术环节的打造与生活经验向诗性经验的转化，使诗作处理生活的艺术能力普遍有所提高；三是以诗学风格、创作主体、传播载体与地域色彩的多元展现，实现了诗的自由本质，使个人化写作精神落到了实处。21世纪诗歌的突破是有限度的，整体感觉平淡，经典文本匮乏，诗歌写作本身存在的失衡现象和艺术的泛化问题、潜伏的传播方式危机问题等纠结一处，决定它仍然任重而道远。② 特别是进入新世纪后，诗人们对中国诗歌形象进行了重构，具体表现为实现了书写、传播方式的革命，更贴近了时代与人的复杂状态，以艺术上的自觉打磨使90年代以来的个人化写作落到了实处；但重构并非完全成功，有分量作品少的问题仍未解决，诗歌写作本身问题严重，书写形式革命暴露的弊端和事件化倾向也需警惕。③ 这些文章都从宏观上对新世纪诗歌的艺术特点和不足进行了概括，可谓提纲挈领。王士强则从更为具体的现象出发，就当前诗坛存在的各种异质、极端的要素进行了梳理，认为当今诗歌表面的多元、繁荣、创造、自由，很大程度上包含有假性的成分，是一种假象。而当今诗歌写作中主要存在四个问题：小圈子化、伪学院化、反道德化、泛口语化。新诗要想有所发展，必须要从这几个方面有所突破。④

2010年出版的《中国新诗总系》一书，作为一部重要的新诗总集，其得与失值得探究。李润霞肯定了《总系》的史料价值，但也客观指出它在编选过程暴露出的某些不足：一是其整体编辑体例以归类、分类为主导致的便捷性、丰富性和混杂性；二是好诗主义与历史主义的编选原则在部分选本中出现的双重标准和编选偏差；三是部分当代诗歌选本中一些史料史实讹误。她指出，《总系》作为百年新诗史上规模最大的文学工程和史料工程，显性地构筑了20世纪诗歌史新的经典和新的文学话题；同时，其编选体例、原则和史料讹误所遗留下的问题，也将为后来者提供新的述史与编选动力。⑤

学者还涉及“文化诗学”。张林杰论证了政治文化对20世纪30年代诗歌的影响，认为其时诗人迥异的诗学选择和追求是对文化领域政治冲突的自觉回应，它标志着“五四”时代形成的“自我表现”诗学的瓦解，也标志着左翼和现代主义两大诗潮的形成。左翼诗人以诗歌作为参与文化领域政治斗争的重要形式，因而他们的作品有着明显的公共性质；而现代主义诗人则在回避政治的过程中退向了个体日常生活的空间，在平凡卑微的现实人生中寻求诗意，其创作也因此具有了个人化特征。⑥ 卢桢的关注点集中在都市文化与新诗的联系，认为从文学生成的层面看，城市文化改变了诗人认识世界、感觉世界的基本模式，促进着他们的现代精神体验和审美经验的形成，也使抒情者开始对文本城市进行探索。特别是一些诗人选择以“梦幻者”视角深入文化语境，对日常生活和个人情思进行变形化的渲染与再现，使主体的精神体验和存在意识得以澄明。具备顿悟、超验、所指不确定性的“梦幻”思维本身，正切近了诗歌“重感性、重想象”的文体特征，诗人选择这一视角，既能显露出他们对日常生活场景进行重塑的愿望，也折射出其个性化的诗维运思。⑦

在诗人研究中，张大为深入探析了艾青的诗论，认为其中随时可以找到标准的革命现实主义式的论述，同时又具有对于诗歌、对于语言本身的也

①张莉：《社会性别意识与新世纪女性写作之变》，《天津师范大学学报》（社会科学版）2011年第4期。

②罗振亚：《“乱象”中的突破及其限度：21世纪诗歌观察》，《天津社会科学》2011年第1期。

③罗振亚：《面向新世纪的“突围”：诗歌形象的重构》，《东岳论丛》2011年第12期。

④王士强：《当今诗歌写作批判》，《诗刊》2011年第4期。

⑤李润霞：《〈中国新诗总系〉的编选原则与史料问题》，《文艺争鸣》2011年第11期。

⑥张林杰：《政治冲突与20世纪30年代诗坛的分化》，《文学与文化》2011年第3期。

⑦卢桢：《论中国新诗中的“梦幻者”视角》，《云南社会科学》2011年第6期。

许并非完全自觉的"危险的"强调;但恰恰是这些并非自觉的、艰难的努力和坚持,终究使得艾青在一种典型的巨大悖论中保持了厚实的艺术品质。艾青面对的历史境遇和处置历史的方式,具有中国现代诗人和诗艺的某种原型意义。①

四、现代中国小说研究

林霆关注"十七年"农业合作化题材小说中的饲养员叙事,她指出,在十七年农业合作化题材小说中,饲养员的形象在最初并没有被统一塑型。但在文学批评的指导下,这一形象逐渐被赋予了较为整一的意义内涵,形成高度道德化的书写模式。社会学、经济学的资料显示,这一人物形象体系的出现有其迫切的现实需求。作家通过小说的叙事,处理了现实无法解决的棘手难题,利用人物高度的道德风范解决了农业合作化运动中的某些困境,实现了人物在现实与文本之间的道德转换,文学因而有效地参与了现实社会的意义建构。② 段守新从宏观出发,总结了2010年中国的小说创作特别是短篇的创作情况,认为2010年的短篇小说创作,数量上保持了稳产态势。从创作的情感态度、艺术风格、题材选择以及修辞意蕴上分别体现了"温情补偿"与"理性反思"的对举、"散文气质"与"寓言品格"的异趣、"城市经验"与"乡村追忆"的消长、"文体自觉"对"话语施暴"的矫正等特点。③

围绕国家社科基金项目"现代中国乌托邦小说研究"的课题,耿传明对现代中国"乌托邦"文学的类型和源流等问题作了细致考辨④,指出乌托邦是一种人本主义的现代性文化现象,可分为社会乌托邦、政治乌托邦、唯情主义乌托邦等多种类型。乌托邦文学反映着传统的衰微和文化传递方式的变化,代表着一种中国人在西方这一现代欲望介体的引导下自我变革的要求。现代中国人开始普遍相信人的本质就是能选择如何生活,社会通过人们真诚的信仰和为之献身的真正理想就可加以改变,这使他们由传统的"信命论"者转向了现代的"抗命论"和"造命论"者。⑤ 通过对这些文本的研究,论者特意强调其中"浪漫爱"的兴起是一种现代性的文化现象,它与传统的瓦解、现代个人的出现相伴而生,是人性解放特别是人的感性解放的突出表征。清末民初言情小说的兴起可视为这种现代浪漫爱的滥觞,其中《红楼梦》和《茶花女》的相遇,为这种浪漫爱的兴起提供了极大的助力。清末民初言情小说中的唯情派继承了明清以来以情抗礼的文学传统并与西方浪漫主义爱情小说实现了对接;他们所表现的爱情具有超凡脱俗的乌托邦特性,本土禁欲主义道德与西方纯情、浪漫之爱与此结成了同盟,这是现代性初兴时期浪漫主义反世俗的"人的自我神化"倾向在中国文学中的表现。⑥

在个案研究中,阎立飞认为,地域色彩是沈从文小说的主要特征,他对湘西世界的创造,不仅为20世纪中国文学增添了光辉的一章,而且使其成为湘西地方民族叙事的代言人。沈从文小说地域色彩的形成,经历了个人叙事和民族叙事两个阶段,在这一过程中,他不仅认同了"乡下人"的身份,而且在摆脱早期个人叙事圈子的同时也把个体敏锐的感性认识与湘西地方特殊的民族历史文化融合在一起,创造出独具特色的湘西民族叙事。⑦ 商昌宝指出,《秦腔》自问世以来虽然受到各方的好评,甚至几近被公推为经典之作,但是文本中存在的题材内容的重复、叙事理论的老调、叙事(魔幻)手法的雷同和叙事材料的多次复制等诸多问题,严重影响并制约其走向经典。而通过这样的考察不难发现,贾平凹事实上早已陷于创作困境。⑧

五、天津文学研究及其他

闫立飞认为,新时期天津文学创作不仅与梁斌、孙犁等一批老作家的"复出"有着密切的联系,他们以原有的创作风格或以新的创作面貌进入到新时期的天津文坛,而且与蒋子龙、冯骥才等人在新时期中国文坛的崛起有着更为深入的关联,他们在引领或参与新时期文学潮流的同时成为天津文学的代表。进入20世纪90年代,尽管赵玫、肖克凡等人不断推出重要作品,但天津文学创作在中国文学史中的集体消失使其进入了低潮期。这一状况

①张大为:《论艾青的现代诗人和诗艺原型意义》,《理论与现代化》2011年第5期。
②林霆:《从"牲口迷"到道德楷模——十七年农业合作化题材小说中的饲养员叙事》,《海南师范大学学报》(社会科学版)2011年第1期。
③段守新:《2010年中国短篇小说一瞥》,《海南师范大学学报》(社会科学版)2011年第4期。
④耿传明:《清末民初"乌托邦"文学综论》,《中国社会科学》2008年第4期。
⑤耿传明:《清末民初乌托邦文学的类型、源流与文化心理考察》,《中山大学学报》(社会科学版)2011年第1期。
⑥耿传明:《东西"情圣"的合流与唯情论的乌托邦——清末民初言情小说与"浪漫爱"的兴起》,《学术交流》2011年第4期。
⑦阎立飞:《从个人叙事到民族叙事——沈从文小说地域色彩的形成》,《天津大学学报》(社会科学版)2011年第3期。
⑧商昌宝:《〈秦腔〉走向经典的遗憾——兼谈贾平凹创作困境》,《天津大学学报》(社会科学版)2011年第2期。

直到世纪之交才得以改观,老作家的回归、中年作家的勃发与年轻作家的突起,使得天津文学呈现出复兴的态势。①

张宜雷重点考量了报馆、学堂与天津近代文学的关系,认为在20世纪初,报馆与学堂成为天津近代人文知识分子首选的栖身之地。这使他们在传统文人的"仕"、"隐"之外开辟了新的人生道路,也推动了天津文学的变革。报纸改变了文学作品的传播方式和写作方式,推动了文学思潮和文学运动的形成,也促进了文学品种的热点转化。而学堂的基础教育中蕴涵了最基本的人性启蒙和理性思维,并孕育了新的文学观念和文学作品。② 鲍国华、李丁卓考辨了天津左翼作家联盟的成立时间,认定天津左联成立于1930年的说法证据不足,更为准确稳妥的结论应该是在1930年底天津出现了具有左联性质的学生组织;1932年,天津左联正式成立。③ 这些研究成果客观且颇具新意地梳理了"天津文学"的文学史地位,亦成为"天津文学研究"的厚重资料。李锡龙认为,曹禺的创作深受西方文学的影响,但在诸多探讨曹禺与外国作家关系的论著中,至今没有人提及美国作家莫里斯·辛德斯对曹禺的思想与创作的影响。通过对曹禺的《莫斯科天空下》的解读,论者对曹禺与莫里斯·辛德斯的关系进行了初步探讨。在分析《蜕变》与《莫斯科天空下》的内在关联的同时,对梁公仰的原型也提出了新的看法。④ 孙玉蓉则从《大公报·文学副刊》中发现了朱自清的三篇集外佚文,指出在1929年和1933年这两年中,朱自清在《大公报·文学副刊》共发表十四篇文章,其中以笔名"言"发表的三篇书刊评论是名副其实的集外佚文。这些发现对于朱自清研究无疑具有重要的史料价值。

(本文作者:卢桢,南开大学文学院中国语言文学系讲师;时世平,天津社会科学院副研究员)

天津文学研究综述

孙玉蓉　闫立飞

2011年天津文学研究与学术活动十分活跃,据不完全统计,本年度内召开的相关学术座谈会、研讨会在10次以上。据不完全统计,本年度公开出版学术著作4部,内部通俗文学史料4册,编辑民国通俗小说研究电子杂志7期,发表学术论文和学术资料100余篇。

一、学术活动

2011年7月12日,作家孙犁逝世9周年纪念会暨《布衣:我的父亲孙犁》首发式在北京华侨大厦举行。中国作家协会主席铁凝和作家从维熙、李敬泽、吴泰昌、阎纲、孙郁、肖复兴、冉淮舟、段华等评论家出席会议。与会者对孙犁的人品、文品,在文学上的独创精神,甘当人梯的奉献精神,以及孙晓玲的新著《布衣:我的父亲孙犁》,都给予很高的评价。

2011年10月27至28日,第四届东丽全国群众文学小说创作论坛在天津东丽区东丽湖大酒店举行,主题为全国群众小说创作现状及走向。来自天津市第二十届"文化杯"全国梁斌小说奖的获奖作者介绍了各自的创作心得。参与评奖的评委陈建功、柳萌等点评了获奖作品,并介绍了全国小说创作的趋势。

2011年11月20日,由天津诗社主办的长篇小说《津门十八街》研讨会在天津社会科学院举行,与会的作家、评论家对这部反映天津从辛亥革命到民国初期的巨大历史变迁,富有浓郁津门风土人情气息的小说进行了全方位、多角度的分析和探讨,给予了较高评价。作者李治邦也介绍了自己的创作

①阎立飞:《论新时期天津文学的发展轨迹》,《理论与现代化》2011年第4期。
②张宜雷:《报馆、学堂与天津近代文学》,《天津大学学报》(社会科学版)2011年第5期。
③鲍国华、李丁卓:《天津左翼作家联盟成立时间考辨》,《东岳论丛》2011年第3期。
④李锡龙:《〈蜕变〉与〈莫斯科天空下〉——从一篇佚文看曹禺的思想与创作》,《中国现代文学研究丛刊》2011年第9期。

初衷及多次修改的过程。

二、学术研究

1.《天津文学史》出版

王之望、闫立飞主编的历时八年撰写完成的四卷本《天津文学史》是2002年立项的天津市社会科学研究规划重点项目,是在天津社会科学院文学研究所前期大量阶段性成果的基础上集体完成的。该书2011年6月由天津人民出版社出版,12月18日在天津社会科学院举行首发式。它是关于天津文学的第一部通史。全书120万字,以天津文学的发生为起点,上溯到汉魏乐府传统、边塞诗传统和辽金元文人创作,下限止于公元2000年。分为:古代文学、近代文学、现代文学、新中国初十七年文学和新时期文学五编。全书论述到的作家有235位,其中包括设专章、在国内外具有重大影响的作家11位,论述的作品3000余部(篇)。该著本着点与面相结合的原则,在照顾全面的同时突出了天津文学的"亮点"和特点,弥补了历史上被忽略的"盲点"。该书的出版,标志着天津文学研究学科建设取得了重大进展,不仅反映了天津文学的历史全貌,摸清了它的家底,为天津文学创作寻找到了自己的根茎和脉络,而且总结了天津文学发展的经验和规律,对于促进天津文学和天津文化的大发展大繁荣将产生一定的社会影响。

2. 民国北派通俗小说研究

2011年,天津中青年学者在以天津为中心的民国北派通俗小说研究方面取得了丰硕成果。首先,以张元卿、王振良主编的30余万字的《津门论剑录:民国北派武侠小说作家研究文集》为代表,该书分为五个部分:民国通俗小说综合研究,还珠楼主研究,宫白羽研究,王度庐研究以及郑证因、刘云若、朱贞木等研究,"它以新颖的角度、大胆的质疑、鲜为人知的史料,给人以耳目一新的感觉。"①其次,他们以"民国通俗小说研究馆"名义发行的,"以(通俗文学)史料展示为主,兼顾短小之评论"(《品报》发刊词)的电子杂志《品报》在2010和2011年间,共计编辑了14期,每年各7期。他们注重个体和局部资料的挖掘、搜集和整理,不断推出新发现、新成果,不仅为民国北派通俗小说研究起到了促进作用,而且推动了学院和民间的双向交流,为学院研究添活力,为民间研究上层次,也为整个现代文学史的研究拓展了空间。

3. 近现代作家研究

关于曹禺。2011年是剧作家曹禺百年诞辰,很自然地掀起了曹禺研究的热潮。据不完全统计,国内学术报刊发表的有关曹禺研究的论文总有上百篇,从不同角度对曹禺的人品、作品进行了全方位研究。天津师范大学文学院博士商昌宝通过曹禺1949年后紧跟中国的政治形势,所写的另类文字和对旧作修改得面目全非的事实,探讨了曹禺困惑而矛盾的人生。作者认为,"经历过种种政治运动,曹禺的思想和为人准则愈发'程式'化,甚至在思想解放的大潮中,他也未能及时扭转自己"。曹禺"的确谙熟传统中国人的心理和心灵,无论在艺术的舞台上,还是在现实人生的舞台上,都以超越常人的表演去努力追求和实现最佳的戏剧效果和境界,以至于辨别不出哪是现实生活,哪是戏剧舞台"。② 南开大学文学院李扬从曹禺的佚作,发现了美国作家莫里斯·辛德斯对曹禺的思想与创作的影响,并进行了初步探讨与研究。③ 此外,《文学评论》杂志第2期,推出了纪念曹禺百年专栏,发表了廖奔、邹红、朱栋霖以及郭怀玉的论文。廖奔一文对中国现代文学史和戏剧史上突出的"曹禺现象"进行文化内涵的解读,揭示曹禺的独特价值和真正意义,反思政治文化用急功近利约束文艺创作的恶果,呼唤孕育文学艺术大家的生态环境,同时希望警示作家对创作规律的敬畏之心。④ 郭怀玉之文则认为曹禺本无意写散文,一生却写了150多万字的散文。他对曹禺的散文进行历史的纵向爬梳,作出评价,厘清了曹禺散文创作的心路旅程并揭示其历史真相和原本含义,清除了一些人对曹禺及其作品的误解。⑤

关于王林。王端阳不仅对王林的《解放日记(1946—1949)》进行了整理,而且对王林1949年参加全国第一次文代会期间所写的日记进行了解读,帮助读者回到60余年前全国第一次文代会的现场,领略当时的文坛真相。这些珍贵的史料对于

①罗文华:《往日风景自有它丰美之处》,《天津日报》2011年7月11日。
②商昌宝:《"摄魂者"的舞台人生——曹禺1949年后的另类文字》,《名作欣赏》2011年第3期。
③李扬:《〈蜕变〉与〈莫斯科天空下〉——从一篇佚文看曹禺的思想与创作》,《中国现代文学研究丛刊》2011年第9期。
④廖奔:《曹禺的苦闷——曹禺百年文化反思》,《文学评论》2011年第2期。
⑤郭怀玉:《关于曹禺的散文》,《文学评论》2011年第2期。

现、当代文学研究具有重要的启迪和参考价值。① 评论家黄桂元则对发生在新中国成立初期"《腹地》事件"的始末、事件负面影响如何绵延中国文坛数十年,以及给王林造成的创作阴影,进行了梳理与探究。认为王林的抗战题材短篇小说具有鲜明的写实意向,"他很擅长于在残酷的战争环境中突出展示民族情操,在对敌斗争场面中凸显大智大勇的英雄本色,小说叙事始终激荡着高亢、豪迈、充满胜利信心的旋律,并辅之以紧张的悬念、矛盾的化解与情感色调的渲染,因而总能产生一种动人心魄的艺术效果"。而经历了"《腹地》事件"之后的30余年间,"王林始终都在不断校正自己,以努力接近那个巨大而空洞的文艺标准,却与那个真实的文学世界背道而驰,光阴与才情亦随之渐行渐远,离他而去,最终成为中国当代文坛的一个悲剧性'个案'。作为不正常文艺批评的第一个牺牲品,王林由小说创作的巅峰状态跌入万劫不复的低谷。这样的悲剧绝不仅仅属于王林个人,更是某一特殊历史阶段的荒诞缩影。"②

关于孙犁。"孙犁是一个有风格的作家"(毛泽东语),又是当代文学的一面旗帜,有人说:"随着时间的流逝,我们越来越看清楚了孙犁先生在中国现当代文学史上的重要位置。"因此,对孙犁的研究也持续升温。从维熙认为,经过历史和时间严酷的筛选,孙犁就是"从人格到道义,从文学到生活都十分完美的作家"。孙犁女儿孙晓玲的新著《布衣:我的父亲孙犁》,不仅感情真挚,文字清丽优美,而且"文章中写到的那些鲜为人知的,孙犁先生日常生活(尤其是家庭生活)和创作某些作品时的细节,还有文艺界一些著名人士前来探视,与其谈文论艺等情景,则为孙犁研究提供了宝贵的史料"。③ 从中可以看到"作家的人品与文品,作家存在的意义和价值"(肖复兴语)。金梅在《纯粹的文学家》一文中,还剖析了孙犁的"文学人格学"的内涵。此外,天津以外的国内学者有关孙犁研究的论文也有数十篇,比较集中地对孙犁的小说进行了研究,如孙犁小说的艺术特色,孙犁小说中的联想艺术,孙犁抗日小说审美情趣,《芸斋小说》的结构,孙犁解放区时期小说创作中对苦难的消解等。

关于梁斌。近年来对梁斌作品的研究向多个学科、多种方法、多个角度发展、推进,取得了可喜的成果。2011年5月,由宋安娜主编的《梁斌文学艺术论——梁斌作品评论集四编》出版,围绕着红色经典《红旗谱》的研究,收入天津学者的论文十余篇,均为2009年10月25日"梁斌文学艺术论坛"上提交的论文,如南开大学文学院教授耿传明的论文探讨了《红旗谱》的文学价值和文化意义④;天津师范大学文学院副教授刘卫东的论文从当代视角重读梁斌的《红旗谱》,将其置于"革命现代性"与"乡土中国"变迁的系统内进行考察,分析梁斌在作品中是如何处理的⑤;天津社会科学院文学研究所研究员张春生则从版本学的角度对《红旗谱》作了细致深入的研究⑥,研究员王之望从社会学角度,用比较文学的方法,将《红旗谱》与赛珍珠的作品《大地》进行了比较研究,验证了《红旗谱》是为中国农村和中国农民命运留下真相的经典作品⑦。天津外国语大学副教授钟晓雯⑧、刘英梅、田英宣⑨的论文则从心理学、翻译学、语音学的角度对《红旗谱》的俄文、英文译本进行了研究。总之,新观点、新概念、新方法的介入,有力拓展了梁斌研究的新天地。

4. 当代作家研究

在评论家白烨撰写的《"人学"主题的文学合唱——2011年长篇小说综述》中,天津作家肖克凡和章元的两部作品均被论及。白烨指出,肖克凡的《生铁开花》"采取了以戏写人、戏中有戏的结构方式,以一群高中生由"文革"初期的演出革命样板戏

①王端阳:《王林第一次文代会日记解读》,《新文学史料》2011年第4期。
②黄桂元:《"〈腹地〉事件"的前因后果》,《随笔》2011年第6期。
③金梅:《纯粹的文学家——代序》,《布衣:我的父亲孙犁》,三联书店2011年,第5页。
④耿传明:《〈红旗谱〉:出于时代的选择与超出时代的希望——〈红旗谱〉的文学价值与植根乡土的乌托邦理想》,《梁斌文学艺术论——梁斌作品评论集四编》,百花文艺出版社2011年,第11—25页。
⑤刘卫东:《在"革命现代性"与"乡土中国"传统的接榫处——从"当代"视角重读梁斌〈红旗谱〉》,《梁斌文学艺术论——梁斌作品评论集四编》,百花文艺出版社2011年,第40—50页。
⑥张春生:《略论梁斌对小说〈红旗谱〉的修改》,《梁斌文学艺术论——梁斌作品评论集四编》,百花文艺出版社2011年,第85—100页。
⑦王之望:《〈红旗谱〉与〈大地〉——关于旧中国农民命运描写的对比研究》,《梁斌文学艺术论——梁斌作品评论集四编》,百花文艺出版社2011年,第51—62页。
⑧钟晓雯:《〈红旗谱〉俄译本中的心理隐喻结构》,《梁斌文学艺术论——梁斌作品评论集四编》,百花文艺出版社2011年,第152—162页。
⑨刘英梅、田英宣:《戴乃迭〈红旗谱〉英文译本翻译得失》,《梁斌文学艺术论——梁斌作品评论集四编》,百花文艺出版社2011年,第163—174页。

《沙家浜》，到因政治宣传需要集体走进华北电机厂，再到成为工人之后的渐次分化与相互纠葛，以及改革开放时期面临的种种挑战与隐痛，把当代工人的运程与当代社会的进程内在地连接起来，使得他们的成熟与浮沉、成长与进退，都分别成为工厂的兴衰与时代的变异的具体佐证与生动注脚。或者说，作品就以这样一些工人的幢幢身影，巧妙地构成了一卷精彩的历史缩影。”对青年作家章元的《去年在外面的房间》，白烨也指出：“作品里布布以尖嘴薄舌与热嘲冷讽，讽喻着社会的世风日下。作品内含了可能的失望，也寄寓了可能的希望，它所严峻考验着的，是每一个上路的行者。”①

在我国2011年发表的短篇小说中，作为历史题材的代表作，天津作家秦岭的《杀威棒》被称为“最具有历史反思意味”的作品。评论家段崇轩认为该小说“用农民视角审视历史，为中国知青文学开辟了新路径”。段崇轩指出：“对上世纪六七十年代知识青年上山下乡运动，过去的作品一般都是站在知青立场上审视的，而在这篇作品中，作家是站在农民立场上观照的。民办教师曹尚德手中的蛇皮教鞭，以杀威棒般的气势和力量，打掉了城里娃甄文强以及他的知青叔叔在农民面前的优越和傲慢，使他们真正认识了中国社会和农民，成为他们人生的财富。而在城里娃的聪明和他们后来的成功中，农民也认识了知青和城市文明。这种认识其实是双向的。对历史的认识，是一个不断深入、建构的过程。短篇小说在这一题材上是大有可为的。”②

杨显惠新著《甘南纪事》的出版，又一次引起了读者关注。与《夹边沟记事》和《定西孤儿院纪事》相似，《甘南纪事》同样是铅华洗净的文字、不事雕琢的白描、短章连缀的结构。韩浩月认为“《甘南纪事》最大的特点在于写人性，它是一幅直白的人性素描，写人性的真实与无奈，人性的纯洁与悲哀”。杨显惠的《夹边沟记事》、《定西孤儿院纪事》两部书分外鲜明地刻画了“中华民族的疼痛史”。这三部书“已经成为他写作生涯最为重要的‘三部曲’。这三本书，给我们贡献出历史的真实一面，尽管它们被冠以‘小说’的名义出版，但谁都知道，那是以血与泪写成的民族史的一部分。”③

南开大学文学院卢桢博士对赵玫中短篇小说集《寻找伊索尔德》作了分析与解读，认为它是“构建女性的灵魂诗学”。卢桢指出：“抒写女性内心关于情欲和婚姻、道德与伦理的迷茫，在难觅踪迹的灵魂漫游中，探讨两性之间生存的诸多可能性，奏响女性的爱情长歌，正是赵玫这部小说结集的整体风格。”“读赵玫的小说，就是在阅读她的思想，你很难定格具体的时代背景和场景信息，甚至连小说的故事性都被她有意忽略了。仅仅凭借那种优雅的汉语，赵玫便可在超现实的语言空间中，让读者寻觅到故事的踪迹，这是思想的自由言说，并为我们打开一片澄明之境。”④林雨对王松长篇小说新著《红》的评价是：“《红》很好地表现了王松强大的叙事能力和思考能力，王松也通过自己的创作，丰富拓展了革命历史题材的写作。在多年宏大叙事的影响下，当代文学对话现实、刻写具有特异性个体的能力日渐被人诟病，可以说，《红》的写作，是当下文学深入现实肌理、表现历史细胞的一次可喜尝试。”⑤

（本文作者：孙玉蓉，天津社会科学院文学研究所研究员；闫立飞，天津社会科学院文学研究所所长、副研究员）

①白烨：《“人学”主题的文学合唱——2011年长篇小说综述》，《文艺报》2012年1月4日。
②段崇轩：《亮点与问题——2011年短篇小说综述》，《文艺报》2012年2月13日。
③韩浩月：《浮上河面的巨木——读杨显惠〈甘南纪事〉》，《文汇读书周报》2011年11月11日。
④卢桢：《构建女性的灵魂诗学——赵玫新作〈寻找伊索尔德〉》，《文艺报》2011年9月5日。
⑤林雨：《王松长篇小说〈红〉：红是一种精神和文化传统》，《文艺报》2011年6月27日。

外国文学研究综述

张绍斌

2011 年,天津市外国文学领域科研成果丰厚,专著2 部,教材5 部,论文180 余篇。主要研究方向为:西方文学、东方文学、俄罗斯文学、翻译理论及实践等。

一、西方文学研究

1. 后殖民文学、少数族裔文学、流散文学研究

曾艳兵教授探讨了当前世界文学走向,认为20 世纪末随着后殖民主义的兴起,与后殖民理论相关的后殖民文学、少数族裔文学、流散文学成就斐然;21 世纪西方文学在一片"作者死亡"、"文学终结"、"小说枯竭"的嘈杂声中悄然走向多元与融合,显示出"回归现实主义、重返道德关怀、走向多元性、图像转向"的基本特征。① 马红旗副教授认为,全球化背景下的今天,离散问题已经与种族纷争、宗教冲突,以及世界和平密切联系在了一起,是不容忽略的社会问题和政治问题。② 王立新教授指出,任何对身份、绝对价值观、宗教信仰、伦理道德观念有追求的个体,都不可避免地要与这种美利坚国家民族身份认同的宏大叙述主题发生不同类型的联系。③ 徐颖果教授认为,近年来的美国亚裔戏剧并不是以纯艺术行为作为发展目标,它具有明确的少数族裔文学和流散文学特征,亚裔戏剧旨在利用演出提高亚裔的族裔意识,改善亚裔的社会地位。④ 黄秀敏副教授分析了非裔美国女作家托妮·莫里森《宠儿》的深层文化架构,认为小说将圣经文化与非洲原型文化熔于一体来构造整体结构框架,折射出非裔美国人混合、纠结的种族文化和宗教信仰。⑤ 刘英梅分析了米兰·昆德拉的《笑忘录》、《身份》和《无知》等作品,深入剖析了昆德拉执著书写被捷克当局竭力欲"抹擦"的祖国集体记忆的复杂艰辛的心路历程。⑥ 葛文婕关注美国华裔女性剧作家林小琴的剧作,认为林小琴最关注的两个问题是性别和种族问题,其作品对美国社会中对华裔女性存在的偏见和华裔女性的刻板形象提出挑战。⑦

在澳洲出现的少数族裔文学和流散文学也得到天津学者的关注。刘建喜副教授认为,英裔澳大利亚作家艾利克斯·米勒的小说《祖先游戏》体现了移民的少数文化身份的"二态性",对流放者也有积极正面影响,即经过身份的迷失和抗争,走向文化杂合是大势所趋。还运用霍米·巴巴"第三空间"理论分析了澳大利亚华人导演罗卓瑶执导的电影《浮生》,认为电影中的陈家人在超出两种文化的第三空间建构起杂合的文化身份,避免了文化霸权主义和自我文化边缘化。⑧ 王璠研究了布赖恩·卡斯特罗作品,其后殖民主义身份观,即指无论是个人的还是民族的文化身份都是后天建构起来的,不存在天生的优劣贵贱之分,它消解了以欧美中心论为基础的等级性的种族观念和民族观念,为少数族裔争取应与的公民权奠定了理论基础。⑨

2. 女性主义文学研究

刘英教授和胡翠娥副教授指出,20 世纪 80 年代的女性主义由之前的对两性差别的特殊强调,已转移到女性之间的种族差异、阶级差异等,不过,只有认识身份形成中的互动性、交往性、混杂性、混合性,才能使女性主义超越"差异研究"的偏执,更准确地应对当代社会中全球化、流散现象给女性主义

---

①曾艳兵:《21 世纪西方文学走向及其特征》,《广东社会科学》2011 年第 1 期。

②马红旗:《迷惘与挣扎——〈白牙〉的"离散"主题分析》,《外语与外语教学》2011 年第 4 期。

③王立新、王钢:《〈八月之光〉:宗教多重性与民族身份认同》,《南开学报》(哲学社会科学版)2011 年第 1 期。

④徐颖果:《美国华裔戏剧与亚裔戏剧》,《广东社会科学》2011 年第 3 期。

⑤黄秀敏:《〈宠儿〉的文化构架:非裔美国人种族身份的隐喻性折射》,《名作欣赏》2011 年第 8 期。

⑥刘英梅:《流亡与书写——米兰·昆德拉的生命存在》,《海外英语》2011 年第 2 期。

⑦葛文婕:《解读华裔作家林小琴的戏剧〈苦甘蔗〉中的美国华裔女性角色》,《时代文学》2011 年 6 月上半月。

⑧刘建喜:《后殖民主义语境下的文化身份建构——论米勒的〈祖先游戏〉》,《外大学报》2011 年第 3 期;《〈祖先游戏〉中浪子的二态性解析》,《时代文学》2011 年 4 月下半月;《多元与杂合:论当代澳大利亚文学中的华人形象》,《吉林省教育学院学报》2011 年第 5 期;《〈浮生〉中的"第三空间"文化观》,《长春理工大学学报》(社会科学版)2011 年第 7 期;《论〈追踪中国〉中饭店的双重象征意义》,《时代文学》2011 年 8 月下半月。

⑨王璠:《卡斯特罗及其作品〈漂泊者〉的身份认同》,《湖北广播电视大学学报》2011 年第 7 期。

提出的新问题。①

3. 生态主义文学研究

刘磊、迟欣认为，金斯堡具有现实主义创作风格的诗歌深深地打上了后现代文化的烙印，成为了一种后现代文化语境中的异化了的现实主义，金斯堡用他的诗歌与战后美国的反生态社会作斗争，用生态主义的音符吹响了现实主义的号角。② 乔以钢教授指出，当前，生态女性主义在本土文学批评领域的实践初步展开，如何比较恰当地吸收和运用这一理论方法，还有待进一步探索。③ 李颜伟副教授在对美国作家厄普顿·辛克莱的成名小说《屠场》的研究中指出，美国"纯洁食品运动"的兴起及《纯净食品与药品管理法》的出台，正是辛克莱利用新闻舆论推动国家立法改革的一次成功努力。④

4. 欧美文学理论研究

王铭玉教授对苏联现代结构主义和符号学运动的杰出代表洛特曼的学术思想进行评介，对其核心理念第一模式化系统和第二模式化系统、符号域等进行深入剖析。⑤ 王教授还对克里斯蒂娃的互文性理论与诗学范围的互文性理论的异同等核心问题进行了辨析，评价其主要贡献在于超越了索绪尔的静态结构主义模式，转向了动态的文本研究，提出了解析符号学这种后结构主义的研究方法，并把它用于文化和文本的批评实践，推动了后结构主义和解构主义的发展。⑥ 曾艳兵对英国著名理论家伊格尔顿不断的理论转向，从基督教神学，到马克思主义、后现代主义，再到伦理学和神学进行系统评介，当前的伊格尔顿严厉指责近来理论的相对主义，身份政治的空虚茫然，文化超越社会的自命不凡，把理论希望寄托在一种马克思主义的神学探索之上，甚至认为耶稣是一个不扛枪的文化切·格瓦拉。曾教授还对当代文学理论的发展态势精要归纳，认为结构主义、马克思主义、后结构主义以及类似的种种主义已经风光不再。相反，吸引人的是性，社会主义已彻底输给了施虐受虐狂，于是，一味沉迷于快感之中的人们便渐渐失去了自己的理性批判能力。⑦

二、东方文学文研究

1. 日本文学研究

王晓平教授连续发表了四篇相关论文，对《聊斋志异》从18世纪江户时代到当代日本接受史进行探讨，认为战后女作家仓桥由美子等借用《聊斋志异》幻象描绘现代人的焦虑和不安，展示了《聊斋》与西方文化的异地邂逅中的魅力延伸的巨大可能性。⑧ 勾艳军博士通过考察平安物语、中世战记物语，认为日本古代小说带有浓重的佛教净土思想，净土、无常、果报是最典型的三个侧面，但日本古代小说同时具有鲜明的与儒家劝惩观念相结合的世俗倾向。⑨ 黎跃进教授发掘了日本"大陆开拓文学"、"满洲文学"、"兵队文学"、"笔部队文学"和"皇民文学"等不同类型的民族主义文学资料⑩；南开外语学院吴艳副教授以石川达三和火野苇平两个作家为例，揭露日本作家在侵华战争时期政府的"国策文学"真相和文学界"文学报国"的本质。⑪

2. 西亚和南亚文学研究

孟昭毅教授梳理了印度古典戏剧（梵剧）对中国傀儡戏等的影响因子——歌、舞、音乐、叙事文体（剧本）和造型艺术等，对影响路径、接受或变形等进行了阐发，如唐代被称为"合生"的胡戏和印度古代笑剧的关系等。⑫ 东方文学中也不乏少数族裔文学和流散文学，并且注定和西方文化牵扯不清。王旭峰介绍了南非女作家南丁·戈迪默的长篇小说《无人伴随我》，该小说集中讨论了南非"后种族隔离时代"的三种"政治正义"，即物质正义、性别正义和民主正义。认为这些是黑人和白人都要正确对

---

①刘英、胡翠娥：《女性主义文论研究的GPS：评〈图谱：女性主义与当代文论的碰撞〉》，《妇女研究论丛》2011年第6期。

②刘磊、迟欣：《后现代文化语境中异化的现实主义——从生态美学的视角看金斯堡的诗歌创作》，《作家》2011年16期。

③乔以钢、李晓丽：《论生态女性主义批评及其本土实践》，《天津社会科学》2011年第2期。

④李颜伟：《〈屠场〉与厄普顿？辛克莱的历史选择》，《天津大学学报（社会科学版）》2011年第5期。

⑤王铭玉：《符号的模式化系统与符号域——洛特曼符号学思想研究》，《俄罗斯文艺》2011年第9期。

⑥王铭玉：《符号的互文性与解析符号学——克里斯蒂娃符号学研究》，《求是学刊》2011年第5期。

⑦曾艳兵：《理论之后与理论转向》，《中国图书评论》2011年第2期。

⑧王晓平：《〈日本灵异记〉上卷疑难词语考辨》，《日语学习与研究》2011年第2期；《敦煌俗字研究方法对日本汉字研究的启示——〈今昔物语集〉讹别字考》，《天津师大学报》（社会科学版）2011年第5期；《空海愿文研究序说》，《敦煌研究》2011年第4期。

⑨勾艳军：《日本古代小说的佛学烙印与文化成因》，《外国问题研究》2011年第4期。

⑩黎跃进：《日本20世纪30、40年代战争文学与民族主义》，《衡阳师范学院学报》2011年第2期。

⑪吴艳：《解读日本作家在侵华战争时期的"文学报国"——关于"国策文学"的考察》，载《日本问题研究》2011年第4期。

⑫孟昭毅：《中印古典戏剧叙事对话点滴》，《南亚研究》2011年第4期。

待的文化身份转换问题的关键。①

三、俄罗斯文学研究

王志耕教授在《中国图书评论》“俄苏红色经典”主题书评的学术主持人语中提示，对“红色经典”可以有各种不同的认识角度，但要承认，作为文学的红色经典不具有宗教性质的排他性；造成中国成为苏联红色经典消费大国的原因，既有政治关系以及意识形态相近的原因，也有消费动力及“经典”本身的内在动因。他著文对俄苏红色经典的被人诟病的“政治定制”、“歪曲现实”等问题予以理性辩解，认为真正的经典作家可以无视“命题作文”的语境，俄苏红色经典的“虚己”伦理思想和基督教“救赎性自我牺牲”、俄罗斯文化中的“圣徒传”思想形成了有效接续。② 在另一文中，王教授分析了托尔斯泰小说中的历史观，认为尽管托尔斯泰相信历史合力是一种复杂而神秘的存在，但当他同时想表达他对生命意义的宗教性理解时，则体现出强烈的独白欲望。这也是在他笔下不会出现像陀思妥耶夫斯基的伊万那样的本质怀疑论者的原因。③

曾思艺教授介绍了1909年出版的、由俄国七位知识分子学者“自我反思与批判”的著名论文集《路标集》。该文集的自我反思与批判，包括严重脱离生活实际，却又耽于幻想，相当功利主义、民粹主义地为抽象概念而奋斗，英雄主义、极端主义与远离人民乃至反整体反集体，也不尊重法律，缺乏法制意识，而看重外在的规则和准则等，认为深入研究当年俄国知识分子的自我反思与自我批判，对比较缺乏自我反思与自我批判意识的当代中国知识分子来说，也不无启发和借鉴意义。④ 许力博士推出新作《契诃夫笔下的知识分子形象研究》，主要记述了契诃夫对俄国知识分子形象塑造传统的继承与超越之处，以及契诃夫在该过程中的重要意义。⑤

四、比较文学研究

2011年4月16日，由天津师范大学文学院主办的中国首届“比较文学与世界文学博导高层论坛”隆重开幕。全国数十家知名科研院所的博导、学科带头人50余名参会。中国比较文学学会会长、北京大学乐黛云教授在会上提出，在当今多元文化的背景下，中国学者应找到民族文化的自我，认知、理解和诠释自己的民族文化历史，联系现实，尊重并吸收他种文化的经验和长处，与他种文化共同建构新的文化语境，形成一种文化自觉。⑥

孟昭毅教授认为，21世纪初为中国比较文学从文化热回归文学性的关键期，西方思想家可提供给中国学界的学术思想日渐稀少，深受西方文化思想影响、习惯于拿来西方学术资源以滋养自己学术之树的中国学人，开始从自己固有的文学传统中寻求精神支撑，一头扎进文学文本中去寻找新的研究动因，发掘文学内部深蕴的人类之精神世界。⑦ 两位年轻女学者将老庄思想和国外相关作品进行比较，正为孟教授的论点提供支持。结合具体诗歌作品分析，迟欣认为美国“垮掉派”之父——肯尼斯·雷克思罗斯的诗歌明显借鉴了老子的“反者道之动”、“朴”和庄子的逍遥游思想，具有浓烈的道学生态思想倾向。⑧ 外大汉文化传播学院蔡觉敏副教授认为，托尔斯泰宗教观的内在仍旧是基督教言说的爱，其对老子思想是一种带着“误读”因素的接受，其弱可胜强的观点并不是辩证看问题的结果。⑨

五、翻译理论及实践

王宏印教授对藏、蒙长篇英雄史诗《格萨尔》进行多维翻译研究，涉及民间口头文学的生成和传播、史诗翻译、民族志诗学以及重写翻译史等，勾勒出《格萨尔》翻译传播的认知地图和多种译本之间的联系，打破汉族书面文学翻译传播研究的单一模式，为中华多民族文学翻译史的构建提供认知思路。⑩ 王教授还研究英籍翻译家戴乃迭女士译的彝族支系撒尼人的叙事长诗《阿诗玛》，对其运用英国歌谣体翻译中国少数民族叙事诗的实践作了体制、格律与语言等层面的分析，从中探索民族典籍翻译

①王旭峰：《〈无人伴随我〉与后种族隔离时代的“政治正义”》，《当代外国文学》2011年第2期。
②王志耕：《俄苏红色经典的生命力在哪里?》，《中国图书评论》2011年第4期。
③王志耕：《托尔斯泰历史小说的独白叙事》，《湖南社会科学》2011年第1期。
④曾思艺：《俄国知识分子的自我反思与批判——〈路标集〉与俄国知识分子的发展》，《广东广播电视大学学报》2011年第1期。
⑤许力：《契诃夫笔下的知识分子形象研究》，天津大学出版社2011年版。
⑥郝岚：《反思·辨析·前瞻——比较文学与世界文学博导论坛综述》，《中国文化报》2011年4月29日。
⑦孟昭毅：《比较文学研究重返文学性》，《中国社会科学报》2011年7月12日。
⑧迟欣：《置喙肯尼斯·雷克思罗斯诗歌中的老庄思想》，《北京第二外国语学院学报》2011年第4期。
⑨蔡觉敏：《论托尔斯泰对老子“无为”思想的接受与变通》，《太原师范学院报》2011年第1期。蔡觉敏、尹佳：《从托尔斯泰的上帝观看其对老子“道”论的接受与误读》，《江汉大学学报》(人文科学版)2011年第4期。
⑩王宏印、王治国：《集体记忆的千年传唱：藏蒙史诗〈格萨尔〉的翻译与传播研究》，《中国翻译》2011年第2期。

的一些规律。① 王教授还通过大量翻译实例评述了“翻译文化终身成就奖”获得者林戊荪先生的英译《孙子兵法·孙膑兵法》、《论语新译》,探索归纳中国文化典籍外译之道。②

王占斌教授以分析王宏印教授译编的陕北民歌集《西北回响》为例,系统演示了“翻译目的论”的内容和功能意义。陈大亮副教授系统地探讨了概念思维、意象思维和原象思维三种思维模式对翻译的功能和影响,其中的“原象思维”是借用来的概念,陈教授描述其为一种“大音希声,大象无形”的高级思维形态,意味着从“实”到“虚”,从“有”到“无”,从“在场”到“不在场”的超越。认为这种原象思维的提出是为了解决古诗英译中意境缺失的问题,它是思维的高级形态,具有想象性、整体性、妙悟性等特点。③ 他还梳理了翻译思想史上的古今“味论”,文章在整合中国传统文论与当代学者的理论资源的基础上,实现了一定的创新与发展。④

六、教材和专著

2011 年度教材和著作成果,主要集中在南开大学文学院和外语学院。文学院推出教材和专著各 1 部。《弹拨缪斯的竖琴·欧美文学史传》(套装共 3 册)⑤是一部特色鲜明的外国文学史新著,以史传的方式评述了上至西方神话传说、下至 20 世纪后现代主义文学的欧美文学发展史。王立新、王旭峰、邓宏艺合著《欧洲近现代文学艺术史论》,⑥按照欧洲文学艺术发展的轨迹,突出各个历史时期文学艺术特征形成的文化动因,并顾及了纵向与横向的跨文化传播与影响问题。

南开大学外国语学院推出 1 部专著,4 部教材。专著是许力《契诃夫笔下的知识分子形象研究》。王宏印《新译学论稿》⑦,既是教材也是专著,凝聚了作者多年的研究心血和教学智慧,学界对其有“翻译学的中国化道路”的评价。王宏印著译《世界文化典籍汉译》被列入全国翻译硕士专业学位(MTI)系列教材,是一本高度概括人类文明史资料、系统训练英汉翻译技法和能力的高层次翻译教材。⑧ 另两部教材是常耀信、索金梅教授主编《英国文学通史》(第二卷)和阎国栋主编的《俄罗斯文化概观》。⑨

(本文作者:张绍斌,天津外国语大学汉文化传播学院副教授;审阅:孟昭毅,天津师大文学院教授、博士生导师)

新闻传播学研究综述

刘运峰

2011 年,天津新闻传播学研究取得了新的进展,共出版专著 1 部,发表论文近百篇。

一、新闻传播理论研究

刘卫东长期关注公共事件报道的法律平衡问题,认为我国《政府信息公开条例》实施初期曾产生了一定的轰动效应,然而公众的这种热情并没有保持多久。同时,媒体对突发性公共事件的报道,也时常受到各种阻扰,对于一些急需公众知晓的信息,一些部门却以各种理由和托词拒绝公开。刘卫东认为,其中一个重要原因,就是一些政府部门以

①王宏印、崔晓霞:《论戴乃迭英译〈阿诗玛〉的可贵探索》,《西南民族大学学报》(人文社会科学版)2011 年第 12 期。

②王宏印:《译品双璧,译事典范——林戊荪先生典籍英译探究侧记》,《中国翻译》2011 年第 6 期。

③陈大亮:《古诗英译的思维模式探微》,《外语教学》2011 年第 1 期。

④陈大亮:《“译味”的审美内涵》,《北京第二外国语学院学报》2011 年第 2 期。

⑤任子峰、王立新主编:《弹拨缪斯的竖琴:欧美文学史传》(共 3 册),山西教育出版社 2011 年版。

⑥王立新、王旭峰、邓宏艺:《欧洲近现代文学艺术史论》,天津人民出版社 2011 年版。

⑦王宏印:《新译学论稿》,中国人民大学出版社 2011 年版。

⑧王宏印:《世界文化典籍汉译》,外语教学与研究出版社 2011 年版。

⑨阎国栋主编,(俄)B. B. 费多特金、赵春梅编著:《俄罗斯文化概观》南开大学出版社 2011 年版。常耀信、索金梅:《英国文学通史》(第二卷),南开大学出版社 2011 年版。

“国家秘密”为借口阻挡了公民获取政府信息的步伐。①

李秀云认为，新中国成立之初至“文化大革命”结束，中国新闻学研究历经新闻学界学苏联、反右派斗争、中国人民大学新闻学术批判事件、全党办报问题的研究热潮、“文化大革命”等运动的“洗礼”，逐渐形成政治本位新闻学的理论形态。在这一过程中，政治本位日渐成为新闻学术研究的基本价值取向与思维方式。在新闻学术研究过程中，新闻规律从属甚至让位于政治规律。新闻学不再是一门科学的知识体系，而主要是政治运动的工具。新闻学者的学术研究往往迎合政治需要，在“红专”与“白专”、姓“资”与姓“社”、“革命”与“反革命”的二元对立思维模式下，以政治运动的方式来解决学术问题，新闻学术研究缺乏应有的平和。纵观政治运动本位新闻学学脉延续与变化趋势，可以为当今的新闻学术研究者留下启示：若想繁荣中国新闻学术，必须努力克服政治运动本位新闻学的非学术传统，树立起学术本位新闻学的致思方法与路径。②

梁小建认为，在四个舆论场叠加构成的传播场域中，主流媒体应在传播深层结构上起作用，为社会文化传播提供框架：发挥主流媒体专业优势，建设好重点新闻网站；以主流媒体职业道德和编辑模式规范网络新闻传播活动；把网络信息纳入主流媒体报道框架之内；通过做新媒介的内容和观点供应商占领网络舆论阵地，为网络舆论提供框架。③

二、编辑出版研究

马瑞洁撰文剖析了三审制的核心原则与制度设计，认为互为逆反的双重金字塔结构、不够均衡的激励与约束机制、过分重视行政级别的人员配置、不甚清晰的内部责任与分工，是造成三审制现实之困的制度性原因。论文力图在坚持三审制本质目标不变的前提下，为三审制的完善提供某些可行性建议。④

刘运峰长期以来关注笺纸、笺谱的研究，撰文对笺纸这一特殊的出版物和文化现象进行了全面的研究，论文从鲁迅给许广平的信件开始，就笺纸的来历与演变、笺纸的印制、用途、题材、绘制方法等进行了分析和阐述。此外，刘运峰还从笺谱的作者、内容、工艺、重刊等方面进行了研究。⑤

刘运峰认为，宣传和普及鲁迅是孙犁在抗战中的一项重要文艺活动，也是孙犁在抗战中取得的一项重要成绩。孙犁所发表的一系列有关鲁迅生平的文章以及独立完成的《鲁迅的故事》、《少年鲁迅读本》等作品，都深入宣传了鲁迅的创作实践和文艺思想。⑥

三、期刊研究

陈宁认为，男性期刊研究中存在五个问题：概念研究中缺乏有效的差异化优势，研究者的性别意识滞后于业界的发展，受众研究中以主观想象代替了科学的社会调查，对策研究中专业针对性不强，学术规范亟待严谨。这些问题正制约着男性期刊研究向纵深发展。⑦ 陈宁另撰文认为，随着男性时尚产业的勃兴和男性关怀意识的自觉，面向男性读者的中国媒体也迅速发展起来。翻阅男性杂志，就像在品读一部男性的性别成长史。特别是如果选取特定的角度，审视女性如何辗转于“他”的生命之中、伴随“他”从“幼齿男”到“成熟男”这一历程，具有重要的文化意味。⑧

梁小建认为，在社会转型、学术转型趋势的推动下，学术期刊的市场化转型不可避免。目前部分学术期刊市场化畸形发展，即着重经营作者市场，而不是主要经营读者市场，市场观念亟需转型。应推动学术期刊的市场观念转变、产品转型和结构转型。⑨ 梁小建另撰文认为，学术期刊如能发扬职业精神，为学术界提供高质量服务，使学术期刊成为称职的学术共同体代言人；增强读者意识，加强内容建设，办出特色，促进学术传播，服务经济社会发展；在科学期刊和应用期刊之间做出科学定位，培养自身品牌，不仅有利于提高单本期刊的公信力，而且有助于中国学术期刊形成有序的出版秩序，提

①刘卫东：《公开与保密：公共事件报道的法律平衡问题》，《新闻与传播研究》2011 年第 4 期。
②李秀云：《政治运动本位新闻学的演进》，《学苑撷英》2010 卷，天津社会科学院出版社 2011 年版。
③梁小建：《媒介融合中提升主流媒体舆论引导能力的思考》，《中国出版》2011 年第 16 期。
④马瑞洁：《三审制的现实之困及其突破》，《出版发行研究》）2011 年第 3 期。
⑤刘运峰：《文房清玩——笺纸》，《世界文化》2011 年第 1、2 期；刘运峰：《〈萝轩变古笺谱〉述略》，《文学与文化》2011 年第 4 期。
⑥刘运峰：《孙犁在抗战期间对鲁迅的宣传和普及》，《天津市社会科学界第七届学术年会优秀论文集》，天津人民出版社 2011 年版。
⑦陈宁：《中国男性期刊研究中的五个问题》，《出版发行研究》2011 年第 2 期。
⑧陈宁：《男性杂志中的“熟男”成长史》，《中国图书评论》2011 年第 9 期。
⑨梁小建：《学术期刊转型的趋势与方向》，《出版发行研究》2011 年第 11 期。

高学术期刊整体公信力。①

四、党报理论研究

李秀云撰文借鉴延安《解放日报·新闻通讯》的历史经验，建议党报通过创办"媒介素养"专刊，担负起媒介素养教育的重要责任与使命。②

梁小建认为，2009年以来，人民日报社深入著名高校，举办了丰富多彩的"校园行"活动。《天津日报》、《湖北日报》、《新华日报》、《深圳特区报》、《沈阳日报》等党报也开展了类似活动。这些举措在大学中宣传了党报，扩大了党报在高校师生中的影响力。党报进校园，是新媒体环境下党报创新之举，对推广党报品牌、培养读者、吸引人才，有很大意义。党报进校园，切忌形式主义，要注重实效，着眼党报未来发展，多做打基础、利长远的工作。在推广党报品牌的同时，要切实改进党报内容，为扭转党报在青年学生眼中的品牌形象不懈努力。③

五、电影电视研究

刘忠波认为，中国纪录片新样式的发生与电视传播空间的生成、观众接受程式、文化群落的聚集等外部环节密切相关，外部客观社会机制的影响与内部创作审美品质的二重性构成了80年代中国纪录片的内在精神与外在形式，中国纪录片发生了一次范式性的变革。90年代纪录片栏目化之后，纪录片出现了迎合电视的娱乐媒体的特征，注重不断被赋予戏剧化含义的日常生活中的各种形式，栏目纪录片中的知识分子话语隐退，体现时代宏大理想和崇高精神思想资源消失。较之主流媒体的纪录片作品，国内民间独立纪录片创作更多地依靠创作者对现实生活的热情，许多创作者试图通过纪录片的方式表达自我与社会生活的关系，大多都是依靠对纪录片单纯热爱的自发性创作。他们明确与主流纪录片不同的立场。作为一种民间精神立场的话语方式，独立纪录片的拍摄对象群体相对边缘化，更注重生命个体体验。另外，在观看视角作为一种情感立场的前提下，海外纪录片工作者持续地塑造着"他者"眼中的中国形象，表现出试图深入中国景象内部所作的另一种努力。④

王艳玲认为，2002年美国出品的影片《黑鹰降落》改编于马克·鲍顿创作的同名纪实文学。导演雷德利·斯科特以一场真实的战斗事件为背景，最大限度地还原和全方位地解剖了那场战争。而影片中多处刻意展现的又是人们在战争中放弃战争行为而回归人性的场景，让这个硬邦邦的战争题材拥有了一些人性的柔软。⑤ 王艳玲还撰文围绕新一轮电视相亲交友节目卷土重来，却又在异常火爆中被勒令整改的症结，对电视相亲交友节目如何突破自身瓶颈，其出路应该朝着什么方向发展等问题进行了探讨和思考。⑥

陈留留认为，在保持真实的前提下，纪录片借鉴电影和电视剧的叙事手法来"讲故事"，这种趋势就是纪录片的故事化。当前，纪录片故事化已成为一股潮流、一种趋势。故事化在给纪录片带来生机和活力的同时，也给纪录片的健康发展带来一些隐忧。在这种形势下，如何正确认识纪录片故事化的趋势，把握故事化的手法，解决故事化过程中出现的新问题，就成为纪录片界一个亟待解决的重要课题。⑦

六、网络传播研究

在网络媒体环境下，侵犯广告与积极主动的受众之间的冲突日益尖锐。戴维基于受众视角，由网络广告不断下降的点击率展开探讨，检视与反思当下网络广告传播优势特性的缺失、与用户需求相背离的现状，具体分析了网络广告传播实践与"受众导向"偏离的原因，提出了以受众为中心构建网络广告价值、引导受众成为网络广告内容的创造者与传播者的建议。⑧

随着网络的不断发展和普及，社会舆论的形成阵地逐渐迁移到网络空间当中，网络舆论成为学界关注的问题之一。王艳玲从议程设置理论的视角出发，提出了网络舆论生成的三要素，并构建了"黑匣子"的理论概念，重点探讨了其作为网络舆论生成机制的核心所发挥的作用。而"贾君鹏事件"恰

①梁小建：《学术期刊如何捍卫公信力》，《传媒》2011年第8期。
②李秀云：《党报：媒介素养教育的生力军——由〈解放日报·新闻通讯〉引起的思考》，《人民共和国党报论坛》(2010卷)，中国传媒大学出版社2011年版。
③梁小建：《纸媒品牌塑造的"杠杆效应"——对"党报进校园活动"的观察思考》，《中国记者》2011第2期。
④刘忠波：《30年来中国纪录片的内在精神与外在形式》，《北京电影学院学报》2011年第1期。
⑤王艳玲：《〈黑鹰坠落〉：近乎"完美"的坠落》，《电影文学》2011年第23期。
⑥王艳玲：《电视相亲交友节目从火爆到降温的思考》，《新闻爱好者》2011年第2期。
⑦陈留留：《纪录片故事化手法探析》，《新闻知识》2011年第2期。
⑧戴维：《基于受众视角对网络广告传播问题的检视与反思》，《新闻界》2011年第6期。

恰为该机制提供了有力例证,并说明了公众并不是生成网络舆论的唯一变量。①

七、媒体经营管理研究

陈鹏撰写了《制度与空间——中国媒介制度变革论》一书,该书从传媒经济学理论和新制度经济学的角度出发对我国媒介变革的缘起、问题、方向、实质以及变革的最终诉求进行了探讨。书中使用了历史分析、逻辑分析、制度分析和规范分析等方法,对改革开放以来中国媒介制度演进和变革问题进行分析。该书还从历史分析的纵深层面入手,将每一次制度变革放在历史维度里进行审视和比较,最后将各次变革串联为一幅媒介经济制度变革的图景,整体呈现出一种较为开放、宏观的视野。同时,还以制度分析理论为基础,截取我国媒介经济制度变革的横断面进行拓展分析,构建重要变革的理论依据,分析历史上的成败得失和对现实的影响。②

陈鹏分析了三网融合的本质、特征、目标模式、博弈焦点、面临的挑战等问题以及三网融合的主要矛盾和解决策略,提出了全媒体背景下的媒介融合发展观,并就多屏竞争环境下的内容产业升级提出了具体可行的方法。文章认为,三网融合给电视行业带来了一系列挑战,也带来了开拓融合的机遇。电视行业需要强化内容产业方面的优势,在继续过去的公益性和文化舆论安全性特点基础上,全面升级内容的创意制作体系、传播把关体系和内容与渠道适配体系,在"七种融合"、"六个带动"的融合发展观指导下,构建内容升级的五大体系、实施三大具体战略,以此化解发展中面临的矛盾和问题。③

梁小建认为,图书出版是世界领先传媒集团的重要组成部分。传媒集团对图书出版业具有强大的控制能力。传媒集团对下属出版企业的管理,主要通过三种方式进行,即财务管理、业务管理和人事管理。出版业有利于传媒集团资本运营的稳定发展,传媒集团也为出版业注入了新的活力,扩大了出版业的规模和影响。④

新闻出版领域的"转企改制"是业界和学界关注的焦点,陈鹏探讨了新闻出版领域"转企改制"的制度原因和策略,解析了媒介运转体制变革的产权原因与意义。文章重点从西方新制度主义分析体系的产权理论角度解析了本轮改革的深层原因、面临的问题和解决路径,着重从产权分解、产权边界、委托代理等理论角度分析了在市场体系下的文化产业发展模式和改革模式。在此基础上,提出了媒介改革的产业与事业分离模式以及产业链意义上的整体平移模式,分析了产业链再造的方法与逻辑。⑤ 陈鹏还撰文解析了后出版时代新闻出版企业面临的制度环境和市场环境,并提出了未来发展面临的八大问题,在此基础上,从宣传管理、行政管理、企业管理等方面提出解决问题的对策和建议。⑥

戴维撰文认为,中国电视植入式广告正遭遇成长期发展的瓶颈,关于电视植入式广告的争议与质疑已成为媒体及公众的热门议题,观众对其的心理抵触亦与日俱增。该文通过梳理国内外文献,对植入式广告的本质传播属性进行探讨,反思目前中国电视植入式广告传播中存在的"显性化趋势"的问题,并结合国外植入式广告运作及管理经验对中国电视植入式广告的发展及监管提出建议。⑦

梁小建、于春生撰文指出,在建设新闻出版强国过程中,我国出版业要借助业外资本,特别是传媒业资本实现做大做强;出版业要借助传媒集团的跨国发展,占领国际图书市场。传媒集团要对内部资源进行良好的整合,实现传媒业与出版业的协同作用;传媒业要从战略上认清出版业的地位和作用,扶持出版业发展。⑧

(本文作者:刘运峰,南开大学文学院教授、传播学系主任)

①王艳玲:《论网络舆论生成的三要素——由"贾君鹏事件"引发的思考》,《现代传播》2011 年第 4 期。

②陈鹏:《制度与空间——中国媒介制度变革论》,中国书籍出版社 2011 年版。

③陈鹏:《三网融合背景下电视内容产业升级战略》,《电视研究》2011 年第 1 期。

④梁小建:《世界领先传媒集团出版业经营管窥》,《现代出版》2011 年第 6 期。

⑤陈鹏:《媒介转企改制的产权理论分析》,《中国出版》2011 年第 1 期。

⑥陈鹏:《后转制时代出版产业可持续发展的问题与策略》,《中国报业》2011 年第 6 期。

⑦戴维:《迷失与归位:中国电视植入式广告的"显性化"趋势及其对策》,《国际新闻界》2011 年第 11 期。

⑧梁小建、于春生:《国外传媒集团的并购经营及对我国出版业的启示》,《中国出版》2011 年第 2 期。

历 史 学

中国古代史研究综述

徐 勇

2011年，天津市的中国古代史研究成果，据不完全统计，共出版各种著作24部，发表文章160余篇。以下按断代历史，结合重要专题，对本年度中国古代史研究成果进行简要介绍。

一、先秦史研究

在夏商周及甲骨文、金文研究朱彦民据新发现的花东卜辞，对淇水问题提出了新看法。① 他认为，过去一般认为河、土、岳的祭祀对象是自然神，但殷卜辞中它们与先公代表的祖先神无法完全分开，可能与早期的先公祭祀本身就有某种异同关系。② 杜勇参考德国学者罗曼·赫尔佐克的贵族国家理论，对商代国家结构进行了重新阐释。③ 魏芃提出，西周金文中所见生称"益公"之"益"皆为氏名，死后称谓则不尽然，其中一部分属于美称或谥号，世传"谥法"不足信。④ 耿超通过考证认为，"女娲论"应起源于西周末年。⑤

在春秋战国史研究上，杜勇分析了《春秋事语》与《左传》的区别，认为二书来自不同的传承系统，并无因袭关系。⑥ 雷鹄宇考证，战国时期代戎是文化相近众多部族的泛称，活动地域广大，文献中出现的代国只是代戎的一支。⑦ 徐勇对历史上先后出现的《六韬》成书时代的六种说法进行了批驳，重申了战国中晚期成书说。⑧ 程平山收集和疏理了一百年来关于对《竹书纪年》评价的各种文章。⑨

二、秦汉史、魏晋南北朝史研究

在秦汉史研究上，陈生玺考辨，司马迁为史官世家，记事严肃认真。而且汉武帝时博士孔安国献古文尚书，淮南王刘安与中郎伍被谋反，都谈及秦始皇曾焚书坑儒，均在司马迁撰《史记》之前，证明秦始皇确有坑儒之事。⑩ 张荣明、刘成栋指出，秦帝国政治模式的主要特点是：唯物化的政治意识、君主至尊的政治心态和权力专断的政治思想，促成其形成的环境条件是国家的统一，这一政治模式产生了双重效果：行政高效率与政治的迅速崩溃。⑪ 陈燕认为，秦汉时期汉字排序呈多样性，其性质是根据意义排序。⑫ 刘洁提出，故事产生时代正值西汉前期儒家学派地位上升、国家大力推行"罢黜百家，独尊儒术"之际，因此它所反映的内涵远比故事内容本身的真实性重要。⑬

魏晋南北朝史研究上，岳纯之指出，从诸法合体之律到单一刑法之律，其间有一个转变过程，这个过程可能开始于汉朝，而其完成则在曹魏，标志就是曹魏新律。⑭

三、隋唐史、宋史、元史研究

在隋唐史研究上，肖占鹏、王蕊认为，唐代"捣衣"诗中征妇形象的塑造，体现了中国古代士人政

①朱彦民：《甲骨文淇水探踪》，《中国国家博物馆馆刊》2011年第2期。
②朱彦民：《殷卜辞河、土、岳与先公关系考》，载《中国古代社会高层论坛文集——纪念郑天挺诞辰110周年》，中华书局2011年版。
③杜勇：《商朝国家结构新论》，载《中国古代文明与国家起源学术研讨会论文集》，科学出版社2011年版。
④魏芃：《再论"益公"及"益氏"——兼论西周金文"公"称中氏名的使用规律》，《历史教学》2011年第11期。
⑤耿超：《"女娲论"源流考》，《光明日报》2011年4月7日。
⑥杜勇：《论〈春秋事语〉与〈左传〉的关系》，《赵光贤先生百年诞辰纪念文集》，中国社会科学出版社2010年月版。
⑦雷鹄宇：《试论战国时期代地地理及相关问题》，《赵光贤先生百年诞辰纪念文集》，中国社会科学出版社2010年12月版。
⑧徐勇：《〈六韬〉成书时代之我见》，《中国社会科学报》2011年3月24日。
⑨程平山：《百年来〈竹书纪年〉真伪与价值研究述评》，《中国史研究动态》2011年第12期。
⑩陈生玺：《秦始皇缘何焚书坑儒》，《南开学报》2011年第3期。
⑪张荣明、刘成栋：《秦帝国政治模式分析》《天津师范大学学报》2011年第4期。
⑫陈燕：《秦汉时期的汉字字序法》，《天津师范大学学报》2011年第2期。
⑬刘洁：《"孟母教子"故事考论》《历史教学》2011年第3期。
⑭岳纯之：《中国古代"律"的产生及其早期演变》，《兰州学刊》2011年第11期。

治心态的变化。这种变化反映出社会价值取向的变化，勾画出时代盛衰的轨迹。① 张玉兴考证，唐代陵令亦称陵署令或陵台令，具有中央与地方官双重性质，因此行政中经常需要与县令通力合作，并且常为县令所兼任。② 岳纯之辩驳郑文观点，认为现存《唐律疏议》并不是永徽四年（653）的《永徽律疏》。③

在元史研究上，薛磊认为，元代整个东北地区逐步纳入了分封制与行省制体系内，既可折射朝廷、诸王等多种政治势力的混存交织，又体现出中央集权的逐步加强与若干特色。④ 李治安在其原来研究基础上进一步分析了元代至明初我国南方与北方的异同以及整合发展情况。⑤

四、明清史研究

在明史及明清史综合研究上，南炳文指出，明太祖重视发展对南海周边诸国的关系，致力于建立地区性的国际安全协作体系。实行对南海诸国“不征”之方针，反映了中华民族不黩武传统，而明太祖也不能容忍任何来自外国对明朝进行的侵扰。⑥ 罗宗强认为，嘉靖末至万历前期，有一群追求表示自我、求真、抒写性灵的作者，上承弘治至嘉靖前期江南文人唐寅辈之余绪，下与公安派的性灵说相接，是重自我、重真情、重创造的文学思潮发展阶段。⑦

在清史研究上，重要专著有南炳文《清史》上、下册⑧和常建华《乾隆帝起居注巡幸盘山史料》。⑨ 杜家骥认为，自雍正后设立的值年旗，是在八旗基本完全中央集权化的情况下出现的，它是八旗行政规范化及满族皇帝加强对八旗事务管理的重要措施。⑩ 王丽亚考证，清入关前后，八旗挑甲制度发生了很大变化，由按丁抽兵变为按佐领抽兵，同时，朝廷针对八旗内部各兵种的挑选也制定严格的规定，并强调被挑者的技能。⑪ 常建华撰文，从一个新角度介绍了康熙皇帝在南书房的日常生活状况。⑫

五、社会史及生态环境史研究

在社会史研究上，专著有冯尔康《中国宗教制度与谱牒编纂》⑬。闫爱民指出⑭，夫妇由“别”到“合”即由异坟异穴到同坟异穴，再到同坟同穴的过程，反映出汉代夫妇一体观念的逐步强化。宣朝庆认为，泰州学派提出了社会由个人之志趣组成，重视个人的价值，倡导个人权利与尊严，对“会”的组织结构和组成机理做了理论上的总结。⑮

在生态环境史研究上，岳纯之指出，唐太宗时期，面对接踵而至的各种自然灾害，唐太宗一方面通过兴修水利、建立义仓等进行了有效的事前预防，另一方面通过仁政修身、赈恤救助等进行了有效应对。⑯ 乔清举提出，“生生”是易学自然哲学的重要概念，它是由无数个春生夏长秋收冬藏过程所体现自然发展的总体趋势，是天地生物之心、自然的合目的性。当代生态科学使《易传》的生生思想获得新意义。⑰

六、思想史、史学史研究

在思想史研究上，张荣明指出，在思想史研究中要注意三大关系：即间接研究对象与直接研究对象的关系、获得具体知识与获得抽象知识的关系、施政方法与理论方法的关系。⑱ 岳纯之认为，中国传统法律具有明显的追求公正的倾向和浓厚的人道色彩。其所以如此，既是传统政权存续的必然要求，也是普遍的人性使然。⑲ 吴学国认为，人类生活

---

①肖占鹏、王蕊：《唐代“捣衣”诗及其士人政治心态》，《天津师范大学学报》2011 年第 3 期。
②张玉兴：《唐代陵令考述》，《历史教学》2011 年第 6 期。
③岳纯之：《所谓现存〈唐律疏议〉为〈永徽律疏〉的新证——与郑显文先生商榷》，《敦煌研究》2011 年第 4 期。
④薛磊：《元代东北统治考述》，《历史教学》2011 年第 4 期。
⑤李治安：《元和明前期南北差异的博弈与整合发展》，《历史研究》2011 年第 5 期。
⑥南炳文：《明太祖对待南海周边诸国政策初探》，《历史教学》2011 年第 9 期。
⑦罗宗强：《嘉靖末至万历前期文学思想的转变》，《天津社会科学》2011 年第 6 期。
⑧南炳文：《清史》上、下册，天津人民出版社 2011 年版。
⑨常建华：《乾隆帝起居注巡幸盘山史料》，天津古籍出版社 2011 年版。
⑩杜家骥：《清代八旗制度中的值年旗》，《历史教学》2011 年第 11 期。
⑪王丽亚：《清前期八旗挑甲制度演变浅析》，《历史教学》2011 年第 3 期。
⑫常建华：《康熙朝的翰林轮值南书房》，《紫禁城》2011 年第 12 期。
⑬冯尔康：《中国宗教制度与谱牒编纂》，天津古籍出版社 2011 年版。
⑭闫爱民：《汉代夫妇合葬习俗与“夫妇有别”观念》，《天津师范大学学报》2011 年第 2 期。
⑮宣朝庆：《社会何以可能：16 世纪泰州学派的探索》，《人文杂志》2011 年第 3 期。
⑯岳纯之：《唐太宗时期的自然灾害及其防治》，《理论学刊》2011 年第 1 期。
⑰乔清举：《论〈易传〉的“生生”思想及其生态意义》，《南开学报》2011 年第 6 期。
⑱张荣明：《思想史研究的三个根本问题》，《湖南大学学报》2011 年第 6 期。
⑲岳纯之：《中国传统法律的公正追求与人道色彩》，《学习与实践》2011 年第 1 期。

实践的深化导致精神对实践的反思日益深入，影响到中国古代思想对世界的存在与时间性的理解。①

在史学史研究上，专著有乔治忠《中国史学史》。② 乔治忠分析了中国古代政治思想中“政治历史观”的特色，即从历史叙述与分析中得出政治见解、政治方针，以历史事例来论证自己的政治理念，这种以史为鉴的理念，其思想归宿具有守旧性质，欲解决当前社会问题而不认真研究当前的实况，这是致命的逻辑错谬。③

七、历史地理、文物考古、中外关系史研究

在历史地理研究上，潘晟把自然科学知识引入到历史地理研究之中，通过分析汉唐时期地理数术知识的演变，论述了我国古代地理学的发展历程。④

在中外关系史研究上，庞乃明通过对相关史料的疏理，进一步考证了利码窦其人及其来华的历史事实。⑤ 胡宝华虽然只是一篇综述，但信息量较大，提供了日本研究中国历史较为全面的情况。⑥

八、中国古代通史及文献学、传统方志学研究

在中国古代通史研究方面，陈德弟首次对先秦至隋唐五代时期藏书家作了全面、系统考述。⑦

（本文作者：徐勇，天津市地方志编修委员会办公室副编审）

中国近现代史研究综述

陈振江　张　博

2011年度，天津学者在中国近现代史领域研究成果丰硕，在华北区域史研究方面不断扩展研究领域，在社会史尤其是性别史的研究方面取得新的突破，在政治史、军事史、思想史、文化史和留学史方面的研究取得新的进展。

一、华北区域史研究

华北区域史一直是天津学者关注的热点问题，特别是在交通史、乡村史等领域取得了令学界瞩目的研究成果，在近代交通社会史研究上推出了学术底蕴丰厚的成果。熊亚平认为，近代以降，随着工矿企业的创办、铁路建设的开展，华北乡村社会的市场体系、产业结构、社会结构、宏观经济布局等均有显著变化。铁路影响下的乡村社会变迁直接影响着华北地区在全国地位的变动。铁路运输加强了华北地区内部的社会经济联系，推动了华北地区经济的一体化和同质化。随着区域社会经济的发展和“区域”特征的进一步凸显，华北地区在全国的地位也相应提升。铁路推动下的华北乡村社会变迁对此后华北地区社会经济的发展产生了深远影响。⑧

江沛指出，19世纪中叶后，由于西方入侵中国、太平天国等农民起义打击，内忧外患、威权日衰的清廷，把军事、交通等现代技术的引入，视为稳定政权、抵御外侮的必要手段。因此，近代中国最初的铁路建设，并非完全是经济发展或工矿业需求的产物，这是近代中国现代化进程中一个明显特征。尽管清政府建设铁路体系的出发点不在经济需求，但除个别边疆线路所具有的国防意义外，多数铁路的建设自然沿袭旧有官道、驿路或商路，一些线路则因受制于出资国家的利益考虑而选择了以沿海港口城市为终点。由此，华北区域的工商业发展开始进入受制于外贸、以东部带动西部的时代，以行政中心为商业终级或中级市场的传统商业网络，渐次演变为以东部港口城市为终极市场，以具有铁路交

①吴学国：《中国古代哲学中的时间与存在》，《南开学报》2011年第1期。
②乔治忠：《中国史学史》，中国人民大学出版社2011年版。
③乔治忠：《论中国古代的政治历史观》，《天津社会科学》2011年第6期。
④潘晟：《汉唐地理数术知识的演变与古代地理学的发展》，《中国社会科学》2011年第5期。
⑤庞乃明：《晚明所见利码窦名称字号琐谈》，《西北师大学报》2011年第1期。
⑥胡宝华：《20世纪日本中国史研究步履》，《中国史研究动态》2011年第5期。
⑦陈德弟：《先秦至隋唐五代藏书家考略》，天津古籍出版社2011年版。
⑧熊亚平：《铁路与华北乡村社会变迁(1880—1937)》，人民出版社2011年版。

通条件的各行政中心为中级市场的新型商业网络。华北区域工商业发展及城市变动的新格局,反过来也推动了以铁路为骨干的近代交通体系由东向西的梯级建设。① 江沛、张志国通过对连云港的研究指出,日占期间,重点统制经营的连云港在华北港口布局中占据重要地位,煤炭、铁矿石等基础工业原料是港口主要出口物资,煤炭输出更在港口总吞吐量中占据绝对优势。②

冀中定县租佃关系,为近代中国农村尤其是民国时期华北平原租佃问题提供了重要例证。总体而言,在中共革命之前,租佃关系没有发生明显变化,当地纯粹的出租地主很少,相应地,纯佃户也不多见。由此观之,传统看法以为农村土地关系主要是地主与佃农之间的租佃关系,显属偏执之论。不过,如果因此转而认为租佃关系在农村经济生活中无足轻重,则是另一种极端之见。事实上,纯佃户较少并不意味着租佃关系所涉及的总体范围也较小,非纯粹的出租与租种户的比例相当大,租佃关系更多地表现为你中有我、我中有你的普通农民之间的复杂关系。就地租形态而言,无论是分成地租还是定额地租,地租率都没有明显的变化,即便考虑荒歉、折成、价格等因素,也不足以说明地租率会因之有明显的提高或下降,所谓地租过高或过低都不切合实际。至于主佃关系,地主和佃户之间的关系比较缓和,地主欺压佃户之事并不多见,但如果反将佃户说成是顽劣刁民也是极端的理解,无论对哪一方都不可妖魔化。③

二、文化史、思想史、留学史研究

本年度天津学者在文化史、思想史和教育史的研究,主要集中在城市文化的乡村情结问题、现代化思想起源问题、近代色彩文化问题,并继续保持了对近代留学史的关注。张利民对城市文化的乡村情结问题进行了探讨,指出城市的环境、生产和生活方式、休闲娱乐和价值取向等与乡村的不同,造就了城市文化。不同国家与时代的城市和城市文化有自身演进的脉络。中国宋代的所谓“城市革命”,带动了城市文化的兴盛,经过各朝代的不断完善,形成了传统社会的城市文化。中国以农为本的传统文化的主要内容,包括天人合一的统治理念、重义轻利和重农抑商的价值观、以三纲五常为核心的道德伦理,以及崇俭黜奢的消费观;城市文化则融入传统文化之中并没有显示出显著的特性。④ 研究近代中国色彩文化的嬗变对于了解近代以来中国传统文化转型历程具有重要意义。许哲娜通过对民国时期出版的字典辞书中的色彩词汇进行梳理、分析和比较,论述西学在科学知识、艺术思维以及社会政治领域推动了中国色彩文化各个层面的变化,这些变化不仅有知识上的更新、技术上的进步,更有观念上的蜕变,乃至认知方法与思维模式上的重建。⑤

在有关中国现代化思想的起源与发展问题上,学术界已有较具深度的研究成果,但研究者多未注意到这一时期卢作孚的中国现代化思想。邓丽兰以1933年前后的两场思想论争探讨了卢作孚提出的中国现代化思想的系统及其思想史意义。她认为,1933年《申报月刊》的中国现代化讨论,聚焦于英美化抑或苏俄化的分歧。在此前后,《独立评论》、《大公报》有关国家统一问题的讨论,也提出形形色色的诸多统一方案,卢作孚将中国现代化的诉求提升到“公共信仰”的高度,并以产业、交通、文化、国防的现代化运动作为统一国家的方法,这种超越三民主义、社会主义、自由主义之间意识形态分歧的现代化阐释,是其观点在思想史上的价值所在。⑥ 晚清以来,中与西的应拒去取一直是困扰学术界的重要问题。李来容指出,清末民国时期,诸多学人继续秉持传统士大夫的天下使命观与忧患意识,开始表达一种保持民族特性、重塑学术自尊的文化自觉,继而逐渐明晰地提出学术独立的吁求,并从多个角度和层面详细阐释了学术独立的实际涵义,列举出谋求高等教育主导权、调整留学政策、国化教科书、学术研究本土化等多种途径。⑦

王建明指出,近代以来,从1908年至1949年的

---

①江沛:《清末华北铁路体系初成诸因评析》,《历史教学》2011年第14期。
②江沛、张志国:《日本在连云港的统制与经营述论》,《安徽史学》2011年第6期。
③李金铮:《矫枉不可过正:从冀中定县看近代华北平原租佃关系的复杂本相》,《近代史研究》2011年第6期。
④张利民:《中国近代城市文化的乡村情结》,《中国社会科学报》2011年9月1日第8版。
⑤许哲娜:《西学东渐与近代色彩文化的嬗变——以字典辞书为中心的考察》,《天津大学学报》(社会科学版)2011年第1期。
⑥邓丽兰:《1933年的两场思想论争与卢作孚中国现代化思想的形成》,《福建论坛》(人文社会科学版)2011年第9期。
⑦李来容:《欧化至本土化:清末民国时期学术独立观念的萌发与深化》,《学术研究》2011年第11期。

41 年间，我国各级政府选派了大量留学生赴美国、法国、意大利、苏联等国学习先进的飞机制造技术和飞机驾驶技术。他们学成归国后，学以致用，成为我国近代航空事业的核心力量。①

三、政治军事史研究

2011 年是辛亥革命一百周年，天津学者推出一批高质量的研究成果，并关注义和团运动、中外关系史等领域的研究。王先明认为，20 世纪以来的“革命话语”呈现出繁复和多变的面相。辛亥革命之后，革命话语已经深入到人们的日常生活之中，几乎事无巨细均要纳入“革命”之范围，当新时代“革命传统”蔚然成风后，革命话语由此渐成普泛化流行语，革命的现代价值与意义却淹没在社会大众的集体行为和政治取向的惯习之中。革命逐渐沦落为造反、起义、暴动甚至权力、利益之攘夺的另一种表述。“革命”话语几乎主导了一切社会生活，而“革命”的真义却被普泛化的“革命”话语所消解。②张利民指出，清朝海军全部军舰自 1911 年 11 月初分别在上海、武汉和镇江高举义旗，加入了革命军的行列。其起义虽有部分同盟会会员等青年军官的策动，但实为全体官兵自发行动。③

渠占辉研究了抗战胜利后日本侨民遣返问题，指出抗战胜利后华北地区滞留有 39 万日侨等待遣返回国。在战后中国政治形势尚不稳定，经济条件仍很困难的情况下，中国各级政府以人道主义为原则，倾注大量人员、物资，将华北地区大批日侨遣送回国。中国政府的做法体现了中国人民爱好和平、宽容博大的民族精神。④

20 世纪初义和团硝烟渐散，然于此事件的文本记载却仍彰显鲜活生命力。王先明、李尹蒂指出，关于义和团的历史记忆，在不同的时代呈现出截然不同的价值取向，承载义和团历史记忆的文本历史地传递着这一变迁的轨迹与深植其中的意义、价值。以文本形式出现的义和团，已不再是一个单纯的历史事件，它更多地表现为一个被叙述的符号，成为历史文化象征，甚或成为历史重构中的重要一环。在此过程中，义和团逐渐由“事件”走向“历史”。⑤ 王先明在另一篇论文中指出，义和团运动，是从传统民族主义向近代民族主义运动转折的历史界标，成为近代中国民众民族抗争运动由传统走向近代的历史转折，以“革命话语”为主导的“新的民族觉醒”的历史转折也始于此际的义和团运动。⑥

对于清末中德美联盟问题，李永胜的研究修订了前人的研究结论。1907 年，鉴于英法日俄四国在侵华问题上互相达成谅解，德国政府向中美两国政府提议建立中德美联盟。一种颇为流行的观点认为，1908 年清政府派唐绍仪赴美，是以向美国退还庚子赔款一事致谢为幌子，真正使命在于建立中德美联盟。事实上，清政府对德国的中德美联盟之提议反应冷淡，唐绍仪与美国总统密谈一次，即决定终止中德美联盟之议。美国政府起初曾向德国表示愿意考虑中德美联盟问题，但后来转变态度，与日本政府签订《罗脱高平协定》，拒绝德国的提议。中美两国拒绝德国提议的原因在于，中德美联盟方案具有极大的冒险性，不符合两国的安全利益。⑦

邓丽兰指出，梁启超提出的“革命不得共和而得专制”问题，也称“梁启超之问”，它直接受波仑哈克“因以习惯而得共和政体者常安，因于革命而得共和政体者常危”论断的启发而提出。在清末立宪与革命的论争中，革命党人对此一问并未给予十分有力的回应。当民国政治演绎出越来越明显的“民主专制”迹象，一些两大阵营之外的知识精英如章士钊、张东荪、陈独秀等人，对“民主专制”或“假共和”问题作了学理性的探讨，“梁启超之问”方有了初步的解答。⑧

四、社会史研究

作为中国社会史研究的重镇，天津学者对中国近现代社会史中性别史、乡村史等问题展开研究。侯杰、王晓蕾指出，20 世纪 30 年代，随着民族危机的加深，为了更好地凸显女性与战争的主题，人们

①王建明：《我国近代航空留学生派遣情况述评》，《徐州师范大学学报》（哲学社会科学版）2011 年第 2 期。
②王先明：《从风潮到传统：辛亥革命与“革命”话语的时代转折》，《学术研究》2011 年第 7 期。
③张利民：《辛亥革命中的海军起义》，《军事历史研究》2011 年第 3 期。
④渠占辉：《战后华北地区日侨的收容与遣返》，《抗日战争研究》2011 年第 3 期。
⑤王先明、李尹蒂：《义和团的历史记忆与文化认同——“后义和团”的文本类型比较研究》，《人文杂志》2011 年第 4 期。
⑥王先明：《义和团与民族主义运动的时代转型——立足于近代民众抗争运动的比较分析》，《历史教学》2011 年第 2 期。
⑦李永胜：《1907—1908 年中德美联盟问题研究》，《世界历史》2011 年第 4 期。
⑧邓丽兰：《清末民初“梁启超之问”的提出及其论争》，《南开学报》（哲学社会科学版）2011 年第 6 期。

不约而同地将赛金花视为具有典型意义的个案加以言说，用以重塑人们的集体记忆，传承历史。不同的文本通过对赛金花的叙说阐明了战争通过暴力手段对原有社会秩序不断颠覆、修正与调适的属性。这不仅改变着民族的命运，而且对战前中国固有的性别关系造成了巨大的冲击，迫使女性在更加复杂多变的性别关系中作出调整，其“热爱和平”的天性也遭到一定的扭曲和变形。在特定历史时期，性别身份的建构是个人选择和社会选择双向互动的结果。①

在集体化时代中国农村社会的研究上，李金铮总结了贯穿这一历史时期中国农村社会的共通性问题，如基层政权、阶级划分与阶级斗争、集体化经济、日常生活等。指出集体化时代这样一个原本应作为历史学研究的对象，历史学学者参与研究的并不多，即使有所涉足，也未能取得令人预期的成就。在此领域一展身手的主要有人类学学者、社会学学者、政治学学者和经济学学者。②

自古以来，华北地区的民间信仰活动就十分活跃。侯杰、段文艳、李从娜以大义店村的冰雹会为研究个案，指出，虽然在华北乡村社会中，无论是规模，还是延续时间似乎都并不特别典型，然而从完整性、系统性上来看，却值得我们从民间信仰的角度加以解读。信仰与习俗、传统与现代、现实与想象，所有这些都交融、呈现于古老的冰雹会。在历史的曲折变迁中，大义店村的冰雹会能留传至今，可谓历久弥坚。村落生活经验中保留着关于神灵信仰的集体记忆，记忆使得信仰仪式能够恢复和传承，传承中又不断丰富着集体记忆在记忆与传承的历史演进中，民间信仰衍变为一种民俗，于村落之中建构和谐的空间。作为中国文化的重要组成部分，民间信仰既有稳定的内在系统，也蕴含着和谐的特质。③ 侯杰、段文艳认为，信仰和祭拜何种神灵，既源于信仰传统，又离不开现实生活的某种实际需要。这也是民间信仰的神圣性与世俗空间紧密连接的根本原因，如果脱离其生活空间，探寻其信仰之来龙去脉，就会显得有些无的放矢。④

（本文作者：陈振江，南开大学历史学院教授、博士生导师；张博，天津社会科学院历史研究所副研究员）

世界史研究综述

刘英奇　武　鹏

2011 年，天津市世界史学科保持了近几年的强势发展势头，其中作为天津世界史学科的两大重镇南开大学和天津师范大学在史学研究方面成果突出，佳作不断。本市其他院校和科研机构在世界史研究方面也作出了重要贡献。

一、美国史研究

在美国史研究方面，赵学功揭示了 1950—1953 年朝鲜战争期间，美国一直考虑在朝鲜战场或对中国使用核武器，然而，由于受到其战略重心在欧洲，主要战略对手是苏联以及核战争的严重后果等多方面因素的制约，美国决策者未敢轻举妄动这一历史过程。⑤ 他又说明了古巴导弹危机发生后，肯尼迪政府内部的激烈博弈。⑥ 杨令侠探究了加拿大参与联合国各项行动的主要动机⑦，付成双对美国工业化起于拿破仑战争后这一传统观点进行了重新审视，指出美国从奠基时代开始，就与世界上最先进的国家站在了同一起跑线上。建国以后，美国在殖民地时期奠定的工场手工业的基础上，借鉴英国

①侯杰、王晓蕾：《记忆·文本·性别——以 20 世纪 30 年代赛金花为中心》，《郑州大学学报》（哲学社会科学版）2011 年第 3 期。
②李金铮：《问题意识：集体化时代中国农村社会的历史解释》，《晋阳学刊》2011 年第 1 期。
③侯杰、段文艳、李从娜：《民间信仰与村落和谐空间的建构：对大义店村冰雹会的考察》，《宗教学研究》2011 年第 2 期。
④侯杰、段文艳：《试论中国民间信仰的空间呈现与表达》，《中国宗教》2011 年第 4 期。
⑤赵学功：《制约美国在朝鲜战争中使用核武器的若干因素》，《史学月刊》2011 年第 4 期。
⑥赵学功：《肯尼迪政府对古巴导弹危机的军事反应》，《历史教学》2011 年第 20 期。
⑦杨令侠：《加拿大参与联合国为何行动探析》，《世界近现代史研究》2011 年版。

的先进技术，利用东部繁荣的农业带来的旺盛的市场需求，逐渐走上了不同于英国工业化的发展道路。① 他通过对“生态的印第安人”这一假说的形成和演变过程的考察，得出“生态印第安人”这一形象和印第安人本身的生活状况和理念并不相符，“生态印第安人”很大程度上是在20世纪60、70年代，随着全球环境主义运动和印第安人权利运动的兴起而打造出来的文学形象，这一形象成为了环境主义者批判基督教环境伦理和印第安人权利集团争取民族权利的工具。② 丁见民解释了五大部落印第安人接受黑人奴隶制的过程，考察了他们在经济模式、性别分工、血亲体制、种族观念以及政治体制等各种内在因素发生重大转变的过程，还研究了主动地、有选择地吸收自身所需要的白人经济模式、思想观念和政治制度等。③ 董瑜揭示了在1798年，联邦党人促成颁布《惩治煽动叛乱法》，除了共和党，还有众多报刊编辑与普通民众参与到反对法令的活动与争论中。人民通过这些公共媒介展开互动。围绕法令的争论与行动在客观上使公共领域成为美国早期民主运行的重要媒介。④

二、日本史研究

在日本史研究方面，成果也很显著，杨栋梁教授主编的十卷本《日本现代化历程研究》丛书由世界知识出版社出版，该丛书坚持了整体性、系统性、学术性的原则，通过一条主线、两条发展道路、三次制度变革、四大分析视角、五大领域的基本思路，力求达到系统性整合。他又通过对中日两千多年的古代关系进行梳理，让读者认识在古代中日关系的政策选择上，两国统治者都有过“误判”并在遭受挫折后进行了“纠错”的过程。⑤ 赵德宇向读者介绍了日本大正年间出现的人文思潮，主要表现为强调与物质世界相对的理性价值的新康德主义、宣扬人格是所有价值的终极标准的人格主义、倡导和平民主的文化主义和力行兼爱平等的人道主义，客观上形成了对明治时代形成的极端国家主义的反拨。然而，由于上述诸多思想存在着难以解决的悖论，缺乏以民众支持的社会共鸣，因而没能阻止昭和时代全社会的文化倒退。⑥ 宋志勇从整体上对战后历史反思的不同态度做了勾画，指出美国在战后对日本的包庇和天皇制的保留是日本政府回避、否认战争罪行，缺乏反省措施的重要原因。⑦ 他将中国共产党对日政策分为执政前和执政后两个阶段进行分析，指出了两阶段的不同特点。刘岳兵强调对日本近代海军缔造者胜海舟的中国认识研究，不能只看到他反对甲午战争的一方面，也要看到他默许、赞同的一方面。⑧ 他和硕士生周晓霞通过对元禄年间日本小说《世间胸算用》的研究，揭示了江户时代中期中下层町家女性的生存实态以及她们的形象特征。⑨

三、拉丁美洲史研究

在拉丁美洲史研究方面，韩琦教授的专著《跨国公司与墨西哥的经济发展》由人民出版社出版，该书在马克思辩证唯物主义和历史唯物主义思想指导下，运用历史学和经济学相结合的方法，着重对1940—1982年墨西哥进口替代工业化期间跨国公司所发挥的作用以及墨西哥国家如何应对跨国公司的做法进行了翔实的考察，通过剖析墨西哥的案例，启迪读者对跨国公司的本质以及发展中国家如何在与跨国公司博弈中制胜等问题进行深入的思考。他提出，西属美洲独立运动的意识形态根源根源并不只是欧洲的启蒙运动，还有西班牙中世纪经院哲学的传统和克里奥尔民族主义，是三者的合流。后两者则解释了独立运动的保守性和独立后保守派长期存在的原因。⑩ 他还提出，人文交流是中拉关系的基础，拉美国家是在第三世界中最早获得独立的国家，也是最早开始探索现代化道路的国家。拉美国家所经历的现代化道路曲折艰难，积累了丰富的经验教训，值得我们吸取借鉴。⑪ 洪国起从拉美历史嬗变的视角，阐明经济全球化背景下的国家现代化不完全是单纯的国家工程，它需要有良

①付成双：《试论美国工业化的起源》，《世界历史》2011年第1期。
②付成双：《现代环境主义视野下的“生态印第安人”》，《历史研究》2011年第4期。
③丁见民：《美国印第安人五大文明部落黑人奴隶制的产生》，《史学月刊》2011年第8期。
④董瑜：《1798年“惩治煽动叛乱法”与美国“公共领域”的初步发展》，《历史研究》2011年第2期。
⑤杨栋梁：《中日两国古代关系的性质与特征》，《史学月刊》2011年第10期。
⑥赵德宇：《历史解读：日本大正时代的人文思潮》，《日本研究》2011年第3期。
⑦宋志勇：《战犯审判、历史认识、民族和解》，《史学理论研究》2011年第2期。
⑧刘岳兵：《胜海舟的中国认识——兼与松浦玲先生商榷》，《南开学报》（哲学社会科学版）2012年第1期。
⑨周晓霞、刘岳兵：《元禄时期日本中下层町家女性形象分析》《日本问题研究》2011年第4期。
⑩韩琦：《论西属美洲独立运动的意识形态根源》，《世界历史》2011年第5期。
⑪韩琦：《中拉关系与重视拉美“无形资源”的开发》，《拉丁美洲研究》2011年第1期。

好的国际环境和条件，要求与改革旧的游戏规则、推进国际秩序民主化相衔接。① 王萍介绍了阿根廷独立后，特别是代表“中央统一派”的里瓦达维亚执政后，为了摆脱财政危机，使阿根廷走上现代化之路，颁布了“租地法”。然而，里瓦达维亚的土地政策并未获得预期效果，反而招致各种势力的反对。罗萨斯上台后，颁布了一系列法令，使阿根廷的土地政策发生了根本性变化，不仅逐步削弱了出租国有土地的制度，使之最终名存实亡，恶化了阿根廷自西班牙殖民时期以来形成的土地集中现象，使大地产制得以巩固并获得了进一步发展，成为阻碍阿根廷现代化发展的痼疾。② 董国辉通过对阿根廷历史上1870—1914这一“美好时代“的分析，分析了初级产品出口部门在这一时期对其他经济社会部门发展的推动作用，同时也指出，阿根廷经济的对外依附性和该国早期现代化进程中的一些矛盾，这些矛盾正是阿根廷在20世纪30年代后走向衰败的根源之所在。③

四、世界古代和中世纪史研究

王敦书指出，雷海宗先生的世界历史上的中国观分为历史观和当代观两个方面，其主要内容是中国在世界历史上的特点和地位，以及中国与其他国家民族的关系。雷海宗指出，我们对西洋文化中的一切不可再似过去的崇拜盲从，而要自动自主地选择学习，并加强对欧美的研究。④ 他通过江西师范大学已故教授谷霁光在清华时期所记课堂笔记，向读者介绍了雷海宗先生的教学方法。⑤ 陈志强教授的《拜占庭研究入门》由北京大学出版社出版，该书为拜占庭历史与文化的爱好者和学习者提供了入门指导，在简述拜占庭历史的基本脉络与主要线索的同时，侧重于提供全面、实用的工具性指南。除了系统介绍文献、文物等可资利用的重要史料外，还对拜占庭研究的发展史、研究现状和当前的重点问题有深入的讲解与分析。附录的学术资源、关键词（中英对照）和推荐阅读文献，则为读者进一步学习拜占庭历史提供了参考。同时，陈教授在多次学术会议上陆续发表了《强化相邻学科合作加快世界史学科发展》、《君士坦丁堡城市功能研究》、《拜占廷研究30年》、《欧洲统一任重而道远》、《完善科学评价机制促进世界史学科发展》等论文，对拜占庭史的研究和世界史学科的未来发展提出了自己的看法。杨巨平教授的专著《欧洲文化起源研究》由天津人民出版社出版，该书从文化的角度系统地解读了欧洲文明的起源、演变、发展的过程，让读者对欧洲文明有较为直观的认识。《希腊化还是印度化——Yavanas考》揭示了Yavanas（亚历山大远征后滞留印度的希腊人）的历史命运，由于长期孤悬印度Yavanas在竭力坚持自己文化传统的同时，也出于统治的需要开始了自身的印度化进程。Yavanas在印度的消失并非印度人的胜利，而是希印两种文明合二为一的必然结果。⑥《近年国外希腊化研究略论》介绍了近三十年来国外希腊化研究的快速发展，主要表现在研究队伍的扩大，标志性成果不断出现，也表现在对此前主流观点或权威结论的反思和修正。⑦ 王以欣教授的两本介绍古希腊神话的专著《希腊神话之谜》和《特洛伊战争》由陕西师大出版社出版。叶民副教授的《罗马国家的起源》对古代罗马国家的起源进行了介绍并提出自己的看法。⑧

五、世界近现代史和国际关系史研究

哈全安揭示了埃及穆斯林兄弟会的广泛政治实践，根源于现代化进程中新旧势力的消长和新旧秩序的对抗，体现民众政治的崛起和民众参与的政治诉求。随着时代的进步和所处政治环境的变化，穆斯林兄弟会的政治目标和政治参与方式也经历相应的发展过程。⑨ 肖玉秋介绍了俄国传教团在华办学的百年历史，从1822年至19世纪末传教团仅在北京及周边地区开设学堂，后为文化侵略之目的有所扩大，但由于多种条件限制，俄人所办学堂大多规模偏小，存在时间不长，在人才培养上也少有建树。⑩ 王黎说明了在1453年开始奥斯曼帝国就卷入欧洲外交纠纷，它与欧洲各国签订的近百个国

①洪国起：《拉美国家现代化与美洲国际秩序民主化》，《拉丁美洲研究》2011年第5期。
②王萍：《独立以来50年阿根廷土地政策的变动》，《拉丁美洲研究》2011年第2期。
③董国辉：《初级产品出口与阿根廷的早期现代化》，《世界历史》2011年第4期。
④王敦书：《雷海宗的世界历史上的中国观》，《史学理论研究》2011年第4期。
⑤王敦书：《雷海宗1932年史学方法课程笔记》，《江西师范大学学报》（哲学社会科学版）2011年第2期。
⑥杨巨平：《希腊化还是印度化——Yavanas考》，《历史研究》2011年第6期。
⑦杨巨平：《近年国外希腊化研究略论（1978—2010）》，《世界历史》2011年第6期。
⑧叶民：《古代罗马国家是如何起源的》，《中国社会科学报》2011年第1期。
⑨哈全安：《埃及穆斯林兄弟会的演变》，《西亚非洲》2011年第4期。
⑩肖玉秋：《1917年前俄国东正教传教团在华开立学堂考略》，《世界宗教文化》2011年第3期。

际条约或协议构成了一种条约体系,然而迟至1793年奥斯曼帝国才与欧洲国家互派常驻外交使节,正式加入欧洲外交体系,无论是昔日的奥斯曼帝国还是今天的土耳其共和国,都是欧洲国家体系中难以割裂的部分。①《全球气候变化对国际安全的挑战与思考》提出随着全球气候变化开始困扰国际社会以致威胁人类生存,气候问题成为全世界各国达成谅解的动因,进行战略合作,但各国能否不局限于本国利益达成共识是解决该问题的关键。② 他的《R. B. 莫沃特的国际秩序之无政府状态治理思想》③、《略论卡尔关于国际秩序构建的设想》④、《历史学家视野中的国际关系——论齐默恩关于国际社会建构思想》⑤介绍了R. B. 莫沃特,E. H. 卡尔和A. E. 齐默恩三位著名的国际关系史学家关于的关于构建合理的国际社会的思想。

(本文作者:刘英奇,南开大学历史学院博士研究生;武鹏,南开大学历史学院讲师)

天津史研究综述

张利民　汤　锐

一、辛亥革命研究

2011年,天津史学界召开了辛亥革命运动100年纪念学术研讨会,就长时段、宽领域考察辛亥革命、天津的辛亥革命等问题展开了探讨。⑥ 有学者撰文以当时革命党人所言“中国北部政治运动的中心”来论述辛亥革命前后天津在戏剧、立宪团体、起义、暗杀等方面的活动。⑦《辛亥革命在京津冀》以新的视角重新审视京津和直隶地区的辛亥革命,尤其对以滦州兵谏和滦州起义的社会环境、兵谏性质及影响进行了评价。⑧

二、天津政治史研究

历年来研究天津政治史的成果较少,本年度有文章介绍明代设置天津兵备道的变化,认为其还有驿递、河道的职责和参与马政、盐政和防边的部分职责。⑨ 有学者以天津设立地方审判厅为例,论述了20世纪初清政府以收回领事裁判权为重要目的的司法改革,认为地方审判厅以一种新的理案模式受理华洋诉讼,初步尝试了抵制外人观审权,对维护法权有积极成效。⑩ 天津教案是近代史的著名事件,但长期沉寂,有硕士论文分析了天津教案发生时中外文化差异的背景因素和以法国为主的西方列强的对华政策,并从天津本身所体现的具象来探讨天津教案的起因。⑪ 还有文章总结天津教案的研究状况,认为近20年来不少学者选取新视角和跨学科的方式对天津教案进行更加深入的研究,如当时人的评述和整体性研究,以及人物、与政府关系、文化角度等专题,认为无论从民众心理,还是中外交涉和对政府影响等方面仍需要资料的挖掘和多学科的研究。⑫ 有文章认为在都统衙门统治的二年内,统治者对城市行政、治安、卫生、经济与建设各方面都进行了有效的管理,推进了天津城市近代化的进程。⑬ 天津区级政区的形成早于市的建制,其

①王黎:《奥斯曼帝国加入欧洲外交体系的历史研究》,《南开学报》(哲学社会科学版)2011年第3期。
②王黎:《全球气候变化对国际安全的挑战与思考》,《史学集刊》2011年第3期。
③李冈原、王黎:《R. B. 莫沃特的国际秩序之无政府状态治理思想》,《史学月刊》2011年第10期。
④李冈原、王黎:《略论卡尔关于国际秩序构建的设想》,《浙江社会科学》2011年第9期。
⑤李冈原、王黎:《历史学家视野中的国际关系——论齐默恩关于国际社会建构思想》,《浙江学刊》2011年第4期。
⑥杨东:《辛亥纪念的“天津特色”——天津史学界“纪念辛亥百周年座谈会暨学术研讨会”述略》,《历史教学》2011年第11期。
⑦罗澍伟:《“中国北部政治运动的中心”——辛亥革命时期的天津》,《军事历史研究》2011年第2期。
⑧赵润生、马亮宽:《辛亥革命在京津冀》,天津人民出版社2011年版。
⑨韩帅:《明代的天津兵备道》,《山东行政学院学报》2011年第1期。
⑩钟勇华:《清末审判厅理案模式下的华洋诉讼及观审之争》,《兰州学刊》2011年第1期。
⑪周伟蔚:《对于天津教案起因的考察》,南京大学历史学院硕士论文2011年。
⑫杨莎:《近二十年国内天津教案研究综述》,《牡丹江教育学院学报》2011年第4期。
⑬任云兰:《20世纪初都统衙门对天津城市管理探析》,《城市史研究》第27辑2011年9月。

背景是租界的设置和都统衙门开始明确城乡及各区之间的界限，来源于租界的作用和处于治安考虑划分的警区，这是区级政区肇始，直到天津成为特别市区级界限仍按警区划分。①

有文章利用回忆和史料，考证了解放天津战役总攻的发起时间。② 长期从事天津史研究的百岁老人卞僧慧编集的《天津史志研究文集》，收录了作者1948年至2007年发表的代表性论文，涉及历史、地理、名人、民俗等，史实严谨、立论科学，对于研究天津史志颇有裨益。③《旧天津的大案》收录了名人名案、刺杀谋杀、政治、经济、诈骗、盗窃、涉外等约40个案件和近200幅珍贵图片，以通俗性、故事性、趣味性的风格，讲述了在社会剧烈动荡时期天津的各色人等，亦具有一定的史料价值。④ 有作者以近400幅历史照片，从各个领域解读天津的人文历史。⑤

三、天津经济史研究

2011年，天津经济史研究的突破体现在：其一，在明清时期天津出现的私盐问题上，有文章分析了原因，并认为该现象影响了政府的财政收入，也导致一些社会问题严重，但在客观上对天津城市发展和经济繁荣具有一定的积极作用。⑥ 其二，对开埠初期帆船的评估，认为晚清天津沿海运输中帆船贸易并没有因为轮船兴起而迅速衰落，呈现出较为复杂的发展态势，由于天津与闽广、江南及环渤海地区间都有沿海贸易，而港口条件与通商环境的限制，以及商品的分化、运费、报关手续繁琐和抵制轮船等因素，都为传统民船业保留了一线生机，特别是天津与环渤海内沿海贸易仍然颇具规模，其根本原因是天津多层次沿海贸易的特点，展现出其坚韧的生命力。⑦ 其三，对近代天津典当业利率演变的研究，认为政府、社会与当铺之间的博弈以及当铺自身的竞争都影响了当息标准的制定；各方都使用了适合自己的传统习俗、国家法律、民间团体、报纸媒体等武器，而在其表象的背后，是政治局势动荡、经济局面恶化，行业竞争激烈等社会经济条件的制约；政府对于典当业在改良与取缔两者之间左右摇摆，法令约束力不大；社会精英减息态度坚决，但其作用和影响十分有限。⑧ 还有文章从货币与行市、人员与机构、汇兑与放款等角度论述近代京津两地的金融关系，认为在清末天津逐渐成为华北金融中心，而北京由于缺乏近代工商业的支撑，最终成为银行吸收存款之地，而天津成为运用存款之地。⑨

天津通史资料丛书之一的《“永久黄”团体档案汇编》，汇集了原化工部保存的永利、久大和黄海社的原始档案，以及国外资料，是近半个世纪三代学者的努力，在编目设计中力求做到在现代管理理论的框架下历史资料的完备性和系统性，由此可以全面了解天津化工行业的发展和在全国的地位。⑩ 还有文章选编了宣统年间商人在天津商会倡导下筹办国债捐的档案。⑪ 对天津近代工业的研究扩展到技术进步层面，有文章在总结技术进步发展历程的基础上，论述了人力资源的引进和技术进步的路径、效果，以及政府作用等问题，分析了在资金短缺和缺乏自有技术、科技人才、自由竞争市场环境、技术输出、配套条件失却和政府行为等方面的局限。⑫《近代天津对外贸易研究》以专题论文形式论述了对外贸易概况、基本特征等诸多问题，并附有较系统的研究数据。⑬ 多名学者编纂的利顺德饭店大全，运用了大量中外文报刊，从沿革、名人轶事等方面讲述了三个世纪的发展，有相当的史料价值。⑭ 解放北路是天津历史上的金融街，有作者分中外银行、公司洋行、饭店、娱乐场所和公共设施等角度介

①王培利：《天津先有“区”后有“市”的形成及其原因》，《历史教学》2011年第3期。
②郭永学：《关于天津战役总攻发起时间回忆史料的考证》，《兰台世界》2011年3月上旬。
③卞僧慧：《天津史志研究文集》，天津古籍出版社2011年版。
④周利成、王向峰：《旧天津的大案》，天津人民出版社2010年版。
⑤白文源：《故影遗存：图解天津人文史》，科学出版社2011年版。
⑥张毅：《试析明清时期天津的私盐问题》，《盐业史研究》2011年第1期。
⑦姚旸：《晚清天津帆船贸易发展述论》，《中国社会经济史研究》2011年第3期。
⑧冯剑、李金铮：《在国家、社会与当铺之间：近代天津当息的博弈史》，《中国经济史研究》2011年第2期。
⑨王元周：《近代北京金融业与天津的关系》，《城市史研究》第27辑2011年。
⑩赵津主编：《“永久黄”团体档案汇编》，天津人民出版社2010年版。
⑪俞菊美：《天津商务总会拟创办筹还国债会史料选》，《民国档案》2011年第1期。
⑫赵娟霞：《近代天津工业发展中的技术进步研究》，南开大学经济学院博士论文2011年。
⑬姚洪卓：《近代天津对外贸易研究》，天津古籍出版社2011年版。
⑭张大为主编：《利顺德：跨越3个世纪的大饭店》，天津人民出版社2011年版。

绍了该街道昔日的繁华。①

外文资料一直是研究天津史的主要来源之一，有文章利用德国档案馆藏驻津领事馆报告，揭示了20世纪前后天津的物价，以及外侨的服饰、餐饮等日常生活和习惯，为研究在津外国人生活提供了很好的思路和资料。② 英敛之是《大公报》创办人，有学者利用其日记研究20世纪初前后天津中、上层居民的饮食消费，分析其结构、消费观念变化和原因，以及对天津餐饮业、食品加工业、餐饮观念的影响。③ 有文章分析了《大公报》的广告在传播西方文明、培养人们良好价值观念与社会风尚、激发爱国主义和民族认同感等方面的积极作用，而其追求享乐主义等思想也破坏了人们的传统观念，助长了不良风气，对整个社会发展产生了消极影响。④

四、天津社会史研究

2011年，天津社会史的研究集中在原有的商会、商帮、慈善和新兴的生活史、性别史等方面。有论文从宏观和微观两个层面分析民国前期天津商会对北京政府税收政策的抗争，以论证国家与社会的互动关系，认为商会作为新兴的市民社会组织，在对待官民之间争议时是以一种调解人的身份去平衡两方面的力量⑤；有文章通过“侉”字风波，论述了天津山东商帮的自我认同和社会认同⑥。有文章介绍了1928年后天津救济院由官办到民办、公助民办转型中政府和绅商确立积极救济主旨、固定救济资金等作用，并论述了天津教养院的经营实态；⑦有文章介绍了清乾隆初年天津水涝灾害时清政府与地方社会赈济和救助的史料⑧。外国学者对天津公共卫生近代性的研究在国内有了呼应，在清末京津公共卫生机制演进研究中，有学者从报刊，特别是一些小报搜集信息，从医药、卫生和防疫三个方面论述机构设置和制度建设，以论证公共卫生机制的演进，并以当时人对中西医的认识与争辩来考察中西方文化的冲突和融合。⑨

“新生活运动”是南京国民政府在1934年开始实施的一场改造社会运动，天津由于中日战争中辍，抗战胜利后又重新开展，有论文介绍了该时段在天津政府推动下的“节约运动”和“改进社会秩序运动”的主题，以及各种活动，认为由于开展的手段主要是宣传和劝导，加之准备不足，导致结果并不理想。⑩

性别史是新兴领域，有数项成果问世。有学者以北洋女子师范学堂的学生群体为例，论述辛亥革命时期女学生在学校教育、家庭背景和社会环境影响下不同的选择，认为那些投身革命的女学生曾经以较激进的方式挑战了传统性别关系，为实现公领域的男女平权做出大胆尝试，在经历了革命挫折和争取女子参政权失败后，努力去尝试其他调整性别关系的途径和方法，而与女性在公领域的实践相比，家庭中的性别关系和女性角色依然未能脱离传统；还通过女星社和《女星》的研究，认为20世纪20年代李峙山、邓颖超等女权运动者以此为女性表达自我和参与公共议题讨论提供了渠道，从被论说者转变为论说的主体，主动表达她们对于性别关系和现代国家的构想，女性的话语空间得以拓展，打破了男性的垄断，也建构了男女两性互动的空间。⑪有学者通过清末民初天津的《醒俗画报》、《人镜画报》解读女性群体的映像和近代话语，认为由于男性知识分子以自身的新闻视角分析女性，女性被符号式地定位在“传统”和“现代”的框架之内。通过考察清末天津的《醒俗画报》，探讨被审视的女性的视觉形象，论述当时的视觉权力与性别关系。⑫ 还

①政协天津市和平区委员会、天津档案馆等编：《老天津金融街》，天津人民出版社2010年版。

②张国刚：《清末天津物价与外侨在华日常生活——德国驻津领事馆档案资料札记之一》，《中华文史论丛》2011年第4期。

③郭立珍：《近代天津居民饮食消费变动及影响探究——以英敛之日记为中心》，《历史教学》2011年第3期。

④岳谦厚、卫俊：《〈大公报〉广告在天津社会生活变迁中的作用——以1926—1937年为例》，《城市史研究》第27辑2011年10月。

⑤迟慧：《民国前期天津商会与北京政府税收政策的抗争》，天津师范大学历史文化学院硕士论文2011年。

⑥王静：《1947年天津“侉”字风波始末》，《兰台世界》2011年8月中旬。

⑦刘敬忠、葛宝森：《官绅在天津救济院现代转型中的作用》《人民论坛》2011年第2期；葛宝森、赵法发：《天津教养院经营实态述论》，《唐山师范学院学报》2011年第1期。

⑧张强伟：《清乾隆三年(1738)天津府水涝及救灾史事探究》，《咸宁学院学报》2011年第8期。

⑨路彩霞：《清末京津公共卫生机制演进研究(1900—1911)》，湖北人民出版社2010年版。

⑩赵欣洁《天津新生活运动研究1946—1948》，河南大学历史学院硕士论文2011年。

⑪李净昉：《辛亥革命时期女学生的历史抉择——以北洋女子师范学堂为例》，《南开学报》2011年第6期、《公共空间的性别构建——以20世纪20年代天津〈女星〉为中心的探讨》，《郑州大学学报》(哲学社会科学版)2011年第3期。

⑫侯杰、李钊：《媒体视觉性别——以清末民初天津画报女性生活为中心的考察》，《南开学报》2011年第2期。李文健：《被看的女性：清末民初天津城市妇女形象的视觉呈现——以〈醒俗画报〉为中心的考察》，《文学与文化》2011年第3期。

有学者从身体史的角度，以《北洋画报》中呈现出的都市女性身体来探讨都市文化生活中女性身体的构建所折射出的性别意涵和社会价值。[①] 女性婚姻和就业也是长期研究的话题，有学者借助《大公报》设立的妇女与家庭专栏叙述当时天津女性婚姻家庭状况的文章，分析了天津女性的离婚原因等问题。[②] 有文章认为近代天津下层妇女就业中，主体是已婚者和寡妇、就业地与居住地较为集中、就业的边缘化和病态化、方式的灵活化等现象，是社会文化、工商业发展、产业结构和布局、交通，以及妇女自身等因素共同建构的结果，在客观上又对传统的社会性别规范、生育观念、社会角色和地位、婚恋观念等产生了深刻的影响。[③]

五、天津文化教育研究

随着文化大繁荣大发展的形势需要，2011 年对天津文化教育的研究呈现多个层次并进态势。《天津文学史》是诸多学者数年研究的成果，以人物和题材为主线，分四个时期全场景地论述了天津文学的发展，从渊源、元点、亮点、盲点和特点等角度分析天津文学在中国的地位。[④] 清代天津地区有僧俗聚集进行文学雅集活动现象，有文章初步探讨了僧俗雅集的三种形式以及活动背后的文化基础、思想基础和形式。[⑤] 有文章论述了漕运对明清时期天津市场繁荣、语言、信仰和文学的影响。[⑥]《天津老画报》图文并茂地介绍了清末至民国时期天津地区最典型的各种画报的迄止时间、出版者和编辑人、装帧等，对其办刊宗旨、风格、特色等做了初步研究。[⑦] 有文章较为详细地介绍了评剧在天津的出现和发展，并描绘出不同时代的代表人物。[⑧] 关于体育方面，有对天津花会、武术和游戏竞技等民俗体育进行文化考察，认为形成与发展的基础是社会文化、军事文化和商业文化。通过对第十八届华北运动会的述评，认为此届运动会既反映出以救国为出发点、以政府财政为依托的体育发展被寄予多重含义，也体现在特殊的历史环境下、非赢利性民间体育团体坚持发展体育事业的艰难。[⑨]

关于教育史的研究成果较少。有文章介绍了北洋大学建立后积极参与发展城市的公共卫生事业和市政建设的史实[⑩]；有文章从耶稣教会角度论述了津沽大学的建立和发展，总结了办学特色和影响[⑪]；还有的文章论述了清末天津广育学会在推动私塾改良的贡献[⑫]；有硕士论文叙述了天津社会教育的发展概况、各阶段的中心内容和制约因素[⑬]。

（本文作者：张利民，天津社会科院历史研究所研究员、南开大学历史学院兼职博士生导师；汤锐，南开大学历史学院博士生）

①李从娜：《〈北洋画报〉的身体史意蕴及解读》，《兰台世界》2011 年 7 月下旬。

②张玮、徐娟：《20 世纪 20 年代的天津女性离婚问题研究——以〈大公报·妇女与家庭〉为中心的分析》，《中北大学学报》（社会科学版）2011 年第 3 期。

③成淑君：《近代天津下层妇女就业的主体、空间分布与其他》，《城市史研究》第 27 辑 2011 年 10 月。

④王之望、闫立飞主编：《天津文学史》，天津人民出版社 2011 年版。

⑤李建武：《天津文化教育史上的奇葩——清代前期天津地区僧俗文学雅集活动》，《天津市财贸管理干部学院学报》2011 年第 2 期。

⑥李俊丽：《明清漕运对运河沿岸城市的影响——以天津地区为例》，《中州学刊》2011 年第 3 期。

⑦周利成：《中国老画报：天津老画报》，天津古籍出版社 2011 年版。

⑧赵德明《评剧艺术在天津》，《天津市社会主义学院学报》2011 年第 1 期。

⑨刘欣：《天津民俗体育的文化考察》，《寻根》2011 年第 3 期。杨明邹灿：《体育与救国：第十八届华北运动会述评》，《史学月刊》2011 年第 11 期。于秋生等：《浅谈霍元甲与中国武术精神的传承》，《兰台世界》2011 年 4 月上旬。

⑩何睦：《论大学的发展与城市建设的关系——以天津北洋大学为例》，《理论与现代化》2011 年第 6 期。

⑪李晓晨：《津沽大学的办学特色及其影响》，《史学月刊》2011 年第 7 期。

⑫岳红廷：《清末天津广育学会探析》，《唐山师范学院学报》2011 年第 6 期。

⑬张绍春：《清末与民国前期天津社会教育研究 1905—1937》，天津师范大学历史文化学院硕士论文 2011 年。

经 济 学

政治经济学研究综述

景维民　孙景宇

政治经济学学科是天津市社会科学的重要组成部分，历史悠久，力量雄厚，在国内拥有广泛的影响力。2011年，在相关学者的共同努力下，天津市的政治经济学研究取得了新的进展。

一、关于政治经济学的创新和发展

逄锦聚认为，改革开放以来，与时代发展相适应，政治经济学研究取得了巨大进步。但是，政治经济学的这些创新还是阶段性的。在当代，政治经济学的历史使命是：第一，揭示在和平与发展成为时代两大主要问题和经济全球化条件下人类经济社会发展的规律和趋势，为促进我国和世界经济的发展作出应有的贡献。第二，揭示我国改革开放和现代化建设的规律和趋势，为改革开放和现代化建设提供理论支持和指导。第三，为所有经济学科的繁荣和发展提供理论基础。①

王璐通过对政治经济学和西方主流经济学的比较，认为回归古典传统和马克思经济学视角的社会哲学对于市场经济研究具有重要意义。她指出，在当前美国次贷危机所引发的全球性资本主义经济危机面前，在经济自由主义和国家干预主义旗帜下的西方主流经济学既无力阐释危机也不能解决危机，特别是主流新古典范式对古典传统和凯恩斯经济学的替代因排除制度框架而导致系列逻辑矛盾与范式危机。相反，建立在古典价值与剩余价值基础上的马克思经济学，通过深刻剖析资本主义宏观经济问题而形成一个逻辑一致的总量理论体系，这不但以独特的视角深刻解析资本主义经济大危机，也全面探讨现实资本主义周期波动与运行规律。②

杨成林、何自力强调，要重树马克思科学抽象法在经济学研究中的重要地位。他们认为，科学抽象法是马克思在批判和继承黑格尔哲学的基础上，提出和具体运用到社会科学研究领域的科学研究方法。唯物辩证法和唯物史观是科学抽象法的哲学和方法论基础。方法论层面上的区别不仅形成了马克思主义经济学与西方主流经济学作为两种不同的研究范式的本质区别，而且也是凸显马克思主义经济学作为科学研究范式的核心所在。③

二、关于当代资本主义的研究

对于当代资本主义的最新发展，刘凤义认为，20世纪80年代以来，伴随着新自由主义思潮的兴起，美国、日本和瑞典等发达资本主义国家的不同市场经济模式集体转向了新自由主义市场经济模式。其结果，到20世纪90年代，美国模式、日本模式和瑞典模式几乎同时爆发了金融危机。面对危机，不同市场经济模式开始进行局部调整：美国模式对新自由主义政策进行了短暂调整后，又重蹈覆辙；日本模式则在新自由主义模式与日本模式之间摇摆不定，其结果导致日本经历了"失去的二十年"；瑞典模式则在坚持自身模式合理内核的基础上，弱化了新自由主义政策主张，迅速走出危机，走向持续发展。2007年美国次贷危机标志着新自由主义模式的终结，这使主要发达国家进入深度调整的发展变化过程。可以预见，无论是美国模式、日本模式还是瑞典模式，都在坚持自身模式合理内核的基础上，更加注重向经济绩效和社会绩效均衡发展的方向调整。但从本质上看，无论哪种资本主义市场经济模式，都无非是资本主义生产关系的一种调节形式，都无法从根本上克服资本主义基本矛盾

①逄锦聚：《政治经济学的当代使命和创新发展》，《政治经济学评论》2011年第1期。
②王璐：《在主流经济学的范式危机中回归马克思经济学之古典传统》，《马克思主义研究》2011年第2期。
③杨成林、何自力：《重树马克思科学抽象法在经济学研究中的重要地位——马克思主义经济学与西方主流经济学方法论的比较分析》，《当代经济研究》2011年第11期。

带来的经济周期规律。①

崔学东认为,2007年金融危机并不意味着美国新自由主义模式的终结。尽管美国金融危机发生的机理是劳动收入比重下降、财富和收入分配空前不公、以制造业为核心的实体经济不断萎缩、经济增长高度依赖不可持续的信贷消费和资产价格泡沫,但是这还不是新自由主义危机的全面表现,也不意味着以新自由主义、金融化和全球化为特征的积累和增长模式的终结。因为金融化依然会持续,新自由主义的支配地位没有受到挑战,劳资关系的改善缺乏工人运动和政治推动力量,垄断资本全球化从各个方面削弱和分割了美国的工人阶级,劳资关系恶化不可逆转。② 张彤玉、时学成系统梳理了有关美国高收入阶层收入份额变动的研究,认为美国高收入阶层收入份额呈现U型特征,由第二次世界大战前的高位先下降后平稳再上升,尤其是近30年里收入份额呈现迅速增长。对高收入阶层的人口特征研究表明,第二次世界大战前的高收入者主要是企业主和依靠资本收入的资本家,但近几十年来高收入阶层主要是明星、公司高管、金融业人员和各种技术专家。高收入阶层通过财产继承、教育等手段获得相对较稳定的高收入,有着较强的内部稳定性。③ 另外,宁光杰对德国近年来劳资关系调整的研究也表明,为适应全球化背景下资本积累的需要,德国的集体谈判出现由行业向企业分权的趋势,企业在劳动时间和工资等方面获得更多的决定权和灵活性,这些调整都有利于德国在全球经济危机中保持较高的就业率,但也在一定程度上损害了劳动者的利益,导致收入差距扩大,并侵蚀了原有稳定的劳动关系。④

三、关于中国的经济转型和发展模式

对于中国的经济转型模式,景维民、张炜认为,从制度变迁的角度来看,中国经历了从“制度供给主导型”到“中间扩散型”最终达到“需求诱致型”的发展过程,而俄罗斯则经历了从“制度供给主导型”到“需求诱致型”又重新回到“制度供给主导型”。决定中俄经济转型差异的关键因素在于,中国的“强政府”将经济转型过程中的风险控制在一定范围内。但随着转型的不断深化,中国制度变迁过程中积累的一些矛盾逐渐显露,这就要求中国在后转型期吸取俄罗斯制度构建中的经验教训,通过国家与社会权力的协调发展,促进制度的优化演进。其中,摆脱国家全面控制的社会发展路径,使国家职能逐渐从制度构建的主导者转变为参与者,促进经济自由化、市场化的均衡发展,不断培育、发展、完善公民社会及组织是必然要求。⑤

对于中国的经济增长和发展,刘刚认为,中国经济30年的高速增长是经济发展过程中的“涌现”现象,即持续的整体大于部分之和。具体而言,“中国奇迹”是改革开放以来包括中国政府在内的经济行为主体在“要素租金”的驱动下主动适应外部环境,创造出新的经济发展模式的结果。但是这种“要素租金”驱动的经济发展模式在带来中国30年高速经济增长的同时,也造成了收入分配差距扩大、产业结构发展不协调、资源过度消耗和环境恶化等一系列问题。在新的发展阶段,随着外部环境的改变,转变经济发展和创新发展模式,实现经济发展从“要素租金”驱动向“创新租金”驱动的转变,是中国经济实现可持续发展的战略选择,这一转变的实质是中国的第二次转型。⑥ 黄秋菊、景维民也认为,经济社会结构的急剧调整,外部经济政治环境的巨大变迁,已经使中国再次处于十字路口。而摆脱困境,走向持久繁荣的根本之道在于迈向包容性增长,这有赖于包容性市场经济的建立、包容性制度体系的创新和包容性文化的支撑。因此,只有将经济转型、政治转型、社会转型、文化转型等多种转型相互融合与协同推进,切实转变经济发展方式,才能实现国民经济的持续良好发展。⑦

另外,张仁德认为,不能把经济绩效作为经济体制的最终评价标准,正如建立的制度和体制不是目的一样,发展生产力本身也不是最终目的,归根结底,发展生产力是提高人民生活、实现人民幸福的手段。因此,对经济体制的评价应当采取生产力和幸福度“双标准”。从这意义上来说,中国经济体

①刘凤义:《新自由主义、金融危机与资本主义模式的调整——美国模式、日本模式和瑞典模式的比较》,《经济学家》2011年第4期。
②崔学东:《金融危机是美国劳资关系的转折点吗?》,《教学与研究》2011年第10期。
③张彤玉、时学成:《美国高收入阶层收入份额变动研究的新进展》,《教学与研究》2011年第4期。
④宁光杰:《全球金融与经济危机背景下德国劳动关系的调整》,《教学与研究》2011年第10期。
⑤景维民、张炜:《中俄转型过程中制度变迁方式演进与分化》,《天津社会科学》2011年第5期。
⑥刘刚:《中国经济发展中的“涌现”现象及其发展模式的形成与演化》,《经济学家》2011年第1期。
⑦黄秋菊、景维民:《经济转型与包容性增长的关联度》,《改革》2011年第9期。

制在推动生产力增长、增加财富总量的同时，其生产力与幸福度增长趋势存在着反差，这表明中国经济体制中隐含着某些阻碍幸福度增长的因素，而这些因素必须通过经济体制的进一步改革加以排除。①

三、关于中国的收入分配

收入分配问题是当前中国社会经济中一个非常值得关注的问题，武鹏、周云波通过对我国1990—2008年行业收入数据的演进趋势与特征的分析，发现：第一，我国行业收入差距整体上呈持续快速上升的趋势，以往基于行业门类数据的研究大大低估了我国行业收入差距的真实严重程度；第二，我国行业收入差距的演进过程中受体制改革和宏观经济形势的影响，上述上升趋势中亦具有一定的波动性特征；第三，我国行业收入分布演进表现出明显的“穷者愈穷、富者愈富”的马太效应特征。②

对于工资的性别差距，宁光杰运用中国健康与营养调查（CHNS）的数据对劳动者的工资性别差距进行测度和分解，发现在控制个人特征和单位特征后，男性劳动者的小时收入比女性劳动者高23.8%，考虑就业选择偏差后的工资性别差距更大一些，达25.2%。他认为，由于差异的更大部分是由收益率差异造成的，这在一定程度上反映了性别歧视的存在。主要表现在工龄上受到歧视，女性的工龄收益率低或者为负值。进一步考虑选择性偏差和找到工作概率进行分解的结果说明，女性在就业获得上受到歧视，会严重影响其与男性劳动者的收入差距。③

时学成、张彤玉对我国高收入阶层的影响因素进行了分析，发现中国的高收入家庭主要来自四大类人群：传统企业家、企业高管、专业投资者和独立型商人（富二代），这些人群大部分分布在传统房地产、制造业、制药和高科技行业。影响高收入阶层的因素主要有体制转轨、行业垄断和非法收入等。针对目前的形势，政府应从调控工资收入、关注财产收入、加强税收征管角度进行调控。④

当前中国已经开始进入初步的中等发达水平，如何改革再分配体制，提高再分配政策的指向力度，就成为一个需要认真研究的问题。陈宗胜、李清彬构造了一个包括经济利益、风险规避、公平信念和声誉理想四类动机的分析模型框架来研究再分配的决定倾向，从人们决策的动力本身出发，定量地研究了中国居民再分配倾向的决定因素。研究结果发现：女性、非汉族、大专以下教育水平的人群、非党员身份、穷人、有向下的收入预期和有“过往向下的流动历史”的人群，相对更支持再分配意向；越同意“贫富差别有助于工作积极性”和越“信任政府”的人群，越易于支持进行再分配；中国特色的几个特征中，“非农户籍”要比“农业户籍”的群体更倾向于支持再分配，中部区域与东西部区域相比，支持再分配的程度较低。这一研究的政策含义是，应当加强再分配的力度、确定出各种再分配政策的先后顺序、有区别及有针对性地制定不同地区的再分配政策、设计征求民意的再分配制定机制。⑤

四、关于中国的土地问题

当前我国城市化进程不断加快，在土地资源总量短期无法有效增多、耕地单产短期内难以实现重大突破的情况下，如何既要满足城乡建设用地需求，又能维持一定的耕地保有量、保障粮食安全，就成为当前中国所要面对的一个重要问题。张海鹏通过研究当前我国城乡建设用地配置和利用中的三种典型模式——天津“宅基地换房”模式、重庆“地票交易”和新乡“农村社区”——的研究，认为影响农户腾出建设用地的时机主要包括当地经济社会发展状况、腾地农户所承担的腾地成本以及农户所能分享的土地增值收益等因素。因此，在推进城乡建设用地增减挂钩过程中，建议注意推进试点工作的速度和力度，注重增强政府控制力和自控力，注重提高农民的参与度与受益度。⑥

周立群、张红星却认为，在城市化的过程中，除了土地的交易还包括劳动力的转移。如何将建设用地指标的转移与劳动力的转移结合起来，正确处理城乡建设用地增减平衡项目实施与劳动力转移的矛盾，实现土地交易和劳动力转移的协调发展，是“宅基地换房”、“挂钩项目”和地票交易都会面临

①张仁德：《经济体制评价标准的探讨及应用——生产力与幸福度“双标准”》，《经济社会体制比较》2011年第3期。
②武鹏、周云波：《行业收入差距细分与演进轨迹：1990—2008》，《改革》2011年第1期。
③宁光杰：《中国的工资性别差距及其分解——性别歧视在多大程度上存在？》，《世界经济文汇》2011年第2期。
④时学成、张彤玉：《我国高收入阶层的影响因素分析与对策》，《学术探索》2011年第2期。
⑤陈宗胜、李清彬：《再分配倾向决定框架模型及经验验证》，《经济社会体制比较》2011年第4期。
⑥张海鹏：《我国城乡建设用地增减挂钩的实践探索与理论阐释》，《经济学家》2011年第11期。

的问题。随着城市化进程推进和农村劳动力转移,一部分远郊农村居民进城务工,在城市找到工作并愿意长期定居,农村的房子并不居住。因此,即使是经过村庄整理之后,农村中仍然存在一些集体建设用地的浪费。对此,可以考虑允许他们自愿选择退出原集体经济组织,将其拥有的宅基地复垦为耕地,经过验收后可将附带的建设用地指标一起带走,通过地票交易所获得相应的补偿,从而实现土地制度的改革与户籍制度改革联动推进。① 从更一般的意义上,周立群、张红星认为,虽然从表面来看,农地非农化的数量与城镇化速度之间存在着不可调和的矛盾,一切非农化的农地都是推进城镇化的必要成本。然而,土地城市化的质量说明,中国的农地非农化绝不仅仅是土地数量在两个部门之间此消彼长的问题。农村大量耕地被破坏,城市大量建设用地却被闲置,一面是破坏的累积,一面是闲置的累积,这其中存在着深层次的制度问题。因此,实现农地适度非农化需要制度创新。创新要在宏观和微观两个维度上有所突破。在土地指标平均分配的基础上,政府应允许指标有偿调剂、基本农田异地代保、耕地异地补充,以产权补偿取代转移支付。②

陈国富、卿志琼通过对中国转型期地权流转的考察发现,中国的土地产权是一种没有防护的权利,权利的内在逻辑是导致失地农民利益受损和土地财政膨胀的主要原因。③

五、关于中国的产业成长和区域经济发展

当前,中国劳动密集型产业的发展面临着巨大的挑战。张红娟、谢思全和谭劲松通过回顾自行车这一典型的劳动密集型产业 120 多年的发展、集聚、转移历程,系统分析了影响其转移的各种因素及机制,研究表明:第一,自行车产业 120 多年转移历程是组织环境与企业战略相互作用的结果,转移地区环境的变化会促使企业家指定并采取向其他地区转移的战略,与此同时,承接地区则会由于新企业的进入而使整个产业环境、经济环境发生变化。第二,影响产业转移的两种力量包括承接地区由于初始产业集聚所带来的“集聚力”和转移地区由于过度产业集聚所带来的“扩散力”。第三,产业转移过程是不同产业集群“此消彼长”的演进过程,产业集群所带来的竞争优势促进了产业的空间转移。第四,产业转移受到劳动力成本、冰山成本、资本收益及制度环境的影响。这一研究强调产业空间转移过程本质上是基于产业集群的企业战略与组织环境协同演进过程。④

对于中国的高技术产业,余泳泽、段文斌的实证研究表明,中国高技术产业外商直接投资对国内的投资具有明显的挤入效应,规模增加越快挤入效应越明显。因此,引入 FDI 时要注意与国内技术水平相结合,不要盲目地追求高技术,造成国内企业难以追赶和学习,从而挤出国内资本。政府应该在缩小技术进步率差距和改进技术效率上加大政策支持力度,鼓励企业加大研发投入,缩小与外资企业之间的技术差距,从而有利于 FDI 对国内资本的挤入效应。另外,应在吸引外资的同时加大我国的市场化程度,从而使得 FDI 对国内投资的挤入效应得到充分发挥。在吸引外商投资具体行业方面,首先应吸引那些在国内潜在市场规模较大的行业,因为在这些行业容易产生挤入效应。⑤

战略性新兴产业是指能够领导国民经济发展,关系到国际竞争力与产业安全,具有战略意义,未来可以发展成为主导产业和支柱产业的新兴产业。乔晓楠、李宏生以节能环保产业的污水处理产业为例,对中国战略性新兴产业的成长机制及其内在规律进行了分析,研究发现:第一,战略性新兴产业的成长过程是一个复杂的演化系统,内在条件和外部环境均对其产生重要作用。第二,战略性新兴产业的培育要从中国的实际国情出发,充分考虑到中国的要素禀赋结构、竞争环境、政治治理模式等方面的特点。第三,培育战略性新兴产业的政策体系可以从竞争政策、需求政策以及投融资政策三个方面重点着手,系统推进。⑥

在区域经济发展方面,天津市以国家加快滨海新区开发开放为起点,以转变发展方式和应对世界金融危机为契机,实现了新一轮的突破与崛起。逢

---

①周立群、张红星:《农村土地制度变迁的经验研究——从“宅基地换房”到“地票”交易所》,《南京社会科学》2011 年第 8 期。

②周立群、张红星:《农地适度非农化:寻求合理的实现机制》,《学术月刊》2011 年第 2 期。

③陈国富、卿志琼:《权利保护的经济理论与中国转型期的地权流转》,《南开学报》(哲学社会科学版)2011 年第 1 期。

④张红娟、谢思全、谭劲松:《企业战略——组织环境协同演进与产业空间转移——以自行车产业为例》,《管理科学》2011 年第 5 期。

⑤余泳泽、段文斌:《FDI、技术势能与国内投资的挤出(入)效应——来自我国高技术产业的实证研究》,《世界经济研究》2011 年第 3 期。

⑥乔晓楠、李宏生:《中国战略性新兴产业的成长机制研究——基于污水处理产业的经验》,《经济社会体制比较》2011 年第 2 期。

锦聚、张海鹏认为，天津的做法和经验可以概括为五个方面，即：坚持又好又快把转变发展方式作为战略主题，坚持可以持续发展把资源节约环境保护作为战略措施，坚持全面协调把经济社会协调发展和社会和谐作为重要目标，坚持开拓创新把改革开放作为持久动力，坚持以人为本把改善民生作为根本宗旨。天津的经验对于全国具有重要启示，最主要的是：立足实际，把握大势，攻坚克难，化危为机；在转变发展方式中，努力实现经济社会发展的协调和加快发展与根本宗旨的统一；发挥制度优势，以新的增长极带动改革开放的深化和经济的可持续发展。天津继续发展需要进一步研究的问题包括，关于环渤海和北方经济中心作用的发挥与行政块块的关系；关于发展高端制造产业、高端现代服务产业和自主创新；关于加快推动经济增长由主要依靠投资、出口拉动向依靠消费、投资和出口协调拉动转变等。① 另外，李京晓、李伟华、周立群认为，天津应密切追踪跨国公司研发活动的新动向并制定新的发展思路，加快研发中心的集聚，并趋利避害，培育和提升本土研发水平，争取建成跨国公司研发的集中地。通过对跨国公司研发中心在天津发展状况的研究，他们建议，借助全球研发资源的再配置有利于研发中心向天津的集聚。为此，第一要调整招商重点和策略，与"科技招商"和产业创新对接，吸引跨国公司来津设立研发中心，探索其与本土企业和项目合作的新机制；第二要加强企业与跨国公司研发机构的交流与合作；第三要构建"政府扶持＋市场驱动＋金融支撑"的机制，加快培育民族企业的自主创新能力。②

（本文作者：景维民，南开大学经济学系教授，博士生导师；孙景宇，南开大学经济学系副教授，经济学博士）

经济史研究综述

王玉茹　马建华

2011年经济史研究地域范围与往年相比，以天津及其腹地为主的华北区域经济史研究方面研究成果较为丰富和集中。这些研究主题在地域上围绕着天津、冀中定县、锦州等华北区域经济圈展开。从研究内容看，市镇、集市与城市经济研究成为一个关注的热点。在研究方法方面，历史地理学的研究方法开始被介绍和引入到天津经济史学界。在研究领域拓展方面，环境经济史的研究受到关注。天津的经济史研究正由宏观经济发展史逐渐转向微观层面的研究，微观化、细致化的深度研究方兴未艾。

一、集市(镇)、城市兴起与区域经济发展

2011年的天津经济史学继续在城市与区域经济发展的研究领域深入展开，研究的主题围绕近代天津城市史与华北区域史，重点在现代城市兴起过程中传统集市(镇)的变化轨迹，市场与政府在城市发展中的作用、铁路对华北城市关系和乡村社会变迁的影响。

集市是中国农村经济史的一个风向标。李金铮主要依据清末至20世纪二三十年代的资料，以冀中定县(今河北定州)的变化轨迹做了区域性实证研究，对近代以来农村集市的发展趋势和相关因素，空间结构，交易方式、交易产品及其价格特征进行系统阐述，认为这一地区的市场交易仍以传统为主，但也开始渗入现代因素，处于比较低级的量变阶段。③ 熊亚平、安宝以城乡经济关系为视角，通过对天津城市与周边集市(镇)间商品交流、工农业分工及人口迁移等初步考察，揭示了大城市兴起对区域市场整合及区域经济发展的影响。④ 张利民、任

①逄锦聚、张海鹏：《科学发展与社会和谐的实践诠释——天津市实现新突破新崛起的经验和启示》，《南开学报》(哲学社会科学版)2011年第3期。

②李京晓、李伟华、周立群：《跨国公司研发中心在津发展特点及吸引对策》，《天津经济》2011年第10期。

③李金铮：《传统与变迁：近代冀中定县集市的数量、结构与交易》，《中国社会历史评论》2011年第12卷。

④熊亚平、安宝：《近代天津城市兴起与区域经济发展——以天津城市与周边集市(镇)经济关系为例(1860—1937)》，《天津社会科学》2011年第2期。

吉东按照时间顺序梳理了从20世纪初至21世纪天津城市史的研究状况，分阶段分时期地从史料编撰、论文专著等几个方面论述了各个时段研究的内容和特色，并提出城市史研究向宏观理论研究创新化，研究方法的交叉化与综合化，研究领域的广度化与整合化发展。①

明清以来的天津经济发展史，总是和政府、市场交织在一起。龚关探讨了19世纪后期至20世纪30年代几十年间，腹地和军阀官僚私人投资对天津经济发展的重大影响。认为腹地经济提供市场基础，军阀官僚私人投资促成资本形成。它们实际上分别是市场和政府对天津经济发展产生重大影响的典型表现，它们相互影响、相互制约，促进或制约对方对天津经济的影响力。② 除此之外，铁路对近代华北农村的社会变迁也起到了至关重要的作用。熊亚平研究近代华北地区近代化进程的命门——铁路，利用大量的第一手档案和资料论述铁路对城市、市镇和乡村的促进，分析了铁路与近代工矿企业起步、城乡市场体系重构、城乡产业结构变迁、乡村社会结构变动的关系。③ 张玮、安宝通过以往论者用之甚少的运输会议纪录等史料，考察了1917—1935年全国铁路运输会议的创立、运输会议的议题以及运输会议的意义等内容，以揭示运输会议与中国铁路运营管理制度变迁之关系。④ 赵津、陈元清认为天津口岸贸易的发展，对作为其直接腹地的华北地区的种植业结构产生了重要影响。⑤

二、财政、货币、银行与经济发展

王玉茹、苗润雨以1918—1936年这一时期33家全国性中资银行数据为基础，从银行产业组织理论视角并结合历史事实，以计量方法检验中国近代银行业格局的变化。结果显示，在无政府过度干预的条件下银行集中度会随着经济增长而逐渐降低，这说明在相对自由的市场环境中竞争性银行业结构更适合当时的国民经济发展。⑥ 除了银行业的总体论述外，近代中国货币经济也受到了相关研究者的关注。熊亚平、安宝通过对1902—1937年间天津铜元市价变动及其原因、铜元市价变动对商民经济生活的影响、地方政府及商人组织的对策及效果的考察，从一个方面透视1935年币制改革的成效。⑦ 海外白银问题是经济史学界的重要议题，也是研究中国近代经济发展所不能忽视的一个重要方面。别曼运用中外比较分析的方法，对比分析了白银分别流入中国和西方（以西欧为代表）所产生的不同效应，试图从制度层面更加深入地发掘中西方社会不同发展道路的深层次原因，并进一步探讨在不同文化背景下实现经济发展需要的条件。⑧ 李金铮描述了天津当息博弈的历史过程，指出近代天津典当业利率的演变表明，借贷关系不仅仅就是借贷双方之间的关系，政府、社会与当铺之间的博弈以及当铺自身的竞争都影响了当息标准的制定。在此多方博弈中，各方都使用了包括传统习俗、国家法律、民间团体、报纸媒体等传统或现代的武器，对当息进行博弈和斗争。但当息高低的表象背后最终还是要受社会经济条件的制约。⑨

许檀、高福美探讨了乾隆至道光年间天津的关税与海税，认为乾隆中叶以降，来自运河的税收逐渐减少，而沿海税收明显上升。天津海税乾隆后期税额大幅增长，嘉庆年间清政府通过制度变更将其纳入中央的管辖范围。嘉道年间天津关税与海税合计每年所征税额为12—15万两，其中来自沿海贸易的税收约占三分之二，此时的天津已成为北方沿海最大的港口城市和商业中心。⑩ 许檀还分析清乾隆至道光时期的锦州商业，认为锦州商业的兴起始于康熙中叶海禁开放之后，乾隆以降迅速发展。乾嘉年间，锦州是东北沿海最重要的港口，也是山海关税收额最高的税口。其腹地范围包括辽西平原和直隶承德府的东部地区，输出以大豆、杂粮、瓜子、药材等农副产品为大宗，输入则以南方的茶叶、布匹、糖、纸等杂货为主。嘉道年间汇聚于此的至少有江苏、浙江、福建、广东、山东、天津、山西等地

①张利民、任吉东：《近代天津城市史研究综述》，《史林》2011年第2期。
②龚关：《腹地、军阀官僚私人投资与近代天津的经济发展》，《史学月刊》2011年第6期。
③熊亚平：《铁路与华北乡村社会变迁1880—1937》，人民出版社2011年版。
④张玮、安宝：《1917—1935年全国铁路运输会议论述》，《东北师大学报》（哲学社会科学版）2011年第6期。
⑤赵津、陈元清：《近代天津口岸贸易对华北地区种植业结构的影响》，《理论与现代化》2011年第2期。
⑥王玉茹、苗润雨：《经济发展与中国近代银行业结构的演化：基于1918—1936年银行市场集中度的分析》，《财经研究》2011年第6期。
⑦熊亚平、安宝：《近现代天津铜元市价变动对商民经济生活的影响》，《现代财经——天津财经大学学报》，2011年第9期。
⑧别曼：《近代海外白银流入的货币效应分析：中西方比较的视角》，《经济问题探索》2011年第8期。
⑨李金铮、冯剑：《在国家、社会与当铺之间：近代天津当息的博弈史》，《中国经济史研究》2011年第2期。
⑩许檀、高福美：《乾隆至道光年间天津的关税与海税》，《中国史研究》2011年第2期。

商帮，其商业构成以货栈、金融、粮食、木材以及运输、酒店等业为主。[①]

三、企业史研究

赵津、李健英对“永久黄”企业的进一步拓展，研究了金城银行与“永久黄”团体的银企关系。认为私人友谊成为培植和发展银企关系的沃土，公私兼顾体现了东亚社会建立在人际交往基础上的独特社会运行机理。因周作民对范旭东的信任，“永久黄”团体成为金城资金重点投放的企业集团，化学工业也因此成为金城工矿业四大重点产业扶持之一。金城对久大的投资曾带来了惊喜，但永利的股息和红利常令股东不满。1934 年，永利增资扩股，范旭东以资本增值代替股息收入，成功吸引金城等银行大规模投资永利。但资本增值的收入转换对于银行资本来说还仅仅是一种尝试，在永利建设厂的巨额资金中，借贷资金仍是主流。[②] 他们还详细论述了近代中国制碱业技术变迁过程中，跨国碱业巨头在第一次世界大战前后对中国天然碱业技术的影响。20 世纪初期在跨国碱业巨头卜内门公司强大的市场攻势下，天然碱业溃不成军，本土制碱出现了令人心惊的技术断层。第一次世界大战形成的机遇意味着中国探索碱业新技术的起点，这一时期天然碱改制、食盐电解、芒硝制碱和路布兰法等各种技术并行驰骋，中国碱业茁壮成长起来。第一次世界大战结束，卜内门回归中国市场，天然碱业重新步入萧条，路布兰法饮恨出局。第一次世界大战的结束成了中国替代产业从契机向危机转变的切分符。拯救的希望最终落在苏尔维法制碱技术的突破上。[③]

四、租佃与城乡关系、环境变迁以及对外关系

租佃关系因具有丰富的经济、社会和政治意义，从而在中国历史上始终受到政府与社会的关注。李金铮以冀中定县(今为河北定州)为个案，依据20 世纪三四十年代的实地调查资料、土改档案资料以及田野调查资料，对相关的租佃比例、地租率和主佃关系做剖析，尝试说明近代华北平原农村的情形。李金铮认为，传统观点的农村土地关系主要是地主与佃农之间的租佃关系，显属偏执之论。事实上，纯佃户较少并不意味着租佃关系所涉及的总体范围也较小，非纯粹的出租与租种户的比例相当之大，租佃关系更多地表现为你中有我、我中有你的普通农民之间的复杂关系。就地租形态而言，无论是分成地租还是定额地租，地租率都没有明显的变动，即便考虑荒歉、折成、价格等因素，也不足以说明地租率会因之有明显的提高或下降，所谓地租过高或过低都不切合实际。至于主佃关系，地主和佃户之间的关系比较缓和，地主欺压佃户之事并不多见。[④] 此外，安宝通过城居地主与其建立租佃关系的农民在整个租佃过程的情况梳理，认为租佃双方的经济纽带十分松散，城居地主与佃户双方间更多的是一种身份平等的关系，几乎没有人身依附关系的等级地位差别。这不仅反映了城市居民与乡村居民的经济关系，亦在一定程度上揭示出近代城乡关系的一个独特的面相，为城乡关系提供一个崭新的视角。[⑤]

环境问题日益成为经济和社会发展关注的重点，探讨环境变迁的历史是经济史研究的重要领域。由美国学者马立博著，南开大学经济学院王玉茹、关永强翻译的《虎、米、丝、泥：帝制晚期华南的环境与经济》，由江苏人民出版社出版发行，成为海外中国研究系列丛书推出的第一本中国环境史研究译著。该书首先从自然和人文两个角度简要回顾了岭南地区从先秦到元朝的历史，详细考察了从明朝初期直到 1850 年前后岭南社会经济发展与环境变化的互动过程。该书指出岭南环境和经济史中五个里程碑式事件中发挥作用的是三种驱动力量：气候变迁、人口变动和经济的商业化。[⑥]

丁长清主编的普通高等教育“十一五”国家级规划教材《中国对外经济关系史教程》，成为经济史教学又一力作。全书分为三编十八章，内容包括：秦汉时期的中国对外经济关系、隋唐时期的中国对外经济关系、清代中国对外经济关系、近代中外服务贸易、中国近代技术引进、近代外国对华投资、现代中国对外贸易关系、中外技术贸易与交流关系、

①许檀：《清乾隆至道光年间的锦州商业》，《史学月刊》2011 年第 5 期。
②赵津、李健英：《金城银行与“永久黄”团体的银企关系》，《历史教学》2011 年第 6 期。
③赵津、李健英：《近代中国碱业技术变迁中的“跨国”影响》，《南开学报》2011 年第 1 期。
④李金铮：《矫枉不可过正：从冀中定县看近代华北平原租佃关系的复杂本相》，《近代史研究》2011 年第 6 期。
⑤安宝：《“不在地主”与城乡关系 - 以租佃关系为视角的个案分析》，《东北师大学报》(哲学社会科学版)2011 年第 1 期。
⑥(美)马立博著，王玉茹、关永强译：《虎、米、丝、泥——帝制晚期华南的环境与经济》，江苏人民出版社 2011 年版。

中外投资关系等。[①]

五、经济史研究的理论评价与方法探讨

近年来经济史领域的 GDP 研究呈现出了开创性的成果,但在史料和研究方法方面也存在一些异议。南开大学经济史团队针对购买力评价指数方法和 GDP 核算方法,提出了自己的异议和检验。购买力平价理论(Purchasing Power Parities,简称 PPP)是汇率决定理论中最具影响力的假说之一,是世界各国制定汇率政策的依据。PPP 理论自其创建之日起就不断经受学界的各种理论探讨和不同国家不同历史时期的实证检验。王玉茹、王哲利用南开经济研究所何廉等学者在近代中国采集和编制的享誉中外的南开指数中的物价和汇率等的数据资料,以及作者近年收集的物价资料重新编制的城市批发物价指数来建立关系模型,验证和探讨购买力平价理论在中国经济史研究中的适用性。[②] 关永强也认为民国时期的大量社会经济调查报告是我们研究近代中国国民收入等经济史问题的主要资料来源。这些调查资料数量众多,可以支持多方面和多角度的定量研究,然而也存在着诸如调查质量参差不齐和取样不够完整等问题,再加上中国地域和行业的复杂性,要对国民收入进行整体性的估算,就需要我们在使用这些资料时注意对其进行甄别、修正和折算。关永强从其所见到的一些具体调查案例出发,对于近代中国 GDP 核算中调查资料的使用问题初步做了初步探讨。他认为除了甄别、修正以及尽可能多地搜集不同地区和不同行业的资料以外,我们还需要注意不同调查之间度量衡和货币单位的转换问题。[③]

天津经济史学界的工作者一直在经济学理论方法和工具的运用方面不断摸索和借鉴,以不断实现拓展和引进。雷鸣、邓宏图对格雷夫理论体系进行分析、梳理和评价,并采用格雷夫理论和"东西方制度分流"的研究视角,对日本和中国进行比较经济史考察,发现日本传统社会中的私人交易治理机制发展较为充分,而中国则由于较为特殊的社会文化信念和由此发展起来的政治经济结构,导致了私人交易治理机制发展的停滞。[④] 天津师范大学侯建新教授提倡历史、社会史与经济史联手合作,以一种更广泛的研究形成"跨学科的"经济—社会史。因为单纯的经济史与社会史并不能解决所有问题:社会史研究需要经济史研究赋予其深度,而经济史研究也需要社会史拓展其广度。经济—社会史,能够将不同的社会层面,诸如经济、宗教、社会结构、文化传统、教育、法律、生活方式等纳入历史学家的认知领域,使得历史认识对象扩大到人类活动的一切方面,形成开阔的学术视野,以全方位、长时段、描述整体社会的经济—社会史。[⑤][⑥] 此外,历史地理学研究方法的引进,也为天津的经济史研究开阔了领域。王哲以"地理信息系统(GIS)在经济史研究中的使用——以中国旧海关数据为例"为题,为南开大学经济史相关专业师生较为系统、详细地介绍中国历史地理信息系统(CHGIS)的地名沿革、下载地图等使用方法及在经济史研究、历史地理研究中的应用价值,也简要介绍了台湾历史文化地图、中国人口地理信息系统(CPGIS)的情况。

六、学术交流

2011 年 3 月 14 日,南开大学经济史研究中心主办的南开经济史论坛,英国伦敦大学帝国理工学院的 Michael Joffe 博士作题为"资本主义制度下经济增长的根本原因"的学术报告。报告从历史和经济发展的实证中探讨了经济增长的原因。

2011 年 3 月,由王玉茹教授带领的南开大学经济史团队联合山西大学、西南财经大学等九所高校联合申报马克思主义理论研究和建设工程教育部重点教材《中国经济史》获得成功,教材编写启动会于 4 月 16 日在南开大学召开。

5 月 7 日,南开大学经济史团队参加了此次由三校一所(北京大学、清华大学、南开大学、中国社科院经济所)合办的"中国经济史沙龙"系列活动之一"中国经济史中 GDP 估算的资料来源与理论方法研讨会",并提交相关论文,进行主题发言。

11 月 12—13 日南开大学经济史研究中心主任、学科带头人王玉茹应邀参加了在台湾花莲举行

---

①丁长清主编:《中国对外关系史教程》,人民出版社 2011 年版。

②王玉茹、王哲:《购买力平价法在中国经济史研究中的运用初探》,《中国经济史研究》2011 年第 3 期。

③关永强:《浅议近代中国 GDP 核算中调查资料的使用问题》,《中国经济史研究》2011 年第 4 期。

④雷鸣、邓宏图:《理论和实证之间:传统社会私人交易治理机制演进的比较经济史考察——以格雷夫经济史理论评价为中心》,《天津社会科学》2011 年第 6 期。

⑤侯建新:《经济—社会史:欧洲社会转型研究的重要平台》,《史学理论研究》2011 年第 4 期。

⑥侯建新、龙秀清:《近二十年英国中世纪经济—社会史研究的新动向》,《历史研究》2011 年第 5 期。

的为纪念辛亥革命一百年,由台湾中华发展基金资助,台湾东华大学承办的"百年求索铸辉煌:两岸近现代史学术论坛"。12月2日应邀赴日出席东洋文库召开的学术会议,并应邀为日本的中国经济学会年会作题为《三十年来的中国经济史研究》的报告,讲稿被学会的会刊采用。

12月17—19日,南开大学历史学院江沛教授、天津社会科学院张利民研究员以及南开大学经济学院的青年教师等人出席由复旦大学历史地理研究所主办的"近代北方经济地理格局变迁"研讨会。

(本文作者:王玉茹,南开大学经济学院教授;马建华,南开大学经济学院博士研究生)

世界经济研究综述

薛敬孝　张　兵

2011年,天津世界经济学科的专家学者积极开展了对世界经济相关专题的研究,并积极参加中国世界经济学会年会、全国美国经济学会年会、中国国际贸易学会年会、中国留美经济学会年会、中国经济学年会以及天津市社科界联合会学术年会等主要学术会议,成功举办了两项重要的学术会议。

一、世界经济理论研究

在世界经济理论研究方面,学者们重点探讨了全球经济失衡的原因及特征。佟家栋等指出,金融创新作为金融发展的动力和源泉促进了各国在制造业和金融业的分工,具有金融业比较优势的国家容易产生经常项目的赤字,而具有制造业比较优势的国家则容易产生经常项目的盈余。① 李宏认为,贸易失衡是一个全球普遍的现象,东南亚生产网络、国际分工体系是全球贸易失衡的深层次原因。② 陆建明等在分析全球经济失衡特点后,提出基于国际垂直分工的创新成果和生产成果的均衡交易引发了参与分工国家经常项目的失衡。③ 杨珍增、陆建明分析了金融发展在国际分工模式形成过程中的作用和不同分工模式对全球贸易失衡的影响,认为金融发展差异是贸易产生的重要原因,一旦金融发展水平超过某一特定临界值,国家间的分工会由传统的水平分工转化为产品内垂直分工,贸易不平衡随之产生并会逐渐扩大。④ 孙浦阳等通过对美国的逆差来源国货币升值的绩效分析发现,货币升值能否改变贸易失衡的局面取决于一国的金融完善程度。中国由于受限于金融市场完善程度而使得人民币升值不能改善其国际收支失衡的现状,而美国也不会获得预期的收益。⑤ 施炳展则分析了中美贸易失衡的广度、价格与数量三元边际,认为中美贸易失衡的结构特点反映了中美双方发展水平的差异,短期内很难改变。⑥

世界经济周期的同步性是学者们研究的另一重点。张丽、陈漪高指出,金融全球化对世界经济周期同步性存在显著影响,而冲击的性质和专业化的模式则决定了影响是正向还是负向。⑦ 李磊等探讨了中国与OECD国家间的经济周期同步性及其传导机制,认为双边贸易强度、金融与投资开放度、产业结构的相似程度等都将显著地增加中国同OECD国家的经济周期同步性。⑧ 张兵、李翠莲利用SPSS因子分析和聚类分析探讨了"金砖国家"通货膨胀周期的协动性及其影响因素,认为"金砖国

①佟家栋、云蔚、彭支伟:《新型国际分工、国际收支失衡与金融创新》,《南开经济研究》2011年第3期。
②李宏:《全球贸易失衡的特征及其形成机制》,《现代财经》2011年第11期。
③陆建明、李宏、朱学彬:《金融市场发展与全球失衡:基于创新与生产的垂直分工视角》,《当代财经》2011年第1期。
④杨珍增、陆建明:《金融发展、国际分工与全球失衡》,《世界经济研究》2011年第3期。
⑤孙浦阳、靳舒晶、卞超:《汇率调整是否能有效的改变贸易逆差呢?——从金融市场完善程度差异性的角度分析》,《国际金融研究》2011年第6期。
⑥施炳展:《中美贸易失衡的三元边际——基于广度、价格与数量的分解》,《世界经济研究》2011年第1期。
⑦张丽、陈漪高:《近期国外金融全球化与世界经济周期研究评述》,《中国城市经济》2011年第21期。
⑧李磊、张志强、万玉琳:《全球化与经济周期同步性——以中国和OECD国家为例》,《世界经济研究》2011年第1期。

家”通货膨胀周期波动存在较强的协动性，主要源自世界通货膨胀波动的冲击和发展中大国因素的综合作用。①

二、国别地区经济研究

在国别地区经济研究方面，美国、欧盟和日本的经济发展是学者们研究的重点。张丽、陈漓高指出，美国经济去工业化和经济虚拟化是其贸易逆差持续的结构性原因，“新布雷顿森林体系”使美国经济在新的模式下运行，两者是否能保持良性发展决定了美国贸易逆差是否可持续。② 王爱俭等分析认为，美联储推出的第二轮量化宽松货币政策在增加消费、提高就业、刺激经济复苏方面作用并不明显，美国此次量化宽松货币政策不仅无法实现既定政策目标，还会引发新一轮的货币贬值浪潮，从而对全球经济复苏造成挑战。③ 张兵认为，由于制度创新和技术创新的缺乏，美国第五轮经济长波在2007年开始进入下降阶段，本轮美国经济长波下降期将会呈现出波动幅度小、下降持续期短的特点。④ 王霞则通过归纳美国“巧实力”战略的发展进程及其特点剖析了美国TPP战略出台的背景及TPP战略的主要特点。⑤ 刘程、佟家栋从新的视角拓展了传统经济一体化理论中的“三元冲突”分析框架，对欧元区金融市场一体化的现实与其金融、财政制度缺陷之间的矛盾进行了剖析，认为基于金融与财政体系的“新三元冲突”理论为欧洲主权债务危机及其金融体系的困境提供了更为完整的解释框架，任何针对危机所采取的治理手段或绸缪未来欧元区经济与政治统合方向的战略方案，都应充分理解和认识这一客观约束。⑥ 狄琳娜从欧盟对各国航空业征收碳税问题入手，研究了边境碳税调节措施的运行机制和政策效果，分析了欧盟的碳交易体系与世界贸易组织相关规则的一致性并提出中国航空业应对欧盟“碳贸易壁垒”的对策建议。⑦ 万志宏、曾刚则回顾了日本实施数量宽松货币政策的背景、历程及其影响，并从日本的经济现实探讨了影响数量宽松货币政策效果的因素，指出应对金融资产价格泡沫破灭产生的需求萎缩，常规和非常规的货币政策可能都难以奏效，但及时稳定金融市场将有助于经济的复苏，这是非常规货币政策的主要功效。⑧

发展中国家特别是新兴经济体的经济发展也是学者们研究的重点。李飞跃、林毅夫构建了动态模型分析发展中国家的发展战略对其经济制度的影响，认为经济制度扭曲的根源是发展战略导致的产业结构扭曲，如果政府推行赶超战略，赶超产业规模越大，赶超产业的自生能力越差，则制度扭曲越严重，经济效率损失越大。⑨ 孙浦阳等分析认为，在最贫穷国家实施抑制集聚的经济政策会对经济增长产生破坏性的影响。⑩ 殷书炉等研究发现，资本流入、进口资本品与服务是新兴经济体技术溢出的重要途径，金融深化对其所带来的技术溢出起到了媒介作用，而资本流动与贸易又推动了金融市场的发展，新兴经济体的技术效率总体上呈现上升的态势，但在效率值上存在着明显差异。⑪ 于明言、王禹童认为新兴经济体的发展与新型南南合作在世界经济中发挥着越来越重要的作用。⑫ 王璐瑶、葛顺奇借助综合指标与经验数据分析了“灵猫六国”(CIVITS)经济高速增长的原因及其在发展过程中面临的风险，探讨了六国未来可能的经济走势。⑬ 张兵、李翠莲研究认为，2000年之后墨西哥与“金砖国家”经济周期波动存在比较明显的协动性，这在很大程度上可以用世界经济特别是先进经济体经济波动的冲击予以解释，“金砖国家”应当吸纳墨西哥加入进行扩容，以便通过加强经济合作和政策协调来共同应对冲击和挑战。⑭

亚太地区经济特别是APEC的发展是学者们研

①张兵、李翠莲：《“金砖国家”通货膨胀周期的协动性》，《经济研究》2011年第9期。
②张丽、陈漓高：《美国贸易逆差可持续条件研究》，《中国城市经济》2011年第15期。
③王爱俭、林远、林文浩：《美国第二轮量化宽松货币政策之经济效果预测》，《现代财经》2011年第1期。
④张兵：《长波框架下美国经济走势分析》，《世界经济研究》2011年第8期。
⑤王霞：《美国TPP战略的主要特点——基于美国“巧实力”战略的解析》，《世界经济与政治论坛》2011年第6期。
⑥刘程、佟家栋：《欧洲主权债务与金融系统危机——基于“新三元冲突”视角的研究》，《欧洲研究》2011年第6期。
⑦狄琳娜：《中国航空业应对欧盟“碳贸易壁垒”的对策建议》，《国际经贸探索》2011年第11期。
⑧万志宏、曾刚：《量化宽松货币政策的实践——以日本为例》，《国际金融研究》2011年第4期。
⑨李飞跃、林毅夫：《发展战略、自生能力与发展中国家经济制度扭曲》，《南开经济研究》2011年第5期。
⑩孙浦阳、武力超、张伯伟：《空间集聚是否总能促进经济增长：不同假定条件下的思考》，《世界经济》2011年第10期。
⑪殷书炉、张瑜、邱立成：《国际资本流动、对外贸易和金融发展对新兴经济体全要素生产率的影响》，《统计与信息论坛》2011年第5期。
⑫于明言、王禹童：《新兴经济体的发展与新型南南合作的探讨》，《对外经贸实务》2011年第8期。
⑬王璐瑶、葛顺奇：《“灵猫六国”：崛起的原因与面临的风险》，《国际经济合作》2011年第4期。
⑭张兵、李翠莲：《墨西哥加入“金砖国家”合作机制研究》，《亚太经济》2011年第5期。

究的又一重点。张伯伟、胡学文研究认为，东亚零部件贸易是其产品出口竞争力的重要来源，诸多生产链交织形成了东亚区域生产分工网络，并呈现出不断强化、加深和技术升级的趋势，中国经济的融合推动了东亚分工网络的发展和调整，成为区域内主要的零部件出口国，日本的主导地位逐渐削弱。① 张伯伟提出，中国海峡两岸形成自由贸易安排，必然会产生双赢的效果。② 李文华、王自锋采用 DEA 方法对中国大陆和台湾地区银行效率的差异性及最适效率进行了实证检验，认为中国大陆银行总效率高于台湾银行，台湾银行规模效率高于中国大陆，台湾银行平均总体要素生产力变动高于中国大陆，两岸银行总体要素生产力皆呈现增长的趋势。③ 宫占奎、刘晨阳回顾了 APEC 茂物目标进程，分析了 APEC 茂物目标的评估结果。④ 宫占奎、文洋分析了 APEC 在关税、非关税、服务贸易、投资等贸易投资自由化领域的茂物目标评估结果。⑤ 李文韬对 APEC 贸易投资便利化合作的最新进展进行了总结和评估。⑥ 刘重力、王丽华对 2011 年 APEC 会议的优先议题进行了评析，在此基础上提出了中国相应的策略建议。⑦ 孟夏、王霞指出，为了提高经济增长质量，继续发挥世界经济引擎的作用，APEC 确定了平衡、包容、可持续、创新和安全增长的新经济增长战略并制订了行动计划，APEC 增长战略蕴藏着机遇，同时也面临较大困难与挑战。⑧ 刘晨阳提出 APEC 在未来的合作进程中将面临一系列新的问题和挑战，在合作目标、领域和运行方式方面都有可能作出相应的调整，中国应从自身的战略利益出发，以新的思维参与和推进 APEC 合作进程。⑨ 路宇立则以新区域主义的核心理论为基础分析了 APEC 合作模式的独特性和合作内容的创新性，尝试为 APEC 合作提供适用的理论基础。⑩

三、国际直接投资研究

在国际直接投资的研究方面，有关国际直接投资的技术溢出效应及其对东道国的经济影响是学者们探讨的重点。

孙江永、冼国明运用非均衡面板数据的广义矩估计，从产业关联和技术差距的角度考察了外商直接投资对中国纺织业的技术溢出效应，认为外商直接投资主要通过水平关联和后向关联对纺织业内资企业产生溢出效应，外商直接投资是否通过水平关联促进内资企业生产效率的改善取决于内外资企业间的技术差距。⑪ 朱彤、崔昊在国际技术溢出理论的基础上，建立了一个对外直接投资促进母国技术进步的数理模型并利用 OECD 国家数据进行了实证检验，认为对外直接投资获得的逆向研发溢出可以促进母国技术进步。⑫ 吉生保等采用博弈模型研究了竞争稳定状态下内外资厂商研发先进性的内生选择和互动问题。⑬ 王立军等则提出内外资企业技术差距、企业规模、政府财政补贴和银行贷款是影响各行业技术创新倾向与规模的主要因素。⑭

葛顺奇、罗伟分析了外商直接投资对东道国经济增长及其方式的影响，认为外商直接投资能够从技术扩散效应、资本效应以及资源竞争效应等方面影响东道国的经济增长速度，同时外商直接投资也能够影响东道国对模仿或创新经济增长模式的选择。⑮ 随洪光从增长的效率、稳定性和可持续性三个方面分析了 FDI 资本效应对东道国经济增长质量的影响机制。⑯ 刘重力、李慰提出在开放经济条件下外国直接投资会改变母国与东道国之间的战

①张伯伟、胡学文:《东亚区域生产网络的动态演变——基于零部件贸易产业链的分析》,《世界经济研究》2011 年第 3 期。
②张伯伟:《两岸经贸合作需自由贸易化》,《海峡科技与产业》2011 年第 8 期。
③李文华、王自锋:《两岸商业银行效率的 DEA 比较分析》,《经济经纬》2011 年第 6 期。
④宫占奎、刘晨阳:《APEC 茂物目标——进程与评估》,《南开学报》(哲学社会科学版)2011 年第 4 期。
⑤宫占奎、文洋:《APEC 贸易投资自由化领域的茂物目标评估分析》,《亚太经济》2011 年第 3 期。
⑥李文韬:《APEC 贸易投资便利化合作进展评估与中国的策略选择》,《亚太经济》2011 年第 4 期。
⑦刘重力、王丽华:《2011 年 APEC 重要议题评析及中国策略》,《亚太经济》2011 年第 6 期。
⑧孟夏、王霞:《APEC 经济增长新战略探析》,《亚太经济》2011 年第 4 期。
⑨刘晨阳:《2010 年后的 APEC 进程:格局之变与中国的策略选择》,《亚太经济》2011 年第 3 期。
⑩路宇立:《APEC 合作的理论基础:新区域主义视角的分析》,《国际贸易问题》2011 年第 4 期。
⑪孙江永、冼国明:《产业关联、技术差距与外商直接投资的技术溢出》,《世界经济研究》2011 年第 4 期。
⑫朱彤、崔昊:《对外直接投资、逆向研发溢出与母国技术进步——数理模型与实证研究》,《世界经济研究》2011 年第 12 期。
⑬吉生保、冼国明、崔新健:《研发先进性的内生选择和互动——FDI 框架下的一个理论分析》,《中央财经大学学报》2011 年第 12 期。
⑭王立军、张伯伟、朱春礼:《产业特征、宏观调控与技术创新策略选择——来自中国工业层面的证据》,《世界经济研究》2011 年第 3 期。
⑮葛顺奇、罗伟:《外商直接投资与东道国经济增长——基于模仿与创新的研究》,《世界经济研究》2011 年第 1 期。
⑯随洪光:《FDI 资本效应对东道国经济增长质量的影响分析》,《现代管理科学》2011 年第 1 期。

略关系，使东道国的产业政策发生相应的变化。① 孙浦阳等使用1985－2008年包含74个高收入和中低收入国家的全球面板数据进行实证检验，结果验证了“引入FDI能够提高本国的能源利用效率，降低能源消费强度”的假设，同时证明了“环境库茨涅茨曲线”理论在能源消费领域的适用性。②

有关企业国际化方式选择的研究方面，张庆昌、蒋殿春构建三国模型分析认为，生产率最高公司选择水平型直接投资，生产率较高公司选择出口平台直接投资，生产率较低公司选择出口贸易，生产率最低公司只供应国内市场。③ 施炳展、齐俊妍提出，金融发展水平较低时，金融发展将会降低企业出口的固定成本，促进出口企业的数量增加，从而改善贸易收支；而金融发展水平较高时，金融发展将降低企业对外投资的固定成本，促进企业从出口转向对外投资，从而恶化贸易收支。④

四、国际贸易理论、政策及实践发展研究

区域贸易协定特别是中日韩自由贸易区是学者们探讨的重点。宫占奎、于晓燕分析了当前全球及各主要地区的区域贸易协定在合作模式、运行机制以及运作领域等方面呈现出的新特征，提出中国应深化区域经济一体化战略以应对新的国际区域经济合作进程。⑤ 宫占奎在剖析中日韩各自的RTA状况及特点的基础上重点分析了中日韩自由贸易区的发展进程。⑥ 刘晨阳基于对中日韩三国服务贸易国际竞争力进行比较的基础上，探讨了中日韩自由贸易区服务贸易谈判的前景。⑦ 敦璇则通过分析中日韩三国经贸关系的现状，对建立中日韩自由贸易区的可行性条件及制约因素进行了研究。⑧

学者们还重点对反倾销进行了研究。李磊、刘斌指出，WTO对于发达国家和发展中国家反倾销的影响存在不同：WTO显著增加了发展中国家的对外反倾销，但是却对发达国家的对外反倾销产生了一定程度的抑制作用，这主要是由于发达国家和发展中国家关税水平以及WTO对其国内政治经济环境影响不同所造成的。⑨ 李磊等认为，“报复”和“安全阀”效应对发展中国家对外反倾销有明显影响，关税削减程度较大的发展中国家会比关税削减程度较小的发展中国家更早提出反倾销，遭受反倾销数增多和关税降低会使发展中国家对外反倾销的风险显著增加。⑩ 李磊等提出政治经济因素在提起反倾销申诉和执行反倾销措施过程中起到了关键作用：规模越大，沉没成本越高的企业越具有能力和动力提出反倾销申诉；同时对政府越具有政治价值的产业，越有可能得到政府的反倾销支持。⑪

五、国际金融研究

有关金融发展产生的影响问题是学者们探讨的重点。齐俊妍等提出金融发展对提升一国出口技术复杂度具有稳健、显著的促进作用。⑫ 陈磊、宋丽丽分析了金融发展对制造业出口二元边际的影响，认为金融发展对两国成为贸易伙伴的可能性和贸易伙伴之间的出口量有积极影响。⑬ 施炳展研究认为金融发展主要通过广度途径提升了出口总量。⑭ 孙浦阳等认为，金融发展会影响能源消费与需求，进而影响能源消费结构的变动，金融发展会促进“化石燃料”能源和替代能源消费增加，减少可再生能源消费，对能源消费结构的改善有促进作用。⑮ 孙浦阳、武力超探讨了金融发展对城市化进程的影响及传导机制，认为传导机制的作用发挥是依靠国家宏观调控来实现的，并且和政府治理水平密切相关。⑯

①刘重力、李慰：《开放经济下外国直接投资对产业政策的影响》，《现代财经》2011年第12期。
②孙浦阳、武力超、陈思阳：《外商直接投资与能源消费强度非线性关系探究——基于开放条件下环境“库兹涅茨曲线”框架的分析》，《财经研究》2011年第8期。
③张庆昌、蒋殿春：《异质性与跨国公司的战略选择》，《当代经济科学》2011年第5期。
④施炳展、齐俊妍：《金融发展、企业国际化形式与贸易收支》，《世界经济》2011年第5期。
⑤宫占奎、于晓燕：《国际区域经济一体化进程与中国》，《东北亚论坛》2011年第4期。
⑥宫占奎：《中日韩自由贸易区发展进程分析》，《创新》2011年第6期。
⑦刘晨阳：《中日韩FTA服务贸易谈判前景初探：基于三国竞争力的比较》，《国际贸易》2011年第3期。
⑧敦璇：《建立中日韩自由贸易区的可行性条件及影响因素》，《中国商贸》2011年第8期。
⑨李磊、刘斌：《WTO导致了反倾销的泛滥吗》，《国际经贸探索》2011年第5期。
⑩李磊、漆鑫、朱玉：《“报复”、“安全阀”效应与发展中国家对外反倾销》，《中央财经大学学报》2011年第1期。
⑪李磊、漆鑫、朱玉：《反倾销申诉和措施中的政治经济因素实证分析》，《经济评论》2011年第2期。
⑫齐俊妍、王永进、施炳展、盛丹：《金融发展与出口技术复杂度》，《世界经济》2011年第7期。
⑬陈磊、宋丽丽：《金融发展与制造业出口的二元边际——基于新新贸易理论的实证分析》，《南开经济研究》2011年第4期。
⑭施炳展：《金融发展提升贸易量的途径研究：跨国经验分析》，《经济经纬》2011年第3期。
⑮孙浦阳、王雅楠、岑燕：《金融发展影响能源消费结构吗？——跨国经验分析》，《南开经济研究》2011年第2期。
⑯孙浦阳、武力超：《金融发展与城市化：基于政府治理差异的视角》，《当代经济科学》2011年第2期。

此外,张一平、盛斌分析了替代账户机制及其在国际货币体系改革中所扮演的角色,指出替代账户机制是国际社会妥协的产物,尽管还存在诸多不足,依然是今后国际货币体系改革的重点突破方向。①

(本文作者:薛敬孝,南开大学国际经济贸易系教授、博士生导师;张兵,南开大学国际经济贸易系副教授、硕士生导师)

中国对外开放研究综述

薛敬孝 张 兵

随着中国经济的快速崛起和实力增强,中国经济与世界经济的关系发生了历史性变化,中国在世界经济发展中的地位和作用日益凸显,因而学者们对世界经济问题的研究更多地是落脚于对中国对外开放问题的研究上。

一、对中国入世十周年的总结

2011 年是中国加入世界贸易组织十周年,学者们进行了总结和展望。佟家栋、彭支伟指出,入世十年我国贸易自由化和经济市场化得到了极大的提高,市场机制在多数部门和行业的资源配置中起到基础性作用,为我国经济增长和社会发展作出了巨大贡献,我国下一步经济市场化改革的方向是有效地弱化和破除行政保护下的垄断,重新确立政府的纯粹经济调控者角色。② 盛斌等指出,自 2001 年加入 WTO 以来,中国对外贸易获得了迅速发展与转型,通过融入国际经济特别是东亚地区的生产体系与价值链创造,中国已经演变为全球的制造与贸易中心,并在2009 年成为世界出口与贸易盈余的第一大国。在此期间,中国的贸易政策在总体上保持了开放与自由化的趋势,不但履行了加入 WTO 时所做出的非歧视与市场准入承诺,而且在实施区域贸易合作方面迈出了坚实的步伐。中国在过去十年的贸易发展与政策转型对经济增长、产业升级、区域发展、劳动力市场、能源与环境以及国际竞争力等方面都产生了深刻的影响与冲击。席卷全球的金融危机使中国能够重新反思传统的经济发展方式与贸易增长模式的问题与弊端,认识与理解构建新的贸易发展战略的必要性,从而为向更加稳定、均衡和可持续的对外贸易发展路径转变奠定了坚实基础。③ 彭金荣、胡燕霞分析了中国入世以来对外贸易增长的突出特征,提出了巨额贸易背后给中国经济发展带来的新挑战,并就充分利用两个市场、实行外汇储备的积极管理、人民币的汇率改革以及转变外贸发展方式等方面提出了对策建议。④

二、有关中国对外开放影响效应的研究

有关对外开放对中国工资和收入水平的影响问题是学者们研究的重点。包群等考察了 1998 - 2001 年间中国制造业企业出口后对其员工收入的动态影响,认为尽管出口贸易在我国总体经济增长中扮演了重要角色,但在微观层面企业出口对劳动力报酬的改善作用并不明显。⑤ 周申、杨红彦认为,国际贸易具有较为显著的提高我国工业部门行业劳动收入份额的效应,而技术进步则存在显著降低工业行业劳动收入份额的效应,这与我国工业部门的技术进步具有劳动节约型特征有关。⑥ 邵敏研究认为我国工业企业的出口活动对员工收入水平产生了显著的负向作用,但具体到不同要素密集度行业结论也会有所不同,使出口贸易对我国劳动力收入水平产生显著正向影响的主要途径在于使出口产品向高技术密集型产品转移。⑦ 牛蕊认为贸易对

①张一平、盛斌:《替代账户与国际货币体系改革》,《国际贸易问题》2011 年第 1 期。
②佟家栋、彭支伟:《政府在经济市场化中的作用——中国入世十年的思考》,《国际贸易》2011 年第 10 期。
③盛斌、钱学锋、黄玖立、东艳:《入世十年转型:中国对外贸易发展的回顾与前瞻》,《国际经济评论》2011 年第 5 期。
④彭金荣、胡燕霞:《“入世”十年中国外贸“井喷式”增长的新挑战及应对》,《亚太经济》2011 年第 6 期。
⑤包群、邵敏、侯维忠:《出口改善了员工收入吗?》,《经济研究》2011 年第 9 期。
⑥周申、杨红彦:《国际贸易、技术变动对我国工业部门劳动收入份额的影响》,《国际经贸探索》2011 年第 4 期。
⑦邵敏:《我国企业出口对员工收入的影响——基于企业异质性视角的经验研究》,《中国工业经济》2011 年第 9 期。

中国工业部门劳动力工资的影响不仅依赖于劳动力熟练程度，也依赖于行业技术水平。① 李磊等提出贸易开放对收入水平具有显著并稳健的正向效应，中国国内的收入不平等在很大程度上是由于开放程度不均衡，一些地区和居民被排除在开放利益之外造成的。② 孙永强、万玉琳分析认为，长期内对全国而言金融发展和对外开放均显著扩大了城乡居民收入差距，且金融发展的影响大于对外开放。③ 毛其淋则提出经济开放在总体上扩大了我国城乡收入差距但存在区域的差异性，如果考虑经济开放对城市化水平的影响，则经济开放度的提高会在一定程度上抑制我国城乡收入差距的扩大。④ 邵敏、包群运用基于倍差法的倾向评分匹配估计方法从微观层面分析了中国出口企业转型对就业和工资增长的作用，认为只要不退出出口市场，外销型企业转型行为基本不显著影响其就业和工资增长，而外销型企业转型为完全内销型企业对劳动力市场的影响主要体现在减少就业规模方面，且作用途径主要为产出渠道。⑤

有关对外开放对中国劳动力市场和就业的影响效应是学者们研究的另一重点。周申、张亮认为贸易依存度、FDI 等经济开放因素通过教育投入而非熟练劳动相对工资对熟练劳动供给产生显著的正向影响，地区的受教育程度、教育投入、熟练与非熟练劳动工资差距等特征差异是影响熟练劳动供给的重要因素。⑥ 毛其淋、吕越就经济开放对我国国内就业的长期和短期影响效应进行了实证分析，认为出口是就业增长的长期和短期原因且长期的拉动效应更大，而进口在长期和短期对国内劳动力都具有替代效应且长期的影响弹性较小，外资是就业增加的长期原因但其对就业的影响效应很弱。⑦ 邵敏、包群从企业微观层面分析了出口企业转型对其经营表现的作用，认为高度外销型企业转型为低度外销型企业对企业经营表现的影响主要体现在会显著地提高企业的劳动生产率，这种转型行为并不显著影响企业的产出和财务状况，由于该转型行为所获得的劳动生产率的提升同时也会减少企业的就业。⑧ 唐时达、周申认为 FDI 流入与国际贸易使得劳动需求弹性增加，进而导致消费需求下降。⑨ 易苗、周申提出经济开放会通过促进区域经济集聚、提高实际工资和增加就业而对国内劳动力流动产生作用。⑩ 邵敏、包群运用倾向评分匹配方法分析了企业退出出口市场行为对其经营表现的影响，研究结果认为企业退出出口市场会对其就业增长和产出增长产生持续的显著负向作用，这说明我国国内需求尚不足以使企业退出出口市场后继续保持退出前的就业增长率和产出增长率。⑪

在有关对外开放对我国技术创新和技术进步影响的研究方面，毛其淋、盛斌指出对外经济开放和区域市场整合对中国省际全要素生产率都产生了显著的正向影响效应，而且二者存在替代关系和区域差异。⑫ 陈媛媛、王海宁分析认为我国出口的水平联系对生产率及技术进步均有显著的促进作用，而对效率变化影响不显著，垂直链接的影响则均不显著。⑬ 邵敏、刘重力认为由于我国的 FDI 技术外溢更偏向非技能劳动力，因而外资的进入会降低我国的技能溢价，进入我国的 FDI 平均来说是“高端产业的低端环节”。⑭ 刘重力、黄平川考察了技术进口对我国企业技术创新能力的影响，认为我国技术进口对企业创新能力产生正向的作用，但随着地区创新能力的增强其作用在逐渐减弱。⑮ 张瑜、张诚指出，金融市场的不完全使金融冲击扭曲

①牛蕊：《贸易对中国工业部门劳动力工资的影响》，《经济经纬》2011 年第 1 期。

②李磊、刘斌、胡博、谢璐：《贸易开放对城镇居民收入及分配的影响》，《经济学》（季刊）2011 年第 11 卷第 1 期。

③孙永强、万玉琳：《金融发展、对外开放与城乡居民收入差距——基于 1978～2008 年省际面板数据的实证分析》，《金融研究》2011 年第 1 期。

④毛其淋：《经济开放、城市化水平与城乡收入差距——基于中国省际面板数据的经验研究》，《浙江社会科学》2011 年第 1 期。

⑤邵敏、包群：《出口企业转型对中国劳动力就业与工资的影响：基于倾向评分匹配估计的经验分析》，《世界经济》2011 年第 6 期。

⑥周申、张亮：《经济开放会影响我国的熟练劳动供给吗》，《山西财经大学学报》2011 年第 9 期。

⑦毛其淋、吕越：《经济开放对中国就业的长期和短期影响效应——基于跨省面板数据的协整与误差修正模型的再检验》，《产经评论》2011 年第 3 期。

⑧邵敏、包群：《出口企业转型与企业的经营表现》，《统计研究》2011 年第 10 期。

⑨唐时达、周申：《经济开放、劳动需求弹性与消费需求》，《消费经济》2011 年第 1 期。

⑩易苗、周申：《经济开放对国内劳动力流动影响的新经济地理学解析》，《现代财经》2011 年第 3 期。

⑪邵敏、包群：《企业退出出口市场行为与企业的经营表现——基于倾向评分匹配的经验分析》，《财经研究》2011 年第 1 期。

⑫毛其淋、盛斌：《对外经济开放、区域市场整合与全要素生产率》，《经济学》（季刊）2011 年第 11 卷第 1 期。

⑬陈媛媛、王海宁：《出口贸易、后向关联与全要素生产率》，《财贸研究》2011 年第 1 期。

⑭邵敏、刘重力：《外资进入与技能溢价——兼论我国 FDI 技术外溢的偏向性》，《世界经济研究》2011 年第 1 期。

⑮刘重力、黄平川：《技术进口对我国企业技术创新能力的影响——基于中国省际数据的分位数回归》，《南开经济研究》2011 年第 5 期。

了行业的要素配置，进而降低了行业的全要素生产率，而且外部融资依赖程度越高的行业，其TFP受金融冲击的影响越深刻。① 许启钦等提出对外贸易通过规模、技术和结构效应对我国各省份的能源消费产生了程度和效果各异的影响，其中贸易引致的结构效应由各省的比较优势所决定并通过对外贸易影响当地的能源消费情况及变化趋势。② 陈媛媛、王海宁从技术吸收的角度考察了人力资本通过外资企业对各省区工业能源使用效率的吸收效果，结果发现整体上所有群体对外资的先进技术吸收效果并不显著。③

在有关对外开放对我国经济产生的其他影响效应的研究方面，盛斌、毛其淋对贸易开放、国内市场一体化与经济增长的关系进行了经验检验，提出贸易开放和国内市场一体化对人均GDP的平均贡献度分别为7.2%和17.9%，但前者的作用随时间增强，而后者的影响则有所减弱，并且二者之间在促进增长方面存在替代关系并表现出明显的地域差别。④ 黄玖立等分析认为，改革开放前后的中国省区实际周期协同性呈明显的“先下降、后上升”的V型特征，前期的下降是由于中央计划体制的系统性失败和放弃，而后期的上升则与改革开放和市场经济机制的逐步确立相关。⑤ 戴金平、王宗林分析认为，流动性过剩对中国通货膨胀的冲击非常小，而国际大宗商品价格变动对中国通胀有更大、更持续的正向冲击。⑥ 张诚、谷留锋认为，跨国公司控制当地品牌后的处置方式选择主要决定于本土品牌和国外品牌定位的差异性以及跨国公司对本土品牌的控制程度，本土品牌的处置方式在各个时期的倾向性变化是由我国市场环境变化与跨国公司相应的战略变化相互作用引起的。⑦ 陆建明提出在资源中间品贸易条件下资源节约可以提高可持续增长的资源中间品临界价格以及稳态资本存量，从而拓展经济增长空间。⑧

三、有关中国对外开放影响因素的研究

有关金融发展对中国对外开放产生的影响问题是学者们研究的重点。朱彤等分析认为，我国金融系统市场化进程的不断推进和金融系统本身的逐步完善有效地降低了我国经济对外生冲击的敏感性，金融体系效率提升比金融体系规模扩张能更有效地缓解外生冲击对我国经济波动的影响。⑨ 周申等指出，我国地区金融扭曲差异会影响FDI的流入，但金融扭曲差异对外商直接投资存量的影响程度要小于其对外商直接投资流量的影响。⑩ 张亮、孙浦阳分析认为，我国外贸依存度、金融发展对FDI的影响有明显的区域差异。⑪ 孙灵燕、李荣林考察了企业融资约束异质性对中国企业出口可能性的影响，认为外源融资约束是限制企业出口参与的重要因素，企业出口参与对外源融资约束的依赖程度因所有制不同而存在差异。⑫ 孙灵燕、崔喜君认为，与国有企业相比，民营企业的出口更为依赖外源融资能力，合资民营企业出口融资约束的缓解很大程度上依赖外商直接投资，而非合资民营企业出口融资约束的缓解则主要依赖于金融市场改革。⑬ 胡学文则认为，金融发展已经成为新型的、重要的比较优势影响着国际分工格局，对于中国而言，要摆脱在国际生产分工格局中的被动局面，必须大力发展金融体系。⑭

佟家栋、周燕认为，中国仍存在近1亿人的剩余劳动力需要转移，其二元经济转型仍是一个较长的过程，以劳动密集型产业为比较优势的经济发展格局并未改变。⑮ 盛丹等考察了基础设施对中国企业出口行为的影响，认为除网络基础设施外，其他

①张瑜、张诚：《金融冲击与全要素生产率：系统性抑或结构性影响》，《南方经济》2011年第12期。
②许启钦、孙浦阳、陈思阳：《贸易开放是否改善了能源效率：基于省区间比较优势非线性的实证分析》，《上海经济研究》2011年第8期。
③陈媛媛、王海宁：《FDI、人力资本与省际工业能源效率》，《国际贸易问题》2011年第3期。
④盛斌、毛其淋：《贸易开放、国内市场一体化与中国省际经济增长：1985—2008年》，《世界经济》2011年第11期。
⑤黄玖立、李坤望、黎德福：《中国地区实际经济周期的协同性》，《世界经济》2011年第9期。
⑥戴金平、王宗林：《真是过剩流动性引发了中国的通货膨胀吗》，《财经科学》2011年第7期。
⑦张诚、谷留锋：《跨国并购、品牌策略及产业影响分析》，《现代管理科学》2011年第7期。
⑧陆建明：《资源中间品贸易下的经济增长与资源节约》，《世界经济研究》2011年第6期。
⑨朱彤、漆鑫、李磊：《金融发展、外生冲击与经济波动——基于我国省级面板数据的研究》，《商业经济与管理》2011年第1期。
⑩周申、张亮、漆鑫：《地区金融扭曲差异对外资进入的影响》，《财经科学》2011年第12期。
⑪张亮、孙浦阳：《金融发展、国际贸易与FDI流入——基于我国1981—2007年省际面板数据的分析》，《南京财经大学学报》2011年第5期。
⑫孙灵燕、李荣林：《融资约束限制中国企业出口参与吗?》，《经济学》（季刊）2011年第11卷第1期。
⑬孙灵燕、崔喜君：《FDI、融资约束与民营企业出口——基于中国企业层面数据的经验分析》，《世界经济研究》2011年第1期。
⑭胡学文：《金融发展影响国际分工演变的微观机制分析——基于比较优势的视角》，《现代管理科学》2011年第1期。
⑮佟家栋、周燕：《二元经济、刘易斯拐点和中国对外贸易发展战略》，《经济理论与经济管理》2011年第1期。

各项基础设施的建设对中国企业的出口决策和出口数量均具有显著的促进作用，而且从标准化系数来看，基础设施的建设对出口决策的影响相对较大，这说明基础设施的建设对中国贸易增长的影响更多体现在扩展的边际而不是集约的边际。① 孙灵燕、李荣林探讨了影响我国对外贸易地区结构变化的主要因素，并以亚洲、欧洲和北美洲为例，从出口和进口贸易地区结构两个层面进行了实证检验。② 白灵光、陈建国则分析了经济增长、劳动禀赋、工资、劳动生产率、人力资本以及技术进步等因素对我国出口的影响作用，认为我国在继续利用好低工资优势的同时，应提高人力资本水平、促进技术进步、提升出口产品结构及技术含量，以保证我国出口的可持续性。③ 付信明分析认为，中国的贸易结构与贸易流量反相关，中国的贸易结构限制了中国贸易流量的扩大，规模收益递增模型而非要素禀赋模型更适用于解释当前中国的贸易模式。④

蒋殿春、张庆昌提出，在控制了东道国经济规模、人均收入水平和贸易成本等因素之后，美国对华投资显著低于模型的预测水平，但在制造业内美国对华直接投资却高于“正常”水平。美国对华的投资障碍主要在服务业，禀赋水平和产业结构因素是形成美国对华投资过低的主要原因。⑤ 李飞跃、王轩实证分析了我国市长（书记）交流对流入地FDI增长的影响，结果发现官员交流效应因空间和官员职务而异，东部沿海地区的官员交流对FDI流入呈现不显著的正向作用，而内陆地区的市长交流则显著阻碍了FDI流入。⑥ 李磊等分析认为，契约执行效率的提高有利于垂直专业化分工，在契约要素密集度和物质资产专用性高的行业，契约执行效率与垂直一体化存在着明显的负向关系。⑦ 刘斌等指出，契约执行效率对民间投资、外商投资有明显的正向效应，而对政府投资的影响则并不显著。⑧ 刘斌等研究了社会信任对FDI区位选择的影响，认为在专用性中间品和物质资产专用性中间品投入密度高的行业，地区信任度越高，外商投资额越大。⑨

四、有关中国国际竞争力的研究

文东伟、冼国明指出，中国制造业的出口竞争力来源于两个极端，即低技术制造业和高技术制造业，中国低技术制造业的贸易竞争力主要来源于纺织、皮革和鞋类等劳动密集型产业，而中国高技术制造业的贸易竞争力则主要来源于信息和通讯技术等技术密集型产业。⑩ 施炳展研究发现，中国出口产品价格随着地理距离增加而减少，这说明中国出口企业实行低价竞销策略，改变中国企业的竞争策略成为中国出口贸易可持续发展的微观基础。⑪ 王文治、贾曼丽认为，加入WTO后我国制造业国际竞争力持续提升，传统的劳动密集型产业仍占据较大的国际市场份额，但其增长速度却在逐年下降，竞争优势也不断减弱，而电子机械、办公用品、电信等行业的出口增长率和国际市场份额增加较为迅速，制造业内部正在经历着从传统的劳动密集型向资本和技术密集型产品生产的转变。⑫ 王岚、盛斌分析认为，加入WTO以来外部市场需求日益成为推动我国出口竞争优势的主导力量，而内部供给能力对出口竞争优势的促进作用还有较大的提升空间。⑬ 李坤望、赵磊从种类、数量与品质角度对中德出口竞争力进行结构比较并分析影响因素，认为中国数量竞争力占优，以量取胜，而德国品质竞争力占优，以质取胜，对于中国而言，发展金融、改善市场环境、提升人力资本、调整出口区域结构，最终寻求品质制胜，才是对外贸易发展的长久之计。⑭ 施

①盛丹、包群、王永进：《基础设施对中国企业出口行为的影响：“集约边际”还是“扩展边际”》，《世界经济》2011年第1期。

②孙灵燕、李荣林：《我国对外贸易地区结构变化影响因素的实证检验——基于1995～2007年面板数据的分析》，《国际经贸探索》2011年第6期。

③白灵光、陈建国：《我国出口影响因素的实证分析》，《山东经济》2011年第3期。

④付信明：《中国贸易结构对贸易流量的影响分析》，《天津商业大学学报》2011年第2期。

⑤蒋殿春、张庆昌：《美国在华直接投资的引力模型分析》，《世界经济》2011年第5期。

⑥李飞跃、王轩：《地方官员一定偏好FDI吗？——来自我国283个市级地区面板数据的经验证据》，《财经研究》2011年第8期。

⑦李磊、刘斌、郑妍妍：《契约执行效率与垂直化结构》，《产业经济研究》2011年第5期。

⑧刘斌、李磊、朱彤：《契约执行效率与最优投资的主体差异》，《当代经济科学》2011年第3期。

⑨刘斌、李磊、莫骄：《社会信任影响FDI的区位选择吗?》，《财贸研究》2011年第6期。

⑩文东伟、冼国明：《中国制造业的出口竞争力及其国际比较》，《国际经济合作》2011年第2期。

⑪施炳展：《企业异质性、地理距离与中国出口产品价格的空间分布》，《南方经济》2011年第2期。

⑫王文治、贾曼丽：《加入WTO以来我国制造业国际竞争力表现》，《黑龙江对外经贸》2011年第2期。

⑬王岚、盛斌：《中国出口竞争优势的空间分解——内部供给能力和外部市场潜力》，《世界经济研究》2011年第2期。

⑭李坤望、赵磊：《中德出口竞争力结构差异性及其决定因素分析》，《现代财经》2011年第5期。

炳展比较研究了中印出口增长的三元边际，认为现阶段中印出口增长方式存在较大差异性，而从趋势看则呈现趋同特点。① 实现竞争模式从“以量取胜”到“以质取胜”的转变，成为中国发展对外贸易的新课题。② 郑昭阳、孟猛分析认为，在中国各行业出口中，高技术制造业出口比重迅速上升，但其出口中国外价值含量较高；低技术制造业出口比重大幅度下降，但出口中国外价值含量较少，出口价值基本都由本国创造。③ 施炳展分析认为，在控制经济发展水平、经济规模、贸易成本、产品特征等因素后，中国对美国的出口数量高于其应有水平，价格低于其应有水平，这是中国出口的特殊性，也是中国频遭贸易壁垒的内因。④ 刘瑶用区分中间产品贸易和最终产品贸易的方法计算2002年中国制造业贸易的要素含量，发现加工贸易企业与非加工贸易企业生产技术差异很大，忽略中间产品贸易的传统计算方法会造成中国制造业要素净出口的严重高估。⑤ 刘书瀚、贾根良、刘小军则提出，出口导向型经济是造成我国生产性服务业发展严重滞后的重要原因，终结出口导向型经济是我国通过大力发展生产性服务业实现经济发展方式转变的内在要求。⑥

五、有关人民币汇率和人民币国际化问题的研究

在有关人民币汇率的研究方面，李宏、钱利对人民币汇率波动及人民币汇率升值预期对中国国际资本流动的影响进行经验分析，认为中国经济的持续快速发展和人民币升值预期是吸引国际资本大量流入中国的重要因素。⑦ 孙浦阳、叶瑶分析认为，人民币实际有效汇率升值对经济增长具有紧缩性，但影响是短期的，在长期内，随着经济的增长，有效汇率有上升的趋势。⑧ 刘程、涂红提出，中国的汇率体制变革并非单一的主观性问题，其进程的推动力量不但根植于国内外的经济形势与环境，更需要包括中国在内的世界主要经济体在广泛领域内的经济与政治合作。⑨

在有关人民币国际化的研究方面，戴金平等提出，从区域扩展角度分析，人民币宜采取先“周边化”、再“区域化”、最后实现“国际化”的发展路径；而从货币职能角度来看，推动人民币成为国际化的“结算货币”、“投资货币”和“储备货币”是人民币国际化进程中的关健环节。⑩ 刘玲认为，人民币国际化的过程就是人民币参与国际货币竞争并对别国货币进行替代的过程，只要中国对被替代国的补偿与得到的铸币税收入水平相当，人民币就有可能在与美元的竞争中获胜，人民币国际化进程也就能够顺利推进。⑪ 戴金平、靳晓婷提出了人民币周边化—区域化—国际化的渐进式发展路径，分析了在人民币国际化初级阶段，即周边化和区域化中香港不可替代的地位和作用。⑫

六、有关中国对外直接投资的研究

阎大颖研究认为，正式和非正式制度距离对中国企业海外并购能否成功有显著负面影响，而以往成功完成海外并购的国际经验则能显著提高后续并购的成功率，同时国际经验还对制度距离的影响有明显的反向调节效应。⑬ 刘晶提出，制度距离与我国对发展中国家对外直接投资呈反向关系。⑭ 刘辉群、王洋研究了中国对外直接投资对投资主体和具体行业就业量的影响，认为中国对外直接投资对国有企业和股份制企业的国内就业量有较小的替代作用，但对外商投资和港澳台投资企业有较大的促进作用，中国对外直接投资对商务服务业就业量的促进作用最大，其次是制造业和采矿业。⑮ 张英达、葛顺奇提出，在政策变动风险与非政府群体的

①施炳展：《中印出口增长方式比较——基于广度、价格与数量的分解》，《当代财经》2011年第4期。
②施炳展：《中国靠什么成为世界第一出口大国?》，《统计研究》2011年第5期。
③郑昭阳、孟猛：《基于投入产出法对中国出口中价值含量的分析》，《南开经济研究》2011年第2期。
④施炳展：《金融危机后中国频遭贸易壁垒的内因分析：以中美贸易为例》，《财贸研究》2011年第4期。
⑤刘瑶：《中国制造业贸易的要素含量：中间产品贸易对测算的影响》，《经济评论》2011年第2期。
⑥刘书瀚、贾根良、刘小军：《出口导向型经济：我国生产性服务业落后的根源与对策》，《经济社会体制比较》2011年第3期。
⑦李宏、钱利：《人民币升值对中国国际资本流动的影响》，《南开经济研究》2011年第2期。
⑧孙浦阳、叶瑶：《人民币实际有效汇率升值之于经济增长的长短期效应》，《现代财经》2011年第2期。
⑨刘程、涂红：《危机中的人民币汇率外部性与大国合作》，《学习与探索》2011年第1期。
⑩戴金平、杨迁、邓郁凡：《国际货币体系变革中的人民币国际化》，《南开学报》（哲学社会科学版）2011年第3期。
⑪刘玲：《人民币国际化进程中的货币替代与货币竞争博弈分析》，《太平洋学报》2011年第9期。
⑫戴金平、靳晓婷：《渐进性人民币国际化中的香港地位——兼论人民币国际化的动态路径选择》，《开放导报》2011年第3期。
⑬阎大颖：《制度距离、经验与中国企业跨国并购的成功率》，《南开经济研究》2011年第12期。
⑭刘晶：《中国对发展中国家对外直接投资研究——基于制度距离的解释》，《中国城市经济》2011年第30期。
⑮刘辉群、王洋：《中国对外直接投资的国内就业效应：基于投资主体和行业分析》，《国际商务》2011年第4期。

行为风险日益增强的背景下,跨国经营的恰当做法应当是经营活动的本土化。①

七、有关天津市对外开放的研究

学者们重点探讨了天津特别是滨海新区的对外开放并提出相关的政策建议。

赵明霏运用新经济地理学的中心—外围模型对FDI在天津空间集聚的影响因素进行了实证分析,在此基础上提出了天津未来更合理有效地利用外资的对策建议。② 方琳、冯雷鸣对国内外服务外包政策的研究进行了综述,同时对天津、大连、济南3个服务外包示范城市当前的服务外包政策进行了对比分析,并提出了应用性对策建议。③ 于敏、管晓明对天津经常项目逆差原因进行探讨并提出了相应的政策建议。④ 边俊利、刘洋在分析天津传统外贸发展模式的基础上,指出了发展模式存在的问题,并提出天津外贸转型升级的对策建议。⑤ 杨东方、邹丽指出,天津转变加工贸易发展战略的核心是转型升级,其战略目的是通过加工贸易的发展形成一个基于外向型经济模式的庞大产业群体,使之成为助推天津经济发展方式转变的重要动力。⑥

杨博琼、陈建国基于对天津滨海新区190家企业的调研数据进行分析,认为跨国公司的环境管理优于本土企业。⑦ 孟昊提出,应根据天津滨海新区的政策和金融优势,在借鉴其他国家经验的基础上,在天津滨海新区建立人民币NDF在岸市场。⑧

(本文作者:薛敬孝,南开大学国际经济贸易系教授、博士生导师;张兵,南开大学国际经济贸易系副教授、硕士生导师)

区域经济学研究综述

安虎森　张至洁　穆淑敏

2011年,天津市区域经济研究领域主要包括区域经济理论研究、区域经济增长和区域协调发展研究、滨海新区发展研究、城市问题研究、房地产研究、交通物流及其他研究。

一、区域经济理论研究

郝寿义等扩展了霍特林模型,并运用博弈论的思想对企业的空间分布和集聚情况进行了分析。发现不存在集聚收益下的企业选择只取决于消费者偏好;当存在集聚收益时,企业的空间集聚不仅取决于消费者偏好,而且商品价格、运费率、集聚强度和消费者收入均会产生重要影响。⑨ 段楠等指出,区位选择到聚集的逻辑演绎是区域经济融入主流经济学合适的微观基础,但这一路径至今未能彻底打通,原因有二:一是古典区位论学者们大多将完全竞争到非完全竞争的分析模式与均质空间到非均质空间的分析模式混合运用,这一错误方法的根源在于他们未能认清完全竞争、非完全竞争、均质空间、非均质空间四者间的关系。二是经典区位论著作中虽有众多涉及区位选择与聚集的分析,但在这些分析中城市与乡村孰先孰后、聚集地原始规模如何形成等问题未被解决,因此未能形成明晰的区位选择到聚集的逻辑演绎。⑩ 丁明磊等在梳理区域产业创新理论及其发展脉络的基础上,剖析了全球化与新技术经济范式下的区域产业创新路径及发展趋势,并提出了促进区域创新发展的三种机制

①张英达、葛顺奇:《跨国经营的政治风险:结构、趋势与对策》,《国际经济合作》2011年第11期。
②赵明霏:《天津FDI空间集聚的影响因素研究——基于新经济地理学的分析视角》,《中国城市经济》2011年第29期。
③方琳、冯雷鸣:《国内外服务外包政策研究及应用启示——兼对天津等3示范城市服务外包政策的对比》,《当代经济管理》2011年第7期。
④于敏、管晓明:《天津经常项目逆差原因探讨——兼述自2001年中国入世10年涉外经济情况》,《华北金融》2011年第11期。
⑤边俊利、刘洋:《后危机时期天津市外贸转型升级问题研究》,《华北金融》2011年第4期。
⑥杨东方、邹丽:《加快天津市加工贸易发展》,《天津经济》2011年第7期。
⑦杨博琼、陈建国:《与本土企业相比跨国公司环境业绩更差还是更好——基于天津滨海新区190家企业调研数据》,《世界经济研究》2011年第5期。
⑧孟昊:《天津滨海新区开放人民币NDF市场研究》,《华北金融》2011年第2期。
⑨郝寿义、倪方树、林坦、方兴:《企业区位选择与空间集聚的博弈分析》,《南开经济研究》2011年第3期。
⑩段楠、郝寿义:《区位选择到聚集逻辑演绎缺失的原因探讨》,《暨南学报》2011年第5期。

及措施：自主与合作相结合的开放式创新机制、深度融入全球价值链的产业优化升级机制以及资源环境的硬约束与生态补偿的长效创新机制。①

上下游企业间的垂直联系是推动产业集聚的一种重要机制。在现实中，垂直联系往往体现为中间产品的外包。蒲业潇等通过建立两地区贸易模型，考察了以外包活动为特征的垂直联系对产业集聚的影响机制。研究表明，外包中存在的上下游企业间的匹配效应会产生聚集力，当区际贸易成本足够低时，所有企业都选择聚集在同一地区。这不同于以往文献假设下游企业对中间产品存在多样化偏好所引发的产业集聚。② 赵放等通过研究各地区投入产出表与区域间投入产出模型的关系，从需求角度将多个区域视为一个系统，运用区域购买力系数定量分析其各部门产品对外输入输出的可能性及流量，并根据投入产出综合平衡关系把已有的各地区投入产出表联结成为区域间投入产出表，最后采用非参数估计方法对模型准确性及各类误差的影响程度进行分析。该模型为利用投入产出模型分析区域间产品流动提供了一种新的方法。③

二、区域经济增长和区域协调发展研究

安虎森等认为，如果区际贸易自由度高，则生产要素的区际流动几乎不受任何限制，此时区际非均衡力使得企业选择区位时更倾向于市场规模较大、经济发展水平较高的地区。适度降低区际贸易自由度对于降低区际收入差距至关重要。在一国内部，区际贸易和自由度取决于区域实行政策的一致性程度；区域政策的一致性程度越高，则区际贸易自由度越高；区域政策的一致性程度越低，则区际贸易越低。全面实行区域经济一体化的政策，也就是实行"一刀切"的政策，不利于缩小区际收入差距。要缩小区际收入差距，则在区际政策上要有适度的政策梯度，区域之间应实行差别化的政策而不应实行"一刀切"的政策。④ 安虎森等指出，高度的外向型经济发展模式使我国经济在改革开放初期实现了迅速腾飞，然而长期实行这种经济发展模式不仅使我国总体经济的发展过多依附于国际市场需求从而增加了风险，同时影响国内产业的科学合理布局，加剧我国的区域经济差距。当前中国的经济发展阶段和严峻的国际经济形势要求我们必须加快向扩大国内需求的经济发展模式的转变，以内需为主外需为辅，方能实行整体经济与区域经济的持续快速发展。而且我国的大国经济发展战略和目前的经济实力使我国已经具备实行以内需为主导的经济发展模式的基本条件。⑤

安虎森等拓展了新经济地理学非对称自由资本模型，研究结果表明，初始经济封闭的大国随着产品替代弹性降低、工业产品支出比重增加和贸易自由度变大将成为资本的净流入国。中国 1983 - 2006 年期间经验数据研究表明，中国 FDI 的净流入与中国的工业化、贸易自由化的程度（中国市场的开放、加入 WTO）以及多样化产品偏好强度成正相关。此外，该研究还发现，1997 年亚洲金融危机对中国 FDI 净流入产生正反馈效应而非负反馈效应。产业转移是区域经济发展到一定阶段的产物，符合产业发展的规律，它有利于发挥产业移出地和产业承接地自身的比较优势。⑥ 安虎森等认为，科学合理地引导产业在不同区域之间转移是实现区域经济协调、可持续发展的重要途径。区际产业转移的过程应当与各地区产业结构的调整优化升级紧密结合起来，并提高资源的使用效率，注重对生态环境的保护，在转移的过程中重视区域产业的配套能力，以真正实现经济增长方式向低耗能、低污染、高效率的集约型方向转变。⑦ 安虎森等认为，无论是狭义上还是广义上，我国的区域发展不协调程度都呈现扩大趋势，并且广义上的区域不协调程度远远超过狭义上的区域不协调程度。中国区域经济的发展水平与主体功能区的开发顺序和开发重点形成了相互促进的同向递增关系，主体功能区的划分标准有着较大随意性和不严谨性，加上配套政策和措施不完善，主体功能区战略短时期内不会缩小我国区域之间发展差距，反而可能会加大我国的区域

①丁明磊、庞瑞芝、刘秉镰：《全球化与新技术经济范式下区域产业创新路径研究》，《科技管理研究》2011 年第 21 期。
②蒲业潇、安虎森：《垂直联系、外包与产业集聚》，《西南民族大学学报》2011 年第 2 期。
③赵放、刘秉镰：《一种基于 RPC 的区域间投入产出模型及其实证研究》，《系统工程》2011 年第 11 期。
④安虎森、徐杨：《"一刀切"政策不利于缩小我国区际收入差距——来自新经济地理学的启示》，《社会科学辑刊》2011 年第 5 期。
⑤安虎森、徐杨：《国际金融危机背景下扩大内需与我国区域经济协调发展》，《开发研究》2011 年第 1 期。
⑥安虎森、颜银根：《贸易自由化、工业化与企业区位——新经济地理视角的中国 FDI 流入研究》，《世界经济研究》2011 年第 2 期。
⑦安虎森、徐杨：《协调与可持续发展下的区际产业转移》，《山东经济》2011 年第 5 期。

发展差距。①

制度创新对经济增长的促进作用目前已达成普遍共识。郝寿义等对综合配套改革试验区进行单因素和多因素的回归分析。分析结果表明，制度创新与经济增长具有一定的正相关关系，综合配套改革试验区的改革创新对区域的经济增长产生积极影响。② 丁明磊等基于区域创新网络的视角和分析框架，通过对台湾新竹科学工业园与内湖科技园区发展模式的比较分析，探讨了两类科技园区发展模式成功的关键因素和发展过程中的政府—市场作用机制。认为创新网络的本地化过程以及开放型区域创新网络的建设是科技园区发展的关键，需要正确处理政府与市场两种力量，调整园区发展定位；科技园区的管理需要站在经济一体化区域发展角度规划和布局科技园区，为园区企业提供定制化服务、重视民生因素。③ 吴艳红等利用中国 1999 - 2008 年制造业数据，实证分析了外国直接投资、产业特征与产业地理集中的关系。发现自 1999 年以来，我国制造业的产业集中度日益提高，在行业上，资源型产业地理集中度最高，高度地方化产业的地理集中度最低；从全国 20 个制造业行业数据样本看，FDI 的进入会促进中国制造业的地理集中；FDI 对外资比重较高产业地理集中的正向作用很显著，而对外资比重较低行业的作用不显著；即使在外资比重较高产业中，FDI 与中国制造业地理集中也不存在着倒 U 型关系，而在外资比重较低产业中，只有当 FDI 比重超过一个临界值时，FDI 对地理集中的正向促进作用才显现出来。④

三、滨海新区发展研究

2011 年，滨海新区全面推进“十大改革”，制定实施综合配套改革新的三年计划。丁明磊等从开放型区域创新体系和知识创新网络特征分析出发，分析环渤海区域知识创新网络现状后指出，环渤海区域存在资源配置低效与核心功能缺位等问题，主要表现为环渤海区域创新资源的体制割裂，知识创新链、技术创新链、产业链脱节，产学研合作模式为“点对点”的线性模式等。在此基础上，该文提出了环渤海区域知识创新网络机制与体制建设目标、关键点与实施路径、政策建议等。⑤

温家宝总理在天津考察时强调，要加大结构调整力度，大力发展战略性新兴产业。这为天津“十二五”及其之后的产业发展指明了方向。在此背景下，如何选择适合以天津为代表的沿海中心城市的战略性新兴产业，并采取相应的措施加快它们的发展，就成了需要我们深入研究的课题。吴浙认为，一个国家的战略性新兴产业，是与其所处的发展阶段及未来的发展目标相联系的。中国作为一个正在向中等发达阶段迈进的世界第一人口大国，可以列入战略性新兴产业范畴的产业门类十分宽泛。⑥

四、城市问题研究

安虎森等在新经济地理学模型中加入房屋部门和非技能劳动力的异质性迁移特性，构建了 232 空间均衡模型，并以此为基础讨论了城市高房价和户籍制度对城乡收入差距的影响。研究结果表明：(1)除了可以通过提高农产品价格以及农民工的工资水平之外，提高城乡市场开放度也可以缩小城乡收入差距；(2)当城乡市场开放度比较低时，城市高房价扩大城乡收入差距；而当城乡市场开放度比较高时，城市高房价能够缩小城乡收入差距；(3)在城乡市场开放度比较低时，户籍制度抑制了城乡收入差距扩大；当城乡市场开放度高于某个“临界值”时，户籍制度促进了城乡收入差距的扩大，此时废除户籍制度才能促进城乡协调发展。⑦ 郝寿义等认为，城市化是一个复杂的过程，城市的经济发展是实现这一过程的重要推动力之一。城市是非农产品的生产地，因此城市人口比重与非农产品支出比重的提高对于城市经济的发展会产生直接的带动作用。明确二者之间的关系，对于我国稳步推进城市化进程具有重要意义。⑧ 郝寿义等在充分梳理低碳城市相关文献的基础上，以中新天津生态城为

①安虎森、薄文广：《主体功能区建设能缩小区域发展差距吗》，《人民论坛》2011 年第 6 期。

②郝寿义、封旭红：《综合改革试验区的制度创新与经济增长研究》，《天津师范大学学报》2011 年第 5 期。

③丁明磊、刘秉镰、庞瑞芝：《台湾新竹与内湖科技园区发展模式比较研究及经验借鉴——基于区域创新网络视角》，《中国科技论坛》2011 年第 5 期。

④吴艳红、薄文广、殷广卫：《FDI、产业特征与制造业地理集中——基于中国数据的实证分析》，《南开经济研究》2011 年第 1 期。

⑤丁明磊、庞瑞芝、刘秉镰：《环渤海区域知识创新网络问题解析与机制构建研究》，《中国科技论坛》2011 年第 2 期。

⑥吴浙：《加快天津战略性新兴产业发展的思路与对策》，《城市》2011 年第 5 期。

⑦安虎森、颜银根、朴银哲：《城市高房价和户籍制度：促进或抑制城乡收入差距扩大？——中国劳动力流动和收入差距扩大悖论的一种解释》，《世界经济文汇》2011 年第 4 期。

⑧郝寿义、石坚：《城市人口比重与非农产品消费比重关系研究》，《天津师范大学学报》2011 年第 1 期。

例,深入研究了低碳城市的含义、构成低碳城市系统的基本空间单元、支撑低碳城市运转的体系、低碳城市的生态系统及社会系统等内容,提出了我国建设低碳城市的基本思路。①

王家庭等将城市规模变量纳入到EKC分析框架中,并根据2003—2008年我国的70个中等城市、29个大城市和20个特大城市的面板数据,分析了城市规模、城市经济增长与环境污染之间的关系。研究结果表明,中国城市经济增长同环境污染之间并不存在简单的倒U型曲线关系,不同规模的城市、不同的污染物与经济发展水平呈现出不同的变动特征。同时,能源消费对各类规模城市的环境都产生了负效应,城市建成区面积、金融发展、人口密度对不同规模城市的环境正负效应各有不同。② 王家庭等运用数理经济分析方法,在综合索洛生产函数以及拉姆齐—卡斯—库普斯曼效用函数的基础上,将生态环境因素(主要考虑环境污染问题)引入到城市化问题分析框架中,构建了生态环境约束条件下的最佳城市规模模型,试图从理论上解释生态环境约束对城市化发展的影响。③ 殷广卫等认为,现阶段严重的收入和地区发展不平衡、大城市具备良好的自我发展能力、城市倾向的制度根深蒂固等现实,决定了以大城市作为城市化的"政策主导"既不应该也无必要,否则既不公平也很危险;不以大城市作为"政策主导"并不否定大城市的"主导地位";小城镇发展的实践、人多地少的国情和小城镇缺乏集聚经济、规模经济等因素决定了以小城镇为"政策主导"也不可行;县级城市作为联系城乡的关键节点和兼顾城市化与城乡一体化、兼顾效率与公平的重要切入点,应当得到政策上的重点倾斜,这具有多方面的优势,应成为"十二五"时期中国城市化道路的一项战略选择。④

五、城市土地和房地产研究

近年来,天津市城市住房建设快速发展,城市居民住房条件得到了巨大的改善。郝寿义等认为,影响房地产宏观调控效果的一个重要因素是政策的时滞性。该文通过脉冲效应函数、方差分解方法,测算了1999—2010年房地产宏观调控政策中货币政策对房地产投资与房价的作用时滞。分析结果表明,货币供应量对房地产投资与房价的作用时滞都为4个季度,贷款对房地产投资与房价的作用时滞分别为4个季度、2个季度。⑤ 王家庭等运用随机前沿法对中国房地产行业上市公司生产效率进行了研究,并根据房地产的行业特征重点分析了资本结构各影响因素对房地产上市公司生产效率的影响。⑥

周京奎认为,公积金约束正成为分化不同类型家庭住房支付能力和消费偏好的重要因素。该文利用1995年和2002年城市住户调查数据,检验公积金约束对不同类型家庭住宅特征需求的影响。检验结果表明,在住宅特征需求方面,公积金约束的影响效应存在显著的收入差异、单位类型差异、职业类型差异、职称差异和行业收入差异。其中,社会地位较高的家庭在提高住宅结构特征需求方面获得了更多的公积金支持;而在住宅邻里特征需求方面,公积金制度对社会地位较低家庭的贡献度较高。在引入工具变量、检验公积金变量的内生性偏误时发现,城镇家庭在改善型住房需求方面对社会保障体系的完善有较强的依赖性。⑦ 周京奎根据城市住户调查数据检验了收入不确定性对不同类型家庭住宅需求的影响。指出在住宅权属选择方面,收入不确定性具有负的影响效应;社会经济地位较高的家庭更倾向于拥有住宅;而社会经济地位较低的家庭受到不确定性的冲击大于其他类型的家庭。在住宅结构特征需求方面,社会经济地位高的家庭有更高的消费偏好,受不确定性的影响也相对较弱。而在住宅邻里特征需求方面,收入不确定性存在弱影响效应。⑧

通过构建不对称信息动态博弈模型,分析了政府和农民的战略选择。认为在单阶博弈中,政府惩罚力度不足或者惩罚措施难以执行的情况下,农民的最优选择是进入隐形土地市场;在多阶博弈中,

①郝寿义、倪方树:《试论低碳城市》,《城市发展研究》2011年第8期。
②王家庭、高珊珊:《城市规模对城市环境的影响:基于我国119个城市EKC曲线的实证研究》,《学习与实践》2011年第12期。
③王家庭、郭帅:《生态环境约束对城市化的影响》,《学习与实际》2011年第1期。
④殷广卫、薄文广:《基于县级城市的城乡一体化是我国城市化道路的一种政策选择》,《中国软科学》2011年第8期。
⑤郝寿义、王旺平:《货币调控政策对房地产作用的时滞分析》,《中国房地产》2011年8月。
⑥王家庭、赵亮:《我国房地产上市公司的技术效率测度及影响因素的实证研究》,《城市》2011年第1期。
⑦周京奎:《公积金约束、家庭类型与住宅特征需求——来自中国的经验分析》,《金融研究》2011年第7期。
⑧周京奎:《收入不确定性、住宅权属选择与住宅特征需求——以家庭类型差异为视角的理论与实证分析》,《经济学季刊》2011年7月。

如果农民进入隐形市场对政府利益影响较小,则对进入隐形土地市场、不采取惩罚措施是多阶博弈的均衡解;如果农民采取进入隐形土地市场的行动对政府利益的影响较大,不进入隐形市场、不采取惩罚措施是多阶博弈均衡解;如果存在沉淀成本,则进入城乡一体化市场、不采取惩罚措施是多阶博弈均衡解。该研究结果的政策含义是,构建城乡一体化土地市场是改进社会福利水平的最优选择,应当加强相关制度研究,尽快实现城乡建设用地市场由分割向一体化转变,构建规范化的城乡建设用地市场体系。①

六、交通物流研究

林坦等认为,基金项目资助情况不仅可以彰显物流学科发展与成熟情况,而且可以反映物流领域的研究热点和发展趋势。该文整理分析了1999—2010年间我国自然科学基金、哲学社会科学基金和教育部人文社科基金中的207项物流项目,并从项目数量、资助情况、学科以及领域分布等方面对我国十几年来物流研究的特点和热点进行了总结。研究结果表明,目前我国物流研究的热点主要集中在一些具有重大现实意义的问题上,如有关不确定条件下的物流管理、应急物流和逆向物流、食品安全监管、农产品物流等问题的研究。我国物流研究的未来发展趋势主要体现为:物流模式创新将不断丰富,物流服务种类将趋于多样化;信息技术在物流领域的开发和应用具有广阔前景;低碳物流发展和研究潜力巨大;物流学科融合趋势明显,研究方法趋于多样化。②

刘秉镰等从理论上分析了交通基础设施促进经济增长的微观作用机制,并利用2004—2008年中国大中型制造业企业的省际面板数据对这一微观机制进行了计量检验。实证结果显示,公路基础设施尤其是高等级公路设施能够显著地降低制造业企业库存成本,但在考虑遗漏代理控制时其影响程度将有所降低;不同种类的交通基础设施对于降低东中西部地区的制造业企业库存成本所起到的作用是不一样的;企业销售产值等内部影响因素以及地区人均GDP等宏观影响因素对于制造业企业的库存成本均有影响。③ 刘畅等认为,公路作为国家的基础设施,其建设目标是为了改善交通环境和提高运输质量,满足经济发展与社会需求。西部地区公路建设有利于提高西部地区的运输能力,加强西部地区与东部地区的联系,加快西部城市化进程,加强西部地区与周边国家交往,促进西部地区的经济快速发展。④

七、其他研究

张敬伟等认为,商业模式是从战略研究领域衍生而来的一个重要概念,与战略之间呈何种关系的问题至今仍没有明确的答案,以至于管理学界对商业模式研究的意义存在争议。在简述商业模式研究兴起背景的基础上,基于对商业模式概念三个层次的理解,探讨了商业模式与战略概念之间的关系,并阐述了商业模式研究的理论与实践意义。⑤

王家庭等通过计算2000—2008年我国IT产业的市场集中度指数及空间集聚指数,分析了IT产业的集聚现象。同时,运用空间计量方法,计算出Moran指数及其散点图,并以此分析产业集聚的空间相关性和空间分布特征。结果表明,我国IT产业发展的不平衡性在逐渐加剧,IT产业呈现出在少数几个省区集聚的现象,且具有明显的地方化现象;我国IT产业属于高度空间集聚产业,空间集聚指数逐年增大;我国IT产业发展水平及其增长的空间分布不是随机的,而是在全局和局域环节上都呈现出正向的空间依赖特征,表现为高发展水平的区域倾向于集聚在一起。⑥ 王家庭等基于经济全球化的背景,从发展规模及速度、出口能力、生产能力、吸引外资等方面肯定了我国制造业的成就,从出口份额和结构、制造业科技水平、企业规模和品牌、制造业外商投资趋向等方面指出了我国制造业领域所存在的问题。从实证检验角度,分析了中国制造业的绝对竞争力和相对竞争力的显示性指标,并得出中国制造业是依靠劳动力的比较优势参与国际分工

①吴晓燕、周京奎、王伟:《土地隐形流转、福利损失与市场模式选择——一个不对称信息框架下的博弈分析》,《广东商学院学报》2011年第1期。

②林坦、刘秉镰:《从近年来的基金项目看我国物流的研究趋势》,《中国流通经济》2011年第8期。

③刘秉镰、刘玉海:《交通基础设施建设与中国制造业企业库存成本降低》,《中国工业经济》2011年第5期。

④刘畅、王侃:《试析西部地区公路建设对经济发展的作用》,《实事求是》2011年第6期。

⑤张敬伟、王迎军:《商业模式与战略关系辨析——兼论商业模式研究的意义》,《外国经济与管理》2011年第4期。

⑥王家庭、张俊韬:《我国IT产业的空间集聚:基于30省区面板数据的实证研究》,《当代经济科学》2011年第1期。

的结论。①

（本文作者：安虎森，南开大学经济研究所教授、博士生导师；张至洁，南开大学经济研究所硕士研究生；穆淑敏，南开大学经济研究所硕士研究生）

金融学综述

任碧云　张兴巍

2011 年，天津市金融工作者针对复杂严峻的经济情况，结合金融学的理论与经济发展的现实情况，进行了广泛而深入的研究，在各类学术期刊上发表的论文涉及金融学多个二级学科领域，研究视角更趋多元化，研究内容更趋深入化，总体研究水平有了明显的提升。

一、宏观金融与政策调控研究

王道平、范小云通过研究现行国际储备货币体系下的国际收支问题，发现在现行体系安排下，汇率调整很难解决储备货币发行国国际收支赤字和全球失衡问题，无论储备货币国选择国际收支盈余、赤字还是平衡的政策，都难以避免会引发全球金融危机和不稳定。② 当前，全球经济还未完全摆脱 2008 年金融危机的影响，世界经济复苏仍不乐观。要建立一个怎样的金融体系才能更有效地摆脱危机？范小云等利用 57 个国家 50 年的面板数据，研究在应对金融危机的过程中，不同的金融结构对经济增长的作用。研究发现，金融发展水平较高的经济体选择市场导向的金融结构，能有效降低金融危机的损失，提高经济复苏速度。③

刘澜飚等从货币政策、汇率政策、财政政策三个政策实施的角度对 2010—2011 年间就我国宏观经济政策进行了评述，认为当前中国的宏观经济政策导向，已经由应对金融危机时“宽财政、紧货币”的积极扩张，转向抑制通胀稳定产出“财政货币双退出”的适度紧缩。同时，汇率政策由稳中有升日益转向加速升值。④

孙森等通过对 2000—2009 年我国 CPI 指数的变动规律的实证研究，认为货币供给量、产能过剩、零售产品总额和信贷都是影响我国 CPI 的主要因素，且我国当前的通货膨胀主要由需求增长过快引起，属于需求拉动型通货膨胀。⑤ 任碧云等则引入收入不平等、固定资产投资等宏观经济变量，通过多元回归嵌套模型，发现我国中央银行独立性(CBI)与通货膨胀呈负相关关系，认为 CBI 在 14.28 至 20.65 的区间内适度增大，可抑制通货膨胀。⑥ 任碧云等又在比较和分析居民收入对现金净投放量的反应速度、CPI 指数对现金净投放量的反应速度的基础上，论证了国民收入分配效率对通货膨胀的影响。建议通过居民财富分配结构、国民收入分配结构的调整和政府干预机制的建立，提高国民收入的分配效率，抵减通货膨胀的不利影响。⑦

王爱俭等通过对比 2008—2010 年美国各项经济数据发现，量化宽松货币政策在增加消费、提高就业、刺激经济复苏方面作用并不明显。他认为，美国此次量化宽松货币政策不仅无法实现既定政策目标，还会引发新一轮的货币贬值浪潮，对全球经济复苏造成挑战。⑧ 面对当前全球金融市场动荡和信贷紧缩，孙森等论述了我国货币政策从“适度宽松”到“稳健”的回归：金融危机爆发后，央行采取了降低利率、法定存款准备金率等在内的适度宽松货币政策，促进了经济的回暖。然而随着通货膨胀

①王家庭、王璇：《中国制造业发展的现实反思及其国际竞争力研究》，《经济问题探索》2011 年第 7 期。

②王道平、范小云：《现行的国际货币体系是否是全球经济失衡和金融危机的原因》，《世界经济》2011 年第 1 期。

③范小云、肖立晟、方斯琦：《危机损失、经济复苏与金融结构比较——什么样的金融体系更能摆脱危机》，《当代经济科学》2011 年第 2 期。

④刘澜飚、宫跃欣、张靖佳：《2010—2011 年我国宏观经济政策研究评述》，《经济学动态》2011 年 06 期。

⑤孙森、李扬、何复兴、王斯、于微、杨轶男：《新形势下我国通货膨胀的形成机理研究》，《华北金融》2011 年第 2 期。

⑥任碧云、黄蓓、杨雪梅：《我国央行相对独立性的测度与通货膨胀关系》，《上海金融》2011 年第 6 期；《中国中央银行独立性与通货膨胀抑制的实证研究》，《河北学刊》2011 年第 3 期。

⑦任碧云、高之岩、李涛：《国民收入分配效率对通货膨胀的影响——基于 1978—2007 年时间序列数据的分析》，《经济问题》2011 年第 5 期。

⑧王爱俭、林远、林文浩：《美国第二轮量化宽松货币政策之经济效果预测》，《现代财经》（天津财经大学学报）2011 年 1 期。

预期加强和资产价格泡沫滋生，政策制定部门也看到了适度宽松的货币政策的隐患，将货币政策基调定为稳定的货币政策，引导货币条件从应对危机状态稳步向常态回归。①

梁琪等采用基准模型和嵌套模型探讨了我国房地产市场，实证表明，我国存在显著正向的房地产市场财富效应，而区域经济发展水平和住房货币化改革等宏观因素却对现阶段房地产市场财富效应有削弱作用。② 梁琪等研究还发现，近年来我国房地产市场周期的波动幅度剧增，主要是受到宏观经济因素和政策因素影响。而房地产市场周期与银行信贷周期间的密切关系也预示着房地产行业风险可能成为金融稳定的威胁因素。③ 深入研究我国房地产价格与银行绩效间的关系后发现，我国房地产价格与银行资产收益率和贷款损失拨备呈正相关，与银行不良贷款比率呈负相关，且住宅商品房比商业营业用房对银行绩效的影响更大。④ 周爱民等通过时变风险溢价模型和三变量 VAR 模型，对我国 10 大宜居城市中的 9 个城市的房地产价格泡沫进行了检验及度量，结果显示：上海、大连、北京、广州、成都、杭州、珠海和厦门的房地产市场都存在着不同程度的泡沫。⑤

二、汇率制度与国际资本流动研究

马君潞等根据我国实际数据基于两国模型进行模拟分析，发现在当前人民币浮动区间扩大、人民币汇率重归升值的政策背景下，需要调整我国的对外贸易结构和经济增长方式。当人民币升值的步调与经济结构调整步调相一致时，才能显现出“通过人民币汇率调整来实现外部均衡”的政策效果。⑥

近年来，众多学者基于估值效应发展了一个新的外部调整渠道——金融调整渠道，范小云等对这一外部调整机制的最新进展进行了系统评述。⑦ 当前，在全球金融危机和欧洲主权债务危机蔓延背景下，国际资本流动突然中断所引发的危机也自然成为各界关注的热点问题。范小云等从国际资本流动突然中断的界定及形成机制、经济社会影响以及研究新动向三个方面对该领域的前沿成果进行了系统分析和评价，为我国管理国际资本流动和预防发生资本流动突然中断风险总结出了经验和启示。⑧

三、商业银行风险与金融监管研究

刘澜飚等借鉴 Shleiferand Vishny(1998)的政府决策模型，通过构造政府注资银行的福利函数将政府注资额度内生化；利用银行寡头垄断模型，在政府、银行和企业部门三者博弈中，研究了政府不同注资银行政策的选择对银行业的影响。⑨ 赵胜民等利用固定效应、随机效应模型以及 GMM 动态面板，分析了银行进行盈余管理的方法和我国银行市场约束存在的途径，研究发现，我国上市商业银行没有以提高资本充足率为目的的盈余管理，也没有通过投资收益进行平滑利润的盈余管理，通常只用贷款损失准备进行平滑利润的盈余管理。⑩

李志辉等从监管工具、机构设置、政策协调等角度，介绍了宏观审慎监管的国际最新研究进展，深切反思了中国的金融监管模式。⑪ 全球金融危机爆发使得系统性风险的溢出效应受到普遍关注，也暴露出主流的风险度量方法 VAR 的重大缺陷。李志辉等借鉴最新的 CoVaR 方法以及分位数回归技术，研究我国商业银行的系统性风险溢价，发现以 VAR 为核心指标的现行监管政策并不能有效防范系统性风险溢价，同时，国有银行的系统性风险溢价大于股份制商业银行，银行的风险价值受到来自金融体系共同风险冲击和自身特质的影响。⑫

孙森等对洗钱涵义和当前反洗钱监管制度等方面的研究进行总结评述⑬，并运用博弈论提出监

①孙森、张京：《论我国货币政策从“适度宽松”到“稳健”的回归》，《现代财经》(天津财经大学学报)2011 年第 4 期。
②梁琪、郭娜、郝项超：《房地产市场财富效应及其影响因素研究——基于我国省际面板数据的分析》，《经济社会体制比较》2011 年第 5 期。
③郭娜、梁琪：《我国房地产市场周期与金融稳定——基于随机游走滤波的分析》，《南开经济研究》2011 年第 4 期。
④梁琪、郭娜：《我国房地产价格与银行绩效——基于省际面板数据的实证研究》，《国际金融研究》2011 年第 9 期。
⑤周爱民、周霞：《中国十大宜居城市房地产价格泡沫度的实证研究》，《中国房地产》2011 年第 4 期。
⑥马君潞、郭廓：《人民币汇率调整——经济结构转型及其对宏观经济的影响》，《经济学动态》2011 年第 1 期。
⑦范小云、肖立晟、方斯琦：《从贸易调整渠道到金融调整渠道——国际金融外部调整理论的新发展》，《金融研究》2011 年第 2 期。
⑧范小云、潘赛赛、王博：《国际资本流动突然中断的经济社会影响研究评述》，《经济学动态》2011 年第 5 期。
⑨张靖佳、刘澜飚：《政府注资银行政策——基于政府决策内生化的分析》，《经济学(季刊)》2011 年第 3 期。
⑩赵胜民、翟光宇、张瑜：《我国上市商业银行盈余管理与市场约束——基于投资收益及风险管理的视角》，《经济理论与经济管理》2011 年第 8 期.
⑪李志辉、樊莉：《金融危机背景下的宏观审慎监管》，《太平洋学报》2011 年第 10 期。
⑫李志辉、樊莉：《中国商业银行系统性风险溢价实证研究》，《当代经济科学》2011 年第 6 期。
⑬孙森、韩光林：《关于洗钱与反洗钱监管的研究综述》，《金融理论与实践》2011 年第 8 期。

管机构在建立完善约束机制后，应建立适当的激励机制。提出构建金融机构反洗钱风险等级评价体系，监管机构应对金融机构履行反洗钱义务情况进行有效分类，根据风险评估情况，确定监管资源的投入。①②

四、资本市场发展研究

刘泽东等认为，在信息不对称的条件下，单一层次资本市场的博弈均衡形成无效的市场类型，资本市场层次拓展是资本市场良性发展并且发挥其功能的必要条件，层次构必须是清晰的，转板与退市制度是保证资本市场层次拓展的基本前提，强化投资者关系管理是企业降低融资成本的关键。③

陈学胜、周爱民以“A + H”交叉上市公司为研究对象，对A股、H股股票的“收益率波动性比率之谜”进行了研究和探讨，发现信息因素是解释两地市场存在“收益率波动性比率之谜”的共同因素，交易时间以及信息不对称是两地市场收益率波动日内分时特征存在差异的主要原因。④

周爱民等分析了我国推出白糖期货期权的必要性，认为白糖期货期权的推出有利于我国谋求白糖国际定价权和促进涉糖订单农业的进一步发展，而且在可行性方面也具备了推出的市场条件和理论基础。⑤

王爱俭从国内的现实条件分析，认为化解经济转型与经济增长矛盾的方法在于借助技术进步和商业模式创新提升劳动生产率，但当前中国缺乏诸如私募股权基金这类组合各类要素金融工具的有力支持。⑥ 私募股权投资基金作为一种新金融资本，创造价值的同时也带来风险，具备“双刃剑”属性。高正平等认为私募股权投资基金最终体现为价值还是风险，取决于是否掌握其资本的特异性、复杂的委托代理关系、“关键人”地位和作用等典型行业特征并做出针对性的特殊机制安排，如建立相应的激励约束机制、价值创造机制和风险管理机制。⑦

五、实体经济与虚拟经济发展研究

实体经济与虚拟经济的契合互促发展。实体经济是虚拟经济的价值来源，虚拟经济是对实体经济未来价值的一种资本化定价与交易。二者联系密切，却又各自独立运行。⑧ 在经济全球化和自由化浪潮的推动下，实体经济与虚拟经济非协调发展的程度愈演愈烈，而过度虚拟化易引发金融危机。因此，要促进经济的可持续健康发展，必须着力培育和发展作为金融市场根基的实体经济项目。高正平等基于我国中小企业的战略性地位和发展潜力，提出优质实体经济项目源培育体系。该体系既有利于促进虚拟经济和实体经济协调发展，提高社会福利水平，又有利于引导金融资本良性循环、促进金融稳定。⑨ 然而，中小企业明显的“私益”特征，公共财政作为全体纳税人的公共财产介入其中颇具争议，但也不能忽视政府在项目源培育中不可替代的作用。⑩

田桂玲介绍了融资租赁方式对解决科技型中小企业融资瓶颈，促使科技型中小企业转变发展方式、提升自主创新能力的意义，并对科技型中小企业利用融资租赁的可行性进行了分析。⑪

五、区域金融发展与金融服务体系建设研究

任碧云等通过分析天津市居民近10年收入结构的变化特征，认为要实现天津市居民收入持续、全面增长的关健是要健全居民收入的市场化形成机制，稳步提高居民的市场化收入，形成市场导向性收入与政府导向性收入同步增长的协调互动机制。⑫

孟昊通过分析人民币NDF市场的运行现状、离岸人民币NDF市场的影响以及开放NDF市场的意义，根据天津滨海新区的政策和金融优势，在借鉴其他国家经验的基础上，建议在天津滨海新区建立

①孙森、韩光林：《反洗钱激励与风险为本方法的应用研究》，《金融发展研究》2011年第8期。
②韩光林、孙森：《博弈论和委托代理理论视角下的反洗钱监管研究》，《上海金融》2011年第3期。
③刘泽东、张元萍、康彦：《资本市场层次拓展的博弈分析与经验证据》，《山西财经大学学报》2011年第12期。
④陈学胜、周爱民：《A股与H股“收益率波动性比率之谜”交易机制还是信息不对称》，《证券市场导报》2011年第6期。
⑤周爱民、梅传伟、赵广山：《关于我国推出白糖期货期权的探讨》，《中国物价》2011年第3期。
⑥王爱俭：《经济转型——创新发展与中国的私募股权基金》，《经济界》2011年第1期。
⑦高正平、张兴巍：《私募股权投资基金价值实现的机制设计——基于行业典型特征的研究综述》，《经济与管理研究》2011年第2期。
⑧高正平：《项目培育——我国实体经济与虚拟经济的契合互促之道》，《现代财经》（天津财经大学学报）2011年第6期。
⑨高正平、王森：《我国优质实体经济项目源培育体系的构建》，《天津社会科学》2011年第2期。
⑩高正平、王森：《我国优质实体经济项目源培育的政府作用机制》，《财经论丛》2011年第1期。
⑪田桂玲：《科技型中小企业利用融资租赁的探讨》，《企业导报》2011年第13期。
⑫任碧云、王智茂：《完善收入形成市场机制——提高居民市场化收入》，《天津学术文库》下，天津人民出版社2011年版。

人民币 NDF 在岸市场。①

王爱俭等构造了现代金融服务体系竞争力的指标体系,重点反映地区金融市场和机构体系发育水平、金融经济的成长性、金融生态环境,以及地区经济的成熟度和综合环境。通过对天津、北京、上海、重庆和深圳的金融服务体系竞争力的分析与比较,提出了完善天津现代金融服务体系的建议。②

(本文作者:任碧云,天津财经大学金融与保险研究中心主任、教授、博士生导师;张兴巍,天津财经大学金融学博士生)

国际贸易学研究综述

刘恩专　刘立军

2011 年,天津国际贸易领域的研究主要集中在南开大学、天津财经大学、天津商业大学、天津社会科学院、天津外国语学院和天津科技大学等高校,以及一些研究机构和实际工作部门。南开大学在全国的国际贸易理论和政策研究中具有重要的地位。天津财经大学作为国际贸易学科博士点单位,在天津与全国的国际贸易研究领域的影响也日益扩大。天津商业大学、天津外国语学院和天津科技大学等也逐渐成为天津国际贸易研究的重要机构。天津国际贸易学会在推动和活跃我市国际贸易研究方面发挥了非常重要的作用。

一、国际贸易学科研究概况

2011 年,在天津国际贸易领域出版的主要著作有:李宏艳《基于 FDI 视角的垂直专业化研究:理论与来自中国的实证》(北京理工大学出版社);武娜《区域贸易协定对 FDI 影响的空间竞争效应研究》(南开大学出版社);天津市国际贸易学会《2011 年国际贸易征文获奖论文集》(南开大学出版社)。

在课题研究方面,2011 年新立项的国家级课题主要有:国家社科基金重大项目教授投标的"亚洲区域经济一体化的发展趋势、影响因素及战略选择"(负责人:李荣林);国家社科基金一般项目"中国出口净技术含量的形成机制及提升路径研究"(负责人:齐俊妍),"全球价值链分工背景下中国贸易利益分配机制研究"(负责人:李宏艳);国家自然科学基金课题"国内市场分割、地理集聚与中国出口企业的生产率悖论"(负责人:包群)。其他项目主要包括:市社科研究项目:"虚拟经济全球化与世界经济周期研究"(负责人:张丽),"中国制造业出口竞争力结构研究"(负责人:李秀芳)。

在学术活动上,本市学者先后百余人次参加了国内外多个国际贸易学术研讨和论坛。主要有:天津国际贸易学界以强大阵容出席了在湖南大学召开的第十届全国国际贸易学科协作组年会,多人次发表主题演讲和主持研讨,就"全球生产网络、贸易发展与包容性增长"问题提交了十余篇论文。天津财经大学和南开大学等学者出席了"第四届全国国际贸易实务教学与研究高级研讨会暨全国国际贸易实务研究会成立大会",并当选副秘书长和学术委员会主任委员。天津市国际贸易学会组团出席了"2011 年中国国际贸易学会年会暨国际贸易发展论坛",组织了一年一度的外贸征文活动,探讨了"十二五"中国外贸发展面临的形势和任务,并在北方国际集团召开了学术年会暨征文颁奖大会。

二、国际贸易理论研究

2011 年天津学者在国际贸易领域的理论研究主要集中在出口增长方式、出口竞争力、金融发展与贸易失衡、贸易与就业和收入分配等研究领域。

在出口增长方式与出口竞争力方面,施炳展基于新新贸易理论的最新进展,将中国出口的市场份额分解为广度、数量和价格。研究发现,中国出口增长 70% 源自数量扩张;价格低于世界平均水平,且没有明显上升趋势,对市场份额提升的贡献度仅

①孟昊:《天津滨海新区开放人民币 NDF 市场研究》,《华北金融》2011 年第 2 期。

②王爱俭、刘喜和、王学龙:《现代金融服务体系竞争力指标体系构建与评价——兼议天津金融服务体系的完善》,《现代财经》(天津财经大学学报)2011 年第 12 期。

为10%左右;中国主要依靠数量优势实现了出口第一。[①] 施炳展进一步比较分析了中印出口增长的三元边际及两国出口增长方式的差异性。结果表明,中国出口产品的总量和数量高于印度,价格低于印度;中国出口产品价格和总量增长速度快于印度,数量增长速度慢于印度;中国出口产品价格随距离增加而减小,是典型的"以量取胜"模式;印度出口产品价格随距离增加而增加,是典型的"以质取胜"模式。[②] 李坤望、赵磊则从种类、数量与品质角度对中德出口竞争力进行结构比较,得到了相似的结论:中国数量竞争力占优,以量取胜;德国品质竞争力占优,以质取胜。同时指出中国对外贸易发展的长久之计,即发展金融、改善市场环境、提升人力资本、调整出口区域结构,最终寻求品质制胜。[③] 王岚、盛斌基于 Redding 和 Venables(2004)的框架,将中国出口贸易竞争优势的决定分解为内部供给能力和外部市场潜力,并考察这两个因素对中国出口增长的贡献程度。结果显示,加入 WTO 以来外部市场需求日益成为推动我国出口增长的主导力量,而内部供给能力对出口的促进作用还有较大的提升空间。[④]

在贸易与就业和收入分配方面,易苗、周申在劳动力流动理论的基础上,从新经济地理学角度,阐明了经济开放因素对中国劳动力流动的三条作用机制:经济开放通过促进区域经济集聚、提高实际工资和增加就业对国内劳动力流动产生作用。在此基础上应用中国 1990—2005 年面板数据对其进了经验检验,得到了与理论分析一致的结果。[⑤] 周申、张亮基于我国 1999—2006 年的省际面板数据,研究了国际贸易、FDI 等经济开放现象对熟练劳动供给比例的影响。研究表明,贸易依存度、FDI 等经济开放因素通过教育投入而非熟练劳动相对工资对熟练劳动供给产生显著的正向影响,贸易依存度和投资份额变量对熟练劳动供给也有显著的正向作用。[⑥] 佟家栋、张燕针对中国的"民工荒"现象,对中国是否已经跨越刘易斯拐点,从而进入比较优势的转型期,进而需要调整对外贸易发展战略的问题进行了深入的阐述。研究表明,中国剩余劳动力的转移过程并非单向和线性的,而是由城乡相对实际收入导致的此消彼长过程。"民工荒"现象是在出口波动、农产品价格提高、城镇生活成本上升和城乡劳动力流动障碍等综合影响下出现的就业市场摩擦性现象,并不能说明刘易斯拐点的到来或中国剩余劳动力即将消失,中国以劳动密集型产业为比较优势的经济发展格局并未改变。[⑦] 周申、杨红彦较为系统地分析了国际贸易、技术进步等因素对中国工业部门劳动收入份额的影响。研究显示,在 1999—2009 年期间,我国工业部门的劳动收入份额总体上呈现缓慢下降的趋势,工业部门劳动收入份额变动主要是行业内部劳动力再配置的结果;国际贸易较为显著地提高了我国工业部门劳动收入份额,而技术进步则显著地降低了工业行业劳动收入份额。[⑧] 邵敏、包群应用 2000—2006 年持续经营的工业企业数据,从微观层面分析了中国出口企业转型对就业和工资增长的作用。结果表明,只要不退出出口市场,外销型企业转型行为基本不显著影响其就业和工资增长;而外销型企业转型为完全内销型企业对劳动力市场的影响主要体现在减少就业规模方面,且作用途径主要为产出渠道。[⑨]

在金融发展、国际分工与全球失衡方面,佟家栋等认为,金融创新作为金融发展的动力或源泉促进了国家在制造业和金融业的分工。具有金融业比较优势的国家容易产生经常项目的赤字,具有制造业比较优势的国家容易产生经常项目的盈余。[⑩] 杨珍增、陆建明以金融发展的跨国差异为基本前提,通过建立包含资本中间品生产的宏观经济框架,分析了金融发展在国际分工模式形成过程中的作用和不同分工模式对全球贸易失衡的影响,[⑪]杨珍增、陆建明进而探讨了在生产过程可分割的条件下,金融发展差异对不同国家比较优势和国际垂直

①施炳展:《中国靠什么成为世界第一出口大国?》,《统计研究》2011 年 5 月。
②施炳展:《中印出口增长方式比较——基于广度、价格与数量的分解》,《当代财经》2011 年第 4 期。
③李坤望、赵磊:《中德出口竞争力结构差异性及其决定因素分析》,《现代财经》2011 年第 5 期。
④王岚、盛斌:《中国出口竞争优势的空间分解——内部供给能力和外部市场潜力》,《世界经济研究》2011 年第 2 期。
⑤易苗、周申:《经济开放对国内劳动力流动影响的新经济地理学解析》,《现代财经》2011 年第 3 期。
⑥周申、张亮:《经济开放会影响我国的熟练劳动供给吗》,《山西财经大学学报》2011 年 9 月。
⑦佟家栋,周燕:《二元经济、刘易斯拐点和中国对外贸易发展战略》,《经济理论与经济管理》2011 年第 1 期。
⑧周申、杨红彦:《国际贸易、技术变动对我国工业部门劳动收入份额的影响》,《国际经贸探索》2011 年第 4 期。
⑨邵敏、包群:《出口企业转型对中国劳动力就业与工资的影响:基于倾向评分匹配估计的经验分析》,《世界经济》2011 年第 6 期。
⑩佟家栋、云蔚、彭支伟:《新型国际分工、国际收支失衡与金融创新》,《南开经济研究》2011 年第 3 期。
⑪杨珍增、陆建明:《金融发展、国际分工与全球失衡》,《世界经济研究》2011 年第 3 期。

分工地位的影响。① 施炳展、齐俊妍基于异质性企业理论，从微观层面重新解读了金融发展与贸易收支的关系，结论认为金融发展对贸易收支具有非线性影响，随着金融发展水平的提升，贸易收支呈现先增加后减少的倒U型曲线；外部融资依赖度较高的行业其倒U型曲线拐点所对应的金融发展水平也较高。② 齐俊妍等分别从理论上和经验上分析了金融发展对提升出口技术复杂度的促进作用，认为产品技术复杂度越高，研发和生产过程中的不确定性越大，逆向选择问题越突出；金融发展可以通过解决逆向选择问题促进一国专业化生产高技术复杂度产品，从而提升一国整体出口技术复杂度。③

三、国际贸易政策研究

1. 中国对外贸易发展与政策转型战略调整

盛斌等回顾了中国入世10年以来贸易发展与政策转型对经济增长、产业升级、区域发展、劳动力市场、能源与环境以及国际竞争力等方面产生的深刻影响与冲击。指出席卷全球的金融危机使中国能够重新反思传统的经济发展方式与贸易增长模式的问题与弊端，认识与理解构建新的贸易发展战略的必要性，从而为向更加稳定、均衡和可持续的对外贸易发展的路径转变奠定坚实的基础。④ 刘重力、李慰研究了开放经济下FDI对中国对外贸易政策和产业政策的影响。认为随着经济全球化的快速发展，FDI会改变母国与东道国之间的战略关系，使东道国的产业政策发生相应的变化。外资进入后会使东道国的国民福利降低，所以在开放过程中政府应保持谨慎的态度，选择外部经济较强的行业对外资进行开放，同时需要改变产业政策，对外资进入的行业进行征税。⑤ 加工贸易转型升级效果评价方面，赵晓晨通过分析发现，中国自转型升级战略提出以来，加工贸易在产业和产品结构升级、生产经营方式转变和增值率提高等方面效果显著，但在区域转移方面效果不够明显，在国内采购率、产业关联度和产业链延伸等方面进展缓慢。但为了进一步促进加工贸易转型升级，应鼓励内资企业积极参与，改变加工贸易主体结构失衡的状况；调整中间投入品国产化的鼓励政策，提高加工贸易配套率；顺势发展，推进加工贸易的区域转移；增加加工贸易企业分类评估指标，完善加工贸易商品分类制度。⑥

2. 美国制定对华贸易政策

王孝松等通过在“保护待售”模型中纳入执政者谋求竞选支持和进行权力委派的因素，考察了执政者、行政机构同各类选民之间互动，最终决定贸易政策的机制与过程。政治上有组织的行业所获得的贸易保护水平同其所包含的选民数量占全体选民的比重无关；政治上无组织的行业所获得的保护水平同其选民比重之间的关系取决于执政者赋予全体国民福利的权重、政治捐资对不知情选民的影响作用以及政治上有组织行业的人口比重。综合来看，政治上有组织的行业将更容易获得贸易保护，其所获得的保护水平也更高。⑦

3. 贸易摩擦的原因分析

刘重力、曹杰从欧盟对华反倾销的产品类别出发，分析得出化工产品、钢铁及其制品和矿产品遭受欧盟反倾销强度较大，而电气设备和纺织品反倾销强度较小；并在此基础上分析了反倾销的贸易转移效应。结果表明，除矿产品外的其余产品的贸易转移效应均与反倾销强度表现出不一致性。其原因大致包含产品竞争力、出口增速、与欧盟产品价差、该产品出口对欧依赖程度、欧盟对中国进口依赖程度、进口替代国多少等因素。⑧ 王捷、齐颖妮分析了印度对华贸易摩擦产生的内在机制，认为中国经济增长的高外部依赖性和两国要素禀赋相近的共同作用是贸易摩擦产生的根本原因，而贸易失衡、印度高失业率问题和“中国威胁论”仅是这一根本原因的外部表现。因此中印贸易摩擦将长期存在，解决中国与印度乃至发展中国家的贸易摩擦，从根本上需要尽快转变经济增长方式，提升市场化水平，提高消费在经济增长中的贡献份额。同时，需要通过双边对话和在多边贸易体系内进行协调，尽量减轻贸易保护对我国的负面影响。⑨ 施炳展从

---

①陆建明、杨珍增：《创新和生产的垂直分工与全球失衡：金融发展与金融开放的影响》，《世界经济文汇》2011年第4期。
②施炳展、齐俊妍：《金融发展、企业国际化形式与贸易收支》，《世界经济》2011年第5期。
③齐俊妍、王永进、施炳展、盛丹：《金融发展与出口技术复杂度》，《世界经济》2011年第7期。
④盛斌、钱学锋、黄玖立、东艳：《入世十年转型：中国对外贸易发展的回顾与前瞻》，《国际经济评论》2011年第5期。
⑤刘重力、李慰：《开放经济下外国直接投资对产业政策的影响》，《现代财经》2011年第12期。
⑥赵晓晨：《加工贸易转型升级效果评价》，《当代财经》2011年第9期。
⑦王孝松、李坤望、谢申祥：《贸易政策是如何制定的：包含政治捐资、竞选支持与权力委派的内生保护模型》，《世界经济》2011年第10期。
⑧刘重力、曹杰：《欧盟对华反倾销的贸易转移效应：基于产品角度的经验分析》，《国际贸易问题》2011年第7期。
⑨王捷、齐颖妮：《印度对华贸易摩擦产生的内在机制与对策研究》，《国际贸易》2011年第12期。

出口数量与出口价格视角，探讨了金融危机后中国频遭贸易壁垒的内因。结果发现，在控制经济发展水平、经济规模、贸易成本、产品特征等因素后，中国对美国的出口数量高于其应有水平，价格低于其应有水平，这是中国出口的特殊性，也是中国频遭贸易壁垒的内因。①

四、区域经济一体化与贸易投资关系研究

张伯伟、胡学文以零部件贸易产业链为例，探讨了东亚产品竞争力的来源、区域生产网络的变迁以及两者之间的关系。研究发现，东亚零部件贸易是其产品出口竞争力的重要来源；诸多生产链交织形成了东亚区域生产分工网络，并呈现出不断强化、加深和技术升级的趋势；中国经济的融合推动了东亚分工网络的发展和调整，成为区域内主要的零部件出口国，日本的主导地位逐渐削弱。② 刘娟等对后金融危机时代中国东亚区域合作的战略调整进行了探讨，认为金融危机后中国应进一步推行"10+3"次区域合作的发展，在与东盟的合作中继续发挥创新型合作方式，充分考虑如何发挥双方互补型产业的合作，同时寻找扩大双方内需的路径，从而继续为日韩与东盟的区域合作提供有效的榜样作用。③ 宫占奎、文洋探讨了2010年APEC13成员参加的茂物目标评估，并就评估的四个领域，即关税、非关税、服务贸易、投资进行了分析，阐明了参加评估的成员在推进自由化中取得的成就，指出了今后继续推进自由化的具体领域。④

五、跨国公司及FDI研究

对这一问题的研究主要集中在FDI的技术外溢效应、FDI对东道国的影响、跨国公司的经营战略与经营风险、中国引进FDI影响因素等方面。

在FDI的技术外溢作用途径方面，邵敏、刘重力区分了两类外资影响技能外溢的途径，通过联立方程模型对这两种途径进行了计量检验，结果表明，外资的进入会通过偏向非技能劳动力技术外溢对我国技能劳动力相对需求产生显著负向作用，同时由于可能存在技能劳动力的反向流动，其对我国技能劳动力相对供给的正向作用并不显著。进一步得出结论：我国的FDI技术外溢更偏向非技能劳动力，从而外资的进入会降低我国的技能溢价。进入我国的FDI平均来说是高端产业的低端环节。⑤ 冼国明则运用非均衡面板数据的广义矩估计，从产业关联和技术差距的角度考察了FDI对中国纺织业的技术溢出效应。研究表明，外商直接投资主要通过水平关联和后向关联对纺织业内资企业产生溢出效应；外商直接投资是否通过水平关联促进内资企业生产效率的改善还取决于内外资企业间的技术差距，只有当内外资企业技术差距小于门限值时，外商直接投资才会通过水平关联产生技术溢出，技术差距大于门限值时，外商直接投资通过水平关联产生市场窃取效应。⑥

FDI对东道国的影响方面，葛顺奇、罗伟分析了外商直接投资对东道国经济增长及其方式的影响。通过赋予这些国家的企业选择模仿或者创新的自由，打破传统技术扩散模型中技术落后国只能进行被动模仿的假设。研究发现，外商直接投资能够从技术扩散效应、资本效应以及资源竞争效应3个方面影响东道国的经济增长速度。通常情况下，积极的技术扩散效应和资本效应超过资源竞争效应，使外商直接投资总体上促进东道国的经济增长。同时，外商直接投资也能够影响东道国的经济增长模式，外资企业较大的技术优势以及较弱的技术保护强度将会促使东道国选择一条依赖模仿的增长模式；反之，东道国将更多地依靠创新。⑦ 王文治、陆建明基于环境投入-产出模型，选取我国制造业15部门为研究对象，利用中国2002年和2005年可比价投入产出表以及3种环境污染物排放数据，全面衡量了FDI流入我国制造业对3种污染物排放的直接和间接影响。结果发现，我国制造业单位产出3种污染物的排放数量逐年降低；FDI主要流入制造业中相对清洁的部门；FDI大量流入的清洁部门通过产业关联导致其他制造业部门污染物排放增加。从产业投入产出的角度来看，制造业中相对污染密集的行业其污染排放受到其他行业的需求拉动影响较大，而相对清洁行业对其他行业污染排放的拉

①施炳展：《金融危机后中国频遭贸易壁垒的内因分析：以中美贸易为例》，《财贸研究》2011年第4期。
②张伯伟、胡学文：《东亚区域生产网络的动态演变——基于零部件贸易产业链的分析》，《世界经济研究》2011年第3期。
③刘娟、王荣艳、王学成：《中国东亚区域合作战略调整——基于后金融危机时代的思考》，《国际贸易》2011年第2期。
④宫占奎、文洋：《APEC贸易投资自由化领域的茂物目标评估分析》，《亚太经济》2011年第3期。
⑤邵敏、刘重力：《外资进入与技能溢价——兼论我国FDI技术外溢的偏向性》，《世界经济研究》2011年第1期。
⑥孙江永、冼国明：《产业关联、技术差距与外商直接投资的技术溢出》，《世界经济研究》2011年第4期。
⑦葛顺奇、罗伟：《外商直接投资与东道国经济增长——基于模仿与创新的研究》，《世界经济研究》2011年第1期。

动较强。①

跨国公司经营战略、经营风险方面，张庆昌、蒋殿春构建了三国模型，考察了跨国公司的三种战略选择模式。研究表明，生产率最高的公司选择水平型直接投资，生产率较高的公司选择出口平台直接投资，生产率较低的公司选择出口贸易，生产率最低的公司只供应国内市场。发达国家的相对工人工资水平越高、发展中国家建厂成本越小，选择出口和水平型直接投资的公司会越少，而选择出口平台的直接投资公司会越多。② 张英达、葛顺奇对跨国经营政治风险的多维性与复杂性进行分析，指出近期政治风险的趋势性变化特征，并根据这些变化对企业应对策略提出建议。认为在政策变动风险与非政府群体的行为风险日益重要的背景下，很难通过投资决策过程或政治风险保险来进行有效的管理，恰当的做法应当是经营活动的本土化。③ 刘恩专、刘立军剖析了后危机时代投资保护主义的形成机理、演变过程和表现形态，提出了中国企业对美国直接投资策略的适应性调整的政策建议。④

中国引进 FDI 影响因素方面，蒋殿春、张庆昌基于美国跨国公司全球经营规模数据，利用扩展的引力模型估计了中国在美国对外直接投资中的相对地位，并进一步探讨了形成这种地位的原因。结果表明，在控制了东道国经济规模、人均收入水平和贸易成本等因素之后，美国对华投资仍显著低于模型的预测水平，但在制造业内，美国对华直接投资却高于“正常”水平。美国对华的投资障碍主要在服务业。禀赋水平和产业结构因素不仅是形成美国对华投资过低的主要原因，还能解释为什么近期美国对华投资相对规模不断下降。⑤ 周申等采用我国 1998—2007 年间 28 个省区面板数据，分析了金融扭曲差异对 FDI 流入的影响。研究表明，地区金融扭曲差异会影响 FDI 的流入，但金融扭曲差异对外商直接投资存量的影响程度要小于其对外商直接投资流量的影响。分地区研究发现，我国东部金融扭曲差异对 FDI 流入没有显著作用；而中西部金融扭曲差异显著地抑制了 FDI 流入，且对外商直接投资流、存量的抑制程度要明显大于东部。⑥ 李宏等结合中国国际资本流动的主要特点，对人民币汇率波动及人民币汇率升值预期对中国国际资本流动的影响进行经验分析。实证结果表明，中国经济的持续快速发展和人民币升值预期是吸引国际资本大量流入中国的重要因素，人民币升值将会抑制 FDI 的流入，但不会使我国的 FDI 明显下降，国内利率也与 FDI 呈负相关关系。⑦

（本文作者：刘恩专，天津财经大学经济学院国际经济贸易系教授、博士生导师；刘立军，天津财经大学经济学院国际经济贸易系博士生）

产业经济学研究综述

张宏武　尹嘉慧　兰梓睿

2011 年，据初步统计，天津学者在产业经济学研究方面发表论文达数百篇，反映了学者为我国及天津市经济发展献计献策的高涨热情和学术研究的繁荣景象。

一、关于技术创新的研究

邸晓燕、张赤东认为，产业共性技术所具有的复杂性和准公共品性质决定了政府对产业技术创新战略联盟支持的必要性。⑧ 王立军等探讨了影响

①王文治、陆建明：《外商直接投资与中国制造业的污染排放：基于行业投入－产出的分析》，《世界经济研究》2011 年第 8 期。
②张庆昌、蒋殿春：《异质性与跨国公司的战略选择》，《当代经济科学》2011 年 9 月。
③张英达、葛顺奇：《跨国经营的政治风险：结构、趋势与对策》，《国际经济合作》2011 年第 11 期。
④刘恩专、刘立军：《投资保护主义与中国 OFDI 的策略调整》，《国际经济学评论》2011 年第 5 期。
⑤蒋殿春、张庆昌：《美国在华直接投资的引力模型分析》，《世界经济》2011 年第 5 期。
⑥周申、张亮、漆鑫：《地区金融扭曲差异对外资进入的影响》，《财经科学》2011 年第 12 期。
⑦李宏、钱利：《人民币升值对中国国际资本流动的影响》，《南开经济研究》2011 年第 2 期。
⑧邸晓燕、张赤东：《产业技术创新战略联盟的类型与政府支持》，《科学学与科学技术管理》2011 年第 4 期。

各行业技术创新倾向与规模的主要因素。① 黄韦华、向吉英探讨了本土产业在全球价值链嵌入和发展的特征、破坏性创新的过程以及面临的问题，并提出了政策建议。② 王华等提出创新转化效率与经济增长之间是经济增长的Granger成因，对经济增长具有显著的正向推动作用。③ 魏大鹏、张慧毅分析了目前技术进步促进竞争力生成能力提升的路径偏差，并提出了促进竞争力生成能力提升的制度安排。④ 张振华从世界汽车产业的技术专利情况入手，对中国汽车产业当前的发展差距和机会进行了分析。⑤ 丁明磊等提出促进区域创新发展的三种机制及措施。⑥

二、关于产业结构与产业政策的研究

在产业结构研究方面，马艳华、魏辅铁对近年来产业结构调整问题的研究成果进行了梳理。⑦ 吕明元、李彦超认为，产业结构的国际标准模式在我国的适用，应该考虑时间和条件的变化。⑧ 王树春、卜书慧认为，必须在可持续发展的背景下选择新的产业转移模式来承接产业转移，提高自身经济发展水平。⑨ 徐志懿认为，新型工业化进程需要政府规制的改革与完善，在资源禀赋有限，环境破坏严重的情况下实现三次产业的协调可持续发展。⑩ 樊莉剖析了危机影响下中国产业结构优化升级所面临的新困境，并对今后贯彻落实“十二五”规划努力实现产业结构优化做出展望。⑪ 张慧毅、魏大鹏认为，只有提升产业竞争力生成能力，才能尽早跨越倒U型环境库兹涅茨曲线拐点，使环境保护与产业发展相协调。⑫ 杜传忠、郭树龙认为，资本投入、需求和外商直接投资等因素对我国产业结构的升级具有正向作用，而劳动力数量、技术水平、开放水平中的进出口贸易对我国产业结构的升级作用并不显著。⑬

在产业政策研究方面，刘重力、李慰提出开放过程中政府应保持谨慎的态度，同时需要改变产业政策，对外资进入的行业进行征税。⑭ 谭琪、及月如认为，现行地方激励政策体系中存在结构性、内容性、配套性以及沟通性四个问题，并提出具体建议。⑮ 盛丹、王永进认为，在市场化程度高的地区，技术复杂度较高的产业增长较快，产业专业化对产业增长的促进作用更为显著。⑯ 南开大学产业经济学课题组提出城镇化对于提升产业成长的内在动力具有不可替代的作用⑰，左盛威提出了在产业生命周期不同阶段，政府和市场在产业选择中所发挥的作用不同的观点⑱，支燕、吴河北提出了中国企业产融结合实践的借鉴价值⑲，刘小军、涂俊提出中国软件产业借鉴以色列经验的一些建议。⑳

在企业组织研究方面，魏丽莹提出中国家族企业产权制度的创新之路，以发挥产权制度对家族企业的现实意义㉑，汪延明、杜龙政认为，理想的协同步长是技术董事的协同效率是否有效的关键。㉒

三、关于产业集群的研究

张伯伟、胡学文探讨了东亚产品竞争力的来源、区域生产网络的变迁以及两者之间的关系。㉓

①王立军、张伯伟、朱春礼:《产业特征、宏观调控与技术创新策略选择——来自中国工业层面的证据》,《世界经济研究》2011年第3期。
②黄韦华、向吉英:《全球价值链治理、破坏性创新与本土产业升级》,《开放导报》2011年第2期。
③王华、赵黎明、李勇运:《辽宁省技术创新转化效率对经济增长影响的实证研究》,《科技管理研究》2011年第21期。
④魏大鹏、张慧毅:《技术进步制度安排与产业竞争力生成能力》,《科学学与科学技术管理》2011年第1期。
⑤张振华:《国际汽车经济的技术发展概况——基于专利数据的分析》,《当代经济管理》2011年第12期。
⑥丁明磊、庞瑞芝、刘秉镰:《全球化与新技术经济范式下区域产业创新路径研究》,《科技管理研究》2011年第21期。
⑦马艳华、魏辅轶:《产业结构调整理论研究综述》《山西财经大学学报》2011年第3期。
⑧吕明元、李彦超:《产业结构国际标准模式的适用性研究:1952—2008年中国经验的实证分析》,《经济经纬》2011年第6期。
⑨王树春、卜书慧:《河北省承接北京产业转移的研究——基于可持续发展背景下的分析》,《环渤海经济瞭望》2011年第1期。
⑩徐志懿:《浅析新型工业化道路与产业结构调整》,《经济研究导刊》2011年第3期。
⑪樊莉:《金融危机的产业传导机制及对中国产业结构的影响》,《中国物价》2011年第6期。
⑫张慧毅、魏大鹏:《环境约束环境库兹涅茨曲线与产业竞争力生成能力》,《中央财经大学学报》2011年第11期。
⑬杜传忠、郭树龙:《中国产业结构升级的影响因素分析——兼论后金融危机时代中国产业结构升级的思路》,《广东社会科学》2011年第4期。
⑭刘重力、李慰:《开放经济下外国直接投资对产业政策的影响》,《现代财经》2011年第12期。
⑮谭琪、及月如:《我国地方新能源产业激励政策创新体系研究》,《生态经济》2011年第11期。
⑯盛丹、王永进:《市场化、技术复杂度与中国省区的产业增长》,《世界经济》2011年第6期。
⑰南开大学产业经济课题组:《后危机时期中国产业的成长方式和路径转型》,《学术研究》2011年第2期。
⑱左盛威:《浅析产业选择过程中政府与市场的作用》,《时代经贸》2011年1月中旬刊。
⑲支燕、吴河北:《动态竞争环境下的产融结合动因——基于竞争优势内生论的视角》,《会计研究》2011年第11期。
⑳刘小军、涂俊:《横向科技政策的成功运用——以色列软件产业发展对中国软件产业转型的启示》,《科学经济社会》2011年第2期。
㉑魏丽莹:《产权制度与家族企业的发展》,《生产力研究》2011年第1期。
㉒汪延明、杜龙政:《产业链治理:技术董事协同效率评价研究》,《经济师》2011年第8期。
㉓张伯伟、胡学文:《东亚区域生产网络的动态演变——基于零部件贸易产业链的分析》,《世界经济研究》2011年第3期。

李大为等认为，充分发挥产业集群的技术创新效能对于促进现阶段我国技术创新和产业集群升级具有重要意义。① 蒲业潇、安虎森认为，外包中存在的上下游企业间的匹配效应会产生聚集力。② 陈金梅、赵海山认为，创新性是高新技术产业集群的主要特征，关系互动是集群竞争优势的来源，集群治理及其效应的发挥是防范集群风险并保持稳定性的重要保证。③ 邱瑞金认为，产业群聚可为达到彼此之间共同的目标以及个别的目标，并创造出竞争优势。④ 胡东宁探讨了为促进工业园区的可持续发展，应该如何构建一系列的制度安排。⑤ 王家庭、张俊韬认为，我国 IT 产业表现为高发展水平的区域倾向于集聚在一起。⑥ 李月从全球价值链动力机制的角度，分析了不同驱动模式下，两岸产业合作的模式、区域与战略选择问题并提出三点配套政策。⑦ 吴艳红、博文广等认为，在低外资比重产业中，只有当 FDI 比重超过一个临界值时，FDI 对地理集中的正向促进作用才会显现。⑧ 刘一构造了一个基于产业集群视角的经济增长模型，给出了相应的政策建议。⑨

四、关于服务业发展的研究

在物流业研究方面，朱序波指出，国内物流金融目前还主要停留在金融模式的研究上，对于物流金融风险控制的研究还很不充足。李莉等探讨物联网对物流业国际竞争力不同维度的影响，并从政府行业和企业三个方面提出了发展建议。⑩ 刘刚认为，制造业与物流业互动发展有利于推动物流服务创新和产业协同发展。⑪ 柴永艳、刘泽勤探讨了低温物流产业发展策略，促使低温物流产业成为物流产业的新亮点。⑫

在生产性服务业研究方面，郭东海探讨了我国发展生产性服务业应该采取的产业政策。⑬ 杨仁发、刘纯彬认为，生产性服务业与制造业融合有利于提升产业竞争力，促进产业升级。⑭ 周呈奇认为，两岸应积极开展生产性服务业的整合，共图发展。⑮

在旅游业研究方面，徐虹等将旅游者纳入到旅游供应链的分析中，并从消费者权力的角度解释了旅游供应链中发生的权力对角线转移过程。⑯ 韩元军等认为，未来中国需要对旅游业服务进行全方位调整，这样才能促使旅游服务质量与产业效率共同提高。⑰

在文化产业研究方面，刘波、臧学英认为，京津冀文化产业合作与发展的战略重点应放在充分发挥政府的引导和推动作用、积极创造有利的发展环境、整合优势文化资源项目和重视文化产业领军人才的培养等方面。⑱ 博赫、肖红叶归纳了 30 年文化产业政策变动过程和阶段性特点，通过文献分析总结出当前理论研究取得的成果与不足。⑲

在创意产业研究方面，段学芬、雷鸣认为，创意产业对城市发展的促进作用表现为优化城市产业结构、延伸城市文脉以及重塑城市形象。⑳ 黄超、王艳婷提出加大力度推进课程改革，实行多学科融合，走产学研相结合的道路，提升创意人才的实践精神。㉑ 赵萌提出服装创意是打造现代化服装产业

①李大为、刘英基、杜传忠：《产业集群的技术创新机理及实现路径——兼论理解两个熊彼特悖论的新视角》，《科学学与科学技术管理》2011 年第 1 期。
②蒲业潇、安虎森：《垂直联系、外包与产业集聚》，《西南民族大学学报》(人文社会科学版)2011 年第 2 期。
③陈金梅、赵海山：《高新技术产业集群网络关系治理效应研究》，《科学学与科学技术管理》2011 年第 6 期。
④邱瑞金：《探讨产业群聚与伙伴关系影响供应链管理》，《生产力研究》2011 年第 10 期。
⑤胡东宁：《我国工业园区可持续发展的内涵、特征与制度安排》，《科技管理研究》2011 年第 7 期。
⑥王家庭、张俊韬：《我国 IT 产业的空间集聚：基于 30 省区面板数据的实证研究》，《当代经济科学》2011 年第 1 期。
⑦李月：《新形势下两岸产业合作的模式、区域与战略选择——基于全球价值链动力机制视角的分析》，《台湾研究集刊》2011 年第 2 期。
⑧吴艳红、博文广、殷广卫：《FDI 产业特征与制造业地理集中——基于中国数据的实证分析》，《南开经济研究》2011 年第 1 期。
⑨刘一：《产业集聚对县域经济增长影响的实证分析——以长三角地区为例》，《特区经济》2011 年第 1 期。
⑩李莉、张子晗、苑德江：《基于物联网的我国物流业国际竞争力生成模型构建研究》，《物流技术》2011 年第 11 期。
⑪刘刚：《基于产业互动的制造业物流服务创新研究》，《商业经济与管理》2011 年第 5 期。
⑫柴永艳、刘泽勤：《我国低温物流行业发展策略探析》，《赤峰学院学报》(自然科学版)2011 年第 3 期。
⑬郭东海：《我国生产性服务业产业政策的目标、方向和着力点》，《山东社会科学》2011 年第 11 期。
⑭杨仁发、刘纯彬：《生产性服务业与制造业融合背景的产业升级》，《产业经济》2011 年第 1 期。
⑮周呈奇：《十二五时期我国生产性服务业的开放发展与 ECFA 框架下两岸的整合》，《经济研究导刊》2011 年第 32 期。
⑯徐虹、吕兴洋、秦达郅：《旅游业消费者增权及其对旅游供应链权力结构的影响研究》，《北京第二外国语学院学报》2011 年第 11 期。
⑰韩元军、夏少颜、周生辉：《中国旅游业服务质量规制与产业效率提升》，《财贸经济》2011 年第 10 期。
⑱刘波、臧学英：《从战略高度看京津冀文化产业的合作与发展》，《2011 京津冀区域协作论坛论文集》。
⑲博赫、肖红叶：《文化产业研究 30 年：现状与特点》，《江西财经大学学报》2011 年第 3 期。
⑳段学芬、雷鸣：《场外交易市场推进城市创意产业发展——以天津为例》，《社会科学家》2011 年第 2 期。
㉑黄超、王艳婷：《创意产业背景下的艺术设计——人才创新思维培养模式研究》，《科技向导》2011 年第 20 期。

不可或缺的重要因素。①

在现代服务业研究方面，马云泽、杜超讨论了我国现代服务业发展的现状与特点并在此基础上对我国现代服务业的发展趋势进行了预测，②周红、杨晓蕾等提出了我国商务服务业的发展趋势及今后的创新研究方向。③

在区域服务业方面，李从欣等对河北省第三产业的产业结构、就业弹性和就业结构偏离度等指标进行了分析，并通过将服务业进行分解及与全国水平对比说明服务业是产业结构的格兰杰原因，给出了对策建议。④

五、关于工业发展的研究

在工业和制造业研究方面，聂巧平、冯蕾阐释了影响工业布局和转移的主要原因⑤，庞瑞芝从工业生产的全要素能源效率视角对转型期间中国工业增长模式进行了探讨⑥，杜传忠等提出推动区域工业化协调发展的对策建议⑦，庞瑞芝、李鹏等认为，忽视资源与环境约束的传统生产力评价方式对中西部地区工业增长存在生产力高估⑧。

张兴国、马崇启认为，中国纺织行业在区域结构中的竞争力有从东向西转移的趋势，并以此为基础提出了东中西部地区纺织产业发展的具体建议。⑨ 王雪青等认为，建筑产业竞争力存在着明显的地域差异，东部和沿海地区表现明显优于西部和中部地区。⑩ 吴爱东、王琳琳认为，全球钢铁生产重心向发展中国家转移，为中国钢铁产业进一步发展提供了机遇。⑪ 李金辉探讨航空产业发展热潮背后的利益博弈⑫，狄琳娜提出了中国航空业应对欧盟“碳贸易壁垒”的对策建议。⑬

六、关于战略新兴产业、高新技术产业发展的研究

李文增等认为，战略性新兴产业是指在国民经济中具有战略地位、对经济社会发展和国家安全具有重大和长远影响、可能成为一个国家或地区未来经济发展支柱产业的新兴行业。⑭ 姜达洋介绍了西方扶持战略性新兴产业发展理论的演进过程，以及主要西方国家政府运用战略性的产业政策举措，扶持新兴产业发展的历史过程。⑮ 彭金荣、李春红认为，中国应高度关注主要发达国家、区域集团及新兴国家战略性新兴产业的发展态势及走向，并借鉴其成功经验，实现中国战略性新兴产业的持续和健康发展。⑯ 易训华、魏大鹏提出新兴战略产业的培育就是按照新兴战略产业突破性创新所处的阶段及其相应的核心资产需求。⑰ 蒋宁、张维等针对新兴产业外部市场环境动态性强的特征，从动态竞争优势的视角建立了战略性新兴产业政策体系，并提出具体举措。⑱

荆克迪等认为，高新技术产业要及时把握该行业碳排放特征，分析其在促进能源节约以及碳排放方面的优势和缺陷。⑲ 贺京同、冯尧发现国内科技成果转化效率的年平均增长率为负，转化前沿面倒退，行业间差距缩小。⑳ 马向阳等提出了区域高技术产业竞争力构成的“圆轮模型”，建立了区域高技术产业竞争力评价指标体系和综

①赵萌：《服装创意在构建高端高效高质服装产业中的作用》，《中国信息科技》2011 年第 2 期。
②马云泽、杜超：《当前我国现代服务业发展现状、特点与趋势》，《环渤海经济瞭望》2011 年第 12 期。
③周红、杨晓蕾、孙露卉：《商务服务业创新研究综述》，《中国商贸》2011 年第 24 期。
④李从欣、张举钢、温蕾：《河北省第三产业发展的就业效应研究》，《当代经济管理》2011 年第 4 期。
⑤聂巧平、冯蕾：《我国工业大类行业布局的变动及其成因——基于两次经济普查数据的分析》，《当代经济管理》2011 年第 8 期。
⑥庞瑞芝：《中国省际工业增长模式与提升路径分析——基于工业部门全要素能源效率视角》，《中国地质大学学报》(社会科学版)2011 年第 4 期。
⑦杜传忠、刘英基、孙晓霞：《中国新型工业化区域差异及协同发展分析——基于因子分析模型的研究》，《东岳论丛》2011 年第 8 期。
⑧庞瑞芝、李鹏、路永刚：《转型期间我国新型工业化增长绩效及其影响因素研究——基于“新型工业化”生产力视角》，《中国工业经济》2011 年第 4 期。
⑨张兴国、马崇启：《基于 DSSA 的中国纺织产业区域竞争力评价模型》，《天津工业大学学报》2011 年第 6 期。
⑩王雪青、张帅、刘炳胜：《中国区域建筑产业竞争力 ANP 评价模型指标选择与实证研究》，《工程管理学报》2011 年第 2 期。
⑪吴爱东、王琳琳：《中国钢铁产业发展机遇与对策研究——在世界钢铁产业格局变迁中打造国际竞争力》，《经济纵横》2011 年第 2 期。
⑫李金辉：《中国航空产业发展热潮现象及其利益博弈分析》，《现代财经》2011 年第 4 期。
⑬狄琳娜：《中国航空业应对欧盟“碳贸易壁垒”的对策建议》，《国际经贸探索》2011 年第 11 期。
⑭李文增、王金杰、李拉、刘峰：《国内外发展战略性新兴产业的比较》，《产权导刊》第 1 期。
⑮姜达洋：《战略性新兴产业扶持政策的理论与实践溯源》，《山东财政学院学报》2011 年第 3 期。
⑯彭金荣、李春红：《国外战略性新兴产业的发展态势及启示》，《改革与战略》2011 年第 2 期。
⑰易训华、魏大鹏：《突破性创新资产与新兴战略产业培育机制》，《天津学术文库下》(下)，天津人民出版社 2011 年版。
⑱蒋宁、张维、倪玉婷、王利：《动态环境下战略新兴产业政策体系建设研究》，《北京理工大学学报》(社会科学版)2011 年第 3 期。
⑲荆克迪、楚春礼、王圆生：《中国高新技术产业碳排放趋势研究与影响因素分析——以电子及通信设备制造业为例》，《江淮论坛》2011 年第 3 期。
⑳贺京同、冯尧：《中国高技术产业科技成果转化效率的实证研究——基于 DEA - Malmquist 指数方法》，《云南社会科学》2011 年第 4 期。

合评价模型。[①]

七、关于低碳生态产业的研究

朱春红、马涛对区域绿色产业发展效果评价的目标、评价模型的构建原则、内容及方法的选择与运用等进行了重点探讨。[②] 都督、杜鹤认为,进一步完善我国绿色产业投资机制是实现我国绿色产业发展战略的关键所在。[③] 杨力等主张建立我国煤炭产业的绿色发展模式。[④] 李春发等分析了生态产业链中委托代理结构和委托代理契约履约率对生态产业链的产品流量、利润和成本收益率影响等问题。[⑤] 朱耿先、王秀丽认为,生态产业链下游企业可以通过激励机制设计使上游企业所得收益与其努力水平相联系,从而最大化委托人下游企业的期望收益。[⑥]

八、关于农业发展的研究

孟淼从农户自身、龙头企业以及农业经济合作组织三个方面探讨如何有效地增加农民收益,保护农民利益。[⑦] 赵国杰等提出了社会化小农户实践精准农业的两种路径:松散联合体模式和农民专业合作社模式。[⑧] 张庆辉提出了我国农业产业化发展的措施。[⑨]

九、关于天津产业发展的研究

赵黎明、张莉认为,京津冀都市圈产业一体化动力的基础和重点是构建一体化的交通网络体系、科技支撑体系、市场联动体系、产业合作体系和机制保障体系。[⑩] 周桂荣、蒋素领提出了京津冀区际间产业生态发展的思路及对策建议。[⑪] 周桂荣、王冬提出以转型和创新为坐标,推进京津冀经济圈产业升级的对策建议。[⑫]

李月分析了台湾新能源重点产业发展现状及全球趋势并提出津台新能源产业合作战略路径选择。[⑬] 周呈奇、冯杨提出积极利用 ECFA 和 MOU 开展津台文化创意产业合作,是取长补短、促进两地产业结构升级、创造双赢的王道。[⑭] 罗琼探讨了滨台优势产业发展的互补性和可行性,并为滨台优势产业的对接合作提出对策建议,[⑮]周呈奇提出了整合津台资源、促进天津向知识型产业升级的对策建议。[⑯]

刘小军、涂俊提出天津市在区域经济一体化下构建创业、创新环境的发展思路[⑰],并通过时间序列分析来验证天津市经济增长与能源消费的关系,提出了结构调整的建议[⑱]。刘鹏提出外商直接投资与制造业的产业集聚互相作用,带动了天津市制造业的快速发展。[⑲] 张国旺对天津产业结构以及经济运行质量中存在的问题进行了分析,提出了转变天津经济发展方式的对策建议。[⑳] 孙建州认为,天津市经济增长和产业结构变化之间存在长期均衡关系,短期内第二产业对生产总值的贡献和影响仍然最高,第三产业发展潜力巨大。[㉑] 胡永梅等则对“十二五”期间天津优势传统产业实现升级和可持续发展的途径进行了探索。[㉒]

万全、李春红从产业融合、服务业标准化建设、构建增长极等方面对天津市现代服务业提出对策。[㉓] 林枚、祁建民提出天津存在相对落后的生产

---

①马向阳、阴新月、陈卫东:《基于五元协同机理的高技术产业竞争力评价研究——以天津市为例》,《科技与技术》2011 年第 5 期。
②朱春红、马涛:《区域绿色产业发展效果评价研究》,《经济与管理研究》2011 年第 3 期。
③都督、杜鹤:《促进绿色产业发展的投资机制分析》,《商情》2011 年第 46 期。
④杨力、王舒鸿、吴杰:《基于集成超效率 DEA 模型的煤炭企业生产效率分析》,《中国软科学》2011 年第 3 期。
⑤李春发、李建建、李井锋、张宏敏:《基于委托代理关系的生态产业链均衡研究》,《管理科学》2011 年第 3 期。
⑥朱耿先、王秀丽:《生态产业链中的委托代理问题研究》,《北京理工大学学报》(社会科学版)2011 年第 5 期。
⑦孟淼:《基于农业产业化经营的微观基础探讨如何真正让农户获利》,《中国城市经济》2011 年第 8 期。
⑧赵国杰、侯建平、郭春丽:《社会化小农选择精准农业发展模式初探》,《中国农机化》2011 年第 2 期。
⑨张庆辉:《我国农业发展产业化发展现状及其对策》,《知识经济》2011 年第 10 期。
⑩赵黎明、张莉:《京津冀产业一体化动力基础研究》,《天津师范大学学报》(社会科学版)2011 年第 6 期。
⑪周桂荣、蒋素领:《区际间产业生态系统的构建与合作机制研究》,《天津商业大学学报》2011 年第 2 期。
⑫周桂荣、王冬:《推动京津冀区域产业升级与创新浅探》,《现代财经》2011 年第 3 期。
⑬李月:《津台新能源产业合作的路径选择》,《两岸关系》2011 年第 3 期。
⑭周呈奇、冯杨:《津台文化创意产业合作 SWOT 分析与对策建议》,《天津经济》2011 年第 6 期。
⑮罗琼:《深化滨海新区与台湾优势产业对接合作的研究》,《中国城市经济》2011 年第 3 期。
⑯周呈奇:《台湾知识型产业向外布局的趋势与特点以及天津的因应对策》,《区域经济》2011 年第 9 期。
⑰刘小军、涂俊:《构建战略性新兴产业的创业、创新环境——京津冀区域经济一体化中天津的发展思路》,《西部经济管理论坛》2011 年第 2 期。
⑱刘小军、涂俊:《天津市产业结构与能源消费强度分析》,《城市问题》2011 年第 7 期。
⑲刘鹏:《天津市制造业 FDI 与产业集聚现状分析》,《理论研究》2011 年 4 月。
⑳张国旺:《天津产业结构分析与转变经济发展方式的思考》,《天津学术文库》(下),天津人民出版社 2011 年版。
㉑孙建州:《天津市产业结构与经济增长关系的实证研究》,《天津经济》2011 年第 7 期。
㉒胡永梅、李嘉森、白雪洁:《天津市优势传统产业发展思路研究》,《天津经济》2011 年第 1 期。
㉓万全、李春红:《天津市现代服务业发展及对策研究》,《环渤海经济瞭望》2011 年第 3 期。

者服务业,并提出了解决思路和建议。① 章林、曹明福对生产者服务业及生产者服务业集聚的内涵进行了探讨,针对这些问题提出了解决思路和建议。② 曲明慧、郭鹏提出了天津文化产业品牌建设的发展策略。③ 尹艳冰、马涛提出了天津文化产业发展的战略选择框架。④ 李春红结合天津会展业的现状提出了发展思路⑤,曹金华提出了促进天津市创意产业发展的对策。⑥ 雷鸣、李恒则提出了加快天津市服务业发展的一些建议。⑦

余文俊提出,天津发展战略性新兴产业应做到传统产业与战略性新兴产业、政府与市场相结合。⑧ 樊容江提出了天津市高新技术产业发展的总体思路、发展原则、战略选择及对策建议,⑨徐延津等提出了完善天津高新技术企业 R&D 经费投入环境的建议。⑩ 吴浙认为,主要用作航空发动机的燃气涡轮发动机有可能成为天津的战略性新兴产业发展领域之一,并且提出了一系列的对策。⑪ 温宇静、赵宏认为,关税政策对天津高新技术产业发展具有显著的正向效应。⑫ 尹利分析了天津新能源产业的发展现状并提出提高其竞争力的对策。⑬ 李建锋、王德禄提出支撑天津东丽产业投资基金发展的政府配套保障措施及建议。⑭

对滨海新区的研究是研究的重点之一。刘翔、付娜指出滨海新区一体化进程中存在突破城乡二元结构困难、区域内经济发展不均衡、第三产业发展滞后等问题,并提出了相应的对策。⑮ 黄松龄认为,利用滨海新区产业升级的机遇,应从政府、行业、企业中寻求有效途径。⑯ 李瑞莎认为,滨海新区要以现有产业为基础,依托港口优势,提高临港产业关联度,延伸完善临港产业链,强化区域协调功能,促进区域经济快速协调发展。⑰ 王国晶认为,天津滨海新区的经济和产业发展属于出口加工贸易模式,并归纳了滨海新区本地产业升级的模式。⑱ 王永萍、寇小萱对天津滨海新区第二、第三产业的升级路径选择进行了探讨。⑲ 孙志威等以天津经济技术开发区欧盟滨海产业共生项目为例,分析了其重要意义以及困难和问题,并据此提出相应的政策建议和措施。⑳ 曾淑婉、刘军以天津港保税区为例进行了主导产业选择的实证分析并提出建议。㉑ 王燕、谢蕊蕊认为,TEDA2007—2010 工业竞争优势明显,规模、效益、效率、结构、集聚和环境竞争力都远远高于其他地区。㉒

石国庆、周桂荣介绍了滨海新区战略新兴产业的发展现状,提出了发展目标和思路,给出了对策建议。㉓ 刘刚提出,以滨海高新区为依托规划新的研发服务以及高科技产业聚集区和发展带,为战略性新兴产业的发展提供空间依托并提出对策。㉔ 尚晓昆等分析了滨海新区金融业发展的现状,从而确定滨海新区金融业从发展私募股权基金到最终形

①林枚、祁建民:《天津高技术产业人才开发效果评价与对策研究》,《天津商业大学学报》2011 年第 1 期。
②章林、曹明福:《天津生产者服务业集聚区发展研究》,《天津学术文库》(下),天津人民出版社 2011 年版。
③曲明慧、郭鹏:《天津文化产业品牌建设及策略研究》,《价值工程》2011 年第 32 期。
④尹艳冰、马涛:《环渤海区位视角下天津市文化产业发展研究》,《商业文化》2011 年第 12 期。
⑤李春红:《当前会展业发展趋势及对天津会展业的思考》,《天津学术文库》(下),天津人民出版社 2011 年版。
⑥曹金华:《天津创意产业的现状与发展对策分析》,《特区经济》2011 年第 11 期。
⑦雷鸣、李恒:《天津服务业发展对策研究》,《未来与发展》2011 年第 9 期。
⑧余文俊:《关于天津市发展战略性新兴产业的思考》,《城市》2011 年第 1 期。
⑨樊容江:《天津市高新技术产业发展路径研究》,《兰州商学院学报》2011 年第 2 期。
⑩徐延津、刘建、黑淼:《产权结构对 R&D 经费投入影响的实证研究》,《中国科技信息》2011 年第 10 期。
⑪吴浙:《加快天津战略性新兴产业发展的思路与对策》,《城市》2011 年第 1 期。
⑫温宇静、赵宏:《基于关联理论的高新技术产业关税政策效应评价》,《科学与财富》2011 年第 2 期。
⑬尹利:《天津新能源产业竞争力刍议》,《环渤海经济瞭望》2011 年第 12 期。
⑭李建锋、王德禄:《关于区域产业投资基金的设立、运作模式及其政府配套保障措施与建议的探讨——以天津市东丽区为例》,《环渤海经济瞭望》2011 年第 8 期。
⑮刘翔、付娜:《滨海新区城乡一体化进程中农村产业升级的路径选择》,《安徽农业科学》2011 年第 8 期。
⑯黄松龄:《环渤海区域产业集群效应与重构路径》,《天津师范大学学报》(社会科学版)2011 年第 1 期。
⑰李瑞莎:《拓展临港产业链推动滨海新区临港产业发展》,《港口经济》2011 年第 8 期。
⑱王国晶:《天津滨海新区出口加工贸易模式与本土产业升级》,《经营者管理》2011 年第 10 期。
⑲王永萍、寇小萱:《天津滨海新区的产业结构现状及升级路径研究》,《中国集体经济》2011 年第 33 期。
⑳孙志威、宋雨燕、于洋:《产业共生实践案例研究之欧盟滨海产业共生项目》,《环境污染与防治》2011 年第 11 期。
㉑曾淑婉、刘军:《基于区位优势的主导产业选择研究——以天津港保税区为例》,《港口经济》2011 年第 4 期。
㉒王燕、谢蕊蕊:《天津经济技术开发区工业产业竞争力研究》,《城市探索》2011 年第 12 期。
㉓石国庆、周桂荣:《滨海新区战略性新兴产业的现状及发展思路分析》,《全国商情》2011 年第 3 期。
㉔刘刚:《滨海新区战略性新兴产业启动和发展的机制和路径》,《城市》2011 年第 1 期。

成全国场外交易市场的发展路径。① 夏含之结合滨海新区发展外包服务业的主要优势和严峻挑战，对天津滨海新区服务外包业的发展对策进行了探讨。② 谷俊青等提出完善滨海新区房地产业和住房保障体系的具体措施。③ 汪波、薛杨提出，天津滨海新区应利用和把握会展产业协同发展的历史机遇，全面推进天津滨海新区经济的发展。④

吴静等以滨海湿地为代表的天津生态脆弱地区为例，对该地区旅游业发展过程中存在的问题进行剖析，提出必须坚持可持续发展。⑤ 王天佑等通过实证研究对天津滨海新区旅游产业集群构建的主要影响因素进行了分析与总结，并提出了具体的构建策略。⑥ 梁强、罗永泰认为，将滨海新区高端旅游产业发展成“中国旅游产业园”，并提出了一系列的对策。⑦ 刘铁刚等认为，运动健康产业是天津滨海新区发展的必然需求，并提出相应对策。⑧ 付娜、刘翔提出了滨海新区农业产业升级的路径选择。⑨

（本文作者：张宏武，天津商业大学经济学院教授；尹嘉慧，天津商业大学经济学院硕士研究生；兰梓睿，天津商业大学经济学院硕士研究生）

统计学研究综述

郝　枫　李晓欣

2011 年，天津统计学科继续保持良好的发展态势，学术研究和政府统计工作都取得重要进展。

一、科研交流与课题

2011 年 9 月 22—24 日，中国统计学会第十六次全国统计科学讨论会在大连举行。天津市统计局、天津调查总队和天津财经大学共有 9 名代表参会交流。天津财经大学中国经济统计研究中心主任、中国统计学会副会长肖红叶教授作“全球经济模型的研究框架——FRB 与 IMF 研究评述”的特邀学术报告。

2011 年，本市统计学者获批国家哲学社会科学基金项目 2 项。其中，一般项目 1 项，“消费者价格指数（CPI）偏差的测度与调整方法研究”（天津工业大学，雷怀英）；青年项目 1 项，“国家竞争力评价指标体系设计及应用研究——基于中国的视角”（天津财经大学，王健）。此外，全市统计学者获批教育部人文社会科学研究项目 2 项，分别为：“伪面板数据建模方法及其应用研究”（天津财经大学，白仲林），“注资限制下的金融保险公司分红问题研究”（天津科技大学，张立东）。

2011 年，经天津市统计学会组织推荐，本市获 7 项全国统计科学研究计划项目立项。其中，重点课题 5 项，分别为：“宏观经济相关指标数据匹配度研究”（杜西平，天津市统计局），“国际金融危机背景下中国先行指标的作用与检验”（董顺荣，国家统计局天津调查总队），“经济区内区域间产业相互影响测度方法研究”（董麓，天津财经大学），“流动性的统计测度指标及其与通货膨胀关系的实证研究”（张云，南开大学），“财政社会保障支出绩效：指标体系与实证研究”（许春淑，天津商业大学）；一般课题 2 项，“生产性服务业与制造业发展关系研究”（孙宪华，天津财经大学），“巨灾风险的统计度量研究”（尹剑，天津财经大学）。

二、学术研究

1. 统计理论与方法研究

在统计理论研究方面，杨贵军等撰文对捕获再

---

①尚晓昆、蒋宁、王利：《天津滨海新区金融业发展思路》，《环渤海经济瞭望》2011 年第 5 期。
②夏含之：《论天津滨海新区服务外包产业的发展对策》，《经济观察》2011 年第 11 期。
③谷俊青、张世涵、赵恩成：《天津滨海新区房地产业发展和住房保障体系研究》，《中国房地产》2011 年第 24 期。
④汪波、薛杨：《天津滨海新区会展业协同发展的分析及对策》，《天津师范大学学报》（社会科学版）2011 年第 5 期。
⑤吴静、陈雅楠等：《天津滨海湿地旅游业发展策略研究》，《江苏商论》2011 年第 10 期。
⑥王天佑、付红艳、张一楠：《旅游产业集群构建影响因素研究——以天津滨海新区为例》，《北京第二外国语学院学报》2011 年第 7 期。
⑦梁强、罗永泰：《天津滨海新区高端旅游业发展战略与路径选择》，《城市》2011 年第 12 期。
⑧刘铁刚、崔延武、谭思洁：《天津滨海新区运动健康产业需求与发展》，《成都体育学院学报》2011 年第 4 期。
⑨付娜、刘翔：《基于钻石模型的滨海新区农业产业升级的路径选择分析》，《特区经济》2011 年第 4 期。

捕获抽样中最常用的 Lincoln - Petersen 估计量和 Chapman 估计量进行模拟比较,提出一种新的偏差介于二者之间的有偏估计量,并对各种估计量的理论性质进行讨论。① 任国强、尚金艳将相对剥夺理论引入基尼系数的子群分解,进而得到一个新的基尼系数子群分解公式,并将其与已有分解方法进行比较研究。② 郭均鹏等以大规模个体数据通过打包形成的区间型符号数据为研究对象,针对个体在区间内往往不服从均匀分布的情况,集中探讨一般分布区间型符号数据的描述统计与分析方法。③

在计量经济研究方面,白仲林等通过对若干经济变量动态行为的观察与解读,引入"堤坝"型确定趋势概念,进而在结构突变位置未知的情况下,讨论结构突变点位置推断方法,并给出"堤坝"型结构突变单位根检验的一般步骤。④ 赵纬经等针对 K-拟可加模糊测度空间上的一类 μ-可积模糊值函数,应用拟加和拟乘两种运算定义对偶 K-拟可加模糊值积分,通过诱导算子 K 获得这种新型模糊积分的转换定理,进而在引入拟可减算子定义基础上,研究此类模糊值函数的对偶 μ-可积性问题。⑤

2. 统计应用研究

在国民经济研究方面,王群勇利用结构时间序列方法讨论了中国季度 GDP 的季节调整问题,从季节单位根、季节自相关、周期自相关等方面对不同季节模式的调整结果进行比较分析。⑥ 肖红叶、张莉撰文探讨基于中国技术创新统计指标编制中国产品种类指数的方法,分别利用两种产品种类测度方法对中国产品种类(1978—2008)进行统计测度,并据此对中国经济增长进行实证研究。⑦ 夏祥谦、周国富撰文考察政府在资本深化中所发挥作用的基础上,通过构建全要素生产率对其影响因素的计量模型,进一步分析了制度变迁、技术进步、财政支出结构的演进等因素对全要素生产率增长的贡献。⑧ 李腊生等在经典消费跨期替代模型中引入财富代际传承因素,构建了中国式消费跨期替代选择模型,并利用相关数据对全国、城镇和农村居民的家庭财富传承偏好进行估计。⑨ 刘国风、王永撰文,通过构建 EMIMIC 模型测算我国 1979 - 2009 年灰色经济的规模及其变化过程,并对灰色经济与国民经济之间的关系进行实证研究。⑩

在通货膨胀研究方面,张凌翔、张晓峒运用 MRSTAR 模型研究我国通货膨胀率的周期阶段划分问题,重点探讨通胀率周期波动的非线性和非对称性动态特征,据以揭示通胀率不同阶段相互转移的路径及其内在机理。⑪ 白仲林、赵亮撰文给出一种面板数据动态门限回归模型的二阶段合并最小二乘(2SPOLS)估计方法,并利用中国 29 个省区 1978—2008 年的面板数据,对中国通货膨胀和经济增长之间关系进行实证分析。⑫ 通货膨胀研究方面,赵懿、李熠撰文选择广义货币供应量、产出、国际原油价格和通货膨胀率等变量,运用 CVAR 模型方法对影响我国通货膨胀的因素进行实证分析,并重点考察原油价格和流动性的影响强度与作用机制。⑬

在区域经济研究方面,董麓等撰文对 Shift - Share 方法进行扩展,首先澄清与诠释产业结构效率概念及其经济思想,并构造了更具经济评价和政策意义的区域产业结构分析统计模型。⑭ 聂巧平、冯蕾撰文以 2004 年和 2008 年两次全国经济普查资料为基础,重点讨论我国采矿业和制造业的空间布局,以及该市期内两类产业布局的演变特点。⑮

在国际贸易研究方面,郑昭阳、孟猛撰文⑯,基于 Hummels 的分析框架,利用 OECD(2009)公布的

①杨贵军、刘艳玲、王清:《捕获再捕获抽样估计量的模拟研究》,《统计与信息论坛》2011 年第 3 期。
②任国强、尚金艳:《基于相对剥夺理论的基尼系数子群分解方法研究》,《数量经济技术经济研究》2011 年第 8 期。
③郭均鹏、李汶华、高峰:《一般分布区间型符号数据的描述统计与分析》,《系统工程理论与实践》2011 年第 12 期。
④白仲林、刘传文、杨萍:《"堤坝"型结构突变的时间序列单位根检验及其应用——对 PPP 的经验分析》,《统计与信息论坛》2011 年第 2 期。
⑤赵纬经、王贵君、李洪兴:《模糊值函数的对偶 μ-可积性及其应用》,《系统工程理论与实践》2011 年第 1 期。
⑥王群勇:《中国季度 GDP 的季节调整:结构时间序列方法》,《统计研究》2011 年第 5 期。
⑦肖红叶、张莉:《中国产品种类统计测度及内生增长检验》,《经济经纬》2011 年第 5 期。
⑧夏祥谦、周国富:《资本深化、财政支出结构与经济增长——转型期中国经济增长方式转变的财政支持》,《经济问题探索》2011 年第 11 期。
⑨李腊生、关敏芳、李萍:《消费跨期替代中的财富传承偏好——理论模型与中国的证据》,《经济学家》2011 年第 3 期。
⑩刘国风、王永:《基于 EMIMIC 模型的灰色经济测度——兼论灰色经济的正负效应及应持观点》,《现代财经》2011 年第 9 期。
⑪张凌翔、张晓峒:《通货膨胀率周期波动与非线性动态调整》,《经济研究》2011 年第 5 期。
⑫白仲林、赵亮:《我国通货膨胀率的最优目标区间几何》,《统计研究》2011 年第 6 期。
⑬赵懿、李熠:《原油价格、流动性与我国的通货膨胀》,《统计研究》2011 年第 8 期。
⑭董麓、付灵芝、朱少杰:《Shift - Share 区域经济评价模型及其扩展研究》,《统计与信息论坛》2011 年第 6 期。
⑮聂巧平、冯蕾:《我国工业大类行业布局的变动及其成因——基于两次经济普查数据的分析》,《当代经济管理》2011 年第 8 期。
⑯郑昭阳、孟猛:《基于投入产出法对中国出口中价值含量的分析》,《南开经济研究》2011 年第 2 期。

投入产出数据库和联合国 COMTRADE 贸易数据库,测算了 1993—2008 年中国出口中的国内价值和国外价值含量。刘喜和、苑亚文撰文运用 2006—2010 年数据,对中日贸易关联度及外部冲击进行比较分析,实证分析结果显示中日之间贸易具有较强互补性。① 杨丽、徐婷利用我国近年来的服务贸易进口、服务贸易出口以及国内生产总值数据,分别从总量和增长率两个方面对服务贸易与 GDP 增长关系进行量化研究,据此得出我国适度增加服务贸易进口的结论与认识。②

在金融风险研究方面,李腊生等结合上证综合指数失真的现实,从权数的选择、权数与市场重要程度一致性、动态基期基点选择等多角度入手,对开放式样本综合指数的编制与样本量变动期的调整方案进行探讨。③ 其另一篇文章结合我国主板市场、中小板市场和创业板市场实际数据,对我国多层资本市场体系的资源配置效率、风险配置效率以及两者一致性进行经验分析。④ 徐梅、黄超引入符号时间序列分析方法,从大尺度的角度分析收益变化特征,并提出确定收益变化的主要模式以及预测收益水平的方法。⑤ 熊熊等通过建立 Logistic 回归模型判别股指期货被操纵的可能性,并建立起一个股指期货操纵事件的预警模型。⑥ 李红继、韩琳把金融安全分为宏观经济安全运行子系统、金融机构安全运行子系统、外部金融安全运行子系统和金融软环境安全子系统四个子系统,基于 BP 神经网络方法,对我国金融安全进行综合评价研究。⑦ 苏云鹏等将遗传算法引入扩展 Nelson - Siegel 模型,并将其用于国债收益率曲线的估计。⑧ 常浩等撰文⑨研究不完全市场条件下连续时间动态投资组合选择问题,先用降维方法将不完全市场转化为完全市场,进而应用鞅方法得出二次效用函数意义下的最优投资策略。

在保险精算研究方面,孙国红等研究了 threshold 分红策略下带干扰的两类索赔风险模型的 Geber - Shiu 函数。⑩ 王志刚、杨贵军撰文,对按公司规模分组的数据进行 Box - Cox 变换,以满足比率法对数据分布的假设,并对变换前后数据估计结果的信度进行比较。⑪ 王国栋、詹原瑞撰文研究随机回收率的分布,建立回收率的双 Beta 分布密度模型,并论证其双峰分布特征相对于现有回收率分布模型单峰分布的优势。⑫

在其他研究方面,郭珉媛撰文认为,统计年鉴不应仅用作一种数据来源和检验某项假设的数据佐证,研究者应深入利用统计年鉴所包含的各类指标,充分发掘各类数据之间的关系。⑬ 博赫、肖红叶撰文对我国文化产业研究现有文献进行梳理,归纳了 30 年文化产业政策变动过程和阶段性特点,通过文献分析总结出当前理论研究的已有成果与不足。⑭ 其另一篇文章对辽宁文化产业与经济发展协调状况进行评价研究,强调评价不能囿于排序,而应重视对个体指标信息的有效利用,据此发现辽宁文化产业与经济发展总体上相对协调,但文化产业在某些具体方面仍明显滞后。⑮ 周国富、藏超撰文利用 1978 - 2008 年时间序列数据,实证分析我国城市化与能源消费之间的动态相关性,并对城市化与能源消费之间的关联效应及其传导机制进行考察。⑯

(本文作者:郝枫,天津财经大学中国经济统计研究中心副教授、经济学博士;李晓欣,天津财经大学统计学院助教)

①刘喜和、苑亚文:《中日贸易关联度与外部冲击之比较分析》,《现代财经》2011 年第 8 期。
②杨丽、徐婷:《我国适度增加服务贸易进口之见解——基于服务贸易额与 GDP 总量和增长率的计量分析》,《现代财经》2011 年第 12 期。
③李腊生、沈萍、赵全华:《开放式样本综合指数的编制与调整》,《统计研究》2011 年第 5 期。
④李腊生、李佳、周猛:《多层资本市场体系资源配置与风险配置的一致性分析》,《商业经济与管理》2011 年第 7 期。
⑤徐梅、黄超:《基于符号时间序列方法的金融收益分析与预测》,《中国管理科学》2011 年第 5 期。
⑥熊熊、张宇、张维、张永杰:《股指期货操纵预警的 Logistic 模型实证研究》,《系统工程理论与实践》2011 年第 7 期。
⑦李红继、韩琳:《我国金融安全评价指标体系构建及综合评价方法选择》,《现代财经》2011 年第 5 期。
⑧苏云鹏、杨宝臣、李冬连:《基于遗传算法的扩展 Nelson - Siegel 模型及实证研究》,《统计与信息论坛》2011 年第 1 期。
⑨常浩、荣喜民、赵慧:《不完全金融市场下基于二次效用函数的动态资产分配》,《系统工程理论与实践》2011 年第 2 期。
⑩孙国红、张春生、季兰朋:《Threshold 分红策略下带干扰的两类索赔风险模型的 Geber - Shiu 函数》,《应用概率统计》2011 年第 5 期。
⑪王志刚、杨贵军:《中国非寿险公司偿付能力额度研究——区分公司规模含投资收益的比率法》,《科学与管理》2011 年第 6 期。
⑫王国栋、詹原瑞:《信用风险中回收率分布的双 Beta 模型》,《中国管理科学》2011 年第 6 期。
⑬郭珉媛:《如何在社科研究中使用好统计年鉴》,《中国统计》2011 年第 10 期。
⑭博赫、肖红叶:《文化产业研究 30 年:现状与特点》,《江西财经大学学报》2011 年第 3 期。
⑮博赫:《辽宁文化产业与经济发展协调状况评价及其思考》,《统计与信息论坛》2011 年第 5 期。
⑯周国富、藏超:《城市化与能源消费的动态相关性及其传导机制——基于 1978—2008 年的实证研究》,《经济经纬》2011 年第 3 期。

循环经济研究综述

李　健　吴成霞

2011年,天津市有关循环经济的发展推进了对这一问题的制度完善、激励政策设定等方面的理论研究和实践探索,取得了新的研究成果。特别是低碳经济成了众多学者关注的热点问题。

一、循环经济、低碳经济、绿色经济的理论研究

循环经济以"3R"原则(减量化、再循环、再利用)为理念,提倡"资源—产品—再生资源—再生产品"的持续循环增长方式,力图以最小发展成本获得最大经济效益、社会效益和生态效益。其本质是生态经济。低碳经济是一种以能源的高效利用为基础,符合可持续发展理念、积极应对气候变化的社会经济发展模式。绿色经济是指因节约资源和保护环境而产生经济效益、社会效益和环境效益的经济形态,是维护人类生存环境,合理保护资源、能源以及有益于人体健康的一种发展状态。在实践中,绿色经济、循环经济、低碳经济都要求以人为本,强调发展应包括环境保护、经济发展和社会进步三个方面。① 赵国杰等以天津为实例研究了低碳生态城市发展水平的综合评价方法。② 李静等分析了塘沽在发展低碳经济、建设生态文明城市上的优势与不足,提出了用低碳理念规划和建设城区,优化产业结构,进而引导企业低碳化转型,并且大力开展低碳消费宣传工作。③

二、循环经济体系构建

发展循环经济,自觉地把自然环境要素纳入到社会系统整体之中,在不断协调社会和自然的关系中,促进社会的和谐发展。通过延伸产业链,构建生态产业系统,实现相关产业的有机结合,进一步创新循环经济发展机制,完善"企业—区域—社会"等多层面循环经济发展模式。

1.企业层面的循环经济研究

企业层面的循环经济,要求全面推行清洁生产,从产品设计到使用,按照产品寿命周期的全过程环境要求来实施绿色设计,进行绿色材料选择并合理使用;对使用过的废旧产品需要再使用,再制造和回收资源化处理,进而提高产品的物质利用率并减少污染物的排放。杨忠直、孙皓辰认为,在循环经济规则下,建立ISO14001环境管理体系,在产品生产的组织和程序上落实和执行ISO14001标准,有利于实现产品寿命周期的环境负面影响最小化,是清洁生产推广的重要保障。④ 朱博轶研究了企业发展循环经济的动因,并给出了企业发展循环经济的四种路径,一是用循环经济的发展模式改造传统产业,走新型工业化道路;二是从推行清洁生产入手,打造新型循环经济型企业;三是推动企业循环经济发展的技术创新;四是将循环经济理念引入企业设计、管理、生产的全过程,以资源循环利用为主线,延伸产业链。⑤

2.区域层面的循环经济研究

区域循环经济是建立在区域经济或区域发展基础之上的循环经济,是指在企业、园区实施了循环经济的基础上,在区域内更高层次、更大范围实施的循环经济,是社会循环经济的基础。河北工业大学的段彩芹等运用系统分析的方法构建了唐山市循环经济发展评估指标体系和循环经济发展评价数量模型,对唐山各县(市)循环经济发展状况进行了综合评价。⑥ 王永萍、寇小萱从产业调整的角度对滨海新区进行了实例研究,并提出发展循环经济,构建生态产业链是实现产业升级的重要手段。⑦

3.社会层面的循环经济研究

社会层面的循环经济是指通过政府宏观政策、法规引导,社会公众的微观生活行为参与,从而限

---

①周惠军、高迎春:《绿色经济、循环经济、低碳经济三个概念辨析》,《天津经济》2011年第11期。
②赵国杰、郝文升:《低碳生态城市:三维目标综合评价方法研究》,《城市发展研究》2011年第6期。
③李静、张浩等:《发展低碳经济推进塘沽生态文明建设》,《天津科技》2011年第5期。
④杨忠直、孙皓辰:《环境经济模式下的企业生产组织研究》,《生态经济》2011年第7期。
⑤朱博轶:《企业循环经济模式与实践发展》,《企业导报》2011年第2期。
⑥段彩芹、崔爱平等:《唐山市循环经济发展水平实证研究》,《河北工业大学学报》2011年第8期。
⑦王永萍、寇小萱:《天津滨海新区的产业结构现状及升级路径研究》,《中国集体经济》2011年第33期。

制自然资源的消耗，减小环境负担。魏彤宇、马建立研究了日本生活废物资源循环型环保产业体系的建设与发展，并在此基础上，提出了适合我国垃圾资源化循环经济的发展模式，在城市功能区内完善生活垃圾分类收运系统，建设生活垃圾综合处理厂，建立资源循环型环保产业链。汲奕君等从社会—经济—自然复合生态系统的视阈分析了循环经济的基本理念，并以“驱动力—压力—状态—影响—响应”模型为骨架，建立了融入循环经济理念的规划环境影响评价指标体系框架，并利用该框架对城市总体规划和工业规划的环境影响评价提出了可借鉴的评价指标。①

三、海洋循环经济研究

海洋循环经济以集约利用海洋资源、保护海洋生态为目标，是循环经济的有机组成部分，是海洋经济的新的发展模式。它是指依靠临海区位优势，以海洋资源的高效与循环利用为核心，依托循环经济技术，整合区域经济、社会、环境及技术等资源，实现海陆大循环的经济发展模式，是兼顾发展海洋经济、节约海洋资源和保护海洋环境的一体化战略。李健、滕欣认为，海洋循环经济的实现途径包括三个层面，即海洋企业内部的小循环、海洋产业间区域层面的中循环和海洋社会整体层面的大循环。② 于海淼等以天津北疆电厂循环经济项目为例，探讨其对经济、社会以及环境保护的贡献，并提出推广该模式的建议。该项目包括发电工程、海水淡化、浓海水制盐、土地节约整理和废弃物资源化再利用等5个子项目，项目依托产业区位优势，以发电厂为龙头，海水为纽带，通过资源的高效和循环利用，形成集发电、海水淡化、制盐、盐化工、建材生产为一体的海水综合利用产业链条。③ 尹立峰等提出积极发展水电盐联产的循环经济模式，利用电厂低温蒸汽，降低淡化成本，将浓排水排向盐田，实现了零排放，从而最大限度降低了由此带来的海洋生态环境危害。④

四、循环经济发展的对策研究

天津农学院吴宝华教授研究了影响循环经济的各个因素及其相互联系，将影响循环经济模式选择的因素分为三类，即直接因素、间接因素和机制性因素。其中，直接因素包括资源、环境、产业结构、技术、资金等5个因素；自然禀赋、人口、经济发展水平、科学技术、社会文化、法制等6个因素则是影响循环经济模式选择的间接因素，它们之所以被归入间接因素，是因为它们对循环经济模式选择的影响是通过对资源、环境等直接因素的影响而间接实现的。此外，政府干预和市场机制则是两种不同的机制性因素，它们对间接因素、直接因素以及循环经济模式选择都具有重要的影响。⑤ 李虹等将循环经济系统的动力机制归纳为经济利益驱动机制、社会需求拉动机制、技术水平推动机制、政府支持的促进机制，分别从以上几个角度分析了天津市循环经济发展现状，并提出相关发展建议。⑥ 许刚、王蕾总结了“十一五”期间天津市循环经济发展主要成效，并针对性地从组织管理、政策法规、科技人才和资金支持等方面提出了对策措施。⑦ 廖筠、李慧明认为，目前我国循环经济政策的缺失和不足需要循环经济的公共政策支持，通过构建一个有制度保障的市场，使市场反映真实的生态成本，才能促进循环经济的发展。⑧

五、循环经济激励政策创新

张钡、李慧明以英国市政固体废弃物处理设施融资的方法——私人计划融资方法为分析与研究对象，从政策走向和银行高储蓄两方面分析了在我国市政固体废弃物处理方面实施私人融资计划的可行性，并从制度、政策、法律、管理监督以及科学研究等5个层面给出了在我国市政固体废弃物处理领域实施私人融资计划的意见和建议。⑨ 陈琛、朱春红分析了滨海新区循环经济发展中资金支持所存在的问题，提出了利用外商投资来促进循环经

---

①汲奕君、何迎、田丽丽、王颖：《融入循环经济理念的规划环境影响评价指标体系框架》，《生态经济》2011年第12期。

②李健、滕欣：《探索海洋经济循环发展模式》，《群言》2011年第11期。

③于海淼、李长如、赵鹏：《海洋主要产业循环经济模式应用与推广研究——以天津北疆电厂循环经济项目为例》，《海洋经济》2011年第4期。

④尹立峰、包景岭等：《关于合理推动海水淡化在环渤海地区发展的思考》，《北方环境》2011年第9期。

⑤吴宝华：《循环经济发展的影响因素研究》，《天津师范大学学报》（社会科学版）2011年第3期。

⑥李虹、付飞飞：《基于动力机制的天津市循环经济发展对策研究》，《天津经济》2011年第12期。

⑦许刚、王蕾：《天津市循环经济发展现状与对策研究》，《环渤海经济瞭望》2011年第9期。

⑧廖筠、李慧明：《发展循环经济对公共政策的需求分析》，《财经理论与实践》2011年第1期。

⑨张钡、李慧明：《关于中国市政固体废弃物处理设施融资模式的分析与思考——以英国为研究对象的参照模式》，《北京科技大学学报》（社会科学版）2011年第9期。

济发展的金融对策建议。① 王磊应用减物质化理论和方法,在深刻剖析循环经济内涵的基础上,从区域循环经济评价中总量指标的设立、环境压力视角下的再生资源产业发展和基于交易成本分析物质循环利用的行为选择3个方面对循环经济关键问题展开深层次分析,并在此基础上,提出适合我国国情的促进循环经济发展的政策创新方向,以期为推动循环经济的发展提供保障和支持。②

六、未来研究展望

2011年,随着循环经济理论研究与实践的不断深入,新的研究方向也随着研究成果的积累而逐步呈现出来。依据国家的需求导向及已有的研究成果,未来有关循环经济的研究可能集中在以下几个方面:一是循环经济、低碳经济和绿色经济有机融合的相关研究。二是海洋循环经济及海陆产业耦合的循环经济模式研究。三是促进循环经济发展的政策法规体系创新研究。

(本文作者:李健,天津理工大学管理学院教授、循环经济研究院院长、天津大学博士生导师;吴成霞,天津理工大学管理学院研究生)

东北亚区域经济研究综述

李　冰

2011年,天津学者对东北亚区域经济的研究,主要集中在东北亚区域经济一体化、东北亚区域合作、中国与东北亚国家间的经贸往来、东北亚地区国家经济发展状况、中日韩三国合作等领域。

一、区域经济一体化研究

宫占奎、于晓燕通过研究指出,21世纪以来,由于多边贸易谈判屡次受挫,世界各国开始热衷于推进区域经济一体化进程,积极开展区域贸易协定谈判。目前,全球及各主要地区的区域贸易协定在合作模式、运行机制以及运作领域等方面呈现出许多新特征。中国已于2001年起努力寻求与贸易伙伴缔结区域贸易协定。研究区域经济一体化进程及其特点,有利于深化我国区域经济一体化战略,应对国际区域经济合作新发展。③

徐洪提出,随着东亚地区合作的深入发展,建立东亚共同体的构想越来越受到关注。目前建立东亚共同体的有利条件主要有:东亚区域贸易迅速发展,区域内贸易自由化不断发展,世界其他区域一体化发展带来压力。但同时也存在一些不利的影响因素,包括:东亚各国存在明显差异;历史遗留问题、领土问题、朝核问题;东亚共同体领导权问题;一体化过程中的美国因素等。从目前看,建立东亚共同体是一项复杂而艰巨的系统工程,机遇与挑战共存,但东亚地区融合和一体化的进程乃是大势所趋。④

郝一辰认为,东亚各国应该意识到只有互相团结,协调矛盾,弥补裂痕,开展经贸合作,才能在经济全球化竞争中立于不败之地。目前,东亚经济一体化进程阻碍重重,未来发展道路崎岖不平。中日经济合作的不断深化,必将给东亚区域一体化的发展带来更明朗的前景。首先,雁行模式在日本的经济发展、产业分工、要素禀赋的利用方面仍有无法替代的优势。其次,亚洲近年快速的发展和充满活力的面貌,让日本意识到能帮助其恢复经济水平的力量在东亚。再次,中日经济合作具有极大的互补性。⑤

二、中日韩三国合作研究

靳利华认为,对话与合作机制的构建可以转变东北亚国家在交往中的态度,增强互信,增进了解。东北亚区域在构建对话与合作机制方面应该遵循平等互利、政治互信、求同存异、区域认同等基本原则。东北亚对话与合作机制的构建是一个渐进的

①陈琛、朱春红:《利用外商投资推动滨海新区循环经济发展的金融对策研究》,《知识经济》2011年第4期。
②王磊:《基于减物质化分析的循环经济政策创新研究》,《未来与发展》2011年第4期。
③宫占奎、于晓燕:《国际区域经济一体化进程与中国》,《东北亚论坛》2011年第4期。
④徐洪:《建立东亚共同体的利弊条件分析》,《特区经济》2011年第3期。
⑤郝一辰:《国际大环境下的东亚一体化》,《中国城市经济》2011年第3期。

过程，可以分三步走：第一步，重构东北亚国家的个体身份认同，实现相关国家的政治和解，包括朝鲜半岛的朝韩和解、美朝和解；第二步，增强国家间的相互认同，通过加强经济与社会联系，进一步培养彼此的认同感，特别是文化认同；第三步，形成区域集体认同，建立各种伙伴关系，使协商政策向制度化方向迈进。①

于晓燕指出，推进中日韩自由贸易区建设对中国创造更加稳定和广阔的对外区域经济合作空间，加快贸易投资自由化及便利化进程，增进与伙伴国家的经济往来，深化区域经济一体化进程具有重要的现实意义。东亚及亚太地区经济合作形势的新发展是影响中国区域经济合作战略实施的重要因素，并成为中国推进中日韩自由贸易区建设的重要动因。中日韩三国长期存在的政治及领土争端，日本在区域经济合作战略上的游移不定，以及美国等亚太地区大国的干扰，是困扰中国推进中日韩自由贸易区进程的因素。②

王艳红提出，近年东亚地区的区域经济一体化发展迅速。中国、日本、韩国和东盟都制定战略来应对一体化带来的挑战。目前，东盟已分别同中国、日本和韩国签署了自由贸易协定。面对日韩对东盟的 FTA 战略，我国应该从扩大彼此间贸易、鼓励企业走出去、做好贸易平衡、加强双边的资金和技术合作等方面来促进中国—东盟自由贸易区的发展。③

郭璇认为，建立中日韩自由贸易区，可以使三国的呼声在全球谈判中得到放大，使国际经济规则更加符合东亚地区的利益，提高东亚地区的经济地位。由于三国在经济上存在较大的互补性，可以通过建立自由贸易区，消减贸易壁垒来发挥三国的比较优势和竞争优势，从而使经济获得更好的发展。中日韩三国只有联合起来，才能在金融危机条件下争取更多的利益。目前，制约中日韩自由贸易区的主要因素是，三国之间主要是一些框架性协议，在 APEC 基础上的便利化举措也都是单边的，还有就是三国贸易收支不平衡。在贸易收支不平衡的国家间建立自由贸易区是一项很大的挑战。④

在中俄贸易合作研究上，景维民、张炜通过研究指出，俄罗斯经济发展依赖于外资带动。俄罗斯今后的引资规模具有较大潜力。俄罗斯对外资的依赖程度越高，就越重视来自中国的外资。中国对俄直接投资在为中国带来巨大效益的同时也推进了俄罗斯的经济发展。中国企业在进入俄市场前要做好投资调研工作，包括投资大环境、政经形势总体分析、有关行业的市场行情分析等。中俄两国可以通过增设专门的投资信息服务机构，及时更新官方投资网站的信息，增加对彼此市场的了解，减少调研成本，提高决策成功率，降低投资风险。⑤

在中日贸易合作研究上，刘喜和、苑亚文撰文提出，中国对美国的贸易顺差每增加 1%，会相应提高日本对中国的贸易顺差 0.26%，进一步证实了中日之间贸易的互补性。国际大宗商品价格是影响人民币实际有效汇率的重要因素，而对日元实际有效汇率影响却较弱。国际大宗商品价格对中日两国的物价指数都具有很强的影响力。除此之外，美元流动性对中国物价指数还有一定的影响，但对日本物价指数的影响较弱。⑥

在中韩贸易合作研究上，宋春丽、张士军研究认为，中韩经济关系在一定时间内以两国产业结构相互补充为基础，在数量上有很大的增加。然而，由于外国直接投资的扩大和因此而产生的中国经济特征的变化，今后两国在经济方面的竞争将会越来越明显。中国经济的发展会随着地区的不同而表现出较大的差异，即东部沿海地区将可能进入产业高度发展阶段，在与韩国经济关系上可能更多地呈现出竞争关系的特征。内陆地区在一定时期内还会表现出初期产业发展阶段的特征，与韩国方面呈现出一定的互补关系。⑦

在中俄能源合作研究方面，陈菁泉、云曙明撰文提出，中俄两国在天然气合作方面有诸多共同利益点，但由于多种原因，双方难以在共同利益上达成完全一致。中俄天然气合作经历了三个阶段的博弈。期间，中俄双方受各自需求差异和国际因素

---

①靳利华：《构建东北亚问题化解的对话与合作机制》，《江汉大学学报》（社会科学版），2011 年第 1 期。
②于晓燕：《中国推进中日韩自由贸易区建设的策略思考》，《南开学报》（哲学社会科学版）2011 年第 4 期。
③王艳红：《日韩对东盟的 FTA 战略及我国的对策》，《改革与战略》2011 年第 6 期。
④郭璇：《建立中日韩自由贸易区的可行性条件及影响因素》，《中国商贸》2011 年第 8 期。
⑤景维民、张炜：《中俄外商直接投资的挤出效应分析》，《现代管理科学》2011 年第 7 期。
⑥刘喜和、苑亚文：《中日贸易关联度与外部冲击之比较分析》，《现代财经——天津财经大学学报》2011 年第 8 期。
⑦宋春丽、张士军：《基于竞争关系下的韩国对华直接投资战略调整》，《海南金融》2011 年第 11 期。

影响。地缘政治因素在双方合作的每一阶段中的影响不同。展望中俄天然气合作前景，谈判中对中国有利的因素在增加。而俄罗斯是否对双方利益诉求和世界天然气市场变化有深入而理性的分析，是决定未来两国天然气能否实现实质性合作的关键。①

在俄韩能源合作研究上，杨雷认为，油气合作是俄韩两国经济关系中的最重要方面。科维克金天然气项目和萨哈林油气项目是两国油气合作的重点。目前，科维克金管道天然气项目陷入停滞。俄韩天然气合作的气源只有萨哈林岛，但液化天然气海路运输的数量有限，穿越朝鲜境内的陆路管道很难开建。除朝鲜半岛局势紧张外，俄韩油气合作还受到俄罗斯对东北亚地区能源外交战略的影响，并受到远东地区经济落后、基础设施匮乏、韩国企业对俄投资谨慎等因素的制约。俄韩油气合作对中国的影响利弊共存。②

三、俄罗斯经济发展研究

孙景宇、刘文闻撰文指出，能源出口一直是支撑俄罗斯经济发展的关键。全球金融危机使刚刚崛起的俄罗斯经济再受重创。后危机时期，俄罗斯必将借助能源优势，发展本国经济，谋求在世界政治经济领域的地位。独联体国家在俄罗斯能源外交布局中占有重要地位，是俄罗斯能源外交的最优先方向。后危机时期，制约俄罗斯与独联体国家多边外交的因素在增加，但俄罗斯如果能够绕开多边合作框架，采取更为灵活多样的外交手段，有针对性地开展双边外交，对独联体国家的能源外交仍大有可为。③

庄晓慧提出，俄罗斯的改革素以“激进”著称，但是与民生相关的公共政策却在很多方面延续苏联时期的政策，没有轻易割裂。有些政策在形式上改变的同时，其实质并没有发生根本性的变化。俄罗斯转型期间的住房、医疗、就业政策以及教育等公共政策与社会平稳过渡之间存在着必然的联系。正是那些没有从根本上触及的公共保障政策，构成了俄罗斯特殊历史时期的一道“缓冲带”，大大弱化了急剧转型给社会造成的冲击，使俄罗斯得以克服重重危机，走出困境。俄罗斯的这些政策将是国家继续发展的不竭动力。④

黄秋菊认为，经济转型不仅使俄罗斯的经济体制发生了重大转变，而且使其经济发展模式发生了深刻调整。在调整经济结构，建立创新型经济，实现现代化过程中，俄罗斯面临多重因素的制约。为此，需要通过深入的国家制度建设，提高国家的制度能力和有效性。首先，要完善经济体制改革，以改革释放的制度能量来完善国家制度能力建设的经济基础。其次，要深入推动国家自身的改革，建立有效的现代国家治理模式。再次，要严格打击政府内部的寻私和腐败行为，提高政府治理的透明度、公正性和有效性。最后，要整合社会结构、平衡社会发展的重要任务。⑤

四、日本经济发展研究

白雪洁指出，从经济高速增长期至今，日本一直没有停止其产业结构调整的步伐。四大核心制造业仍是日本制造业乃至经济发展的主要支撑；第三产业内部结构调整拉动第三产业份额和质量的提升；市场的外需依赖和生产的内需依存并行。为适应现实条件变化和未来发展环境，日本提出要塑造沙漏型产业结构，其特点为：变企业之间的单向关系为双向互动关系；变“制造中心”为“制造＋服务”；变封闭式创新为开放式创新；变单边开放为多边开放。这对中国产业结构调整具有深刻启示。⑥

平力群提出，为缓解经济危机的冲击，日本政府在2008—2010年的三年间先后八次出台了大规模经济危机对策。虽然其间经历了执政党更迭和内阁变换，但这些政策在支持产业结构调整和升级上表现出了高度的一致性和连贯性。在日本经济政策保持连续性的表象背后是以产业政策范式为核心的日本国家政策范式。日本经济危机对策对产业结构调整的影响主要包括：促进了传统支柱产业转型升级；推动了新兴支柱产业发展。产业政策理念今后将依然作为日本国家政策范式的纲领性原则，影响日本经济政策的制定。⑦

---

①陈菁泉、云曙明：《中俄天然气合作博弈与发展趋势研究》，《俄罗斯中亚东欧研究》2011 年第 6 期。
②杨雷：《俄韩油气合作迟滞的原因分析》，《中国石油经济》2011 年第 9 期。
③孙景宇、刘文闻：《后危机时期俄罗斯对独联体国家能源外交刍议》，《俄罗斯学刊》2011 年第 3 期。
④庄晓慧：《俄罗斯转型期的社会政策与社会稳定》，《国外社会科学》2011 年第 1 期。
⑤黄秋菊：《俄罗斯转型期的国家制度能力与经济发展》，《俄罗斯中亚东欧研究》2011 年第 3 期。
⑥白雪洁：《塑造沙漏型产业结构：日本新一轮产业结构调整的特征与趋势》，《日本学刊》2011 年第 2 期。
⑦平力群：《日本经济危机对策与产业结构调整》，《日本学刊》2011 年第 2 期。

平力群还认为，日本金融制度、企业制度及产业组织结构决定了日本风险投资是一种外生性的制度创新。这种制度的外生性决定了政府在日本风险投资发展过程中的重要地位。日本政府针对由于创新项目对风险投资需求不足所造成的风险投资发展缓慢问题，制定了具有增进作用的政策。日本政府试图通过适当的制度安排和政策导向推动风险投资市场供求水平的螺旋式上升，以启动市场对风险投资的需求，最终实现风险投资的自律性发展，促进风险投资走向成熟。①

刘晨阳提出，温室气体减排是应对气候变化的关键措施。随着《京都议定书》在2005年正式生效，国际碳交易市场应运而生，围绕二氧化碳排放权开展的各种交易和金融活动快速衍生和发展。近年来，日本利用《京都议定书》设立的各种市场机制，积极参与国际碳交易，并取得了引人注目的成果。事实上，日本希望通过国际碳交易实现多重战略目标，为本国谋求核心的政治经济利益。在“后京都”时代，日本将更加积极地参与国际碳交易，并力图在扩大交易规模的同时，不断拓展碳交易的广度和深度。②

在日本能源策略研究上，尹晓亮指出，日本国内能源极其匮乏，但其通过在内政和外交上的政策设计和制度安排，合理舒缓与释放了能源的“供应约束”、“结构约束”、“地缘政治约束”、“环境约束”、“价格约束”，并取得世界第二经济强国的地位。这一事实不仅挑战了“能源对外依存度高则风险度高”的绝对化认识，还进一步论证了“一国的能源禀赋与其经济发展水平并不能直接等同”、“能源约束是可以通过政策设计进行解决的”的观点。③为此，日本在能源外交上推出新举措：一是快速提升与中亚国家的合作关系，拓宽能源进口源；二是在保持与中东传统友好关系的基础上，通过合作方面的策略创新，深度强化双方关系；三是积极与中、印等能源消费大国合作，提升国家形象。日本能源外交战略上的新策略，是其外交经验的“积渐所至”。④

（本文作者：李冰，天津社会科学院东北亚研究所助理研究员）

无形资产研究综述

苑泽明　牛诺楠　宫成芳

2011年，天津市有关专家学者在无形资产研究专题上开拓了新论题，取得了新的进展。

一、无形资产概念

于玉林通过对无形资产发展趋势下的相关概念的比较研究，认为无形资产、知识资产、智慧资产（智慧资本）、智力资本、智能资本在定义、特征、内容上基本上相同。这说明进入21世纪，不论是知识资产（知识资本），还是智慧资产（智慧资本）或智力资本、智能资本，都不能代替无形资产概念，只是在经济发展的不同阶段，根据其时代特征，从某一个方面突出其内容而相应提出或强调某个概念。同时，作者预见在经济发展的不同阶段，无形资产还会以各种形式按其本质向前发展。⑤

于玉林在研究无形资产创新发展中，认为无形资产的创新需要开拓无形资产系统要素，横向开拓是发现和识别新的无形资产要素，纵向开拓是丰富无形资产要素的内容。无形资产是一个系统，它是由相互联系和相互作用的若干要素结合而对无形资产运动具有特定功能的有机整体。无形资产系统要素确认的标准既包括会计准则确认无形资产的标准，又包括社会确认无形资产的标准。无形资产系统要素鉴定机制应该是由政府的会计主管部门的相应组织，对社会经济实践中有关无形资产的

①平力群：《日本政府促进风险投资发展的市场增进性制度安排》，《亚太经济》2011年第2期。
②刘晨阳：《日本参与国际碳交易的政治经济分析》，《现代日本经济》2011年第1期。
③尹晓亮：《日本规避能源约束的政策策略》，《南开学报》（哲学社会科学版）2011年第6期。
④尹晓亮：《资源民族主义语境下日本能源外交的新策略》，《日本问题研究》2011年第1期。
⑤于玉林：《基于无形资产发展趋势的相关概念比较》，《财会通讯》（综合版）2011年第9期（上）。

现象、活动和研究等进行调查，按照会计准则无形资产确认标准进行全面、系统和深入地研究，确定无形资产要素，经过一定程序，纳入会计准则作为法定的无形资产要素；社会鉴定机制是由相关的部门、行业和地区等有关单位对现实社会经济活动中的有关无形资产的情况进行调查了解，对本部门事业发展的影响和作用，依据社会无形资产确认标准对其进行研究。无形资产核算应实施多元模式，既采用会计价值算，又采用业务数量核算。除此之外，还认为应建立集中统一、分级管理的多层的无形资产管理体制。①

二、无形资产会计与审计

李晴晴在研究人力资源会计时，认为应当将人力资源并入无形资产进行会计处理。原因在于从定义上讲，人力资产具备无形资产的性质，它是企业为管理目的而持有的、没有实物形态的、不可辨认的无形资产。将人力资产作为无形资产转化为财务核算需要经历人力资产的形成阶段、人力资本的增值和评价阶段以及人力资本转化为社会资本的阶段。②

白洁等认为，无形资产经济效益审计具有综合性、复杂性、建设性、经济性、风险性、独立性和客观性七项基本特征。结合其特征，企业在开展审计时应注意以下几方面：加强无形资产研发费用的审计；注重无形资产内部控制的评审；加强对无形资产维护费的监督和控制；重视无形资产后续审计；重视经济效益审计与其他审计的有机结合，选择恰当的审计评价标准。③

王薇从正反两个方面分析了自创商誉会计确认和计量的必要性，并对自创商誉会计确认的时间问题和步骤问题、对计量模式的选择和初始方法的选择展开讨论，最后提出了关于自创商誉应披露的内容。④

李宁对国外碳会计研究进行了全面、系统的回顾，并通过对国内外碳会计研究在理论基础、会计规范、市场环境等方面的差异对比，指出现阶段国内关于碳会计的研究主要局限于碳排放权的确认与计量，而对碳会计体系的构建、成本管理及战略决策、碳固会计的研究很少，同时对构建我国的碳会计体系提出了相应的建议，包括完善会计体系、出台法律法规、建设碳排放交易市场、调整相关税收制度等。⑤

三、无形资产评估

赵青、谷慧娟在对国内外现有的品牌价值评估方法进行比较的基础上，提出了基于模糊理论的 C_M 法。C_M 法首先采用层次分析的思想分析影响企业品牌等级的因子集，再通过构造判断矩阵得出各因子的权重，然后结合模糊数学理论与德尔菲专家打分法，建立起对企业品牌等级的评估模型。C_M 法的优势体现在对已知样本没有需求，因此能得到比较好的效果。⑥

李小娟、伦丽珍在分析农业无形资产评估方法及模型时，认为由于市场上很难找到相同或类似的农业无形资产，因此市场法不适合农业无形资产的评估。适用于农业无形资产评估的方法应该是成本法、收益法及比例法。首先，对于民间蕴藏着的大量的祖传秘方、配方，其成本难以识别与计量，因此成本法只适用于对那些可复制、可重新研制开发的农业无形资产进行评估。其次，若被评估农业无形资产能不断地为其特定主体创造能够以货币来表现的超额收益，同时，影响被评估农业无形资产未来经营风险的各种因素能够转化为数据加以计算，此时，农业无形资产可以采用收益法进行评估。⑦

颜玲、孙玉甫在研究知识产权出资估价问题时，提出了一种不同于以往的（成本法、市场法、收益法和期权定价法）知识产权估值方法——承诺收益法。该方法不是一种简单的知识产权出资价值计算方法，而是一套完整的解决方案。在该方法中，知识产权出资的初始价值等于知识产权出资者对企业和实物资产出资者承诺的该知识产权所能带来的未来超额收益的折现值；折现率选取资本资产期望收益率或投资各方协商确定；承诺收益法以承诺为基础，其中使用的折现时间可以直接按照知

①于玉林：《无形资产创新发展的探讨》，《国际商务财会》2011 年第 2 期。
②李晴晴：《创新人力资源会计的应用》，《商业会计》2011 年第 5 期。
③白洁、张倩、刘伯颖：《浅谈企业无形资产的经济效益审计》，《商业会计》2011 年第 1 期。
④王薇：《浅议企业自创商誉的会计确认与计量》，《财政监督》2011 年第 14 期。
⑤李宁：《碳会计研究述评》，《商业会计》2011 年第 35 期。
⑥赵青、谷慧娟：《企业品牌评估：一种新方法的提出与评判》，《会计之友》2011 年第 1 期。
⑦李小娟、伦丽珍：《农业无形资产评估方法及模型构建刍议》，《财会通讯》（综合版）2011 年第 1 期。

识产权出资者承诺的期限而定。该方法所确定的未来超额收益的跟踪调整和利益保障机制是为了防止知识产权出资者过高或过低地承诺未来超额收益而造成的不符。若低估时,其差额应由知识产权出资者分享;若高估,则出资者应以现金补偿未达到的承诺超额收益。对企业债券人的保护则采用偿债保障制度,该制度包括:一是在出资时,由知识产权出资者为其确定的知识产权出资额提供等额的实物资产抵押(或偿债保险,或第三方担保),保证当时能够以其出资额承担债务偿还责任;二是在以后的企业运营中,知识产权出资者获得的经济利益分享要有一部分留存在企业(只是留存,不改变其属于知识产权出资者的本质),随着留存企业中的属于知识产权出资者的资金增加,其原始出资时提供的抵押、保险、担保可以逐步减少,直至最后消失。①

杨艳琴分析了当前知识产权质押评估方法运用的现状,提出对知识产权价值的评估应在沿用有形资产评估方法的同时,要考虑有形资产与无形资产的差异、评估目的的不同及影响知识产权价值的各种因素等,从现实出发选用适宜的方法。②

四、无形资产管理

于明言、张颖采用 Interbrand 公司 2005 - 2009 年“100 个全世界最有价值的品牌”数据,对国际知名品牌的地域分布、行业分布以及品牌的历史时间、品牌价值等方面进行分析,并从中总结出我国出口品牌建设应借鉴的几点经验:(1)建设品牌必须拥有处于时代领先地位的自主研发核心技术;(2)选择高新技术行业,相对更加容易打造出世界知名品牌;(3)造就国际知名品牌要有创“百年老号”的决心和持之以恒的敬业精神;(4)中国企业要打造国际知名品牌,必须向世界先进企业学习。③

高建来、董芳将企业核心能力与无形资产管理有机地结合起来研究,认为两者之间的关系在于:无形资产和核心能力都是企业长期投入、不断积累形成的结果,都旨在使企业成为特定市场领域的领先者并获得超额利润;无形资产是企业核心能力的构成要素。影响企业核心能力的无形资产因素包括品牌、企业文化、人力资本、技术创新和战略管理。企业应当通过创新品牌管理,发挥品牌效应,培育特色企业文化,构建无形资产与人力资本创新管理机制,增强企业研发能力,提升核心技术水平来做好无形资产战略管理工作。④

刘芬对高校无形资产管理中存在的问题进行分析,认为目前大多数高校的资产管理往往只局限于有形资产的管理,没有专门的无形资产管理机构和专职的管理人员。对于无形资产的产权归属、产权界定不清。同时,高校对无形资产的资金投入有限,导致运营能力低下。因此,高校应提高认识、转变观念,建立有效的管理机制,加大资金投入,强化管理,防止无形资产流失,确保高校无形资产的保值增值。⑤

于强在研究无形资产管理引发的服务外包企业财务风险时,从后金融危机时代外包企业的发展环境及无形资产引发财务风险的成因入手,分析出引发财务风险的成因,包括无形资产存在环境和形式的变化;重视有型资产,轻视无形资产,无形资产法规制度不完善等。企业应通过加大技术创新,加强对无形资产的管理以及利用市场资源等有效控制财务风险等对策。外包企业应充分利用自身无形资产,使之发挥最大的效益,在市场中拥有更广阔的发展前景,实现可持续性发展。⑥

周艳认为,随着专业化和国际分工的不断发展,企业参与国际竞争的方式已不再仅仅局限于产品竞争,知识产权竞争已经成为参与国际竞争力的制高点。正确、及时、合理应用知识产权,应是今后企业提升自身核心竞争力的当务之急。企业的核心竞争能力、企业价值直接取决于企业掌握多少知识产权和如何经营管理知识产权财富。⑦

李晓宁以 2001 年至今发表的无形资产价值相关性文献为样本,分析和评述了我国在无形资产价值相关性实证研究领域的研究现状和存在的问题。指指出,目前我国学者主要围绕以下几个方面开展实证研究:(1)R&D 价值相关性研究;(2)基于无形

①颜玲、孙玉甫:《知识产权出资估价问题研究》,《财务与会计》2011 年第 3 期。
②杨艳琴:《质押融资中的知识产权价值评估方法探讨》,《黑龙江对外经贸》2011 年第 9 期。
③于明言、张颖:《国际知名品牌经验分析》,《中国物价》2011 年第 8 期。
④高建来、董芳:《基于企业核心能力的无形资产管理》,《中国集体经济》2011 年第 4 期。
⑤刘芬:《高校无形资产管理探析》,《湖北经济学院学报》(人文社会科学版)2011 年第 2 期。
⑥于强:《无形资产管理引发的服务外包企业财务风险研究——基于后金融危机时代的视角》,《中小企业管理与科技》(上旬刊)2011 年第 7 期。
⑦周艳:《知识产权管理与提升企业核心竞争力》,《合作经济与科技》2011 年第 6 期。

资产明细分类信息的价值相关性研究；(3)基于无形资产与有形资产定价乘数差异比较的研究；(4)土地使用权的价值相关性研究。存在的问题主要包括：(1)无形资产价值相关性研究数据多取自2001—2007年；(2)基于某一类研究主体的研究大多都是针对无形资产净额，缺少更加细致的针对无形资产分类的研究。针对这一点，作者认为，可以通过引入其他的数据搜集方法，加大对于智力资本、企业品牌、分销渠道等非传统的无形资产价值相关性的研究来对现状予以改进。①

五、无形资产应用

黄亚平、王晓燕在对科技型中小企业知识产权质押贷款过程中存在的问题进行分析时，提出政府对科技型中小企业知识产权质押贷款应把握“介入但不包办，管理但不干预，引导但不干涉，支持但不控制”的原则，努力完善知识产权交易市场，建立健全信用担保机制和知识产权价值评估制度，并构建多元化的风险防范机制。企业方面应增强对知识产权的重视程度；积极推陈出新，提升知识产权价值；积极完善公司治理结构和财务体系。②

黄宏斌、苑泽明在探讨我国高新技术企业知识产权融资问题与成因时指出，目前我国知识产权融资体系存在的问题主要体现在：(1)面对一些复杂而又具体的问题，相应的法律制度不够完善；(2)知识产权评估评价体系不够健全；(3)由于评估和转让程序复杂，耗费的人力、物力、财力成本及处置成本高，使得知识产权交易平台不够完善；(4)金融机构对知识产权金融体制创新力度不够，对其评估和管理缺乏足够经验和手段。③

贠晓兰在研究中小企业自主知识产权质押融资困境时，认为中小企业特别是处于初创期的科技型中小企业在以自主知识产权质押融资时，往往由于知识产权未来收益的不确定性，面临着知识产权能否获得客观、公正的价值鉴证的难题，其制约着自主知识产权质押融资的进程。中小企业要破解自主知识产权质押融资的困境，须通过增强自主知识产权的竞争力、维护自主知识产权的合法性、提高自主知识产权的运用能力以及利用资产评估促进企业自主创新四条途径，从根本上提升自主知识产权的价值。④

陈娜、曹译丹分析了科技型中小企业知识产权质押贷款的现状，总结出我国科技型中小企业知识产权质押贷款的四种模式：(1)知识产权质押+风险分担+政府补贴——北京模式；(2)政府专项基金担保+专利质押反担保——浦东、成都模式；(3)知识产权质押+有形资产抵押——湘潭模式；(4)无担保、无抵押的纯粹的知识产权质押——江苏模式、天津模式。结合对四种模式的分析，现阶段科技型中小企业知识产权质押贷款过程中存在的问题表现在：银企之间的“信息不对称”；知识产权风险大；知识产权价值难确定；知识产权质押融资成本高；知识产权质押贷款的期限短；知识产权的质押登记制度不够完善。⑤

王丽丽、张慧敏对知识产权证券化的流程和必要性进行分析，提出了几点措施：(1)在知识产权证券化的起步阶段政府应该充分发挥指导作用；(2)由于知识产权证券化的主要特点在于设立特设载体来隔离风险，所以应明确SPV证券化操作载体法律地位，建立权威的中介机构；(3)完善相关税收优惠政策。可以借鉴美国的成功经验，修订现行税法，从税收中性原则出发，实现公平计税。⑥

苑泽明、任志芬认为，知识产权融资活动中的信息需求包括知识产权特征、知识产权所有者相关的信息、市场与经济环境信息、行业信息、融资信息五方面。知识产权的私权属性是需要向信息使用者披露知识产权信息的理论基础。提出应以XBRL数据集成处理方法来实现融资目的的知识产权信息披露，并对其分类标准、数据描述、数据建模进行界定，建立了基于XBRL的知识产权信息披露模型。⑦

李虹、亚琨认为，天津滨海新区科技型中小企业在进行知识产权质押融资时，存在知识产权评估方法滞后，价值难以确定；滨海新区科技型中小企业规模小，经营风险大；专利权质押贷款受银行规

①李晓宁：《无形资产价值相关性研究中的问题与改进——我国新准则下无形资产价值相关性探讨》，《会计之友》2011年第10期。
②黄亚平、王晓燕：《浅析我国科技型中小企业知识产权质押贷款》，《商业会计》2011年第36期。
③黄宏斌、苑泽明：《论我国高新技术企业知识产权融资问题与成因》，《特区经济》2011年第8期。
④贠晓兰：《基于中小企业破解自主知识产权质押融资困境的思考》，《经济师》2011年第9期。
⑤陈娜、曹译丹：《科技型中小企业知识产权质押贷款的现状分析》，《商业会计》2011年第28期。
⑥王丽丽、张慧敏：《浅议中小企业知识产权证券化融资》，《会计之友》2011年第2期。
⑦苑泽明、任志芬：《融资目的的知识产权信息披露：兼谈XBRL的相关应用》，《会计之友》2011年第7期。

模和资金压力的影响等问题，导致科技型中小企业开展专利权质押变现难度大。他们对滨海新区科技型中小企业开展专利权质押融资进行SWOT分析，由此得出科技型中小企业专利权质押融资策略：(1)科技型中小企业应充分利用相关政策，积极进行专利权创新；(2)提高企业盈利能力和质押资金的使用效率；(3)企业应充分利用政府担保及政府补偿基金。①

王霄艳、李鹃提出了三种知识产权融资担保模式：以知识产权权利本身作为担保、以知识产权授权的收益作为担保和以知识产权换取第三人提供信用担保，最终得出了采用政府担保企业融资及企业知识产权反担保策略，具有可取性。②

苑泽明、姚王信指出，与实物资产抵押融资相比，我国知识产权质押融资存在着供给与需求、融资能力、融资风险与收益等不对称性问题。以知识产权质押融资的法经济学为依据，提出解决不对称性问题的思路，从融资创新、改进法律规定、加强风险担保和创新担保机制四个方面来保障融资收益，降低融资成本，提高融资能力。③

苑泽明、姚王信基于知识产权视角归纳总结了大量国内外文献，对比提出国外研究的主要特点在于重视融资风险和融资基础理论的研究，学科交叉研究的成果丰富，实证研究严谨；国内的研究则更关注政策热点问题，重应用型研究，轻基础理论研究，对创新型中小企业的融资风险研究不够深入。认为，创新型中小企业融资研究的内容应向以下五个方向转变：(1)知识产权融资如何适应全球化、和谐化的趋势；(2)知识产权体系不断扩大对融资的影响；(3)基于融资的知识产权价值评估理论；(4)知识产权与公司价值结构的关系；(5)知识产权价值最大化与融资风险问题等。④

（本文作者：苑泽明，天津财经大学教授、博士生导师；牛诺楠，天津财经大学商学院硕士研究生；宫成芳，天津财经大学商学院硕士研究生）

电子商务研究综述

高　宏　王　苹

2011年，天津学者在电子商务领域所开展的研究保持了良好的发展势头，取得了丰硕的成果。

一、电子商务学科应用研究

蔡丽莎、彭岩就移动电子商务在旅游行业中的应用进行了研究，他们指出移动电子商务的关键在于它具备一个不受时间、空间限制的直接与客户沟通的“接触点”，通过这个接触点，旅游管理部门、旅游产品提供企业、旅游信息提供企业、游客等能够实现低成本的实时沟通。⑤

随着网络的普及化，网络购物已经被越来越多的人所接受。陈劲挺撰文解释了什么是网络购物运费险，进一步分析了网络购物运费险的推出对中国电子商务的影响以及已存在的缺陷。⑥ 杨志明则从电子商务交易过程的角度分析了影响产品网络营销适应性的影响因素，包括产品的剩余需求、产品的可附加认知程度、物流系统匹配、服务方式匹配等。⑦

胡海清、许垒就电子商务模式对消费者线上购买行为的影响进行了研究。作者以刺激—反应模型为理论基础，以电子商务平台提供的信息作为刺激源，研究了不同电子商务模式在信息丰富度、采购成本对消费者线上购买行为影响方面的调节效

①李虹、亚琨：《天津滨海新区科技型中小企业专利权质押融资策略研究》，《天津学术文库（下）》，天津人民出版社2011年版。
②王霄艳、李鹃：《知识产权担保融资困境及对策》，《天津法学》2011年第2期。
③苑泽明、姚王信：《知识产权融资不对称性的法经济学分析》，《知识产权》2011年第2期。
④苑泽明、姚王信：《创新型中小企业融资研究述评——基于知识产权融资视角》，《会计之友》2011年第3期。
⑤蔡丽莎、彭岩：《移动电子商务在旅游行业中的应用研究》，《价值工程》2011年第33期。
⑥陈劲挺：《网络购物运费险在中国的运用分析》，《中国电子商务》2011年第9期。
⑦杨志明：《B2C电子商务产品的网络营销适应性评价指标》，《现代营销》2011年第2期。

用,结果发现:(1)采购成本正向影响购买行为;(2)不同电子商务模式对购买行为影响不突出,B2C优势不明显;(3)信息丰富度成为影响消费者行为的显著因素。①

翟春娟、李勇建针对目前电子商务中日益严重的退货现象,以在线零售商为研究主体,提出了三种解决退货问题的策略,即合作型退货策略、在市场进行二次销售的退货策略以及返还制造商的退货策略。研究结果表明:(1)退货利用率越高,在线零售商从退货处理中得到的利润越高;(2)合作型退货模式下的供应链的总利润最大;(3)在线零售商的退货处理模式的选择依赖于退货利用率以及从退货中得到的利润。②

在电子商务教育方面,踪程指出,电子商务网站开发课程在培养电子商务专业学生专业能力的过程中处于非常重要的地位,分析了电子商务网站开发课程设置和教学改革的必要性。③ 潘旭华等就构建本科专业创新型应用人才实践教学体系进行了研究和探讨,为适应社会的需要,以电子商务专业为例,提出"知业—专业—创业"的实践教学体系,并阐述了该体系实施的情况及取得的效果。④

随着含电子商务的"新经济"的崛起,企业经营环境的革命性变化必然导致会计管理的内涵和外延发生革命性变化。姚传超就电子商务对传统财务会计的影响进行了研究,指出会计环境的变化要求会计信息系统也要进行内部改革,未来的会计信息系统也必将实现信息化。⑤ 陈洁、夏方毅撰文研究了基于电子商务的财务管理信息化发展的背景及其概念内涵,分析了在电子商务环境下传统的财务管理的一些缺陷。⑥ 他们在另一篇文章中又给出了构建财务会计信息系统的一些建议,例如我们需要探索新的管理模式和实施管理改革,规范业务流程,建立规范的管理制度;解决各种操作系统之间的接口问题,实现资源共享,建立新的财务软件系统等。⑦

王薇撰文讨论了网络财务管理,指出企业可以以柔性技术为基础保护技术的领先,以信息网络为依托实现资源整合,将网络与财务相结合形成网络财务,并且开发网络财务软件,实行动态的、实时的财务管理。⑧

王建龙对电子商务在国际贸易中的应用进行了研究,进出口贸易是一项繁琐复杂的过程,而通过电子商务,各种商业文件、单据都可在电子商务平台上完成,缩短了进出口商与有关部门交涉的等待时间,实现了贸易的无纸化、标准化。⑨

电子商务的发展对就业产生了一定的影响。仝玺提出电子商务的发展,对于就业岗位的增多、二次就业率的提高以及更多、更便捷创业机会的涌现等都具有重要的促进作用,这对于社会的稳定发展具有重要的现实意义。⑩

二、电子政务研究

陈立松指出,电子政务的发展更加注重在加快政府职能转变、提高行政效能、增强政府监管和服务能力、促进政务的公开透明和民主政治发展、建设绩效政府等方面发挥积极作用,从而提升国家的整体实力和在国际社会的竞争力。⑪

李虹指出,电子政务对政府管理的影响体现在三个方面:(1)电子信息化从根本上改变了政府与社会之间的关系,在政府和社会之间大大加强信息的互动和信息的交流;(2)电子政务从根本上改变了政府提供的公共服务;(3)电子政务从根本上提高了政府绩效。⑫

政府实施的电子政务信息公开中包含了大量

①胡海清、许垒:《电子商务模式对消费者线上购买行为的影响研究》,《软科学》2011年第10期。
②翟春娟、李勇建:《B2C模式下的在线零售商退货策略研究》,《管理工程学报》2011年第1期。
③踪程:《基于专业能力的电子商务网站开发课程教学研究》,《电子商务》2011年第5期。
④Pan Xuhua, Jiang Shuhao, Zhangbo. Research and Implementation of the Construction of Practice Teaching System for Applicable Talents with Creative Ability: International Conference on Future Computers in Education(ICFCE 2011), 2011.
⑤姚传超:《浅谈电子商务对传统财务会计的影响》,《中国外资》2011年第2期。
⑥Jie Chen, Fangyi Xia. Research on Informationization of Financial Management Based on E-Commerce: International Conference on Industry, Information System and Material Engineering, 2011.
⑦Jie Chen, Fangyi Xia. Research on the Construction of Financial Accounting Information Systems: International Conference on Automation, Communication, Architectonics and Materials, 2011.
⑧王薇:《浅谈电子商务环境下的网络财务管理》,《财会研究》2011年第1期。
⑨王建龙:《论电子商务在国际贸易中的应用与发展》,《中国储运》2011年第3期。
⑩仝玺:《基于电子商务发展视角探讨我国的就业问题》,《中国电子商务》2011年第8期。
⑪陈立松:《我国电子政务的发展现状和趋势研究》,《信息系统工程》2011年第3期。
⑫李虹:《浅谈信息时代政府管理方式的变革与创新》,《天津科技》2011年第1期。

涉及公民个人隐私的信息，如何在满足公民对政府工作内容知情权的同时又合理地保护相关公民的隐私权问题，成为现代阳光政府法制建设中亟待解决的迫切问题。陈诚、宋洪磊建议，在加强制度建设，完善公民隐私权立法的同时，应坚持利益衡量与权利限制原则，并借鉴欧美“安全港”模式，对公民隐私权进行保护。①

王知津等运用 SWOT 方法，对我国政府信息资源共享的优势、劣势、机会、威胁等情况进行分析，并在此基础上提出政府信息资源共享的 4 种基本策略，其中，SO 策略（最大与最大策略）能够最大限度地发挥我国政府信息资源共享的内部优势并充分利用外部机会；WO 策略（最小与最大策略）是利用我国政府信息资源共享的外部机会来弥补内部劣势；ST 策略（最大与最小策略）是利用我国政府信息资源共享的优势回避或减轻外部威胁或风险；WT 策略（最小与最小策略）是一种应对我国政府信息资源共享危机的战略。②

三、电子商务的基础技术研究

近年来，云计算作为一种崭新的互联网运作模式，在国际上得到迅速发展。冯毅撰文介绍了云计算的相关概念和企业目前利用电子商务的现状，提出了“链式云”电子商务模式的构建，分析了云计算平台下电子商务的风险性，提出了若干安全策略。③

吕方、张旭、雷霆基于 J2EE 架构的分布式体系结构的思想模式，设计开发了网上购物电子商务系统，并阐述了系统的用例分析、时序分析、模块设计以及数据库设计。④

在商务支持技术上，王知津、韩正彪、周鹏对电子商务网站顾客信息搜寻行为形成机制进行了讨论，他们在分析电子商务网站顾客信息搜寻行为的理论基础上，构建了基于理论基础、搜寻阶段和影响因素的三层次的顾客信息搜寻行为过程模型，从触发、网站选择、商品检索、店内信息浏览和比较评价五个阶段对顾客信息搜寻行为的形成机制进行了探索。⑤

刘璞、蔡娜、王云峰探究了企业电子商务能力的内涵、构成维度及其测量问题。基于我国电子商务应用实践，作者以企业动态能力理论与以往文献为基础，采用内容分析方法研究并构建了电子商务能力的概念模型及相应的测量问项。他们提出的将电子商务能力解构为电子商务战略能力、电子商务管理能力、电子商务技术资源三个维度，这一思想既体现了电子商务的系统性和集成性的特点，又体现了其随内外部环境变化的动态性特征。⑥

推荐系统是电子商务领域的一个重要研究内容，杨振舰提出了一种基于 Web 挖掘的推荐系统框架，其分为离线和在线两部分，离线部分由数据预处理和 Web 挖掘组成，在线部分由实时的推荐引擎组成。该系统对 Web 使用数据和 Web 结构数据进行聚类分析，推荐引擎根据挖掘结果向用户提供有效的推荐服务，基于 Web 挖掘的推荐系统比传统协同过滤推荐的质量更高。⑦

在安全技术上，电子商务的迅速普及，网上购物热的升温，都随之带来一系列的安全问题。电子商务安全问题分为网络安全和商务安全。王鹏认为实现电子商务的关键是要保证商务活动过程中系统的安全性，即应保证在基于 Internet 的电子交易转变的过程中与传统交易的方式一样安全可靠。⑧

信息安全对电子商务发展的瓶颈日益严重，如何使双方协同发展，成为当前重要课题。王潇从电子商务与信息安全的关系入手，剖析了电子商务同信息安全发展的必然性，提出我国电子商务中信息安全工作存在的主要问题：观念和服务模式落后，信息安全与电子商务脱节，人才稀缺等。⑨

电子商务安全还有一个很重要的问题是支付安全，刘颖指出，网上支付的安全技术主要包括密码技术和安全规范。网上支付涉及的密码技术有对称密钥密码技术和非对称密钥密码技术，它们在支付系统中应用于数据加密、数字签名、数字摘要、

①陈诚、宋洪磊：《论电子政务信息公开中公民隐私权之保护》，《剑南文学：经典阅读》2011 年第 10 期。
②王知津、金鑫、王文爽：《我国政府信息资源共享的 SWOT 分析及策略选择》，《中国科技资源导刊》2011 年第 1 期。
③冯毅：《浅谈在云计算平台下企业电子商务的发展》，《中国高新技术企业》2011 年第 24 期。
④吕方、张旭、雷霆：《基于 J2EE 的电子商务系统的设计》，《电脑知识与技术》2011 年第 13 期。
⑤王知津、韩正彪、周鹏：《电子商务网站顾客信息搜寻行为形成机制研究》，《图书与情报》2011 年第 3 期。
⑥刘璞、蔡娜、王云峰：《企业电子商务能力测量模型研究——基于动态能力的视角》，《信息系统学报》2011 年第 1 期。
⑦杨振舰：《一种基于 Web 挖掘的推荐系统框架》，《制造业自动化》2011 年第 2 期。
⑧王鹏：《浅谈电子商务交易中的安全问题》，《电子商务》2011 年第 4 期。
⑨王潇：《电子商务中信息安全的重要性》，《软件》2011 年第 2 期。

身份认证、数字签名等。①

为了提供安全服务，PKI应运而生。公钥基础设施PKI提供了应用层面的安全服务框架，为电子商务提供了必需的保密性、完整性、真实性及不可否认性4个方面的安全功能。而认证机构CA是PKI的核心执行机构，李健利用基于SSL协议的OpenSSL来设计实现了一个小型电子商务CA认证系统以及支持SSL协议的WEB安全服务器。②

四、电子商务环境建设研究

电子商务环境包括物流环境、政府支持环境、法律环境等。电子商务的“零距离”很难被带入流通领域，物流始终是电子商务的瓶颈之一。时海涛、于峰指出，制约我国电子商务发展的物流瓶颈主要有：缺乏必要的理论知识，相关法律尚未完善，物流人才稀缺，物流配送中心建设滞后，第三方物流服务发展滞后，物流平台难以支撑电子商务的迅猛发展。③ 南守香也指出了我国物流业发展存在物流管理体制欠缺、物流基础设施和装备条件水平低、物流专业人才严重短缺等问题。④

王建龙撰文讨论了我国电子商务环境下物流的发展，认为我国的物流电子商务发展目前仍处在比较困难的成长阶段，尤其是物流、配送体系的完善，是物流电子商务发展必须解决的课题。⑤

针对电子商务环境下的物流配送管理，倪子奥提出企业内部在电子商务环境下可实现再造业务的流程、管理物流的模式，在大中型集团企业的内部通过新技术进行产业化管理和现代化物流管理，能够提高企业内管理的水平，建立高新微观的物流配送模式。⑥

电子商务的法律环境是电子商务环境建设的重要内容。孙凯分析了经济法在电子商务中的应用，他指出，经济法理论知识以及经济法法律、法规、政策对于我国电子商务面临的法律问题具有非常重要的作用。⑦ 张玉娟则提出，在B2C过程中物流配送、买家卖家双方的信用和目前国内的面对电子商务方面的法律漏洞都会成为B2C纠纷产生的诱因。⑧

刘晓纯、马兆婧对基于3G技术移动电子政务的法律问题进行了研究。他们指出，移动电子政务最根本的特色是行政“电子化”，在移动电子政务活动中，虽然电子文书的实质和作用并没有发生改变，但其形式、成立与生效、电子数据、签章、履行等方面都属于传统行政法中未能触及的全新领域。作者认为，未来的《电子政务法》要对移动电子行政行为确立特殊法律规则，调整该行为的合法要件和效力。⑨

电子商务的发展使得电子商务将被广泛应用于生产、流通、消费等各领域和社会生活的各个层面。这将促使全社会电子商务的应用意识不断增强。有关电子商务的政策、法律、法规将不断出台，电子商务发展的政策法律环境将不断完善。同时，也将促使物流、信用、电子支付等电子商务支撑体系建设更全面地展开，从而使得电子商务发展的内在动力持续增强。⑩

（本文作者：高宏，天津大学信息管理与管理科学系主任、副教授；王苹，天津大学管理与经济学部硕士研究生）

①刘颖：《电子商务网上支付与安全》，《天津职业院校联合学报》2011年第3期。
②李健：《基于OpenSSL的电子商务CA认证系统的实现》，《中国电子商务》2011年第2期。
③时海涛、于峰：《浅析我国电子商务发展的物流瓶颈问题》，《现代商业》2011年第26期。
④南守香：《浅析我国电子商务的物流瓶颈》，《现代商业》2011年第9期。
⑤王建龙：《试论我国电子商务环境下物流的发展》，《教育教学论坛》2011年第14期。
⑥倪子奥：《浅谈电子商务环境下的物流配送管理》，《科技资讯》2011年第28期。
⑦孙凯：《浅议经济法在电子商务中的应用》，《中国商贸》2011年第4期。
⑧张玉娟：《B2C模式下电子商务纠纷的解决方案》，《科学时代》2011年第10期。
⑨刘晓纯、马兆婧：《基于3G技术移动电子政务的法律问题研究》，《科技与法律》2011年第4期。
⑩邸伟力：《浅谈我国电子商务的发展》，《软件》2011年第4期。

法　学

法学研究综述(一)

傅士成　蒋冰晶

2011年,天津学者法学研究取得了较丰硕的成果,本文大致按法学二级学科,分别选取重要的学术问题,综述不同的学术观点,以展现本年度天津市法学研究的状况。

一、法学理论研究

针对法学的学科性质,有学者从冲突积极功能的边界着眼,指出社会学对冲突的积极功能的肯定是建立在冲突解决过程及解决效果上的,是整体性的观察,但并不适用于法的视野。从法的立场出发,需要对冲突做出否定评价并予以排解。法学关乎人的主观意图的特质决定了计量化、科学化的努力在其领域内的进展较为艰难。这也说明法学具有自主性,尤其在人们对规范法学与法解释学仍有巨大需求的趋势下,其自主与自足性并未受到冲击。既然法学不可能过多地从人文学科获得知识资源,也不属于严格的社会科学,那么法学就是法学,属于科学的第四极。①

针对法律隐喻的原理与方法问题,有学者指出,法律隐喻是法学家为了理解或解释某一法律问题(本体)而借用其他领域的概念(喻体),以实现从其他知识领域到法律领域的意义转换的思维活动,是法学中常用的定义方式和认知方法。法律隐喻以类比推理为基础,是人们认识和把握各种法律现象的有效方法,有助于培育公众的尊法情怀,推进民主政治建设,彰显对人性的尊重。运用法律隐喻时,须遵循事物本质,了解其工作机制。②

对于判例影响的强度,有学者采用现实主义法学的方法,从影响大小、强弱的角度,对判例作用问题进行观察和分析。指出在我国判例的概念和制度并没有为宪法和法律所规定,但通过对相关因素的细致考量,可相对准确地测度出判例影响的强弱。③

二、法律史研究

针对春秋战国时期证据法演变,有学者指出,春秋战国时期证据规则随着社会的变化、价值观的不同而发生着变化。春秋战国时期重视对证据的收集和审查,在诉讼活动中,春秋时期宗法、礼治因素发挥着重要作用,战国时期国家权力和科学技术发展成就的作用增强。春秋时期诉讼证据简单、粗疏,战国时期诉讼证据趋向于细密化、制度化,并为后世所承袭,对中国古代诉讼证据的发展演变产生了深远的影响。④

针对清代“盐法”律例的实施,有学者指出,清统治者在财税法制中多有体恤贫民的条款。“盐法”例文中允许“贫难军民,将私盐肩挑背负,易米度日”就是一例。但一法立、一弊生,此例在实践中虽然部分地缓解了由于贫民为生计所迫而引发的社会问题,但同时也沦为奸商豪强转嫁税收负担、借机贩私的工具。贫民作为社会的“最少受惠者”却承担了社会发展的主要成本,也是清代财税法制自身难以克服的顽疾。⑤ 针对清代民间的“架尸图赖”现象,有学者指出,这种纠纷当事人自杀却被家人诬赖是别人所逼的手段着实奸伪,体现出了民众的法律及权利意识。清律中专门设有禁止图赖和禁止威逼的相关条例,乡规族约中也多视此为地方恶习。⑥

针对陕甘宁边区人民调解制度,有学者在系统

①朱桐辉:《冲突的积极功能的边界——兼谈法学的自主性》,《环球法律评论》2011年第4期。
②刘风景:《法律隐喻的原理与方法》,《山东大学学报》(哲学社会科学版)2011年第5期。
③刘风景:《试析判例影响的强度》,《中国社会科学院研究生院学报》2011年第1期。
④郭明月:《春秋战国时期证据法的演变》,《河南师范大学学报》(哲学社会科学版)2011年第3期。
⑤任晓兰:《论清代“盐法”律例实施中贫民的困境》,《西南大学学报》(社会科学版)2011年1期。
⑥段文艳:《死尸的威逼:清代自杀图赖现象中的法与“刁民”》,《学术研究》2011年第5期。

研究陕甘宁边区开展人民调解的背景、情况及经验教训基础上，指出当时形成了若干共识：调解必须坚持自愿原则，过分了会失去公正效率；民间调解政府干预不宜太多；重调解不能忽视、放松了法律。①

针对新中国成立初期华北地区婚姻家庭变迁，有学者指出，新中国成立前，华北地区的婚姻家庭以包办婚姻和买卖婚姻为主，多数是保守的传统形式。新中国成立后，由于社会结构的剧烈变动，在《婚姻法》的带动下，该地区围绕婚姻自由、家庭财产保障等产生了一些社会问题。这些变迁是一种国家权力支持下的自上而下的变迁，虽然没有获得全面成功，但新型的婚姻家庭制度已经基本确立起来。②

三、宪法学与行政法学研究

针对宪法司法化的路径，有学者指出，我国"宪法司法化"的可行性路径在于在普通刑事、民事、行政案件的司法诉讼中，宪法作为裁判规范之重要制定法法源，与其他法源一起被纳入具体案件裁判规范的建构过程，并构成司法裁判中价值判断的核心部分。宪法作为配置国家权力并规范其运行从而保障公民基本权利的根本法，在"积极稳妥推进政治体制改革"的过程中不能缺位。③

对于自治地方法律变通的价值问题，有学者指出，民族自治地方变通立法是民族自治地方自治权的重要表现形式。法律变通是对少数民族人权的特殊保护，是民族平等权的有效保障。法律变通能够巩固民族认同基础上的国家认同，有效推动政治发展，促进政治文明和法治建设，实现差异性的统一，促进社会和谐。④

对于社会经济权利，有学者指出，社会经济权利作为宪法基本权利体系的重要组成部分，在国际法和国内法中都是被充分肯定的一项公民基本权利，是指公民在社会生活和经济生活中享有的权利，通过公民要求国家给予一定物质利益的请求权来肯定公民身份的有效性，同时也是政府对公民承担绝对保障责任的受益权。社会经济权利的宪法学意义在于，面对社会整体发展失衡的现实困境，通过国家权力积极介入的方式，帮助公民实现经济自由、平等地参与经济生活，有效地获取物质利益。从宪法学角度解读社会经济权利，有助于促进实现"以人为本"的政治文明，也促使国家权力从传统的无为政府转向有为政府的定位。⑤

针对专家参与行政执法，有学者指出，专家参与监督检查、参与调查，与传统的专家咨询、建议有很大的区别，基本上属于专家参与行政执法范畴。从专家参与安全生产执法检查的实践看，其效果是明显和突出的。专家的参与弥补了执法人员专业知识和鉴别隐患能力的不足，为行政执法做出科学和有针对性的处置决定，为行政权力正当行使创造了条件。但是，专家参与安全生产执法检查，也存在一些问题值得思考和商榷。⑥

对于知情权，有学者指出，中国对公众知情权的保障主要通过建立政府信息公开制度来实现，并已经将这一在信息时代迅速生长的基本人权写入了中共第十七次全国代表大会的报告和中国首部《国家人权行动计划》之中。中国的政府信息公开制度建设具有中央和地方立法平行、建章立制与维权实践共举的特点。实证资料表明，2009 年《政府信息公开条例》的实施情况好于 2008 年，但还存在着法律落后于制度发展、规则体系和执行机制还有待继续完善以及救济机制的实效性不强等问题。在"十二五"规划期间应考虑尽快制定"信息公开法"等法律来确认知情权，抓紧完善信息公开的实施机制和以行政复议与诉讼制度为核心的救济机制，扩展公众参与的范围，提升其水平。⑦

针对软法实施模式及其效果，有学者指出，软法是一种没有国家强制力保障实施但却能够对社会成员产生实际约束力的行为规范，具有开放性、民主性、协商性和灵活性的特点。其实施以社会及其联合体形成的公约力为保障。而联合体的权威及内部联系程度直接影响了公约力的大小。据此，软法在中国的实施模式可以分为政府主导型、社会自治型、网络型、民间型四种。其中，政府主导型效力最强，其他皆弱，与软法治理的精神不符，故应从

①侯欣一：《对陕甘宁边区人民调解制度的几点共识——来自抗战时期陕甘宁边区的实践》，《法学杂志》2011 年第 1 期。
②郭凯、薛长刚：《新中国成立初期华北地区婚姻家庭变迁诸问题》，《历史教学》2011 年第 6 期。
③张心向：《我国"宪法司法化"路径问题之思考——基于刑法裁判规范建构之法源视域》，《政治与法律》2011 年第 2 期。
④张殿军、崔慧姝：《民族区域自治地方法律变通的价值蕴涵》，《青海民族研究》2011 年第 4 期。
⑤魏健馨、刘丽：《社会经济权利之宪法解读》，《南开学报》(哲学社会科学版)2011 年第 3 期。
⑥傅士成：《专家参与行政执法的实践与思考》，《行政管理改革》2011 年第 4 期。
⑦赵正群：《中国的知情权保障与信息公开制度的发展进程》，《南开学报》(哲学社会科学版)2011 年第 2 期。

弱化政府和强化社会两方面入手进行改善。①

针对我国行政复议法的修改,有学者指出,在修改行政复议法的过程中,日本的制度经验或许可以提供一种重要参考。日本现行行政不服申诉制度发端于明治时代的诉愿法,二战之后建立了以行政不服审查法为基础的行政不服申诉制度,该制度已运行近50余年。现在正试图在维护国民信赖的前提下进行修正,并有望在近期审议乃至通过。其法律修改重点在于谋求通过制度改进增强行政不服申诉制度的公正性,并提高行政不服审查案件的处理效率。②

四、刑法学研究

针对刑法的机能,有学者指出,刑法预防机能有特殊预防、消极的一般预防以及积极的一般预防三种模式。在风险社会的背景下,积极的一般预防模式是一种比较适合风险刑法的模式。积极的一般预防机能可以证明风险刑法的正当性;积极的一般预防理论是建设"安全社会"的规范保证。根据积极的一般预防理论,刑法的机能既不是预防犯罪也不是保障先于实在法规范而存在的利益,而是证明实在法规范整体的有效性。③

针对疑罪难从无原则,有学者指出,法官及法院对证据不足案件的裁量并不是机械的事实发现与法律适用的过程,作为重要司法技术的情理推断,也让案外因素有了进入心证并产生作用的空间。实现疑罪从无的两个关键点是刑事政策的舒缓化调整,以及通过积累判例,促养法官修为达成丰富而精准的裁量共识。④

针对刑法中"持有"的行为形态属性,中外刑法学者有六种观点,即:行为否定说、作为说、不作为说、择一说、修正的择一说、第三种形态说。对此,有学者指出,关于持有是一种行为,而不是行为之外的又一种犯罪存在形式。在现有的犯罪论体系与行为概念中,将持有解释为行为是必要的和可行的。在行为形态上,持有应归属于作为的范畴。⑤

针对刑法修正案(八)中特殊累犯裂变式增加的现象,有学者指出,在特殊累犯构成基数的猛增和累犯从重处罚刑事政策的共同作用下,刑法将呈现出向重刑化发展的趋势。为了避免重刑化的出现,应当从前后罪的性质、构成主体、司法处理三个方面进行理性限定。⑥

针对死刑不引渡和废除死刑理由的关系,有学者指出,死刑不引渡对引渡请求国的要求是对被引渡人不判处死刑或虽判处死刑但不实际执行,而非彻底废除死刑。死刑不引渡和废除死刑有着不同的价值追求。遵守死刑不引渡对外逃人员做出不判处死刑的量刑承诺符合国家的整体利益,且和是否会鼓励贪官外逃不存在必然的关系。因而其不应成为"倒逼"国内废除贪污贿赂犯罪死刑的主要理由。⑦

有学者对犯罪构成形态进行解读,指出如果将犯罪构成问题置于现象学社会学的视域研究检视,就可以发现,犯罪构成实际上既是刑法文本中的一个法律规范类型,又是刑法理论中的一个理论建构模型,还是刑事司法中的一种实践裁判模式,是一个在多向度延伸、多层面存在的具有三维立体之美的概念形态。犯罪构成不仅仅是逻辑的,也是经验的。⑧

针对危险驾驶罪,有学者指出,现代工业社会由其自身系统制造的危险而身不由己地突变为风险社会。在中国,为了预防和惩罚危险驾驶机动车行为给社会公众生命、健康和财产带来的危险,基于风险控制的思想,有必要实现刑法的前置保护,也即是在危险驾驶行为尚未造成任何危害后果的时间,即将行为规定为犯罪,从而定罪处罚⑨。为了控制危险驾驶行为所可能导致的风险,刑法修正案(八)增设了涵盖追逐竞驶和醉酒驾驶两种行为模式的危险驾驶罪。从犯罪形态上讲,追逐竞驶型危险驾驶罪属于必要的共同犯罪,并且要达到情节恶劣的程度,具有情节犯的特质。增设危险驾驶罪的初衷排除了适用缓刑的可能,而缓刑制度的价值追求决定了其又可以适用缓刑,二者之间呈现出二律

①宋心然:《软法实施模式及其效果研究》,《河北学刊》2011年第2期。
②闫尔宝:《日本行政不服申诉制度的变迁——我国行政复议法修改的一种参照》,《南开学报》(哲学社会科学版)2011年第6期。
③周亦峰,张晶:《刑法预防机能的现代展开》,《江西社会科学》2011年第7期。
④朱桐辉:《案外因素与案内裁量:疑罪难从无之谜》,《当代法学》2011年第5期。
⑤董玉庭、刘士心:《刑法中"持有"的行为形态属性》,《求是学刊》2011年第5期。
⑥王强军:《特殊累犯裂变式增加的思考》,《中国刑事法杂志》2011年第9期。
⑦王强军:《死刑不引渡不应成为"倒逼"国内废除死刑的理由》,《华东政法大学学报》2011年第4期。
⑧张心向:《犯罪构成之三维形态解读——基于现象学社会学的思考》,《法学杂志》2011年第4期。
⑨张心向、王强军:《社会风险控制视域下的危险驾驶罪研究》,《法学杂志》2011年第1期。

背反的现象，基于刑法的谦抑性，还是应当对其限定条件地适用缓刑。①

五、国际法学研究

针对承运人倒签提单或预借提单的法律性质，有学者从分析侵权行为与违约行为的本质区别的角度探讨承运人倒签提单或预借提单的法律性质，并通过分析海上货物运输合同的性质、提单的性质、承运人倒签提单或预借提单究竟侵犯了收货人何种权利等重要问题得出承运人倒签提单或预借提单构成侵权行为的结论。②

有学者从联系、整体和法学基础的视野与角度，对承运人责任基础立法中的目的理性与价值判断融合的价值体系与演变进行了论述。论述不完全过失责任存在实质性因素是否消除和实行完全过失责任对航运业发展是否形成制约，以及货物安全性提高所产生收益与货主所可能付出的代价是否平衡等目的理性问题，对海上货物运输责任制度是否适用统一的完全过失责任提出建议。③

针对国际环境保护，有学者指出，发展“低碳经济”成为人类对抗气候变化的理想方式。中国为了地球环境和自身的可持续发展，开始了低碳经济的立法尝试，但是仍存在明显的不足之处。中国应履行相关的国际条约义务，借鉴美国、日本、英国等低碳经济法制先进国家的经验，完善法律体系。④

针对法律适用中的国家利益，有学者通过对当代国际社会中国家利益的分析和对依国际私法规则与不依国际私法规则适用法律实现国家利益的分析，指出各国应在全球化合作理念下，维护本国的整体利益和长远利益，顺应国际社会公正、平等地适用法律实现国家利益的发展趋势。⑤

（本文作者：傅士成，南开大学法学院教授、博士生导师；蒋冰晶，河北工业大学人文与法律学院讲师，法学博士）

法学研究综述（二）

傅士成　蒋冰晶

一、民商法研究

针对代孕生育的民法调整问题，有学者指出，为维护代孕子女和代孕协议当事人的利益，对于代孕子女亲子关系的认定，立法应当根据完全代孕和局部代孕的区分，采取不同的认定方法。在代孕双方的关系方面，应保护双方的知情权，并通过补偿权、解除权和生活方式义务等制度设计保护双方利益，特别是代母的利益。⑥ 为规制代孕协议的公共政策和公平保护当事人的利益，应对代孕协议的订立和效力进行较多干预，代孕母亲应在身体自治权得到尊重的范围内，负有避免出生缺陷的义务和享有获得补偿的权利，代孕双方享有相应的解除权以避免根本利益的损害。⑦

针对股份公司内部权力配置的变革，有学者指出，传统公司代理理论与制度基于股东“同质化”假定的逻辑基础而展开，“资合性”正是对这一基础的法理化表达。股东“同质化”假定具有人性同质与利益同质之内涵，建构其上的股份公司内部权力配置以资本作为唯一标准，形成了权力定位中的股东会中心主义、权力分配中的股份平等原则和权力运行中的资本多数决原则。但这些权力配置原则所产生的诸多流弊已然昭示出其逻辑基础存在先天缺陷。股份公司股东“异质化”现实已经得到公司理论和实践的有力佐证，并不断催生出股份公司内

①王强军：《危险驾驶罪的构成特征及司法适用》，《学术交流》2011 年第 11 期。
②左海聪、范笑迎：《论承运人倒签提单或预借提单的法律性质》，《法学杂志》2011 年第 8 期。
③胡绪雨：《国际海上货物运输承运人责任基础立法中的价值体系与演进》，《法学杂志》2011 年第 9 期。
④杨新莹：《低碳经济与生态环境保护法律问题研究》，《生态经济》2011 年第 5 期。
⑤孙建：《法律适用中的国家利益》，《政法论坛》2011 年第 6 期。
⑥李志强：《代孕生育的民法调整》，《山西师大学报》（社会科学版）2011 年第 3 期。
⑦李志强：《代孕协议法律规制之我见——以代孕双方权利义务为中心》，《医学与哲学》（人文社会医学版）2011 年第 8 期。

部权力配置的结构性变革。①

针对商品房虚假销售广告的民事责任承担问题，有学者指出，商品房销售广告是房地产开发商最主要的营销手段之一。由于利益驱动使得虚假售房广告层出不穷，严重危害房地产市场的健康发展。购房者在权益遭受侵害时，可以根据不同情形，依据相关法律去追究开发商相应的民事责任，包括违约责任，缔约过失责任以及惩罚性赔偿责任等，从而充分维护好自己的合法权益。②

有学者由专利侵权诉讼引出对我国停止侵权民事责任的思考和探讨，认为其不同于英美法系中的禁令制度，两者在设立宗旨、适用对象、适用条件等方面均有不同。司法实践中的典型案例已经突破了停止侵权当然适用论。应在充分论证的基础上，基于民事责任的一般原理，同时借鉴英美法系国家的禁令制度，就我国专利侵权诉讼中停止侵权民事责任的适用范围、适用原则、适用方式等做出具体规定，以确保司法的统一性。③

针对专利侵权赔偿原则，有学者指出，我国在专利侵权中一直适用补偿性赔偿原则。而引入社会公共利益的民法理论与以矫正正义为法哲学基础的现代侵权法，为惩罚性赔偿原则的实施奠定了法理基础。同时，鉴于我国出现了有关惩罚性赔偿的立法实践，而补偿性赔偿在专利法实现惩罚功能上的局限，决定了惩罚性赔偿应用的必要性。在制度构建上，我国法律应明确惩罚性赔偿的适用情形和赔偿权利人等原则性问题，具体规定故意侵犯专利权的情形并确定惩罚性赔偿的数额。④

针对劳动关系中商业秘密法律保护方式，有学者指出，商业秘密在知识经济和信息时代中的作用日益凸显。劳动关系中的商业秘密保护，关系到企业、劳动者和社会公共利益的平衡。基于身份关系、契约关系而产生的劳动者保守商业秘密的一般义务与竞业禁止义务，对保护商业秘密具有不同作用。不同的保护方式各有优势和不足，应当在综合运用中协调其相互之间的关系，实现劳动关系中商业秘密保护上企业与劳动者的双赢。⑤

针对最高额抵押的法价值，有学者指出，一般抵押制度以法的安全价值为中心，制度设计关注的核心是债权人债权的安全。而最高额抵押既注重权利的正义，又能发挥物的安全价值和效率价值。为适应世界物权法律的发展趋势，应以法价值为分析视角，更加优化中国最高额抵押权的制度设计。⑥

针对非物质文化遗产的规制，有学者指出，非物质文化遗产商业化利用应遵循保护第一、保持本真性、尊重权利主体的精神权利以及惠益分享的原则。非物质文化遗产商业性利用必须确定私权主体，其权利应授予来源群体与代表性传承人。权利主体之间的利益分享机制，可通过合同及建立非物质文化遗产区分所有制度来实现。权利主体与利用人之间应建立法律规定与合同约定相结合的利益分享机制。⑦ 对外国主体开发利用我国非物质文化遗产的，应遵循事先知情同意原则；对本国主体开发利用非物质文化遗产的，应采法定许可原则。保障利益分享的制度模式应采以法律规定为依据的法定义务，对利用非物质文化遗产的利益分配可以利用"第三部门"来实现。从对权利主体的权利及开发利用两个方面确立限制制度。⑧

二、经济法学研究

针对农村土地纠纷的问题，有学者指出，当前中国农村土地纠纷主要表现为集体所有权权属纠纷、承包经营权权属纠纷、土地流转纠纷和土地征收补偿纠纷四种主要类型，其深层次根源在于历史沿革的复杂过程导致管理混乱、长期以来模糊管理的惯性、农村习俗与法律制度的不相容、政策缺陷引发管理漏洞、权力滥用侵蚀农民利益、基层管理缺失等。农村土地纠纷需要从两个维度加以标本兼治：一是从长远视角来看，在源头上加强制度建设，消除土地纠纷产生的社会基础；二是从短期视角来看，构建和整合纠纷解决机制，使既有的土地纠纷得到及时疏解。⑨

针对价格歧视行为的反垄断法判断，有学者指

①汪青松、赵万一：《股份公司内部权力配置的结构性变革——以股东"同质化"假定到"异质化"现实的演进为视角》，《现代法学》2011 年第 3 期。
②姜哲、徐静：《论商品房虚假销售广告的民事责任承担》，《湖北社会科学》2011 年第 10 期。
③张玲：《论专利侵权诉讼中的停止侵权民事责任及其完善》，《法学家》2011 年第 4 期。
④刘晓纯：《侵权责任法视角下的专利侵权赔偿原则研究》，《知识产权》2011 年第 9 期。
⑤张丽霞：《从身份到契约——劳动关系中商业秘密法律保护方式的发展》，《理论与改革》2011 年第 2 期。
⑥齐恩平：《最高额抵押的法价值分析》，《学习与探索》2011 年第 3 期。
⑦王吉林：《论非物质文化遗产商业性利用的法律规制》，《现代财经——天津财经大学学报》2011 年第 8 期。
⑧王吉林、陈晋璋：《非物质文化遗产开发利用的私法规制》，《河北法学》2011 年第 11 期。
⑨陈丹、陈柳钦：《新时期农村土地纠纷的类型、根源及其治理》，《河北经贸大学学报》2011 年第 6 期。

出，企业从事价格歧视如果产生了排斥竞争的效果，可能会构成反垄断法上所禁止的滥用行为。在进行反垄断审查时，首先须依据价格歧视的构成要件对行为进行定性，然后须进行复杂的经济分析来对该行为的竞争损害与其可能产生的效益进行权衡，从而判明是否应予禁止，并在这一原则指导下，针对各种具体歧视方式形成更具操作性的判断标准。这些研究是有效实施我国《反垄断法》第17条(6)所必需的理论基础。① 而针对行政指导卡特尔的判断与规制，有学者指出，为加强我国对行政指导卡特尔行为的规制，我们需要借鉴日本野田酱油事件的规制经验，要从行政方和经营者两方面入手，采取下列措施予以规范：加紧制定行政程序法、行政指导与反垄断法方面的指南等行政立法工作；明确由行政指导引发的卡特尔行为适用反垄断法中对垄断行为的相关规定；进一步明确反垄断法中对“权力滥用”、“强制企业实行垄断行为”的解释。②

针对保险合同免责条款和保险人明确说明义务，有学者指出，2009年修订后的《中华人民共和国保险法》根据保险市场信息的高度不对称性，即保险人处于相对强势地位的特点，强化了对投保人、被保险人、受益人利益的保护，其中一个重要表现就是规范格式条款。新保险法在免责条款的明确说明义务、无效免责条款的规定上，做出了进一步修改和完善。从免责条款的性质及法律效果等角度理解新保险法相关规则的法理内涵，有助于提出保险公司合规制度完善的建议。③

伴随市场经济的发展，商业贿赂已成为亟待解决的社会难题。有学者对此指出，软法具有多元性、协商性、开放性等特点，可以在联合体内部建立一套统一的价值体系，从而有利于从源头上治理商业贿赂。透过国际、日本、韩国等国际组织和国家用软法治理商业贿赂方面取得的成功经验，可以为我们提供有益的启示。我国也应通过软法在企业、行业和社会范围内建立统一的反商业贿赂的规则体系，抵制商业贿赂的滋生和蔓延。④

三、诉讼法学研究

针对程序外剥夺犯罪分子生命问题，有学者指出，应当对无过当防卫和警察武力使用中致死犯罪分子等程序外剥夺犯罪分子生命的现象给予高度关注，有必要对我国有关法律规定的关于程序外剥夺犯罪分子生命的法定情形进行修改，并对程序外剥夺犯罪分子生命的事后调查程序加以完善。⑤

针对律师参与侦查问题，有学者指出，律师参与侦查“关键阶段”，能保障人权，还能提高侦查程序的正当性与合法性，为审判辩护奠定良好基础，避免冤假错案。因此，值得在我国探索并逐步推行刑事辨认、现场指认、讯问、鉴定等“关键阶段”中的律师参与。⑥ 逮捕及羁押剥夺公民自由是最严重的强制措施，亟需法律控制，也需引入辩护力量防止其滥用。它能显著减少不必要的羁押，并让侦检机关得到更多理解。要提高我国侦查法治化程度，减少刑讯、长期羁押及冤假错案，需要一方面完善与强制措施法定、比例原则的相关保障，另一方面需吸纳律师参与，并在时机成熟时对羁押适用进行中立审查。⑦

针对侦查机关的现场指认行为，有学者指出，现场指认是一种相对独立的侦查行为。我国刑事司法实践中，现场指认存在一定问题：违反无罪推定原则，违反侦查秘密原则，可能侵犯犯罪嫌疑人权利和导致犯罪嫌疑人脱逃。为保障犯罪嫌疑人人权和规范侦查权力，有必要通过立法规制现场指认，具体包括：立法应明确规定现场指认，明确现场指认需遵循的原则，确立现场指认的具体程序。⑧

针对行政诉讼检察监督，有学者指出，行政诉讼法关于行政诉讼检察监督的规定，既宽泛又缺乏操作性。为了解决行政诉讼检察监督实践中的检法冲突问题，必须认清检察监督的宪法属性、法律属性和监督属性，必须立足于行政诉讼的特殊性来处理行政诉讼中检察监督权与法院审判权、诉讼当事人处分权关系，实现从行政诉讼的抗诉监督走向

---

①许光耀：《价格歧视行为的反垄断法分析》，《法学杂志》2011年第11期。
②孙炜：《反垄断法规制的新视点——对行政指导卡特尔的规制》，《南开学报》（哲学社会科学版）2011年第3期。
③龚贻生、朱铭来、吕岩：《论保险合同免责条款和保险人明确说明义务——〈保险法〉第17条和第19条的理解和适用》，《保险研究》2011年第9期。
④沈亚平、宋心然：《论商业贿赂的软法治理》，《河北法学》2011年第5期。
⑤杨文革：《程序外剥夺犯罪分子生命问题研究》，《法学杂志》2011年第6期。
⑥刘涛、朱桐辉：《律师参与侦查“关键阶段”的功能与规则》，《社会科学研究》2011年第12期。
⑦朱桐辉：《制度与试验：羁押决定与变更中的律师参与》，《法学杂志》2011年第12期。
⑧吴常青：《现场指认及其立法规制》，《理论探索》2011年第1期。

行政诉讼的检察监督。①

针对商业秘密侵权案件中侵权行为的证明困难现象，有学者指出，在实行证明责任分配一般原则的前提下，采用程序性技术手段降低证明标准，既有利于实现对商业秘密权利人的保护，又可实现围绕商业秘密而产生的各种利益之间的平衡。而通过在实体法中设立无过错归责原则的方法，无益于减少商业秘密侵权诉讼中的障碍。②

针对调解制度，有学者指出，诉讼当事人合意达成调解协议，意味着利益可以平衡；且调解协议应诚信履行，因为诚信包含了深刻的道义基础。故应建立诉讼调解协议签名或盖章生效制度，取消调解反悔制度，这有益于和谐社会的建设。③ 针对我国人民调解制度的主要组织载体和最重要的实践样式——人民调解委员会，有学者以人民调解委员会发展分期为基本的论述结构，分别阐明各阶段人民调解这一制度在行政场域、社会场域、司法场域、进而在政治场域中的位置及变动；而正是不同场域的话语系统、知识体系以及权威类别，表明了人民调解组织生产及变迁的动力和依据。④

随着经济的发展，一些侵害消费者群体权益的公益违法行为时有发生。有学者指出，通过民事诉讼、行政诉讼、刑事诉讼三大诉讼法提供的权利救济途径，在诉讼效率、诉讼参与方式、诉讼费用的负担等方面，都存在着难以为消费者现实地运用的问题，导致许多涉及侵害消费者公众利益的案件在现实生活中不可诉。追究侵害消费者权利的法律责任在程序法上除适用私益诉讼外，还应将公益诉讼纳入其范畴，以弥补经济违法行为对“社会”所造成的损害，切实维护消费者合法权益。⑤

四、医疗法学研究

针对伦理委员会的法律问题，有学者指出，医学伦理准则的法律化为伦理准则的实现提供国家强制力保障。一般而言，由政府部门或者医学科研和医疗机构所设立的医学伦理委员会，均属于内设机构，不具有独立的行政主体或者民事主体地位。为了充分发挥伦理委员会制度的作用，我国应完善政府医学伦理审查机制，规范机构伦理委员会建设，保障伦理委员会的专业适格性和运作独立性，建立公正、严密的伦理审查程序，并为伦理审查的利害关系人提供适当的救济途径。⑥

有学者指出，预防接种异常反应是指合格疫苗在正常使用的情况下造成受种者严重损害的不良反应。预防接种的利益与风险并存，但利益远远大于风险。受种者遭受的异常反应损害乃是为公共利益所作的特别牺牲，为此法律必须构建起完善的补偿制度。我国现行的异常反应补偿制度设计略显简单，异常反应的认定程序有待完善，补偿标准须更加明确。未来改革应以基金补偿为基本模式，由政府和企业直接负担向社会分散负担转变。⑦

许多国家和地区对公务员提供比较专门的医疗保障待遇，如西班牙、韩国和日本。我国公务员在享受基本医疗保险以外，为了确保公务员医疗保障待遇不降低，我国建立了公务员医疗补助制度。有学者通过对各国公务员医疗保障制度立法、保障经费来源及保障水平的比较，对我国完善公务员医疗保障制度提出了建议。⑧

有学者指出，在生物科技飞速进步的时代，人体组织被广泛应用于科学研究当中，研究成果的开发进而可能带来巨大商业回报。如何组织提供者的利益，适度引入利益分享机制而不堕入人格商品化漩涡，是自美国摩尔案以来引发法律界思考的重大问题。现行的无偿捐赠模式显失公平，亟待改革。人体组织纵然与人体脱离，亦不可与物等同，套用物权规则的市场化改革模式因笼罩着难以消弭的人格商品化阴云而不具可行性，合理补偿模式作为第三条道路是最理想的选择。⑨

（本文作者：傅士成，南开大学法学院教授，法学博士，博士生导师；蒋冰晶，河北工业大学人文与法律学院讲师，法学博士）

①魏建新：《冲突与完善：基于行政诉讼检察监督的属性分析》，《理论月刊》2011 年第 10 期。
②张丽霞：《商业秘密侵权行为证明困难的法律对策》，《河南社会科学》2011 年第 5 期。
③李旭：《法理学视角下诉讼调解生效制度研究》，《天津师范大学学报》（社会科学版）2011 年第 5 期。
④李婷婷：《交互视域：人民调解委员会组织生产与流变的逻辑》，《社会主义研究》2011 年第 3 期。
⑤赵侠：《在我国建立消费者公益诉讼制度的构想——从治理虚假电视购物谈起》，《法学杂志》2011 年第 1 期。
⑥李志强、蔡昱：《医学伦理法律化视角下伦理委员会法律问题探析》，《广西社会科学》2011 年第 10 期。
⑦焦艳玲：《预防接种异常反应补偿制度研究》，《河北法学》2011 年第 5 期。
⑧柏高原、王琳：《中外公务员医疗保障法律制度的比较研究》，《医学与哲学》（人文社会医学版）2011 年第 7 期。
⑨焦艳玲：《生物科技研究中人体组织提供者补偿模式研究》，《法律科学》2011 年第 1 期。

政　治　学

政治学研究综述

佟德志　杨若琳

2011年,天津市政治学理论学科进一步发展,在学科建设、科研成果、学术交流等诸多方面均取得了较大的进步,研究成果日益丰富,研究内容不断深入,研究主题不断扩展。

一、服务型政府理论研究

政府职能的转变一直是政府职能研究的重点。朱光磊认为,要转变中国政府职能,必须要深化对政府职能内在发展逻辑的认识;要细化对政府职能内部结构的认识;对政府纵向间的职责划分要具体落实到五个层级,同时各地政府和政府各部门的政府职能转变工作,要有具体化的操作方案。而且,在加快和切实转变政府职能时,还要深化和细化对"转变"这一概念的认识。① 在金融危机的大背景下,处理政府职能的问题被广泛重视。徐晓日认为,在金融危机背景下如何处理政府干预、市场机制和社会自治的关系,对于中国政府职能的转变和管理模式的创新十分重要。应以金融危机为契机,加快推进中国行政管理体制改革,重新定位政府职能、政府与市场关系、政府与各类社会组织关系、中央与地方政府关系以及政府的适度规模。②

转变政府职能进程中会出现政府公信力问题,朱光磊、周望认为,政府公信力是政府在施政过程中通过合理、有效地履行其功能和职责而取得公众信任的能力,是政府的一种执政能力和执政资源。政府公信力问题涉及的方面很多,其中转变政府职能是提高政府公信力的出发点和着力点。政府公信力的问题发轫于政府职能转变的过程中,而地方政府职能转变不到位是导致政府公信力弱化的主要原因。提高政府公信力,要通过加快转变政府职能来实现。目前有必要通过制度建设、政府建设、政策制定与管理创新、政府过程改善、提高沟通质量等五个层面的改革,来争取切实有效和较为迅速地提高政府特别是地方政府的公信力。③

对政府公共服务体系的建设,有关课题组认为,我国公共服务体系与服务型政府建设取得了一定的发展成就,但同时也出现了一些问题,应借鉴国外经验以加快我国服务型政府的建设:(1)把建立适合我国国情的公共服务体系,作为建设服务型政府的基本任务。(2)进一步明确中央和地方各级政府的公共服务职责,完善适应服务型政府建设要求的行政管理体制。(3)加大对公共服务的投入,建立适应服务型政府建设要求的公共财政体制。(4)创新公共服务方式,形成适应服务型政府建设要求的公共服务多元供给主体。(5)加强和改进社会管理,健全适应服务型政府建设要求的社会管理体系。(6)加强公务员教育培训和公共服务理论研究,为建设服务型政府培养高素质队伍和提供理论支持。④

对于服务型政府的建设,不同的学者从不同的角度做了不同的研究。沈亚平、李娜对当前我国政府政务外包的发展状况和动因进行了分析,进而探讨了政府政务外包的公共性、效率和合法性三个限度,并提出了明确政务外包中的政府职责、提高政府政务外包管理能力、坚持依法推行政务外包等三条外包实现路径。⑤ 朱旭峰以天津市和平区的公共服务改革经验为案例,考察了地方政府间竞争引发的新公共管理改革。作者认为,在中国,引入新公

①朱光磊:《关于对加快和切实转变政府职能问题的几点认识》,《中国机构改革与管理》2011年第3期。
②徐晓日:《金融危机背景下的政府职能问题研究》,《福州党校学报》2011年第1期。
③朱光磊、周望:《在转变政府职能的过程中提高政府公信力》,《中国人民大学学报》2011年第3期。
④姜异康、袁曙宏、韩康、薄贵利、高小平、范文、朱光磊、李军鹏、孙晓莉:《国外公共服务体系建设与我国建设服务型政府》,《中国行政管理》2011年第2期。
⑤沈亚平、李娜:《政府政务外包及其实现路径研究》,《中国行政管理》2011年第1期。

共管理可以提高地方政府的公共服务的供给效率,打造更有吸引力和竞争力的地方政府。①

在对美国、阿根廷政府建设经验的借鉴方面,谭融、杨淳指出,美国政府形成了较为完整的政府绩效评估体系,内容包括强调绩效评估标准的多元化、采用综合性标杆管理、关注政府间合作以及将公众评价纳入政府绩效评估过程等。在价值体系方面,更加注重结果和责任、追求发展战略目标的实现、强调绩效评估中的灵活性和弹性。尽管美国的政府绩效评估体系在实际运作中尚存在一些问题,但它已取得的成果,值得他国在建构本国政府绩效评估体系的过程中予以借鉴和参考。② 谭融、张宏杰认为,阿根廷发展的经验表明,经济改革的同时要促进社会发展,当经济发展带来负面效应时,政府须承担起责任。政府作用的缺失将导致社会失衡,进而引发社会动荡和政治危机。③

在政府理论研究的其他领域,董向芸、沈亚平在对行政问责制的内涵和理论基础进行梳理的基础上从推进宪政体制的完善,规范政府制度安排,构筑社会问责文化等方面,分析问责制政治实践的显性和隐形功能,提出问责制的根本意义在于通过加强对权力的制约和监督,深入推进我国的政治体制改革,塑造社会责任文化,从而更有效地保障公民基本权利。④

二、地方政府研究

地方政府的政治经济关系成为地方政府研究的一个重要内容。杨龙、张振华认为,改革过程中,在中央与地方政府的制度安排上形成了政治集权与经济分权的搭配,取得了比纯粹的集权制或纯粹的分权制更高的制度绩效,使得地方政府受到很强的增长激励,为地方政府创新和竞争提供了广阔空间。⑤ 当然,在政治集权与经济分权的搭配给地方政府带来增长激励的同时也会出现一些问题。杨龙、张振华认为,授权是调整政府间权力配置的一种手段。改革开放以来,授权体制在政府间纵向关系上逐渐形成了较为稳定的政治集权和经济分权这样一种制度配置。这种配置使得地方政府受到很强的增长激励,为地方政府创新和竞争提供了广阔空间,同时也使得政府间纵向关系保持着足够的弹性,能够根据形势需要做出适应性调整。但它也造成了显著的负面后果:地方政府的预算难以硬化;政策过程中地方政府对中央政策目标的选择性执行以及官员的纵向共谋。⑥

地方政府的合作问题成为地方政府研究的一个重点。朱光磊、张传彬认为,“对口支援”是一个具有明显中国特点的府际关系现象。在三峡移民、重大灾害重建、西部地区开发等一系列工作中,这一制度安排发挥了重要作用,在一定程度上弥补了财政收支的空间分布不均,平衡了区域间的基本公共服务供给,并在调整区域关系和促进民族团结方面发挥了特定作用。这一制度目前面临的主要课题有:如何兼顾完成政治任务和履行法律义务的关系;如何实现与受援地公共服务体系建设更好地衔接;如何定位该制度下的地方政府间关系等。要总结这一制度的特点,提炼完善该制度的思路,从更深层次来研究中国府际关系问题,以提高这一工作的系统性,更好地服务于国家的整体发展和区域发展。⑦

杨龙、郑春勇指出,地方政府间合作组织往往是在合作各方都具有明确的合作需要、清楚的合作意愿并且能够获得明显的合作收益条件下出现的,其问题在于管辖权力不明确、组织成员缺乏稳定性、合作活动缺乏连续性、领导关系模糊以及成本分摊、利益分成机制不完善等问题,需要重新定位。他们认为,今后的地方政府间合作组织,应该是具有有限行政管理权限、多重领导关系和明确利益分配方式的准行政机构。⑧

杨龙、郑春勇认为,我国的地方合作取得了较大成效,丰富了地方政府的权力来源,强化了省级政府的协调权力,改变了地方政府谋求利益的方式,有利于地方政府间的共赢。同时,地方合作的深化使得政府间关系呈现网络状的发展态势,导致了区域的重新整合,也使得城市群(圈)的地位更加

①朱旭峰:《中国地方政府的“新公共管理”实践——政府间竞争驱动的公共服务改革》,第六届(2011)中国管理学年会。
②谭融、杨淳:《论美国政府绩效评估体系的建构》,《中共天津市委党校学报》2011年第4期。
③谭融、张宏杰:《论阿根廷现代化进程中的政府角色》,《山西大学学报》(哲学社会科学版)2011年第2期。
④董向芸、沈亚平:《问责制的理论基础和现实功能》,《河北大学学报》(哲学社会科学版)2011年第4期。
⑤杨龙、张振华:《政治集权与经济分权的搭配:中国经济增长的制度主义解释》,天津人民出版社2011年版。
⑥杨龙、张振华:《政治集权与经济分权配置制度的绩效与问题》,《江苏行政学院学报》2011年第5期。
⑦朱光磊、张传彬:《系统性完善与培育府际伙伴关系——关于“对口支援”制度的初步研究》,《江苏行政学院学报》2011年第2期。
⑧杨龙、郑春勇:《地方政府间合作组织的权能定位》,《学术界》2011年第10期。

突出。地方合作对政府间关系的这种拓展，应该给予积极的评价。①

加强城市圈在地方政府合作中的作用。杨龙、郑春勇指出，城市圈具有特殊的经济社会特点，可以作为一种解决区域公共问题、实现区域治理的方式。城市圈边界灵活开放，同时又具有强大的凝聚力，是区域一体化的前奏。城市圈内的地方政府合作阻力小、合作积极性高，城市圈认同感较强，这有利于区域治理中的政策协调，有利于改善地方府际关系。但是，城市圈的整体发育水平还不够高，必须进一步积极实施城市圈战略，提高区域治理水平。②

此外，本市学者研究了地方政府创新的内容。杨龙、郑春勇认为，地方政府合作是政府创新的一个重要领域。制度供给不足和分权化改革为政府创新留下了较大空间。在经济区域化、区域一体化的趋势下，通过合作解决跨界公共物品和公共服务的供给问题，提高民众对地方政府的认同，是地方政府在合作中进行政府创新的重要动力。当前，我国地方政府合作中的政府创新主要体现在地方政府自身的创新和公共服务供给方式的创新。促进地方政府合作中政府创新的扩散，应加强地方政府间的学习考察，加强区域合作组织间的交流互访，完善干部交流任职制度，建立地方政府信息共享平台。③

三、民主政治研究

对中国民主政治的研究首先体现为对中国模式的研究。高建指出，对"中国模式"的争论应该引发我们的思考，重要的是应深入总结和探究"中国模式"的本质特征和面临的问题，以进一步推进中国特色的社会主义建设。他认为，"中国模式"就是中国特色的社会主义道路。中国共产党的领导、社会主义制度和市场经济的有机结合是其本质特点。同时，"中国模式"还不是一条成熟的现代化道路，面临着来自政治、经济、社会、文化和环境等各领域的挑战。④ 马德普、陈华森认为，以模式为导向还是以问题为导向进行改革，这是我国改革开放过程中一直存在争论的两种思路。以问题为导向的改革思路的通俗表达就是"摸着石头过河"和"白猫黑猫论"，其理论表达主要是实践是检验真理标准的理论和邓小平的社会主义本质论。以模式为导向的改革思路有"左"、右两种，"左"的思路的理论表现是社会主义制度本质论，右的思路的理论表现则主要是全盘西化论、宪政论和普世价值论。正确认识这两种思路对于改革能否健康发展具有重要意义。⑤

对中国民主政治的研究是我国民主政治研究当中最具价值的部分。2011 年本市学者对中国民主政治的研究主要集中在民主政治的结构与战略上面。佟德志认为，随着改革开放的不断深入，中国式民主形成了主体复合结构，这种复合结构表现为党内民主与人民民主结合、国家权力与公民社会结合等多种形式。这种复合结构决定了中国式民主政治建设应该采用综合推进的战略。进一步培养民主政治的主体、综合推进中国式民主的主体建设将是中国民主政治的最基本战略。⑥ 佟德志对中国民主政治的客体复合结构进行了深入研究，认为这种复合结构有民主与法治复合、民主与经济复合、民主与文化复合等多种表现形式。这种复合结构决定了中国式民主政治客体结构建设应该采用综合推进的战略。综合协调民主政治的客体、综合推进中国式民主的主体建设将是中国民主政治的最基本战略。⑦

佟德志还分析了村民自治和党内民主的复合结构与战略选择，认为村民自治在发展过程中，存在着村级治理的内在复合结构，同时还存在着与乡镇政权等外部力量形成的外在复合结构。这直接影响了村民自治的价值定位。因此，在村民自治的建设过程中，应该注意到村民自治这种复合结构的存在，正确处理好自治组织与党组织、乡镇政权之间的关系，更好地发挥其合力效应，这应该成为村民自治进一步发展的战略选择。⑧ 就党内民主而言，佟德志亦认为，党内民主不仅在党内存在着党

①杨龙、郑春勇：《地方合作对政府间关系的拓展》，《探索与争鸣》2011 年第 1 期。
②杨龙、郑春勇：《城市圈在国内区域治理中的作用》，《理论探讨》2011 年第 1 期。
③杨龙、郑春勇：《地方政府合作中的政府创新初探》，《天津社会科学》2011 年第 3 期。
④高建：《"中国模式"的争论与思考》，《政治学研究》2011 年第 3 期。
⑤马德普、陈华森：《以模式为导向，还是以问题为导向——两种改革思路之争评析》，《当代世界社会主义问题》2011 年第 2 期。
⑥佟德志：《中国式民主的主体复合结构与综合推进战略》，《学习与探索》，2011 年第 2 期。
⑦佟德志：《中国式民主的客体复合结构与综合推进战略》，《天津社会科学》2011 年第 2 期。
⑧佟德志：《村民自治的复合结构及其战略选择》，《探索与争鸣》2011 年第 8 期。

员、党组织构成的复合结构，而且，由于执政党地位，党内民主还存在着一个外部的复合结构。党内民主的价值定位不仅在于党的建设，同时还应该以党内民主带动人民民主。在建设党内民主的过程中，既要注意到党内复合关系的发展，同时还要注意到党内民主与人民民主之间的互动关系，从而形成党内民主的合力效应。①

季乃礼、宋鹿豫从民主的复合角度论证了民主政治的发展，并从中国角度进行了相关的论证。认为，所谓民主的困境大都发生在政治领域，将民主局限在政治领域是片面的，民主应该是一个体系，包含政治、经济、社会、文化和生活五个层面。中国的民主不应局限于政治领域，在民主政治制度建设的同时还应该把民主的改革扩大到社会层面，并在这一过程中逐渐塑造公民的民主人格，进行政治文化的民主建设。② 程同顺、高飞认为，学术界对印度民主的认识仅仅局限于表面，并未深入探究印度民主的本质特征。印度在联邦层面实行的是多数民主制度，而在邦以及邦以下层面实行的是协合民主制度，因此，印度民主是一种混合式民主。这种独特的民主最大限度地满足了社会各集团的利益，也有效地实现了国家的稳定和统一。③

宪政民主理论的研究得到进一步发展。佟德志认为，在主权的归属与实现、主权的边界及其限制等方面，法国与美国的人民主权观念存在着诸多差别，构成了两种现代化的路径。由于更多地接受了代议制、法治等要素，美国式的人民主权观念成功地实现了现代化，成为西方宪政民主制度的基本原则。④ 佟德志认为，2000 年美国总统大选再一次暴露了美国宪法的民主缺憾，提醒人们重新思考美国宪法民主性的问题。从历史上看，制宪者的基本立场和知识水平造成了宪法非民主的一面，美国宪法远不是民主的产物。从现实来看，美国宪法的民主性亦存在着诸多缺陷。在维护民主制度的运作、保障基本的民主权利、确保民主对每个公民的公正性、鼓励民主合意的形成、高效率的民主政府等多个方面，美国宪法均存在着诸多问题。对美国宪法的研究应该充分认识其本质，准确地认识其民主性。⑤

四、民族政治研究

从宏观角度把握中国的民族政治认同与民族政治是民族研究的一个重要内容。常士訚认为，贵和精神是中国传统政治哲学与当代中国政治文化的重要观念。这种精神注重不同事物之间的和合关系。中国是多民族国家，不同民族之间正是在这种融合的氛围中形成了多元一体格局。中国政治认同的构成具有复杂性，其基础是关系认同。在这种认同中，既保证了权威的存在，也保证了不同族群之间的整合。中国的贵和精神奠定了人际关系的网络基础和认同基础，但在现代化的条件下却面临着功能论和现代法治的挑战。⑥

在城市化加速发展的进程中，民族问题凸显并受到学术界的重视。高永久、左宏愿认为，民族利益是多民族国家政治生活中不可忽视的利益关系之一。随着城市化进程的加快，不仅不同民族成员的居住场域发生了变化，而且其生活方式和族际互动方式也在发生变化。城市化进程中城市民族关系的和谐发展，必然涉及民族利益关系的有效协调，而要有效协调城市民族利益关系，就必须构建长效的民族利益关系协调机制。⑦ 高永久、高响鸣认为，和谐发展的目的在于实现各民族“共同团结奋斗、共同繁荣发展”的目标、构建统一的国家认同和培育中华民族共有的精神家园，而为了实现这一目标，我国城市民族关系发展需要坚持马克思主义民族观，坚持相互认同、相互包容和相互依存的和谐发展模式，重视城市民族关系和谐发展的政治基础、经济基础、文化基础建设工作。⑧ 对于城市化进程中边疆地区民族问题治理，高永久、秦伟江认为，城市化进程中边疆地区民族问题治理是中国共产党和政府运用公共权力，调动全社会资源来处理边疆地区民族问题的过程。其基本内容包括：治理的目标、治理的制度安排、治理的结构、治理的模式以

①佟德志：《论党内民主的复合结构与战略选择》，《湖北行政学院学报》2011 年第 5 期。
②季乃礼、宋鹿豫：《民主五个层次》，《宜宾学院学报》2011 年第 5 期。
③程同顺、高飞：《印度的混合式民主》，《学习论坛》2011 年第 10 期。
④佟德志：《西方人民主权观念现代化路径的比较分析》，《思想战线》2011 年第 1 期。
⑤佟德志：《美国宪法的民主批判》，《政治学研究》2011 年第 3 期。
⑥常士訚：《贵和精神与当代中国政治认同建构》，《晋阳学刊》2011 年第 6 期。
⑦高永久、秦伟江：《适应我国城市民族关系和谐发展态势的利益协调机制研究》，《西北民族大学学报》(哲学社会科学版)2011 年第 6 期。
⑧高永久、高响鸣：《中国城市民族关系和谐发展的思路》，《云南民族大学学报》(哲学社会科学版)2011 年第 5 期。

及边疆多民族地区社会预警社会指标体系建设等。①

在民族政治学的问题上，高永久、左宏愿将群体性事件置于民族问题的背景当中，认为，少数民族群体性事件与中国其他群体性事件都发生在社会转型的场景之下，却又往往有其自身的特征和因果机制。因此，有必要对社会转型期民族群体性事件提出一个初步的理论分析框架，探讨民族群体性事件的界定、特征、发生机制和治理对策。②

（本文作者：佟德志，天津师范大学政治与行政学院教授；杨若琳，天津师范大学政治与行政学院硕士研究生）

中国政府与政治研究综述

盛　林

2011年天津学者的中国政府与政治研究，取得了较大进展。除了在原有研究课题的研究上取得进展、保持了本地研究特色和研究优势外，还不断拓展了新的研究领域，呈现出了新的发展潜力。

一、科研成果与交流

1. 科研成果

杨龙《新型工业化背景下的政府职能研究》一书在深入分析新型工业化的具体要求的基础上，分析了政府职能的新变化和发展趋势，阐述了国有资产管理和垄断行业的规制等中国转型期较为突出的政府规制问题，尤其是对在国内研究中刚刚起步的“公共安全”和“环境保护”进行了深入探讨。③柏桦《中国政治制度史》（第3版）系21世纪政治学系列教材，该书依据政治制度的基本原理和内涵，梳理和总结了中国政治制度形成与发展的过程，全书以中央政务体制及其运行机制、地方行政体制及其运行机制、法律制度、监察制度等为题，系统论述了中国历史上各种政治制度的发展变化。④沈亚平《公共行政学》（第2版）系21世纪政治学系列教材，该书系统阐述了公共行政学的历史发展、行政职能、行政组织、行政领导、行政决策、人事行政、财务行政、行政方法、行政效率、行政法制与伦理、行政发展等内容，立足我国公共行政实践的经验以及公共行政理论研究的最新成果，着眼于从我国社会环境变迁和政府职能转变来探讨公共行政的一系列问题。⑤

佟德志《比较政治文化导论——民主多样性的理论思考》一书，从主体认知、思维方式、政治价值和意识形态四个方面入手，对政治文化进行了比较研究，在借鉴西方学术界政治文化概念的同时，还对这一概念做了全面的补充，提出更本土化的政治文化概念。这一概念从与政治制度比照的角度出发，把政治文化视为政治系统的主观方面，将意识形态纳入了政治文化的范围。⑥温志强《居安思危：社会转型期中国公共危机管理预防准备机制研究》一书，运用实证分析和文献分析的方法，全面考察了我国公共危机管理实践的成败，并运用对比分析的方法，研究了以处置为主的应急型公共危机管理与以准备为主的预防型危机管理的优劣。⑦

南开大学和天津师范大学的几位学者还共同参与了吉林人民出版社《人文译丛》系列著作的翻译工作，这辑丛书已于2011年1月出版。孙晓春与曹海军合作翻译了英国学者拉兹所著《自由的道德》和巴里所著的《正义诸理论》（上下）。佟德志与曹海军合作翻译了美国著名政治学家罗伯特·A.达尔的代表作《民主及其批评者》（上下）。刘训练与佟德志合作翻译了西班牙哲学家加塞特所著的《大众的反叛》一书。曹海军翻译了法国学者皮

①高永久、左宏愿：《城市化进程中边疆地区民族问题治理》，《中南民族大学学报》（人文社会科学版）2011年第2期。
②高永久、左宏愿：《论社会转型期民族群体性事件的成因及其治理》，《中央民族大学学报》（哲学社会科学版）2011年第6期。
③杨龙：《新型工业化背景下的政府职能研究》，天津人民出版社2011年版。
④柏桦：《中国政治制度史》（第3版），中国人民大学出版社2011年版。
⑤沈亚平：《公共行政学》（第2版），天津大学出版社2011年版。
⑥佟德志：《比较政治文化导论——民主多样性的理论思考》，高等教育出版社2011年版。
⑦温志强：《居安思危：社会转型期中国公共危机管理预防准备机制研究》，中国社会科学出版社2011年版。

埃尔所著的《自由主义思想文化史》一书。曹海军等翻译了英国著名学者阿巴拉斯特所著的《西方自由主义的兴衰》(上下)一书。

在学术论文发表方面,朱光磊撰文指出,"转变政府职能,是中国行政管理体制改革的核心内容之一,是经济体制改革和政治体制改革的'结合部',是建设服务型政府、实现政企分开、建立现代企业制度、改革行政体制和政府机构等多项改革的重要内容或基础","在论及转变政府职能方面问题的时候,要区分不同的政府层次,至少区分中央政府、省政府、市政府和县乡政府几种情况,分别提出要求"。① 朱光磊、周望撰文提出,"政府公信力是指政府在施政过程中通过合理、有效地履行其功能和职责而取得公众信任的能力,是政府的一种执政能力和执政资源"。"政府公信力问题涉及的方面很多,其中转变政府职能是提高政府公信力的出发点和着力点"。文章指出,地方政府职能转变不到位是导致政府公信力弱化的主要原因。当前提高政府公信力,要通过加快转变政府职能来实现。目前有必要通过制度建设、政府建设、政策制定与管理创新、政府过程改善、提高沟通质量等五个层面的改革,来争取切实有效和较为迅速地提高政府特别是地方政府的公信力。② 常健、许尧撰文提出,公共冲突治理包括三个不同层次,即冲突处置、冲突化解和冲突转化。这三个层次相互区别,具有不同的目标定位、价值理念、实施主体、路径和手段,并具有不同的功能;同时,它们又相互依赖、互为条件、缺一不可。当代中国的公共冲突治理体系在层次上存在着两个主要的问题,其一是冲突化解环节相对薄弱;其二是不同的冲突治理层次间存在着一定程度的混淆。解决当代中国公共冲突治理困境需要在两个方面做出努力,即加强社会性冲突化解环节的建设,分清冲突治理的三个不同层次。③ 王骚撰文指出,虽然我国公务员绩效考核制度已初步建立并在实践中不断完善,但"由于思想观念上和管理体制上的原因,我国的公务员绩效考核工作仍然存在着一系列问题。其中最为突出的问题是各级公务员管理部门中缺乏专门的绩效考核机构、考核指标体系设计不合理以及考核方式不合理",而"解决这三个问题的措施分别是:设立专门公务员绩效考核机构;完善绩效考核指标体系;淡化年终考核,重视平时考核"。④

天津师范大学佟德志撰文提出,随着改革开放的不断深入,中国式民主形成了客体复合结构,这种复合结构有民主与法治复合、民主与经济复合、民主与文化复合等多种表现形式。这种复合结构决定了中国式民主政治客体结构建设应该采用综合推进的战略。⑤ 佟德志又撰文提出,"村民自治在发展过程中,存在着村级治理的内在复合结构,同时还存在着与乡镇政权等外部力量形成的外在复合结构",因此,"在村民自治的建设过程中,应该注意到村民自治这种复合结构的存在,正确处理好自治组织与党组织、乡镇政权之间的关系"。⑥ 温志强撰文从资金投入不足和物资储备不足两个方面,分析了公共危机管理中资源配置绩效低的根本原因,试图构建能够有效储备和配置应急资金的"社会发展风险基金"储备金制度和基于应急物资物流平台的"应急实物准备库"制度,以弥补资源不足和配置失效的缺憾。⑦ 常士訚撰文侧重于从历史文化环境和内在结构关系上对中国和加拿大的民族政治观的不同进行了分析,指出两国民族政治观各代表了自己的民族或国家文化特点,各对自己国家的发展具有重要价值和意义。⑧

2. 学术交流

2011 年 5 月 30 日,美国罗格斯大学副校长、社会工作学院院长 RichardL. Edwards 携师生访问了南开大学周恩来政府管理学院社会工作与社会政策系。学院副院长汪新建教授、社会工作与社会政策系系主任关信平教授以及社会工作系的全体师生与来访师生进行了会谈,并举行了隆重的合作启动仪式。双方就互派交流学生、开展学术交流进行了详细探讨,并正式签署了合作备忘录。

2011 年 7 月 27—28 日,中国台湾政治大学社

①朱光磊:《关于对加快和切实转变政府职能问题的几点认识》,《中国机构改革与管理》2011 年第 3 期。
②朱光磊、周望:《在转变政府职能的过程中提高政府公信力》,《中国人民大学学报》2011 年第 3 期。
③常健、许尧:《论公共冲突治理的三个层次及其相互关系》,《学习与探索》2011 年第 2 期。
④王骚:《公务员绩效考核中的问题及对策分析》,《山东大学学报》(哲学社会科学版)2011 年第 1 期。
⑤佟德志:《中国式民主的客体复合结构与综合推进战略》,《天津社会科学》2011 年第 2 期。
⑥佟德志:《村民自治的复合结构及其战略选择》,《探索与争鸣》2011 年第 8 期。
⑦温志强:《公共危机管理资源配置机制的构建》,《经济管理》2011 年第 7 期。
⑧常士訚:《异中求合与和而不同:当代中国与加拿大民族政治观比较》,《云南行政学院学报》2011 年第 6 期。

科院院长庄奕琦教授师生一行17人来到周恩来政府管理学院进行访问。

2011年11月26日，由南开大学周恩来政府管理学院和南开大学中国政府与政策联合研究中心主办的“城市化与公共管理”高端学术论坛在南开大学举行。

2011年3月18日，国家人力资源和社会保障部养老保险司副司长张建明做客南开大学，为周恩来政府管理学院师生做了题为“《社会保险法》及我国养老保险的最新发展”的学术讲座；2011年6月8日，土耳其驻中国大使Esenli先生受聘成为南开大学周恩来政府管理学院特邀教授，并且在省身楼一楼报告厅为南开大学周恩来政府管理学院的师生们作了题为“中土关系四十年”的精彩演讲。

二、学术研究

1. 公共服务型政府研究

以朱光磊教授领衔的南开大学“中国政府与政策”教学团队，承担着教育部哲学社会科学研究重大课题攻关项目“公共服务型政府构建研究”的研究任务。长期以来，该团队为了提高研究的科学性、适用性，组织开展了系列实地调研、学术研讨等活动，不断完成和推出了一系列学术成果。2011年，朱光磊等对公共服务体系和服务型政府建设的有关理论和实践问题进行深入、系统地探讨与研究。① 朱光磊和张传彬研究了“对口支援”这一具有明显中国特点的府际关系现象，指出该制度在一定程度上弥补了财政收支的空间分布不均，平衡了区域间的基本公共服务供给，并在调整区域关系和促进民族团结方面发挥了特定作用。② 孙涛选取了2006—2009年发表的近70篇论文，尝试梳理了服务型政府建设的热点和特点，从研究内容、研究视角、研究领域和研究方法予以评述，并籍此扩大、巩固研究共识，明晰了公共服务体系建设的方向和任务。③

2. 政府官员规模问题研究

从2002年开始，南开大学周恩来政府管理学院课题组比较系统地研究了中国政府官员的规模问题。2004年，课题组受中央编制办的委托，形成和发表了《关于中国政府官员规模若干问题的研究报告》等系列研究成果。2011年，课题组在研究上进一步取得了若干研究成果。团队成员孙涛与李瑛发表论文基于2001—2008年的面板数据，分析了2000—2007年进行的地方政府精简机构的改革，通过对省级公务员规模影响因素的定量分析，发现人口规模、转移支付比以及就业结构三个指标构成了公务员规模省际差异的基本解释变量。这一研究将有助于科学认识和把握中国政府规模尤其是公务员规模问题，推动机构编制管理研究的深入。④

3. 民族政治学研究

民族政治学是近几年天津学者地区中国政府与政治研究新拓展的领域之一。2004年，南开大学周恩来政府管理学院政治学理论专业开始增添了民族政治学的教学与研究工作。目前，高永久教授领衔的民族政治学研究团队已发展壮大为20余人规模，该团队承担了教育部哲学社会科学研究重大课题攻关项目“城市化进程中的民族问题及其对策研究”。2011年，该团队在民族政治学研究领域又取得了多项重要成果。高永久等编著的《世界民族综论》于2011年12月由南开大学出版社出版。该书从世界民族文化、世界民族经济、世界民族政治、世界民族关系四大方面，阐述了世界主要国家的民族发展现状以及民族发展过程中存在的现实问题。

4. 滨海新区行政管理体制改革研究

2010年1月，天津市十五届人民代表大会三次会议审议、通过的《政府工作报告》，将“进一步加快滨海新区的开发开放”列为2010年天津市“重点抓好的十个方面工作”之首，要求全市要“着力推进（滨海新区）管理体制创新，着力推进（滨海新区）功能区开发建设，着力推进（滨海新区）重大项目建设”。在滨海新区行政管理体制改革的进程中，天津学界积极响应，为政府决策提供了重要的智力支持。2011年南开大学孙涛承担了滨海新区经济与信息化委员会的委托研究课题“滨海新区新型工业化发展愿景、模式与路径研究”，王星承担了天津市政府决策咨询重点课题“天津市滨海新区社会管理体制创新及运行机制研究”。

（本文作者：盛林，南开大学马克思主义教育学院副教授）

①朱光磊、姜异康：“国外公共服务体系建设与我国建设服务型政府”，《中国行政管理》2011年第2期。
②朱光磊、张传彬：《系统性完善与培育府际伙伴关系——关于‘对口支援’制度的初步研究》，《江苏行政学院学报》2011年第2期。
③孙涛：《近年来服务型政府建设研究述评》，《中国行政管理》2011年第1期。
④孙涛、李瑛：《基于公共服务的地方政府规模和结构研究》，《中国人民大学学报》2011年第1期。

社 会 学

社会学研究综述

潘允康

2011年天津的社会学研究和教学继续围绕城市社会学、社会工作和社会政策、社会思想史、社会学基本理论和方法研究、社会网络研究等几个优长领域展开,同时还向新方向拓展。

一、城市社会学研究

民生问题是城市社会学研究面临的突出问题,2011年天津的城市社会学研究围绕这个问题展开。2011年7月23—25日由中国社会学会城市社会学专业委员会、天津社会科学院社会学研究所主办,城市社区参与治理资源平台协办的"城市社区建设和城市化进程中的民生问题研究"分论坛在中国社会学学会举办的江西南昌年会上举行。本届论坛共收到论文60余篇,参会人员来自天津、香港、厦门、南京、贵州、上海、大连、珠海、山东、成都、重庆等地。论坛研讨围绕城市民生问题展开,从理论层面上涉及城市化理论、城市社区建设理论。中国社会学会城市社会学专业委员会主任、天津社会科学院城市社会学首席专家潘允康主持会议。

2011年围绕城市民生问题有多项研究成果问世。潘允康撰文就民生问题的理论研究发表了看法,包括"中国民生问题的复合性"、"中国民生问题的结构性矛盾"、"中国民生问题发生的特殊的国情和社会变迁背景"以及"用统筹的方法解决中国的民生问题"是科学发展的门径等内容。① 关颖撰文运用社会调查资料,对"70后"、"80后"、"90后"新生代农民工的生存心态主要特征作了基本分析:(1)进城动机:憧憬美好生活,谋求更大发展;(2)就业观念:谋生中增长知识技能;(3)主观评价:最大收获是开阔了眼界,最欠缺知识技能,最大困难是支出过大;(4)心理状态:积极心态与消极感受并存,心理压力大;(5)人生价值观:最看重要好朋友、生活美满幸福、有高尚人格,不看重职位或地位等等。② 李宝芳撰文指出,在城市化的快速推进中,青年农民工经济适应方面、社会适应方面和心理适应方面,存在不同程度的问题。③ 徐丽敏撰文认为,当前农民工随迁子女教育中最突出的问题就是进入学校之后的融入问题。在影响其教育融入的众多因素中,农村劳动力转移是一个不可忽略的因素。从我国农村劳动力转移的特点来看,存在着不彻底和不充分性,这导致了农民工在城市的整体弱势化状态及较低的社会经济地位,从而对农民工子女在城市的教育起点、教育过程、教育结果等阶段以及文化层面的融入都造成了不良的影响,阻碍了农民工子女对城市的整体教育融入。促进我国农村劳动力的彻底和充分转移,可以有效解决农民工子女对城市的教育融入问题。④

2011年围绕城市社会学理论和城市发展模式研究还有许多新成果问世,张品撰文指出,城市社会学研究的空间是物质性、社会性和时间性的统一。生产方式、社会关系和政治力量使道路、建筑、政治组织、社会群体和实践活动等在城市地域上按照一定的规定分布、组合,形成了城市空间。因此,城市空间形态和安排本质上反映了一定时期的生产关系和社会关系,空间实践在依据这个预先假定进行活动时,由于受到约束,会产生矛盾,促使空间发生变化。空间的发展正是来自于"空间的两重性",即空间既是实践活动生产出的结果,又是实践

①潘允康:《"统筹"——科学解决民生问题的门径》,《福建论坛》2011年第7期。
②关颖:《憧憬、追求中的压力与困惑——新生代农民工生存心态调查分析》,《理论与现代化》2011年第2期。
③李宝芳:《青年移民城市适应的比较分析》,《湖北社会科学》2011年第8期。
④徐丽敏:《农民工随迁子女教育融入问题的原因与对策——基于从农村劳动力转移的视角》,《生产力研究》2011年第12期。

开始的依据。① 段学芬通过分析创意城市的特征及借鉴相关评价模型,初步建立了创意城市评价模型。通过层次分析法,对指标体系进行了完善。并应用评价模型对北京、上海、天津、重庆、广州五个城市进行了评价。针对评价结果对创意城市的建设提出了三条政策建议:积极推进创意产业的发展;加强城市文化环境、城市便利性、城市开放性等方面的创意环境建设;转变传统城市管理模式,发挥城市治理的作用,使广大市民的创意得到充分的发挥。②

二、社会工作和社会政策研究

2011 年 7 月 24 日,由南开大学—香港中文大学社会政策联合研究中心主办,南开大学社会工作与社会政策系承办的"社会发展与社会政策:国际经验和中国的挑战"学术研讨会在江西南昌举行。研讨会作为中国社会学 2011 年学术年会一个分论坛共分为四个单元,主题分别是社会政策与社会管理、公共服务与社会政策、社会政策理论与福利供给、青少年及老年社会政策。本次研讨会共收到论文投稿五十余篇,作者分别来自中国内地、香港等知名高校和科研单位。南开大学社会工作与社会政策系关信平教授、吴帆副教授以及王星讲师分别作了题为《论转变社会发展方式及相关社会政策》、《从个人福利到家庭福利:中国家庭政策价值基础的重构》,以及《市场与政府的双重失灵——新生代农民工城市住房问题的政策分析》的发言。为进一步推动社会工作和社会政策的教学与科研,2011 年南开大学社会工作与社会政策系还和美国罗格斯大学就互派交流学生、开展学术交流进行了详细探讨,并正式签署了合作备忘录,举行了合作启动仪式。

关信平撰文结合我国实际,对社会保障制度一体化的含义、表现和意义进行理论探讨,对社会保障制度一体化的现状及问题进行分析,并在此基础上提出促进我国社会保障一体化建设的政策建议。认为社会保障制度一体化问题是当代各国社会保障制度建设和发展遇到的一个带有普遍性的问题。当前我国的社会保障制度在一定程度上出现了碎片化的倾向,这些对我国未来社会保障的体系建构和发展都是不利的。因此,加强社会保障制度一体化建设的问题应该提到重要议事日程。为此,作者提出了加强我国社会保障制度一体化建设的政策建议,包括明确一体化的基本方向、原则和步骤;加强社会保障制度发展的总体设计,避免渐进式改革的弱点;建立一体化框架下的多元化体系;加强中央政府对全国社会保障制度建设的统筹管理;并提出了近期社会保障一体化建设的重点领域,以及社会保障一体化体系下的相关政策。③

吴帆撰文阐释了老年歧视的产生原因包括个体、社会、制度、文化、历史传承等不同层面,在分析老年歧视制度性根源和制度性老年歧视结构特征的基础上,运用内容分析方法对我国老年人公共政策体系进行评估。研究认为,老年歧视的制度性根源将社会对老年人群体的偏见和歧视以制度的形式固化和合理化,直接制约了老年人平等获得资源和机会的途径。因此,应以公平、平等的价值理念重建老年人公共政策,为积极老龄化提供制度保障。④ 王星撰文认为,"作为规则"与"作为信念"是制度结构的不同面向,制度只有在内化为一种信念后,制度的工具性功能方能得到实现。制度起源与制度演化构成了制度完整的变迁链条,历史将行动者利益需求浓缩于具体的制度设计之中。围绕制度匹配而形成的利益政治行为塑造了制度的演化轨迹。较之于路径依赖,制度匹配为我们理解制度如何变迁演化提供了新的视角。⑤ 该文所建构的理论框架对于研究中国制度变迁过程(如医疗体制改革)具有重要理论意义。

三、社会思想史研究

以南开大学王处辉教授为首席专家申报的教育部第二批"马克思主义理论研究和建设工程"项目《中国社会思想史》教材建设项目获得批准立项。目前教材大纲已经通过教育部专家组审核,编写组的各位学者正在研究教材的写法和基本编写内容。

2011 年 11 月在南宁召开了中国社会思想史第九届年会。本次年会以"传统社会价值观与当代文化建设"为主题,反思当前社会价值的危机与重建

①张品:《何谓"空间"——一种来自城市社会学学科的思考》,《前沿》2011 年第 8 期。
②段学芬:《创意城市评价研究》,《学术界》2011 年第 12 期。
③关信平:《论我国社会保障制度一体化建设的意义及相关政策》,《东岳论丛》2011 年第 5 期。
④吴帆:《中国老年歧视的制度性根源与社会老年人公共政策的重构》,《社会》2011 年第 5 期。
⑤王星:《制度中的历史——制度变迁再思考》,《经济社会体制比较》2011 年第 2 期。

问题。来自全国的与会专家、学者50多人，分别就中国社会价值观发展与变迁趋势、当代社会建设过程中的社会价值认同问题、传统社会价值观在当代文化建设中的地位与作用、地方社会与民族地区传统价值观的现代性等问题进行了研讨；与会专家学者一致认为，传统社会思想研究对于当代核心价值建构、指导日常生活实践具有重要的现实作用。2011年由王处辉教授主编的中国社会思想史研究论文集《传统社会思想与当代核心价值建构》由知识产权出版社出版。

南开大学的社会思想史研究进入了社会建设领域，使社会建设研究走向历史实证。宣朝庆撰文针对当时学术界关心的“社会建设的主体及其特征”问题，运用社会学的场域理论、国家—社会关系分析，考察民国乡村建设运动中，国家、地方精英群体(士绅和专业知识分子)在社会建设中的作为与矛盾冲突，试图较为立体地揭示中国农村现代化的社会复杂性。①

另外，社会思想研究在民间思想层面也取得新进展。王处辉教授指导的二名博士研究生撰写的博士学位论文，分别考察“中国人的命理信仰”和“长江三角洲地区的民间信仰”问题，探索中国特色的宗教信仰及社会管理模式，并与西方社会结构理论展开对话。2011年博士毕业生董向慧在其博士论文基础上完成的《中国人的命理信仰》一书由上海人民出版社出版发行。该书主旨是研究传统命理学中蕴涵的中国人对人生及社会生活、社会秩序运行机制的独特认知和隐含于其中的社会价值取向。该书分析了民间信仰中命理学产生发展的思想基础和历史，用社会流动理论解析了命理学之今法模型中的“财官关系网”理论，从中挖掘出了中国人多维度、长时段的社会流动理念，即家庭与社会并重、将祖孙三代情况都考虑在内的社会流动思想。这种流动理念迥异于西方只注重个体社会地位的单维度、短时段的分层理念。同时，作者还对今天的命理信仰进行了描述和分析，认为“以天命为基础，兼容儒释道”是华人社会的共同文化基因，对于维系中华民族的文化纽带、建设中华民族的共同精神家园，发挥了重要作用。这是我国学者首次从社会思想史角度对传统命理学理论进行的系统研究成果。

四、科学社会学研究

科学社会学是南开大学理论社会学研究的重要方向之一。2011年9月22日，南开社会学系承办中国科协2011年第13届年会“当代中国科学家学术谱系研究论坛”，赵万里教授作了“科学家的学术谱系与社会支持网络”主题报告。

赵万里、胡勇慧撰文根据国内外有关研究文献，分阶段回顾了STS社会学研究的发展历程和主要贡献。认为社会学视角进入STS研究不仅是STS理论走向成熟的关键因素，而且催生了丰富多彩的经验研究成果，客观上促进了我们对科学技术体制、科学技术知识、科学技术实践更为深入的理解。②

赵万里、李路彬撰文评析了知识社会学的现象学传统，该文认为现象学社会学关于日常知识的生成机制和建构社会的功能的基本思想，揭示了日常知识同生活世界之间辩证的交互建构关系，以及个体知识同社会共享知识之间的转化机制。现象学社会学关于生活世界的日常知识是一种“现实感”的阐释，既显现了知识同主观世界的关联，也没有否定知识的客观性，在知识的客观真实性问题上提出了不同于知识社会学其他学派的主张。它对常识知识的关注及其社会建构论思想，对当代知识社会学的发展均有重大贡献。③

2011年11月1日，南开大学社会学系还向中国科协提供题为“科技工作者的分层问题研究”调查报告，通过系统考查新中国成立以来特别是改革开放以来，我国科技工作者群体(含研究开发人员，科技管理人员，科技教育、推广、普及人员等)分层与流动的主要过程及趋势；并通过对8省市11300个样本的问卷调查，分析了当前科技工作者的分层与流动情况、影响科技工作者社会分层的主要因素、不同科技工作者群体的基本特点及利益诉求等。该报告认为：(1)改革开放以来科技工作者的社会地位整体呈现上升趋势。(2)科技工作者群体内部地位差距拉大，特别是收入差距。(3)目前科技工作者的分层结构总体呈哑铃型，处于哑铃中间

①宣朝庆：《地方精英与农村社会重建——定县实验中的士绅与平教会冲突》，《社会学研究》2011年第4期。

②赵万里、胡勇慧：《当代STS研究的社会学进路及其转向》，《科学与社会》2011年第1期。

③赵万里、李路彬：《日常知识与生活世界：知识社会学的现象学进路评析》，《广东社会科学》2011年第3期。

的是副教授或相当职称的科技工作者，高端则构成为双肩挑科技工作者和科技管理人员，低端为初、中级职称科技工作者。(4)科技工作者的社会流动总体呈现开放状态，但科技工作者结构性流动质量不高，科技工作者的上向流动愿望与地位相对固化之间矛盾较为突出。(5)科技工作者的地位获得具有明显的自致性。根据上述科技工作者分层状况和特点，报告提出了提高科技工作者的群体认同、防止形成冲突性阶层意识，改变不合理的地位分层机制、降低科技工作者的结构性差别，打破限制性流动约束、促进科技人才地位提高，完善科技资助制度、实现科技资源的合理分配等政策建议。

五、关于社会网和社会网络研究

社会的本质在社会关系。人类社会就是各种社会关系网络的交织和集合。现代计算机技术和互联网的发展又赋予社会关系网以新的涵义和特征。2011 年 8 月天津师范大学贺寨平教授的《城市贫困人口的社会支持网研究》一书由中国社会出版社出版。该书是国家社科基金项目“城市贫困人口的社会支持网研究”的最终成果，是一部用定量研究方法对天津城市贫困人口的社会支持网进行研究的著作。该书相当多的篇幅对城市贫困人口的总的和各分网的网络结构作了精细的描述，其次是城市贫困人口社会支持网结构的原因分析，该书还探讨了贫困人口社会网络的时空分布的基本状况及其决定因素，指出贫困人口的网络总体在时间上延续较长，空间上分布狭小。该书探讨了人们提供支持的决定因素。采用多水平分析模型，不仅探讨了个体因素对提供支持的影响，而且也探讨了网络层次的变量对于支持提供的影响，以及社会网络对城市贫困人口身心健康的影响。贺寨平论文《社会支持网络对城市贫困人口身心状况的影响》也由《心理科学》2011 年第 5 期发表。

（本文作者：潘允康，天津社会科学院社会学研究所研究员）

社会心理学研究综述

李 强 程婕婷

2011 年，在全市社会心理学工作者的共同努力下，社会心理学学科研究延续着涉猎广泛、重点突出的特点，既有对以往研究的深入探讨，也有对新领域的专项研究，取得了显著成绩。

一、社会心理学基本理论研究

1. 基本理论进展

社会认同论作为群体间行为的解释理论是群体关系研究中最有影响的理论。管健从社会认同论的起源与研究价值入手，针对群体因地位差异而在认知、情感上产生对所属群体身份不承认或疏离和自卑时产生的社会认同威胁，分析社会认同复杂性与管理策略对积极社会认同，提高个体和群体自尊的机制。[①] 艾娟、汪新建提出，集体记忆为群体认同研究提供全新视角与路径的可行性，集体记忆提供的事实基础、架构和指引的情感与叙事方向等都有助于群体认同研究。[②]

互联网的发展，使网络行为日益成为社会生活中不可或缺的一部分。网络集群行为现象越来越受到学界关注，但至今仍缺乏对其发生机制的全景式理论解读。乐国安、薛婷认为，查尔斯·扎斯特罗对于社会生态系统的微观、中观、宏观分层论，以及尼尔·斯梅尔塞提出的导致和促进集群行为六个条件的价值累加理论，可作为恰当的梳理线索和整合框架，将社会学、社会心理学、传播学等学科对于集群行为与大众传播现象的既有研究成果，进行有机整合，并使之应用于互联网络这一新情境，形成网络集群行为的理论解释模型。[③]

①管健：《社会认同复杂性与认同管理策略探析》，《南京师大学报》（社会科学版）2011 年第 2 期。
②艾娟、汪新建：《集体记忆：研究群体认同的新路径》，《新疆社会科学》2011 年第 4 期。
③乐国安、薛婷：《网络集群行为的理论解释模型探索》，《南开学报》（哲学社会科学版）2011 年第 5 期。

在刻板印象领域，管健、程婕婷采用实证研究方法，发现刻板印象内容模型在中国大陆具有较好的信度和效度，32个大陆群体可以通过热情和能力维度聚类为四个群体类别，而心理卷入程度改变了模型的静态性。① 另外，管健、柴民权梳理并阐释了刻板印象威胁外溢、促进、窒息等效应，并提出了未来研究可尝试的路径。②

2. 文化心理学理论进展

乐国安、杜林致系统考察了西方归因理论文化取向，分析跨文化心理学研究成果在归因问题研究上的文化缺失和文化偏见，对中国归因问题的研究提出自己的思考。③

朱艳丽、汪新建从跨文化心理学视角切入，发现一些文化领域里存在着混合了躯体症状及情绪症状的躯体化表现，中国的躯体化研究主要从情感表达方式、身心观、社会污名等角度来解释，并具有社会适应功能。④ 与此同时，汪新建、何伶俐在探讨神经衰弱从美国起源到具有中国文化特征的疾病名称的转变过程中，揭示了文化的诊断标准或概念照搬到另一种文化中的过程应考虑其语境的有效性。⑤

二、社会心理学应用研究

1. 管理领域

工作期望是影响新员工组织社会化的重要心理变量。以往相关研究主要集中在期望落差领域，但是期望落差假设的有效性至今仍存在分歧。姚琦、乐国安基于组织社会化理论，采用纵向问卷调查方法，研究了社会化早期（即新员工组织进入后三个月）新员工工作期望与近端适应结果（即角色清晰、任务掌握、组织理解和社会整合）的关系，重点探讨了领导—部属交换（LMX）对期望落差作用的调节效应，以期回答期望落差假设成立条件的问题。⑥

杜林致通过专家访谈和关键行为事件访谈（BEI），提炼出图书馆员胜任力清单，据此编制“图书馆员自我评价问卷”，然后随机选取938名图书馆中高层管理者进行问卷调查，通过探索性因素分析和验证性因素分析，构建了图书馆管理者3个一级维度、9个二级维度、40个项目的胜任力模型；最后，运用《工作满意度问卷》、《离职意愿问卷》和《组织承诺水平问卷》，进一步考察胜任力模型指标的有效性，发现胜任力模型的指标与工作满意度和组织承诺水平分别成显著正相关，与离职意向成显著负相关，证实了该模型指标的有效性。⑦

随着组织联盟与合作的增多，组织间信任问题日益受到研究者关注。马华维、姚琦认为信任研究的发展趋势为：重视情景因素、信任者主动性和情感因素对信任的影响，重视快速信任、信任发展中的动机化归因过程以及对信任机制的研究，关注社会网络分析与传统信任测量的结合。他们指出，未来研究在把握上述发展趋势的同时，应在关系模式下理解信任的内涵、关注宏观层面情景因素对信任的影响、开展纵向研究验证信任发展模型以及建立信任机制的整合模型。⑧ 姚琦对组织行为学中信任违背和修复研究发现，缺乏统一的理论框架且实证方法过于依赖实验室实验，是制约信任修复研究推进的重要因素。信任修复中的时间因素、情景和情绪因素对信任修复的影响以及对修复效果的客观评估等议题是未来值得研究的方向，而整合归因、社会平衡和可信度谈判研究视角，从认知、社会和互动角度深化研究内容、拓展研究领域，可能是信任修复研究蓬勃发展的必经之路。⑨

李霞、谢晋宇和张伶梳理了职业开发领域的新概念——职业韧性的定义、模型、影响因素等内容，认为未来的研究需要关注职业韧性的结构、测量，注重采用实验或长时研究探索因果关系。⑩ 并对同一领域中的职业弹性问题进行了实证研究，发现职业弹性会影响个体的工作绩效和职业满意度，管理者的职业弹性越高，其工作绩效越高、职业满意度

①管健、程婕婷：《刻板印象内容模型的确认、测量及卷入的影响》，《中国临床心理学杂志》2011年第2期。
②管健、柴民权：《刻板印象威胁：新议题与新争议》，《心理科学进展》2011年第12期。
③乐国安、杜林致：《西方归因理论的文化反思》，《心理学进展》2011年第1期。
④朱艳丽、汪新建：《躯体化：苦痛表达的文化习惯用语》，《东北大学学报》（社会科学版）2011年第3期。
⑤汪新建、何伶俐：《精神疾病诊断标准中的神经衰弱与躯体化的跨文化分歧》，《南京师大学报》（社会科学版）2011年第5期。
⑥姚琦、乐国安：《企业新员工工作期望与组织社会化早期的适应：领导—部署交换的调节作用》，《南开管理评论》2011年第2期。
⑦杜林致：Study about Library Employees Competency Model, Scientific Reaearch Publishing, 2011(7)。
⑧马华维、姚琦：《组织内信任研究的核心问题及其发展趋势》，《心理科学》2011年第3期。
⑨姚琦：《组织行为学中的信任违背和修复研究》，《南开学报》（哲学社会科学版）2011年第5期。
⑩李霞、谢晋宇、张伶：《职业韧性研究述评》，《心理科学进展》2011年第7期。

也越高。①

2. 群体心理

城市移民群体是我国改革开放三十年来由于城市化进程而迅速分化和形成的,他们的污名问题不仅关系到其自身的生存、生活和与主流社会的融合,也关乎社会的稳定与和谐。管健以社会表征视角,认为城市移民污名的建构体现了对话与互动的双向特征,并通过锚定和具化机制加以实现。两代移民的认同根基与认同应对策略选择因此显现出代际差异和不同偏好,同时体现了代际认同分化和污名感知的深层动力和驱动性的基耦,恰恰在于代际之间从自在阶段到自为阶段的过渡。②

伴随着人口老龄化成为世界范围内的发展趋势,老年人的心理状态也备受关注。吴捷、程诚确立城市低龄老年人的需要分为人际、经济、亲情、认知、尊重、价值实现以及保健7因子结构。③ 另外,他们发现城市低龄老年人的需要满足状况和社会支持同时影响其心理健康。④ 吴捷、张阔继而结合老年人需要问卷、艾森克人格问卷和领悟社会支持量表,调查天津市270名社区低龄老年人的需要及其满足度,发现多数老年人的七种需要得到了较好的满足,来自家人、朋友及他人的社会支持对老年人各种需要的满足度均有显著的正向预测作用,外向性人格对老年人的需要满足度有显著的正向预测作用,其影响以直接作用为主,神经质人格对老年人的需要满足度有显著的负向预测作用,其影响以社会支持为中介。⑤ 大多数离退休老人在养老意愿上偏好居家养老的方式,健康状况、内心的孤独感以及被社会忽视是老年人在生活中需要面对的重要社会心理问题,不同年龄段的老人在他人尊重、经济需求和学习需求状况上存在显著差异,不同文化程度、不同身体状况老年人在参加社会活动需求状况上存在显著差异。⑥

引导大学毕业生树立正确的人才观和职业决策意识,采取恰当的职业决策行为,是开展职业指导工作的重要目标。与其他决策行为一样,职业决策也可能出现心理偏差,影响大学生对工作单位和职位做出理性选择。陈世平、王晓庄从决策心理学理论视角对大学生职业决策中的常见心理偏差进行分析,并提出职业决策心理偏差评估干预系统的设计思路。⑦

个体成为教师共同体中的参与性成员过程可视为教师社会化,马华维、乐国安和姚琦以345名教师为研究对象,基于交互作用视角建立框架模型,发现教师社会化近端结果在组织策略和社会化终极结果之间起部分中介作用,在教师主动策略和社会化终极结果之间起完全中介作用,同事帮带仅通过促进教师对学校的了解而促进教师社会化终极结果,家长配合一方面直接促进教师工作绩效,另一方面通过角色清晰对社会化终极结果产生积极影响。⑧

3. 临床和咨询领域

专业心理求助行为是指人们在遇到心理困扰时寻求专业心理健康服务和帮助(心理咨询和治疗)的行为。为解决心理疾病的高患病率和心理疾病患者专业求助率之间的矛盾,专家学者从个体和社会等多个层面,对专业心理求助行为的影响因素进行了大量研究,已取得了较为丰富的研究成果,但由于欠缺系统性的分析,这些成果尚未被有效地应用于推广专业心理健康服务的实践之中。为了弥补这一不足,李强、高文珺借鉴营销原理,依据营销组合(包括产品、价格、地点、推广等四个要素)框架和受众细分观点,从消费者有关专业心理健康服务的知识、与接受服务相关的代价知觉以及对服务地点和形式的偏好等几方面来分析专业心理求助行为的影响因素,在此基础上制定促进人们寻求专业心理健康服务的干预策略。⑨

三、教材与专著

由乐国安、汪新建主编《社会心理学理论与体系》是社会心理学系列教材、新世纪高等学校教材,普通高等教育"十一五"国家级规划教材之一。该书的第一篇和第二篇(互动论和社会交换论)是社

①李霞、张伶、谢晋宇:《职业弹性对工作绩效和职业满意度影响的实证研究》,《心理科学》2011年第3期。
②管健:《中国城市移民的污名建构与认同的代际分化》,《南京社会科学》2011年第4期。
③吴捷、程诚:《城市低龄老年人需要问卷的编制》,《天津师范大学学报》(社会科学版)2011年第4期。
④吴捷、程诚:《城市低龄老年人的需要满足状况、社会支持和心理健康的关系研究》,《心理科学》2011年第5期。
⑤吴捷、张阔:《人格、社会支持与老年人需要的关系》,《心理发展与教育》2011年第4期。
⑥吴捷、李幼穗、王芹:《离退休老年人心理需求状况》,《中国老年学杂志》2011年第8期。
⑦陈世平、王晓庄:《大学毕业生人才管理:职业决策的心理偏差与评估干预体系》,《中国人才》2011年第7期。
⑧马华维、乐国安、姚琦:《中学教师社会化过程:交互作用视角》,《心理科学》2011年第1期。
⑨李强、高文珺:《营销心理健康专业服务——专业心理求助行为研究的应用分析》,《南开学报》(哲学社会科学版)2011年第5期。

会学取向的社会心理学研究，第三篇、第四篇和第五篇（精神分析的社会文化学派、社会学习论和社会认知论）是心理学取向的社会心理学研究，第六篇（人类学中的文化与人格理论）为文化人类学取向的社会心理学探索，第七篇（欧洲社会心理学）反映的是欧洲社会心理学研究的理论进展，最后的结语部分则讨论了后现代思潮下的社会心理学和社会心理学理论的内部争议和未来发展。①

吴捷出版著作《城市低龄老年人需要、社会支持和心理健康关系的研究》，作为教育部人文社会科学"十一五"规划研究项目最终成果，也是国内第一部对城市低龄老年人需要及其相关研究的理论专著。作者在梳理了古今中外各种心理学需要理论的基础上，以马斯洛的需求层次理论为切入点，结合社会学、老年学、人格等因素，探讨城市低龄老年人的需要、社会支持与心理健康关系；编制了城市低龄老年人需要问卷和社会支持问卷，确定了城市低龄老年人的需要和社会支持的测量工具，丰富了老年人需要方面实证研究、老年人心理健康和临床干预理论，为提高老年人的需求满足程度、制定合理的老年人保障措施提供参考和依据。本书亦可作为老年心理学、老年社会学的教学科研参考书目。②

四、研究特点与展望

2011 年，天津市社会心理学研究取得了很大的成绩，有如下几方面的特点。

1. 综述性与理论性的文章与往年相比大幅度减少，这类文章的比例已经远少于实证性、应用性的文章。虽然对中国传统社会心理学思想的挖掘仍很有限，但是在所研究的问题当中涉及了一些具有中国特色的问题，以及与传统文化相关的问题，如潜规则、躯体化表达等。这对于建设中国特色的社会心理学学科体系具有重要意义，以后应继续保持和加强这方面的研究。另外，研究课题的领域仍然比较集中，尤其是管理和教育领域较为突出。相比而言，以心理健康和心理咨询为主的课题比重略有下降。

2. 实证研究占有较大的比重，其数量不断增加，水平也不断提高。研究方法主要以量表问卷为主的同时，逐渐增加了借助 ERP 和眼动仪器的实验研究。在量表的使用方面，不再是盲目照搬国外的量表，而是大量使用修订过或自编量表。不过，在对问卷、量表的数据处理中，结构方程等高级统计方法虽有一定的运用，但仍然很少，以后的研究中应注意选择最为恰当的方法，在数据处理中要加强应用高级统计方法。

3. 全市社会心理学学者与港台地区及国外的学术交流日渐增多，十分有利于提高我市社会心理学的理论研究与实证研究水平，不仅如此，这也进一步证明我市的社会心理学研究得到了认可。

4. 在研究中，我市社会心理学学者越来越关注现实社会问题，并且从社会心理学视角对当下普遍存在的社会现象进行了剖析，覆盖面比较广泛，如：剩男剩女现象、社会大众的道德现状等，农民工、老年人、大学生等特定群体的心理状况也受到了学者的关注与研究。此外，研究还注意到了与其他学科的交叉，在研究中运用了如社会学，经济学、管理学、政治学等学科的理论和方法。

（本文作者：李强，南开大学周恩来政府管理学院教授、博士生导师；程婕婷，南开大学周恩来政府管理学院博士研究生）

舆情研究综述

于家琦　毕宏音

2011 年，天津舆情研究蓬勃发展，学术影响逐步扩大，服务大局能力进一步提高。在舆情基础理论、网络舆情研究上，发表科研成果 70 余项。在舆情研究服务市政府决策上，天津社会科学院舆情研

①乐国安、汪新建主编：《社会心理学理论与体系》，北京师范大学出版社 2011 年版。
②吴捷：《城市低龄老年人需要、社会支持和心理健康关系的研究》，《心理科学》2011 年第 5 期。

究所承担的咨询研究成果中,张文英执笔撰写的市委调研课题成果“2010年我市社情民意调查与分析”,获得中共中央政治局委员、天津市委书记张高丽批示。王来华等人撰写的“反腐败情绪跟踪指标体系研究”获得了市纪委书记臧献甫批示。天津市公安局委托项目“天津市公安机关构建和谐警民关系工作评价系统研究”和连续第五年“天津市社会公众安全感与满意度问卷调查”的调研成果受到委托方的高度评价。

一、舆情、舆论概念比较研究

“舆情”概念的澄清,有利于政府部门更准确地把握社会舆情的价值所在。冯希莹、王来华对中国历史上舆情一词的缘起及运用进行剖析,认为“舆情”特指普通老百姓的意见、情绪与疾苦,是皇权自上而下俯视的产物,这种考证为“舆情是民众的社会政治态度”提供了重要依据。对学界在舆情客体界定上的争论,作者认为“舆情客体是国家管理者”的观点突显了民众与国家管理者之间的利益依存关系,体现了现代舆情概念的政治指向性。“舆情”与“public opinion”概念的区别更多地体现为“舆情”与“舆论”的不同,而意见的公开性及发声主体是否一定为民众是区别舆情与舆论的重要因素。①

于家琦认为舆情的基本内核是民众态度,而不同内涵界定的关键区别,在于舆情客体的差异。舆情的客体应限定在“政治”方面,它既包括政治事务的决策者和执行者,也包括他们的各种作为和不作为。在与相关概念辨析中,舆情处于民意范围内;舆情又与民众舆论有交叉,舆情侧重于民众政治态度的综合,舆论侧重于多数人的共同意见。舆情是普通民众对政治人物和事务的各种情感、认知和行为反应倾向的集合。② 冯希莹比较了卢梭和李普曼的公众舆论思想,认为卢梭作为理性主义的代表,强调公众舆论形成于相对封闭的空间,是理性的;李普曼作为经验主义的代表,强调公众舆论产生于开放、互动的空间,容易受到外界力量的影响,具有非理性的特征。③

二、网络舆情研究

在以微博为载体的网络舆情研究方面,毕宏音以“宜黄强拆自焚”事件中的微博运行为例,认为热点事件背后的新媒体具有突然发力、病毒传播、易唤起性、舆论叠加等特质。④ 姜胜洪提出应注意微博在滋生谣言、操纵网络民意等方面的负面影响。⑤唐婷、李朝阳认为,微博为创新社会主义意识形态建设提供机遇的同时,也存在着虚假信息相伴而生、传统媒体受到冲击、观点非理性表达等挑战,因此,应健全信息监督和消除机制,提高传统媒体运行效率,引导受众合理表达诉求。⑥

在微博意见领袖研究方面,毕宏音提出微博意见领袖拥有改变社会动员模式、打破传统传播格局、导致个体心理产生偏移等影响力量⑦;还表现出泛众化、身份认同变数加大,对网络舆情的影响作用更加突出,国家管理者“织围脖”等变化趋势⑧。姜胜洪认为,要充分发挥“意见领袖”的积极作用,引导和培养认同国家主流意识形态的“意见领袖”,建立微博信息预警机制和快速反应机制,防范微博“意见领袖”负面言行对舆论的误导。⑨

“微博问政”开创了网络时代民众参政议政的一种新形式。姜胜洪提出,面对党政机关微博维护更新不及时、语言僵化甚至言语失当、缺乏交流互动等问题,应及时发布权威信息,提升与网友沟通的技巧,推动“微博问政”的常态化与制度化。⑩ 毕宏音认为,网络问政讲究的是慢工出细活,功到自然成。官方微博应该在牵涉政府事务时宽严有度、不随性而为的前提下,放下身段,彰显鲜明而有张力的网络气质;应勇于接受群众监督;并具备高超的危机应对能力。⑪

在网络舆情特点及应对研究上,就网络舆情主

①冯希莹、王来华:《舆情概念辨析》,《社会工作》2011年第5期。
②于家琦:《“舆情”社会内涵新解》,《天津大学学报》(社会科学版)2011年第2期。
③冯希莹:《简析卢梭与李普曼公众舆论思想》,《天津社会科学》2011年第3期。
④毕宏音:《热点事件背后的新媒体之手——以“宜黄强拆自焚”事件中的微博运行为例》,《中国社会科学》(内部文稿)2011年第3期。
⑤姜胜洪:《微博传播中值得注意的问题》,《红旗文稿》2011年第9期。
⑥唐婷、李朝阳:《微博传播视域下的社会主义意识形态建设》,《中共杭州市委党校学报》2011年第4期。
⑦毕宏音:《热点事件背后的新媒体之手——以“宜黄强拆自焚”事件中的微博运行为例》,《中国社会科学》(内部文稿)2011年第3期。
⑧毕宏音:《“微博”热潮下的网络意见领袖变化趋势》,《新闻爱好者》2011年第8期。
⑨姜胜洪:《正确发挥微博时代“意见领袖”的作用》,《中国党政干部论坛》2011年第12期。
⑩姜胜洪:《我国“微博问政”的发展状况与完善路径》,《中国党政干部论坛》2011年第8期。
⑪毕宏音:《官员微博——新媒体时代的沟通平台》,《中国社会科学报》2011年10月18日。

体的问题，毕宏音提出“新诉求群体”概念来代表通过网络互动来表达意见的网民群体，认为这一群体形成了大量标识鲜明且具相当黏度的活动圈群，具有“公共性应用”倾向、讨论议题向纵深延展、偏爱新技术应用等特点，因此需要引起网络舆情信息工作的特别关注。① 天津市委党校王慧军认为，网民政治心理表现出对政治问题直言不讳、某些政治言论失范、表现略带夸张、情感累积效应和极具爆发的扩散效应等特征，他还将网民政治心理分为三种类型：主动参与、认知客观型；心怀不满、借机发泄型；满足好奇、随意跟风型。②

在网络民意表达特点方面，姜胜洪认为，从主流趋势来看，向着更加理性、更加实际，推动政府执政能力提升的方向发展，同时需要注意网络民意存在非理性和情绪化、易被利用、不代表全体民意的问题。③ 冯希莹从网络舆论的形成过程入手反思其客观性及影响因素，并认为造成网络舆情非理性的原因是：任何人均可为公众建构个性化的“拟态环境”；网民通过“碎片式”的信息了解事件的发展与变化，难以了解事情的全部面貌，很容易借助先入为主的思维进行非理性的解读。④

在政府应对网络舆情方面，姜胜洪认为，政府既要重视网络民意，又要对其进行科学甄别；面对群众的质疑和批评，政府应学会倾听、回应甚至道歉；建立公开透明、及时有效的政府信息发布制度，及时澄清不实传言和恶意猜测；设立“网络新闻发言人”，主动占领舆论阵地；加强对舆情危机事件的研判，正确引导网上舆情热点。⑤

三、社会情绪研究

社会情绪是指人们对社会生活现象的各种心理感受，并通过群体成员之间相互影响、相互作用而形成的较为复杂和容易表现出来的态度体验。叶国平认为，当前我国民众社会心态总体上是积极健康的，社会主流舆情更加成熟和理性。⑥

同时，一些不健康和对立性的社会情绪也在滋生和蔓延。张丽红提出，当前社会存在的负面情绪主要包括：经济社会快速发展引发的焦虑情绪、社会利益格局失衡引发的不满情绪、贫富分化和权力腐败引发的仇恨情绪、社会信任缺失引发的逆反情绪、价值真空引发的无聊情绪和道德迷茫引发的冷漠情绪等。她认为应从保障民生需求、协调利益关系、加强社会心理疏导、倡导社会主义核心价值观和优化社会舆论环境等方面来疏导负面情绪。⑦ 姜胜洪、毕宏音探讨了当前社会心态变化的新特点：深厚的民生情结、阶层冲突特征愈发明显、非理性社会情绪“剧场效应”越发显现、社会排斥引发的消极社会情绪更趋复杂、网上情绪与网下情绪相互叠加，增加了社会情绪的影响能量。⑧ 管健分析了当前弱势心态蔓延的原因，认为弱势心态来源于人们在面对不公平和不公正时的一种控制感缺乏；只有良性竞争程序和公平公正制度才是消减弱势心理蔓延的最好良药。⑨

四、谣言与社会心理研究

谣言是社会舆情的表现形式之一，谣言的制造和传播会带来大众的恐慌，引发大规模的非理性行为。姜胜洪认为，近期我国社会谣言的传播呈现出速度快、影响范围广、蛊惑性和隐蔽性强、无意识传播和非理性传播等新特点。社会谣言的形成原因十分复杂，社会生活的不确定性、科学知识欠缺、信息管理滞后、部分政府部门公信力的下降、商业利益的驱动、网络推手的运作、西方敌对势力的煽动等都可能催生谣言并使其扩散。政府只有提高公信力，使谣言无处可传，无人可信，才是辟谣的理想方法和治本之策。⑩ 赵万里分析了操纵性谣言制造和扩散的三个环节：谣言定向、谣言涵义的提炼、行为示范；而谣言得以扩散的原因在于，当情况暧昧不明、状况处于危机、别人是专家的时候，出现的公

①毕宏音：《“新诉求群体”的时代影响力》，《天津大学学报》（社会科学版）2011 年第 4 期。
②王慧军：《网民政治心理与政府治理原则探微》，《中共天津市委党校学报》2011 年第 5 期。
③姜胜洪：《透视我国网络民意表达的主流态势》，《红旗文稿》2011 年第 3 期。
④冯希莹：《从过程视角看当前网络舆论的非理性问题》，《社会科学战线》2011 年第 4 期。
⑤姜胜洪：《地方党委政府应对网络民意的经验与做法》，《中国党政干部论坛》2011 年第 4 期。
⑥叶国平：《当前我国社会舆情分析》，《红旗文稿》2011 年第 17 期。
⑦张丽红：《当前社会存在的主要负面情绪及其疏导》，《理论界》2011 年第 8 期。
⑧姜胜洪、毕宏音：《转型期社会心态方面存在的问题、特点及对策研究》，《兰州学刊》2011 年第 10 期。
⑨管健：《“弱势心态”来自心理失衡》，《西部广播电视》2011 年第 1 期。
⑩姜胜洪：《近期我国社会谣言传播的特点、形成原因及对策研究》，《红旗文稿》2011 年第 16 期。

众顺从信息性社会影响的现象。①

有研究分析了中国历史上出现的谣言特点。张荣明、崔一楠认为，谶谣是特定人群在特定时间内情绪、心态、期望的真实反映和宣泄，具备了民意的代表性。谶谣不但在政治决策、劝谏君王、改朝换代、民间抗争、确立年号、任官选将方面发挥着重要作用，同时还发展成为政治斗争的预警手段和另类武器。② 张瑞认为瘟疫时期的谣言是诉求真相的尝试和缓解心理压力的需要，是一种社会群体心理的反映；消灭谣言最有效的途径就是让民众了解真相并消灭瘟疫或至少遏制瘟疫的蔓延。③

五、舆情信息工作机制研究

在舆情信息工作方面，刘毅、马缘园运用"我国舆情信息工作专业人才需求问卷调查"数据，分析了我国舆情信息工作开展现状、人才队伍建设情况和舆情专业人才的需求状况，认为加强舆情信息工作，需要开发和完善舆情信息收集、分析、监测和预警相关技术；加强委托与受委托方的双向沟通机制；提高舆情信息工作人员在学历构成、专业组合方面的科学性和合理性；加大舆情专业人才培养力度，坚持以实践应用和社会需求为导向。④

在网络舆情预警机制方面，李耘涛等人认为，根据网络警兆指标进行网络舆情预警是预防现代社会由网络信息传播引起的社会群体事件的关键。他们从网络舆情广度、热度、态度倾向、行为倾向四个方面提出了20项网络警兆指标，并从该指标体系的灰色特性出发，将网络舆情预警评价灰类分为正常、低危险、中危险、高危险四级，提出了网络舆情灰色预警评价的具体程序和预警评价计算核心的白化函数。⑤ 在舆情疏导机制方面，温淑春认为，社区舆情疏导机制应包括建立完善政府与社区互动机制；健全社区居民自我管理机制；构建新型的社区服务运作机制；完善便捷有效的社区参与机制；建设富有活力的社区激励机制；建立稳定可靠的经费筹集机制等。⑥ 在舆情引导工作方面，叶国平认为，应创新宣传舆论工作理念，发挥媒体的舆论导向作用，完善舆情应对工作机制，不断提高舆情引导工作的科学性、针对性和实效性。⑦

六、民意与政策关系和民意调查方法研究

民意与政策关系研究主要探讨民意如何影响政策的问题，是舆情研究分支方向之一。于家琦认为，目前学术界对"民意在政策中作用"的研究大多从民主理论、政策合法性等角度展开，还应该从政策性质角度进行理论分析、从民众能力角度进行规范分析、以"民意对政策影响度"为切入点进行实证分析，这些视角对于探讨民意价值和民意影响政策的限度具有启发意义。⑧ 她还回顾了美国学界在"政策对民意回应度"研究中的三种观点，其中第三种观点总结了影响政策对民意回应度的若干条件。⑨ 林竹比较了中西方利益集团参与政策制定的不同方式，认为两者的差别在于：西方利益集团可以通过竞选来影响政策制定者，而中国利益集团通过这种方式影响政策过程的机会不多；西方金钱政治的影响力非常大，在中国金钱政治是法律不允许的；西方利益团体利用游行示威、向法院提起诉讼的手段影响政策制定，中国利益团体则一般不采用这些方式。⑩

在民意调查方法探讨方面，林竹提出了保障民意调查方法客观真实性的三个方面：调查机构的独立性、调查内容的有效针对性、调查结果的客观科学性，要从调查样本的确定、调查程序的运作到调查结果的解读进行全程质量控制。⑪ 于家琦比较了面对面访问、电话访问、邮寄问卷三种民意调查访问方式的优缺点，提出决策者应根据经费预算、需要了解民意深浅度、调查时间压力大小等因素来考虑选择哪种方式。⑫ 在民意调查指标设计方面，李

①赵万里：《谣言是如何被操纵的》，《人民论坛》2011年第4期上。
②张荣明、崔一楠：《谶谣与两晋南北朝政治》，《理论学刊》2011年第8期。
③张瑞：《瘟疫与谣言——以嘉道大疫为中心的探讨》，《河北师范大学学报》（社会科学版）2011年第11期。
④刘毅、马缘园：《我国舆情信息工作现状分析与对策研究——以"我国舆情信息工作专业人才需求问卷调查"为例》，《新闻界》2011年第6期。
⑤李耘涛、刘妍、刘毅：《网络舆情灰色预警评价研究》，《情报杂志》2011年第4期。
⑥温淑春：《浅析和谐社区建设中的舆情疏导机制》，《理论界》2011年第1期。
⑦叶国平：《当前我国社会舆情分析》，《红旗文稿》2011年第17期。
⑧于家琦：《民意在政策中作用的多角度分析》，《南方论丛》2011年第6期。
⑨于家琦：《美国"政策对民意回应度"研究的三种观点》，《中国社会科学报》2011年8月11日。
⑩林竹：《中西方利益集团参与政策制定方式之比较》，《理论与现代化》2011年第5期。
⑪林竹：《民意调查方法客观真实性探讨》，《中国统计》2011年第9期。
⑫于家琦：《三种民意调查访问方式比较》，《中国统计》2011年第5期。

莹通过建构指标测量了青年的生活满意度和幸福感，并认为两者显著相关，生活满意度对幸福感有显著正向预测作用，其中家庭生活、收入水平和人际关系 3 项满意度指标对幸福感影响最为显著。①

七、民众诉求表达和党的群众工作研究

加强和创新社会管理需要不断完善民众的诉求表达机制。毕宏音认为，民众作为诉求表达机制中最关键的主体要素，在整个机制的运行过程中，发挥着舆情表达者、表达结果的直接承担者、公民基本权利的维护者以及公共精神的建构者四大主体功能。② 张丽红认为，新生代农民工普遍有强烈的融入城市生活的意愿，工会应为农民工提供反映意见的渠道。③ 姜胜洪认为，新生代农民工容易产生不满情绪和强烈的不公平感，体制外抗争所占比重呈上升趋势，应提高农民工组织化程度，积极拓宽新生代农民工的政治参与渠道；发挥工会的维权作用，引导新生代农民工用合法途径表达利益诉求。④

群众工作是密切党群关系、巩固党的执政地位的主渠道，是维护和实现最广大人民利益的现实要求。叶国平认为，新形势下党的群众基础的深刻变化，给党的群众工作提出了新的要求，群众工作应着力在四个方面：协调群众利益关系，化解群众利益矛盾；加强党的作风建设，密切党群干群关系；切实改进群众工作的方式方法；健全完善群众工作的体制机制，包括民意沟通机制、群众诉求反映机制等。⑤ 他还提出，进一步加强和改进群众工作应正确处理党的工作与群众工作的关系、思想政治工作与群众工作的关系、党群干群关系与群众工作的关系、党的群众工作各项任务之间的关系；同时，党的群众工作必须与促进公平正义相结合，与解决群众切身利益问题相结合。⑥

八、天津市重视舆情的经验研究

天津市政府历来重视社情民意，2011 年天津市提出“惠民生”的工作要求，12 月在市委九届十二次会议上又强调“要健全群众利益协调、诉求表达、矛盾调处、权益保障机制”。

在网络舆情反映和引导方面，毕宏音对天津市门户网站北方网的民意反映渠道进行调研，认为该渠道具有制度化建设、多媒体融合、公民记者参与、推动信息公开等特点。⑦ 冯希莹认为，北方网在引导社会舆情上能够做到对重大主题宣传活动进行全方位报道，形成了连贯有序的主导性舆论；让普通群众成为主角；组织多种渠道进行舆论引导；通过反映和解决老百姓的诉求，塑造天津市政府为民办实事的良好形象。⑧

（本文作者：于家琦，天津社会科学院舆情研究所助理研究员；毕宏音，天津社会科学院舆情研究所副研究员；审定：王来华，天津社会科学院舆情研究所所长、研究员）

---

①李莹：《城市青年生活满意度与幸福感调查分析》，《社会工作》2011 年第 7 期。

②毕宏音：《民众在诉求表达机制中的主体功能分析》，《社会工作》2011 年第 6 期。

③张丽红：《新生代农民工的矛盾性特征及其应对》，《社会工作》2011 年第 3 期。

④姜胜洪：《当前我国新生代农民工存在的问题及对策研究》，《兰州学刊》2011 年第 3 期。

⑤叶国平：《从党的群众基础的变化看群众工作的着力点》，《理论与现代化》2011 年第 4 期。

⑥叶国平：《如何进一步加强和改进群众工作》，《中国党政干部论坛》2011 年第 7 期。

⑦毕宏音：《天津市社情民意反映渠道研究》，载李锦坤主编《天津市经济社会形势分析与预测：2011 经济社会蓝皮书》（社会卷），天津社会科学院出版社 2011 年版。

⑧冯希莹：《天津市主流网络媒体引导社会舆情的现状分析及对策》，载李锦坤主编《天津市经济社会形势分析与预测：2011 经济社会蓝皮书》（社会卷），天津社会科学院出版社 2011 年版。

教 育 学

教育学研究综述

张武升　肖庆顺

2011年,天津市学者围绕教育改革与发展中的一系列重大理论与实践问题展开了多方面的研究和探讨,取得了丰硕的成果,提出了很多新的理论观点和学术主张。

一、教育基本理论研究

1.教育改革发展研究

我国新阶段的教育变革需要强有力的教育科研作支撑,当前教育科研肩负的主要使命有:支持、引领的使命;反思、调节的使命;鉴别、批判的使命;诉求、担当的使命。这就需要加强完成教育科研使命的能力建设:加强教育科研的独立性、自主性建设;加强教育科研的创造力、说服力、公信力建设;加强教育科研的核心价值建设;加强教育科研的功能建设。①

"十一五"期间,我国各级各类教育实现持续发展,教育资源不断丰富,人民群众的受教育需求得到进一步满足。今后要按照坚持优先发展、育人为本、改革创新、促进公平、提高质量的要求,大力普及发展学前教育;完善特殊教育体系,提高特殊教育质量;推进义务教育均衡发展;积极普及高中阶段教育;充实职业教育资源,完善职业教育结构;提高高等教育质量,优化高等教育结构;统筹继续教育全面发展;促进民办教育协调发展。②

2.学校发展与变革研究

有学者认为,虽然学生是引起和推动学校变革的最重要的、不可或缺的力量,但实际上学生很难成为学校变革的动力。从学理上来看,学生具有成为学校变革动力的可能性,学生成为学校变革动力也是学校变革目标的本质要求。为此,激发学生就成为学校变革动力,"以学生变革利益为中心"的变革政策再设计以及提高学生变革能力是激发学生成为学校变革动力的有效策略。③

有学者通过研究发现发达国家和地区优质学校建设的共同特点:政府主导,体现政府对教育的基本要求;以校为本,追求办学特色化;学校发展目标与理念的内化;以生为本,突出学生发展个性化;重视教师队伍建设,促进教师发展专业化;注重课程与教学的改革,实现课程教学优化;注重组织的系统变革,强调学校改革的整体系统化;注重交流与合作,体现优质学校建设的国际化。④

有学者对历史名校进行了研究,认为历史名校是在特定的历史条件下伴随着教育的长期发展而出现的产物,它们因其历史悠久和文化传统深厚而具有典范性意义,天津历史名校经历了天津开埠以后、"维新"和"新政"时期、民国以后到天津解放三个阶段的发展,形成了社会性、人格特性、文化个性、继承性和创新性等特征。⑤

3.教育功能研究

教育功能研究是教育基本理论之一,有学者认为,教育社会功能的实现要以其个体功能的实现为基础,社会职业存在与发展的模式基础是人与人之间基于"职业功能—需求—收益"的交易行为。教育的职业服务功能体现为对受教育者功能与需求主体特征的现实影响,以及对外职业环境发展趋势的引导。在一定时期内,教育能实现的职业服务功能是有限的,不可能单纯地通过教育改革解决所有与教育职业服务能力不足相关的问题。⑥ 教育的职

①张武升:《论教育变革中教育科研的使命》,《中国高等教育》2011年第7期。

②张军凤、张武升:《全面落实教育规划纲要推动教育事业科学发展》,《中国教育报》2011年8月31日第4版。

③孙翠香:《学校变革不可或缺的动力:学生》,《教育科学研究》2011年第7期。

④肖庆顺:《发达国家和地区优质学校建设的历程及特点》,《天津市教科院学报》2011年第4期。

⑤王惠来、张连生:《历史名校形成、发展及其特征的研究》,《教育导刊》2011年第5期。

⑥王博、庞学光:《论教育的职业服务功能》,《天津大学学报》(社会科学版)2011年第4期。

业服务功能被认为可能直接导致教育结果的不公平，由于社会专业化人才需要和职业竞争的现实，职业导向下的教育结果不公平是不可避免的，因此应通过制度设计优化来实现教育的过程公平，包括教育竞争标准公平、教育资源分配公平和教育的职业选择过程公平。①

有学者从社会学角度分析了教育的功能观，认为教育功能观可以区分为教育正向功能观和教育负向功能观，教育正向功能观包括促进社会整合、促进社会流动、促进社会变迁三个方面。教育负向功能观包括批判制度化教育和构建非学校化社会。目前占主导性的仍是教育正向功能观。②

二、基础教育研究

1. 义务教育均衡发展研究

均衡发展是义务教育的战略性任务，有学者认为，天津市河西区小学“教育发展联合学区”是由临近学校组成的非行政性的区域合作发展共同体，围绕共同的愿景，校际间资源共享、互动教研，逐步建立起有利于各学校自主、主动发展的内源性动力机制。学区制下校际全方位合作、多因素互动，系统动态中实现了共同发展。联合学区推动了城市城区相邻学校的均衡发展，择校热开始降温。提升联合学区这一校际合作新机制的效果需要建立新的激励评价机制、借助专业科研力量的支持，有赖于各阶段教育的整体均衡发展。③

2. 新课程改革反思研究

2011 年我国基础教育课程改革走过十年历程，有学者认为，新课改十年经历了连续四次争鸣，实质就是双方“破”与“立”的博弈，即新课改是实然改革还是应然愿景。新课改理念本身既存在理想超前的事实，又遭遇付诸实施艰难的现实。新课改既要加强主体能量的提升，增强适应性，还要注重自身问题的修正，增加适切性；新课改需要“无为而无不为”的大智慧，既要强调尊重现实与继承传统，更要寻求公众认同，获得改革合力，形成改革自觉。④

有学者通过对基础教育课程改革理论基础争论和研讨进行分析，认为今后课程改革理论基础的深化研究应当把握以下几点：澄清核心概念，为寻求共识奠定扎实的基础；要有广阔的理论视野；深化课程论基础学科研究；系统、深入地消化、吸收相关学科理论和域外理论，合理整合不同理论间的逻辑关系。⑤

有学者认为，我国新课程目标存在分类框架不合理、概念内涵界定不清以及叙写方式差别大等问题。根据教育目标分类研究的新成果，可以把课程目标界定为学习者的认知能力、动作技能、情意领域经自我建构而得到的学习结果。由此新课程目标可以分为认知能力、动作技能、情意领域和建构历程四个维度。新课程目标在叙写方式上应采取表格式，分别对不同学段各个领域的课程目标进行阐述。⑥

有学者认为，我国学校课程开发活动存在许多问题：由于概念认识问题导致开发范围狭窄；三级课程管理与开发之间的矛盾导致开发活动比较随意；没有整体规划，缺乏制度规范；专家的咨询作用发挥不够等。因此需要进行改进：增强校长的课程领导意识和能力，整体规划学校课程开发活动；建立健全学校课程制度，规范校本课程开发活动；提高教师的课程开发能力；充分使用学校的课程开发权，对国家和地方课程进行校本化实施；建立学校与课程专家有效互动的合作机制等。⑦

有学者认为，我国普通高中新课改在很多方面并没有真正做到基于当下普通高中的实际，存在适应不良问题。因此要对我国普通高中实际情况进行全面调研；制定严格的普通高中教材审定标准与选定标准；加强对入选教材出版社的后续管理；建立公有共享的教研网站；将高中新课改科目教研任务细化；建立基于高中新课改的高考制度。⑧

3. 学校课程研究

随着基础教育课程改革的推进，课程制度研究受到学者的重视。学校课程制度是在一定时期内，在学校形成或制定的，结构严谨、相对稳定、体现学校教育价值观的，参与学校课程建设的全体人员都

①王博、庞学光：《教育的职业服务功能与教育公平》，《教育发展研究》2011 年第 13—14 期。
②胡振京：《教育功能观的社会学分析》，《国家教育行政学院学报》2011 年第 8 期。
③丰向日、杨宝忠：《校际合作：义务教育均衡发展机制探讨》，《中国教育学刊》2011 年第 10 期。
④纪德奎：《新课改十年：争鸣与反思》，《课程·教材·教法》2011 年第 3 期。
⑤和学新：《我国课程改革理论基础研究的反思》，《课程·教材·教法》2011 年第 5 期。
⑥乌焕焕、和学新：《新课程目标的问题检视与改进》，《教育科学研究》2011 年第 1 期。
⑦和学新：《校本课程开发活动的问题反思与改进》，《全球教育展望》2011 年第 9 期。
⑧王毓珣：《普通高中新课改必须基于当下普通高中的实际》，《当代教育科学》2011 年第 6 期。

必须共同遵守的程序、步骤和规范体系，是学校进行课程规划、课程开发、课程实施、课程管理、课程评价与校本教研等一系列活动的价值准则、行为规范和运行保障，具有公共性、确定性、系统性、合理性和文化性等特性。① 学校课程制度建设既是课程改革的内在要求，又是课程改革理念和措施具体落实的必要保障，主要包括学校课程规划制度、学校课程实施制度、学校课程资源开发与利用制度、学校课程管理制度、学校课程评价制度与校本教研制度等。②

有学者认为，学校开展课程规划是课程政策变革的要求，也是学校实现自身价值的反应，它共同推动着学校课程规划工作。学校课程规划是学校课程从理想到现实的方略谋划过程，包括学校课程发展愿景的确立、学校课程方案的整体设计以及学校课程方案的设施与保障等。学校课程规划是学校课程愿景和学校实际之间不断调试的过程，需要通过建立课程规划组织、研究学校课程的问题与发展方向、拟定学校课程规划草案、多方征求意见来实现。③

课程结构是学校课程中学者关注的又一主题。有学者认为，从整体上规划和构建学校自己的课程结构是当前中小学学校课程结构变革的方向之一，根本目的是实现课程在每一所学校的适应性和适切性，使学校自己能够开设促进本校学生发展的课程结构体系，实现学校的特色化发展和学生的个性化发展。目前变革性实践中形成了四种中小学学校课程结构变革模式，即基于学生素养发展目标的体系、基于课程功能优化的课程系列、基于学习领域统合的课程门类和基于学校的国家课程改造重组。④

4. 学校文化研究

学校教育是对文化的继承与创新，学校文化研究是教育研究的重要内容。从类型看，学校物质文化具有继承性、选择性和标识性等特征，它可以唤醒学生的创造潜能，发展学生的创造思维，激发学生的创造动力。要深刻认识学校物质文化对学生身心发展的价值；充分发掘文化内涵，赋予校园建筑和公共空间以文化本意；科学规划，构建内涵丰富的文化设施；着力打造学生行为过程与审美思维的和谐统一。⑤ 学校制度文化是学校教职员工和学生对学校某种制度或整个制度体系的价值判断和行为方式，包括正式制度文化与非正式制度文化、内生型制度文化与外束型制度文化、显性制度文化与隐性制度文化、主体型制度文化与非主体型制度文化。其构成要素包括文本、体系、内涵和外延四个方面。⑥ 核心是坚持师生本位，依靠师生并服务于师生，提高师生对学校制度文化的认同度。在建设路径上包括推进学校制度变革、形成学校制度体系、挖掘学校制度文化内涵以及赋予学校制度文化意义等。⑦

有学者认为，基础教育阶段的创造型课堂教学文化有着鲜明的特征：一是教师鼓励学生创新，给学生质疑、思考的机会；能够根据知识的类型进行教学；善于创造帮助学生学习的“学材”。二是学习氛围多元、开放，教师能包容学生不同的个性，充分认识到学生智力发展的不均衡性。三是教师拥有适当的创造内隐观，给予智育之外的创造性人格以同等的重视。⑧ 新课改以来，我国课堂教学文化呈现出新特征：物质文化持续改善、特色发展；制度文化不断深化、细化；精神文化呈现出民主、生成的特征；行为文化呈现出对话、合作的特征；网络文化呈现出拓展、协作的特征。⑨

5. 课堂教学研究

有学者认为，中小学教学内容从国家《基础教育课程改革纲要》的提出，到学生掌握必要的知识和技能，形成一定的能力和价值观，需要经过四次转化和建构。第一次转化是把《纲要》的要求转化成各科的《课程标准》，第二次转化是根据《课程标准》编写教材，第三次转化是教师把课标和教材的内容转化成自己的知识，第四次转化是学生把教材

①和学新、张丹丹:《论学校课程制度》,《全球教育展望》2011 年第 2 期。
②和学新、张丹丹:《论学校课程制度建设》,《当代教育与文化》2011 年第 3 期。
③和学新、乌焕焕:《学校课程规划:动力、向度与路径》,《中国教育学刊》2011 年第 2 期。
④赵文平:《试论当前学校课程结构变革模式》,《中国教育学刊》2011 年第 10 期。
⑤翟艳:《基于学生创造力开发的学校物质文化创新》,《天津市教科院学报》2011 年第 5 期。
⑥张军凤:《学校制度文化的内涵、类型和构成要素》,《当代教育论坛》2011 年第 8 期。
⑦张军凤:《基于师生本位的学校制度文化建设》,《中国教育学刊》2011 年第 5 期。
⑧陈雨亭:《创造型课堂教学文化的特征》,《中国教育学刊》2011 年第 1 期。
⑨陈雨亭:《新课程改革带来的课堂教学文化创新研究》,《天津市教科院学报》2011 年第 3 期。

和教师的知识转化成自己的知识。在四次转化中教师的转化是关键,学生的转化是目的。①

有学者认为,课堂质量标准从历时性来看具有规律性,从共时性来看具有多维性,从实践中把握则具有生成性。规律性旨在揭示课堂标准的演化与发展是有过程和线索的,并体现时代特征;多维性体现在标准维度、理论基础、设计取向和研究重心的多元化,生成性意味着课堂标准是相对的和可发展的,因此可以从文化、过程、质量三个维度建构体现新课程理念的课堂标准框架。②

有学者认为,课堂教学中的有效交往是提高课堂效率的重要因素,有效教学交往是师生在教学中通过广泛的相互交流、沟通和理解进而完成预期教学任务和促进学生发展的教学活动。有效教学交往的实现需要充分认识教学交往的本体意义和价值,培养学生的交往意识和技能,关注学生的生活世界,建立师生间民主、平等的对话关系,不断创设有利于交往的多样化的教学组织形式。③

有学者认为,学习型课堂不仅是一种课堂形态,也是一种课堂理念、课堂结构与学习机制,它是课堂发展到一个较高水平的标志。基于学习型组织的多维理性,实现学习型课堂三个维度的合理与均衡建构,就要将课程目标资源凝聚成课堂愿景,重建学习共同体,促进学生从单维学习者角色向学研一体的双维角色转变。④

三、高等教育研究

1. 高校毕业生就业研究

高校毕业生就业问题一直是这几年全市学者关注的重要问题。有学者通过调查发现,当前大学生就业中"有业不就"现象加剧了大学生的就业困难,这与就业观念相关,包括大学生对就业困难程度的认知、选择工作时对诸如就业区域、薪资水平、培训机会和工作氛围等因素的影响。因此要帮助大学生树立正确的就业观,鼓励大学生到中西部地区和广大农村地区就业;树立长远的就业理念,重视工作中未来的培训机会和整体的工作氛围;认清整体就业形势,防止形成过高的就业期望;关注弱势大学生群体,促进大学生整体就业。⑤ 有学者认为,就业稳定性差是高校毕业生就业难的深层次原因。要建立个人职业素质提升、高校教育模式改革、企业制度体系完善、政府就业市场调控四位一体的高校毕业生就业稳定性促进机制。在公共政策方面要加强组织建设,强化政府职能;完善大学生就业社会保障政策;完善促进女大学生就业创业的政策;完善校、企、社区联合开发人力资源的政策。⑥ 有学者认为,目前亟需加强对大学生创业意识与创业能力的培养。调整国家政策,改善创业环境,注重舆论的导向作用,改善学生评价体系,增加磨难训练,将有助于大学生创业意识与能力的培养。⑦

2. 高校治理结构研究

完善的治理结构是现代大学制度的重要保障。有学者认为,大学治理结构的核心是多元化权力的合理配置与有效运行,在大学治理结构的变迁中需要平衡不同权力之间的冲突,形成多元权力的有效共存与健康运行。合理配置大学内外部治理结构中的权力构成,明确政府与高校的权力界限,重视学术权,建立服务行政体制是完善大学治理结构的前提和基础。建立大学章程和遵循正当程序原则是保证大学治理结构中权力合理运行的重要条件。重视和保障教师和学生的民主参与权与监督权是制约权力滥用的重要防线。⑧ 有学者参照利益相关者理论,认为需要从以下方面完善民办高校法人治理结构:重视学校章程的规范作用,树立"依法治校"理念;完善董事会等组织架构,促进利益相关者之间的良性互动与制衡;完善内部监督机制,强调对决策制定与执行的过程控制;提高教职工管理决策参与度,建立教师人才"引进—培养—留住"机制;完善民办高校管理人员激励与约束机制,实现决策程序化;合理发挥政府职能,服务与督导有效结合。⑨

①王敏勤:《中小学教学内容的四次转化和建构》,《天津市教科院学报》2011 年第 5 期。
②纪德奎:《论课堂质量标准的演变与生成》,《当代教育与文化》2011 年第 1 期。
③和学新:《论有效教学交往的实现机制》,《教育科学研究》2011 年第 5 期。
④纪德奎:《学习型课堂:理解与建构》,《教育理论与实践》2011 年第 3 期。
⑤徐丽敏:《大学生"有业不就"现象的实证研究》,《教育发展研究》2011 年第 1 期。
⑥张再生、赵丽华:《高校毕业生就业稳定性促进机制与对策研究》,《中国行政管理》2011 年第 7 期。
⑦郝维钢、郑欣:《加强大学生创业意识与能力培养的几点思考》,《天津师范大学学报》(社会科学版)2011 年第 3 期。
⑧方芳:《大学治理结构变迁中的权力配置、运行与监督》,《高校教育管理》2011 年第 6 期。
⑨汪莉:《刍议我国民办高校法人治理结构之完善》,《天津市教科院学报》2011 年第 6 期。

3. 高校和谐校园建设

和谐校园建设是全市学者继续关注的研究问题。有学者认为,现代大学史上高校校园分为六种模式:修道院模式、移植模式、知性模式、功能模式、流动模式和特色模式。和谐校园建设的基本特征有:特色发展与全面发展的统一、德治与法治的统一、继承性与发展性的统一、主体性与主导性的统一。① 和谐校园的评价要坚持四条标准:生态环保的标准、文化素质教育的标准、传统继承与创新发展相统一的标准,以及定量与定性、客观与主管相统一的综合研究方法的标准。② 在具体的评价指标上,包括领导班子和谐、党群干群和谐、师生员工和谐、师生员工与机关后勤部门和谐、学术与行政和谐、学校人文环境和谐、学校自然环境和谐以及学校与社会和谐等八方面内容。③

4. 美国高等教育研究

对美国高等教育的研究与借鉴是高等教育研究的重要内容。有学者认为,在美国,协约性规则是高等教育规则体系中的重要组成部分,其种类包括入会标准、职业规则和行业规则三类,它们起着规范高等教育的作用。协约性规则具有自己的优势,可以弥补国家法律法规存在的一些缺陷和不足。要在高等教育中建立一套完善的协约性规则,需要公民的结社自由得到充分保障,高校具有较高的自治水平,高等教育内人士要有较强的自主意识。④

有学者认为,美国研究型大学在重视科研的同时,通过设立奖学金、资助教师发展项目、认可高品质的教学、将晋升和薪资扩大到教学、重视教学团队建设等措施,较好地维持和挽回了教学的基础地位,协调了教学和科研的辩证关系,推动了研究型大学的可持续发展。⑤ 有学者认为,美国营利性大学的繁荣主要表现在学校的数量激增;普遍获得认证机构认证;所授予学位的层次提高;创造的经济效益历年攀升。其动力主要有:1996 年《高等教育法》修订提供了制度支持;高速发展的现代信息技术为其发展拓展了时空;多元化学生对高等教育提出的要求为其多样化发展创造了机遇;非营利性大学存在一定弊端为其提供了发展契机。目前美国营利性大学表现出一系列可持续发展的特征:竞争力大幅提升;办学主体更加丰富;办学层次和质量大幅提高;与非营利性大学之间有了更多的边界渗透和合作。⑥

近年来美国营利性大学发展迅速,适合市场机制的职业性课程是发展的核心动力。在课程观上,营利性大学秉承的是实践导向的观念;在课程内容上,开设的是市场需求高但又缺乏市场供应的学位课程;在课程设置上有灵活的和即时性的课程调整机制;在课程结构上,专业课程占有绝对比例,通识课程比例较小;在课程实施上,注重学生实用技能的培养;在课程评价方面,以专业性认证机构的标准规约课程质量。⑦

四、教师教育研究

1. 未来教育家奠基工程

2011 年天津市"全市未来教育家奠基工程"继续深入推进,取得了明显成效。一期学员的结业论文撰写及结业准备工作有序开展,二期学员挂职锻炼以及培养的定位定型工作顺利进行。两期学员积极参与国内外教育学术会议,有效展示了全市教育家培养的成果。6 月 16—17 日,由市教委、《中国教育报》基础教育新闻中心主办,天津教科院和天津市中小学"未来教育家奠基工程"办公室承办的"魏瑞江、刘晓婷、弭金玲教学思想与实践成果展示、研讨、交流会"隆重举行,共有六百多人对他们的成果进行研讨。11 月 27—28 日,主题为"聚焦基础教育质量"的全国基础教育"未来教育家(2011)"在津举行,来自十多个省市的 450 多名代表参加了本届论坛,他们围绕"基础教育质量的内涵及标准、基础教育的质量观、服务于质量提升的学校管埋改革、提升基础教育的质量"四个主题进行了广泛研讨、交流。11 月 29 举行了"王杰、张福宾办学思想与实践成果展示、研讨、交流会",共有四百多名代表围绕王杰校长的"生态型教育"和"潜质教育"办学思想进行了深入研讨。这些活动都是

①张丽:《高校和谐校园建设模式和特征解析》,《天津市教科院学报》2011 年第 4 期。
②张丽:《论高校和谐校园评价的四条标准》,《当代教育科学》2011 年第 3 期。
③易金生:《高校和谐校园建设评价指标体系的构建》,《高等职业教育》2011 年第 2 期。
④熊耕:《解析美国高等教育中的协约性规则》,《比较教育研究》2011 年第 2 期。
⑤陈超、郄海霞:《美国研究型大学的教学激励机制及其启示》,《高等教育研究》2011 年第 5 期。
⑥李丽洁:《美国营利性大学繁荣表现及动力探析》,《继续教育研究》2011 年第 4 期。
⑦李丽洁:《美国营利性大学的职业性课程》,《比较教育研究》2011 年第 1 期。

培养过程的重要组成部分，在全市全国都产生了积极广泛的影响。

2. 教师教育课程研究

有学者认为，我国现行幼儿教师政策在教师管理方面具有明显的"身份制"特征，对幼儿教师队伍产生了负面的影响：民办园教师未能享有与公办教师同等的法律地位；农村幼儿教师的"教师身份"得不到认可；其他非公办幼儿教师权益未得到有效保障。"身份制"政策形成的原因主要是"公办优先"的发展战略导致非公办幼儿教师遭遇不公平的待遇；"城市优先"的发展战略导致农村幼儿教师遭遇制度性歧视。要建设一支高质量的有活力的幼儿教师队伍，就必须打破"身份制"，探索能够真正实现幼儿教师"行业管理"的政策措施。①

有学者认为，当前我国正处在师范教育向教师教育的转型时期，高师职前教师培养多种模式并存，教师教育课程设置难有依据。从教师专业化内涵出发，以教师特有的"学科教学知识"为逻辑起点，基于"学科"与"教育"的双重专业知识的教师教育体系，不仅能保证学科专业水平不降低，而且教师教育课程所占学分比重完全可以达到国际上提倡的教师教育专业化意义上的理想水平，也才能走出长期困扰教师培养的"师范性"与"学术性"的长期论证。②

（本文作者：张武升，天津市教育科学研究院院长、研究员、博士生导师；肖庆顺，天津市教育科学研究院副研究员）

职业教育研究综述

肖凤翔

2011 年，天津学者和实践工作者就职业教育理论与实践问题进行了研究，涉及天津作为中国职业教育发祥地的意义、职业教育理论及发展脉络、职业教育实施的制度保障、职业教育发展策略、模式、课程与教学改革、师资队伍建设、职业教育体系、农村职业教育、职业技能大赛以及职业教育国际比较等。

一、职业教育理论

1. 职业概念

"职业"作为职业教育学科的源概念，集中表征着社会生产力、政治经济制度和文化等因素与职业教育的互动关系。职业集中体现社会生产力、政治经济和文化的要求，规定着职业教育的性质。学者界定职业概念主要有语义和社会学视角。语义或常识性视角解释职业，把职业解释为工作或劳动，主张职业是"个人在社会中所从事的作为主要生活来源的工作"。③ 社会学视角解释职业，把职业界定为专业化社会角色，社会角色即职业活动的主体，完成职业活动需具备的资格和素质成为表征职业的重要内容。语义和社会学视角将职业的性质限定为：职业是个人为了谋生而服务社会的工作或劳动；职业是个体合乎社会角色规范必须承担的责任；职业是需要专业知识、技能的制度化的活动。因此，可将职业的概念界定为：职业是以谋生为基本目的，基于市场交换驱动分工基础上，个体必须从事的连续的制度化的社会生产或服务性专业活动。④

职业概念揭示职业活动一般、本质的特征，它对教育的规定性，是职业活动的一般的和本质特征对教育现象的限定，决定职业教育的基本属性，其目的在于促进教育胜任社会分工的责任，是职业对教育的社会性的规定。职业通过职业角色、职业类型、职业活动和职业认证规定职业教育：职业角色规定教育目的的专业定向性；职业类型规定职业教育的专业结构；职业活动决定职业教育机构专业教

①梁慧娟：《我国现行幼儿教师政策的"身份制"特征表现与成因分析》，《学前教育研究》2011 年第 9 期。
②仲小敏：《转型时期高师职前教师教育课程的重构》，《课程·教材·教法》2011 年第 8 期。
③中国社会科学院语言研究所词典编辑室：《现代汉语词典》（第 5 版），商务印书馆 2005 年版，第 1750 页。
④肖凤翔、所静：《职业及其对教育的规定性》，《天津大学学报》（社会科学版）2011 年第 5 期。

育的活动方式；职业认证影响职业教育质量评价。①

2. 中国职业教育发展脉络

19世纪60年代的洋务学堂既是中国新教育的开端，也标志着中国现代意义上的职业教育的产生。天津作为中国近代开埠最早的城市，洋务时期实业教育得到广泛的发展，成为中国职业教育的发祥地。

中国职业教育的产生伴随着传统人才观念的变化，它的发展体现了职业教育称谓认同过程。近代人才观念的形成及其对传统人才观念的突破是职业教育产生的直接诱因。近代人才观念的形成所产生的整体的社会结构的变动是职业教育产生的深刻动因。近代社会对务实人才的渴求带动职业教育的产生及发展。洋务派创办新式学堂，癸卯学制的建立，20世纪二三十年代中国教育改革的推进，勾勒出中国现代职业教育发展的历史脉络。

职业教育的称谓之争是我国职业教育发展的一个缩影。我国职业教育先后发生过三次大的称谓之争："实业教育"和"职业教育"之争、"职业教育"和"技术教育"之争、"职业技术教育"和"职业教育"之争，它体现了我国学者关于职业教育理论的探索：职业教育称谓从"实业教育"到"职业教育"，从"技术教育"到"职业技术教育"的更迭，却未中断我国职业教育作为一种"历史事实"的存在，它带动了职业教育制度及学校形式的变化。教育与职业关系的发生与发展的可能性，昭示了职业教育变革与发展的必然性。②

职业教育产生与发展进程中的矛盾和冲突，构成了职业教育发展的源泉与动力。面对当代职业教育的发展，尤其是发展中的问题与困境，职业教育发展之路在于本土化，在于形成多元、互动的职业教育发展张力。在中国历史与现实的政治、经济、文化多维思考中，明确职业教育的地位、作用，构建职业教育理论体系，规划职业教育的发展路径。③

二、职业教育发展策略

2011年，天津职业教育的发展体现在四个方面：(1)完善职业教育政策法律体系，提出高等职业教育免费制度、确定职业技能大赛的法定地位、为校企合作立法等；(2)建产学研一体化的职业教育合作体制，建立政府主导、行业指导、学校为主的产学合作模式；(3)提高职业教育的地位，逐步建立新型的职业性学位体系、提高职业院校的学术地位等；(4)提出加强示范区建设的策略：培育和发展各个地区、各个职业院校的比较优势；职业教育同经济建设、社会发展相协调，同步规划、同步实施、同步发展，达到经济效益与社会效益的统一；高质量的职业教育将由发达地区向次发达地区梯度推进，先进的职教将由优秀院校向一般院校梯度推进；驱动和发展职业教育在政治、经济、科技、文化和生态等各方面的因素。④

就职业教育自身发展问题，天津学者提出建议：(1)形成促进职业教育集团化办学的内部运行机制和外部支撑机制。内部运行机制即建立职业教育集团董事会，实行政府主导与统筹，强化内部管理，有效控制与协调影响职业教育集团化办学内部因素。外部支撑机制即发挥政府主导作用，协调各方关系，以市场为导向，激励相关各方参与集团化办学⑤；(2)发挥科研引领作用，以研促教，以研致用。通过科研工作深化教学改革，推动产学研结合，提升学校综合办学实力，引领学校内涵建设，提升学校影响力，强化"以研促教、深化教育教学改革"和"以研致用，深化产学研紧密合作"⑥；(3)加强职业教育利益相关者关系管理，措施有四：通过信息管理保障利益相关者的沟通；通过供应链管理，协调利益相关者的价值需求；通过人力资源管理，更好地开发人力资源优势；重视职业教育发展中的劳动关系管理，积极进行职业院校的文化建设，保障职业院校的可持续发展。⑦

三、人才培养模式及课程教学改革

工学结合人才培养模式是中国特色职业教育的核心及"天津模式"的本质特征。工学结合人才培养模式的理论研究集中体现在三点：从国家、学校和企业三个层次诠释我国工学结合人才培养模

①闫广芬、曹莉艳：《中国职业教育的产生及其启示——基于近代人才观念的变迁》，《天津大学学报》(社会科学版)2011年第5期。
②孟景舟：《关于职业教育名称的百年之争》，《职教论坛》2011年第16期。
③黄立志：《反思与重构：中国职业教育发展策略研究》，《中国职业技术教育》2011年第30期。
④任凯、王捷：《国家视野下的天津职业教育改革创新示范区建设》，《天津市教科院学报》2011年第2期。
⑤许芳奎：《关于海河教育园区集团化办学的思考》，《职业与教育》2011年第7期。
⑥董刚：《以研促教以研致用》，《中国职业技术教育》2011年5期。
⑦李名梁、谢勇旗：《职业教育利益相关者：利益诉求及其管理策略》，《职教通讯》2011年第21期。

式的核心内容和基本思路，适合我国工学结合培养模式的保障措施、方法和建议①；把学生素质教育、职业技能实训、专业知识学习、相关兴趣、特长发展纳入人才培养价值链，实现人才培养价值链的衔接②；强化实践教学环节，创办一批“校企合一”的办学实体，培养“双师型”骨干教师是保障工学结合人才培养模式的内在机制。针对天津市职业院校工学结合人才培养模式的案例研究表明，行业协会的参与和指导，是校企合作的基本要求。行业协会深度参与和指导，有助于实现行业内优质资源整合，校企共建校内外实训基地，企业深度参与人才培养，推进“校会合作、校企合作”创新，形成了“校会合作，校企合作”的人才培养模式。③

基于“工作过程”开发课程是高职院校课程改革的热点。课程目标设定突出职业教育本质，课程设置依据职业特点、需求，职位标准，基于能力分析调整课程。④ 专业设置要适应市场需求，课程标准对准岗位，突出实践教学，优化课程结构⑤；通过课程模块化，强化职业教育课程的“实用性、超前性和兼容性”；依据宏观、中观、微观层次的情景分析和职业描述是课程开发的出发点，真实职业实践环境分析对于职业教育课程开发具有重要意义。⑥ 职业教育专业课程开发，不能忽视学习者职业能力训练与职业精神培养的统一。我国职业教育课程开发要超越完全基于职业技能培训单一逻辑的西方职业教育理论体系，向以培养学习者职业文化认同为核心的职业能力培养和职业精神养成职业教育内容体系迈进。

学者从典型案例、国家比较和教学质量评价模式等角度深入分析了教学改革。采用典型案例，针对目前急救护理实践教学模式中存在的问题，通过基于工作过程的实践教学模式的改革与实践，提高学生岗位适应能力、分析问题与解决问题能力，解决了危重急症抢救等教学实践之间的矛盾问题⑦；通过国际比较，分析德国职业教育核心能力培养，借鉴“行动导向”教学方法在培养学生解决问题能力的重要性，以项目开发体现课程的“行动导向”⑧；发挥评价的教学质量保障功能，建立以教学主体、教学内容、教学考核、学习过程、制度保障为一级指标的评价体系和科学有效的评价工学结合教学模式。⑨

四、现代职业教育校企合作的保障机制

校企合作是职业教育现实与历史的必然选择。职业教育实行工学结合、校企合作，使企业（行业）真正参与教育，促进职业教育与经济社会发展需求对接，改变了人才培养模式。⑩ 校企合作能调和职业学校教育理论知识传授与企业实际操作技能训练各行其是的矛盾，符合职业教育的发展规律。单一的学校教育或企业培训偏离职业教育的本真。职业学校的教育教学有很强的实践性，企业能化解学校教育与岗位需求相脱节的矛盾，它有责任培养职业人才，校企合作能实现互利共赢。⑪

校企合作需要政府、企业、学校及相关社会组织等的配合和协调。政府、企业、学校及相关社会组织是校企合作的利益相关者，实现校企合作，应发挥政府的主导作用，增强政府有限职业教育职能意识，⑫提出具体的校企合作政策法规，建立职业教育校企合作国家框架和项目。要加强校企合作的能力，学校应树立校企合作理念，把握合作的方向，调动各方面的积极因素，实现高校与企业的优势互补，提高自身的合作能力。建设德才兼备的“双师型”教师队伍。发挥企业在校企合作中的主体作用。企业既以长远的观点，将校企合作作为营造“学习型企业”的重要组成部分，又提高企业自身的校企合作能力，研究高职院校人才培养目标、教学

①龙德毅：《工学结合职业教育人才培养模式研究》，《天津职业院校联合学报》2011 年第 2 期。
②任宏娥：《高等职业教育人才培养价值链分析研究》，《天津职业院校联合学报》2011 年第 5 期。
③孙诚、牟信妮：《“校会合作、校企合作”高职教育人才培养模式探索——以天津职业大学印刷工程系产学研实践为例》，《职教论坛》2011 年第 33 期。
④王峙浩：《论职业教育课程设置的目标与途径》，《科技创新导报》2011 年第 10 期。
⑤李楠：《当前职业教育面临的问题及对策》，《天津职业院校联合学报》2011 年第 2 期。
⑥许冰冰、李焕：《复杂的情景分析：职业教育课程开发的出发点》，《职教通讯》2011 年第 17 期。
⑦储媛媛：《高等卫生职业教育中急救护理教学的新探索》，《医学理论与实践》2011 年第 19 期。
⑧白纯：《德国“以行动为导向”职业教育对我国医学生培养的启示》，《中国高等医学教育》2011 年第 11 期。
⑨芮志彬：《校企深度融合，探索合作途径》，《天津职业院校联合学报》2011 年第 9 期。
⑩同上。
⑪聂伟：《从职业教育发展史角度分析校企合作的必然性》，《职教论坛》2011 年第 15 期。
⑫曾来、肖凤翔：《反思与诉求：试论职业教育中政府责任的有限性》，《职教通讯》2011 年第 7 期。

计划教学内容和培养模式。① 行业协会应深度参与和指导。开展与行业内相关企业群的资源协作和深度合作,搭建校企合作平台;组织行业技术骨干参与人才培养方案制定以及修订等教学改革工作;为学生顶岗实习及就业等方面提供保障。②

保障校企合作,需建立和完善校企合作的管理和运行体制,应做好三方面的工作:其一,合理设置机构,沟通劳动保障部门、政府业务部门、行业协会等,调整教育部门与劳动就业保障部门的业务范围,建立统领性的职业教育机构。其二,建立有效管理机制。建立运转良好的对话机构和对话机制,经过协商程序,对职业教育校企合作的问题进行讨论和监督,整合各方面的意见和力量,形成对职业教育校企合作的科学管理,实现政府、行业、企业、学校之间的协调运作。其三,校企合作双方合作机制。构建包括结合、动力、投入、就业与用人、实训基地建设、产学合作的评估、产与学互利互惠、合作双赢的耦合等机制。充分调动校企双方合作办学的积极性,建立起以"互利互惠、优势互补、利益共享、风险共担"为基础的长期、稳定的合作关系,形成高职教育与区域经济深度融合。

五、师资队伍建设

学者认为,职教师资队伍整体状况存如下问题:师资队伍专业结构不合理。③ 现有教师难以达到职业教育对学生技能培训的要求;师资总量不足。④ 师资短缺困扰职业教育,尤其是理论基础扎实、专业技能过硬的"一体化"教师队伍不能满足学校建设的需要。⑤ 优化配置和高效管理职教师资资源需要做好五方面工作:其一,调整师资配备数量,降低职业院校的生师比⑥,增加校外兼职教师和校外兼课教师比例,突出"专兼结合"师资队伍结构的特征。⑦ 其二,加大"双师型"教师队伍培养力度,加快"双师素质"青年教师的培养速度,加强"专家型"专业带头人和骨干教师的培养,开展企业兼职教师的教学基本素质培训。⑧ 其三,引导教师积极参与教育科研工作,建立和完善相关制度机制,形成"校校有课题、人人在研究"的局面,示范全国高职院校。⑨ 其四,建立职业院校新录用教师下企业锻炼的制度。当前科学技术日新月异,职业院校应有计划地安排新录用教师到企事业单位进行专业实践,从而提高新录用教师的技能水平,调整其知识结构。其五,应明确职教教师专业标准。⑩ 目前,我国尚未建立职业教育教师专业标准,职业院校教师选聘难以体现职业教育特色,影响到我国教师资格制度、继续教育制度与职称评定制度等的完善,以及教师专业发展的有效性。

(本文作者:肖凤翔,天津大学职业技术教育研究所所长、教育学院教授、博士生导师)

心理学研究综述

阴国恩　沈德立

2011 年,天津心理学学者对心理活动的事件相关电位、中文阅读的眼动、注意控制、英语学习的有意遗忘记忆等专题开展了研究,取得了丰硕的成果。

①殷红、米靖、卢月萍:《我国高职院校校企合作研究综述》,《职教论坛》2011 年第 11 期。

②孙诚、牟信妮、郝晓秀:《"校会合作、校企合作"高职教育人才培养模式探索——以天津职业大学印刷工程系产学研实践为例》,《职教论坛》2011 年第 33 期。

③李楠:《当前职业教育面临的问题及对策》,《天津职业院校联合学报》2011 年第 2 期。

④孟祥琦:《高职教育模具专业教师队伍建设改革初探———以天津中德职业技术学院探索实践为例》,《高等职业教育一天津职业大学学报》2011 年第 4 期。

⑤刘桂玲:《谈职业教育目前存在的问题以及应对措施》,《吉林省教育学院学报》2011 年第 8 期。

⑥岳腾仑:《职业教育改革试验区发展规划及实施情况研究》,《天津职业院校联合学报》2011 年第 1 期。

⑦吕颖:《中德两国职业教育师资队伍建设的比较研究与启示》,《天津职业院校联合学报》2011 年第 9 期。

⑧李大卫:《天津市国家职业教育改革实验区实训基地建设研究》,《天津市经理学院学报》2011 年第 2 期。

⑨天津市教育委员会:《坚持科研先导加快改革创新,着力促进天津职业教育科学发展》,《中国职业技术教育》2011 年第 1 期。

⑩杨春芳、张涛:《中职教师专业发展互动机制构建》,《职业技术教育》2011 年第 23 期。

一、心理活动的事件相关电位研究

1. 结果评价的认知神经机制

王益文等为了研究竞争情境下人际关系影响结果评价的认知神经机制，记录了 16 名健康成人进行扑克大小游戏时的脑电，分析被试与朋友以及与陌生人竞争时输赢反馈的 ERP。在竞争情境下，人际关系对与结果评价有关的反馈负波（FRN）和 P300 两个成分都有影响。和朋友竞争的 FRN 波幅比和陌生人竞争的 FRN 波幅更大，这表明 FRN 除了反映对结果输赢的快速评价，还可能反映了由竞争所引起的个体认知冲突，和朋友竞争引发更大的认知冲突。和陌生人竞争的 P300 波幅比和朋友竞争的 P300 波幅更大，这表明 P300 可能反映了一种晚期和社会性注意分配以及动机/情感有关的自上而下的结果评价过程。①

2. 面孔再认的性别差异

男性和女性之间的心理差异一直是一个令人感兴趣的问题。当今，研究者普遍认为，男性和女性尽管在总体认知能力（如 IQ）上不存在显著差异，但某些特定认知能力方面确实存在差别。例如，空间能力方面男性优于女性，而言语能力方面女性优于男性。目前，对于到底存在哪些认知能力的性别差异及其造成这些差异的原因仍属于值得进一步研究的课题。

吕勇等人采用行为实验及事件相关电位技术，通过学习—测验范式考察面孔再认中的性别差异，结果发现，女性面孔更容易被记住，且女性很可能比男性更擅长记忆面孔；旧面孔诱发的 N170 波幅更大，表明该脑电成分可受到面孔熟悉度的调制；女性面孔诱发的 N170 波幅更大，而男性面孔引发的 P2 波幅更大；前者可能与女性面孔可变化的特征较多、需要更大的心理负载有关，后者可能与男性面孔可变化的特征较少、再认难度较大，从而需要更深的加工有关。新旧面孔诱发女性被试的 P1 波幅存在差异，但男性被试身上不存在此现象，提示女性的脑活动可能比男性更早地受面孔的熟悉度所调制。此外，女性被试对于新旧面孔还表现出 P2、N250 波幅的差异，且女性被试新旧效应涉及的头皮范围比男性更广，这些都为女性较好的面孔再认能力提供了电生理证据。②

二、中文阅读的眼动研究

汉语认知加工是一个涉及面极广的研究领域，它既涉及对汉字的视知觉、听知觉、义表征，又涉及汉语词汇的表达、加工，语句和文本的理解以及阅读障碍者和双语者的信息加工等。采用眼动技术研究中文阅读，对于探讨汉语认知加工过程的特点及影响因素具有重要意义。

1. 副中央凹预视效应

小学生和成年人在阅读时，注视一次可以获得多少信息？在阅读时，他们通过副中央凹区域可以获得什么样的信息？获得的信息类型有什么差异？这些是阅读的基本问题。闫国利等以小学五年级学生和大学生为研究对象，采用眼动技术，探讨了这个问题。研究发现，大学生读者知觉广度范围较大，能够在副中央凹预视中获取字形和语音的信息，而小学生读者的知觉广度范围较小，在副中央凹预视中仅能获取字形的信息。上述结果表明，不同年级学生在注视时，获取信息的范围及在副中央凹预视时获取信息的类型上均存在一定程度的差异。③

2. 中文阅读的影响因素

随着通讯技术的发展和网络的不断普及，视觉显示终端（visual display terminal，VDT）阅读已成为人们获取信息的主要手段之一。由于人们生活节奏加快以及窗口显示面积往往受限，如何提高人们通过动态文本方式来进行学习、阅读和搜索所需信息的效率，如何使动态文本的呈现达到最优化已成为人们关注的焦点。白学军等使用 EyeLink2000 眼动仪，以 30 名大学生为被试，采用 3（窗口大小：5 字、10 字、15 字）2（呈现速度：300 字/分、600 字/分）3（字号：24 号、36 号、48 号）多因素混合设计，考察了窗口大小、呈现速度和字号对引导式文本阅读的影响。结果表明：（1）字号的主效应显著，字号越大，越有利于阅读；（2）呈现速度的主效应显著，慢速更有利于阅读；（3）呈现速度和字号的交互作用显著，慢速和中号、慢速和大号更有利于阅读。④

国外研究空格这一低水平语言因素在阅读中起着重要的作用，例如删除英语文本中的词间空

①王益文、袁博、林崇德、郑玉玮、沈德立：《人际关系影响竞争情境下结果评价的 ERP 证据》，《中国科学生命科学》2011 年第 11 期。

②吕勇、刘亚平、罗跃嘉：《记忆面孔，男女有别：关于面孔再认性别差异的行为与 ERP 研究》，《科学通报》2012 年第 14 期。

③闫国利、王丽红、巫金根、白学军：《不同年级学生阅读知觉广度及预视效应眼动研究》，《心理学报》2011 年第 3 期。

④白学军、曹玉肖、顾俊娟、郭志英、闫国利：《窗口大小、呈现速度和字号对引导式文本阅读的影响》，《心理科学》2011 年第 2 期。

格，会导致读者的阅读速度下降大约30%～50%，且会使注视时间变长和回视次数增多。国内的一些研究发现，在汉语文本中插入词间空格既没有促进阅读，也没干扰阅读，而非词空格对阅读产生了明显的干扰效应。白学军等用眼动仪，以30名大学生为被试，采用2（预测性：高、低）3（空格：正常无空格、词间空格、非词空格）被试内设计，考察了预测性和空格对中文阅读影响，以决断模块化理论和相互作用理论的争论。如果实验结果只是两个因素各自的主效应显著，则支持模块化理论；如果实验结果不仅是两因素主效应显著，而且其交互作用显著，则支持相互作用理论。结果发现，词的预测性和空格两因素的主效应显著，但二者之间无交互作用，支持模块化理论的预期。①

他们的另一项研究发现，四字成语存在具体性效应。眼动数据结果显示，具体性效应只出现在低频成语中。②

3. 阅读障碍儿童的加工特点

白学军等采用EyeLinkII眼动仪，选取阅读障碍儿童及与其年龄相同的阅读正常儿童、阅读能力水平相同的三年级儿童为被试，具体为：五年级阅读障碍儿童11人（平均年龄12.1岁，简称阅读障碍组），与五年级阅读障碍儿童年龄相匹配的阅读正常儿童15人（平均年龄11.5岁，简称年龄匹配组），与五年级阅读障碍儿童阅读能力相匹配的三年级儿童13人（平均年龄9.3岁，简称能力匹配组）。要求他们阅读正常无空格和词间空格句子。结果发现，在阅读正常无空格和词间空格句子时，阅读障碍儿童与年龄匹配组和能力匹配组儿童一样，单次注视时往往将首次注视定位于词的中心，多次注视时首次注视往往落在词的开头；当首次注视落在词的开头时再注视该词的概率增加，而且再注视往往落在词的结尾部分。研究者提出，中国儿童在阅读过程中采用的是“战略—战术”策略。③

4. 双语阅读者的加工特点

白学军等以24名日—汉双语者为被试，采用EyeLink2000眼动仪，通过两个实验来探讨词切分对日—汉双语者汉语句子阅读的影响。实验一采用四种词切分方式：正常条件、词间空格条件、非词空格条件和字间空格条件。为了确保四种词切分条件下句子的空间分布一致，实验二采用灰条标记作为字、词或非词的边界。结果发现：（1）在总体和局部分析中，词间空格条件下平均注视时间显著少于正常条件；非词空格和字间空格条件下的阅读时间更长、注视次数更多。（2）在总体分析中，总句子阅读时间和总注视次数在正常条件和词间空格条件中差异不显著；局部分析中，词间空格条件比正常条件下的阅读时间更短、注视次数更少。表明日—汉双语者在阅读词间空格文本和正常文本一样容易；词切分对日—汉双语者汉语阅读的词汇识别有促进作用；在汉语阅读中，词是重要的加工单位。④

三、注意控制的研究

白学军等人采用视觉搜索范式，以二维抽象对称图形为材料，通过记录16名被试在长短两种时间间隔（ISI）条件和有效、中性、无效三种视觉工作记忆内容条件下的行为反应和事件相关电位（ERPs），探讨视觉工作记忆内容对自上而下注意控制影响的认知过程和脑机制。结果发现：（1）无论ISI长或短，有效信息条件（记忆图形与目标所在的背景图形相同）的反应时均显著短于无效信息条件（记忆图形与目标所在的背景图形不同）。（2）有效信息条件下的额区P2波幅显著大于中性信息条件（记忆图形不出现在搜索序列中）；枕区P1、N1波幅和潜伏期在视觉工作记忆内容条件下差异不显著，短ISI条件下，有效信息条件下的枕区P300波幅显著大于无效信息条件；长ISI条件下，有效信息条件的枕区P300波幅显著小于无效信息条件。表明当目标出现在与记忆内容相匹配的客体中时，激活了工作记忆中的客体表征，以自上而下的方式优先捕获注意；同时ISI变化对此过程起着调节作用。⑤

唐卫海等采用辨别任务范式，运用三个3×3×3的混合实验设计（线索有效性、年级、靶子出现位置），考察了3种线索—靶子时间间隔下线索有效

①白学军、曹玉肖、顾俊娟、郭志英、闫国利：《可预测性和空格对中文阅读影响的眼动研究》，《心理科学》2011年第6期。
②余莉莉、闫国利：《成语具体性效应的眼动研究》，《心理与行为研究》2011年第4期。
③白学军、孟红霞、王敬欣、田静、臧传丽、闫国利：《阅读障碍儿童与其年龄和能力匹配儿童阅读空格文本的注视位置效应》，《心理学报》2011年第8期。
④白学军、郭志英、顾俊娟、曹玉肖、闫国利：《词切分对日—汉双语者汉语阅读影响的眼动研究》，《心理学报》2011年第11期。
⑤白学军、尹莎莎、杨海波、吕勇、胡伟、罗跃嘉：《视觉工作记忆内容对自上而下注意控制的影响：一项ERP研究》，《心理学报》2011年第10期。

性对辨别任务中儿童返回抑制发展的影响。结果表明:(1)随着年龄的增长,儿童完成任务所需的反应时逐渐缩短;(2)随着年龄的增长,儿童出现返回抑制所需的SOA缩短;(3)辨别任务的难度比较大,所需的认知技能和工作记忆更多,因此返回抑制出现的机制也就更复杂,线索有效性对辨别任务下的返回抑制的影响并没有呈现出规律性的变化。①

四、英语学习的有意遗忘记忆研究

白学军等人以英语词汇为材料,80名五年级小学生为被试,采用自由回忆和再认测验作为外显记忆测验,词干补笔测验作为内隐记忆测验,探讨小学五年级学生在单字范式下与字表范式下的有意遗忘效应及其机制。研究结果发现:在单字范式下,三种测验中都存在有意遗忘效应;而字表范式下,只有词干补笔和自由回忆测验中存在有意遗忘效应;三种测验中,单字范式下记忆项与遗忘项的差异显著高于字表范式下二者的差异。这表明两种范式下有意遗忘效应的产生机制是不一致的,且相对于字表范式,单字范式下有意遗忘效应更显著。②

(本文作者:阴国恩,天津师范大学心理与行为研究院教授、博士生导师;沈德立,天津师范大学心理与行为研究院院长、教授、博士生导师)

体育人文社会科学研究综述

叶加宝

2011年天津市体育人文社会科学的研究取得了丰硕成果,尤其是在体育基本理论的研究方面推出了大量的成果。其中,有20多篇论文入选在上海体育学院举办的第九届全国体育科学大会,多篇论文作为大会主题报告宣讲。

一、体育基本理论研究

中国体育界围绕“体育”概念的争论不休,主要是对由对Sport和Physical Education的概念、本质及二者关系的理解不同造成的。两个针锋相对的立场一般称作“大体育观”与“真义体育观”。“真义体育观”认为Physical Education才是体育,“大体育观”认为sport就是体育。魏立宇等选择狭义体育作为突破口,对当前体育本质及定义研究存在的问题进行分析。通过对美国“针对身体的教育”到“通过身体的教育”的思想演变说明体育的本质仍然是教育。“运动教育”只是一种体育教育模式,美国的体育是身体教育,其内涵是通过身体对人的教育。研究认为,借鉴英美体育研究的成果,将体育与竞技区别开来,是解决中国体育概念困惑的捷径。③

体育是平等的化身,是竞争的代言。早在现代体育诞生之前,“FairPlay”精神便在18世纪到19世纪英国的社会土壤中滋生起来。无论时代怎么变化,体育如何发展,“FairPlay”精神应该是体育最具生命力的根基,“FairPlay”也是体育对现代社会伦理体系最重要的贡献之一,其内涵应随着时代发展不断丰富。通过对“FairPlay”精神起源的考察,张维、林琳采用文献资料法历史分析了“FairPlay”精神的起源,并结合FairPlay精神面临的时代压力,系统分析现代体育生命力延续这一议题,提出“人”才是体育及其“FairPlay”精神继续生存或走向毁灭的主宰者。④

近年来,对体育强国理论研究呈现出不同意见,主要集中在我国体育发展处在体育大国还是体育强国阶段之争的研究。布特、花勇民认为,体育大国和体育强国之分,只是体育在不同社会历史发展阶段选择的价值取向和判断不同而已。后奥运时代,“体育强国”把提高全民体育素质作为国家发展战略价值加以实施。不论是从经济社会发展的客观条件、公民的思想意识进步的社会基础,还是

①唐卫海、刘娜、刘湍丽、刘希平:《辨别任务中线索有效性对儿童返回抑制发展的影响》,《心理科学》2011第4期。
②白学军、张丽华、李红霞:《两种范式下有意遗忘的实验研究》,《心理科学》2011年第1期。
③魏立宇、杨薇、韩飞:《“体育”不是“身体教育”质疑》,《体育学刊》2011年第3期。
④张维、林琳:《论FairPlay》,《体育文化导刊》2011年第4期。

从竞技体育发展积累的经验来看，把提高全民体育素质作为国家发展战略价值选择具有现实可能性。提高青少年体质健康水平是体育强国的首要价值选择；提高全民体质健康水平是体育强国的中心价值选择；提升体育文化发展水平是体育强国的基础价值选择；提升体育社会化水平是体育强国的重点价值选择。①

现代体育在大众文化时代的审美增值很大程度上反映在体育的消遣娱乐功能方面。在传统的体育价值观里，体育的健身和教育功能一直居于首要地位，而随着消费主义对现代体育的大举入侵，人们对感官刺激的需求日益强烈，体育的消遣娱乐功能已经从以前的从属地位一跃而可与健身功能并驾齐驱。杨学文从体育审美价值的多元重叠、大众审美趣味的自然选择、崇高隐退的主体性回归、身体维度的平面化隐忧和精神维度的理想式超越五个维度，研究大众文化对现代体育发展的影响。认为现代体育在审美泛化过程中存在一系列的问题，必须对现代体育与人的生存活动强化美学介入，通过提升人的精神境界来防止可能产生的物化倾向。②

二、体育史学研究

天津体育学者关于近代中国体育史的研究，在国内具有较大的影响。1934 年在天津举行的第十八届华北运动会以参与单位及人数众多、场面盛大引起体育界乃至社会各界极大关注，运动会期间南开学校啦啦队两次登台表演与东北代表队素装参会，彰显出中日战争背景下民族主义的强烈色彩。杨明、邹灿通过大量文献资料研究认为，华北运动会发展到第十八届已成功地将体育运动从学校推广到整个华北地区，并对全国体育发展产生了不可忽视的影响。第十八届华北运动会展现了国难中不同阶层对于这一公众盛会的需要和寄托，运动会甚至一度成为直接表达爱国志愿、宣传救国、宣泄民族情绪的公共平台。救国理念作为发展体育的原动力，对体育观念的转变及体育运动的提倡起到了关键的推动作用，华北运动会从而被寄予了更多含义。③

村落体育作为体育学的热点开始被重视。杨祥全通过对天津市北辰区天穆镇天穆村这一天津市最大的回族聚居区的社会调查，提出受回族尚武及运河文化的影响，天穆村人不但传承了回族的传统武术技艺，而且在游泳、中国式摔跤、柔道、自行车等诸多体育项目上均表现出相当高的水平。天穆村人还积极参与并且承办各种体育赛事。天穆村体育代表着一种积极向上的体育精神，是一笔宝贵的体育文化财富。④

三、体育科学学研究

20 世纪 80 年代我国比较体育的研究一度非常兴盛，产生了大量的研究成果，但是后来逐渐衰落，步入 21 世纪以来比较体育的研究就已经少有人问津了。有人开始不断质疑：比较体育究竟是一门独立学科还是某一研究领域或研究方法的问题？高飞对这一问题进行了系统的梳理，归纳出至今围绕这一问题的 6 种具有代表性的观点。这些观点或执著于对一种研究方法的追求，或倾向于一门独立学科、一门兼应用学科和理论学科于一身的交叉学科的主张，或衷情于一门最贴近现实的前沿性综合学科或某一研究领域、某一涵盖体育所有事实乃至整个领域的学科群的见解。诸如此类观点或多或少地具有某些积极特征且又存在着明显不足，因而有关比较体育学科性质的分歧与争鸣将会继续存在，这也是影响学科缓慢发展的一个重要因素。⑤

体育科学与相关学科的关系一直受到体育学者的广泛关注，王琪根据美国科学情报所（ISI）的 Web of Science 数据库，获得了美国《锻炼与运动研究季刊》1930—2009 年期间发表的 4219 篇论文数据，对其进行期刊共被引分析、多元统计分析和词频分析，并借助科学计量学软件绘制体育科学知识图谱，通过对图谱的解读认为，体育科学在不同时期的学科支撑有所差异，并具有动态性，体育科学在发展中与越来越多的相关学科发生了联系。不同时期的主要相关学科的变化还体现出了体育科学知识体系的逐步完善。在 20 世纪 70 年代以前，体育科学主要从自然科学学科中汲取营养，而从 20 世纪 70 年代开始，人文社会科学逐步向体育科学渗透，使体育科学的知识体系不断完善。体育科学

①布特、花勇民：《体育强国的价值选择论》，《山东体育学院学报》2011 年第 11 期。
②杨学文：《试论体育审美价值》，《体育文化导刊》2011 年第 8 期。
③杨明、邹灿：《体育与救国：第十八届华北运动会述评》，《史学月刊》2011 年第 11 期。
④杨祥全：《天穆村体育的传承与发展》，《体育文化导刊》2011 年第 10 期。
⑤高飞：《比较体育科学性质》，《体育科学》2011 年第 4 期。

引用统计学期刊的比例呈持续上升趋势，体育科学正在经历数学化的过程。在体育科学发展的过程中，相关学科研究方法不断向体育科学领域移植和渗透，体育科学对科学方法的依赖越来越强。①

四、体育传播学研究

天津在城市的形成和发展过程中积累了丰富的民俗体育活动，成为天津体育文化的重要组成部分，天津民俗体育具有独特的历史文化积淀，蕴藏着天津特定的文化基因。刘欣、李鹏认为天津民俗体育得以传播的主要途径有：花会表演和民间组织。两种不同的传播途径对于天津民俗体育的发展起到了不同的作用。②

当今社会信息发达，大众传媒在推动社会信息传播，满足大众文化消费需求，引导人们精神追求方面发挥了重要作用。在我国体育事业迅猛发展的今天，大众传媒在传播体育文化，弘扬体育精神，提升大众精神文化需求层次等方面，显现出巨大的市场发展潜力。特别是体育新闻评论，由于其特殊的新闻价值和功能而得到受众的特别关注。欧秀玲认为，体育新闻评论作为一种意见性传媒题材，它对广大受众发挥着舆论引导、深度解读等作用，在体育信息传播中占据着主导地位。随着体育传媒的发展，当前体育新闻评论呈现出新闻性、多元性、价值性等鲜明的发展态势。③

体育新闻是社会主义精神文明建设中的重要内容，在体育新闻的报道实践中，人文关怀日渐呈现出其必要性。丁中林认为，体育新闻报道中人文关怀应作为一种追求和理念贯彻始终。在体育新闻报道中关注人的价值，尊重人、理解人、关心人，努力实现人文关怀的诉求是新闻媒体必须承担的社会责任和历史使命，才是体育新闻媒体走向成熟的重要标志。④

五、体育管理学研究

优秀运动员作为我国竞技体育的核心人力资源，其合理的流动是我国竞技体育可持续发展战略的重要保障。姚家新等从激励相容角度对我国优秀运动员的流动制度进行分析，研究认为，高水平运动员流动过程中运动员、运动员直属组织和国家体育总局的目标明确，具有根本一致性，实现途径具有一致性；我国优秀运动员流动制度对运动员及其直属组织的激励不相容；“三角制约型”优秀运动员流动机制削弱了制度本身对运动员及其直属组织的激励效应，在赋予运动项目管理中心一定权力的同时，也会导致一定程度的激励不相容。⑤

赵晶通过对我国“体育系统”人力资源——运动员与教练员现状的研究认为，我国已延续近半个世纪的“体育系统”竞技体育人才管理模式在为国家带来巨大荣誉与贡献的同时，在体育社会化、产业化发展浪潮的影响下，现已对其原有的人力资源培养模式产生了强烈冲击。“体育系统”运动员的在训人数、退役与就业安置等问题，教练员的文化层次、执教水平等问题，现已成为阻碍“体育系统”人力资源可持续发展的瓶颈。在国家高度强调以人为本、科学发展的社会背景下，在我国向建设体育强国目标奋斗的进程中，“体育系统”与“教育系统”及“社会系统”人力资源的有效整合与优化，将成为“体育系统”人力资源可持续发展的必然走向。⑥

天津是中国近代体育的发祥地，城市竞技体育实力较强。近代很多体育运动项目是从国外传入天津后而走向全国，体育在天津有广泛的群众基础。但是，天津到目前为止没有举办过全国性综合性体育赛事，这与天津作为直辖市的地位不相称。叶加宝运用 SWOT 分析方法，对天津市举办大型体育赛事的优势、劣势、机会和挑战进行分析后，提出天津市举办大型体育赛事的战略选择：适时申办亚运会，全面提升城市形象；积极引进重大商业赛事，拉动经济增长；以体育赛事营销城市，办好特色品牌赛事。⑦

六、体育法学研究

2011 年，我国体育在北京奥运会之后进入新的“十二五”规划周期，踏上全面启动体育强国建设新的历史征程，体育法治建设在国家体育改革发展的整体部署中被提升到更加重要的地位。2011 年中

①王琪：《体育科学与相关学科关系演变的实证研究》，《南京体育学院学报》2011 年第 4 期。
②刘欣、李鹏：《天津民俗体育的形成、传播与功能》，《新闻爱好者》2011 年第 9 期。
③欧秀玲：《当前我国体育新闻评论的发展态势研究》，《中国报业》2011 年第 11 期。
④丁中林：《论体育新闻报道的人文关怀》，《东南传播》2011 年第 9 期。
⑤姚家新等：《我国优秀运动员流动制度的激励相容》，《首都体育学院学报》2011 年第 4 期。
⑥赵晶：《我国“体育系统”人力资源运行绩效剖析》，《广州体育学院学报》2011 年第 3 期。
⑦叶加宝：《基于 SWOT 分析的天津市大型体育赛事发展战略》，《现代经济信息》2011 年第 11 期。

国法学会体育法学研究会学术年会的研讨主题，就是围绕修改《中华人民共和国体育法》问题而展开，形成了学者们多角度的研究成果。于善旭系统分析了《中华人民共和国体育法》存在的主要问题和迫切需要修改的必要性，提出以现行法为基础的整体修订策略，对进一步整合与均衡体育利益和凸现体育权利保护，拓宽国际视野和融入现代法治理念，提升技术质量和加大实施适用力度等修法策略与建议。①

体育产业中最活跃的部分是竞赛表演业，而竞赛表演业的基本组织“细胞”是职业体育俱乐部。一国职业体育俱乐部的数量、项目种类以及整体的规模和质量，决定了该国竞赛表演业的水平，并在一定程度上决定了该国体育产业的成长性和活跃程度。闫成栋认为，职业体育俱乐部这一组织类型体现了体育人在协调有关经济利益主体需求与竞技水平提高要求之间关系问题上的有益探索和实践，并逐步形成了若干不同于一般民商法律关系主体的固有特征。除了在国家法律之外，尚有体育行业协会为保护有关体育利益而制定的若干具有实际约束力的行业规则也是保障其良好运行的重要因素。根据一国职业体育发展的历史传统，在国家既有的法律框架下，科学务实地确定本国职业体育俱乐部目的、组织类型以及有关行业管理规则，是促进国家职业体育发展的基本保证。②

（本文作者：叶加宝，天津体育学院教授）

管　理　学

管理科学研究综述

齐二石　朱明珠

2011年，天津市管理科学专家学者以极大的工作热情，准确把握学科前沿，理论研究成果显著，学科建设日趋完善。所取得的研究成果，主要体现在工业工程、物流供应链管理、工程项目管理、基础科学等方面。

一、工业工程研究

1. 传统工业工程

对传统工业工程的研究主要集中在制造业和服务业两方面。在制造领域，何桢等针对制造类企业质量管理职能及组织结构运行中存在的普遍问题，对运行中涉及的主要质量管理职能进行梳理，并设计出基于流程的质量管理组织结构框架。③ 赵凯等应用主成分分析法对多元过程进行降维，提出基于体积比的多元过程能力指数，对多元过程的能力进行准确分析。④ 在服务领域，高树彬等研究了基于模糊数据包络分析的政府绩效评价方法及其评价流程，解决了政府绩效评估中的模糊问题。⑤

2. 可持续性发展

2011年天津市调整优化能源消费结构，强化低碳利用，加大新能源推广力度。天津市作为国家低碳城市试点之一，应率先在发展低碳经济实现可持续发展方面探索有效途径。赵涛等列举9个天津低碳经济发展关联性因素，运用结构模型理顺各因素之间关系，并探讨出天津市发展低碳经济的途径。⑥ 张欣等针对我国30个省级区域低碳化进程中的效率评价问题，考察各省级区域低碳经济的规

---

①于善旭：《论〈中华人民共和国体育法〉修改的基本路向》，《天津体育学院学报》2011年第5期。
②闫成栋：《职业体育俱乐部的法律性质》，《体育学刊》2011年第1期。
③何桢、徐雪梅：《基于流程的制造类企业质量管理组织设计》，《天津大学学报》（社会科学版）2011年第5期。
④赵凯、何桢：《制造企业的多元过程能力分析与改进》，《求索》2011年第10期。
⑤高树彬、刘子先：《基于模糊DEA的服务型政府绩效评价方法研究》，《科学学与科学技术管理》2011年第12期。
⑥赵涛、刘朝：《天津市低碳经济发展路径研究与分析》，《西安电子科技大学学报》（社会科学版）2011年第2期。

模效率,对相对落后地区提出改进建议。① 为了应对能源危机和环境压力,尤其是我国广大荒漠化地区耕地少、日照充足并且严重缺水,赵涛等研究出一种有效缓解荒漠化地区问题的方法——微藻生物柴油。②

3. 管理创新

天津滨海高新区十分重视对企业的管理创新,委托天津大学开展"滨海高新区中小企业管理创新关键要素与提升策略研究"项目。在管理创新的科学研究上,刘燕华等在其著作《创新管理十大工具》中深入研究"创新管理十大工具"在该逻辑过程中的分布以及应用情况,将管理工具提炼组合,形成系统化普适性工具集,对创新管理起到促进作用。③ 齐旭高等将创新管理过程引入绩效管理体系,提供创新管理与绩效管理工具之间的匹配路径,并提出基于创新过程的绩效管理策略。④ 为了让企业通过知识创新获得新生命力,尹彦等运用超循环理论分析知识创新系统的动态深化机理,构建了知识创新系统的数理模型及基于超循环的企业知识创新系统动态模型。⑤

实践方面,2011 年在天津高新区管委会的领导下,依托科技部创新方法研究会,天津大学组成团队到天津高新区实地考察调研企业管理创新现状,帮助企业突破管理创新技术瓶颈,推动企业持续快速发展。2011 年 9 月 23 日,科技部创新方法研究会管理技术分会在天津大学成立,分会的成立促进了创新方法工作中管理技术的研发与推广应用,有助于提升天津以及全国各行各业的管理创新能力。

二、物流供应链管理研究

1. 物流供应链理论研究

在理论研究方面,霍艳芳等针对两个零售商和单一供应商组成的某易逝品供应链,研究了零售商的最佳订购时期以及供应商的最优折扣因子的制定策略。⑥ 林强等以数量柔性契约为研究对象,以单一供应商和单一零售商组成的两级集中型供应链为基础,将供应链融资方式融入到资金约束集中型供应链中,通过理论证明何种融资方式使供应链绩效达到最优。⑦ 蒋大奎等分析非标准件加工企业供应链的特点,提出协同优化订单分配、生产调度和批量运输调度的多工厂多客户供应链排序问题。⑧ 刘伟华等设计了物流服务供应链综合绩效评价指标体系,克服了评价因素之间的相关性,为物流服务供应链绩效提供一种定量的评价依据。⑨

2. 物流供应链应用实践

在应用实践方面,李苗等针对某钢材加工配送中心生产现场存在的在制品仓过多,材料拉动及时性差等问题,通过解释结构模型找出原因并设计出自适应递阶遗传算法(A-HGA)获得解决方案。⑩ 刘伟华等分析了紧急订单分配机制以及两级物流服务供应链中紧急系数、不确定性和应急成本之间的关系,处理两级物流服务供应链紧急情况下的订单分配。⑪ 物流供应链实践研究在农业方面也有所体现,根据绿色农产品供应链成本高、多参与方、信息可追溯性等特点,刘伟华等研究了绿色农产品封闭供应链成本控制与过程分析相结合,提出绿色农产品封闭供应链成本控制方法。⑫

三、工程项目管理研究

1. 工程项目评估

工程项目评估是工程建设中不可缺少的一个环节,可以优化工程建设方案,促进投资管理加强和效益提高。在建筑领域,王雪青等将指标综合选择方法引入产业评价领域,利用聚类分析、主成分分析等方法定量化选定观测指标,提出区域建筑产业竞争力评价模型。⑬ 孙慧基于 RBF(径向基函数)

①张欣,赵涛:《基于 DEA 的我国省级区域低碳经济的效率评价研究》,《西安电子科技大学学报》(社会科学版)2011 年第 5 期。

②赵涛、苏青福、刘朝:《中国荒漠化地区发展生物柴油的最优选择——微藻》,《资源科学》2011 年第 8 期。

③刘燕华、周元、齐二石:《创新管理十大工具》,高等教育出版社 2011 年版。

④齐旭高、齐二石:《基于过程模型的创新导向型绩效管理策略》,《中国人力资源开发》2011 年第 1 期。

⑤尹彦、赵涛:《基于超循环理论的企业知识创新动态模型》,《西安电子科技大学学报》(社会科学版)2011 年第 3 期。

⑥霍艳芳、杨立向、林瑛:《竞争环境下两级供应链提前订购模式研究》,《工业工程与管理》2011 年第 5 期。

⑦林强、李海晴、李青:《资金约束下集中型供应链数量柔性契约设计》,《工业工程与管理》2011 年第 6 期。

⑧蒋大奎、李波:《基于混合禁忌搜索算法的供应链排序问题》,《机械工程学报》2011 年第 20 期。

⑨刘伟华、周丽珍、刘春玲、葛美莹:《基于网络层次分析方法的物流服务供应链综合绩效评价》,《工业工程》2011 年第 4 期。

⑩李苗、林强:《基于 A-HGA 的某钢材加工配送中心车间调度》,《工业工程与管理》2011 年第 6 期。

⑪刘伟华、Xu Xue-cai、任政旭、彭岩:《An Emergency Order Allocation Model Based on Multi-provider in Two-echelon Logistics Service Supply Chain》,《Supply Chain Management: An International Journal》,2011 年第 6 期。

⑫刘伟华、张春琴、刘彦平:《Research on the Cost Control Method of the Green Agricultural Product Sealed Supply Chain Based on the Total Process Analysis》,《Computing and Intelligent Systems-International Conference,2011》,2011 年 9 月。

⑬王雪青、张帅、刘炳胜:《ANP 评价模型指标选择与实证研究》,《工程管理学报》2011 年第 2 期。

神经网络,与PPP(公私合作制)绩效评估研究相结合,从经济、社会与环境三个方面构建定量指数系统,为有效评估PPP项目绩效提出可行方法。① 工程项目后评价也是改善项目决策水平和投资的手段。孙慧等针对BOT(建设—经营—转让)高速公路建设项目,建立项目的后评价指标体系,采用模糊综合评价方法对项目进行后评价。②

2. 工程项目风险管理

工程项目建设过程中,大量不确定因素易造成影响工程项目的风险,必须对风险加以判断、评价和控制。由马丁·鲁斯摩尔著、刘俊颖译的《项目中的风险管理》从社会人文角度,阐述风险管理的基本原则,从项目的全寿命周期的视角解读风险。③ 王雪青等提出基于可信性理论的工程投标模糊风险评估模型,为承包商在缺乏充分历史数据情况下提供一种新的投标决策方法。④ 在特定领域,李欣等结合港口工程投资大、工期长、受自然条件影响较大等风险特点,运用案例推理法构建评价指标体系和模型,分析港口工程建设风险及影响因素,采用合理方案降低损失。⑤

3. 工程项目管理理论研究

工程项目管理是用系统工程方法对工程项目全生命周期内的所有工作进行有效管理,以保证工程质量、缩短工期、提高投资效益。传统项目管理方法在资源安排方面存在缺陷,孙慧等结合项目群管理的特点将关键链方法应用于项目群管理,为单一资源限制下的项目管理提供了出路。⑥ 毕星和王雪青分别对工程项目组织与管理的参与方、费用与质量等进行理论化研究。⑦⑧ 为了提高工程管理人才培养质量,王雪青对比分析了9个教育部工程管理特色专业点的建设目标与成效及学科建设中应关注的问题,还提出了采用CDIO(构思、设计、实现、动作)的思想。⑨

四、基础学科对管理科学的促进

1. 系统学

系统学是提炼了系统论、信息论、控制论的共同基础而形成的学科。陈卫东等以海洋石油平台为例,考察人员主体间安全观念的交互和协调过程,从参与协调的观念中克隆一个相关联的新观念加入主体列表中,体现了安全需求实现过程中随机因素的影响。⑩ 郑亮等研究了在双道交通流稳定的情况下,车道改变给交通带来的影响,并且按照两个机动车组的最优速度模型与稳定性,将双车道系统中机动车的信息反馈信号引入到最优速度模型中。⑪

2. 信息学

信息学是研究信息获取、处理、传递等规律,以计算机等技术为研究工具,扩展人类信息功能。何曙光等提出一个在线多元测评系统分析方法,可以在多站系统中检测出发生故障的测量仪表。⑫ 杨钤雯等基于用户浏览网站的公共路径提出一种语义会话间的相似性度量。⑬ 冯楠等构造了一种能够适应多重不确定环境的网络信息系统安全风险评估模型,在模型中建立安全风险评估指标体系并量化指标权重,降低评估过程中专家经验的不确定性。⑭

五、管理科学研究发展趋势

1. 管理创新的应用实践

管理创新已成为当前我国转变经济方式过程中的重要内容。目前我国企业管理中存在的问题研究多是集中于从观念创新、组织创新、制度创新、文化创新和技术创新等层次全方位地泛泛而谈,从实践和理论视角来看,管理创新尚没有系统的、深

①孙慧:《PPPs Performance Evaluation Based on RBF Neural Network》,《International Conference on Materials Mechatronics and Automation ICMMA 2011》2011年1月。
②孙慧、范志青、孙晓鹏:《基于模糊综合评价的BOT调整公路建设项目后评价》,《决策参考》2011年第4期。
③马丁·鲁斯摩尔著、刘俊颖译:《项目中的风险管理》,中国建筑工业出版社2011年版。
④王雪青、郭清娥、曹杨:《基于可信性理论的工程投标模糊风险评估》,《模糊系统与数学》2011年第5期。
⑤李欣、查京民、李豪杰、庄洪涛:《基于案例推理的港口工程建设风险评价研究》,《港工技术》2011年第5期。
⑥孙慧、周颖、范志清:《关键链方法及其在项目群管理中的应用》,《中国农机化》2011年第3期。
⑦毕星:《工程项目组织与管理》,中国计划出版社2011年版。
⑧王雪青:《工程项目管理》,中国计划出版社2011年版。
⑨王雪青:《工程管理特色专业建设的思考》,《中国大学教学》2011年第9期。
⑩陈卫东、石烜:《交互协调对工业生产系统案例观念形成的影响》,《系统工程理论与实践》2011年第6期。
⑪郑亮、马寿峰、钟石泉:《Influence of Lane Change on Stability Analysis for Two-lane Traffic Flow》,《Chinese Physics B》,2011年第8期。
⑫何曙光、G. Alan Wang、Deborah F. Cook:《Multivariate Measurement System Analysis in Multisite Testing:An Online Technique Using Principal Component Analysis》,《Expert System with Applications》2011年第12期。
⑬杨钤雯、寇纪淞、陈富赞、李敏强:《基于本体的语义网络会话聚类和可视化方法》,《模式识别与人工智能》2011年第1期。
⑭冯楠、解晶:《多重不确定环境下基于证据理论的NIS安全风险评估模型》,《管理学报》2011年第4期。

入的、采用科学研究方法的案例研究，更是缺乏针对我国具体国情和文化背景的较为完善的管理创新案例库系统，忽视了不同主体应用管理创新方法来提高管理创新能力的区别，这就造成管理创新理论和方法研究与管理创新理论实践严重脱节的现象。2011年国家级、省部级开展很多关于创新的项目，“面向产品创新链的技术创新方法群研究”、“面向装备制造业的技术创新软件系统开发及企业示范推广”以及“我国自主创新政策对国家高新区企业网络作用研究”等，这也说明了管理创新在各方面的应用是管理科学领域一个发展趋势。

2. 低碳经济与可持续发展

目前全世界都面临着能源气候危机，只有走低碳经济、可持续发展的道路，才能达到经济社会发展与生态环境保护双赢的经济发展形态。“绿色发展，建设资源节约型、环境友好型社会”的目标已经列入“十二五”规划中。2011年国家也开展了各类可持续发展的项目：“‘十二五’天津市工业发展资源环境条件与可持续发展研究”和“基于供应链低碳化的企业行为与运营优化决策研究”项目等。管理科学研究的发展如何符合低碳经济与可持续发展的趋势，成为未来管理科学研究的热点。

3. 复杂环境下管理科学的研究

由于当前中国市场结构转型、行业变化加大、区域发展不平衡等原因，新的经济环境不确定因素增多、日益复杂。对于企业而言，复杂性可能成为绊脚石，困扰员工和顾客、危及企业利润；但是复杂性也可以转化为企业的竞争优势，展现出创新领导力并构建灵活的运营。2011年国家开展的纵向项目就包括“复杂管理环境下Web服务应用中的服务组合与进化”和“复杂管理软件系统中需求变化与风险管理研究”等项目。由此可见，用复杂性科学的方法探索管理问题将成为研究的焦点。

（本文作者：齐二石，天津大学管理与经济学部教授、博士生导师；朱明珠，天津大学管理与经济学部博士研究生）

工商管理研究综述

张玉利　宋正刚

2011年，天津市工商管理学科始终坚持“瞄准国际学术前沿，紧密结合中国实际，服务天津发展”的研究方向，在创业管理、公司治理、营销管理、财务管理、组织与战略管理、人力资源管理、服务管理以及旅游管理等多个研究领域都获得了长足的发展与进步。期间共发表中文论文400余篇，出版各类论著30余部，其中国际刊物上发表论文10多篇，在国际学术年会上发表论文数十篇①；此外，还成功举办了“创业与创新研究暨青年学术研讨会”、“公司治理国际研讨会”、“组织创新与人力资源管理变革学术研讨会”等多场高端学术会议。

一、创业管理研究

1. 创业者与机会匹配机制

研究团队围绕机会识别与开发过程，论证了创业者与创业机会的匹配机制，进而形成了对创业情境的概括。首先，针对机会识别过程，验证了创业者个体的社会关系网络特征与其识别到的创业机会数量和质量之间的关系。其次，发现网络密度效应对创业者先前工作经验与机会创新性之间关系的影响非常显著。再次，发现了先前工作经历隶属性而非存量的重要价值。如来自体制内和体制外组织的工作经历均有助于提升创业者的创业行动速度，但其作用机制因知识结构差异而不同。在市场化程度较高地区内，体制外工作经历对创业行为速度的促进作用更强；同时借助动用体制内的社会关系能强化体制外工作经验对创业行动速度的促进作用，而来自体制内组织的创业者则难以借助动用体制外的社会关系获益。

2. 创业过程行动中绩效的成因

创业绩效不同于已有企业绩效，它体现为多层

①数字只限于南开大学商学院。

次递进性特征，涉及行动中绩效、新企业生成和初期财务绩效。尤其考虑到多数刚创建的新企业还没有实现销售收入和利润，无法采用利润、销售收入和增长率等为既有企业量身定制的绩效指标。研究团队利用 CPSED 数据从微观层次对行动中绩效进行了深入研究，尤其是对资源整合、进入战略等关键里程碑事件绩效的成因进行了解析，从而进一步深刻揭示了创业活动的内在机理。具体来说，创业过程中关键行动及关键里程碑事件绩效，主要包括存在雇佣性质的员工关系、产生第一笔销售、注册登记成合法实体等三个方面。

3. 新企业生成与成长

田莉、张玉利聚焦于新企业生命周期的前段挖掘新企业的初始条件，深入剖析了其对新企业初期成长的作用机理。研究发现，新企业生成的初始条件存在显著差异，并且影响了新企业初期成长。研究将新企业初期成长与新企业生成联系起来，扩宽了新企业成长决定因素的研究边界，挖掘了影响新企业初期成长的初始条件及其对初期成长的作用机理。①

张玉利、王晓文从创业学习角度出发，深入剖析了创业者先前经验与创业能力之间的作用机制。研究发现，学习风格在创业者先前经验与创业能力的关系中发挥着重要的调节作用，不同类型的先前经验对不同类型的创业能力产生影响，当创业者的信息获取/转化方式与其先前经验类型相匹配时，这一类型的经验才能更好地转化为创业能力。② 胡望斌、张玉利提出了“新企业能力”的概念，并利用技术创业企业样本，验证了“创业导向—新企业能力—新企业绩效”模型。③

4. 创业行为的独特性

与国外创业环境相比，制度转型、新兴经济体、文化传统等因素是导致我国的创业行为、过程要素以及两者之间的作用关系具有自身特殊性的重要原因。研究团队深入到行为层面，借鉴社会资本、人力资本、社会阶层、资源基础理论等观点，提炼了我国情境下创业行为的独特性因素，一是我国情境下强关系假设对于机会识别具有更好的解释力。二是我国情境下关系资源对资源获取具有更好的解释力。三是我国情境下社会阶层具有显著的资源与信息优势，这是造成我国创业结构不合理的重要原因。

二、公司治理研究

2011 年在第六届公司治理国际研讨会上，南开大学公司治理评价课题组推出了 2011 年度中国公司治理评价报告，并连续第 8 年发布了“中国公司治理评价指数 CCGI”。

在理论研究方面，程新生等撰文分析了在以关系经济、市场发展不均衡等为显著特征的中国新兴市场环境下，公司价值对自愿披露的影响。研究发现，在以关系为基础的社会中，关系成为获取资源和竞争优势的重要源泉，所以拥有更多关系网、价值越高的公司为避免由于披露所带来的高额专有成本，资本市场交易的披露动机并不显著，公司价值与自愿披露显著负相关；但是在市场化进程较高的地区，上述情况得到了一定程度的逆转。④ 古志辉等运用面板数据方法对 A 股市场的资产定价泡沫水平和成因进行了分析，研究获得了五点重要发现：第一，A 股市场中估值泡沫和投机泡沫并存；第二，卖空约束导致的定价偏差是定价泡沫的成因之一；第三，异质信念和不对称信息与泡沫水平正相关，过度自信与泡沫水平负相关；第四，重要流通股股东的信息优势与交易中的不对称信息无协同效应。第五，若卖空约束不存在，观察不到损失厌恶对泡沫的影响。⑤

三、组织与战略管理研究

现有文献对竞争优势的理解与分析存在差异，薛有志等突破委托代理理论，以控制幻觉的基本假说为基础，从管理者过度自信的角度分析并检验了大股东、债权人与政府的干预对公司多元化战略的影响路径。⑥

为进一步揭示高层管理团队（TMT）特征对组织创新产生的影响，任兵等引入并检验了 TMT 的外部网络联系和内部合作型决策这 2 个要素在 TMT

①田莉、张玉利：《市场进入战略创新性与新技术企业初期绩效——对成长性绩效与规模绩效影响差异性的分析？》，《科学学与科学技术管理》2011 年第 5 期。
②张玉利、王晓文：《创业者先前经验、学习风格与创业能力的实证研究》，《管理科学》2011 年第 3 期。
③胡望斌、张玉利：《新企业创业导向转化为绩效的新企业能力：理论模型与中国实证研究》，《南开管理评论》2011 年第 1 期。
④程新生、谭有超、许垒：《公司价值、自愿披露与市场化进程》，《金融研究》2011 年第 8 期。
⑤古志辉、郝项超、张永杰：《卖空约束、投资者行为和 A 股市场的定价泡沫》，《金融研究》2011 年第 2 期。
⑥周杰、薛有志：《治理主体干预对公司多元化战略的影响路径——基于管理者过度自信的间接效应检验》，《南开管理评论》2011 年第 1 期。

多样性与组织创新关系中的作用。研究表明，关注创新的组织过程是对TMT相关研究的重要理论延伸，这对于管理企业在复杂环境中竞争和进行战略变革具有重要的借鉴意义。①

四、财务管理研究

针对基金的一些投机行为引发媒体负面评价，导致市场对其过度否定的问题，姚颐等首次从基金投资行为与投资效果出发，将基金交易行为区分为新进入、新退出、增减仓三种情况，对基金投资是否追求价值进行了大样本实证研究。② 姚颐、刘志远以2002—2005年我国上市公司再融资中赋予外部股东超额投票权的分类表决制为研究背景，发现分类表决制可以加强对中小投资者的保护，尤其是基金持股发挥了重要作用，同时利用分类表决制可以解决财务学中的"再融资之谜"。该研究对我国现有股权结构下如何更合理地配置股东权利提供了新思路。③

张继勋等通过实验方法检验了内部控制披露的详细程度、内控审计意见类型对投资者感知的重大错报风险和投资可能性的影响。研究发现，上市公司详细披露内控，能明显降低投资者感知的重大错报风险，提高投资者的投资可能性；不同审计意见类型影响了投资者对重大错报风险的感知及其投资可能性。在非标审计意见下，详细披露没有明显影响投资者感知的重大错报风险和投资可能性。进一步研究还发现投资者感知的重大错报风险的中介作用。研究结果表明，我国监管部门实施的关于内部控制披露和审计的相关规定对改善投资者的投资决策具有积极意义。④

五、营销管理研究

在回顾市场知识管理理论及营销动态能力理论基础上，许晖等运用单一案例研究方法，以天津奥的斯公司为研究对象，通过系统构建企业市场知识体系，以及市场知识管理的"GDR循环模式"，深入分析了市场知识管理对企业营销动态能力构建的影响机制，并提炼出基于市场知识管理的营销动态能力模型。⑤

许晖等借鉴组织免疫的思想，在组织免疫行为机制模型的基础上构建了企业风险应对机理模型，以一家科技型中小企业为研究对象，运用规范的单案例研究方法，对科技型中小企业如何应对环境风险问题进行了研究。结果显示，特异性机制和非特异性机制及其整合效应能够有效应对科技型中小企业面临的环境风险，非特异性机制主要有利于应对一般性环境风险，而特异性机制主要有利于应对关键性环境风险。⑥

六、服务管理

杜建刚、范秀成通过对国内外服务失败和补救的研究，发现此类探讨均是在消费者个体层面展开，未见针对消费者群体在服务失败和补救中的心理与行为机制的探讨。鉴于服务行业的群体失败在我国已经呈现出逐年增多的现象，与个体失败相比，消费群体内部互动更加复杂多变，服务企业往往更加难于应对。⑦ 许晖、李巍将员工导向镶嵌于企业的组织文化之中，在对员工导向和客户关系管理文献梳理的基础上，通过对我国金融服务业典型企业的客户关系管理实践进行深度分析，系统地探讨了员工导向的影响作用在客户关系管理流程中的实现机制，提出员工导向与客户关系管理的整合模型，为服务型企业客户关系管理的理论实践提出新的启示。⑧ 吴晓云、张峰将服务营销"7p"范式与全球营销战略基本观点相结合，富有创新性地构建了服务性全球营销战略二阶因子及其前置因素关系模型，并运用220家服务性跨国公司在中国分支机构的样本数据进行了实证检验，并由此对服务性跨国公司在全球市场的营销活动布局和规划给出了相关管理建议。⑨

七、人力资源管理研究

张伶、聂婷通过对505名员工及他们的124名直接主管按照4:1的比例做配对调查并对调查结果进行多层数据分析，研究发现，工作—家庭冲突对

①任兵、魏立群、周思贤：《高层管理团队多样性与组织创新：外部社会网络与内部决策模式的作用》，《管理学报》2011年第11期。
②姚颐、刘志远、相二卫：《中国基金在投资中是否追求了价值?》，《经济研究》2011年第12期。
③姚颐、刘志远：《投票权制度改进与中小投资者利益保护》，《管理世界》2011年第3期。
④张继勋、周冉、孙鹏：《内部控制披露、审计意见、投资者的风险感知和投资决策：一项实验证据》，《会计研究》2011年第9期。
⑤许晖、李巍、王梁：《市场知识管理与营销动态能力构建——基于天津奥的斯的案例研究》，《管理学报》2011年第3期。
⑥许晖、纪春礼、李季、周斌、金鑫：《基于组织免疫视角的科技型中小企业风险应对机理研究》，《管理世界》2011年第2期。
⑦杜建刚、范秀成：《服务失败中群体消费者心理互动过程研究》，《管理科学学报》2011年第12期。
⑧许晖、李巍：《员工导向与客户关系管理的整合机制研究——基于华泰证券的案例分析》，《科学学与科学技术管理》2011年第8期。
⑨吴晓云、张峰：《服务性全球营销战略前置因素的实证研究》，《科研管理》2011年第2期。

员工的积极组织行为产生显著的负向影响；工作一家庭冲突在工作匹配、工作压力与员工积极组织行为的关系中起到中介作用；员工外倾性人格特质对工作—家庭冲突与员工积极组织行为之间的关系有调节作用，即外倾性人格特质能够降低工作—家庭冲突的负面影响，减弱其对员工积极组织行为的不利影响。①

八、旅游管理研究

陈晔、白长虹、吴小灵通过对国内一家著名保险公司进行纵向案例研究，发现了服务品牌内化的现象。为进一步探索这一现象并验证在此案例中得到的结论，作者又在信息通讯、银行、酒店和保险业里分别选择一个位居行业前列的代表性企业实施跨案例研究。通过对跨案例研究收集的数据进行内容分析，找出服务品牌内化的内生构成因素，构建了服务品牌内化的概念模型。② 王京传、李天元通过分析包容性增长和包容性旅游增长的概念与内涵，提出了以旅游系统为框架的包容性旅游增长实现机制，并对该机制进行了系统外部和内部两个层面的详细解析。并指出加强产业融合、扩大旅游需求、加强旅游扶贫、优化旅游利益分配机制、提高旅游公共服务水平是包容性旅游增长政策的基本立足点，并由此提出应通过拓宽产业融合广度和提高其深度的政策来推动实现我国旅游业外部包容性增长。该研究提出了四个方面的政策建议：出台全国性的“国民休闲计划”，大力发展国民旅游；加大针对贫困地区的旅游扶贫力度，创新旅游扶贫方式；发展社区利益型旅游业，优化旅游利益分配机制；强化旅游公共服务体系建设，建立多层次的旅游公共服务系统。③

徐虹等在社会权力、渠道权力和消费者权力研究的基础之上，进一步将旅游者权力分解为奖惩权、合法权、被赋权、信息权和专家权，并根据权力行使机制和权力来源对其进行了分类。由于行权障碍等因素的存在，旅游者实际的影响力不仅受旅游者基础权力影响，还受到行权能力与行权意识的影响。由此得出旅游者实际权力公式，并分析了旅游者权力的影响因素。研究提出，应该突破以往供应商—中间商的二元分析结构，将旅游者纳入旅游供应链的研究中。④

（本文作者：张玉利，南开大学商学院院长、教授、博士生导师；宋正刚，南开大学商学院创业管理研究中心博士研究生）

公共管理学研究综述

陈　通　许恒周

2011年，根据新形势新任务提出的新要求，为天津发展进一步指明了方向，这也为天津市公共管理理论界提出了新任务和实践素材。

一、学术活动

2011年9月24—25日，由天津师范大学政治与行政学院主办，来自中央编译局、中国社会科学院、中央民族大学、北京师范大学、南开大学、武汉大学等50余专家学者，围绕多元文化主义思潮的基本内涵、多元文化政策的实施困境、全球化进程中的身份认同与主权风险、多元文化社会民主政治的前途、多族群社会国家建设的路径选择等论题展开了广泛而深入的讨论。

11月23—25日，由南开大学政治学系和南开大学中国政府与政策联合研究中心联合主办的“首届全国‘府际关系与区域治理’博士生论坛”在南开大学举办。来自北京大学、清华大学、中山大学、吉林大学、武汉大学、厦门大学、南开大学等国内著名高校的40余博士生参加论坛。与会代表就地方政

①张伶、聂婷：《员工积极组织行为影响因素的实证研究：工作—家庭冲突的中介作用》，《管理评论》2011年第12期。
②陈晔、白长虹、吴小灵：《服务品牌内化的概念及概念模型：基于跨案例研究的结论》，《南开管理评论》2011年第2期。
③王京传、李天元：《包容性旅游增长的概念内涵、实现机制和政策建议》，《旅游科学》2011年第5期。
④吕兴洋、徐虹、杨永梅：《供应链视角下旅游者权力研究》，《旅游学刊》2011年第11期。

府竞争与合作、中央与地方关系、城市群区域治理、区域公共政策等问题展开了较为深入的探讨。

11月26日，由南开大学周恩来政府管理学院主办的“城市化与公共管理”高端学术论坛在南开大学明珠园会议厅举行。论坛邀请了大陆及香港的十余位知名学者参会。与会的校内外专家分别从宏观层面、具体案例等不同角度探讨了“城市化与公共管理”的相关问题。论坛还吸引了许多校内的青年教师和研究生，为他们提供了开拓视野、接触学术前沿的机会。

二、社会管理创新研究

在社会管理体制创新、社区管理等论题上，王晓樱、陈通撰文通过对海南农垦改革的归纳分析，认为创新社会管理工作，应实现三个转变：由自我循环的封闭管理转为竞争开放的市场化社会化管理；由低效僵化的行政管理转为充满生机活力的企业化社会化管理；由农场小社会管理转为依托企业化、市场化、社区化的大社会创新管理，要实现这一目标，需要充分发挥党委领导核心作用，切实履行政府职责、改善民生；创新社会管理组织，培育新型的农垦基层组织；创新和完善社区管理，增强社区管理服务能力；创新和完善社会利益整合机制。① 康之国撰文具体分析了社区社会组织参与社区管理问题，认为社区社会组织不仅逐渐成为社区服务的主体之一，而且在社区服务中发挥重要作用。但由于种种原因，社区社会组织参与社区服务还面临一些问题，如参与社区服务的模式单一，在社区服务运行机制上行政化倾向较重，内部组织管理机制不完善，专业化程度不高，影响社区服务质量等。解决社区社会组织参与社区服务面临问题的关键，在于完善社区社会组织参与社区服务机制。② 蔡玉胜撰文认为，天津市社会管理创新的关键是探索和挖掘特色，将城市社会管理创新点上的突破进一步上升为城市社会管理创新的总体突破，为此，需要突出创新体系的重点和整体布局，形成具有特色的社会管理创新体系。在特色定位上以新区和功能区的社会管理创新为重点，把社会管理创新与新区又好又快发展、示范小城镇建设、提高服务业比重、推进城乡一体化和促进区域协调相结合，在重点内容上抓住社会管理创新试点、强化基层功能、推动多元参与、健全分类管理、重视虚拟社会引导等要点。近期，需要加快行动方案制定，加重舆论氛围和共识，加速推动网格化管理，加紧制定虚拟社会管理措施，加强流动人口管理和安全生产。③ 李璐撰文认为，要化解基层社区组织管理面临的难题，就要对原有社区组织进行功能性调整，优化组织结构，使社区组织在结构和功能上进行调整、明确和归位，并通过结构性要素的培育实现社区组织管理模式的创新。④ 阎耀军撰文认为，要适应社会主义市场经济发展和社会结构深刻变化的新情况，创造更加有效的社会管理体制，更需要加强前馈控制。⑤

三、低碳城市发展下的公共管理与治理研究

天津市作为我国首批低碳城市试点，本市专家学者分析了天津发展的低碳规划问题。陈桂生撰文认为，低碳城市的公共治理已逐渐成为城市发展的世界性趋势，中国城市高碳化发展现实需要城市治理模式的优化。低碳城市发展系统由行政体制、市场机制和社会制度等多元系统合作构成。按照公共治理的逻辑，低碳城市发展不仅需要政府在政策明晰基础上进行制度创新，也需要企业技术创新以转换低碳生产模式，还需要市民社会切实践行低碳生活方式。在城市低碳治理进程中，应重视并协调各城市主体间的利益平衡问题。⑥ 赵涛、刘朝撰文认为，天津市作为国家低碳城市试点之一，应率先在发展低碳经济实现可持续发展方面探索一条有效途径。完善天津市低碳规划体系、提高现代服务业比重、选择低碳经济试点区域和提高居民低碳意识是建设天津低碳城市的重要途径。⑦ 刘重认为，天津要建设低碳型城市，应当发展低碳能源与低碳型消费，倡导低碳生活方式，营造低碳社会氛围，实施低碳城市发展战略是天津经济发展的战略选择。⑧

四、政府行政体制改革研究

①王晓樱、陈通：《试析海南农垦管理创新》，《光明日报》2011年12月3日理论版。
②康之国：《完善社区社会组织参与社区服务机制研究》，《天津行政学院学报》2011年第6期。
③蔡玉胜：《关于构建天津市特色社会管理创新体系的构想》，《天津经济》2011年第11期。
④李璐：《社会转型期城市社区组织管理改革的路径选择》，《理论导刊》2011年第3期。
⑤阎耀军：《我国古代前馈控制思想对现代社会管理的启示》，《国家行政学院学报》2011年第3期。
⑥陈桂生：《低碳城市的公共治理系统及其路径》，《云南社会科学》2011年第5期。
⑦赵涛、刘朝：《天津市低碳经济发展路径研究与分析》，《电子科技大学学报》(社科版)2011年第3期。
⑧刘重：《天津市建设低碳型城市的思考与建议》，《理论与现代化》2011年第4期。

王雪丽撰文指出，回顾市县关系的发展历程，每一次市县关系的调整都是“经济转型”、“城市化”和“中央政策”三大因素共同推动的结果。在经济转型的关键时期和城市化的快速发展期，该文将对市县关系的未来走向及中央政府在重构市县关系过程中的角色定位进行了探讨。① 王慧军撰文谈到，我国政府中存在的体制问题、地方政府间的合作困境问题、地方政府内部的交易费用过高和政策执行落实不到位等问题，使得我国地方政府的政策创新面临着一些困境，极大地阻碍了我国地方政府的政策创新。因此，需要我们认真应对，深化改革。② 高雪莲博士指出，应从外源推动和内源融合两个方面来分析滨海新区管理体制改革的“双源机理”。外源方面，应积极融入源于西方并席卷全球的新公共管理改革浪潮；内源方面，应当重视公共物品和公共服务供给不足与管理成本过高、效率低下的软肋；从未来趋势看，经济新区的管理体制改革应由外源驱动为主导趋向内源融合型的运行体制。③ 杨书文撰文认为，省以下政府间关系是近年来中国地方政府研究的重点和难点问题。既有的研究形成了纵向和横向两个维度。在纵向维度的研究中，学者们探讨了纵向关系的结构、分权化、集权、利益博弈等主题。在横向维度的研究中，学者们主要关心的是府际协调与冲突问题。当前省以下政府间关系研究的难点有：地方政府双重身份的矛盾；政府间经济分权与政治集权的关系；省以下政府间关系的背景及发展方向。④ 王丽、张志泽撰文认为，服务型政府是我国行政体制改革的目标选择，它的本质决定了服务型政府的建设需要公民积极广泛地参与。因此，应当进一步明确公民参与在服务型政府构建中的作用及其角色定位，矫正功能及其角色的异化，塑造积极的公民参与精神；明确政府在推进公民参与服务型政府构建中的责任，完善和健全相关的制度保障体系和公民参与机制。⑤

五、“三农”问题研究

周立群、张红星等撰文指出，城市化带来大规模农地转用。在现行的制度下，土地的城市化与耕地保护显然存在冲突。严峻的用地实践催生了土地制度变迁，进而开启了农村土地制度变迁之路。在城乡建设用地增减平衡的思路下，各地进行了很多有益的探索，农村土地制度形成了一条从“宅基地换房”、“挂钩”项目到“地票”交易所的演进路径。以中国的实践为基础，该文对这样一条农村土地制度变迁的脉络做了简单勾勒，分析了变迁中存在的问题，并在总结经验的基础上对未来土地制度演进方向做了尝试性探索。⑥ 许恒周撰文指出，在短期内，我国31个省份耕地非农化和经济增长之间存在双向因果关系；但在长期内，由于各地区经济、资源差异，各省份的经济增长和耕地非农化呈现出不同的因果关系。在二者耦合协调发展方面，从总体上看，都从1998年左右的中度失调状态逐步过渡到勉强协调的状态，各区域之间又存在差距。因此，要根据各区域实际情况，实行适度从紧的耕地非农化政策；优化耕地保护调控指标的分配结构；因地制宜地调整产业结构，转变经济增长方式，从而减少经济增长对耕地资源的盲目依赖，促进耕地资源与经济增长的协调⑦。董明涛、孙钰撰文认为，我国现行的农村公共产品供给机制虽然在供给农村公共产品方面发挥了重要的作用，但也存在许多问题，严重阻碍了农村公共产品的有效供给。对农村公共产品供给机制的创新不仅必要而且非常迫切。对此，网络治理理论为我们探讨农村公共产品供给机制提供了创新的视角和思路。⑧ 胡琨撰文认为，从2009年国务院决定开展新型农村社会养老保险试点，两年多以来，新型农村社会养老保险在全国各省市顺利推进。资金筹集、待遇水平、保险基金增值保值等方面是目前我国农村社会养老保险制度建设的核心环节。该文分析、总结和比较了河南省郑州市和罗山县新农保试点工作经验以及存在的问题，以期对全国正在进行的新农保试点工作有所启示。⑨ 何兰萍撰文指出，当前，农村家庭养

①王雪丽：《新中国成立以来市县关系的逻辑演化与重构》，《中共浙江省委党校学报》2011年第5期。
②王慧军：《我国地方政府公共政策创新的障碍因素分析》，《黑龙江社会科学》2011年第1期。
③高雪莲：《外源推动与内源融合：经济新区管理体制的创新机理》，《天津大学学报》（社会科学版）2011年第4期。
④杨书文：《省以下政府间关系研究述评：维度、主题、难点》，《山东科技大学学报》（社会科学版）2011年第5期。
⑤王丽、张志泽：《服务型政府建设进程中的公民参与：角色重塑与功能优化》，《理论月刊》2011年第10期。
⑥周立群、张红星：《农村土地制度变迁的经验研究：从“宅基地换房”到“地票”交易所》，《南京社会科学》2011年第8期。
⑦许恒周：《耕地非农化与区域经济增长的因果关系和耦合协调性分析》，《公共管理学报》2011年第3期。
⑧董明涛、孙钰：《网络治理视角下我国农村公共产品供给机制创新研究》，《江西行政学院学报》2011年第1期。
⑨胡琨：《我国农村新型社会养老保险的模式分析》，《天津商业大学学报》2011年第6期。

老功能处于不断弱化的过程中。不过,老年人和中年人对所在社区养老现状的感受有较大差别,很重要的原因是他们所处的生命周期不同。整体上来说,农村家庭养老不仅没有始于空巢期甚至丧偶之后,实际上养老被不断地推迟和压缩,直至老人失去劳动能力才真正体现出来。① 徐丽敏撰文认为,从我国农村劳动力转移的特点来看,存在着不彻底和不充分性,这导致了农民工在城市的整体弱势化状态及较低的社会经济地位,从而对农民工子女在城市的教育起点、教育过程、教育结果等阶段以及文化层面的融入都造成了不良的影响,阻碍了农民工子女对城市的整体教育融入。促进我国农村劳动力的彻底和充分转移,可以有效解决农民工子女对城市的教育融入问题。② 陈奎明、陈通撰文认为,海南农村信用社建立的小额信贷"四交管理模式",把相信农民的信用放在首位,从尊重农民的主体地位入手,打破了过去金融机构层层审批的贷款管理制度,通过体制机制创新,有效防范小额信贷外部借款人和内部责任人的道德风险,促进了农户个体理性与集体理性的协同,达到了控制小额信贷风险的目的,及时满足了农民群众发展生产、增加收入的需要。③

六、教育、科技、医疗与卫生事业研究

李全生等撰文指出,由于社会改革、产业结构调整和经济危机的冲击,我国高等教育在规模增长的同时也存在潜在风险,为了有效控制风险,确保高等教育可持续发展,对其进行风险管理显得尤为重要。该文借鉴全面风险管理理论,构建了我国高等教育全面风险管理框架,并讨论了应用中的注意事项。④ 郑世艳撰文认为,推进基本公共教育服务均等化是新形势下教育改革的重点,也是促进教育公平发展的必然选择。该文基于城乡之间、区县之间、校际之间以及不同群体之间的视角,分析了天津市目前基本公共教育服务存在的差异,并提出了相应的对策建议。⑤ 王琳等撰文认为,天津市医疗卫生公共投入目前存在着定位模糊、投入不足、结构失衡、补偿扭曲等问题,并有针对性地提出了建立和完善医疗卫生服务定位、医疗卫生筹资、投入结构流向、费用补偿、投入稳定增长、法律保障、监督问责等相关机制的建议。⑥ 刘险峰等撰文以山东省医药卫生体制改革为例,认为应从全民医保、基本药物制度和公立医院改革三个方面创新体制机制,加大工作力度,也应在组织保障、加大投入和督导考核方面完善推进医改工作的保障措施。⑦ 马涛等撰文认为,站在区域政府的立场,强化区域的整体创新优势是其最重要的课题之一。滨海新区作为中国经济增长的新引擎,其经济竞争力必然要依靠科技创新。而其科技创新首先要解决的关键问题就是区域整体创新和共性技术研发的问题。该文结合滨海新区发展实际,分析了滨海新区科技创新平台网络化发展亟需解决的关键问题,从构建原则、网络结构、运行机制等方面对滨海新区科技创新平台的网络化发展提出了建议。⑧

七、公共管理学科发展展望

近年来,公共管理学在天津得到了迅速发展,形成了具有鲜明天津特色的公共管理学科发展趋势和学术风格,形成了以下三方面特色:一是天津公共管理学科研究紧贴时代的发展。二是天津公共管理学科研究在体现地域性的同时,逐渐向全国扩展。三是天津公共管理学科研究具有了一定的多学科交叉性。

公共管理学科的发展趋势,一是公共管理学科体系不断完善。二是公共管理研究的规范化。三是公共管理学科解决实际问题的能力。

(本文作者:陈通,天津大学公共管理学院教授、博士生导师;许恒周,天津大学公共管理学院讲师)

①何兰萍:《生命周期视角下的农村家庭养老》,《理论与现代化》2011 年第 5 期。
②徐丽敏:《农民工随迁子女教育融入问题的原因与对策》,《生产力研究》2011 年第 12 期。
③陈奎明、陈通:《"四交管理模式":防范小额信贷风险的有益探索》,《人民日报》2011 年 3 月 1 日。
④李全生、杨亮:《全面风险管理框架在我国高等教育中的应用》,《天津大学学报》(社会科学版)2011 年第 4 期。
⑤郑世艳:《天津市基本公共教育服务均等化的差异分析》,《天津农学院学报》2011 年第 3 期。
⑥王琳、王岚:《建立和完善医疗卫生公共投入机制的思考》,《中国卫生事业管理》2011 年第 9 期。
⑦刘险峰、艾量:《深化医药卫生体制改革的对策研究》,《理论学刊》2011 年第 6 期。
⑧马涛、赵宏:《滨海新区区域科技创新平台网络化发展研究》,《科学学与科学技术管理》2011 年第 3 期。

公共安全研究综述

吴春华　武晓磊

2011年，天津学者在公共安全研究上将理论与公共安全的实际领域相结合，取得了丰富的成果。

一、公共安全基础理论研究

1. 危机管理研究

温志强撰文指出，危机管理思想的历史发展分为五个阶段：社会对抗自然灾害阶段——原始社会危机管理（古代—18世纪）；政府参与灾难救助阶段——公共危机管理的孕育（18世纪—20世纪50年代）；以战争为背景的国家安全管理——公共危机管理理论的形成（20世纪60—70年代）；公共危机的综合管理阶段——公共危机管理理论的成熟（20世纪80—90年代）；社会转型时期的非传统公共安全管理——公共危机管理理论的扩展（20世纪末以来）。① 王革、阎耀军运用系统的文献分析方法，梳理了国内外公共危机研究情况，从国外公共危机管理研究、国内公共危机管理研究两个方面构建公共危机管理研究学术谱系，评述公共危机管理研究。国外公共危机管理研究主要有三个方面：（1）以企业为视域的公共危机管理研究；（2）以国家为视域的公共危机管理研究；（3）全球公共危机管理研究。这三个方面的危机管理往往是紧密相联的。②

王革、周鼎撰文研究了政府、个体公民、企业、事业单位、非政府组织、媒体、社区各个危机管理主体的功能或职责，通过法律法规、组织设计和工作流程设计，充分发挥这些主体在公共危机管理中的作用。文中指出，政府是公共危机管理的核心，其主要功能是：组织危机管理理论研究、制定法律法规、组织设计、工作流程设计，并指出了现阶段政府在制定法律法规中存在的一些问题。③ 刘成丽等撰文总结了政府对汶川地震的应对，从组织体系构建、系统运行和决策机制以及绩效评价等方面论述构建自然危机管理机制的重点。④

2. 突发事件应对研究

赵伯艳撰文认为，在突发事件的传播和后续处理过程中，微博平台成为网民发布信息、表达观点、相互交流、发泄情绪、反映情况、举报问题、政策建言的重要载体。在此基础上，微博平台进而成为舆情“风向标”和官民沟通的便捷媒介。政府应因势利导地利用微博发布信息，进行政务公开，建立与网民的良性互动，加强对微博舆情的关注，并予以积极回应。为此，政府应该加强政府官方微博的开通、管理和建设。⑤ 解永照、崔伟强撰文提出，我国近几年进入了突发事件的高发期，基层公安作为应对突发事件的第一道堡垒，其应对能力格外重要，分析了我国基层公安机关应对突发事件的现状，并提出了基层公安机关预防和处置突发性事件机制的完善的对策：一方面要完善基层公安机关处置突发性事件的原则，应遵守保持中立的原则、现场对峙应保持冷静原则、严守比例原则和快速反应原则；另一方面要加强基层公安机关突发事件处置机制的建构，一要建立突发事件信息收集网络和分析中心，二要建立以基层公安指挥中心为基础的指挥机制，三要建立预防为主的突发事件管理模式，四要建立应对突发事件学习机制建立应对突发事件的学习机制。⑥ 孟博等撰文对常态人群行为和突发事件下的恐慌行为进行对比，提出突发危机事件下的人群行为受到恐慌心理的巨大影响而由此形成影响行为的恐慌力，是形成危机事件下的人群与常态下的人群行为差异的主要原因。以此为基础，通过计算机模拟完成了火灾场景下的人群行为的动态特征。研究发现，恐慌状态下人群的行为是复杂的，既有互助协作行为，也有竞争、人性丧失的行为。模拟结果显示，人群的恐慌导致了人群移动速

①温志强：《公共危机管理思想史考察》，《大家》2011年第9期。
②王革、阎耀军：《公共危机管理研究述评》，《理论与现代化》2011年第3期。
③王革、周鼎：《公共危机管理主体的功能》，《经营与管理》2011年第6期。
④刘成丽、杨涛、朱云迁、雷鸣：《汶川地震灾害对我国自然灾害危机管理的启示》，《中国集体经济》2011年第21期。
⑤赵伯艳：《微博在突发事件传播及后续处理中的作用——以“7·23”甬温线铁路交通事故为例》，《电子政务》2011年第11期。
⑥解永照、崔伟强：《基层公安机关应对突发事件能力建设》，《铁道警官高等专科学校学报》2011年第4期。

度和聚集密度的迅速增加，而速度的增加并不能提高疏散效率反而增加了人群的聚集风险。因此，在突发危机事件中，如何管理人群的行为，控制人群情绪是保障有效疏散的关键因素。①

3. 应急管理体系建设研究

崔培培、李慧明撰文指出，大连漏油事件暴露出我国突发公共安全事件应急管理体系（“一案三制”应急管理体系）存在的缺陷与不足，表现为脆弱性、粗略性、有限性、滞后性以及盲目性，并借鉴国外应急管理健全体系（应急管理组织机构完善、应急管理体制健全、应急管理立法体系完备、救援保障有力，安全教育并重）提出完善我国应急管理的建议和对策。② 邵超峰、鞠美庭撰文指出，中国突发性环境污染事件已进入高发期，结合中国环境风险控制的要求，针对环境风险发生的3个阶段（事前预防、事中响应、事后处置），从环境风险源、控制管理机制、环境风险受体3个因素入手，在环境风险源管理、区域环境安全规划、环境风险应急管理、环境污染事后评估与环境修复等4个环节搭建环境风险管理长效机制，建立环境风险全过程管理体系。③

4. 风险危机背景下政府治理研究

吴志成、王天韵撰文提出，全球化进程的深入展开正在深刻地影响着现实世界，在促进世界经济发展的同时，也助推了各种全球性问题与危机的蔓延，全球治理正面临着许多新的挑战：全球经济发展进程越来越不平衡，贸易保护主义抬头并转向隐蔽化，货币纷争成为主要大国共同的纠结，金融资本市场安全问题日益凸显，国际贫困与社会不平等依旧突出，全球气候环境面临更严峻的挑战，世界粮食与能源短缺的压力增大，大规模杀伤性武器呈现扩散趋势，跨国流动的便利引发世界性的高风险，国家权力出现一定的流散与弱化，新兴大国的影响和作用明显提升。因此，加强全球合作治理成为客观必然。④ 李炜光撰文提出，我国地方政府债务风险已超过金融风险，成为威胁中国经济安全和社会稳定的诱发因素，全面整顿、规范地方政府融资已刻不容缓。分税制改革导致的地方政府财权与其所承担的公共服务的责任不相匹配，以及“淘汰式”的地方官员考核机制，促使地方政府陷入举债危机。全面推进地方自治，逐步建立规范的地方政府公债制度是化解风险的出路。⑤

二、对公共安全实践的研究

1. 食品安全研究

2011年在食品安全领域论文有40余篇，涉及的问题有食品安全标准、食品召回制度、食品机构监管、食品安全标准和转基因食品的立法、农产品供应链安全体系、粮食安全分期预警体系。以王殿华教授为首的天津科技大学团队在食品安全问题研究方面成果显著，共发表论文十余篇，深入分析关系食品安全领域的一些重要问题，为我国食品安全体系的构建作出了突出贡献。于丽艳、王殿华撰文提出，发达国家的食品安全标准成为我国食品出口的技术壁垒，通过比较欧盟、美国、日本的食品安全标准提出发达国家食品安全标准对我国食品出口影响，并提出中国食品突破发达国家食品安全标准的对策：一要构建畅通的信息渠道，掌握发达国家食品安全标准的最新动向，二要与国际接轨，积极推进标准化认证工作，三要转变生产模式，提高产品质量，培育知名品牌。⑥ 龚玉霞、王殿华撰文分析了韩国食品安全监管体系及其特点，通过与韩国食品安全监管体系的比较，指出我国现阶段食品安全监管体系存在的问题有：法律体系不完善、执行机构存在多头管理、公众参与途径不畅。我国食品安全监管体系建设应从以下五个方面展开：健全食品安全监管法律体系、厘清执行机构关系，充分发挥民间检测机构作用，加快食品安全标准更新，食品安全法规、标准国际化，建立有效公众参与途径和违规惩罚机制。⑦ 杨新莹撰文分析了转基因食品的特点及美国、欧盟、日本在转基因食品问题立法上的做法，针对我国转基因食品安全立法现状与问题，中国应采取风险预防原则，通过制定较高层次的《转基因食品安全法》，加强转基因食品安全监管和完善转基因标识制度等手段，设计出适合我国的制度模

①孟博、邵理云、刘茂、王丽：《基于计算机模拟的突发事件下人群行为对比研究》，《中国公共安全》2011年第1期。

②崔培培、李慧明：《漏油事件对完善我国应急管理体系的启示》，《未来与发展》2011年第3期。

③邵超峰、鞠美庭：《环境风险全过程管理机制研究》，《环境污染与防治》，2011年第10期。

④吴志成、王天韵：《全球化背景下全球治理面临的新挑战》，《南京大学学报》2011年第2期。

⑤李炜光：《推进地方自治构建地方政府公债制度——地方政府债务风险的化解之道》，《人民论坛》2011年第26期。

⑥于丽艳、王殿华：《发达国家食品安全标准对中国食品出口的影响》，《华东经济管理》2011年第10期。

⑦龚玉霞、王殿华：《韩国食品安全监管体系及对我国的启示》，《洛阳师范学院学报》2011年第2期。

式,最终促进转基因食品安全。① 宋华琳从制度变迁史的角度,梳理了自中华人民共和国成立至今食品安全标准法律制度的历史演进,指出2009年颁布的《中华人民共和国食品安全法》是对我国食品安全标准法律制度的根本性重塑。论文剖析了中国食品安全标准的强制性,并指出:应以食品安全国家标准为核心建构中国食品安全标准体系,应注重发挥食品安全企业标准的作用;应从人员遴选、规范利益冲突和健全专业分委员会制度三方面规范食品安全标准制定中的专家咨询制度;应以风险分析为基础,以国际标准和国际食品安全风险评估结果为参照,推进中国食品安全标准法律制度的改革。②

2. 医药卫生研究

田野、焦艳玲撰文指出,药品安全攸关大众之生命健康,药品上市前均要经过反复的安全性试验与层层严格的审批,然而无论流通前的安全机制多么严格、周密,终难以完全避免药品在投入流通后发生此前无法预知的不良反应,这是由药品本身的风险性决定的,因此药品流通后之安全机制必不可少。药品流通后安全机制的关键在于,生产者对药品上市后的安全性继续履行观察义务,并以行政监管作为保障。我国现行的药品安全机制将重心放在药品流通前安全的监管,对于后市场安全制度,无论在立法上抑或理论上均较薄弱,缺乏系统性整合。③

3. 环境、资源安全研究

李艳菊等撰文指出,目前,室内微生物污染已成为重要的环境卫生问题,成为人们关注的热点之一。因此,研究并掌握室内微生物污染的来源、分布和控制方法,一方面有利于减少微生物的危害和疾病的发生;另一方面,可提高人们室内空气环境质量和国家公共卫生防疫能力,同时,为建立相关法律、法规提供参考和依据。并认为,室内微生物污染对人体健康、室内环境、公共卫生安全等方面的影响不容忽视。目前,"SARS"、禽流感、甲型流感的大规模爆发给我国乃至世界的经济和社会生活造成了很大的影响,同时,也使得人们更加重视对微生物污染分布、传播、控制规律的研究。因此,关于室内微生物污染的相关研究还任重道远。④ 杨吉龙等撰文对滨海新区水资源利用现状进行了分析,针对天津滨海新区供水安全问题,认为目前滨海新区供水体系仍比较脆弱,应尽早建立完善的供水安全保障体系,综合考虑滨海新区供水水源构成特点及现状水资源利用过程中存在的问题,以开源节流为基本原则,保证滨海新区供水安全的可行有效的措施主要包括:提高工业、农业用水效率,逐步扩大海水净化规模,提高雨洪资源的利用率。⑤ 赵洋等撰文指出,矿产资源安全是指在国家经济和社会发展过程中,稳定、持续、经济和足量地获得各种矿产,同时保障生态环境的良性可持续发展。目前,我国开始进入工业化后期,矿产资源在促进我国工业化进程中发挥着相当重要的作用,随着工业化、城市化进程的加快,我国矿产资源的需求量激增,但是长期无节制的开发利用,使得本来紧张的矿产资源问题愈加严重。如果在矿产资源开发利用方式上没有大的突破,在其管理上没有新的转变,矿产资源危机将成为我国经济发展的瓶颈,将直接威胁到我国经济安全和社会稳定。通过分析我国矿产资源现状,指出战略矿产储备、资源综合利用及加快对外开发是构建我国矿产资源安全体系的基础。⑥

4. 网络信息安全研究

何悦、郑文娟撰文指出,网络信息安全涉及计算机技术、网络技术、通信技术、密码技术、信息安全技术、应用数学、数论、信息论等多种学科和技术。网络信息安全主要是指网络系统的硬件、软件及其系统中的数据受到保护,不受偶然的或者恶意的原因而遭到破坏、更改、泄露,系统连续可靠正常地运行,网络服务不中断。并通过分析我国网络信息安全立法的现状,提出完善我国网络信息安全立法的建议和对策。⑦ 郭会茹、孙静静从公安网络安全的现状入手,对其目前存在的问题和威胁进行了分析研究,并针对性地提出了保障网络安全的技术与管理措施,从理论与实践两个层面对公安网络信息安全问题提出了建设性的解决途径。认为保证

①杨新莹:《我国转基因食品安全立法模式探讨》,《贵州农业科学》2011年第10期。
②宋华琳:《中国食品安全标准法律制度研究》,《公共行政评论》2011年第2期。
③田野、焦艳玲:《论药品流通后之安全观察义务——行政监管与侵权责任的交错》,《西北工业大学学报》(社会科学版)2011年第2期。
④李艳菊、祁建城、张宗兴、侯丽丽:《室内空气微生物污染来源、传播和去除方法研究进展》,《环境与健康杂志》2011年第1期。
⑤杨吉龙、韩冬梅、肖国强:《天津滨海新区供水安全分析》,《中国农村水利水电》2011年第5期。
⑥赵洋、鞠美庭、沈镭:《我国矿产资源安全现状及对策》,《资源与产业》2011年第6期。
⑦何悦、郑文娟:《我国网络信息安全立法研究》,《科技与法律》2011年第1期。

公安网络安全运行的策略关键在于建立和完善公安网络信息安全防护体系,在技术层面上建立完整的网络安全解决方案,在管理层面上制定和落实一套严格的网络安全管理制度。二者之间,管理是基础,技术是保障。①

5. 城市公共安全研究

王炎撰文指出,中国的社会治安防控体系随着政府的转型也正在由管制型转变为公共服务型。计划体制下公民参与模式是"官僚—动员"模式,治理方式是管制型治理,市场经济体制下公民参与模式转变为"自愿—权利"模式,治理方式是公共服务型治理。公民参与在社会治安防控体系运行过程中参与内容由参与实施转变成参与安全需求表达、参与社会治安决策和实施、参与防控体系绩效评估。新型参与模式与公共服务型治理形成良性互动关系和动态平衡。② 祁素萍、陈萍撰文指出,虽然近几年来在国家的提倡和发展下,我国公众参与城市公共安全管理的意识有所增强,但就总体情况看,仍然存在不少薄弱环节和遗留问题。具体说来,其主要表现为:(1)公众参与意识和技能相对薄弱,安全文化教育不够;(2)相关部门对公众参与的社会价值尚未充分认识,缺乏相应的法律、制度保障和必要的社会组织及有效途径;(3)缺少适于公众参与的可操作方式、程序和准则;(4)公共安全信息的可达性较差。③ 曾娜、吴建华撰文指出,城市公共安全是指城市在生态环境、经济、社会、文化等方面保持一种动态稳定与协调状态,以及对自然灾害、社会与经济突发事件干扰的一种抵御能力。面对不可避免的灾害、事故和潜在的社会危机的威胁,城市公共安全信息化建设是提高公共安全防御能力的必然选择。信息资源建设是城市公共安全信息化建设的基础工作。当前,存在城市公共安全基础数据缺乏的问题,表现在安全资料及数据库数量少、数据质量不高、有用信息匮乏、无法共享等方面。④ 陈鹏、王达撰文指出,随着我国城市化的发展,居民住宅小区大量涌现,随之而来的是居民火灾比重逐年增加,住宅小区火灾隐患突出,消防安全形势不容乐观,给消防工作提出了新的课题。通过调查,分析了目前我国居民住宅小区消防安全现状和消防安全问题,特别是私家汽车引发的突出消防问题,提出了加强行政管理、普及消防宣传、完善法律法规建设、增强消防演练等措施和对策,努力实现政府统一领导,部门依法监管,单位全面负责,公民积极参与的消防工作新局面。⑤

6. 企业生产安全研究

以戚安邦教授为首的南开大学团队发表4篇论文,对煤炭企业安全生产问题从技术性层面进行了深入研究。戚安邦、尤获撰文,通过提出煤矿企业安全管理能力的内涵和评估指标体系,并且基于DEA原理建立了煤矿企业安全管理能力评价和排序模型。与此同时,实例研究的结果表明该评价方法能有效地综合反映煤矿企业安全管理能力现状。⑥ 戚安邦、顾静撰文,通过研究和编制中美两国几十年来煤矿安全事故百万吨死亡率的曲线,分析了中美社会经济发展阶段与煤矿安全事故的相关性,比较研究了中美两国煤矿安全事故水平、曲线规律的异同点及其原因。这不仅在我国煤矿安全问题的研究广度上加入了宏观经济发展的全新维度,使人们能够更为全面地认识我国煤矿安全事故的成因,也为我国在不同经济发展阶段下安排应对和防范煤矿安全事故提供了科学的依据。⑦ 马士春、赵明俊撰文提出,电子信息产业是最近几年国内外兴起的几大产业之一,也逐渐演变成市场经济的重要组成结构。面对新时期的经济体制改革,我国对于电子信息产业的安全性给予了高度重视,这不仅是新型产业链的创建要求,也是电子信息产业持续经营的重要基础。为了让电子信息产业营造良好的生存环境,必须注重安全生产模式的构建。⑧

三、相关问题研究

1. 社会秩序安全研究

吴佩芬撰文指出,文化是一个国家、一个民族发展向上的灵魂和动力。要推动文化大发展大繁荣,就必须大力发展文化产业。而文化产业的发展

①郭会茹、孙静静:《公安网络信息安全及其防范措施的研究》,《赤峰学院学报》(自然科学版)2011年第9期。
②王炎:《公共服务型社会治安防控体系中的公民参与》,《社会纵横》2011年第6期。
③祁素萍、陈萍:《关于公众参与城市公共安全管理的几点思考》,《淮海工学院学报》(社会科学版)2011年第8期。
④曾娜、吴建华:《城市公共安全信息资源建设——兼论城建档案与城市公共安全的关系》,《中国名城》2011年第6期。
⑤陈鹏、王达:《城市居民住宅小区消防安全突出问题及其解决对策》,《中国公共安全·学术版》2011年第1期。
⑥戚安邦、尤获:《基于DEA理论的煤矿企业安全管理能力评价模型与方法》,《煤炭安全》2012年第2期。
⑦戚安邦、顾静:《中美社会经济发展阶段与煤矿安全事故的相关性比较研究》,《未来与发展》2011年第2期。
⑧马士春、赵明俊:《创建电子信息产业安全生产模式》,《信息通信》2011年第2期。

又是一把“双刃剑”,符合主流意识形态的文化产业对意识形态安全的维护具有正效应,反之则对意识形态安全的维护具有负效应。为此,我国在大力发展文化产业的过程中,必须坚持马克思主义主流意识形态的主导地位、建立体现本民族特色的文化产业模式、正确处理文化产业的经济效益与社会效益的关系、构架国家文化产业安全预警机制等,以实现我国文化产业发展与意识形态安全的双赢。① 天津市艾滋违法犯罪调研课题组,基于J市的实证调查,提出进一步完善防控“艾滋”违法犯罪的如下社会公共安全对策建议:建议全国人大常委会在修订《传染病防治法》、《治安管理处罚法》、《监狱法》、《劳动教养管理法》、《禁毒法》时能充分考虑到有利于防治艾滋病工作的开展,使艾滋病防治工作更好地走上法制化的轨道;各地应加大财政支持力度,加强对艾滋违法犯罪人员羁押监管场所的建设;坚持预防为主,努力消除艾滋病传播的危险因素,特别要加强公安民警职业暴露的防护工作。②

2. 经济安全研究

李红继、韩琳撰文,首先对学术界关于金融安全的研究进行了简述,把金融安全分为宏观经济安全运行子系统、金融机构安全运行子系统、外部金融安全运行子系统和金融软环境安全子系统四个子系统,从专业技术上运用BP神经网络,利用MATLAB7.0软件对我国金融安全进行综合评价。③ 尹建香撰文指出,当前我国私营经济的发展在法律层面上面临的问题(产权领域、投资领域、金融领域、执法司法领域),提出健全我国私营经济发展法律保护的措施。④

3. 非传统性威胁研究

寇鸿顺撰文指出,我国是一个多民族国家,少数民族大多分布在祖国的边疆地区,边疆安全与国家安全密切相关,边疆地区对国家安全来说具有重要的军事和国防价值。要维护祖国统一、维护国家领土和主权的完整,首当其冲的是要维护边境地区的稳定和安全。边疆民族地区基层政权建设是边疆地区民族团结、政治稳定、国家安全的基石,在维护国家统一、领土和主权完整以及国家安全方面具有举足轻重的作用。在新安全观指导下,科学定位边疆民族地区基层政权组织建设在边疆经济社会发展、民族团结、繁荣、国家安全中的目标,探索加强边疆民族地区基层政权组织的有效途径具有重要意义。⑤

(本文作者:吴春华,天津师范大学教授、博士生导师;武晓磊,天津师范大学博士研究生)

情报与档案管理学研究综述

刘春茂

2011年,天津市在图书情报与档案管理研究领域继续保持在基础理论与实践研究上的核心研究优势,其研究特色表现为:研究核心突出、研究成果理论与实践并重、作者队伍呈多向结构、研究主题广泛且颇具地方特色。

一、图书情报基础理论研究

王琳撰文从领域分析范式的视角研究知识组织的若干基本理论问题,包括主题分析、分类法、语义关系和知识组织的基本原则等,对国外该方面研究的最新进展进行述评,并从情报学学科整体建设出发阐述领域分析范式的作用与意义。⑥

刘冰撰文认为,复杂性科学作为一门研究复杂系统和复杂性的交叉学科,其所具有的独特思维方

①吴佩芬:《我国文化产业发展与意识形态安全研究》,《思想战线》2011年第5期。
②天津市艾滋违法犯罪调研课题组:《从J市艾滋违法者调查看社会公共安全对策》,《山东警察学院学报》2011年第1期。
③李红继、韩琳:《我国金融安全评价指标体系构建及综合评价方法选择》,《现代财经》2011年第5期。
④尹建香:《我国私营经济发展面临的法律问题及其法律保护探析》,《经济研究导刊》2011年第2期。
⑤寇鸿顺:《论边疆民族地区基层政权建设的目标创新——以非传统安全为研究视角》,《理论与实践》2011年第1期。
⑥王琳:《领域分析范式视角下知识组织中若干问题研究》,《图书情报工作》2011年第4期。

式和世界观对其他学科问题研究具有重要的理论指导价值。该文在对复杂性科学研究基本原则分析基础上，运用复杂性视角分析了现代情报学理论主要特征：情报研究对象的复杂多样性、情报研究主体的多重复杂性、情报研究过程的动态复杂性、情报研究内容的多学科融合性，进而着重从理论体系、研究范式、研究过程、研究方法等方面阐述了基于复杂性科学的现代情报学理论范式的转变。①

邓荔萍从后现代主义角度介绍了情报学发展的趋势，从跨学科思维在情报学研究中的作用阐述了对情报学研究中的跨学科思维的认识，论证了情报学发展的后现代主义趋势与情报学研究中跨学科思维的关系。②

刘彩霞在分析国内外相关著作和研究文献的基础上，从图书馆情报系统评价、预测未来技术对图书馆的影响及图书馆员的重新定位等方面，概述了美国著名的图书馆学家兰·开斯特的基于“公共服务”的图书馆学思想。③

魏辅轶指出，近年来中国图书馆学界出现了一股新的思潮，这种思潮的主要思想是倡导中国图书馆学界应该大力发展实证研究，并通过文献计量和分析的证据表明了中国图书馆学实证研究方面存在着非常大的缺陷。认为实证研究的缺失不在实证本身而在实证研究之外。实证研究的缺失恰恰透射出的是中国图书馆学理论研究的空白和无力。④

史全圣指出，职业认同感是指个体对于所从事职业的肯定性评价。该文提出培养图书馆未来从业者的早期职业认同感的观点，并就此分析了其培养意义和策略，以期为图书馆学人才培养以及高校素质教育工作提供参考。⑤

王雅丽对国内图书馆学界学术规范问题的主要研究成果进行了内容盘点和观点梳理，并就该研究领域的后续研究通过不同的维度给予了深度思考，以期为该领域研究的进一步深入和发展提供参考和借鉴。⑥

谢敬等认为，《四库全书总目·凡例》是《四库全书总目》卷首说明全书体例的文字。目前对“凡例”的研究主要停留在从文献学的视角对其注释。该文认为，“凡例”虽简短，但所提出的一些标准和原则对图书馆工作有相当大的借鉴意义，并从图书馆学视角对“凡例”做出初步探讨，旨在挖掘出其在图书馆工作中应有的作用。⑦

二、高校（含高职）图书情报工作

孙姗姗基于对我国目前高校图书馆员职业化现状和存在的问题分析，探讨了图书馆员走职业化道路的必要性，提出了职业化发展的关键步骤：规范准入标准，逐步设立资格认证制度；图书馆要营造良好公平的职业化竞争环境；完善继续教育机制，确立图书馆员职业化的终身学习目标；培养图书馆员优秀的职业取向和职业精神。⑧

姚军以实际管理工作中的体会为基础，分析了高校图书馆勤工助学工作的意义，探讨了产生问题的原因，并从实际出发提出了相应的解决对策及方法。⑨

彭立伟在引入博客内涵的基础上，阐述了高校图书馆学科博客的内涵，概述了学科博客的分类以及所包含的主要内容，并对学科博客的建立和维护提出了建议：(1)内容与用户相关，经常更新，且能吸引用户兴趣。(2)语气专业且人性化。(3)链接其他博客。(4)标题醒目。(5)利用 RSS。(6)宣传博客：如通过图书馆主页、公开出版物、会议、E－mail 宣传博客。(7)向搜索引擎提交博客网址。(8)评论其他博客。⑩

柯平、唐承秀指出，学科馆员与学科服务作为图书馆服务的一个新的重要领域，在我国已有 12 年的历史，该文阐述了学科馆员的概念与发展历程，概要总结了 2001—2010 年十年之间学科馆员与学科服务的发展成就、现状、存在的问题与对策，从中外比较可知我国学科馆员制度与服务还处于初

---

①刘冰：《复杂性科学与现代情报学理论范式的转变》，《图书情报工作》2011 年第 14 期。
②邓荔萍：《后现代主义与情报学研究中跨学科思维的关系研究》，《商品与质量》2011 年第 3 期。
③刘彩霞：《美国图书馆学家兰开斯特思想初探》，《科技情报开发与经济》2011 年第 13 期。
④魏辅轶：《对“中国图书馆学应该弘扬实证研究”的商榷》，《图书馆杂志》2011 年第 9 期。
⑤史全圣：《图书馆未来从业者职业认同感的培养策略分析》，《图书馆工作与研究》2011 年第 9 期。
⑥王雅丽：《国内图书馆学界学术规范问题研究概述》，《图书馆工作与研究》2011 年第 8 期。
⑦谢敬、杨木锐、韩赫宇：《图书馆学视角下的〈四库全书总目·凡例〉》，《河南图书馆学刊》2011 年第 2 期。
⑧孙姗姗：《高校图书馆员职业化问题初探》，《华章》2011 年第 17 期。
⑨姚军：《浅谈高校图书馆勤工助学管理工作——以天津职业技术师范大学图书馆流通部为例》，《产业与科技论坛》2011 年第 7 期。
⑩彭立伟：《试论高校图书馆学科博客的建立与实施》，《图书馆工作与研究》2011 年第 2 期。

级阶段，提出了促进未来学科馆员与学科服务发展的若干建议。①

范佳佳、高杰结合外语类院校的特点，阐述了其建立竞争情报系统的决定因素；提出了外语类院校竞争情报系统是提升其核心竞争力的基础；构造了外语类院校分层次、交互式的竞争情报系统的组织结构和工作流程。②

马静等以北京科技大学天津学院图书馆为例，针对独立学院图书馆如何开展学科馆员工作的方式方法问题，根据南开大学图书馆柯平老师提出的学科馆员工作的八项内容，介绍了北京科技大学天津学院图书馆学科馆员工作开展的内容、效果以及心得，以期为独立学院开展学科馆员工作提供经验。③ 王浩然等撰文介绍了亚洲之桥赠书这一西文图书采访方式，结合北京科技大学天津学院图书馆实际采访工作，另辟蹊径，为独立学院图书馆西文采访提供一种新的思路。④

胡筱华撰文指出，高校图书馆史的著述中虽不乏精品，但研究数量和编撰方法都有待提升，该文提出将口述历史的研究方法引入到高校图书馆史的编撰和研究中，可以开拓馆史研究的新途径。⑤

三、竞争情报理论与实践

李健、唐燕针对逆向物流企业竞争情报信息收集能力有限、处理效率低下的问题，分析了物联网技术的特征及其在逆向物流企业竞争情报系统中的作用，构建了基于物联网的逆向物流企业竞争情报系统，实现了竞争情报收集分析、服务、评估和反竞争情报等子系统的有效拟合，增强了全面感知、可靠传递、智能处理和海量数据服务的功能，为逆向物流企业提高资源化效率、政府加强实时监控与管理、公众参与监督提供有力的情报信息支持。⑥

刘建准针对有效地控制竞争情报系统开发的质量问题，分析了规范化理论对企业竞争情报系统开发的影响。借鉴 CMM 理论，提炼横向链上竞争情报系统开发规范化的集成化模型(CIS - CMM)，并对该模型进行了构建，论述了结构、内涵与实现方案，以期达到灵活控制与调节竞争情报系统开发过程的目的，进而优化其效能。⑦

刘婷撰文认为，“小世界理论”在人际网络方面的研究为竞争情报从人脉出发搜集情报信息提供了解决思路，该文阐述了小世界理论及其网络模型，针对竞争情报搜集中存在的问题，提出基于小世界理论的解决方案。⑧

王知津等撰文在分析固定作战室产生背景及其特点的基础上，从场所、空间、色彩、安全保护和高技术装备五个方面对基于固定场所的企业竞争情报作战室进行设计，提出固定作战室开发和实施过程。最后以 Ford 竞争对手分析作战室为案例对其作战室设计进行分析。⑨

仲丛友等撰文认为，企业竞争情报系统绩效评价可以从不同角度、采用不同方法进行。该文提出了企业竞争情报系统绩效评价的新方法，即将层次分析法与灰色综合评价法相结合对企业竞争情报系统进行绩效评价，并通过实例进行了验证分析。⑩

四、文献信息计量研究

薛调以《CNKI 中国期刊全文数据库》收录的“情报科学”2005—2010 年的 2410 篇图书馆学情报学研究论文为统计源，借助 BICOMB 软件对 8844 个关键词进行词频统计，构建词篇矩阵，利用 SPSS 软件进行聚类分析，分析了国内该学科领域近六年的研究热点。⑪

马世杰以学术创新力为关联点，对我国 1989—2008 年图书馆学、情报学、文献学和信息学学术“创新力”论文作者及机构进行计量分析和比较研究，从定量的角度，客观地反映学术创新力的研究热点和发展趋势，为学科资源共享及学科联合建设，增加综合竞争实力提供客观参考依据。⑫

①柯平、唐承秀：《新世纪十年我国学科馆员与学科服务的发展(上)》，《高校图书馆工作》2011 年第 2 期。
②范佳佳、高洁：《谈以图书馆为依托的外语类院校竞争情报系统》，《图书馆工作与研究》2011 年第 1 期。
③马静、王妙丽、隋佳佳：《独立学院图书馆学科馆员工作的开展——以北京科技大学天津学院图书馆为例》，《内蒙古科技与经济》2011 年 3 期。
④王浩然、刘景军：《独立学院西文采访又见新招》，《内蒙古科技与经济》2011 年第 7 期。
⑤胡筱华：《应用口述历史的方法进行高校图书馆史研究刍议》，《图书馆工作与研究》2011 年 12 期。
⑥李健、唐燕：《基于物联网的逆向物流企业竞争情报系统研究》，《情报杂志》2011 年第 10 期。
⑦刘建准、刘玉照：《企业竞争情报系统开发集成规范化研究——基于知识管理视角》，《图书馆理论与实践》2011 年第 4 期。
⑧刘婷：《小世界理论在竞争情报搜集中的应用》，《情报探索》2011 年第 12 期。
⑨王知津等：《基于固定场所的企业竞争情报作战室的设计与实施》，《情报资料工作》2011 年第 2 期。
⑩仲丛友、陈维军、曹洁：《基于多层次灰色综合评价法的 ECIS 绩效评价》，《中国农机化》2011 年第 2 期。
⑪薛调：《近六年国内图书馆学情报学研究论文热点分析》，《情报科学》2011 年第 7 期。
⑫马世杰：《中国学术创新力的多学科比较研究—基于图书馆学、情报学、文献学和信息学作者分布的分析》，《图书馆工作与研究》2011 年第 1 期。

刘泽林采用文献资料法、文献计量法、逻辑推理法和比较分析法，以2000—2009年间运动训练学学科论文为研究对象，对10年间我国运动训练学学科发展历程、学科论文地区与机构分布特征、学科文献半衰期与普赖斯指数等方面展开研究。① 该文试图对我国运动训练学学科整体发展建设的成就进行系统总结，揭示运动训练学学科演化发展的特点和规律，为我国体育科研管理部门和有关研究人员提供参考，为体育情报学的实证研究提供重要案例。

五、专门图书情报工作

龙叶等在列举和分析各地农家书屋开展全民阅读活动案例的基础上，针对农家书屋促进全民阅读推广活动所面临的问题，提出利用“公益性起步，经营性发展”的原则，解决其资金问题；加大宣传力度，扩大其影响；依托各地读书节等品牌活动，倡导农民阅读；拓展其服务范围，与各级各类图书馆对接整合，扩大其辐射范围；加快农家书屋数字化的建设步伐；建立管理人员选聘培训制度等策略，旨在推动农家书屋建设，促进农村地区全民阅读的深入开展建设和发展农村书屋应采取的方法与措施。②

池晶撰文阐述了个性化信息服务的概念及意义，从服务环境、服务产品、服务形式、服务途径、服务方法等方面对中科院文献情报中心的个性化信息服务进行了分析，提出了个性化信息服务的原则。③

张雅男撰文认为，宗教对我国图书馆的形成和发展产生了诸多的影响。该文介绍了古代和近代以来，几种宗教对我国寺观藏书、古代目录学思想、早期图书馆“传播学”思想以及近代图书馆产生和发展等方面的影响。④

徐颖撰文从用户立场对图书馆组织文化重新进行判断，主要是在图书馆内部建设用户文化，在外部塑造阅读文化，二者相辅相成，共同构成图书馆存在与发展的动力。⑤

高春艳撰文提出一种以集中分散方式为基础、基于反馈控制的查新接题模式。在该模式下，接题人员以不同方式参与到课题的检索、审核及将查新报告交付用户过程中，可以从全局角度考虑课题的分配情况，为查新报告质量控制打下良好基础。⑥

王知津等撰文指出，情报失察是情报界关注的重要研究课题，而有关情报失察的研究焦点已经愈发集中在情报分析阶段，尤其关注情报分析人员心理对情报失察的影响。该文借鉴误判心理学的理论和方法，考察情报分析中容易导致情报失察的心理倾向；通过文献调查法，将经典情报误判案例中的误判心理因素进行分类。⑦

六、档案学基础理论与实践

李素娟等撰文认为，关于文件与档案关系的问题在档案界历来讨论颇多，正确认识二者之间的关系，是关系到对档案学学科性质与本质特征认识的重要问题。该文从档案学经典理论和档案管理实践，以及国内外档案核心理论等角度，重新探究文件与档案的关系，认为二者实为同一种事物。⑧

祝庆轩等撰文从数字档案馆建设的角度和用户访问数字档案馆的角度对档案信息资源共享模式架构加以阐释，并从云存储、基础设施服务云平台、软件服务平台、馆际云服务的角度论述云档案馆的实现方式。⑨

李倩撰文分析了历史联系学说下的档案定义，立足于该学说的逻辑起点、内在逻辑，同时还要反映出档案的本质属性以及档案的终极功能。该文通过分析历史联系学说档案定义的组成要素，以期求读者对档案有一个新的不同的认识。⑩

潘未梅等从加拿大宏观鉴定理论的诞生背景入手，撰文分析了加拿大宏观鉴定理论成长于怎样的实践和理论环境，是在怎样的哲学基础上形成了颠覆性的理论内涵，并在文章的最后对该理论作了

---

①刘泽林：《近10年来我国运动训练学学科论文的情报学分析》，《河北体育学院学报》2011年第2期。
②龙叶、刘彦庆、王跃虎：《农家书屋促进我国全民阅读推广的策略研究》，《图书馆学研究》2011年第24期。
③池晶：《中国科学院文献情报中心个性化信息服务分析》，《科技情报开发与经济》2011年第22期。
④张雅男：《宗教对我国古代和近代图书馆的影响》，《图书馆工作与研究》20116期。
⑤徐颖：《以用户立场思考图书馆的组织文化》，《中国教育技术装备》2011年第23期。
⑥高春艳：《基于反馈控制的查新接题模式探讨》，《图书馆工作与研究》2011年第1期。
⑦王知津、王树义：《情报分析中的误判心理及其对情报失察的影响》，《图书情报工作》2011年第16期。
⑧李素娟、桑毓域：《从理论到实践——文件与档案关系再探究》，《档案管理》2011年第1期。
⑨祝庆轩、桑毓域、方昀：《基于云计算的档案信息资源共享模式研究》，《兰台世界》2011年第15期。
⑩李倩：《解析历史联系学说下的档案定义》，《兰台世界》2011年第21期。

简要的分析。①

张妤撰文简要回顾了外国有代表性的几大档案鉴定理论,对各种理论的优势与局限性进行了深入分析并揭示了档案鉴定理论的发展规律,提出需要解决的问题和进一步的研究方向。②

杨文刚指出,随着计算机信息技术的发展,开放型档案信息系统的建设水平不断提高,RIA 技术应用于档案管理系统大大提高了用户的体验。基于对 Flex 技术的研究,根据电子照片档案管理系统的需求,提出了基于 Flex 的应用程序的解决方案,旨在对照片档案进行有效的管理。③

张秀红撰文认为,数字档案安全管理是一个综合性比较强的课题,主要包括技术方面的因素,还有人为因素,数字档案信息安全意识的不足将会使安全管理面临许多挑战,需要不断更新信息安全技术以对数字档案进行保护;同时,采取相应的法规、制度范日常的管理工作,减少人为因素对数字档案安全的影响。④

张杰等针对"瘦肉精"事件尘埃未定,染色馒头、回炉面包、牛肉膏又接踵而来的系列食品危机事件,撰文指出:食品安全成为人民群众最关心的问题,通过建立食品安全档案,可以有效地减少食品安全隐患,保民生,促发展。⑤

(本文作者:刘春茂,天津师范大学信息资源管理学系主任、教授)

会计学研究综述

田昆儒

天津会计学者 2011 年参加了多项学术研究活动,并在会计准则、公司治理会计、税务会计、内部控制、审计等研究领域取得了诸多研究成果,主要内容综述如下:

一、会计准则研究

盖地、赵丹根据天津市上市公司 2007 年、2008 年和 2009 年的年度报告数据,从资产减值角度分析了天津市上市公司实施会计准则情况。文章采用统计方法对天津市上市公司数据进行描述性分析,并与全国数据进行比较,分析了天津市上市公司执行会计准则情况。最后,对会计准则的实施以及天津上市公司发展提出改进建议:(1)上市公司在确认公允价值时应采用完善的信息市场和价格市场;(2)在执行长期资产减值准备不得转回政策的同时,应杜绝公司通过流动资产减值准备,以及待处置长期资产减值准备进行盈余管理。⑥

王磊、田昆儒等指出,每股收益是衡量公司业绩的基本指标,我国在广泛借鉴美国以及国际会计准则的基础上制定了《企业会计准则第 34 号——每股收益》,实现了与国际及美国准则的趋同。但在基本每股收益、稀释每股收益和列报等方面均缺乏详细的规范和示例,操作的科学性、合理性有待提高。因此,我国应对每股收益准则进行改进,以提高每股收益指标的价值相关性,给使用者提供更加合理的参考信息。⑦

韩传模、周娟以《企业会计准则第 33 号——合并财务报表》与《公开发行证券的公司信息披露编报规则第 15 号——财务报告的一般规定》(2007 年修订)中有关合并范围的规定为依据,运用描述性统计对沪市 A 股上市公司 2007 至 2009 年报披露的合并范围进行了分析。分析认为,准则及相关规定没有得到全面有效的执行,信息披露缺乏全面性和完整性,影响了报表使用者的决策。针对以上问

①潘未梅、桑毓域:《试论加拿大宏观鉴定理论》,《档案管理》2011 年第 6 期。
②张妤:《外国档案鉴定理论发展研究》,《兰台世界》2011 年第 4 期。
③杨文刚:《基于 Flex 的电子照片档案管理系统中的研究》,《云南档案》2011 年第 12 期。
④张秀红:《加强数字档案安全管理的现实意义——读国家档案局杨冬权局长在国际档案圆桌上的专题发言》,《才智》2011 年第 5 期。
⑤张杰、崔静、李娜:《建立食品安全档案迫在眉睫》,《兰台世界》2011 年第 21 期。
⑥盖地、赵丹:《天津市上市公司执行资产减值会计准则的研究——基于天津市上市公司的年报数据》,《天津学术文库》(下)2011 年版。
⑦王磊、田昆儒、贺琼华、窦筱啸:《我国与国际及美国每股收益准则的比较》,《天津师范大学学报》(社会科学版)2011 年第 5 期。

题，该文提出如下建议：(1)制定合并范围指南；(2)增加披露合并报表中有关合并范围的信息量并加强监管力度；(3)加强合并范围的独立审计。①

盖地、罗斌元以认知论中的事实判断和价值判断作为认知工具，对会计确认的定义和涵义进行了再认识。该文指出，会计确认是一个包含事实判断和价值判断的过程，这个过程可以细分为事实判断阶段、评价性价值判断阶段和规范性价值判断阶段，事实判断阶段决定会计信息的可靠性，评价性价值判断阶段决定会计信息的相关性，而规范性价值判断对前面的事实判断有着重要影响。在此基础上，该文对财务会计概念框架中的一些基础概念(如会计目标、会计信息质量特征、会计要素等)给出了新的解释。对会计确认的再认识，有利于会计确认过程的真实性以及会计信息揭示，还有利于从细化的过程或环节入手更好地做好会计确认工作。②

盖地、杜静然指出，近年来制度变迁研究日趋倾向于利用演化博弈论。会计准则作为一种制度，其变迁可以纳入制度变迁的理论框架中予以研究。文章在演化博弈论的基础上，构建了会计准则变迁的最优反映动态模型和复制动态模型，为会计准则变迁分析提供了新的视角。研究结论表明：会计准则变迁与博弈参与方获益结构的改变，会引起会计准变迁，博弈方收益和成本的具体水平和相对水平是会计准则变迁趋势和具体路径的选择依据，学习和模仿在会计准则变迁中具有重要作用。③

二、公司治理会计研究

韦林等选取2000—2009年发生财务报告舞弊的A股上市公司及其配对非舞弊公司为研究对象，利用配对样本t检验、Logistic回归等构建财务报告舞弊识别模型，对描述三角形理论的25个指标研究发现，两类公司之间营业利润——经营现金流量、外部董事比例等指标描述的压力和机会因素存在显著差异；各指标与舞弊可能性的相关关系表明，压力越大、机会越多，舞弊可能性越大。由此建立的识别模型正确识别率达到93.7%，有助于人们识别舞弊，帮助上市公司发现舞弊根源。④

高敬忠、周晓苏、王英允以我国A股上市公司2004—2007年盈余预告披露数据为例，实证检验了机构投资者对信息披露的治理作用。结果发现：(1)随着机构投资者持股比例的增加，管理层采取的盈余预告精确性提高(更具体的形式和更小的误差)，及时性也增强；(2)银行、财务公司类机构、一般基金类机构对管理层盈余预告选择的积极治理作用相对较强，而养老、保险类机构对管理层盈余预告选择的积极治理作用则相对较弱；(3)处于不同持股规模时，管理层盈余预告的精确性、及时性均随着机构投资者整体持股比例增大而提高。但是，机构投资者持股比例的提高易导致管理层盈余预告的乐观态度倾向；(4)股权分置改革后，机构投资者持股对管理层盈余预告披露选择的积极治理作用比股权分置改革前有所增强。该文建议，应大力发展机构投资者规模和专业素质以优化投资者结构，促进我国资本市场发展。⑤

赵息、张靖运用博弈论的基本原理，建立了监管者、管理者和投资者的上市公司信息披露三方博弈模型，以管理者的决策策略为切入点，从不完全信息静态博弈、动态博弈两个角度，对上市公司信息披露问题进行了研究。通过分析揭示了三方博弈模型的博弈均衡结果，说明应提高上市公司的信息披露条件，指出单纯加大事前监管和事后检查都不能够提高上市公司信息披露质量，监管者要采取“两手都要抓，两手都要硬”的策略；同时，在给定监管环境下，加大惩罚力度，提高资本市场的有效性都有助于提高上市公司信息披露质量。⑥

三、税务会计研究

盖地、罗斌元撰文认为，如果将税制作为外生变量加以考察，设计怎样的税制契约才能激励纳税人多缴税或者减少逃税呢？文章通过建立委托代理模型对此问题进行了分析性研究。研究结论表明：税制本身就是一种激励性契约，对减税行为的调控，激励比惩罚更有效；要抑制逃税行为，一是对该行为本身安排惩罚性的税制，二是加大对其他合法减税行为的税收优惠力度；行为结果的可测度性

①韩传模、周娟：《我国上市公司年报合并范围的现状分析——基于沪市A股公司的统计》，《上海立信会计学院学报》2011年第4期。
②盖地、罗斌元：《会计确认的再认识及应用——基于事实判断和价值判断的认知论释义》，《会计研究》2011年第8期。
③盖地、杜静然：《演化博弈视角的会计准则变迁诠释》，《中国会计学会2011学术年会论文集》2011年版。
④韦林、徐立文、刘佳：《上市公司财务报告舞弊的识别——基于三角形理论的实证研究》，《审计研究》2011年第2期。
⑤高敬忠、周晓苏、王英允：《机构投资者持股对信息披露的治理作用研究——以管理层盈余预告为例》，《南开管理评论》2011年第5期。
⑥赵息、张靖：《上市公司信息披露的一个经济博弈分析》，《天津大学学报》(社会科学版)2011年第5期。

是选择何种违法减税行为处罚式的主要因素，可测度性差的应选择定额处罚较优。①

盖地、梁虎认为，税务筹划与企业契约之间有着千丝万缕的联系，它是由多方契约关系制约，并由多方契约力量推动的一种行为。将契约理论应用于税务筹划的分析，系统、辩证地考察企业税务筹划中各利益相关者之间的契约关系，可以加深对税务筹划动因、条件、效应及其整体性与复杂性的理解，揭示企业在进行税务筹划过程中均衡契约各方的利益、制定出多方共赢的策略。只有这样，企业才能有效地实现税务筹划的目标。②

四、内部控制研究

韩传模、林野萌在对2008、2009年我国上市公司出具内部控制自我评估报告进行分析的基础上，针对目前企业内部控制评价实施的难题，依据我国内部控制应用指引和评价指引，利用平衡计分卡(BSC)思想和层次分析法(AHP)对内部控制主要影响因素进行了分类，构造了带有权重指数的内部控制评价体系，以期能更好地帮助企业对其内部控制实施全面、科学的评价和改进。③

五、审计研究

张继勋、张丽霞认为，审计谈判对审计质量和会计信息质量具有重要影响，并运用实验经济学的方法研究了客户重要性对审计谈判的影响。研究发现，在与重要的客户谈判时，审计人员接受的客户最终的资产价值比较高，与客户在谈判中达成一致的比例也比较高；在与非重要客户谈判时，审计人员接受的客户最终的资产价值比较低，与客户在谈判中达成一致的比例也比较低。同时还发现，在与重要客户谈判时，审计人员更倾向于采用合作型谈判策略；在与非重要客户谈判时，审计人员更倾向于采用竞争型谈判策略。文章认为，客户重要性明显地影响了审计质量。④

张继勋、周冉等利用实验检验了内部控制披露的详细程度、内控审计意见类型对投资者感知的重大错报风险和投资可能性的影响。研究发现，上市公司详细披露内控，能明显降低投资者感知的重大错报风险，提高投资者的投资可能性；不同审计意见类型影响了投资者对重大错报风险的感知及其投资可能性。在非标审计意见下，详细披露没有明显影响投资者感知的重大错报风险和投资可能性。进一步研究还发现投资者感知的重大错报风险的中介作用。结果表明，我国监管部门实施的内部控制披露和审计的相关规定对改善投资者的投资决策具有积极意义。⑤

（本文作者：田昆儒，天津财经大学商学院会计学系教授、博士生导师）

责任编辑：丁大同　沈丽妹

①盖地、罗斌元：《减税行为、税制安排与负激励效应》，《中央财经大学学报》2011年第12期。

②盖地、梁虎：《契约理论视角下的企业税务筹划——基于企业和利益相关者之间契约关系的分析》，《审计与经济研究》2011年第2期。

③韩传模、林野萌：《基于BSC与AHP的企业内部控制评价体系构建》，《中国会计学会2011学术年会论文集》2011年版。

④张继勋、张丽霞：《客户重要性与审计谈判》，《审计研究》2011年第3期。

⑤张继勋、周冉、孙鹏：《内部控制披露、审计意见、投资者的风险感知和投资决策：一项实验证据》，《会计研究》2011年第9期。

学术专论

马克思主义中国化90年——概念、进程和规律①

荣长海

内容提要:研究马克思主义中国化,首先要分别界定"马克思主义"、"中国"、"化"三个层面的概念,这些界定表明马克思主义中国化贯穿于中国共产党的全部发展历程。马克思主义中国化的进程大体上要经历前马克思主义中国化时期、马克思主义中国化初期、马克思主义中国化中期、马克思主义中国化后期和后马克思主义中国化时期。实现马克思主义中国化需要三个基本要素,即马克思主义原创理论、中国文化和实现转换者,三者的相互作用即表现为马克思主义中国化的规律。

关键词:马克思主义中国化　进程　规律　中国共产党

马克思主义中国化这一概念正式提出,至今已有70多年,它在中国政治思想领域中反复出现的频率及其重要意义是人所共知的。在中国共产党成立90周年的时候,提出马克思主义中国化90年这个命题,表明中国共产党90年来一直致力于将马克思主义中国化,在这个过程中有许多值得总结的方面。

一、概念

(一)什么是"马克思主义"

这里不是一般性地讲什么是马克思主义,而是特地分析马克思主义中国化这个概念中的马克思主义。我们讲马克思主义中国化,首先是要将马克思主义经典作家即马克思和恩格斯的思想中国化,我们一般所讲的马克思主义中国化,主要是指这个方面的含义。同时,我们也要将从列宁开始的其他国家的共产党人运用马克思和恩格斯的思想在解决本国革命和建设实践问题的过程中所形成的具有本国特点的马克思主义观点和方法引入中国为我所用,这也是一种马克思主义中国化。例如,中国共产党人大量运用了列宁主义的观点和方法,并在此基础上提出了一系列成熟的观点和政策策略,这显然也是马克思主义中国化的结果。

(二)什么是"马克思主义中国化"

中国化就是转变为中国的性状;将马克思主义中国化,就是将马克思、恩格斯以及其他外国的马克思主义者的思想理论转变成中国自己所特有的东西,即由信仰马克思主义的人自觉使用中国的文字、用符合中国人思维的方式准确、系统地表述反映中国国情需求的马克思主义理论。研究马克思主义中国化的进程,就是要找出马克思主义中国化的规律。中国共产党自从提出以马克思主义为指导,就一刻也没有停止马克思主义中国化的工作。在这个进程中,既有成功,更有挫折。我们很难做到不断成功,杜绝挫折。为了有效推进马克思主义中国化的进程,就一定要找出马克思主义中国化的规律,并按这个规律去行动。

①本文节选自《理论学刊》2011年第11期。

在整个马克思主义中国化的进程中，中国共产党总是在不断地总结经验，这些经验就是比实践教训更有指导意义的东西，但经验还不是规律。与经验相并列的，还有特点，这个特点严格地讲比经验更加具有原则性和指导性，但特点也不是规律。与特点相近的概念，就是规律性特点，这其实就接近规律了。但就具体情况而言，它们之间的区分又是相对的：一来规律不容易把握，二来对什么是“马克思主义中国化的规律”，人们历来意见不一。本文认为，马克思主义中国化的规律，应当是过去90年来在实现马克思主义中国化的过程中那些带有根本性且具最高层次的经验、特点的概括。

二、进程

马克思主义中国化的一般进程，是讲马克思主义中国化的总的进程，包括它从何开始，何时完成，其基本的发展依据和大体的发展路径。

马克思主义中国化从何开始，可以有多个思维角度。本文认为，早期那些一般性地译介马克思主义思想理论的做法，实际上只是把马克思主义思想理论与其他资产阶级社会政治学说同等对待，并无信仰乃至以之为行为指南之意，因而决不能将其看作马克思主义中国化的开始。如果以毛泽东1938年明确提出马克思主义中国化命题作为开始，那又大大地将马克思主义中国化的起点延后了，毕竟在此之前中国共产党在这方面做了大量工作，也取得了大量成果（无论理论还是实践）。有人主张认定从党的“二大”开始了马克思主义中国化进程，理由是“二大”首次提出了中国革命分两步走的想法，而党的“一大”只是通过了党纲并明确提出按照马克思主义有关思想理论开展行动，但没有指明具体的反映中国社会实践需求的行动路线。这个说法看似严格强调了中国化的要求，但要区分党的“二大”及其他党代会或党的重要文件的哪一件是中国化的开端，也是十分困难的。如果从十月革命对中国先进知识分子的影响来看，中国共产党成立之前以李大钊为代表的那些信仰马克思主义的人们对马克思主义思想理论的宣传，可以看作是马克思主义中国化的开端，而这个开端究竟以哪一篇文章为准，也很难确定。按照以重大历史事件作为标志的一般思路，把中国共产党的成立看成马克思主义中国化的起点，是比较合适的。依上文中关于马克思主义中国化的五个条件来判断，把中国共产党的成立看作开端是完全成立的。如果这一点能够确定，那么可以肯定，只要中国共产党的历史使命没有完结，马克思主义中国化的进程就要不断进行下去。

马克思主义中国化为什么必须进行而且要进行下去，根本的原因是中国社会实践发展的需要。历史早已反复证明，中国社会要改变贫穷落后的面貌，只有按照马克思主义理论指明的社会发展道路，在社会主义制度下大力推进现代化进程，才有可能。这一点已无需再予论证。但同样也为实践所证明的是，只有与中国实际紧密结合的具有中国特点的马克思主义理论即马克思主义中国化成果，才能真正起到对中国社会实践的指导作用。在中国革命和建设的实践中，既有过照搬马克思主义理论词句的失误（如20世纪20—30年代和60—70年代的“左”倾错误），也有过照抄苏联模式的失误（如中国共产党成立初期关于革命道路的认识和20世纪50年代关于社会主义体制的做法）。对于中国革命的问题，由毛泽东创立新民主主义革命理论这个马克思主义中国化的成果之一予以解决了；对于中国建设的问题，由邓小平创立中国特色社会主义理论这个马克思主义中国化的成果之二予以解决了。尽管如此，中国现代化的实现过程和向共产主义迈进的发展过程还远远没有结束，中国共产党还要不断地将马克思主义基本原理与中国具体实践相结合，即不断推进马克思主义中国化的进程。

对于马克思主义中国化的进程的划分，可以有多种思路。比较现成的办法就是，按照马克思主义中国化所取得的成果，分成两个时期，即两次理论飞跃时期。这在原则上并无不妥，因为这两大成果从酝酿到确立，都包含了马克思主义中国化这个“化”的艰辛历程。但这个划分过于简单，简单到与中国共产党的历史完全重合了，没有反映马克思主义中国化作为一个理论发展过程所具有的独特之处。马克思主义中国化作为一个很长的历史过程，它要反映中国在落后的经济文化基础上，通过社会主义道路加快推进现代化的过程和要求，这个实践的特殊要求必须有相应的特殊理论体系来加以规范和引领，它更多的反映的是理论与实践的统一，这个统一的过程，实际上是指中国共产党人不断地认识中国国情，不断地提出理论概括，再用新的理论理解中国国情，再去提出新的认识，这样一个不断循环往复的过程。这个过程的特点，就是马克思主义中国化不断深化的特点。所以，讲马克思主义中国化的进程，必须反映这个过程。

三、规律

关于马克思主义中国化的规律,学术界已有许多探讨,提出了一系列重要的观点。从总体上看,这些概括出来的规律有两个明显的特点:第一,是将经验、特点与规律混为一谈了,其实好多规律只不过是经验和特点。例如,有的论文将马克思主义中国化的规律作了一个方面的概括①,单就这个数量而言,就让人难以信服,仔细推敲这些规律,发现基本上讲的还是特点,像理论性与现实性、真理性与实践性、普遍性与特殊性、继承性与发展性、原则性与灵活性等等的相互有机结合,这些只能算是特点,有的甚至连特点都算不上,因为既是特点,就表明它的独特无二性,而上述特点不仅是马克思主义中国化的表现特征,而且还是其他理论学说的特点。显然,将这些上升为规律是轻率的,并没有抓住马克思主义中国化的真正规律。第二,把研究马克思主义中国化的思想方法等同于马克思主义中国化的规律。有的论文提出,要从马克思主义与中国现实和实践相结合、与中国民族文化相结合的角度探讨马克思主义中国化的规律②,其实都只是谈论马克思主义中国化的研究方法和思维方式,它们当然与马克思主义中国化的规律有联系,但决不是马克思主义中国化规律本身。此外,有论者提出将马克思主义中国化规律的探讨放在更广阔的空间,运用多学科交叉方法③,这似乎已离开了问题本身。

本文认为,从马克思主义中国化的构成要素来探讨其规律性,可能是一个有效的新思路,这实际上是从马克思主义中国化的内部结构中寻找规律,符合规律的原则概括:规律是事物内在因素之间的必然联系。在马克思主义中国化的过程中,始终存在三个基本要素:马克思主义原创理论、中国文化、实现转换者。如果这三者达到高度统一,就能实现马克思主义中国化的最高境界;这三者无论哪一个方面出问题,马克思主义中国化都要出现故障,三者都有问题则难以实现马克思主义中国化了。也就是说,马克思主义原创理论、中国文化、实现转换者三者之间的相互关系,是马克思主义中国化的基本规律,因为这三者的状态以及相互作用,决定了马克思主义中国化的进程和水平。在这个基本规律下,还可以探索更加具体的运动规律,如马克思主义原创理论的发现和发展规律、中国文化的发展和创新规律、实现转换者自身结构所导致的自我发展和变化的规律,以及马克思主义原创理论与中国文化之间、中国文化与实现转换者之间、马克思主义原创理论与实现转换者之间的相互作用规律等。

由此推论,马克思主义中国化的规律就能形成一个完整的、内容丰富的体系。找到了这个规律体系,我们就能更加自觉、有效地推进马克思主义中国化。

(本文作者:荣长海,天津师范大学政治与行政学院教授、博士生导师)

国内学界关于马克思主义国际关系理论及其中国化研究④

——进展与问题

王存刚

内容提要:近年来,中国学界在马克思主义国际关系理论及其中国化研究方面取得了新的进展,研究主题涉及理论概述和诠释、国际关系重大现实问题分析、与西方主流国际关系理论的比较、发展路径和方法思考等。已有的研究关注者甚众,但存在专业研究队伍偏小、研究者之间的沟通较少、研究主题分散、实证研

①韩振峰、杨茜:《马克思主义中国化的十大规律》,《前沿》2009 年第 5 期。

②李本松:《论马克思主义中国化的规律》,《唯实》2009 年第 12 期。

③张敬煊、张安:《关于马克思主义中国化基本规律研究的若干思考》,《马克思主义与现实》2009 年第 1 期。

④本文节选自《国际政治研究》2011 年第 3 期。

究甚少等问题。未来应加强经典文本及方法论的研究，追踪当代新马克思主义国际关系理论的发展，深化与西方主流国际关系理论的比较研究，高度关注并深入解读当今国际关系中的重大理论和现实问题。

关键词：国际关系理论　马克思主义国际关系理论　中国化研究主题

在整个国际关系理论知识谱系中，马克思主义国际关系理论占有重要位置。学术界对于何谓"马克思主义国际关系理论"是存在争论的，甚至对于是否存在马克思主义国际关系理论，学者们看法不一。本文认为，马克思主义国际关系理论大体包括两种形态：一是原生形态，即马克思恩格斯（即通常所说的马克思主义经典作家）对国际问题的有关论述；二是次生形态，其思想主体包括以列宁、斯大林为代表的苏联马克思主义者，新马克思主义者，以及以毛泽东、邓小平、江泽民和胡锦涛为代表的中国共产党人。在新马克思主义者中，既有现当代西方马克思主义者，也有散布于非洲和拉美的现当代马克思主义者。鉴于此，马克思主义国际关系理论的中国化，就不仅仅是指马克思恩格斯创立的国际关系理论的中国化，还包括国外马克思主义——主要是苏联马克思主义、新马克思主义——国际关系理论的中国化。

一、研究主题与基本观点

（一）概述和诠释马克思主义国际关系理论体系

1. 关于马克思恩格斯、列宁、斯大林、毛泽东、邓小平的国际关系理论体系

26年之前，已有不少学者在这方面作出了贡献，但均以论文或教材、专著中的章节形式表达，尚无专著问世。26年后，这种状况有了明显改变。在此期间，先后有四部以马克思主义国际关系理论（国际关系思想、国际问题理论）为题的著作出版。有一些学者试图用新的视角解读马克思主义国际关系理论。郭树勇认为，马克思关于"国际政治的秘密"的观念，是理解其国际关系思想的钥匙。以往用霸权与侵略战争来简洁地对其解读在方向上是正确的，但未能全面阐述国际政治的复杂性。因此，有必要结合当时的时代背景与马克思国际关系思想的总体框架，从国际政治社会学的角度加以分析。花勇从"世界交往"这一视角梳理了马克思主义国际关系理论。

2. 关于新马克思主义国际关系理论体系和流派

新马克思主义国际关系理论大体包括依附理论、世界体系理论和批判理论三大分支。中国学者对这三种理论均有关注，但程度有所不同。

（1）关于新马克思主义国际关系理论体系。王逸舟对"处于非主流地位的西方左翼国际政治观念"做了扼要的述评，并承认其确实起到了"开拓思维新空间"的作用；樊勇明的相关著述基于国际政治经济学的视野；钮菊生运用视角、主题两个分析单元，认为新马克思主义国际关系理论以霸权、批判精神和资本主义世界为主要视野，涉及霸权、世界体系、世界秩序等主题。

（2）关于依附理论。兴起于20世纪60年代的依附理论是拉美学者对国际关系理论的重要贡献，也是马克思主义国际政治经济学的主要成果之一。张建新、陶海洋讨论了依附理论的起源、流派和缺失；张纯厚勾勒了以依附理论为代表的传统左派到新左派的发展历程，认为不合理的中心—外围国际经济政治秩序及其演化是推动拉美左派理论发展的动因；高岱概述了依附论者对南北经济关系的思考；孙若彦、张建新分析了依附理论与马克思主义、拉美国际关系研究的关系；石冬明基于依附论的视角思考了中国发展的国际战略，认为应以进入世界体系的"中心"为目标，以参与、利用和改造现有国际秩序，扩大对外开放并维护国家经济安全为主要内容。

（3）关于世界体系理论。世界体系理论既是当代国际关系理论的重要流派，也是新马克思主义史学理论的主要分支。江华辨析了世界体系理论的源流，讨论了其结构与演化，阐述了沃勒斯坦"否思"社会科学的观点，并将其与弗兰克、福山、诺斯、布尔迪等当代理论大家进行比较。王逸舟等学者较为细致地梳理了世界体系理论的知识谱系；王军阐发了世界体系理论的历史社会学方法；徐焕则评述了沃勒斯坦的反体系运动理论。

（4）关于批判理论。国际关系批判理论包括新葛兰西主义和新法兰克福学派两大分支。对于新葛兰西主义，中国学界关注有年，研究成果较为丰富，研究队伍小有规模——其中李滨、白云真用力甚多，王逸舟、李恒阳、王存刚、郭锐等也有不同程度的触及。由于批判理论的主要研究者在中国国

际关系学界有较重要的影响,可以预计,对这一理论的研究在未来几年将更加深入,并有更多成果问世,影响也将更大。

3. 关于当代中国政治领袖的国际关系思想(理论)

毛泽东、邓小平、江泽民和胡锦涛等当代中国政治领袖对国际问题多有论述,这些论述既可以看做是马克思主义国际关系理论的新发展,也可以视为马克思主义国际关系理论中国化的新成果。对这些成果进行评述、梳理、概括的专著和论文数量巨大,但国际关系主流学者鲜有从事这方面工作的。饶银华出版了这方面的专著;个别博生研究生撰写了学位论文。

4. 关于马克思主义国际关系理论及其中国化的核心范畴或基本观点的专题研究

学术界对马克思主义国际关系理论体系存在分歧,但对马克思主义国际关系的主要范畴却达成了基本共识。

(1)时代问题。时代观是马克思主义国际关系理论的特有范畴,有学者归纳或者诠释了马克思恩格斯、列宁、毛泽东、邓小平、江泽民、胡锦涛的时代观;还有学者分析了马克思恩格斯的时代观与国际关系研究的关系。但中国学术界对马克思主义时代观的研究广度、深度远远不够,当今马克思主义时代观研究几乎陷入了停滞状态。

(2)帝国主义问题。近年来,国内学者的相关研究主要围绕多个方面展开:一是诠释和评价列宁、布哈林、考茨基、卢森堡等人的帝国主义理论。这方面的作品在数量上并不多;二是讨论帝国主义在现当代的各种表现形态,如新帝国主义、后帝国主义、文化帝国主义、生态帝国主义甚至能源帝国主义、媒介帝国主义等;其中对文化帝国主义的讨论最为充分;三是介绍国外帝国主义研究的最新理论成果。

(3)战争与和平问题。对于战争与和平两大国际关系的核心范畴,马克思主义经典作家多有论述。但中国学者的相关研究并不活跃。关于马克思主义战争观的研究,除几部综述性作品有所涉及外,主要是军队学者有所涉及。肖晞在阐述和比较了三种战争观后认为,在马克思主义战争观的基本框架内,整合其他战争观有价值的成分,可更好地理解战争发生的原因。张海梳理了1949年以来中国马克思主义战争观的演进状况。尚金锁运用马克思主义战争观剖析了“战争新理念”。佟明忠、佟德川认为,在新的历史条件下坚持马克思主义战争观,必须对战争根源、战争性质和战争制胜的决定因素三个重大基本问题进行再认识和新思考。与马克思主义战争观研究相比,探讨马克思主义和平观的文献甚少。

(4)国家利益与安全问题。对国家利益的研究主要涉及马克思、斯大林、毛泽东、邓小平和江泽民对国家利益的论述,数量上也不多。对于国际关系研究的核心的安全范畴,马克思主义者有独特看法。25年以前,围绕新安全观这一主题,学术界曾经进行过讨论。近年来,这方面的研究成果极为有限。除此之外,部分学者在考察安全概念的演化、讨论非传统安全和安全共同体等议题时,曾旁及新马克思主义的批判安全理论。

(5)国际合作问题。这方面的成果数量极为有限。刘传春认为,马克思恩格斯根据时代发展需求,视民族国家为国际关系的主要行为体,紧紧抓住民族国家与资本主义生产方式的内在统一性,对国际合作现象进行了独到的分析和科学的认识。这些分析和认识是构建当代中国国际合作理论的理论来源,指导着中国以和平发展为主旨、谋求建立民主、多样和共赢的国际合作关系的外交实践。

(6)和谐世界观。“和谐世界”是当代中国外交的新理念,也是马克思主义国际关系理论在当代的最新成果。这方面的研究成果数量甚多,但发表在国际关系主流刊物上的作品所占比例不算很大。相关探讨涉及的主题大体有:和谐世界的内涵、思想来源与基础;和谐世界与相关理念的比较分析;和谐世界与大国关系;和谐世界与地区秩序;和谐世界与中国外交和中国国际关系研究;和谐世界的构建路径、实现机制等。

(二)运用马克思主义国际关系理论的基本观点和方法,研究国际关系现实中的重大问题

1. 依据马克思、列宁的观点和方法,研究2008年发生的金融危机的动因、特点、影响及发展趋势。这方面的著述相对较多,但很多不是出自国际关系学者,而是来自经济学特别是科学社会主义学科的学者。

2. 运用新马克思主义国际关系理论,分析世界秩序与中国发展的关系、美国的对外政策、欧洲一体化进程等。这方面的作品数量不多。李滨认为,未来中国发展应侧重于公平、社会进步进而实现自主发展。高健分析了20世纪美国外交理论与实践的基本要义与决定因素，认为20世纪美国外交政策始终是沿着资本文化发展的内在逻辑而展开的，这从技术层面上保证了美国始终主导国际关系的话语霸权，并服务于美国国家利益最大化这一基本宗旨。惠耕田运用沟通行动理论，审视了安全合作问题，研究了国家行为体的沟通能力。张建新基于世界体系理论的视角，讨论了大国崛起与世界体系变革的问题。

（三）马克思主义国际关系理论与西方主流国际关系理论的比较研究

这方面的作品数量甚少。郑雪飞认为，国际关系理论不同学派依据各自世界观推导出理论体系，总的说来，马克思主义与西方现实主义国际关系理论世界观有相似的一面，但更多表现出自己独特的视角，由此在战争与和平、人类历史的发展趋势等方面得出了不同的结论。此外，白云真也曾将考克斯的批判理论与美国主流国际关系理论进行过简要比较。

（四）关于发展马克思主义国际关系理论的路径、方法的思考

这方面的论著数量也不多。李慎明从概念辨析角度对这一问题进行了思考。他认为，对国际交往中使用的特定语言，不仅要关注词意的表象，更要关注使用者赋予它的内容。应对"国际社会"、"恐怖主义"、"全球治理"等流行概念进行仔细辨析，以建立独立于西方世界的中国特色社会主义话语体系。王存刚以考克斯构建批判理论的基本做法及所取得的成功为案例，认为发展马克思主义国际关系理论的基本路径是：在理论上切实采取开放态度；高度关注当今国际关系中的重大理论和现实问题，并对两者进行有学理深度的回应或解读；既要有创新的意识和勇气，更要具备相应的能力。孙伟和张森林强调，目前需要加强马克思主义国际政治理论体系研究，在坚持马克思主义立场和研究方法的基础上，注重专题积累和内容体系的构建。何贻纶认为，马克思主义国际关系理论体系是解放全人类的价值追求、唯物主义历史观和辩证唯物主义实践观三个基本要素的统一体。因此，构建马克思主义国际关系理论体系必须以现代民族国家为基本分析单位，以体现历史起点与逻辑起点的统一；必须坚持辩证唯物主义与历史唯物主义的研究方法，依据全球化进程中的国际社会基本矛盾运动，揭示当代国际关系发展的规律和趋势。

二、关于推进马克思主义国际关系理论及其中国化研究的思考

1.高度重视并努力做好研究的"顶层设计"

"顶层设计"是出自系统工程学的概念，本意是指自高端开始的总体构想，换言之，就是指价值理念与操作实践之间的路线图。进行顶层设计的主要目的，在于实现理念一致、功能协调、结构统一和资源共享。在笔者看来，马克思主义国际关系理论及其中国化研究也应进行"顶层设计"。这项工作大致应包括三个方面的内容：一是研究的最终目标；二是研究的基本方向；三是推进的总体思路。尽管不同的研究者对马克思主义国际关系理论及其中国化研究的顶层设计方案未必能够达成共识，但每位研究者都应有自己的顶层设计方案，并切实加以践行。总之，思考马克思主义国际关系理论研究的最终目标究竟是什么，思考我们应当创造出何种形态的马克思主义国际关系理论，应当是未来中国马克思主义国际关系理论研究的一项重要任务。

2.进一步加强对马克思主义经典作家论述国际问题的文本的研究

一般来说，文本研究涉及产生背景、写作过程、版本源流、文体结构、内容与思想、研究历史与最新动态，以及现实价值与意义等要素；研究方式包括梳理、考证、分析和阐发等。只有扎实地做好这些工作，才能够呈现出文本的真实原貌和原初状态，才有可能准确把握理论的内涵和实质。否则，就只能是道听途说，望文生义。基于笔者多年的观察和思考，中国的马克思主义研究包括马克思主义国际关系理论研究，既深遭教条主义之害，也饱受游学无根、思想放纵之苦。而在马克思主义国际关系理论的经典文本研究方面，陈乐民先生撰写的《〈十八世纪外交史内幕〉笔记》，是一个可资借鉴的范例。

3.高度重视对马克思主义国际关系理论原生形态中的研究方法

方法论上的自觉和对有关方法的主动运用，是研究者成熟的重要标志；研究方法恰当与否，是能否产生科学理论的关键因素之一。马克思主义特别是其原生形态中拥有丰富的方法论思想和具体的研究方法；历史唯物主义则是公认的研究人文社会科学的方法论原则。对此，其他学科已有较为充分的探讨。充分发掘、提炼特别是恰当运用马克思主义国际关系理论研究方法，将是今后一个时期一项极为重要的任务。

4. 做好对当代新马克思主义国际关系理论的追踪研究

在从事这项工作时，不仅要关注那些代表性人物，还要关注那些研究颇具特色、理论上有独到见解的学者，以期更加完整地把握当代新马克思主义国际关系理论的整体状况及基本走向。

5. 深化对马克思主义国际关系理论与西方主流理论的比较研究

一些欧美学者对马克思主义国际关系理论颇有心得。苏联解体以后，卡赞斯坦等人就注意到：马克思主义学者思考的一些问题也是自由主义学者思考的问题。新葛兰西派马克思主义理论发展了马克思主义的一种分析传统，强调产生合法性的观念和意识形态的重要意义及其根源。

6. 高度关注当今国际关系中的重大理论和现实问题，努力进行学理回应或解读

当前和今后一个时期，马克思主义国际关系理论至少应对诸如当代国际体系、国际秩序、社会主义国家的安全战略、中国与世界的关系等问题做出自己的、系统的回答。中国的马克思主义国际关系理论研究者要把马克思主义的观点、方法真正贯彻于自己的学术实践，真正贯彻于对复杂现实问题特别是中国对外关系的分析之中；用理性、学术的语言而不是情绪化，用具备彻底性的科学理论说服人、掌握人。

（本文作者：王存刚，天津师范大学政治与行政学院教授）

历史唯物主义与政治哲学的变革①

李淑梅

内容提要：马克思生活于资产阶级政治哲学的繁盛时期，如何评判当时的政治哲学是一个重要课题。他立足于对社会经济事实和规律的揭示，阐明在现存社会中存在着阶级利益冲突，由此决定了国家及其观念的上层建筑决非普遍利益的代表，而只是维护统治阶级利益的工具。历史唯物主义是在分析批判资产阶级政治哲学的过程中形成的，用历史唯物主义对资产阶级政治哲学进行了具体的分析批判，因之历史唯物主义与马克思对政治经济学的缜密研究密不可分。

关键词：历史唯物主义　政治哲学

在西方，随着反封建的资产阶级政治革命的展开，为政治革命进行思想启蒙和理论论证成为哲学的主题，政治哲学成为显学。资产阶级政治哲学虽然有多种表现形式，但都把资本主义制度永恒化，把资产阶级的自由、平等、公平、公正等绝对化。马克思创立的历史唯物主义，则为无产阶级变革资本主义制度、实现人类解放提供了理论指导。历史唯物主义包括两个基本向度：一是揭示处于一定历史阶段的特殊社会的本质和发展趋势，二是揭示历史的一般规律和过程。前者主要聚焦于历史河流中的一个特殊阶段，特别是现存的社会结构，对其进行分析和评判；后者放眼于人类历史的长河，从中找出历史的一些共同标志和规定。这两个向度密切联系，相互支撑，互为前提。一方面，马克思把现存社会作为历史的一个特殊阶段来理解和定位，分析其内在结构及其矛盾，评判其主导的价值观念；另一方面，他在解剖现存社会结构的基础上理解已逝的较低社会形态，把握社会发展的未来趋势，概括出历史的一些共同因素和规定，建立贯通不同历史阶段的唯物主义观点。通过这两个向度的探讨，马克思实现了政治哲学的变革。

一

马克思生活于资产阶级政治哲学的繁盛时期，

①本文节选自《哲学研究》2011 年第 4 期。

如何评判当时的政治哲学是一个重要课题。马克思从考察现实社会问题出发，对当时的政治哲学予以反思，指出其把资产阶级政治解放等同于人类解放的非历史性的弊端。他立足于对社会经济事实和规律的揭示，阐明在现存社会中存在着阶级利益冲突，由此决定了国家及其观念的上层建筑决非普遍利益的代表，而只是维护统治阶级利益的工具。历史唯物主义是在分析批判资产阶级政治哲学的过程中形成的。马克思首先对黑格尔的国家观进行了系统的分析批判，冲破黑格尔崇尚理性国家的迷雾，开辟了用市民社会说明国家的路径。（参见马克思恩格斯全集》第 1 卷，第 252 页）他进而指出，政治解放只是在政治上废除了等级制，而在市民社会中等级差别依然存在，追逐私利的斗争造成人们贫富分化，形成不同的社会层级。资产阶级法宣布的市民社会的自由、平等、安全等人权，不过是利己主义者的权利，是对社会等级差别的维系。因此，他把变革市民社会作为人类解放的根本任务。（同上，第 437 页）

马克思、恩格斯认为，历史上物质活动和精神活动的最大一次分工是城市和乡村的分离。因此，他们从城乡分工及其演变对历史进行了具体的考察。在古代，在人口密集、交往增多、利益冲突增加的城市中公共生活秩序问题凸显。为了解决这一问题，政治产生了，城邦国家出现了。中世纪是以农村为基地的封建所有制，城市从属于乡村。城市中的生产方式是行会手工业的封建组织。随着商业、工业与农业的分离，形成了资本主义生产方式，城市统治了乡村。资本主义生产和交往有两个显著的特点：第一个特点是由分散转向集中，新的工商业城市不断崛起，封建的分散生产方式和分散政治状况被扬弃，代之以生产资料、财产和人口的集中、政治的集中。人口由农村向城市的聚集使越来越多的人摆脱农村的愚昧生活，但又从属于城市。生产资料、财产集中到少数人手中，形成资本的积累，促进了生产的发展，但又使多数人成为无产阶级。政治的集中表现为维护资产阶级利益的统一的民族国家的建立，但它又成为对付无产阶级的工具。第二个特点是由狭隘的地域性联系变为普遍的世界历史性联系。现代市民社会具有超出民族和国家范围的特性。随着市民社会的发展，狭隘的民族和国家的壁垒被打破，建立起世界性的生产和交往关系。但是，这又形成世界范围的异化交往关系对人的支配，形成工业国对农业国的统治。这种生产和交往矛盾的发展引发出普遍的共产主义运动。如果说在生产力比较低的古代社会，人与人的关系只能是主人和奴隶的关系，自由只能是少数人的特权，整个人类能力的自由发展只能以牺牲多数人的发展来开辟道路，那么在生产力发达、工商业蓬勃发展、世界性的普遍交往确立的现代社会，消灭旧的分工和私有制、消灭少数人自由发展的特权、实现每个人的自由发展，则具备了可能和条件。

可见，马克思、恩格斯是把对社会历史的客观性的揭示和价值性的评判结合在一起的。他们阐明历史是连续性和异质性的统一，从而为超越资产阶级的政治解放、实现人类解放作了科学的论证。

二

马克思、恩格斯用历史唯物主义对资产阶级政治哲学进行了具体的分析批判。由于当时西欧各国经济和政治的发展不平衡，各国政治哲学的表现形式不尽相同。在资本主义经济发展较快的英国和法国等，哲学家们还不同程度地承认政治与经济利益的联系，而在经济和政治上落后的德国，哲学家们却远离经济利益，空谈“自由意志”等道德伦理观念。

资产阶级政治哲学不仅在不同的国家有不同的表现，而且在资产阶级发展的不同阶段有不同的功能。在 18 世纪的英国和法国，哲学家们把竞争理解为人的自由的唯一形式。自由竞争是个人之间的利益角逐，一切社会关系都被抽象为唯一的功利关系、相互盘剥关系。这种功利论承认思想观念与经济关系的联系，具有批判封建专制、为人们提供新的生活准则的作用。“在 18 世纪，资产阶级所理解的解放，即竞争，就是给个人开辟比较自由的发展的新活动场所的唯一可能的方式。在理论上宣布符合于这种资产阶级实践的意识、相互剥削的意识是一切个人之间普遍的相互关系，——这也是一个大胆的公开的进步，这是一种启蒙，它揭示了披在封建剥削上面的政治、宗法、宗教和闲逸的外衣的世俗意义”。（《马克思恩格斯全集》第 3 卷，第 48 页）然而，当资产阶级的统治地位稳固之后，功利论就丧失了批判的功能，变成了只是单纯肯定经济事实、维护现存经济关系的实证化理论。

通过对资产阶级政治哲学历史合理性和局限性的具体分析，马克思、恩格斯认为，无产阶级既可以批判地利用它，又要认清它的蒙蔽作用。譬如，自由主义提出的人的权利的观念，就曾被无产阶级所利用。“其实无产者只是通过长期的发展过程才达到这个统一的状态，在这个发展过程中，对自己权利的呼吁也起了一定的作用。”（同上，第 37 页）但是，权利等观念仅仅是借用的手段，如果误把它们当作自己行动的纲领，无产阶级就会误入歧途。应当看到，“自由主义的词句是资产阶级的现实利益的唯心的表达”（同上，第 216 页），它只是在口头上承认人人享有自由的权利。因此，只有消灭资本主义私有制，建立以公有制为基础的真实的共同体，每个人才能平等地拥有自身利益，自由地发展自身能力。

三

历史唯物主义与马克思对政治经济学的缜密研究密不可分。既然现代国家和法律是对资产阶级经济利益的维护，那么就需要对资本主义经济关系作出深入的分析和评判。资产阶级政治经济学的优点在于：它专门研究了资本主义的经济关系，看到了资本主义社会的阶级划分。古典政治经济学属于自由主义传统、功利论传统，它反对国家干预经济，主张自由放任的市场经济。然而，它囿于资本主义市场经济的物化关系层面，以此来论证资本主义制度的公平、公正、永恒合理。马克思在肯定古典政治经济学的合理因素的同时，对它的理论前提和形而上学方法等进行了深刻的批判，阐明资本主义社会虽然用政治上的人人平权代替了封建强权，但在经济生活中依然存在“强者的权利”。

马克思指出，古典政治经济学把资本理解为物，理解为原料和生产工具等。“按照这种说法，资本存在于一切社会形式中，成为某种完全非历史的东西”。（《马克思恩格斯全集》第 46 卷上册，第 211 页）资本“只表现在原料和劳动工具的物质规定性上。正是这个方面……被经济学家们牢牢抓住，以便把资本说成是一切生产过程的必要要素”。（同上，第 261 页）这样，特殊的资本主义生产关系就被作为“与历史无关的永恒自然规律”塞了进来，资本就成为天经地义、永恒存在的了。其实，资本不是物，而是以一定的物质载体表现的人们的特定生产关系：如果离开雇佣劳动，资本就无法存在。

为了澄清经济事实、批判古典政治经济学，马克思区分了生产一般和特定历史阶段的生产。生产一般是对不同时代的生产的某些共同标志和规定的抽象，比如，任何时代的人要生存，都要从事物质生产劳动，任何劳动都包含主体人和客体自然等要素。当然，生产一般不是单纯的，它“本身就是有许多组成部分的、分别有不同规定的东西。其中有些属于一切时代，另一些是几个时代共有的，（有些）规定是最新时代和最古时代共有的”。（《马克思恩格斯全集》第 46 卷上册，第 22 页）研究生产一般固然必要，但是更应该研究特定历史阶段的生产，特别是现存的资本主义生产。因为只有这样才能把不同的历史阶段区分开来，才能认清现存社会的特殊本质及其发展趋势。

四

作为东方国家，中国是从半殖民地、半封建社会转变为社会主义社会的。为了实现社会结构的现代转型，我国目前正在致力于社会主义市场经济和民主政治建设。笔者认为，加强历史唯物主义的研究对于我们具有重要的意义。这一研究应该主要关注以下几个方面：

第一，认清历史唯物主义的两个基本向度，加强对现存社会结构的研究。历史唯物主义是“现代唯物主义”，它通过对现存社会结构的研究，特别是对社会经济结构的剖析，揭示了现存社会的基本矛盾及其解决途径。在以往的历史唯物主义教学和研究中，我们较多考察的是历史的一般规律，而对特定的现存社会结构的研究不够充分，往往把它当作说明一般历史规律的例证或补充，因而对历史唯物主义的理解显得比较抽象、空洞。这种一般化的方式强化了历史的描述性，淡化了历史的价值评判和人文意蕴，带有一定程度的实证主义色彩。有鉴于此，我们应该突出历史唯物主义面向现实的特点，深入研究现实社会结构中的基本矛盾和问题，充分发挥历史唯物主义指导现实社会生活的功能。

第二，改变哲学、政治经济学和社会主义学说相互分割的研究方式。资产阶级哲学只是“解释世界”的哲学，资产阶级政治经济学是论证资本主义制度永恒合理性的理论。在马克思以前，只有空想社会主义提出了超越资本主义制度的目标和要求，然而它具有主观想象和虚构的性质。马克思则透过资本主义社会的物化关系，揭示了人与人的社会关系，揭示了资本在历史上的进步作用和剥削本性，揭示了资本容纳生产力发展空间的有限性，论证了超越资本主义制度的历史必然性。马克思主义的各个组成部分是既相互区别又相互包含的。因此,马克思关于超越资本主义制度的科学社会主义观点,对古典政治经济学的理论前提和形而上学方法的批判,对资本的本质及其社会功能的具体、历史的分析等,都应该纳入历史唯物主义的研究视野。

第三,探讨马克思超越资产阶级政治哲学的路径和方法。马克思既不赞同把社会价值的基础局限于伦理道德的范围,也不同意仅以政治生活为基础的政治哲学理论,亦不认同停留于经济关系的物化现象论证资本主义的自由、平等、公平、公正,认为它们都不同程度地脱离了社会的本质和规律,都带有一定的虚假性。资本的物化形式、资本主义商品交换的自由平等的表面形式等,是政治和思想观念领域自由平等的基础,因此,揭示资本主义经济关系的本质和规律,是对资本主义制度的彻底的批判,这是马克思花费大量精力研究资本、批判古典政治经济学的主要原因。马克思揭示了资本主义各个领域和层面之间唯物、辩证的关系,从而达到了对资本主义社会结构的总体的、历史的把握,达到了对现存的各种政治哲学和价值诉求的分析批判和重建。

第四,结合中国的实际,用辩证的态度对待资产阶级政治哲学。如前所述,西方资产阶级政治哲学是在资本主义市场经济条件下形成和发展的,是对资本主义市场经济形式上的自由平等的理论反映。在我国当前发展社会主义市场经济的条件下,我们应该批判地借鉴资产阶级政治哲学的形式上的自由平等的观点,这对于克服等级关系、官本位等封建残余的影响具有积极的意义。同时,我们也要认清资产阶级政治哲学把形式上的自由平等绝对化的弊端。随着我国生产力的发展,我们要进一步调整经济和政治体制,尽量把形式上的自由平等与内容上的自由平等结合起来,尤其要努力缩小贫富差别,坚持社会公平和公正。当代西方出现了一些新的政治哲学理论,这对于我们也具有不同程度的借鉴意义。但这些理论依然是以承认资本主义制度永恒合理性为前提的,因而需要给予具体的分析和批判。

(本文作者:李淑梅,南开大学哲学院教授,博士生导师)

在转变政府职能的过程中提高政府公信力[①]

朱光磊　周　望

内容提要:政府公信力是指政府在施政过程中通过合理、有效地履行其功能和职责而取得公众信任的能力,是政府的一种执政能力和执政资源。政府公信力问题涉及的方面很多,其中转变政府职能是提高政府公信力的出发点和着力点。政府公信力的问题发轫于政府职能转变的过程中,而地方政府职能转变不到位是导致政府公信力弱化的主要原因。提高政府公信力,要通过加快转变政府职能来实现。目前有必要通过制度建设、政府建设、政策制定与管理创新、政府过程改善、提高沟通质量等五个层面的改革,来争取切实有效和较为迅速地提高政府特别是地方政府的公信力。

关键词:政府公信力　转变政府职能　服务型政府　地方政府

在强调以转变政府职能尤其是加快转变地方政府职能为总抓手这一指导原则下,目前有必要通过制度建设、政府建设、政策制定与管理创新、政府过程改善、提高沟通质量等五个层面的改革,来争取切实有效和较为迅速地提高政府特别是地方政府的公信力。

第一,在制度层面,要进一步加强社会主义民主政治建设。

①本文节选自《中国人民大学学报》2011 年第 3 期。

制度建设对政府公信力具有根本性的影响。制度建设的法律来源明晰,制度构架合理,制度及其衍生的行政体制、工作程序才有说服力,政府才具有公信力。中国的制度建设已取得历史性进展,基本做到了有法可依,但也存在着许多相对滞后的问题。改革开放30多年来,中国经济连续上了几个大台阶,社会成员构成发生巨大变迁,通过强化三个代表、政治文明、服务型政府、和谐社会等概念,人们的政治理念也发生了重大变化,同时保持了社会稳定。但是,一直没能在1979年县级人大代表直选和地方政府副职及党政各类委员会、合议机构组成人员差额选举的基础上再往前迈出新的步伐。党内民主建设还处在小区域、小环节试点试验阶段。实现一把手的差额选举,选出素质高、政治影响力大、民意基础好的主要负责人,是保障政府有效领导的重要条件。乡镇党委书记和乡镇长的公推直选已在多处试点实行,并取得了良好效果。可以考虑率先在条件相对成熟的乡(镇)、县(市、区)试点开展乡(镇)长直接选举和地级市人大代表直接选举。这对于增强公民对制度、机构和主要负责人的信任度无疑是很重要的。

作为制度建设的重要组成部分,要正确处理行政方面与人大常委会、两院(法院、检察院)的关系,与社会组织的关系。人大工作要适时前移。现在,在决定重大事项、预算、监督方面,人大常委会发挥更为硬性一些作用的条件已成熟,从而分散国家行政机关的压力。法院、检察院的工作要适度后移。不宜简单倡导两院的工作关口前移和上门服务,不宜直接介入行政事务和经济事务,不能包指标,以防止公信力问题复杂化。要鼓励社会组织上位。包括第三方调查团等相对松散的组织在内,社会组织的积极作为可以分担行政压力。从发展上看,政府要提高公信力,就应当变生产为提供,在基础设施建设、教育、医疗、养老等公共产品供给方面,区分业主、建设单位和运营商之间的差异,不宜多讲有事找政府,要让有积极性的方方面面都负起应有的责任,政府集中力量行使管理、出资、协调与监督等职责,避免把诸如混凝土不达标、物业跑了等都归于政府没有公信力。

第二,在政府层面,要重点克服政府单边主义,耐心地做好民生工作,建设服务型政府。

单边主义就是一切政府说了算,包括信用缺失,工作缺乏连续性;工作中随意性强;表里不一,糊弄群众,工作态度粗暴;透明度不够等。近年普遍出现的以经营城市的名义兴建开发区、大拆大建等,使市场配置资源的机制屡遭破坏;施政时,超越法定权限制定有利于自身的暂行办法,甚至搭车谋利。有些地方政府的决策缺乏有效协调和整体配套,让公众无所适从。比如2003年5月27日,某市政府突然宣布从6月1日起全面禁售电动自行车,而生产是政府许可的。从服务型政府建设的角度看,政府与社会应是双向互动的,公共政策往往是不同集团和组织互动的结果,政府最好是以议程设定者、重要参与者和促成公共问题解决方案的中间人的身份发挥作用。这无疑有利于扩大服务覆盖面、降低服务成本,也有利于实现政府对自身的制约及与各社会主体的相互制约。

从发展的维度看,政府继续以单边行动的方式面对社会,既不合时宜,也力不从心。因为,政府行为是有成本的,再加上搭便车、低效率等现象,当政府经营、管理和服务的项目数量和对单个项目的投入超过某个边界时,单边行动反而是一种负担。政府集中把大块土地、经营状况好的大型交易场所、重要的物流站点等卖出去,表面上显得强势,也有了一些零花钱,但实际上削弱了对地区全局和长远发展的调控能力和协调余地。反对单边主义的核心,不是要淡化政府作用,而是尊重人民的主人翁地位,是强调在地方事务中也要有尊重人权的观念。

建设服务型政府,实现地方政府管理创新,是政府面对社会生态急剧变化的能动适应。今天,地方政府不能企盼重新回到官僚制度的“伊甸园”时代,也不能寄希望于对地方的进一步放权。今后的行政体制改革,不是简单的中央集权,也不是简单的地方分权,而是合理配置政府职责。不论是从现代政府发展的一般规律看,还是从我国的现实需要出发,各级地方政府的核心职责都是关注民生,发挥好公共服务组织者、协调者和公共产品主要提供者的作用。在这一过程中,地方政府及其主要官员要善于总结和学习,切实确立民主、法治、服务和规则等观念,切实提高施政能力,以便能够跟上这一历史性调整的步伐。唯其如此,才能保证当代中国社会发展、政治发展与政府发展的良性互动。

第三,在政策层面,发展导向要更加明确,发展目标要更加细化,要对政府公信力做有差别性的考核。

政府是分层级的,各地方的发展水平是有差异的，各级各地政府的工作重点是不完全一样的。可是，在政策规定上，人们习惯于一个雷天下响；机构设置是上下对口，左右对齐，横纵向上的区分度都不够。比如，现阶段政府要把民生放在突出位置，但要各级政府全面退出经济领域，模仿福利国家的模式来衡量中国政府的公信力，是不现实的。这就要做层次细化的文章：地方政府特别是基层政府，公共服务的任务就要重一些，发达地区的地方政府尤其要在民生方面先走一步。又如，2010 年房地产调控政策一再收紧，却以量价齐升收官，土地市场则更甚。这其中，关键是地方政府既想调控房价，更追求 GDP 和稳定财政，前怕狼，后怕虎，执行政策不坚决，工作导向不明确。

明确且合理的施政目标，是考核政府公信力的尺子。但是，我们不能一把尺子量大家，应当允许西部地区的市县与沿海一带市县的政府组成和政府工作有相当大的差别，允许西部地区的市县在基本建设等方面投入较大的精力，但也要鼓励他们以项目导向等方式因地制宜地提高民生建设水平，上级和公众、专家则应注意不能唱高调给他们听，不按东部标准考察其政绩和公信力。

中国的政府管理属于典型的目标式管理。政府把时间、精力多用于管理目标上。在确定总目标的前提下，层层分解目标，逐级落实责任，以指标完成情况作为考核的主要标准，至于工作的具体途径、方法和手段，上一级不会过多干预。于是，很多影响政府公信力的事情，往往就在途径、方法和手段方面出现了。客观地讲，目标式管理主要适用于企业组织的内部管理，不完全适用于政府管理活动。政府不仅要进行自我管理，同时要管理社会，规范企业和市场，而政府制定的目标单靠政府自身又是无法完成的，最终需要落实到企业、社会组织和社区。虽然目标可在政府内部层层分解，却难以按照同样的方式将其进一步分解到企业、社会组织和社区。基于中国的体制，政府对于社会、企业和市场有着很强的渗透力和调控能力，使得政府的确可以做一些其他国家的政府做不到的事情，因此基本上不会出现既定目标不能完成的情况。然而，实现目标并不代表不出问题。出了问题，百姓自然会对政府提出质疑。因此，政府管理不能陷入唯目标论和简单化的责任制管理的误区，不能把目标式管理理解为管理目标、管理责任状。在目标既定的前提下，政府管理的重心应该转向对途径、方法和手段的设定、管理和评估，特别是强化政府规制的作用，真正将政府管理水平提高到一个新的层次。

第四，在政府过程的层面，提高政府公信力的经常性任务就是不断改善政府过程。

政府工作流程的改进，也是行政改革的一个重要方面，而且在某种意义上讲，它甚至是影响公众对政府服务水平评价的一个关键因素。

体制改革是分阶段的，过程改善则可以作为日常性的工作来安排。以往我们对这个问题注意不够，导致政府运作的线条太粗，做事不细，对工作流程的研究、设计和规范不够，总觉得形式问题无所谓。比如，对于政府办公区域划分的学问，目前基本上是空白。县级政府的局（科）是否有必要设立单独财务和单独办公场所？把他们尽可能集中在县政府大楼（大院）统一办公，对于提高效率、减少不规范现象和节约经费，都是有益的；相反，各局（科）独立办公，其能量可能无法估量。市政府也应尽可能集中办公。这对改善政府形象、减少行政消耗有可能带来某些本质性的改善。又如，我国人口多，地方大，政府的纵向层次与横向划分都不可能太少，怎么处理它们之间的关系？对各种领导小组等议事协调机构怎么看？区域合作和部际协调为什么难以取得实质性进展？条块矛盾为什么一直在困扰着我们？这些主要都不是我们熟知的体制和机构改革问题，而是属于包括科学处理府际关系在内的政府过程范畴。在经济与社会发展面临上一个新台阶任务的关键时期，政府管理流程设计安排粗放的问题会逐步暴露出来。我们要主动学习和实践，在这方面尽快上路，以推动政府管理和服务水平获得实质性的提高。

第五，在政府公关层面，良好的沟通技巧、充分的透明度等，都有助于把政府公信力转化为政府公信度。

信用和信任，在某种程度上是公众的认知问题。提高政府公信力，干好是基础，说清楚、说好是重要抓手。网络普及以后，信息的传播速度、范围都有了质的提升，但是政务信息方面技术和策略上都没有跟上时代要求，多是以战争和斗争年代的路子搞沟通。

政府管理是一门推陈出新的艺术，需要更多的智商和情商，而不仅仅是时间和体力。现在的突出问题是，重宣传轻沟通，重报刊发稿量轻技巧和内容，特别是宣传、统计、政策分析工作中还存在着部门主义现象,容易引发对政府的不信任。诸如对农民工(含乡镇企业职工)数量、干部(含公务员)规模、金融与证券重要现象和政策解读、个体私营民营经济的规模和界线等,各部门在概念、口径、重点、视角的选择、把握上都不尽一致,导致公众对政府公信力产生怀疑。

我们既要改善民生,也要扩大公众参与;既要会讲道理,也要会讲故事;既要会讲大道理,也要善于讲中道理、小道理;既要宣传,也要沟通,还要重视政府公关,否则就会受累不讨好,公信度、公信力就会打折扣。政府不要自说自话,要说老百姓能听懂、听着顺耳的话,防止出现什么事情只要官方否认,很多人反倒确信其有的怪现象。要注意不把政务工作目标定得过高,避免讲人人享有,不宜提几年建成服务型政府之类简单化的口号。我们要把中国的道理讲透,把中国的故事讲好,把中国人民的生活安排好,让更多的人不断扩大参与,努力提高政府的公信力。

(本文作者:朱光磊,南开大学副校长、教授、博士生导师;周望,南开大学周恩来政府管理学院博士研究生)

中东北非政治剧变之启示①

吴志成

内容提要:中东、北非部分国家相继爆发大规模反政府游行引发政局动荡甚至政权更迭,给我们提供了许多深刻启示。这些启示包括:保障和改善民生是当代各国政府的首要职责,加强政治民主和执政党自身建设事关国家长治久安,加强和创新社会管理是国家社会建设的重点,重视网络等新兴媒体的安全与舆论引导,国家公民和企业海外安全利益的保护日显重要,构建合理有效的石油与能源安全战略等。

关键词:中东北非　政治变革　民主　执政党　社会管理

2010年年底以来,缘起于突尼斯的群体性抗议活动迅速蔓延扩大,中东、北非部分国家相继爆发大规模反政府游行示威,进而引发这些国家的政局动荡甚至政权更迭,突尼斯总统本·阿里和埃及总统穆巴拉克先后倒台,利比亚卡扎菲的强人统治也风雨飘摇。这场历史性政局动荡对中东地区乃至国际局势产生了重要影响,也给了我们许多深刻启示。

第一,保障和改善民生是当代各国政府的首要职责。高失业率、通胀压力、物价上涨、两极分化等民生问题是目前部分北非、中东国家的突出问题。长期以来,突尼斯主要依靠出口、吸引国外投资来拉动经济发展,制造业和加工业仍以廉价劳动力为竞争优势,高素质人才的就业问题无法缓解。金融危机后,国际市场需求萎缩,海外投资相应锐减,就业环境日趋恶化、贫富分化加剧,社会矛盾激化。民众尤其是年轻人长期失业,生活没有着落,情绪消极失望,最后被迫走上街头。虽然这种困境并非绝对的贫困,但与近年来的经济增长对照,民众产生了被剥夺感。正是长期以来经济发展相对较快、生活水平相对较高的局面被打破,造成了民众的强烈失落感和对政府的不满。因此,保障和改善民生是当代各国政府的首要职责,必须通过加快发展经济,扩大就业机会,让绝大多数民众从社会经济发展的成就中充分受益。

第二,加强政治民主和执政党自身建设事关国家长治久安。从北非、中东国家民众抗议示威中提出"反独裁、反贪腐、求变革、争民主"的要求看,这些国家执政党和统治集团的自身建设存在严重问题。首先是腐败现象严重侵蚀着社会公平公正,引发了民众对执政合法性的质疑。其次是执政集团内部的离心分化助推了政局动荡。这些国家统治集团的执政理念得不到民众认同,内部权力斗争由来已久,政府在应对突发危机中严重分化、离心,加

①本文选自《现代国际关系》2011年第3期。

速了政权崩溃。三是政治体制僵化、领导人长期揽权专制、压制民众参政议政和表达意见,民众对现存体制备感失望,求新思变的诉求迅速蔓延并酿成了骚乱局面。一个政权要长治久安,必须加强政治民主建设和执政集团的自身能力建设,不断提升执政能力,夯实执政基础。

第三,加强和创新社会管理是国家社会建设的重点。突尼斯政局剧变的直接导火索是一起城管突发事件,其发生固然有高失业率、执法粗暴等内在原因,但事后对突发危机的漠视和处理不当则显示出其政府社会管理能力薄弱、公务人员执法素质不高、应急体制僵化等问题。在发展中国家经济社会转型时期,国内社会矛盾凸显、社会治理任务日益繁重,加强政府的社会管理能力建设,创新和完善社会管理制度,有效化解社会矛盾、应对突发性危机,是政府社会建设的重要课题。同时,要高度重视现实社会和虚拟网络世界中,以某些社会问题为缘由而引发的反社会、反政府倾向,避免因个别社会事件突变为大规模群体性活动。

第四,青年一代的教育培养和就业关系国家的稳定大局。中东、北非国家正在经历青年人口快速膨胀期,青年人在当地人口总数中所占比例很高,25岁以下人群在也门、沙特、约旦、摩洛哥和埃及占到总人口的近5%。他们接受过高等教育,受到西方价值观的影响,追求自由民主,经济形势的不景气、政治体制的僵化,使得他们的理想与现实之间落差巨大。尤其是经济危机的冲击使得青年群体更是深受其害,青壮年失业率居高不下,许多人生活窘迫,丧失信心,对政府和社会产生了强烈不满情绪。他们迫切希望改变现状,利用网络工具,迅速组织起来,成为社会运动的中坚力量。根据美国《外交政策》杂志报道,在北非、中东国家的反政府示威活动中,20—30岁的失业青年构成了运动的先锋和主力,他们也是这些国家社会不稳定的主要因素。可以说,青年一代的教育培养和就业问题直接关系着国家的未来与社会的稳定。

第五,重视网络等新兴媒体的安全与舆论引导。网络具有受众多、覆盖广、速度快、无国界、监控难等特点,并已经成为全球化时代信息传播和人际交流的重要渠道,也是西方价值观渗透的重要工具。在此次中东、北非街头运动中,大批民众短期内被迅速动员起来,互联网、手机等是主要联络手段。由于北非、中东一些国家缺乏政治民主,意见表达渠道严重堵塞,民众只能通过网络发表自己对时政的看法。因为抗议的主力是年轻人,他们大多数也是互联网和手机用户,主要通过"脸谱"、"推特"等互联网或手机短信交换信息,组织策动示威活动。美国总统奥巴马和国务卿希拉里·克林顿公开宣称将使网络成为推广"民主和自由"的重要途径,美国政府、国会和一些基金会,对基于网络技术的非政府组织进行培养和支持,适时促使它们发动大规模网络舆论战,并迅速转为现实的反政府游行示威活动。中东、北非国家的教训警示我们,应该加大对网络等新兴媒体舆论的引导和监管,通过立法强化网络言行的实体责任,加强政府与民众的网络直接沟通,通过制度化的网络途径汇集民意,解决问题。

第六,国家公民和企业海外安全利益的保护日显重要。利比亚局势恶化后,中国政府紧急启动应急机制,调动一切资源和措施,迅速而成功地撤离了在利比亚的3万多中国公民与华人华侨,有效地保护了他们的生命安全。中东、北非国家的剧变对中国保护海外企业、公民的安全和权益提出了更新更高的要求。随着全球化进程的深入和中国对外开放的扩大,越来越多的中国企业走向海外,公民进出境更加便捷和频繁。据统计,2010年全国出入境人员3.82亿人次,其中内地居民1.14亿人次。2010年中国境内投资者共对全球129个国家和地区的3125家境外企业进行了直接投资,实现非金融类对外直接投资59亿美元,截至2010年底中国累计非金融类对外直接投资达2588亿美元。在国际环境不确定性和世界风险增加的背景下,如何建立健全国家海外利益保护的机制和政策,有效维护海外中国公民、企业和广大华人华侨的安全与权益,摆到了中国国家安全战略的重要位置。

第七,构建合理有效的石油与能源安全战略。中东、北非是世界石油主要产地,受利比亚等国持续动荡的影响,近期国际油价出现了新一轮上涨,世界石油安全形势面临严峻挑战。油价波动直接影响到产油国的国际收支状况和全球石油供给格局,也冲击着各石油进口国的经济发展。中国需要拓展政治局势相对稳定国家的石油来源,强化与俄罗斯在石油领域的深度合作,并通过上海合作组织与中亚国家发展更加制度化的能源合作,建立多元化的能源进口结构,分散和化解石油进口风险。

第八,警惕美国等西方国家对非西方国家内政的演变意图。为了维护和实现自己的全球战略利益,早在2004年,布什政府就推出了“大中东民主计划”,试图通过选举扶持亲美政权,实现对中东乃至整个伊斯兰世界的民主化改造。当突尼斯爆发内乱时,美国传媒欢呼这是“民主和人民的胜利”。在埃及面临国内“民主困境”之际,美国并没有站在穆巴拉克这位美国的亲密盟友一边,而是主张与反对派对话,实现政权有序过渡。对于一贯强硬反美的卡扎菲政权,美国则公开实行严厉制裁,明确支持反对派上台,甚至扬言出兵干预。伊朗的反政府示威活动也得到了美国的公开支持。

(本文作者:吴志成,南开大学全球问题研究所所长、教授)

再分配倾向决定框架模型及经验验证

陈宗胜　李清彬

内容提要:文章构造了再分配倾向决定的一个新分析模型框架,使用中国社会调查数据(CGSS),系统性地研究了中国居民再分配倾向的决定因素。研究结果发现:女性、非汉族、大专以下教育水平的人群、非党员身份、穷人、有向下的收入预期和有过往向下的流动历史的人群,相对更支持再分配;有向上和不确定的流动性预期、专门技能、宗教信仰的人群,会显著地降低人们的再分配支持意向;越同意“贫富差别有助于工作积极性”和越“信任政府”的人群,越易于支持进行再分配;中国特色的几个特征中,“非农户籍”要比“农业户籍”的群体更倾向于支持再分配,中部区域与东西部区域相比,支持再分配的程度较低。

关键词:再分配倾向　动机框架　CGSS　社会群体

一、引言:再分配与社会群体行为倾向

经过三十多年的快速发展,我国经济开始进入初步的中等发达水平。这一时期面临着一系列新的结构转换和体制改革任务,其中收入分配体制的改革和战略转换是一个关键步骤。我国《十二五规划纲要》已经提出了明确的思路,认为我国在收入分配体制和政策的改革与调整中初次分配和再分配两大方面都面临着严峻的任务,比如再分配方面如何改革再分配体制,提高再分配政策的指向力度,就需要进行认真研究。为此,本文拟就再分配倾向的行为制约因素做进一步研究。再分配的实质是将财富从富裕的人群(或地区、行业、部门、阶层等)转向贫穷的人群(或地区、行业、部门、阶层等),以减小由于各种因素带来的收入差别。然而,人们为什么支持和需要再分配,是什么因素决定了人们的再分配倾向。

有关再分配倾向制约因素的研究,通常的情形是,人们将其视为“菜筐子”或者“黑匣子”,不断添加更多的影响因素,而所增添的因素间的内在联系及整体模型却不清楚。在我国学术界马明德和陈福平(2010)对此进行了探索性实证研究,得到一些有益的结论,但也有重要疏漏,比如,风险规避的相关指标就未体现。本文试在建立明确的理论框架模型的前提下进行实证研究,并认为这一再分配倾向决定框架模型,能够为实证研究中确定恰当的因素提供更好指导。本文建立的再分配倾向决定框架模型,使用我国这个转型中快速发展的大国的调查数据进行验证,并有针对性地提出一些关于中国再分配制度改革的建议。

二、再分配倾向制约因素模型框架

再分配倾向制约因素模型框架,是在梳理既有相关文献的基础上提出的,这一框架将人们有关再分配倾向的选择归因为社会群体的四类动机,即经济利益、风险规避、公平信念和声誉理想动机。这一模型框架使得进一步选取构建实证指标变得简单、系统且不容易遗漏。

首先是人们的经济利益动机。经济利益包括现期的经济利益和未来预期的经济利益。现期经济利益的动机实际上是所谓“经济人”,考虑再分配倾向决定的基本出发点:支持以及在多大程度上支持再分配,取决于能否给相关群体带来收入和消费上的

好处。另有学者认为,这种流动性预期因素在一定程度上解释了在快速发展的国家里,人们对不平等程度的容忍度较高的现象。实证研究中采取的指标有现期收入、社会经济地位、流动性预期等,一般认为,穷人比富人更支持再分配,流动性预期对再分配倾向影响明显。

其次是风险规避动机。人们对再分配的支持及支持程度,反映的是通过社会保障实现风险规避的偏好,即愿意放弃一部分自身权益来换取更为确定的保障。一种风险是未来的不确定性,另一种风险是社会不平等程度的负外部性。社会不平等除了具有激励效应的正向外部性外,在教育、犯罪行为等方面有着很强的负外部性,从而影响人们的再分配倾向,某种条件下富裕群体也愿意采用再分配形式来规避这样的负向外部性风险。总体上,人们的风险规避动机对再分配倾向的影响表现明显。

第三类动机涉及人们的公平信念。人们对整体社会体系及周边收入来源的公平与否的感知,会在很大程度上影响人们的再分配倾向。这里公平与否取决于机会是否均等,即人们对依靠运气(luck)还是依靠努力(effort)导致成功的看法。不同的公平认知程度显然会影响到人们的再分配倾向,而持不同观点的人在国家间和人群间的分配比例,又会进一步影响整体的再分配倾向,进而再分配政策。

第四类动机为声誉理想动机。声誉动机是通过组织中产生的代表着非正式制度的声誉机制发挥作用的,作为激励之一,维持着公共价值观的遵守,鼓励人们去获取更高的社会地位而不只是经济利益,鼓励人们对组织忠诚,考虑所在团体或自己种族的利益,继而影响人们对再分配的态度。通常,对声誉理想因素的衡量采用党派或组织身份、宗教信仰等体现文化社会规范差异的指标,有社会政治理想的人会权衡自我利益最大化与自己社会组织身份及理想,之后做出再分配倾向的决策。

三、样本数据及指标选取的说明与描述

依照支配人们行为的四类动机的模型框架,本文使用中国人民大学社会学系和香港科技大学社会调查中心合作的中国社会综合调查(ChinaGeneral Social Survey,CGSS)项目的2006年数据(CGSS,2006)做检验。此项调查采用分层的四阶段不等概率抽样:区(县)、街道(镇)、居委会、住户和居民,其中区(县)、街道(镇)、居委会(村)三级是依据第五次全国人口普查资料进行的抽样。数据涵盖28个省市的城镇和农村样本,共计10151个样本。该调查详细考察了受访者个人基本情况,工作经历,当前工作情况,企业改制与经济改革,社会经济活动,态度、意识、认同与评价,还包括了有关家庭情况的相关信息。

本文选取指标的几点规则是:(1)遵循提炼出的动机框架模型,建立能够反映各类动机的实质的指标;(2)参照既往研究所使用的指标的有效性,比如与本文最为接近的马明德、陈福平(2010)的研究,对其进行修正和完善,去掉某些具有强烈共线性而又非必要的变量,比如居住社区类型等;(3)注重中国的实际情况,如加入代表中国转型特征的户籍变量,如采用“宗教信仰有无”来代替具体的宗教信仰,采用是否是党员(包括共产党员和民主党派党员)来使“党派”指标具体化;(4)因为使用一个国家的数据,所以不包含跨国性指标;为了覆盖城市农村整个群体,要专门选择问卷中对城市和农村群体都适用的题目。从再分配倾向的指标来看,约77%的人们是同意或非常同意进行这样的再分配的,只有2.65%是非常不同意。这正是再分配普遍存在的社会群体基础:多数人们倾向于通过再分配手段来减小收入不平等。各指标的具体含义见表1中所阐述的变量内涵及构建规则。

四、计量模型测度结果的分析解释

在实证分析中,我们将依次考察身份特征对再分配倾向的影响、各类动机分别的影响和综合因素的影响。其中,在对各类行为动机的分别考察时控制身份特征变量,同时也给出逐步加入变量的回归结果以利于比较。被解释变量为等级程度性质的变量,本文使用Ordered Logit回归模型进行估计,结果汇总在表2。

(一)身份特征制约再分配倾向

身份特征影响再分配倾向通常是综合性的,即混合着各类行为动机的作用机制。同以往研究中经常发现的结果类似,女性相对更支持再分配。这一结果在(1)—(8)中全部是统计上显著的,说明了结果的稳健。有关性别差异对再分配倾向的影响有这样几种解释:首先是观念上的差异:男性有更大的可能追求纯粹的利己或纯粹的利他,而女性则较平均化一些。其次,从劳动力市场角度,女性肩负着更多育儿和照顾家庭的角色,从而更易于频繁进入和退出劳动力市场,失业风险更高,规避意愿也强烈。

相对于少数民族,汉族人群并没有那么支持再分配,这可能与中国的民族政策中对少数民族历来的政策恩惠有关,也与少数民族经济状况相对欠发达等特征关联。教育程度这一综合性指标的结果是,大专以上教育水平的人们,对再分配的相对支持程度要低,教育程度低的更支持再分配。与教育水平密切相关的收入水平变量的结果也显示了一个通常的结论:穷人更支持再分配。

表1 本文使用变量指标的含义说明

变量名称	变量内涵及指标构建
Redistribution	再分配倾向程度,问卷中一项:“是否同意应该从有钱人那里征收更多的税来帮助穷人?”,1~4分别表示非常不同意,不同意、同意和非常同意,5表示未回答,定为缺失变量
female	性别,女为1,男为0
age	年龄,调查年份(2006)减去出生年份
agesq	年龄的平方
Han	汉族为1,其他为0
married	从未结婚者为0,其他情况为1
education	受教育年限
education1	大专及以上为1,其他为0
Hukou	农业户口为1,非农户口为0
east	东部区域
middle	中部区域
west	西部区域
income	个人年总收入
family income	家庭年总收入
status	社会经济地位,1~5分别表示上层、中上层、中层、中下层和下层
incomeexpect_up	未来三年里收入的预期:上升
incomeexpect_down	未来三年里收入的预期:下降
incomeexpect_unknown	未来三年里收入的预期:不确定
mobility_up	未来三年里社会经济地位的预期:上升
mobility_down	未来三年里社会经济地位的预期:下降
mobility_unknown	未来三年里社会经济地位的预期:不确定
skillspecility1	专门技能需要多久掌握:一年及以上为1,其他为0
equality	对贫富差别的看法。问题:“拉开贫富差别有利于调动人们努力工作的积极性”,1~4分别表示非常同意、同意、不同意和非常不同意
incomehistory_up	与三年前相比收入状况的变化:向上流动为1
incomehistory_down	与三年前相比收入状况的变化:向下流动为1
incomehistory_unkown	与三年前相比收入状况的变化:不确定为1
mobilityhistory_down	与三年前相比社会经济地位的变化:向下流动为1
experience	军队经历,有为1,没有为0
Partymember	党员身份:共产党员和各民主党员都为1,其他为0
religion	有信仰为1,无为0
Governmenttrust	对政府的信任程度:“你是否同意下列说法”:服从政府总是没错的。从1~4分别是非常不同意,不同意,同意、非常同意。

注:数据来源于CGSS2006的数据集,以下同。公开数据集可以在此网址注册下载:http://www.cssod.org/show_survey.php?SurveyId=27

表2　中国社会群体再分配倾向的决定因素回归结果

	(1)	(2)	(3)	(4)	(5)	(6)	(7)	(8)
Variables	身份特征	经济收益	风险规避	公平信念	声誉理想			综合
female	0.0865** (0.0401)	0.0881** (0.0401)	0.0787* (0.0402)	0.0982** (0.0415)	0.104** (0.0413)	0.0787* (0.0402)	0.0899** (0.0416)	0.109** (0.0427)
age	0.00770 (0.0116)	0.00565 (0.0116)	0.00725 (0.0116)	0.00498 (0.0118)	0.00843 (0.0119)	0.00562 (0.0116)	0.00397 (0.0118)	0.00544 (0.0120)
agesq	-6.27e-05 (0.000125)	-4.85e-05 (0.000126)	-6.83e-05 (0.000125)	-4.75e-05 (0.000128)	-7.79e-05 (0.000129)	-5.14e-05 (0.000126)	-4.66e-05 (0.000128)	-6.34e-05 (0.000131)
Han	-0.152* (0.0829)	-0.161* (0.0827)	-0.152* (0.0831)	-0.178** (0.0855)	-0.226*** (0.0877)	-0.158* (0.0828)	-0.185** (0.0855)	-0.245*** (0.0891)
married	-0.0996 (0.0846)	-0.102 (0.0851)	-0.0873 (0.0848)	-0.0561 (0.0854)	-0.112 (0.0866)	-0.0913 (0.0850)	-0.0522 (0.0857)	-0.0784 (0.0874)
education1	-0.140** (0.0680)	-0.142** (0.0681)	-0.111 (0.0692)	-0.133* (0.0691)	-0.138** (0.0697)	-0.113 (0.0693)	-0.116* (0.0705)	-0.130* (0.0720)
Hukou	-0.109*** (0.0418)	-0.105** (0.0419)	-0.128*** (0.0422)	-0.131*** (0.0431)	-0.112*** (0.0432)	-0.127*** (0.0424)	-0.158*** (0.0438)	-0.144*** (0.0449)
middle	-0.129*** (0.0440)	-0.134*** (0.0441)	-0.134*** (0.0440)	-0.150*** (0.0452)	-0.144*** (0.0461)	-0.142*** (0.0442)	-0.163*** (0.0454)	-0.162*** (0.0473)
west	-0.0654 (0.0554)	-0.0686 (0.0555)	-0.0693 (0.0555)	-0.114** (0.0571)	-0.0738 (0.0575)	-0.0724 (0.0556)	-0.123** (0.0573)	-0.118** (0.0590)
status	0.192*** (0.0235)	0.189*** (0.0236)	0.180*** (0.0236)	0.194*** (0.0242)	0.187*** (0.0241)	0.182*** (0.0237)	0.191*** (0.0243)	0.180*** (0.0248)
Party member	-0.118* (0.0689)	-0.119* (0.0691)	-0.108 (0.0693)	-0.0924 (0.0737)	-0.112 (0.0709)	-0.109 (0.0694)	-0.0843 (0.0743)	-0.0856 (0.0757)
mobility_up		-0.314*** (0.0839)				-0.136 (0.104)	-0.0696 (0.112)	-0.0368 (0.116)
mobility_unknown		-0.480*** (0.0989)				-0.396*** (0.124)	-0.341*** (0.131)	-0.225* (0.136)
skillspeciality1			-0.176*** (0.0658)			-0.177*** (0.0658)	-0.148** (0.0672)	-0.0974 (0.0692)
incomeexpect_down			0.379*** (0.0844)			0.303*** (0.104)	0.332*** (0.109)	0.286*** (0.110)
incomeexpect_unknown			-0.0219 (0.0610)			0.149* (0.0796)	0.131 (0.0825)	0.0896 (0.0850)
equality				0.279*** (0.0284)			0.278*** (0.0285)	0.230*** (0.0300)
mobilityhistory_down				0.184*** (0.0661)			0.107 (0.0711)	0.132* (0.0738)
experience				0.0770 (0.104)			0.0667 (0.104)	0.0743 (0.108)
religion					-0.254*** (0.0635)			-0.252*** (0.0652)
Governmenttrust					0.315*** (0.0301)			0.262*** (0.0314)
Observations	9 524	9 524	9 524	9 189	9 039	9 524	9 189	8 798

注：被解释变量均为再分配（redistribution）。列（1）～（5）为四类动机的分别回归结果，列（1）、（2）、（6）、（7）、（8）则展示了逐步加入各类动机因素的回归结果。括号内为稳健标准差（Robust Standard Errors）。*** $p<0.01$，** $p<0.05$，* $p<0.1$。

户籍变量对再分配倾向的影响较为特殊，非农户籍要比农业户籍的群体更倾向于支持再分配，且所列回归系数多数在1%的水平下显著。这可能是风险规避动机占据了主导作用，非农户籍的群体没有了土地作为最低生活保障，就更偏向于较为完善的再分配体系支持。

党员身份对再分配倾向的影响是负向的。区域控制变量也呈现了较为奇异的结果：中部区域与东西部区域相比，支持再分配的程度较低。本文的解释是，这与中国在区域间的再分配政策相关：与东西部区域相比，中部地区一直受到忽视，这种长期忽视造成人们并不认为区域再分配的结果会落在中部区域,即难以从再分配中受惠,反倒使得其他区域得到利益,间接降低了公平性,所以他们相对不支持再分配。

(二)行为动机模型与再分配倾向

表2的第(2)列保留了身份特征的变量,加入经济利益动机的两个层面变量,即人们对现期收益的权衡和人们对未来预期的衡量。可以看出,其他身份特征与再分配的关系在符号和数值上都未发生较大改变。在控制其他身份特征后,现期收入越高的,支持再分配的程度越低,这与其在身份特征中的表现一样:穷人更支持再分配。向上的流动性预期显然会降低人们的再分配支持程度(1%水平下的显著,且十分稳健),第(8)列的综合结果中,向上的流动性变量的系数变得不显著,这和加入收入预期流动性的变量有关。这正是本文之所以采用分别检验的结果来阐释分析的原因。

风险规避动机可使用职业技能的专门性、对未来收入的预期(是否下降和是否不确定)等指标来衡量。职业技能专门性采用的是掌握该技能需要一年以上(为1)的虚拟变量,这是衡量人们的失业就业风险。这里需要注意的是,虽然按照技能专用性本身的定义,越是专门性技能,越难在失业后找到新的工作。但同时,这类人也不太容易失业,风险的影响是两方面的;未来预期的下降和不确定通常会促使人们寻求消除风险的方式。其中,"需要专门技能"的指标对再分配倾向是负向影响。"向下的收入预期"显著地正向影响人们的再分配倾向,与经济利益动机中的向上流动的结果实质一致,但在这里应当解释为人们对"向下流动风险"的规避。"不确定的收入预期"的风险规避不明显,甚至符号为负(统计上不显著),这与前面讨论的经济利益动机中的解释类似。

影响人们公平信念的因素中,由人们对贫富差别能否调动工作积极性的看法、与过往相比社会经济地位是否向下流动或不清楚、是否有军队经历等指标来衡量。人们对贫富差别的看法通常代表了其对公平的认知,如果认为贫富差别是形成市场激励所必要的,这类人群通常支持市场经济中公平形成的差别;过往的经历对人们的公平信念有着深远的修正作用,其中,军队经历并不显著,说明军队经历并没有显著地影响到人们的"公平"观念。"对贫富差别的看法"和"过往向下的流动历史",都在1%的置信水平下显著,影响程度较为强烈。认为"贫富差别有助于调动人们工作积极性"的人们相对不太支持再分配。本文认为持这种观点的人们,通常是相信市场激励力量的,他们通常更注重个人奋斗而不是靠财富转移获得收益。

关于声誉理想动机,适用于三个指标:是否是某一党派党员、是否有宗教信仰、对政府的信任程度。党员身份既作为身份特征,又作为声誉理想动机的变量,承载内容较多,这是个经验问题;宗教信仰变量在中国较为特殊,调查样本中,无信仰的人占了86.7%;本文并不区分信仰内容的差异,只考察有无宗教信仰的差异;对政府的信任程度体现了人们对组织的忠诚度,从而影响其再分配倾向。其中的"党员身份"指标,之前在单独的身份特征回归结果中,对再分配倾向呈显著的负向影响,而在这里却变得不显著;"宗教信仰"则始终显著地负向影响人们的再分配倾向。

五、简单结论与再分配政策建议

本文在之前提出的社会群体行为动机框架模型基础上进行了验证,发现与以往的实证研究的结论有所差异。本文的主要研究发现是:女性、非汉族、大专以下教育水平的人群、非党员身份、穷人、有向下的收入预期和有过往向下的流动历史的人群,相对更支持再分配;有向上和不确定的流动性预期、专门技能、宗教信仰的人群,会显著地降低人们的再分配支持意向;越同意"贫富差别有助于工作积极性"和越"信任政府"的人群,越易于支持进行再分配;中国特色的几个特征中,"非农户籍"要比"农业户籍"的群体更倾向于支持再分配,中部区域与东西部区域相比,支持再分配的程度较低。

(本文作者:陈宗胜,南开大学教授、博士生导师,天津市人民政府副秘书长;李清彬,南开大学经济研究所博士研究生)

从波动性和流动性判别股指期货跨市场价格操纵行为[①]

张 维 韦立坚 熊 熊 李 根 马正欣

内容提要:股指期货价格操纵一般具有期现跨市场联合操纵的特点,仅按单一市场从波动性分析去判别价格操纵行为是不够充分的。本文引入流动性分析为判别提供了更充分的依据:首先运用 GARCH 模型分析被操纵资产在波动性的异常变化,判断价格序列偏离了“自然特性”,具有被操纵的嫌疑;然后利用日交易量、日持仓量和 Amivest 流动性比率等指标分析流动性的异常变化,发现与根据跨市场操纵过程推测的变化一致,从而构成价格操纵行为的事实依据。

关键词:股指期货 跨市场价格操纵 判别 波动性 流动性

一、引言

我国沪深 300 指数期货于 2010 年 4 月 16 日上市交易,这是中国资本市场发展的一个里程碑,对完善中国资本市场的建设,推动亚太地区经济从危机中复兴具有重要意义。然而,鉴于我国金融衍生品市场、股票市场和商品期货市场都曾发生过众多恶劣的操纵事件,股指期货的推出也引发了各界人士对市场操纵活动的担忧。例如在业界富有影响力的《中国经营报》2008 年发表了一篇题为“外资‘围剿’中国股指期货”的文章,指出股指期货推出后可能沦为外资操纵我国资本市场的工具,引起了很大的社会反响、讨论和担忧。因此,在全球金融危机的背景下推出股指期货,其价格操纵问题的监控就显得尤其重要。

价格操纵行为的判别是价格操纵监控工作的核心环节。目前,已有文献多集中于股票市场和商品期货市场中单一市场的价格操纵行为研究,这些研究一般通过考察被操纵资产价格序列的波动性异常变化特征来判别价格操纵行为。然而,由于股指期货价格与其现货市场价格具有相互引导的特点,股指期货价格出现的异常变化并不能够排除是一些非操纵事件引致的现货市场价格波动传递至股指期货市场,所以照搬股票市场或商品期货市场的单一市场价格操纵判别方法来判别股指期货价格操纵行为是不充分的。因此,需要结合流动性的变化去判别股指期货跨市场价格操纵行为。

二、股指期货价格操纵行为的判别方法、模型与研究假设

1. 衡量波动性的模型与研究假设 1

分析被操纵资产价格序列的波动性异常变化是判别分析的第一步。本文采用 GARCH 模型来衡量股指期货价格序列及相关基础资产价格序列的波动性变化。GARCH 模型有如下的形式:

$$y_t=\sum_{i=1}^{n}\gamma y_{t-i}+\varepsilon_t,\quad \sigma_t^2=\omega+\sum_{i=1}^{q}\alpha\varepsilon_{t-i}^2+\sum_{j=1}^{p}\beta_j\sigma_{t-j}^2,$$

按照文献[10]的分析,在 GARCH 模型中,

$$\mathrm{var}(\varepsilon)=\frac{\omega}{1-(\sum_{i=1}^{q}\alpha_i+\sum_{j=1}^{p}\beta_j)},\text{对}\sum_{i=1}^{q}\alpha_i+\sum_{j=1}^{p}\beta_j<1;$$

当 $\sum_{i=1}^{q}\alpha_i+\sum_{j=1}^{p}\beta_j\geqslant 1$ 时,方差不定。

一般假定 $\alpha i>0(i=1,2,\cdots,q)$,是为了使金融资产时间序列时变条件方差大于零。当时变条件方差有限时,有 $\beta<1$;当 $\beta\geqslant 1$ 时,方差可能不定。$\sum_{i=1}^{q}\alpha_i+\sum_{j=1}^{p}\beta_j$ 被称为股票价格波动的持久性指标。当这个指标小于 1 时,说明资产价格时间序列处于随机的稳定状态;当这个指标大于 1 时,资产价格时间序列是非随机的,是发散的而非收敛于稳定状态。根据 GARCH 模型中这个参数指标表明,如果没有特殊因素(例如操纵事件)的冲击,股票价格波动的持久性指标小于 1;反之,如果股票价格受到特殊冲击,则股票价格波动的持久性指标很可能大于 1。因此提出研究假设 1:

①本文节选自《管理评论》2011 年第 7 期。

若利用GARCH模型对标的资产的价格序列进行波动性分析，发现GARCH模型参数，$\sum_{i=1}^{q}\alpha_i+\sum_{j=1}^{p}\beta_j>1$，则说明标的资产的价格序列存在被操纵的嫌疑。

2. 衡量流动性的模型与研究假设2

由于股指期货和现货市场具有波动性传递的特点，不能排除波动性分析得出的波动性特征是由于现货市场的其他因素冲击所致的偶然性，所以需要从流动性的变化中证实价格序列偏离“自然特性”是由于操纵行为引致的。

本文采用日交易量、日持仓量和流动性比率三个指标衡量操纵对于市场流动性的影响。交易量和日持仓量衡量了宏观上市场的流动性水平，交易量的大小反映了市场的活跃程度，持仓量的大小反映了市场交易规模的大小，也反映了多空双方对当前价位的分歧大小。流动性比率测度了微观层次上市场交易的能力，反映了交易成本、等待时间和交易价格的变化程度。本文采用Amivest流动性比率描述流动性的变化。其计算方法如下：

$$L_{com}=\sum_{t=1}^{n}P_{it}V_{it}/\sum_{t=1}^{n}|\Delta P_{it\%}|$$

其中：Lcom为普通流动性比率；Pit为t日证券i的收盘价；Vit为t日证券i的交易量；ΔPit%表示一定时间内的证券i价格变化百分比的绝对值总和。计算公式表明，流动性比率越高，价格变动一个百分点所需要的交易量越大，说明交易对价格影响越小，则股票流动性越好，反之，流动性越低。

从跨市场操纵过程分析发现，操纵活动结合特定信息事件进行，流动性会在特定的信息事件点前后出现显著变化，可以借鉴事件研究方法，通过比较操纵过程的关键信息事件点前后的流动性差异来判别操纵行为。首先定义正常值流动性指标值为基准期(评估期1)内每个指标的平均值，计算每日市场指标值和正常值的差值δ；然后检验事件期和后事件期(即评估期2)的指标是否显著偏离正常水平以度量操纵对市场产生的影响。根据模型假设，δ应服从正态分布N(0,σ)。构造假设检验如下：H0:δ=0，市场流动性没有受到操纵活动的显著影响；H0:δ≠0，市场流动性受到操纵活动的显著影响。对于某个预定的置信水平χ(5%)，当$\left|\frac{\delta}{\hat{\mu}}\right|>t_{\frac{\chi}{2}}$时，则拒绝假设H0，接受假设H1，即认为市场流动性受到了操纵活动的显著影响。如果满足H1，再根据Amivest流动性比率分析流动性变化是否和推测的操纵过程流动性变化一致，据此提出研究假设2：

若流动性受到了操纵活动的冲击，则满足假设检验H1；若价格序列偏离“自然特性”是由操纵行为引起的，则其流动性变化必定与根据操纵过程推测的流动性变化一致，即被操纵的资产流动性在操纵后出现显著下降。

三、案例和数据样本选取

本文选择这一个案例作为研究对象，试图通过考察被操纵资产的波动性和流动性的异常变化来对操纵行为做出较为准确的判别。本文选取2001年5月1日到2001年9月30日的联通、移动、恒生指数，恒生指数期货的日数据进行操纵期间的波动性分析。根据查实有关文献与香港联交所的公告，发现在2000年1月1日到2001年4月30日、2001年10月1日到2003年4月30日，都没有发生操纵事件或疑似案例，因此选取这两段恒生指数序列(分别表示为HSI-a和HSI-b)作为操纵前与操纵后的对比分析。并选取2000年1月1日到2007年12月30日的恒生指数作为长期对比分析样本(表示为HSI-long)。

在流动性方面，根据已有研究分析，被操纵资产在信息事件点上，流动性会发生较大的变化，因此以2001年8月14日移动发布中报为一个关键的信息事件点，用事件研究法分析此事件点前后的流动性变化。选取以2001年8月1日到2001年9月6日的移动、联通和两份恒生指数期货主力合约(HI1，HI2)的日数据为分析样本，评估期1为2001年8月1日至2001年8月13日(事件前)，评估期2为2001年8月27日至2001年9月6日(事件后)，事件期为2001年8月14日至2001年8月26日。全部数据来源于BLOOMBERG数据系统。

四、实证结果分析

1. 波动性分析

取各价格序列的对数一阶差分作为收益率，各数据样本的收益率序列统计特征如表1所示。表1的统计结果表明，恒生指数在操纵期前(HSI-a)、操纵期后(HSI-b)和长期(HSI-long)的收益率均值都接近于零,这接近股票及股指价格收益率序列服从随机漫步的金融经济学假设。而对比操纵期间,联通、移动、恒生指数、恒生指数期货的收益率均值为负,并具有经济上的显著性,这说明此期间,价格序列受到不正常的冲击,这与案例中机构投资者沽空联通和移动的股价,导致恒生指数下跌,进而导致恒生指数期货下跌的事实是吻合的。

表1 样本数据收益率序列的统计特征

序列	样本数止	均值	偏度	峰度	JB	单位根检验
HSI-A	324	-0.000741	-0.041155	4.153308	17.99236	-19.63858 *
联通	103	-0.003332	-0.203511	3.652781	2.515109	-9.914689 *
移动	103	-0.005118	-0.500333	3.275232	4.577619	-10.18299 *
HSI	103	-0.003148	-1.071178	7.898823	121.4997	-10.43343 *
HI1	103	-0.003078	-0.595079	6.870249	69.68004	-10.62967 *
HI2	103	-0.003092	-0.719146	6.178402	51.72643	-10.59819 *
HSI-B	389	-0.000327	0.222601	0.222601	3.762858	12.61254 *
HSI-long	1973	0.000251	-0.166860	5.876531	689.0331	-47.52789 *

注:*号表示统计上具有显著性。

应用前述的波动性检验方法,对各收益率序列建立GARCH(1,1)模型,结果如表2。表2中各收益率序列的GARCH(1,1)模型参数表明,恒指在长期(HSI-long)和操纵前(HSI-a)能用GARCH(1,1)模型较好的拟合,说明其价格序列具有"自然特性",没有被操纵的特征。

表2 收益率序列GARCH(1,1)模型

统计指标	HSI-a	联通	移动	HSI	HI1	HI2	HSI-B	HSI-long
γ	-0.0611 (-1.08)	0.0489 (0.44)	0.00389 (0.04)	-0.0389 (-0.46)	-0.0979 (-5.13)	-0.1161 (-13.55)	-0.0548 (-1.06)	-0.0378 (-1.55)
ω	1.07E-05 (1.61)	5.23E-05 (0.77)	6.15E-05 (1.50)	-6.74E-06 (-4.81)	-6.41E-06 (-1.03)	-5.79E-06 (-1.31)	9.59E-06 (2.00)	1.29E-06 (2.81)
α	0.0312 (1.46)	0.1288 (1.15)*	0.1198 (1.13)*	-0.0130* (-39.73)	-0.0353* (-0.85)*	-0.0303* (-1.05)	0.0081 (0.47)*	0.0470 (7.68)
β	0.9408 (34.76)	0.8219 (7.77)	0.8415 (7.29)	1.0702* (395.63)	1.0879* (17.75)	1.0798* (209.16)	0.9392 (30.66)	0.9471 (135.89)
α+β	0.9720	0.9507	0.9613	1.0574*	1.0526*	1.0495*	0.9473	0.9941
AIC	-4.916	-3.98	-3.99	-5.43	-5.35	-5.34	-5.67	-5.77
SC	-4.866	-3.88	-3.88	-5.33	-5.25	-5.23	-5.63	-5.76
DW	2.06	2.00	2.02	1.96	1.88	1.84	2.04	2.06
ARCH-LM	0.85	0.70	0.90	0.18	0.32	0.26	0.61	0.23

注:括号内为T检验的值,*号表示异常的参数。

在操纵期,恒生指数HSI和恒生指数期货HI1和HI2的α参数均小于零,不满足α非负的假设;β大于1表明条件异方差不稳定;(α+β)大于1说明收益率序列不稳定。这些特征与研究假设1的结果一致,表明了操纵期的价格序列偏离了"自然特性",存在被操纵的证据。联通和移动的α参数明显不具有统计显著性,这也说明价格收益率序列是存在异常的;但是其(α+β)项并没有大于1,没有显著表现出偏离"自然特性"的特征,一个可能的原因是操纵者的操纵目标是致使恒指出现人为的价格走势,而不在于单个成份股的价格变化,同时也说明,仅仅依靠波动性的异常分析,对于判别股指期货跨市场多资产的价格操纵是不够充分的,因此必须从期货和现货市场上涉及的多资产的流动性变化来寻找更可靠的事实依据。

再观察操纵后的序列HSI-b,α为正,(α+β)

小于1,这说明价格收益率序列在操纵后,逐渐的回归“自然特性”。但α项系数不具有统计上显著性,这反映了投资者在操纵后一段时期内仍然不根据前一期的新息来预测下一期的价格波动,说明市场的操纵活动使投资者不再相信市场价格能准确反映信息。从这个波动性特征也可以推断流动性的相应变化:在操纵过后,投资者在短期内对金融市场失去信心,交易低迷,导致流动性出现大幅下降。如果流动性的分析与此吻合,则说明市场确实受到操纵活动的冲击。

2. 流动性分析

根据波动性分析揭示的特征和研究假设2的要求,流动性分析主要需要证实两点:

I 各资产的流动性受到操纵活动的显著冲击;

II 被操纵资产的流动性出现了与推断过程一致的变化:流动性在操纵期间大幅上升,而在操纵结束后大幅下降。

选取操纵期内两份恒生指数主力合约 HI1、HI2 以及联通和移动的数据进行实证分析,利用判别方法中构造的假设检验 H1 来证实第 I 点,其分析结果如表3和表4所示;用 Amivest 流动性比率的变化来分析第 II 点,其分析结果如表5所示。

表3 移动、联通的交易量和交易金额

序列	对比期	指标	δ 平均值	δ 标准差	$t=\lvert\delta/\hat{\mu}\rvert$	$t_{\alpha/2}$
移动	和评估期1对比	交易重	27761175.33	23352141.41	3.566377529 *	0.7064
		交易金额	680921937.8	649686242.2	3.144234371 *	0.7064
	和评估期2对比	交易重	16627188.89	23352414.41	2.136034664 *	0.7064
		交易金额	591049187.6	649686242.2	2.729236741 *	0.7064
联通	和评估期1对比	交易重	13840332	15321384.62	2.710002851 *	0.7064
		交易金额	118425616.9	158426424.3	2.242535311 *	0.7064
	和评估期2对比	交易重	4437286.667	15321384.62	0.86884184 *	0.7064
		交易金额	74990775.11	158426424.3	1.42004294 *	0.7064

注:*号表示拒绝了原假设。

表4 恒生指数期货币主力合约的交易量和持仓量以及这两个合约指标总和

序列	对比期	指标	δ 平均值	δ 标准差	$t=\lvert\delta/\hat{\mu}\rvert$	$t_{\alpha/2}$
HI1	和评估期1对比	交易重	3486.778	2307.244	4.533692 *	0.7064
		持仓量	-2415.67	1776.281	-4.07987 *	0.7064
	和评估期2对比	交易重	-695.444	2307.244	-0.90425 *	0.7064
		持仓量	17722.26	13263	4.008654 *	0.7064
HI2	和评估期1对比	交易重	-3.15797E-15	38.47221219	-2.46253E-16 *	0.7064
		持仓量	3295.555556	3154.652547	3.13399543 *	0.7064
	和评估期2对比	交易重	-3891.11	1706.473	-6.84062 *	0.7064
		持仓量	-8297.11	3154.653	-7.89036 *	0.7064

注:*号表示拒绝了原假设。

表5 移动、联通及两份恒生指数期货主力合约 Amivest 流动性比率

序列	评估期1	事件点时期	评估期2
移动	1.80E+12	1.97E+12	1.09E+12
联通	5.29E+11	5.21E+11	3.73E+11
HI1	1.11E+12	9.08E+11	8.43E+11
HI2	1.10E+11	7.58E+11	2.66E+11

表3说明事件点期间移动和联通的交易量和交易金额普遍与非事件期存在显著差异,并且平均高于非事件点的时期,说明操纵者在移动中报公布那几天的沽空活动影响了市场的正常状态,从交易量角度加大了市场的流动性。表4显示两份主力合约的流动性指标均拒绝了H0,说明股指期货市场

流动性受到操纵活动的显著影响。表3和表4的结果均证实了第I点,即操纵活动对市场流动性造成了显著的异常冲击。

表5说明,股指期货和股票市场被操纵的四个资产流动性比率都在操纵事件点后显著下降。特别是HI2合约的流动性,在操纵事件点时期比事件前先大幅上升,又在事件后产生了大幅度下降,这可能是机构投资者选择HI2合约建仓所致。股票市场上,移动中报发布后,对它的沽空活动先导致流动性小幅上升,当沽空活动结束后,流动性大幅度下降;联通在事件点前和事件点期间的流动性变化不大,是因为本文选择的是以移动中报发布为事件点,而对联通的沽空活动的时间要早于该事件点,但联通在事件点后的流动性大幅下降,说明操纵活动结束后,投资者对即使是业绩表现好的联通股票也失去了信心,交易低迷,价格操纵活动已经造成严重的价格扭曲和市场破坏。表5的结果证实了第II点,说明实证分析的流动性变化与根据操纵过程推断的变化以及波动性异常特征揭示的变化是一致。

表3、表4和表5的流动性分析满足了研究假设2,说明被操纵资产的流动性异常变化特征构成了操纵行为存在的事实依据。结合波动性分析中恒指和恒指期货的价格序列显著偏离价格"自然特性"的操纵表征,可以判定本案例是一起股指期货跨市场价格操纵事件。

五、结论

本文针对股指期货价格操纵具有跨市场的特点,对单一市场仅从波动性分析去判别价格操纵行为的方法进行了拓展。根据操纵过程的特点,引入流动性分析为判别提供了更充分的事实依据,构造了波动性与流动性相结合的判别分析方法,从而解决了波动性分析不能充分判别股指期货跨市场价格操纵的问题。本文的实证结果表明,被操纵资产的波动性存在异常变化,由此可以判断价格序列偏离了"自然特性",具有被操纵的嫌疑。

(本文作者:张维,天津大学管理与经济学部教授、博士生导师;韦立坚,天津大学管理与经济学部博士研究生;熊熊,天津大学管理与经济学部副教授,博士;李根,天津大学管理与经济学部博士研究生;马正欣,天津大学管理与经济学部博士研究生)

先秦史研究的几点思考[①]

刘泽华

内容提要:从事历史研究都离不开某种理念,也离不开意识形态。但在学术生涯中,特别是对先秦历史的研究中,显示学术个性是正常的。它们表现在:一是对绝对化阶级斗争说的怀疑与挣脱;二是"社会形态"是个整体性的大问题,不能忽视;三是关于"权力支配社会"问题上,不是说权力可以生发出"基础",但在社会运行机制上,权力有"支配"作用;四是价值问题是全局性问题。

关键词:历史研究　意识形态　社会形态　先秦史

说起先秦历史研究,我先说几句较远的话。就我个人体验与观察,我认为不管是谁,从事历史研究都离不开某种理念,也离不开有点贬义的所谓的意识形态。有些人可能很不以为然,但这需要平心静气地扪心自问。"历史"固然是过去的事,但它能不是矛盾体吗?研究者是现实的人,能离开现实的社会环境、社会矛盾以及多元的社会观念吗?这种状况就决定了研究者不可能有什么所谓的价值中立(在非常具体的时间、名物、地理等等事情上另论)。诚实的研究者不应回避自己的理念、价值等等问题,至于如何表述,那完全由自己选择。下边回到题目来说自己。

①本文发表于《史学月刊》2011年第8期。

在我混混沌沌的学术生涯中，四十岁以前几乎没有学术个性。“文革”之后逐渐萌生独立的学术意识，逐渐意识到此前天盖式的观念有许多需要再认识。但由于我的经历与知识局限，只能蠕动式地向外移动，而且也不是很容易的事。下边说的这些，在现在人们视野中也许不算个什么，但从我的经历与那个年代说，或许还能多少显示一点我的学术个性。

一、对绝对化阶级斗争说的怀疑与挣脱

1979年我与王连生合写过一篇《论历史发展的动力问题》的文章，对绝对化的阶级斗争说进行过质疑，并引起了史学界一场较大的争论。沿着质疑的思路，我对先秦史研究的进路也进行了相应的变更。此前一谈到政治，几乎没有不与阶级相连或划等号的。上个世纪70年代末和80年代初，我撰写《先秦政治思想史》时，就与此前盛行的凡是历史人物与思想都要进行阶级定位的套路拉开了距离。我当时有如下两点认定：一，政治不等于阶级性，它还有社会性；二，政治思想家除有阶级性外，也可以有超越阶级的普遍性。因此在全书的章目中没有“阶级”这个词，对每一位思想家也没有冠以某某阶级的帽子。如果读者有兴趣与当时出版的思想史著作比较一下，不难发现其间的差别。回忆往事，当时我还相当战战兢兢，因为出版时正赶上清理精神污染的“小文革”。在书的序言中对上述理念说得很含糊，到1985年，我把序言稍加改写，在刊物上发表，明确阐述了上述意见。现把该段文字复述于下：

在阶级社会，政治思想的核心部分具有最明显的阶级性质，但从政治思想的总体看，又不能全部归入阶级范畴。比如关于处理人与自然的关系的理论，除有阶级烙印外，还有人类与自然的共同关系问题；关于社会生活的认识，也有一些超出了一个阶级的范围，比如调和阶级关系的某些论述，便包含了不同阶级、不同阶层的要求；还有一些社会规范是人人需要遵守的，也不好简单地划入某一个阶级范畴之中。就每个思想家而论情况更为复杂，虽然每个人都无法游离于阶级生活之外，但在观念上，并不妨碍某些人会提出超阶级的理论和主张。

为了从公式化的阶级定位中走出来，我还用了相当工夫对战国的社会身份进行了研究和梳理。当时的想法是，不从流行的“阶级”框框出发，而是从实实在在的有资料可稽的社会身份入手来看社会的结构。这些文章收在《洗耳斋文稿》中。

对战国“士人”的研究，后来延伸出《先秦士人与社会》的小册子，多位先生综述“文革”后重新开展社会史研究成果时，大抵都把本书作为启先之作。从方法论来说，本书的确不是先前的从“阶级”框框入手，而是从社会身份入手，展现士人社会化的景图。

以前人们都是在论述西周“井田制”时涉及“授田制”。春秋以后“井田制”破坏了，接下来的是私有制等等，自然“授田制”也终结了。我在研究“公民”（诸侯控制下的农民）身份过程中发现了战国的“授田制”（关于战国的“授田制”，我在1972年内部铅印的教材中已经提出，当时还没有考古资料，1978年写论战国“公民”一文时看到了湖北云梦睡虎地秦墓竹简，为我的判断提供了铁证）。上个世纪80年代以后，几乎所有论述战国土地制度的学者都会论及“授田制”。“授田制”的确是关乎历史进程的一个大制度，有极为重要的意义，如社会结构与分层，编户制度，赋税、徭役、兵役制度，君主集权的形成与作用，社会观念等等。这些年人们开始关注学术史，人们认定最先楬橥战国“授田制”的是我，对此我感到很欣慰！

我对身份的研究本想是上推春秋，下接秦汉，基本资料也收集成形，由于他务，没能坚持，回想起来很遗憾。

我并不是简单否认阶级分析的大思路，但我认为要从历史特定的身份入手，才可能避免空洞化。

二、社会形态问题

我一直认定历史发展是有阶段性的，对此或许成为一种“迷信”。在我看来，不说阶段就很难对历史进行整体把握。说到阶段性，又可以从不同层次上说。

最抽象的应该是社会形态问题。五种生产方式说在我这个年龄段的经历中，曾经是不可发疑的“天条”（但允许有不同的划段）。上个世纪80年代有的学者开始发疑，但被主流视为异端。我前后两次参加编撰大学教材。上个世纪70年代那一次，还信笃“天条”。80年代末曾与南开同仁发起另写一部中国通史教材，拟了提纲，并与出版社订了出版合同。在这份提纲里，我们就不用“奴隶社会”这个概念了。由于那场风波和我被肃整，这套教材也就胎死腹中。90年代姜义华先生主持编撰《中国通史教程》，承蒙不弃，约我加盟，主持第一卷的编写。

这一卷涉及到五种社会形态的三种。参加这一卷的作者都是有学术个性的专家。陈雍先生与原来原始社会一套话语相距甚远；朱凤瀚先生从80年代就不认同奴隶社会说；赵伯雄先生也不赞成封建社会的成说；葛剑雄先生对秦汉有独到的见解。几位先生的联合，成就了本卷。请读者稍加留意，在大的标题上已经没有原始社会、奴隶社会、封建社会这些词了。

这里也要说一下我们的困境。我们并不否定社会形态这个命题，但我们也没有能力概括出表达社会形态的新概念。在行文中偶尔也还使用“封建社会”这个词，但加了一个“注”，说明我们不得不暂用。就我个人的观念而言，直到目前为止，我依然认为“社会形态”是个整体性的大问题，不能忽视，时下已有不少先生提出新的概念，值得关注，并希望进一步论证。这些年对所谓历史的“宏大叙事”颇有微词，其实这是很片面的，没有社会形态这类的“宏大叙事”，就很难整体把握历史进程。

三、关于我提出的“权力支配社会”问题

过去我们的认识思路大抵是从基础到上层建筑和阶级斗争来说事。我在研究君主专制制度发展过程和社会身份的基础上，提出了“权力支配社会”这个判断，显然有点“逆反”。我不是说权力可以生发出“基础”，但在社会运行机制上，权力有“支配”作用。这里我简单说三点：

1. 1979年的《论秦始皇的功过是非》一文，便离开阶级、所有制、人民要求或民族争夺等认识进路来论说秦的统一。关于秦朝统一的原因，人们曾经从政治、经济、文化、民族、历史传统等各个方面进行过探讨，大家的看法很不一致。在各种不同的观点中，最为流行的一种见解是：认为秦始皇统一中国顺应了人民的要求，符合人民的愿望，是为了巩固封建生产关系，促进社会生产力的发展。我认为诸种看法都缺乏对实际过程的具体分析，缺乏具体史料的支撑。我转向过程分析，沿着“尊主、广地、强兵”的实际来说事。我的结论是：“秦的统一和中央集权制国家的建立是权力支配经济运动的产物。”“经济上的兼并运动决定着统一。”“君主集权制与其说是某种形式的土地占有关系（国有或私有）要求的产物，毋宁说是权力支配经济，主要是支配分配的产物。权力的大小与分配的多寡成正比，所以人们都拼命地追逐权力。封建统一与君主集权就是在这种追逐权力的斗争中形成的。这种追逐当然不是个人之间骑士式的角斗，而是以君主为核心、以军事和官僚为基础的集团的行动。”

2. 社会分层是经济运动的自然产物，还是由权力为主导而塑造出来的？这是很不相同的。从对社会身份的研究中，我得出：“从春秋战国看，组成封建地主的不外诸侯、封君、卿大夫、官僚、官爵大家、豪士、豪民、豪杰这些人。他们中的多数不是通过经济手段发家的，主要是靠政治。”“如果说春秋战国已进入封建社会，那么封建地主中的多数显然不是沿着土地买卖的道路产生的，主要是通过武力争夺和政治分配方式形成的。”“暴力和政治虽然不能创造出封建经济，但在封建经济关系基础上，它可以在很大程度上影响及至决定封建地主成员的命运及其存在形式。”

3. 对春秋战国诸子在政治上的争论，我的判断是：几个主要派别热烈的争论不涉及要不要君主制，也没有设想出用别的政治体制取代君主制，相反，他们争论的是什么样的君主专制制度与如何巩固、强化、完善君主制。结果，越争就越促进君主专制主义理论的发展。秦始皇的皇帝一统的专权体制就是这种思想和春秋战国发展起来的君主专制的集大成。

四、价值问题是全局性的问题

价值问题是历史研究的一个具有全局性的问题。它并不是研究者的主观认定，历史本身就是价值的综合，研究者应该依据历史进程进行判断。历史是复杂的矛盾综合体，因此价值也是复杂的浑成关系，而又有不同的层次。研究者如何进行价值判断，无疑与本人的视角、立场有很大关联。过去用社会形态与分期来确定基本的价值，我认为即使抛开这种话语，似乎谁也无法否定先秦时期有过几次大的社会转型。别的不说，就春秋战国到秦而言，不管从哪个角度说，都是一次社会转型时期。因此在我看来，转型问题也就是价值的核心。用于政治思想研究，我大体是从转型的角度判定各种思想的历史意义。比如我认定法家对社会转型的促进作用最为突出，但我也不是全盘肯定，我本着“在矛盾中陈述历史”的认识路线进行分析和定位。儒家从字面上看，讲得比较中听，但对社会转型、改革等问题，总的来说是不切实际的，甚至是保守的，孟子虽然高扬民本说，但他主张为政要“不得罪巨室”，对言善战者和主张辟草莱者施以“上刑”，这些主张对社会的转型显然是有阻碍作用的。因此从社会转型角度说，孟子政治主张的历史价值相对属于保守之列。

究竟如何判定价值标准，可能人人相异，但对历史走向和基本历史过程问题，谁也不应忽略。我与张国刚曾写过《论历史价值认识》一文，大而化之地提出了“原生价值”，“延伸（再生）价值”和“抽象价值”三个既有联系又有区别的价值判断标准。历史认识没有价值观念，也就没有历史定位和主体意识与批判性。价值中立说不切实际，做不到。

由于我认定传统思想文化的主旨是王权主义，有人批评我是全盘否定论，是给中国历史抹黑等。其实在我看来，此中有几层问题：一是历史事实是否是专制主义？二是其历史作用（价值）问题，三是延伸价值，特别是延伸到现代，其价值若何？不分层次把我一锅煮，我就感到没有批到点子上。

先秦史是中华历史的奠基时期，在某种意义上说，是其后直到近代以前两千年历史的创型时期。无论从事实还是理论上，都值得深入研究和检讨。

（本文作者：刘泽华，南开大学中国社会史研究中心教授）

交融与创生：西欧文明的三个来源①

侯建新

内容提要：西欧文明始于公元5世纪，初步成型于11—15世纪，源于古代日耳曼传统、古典希腊罗马文明和基督教不同质的文化。日耳曼人的马尔克村社制度是欧洲文明的胚胎；古典文明，尤其罗马法促使中世纪个人权利概念逐渐形成并进入公法领域，成为法治社会的广泛基础；基督教的政治哲学及政治斗争结束了神圣王权时代，有助于建构起上层政治框架。经过几个世纪的发展，在一定社会条件下，三要素熔为一炉，逐渐生成西欧文明的雏形。很明显，西欧文明是次生的、混合的文明，其创生过程也是不同文明的融合和嬗变过程；16世纪后衍生为资本主义文明，后者表现了不凡的创造力，冲击了整个人类社会，同时也显现了与生俱来的局限性。

关键词：西欧文明　日耳曼　罗马法　基督教

本文旨在分析西欧文明的来源及其主要成分，深化对欧洲文明特殊性的理解，进而解读人类文明的多样性和开放性。文明（civilization）一词大约出现在18世纪，相对于野蛮状态而言，一方面是开化的人，另一方面是原始的野蛮人或蛮族。当时西方人认为自己的价值观是人类的唯一标准，文明仅为少数特权民族所拥有，所以“文明”一词只有单数形式。19世纪初叶“文明”一词初次被用作复数形式，淡化了文明的价值判断，从而承认不同文明存在的合理性。西欧文明逐渐成形于中世纪，发轫于中世纪以前，并且源于不同质的文化。

笔者认为，西欧文明是次生与混合的文明，其来源似应为三要素，即古代日耳曼传统、古典文明和基督教。日耳曼人的马尔克村社制度是西欧文明的胚胎；古典文明尤其是罗马法则提供了成熟的法律参照体系，促使中世纪权利概念逐渐形成并进入公法领域，成为法治社会的广泛基础；基督教的政治哲学及政治斗争，结束了神圣王权时代，建构起西欧社会的上层框架。上述三要素均来自不同的区域文明，显然，西欧文明并非单一的和封闭的，而是若干不同文明要素的混合体。与世界大多数文明的形成一样，西欧文明的创生过程是不同文明的融合和嬗变过程。

一

让我们先从日耳曼要素谈起。

公元475年，日耳曼人攻陷罗马城，西罗马帝国覆灭。随之，大批日耳曼部落涌入西罗马帝国境

①本文节选自《世界历史》2011年第4期。

内，纷纷建立起日耳曼政权，蛮族王国成为西欧的新主人。日耳曼人来自欧洲北部多雾的海边。他们分为不同的部落，后来被统称为“日耳曼人”。不知道有民族和国家观念的日耳曼人，只形成了暂时的集团或战斗同盟。不同的日耳曼部落使用极为相近的语言，有着相同的传统、信仰和社会制度，其中最典型的是通行马尔克（Mark）村社制度。在古代日耳曼部落里，马尔克制度几乎是唯一的制度，它在日耳曼人的全部生活里扎下了根，并且对中世纪产生了极为深远的影响。

中世纪绝大多数人口生活在乡村。在欧洲乡村公共生活中，有着马尔克传统的村社组织，始终发挥着不可替代的作用，近三十年西方的研究成果对此给予了特别的肯定。以往，人们普遍认为庄园是欧洲中世纪乡村经济社会史研究的中心，村庄仅仅被看作“古代公社的残余”。从20世纪80年代开始，人们越来越关心村庄共同体、公地制度等，庄园反而逐渐淡出历史学家的视野，这种现象被称为“退出庄园”（the retreat from the manor）。笔者认为，事实上，庄园和村庄同等重要，庄园始终没有完全取代村庄，即使在残酷的农奴制下，村庄共同体仍然具有抵抗手段和行动的空间。无论一个佃户如何依赖他的领主，他都同时处于村庄共同体的权力之下，是其中的一员，参与活动，受其制约，也受其保护。村社从没有丧失集体行为，而且得到广泛认同。

日耳曼马尔克村社标志性的政治制度是自由民大会。一切重大事情，包括罪犯的审判，都由自由民大会集体决定。酋长们可以决定小的事情，重大事情则先由酋长们详细讨论，然后再交部落会议做最后决定。庄园出现后，庄园法庭和村民会议往往合二而一。初期的庄园法庭，裁决者是法庭全体出席人，这显然是村民大会的遗风。以后，村民大会才逐渐被陪审团取代，而陪审团也是由佃户组成。十五、六世纪庄园制名存实亡，村民会议更加凸显出来。以德国为例，他们定期举行村民会议讨论公共生活的相关问题，任命或罢免村官，而且不断颁布新村规。在法国，也出现了相同的情况。在实际生活中，“村规”一直是庄园习惯法的重要组成部分，在村民和领主的共同协商和认可下，保持旺盛的生命力，被认为比一般的习惯法具有更高的权威。

上层架构也深受日耳曼传统的影响。入主西欧前的日耳曼人也有“国王”，所谓“王”就是部落领袖，没有无限的权力。和平时期，他们的左右没有一般官吏簇拥。在日耳曼人的最高权力机构民众大会上，国王远不能随心所欲，不得施行刑罚、捆绑、拷打，而巫师则可以。进入中世纪，西欧王权明显保留着古代日耳曼人的深深烙印。在一些地区，例如德意志的法兰克人是没有国王的。在英国，诺曼征服之前，国王对其民众的权力一直是相当微弱的。不论人们的观念中还是事实上，中世纪王权的合法性，不仅取决于血统，还取决于宗教性国王授职仪式和一定范围内的推举。

王国的法律也有日耳曼传统的印记。在原始日耳曼人的观念中，法律是部落生活中的习俗和惯例，具有排他性和独占性。日耳曼蛮族王国建立伊始，统治者颁布的法典，就是以往习俗和案例的记录。中世纪早期王国的法律，不过是将民众中业已流行的习惯法收集起来汇编成册而已。所以许多学者认为，西欧的法律是“发现”的，而不是“制定”的，似颇有缘由。随着蛮族王国的成长，部落民主的方式落伍了。日耳曼传统对中世纪政治制度的一个重大贡献在于，尽管统治者权力逐渐强化，社会等级分野日益明显，然而，法律来源于惯例的观念仍然存活，并且始终是法律来源、本质和其权威基础的主导理念。法律的权威在于它是早已实行的习俗与惯例，不论成文与否都具有约束力。

二

罗马法是古典时代最发达的法律体系，也是西欧法律和法学的重要来源。进入中世纪后罗马法似已沉寂，实则不然，法兰西南部和意大利的本土居民一直使用罗马法，在其他地区，也是罗马法和早期日耳曼王国法典并存。始于11世纪后期，以教会大学为中心，罗马法在西欧各国先后活跃起来，这就是著名的罗马法复兴运动。以往国内学界多介绍文艺复兴运动，宗教改革运动次之，罗马法复兴则鲜有人问津。殊不知，罗马法的传播，对于正在形成中的欧洲文明具有极为重要的意义。

以权利、权力的斗争为主线，中世纪一系列的政治斗争也得到了合理的解释。考察分析农民起义、异端运动、贵族反抗王权的斗争等，都不难看到这些观念的表露。进入12世纪，随着权利语境的形成，政治、经济、宗教以及社会生活领域内的权力、权利斗争更加激烈。这方面，英国的《自由大宪章》便是典型的例证。《自由大宪章》的基本精神是以法律限制王权，巩固并扩大诸侯、僧侣、骑士、市民等的自由与权利，涉及土地、动产、赋税、债务、人身等诸多问题，可视为个体权利积淀和发展的一次集中表现。此后，《大宪章确认令》、《牛津条例》以及众多的国会文件，甚至农民起义纲领都涉及个人权利、自然权利或主体权利问题。在中古法国，权利意识虽不像英国那样强烈，但略加考察同样可见这样一条清晰的线索。《三月大敕令》即可视为《自由大宪章》的同类文件，其中也涉及有关国民自由、权利的多方面问题。

中世纪的个人权利是残缺的、不平等的，实际上是有限的等级权利，所以也是发展中的个人权利。自然权利与实定的权利和法律并立，而且逐渐地被认为先于客观的法律秩序而存在，是客观的法律秩序存在的依据和基础。帝国的"残存物"——罗马法中的权利概念本属私法范畴，此时经过一番改造后被延伸到公共权力领域；或者说，日耳曼人原始权利思想的萌芽借助实践，也借助罗马法概念、逻辑及其演绎而得到发展。"抵抗权"是日耳曼人入主欧洲发达地区后的一项发明，是迸发于沉闷欧陆的一道耀眼金光，不论在日耳曼人传统中，还是在封建领主附庸的相互权利和义务关系中，都可以发现它的原始形式。进入 12 世纪，借助罗马法的改造，朴素的抵抗权逐渐发展成丰满的权利理论系统，并且催生了更多的形形色色的抵抗运动。如果说《大宪章》是贵族对国王的抵抗，那么市民对领主、农奴对庄园主、帮工学徒对行会的斗争，均属不同层次的抵抗运动。斗争形式不论是暴力的、法庭的，还是货币赎买的，其结果都不同程度限制了各级统治者的权力，有效维护了生产者和经营者的利益，推动了社会物质财富和精神财富的积累。显然，罗马法的权利概念，经过日耳曼人社会的改造和发酵，焕然一新，虽然还是粗陋和残缺的，但是现代意义上的个人权利内涵已依稀可见。这种原始权利可以不断向现代权利转化，重要的是它开启了现代个人权利之门，成为西欧法治社会的广泛基础。

三

西欧文明主要来源于三要素，三要素相互交叉、相互交融，也相互影响。罗马法中权利要素的演绎与日耳曼人的传统相连，同时离不开基督教的作用。基督教作为一种信仰，一种价值系统，浸透了整个欧洲社会，上至国王贵族下至平民百姓，在精神生活和社会生活中均占据不可替代的位置。基督教是欧洲生活的一个基本实在。比起日耳曼因素和罗马因素，基督教的影响似乎更为深远，所以欧洲文明又被一些人称为基督教文明。

关于基督教思想，须从《圣经》说起。基督教作为救世之说，它对欧洲文明的真正贡献在于它引进了一整套全新的价值体系，受其影响，西欧人的社会观念发生了根本变化。基督教不仅贡献了它的理念，而且直接参与了西欧文明的锻造。

显然，欧洲文明的形成，经历了一个相当缓慢、复杂又有踪迹可寻的过程。5—9 世纪是日耳曼人入主欧洲、欧洲社会秩序发生转换时期，在激烈的社会振荡中迎来文明发展的第一个阶段。9 世纪采邑制确立，欧洲逐渐由动荡趋向稳定，至十一、二世纪进入历史发展的新时期。此时，土地大面积开垦，人口增长，贸易活跃，城市兴起，大学诞生，罗马法复兴。罗马法复兴表明罗马因素进一步融入欧洲，而且深入到欧洲法学体系的创生过程。当然，此一时期最重要的标志还属基督教的大规模介入。在数百年乃至上千年逐渐发展的基础上，教堂林立，基督教全面兴起，特别是"教皇革命"引发社会政治框架重组。欧洲文明的三个要素，进入集中混合"发酵"期，一种新的欧洲文化依稀可见。

进入 13 世纪以后，西欧社会明显加快了历史步伐，在政治、经济、社会、文化等领域出现了一系列重大的结构性变迁。例如，从共同体中心到个人本位，从领主强权到个人自由，从生活性消费到投资性消费，从糊口经济到商品生产，从劳动到休闲，等等。戴尔指出，全社会成员都参与了这样的变化过程，但主要的受益者却是贵族以外的普通人。在其后的几百年中，贵族减少和失去了特权，而普通人相应地扩大和获得了许多权利，中世纪中晚期的历史就是在贵族和普通人的权利的此消彼长中进行着的历史。不论欧洲文明生成期还是发展转型期，我们不难发现一条主线，那就是普通人与贵族领主、民权与王权的抗争，在斗争中前者不断得到发展和壮大。毋庸置疑，这样的进程有利于底层民众力量的成长，有利于新兴资产阶级的发展，也有利于当时整个社会物质财富和精神财富的有效积累。

总之，经过几个世纪的发展，在一定社会条件下，日耳曼人马尔克制度、古代罗马法和基督教思想三要素熔为一炉，大约在12世纪逐渐生成欧洲文明的雏形，规定了其后发展的轨迹。西欧文明并非单一的、完全土生土长的：马尔克传统来自斯堪的那维亚半岛的日耳曼原始部落，罗马法来自被征服的罗马帝国，基督教则源于东方巴勒斯坦地区的犹太教。可见，与世界大多数文明的形成一样，欧洲文明的创生过程也是不同文明的融合与嬗变的过程，各文明要素扬弃和契合的过程。笔者希望文明要素的探源与分析，有助于深入认识欧洲的历史与现实，吸纳欧洲智慧，也有助于理解人类文明的多样性和开放性。事实上，没有一种文化的边界是一成不变的。

（本文作者：侯建新，天津师范大学历史文化学院院长、教授、博士生导师）

专论摘要

中国马克思主义哲学范式转换研究试析[①]

王南湜

从20世纪90年代中期至新世纪初期几年间，中国马克思主义哲学界提出了哲学研究的范式转换问题，不仅寻求哲学研究范式的转换，而且试图从马克思主义哲学发展的历史上，进而从整个哲学发展的历史上为范式转换的可能性和必要性作论证，而这就涉及到了哲学上的一系列根本性的重大问题。尽管由于受知识储备及时间局促等条件限制，这些讨论尚欠深入，但中国马克思主义哲学范式的转换仍不失为一个重大的理论问题。如果我们把“范式”概念限定在“哲学的基本思维方式”的意义上，那么，使用“范式转换”的论者，无论是认为这一转换是“从本体论范式向认识范式再向人学范式的转换”，“从本体论哲学范式到认识论哲学范式再到价值论哲学范式的变革”，从“物”的哲学范式向“人”的哲学范式转换，从追求普遍性知识的、思辨的理论哲学或意识哲学范式向关注生命的价值和意义的实践哲学或文化哲学范式的转换，从“看世界的哲学”向“改造世界的哲学”的转换，还是“由朴素实在论思维方式向实践论思维方式的转换”等，所欲说明的问题都是指中国马克思主义哲学在大半个世纪的形态演变。将马克思哲学视为一种全新的实践哲学，而将它所批评的传统哲学归结为理论哲学，当能更好地表达马克思本人哲学革命的实质和中国马克思主义哲学理论形态转换的实质。

（本文作者：王南湜，南开大学哲学院教授、博士生导师）

我国优质实体经济项目源培育的政府作用机制[②]

高正平　王　淼

优质实体经济项目源培育体系是基于打破中小企业融资困境的系统性框架，有利于促进虚拟经济和实体经济协调发展，提高整个社会的福利水平。然而，中小企业具有明显的私益特征，公共财政作为全体纳税人的公共财产介入其中颇具争议。政府和公共财政介入实体经济项目源培育的理论依据是，中小企业生产经营行为本身属于私益，其行为决策取决于内化的成本和收益，具有私人物品的特征。然而，从公共财政的角度看，中小企业对

①本文摘自《《学术研究》2011年第1期。
②本文摘自《财经论丛》2011年第1期。

经济发展与创新、市场秩序稳定等方面具有积极的外部性作用。资源配置效率和帕累托最优理论为政府干预提供了理论依据。政府是否进行干预的决策,在一定程度上取决于当前的资源配置是否为最优配置。为此,政府在项目源培育中具有不可替代的作用。政府角色的合理定位是做到有限政府和有效政府的结合,即萨缪尔森所谓的有限混合经济。具体而言,政府在优质实体经济项目源培育中,要做到有限且有效,至少需要明确资金引导、市场服务、行业监管三方面的功能定位。(1)政府在优质实体经济项目源培育中的资金引导,指政府通过财政出资,建立优质实体经济项目源培育引导基金,带动其他资本共同参与,满足实体经济项目源的融资需求。(2)政府提供市场服务是优质实体经济项目源培育过程中不容忽视的重要政府功能,主要体现在政府发挥强大的网络和整合力的优势;提供诸如中介服务、管理服务、专利保护、政策优惠等市场服务;为中小企业提供从担保到政府采购,从支持产权保护到多层次资本市场,从健全完善的法律体系到多样化的中介服务体系等。

(本文作者:高正平,天津财经大学副校长、教授、博士生导师;王森,天津财经大学经济学院金融系博士生)

人民币汇率调整、经济结构转型及其对宏观经济的影响[①]

马君潞　郭　廓

2009年初,全球金融危机波及至中国后,人民币是唯一没有对美元贬值的新兴市场货币。自2009年第二季度以来,许多新兴市场国家的货币都对美元有了较大幅度的升值,而此时人民币又是为数不多的未升值的新兴市场货币之一,这就使得人民币转而成为新兴市场经济体中最为疲软的货币。自危机爆发后,人民币就停止了2005年汇改以来的升值步伐。从2009年全年来看,人民币追踪美元走弱,对于我国贸易账户的改善有所裨益,但同时也造成了贸易摩擦和争端的升级。2010年初,发达国家对于人民币升值的敦促甚嚣尘上。从维护我国宏观经济稳定的角度来讲,发达国家对人民币短期内大幅升值的冀望过于苛刻。有鉴于人民币汇率同时作为政策工具,兼顾调控内、外宏观经济均衡之职能,我们认为,在新的形成机制下,汇率不会出现大起大落,弹性区间的扩张会配合内部经济结构调整的节奏,以保持宏观经济系统的稳定性为前提。基于中美两国模型,对我国实际数据进行模拟分析发现:在当前人民币浮动区间扩大、人民币汇率重归升值通道的政策背景之下,需要调整我国的对外贸易结构和经济增长方式,更多地依靠内需,尤其是消费需求;同时,提高出口产品的经济价值和价格,改善外贸增长方式。人民币升值的步调只有与经济结构调整、升级的步调相一致,才能提升通过人民币汇率调整来实现外部均衡政策的效果,同时避免贸易部门急剧萎缩对经济增长步伐的拖累。

(本文作者:马君潞,南开大学经济学院院长、金融系主任、金融系教授、博士生导师;郭廓,南开大学经济学院金融学系)

贸易自由化、外商直接投资与出口贸易地区差异[②]

安虎森　颜银根

改革开放以来,FDI流入和出口贸易在我国呈现快速增长的趋势。2008年中国出口贸易总额和实际FDI分别达到146498.6亿美元和8526.1亿美元,为1983年的335.9倍和93.8倍。与此同时,中国对外贸易和FDI主要集中在东部沿海地区,1998—2010年流入中国的FDI有9%集中在沿海城市。那么,FDI和出口贸易之间是否有着某种联系?贸易自由化又是如何影响两者关系的呢?本文认为,各地区初始要素禀赋相同,包括劳动力和资本或企业家。劳动力限于区域内部门间流动,资本则可以在区域间流动,两部门分别为传统部门和现代部门,前者以规模报酬不变和完全竞争为特征,仅使用劳动力作为可变投入生产同质品;后者以规模

①本文摘自《经济学动态》2011年第1期。
②本文摘自《财经研究》2011年第5期。

报酬递增和垄断竞争为特征,使用资本和劳动力作为固定和可变投入生产异质品。同质品区域间贸易不存在贸易成本,异质品区域间贸易遵循冰山贸易成本。通过构建空间一般均衡模型和使用2002—2008年全国28个省份面板数据,研究发现外商直接投资与地区出口贸易之间关系不确定,外商直接投资流入与贸易自由化共同造成出口贸易地区间差异。此外,中国与东盟贸易自由区更利于内陆地区出口贸易,劳动力禀赋对出口没有显著影响,物质资本和人力资本禀赋对出口具有正向影响,人民币升值会促进而非抑制出口贸易。

(本文作者:安虎森,南开大学经济学院教授、博士生导师;颜银根,南开大学经济学院博士研究生)

价值观建设与大学的社会责任[①]

史瑞杰

改革开放以来,中国的大学获得前所未有的发展,但是不容忽视的问题同样存在。比如,西方大学所强调的作为大学的三项基本社会职责或基本功能,在中国大学中已经深入人心,但在如何发挥大学的功能、履行大学的社会责任的问题上,在认识和实践上并不一致,甚至出现某种偏离。特别是一些量化评估体系和评价指标的不恰当运用,导致重数量轻质量、重形式轻内容成为并非个别现象。更为严重的是,由于人心浮躁和功利主义作祟,本来是科学传播的圣地,却不断有伪科学现身,抄袭和造假也不时被披露出来。这些都令人担忧。大学在承担起其基本的社会责任的同时,也必须承担起其社会责任中的核心责任。大学的核心责任,当前在我国就是充分发挥社会主义核心价值体系对价值观建设的引领和示范作用。大学的基本责任是大学存在的根据,而保证基本责任方向的是核心责任,它是基本责任的灵魂;只强调基本责任而忽视核心责任,基本责任就会偏离或失去方向。

(本文作者:史瑞杰,天津师范大学党委副书记、教授)

“历史”的四种形态与“史学”的学术伦理[②]

张分田

当今中国学术界受某些现代西方学术思潮的影响,一些否定历史研究客观性的说法颇为流行。这类议论者忽略了一个重大事实,即历史有实在的历史、记录的历史、陈述的历史、戏说的历史等四种相关而不相同的形态。(1)实在的历史是历史的本义与本原,亦可称之为人类社会过去时,亦即通常所说的史事、史迹、史实。因此,在评说历史研究的对象、目的、功能、态度、方法和价值时必须充分注意到这一点。(2)记录的历史是以各种方式保存下来的往事,广义记录的历史包括口头传说、文字记载、文化遗存等一切被人们以各种方式有意或无意地保存下来的往事。文化遗存大体保存了往事的原貌或为追寻原貌提供了可靠的线索,可以称之为历史遗迹。(3)陈述的历史致力于实事求是的历史研究成果。陈述的历史是第三种形态的历史。寻求历史的真相与真谛,并把历史的图景及其解说传达给其他人,必须借助记录的历史,认识实在的历史,写成陈述的历史。陈述的历史是历史研究的产物,其史学的主要功能可以概括为四句话:建立准确的知识体系,提供有益的历史鉴戒,求索深邃的生活哲理,引导恰当的社会选择。(4)戏说的历史有意不忠实于历史的历史,可以称之为戏说的历史,即一些被人们称为历史或貌似历史却实非历史的事物。其共同特点是,制作者只是利用历史素材以实现某种主观设定的功能或目的,为此而有意不忠实于实在的历史、记录的历史和陈述的历史。实在的历史是历史的本原,广义的历史研究无所不在。因此,尊重历史事实是历史研究最基本的学术伦理。

(本文作者:张分田,南开大学中国社会史研究中心教授、博士生导师)

①本文摘自《高校理论战线》2011年第4期。

②本文摘自《天津师大学报》(社会科学版)2011年第2期。

历史人物评价标准的反省与重建①

乔治忠　高希中

斯大林曾说:"胜利者是不受谴责的。不能谴责胜利者,这是一般的公理。"斯大林所说的公理,用中国古语即为"成者王侯败者寇"。这种评价观念或标准即为本文所说的"成王败寇"论,或"英雄成败"论。这种观点主张以成败论英雄,历史人物如果在现世中是成功者,那么在历史上也是成功者;如果在现世中是失败者,那么在历史中也是失败者。这种标准自20世纪50年代以来,在马克思主义史学中以"历史作用"标准出现,其主要内容是生产力发展、社会进步、民族统一、人民利益、社会需要等具体标准。"成王败寇"论与这种"历史作用"标准虽表述不一,但基本观点一致,即都是以历史人物所作所为的客观效果,对历史发展所起的推动或阻碍作用作为评价历史人物的尺度或准则。这种标准的片面运用,导致了在事功判断与道德判断、人类历史中物质与精神、历史人物现世成功与历史成功等关系问题上的偏失。在当今全球化背景下,有必要从学术角度重新审视"历史作用"标准,必须充分估价道德评判的重要意义,构建以事功和道德并重的多元评价体系,以加深对历史人物评价的研究与公正评价,以克服"成王败寇"论的不足,完善历史人物评价的理论与实践。

(本文作者:乔治忠,南开大学历史学院教授、博士生导师;高希中,南开大学历史学院史学理论及史学史专业博士后)

责任编辑:肖雅楠　周京奎

①本文摘自《山东大学学报》2011年第4期。

对策研究

科学发展与社会和谐的实践诠释[①]

——天津市实现新突破新崛起的经验和启示

逄锦聚　张海鹏

内容提要:天津市以国家加快滨海新区开发开放为起点,以转变发展方式和应对世界金融危机为契机,实现了新一轮的突破与崛起。天津的做法和经验可以概括为五个方面,即:坚持又好又快把转变发展方式作为战略主题,坚持可持续发展把资源节约环境保护作为战略措施,坚持全面协调把经济社会协调发展和社会和谐作为重要目标,坚持开拓创新把改革开放作为持久动力,坚持以人为本把改善民生作为根本宗旨。天津的经验对全国具有重要启示,最主要的是:立足实际,把握大势,攻坚克难,化危为机;在转变发展方式中,努力实现经济社会发展的协调和加快发展与根本宗旨的统一;发挥制度优势,以新的增长极带动改革开放的深化和经济的可持续发展。

关键词:天津市　突破与崛起　转变发展方式　科学发展　社会和谐

以国家加快滨海新区开发开放为起点,以转变发展方式和应对世界金融危机为契机,近些年来天津市改革日益深化,开放不断扩大,经济迅猛发展,社会全面进步,实现了进入21世纪后新一轮的突破和崛起。如此的天津现象引起了国内外各个方面的关注,理论界、新闻界的目光聚集到天津,天津速度、天津精神、天津效益、天津经验、天津道路、天津之谜等等扑面而来。国内学者称天津是21世纪中国新的增长极,国际知名人士称天津是"新领军城市"[②]。究竟天津发生了什么,取得了怎么样的成就和经验,这些经验对全国具有什么启示,天津未来的发展还有哪些需要面对的问题?带着这些悬念,我们进行了调查研究,形成了一些看法,现写出来与大家讨论。

一、天津奇迹

(一)经济快速增长,效益明显提高

2008年一场由美国次贷危机引发的世界事件:金融危机给全球经济造成了巨大冲击,许多国家和地区的经济增长率迅速跌人低谷,与2007年相比,美国经济增长率由2.2%降为-0.2%,西欧经济由2.6%降为1.1%,日本经济由2.1%降为0.9%,我国也未幸免,经济增长率由11.9%下降到9%,其中出口总额增长率由29.1%锐降到17.2%。面对这种状况,中央政府果断宣布采取"积极的财政政策和适度宽松的货币政策",推出为期两年、总额达4万亿的刺激计划,并公布了以"保增长、扩内需、调结构"为核心的一揽子计划[③]:一是加大财政投入,全面扩大内需,重点加强民生工程、基础设施、生态

---

①本文节选自《南开学报》(哲学社会科学版)2011年第3期。

②克劳斯·施瓦布在南开大学发表题为《解析全球竞争力》的演讲,称"天津是新领军城市,是值得其他城市效仿的新领军城市"。见天津网讯2010年9月12日。

③温家宝:《一揽子计划有5点内涵正处不进则退关键期》,《新华网》2009年8月24日。

环保项目建设,实行结构性减税,增强消费需求对经济增长的拉动力,使中国经济向更加均衡、可持续的发展方式转变。二是实施适度宽松的货币政策,保持市场流动性合理充裕,着重调整信贷结构,提高信贷质量和效益,加强对农业、中小企业等薄弱环节的支持,努力增强信贷对经济社会发展支持的均衡性和可持续性。三是大范围实施产业振兴规划,全面推进产业结构调整和优化升级。实行兼并重组,淘汰落后产能,防止重复建设,发展先进生产力。四是大力推进科技进步和创新,加快实施国家中长期科学和技术发展规划,突破一批核心技术和关键共性技术,加快企业技术改造,为可持续发展提供科技支撑。五是大幅度提高社会保障水平。继续提高企业退休人员基本养老金、失业保险金和工伤保险金标准,提高城乡低保和农村五保等保障水平,在全国开展新农保试点,积极推进医药卫生体制改革。实施更加积极的就业政策,重点解决高校毕业生和农民工就业问题。但到2009年,尽管经济下降的势头有所遏制,经济增长达到8.7%,但出口增长率仍为-16%。在这样的大背景下,天津市却异军突起,经济增长速度2008年达到16.5%,2009年达到16.5%,2010年上半年达到24.1%,不仅大大高于世界上一些主要发达国家,也大大高于全国增长速度(见图1)。

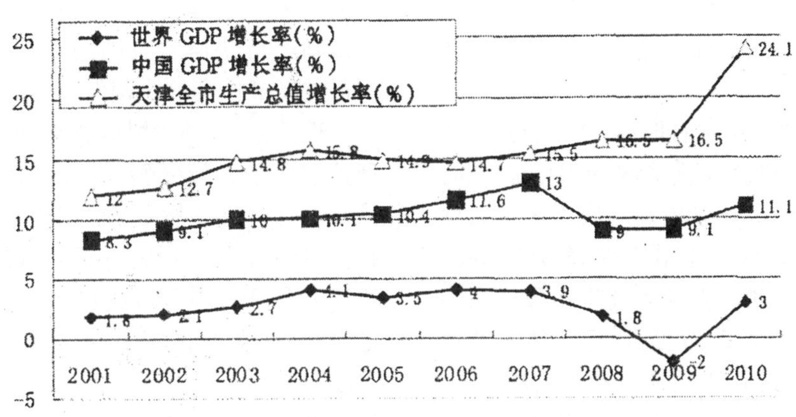

图1 世界、中国、天津市GDP增长率比较图

注:世界整体情况数据中2009年的数据部分为估计值,2010年为模拟推算数据。中国和天津2010年的数据均是指2010年上半年的GDP增长情况,并非全年推算数据。

资料来源:世界整体情况数据来自于全球经济展望数据库,世界模型连接组织(Project LINK)。
中国和天津的数据分别来自于《中国统计年鉴2009》、《天津统计年鉴2010》电子版。

经济快速增长不仅综合反映在国民经济的总量增长,而且也反映在若干具体指标的增长和天津经济在全国位次的变化上。在全国31个省区市中,2009年天津城镇固定资产投资增速由2007年的第11位提升到第1位,规模以上工业增加值增速由第21位提高到第2位,实际直接利用外资增速由第17位提高到第5位。

在经济快速增长的同时,经济效益明显提高。天津市财政收入2008年比上年增长23.7%,其中地方财政增长25.1%,增幅高于全国3.6个百分点,2009年比上年又增长21.1%,地方财政增长34.5%。2009年万元生产总值能耗比2005年下降了20%,其中,工业增加值能耗更是下降了24.3%(见表1),大大超过同期全国万元GDP能耗下降11.3%的水平。2010年7月天津工业增速24.8%,居全国首位,工业单位能耗提前两年完成"十一五"目标,并且继续保持下降趋势。①

①《大项目低能耗助推天津经济科学发展》,中央电视台2010年8月16日新闻联播。

表1　天津市能源能耗情况年份万元生产总值能耗

年份	万元生产总值能耗（吨标准煤）	万元生产总值能耗变动率（%）	工业增加值能耗（吨标准煤）	工业增加值能耗变动率（%）
2005	1.05		1.40	
2006	1.00	-4.8	1.35	-3.6
2007	0.96	-4.0	1.28	-5.2
2008	0.89	-7.3	1.16	-9.4
2009	0.84	-5.6	1.06	-8.6

注：生产总值、工业增加值的能耗和电耗2005年及以后为2005年可比价。

数据来源：根据《天津统计年鉴2010》电子版整理，表2同。

（二）发展方式加快转变，产业结构迅速升级

抓住应对世界金融危机的契机，天津加快发展方式的转变，并在转变发展方式中将增量调节和存量调节相结合，在加大投资以增量调节实现产业结构高端化的同时，以技术改造、创新加快对传统产业的改造、优化和升级。

2007—2010年的三年左右时间，120个大的高端工业项目先后开工建设，投资总额是“十五”期间的4倍；仅2009年就有40多项高端服务业重大项目开始建设，由此带动服务业增速达15.1%，为天津近13年来的最好水平。在加大高端项目投入的同时，加快对传统产业的改造提升，近5年累计投入3285亿元，先后实施了2800多个技术改造项目。增量调节和存量调节的共同作用，使天津在促进新兴产业的崛起和调整传统产业的过程中，形成并壮大了航空航天、石油化工、装备制造、电子信息、生物医药、新能源新材料、国防科技和轻工纺织等8大优势产业，为天津的持续发展奠定了基础，增强了后劲。据中国社会科学院2010产业蓝皮书称，高新技术对天津产业发展推动力度强劲，未来产业优势会产生巨大后劲，产业竞争力明显。

（三）民生明显改善，经济社会协调发展

经济发展的最终成果表现为人民物质文化生活的改善，其重要保证是经济社会的协调发展。天津市在经济快速增长的同时，注重民生的改善，着力促进经济社会的协调发展。

近几年，天津市财政支出连续向事关群众切身利益的民生领域倾斜，重点保证社会事业、社会保障和新农村建设等资金需要，2009年用于保障和改善民生的财政支出1035亿元，占总支出的70.5%，2010年用于保障和改善民生的财政支出预算1300亿元，占总支出的74%，比上年又增长25.6%。在财政大力倾斜民生改善的同时，又连续实施了4个20项民心工程，累计为32万户中低收入家庭提供了住房保障，新增就业114.2万人；2009年比2006年城市居民人均可支配收入增长49.8%，增速在全国31个省区市中由第11位上升到第1位，农村居民纯收入增长34.1%，增速由第10位上升到第6位；全市基本养老保险和基本医疗保险参保率达到90%以上。

表2　天津市城乡收入状况

年　　份	2006	2007	2008	2009
城市居民人均可支配收入（元）	14283	16357	19423	21402
城市居民人均消费性支出（元）	10548	12029	13422	14801
农村居民人均纯收入（元）	7942	8752	9670	10675
农村居民人均生活消费支出（元）	3829	4118	4593	4926

以上事实和数字不是天津面貌的全部，但在应对世界金融危机冲击中能逆势而上，实现经济增长、经济发展方式转变、经济结构调整、人民生活改善、经济社会协调发展等多领域的指标居全国前列或领全国之先，使我们不能不认为，这里发生的是“天津奇迹”。

二、天津经验

是什么原因使天津在世界金融危机冲击的逆境中实现了新一轮的突破和崛起，发生了举世瞩目的奇迹？天津的主要做法和经验是什么？可以从不同的角度进行总结和概括。本文拟主要从经济角度做初步的概括。

(一)坚持又好又快,把转变发展方式作为战略主题

发展是硬道理,在改革开放和现代化建设进程中遇到的一切难题的解决根本的基础在于发展。要实现新的突破和崛起,迅速摆脱国际金融危机造成的冲击,实现国民经济又好又快的发展,从哪里入手,抓住什么才能抓住牛鼻子?经过反复的学习和探索,天津市形成的共识是,加快经济发展方式转变是增强抵御国际市场风险能力和提高可持续发展能力的必然要求,是应对国际金融危机,在国际竞争中抢占制高点、争创新优势、实现经济社会协调发展的关键。

在明确认识的基础上,天津市把转变发展方式调整经济结构作为促进天津市新突破新崛起的重大战略任务,举全市之力加以实施,明确提出"调结构、促转变、增实力、上水平"的总体思路,并且采取了构筑"三个高地"、全力打好"五个攻坚战"的具体措施。① 构筑"三个高地",一是构筑高端产业高地。加快壮大8个优势支柱产业,推动优势产业集群化发展,加快培育战略性新兴产业。二是构筑自主创新高地。推进自主创新产业化,完善科技创新体系,实施更加开放的人才政策,使天津成为优秀人才聚集高地。三是构筑生态宜居高地。打好"五个攻坚战",其中重要内容之一是打好结构调整优化升级攻坚战,全面推动一、二、三产业向着高端化高质化高新化发展,打造具有科技创新能力、市场竞争力、区域带动力和产业聚集力的高端产业集群。2010年全市在认真总结经验的基础上,继续组织开展"解难题、促转变、上水平"活动,组织3000多名机关干部深入基层、企业和重点项目,办实事、解难题、搞服务。进一步提高政府服务效率,审批服务再提速。进一步完善帮扶企业的措施,在调整结构、开拓市场等方面加强政策扶持。

在经济发展方式转变中,高水平大项目的引进和建设功不可没,以至成为加快经济发展方式转变的重要载体和拉动力量。在选择引进大项目、好项目过程中,天津市坚持以规模聚集效应、产业带动效应、科技进步和节能减排效应作为标准,严格准入门槛,并充分发挥市场的积聚功能,使航天航空、电子信息、生物医药、新能源新材料等产业迅速兴起并达到国际领先水平。

发展方式转变和产业结构调整的关键是自主创新。天津市在自主创新上花大气力,鼓励自主创新,自2005年设立了科技创新专项资金,当年落实资金1亿元,"十一五"期间每年投入2亿元。同时,"十一五"开始以来,研发经费投入强度一直高于全国平均水平,以2008年为例,科技经费内部支出总额达到304.4亿元,科研经费强度达到4.8%,高出全国平均值2.0个百分点。除此之外,天津市还多方筹措资金和采取措施,支持、推动重大科技成果转化和产业化,仅2009年自主创新产业化重大项目投资就达258.5亿元,涉及信息安全技术、数字多媒体应用、现代物流服务、新能源新材料、清洁生产等诸多领域,35项重大项目已累计开发新产品195项,成为拉动经济持续发展的巨大引擎。

(二)坚持可持续发展,把资源节约、环境保护作为战略措施

节约资源和保护环境,坚持可持续发展,关系人民群众切身利益和中华民族生存发展,是我国的基本国策。在转变发展方式,应对世界金融危机的进程中,天津市把资源节约、环境保护作为战略措施,摆在工业化、现代化发展战略的突出位置。

全市以建立资源节约型环境友好型生态宜居城市为目标,以构建三次产业互动的循环经济格局为中心,以制度和科技支撑为依托,全面引导循环经济体系建设。先后出台发展循环经济的系列政策措施,明确目标、重点和保障措施。围绕循环经济示范城市建设,抓紧编制试点城市建设实施方案。着力推进产业园区循环经济体系建设,精心培育具有行业代表性的高生产率、低排放率的试点示范企业,重点研发一批经济效益好、资源消耗低、环境污染少的平台性和共享性新技术。重点产业全部纳入循环经济发展布局。围绕优势产业和重点领域,构建生态工业、生态农业和绿色服务业三产互动的循环发展格局。通过政策引导、资金扶持和技术突破,将传统工业区的生态化改造与新建工业区循环型布局有机结合,建立功能互补的循环经济机制,将八大重点产业纳入绿色轨道,布局一批重点行业循环经济产业链,提高了产业聚集度,突出了优势产业和特色产业,为全市经济又好又快发展奠定了良好基础。与此同时,全市推动循环体系从生产方式向生活方式延伸。把发展循环经济和生

①张高丽:《在中国共产党天津市第九届委员会第七次全体会议上的讲话》,《天津日报》2009年12月22日。

态城市建设有机结合，构建具有循环特征的经济社会体系，推进绿色消费和生态宜居等文明生活方式。通过建立循环经济主导的三次产业体系和资源集约利用的社会生活体系，天津推动了循环经济从生产到生活的全面变革，践行了减量化、资源化和再利用的承诺，破解了发展装备制造业与走新型工业化道路、经济快速增长与资源环境保护的双重难题。

（三）坚持全面协调，把经济社会协调发展和社会和谐作为重要目标

经济社会协调发展和社会和谐是科学发展的内在要求和重要保证，要实现经济社会的长治久安，必须妥善处理经济发展和社会发展的关系，实现经济社会的协调发展和社会和谐。在经济发展的同时，天津市着力抓好经济社会的协调发展。近些年来，天津市努力实现教育事业均衡发展，集中力量为教育办实事，先后完成了118所农村中小学校舍安全加固工程；义务教育学校教师绩效工资落实到位；海河教育园区开工建设；采取多项措施，减轻市属高等院校债务负担，使高等教育综合实力和社会服务能力进一步增强。卫生系统则实行了全市药品集中采购，在9个城区推行社区卫生服务机构药品零差率改革，药品价格平均下降25%，实施了大医院和社区卫生机构医疗服务双向互动；妇女儿童保健服务实现了城乡全覆盖，并以“天津模式”领跑全国。与此同时，全市实施总体发展战略，高起点规划、高水平建设、高效能管理，大规模整治市容环境，净化绿化美化水平全面提升，城市载体功能明显增强。在经济社会协调发展的基础上，全市高度重视安全生产、廉政建设，用心化解各种矛盾，社会保持和谐稳定。

统筹城乡发展是经济社会协调发展的重要内容，天津全市统筹滨海新区、中心城区、各区县三个层面联动协调发展，构建科学分工、良性互动、多极支撑共同发展的新格局，同时努力探索富有自身特色的城市化道路，推动城乡一体化协调发展。从2005年下半年开始就本着试点先行的原则，在全市开展了以宅基地换房办法建设新型小城镇的试点，探索城郊型农村，加快建设社会主义新农村、推动城乡统筹发展的新路子。①

（四）坚持开拓创新，把改革开放作为持久动力

改革开放创新，是经济社会发展的强大推动力量，创新不仅包括技术创新，也包括制度体制创新。在转变经济发展方式和应对世界金融危机的进程中，天津紧紧抓住滨海新区开发开放列入国家规划的历史机遇，加快滨海新区的改革开放，并发挥其带动效应，将改革开放创新推向全市。

天津滨海新区位居我国开发开放政策的高地，是我国新的增长极和改革前沿区之一。体制不顺、条块分割、机制不活、行政效率低曾经是制约滨海新区发展的一大障碍。天津市落实国务院意见，制定了综合配套改革三年行动计划，实施了10个领域的改革任务，在一些重点领域和关键环节特别是行政管理体制改革取得重大突破，撤销了原三个行政区，合并原开发区、保税区，组成新的滨海区政府，以政府体制改革和职能转变拉开新一轮改革大幕，其后，金融改革如火如荼，20项改革全面完成，土地管理体制改革等其他领域的专项改革也扎实推进。

运用滨海新区的带动效应，抓住应对世界金融危机的契机，全市进一步深化改革：调整政府机构，建立起职能统一的大部门体制，加快行政管理体制改革；推进排放产权交易、渤海商品交易所等金融市场建设；加快国有资产监管体制改革，加快推进国有企业战略性重组，培育更多的大企业集团；大力发展民营经济和中小企业，打造经济增长新亮点；加大文化企业转制力度，不断深化文化体制改革；不断创新科技管理体制，通过完善科技投融资体系，促进科技成果产业化，构建以企业为主体、市场为导向的体制架构，持续增强自主创新能力；不断创新社会管理体制，抓好社会稳定管理、社会人员管理、社会治安管理、公共应急管理、市容环境整治、基层基础建设等等。改革开放取得的实质性进展，为天津发展创造了良好的制度环境，大大增强了发展的动力和活力。

（五）坚持以人为本，把改善民生作为根本宗旨

保障和改善民生既是经济发展的出发点和根

①华明镇是天津城郊的农村小镇。按照国土资源部的要求，实施农村建设用地减少与城镇建设用地增加挂钩做法，天津市以华明镇1.2万亩宅基地进行平衡，在新的小城镇里，规划了占地3500亩的农民居住区，4900亩可用于市场运作出让的土地，以平衡小城镇建设资金，其余的3600亩为示范工业园区。农民原有的1.2万亩宅基地统一组织复耕，用于建设现代化设施农业园区。现在，华明镇4万多农民已住进新的小城镇，生活环境发生了根本性变化，公共服务水平明显提高，家庭财产大幅增值，农民收入持续增加。农民都有就业岗位，90%的人上了保险，许多农民成为拥有薪金、租金、股金、保障金的“四金农民”。

本归宿，也是转变经济发展方式的关键环节。全市形成的共识是，民生问题关系到百姓的根本利益和切身利益，关系到社会的和谐稳定，关系到社会的长治久安，因此必须把坚持以人为本改善民生作为一切工作的重中之重。在实现新一轮突破和崛起的进程中，天津市始终坚持以人为本的理念，把保障和改善民生作为工作的重中之重，把群众最关心的就业、收入、社保、住房、教育、医疗、出行这民生新“七件事”作为头等大事抓好抓实，解决好。全市连续3年每年实施20项民心工程，解决了一大批群众普遍盼望解决的问题，凝聚了民心民气。全市把就业问题摆在突出位置，靠项目建设带动就业，全力保企业、稳岗位，大力促进高校毕业生就业，鼓励以创业带动就业，下力量抓就业培训，加大对困难群体的就业援助，同时积极推进农村富余劳动力转移就业。围绕“人人享有基本社会保障”这个目标，积极构建覆盖城乡职工和居民的社会保障体系。建立了统筹城乡居民的基本养老和基本医疗保险制度，实现了社会保险制度从城镇到农村、从职工到居民的全覆盖。制定了保障性住房建设的五年规划，采取限价商品房、经济适用房、经济租赁房和廉租房四种形式，着力解决好低收入困难群众的住房问题。

坚持又好又快把转变发展方式作为战略主题，坚持可持续发展把资源节约环境保护作为战略措施，坚持全面协调把经济社会协调发展和社会和谐作为重要目标，坚持开拓创新把改革开放作为持久动力，坚持以人为本把改善民生作为根本宗旨等五条做法和经验，是天津市近些年改革开放和现代化建设实践的真实写照和缩影。如果说党的十六大以来，科学发展观是我党带领全中国人民实现的最具根本意义的理论创新，建设小康社会、构建和谐社会是贯彻落实科学发展观而确立的最宏伟目标，那么天津市在转变发展方式和应对世界金融危机中将科学发展与社会和谐有机结合起来，实现二者的统一，则是对这种理论创新和宏伟目标作出的具有说服力的实践诠释。

三、天津启示

（一）立足实际，把握大势，攻坚克难，化危为机

我们生活在地球村，经济全球化和中国的对外开放使我们与世界的联系越来越密切了。但这并不意味我们一定要被动地在全球经济的漩涡中随波逐流，而需要审时度势，从实际出发，扬长避短，趋利避害，变挑战为机遇，发展自己。即使在我国这样一个幅员辽阔的国度里，由于资源禀赋、地理条件以及其他一些原因造成的地区发展水平差异很大，也需要在中央统一的宏观调控中，从本地实际出发，将中央宏观政策与本地实际相结合，充分发挥各地经济发展的主动性和创造性。

天津是我国对外开放最早的地区之一，也是受世界金融危机影响严重的地区之一。世界金融危机前夕的2007年，天津外贸依存度达到103.6%，危机的冲击使2008年天津的外贸依存度降为83.2%，2009年更是降低到58.1%，其中出口下降了29%。而且，危机使全市冶金、石化、汽车、纺织、服装等重点行业生产回落，企业亏损面扩大，1375家企业停产、半停产。

面对突如其来的外部冲击，天津市逆势而上，把国家关于应对世界金融危机的思路方针与天津的实际紧密结合，用足用好中央出台的一系列宏观政策，围绕加快构筑“三个高地”，全力打好滨海新区开发开放、结构调整、体制机制创新、文化大发展大繁荣、保持社会和谐稳定等“五个攻坚战”，举全市之力加快实施国家战略，推动滨海新区开发开放进入全面开发建设的新阶段，深入开展“保增长、渡难关、上水平”活动，增强了企业的信心，通过大项目、好项目建设，转变发展方式，优化产业结构，提升产业水平，做大经济总量，收到了显著效果。①

世界经济的发展不会风平浪静，经济全球化是一把双刃剑，昨天如此，今天如此，明天也未必不是如此。天津的启示，不仅仅使我们看到了一个地区在应对危机中可以奋起，而且也使我们由此积累了在参与经济全球化进程中把握大势，从实际出发，化危为机的经验和知识。而这正是我国长期发展所需要的。

（二）在转变发展方式中，努力实现经济社会发展的协调和加快发展与根本宗旨的统一

有媒体认为，天津应对世界金融危机谋求新发展的绝招之一，是以大项目、好项目为抓手加快转变发展方式，调整经济结构。这当然是不错的概括。但如果更深入一层剖析天津近些年发展则会发现，以大项目、好项目为抓手加快转变发展方式，

①黄兴国：《逆势而上　攻坚克难》，《人民日报》2009年12月2日。

调整经济结构,并进而实现经济社会发展的协调和加快发展与根本宗旨的统一,才是天津应对世界金融危机、谋求新发展的真谛。

天津市曾明确作出这样的硬规定:“时刻牢记党的宗旨,始终以人民的利益为重,把发展经济与改善民计民生紧密结合起来,以解决人民群众最关心最直接最现实的利益问题为着力点,大力推进以改善民计民生为重点的社会建设,让人民群众过上更好的日子。”①这样的硬规定不局限在文件上而是写到实践中:坚持优先发展教育,大力实施就业,调整收入分配格局,千方百计增加群众收入,加快社会保障体系建设,努力提高医疗卫生服务,进一步建立健全住房保障体系,精心维护社会和谐稳定,一项项措施落到实处。

发展的目的归根结蒂是不断满足人民日益增长的物质文化需要,以人为本,说到底是要一切为了人民,一切依靠人民,不断满足人民的需要,实现人的全面发展。从这样的意义上说,以大项目、好项目为抓手加快转变发展方式,调整经济结构只是实现目的的手段。脱离目的的手段会失去发展的根本目标,只有目的而缺乏手段,也不可能有效实现发展的目的。天津市正是把目的和手段紧密地结合起来,在应对世界金融危机中将二者融为一体,才实现了经济社会的协调发展。天津市关于发展目的与发展手段的这种认识和实践,不仅对于一个地区具有意义,而且对于全国也值得借鉴,不仅对于当前具有价值,而且对于我国现代化建设也具有长远的意义。

(三)发挥制度优势,以新的增长极带动改革开放的深化和经济的可持续发展

改革开放以来,我国取得了巨大的成就,探索并形成了举世瞩目的中国道路,国外也有人称为中国模式。天津的实践无疑为中国道路、中国模式的形成做出了重要贡献。中国道路、中国模式究竟内涵是什么,灵魂是什么,可以进一步研究,但发挥制度优势,坚持改革开放,肯定是其重要组成部分。社会主义制度的优越性之一是可以凝聚民心,集中人力物力财力办大事,在遇到困难的关键时刻更能显示这种制度的优势和本色。天津之所以能在应对世界金融危机冲击中奋起,重要的是善于把制度优势和改革开放的动力作用发挥到极致。

直面世界金融危机的冲击,天津市决策者坚定地依靠群众,果断开展“保增长、渡难关、上水平”活动,出台一系列政策措施,从市领导到基层干部率先士卒,深入经济活动第一线,与广大民众共谋发展大计,为企业、为群众排忧解难,成为攻克难关,在逆境中抓住机遇奋起的核心力量。广大群众拥护党、拥护政府,为天津谋求新发展贡献了才智和力量。天津市的事实又一次证明,社会主义中国成事的奥秘之一是,只要领导和群众心想到一起,劲用到一处,就没有做不了的大事。

改革是我国经济社会发展不竭的动力,改革出新思路,改革出新奇招,改革出效益,改革出财富,改革为科学发展提供重要的制度保障和动力支持。这是天津在应对世界金融危机中崛起给我们又一深刻的启示。

(本文作者:逄锦聚,南开大学政治经济学研究中心主任、教授、博士生导师;张海鹏,南开大学政治经济学研究中心研究员)

①见《中共天津市委天津市人民政府关于学习贯彻胡锦涛总书记重要讲话精神全面落实“四个着力”工作任务的实施意见(2010 年 3 月 16 日)》。“四个着力”是胡锦涛在参加十一届全国人大三次会议天津代表团全体会议讲话中提出的“着力加快经济发展方式的转变、着力推进滨海新区开发开放、着力做好保障和改善民生工作、着力提升城市建设和管理水平”。

政府在经济市场化中的作用[①]

——中国入世十年的思考

佟家栋　彭支伟

内容提要:入世十周年之际,讨论的焦点主要集中在两个方面:一是对入世以来我国经济发展结果的讨论,包括对外贸易、投资的成就,以及开放条件下我国经济与社会持续发展面临的挑战;二是对入世以来我国经济发展的制度条件——市场化改革进展的评估和如何继续推进市场化改革的研究。入世十年,我国贸易的自由化和经济的市场化得到了极大的提高,市场机制在多数部门和行业的资源配置中起到基础性作用,因而持续的市场化改革是保证中国经济持续发展至关重要的前提。

关键词:WTO 政府经济作用　经济市场化　二元市场

入世十周年之际,讨论的焦点主要集中在两个方面:一是对入世以来我国经济发展结果的讨论,包括对外贸易、投资的成就,以及开放条件下我国经济与社会持续发展面临的挑战:二是对入世以来我国经济发展的制度条件——市场化改革进展的评估和如何继续推进市场化改革的研究。本文关注的问题是,入世以后上述"二元市场"格局是否确实形成?促成这种格局的原因是什么?在特定的历史和经济条件下,政府是促进还是阻碍了这个过程?

一、入世以来我国经济市场化改革的进展

1.竞争性行业市场化程度的提高与资源配置效率的改善

在过去的十年中,我国的进口以20%以上的年均速度增长,累计引进外商直接投资达到6531.4亿美元。在这样一个背景下,国内的进口竞争部门在面临激烈的外部竞争的同时,国内企业之间的相互竞争也在加剧。这种竞争促进了自由竞争企业的技术进步和生存能力的提高,带动了中国劳动生产率的提高,大量民营企业和外贸企业,包括国营外贸企业的竞争力较入世前明显增强。另一方面,经济开放度提高带来企业数量的扩大,从而弱化了大型企业在特定产业的经营垄断。甚至在行政垄断比较强的产业部门,市场准入限制的降低也引致了某种竞争格局(燃气生产和供应业、水的生产和供应业中外资比重的提高就是一个很好的例证)。

事实数据支持上述判断:总体来看,入世以后我国三资企业和私营企业在从业人数、相对产值份额、资产规模和总利润份额等规模指标方面,均呈现稳定增长的态势。对历年《中国统计年鉴》中各行业不同所有制成分变化的分析进一步表明,入世后,我国工业的不同部门呈现了由国有或国有控股企业、外资企业和国内民营企业交错主导的格局,而且从产出份额分布来看,这种交错主导的趋势在平衡增强。外资和民营资本在交通运输设备制造、通信设备、计算机及其他电子设备制造、医药制造、纺织和服装等行业的市场份额和竞争力显著提高。这些典型事实表明,入世推动了我国竞争性行业产品的价格形成机制,提升了以市场价格为导向的资源配置机制的有效性。

2.入世对垄断行业的有限冲击

尽管入世以后非国有经济在竞争性行业获得了巨大发展,但在大多数行业,国有或国有控股企业表现出相当强的规模优势。2000年以后,我国工业部门中的三资企业和私营企业相对规模在稳定地缩小,其中私营企业表现尤其明显。这些结果表明,入世以后,国有工业企业的规模在加速扩张,赢利能力也在增强。与此对应,大量的研究认为,国有部门的扩张拉大了国内收入分配差距。这些结果表明,在总体上,入世以来国有或国有控股企业的垄断力量确实在趋于增强。

具体而言,国有企业在公共交通、电信、邮政、供电、供水、供气等公用事业,银行、保险、证券等金融业,军工、石油石化、烟草、盐业等关系国计民生

①本文节选自《国际贸易》2011年第10期。

的产业长期处于垄断地位。入世以后,虽然邮政、供水、供气、银行、保险、证券等行业的市场准入条件有所放宽,外资和民营资本开始进入这些由国企长期垄断的部门,但其经营活动仍然受到许多法律和行政方面的歧视性限制,市场竞争远远未能充分展开。而石油石化、电信、烟草等部门到目前为止仍然是保持着由少数国有企业寡占的格局。比如在石油石化行业,“石化双雄”(中石油和中石化)控制了我国90%以上的石油生产、加工和进出口的权力。再以银行为例,2002年外资银行资产规模相当于国有商业银行的2.1%,而到2009年,这个比例仅上升到3.7%,说明外资银行在目前还远未达到与国有商业银行相竞争的体量。电信业是服务业领域另一个典型的由国有企业主导的寡头市场。尽管在入世前,为增强电信市场的竞争,我国对电信业进行过两次拆分重组,但并没有改变中国电信市场的垄断结构。

3. 垄断的性质——自然垄断还是行政导致的垄断

以上分析表明,入世以来,国有企业在传统部门的垄断格局总体上得以维系,入世对这些部门的国有垄断造成的冲击是相当有限的。接下来的问题是,这些行业的垄断到底是由于进入的经济壁垒导致的自然垄断,还是政府出于对经济控制力的考虑,人为地限制竞争和进入等行政干预造成的垄断。自然垄断由行业的经济技术属性所决定,这种垄断在各国都普遍存在。电信、电力、公共交通等行业具备很强网络特性,建立与形成这些网络系统,沉淀成本大,资产专用性强,规模经济效应显著。由于网络外部性和规模效应,对潜在进入者来说,进入市场就面临很大的障碍。因此,从经济特征看,当前国有企业垄断的部门多数具有自然垄断的特征。

然而,比自然垄断更为重要的因素是国有企业拥有的行政干预背景:现有的中央企业中,几乎所有垄断行业中的骨干企业的“一把手”均由中共中央任命,并由中央组织部进行考核。这种背景使得国有企业,特别是大型中央企业的垄断行为获得了强大的行政甚至法律保护。中国政府在入世前后进行国有企业改制的过程中,在推进部分垄断行业改革时借鉴了国外发达国家的结构分离政策,将垄断在位者的垄断性业务和竞争性业务拆分,或限制垄断者经营竞争性业务领域。经过多次拆分、重组和竞争性领域的部分民营化,电力、电信和石油石化等垄断产业国有企业的数量一直处于绝对下降的趋势,但它们对整体经济的控制力却在日益增强。产生这种结局的原因在于,这种纵向拆分并没有对垄断企业的核心业务放开市场准入限制,竞争者仍被挡在核心业务市场之外,使得原来的综合垄断厂商转变成了专业垄断厂商。

这种行政干预加强了国有企业的垄断,而反过来,国有企业的垄断又依靠行政干预得以维持和强化。这种螺旋决定模式决定了垄断部门的经济活动并不体现竞争性的市场规律。行政垄断导致垄断性产业普遍缺乏市场竞争压力,在相当程度上抑制了技术和组织创新。与其他性质的企业相比,国有企业一方面没有在科研投入方面投入更多的资源;而从另一个反映科研活动结果的指标——新产品产值占工业总产值的比重看,国有企业和大型国有企业的技术创新绩效远远低于外资企业,甚至低于技术实力相对薄弱的私营企业。这种结果表明,国有企业的垄断势力在趋于强化的同时,其总体技术创新能力并没有相应提高。进一步分析可以发现,国有企业科研人员比重最高,而其新产品产值比重却最低,这反映了国有企业在技术创新方面的效率相对低下。此外,行政垄断是来自行政权力的垄断,如果缺乏对权力有效的监督与制约,就容易产生寻租和腐败问题。

二、政府作用及其对垄断的影响

1. 政府对市场化改革和垄断的权衡

入世意味着对政府参与经济活动的行为构成约束,因为入世要求政府履行推进经济市场化、创造企业自由竞争环境的承诺,政府的任何干预经济的行为不能与世界贸易组织倡导的自由竞争的原则相违背。这样,政府只能在WTO原则允许的范围内干预自由竞争,这要求政府退出对经济活动的直接参与。但公共选择理论认为,政府在很大程度上也是“经济人”,也会追逐自身利益的最大化。公众和社会的长远利益、国家收入、某些行业的利益都可能进入中央政府的目标函数。而决定政府对市场活动或市场化改革态度取向的关键因素是特定背景下的政府激励机制,正是这种机制决定了上述因素各以何种权重进入政府的目标函数。

在我国现阶段,经济增长是评价改革成败的决定性指标,同时也是考核政府政绩的关键因素。从中央政府的角度看,建立在行政垄断基础上的中央直属企业在经历一系列的拆分重组后,仍然是政府贯彻经济政策、保持经济增长的中坚力量和实现政府经济目标的最重要载体;同时,政府出于对经济控制力方面的考虑,其希望倚重的产业部门会伴随着经济结构的变化和产业的升级而不断扩展。另一方面,由于那些关系到国计民生的垄断产业直接影响到社会稳定大局,垄断行业的市场化改革其实还面临一个隐含的产出增长刚性约束。这种刚性约束使得垄断行业改革的首要任务是促进生产和吸引投资,而对于效率目标和社会公平目标只能处于次要地位(戚聿东、柳学信,2008)。以上两方面的因素决定了中央政府必须在维持国有企业垄断和促进竞争的市场化改革之间作出权衡。这种动机在我国入世以后中央政府的行动上表现为以产业政策代替贸易政策,实施对企业和贸易的干预,以刺激性经济政策来追求经济增长,并通过控制国有企业来直接参与经济活动,在很多情况下不再担任经济的裁判者。这种干预的结果自然是国有企业,特别是中央企业垄断势力的加强和自由化改革动机的弱化。

从地方政府的角度看,以 GDP 增长为基础的晋升激励机制促使地方政府人员为追求任期内政绩干预经济,经济上处于垄断地位的企业则成为地方政府获得经济业绩的骨干力量,地方上的国有或集体企业理所当然地成为地方政府实现经济目标的首选载体。这就可能促使政府通过本地国有或集体企业直接参与实际经济活动,以政府目标代替企业目标。自然地,补贴、行政、司法和财政等手段成为地方政府直接干预市场竞争的常用手段。这种做法的普遍后果是在地方保护主义盛行的同时,又加剧了地方国有企业的垄断(周业安等,2004)。

2. 政府和垄断企业之间的博弈

以经济增长为导向的政府激励机制使得政府和国有垄断企业在追求各自目标的过程中出现了共性利益。这种共性在于,政府对经济业绩的追求使其成为市场运行的参与者;二者都希望通过垄断来控制经济运行,实现自己的目标。但政府和垄断企业的目标是存在差异的,表现为政府希望通过控制垄断行业来有效调控经济运行,从而维持经济的稳定增长,获得更强有力的经济调控经济资源;而企业则希望通过垄断,实现企业利益的最大化。另一方面,入世前针对国有企业的现代企业制度改革使得国有企业脱离了政府的完全控制,拥有了相对独立的自身利益。二者之间这种目标和利益的差异决定了政府和垄断企业之间展开博弈的必然性。在这种博弈中,当垄断企业的利益取向与公众利益冲突时,政府既要权衡近期的经济增长利益,又要顾及远期的经济可持续增长和社会稳定的利益,即政府希望垄断企业在追求自身利益的同时,保持社会对垄断的认可和容忍。而垄断企业则希望政府保护自己的垄断利益,以此作为配合政府实现经济增长目标追求的条件。当企业能够在政府的保护下获得自身利益时,企业会坚定地支持政府,以国家垄断的企业自居;而当政府的调控与企业的利益不一致时,它会更多地强调自己是实现政企分离的独立企业集团。

这种博弈的结果必然是,政府调控经济的内在要求和目标,需要培育一批具有垄断势力并带动经济增长的企业或行业,政府这种对垄断的默认通过运用行政手段设置阻止进入壁垒和限制竞争等手段推动了企业或行业垄断的强化;而企业或行业垄断实力的增强又进一步成为这些企业要求特权和行政保护的理由,从而迫使政府在追求经济增长业绩时,越来越迁就垄断企业的利益取向,由此形成垄断不断强化的螺旋。在这种螺旋运动中,国有企业的垄断越是强化,政府自主调控经济的决策权就越弱。这样,入世带来的贸易自由化在推动自由经济行业的经济市场化的同时,又在国有垄断部门形成了"强垄断者、弱规制者"的格局。这种格局又迫使政府倾向于在现有环境下追求经济增长,政府的改革动机遭到削弱,在某种程度上默认经济市场化的停滞。而垄断企业在现有市场环境下的既得利益者更是通过商品供应或价格波动相威胁,明确地反对经济市场化的推进。

这样,政府在经济发展中越来越依赖于自由竞争部门和国有垄断部门并存的"二元市场"结构。这种"二元市场"结构所带来的一方面是自由竞争的市场经济所构成的高效率,特别是入世所带来的贸易、投资及其经济增长效果,另一方面则是由垄断带来的经济主体所支撑的宏观经济运行。垄断企业在经济市场化进程中的既得利益使其反对垄断企业的进一步市场化。在规制重建滞后的条件下,垄断国企的行为较难受到来自反垄断体系的有效制约,从而使"二元市场"结构难以消除。

三、结论和政策建议

本文的分析发现,入世十年,我国贸易的自由化和经济的市场化得到了极大的提高,市场机制在多数部门和行业的资源配置中起到基础性作用,为我国经济增长和社会发展作出了巨大贡献。自由经济企业和行业的大量存在和发展是中国经济活跃的基础,因而持续的市场化改革是保证中国经济持续发展至关重要的前提。利用入世倒逼国内市场化改革是当年中国政府谋求入世的一个重要动机。但入世以来,在市场总体竞争程度明显增强的同时,国有企业在公用事业、金融以及其他关系国计民生的产业内的垄断格局总体上得以维系,甚至表现出与自由化市场改革要求相反的提高趋势。这些国有企业垄断势力的加强主要源于政府的行政干预,使得国有垄断企业便于利用其行政和市场垄断地位阻碍或排除竞争,同时又借助市场来谋取垄断租金,实现最大限度利润,成为市场机制的既得利益集团,同时带来了资源使用的低效率。政府在以 GDP 增长为基础的激励机制推动下,选择国有企业作为实现其经济目标的载体,从而不得不在维系国有企业垄断和促进竞争的市场化改革之间进行权衡,其结果是在推动市场经济环境建设的同时,默认、保护、支持和激励了垄断的强化。

弱化政府对经济活动的参与是现代市场经济的要求,政府必须在 WTO 原则允许的范围内干预自由竞争。因而我国下一步经济市场化改革的方向是有效地弱化和破除行政保护下的垄断,重新确立政府的纯粹经济调控者角色。而这种纯粹经济调控者角色的确立首先要求在制度上改革当前的政府业绩考核体系,其目标是在保持经济增长激励的同时,剥离企业与政府之间的特殊利益关系。这种剥离的切入点是通过进一步拓展对外开放领域,大胆引进国外竞争,有效地运用外部压力倒逼国内改革的推进,从而改变政府在与国有企业垄断博弈中的被动地位。

(本文作者:佟家栋,南开大学副校长、教授、博士生导师;彭支伟,南开大学国际经济贸易系讲师)

出口导向型经济:我国生产性服务业落后的根源与对策[①]

刘书瀚　贾根良　刘小军

内容提要:我国出口导向型经济,表现为利用廉价劳动力的比较优势加入全球产业价值链、引进外国直接投资以及进口高端产品并出口低端产品的特征。这种出口导向型经济是造成我国生产性服务业发展严重滞后的重要原因。因此,我国通过大力发展生产性服务业,实现经济发展方式转变,通过压缩加工贸易、国民经济平衡发展、实施资本货物工业进口替代、构造国家产业价值链和大力扶植本土高端生产性服务企业,才能终结出口导向型经济。

关键词:生产性服务业　出口导向型经济　全球产业价值链　转变经济发展方式

一、出口导向型经济是我国生产性服务业落后的重要原因

目前,我国服务业发展的严重滞后已经成为不争的事实,特别是生产性服务业尤其落后。程大中的研究说明,13 个 OECD 经济体的服务投入(即生产性服务)占国民总产出的比重平均为 21.7%,但中国的相应比重仅为 12.2%;OECD 经济体的物质性投入占国民总产出的比重平均为 26.86%,而中国的相应比重则高达 52%(程大中,2008)。与此相对应的是:在 1985 年到 1997 年间,OECD 经济体的企业部门的经济增长和就业增长的大约三分之二是由服务增长贡献的。单就增加就业而言,服务经济发展的威力在美国表现得相当明显:在 1970 年到 2000 年的三十年间,美国创造了 7600 万个就业岗位,其中有 7060 万个就业岗位是由服务方面的工作所创造的,占总数的 93%(Howells&Tether,2004),

①本文节选自《经济社会体制比较》2011 年第 3 期。

由此可见，当发达国家和发展中国家（中国除外）都在出现经济服务化趋势的同时，我国却出现了生产性服务业萎缩的"中国悖论"。

那么，究竟是什么原因造成了我国服务业特别是生产性服务业发展的严重滞后呢？目前的研究大都集中在国内经济体制和政策，特别是在供给方面的因素上，而对我国生产性服务业落后与出口导向型经济发展模式之间的关系则几乎没有人注意到。目前，国内外有许多学者都已经指出了我国出口导向型经济发展模式的不可持续性。例如，余永定从我国深陷美元陷阱和美国经济再平衡的角度讨论了放弃出口导向型经济发展模式的迫切性。他指出，我国推行的中国特色外向型发展战略和政策是我国陷入美元陷阱的基本原因（余永定，2010），而美国经济的再平衡必然会使美国选择贸易保护主义。在这两种情况下，中国都必须进行结构调整，减少对外需的依赖，因此，贸易政策就必须调整，终结出口导向型创汇经济，只有这样，中国经济才能走上可持续发展的道路。笔者认为，既然我国生产性服务业发展严重落后是中国外向型经济发展战略的必然结果，那么改革我国出口导向型经济发展模式就成为我国生产性服务业健康发展的基本前提。

二、大量进口机器设备以及相伴随的服务贸易逆差

什么因素是决定生产性服务业发展的主导因素？我们认为，与最终需求作为消费者服务业发展的主导因素不同，生产性服务业的发展主要是由以分工为代表的中间需求所决定的。众所周知，对服务经济兴起的原因做出重要解释的"新工业主义"关注的就是"分工"这一中间需求因素对"服务经济"发展的重要推动作用。"新工业主义"认为，工业体系的分工深化和拓展所导致的中间需求变化是促进服务活动迅速发展的重要原因：工业体系中服务活动的外部化主要是由于工业企业对专业化技术服务的中间需求的上升，这些中间服务包括：直接作为工业企业的中间投入、作为商品交换过程中的流通和金融服务、与新生产结构相适应的人力资本的形成所需要的服务、对整个生产体系进行空间上协调和规制所需要的服务，正是这种工业体系分工过程的深化所产生的中间需求是推动服务经济发展特别是生产性服务业发展的主要力量（郑凯捷，2008）。

那么，又是什么因素导致了经济体系中中间需求的增长呢？根据杨格定理的基本原理，我们认为，中间需求的增长是由资本化的迂回生产过程所产生的。正如阿林·杨格指出的，"报酬递增的主要经济是生产的资本化或迂回方法的经济"（阿林·杨格，1928）。对于杨格来说，所谓资本化实际上就是指使用机器设备的迂回生产，而迂回生产则是指两个方面：第一，密集地使用资本货物的生产；第二，由于资本替代劳动，产业链条将越来越长，分工就变得越来越细密。由于生产过程日益大量地使用机器设备等资本货物，大量的劳动者就从直接生产过程中被解放出来，转而从事为制造和加工提供服务的活动；同时，由于迂回生产过程所导致的产业分工活动的激增，这就为以中间需求为表现形态的生产性服务业的大发展提供了条件。由此可见，资本货物制造业在分工深化推动生产性服务业发展中发挥着至关重要的作用。

实际上，正如卢森博格对 19 世纪美国经济增长的研究所证明的，资本货物制造业不仅是技术创新和报酬递增的主要来源（Rosenberg，1963），而且由于资本货物制造业是技术密集和知识密集的产业，所以，该产业的发展通过迂回过程直接导致了生产性服务业特别是知识密集型服务业的发展。这一基本事实对于解释我国生产性服务业的落后具有直接的相关性。我们知道，全球产业价值链主要是为了利用我国的廉价劳动力，或者通过购买者驱动的产业价值链将我国生产的产品纳入到跨国公司的购销网络之中，或者是以加工贸易的形式通过生产者驱动的产业价值链将我国的生产企业纳入到跨国公司的全球生产网络之中。在这种情况下，如果进入跨国公司的产业价值链，就必须按照国际大买家的技术标准、产品规格和国外消费者的偏好进行生产，在一般情况下，国际大买家以提供相关技术和机器设备作为加入全球产业价值链的条件，这刺激了发达国家资本货物制造业的发展，但却导致我国资本货物制造业的萎缩，其结果是发达国家生产性服务业迅速发展，而我国生产性服务业因缺乏需求而得不到发展。

但是，我国加入全球产业价值链的产业只是国民经济的一部分，我国通过加工贸易和劳动密集型产业出口加入到全球产业价值链的只是轻型加工业，而大量的非贸易部门特别是资本密集的和资源密集的产业则是通过传统的国际贸易形式与发达国家发生联系。由于我国资本货物制造业的落后，其消费品制造业和资本货物制造业所需机器设备的绝大部分都需要从发达国家进口。《瞭望新闻周刊》的记者去年底通过对沿海省市装备制造业的调查，得出了如下结论：我国资本货物制造业变成了发达国家的高端组装和中低端加工基地，在技术绝对垄断的外资挤压下，中国装备制造业的发展呈现出"低端混战、高端失守"的状态，自主创新困难重重(陈冀、贾远琨，2009)。很明显，无论是机器设备的大量进口还是我国资本货物制造业变成发达国家的组装和加工基地，它们很少会对国内生产性服务业产生需求，这些生产性服务业却在发达国家得到了繁荣和发展。

下面的经验数据证实了上述结论：在我国生产性服务业严重落后的同时，发达国家的生产性服务业得到了飞速发展，而我国的服务贸易逆差自1995年以来则连年持续扩大。在1979年到2003年期间，欧盟所有部门的年均就业增长率为0.6%，在制造业年均增长率为-1.0%的同时，企业服务业年均就业增长率却达到4.4%；在整个时期内，企业服务业中的知识密集型服务业和非知识密集型服务业的年均就业增长率以大致相同的步伐增长(分别为4.1%和4.8%)；企业服务业对欧盟15国绝对就业变化的贡献率高达54.4%，而制造业的贡献率则为-48.9%(Kox&Rubalcaba，2007)。但在我国则出现了相反的趋势："十五"期间，我国服务业总产值占GDP比重呈下降趋势，由2002年41.7%降为2005年的39.5%；这一比重不仅低于发达国家70%左右的平均水平和世界60%左右的平均水平，而且低于大部分发展中国家48%的平均水平。同时，国家统计局的数字表明：自1995年以来，我国服务贸易连年出现很大比例的贸易逆差，主要表现为诸如专有权使用、通讯、保险、金融、咨询、运输与物流等生产性服务业方面的服务贸易逆差持续扩大，至今这种逆差的趋势也没有扭转的迹象。

三、政策建议

从以上讨论中可以看出，出口导向型经济发展模式是造成我国生产性服务业发展严重落后的重要原因，只有终结出口导向型经济发展模式，我国生产性服务业发展严重落后的局面才有可能发生根本性的改观。加快转变经济发展方式是党中央高瞻远瞩的战略部署，而大力发展生产性服务业是实现这种战略部署的内在要求，这是因为我国"高能耗、高污染和低附加值"的"两高一低"的工业化模式已经难以为继，面对资源环境的压力，大力发展生产性服务业是改变我国单纯依靠物质投入、以消耗资源和污染环境为代价的粗放经济发展方式的必然要求，也是我国摆脱被压制在全球产业价值链低端的不利局面，顺利实现经济结构调整和加快转变经济发展方式的基本前提。因此，为了改变出口导向型经济发展模式对我国生产性服务业发展的严重制约局面，我们提出以下几点具体的政策建议。

第一，大力压缩加工贸易。目前，在我国出口总构成中，加工贸易的比例高达50%。在"两头在外、大进大出"的出口导向型经济发展模式下，加工贸易所从事的是以消耗资源和要素为主的加工制造活动，产业链条很短，其过度发展导致了对发达国家资本货物制造业和生产性服务业需求的增加，但却很少对国内知识密集、资本密集和技术密集的产品和服务提出需求，这不仅成为国内资本货物制造业萎缩的直接原因，而且也由于把高附加值的生产性服务业拱手转让给了发达国家，使本国生产性服务业的发展成了无源之水和无本之木。因此，为了加快生产性服务业的发展，我国就必须控制并大力压缩加工贸易的规模。

第二，平衡国民经济发展，为生产性服务业发展创造条件。由于我国遵循比较优势原理，大力发展劳动密集型产品出口，忽视了国民经济平衡发展的基本方针，由此造成了外贸结构的严重失衡，目前已经形成了低端产品出口大量过剩和高端产品大量进口的不利局面，这不仅造成了我国深陷对外国低端产品市场依赖的陷阱，使我国经济抵御外部风险的能力严重受损，而且还导致了我国生产性服务业无法发展。由于低端产业对生产性服务业发展的需求低，而高端产业却是生产性服务业大发展的基础，因此，大力压缩低端产业的产能规模并大力发展高端产业，使低端产业和高端产业相互提供市场并得到平衡发展，就能使我国生产性服务业得到健康和快速的发展。

第三，高度重视资本货物工业进口替代和自主创新对生产性服务业发展的基础性作用，为此有必要限制外国资本货物的进口，保护国内资本货物工业的市场，以便为本国资本货物工业的发展保留充足的市场空间。我们前面已经指出，资本货物工业在分工深化推动生产性服务业发展中发挥着至关重要的作用。目前在我国资本货物工业中同样存在着低端产品大量过剩和高端产品大量进口的不利局面,我国资本货物制造业作为发达国家的组装和加工基地,严重地制约着我国生产性服务业的发展。为了解决这种困境,我国有必要重新考虑资本货物工业高端产品的进口替代战略,对机器设备进口实施进口替代,并大力推动高端产业的自主创新,这种战略将对生产性服务业的发展提出强有力的需求。

第四,构造国家产业价值链。发展中的小国由于狭小的国内市场规模,只得通过加入全球产业价值链,才能通过外部市场的规模经济,扩大分工,许多国家因此长期被发达国家的产业价值链锁定在被支配和被剥削的地位,这在某种程度是一种宿命。但是,像我国这样超大规模的发展中国家在世界上是罕见的,由于人口众多,地域广阔,具有广大的和迅速成长的国内市场规模,这就为我国以内需为基础、打造独立自主的国家产业价值链创造了得天独厚的先天条件。我国企业家应该高度注重本土市场,通过兼并、重组和发展综合性大型企业,充分发挥生产性服务业在产业价值链整合中的龙头地位,打造由本土企业控制其高端环节的国家产业价值链。

第五,调整引进外国直接投资的政策,大力扶植本土高端生产性服务企业的发展,打造以本土企业为支柱的生产性服务业国家体系。我们前面举例说明了,我国信用评级市场、会计审计业和我国一线城市的零售业已经被外资企业所控制,外资企业对这些行业的支配已经对我国经济安全造成了严重的危害。目前,我国其他生产性服务行业也在不同程度上都存在着被外资企业所控制的危险。因此,我国亟需调整引进外国直接投资的政策,不仅要取消过去曾给予诸如“四大”会计师事务所等外资企业的优惠政策和垄断地位,而且还要限制乃至禁止外资企业在高附加值的和关乎国家经济安全的生产性服务业的投资,并通过优惠政策,大力扶植本土生产性服务企业的发展。

(本文作者:刘书瀚,天津商业大学校长、教授;贾根良,中国人民大学经济学院教授;刘小军,天津商业大学经济学院教授)

天津设立现代农业股权投资基金的研究①

李文增

内容提要:大力发展现代农业可以大幅度提高农业劳动生产率,可提高天津市农业经济发展水平和城乡人民群众的生活水平,而大力发展现代农业必须加快农业发展方式的转变,而通过建立和发展现代农业股权投资基金,可促进这个转变的实现。设立天津现代农业股权投资基金是必要的,也是可行的。

关键词:现代农业　股权　投资基金　滨海新区

一、在天津设立现代农业股权投资基金的可行性

1. 设立天津市现代农业股权投资基金的政策环境

国家批准滨海新区为全国综合配套改革试验示范区,在土地流转、金融创新、城乡统筹等方面可先行先试,为天津市现代农业的产业升级和高速发展提供了得天独厚的优越条件和历史性机遇,也为沿海都市型现代农业股权投资基金的设立提供了优越的政策环境。

经国务院批准设立的国内首支产业基金——天津渤海产业基金以及船舶产业基金落户天津,去年天津市推动金融创新20个大项50个子项,今年新推20个大项47个子项,出台了天津股权投资基金和股权投资基金管理公司(企业)登记备案管理试行办法。截至目前,天津累计注册股权投资基金

①本文节选自《华北金融》2011年第1期。

和创业风险投资企业339家,成为我国股权投资基金相对集中的城市,形成了影响力。然而到目前为止,还没有一支用于投资农业产业的股权投资基金。因此,抓住机遇,用好政策,创新天津市农业产业融资方式,设立现代农业产业股权投资基金已经成为破解农业产业发展融资难题的一项重要措施。

2. 设立现代农业股权投资基金的指导意见

《中共中央国务院关于加大统筹城乡发展力度,进一步夯实农业农村发展基础的若干意见》(中发[2010]1号)提出要"建立农业产业发展基金"(目前我国的产业发展基金或产业基金、创业基金都可称为股权投资基金);在天津市贯彻执行中央一号文件意见中提出:设立沿海都市型现代农业股权投资基金是贯彻落实中央及市委市政府文件精神的具体措施。在天津市设立现代农业股权投资基金是适逢其时的。

3. 天津市现代农业股权投资基金的经济基础条件

在天津市现代农业发展过程中,市委、市政府提出了农民居住社区、示范工业园区、农业产业园区三区联动的发展战略,制定了一系列强农惠农政策,对加快区县发展做出了一系列部署,使天津市现代农业发展进入了新的发展阶段。农民居住社区、示范工业园区、农业产业园区三区联动的发展战略是一个系统工程,内容丰富,建设任务量大,在今后一个时期内,一大批大项目好项目相继开工建设。比如,确定15个现代农业园区项目,31个示范工业园区基础设施建设,以宅基地换房建设示范小城镇等重点工程等都需要大量的资金,这既为现代农业股权投资基金的生存和发展提供了基础,也为设立现代农业股权投资基金提供了广阔的市场空间,

4. 设立天津市现代农业股权投资基金的资金来源

目前,我国产业投资基金可以向五类特定的机构投资者进行定向募集,分别是国有及国有控股企业,商业银行、保险公司、证券公司以及其他金融机构,全国社会保障基金理事会及社会保障基金或企业年金进行投资的法人受托机构或投资管理人,以国家财政拨款为主要资金来源的企事业单位,发改委规定的其他特定机构投资者等。

不仅如此,天津市大量的民间资本是潜在投资资金来源。当前天津市金融机构存款数量充足,存贷差数额巨大,根据人民银行统计数据,截至2009年12月31日,天津市各项存款余额13908亿元,各项贷款余额11145亿元,存贷差达2763亿元,存贷差造成了资金的闲置和低效。一方面大量潜在投资人手里握有巨额资金,存在着强烈的投资增值渴望;另一方面,股票的高风险和储蓄存款的低利率,缺乏投资吸引力品种偏少。由于投资品种偏少,工具单一,参与优质投资项目的机会非常有限,这成为设立现代产业投资基金的重要资金来源。

5. 设立天津市现代农业股权投资基金的历史经验

从历史经验来看,产业投资基金具有很强的资金实力和项目选择能力,可以帮助投资者实现对优质项目的投资。农业企业通过出让股份、发行证券工具,设立面向资本市场的长期融资机制,可以获得来自社会方方面面的长期增量资金,推动集约化经营,有助于扩大企业规模,更有市场竞争力。设立农业股权投资基金,可以打通储蓄与投资的通道,加速资本流动,将闲置的社会资金转化为投资资本。

2008年11月我国第一家农业产业投资基金"富恩德粮食产业投资基金"在北京成立,该基金由吉林粮食集团发起,专注于农业领域的高成长性公司的股权投资和相关产业投资。2010年1月22日,河南农业开发产业投资基金在郑州宣布成立,基金总规模达48亿元,由政府引导基金、国内募集资金和海外配套资金组成。中信信托为"河南农业开发产业投资基金"量身定做了"中信国元农业基金一号集合资金信托计划",由中信银行负责发行。该信托计划一经面市即在不到一个月的时间里成功完成了首批发行目标,美国、日本、以色列的基金投资人也表示出对河南农业产业投资基金的浓厚兴趣。2010年1月19日,北京惠农股权投资基金正式成立,这是国内第一支专注于农业企业和农村经济发展的大型人民币股权投资基金。据了解,惠农资本一期注册资本为5亿元人民币,基金主要投资于农村金融机构、农业产业化龙头企业和消费品等行业,旨在优化农业和农村金融环境,推动农业产业和农村产业结构调整和行业整合。惠农资本在生物制药与医疗卫生服务、新能源等领域进行适度投资。

二、在天津设立现代农业股权投资基金的对策措施

1. 确立天津市现代农业股权投资基金应遵循的原则

一是坚持政府引导原则。发挥政府资金的引导和杠杆作用,推动创业投资发展,引导社会资本投向高新技术农业,促进农业自主创新成果产业化,培育新兴农业。

二是坚持市场运作原则。政府资金与社会资金按照商业化规则共同发起设立创业投资基金,基金以市场化方式独立运作,政府不干预基金正常的经营管理。

三是坚持规范管理原则。基金委托具有专业背景的管理机构按照章程规范运作。基金中的国家出资部分按照公共财政原则,健全业绩激励和风险约束机制,实现滚动发展。

四是坚持探索创新原则。克服单纯通过市场配置资源的市场失灵问题,引导创业投资基金投向初创期、成长期创新型和高成长性农业企业,支持自主创新和创业。

2. 确立天津市现代农业股权投资基金的运营模式

目前,现代农业股权投资基金的模式主要有"政府主导型"、"银行中心型"、"证券市场中心型"等。根据天津市现实情况,我们认为,天津市现代农业股权投资基金可以考虑采取政府、银行与其他机构联合创立农业产业投资基金的方式。主要基于以下两方面考虑:

一方面,如果依然坚持政府独立承担设立农业产业投资基金的重担,等于是回到财政支农的老路上。另外由政府独资设立农业产业投资基金,很容易导致基金的所有者主体虚位,无法形成对基金管理者的硬性约束,基金管理者也很难对基金承担保值增值的责任。另一方面,如果让银行单独创立农业产业投资基金也不现实。所以,最合适的方式是政府或银行联合其他机构,如大型企业、境外银行或个人、私人投资者等设立主体多元化的现代农业产业投资基金。

农业产业投资基金投资阶段应主要针对处于成长期、扩张期或拟上市辅导期的农业企业。现代农业股权投资基金的投资退出方式可以为 IPO 或股权转让、引入战略投资者。

按照天津股权投资基金和股权投资基金管理公司(企业)登记备案管理试行办法的规定,天津市农业产业投资基金宜采用公司制,为投资人、保管人、管理人三方结构的封闭型定向投资基金,存续期在 10 到 15 年。现代农业产业投资基金首期资金规模可定在 10 亿元。

3. 确立天津市现代农业股权投资基金的操作方式

现代农业股权投资基金是融资方式的创新,需要积极探索,大胆实践,有序推进。当前,应着重做好以下工作。

首先,应积极营造创新农业融资方式良好的舆论氛围。产业投资基金是一种创新融资方式,只有各级领导、有关部门、企业及广大潜在投资者真正了解了设立农业产业投资基金的目的和意义、内涵及其运作规则,认识到产业投资基金与我国其他投资方式的差别,克服了认识上的片面性,才能积极参与进来。因此,应采取多种形式,做好宣传发动工作。

其次,尽快成立筹备机构。建议由市金融办会同政府有关部门及专门机构组成天津市现代农业股权投资基金推进工作协调小组,具体负责制定设立方案,做好有关申报工作,并协调解决设立工作中遇到的相关问题。

其三,抓紧研究设计设立方案。设立现代农业股权投资基金是一项新事物,要求高、涉及面广、专业性强。建议聘请国内有经验的著名专业管理机构进行方案设计,并请有关专家进行评估论证,确保方案切实可行。

其四,提早做好项目筛选工作。设立股权投资基金需要选择重点发展领域,天津市应将市及区县确定的农业产业化重点龙头企业、农业示范园区以及示范镇建设等重点项目作为选择对象,所选项目按评估论证结论确定。

其五,多渠道筹措资金来源。主要是从以下三个渠道筹集:一是申请国家和市级财政投资;二是在用于农业产业化重点龙头企业、农业示范园区以及示范镇建设项目的市财政支农资金中安排一部分;三是通过向天津农口国有企业、农业重大龙头企业、民间资本投资人及在津金融机构募集。

(本文作者:李文增,天津市经济发展研究所金融发展研究中心主任、研究员)

“十二五”时期天津提升文化及文化产业竞争力的研究

王　琳

内容提要：在未来发展中，天津市实施《“十二五”天津市文化发展规划纲要》，推动新一轮文化资源优化组合，探索国际文化贸易商务环境和WTO制度环境，加强全球文化娱乐媒体的国际合作，创新文化商务模式，促使高科技成为支撑文化产业发展的重要力量，提升“近代中国看天津”品牌内涵，构筑博物馆群、传媒中心等大都市文化群，发展多层次资本市场，创立“文化人才高地”，加快培育有竞争力的文化市场主体，建设数字内容创意基地和国际文化贸易港，有效提升天津文化竞争力。

关键词：创新与创造　文化竞争力　文化强市

“十二五”时期，如何实现天津文化竞争力大幅提升，积极推进文化大发展大繁荣，推进文化产业及其竞争力获得超常发展，极大地提高人民群众文化生活水平，是天津在新一轮发展中所需要解决的重大社会问题。

一、对接国际趋势，发挥天津文化资源的比较优势

1. 深刻掌握国际文化贸易市场发展趋势，探索发展新模式

在“十二五”时期，在国际国内大趋势的引领下，对接国际文化需求市场，需要推动天津文化“走出去”。国际文化市场为天津文化“走出去”提供了机遇和途径。从世界范围看，近年人们更加注重精神生活质量，文化需求迅速扩张，同时科技与文化的结合使世界文化市场持续扩大。据预测，2012年世界文化内容市场总规模将达到2兆1978亿，年增长率为6.6%。其中，亚洲文化以其古老优雅、浪漫的风格、丰富的形式和8.8%的高增长率被高度关注。天津文化发展正是在这一国际文化发展的大背景下实现的。具体地说，这一国际文化背景可以细化为：

国际上知识服务市场持续扩大，全球文化娱乐媒体的国际合作空前加强，在影视、音乐、动画、游戏等领域加强了开发和协作。美国就利用中国、日本、阿拉伯的传奇故事制作了《花木兰》、《功夫熊猫》、《龙珠》和《阿拉丁》等大片，中演公司联合战旗杂技团和加拿大太阳马戏团共同推出的《龙狮》等，都是国际合作的典范。

高科技成为支撑文化产业发展的重要力量。主要是数字技术和多媒体移动技术的开发，如以3G、4G为主导的数字技术，数字影像、压缩、存储、传递、处理的技术，移动终端、数字多媒体的载体技术，有线和无线、广播与通讯、电视网络与互联网络以及通讯网络的三网合一复合技术，数字技术的多元发展将主导文化市场，将全面融入影视娱乐、新闻广播、动漫游戏、出版印刷、节目制作等；文化科技将成为提升文化产业竞争力的重要手段。

文化内容市场新商务模式崛起，以内容授权和商品销售为目的的商务模式诞生，以文化内容为基础开发出多种附加产品，通过国际协作而扩大收益；知识产权交易将主导世界内容市场，文化内容交易将成为贸易的重要内容，是提升文化产业竞争力的重要途径。

随着数字化发展，文化的无边界化、国际化得到巨大发展，包括制作环境的国际化和通用化、流通环境的无边界化进展。因而，熟悉国际文化贸易商务环境和WTO制度环境则成为提升文化竞争力的重要途径。

基于以上背景，实现天津文化发展，就需要了解国际文化需求市场风向标，为地区文化的国际化打下雄厚的基础。

2. 2012—2015年提升天津文化竞争力的战略机遇分析

当前，国家与天津城市的规划将文化产业作为支柱产业培育提供了巨大机遇。近期出台的《“十二五”天津市文化发展规划纲要》提出，“要快速提升文化产业，进一步增强文化实力和竞争力，形成文化事业和文化产业‘双轮驱动’、‘两翼齐飞’。”规划提出，“要实施重大文化项目带动战略，优化文化产业结构，全面加快文化产业发展。”因此，天津

将迎来文化大发展的重要战略机遇期。

3. 推动新一轮文化资源优化组合，提升文化竞争力

发挥天津文化资源的不可替代的优势，为进一步提升文化竞争力提供比较优势。一是天津具有“临海近都”的特殊区位优势。天津雄踞环渤海经济圈核心，直面迅速崛起的亚太经济圈，是中国连接亚欧大陆桥的东部起点，是国际国内文化产品的“进海口”和“出海口”；背靠国家级超大文化中心城市北京，方圆500公里内分布着11座100万人口以上的大城市；拥有发展文化及文化产业的无限机遇。二是滨海新区纳入国家战略后发展迅速，其综合优势在于，可利用未垦土地和滩涂布局新兴文化产业设施，强大的经济基础优势为文化的快速发展提供了资金，提供了创意和技术的市场空间；面向海外的地缘优势可引进、输出国内外文化产品，先行先试的特殊政策为环渤海地区文化产业融入国际舞台提供了途径。三是拥有特色突出的文化资源优势。中国近代在天津留下了覆盖政治、军事、外交、文化、教育、司法、工商、金融、交通、市政等多个层面的近代历史文化遗存；天津近代历史文脉呈现开放性、包容性、多元性、引领性的文化特质，具有中西交融、南北荟萃的鲜明特色，拥有颇具特色的近代历史风貌建筑、引领近代中国发展的“一百个第一”，拥有如严复、梁启超、李叔同、曹禺等重要的历史人物群，近代租界建筑和集中于河北区、五大道的名人名居保存完好，多数文化遗存尚待开发；现代开发的津湾广场、意式风情区、小白楼1902街区有力支撑了“近代中国看天津”的文化品牌。四是天津拥有民俗文化资源优势。现有国家级非物质文化遗产有15项、市级非物质文化遗产80项，涵盖了民间文学、传统音乐、传统舞蹈、传统戏剧、相声曲艺、传统体育游艺与杂技、传统美术、传统手工技艺等多个领域；天津相声颇负盛名，版画、剪纸、泥人、妈祖庙名扬天下；天津既是中国北方文化艺术发祥地，又是“北方曲艺之乡”、“歌手摇篮”，特质是豪放、诙谐、丰富，开发价值极高。五是天津拥有丰富的现代城市文化资源。拥有丰富的商务文化资源，海河两岸商贸经济带具有深厚的都市商业文化气息；拥有多种明清风格、欧式风格、文艺复兴风格的各式建筑，俗称“万国建筑博览会”；天津租界地建筑是中国近代第一次中西文化大融合的典范；从近代的三条石、造币局、枪炮局到今天的航天、造船、汽车、石油、通讯、化工、环保、海洋等工业，构成了颇具特色的现代工业文化体系；拥有居于世界前卫的计算机技术，以及迅猛发展的网络技术、生物工程、新媒体技术、数字传输技术和载体技术，构成了科技文化底蕴；拥有丰富的博物馆文化和一大批创意产业园区，新兴的动漫设计、软件设计、建筑设计、视觉设计等行业，形成了亮丽的风景线。

上述文化资源的优势，将成为“十二五”时期天津进一步整合文化资源、优化文化产业布局与空间布局、提升文化竞争力的有力依据。

二、构建有利于提升文化竞争力的政策模式

在未来5年，天津的文化及文化产业发展应大胆创新产业发展模式，采取有利于提升文化竞争力的政策模式，促使文化及文化产业向高端化、高新化、高质化的增长方式转变。

1. 破除思想障碍，构建新型政府支持模式

“十二五”时期政府管理部门要努力提高文化改革发展的科学化水平，着力构建“党委统一领导、政府组织实施、宣传部门协调指导、行政主管部门具体落实、有关部门密切配合”的新型领导体制模式，以及发展改革、财政、金融、税务、工商、人力资源和社会保障、统计、科技等部门继续加大扶持力度的工作机制，积极出台各专项规划，为文化改革提供机制保障。

2. 加大资金支持力度，壮大文化竞争力基础

发挥财政资金的引导和带动作用，加大国家资金投入，支持重大文化项目建设和关键技术研发推广；积极探索适合文化产业项目和文化企业的投融资模式，发展多层次资本市场，整合优势文化企业上市IPO；鼓励社会资本和外资进入文化产业领域，参与文化企业的股份制改造；从文化金融创新角度提升竞争力。

3. 进一步优化整合文化资源，构筑大都市文化群

在第二轮文化资源整合中，着力挖掘文化竞争力资源，最大限度地发挥市场配置资源的作用。在中心城区以天津博物馆为核心，形成近代工业、军事、金融、交通、建筑、邮政、造币等各种专业内容为一体的“近代中国看天津”博物馆群组；在滨海新区将以国家海洋博物馆为核心，将形成海洋、海防、制盐、古海岸、退海湿地等为一体的海洋文化博物馆群组。5年后，各类博物馆、纪念馆、陈列馆总数应

达到100余个；并鼓励以民办公助、公建民营等形式兴办特色博物馆；提升改造传统媒体，建设环渤海传媒中心。

4. 发挥滨海新区引领作用，建设三大文化基地

在未来5年，在开发区重点打造创意设计、工业设计产业基地，大力发展工业设计、移动互联网数字内容、文化创意产品的设计与生产制造、文化金融服务业等产业；在高新区构建数字内容创意、生产、出版、传播、销售的产业链，打响“BPO数字内容创意工厂”品牌；在保税区大力发展文化科技研发、文化总部经济和文化会展业，建设“国际文化贸易港”，推动天津文化产品“走出去”。

5. 继续实施大项目好项目建设，拉动文化增长

在未来5年，应继续推进文化产业重大项目建设，包括续建国家数字出版基地、国家动漫产业综合示范园、中国天津3D影视创意园区、国家海洋馆等；加快发展移动多媒体广播、IP电视、移动电视等新媒体建设；积极推进“三网融合”，建设手机电视集成播控平台、高清电视互动点播平台，推进网络互联互通，有效提升文化竞争力。

6. 加快培育有竞争力的文化市场主体

以政府推动为主，进一步推进出版发行、电影、演艺、广电网络等领域经营性文化单位的转企改制，培育有实力、有竞争力、有影响力的国有或国有控股的文化企业集团；继续稳步推进新闻单位改革，探索艺术院团改革发展新模式，完成文化市场综合执法改革，做大做强文化产业。

7. 创立“文化人才高地”，凝聚竞争力源头

以特殊政策为先导，凝聚文化创新、创意产业发展的领军人物，着力做好文化创意、文化经营、文化经纪人等高级人才的引进，为文化创意人才来津发展提供特殊通道，做到引人、引智、引项目、引企业的良性结合；在高校增设文化创意专业，建立“文化创意实训基地”，构筑文化创新人才“孵化器”。

8. 扩大准入门槛，激发全社会文化创造潜力

大力发展民间组织，形成国家、社会、民间共同发展文化及文化产业的良好局面。一是积极发展自治管理的文化行业民间组织，促其在提供行业信息、咨询服务等方面发挥重要作用；二是鼓励依法成立民间文化融资机构，包括社会文化基金会、文化风险投资机构等，提倡民间资本进入文化产业政策允许领域；三是鼓励成立民间艺术院团，促其积极参与国际文化交流活动、举办文化博览会等；四是鼓励社会力量培训文化人才，积极培养动漫、网络游戏、新媒体技术等新兴科技人才。五是鼓励公民参与公共文化治理，确立体现大众文化利益、体现科学发展方向的文化政策决策机制。

（本文作者：王琳，天津社会科学院战略研究所研究员）

关于天津市民文化消费与政府公共文化政策的调研

陈曼娜　杨　楠

内容提要：文化消费的普遍化即成为拉动文化经济的重要手段，成为创造新经济增长点的重要突破口，也是实现经济发展方式转变的重要途径。天津居民文化消费特点的变化，表明居民文化消费已由单纯的物质需求向精神需求转化，文化消费层次逐步迈上新台阶。近年来，天津市政府出台了一系列的公共文化政策和便民与惠民措施，推动了天津的文化消费增长。

关键词：市民文化　文化消费　文化发展　文化政策

近年来，天津市委市政府十分重视文化产业的发展，重视居民的文化消费。而文化事业与文化产业要有一个长足的发展，就必须寻找到文化需求与文化消费的动力资源，必须认真研究天津居民的文化消费心理、文化消费的内容、方式和特点，从而准确把握天津市文化发展的基本趋向，制定出符合天津实情的相关文化政策与法规，进一步促进天津文化与社会和谐健康的发展。本调研课题的主旨即

在于为市政府的这一需要提供民情实况、情况分析和理论依据。本课题的调研工作,主要循着四个思路展开:一是目前天津市市民的文化消费状况;二是市政府推出的促进文化消费的相关措施;三是天津市市民文化消费存在的问题;四是天津市民对于文化消费的愿望与要求。

一、目前天津市市民的文化消费状况

根据2000年《中国统计年鉴》的统计数据,天津市人均文化消费支出总量及各项文化消费支出占消费性支出总量的比例,在全国各省市的排序情况各有长短,见表一。

表一　1999年中国人均文化消费结构　　(单位:元)

地　区	消费性支出	文化消费支出	教　育	所占比例(%)	文化娱乐	所占比例(%)	文化耐用消费品	所占比例(%)	通　讯	所占比例(%)
全　国	4515.91	740.74	323.33	7.00	108.39	2.35	135.33	2.93	173.69	3.76
上　海	8247.69	1316.74	462.76	5.61	200.17	2.43	372.05	4.51	281.75	3.42
广　东	7517.81	1297.78	518.76	6.90	183.68	2.44	170.62	2.27	424.72	5.65
北　京	7499.49	1404.99	493.20	6.58	273.35	3.65	375.23	5.00	263.15	3.51
浙　江	6521.54	1060.21	412.63	7.91	161.53	2.48	221.71	3.41	264.34	4.05
天　津	5851.53	911.82	350.45	6.16	151.26	2.58	224.25	3.83	175.86	3.00
重　庆	5444.23	963.23	428.30	7.87	161.24	2.96	140.51	2.58	233.18	4.28
西　藏	5309.12	623.16	181.19	3.41	54.69	1.03	135.16	2.55	252.12	4.75
福　建	5266.59	718.59	276.56	5.25	82.35	1.55	102.75	1.95	256.93	4.88
江　苏	5010.91	758.44	333.97	6.66	120.30	2.40	130.97	2.61	173.20	3.45
云　南	4941.26	745.05	291.27	5.89	122.39	2.48	148.25	3.00	184.15	3.72
湖　南	4799.51	883.54	433.56	9.03	112.92	2.35	150.75	3.14	186.31	3.88
广　西	4587.22	762.08	380.19	8.29	94.28	2.05	147.27	3.21	140.34	3.05
山　东	4515.05	732.64	342.36	7.58	120.31	2.66	136.76	3.03	133.21	2.95
四　川	4499.19	714.96	304.84	6.78	126.77	2.82	143.49	3.19	139.86	3.11
湖　北	4340.55	747.32	407.05	9.68	100.09	2.30	110.60	2.55	129.57	2.99
新　疆	4163.98	676.27	298.47	7.17	118.09	2.84	124.75	3.00	134.95	3.24
河　北	4025.30	691.34	324.73	8.07	55.53	1.65	149.33	3.71	150.75	3.74
海　南	4017.75	633.82	305.19	7.60	85.39	2.13	86.58	2.15	156.55	3.90
辽　宁	3999.93	594.16	277.45	6.95	70.51	1.77	97.24	2.44	148.96	3.73
贵　州	3954.35	581.32	230.37	5.81	91.84	2.32	123.33	3.11	135.73	3.42
陕　西	3953.25	624.69	287.12	7.26	88.35	2.23	115.43	2.92	133.77	3.38
青　海	3903.76	612.58	305.86	7.84	63.41	1.52	110.27	2.82	133.04	3.41
安　徽	3901.81	666.76	340.57	8.73	80.60	2.07	92.02	2.36	153.57	3.94
甘　肃	3581.50	564.38	228.17	6.20	112.05	3.04	109.47	2.97	114.69	3.12
吉　林	3551.69	593.23	279.53	7.63	83.01	2.27	97.08	2.55	123.61	3.39
宁　夏	3547.99	597.55	207.45	5.85	91.86	2.59	125.44	3.54	162.91	4.59
河　南	3497.53	464.44	190.87	5.45	70.88	2.03	76.01	2.14	126.69	3.52
山　西	3492.93	530.55	245.43	7.03	52.79	1.80	105.50	3.05	115.83	3.32
江　西	3482.33	521.28	254.40	7.31	62.32	1.79	77.26	2.22	127.30	3.65
黑龙江	3481.74	515.55	240.23	6.90	72.00	2.07	64.59	1.86	133.74	3.98
内蒙古	3458.99	596.32	279.43	8.06	95.53	2.75	88.13	2.54	133.23	3.84

注:参见李康化:《中国文化消费现状及趋势报告》,上海交大国家文化产业创新与发展研究基地。

2000年全国十大城市居民的收入和文化消费情况,见表二。

表二 2000年中国十大城市居民收入和文化消费状况 (单位:元)

城市	人均可支配收入	增长%	人均通讯费出	增长%	人均文教娱乐支出	增长%	人均旅游支出	增长%
深圳	21625.68	6.8	1315.8	22.8	——	——	592.20	13.5
广州	13966.53	16.2	630.45	59.3	1443.42	29.4	402.78	60.8
上海	11718.01	7.2	384	36	——	18.6	166	30
厦门	10812.99	12.3	——	——	——	——	——	——
北京	10349.69	12.7	374.31	42.2	1283	12.4	199.4	4.6
南京	8233.01	7.0	235.37	45.3	963.00	16.1	——	——
天津	8140.55	6.4	215.17	22.4	787.66	7.0	57.01	21.0
武汉	6760.63	8	219.18	24.7	——	——	124.08	5.7
西安	6364.16	6.1	243.46	22.5	——	——	124.08	5.7
哈尔滨	5632	11.9	247	24.6	552	28.5	55	63.8

数据来源:《2000年十大城市居民收入消费情况》,《中国信息报》2001年3月2日。

从表一和表二的数据可以看出,天津市文化消费在全国的具体位置:(1)依据全国各地人均消费性支出总量排序,天津居于全国五个消费层次中第一层次的第5位;(2)依据人均文化消费支出的排序,天津位居第6位;(3)从文化教育消费人均支出总量看,天津居于平均线以上,居于第9位;(4)从文化教育消费人均支出占消费性总支出的比例看,天津居于第24位;(5)从文化娱乐消费支出情况看,天津居于第6位;(6)从文化娱乐消费占消费性总支出的比例看,天津居于第9位;(7)从通讯消费支出情况看,天津居于第10位;(8)从文娱耐用消费品消费支出情况看,天津仅次于北京、上海,位居第3位。①

2001年至2010年近十年来,天津文化消费进入高速增长期。2010年城市居民人均用于文化娱乐服务和文化娱乐用品的消费支出达到1146.95元,比2005年增长1.02倍。其中文化娱乐服务消费支出的增长速度快于文化娱乐用品消费支出的增长速度,据统计,2010年城市居民人均文化娱乐服务消费支出为579.38元,比2005年增长2.14倍;文化娱乐用品消费支出为567.57元,比2005年增长48.4%。居民文化消费特点的变化,表明居民文化消费已由单纯的物质需求向精神需求的方面转化,居民文化消费的层次逐步迈上新的台阶。

2010年城市居民电子文化产品人均消费334.73元,比2005年增长42.5%,年均增长7.3%,其中,购买彩色电视机人均支出148元,比2005年增长1.13倍;购买家用电脑人均支出139.62元,比2005年增长13.4%;购买照相机人均支出28.27元,比2005年增长1.42倍。2010年天津城市居民人均其它文娱用品消费支出为161.03元,比2005年增长1.31倍,年均增长18.2%。据国家统计局天津调查总队抽样调查测算,2010年天津市居民出游4187.46万人次,比上年增长18.9%,旅游花费186.04亿元,比上年增长21.1%,人均消费444.28元,比上年增长1.9%。市民外出旅游成为文化消费的新热点,旅游消费占文化娱乐服务消费的比重越来越大,2010年占54.6%,比2005年增加20.8个百分点。②

最近十年间,天津一直保持人均文化消费超过全国平均水平的地位,并往上迈进了一个台阶,名列全国第五位,在北方城市中仅次于首都北京。另外,从2000—2009年城乡人均文化消费需求增长绝对值来看,天津与上海、北京等8个城市,依次高于全国平均值。

二、天津市政府推出的促进文化消费的相关措施

近几年来,天津市政府为提高居民的文化消费积极性,出台了一系列的公共文化政策和便民与惠

①李康化:《中国文化消费现状及趋势报告》,上海交大国家文化产业创新与发展研究基地。

②《人民网·天津视窗》2011年11月18日电:《2010年天津市民旅游花费186亿元成为文化消费新热点》,《人民网(北京)》2011年11月18日。

民措施。

1. 维修、改建、开发闲置场所

改造一批老影院，通过自主经营、租赁经营、委托经营等多种方式，盘活演出场所资产，创造良好文化消费环境，发挥最大效益。

2. 全力打造津湾广场旅游演出，形成旅游演出知名品牌

先后推出了两台具有天津文化特色的“海河风情”大型专题文艺演出。

3. 挖掘演员、院团、剧场优势，采用市场化方式，活跃演出市场

（1）规定天津市十大专业艺术院团全年演出要达到2600场，营造声势，创造促进文化艺术消费的良好环境；（2）举办数场名家名段专场演出，特邀国内享有盛誉和极具票房号召力的名家领衔或加盟，利用名人效应带动演出市场繁荣，进一步提高票房收入；（3）组织文艺“轻骑兵”，分赴全市各旅游景点、文化广场等地演出，吸引游客及观众；（4）建立剧场联盟，构建演出院线，采用市场化运作方式，实行连锁经营，增加院团、剧场的演出场次，降低演出流通成本和管理成本，充分发挥中华剧院、滨湖剧院、中国大戏院、光华剧院、群星剧场和在建的津湾广场、小白楼音乐厅等演出场馆的作用；（5）配合旅游活动的开展，办好“华夏神韵——第四届中国民族戏曲优秀剧目大汇演”、“相约环渤海——交响乐经典作品系列演出”、“天津之春”——中外艺术精品演出季、“都市浪漫——中外著名芭蕾舞团经典剧目展演”等大型商业演出活动；（6）推行演出季制度，将重大节日和日常演出结合起来，做到四季有高潮，旺季有重点，每年在节假日和旅游旺季举办具有天津地域特色的演出季活动；（7）争取文化部支持，每年引进中外高水平、多品种的演出团体到天津演出。

4. 深入挖掘民间工艺品市场价值，促进文化产品消费

（1）建成杨柳青年画艺术中心，增加销售网点，开发以水晶、唐山骨质瓷、鼻烟壶、苏州刺绣、扇面、福建寿山石等为载体的年画新产品，延伸年画产品链；（2）将泥人张彩塑生产、销售、承揽社会工程等业务集于一身，成立礼品研发部，开发新产品，组织专业营销队伍，采取网上订购、电话订购、送货上门等措施；（3）组建天津市非物质文化遗产产品创意有限责任公司，统筹全市非物质文化遗产相关产品的创意、设计、制作、展示和销售，举办场外专题展示，在海河沿岸建设一批非物质文化遗产产品销售亭；（4）合作开发叠层石系列产品，扩展销售渠道；（5）与旅游部门合作，开发新的文化旅游产品，促进文化产品的消费。

5. 大力发展博物馆事业，利用特色展览吸引更多观众

（1）进一步做好免费开放工作，提高展览水平，拓展服务范围；（2）每年举办或引进国内外特色展览；（3）深度开发博物馆、纪念馆相关衍生产品；（4）做好文庙博物馆、广东会馆大修、周邓纪念馆改陈、李叔同纪念馆布展工作。

6. 扶持发展健康的“文化夜生活”，促进“夜晚经济”发展

（1）降低门槛，进一步简化审批程序，鼓励兴建“娱乐超市”；（2）开展网络健康游戏大赛，举办歌厅音乐节。（3）配合中国小吃节、啤酒节等商贸活动，举办相关文化活动，吸引群众广泛参与，烘托和拉动“夜晚经济”的发展。

7. 广泛开展丰富多彩的公益性演出活动，吸引群众参与

（1）成立文艺小分队，深入厂矿、企业开展系列慰问演出活动；（2）以万民同乐大联欢、消夏纳凉系列文化活动为基础，重点办好第七届滨海艺术节、第三届社区艺术节、第五届家庭艺术节、第四届老年艺术节、天津市广场音乐演出季、天津市第二届鼓舞大赛、第二届“南开杯”全市广场舞比赛等群众文化活动；（3）制定《天津市公益性演出长效机制管理办法》，加大对公益性演出补贴力度，规定全年公益性演出不少于1000场；（4）深入开展送文化下乡活动：继续开展“海河情”慰问演出、“共享文化成果、共建和谐家园”公益性系列演出活动，建立送书、送戏、送展览到农村的长效机制。

8. 加大宣传策划力度

（1）与天津市旅游部门及各新闻媒体密切配合，制作各类宣传手册免费发放，大力宣传天津演出市场相关信息；（2）整合天津的演出、展览、娱乐场所等相关文化资源，定期到北京等省市宣传推介；（3）加大演出策划力度，推行剧目制作人和演出经纪人制度，加大对演出剧目的策划营销和宣传推广；（4）成立演出行业协会，加强行业自律，促进演

出市场规范发展。[①]

三、天津市市民文化消费存在的问题

从历时性纵向权衡的角度,即从2000—2010年这十年的变化可以发现,天津文化消费最突出的问题,是天津的文化消费增长率没有与天津的GDP等指标(应该包括产值、收入与积蓄)的增长同步,仅仅与总消费同步,基本上没有遵循"当人均GDP超过3000美元的时候,文化消费会持续快速增长,接近或超过5000美元时,文化消费则会'井喷'"的国际经验。天津的这一问题属于中国的普遍现象。

我国从事文化消费研究的著名学者王亚南,根据国家统计局提供的2001—2008年各项数据,对文化消费与产值、收入、总消费、积蓄之间的关系进行了分析,他惊异的发现:产值与文化消费的相关系数为负值0.3021,体现出一定的增长逆向性;收入与文化消费的相关系数为负值0.0293,显示出增长同步性极低;总消费与文化消费的相关系数为正值0.3834,具有一定的增长同步性;积蓄与文化消费的相关系数为负值0.6498,具有较高的增长逆向性。由此他得出结论:"人均产值3000美元带来文化消费倍增"的"国际经验"不适用于我国,中国民众文化消费表现为一种"积蓄增长负相关效应"。[②]而影响中国文化消费需求增长的最直接因素就是民众积蓄成为"自我保障"之必需——包括住房、教育、医疗三大刚性消费。因此,文化消费也就成为"非必需"。天津也不例外。

从共时性横向权衡的角度看,天津的文化消费表现为两大差异:一是城乡差异,二是群体差异。首先,天津城市居民与农村居民文化消费的差异很大,主要表现在教育支出、旅游支出与文化娱乐等支出方面的巨大悬殊。其次,群体文化消费的差异,即高收入消费群、中等收入消费群和低收入消费群的差异,群体文化消费差异在天津城乡普遍存在。

从微观的层面看,即从天津市民具体的消费行为看,有如下问题与隐忧:

1. 目前天津市居民的文化消费行为还处于文化消费的中级阶段——相当于温饱型阶段的后期[③],与天津市社会经济发展的水平不协调。从我们的调查问卷统计情况看,在受调查人群的文化消费方式中,看电视和听广播(包括少部分上网的人数)的比例有29.6%;阅读书报杂志的有17.4%;看电影的是15.5%;观看文艺演出的有7.2%;参观博物馆、展览馆、艺术园区的有8.8%;艺术品收藏的有4.3%;旅行的有16.7%;其他方式占0.7%。因此,看电视和听广播的比例几乎占了三分之一。

2. 天津市民的文化消费支出偏低。文化消费调查问卷表明,每月500元以下的有56.8%;500—1000元的是29.6%;1000—2000元的有11.7%;2000—5000元的有1.9%。[④] 如果在前两项中扣除教育支出的话,文化消费的数额就会大幅下降。

3. 天津市的公共文化设施利用率不高。文化消费调查问卷显示:26.9%的人认为,书店、图书馆、社区讲座场所和剧院、音乐厅等演艺场所的利用率不高,群众参与热情一般;30.6%的人认为,博物馆、展览馆、艺术园区、文化公园的利用率不高;39.7%的人认为应该加强书店、图书馆、社区讲座场所、剧院、音乐厅、演艺场所的建设;另有39.9%的人认为应该加强博物馆、展览馆、艺术园区、文化公园的建设。

4. 书价过高,直接影响市民的文化教育消费。文化消费调查问卷显示:主张书价应该不超过20元的占总调查人数的11.7%;23.3%的人认为书价应该在20—30元之间;38.8%的人认为应该在30—50元。

5. 戏票过高,老百姓看不起戏。如今戏票多在百元以上,明星演出动辄上千。文化消费调查问卷显示:有33.5%的人认为文艺演出票价应该不高于30—80元的区间;36.4%的人认为理想的文艺演出票价在80—200元。

6. 天津市民用于文化消费的时间不多,主要是工作压力太大、文化消费昂贵和文化设施不到位。问卷显示:16%的人认为是工作压力大;25%的人认为是文化消费昂贵;26%的人认为是工作任务重;28%的人认为周边缺乏合适的文化设施或场所;还有3%的人则是对文化消费没有兴趣。

①文化部官方网站:2009-03-31。

②王亚南等:《全国文化消费民生效应测评报告——2008年各地景气指数排行榜》,中国社会科学院《2010年中国文化产业发展报告》,社会科学文献出版社2010年。

③天津市的GDP已经超过10000美元,文化消费应处于富裕社会阶段。

④这次问卷发放的主要范围可能偏重于事业单位和公务员阶层,因此,文化消费的开支应该略高于实际情况。因为我们在与受访个人的座谈中发现,在每月文化消费500元以下的56.8%和500—1000元以下的29.6%中,主要开支是孩子的教育开支。

此外，从天津市民的文化消费心理来看，在高收入群体中存在着炫富误区；在青年消费群体中存在着价值迷茫误区。

从“十五”以来天津文化消费民生效应进步程度来看，天津文化消费的民生效应景气指数呈下降态势，跌降超过10%。据王亚南所撰《全国文化消费民生效应测评报告——2008年各地景气指数排行榜》表明，在2001—2008期间文化消费民生效应进展最为突出的省市中，西藏、黑龙江、江苏、山西、上海高于100分，它们依次占据“十五以来文化消费民生效应进步”前5位。按照这一测评方式，2008年与2001年相比，“全国总体、中部和西部整体、其余26个省域全都表现为文化消费民生效应景气指数下降，跌降超过10%的有天津、重庆、宁夏、河南、陕西、甘肃、贵州、湖北、江西、湖南、四川、广西，除天津外均属中西部，其中最后6位跌降甚至超过25%。”①

四、天津市民对于文化消费的愿望与要求

文化消费者是否产生文化消费行为，涉及到与文化消费者切身利益相关的诸多因素，比如，文化消费市场是否有能满足消费者文化需求的产品；是否有便于消费者消费的渠道和设施；是否有能够让消费者负担得起的消费价格；在文化消费过程中是否有完善的保障消费者切身利益的法律制度与法规等等。因此，天津市文化消费政策的制定，必须充分考虑到天津市民对于文化消费的要求与愿望，只有如此，天津市政府制定的文化消费政策才能真正起到实际作用。

本次调查问卷中，“您最期待的变化”的统计数据是：25.6%的被调查人群希望电影票、演出票、书价等能再低一些；23.6%的人想在居住地周边找到更多合适的文化设施或场所；18.7%的人希望影视剧、文艺演出、书报杂志的内容更丰富多彩，更有看头；16.3%的人希望网速更快、内容服务更个性化；15%的人希望政府发放惠民文化消费券。

2008年，天津恩格尔系数降到39.9%，2010年进一步降到35.9%，低于全国平均水平的39.76%。在这样好的文化消费环境和有利条件下，而天津的文化消费在消费性支出中的比例还不足20%，这说明天津市的文化消费空间很大，政府的引导任务很重要，也很艰巨。因为居民的消费习惯是长时间形成的，一旦成为一种消费行为模式，就不可能在一朝一夕很快改变，特别需要相关部门进行切实有效的引导，需要市政府出台相关文化消费政策以满足广大市民的文化消费要求，保障广大天津市民的文化权利。

（本文作者，陈曼娜，天津财经大学现代经济管理研究院副院长、教授、硕士生导师；杨楠，天津财经大学硕士研究生）

以文化建设和发展为龙头的民生改善

潘允康

2011年中共天津市委和天津市人民政府继续以改善民生为经济发展和社会建设的基本宗旨，其最大的亮点是积极推进文化强市建设，并以此为龙头带动其他民生建设和社会事业的发展。

2011年10月中国共产党第十七届中央委员会第六次全体会议在北京召开。在这次会议上中共中央作出了“关于深化文化体制改革推动社会主义文化大发展大繁荣的若干重大问题的决定”。中共天津市委立即召开了市委九届十一次全会，传达贯彻中央的精神，并对加快天津文化改革发展作出了重大部署，开启了文化强市的新征程。

一、积极推进文化强市建设

1.制定和形成文化强市的战略和思路

天津在贯彻中央十七届六中全会精神的过程

①王亚南等：《全国文化消费民生效应测评报告——2008年各地景气指数排行榜》，中国社会科学院《2010年中国文化产业发展报告》，社会科学文献出版社2010年。

中,认真总结了过去进行文化建设的经验,提出了未来文化发展的新战略、新思路,主要是:着眼于人民群众精神需求的最大满足,切实加强对文化创作生产的引导;着眼于群众基本文化权益的有效保障,切实加快公共文化服务体系建设;着眼于经济社会发展方式的良性转变,切实推进文化产业跨越式发展;着眼于文化发展动力的持续跟进,切实深化文化体制机制改革;着眼于文化影响力竞争力的快速提升,大力实施文化"走出去"战略;着眼于文化发展后劲的不断增强,切实推进高素质人才队伍建设。

2. 总结和概括"天津精神"

一个国家要有精神,一个民族要有精神,一个地区也要有自己的精神。天津的改革开放事业不断深化,经济和社会建设取得了巨大发展,民生状况不断得到改善。这些依靠什么取得,靠天津人的团结奋斗,靠天津人的精气神。什么是天津人的精神,什么是天津精神。2011 年中共天津市委和和天津市人民政府组织了关于"天津精神"全民大讨论、大总结,通过这个过程让人们自我体会,自我思考,自我教育,自我升华。经过全市人民的反复讨论、总结和投票,中共天津市委常委会议听取天津精神提炼总结活动专题工作汇报,集体讨论研究决定,同意将在第二轮市民投票中得票最高的"爱国诚信、务实创新、开放包容"确定为天津精神表述语。天津精神是全市人民的行为规范和价值目标,天津精神是社会主义核心价值观的具体体现,天津精神为天津的发展提供智力支持和精神动力。总结和概括"天津精神"大大提升了天津的精神内涵,鼓舞了天津人民的斗志,凝聚了天津人民,使他们团结起来共同奋斗,为推进未来发展注入了强大的精神力量。

3. 加快天津文化中心建设

如果说总结和概括"天津精神"是 2011 年天津文化发展中"软件"建设的亮点,"天津文化中心"的建设则是天津文化发展中"硬件"建设的亮点。为了实现文化强市的战略天津设计和建设了文化中心,包括市民广场、阳光乐园、天津大剧院、天津图书馆、天津博物馆、天津美术馆在内的天津文化中心颇具规模,施工进展顺利。目前文化中心六大场馆中的博物馆、美术馆、图书馆已经基本完成内部装修,开始全面布展工作;阳光乐园进入二次装修,中心湖开始注入清水,2012 年 3 月底文化中心整体工程达到竣工标准,5 月底可与市民见面。天津文化中心建设的迅速进展和竣工,是天津文化大发展,大繁荣的又一重要标志。它的建成和投入使用,必将为文化强市战略注入新的活力,成为文化强市战略的新载体。

二、以文化强市战略为龙头带动其他民生建设和社会事业的发展

2011 年,天津地区的生产总值首超万亿元,增长 16.4%,全市财政总支出 2713 元,其中用于民生的投入 2068 亿元,增幅 25.8%,比重达 76.2%。经济的发展为社会建设和民生改善建立了雄厚的基础。在文化强市战略的带动下天津的各项民生建设和社会事业得到了进一步发展,在民生改善方面有显著成效。主要表现在城乡居民的收入又有了显著增加;实行积极全面的促进就业政策;完善覆盖城乡的社会保障体系;大力推进保障房建设;教育优先发展;着手解决看病难、看病贵的问题;继续实施市容环境综合整治等。

1. 城乡居民的收入又有了显著增加

城乡居民的收入水平是民生的基础和重要标志。天津已经连续 4 年出台增加城乡群众收入的政策措施,已经先后 4 次提高最低工资标准。自 2011 年 4 月 1 日起天津市企业职工最低工资标准由每月 920 元上调为 1160 元,增幅达 26%,非全日制用工小时最低工资标准由每小时 8.8 元调整为每小时 11.6 元,增长 31.8%。此次调整是历年调整最低工资标准增幅最大的一次,天津市最低工资标准在全国处于较高的水平。2011 年天津继续提高企业退休人员养老保险待遇水平,月人均养老金由 1520 元提高到 1700 元,增幅 11.8%,高于全国 1.8 个百分点,使 137.8 万人受益。2011 年全面落实《天津市企业工资集体协商条例》,重点在建立工会的企业、外资企业、私营企业、低收入企业推行工资集体协商,依托行业商会和地方商会探索建立行业工资集体协商制度。截至 9 月底,有 1.2 万户企业签订了工资协议,涉及职工 120 万人。这些政策措施的实施,使得职工和居民收入水平继续保持了较快的增长。2011 年度本市职工年平均工资为 42240 元,增幅为 12.5%,月平均工资为 3520 元,日平均工资为 161.8 元,小时平均工资为 20.2 元。2011 年度企业职工平均工资为 39720 元,月平均工资为 3310 元,计算计划内破产企业职工一次性安置费亦以此为准。

2. 实行积极全面的促进就业政策

就业是城乡居民生存的手段。天津市把促进充分就业作为经济社会发展的优先目标,实施更加积极的就业政策,千方百计扩大就业。一是大力开发高质量的就业岗位,围绕大项目建设、"三区联动"发展、"楼宇经济"、科技型中小企业等,开发适合高校毕业生和新生劳动力就业的岗位。二是加快实施"百万技能人力培养计划",完善培训引导激励机制,按照市场对技能人才的需求程度和技能水平,分别给予培训成本100%至60%的培训补贴,全面提高劳动者的就业能力和技能水平。三是进一步健全统一规范灵活的人力资源市场,完善城乡公共就业服务体系。四是完善就业困难群体援助制度,对在人力资源市场中处于弱势的群体,落实政府帮扶责任,确保零就业家庭动态为零,其他困难群体安置率达到80%以上。这些积极的就业政策的实施,有力地促进了就业规模稳步扩大。前三季度,全市新增就业35.83万人,同比增长3.2%;新认定就业困难人员1.5万名,全部得到安置。截至9月底,全市城镇单位从业人员208.8万人,同比增加6.6万人,增幅比上年同期提高2.1个百分点。

3. 完善覆盖城乡的社会保障体系

社会保障体系是民生的依托,有比较健全的社会保障体系,人们在社会生活中才会有安全感。2011年以来,天津市加快建设覆盖城乡居民的社会保障体系,统筹推进城乡居民养老和医疗保险,在扩大保险覆盖面、提高保障能力、完善接续办法等方面取得新进展。一是努力扩大社会保险覆盖范围。重点放在第三产业、中小企业、新建项目等领域,以农民工、个体工商户、灵活就业人员、新增就业人员为重点人群,实现应保尽保。在制度建设上,重点完善各类人员的社会保障政策,主要解决全市10万名保安、物业等行业从业人员的全员参保问题,并将农籍个体工商户和灵活就业人员纳入城镇企业职工养老保险参保范围。2011年,天津实现城镇职工养老保险参保442万人,医疗保险492万人,失业、工伤、生育保险分别达到259万人、320万人和208万人;城乡居民养老保障112万人,医疗保险489万人。二是完善城乡居民基本医疗保险住院医疗费报销制度。将一级医院住院医疗费用报销比例增加了10个百分点,二级医院报销比例增加了5个百分点。同时将城乡居民在一级医院和社区医疗机构发生门(急)诊医疗费用报销的起付标准由800元调整为600元。三是建立城镇职工和城乡居民意外伤害附加保险制度,对于参保人因意外事故造成的伤害、伤残或者死亡情形的理赔明确了规定。四是健全养老保险制度,实现了所有参保人员养老保险关系在本市和其他省市间无障碍转移,允许符合条件的中断缴费人员补缴养老保险费。五是民生保障支出力度进一步加大。前三季度,地方财政一般预算用于住房保障、社会保障和就业、医疗卫生支出分别增长5.9倍、37.4%和35.5%。

4. 大力推进保障房建设

商品房的价格居高不下一直是困扰民生的突出问题,为了解决低收入群体的住房问题,2011年天津大力推进保障房建设,继续增加保障房建设资金投入,优先保证用地供应,完善配套设施,确保工程质量,大力推进保障性住房建设,帮助更多中低收入群众解决住房困难。截至2011年10月底,全市已开工建设保障性住房1600万平方米、23.87万套,提前一个月完成责任目标23万套的104%。6年以来,天津一直将"改善住房条件"列为20项民生工程之首,新建保障住房3605万平方米、52.5套。在实施廉租住房实物配租补贴、廉租住房租房补贴政策的同时,新出台了经济租赁房租房补贴政策,扩大准入范围,提高补贴标准,增加住房保障受益面,低收入住房困难家庭基本做到"应保尽保"。同时,进一步加强住房保障管理,规范保障性住房房源使用,健全动态核查与退出机制,加快城乡危陋房屋改造。截至9月底,累计发放租房补贴8.37万户,新增住房保障"三种补贴"家庭8300户,拆迁危陋房屋197万平方米,维修直管公房309.5万平方米,大板楼改造完成20万平方米,改造居民户内自来水旧管网5.6万户。

5. 教育优先发展

坚持教育优先发展,全面落实中长期教育改革和发展规划纲要,加大投入,促进公平,深化改革,提升质量,教育事业实现了新发展。一是实施学前教育三年行动计划,启动学前教育资源建设和提升工程。截至9月底,已完成27所幼儿园的改扩建和406所农村乡镇及村办标准化幼儿园的提升改造,学前教育布局进一步优化。二是城乡义务教育学校现代化标准建设深入推进。组织了38个专家组对145所义务教育学校的现代化建设标准进行了评估验收,改造加固58所中小学21.4万平方米校舍,所有中小学校的抗震和综合抗灾能力都达到国家相关标准。三是国家职业教育改革创新示范区建设积极推进,启动海河教育园区二期规划建设,并在园区内建设6个国家示范项目。四是高等教育迈出新步伐,全面提高高等教育质量,加强高校学科建设和教师队伍建设,扩大国际交流合作,进一步提升高校科技创新能力和服务经济社会发展水平。

6.着手解决看病难、看病贵的问题

2011年天津着手解决看病难、看病贵的问题,为了达到这个目标。天津加快医药卫生事业改革发展,使医疗卫生服务水平进一步提高。一是建立基本药品优先和合理使用制度,完善国家基本药物目录本市药品增补,建立规范基本药物采购机制,实行药品零差率销售。二是全面推进基层医疗卫生机构综合改革,调整基层医疗卫生机构收费项目和医保支付政策,建立基层医疗卫生机构稳定长效的多渠道补偿机制,完善分配激励机制,调动医务人员积极性。三是健全基层医疗卫生服务体系,进一步加强基层医疗卫生机构建设,完成农村三级卫生服务网络和城市社区卫生服务机构建设任务,在整合资源的基础上推进基层医疗卫生机构信息化建设,加强以全科医生为重点的基层医疗卫生队伍建设,提升基层服务能力。四是促进基本公共卫生服务逐步均等化,拓展和深化基本公共卫生服务内容,扩大服务人群,增加服务内容,提高服务质量,调整优化卫生资源布局,新改扩建中医一附院、胸科医院、环湖医院等医疗机构,筹建第二儿童医院、代谢病医院。

由于采取了一系列改革措施,看病难、看病贵的问题得到一定的缓解。政府免费提供的公共卫生服务扩大到全市16个区县的城乡全体居民,实现城乡基本药品零差率销售全覆盖。以西青杨柳青镇为例,10多万人口的的杨柳青镇成为全国慢性病综合防治示范区。该镇的的大柳滩村,120多平方米的卫生室24小时开门,政府提供免费公共卫生服务23项,为老年人和低保、五保户建立健康档案达到70%,老年人慢性病筛查每季度随访,2300多名外来流动人口也纳入健康管。医生入户出诊一次仅收费1元。

7.继续实施市容环境综合整治

2011年,天津市继续实施奋战300天活动,深入开展市容环境综合整治,截至9月底,市容环境综合整治任务全部完成,取得丰硕成果。418条道路拓宽改造,690万平方米里巷道路整修,500处积水点治理,一批人行天桥建成,明显方便了群众出行;950个社区整治,1940万平方米老住宅节能改造,760个环卫设施、菜市场、老年照料中心建成,4200套健身设施配建,公共服务日趋完善,百姓普遍受益;2.4万栋建筑艺术装扮,5400公里道路综合整治,32个重点地区改造提升,1.5亿平方米绿化,258个公园改造,700万株树木种植,14公里海河两岸环境提升,50公里灯光工程,使津城城市环境与社区环境实现双"升级",更多市民通过市容环境综合整治得到实惠。根据市统计局进行的民意抽样调查,天津市民对市容环境综合整治带来的民生成就予以高度肯定,满意度高达99.6%。

三、坚定不移地依靠人民大众解决民生问题

在天津长期以来经济社会发展的实践中,中共天津市委和天津市人民政府已经形成了一切为了人民,一切依靠人民的方针和政策,在解决民生问题中,一切从人民的根本利益出发,想人民之所想,急人民之所急,实现决策民主化、科学化,取得了很好的效果。

天津民生工程立项坚持科学民主程序。天津市民心工程指挥部制定规范,即每年9月市政府办公厅向市政府组成部门和有关单位下发安排下年的立项通知。同时利用政府网站和新闻媒体向市民和市政府决策专家征集意见和建议,仅三年的电话、热线网络留言和来信来函共收到2万余件。根据市民的意愿,市民心工程办公室协调就民心工程立项进行专题调研,组织有关部门到社区召开座谈会,与居民面对面沟通交流立项建议,并征求人大代表、政协委员的意见,综合形成立项审议稿。天津民心工程选项紧贴民生,诸如市民反映的食品安全、保障房、就业、增收以及医疗、教育、社会保障、交通出行、市容环境、社区服务等作为立项,连年拓展,使群众直接受益、普遍受益。市政府有关负责人表示,一些政府指标类、日常工作类、常态管理类的事项坚决不列入民生工程。部门和少数人受益的项目也不予采纳。每个项目都是当年立项当年受益。年年项目量化,具体责任到每条道路、每处点位、每个项目,易于考核。让居民看得见,摸得着,感觉实,享受到。为了准确掌握项目的实施情况,市民心工程办公室全年加大督查,采取集中和

随机等方式，实地查勘进度，到社区和田间地头走访，采集群众意见，检验项目实施效果。做到选项紧贴民主，立项程序民主，充分体现了一切为了人民，一切依靠人民，坚定不移地依靠人民大众解决民生问题。

（注：本文参考并引用了李锦坤主编《2012 年天津经济社会形势分析与预测》（社会卷）中叶国平、王来华起草“2011—2012 年天津市社会发展形势分析与预测”一文中的数据，在此说明，并向他们表示感谢）

（本文作者：潘允康，天津社会科学院社会学研究所研究员）

全国职业院校技能大赛促进职业教育发展的战略思考①

靳润成

内容提要：世界职业技能大赛日益受到各国的关注，并涌现出日本、韩国、芬兰等一批职业教育发达国家。中国近年来在世界职业技能大赛中取得了丰硕成果，也推动了中国职业技能竞赛活动的开展。全国职业院校技能大赛作为国家级职业技能竞赛项目，对我国职业教育产教结合新体制、工学结合现代教学制度和校企融合人才培养模式的形成和发展产生了重要作用。今后应充分发挥全国职业院校技能大赛的导向作用、影响力和倒逼机制，促进职业教育特性的本质回归，实现职业教育全方位改革和发展方式转变。

关键词：全国职业院校技能大赛　职业教育　产教结合　工学结合校企融合

举办全国职业院校技能大赛是一项制度创新。作为职业教育向社会展示的舞台，大赛的价值取向对于职业教育转变发展方式是一种导向。作为国家级教学成果的交流平台，大赛的竞赛宗旨对于职业院校教育教学改革是一种引领。我们有必要从大赛的发展轨迹，理性分析大赛的影响效应；更需要从制度建设的层面，思考职业教育的可持续发展问题。

一、全国职业院校技能大赛影响力解析

全国职业院校技能大赛作为一种制度设计，目的是在宏观层面上，建立广泛的教育与行业、学校与企业紧密合作的导向机制，进而寻求职业教育产教结合的新体制；在中观层面上，建立有效的专业设置、课程建设、培养规格与职业标准的对接机制，继而探寻职业院校工学结合的现代教学制度；在微观层面上，建立开放的教学改革、师资队伍建设、实训条件与企业发展的适应机制，从而探索职业教育校企融合的人才培养模式。

（一）全国职业院校技能大赛对寻求产教结合职业教育新体制的作用

对于全国职业院校技能大赛，各界人士形成了共识：大赛倡导的理念，是企业所需要的；赛项的选择，是新技术应用的体现；赛场设计和比赛要求，更多地融入了企业文化。全国职业院校技能大赛的产教结合导向机制，有助于催生具有中国特色的职业教育新体制。

1. 增强了职业院校与企业建立合作关系的主动性

全国职业院校技能大赛的竞赛内容大都是最新热门技术，学校必须在课程设置、实训内容和专业建设等方面如影随形，以适应新兴产业的需求。因此，职业院校必须与拥有最新技术的企业建立校企合作关系。

随着通讯行业 3G 技术全面升级，一些职业院校敏感地捕捉到了这个发展动态。例如，福建信息职业技术学院开门办学，主动开启了与行业巨头中国移动、中国联通、神州数码的校企合作通道，其合作成果在 2010 年全国职业院校技能大赛上得到了充分展示。这个事例表明，只有学校和企业走得近了，交流多了，培养的学生拥有了最新技术，学生才

①本文节选自《教育研究》2011 年第 9 期。

能占领就业市场，学校才能持续发展。可见，全国职业院校技能大赛有力地促进了职业院校主动与企业建立合作关系。

2. 推动了教学模式改革

全国职业院校技能大赛已成为展示工学结合教学成果的平台。例如“电子产品设计及制作”赛项依据企业生产与市场运作模式进行赛程设计，选手在模拟真实工作环境中，按照实际的产品设计、生产、检测流程完成比赛任务。比赛内容包含设计电子产品原理图，按图设计和制作元器件电路板并安装到位，调试各项功能，填写相关工艺文件，进行现场答辩。赛项的系列要求表明，综合运用多种能力是完成任务的关键。

在全国职业院校技能大赛的推动下，天津轻工职业技术学院把赛项作为“嵌入课程”或工作案例纳入教学过程，并把赛项涉及的问题转变成“生成课程”。此举突出了专业技能在职业教育中的位置，使课堂教学与实践教学更紧密地结合起来，有效调动了学生学习职业技能的积极性。

3. 促进了教学方式改革

全国职业院校技能大赛强调团队协作的重要性。例如，部分赛项采取团队比赛方式，每个参赛队由3名选手组成，配备指导教师2名。竞赛过程中，选手有3次求助机会，团队成员可以相互研究，教师可以到赛位指导。这种形式颠覆了传统的比赛规则，增加了赛项的开放性、真实性和共同参与性，符合企业师傅带徒弟的实际情况，鲜明地体现出“做中教”、“做中学”的职业教育特点。

天津电子信息职业技术学院根据全国职业院校技能大赛的启发，大胆改进了教学方式。学院以赛项相关问题为中心，组建学生技能学习社团，实行师徒制教学，并通过大徒弟带小徒弟的方式，形成技能实训梯队。全国职业院校技能大赛对教学方式改革的引导得到了师生一致认同。教师们体会到：必须以学生为主体，改革教学组织形式，发展学生个性，培养团队意识；必须以真实工作情境和任务为载体，改革教学过程，围绕生产中的实际问题，开展教学活动；必须以岗位能力为目标，改革评价标准，把职业素质放在第一位，综合考核专业知识、职业技能和团队合作精神。

（二）全国职业院校技能大赛对探寻工学结合职业院校现代教学制度的作用

全国职业院校技能大赛各项赛事紧扣产业结构调整和工业化进程，以赛项为引领，开展专业建设、课程设置和课程改革。全国职业院校技能大赛的工学结合对接机制，有助于催生职业院校现代教学制度。

1. 引导专业建设适应专业领域的最新变化

2010年全国职业院校技能大赛“3G基站建设维护与数据网组建”赛项是为适应通信行业技术升级、第三代移动通信业务发展和3G业务推广需要而设计的。赛项确定之初，大多数职业院校相关专业教学条件比较薄弱，教学内容还未涉及3G技术。为引导职业院校的专业建设，全国职业院校技能大赛公开了比赛样题，并加强师资培训，促使职业院校关注并加强相关专业的建设，专业建设水平在短时间内快速提高，为最终培养高技能通信人才、支持产业发展打下了良好的基础。一大批职业院校在通信类专业建设上突出了实用性和灵活性，紧贴经济社会发展的实际需要进行了调整，并获得了行业企业的广泛支持。

2. 促进课程设置的调整和课程改革

竞赛内容与企业生产实际保持一致，是全国职业院校技能大赛赛项设计的基本原则。如全国职业院校技能大赛强调贯彻行业技术标准，以中职组汽车维修为例，赛项引入了“汽车医生”和“汽车护士”概念，完全按照汽车维修厂交接车程序安排比赛，要求选手在30分钟内完成204项检查内容。又如由于竞赛内容的引导，天津交通职业技术学院根据生产过程的行业标准和企业生产实际，调整了课程内容。该校基于全国职业院校技能大赛设计的“汽车涂装技术”课程，于2010年荣获国家精品课称号。可见，全国职业院校技能大赛有力地推动了职业院校课程设置调整。

全国职业院校技能大赛一方面考察学生的综合能力，另一方面更反映出职业院校课程建设及教学水平。以数控技能竞赛为例，比赛成绩统计显示：参赛队中10%能出色完成，25%完成良好，50%基本完成，15%在规定时间内未完成全部任务。比赛也反映出目前职业院校数控维修类专业人才培养的特点：一方面学生数控加工能力、电气连接技能、数控机床参数设置和调试技能普遍较强；另一方面参赛选手的机械装配基本功不扎实，机械识图、装配和调试能力差，普遍表现出“电强机弱”情况等。暴露出的这些问题促使职业院校对一些课程进行加强和改进。

(三)全国职业院校技能大赛对形成校企融合人才培养模式的作用

全国职业院校技能大赛以先进技术应用为主题,展现了教育教学与现代生产工艺对接的改革成果,展示了选手的职业道德和团队精神。全国职业院校技能大赛的校企合作适应机制,有助于催生职业教育校企融合人才培养模式。

1. 赛项设计体现了企业对新技术的追求

全国职业院校技能大赛引入了行业的新技术、新设备,力求让师生感知产业需求,推动行业与教育、企业与学校之间的合作。例如,3G 基站建设维护、快速成型技术、数控机床调试维修等比赛项目,都是新形势下行业企业的最新技术要求。特别是3G 基站建设,是我国工业和信息化部目前正在抓的工作,需要职业院校为其提供一线的技能型人才,所以 2010 年全国职业院校技能大赛选择并设计了这个项目。

2. 组织实施切合了企业对技能型人才的要求

根据企业对技能型人才的需求设置比赛项目,是全国职业院校技能大赛组织与实施的基本要求。例如,"产品造型设计及快速成型"是目前工业化进程中领先的应用技术,它改变了传统产品设计、模具制造不适应产品生命周期短、升级快的状况,相关企业如果不具备掌握这项技术的人才,几乎无法在激烈的市场竞争中生存。2008 年,全国职业院校技能大赛组委会曾考虑将该赛项列入高职组赛项,但因当时高职院校专业建设水平所限,报名参赛省份少而没有实现。经过一年的专业建设,2009 年有 25 个省 44 个代表队参加该赛项,充分说明在模具产业升级对高技能人才需求背景下,全国职业院校技能大赛推动职业院校适时调整了人才培养目标,提升了服务区域经济的能力。

3. 预期效果凸显了校企融合的人才培养模式

让学生在"真刀实枪"工程环境中,按照工作要求竞赛并获得真实的职业技能,是全国职业院校技能大赛的设计预期。例如,"数控机床装配、调试与维修"赛项,其中包括的机械识图、装配与调试、精度检测与补偿、电气识图、线路安装、机电联调与故障诊断、数控系统、伺服驱动和变频器参数优化、数控机床基本操作、编程与试切加工、加工精度与测量等,都是真实的工作任务,而这也正是企业数控维修人员必备的职业技能。

二、把握全国职业院校技能大赛的核心价值,促进职业教育改革发展

全国职业院校技能大赛的核心价值在于建立一种促进发展的倒逼机制,推动职业教育循着大赛的导向发展,放大大赛的综合影响力,进而促进职业教育全方位改革和发展方式转变,引领职业教育特性的本质回归,实现可持续发展。

(一)发挥全国职业院校技能大赛的导向作用,彰显职业教育本质属性

"职业教育具有鲜明的职业性、社会性、人民性",这是温家宝总理《在全国职业教育工作会议上的讲话》中对职业教育本质属性的表述。他指出,"我国职业教育先驱黄炎培先生曾经把职业教育的目的概括为:'使无业者有业,有业者乐业',职业教育应该是面向人人的教育,使更多的人能够找到适合于自己学习和发展的空间,从而使教育事业关注人人成为可能。"

全国职业院校技能大赛犹如风向标,具有显著的导向作用。它在理念上宣传人力资源开发与人才强国战略,号召全社会支持和参与职业教育,倡导尊重劳动、尊重技能、重视职业教育的人才观和教育观;在实践上要求职业教育"导向就业、对接企业、强化技能、重视综合素质",指导职业院校产教结合、工学结合、校企合作,创新人才培养模式,推动校企双赢,进而实现可持续发展。

从制度设计的层面,我们必须进一步把握全国职业院校技能大赛的核心价值,通过高水平的赛项设计,发掘和发挥大赛的导向功能;通过高质量举办大赛,彰显和弘扬职业教育的职业性、社会性、人民性这一本质属性;借助大赛的倒逼机制,在职业教育制度创新方面有所突破,抢占职业教育改革发展的全球制高点,建立起具有时代特征和中国特色的,与经济社会发展和人的发展相协调的高标准职业教育体系,把职业教育真正办成面向人人的教育和人人关注的教育。

(二)借助全国职业院校技能大赛的影响力梯度推进效应,把大赛做大做强

梯度转移理论源于弗农提出的工业生产的产品生命周期理论。该理论认为,创新活动大都发生在经济发达的高梯度地区。随着时间的推移及产品生命周期阶段的变化,生产活动逐渐从高梯度地区向低梯度地区转移,而这种梯度转移过程主要是通过多层次的城市系统扩展开来的。梯度转移理论主张发达地区应首先加快发展,然后通过产业和各种生产要素向较发达地区和欠发达地区转移，以带动整个经济的发展。

依据梯度转移理论，全国职业院校技能大赛作为一种制度创新活动，必然起源于经济生产和职业教育高度发达地区，这种创新活动的影响力也必然通过多层次的城市系统逐渐从高梯度地区向低梯度地区推进。伴随着全国职业院校技能大赛永久性地在天津举行和其影响力的不断增强，可以预见，各种职业教育的发展要素，将在这里发生聚集融合，然后再以先进的价值观念、办学理念、管理方式、教育教学技术等形式推向各地，进而带动我国职业教育整体可持续发展。

从制度建设的层面，我们必须进一步探索全国职业院校技能大赛的影响效应，充分利用其影响力促进职业教育的规模、质量、效益和谐发展。一方面要努力聚集各种发展要素，特别是开启绿色通道，聚集并展示各种教育创新成果；另一方面要通过这些发展要素和教育创新，把全国职业院校技能大赛做大做强，做成著名品牌，促进职业教育的改革成果向各地区转移，带动职业教育乃至整个经济的发展。

（三）利用全国职业院校技能大赛的综合影响力，促进职业教育转变发展方式

全国职业院校技能大赛的综合影响力，是指大赛对我国职业教育及其环境形成的实际影响总和。经过连续三届的历练，全国职业院校技能大赛已成为职业教育领域最具影响力的赛事，其影响力已基本完成了从“注意力模式”向“影响力模式”的跨越。由全国职业院校技能大赛掀起的一轮又一轮“职教冲击波”和“技能冲击流”，不断刷新着人们关于职业教育的品牌意识、创新意识和文化意识，强势影响着职业教育的改革发展决策和社会公众对教育消费的选择。

转变经济发展方式，标志着我国经济建设从数量型扩张向质量型发展的理念升华。作为与经济建设直接相关的职业教育，要完成“十二五”期间的重大战略任务，实现科学发展，第一要务是要由“数量”走向“质量”、由“粗放”走向“集约”、由“外延”走向“内涵”、由“单一”走向“多元”，加快发展方式转变。

从制度创新和发展的层面，我们必须进一步研究全国职业院校技能大赛的运行规律和综合影响力，特别是要充分发挥国家职业教育改革创新示范区的作用。面对新型工业化和生态文明，面对传统产业加速改造和新兴产业迅速崛起，我们必须充分发挥全国职业院校技能大赛的综合力，在发展中谋转变，在转变中促发展，加快结构调整、加快新专业设计与新课程开发、加快教学方法的创新、加快师资培养培训，坚持以此为宗旨，主动适应经济社会的新形势和人民的新期盼，全方位加速职业教育改革和发展的科学转变。

（本文作者：靳润成，天津市教育委员会主任）

环渤海区域发展与天津战略选择论坛综述

丁大同

2011年9月20日，天津市社联举办第十三届中国科协年会“环渤海区域发展与天津战略选择论坛”。本论坛活动由中国科学技术协会、天津市人民政府主办、天津市社会科学界联合会承办、中国地理学会牵头。现将与会专家学者的学术观点摘要如下。

一、从传统城市到世界城市经济圈建设

中国区域科学协会会长、北京大学中国区域经济研究中心主任杨开忠教授：在上世纪80年代末90年代初，我国明确提出打造国际城市和世界城市。国际城市，是指具有国际影响力和竞争力的城市。世界城市，指在经济上具有国际影响力和竞争力的高端国际城市。我国为什么要建设世界城市呢？这主要概括为四个方面：一是经济意义。有助于国家成功从全球分工体系中低附加值、低效率、低辐射的生产环节向高附加值、高效、高辐射的生产环节转型。从全球化角度来看，这是我国推进产业升级、加快转变经济发展方式的主要课题。二是文化意义。世界城市是世界文化尤其是消费文化的象征和引领者,所以世界城市的建设必然有利于我们国家从全球文化的边陲向全球文化中心的转型。这是我国文化大发展、大繁荣的重要含义。三是政治意义。在全球的政治经济体系中,特别是自金融危机以后,我国正在加速向全球政治经济体系的核心国家转型。世界城市有助于推动这样一种转型。四是国民精神。拥有全球影响力、竞争力的世界城市无疑确实能够提升百姓的荣誉感,有助于振奋国民精神。

在京津冀建成世界级都市圈的建设过程中,京津冀区域合作已成为我国区域经济理论和实践的重大前沿课题。北京建设世界级城市已经积累了很好的条件和基础,特别是在打造"首都经济圈"上,需要确立重要的两极:一是中关村国家自主创新示范区,二是天津滨海新区。就天津建设世界级城市而言,我认为应与北京有所区别,这就是,要把天津建设成为"国际工商城市",因为"天津是国际港口城市"的提法并不能代表天津的全部。把天津建设成为"国际工商城市",就是要把天津建设成为北方开放的门户,建设多个中心,包括国际航运中心、国际物流中心等。

南开大学城市与区域经济研究所江曼琦教授:建设"首都经济圈"是我国"十二五"期间区域协调发展战略中的一项重要任务。比较优势是经济圈建设的前提和基础,准确的把握天津在首都经济圈建设中的比较优势,对于天津更好地融入首都经济圈十分必要。关于天津的比较优势经常被谈及的有四点:一是区位优势;二是以港口为主导,海、空、铁路和公路综合网络发达的交通优势;三是以荒地、油气资源为重点的资源优势;四是工业基础优势。我认为,在首都经济圈所含括的京津冀地区中,天津占有港口、制造业和政策三方面的比较优势。根据上述优势,天津市融入首都经济圈的路径主要是:基于港腹关系,以增强港口服务能力为龙头,打造"三北"地区联系世界的"黄金水道"。基于区域产业价值链,以提升自主创新能力为目标,抢占世界经济科技制高点。基于循环经济范式,利用先行先试政策优势,提升区域可持续发展能力。基于供应链关系,以重点项目为纽带,辐射带动区域的发展。

二、从区域到主体功能区域战略

中国科学院地理科学与资源研究所樊杰研究员:在首都经济圈建设中,需要着力解决和建立区域科技创新与产业化网络,使京津塘密集城市带和高新技术产业走廊构成大都市连绵区,从而走向一体化。在这一过程中,天津要优化开发区域中的重点,优化开发区、岸线合理利用,以及基础设施资源共享。基于此,在天津城市总体规划(2005—2020年)实施中,会遇到三个问题,即人口进一步集聚将加大资源环境压力;加快工业化进程对扩大生产空间规模、优化空间结构提出的挑战;城市向高层次功能定位的发展意味着区域协调难度加大。天津解决这些发展问题,我认为,一是要着力把经济体量作大、提高经济水平。既要加快滨海新区开发开放,又要壮大区县经济实力。二是要突出区域科技创新体系一体化的率先发展。在航空航天领域,和北京中关村国家自主创新示范区的科技创新相衔接,在新能源、生物医药、海洋科技、节能环保等领域也是如此。三是要强化生产性服务业发展的区域网络系统建设。在新金融园区、北方国际航运中心和国际物流中心、会展业、商务商贸等方面都和北京相衔接,形成有机联系的整体。四是要重视区域生态环境共建和市域内功能空间的合理管制。既要便于生产,又要便于生活。

天津市东疆保税港区管委会主任张爱国:今年5月10日,国务院正式批复天津市政府上报的《天津北方国际航运中心核心功能区建设方案》。5月19日,国家发改委将该《方案》正式下发,同意以天津东疆保税港区为核心载体,开展国际船舶登记制度、国际航运税收、航运金融和航运租赁四个方面的政策创新试点。国务院要求以建设东疆保税港区为重点,加快建设北方国际航运中心和国际物流中心,推进国际化市场体系建设,条件成熟时进行建立自由贸易港区的改革探索。以东疆保税港区为核心载体,推进北方国际航运中心核心功能区建设,创新国际船舶登记制度,开展航运金融业务和租赁业务试点,有利于加快天津国际航运业中游和上游产业发展,缩小与世界上主要国际航运中心的差距;有利于发挥天津滨海新区的先进制造业优势,加快发展现代高端服务业,促进产业结构优化升级;有利于积极开展建设中国特色自由贸易港区的改革探索,在体制机制创新方面先行先试,探索新时期开发开放的新模式。天津北方国际航运中心核心功能区的建设,不仅对天津和滨海新区的开发开放将产生重要的影响,同时对环渤海区域的合作与发展也将发挥重要作用。

天津师范大学经济学院易志云教授：环渤海地区是具有完整经济体系的大城市密集区，存在多个次区域。每一个次区域都有自己的中心城市，趋同的产业结构以及地方利益，致使各次区域间竞争大于合作，不利于环渤海区域的可持续发展。在新一轮发展中，可通过形成地方经济政策互动链、搭建战略对接等一系列措施，强化天津港口经济中心功能，加快与环渤海地区各港口之间的合作，整合资源，形成一个全方位、多功能、整体竞争力强大的环渤海港口群。通过环渤海港口群的建设，强化环渤海各次区域发展的有机协调。

三、从环渤海到天津的战略定位

南开大学滨海开发研究院常务副院长周立群教授：环渤海区域的崛起，是国家“十一五”发展规划的重要组成部分，也是“十二五”环渤海区域经济一体化战略定位新格局的必然结果。在新形势下，促进和实现环渤海区域经济一体化主要有三大途径：第一，市场一体化是区域经济一体化的基础。第二，建立适当的区际利益补偿机制。第三，建立区际产业协调机制与合作路径。在实现环渤海区域经济一体化的过程中，选择适当的城市作为区域一体化的领先示范基地，成为实施一体化战略的重中之重。也即发挥滨海新区在区域经济发展中的重要功能和作用，领军环渤海区域经济一体化战略的实施。这就要做到：一要发挥滨海新区科学发展排头兵的重要角色，借助滨海新区“先行先试”的优势，完善金融领域改革、提升自主创新能力、推广高端产业的扩散效应，建设绿色经济先行区、扩大对外开放，提升天津的城市辐射功能，促进区域经济一体化的发展；二要借助滨海新区“大项目、好项目”支撑、产业高端化的优势，完善铁路、公路、航空等交通体系，促进京津冀产业协作合作、率先建立区域性市场、整合各地港口群、促进分工协作、建立现代化港口经济体系，实现重点产业间的延伸、扩张、整合、协作与合作；三是借助滨海新区是对外开放门户，且拥有国际大港口的优势，扩大对外贸易合作口径、打造高技术和临空产业基地、助推成立环渤海内协作高效的港口运输和港口物流系统、助力区域内“腹地—中转—服务复合型”国际航运网络集群的形成，对接东北亚地区，借助环渤海“港口”优势，创建环渤海区域经济一体化的新切入点。

河北工业大学管理学院张贵教授：在京津冀区域间开展的科技合作，主要是政府主导型的。三地之间的成果转化，仍然是相对缓慢的，存在着四种大的制约因素，即长期行政分割惯性没有完全消失、区域内产学研体系沟通不畅、科技成果联合交易平台发展水平较低、缺乏区域性的科技中介服务体系。基于此，京津冀区域间的科技合作，可遵循“资源共享—科技创新—产业创造—生态宜居”的总体思路，开展地区科学研究的交流与合作、科技普及的交流与合作、共同研发具有国际竞争力的科技项目、开展地区科技人才合作培养与交流、完善地区科技资源共享和合作体系、建立和培育区域特色科技创新集群、产业联盟六大重点，从政府、企业商业、民间团体合作三个层面开展有效合作。天津市可主要围绕区域科技咨询合作、技术人才资源交流与共享、科技成果转化交易联合三个方面深入推进京津冀区域科技合作。

四、从务虚合作到务实合作

天津市社会科学界联合会党组书记李家祥教授：“十二五”期间，环渤海，尤其是京津冀区域务实合作面临进一步提升，既立足现实又高瞻远瞩，既把握全局又兼顾局部，既全面谋划又突破重点，选取恰当的方法、采用可操作的方式，通过分步实施，推动环渤海区域合作在现阶段见成效，并最终实现全面合作。多年来，环渤海区域务实合作既取得了成绩，也积累了不少经验，但总体进程仍显缓慢。“十二五”期间，面对世界和我国经济发展的新形势，党中央、国务院进一步对环渤海各地区，尤其是京津冀等次区域的发展提出了“务实合作”的新要求。“务实合作”理念的提出，正全面融入实践，环渤海区域合作，尤其京津冀都市圈建设理应进入一个新的发展高度。落实深化务实合作，不断完善环渤海地区经济联合与协调合作的主要思路：一是尽快制定出台国家层面的、“远近结合”的环渤海区域合作战略规划和次区域发展规划，建立国家层面的协调合作机制。二是按照“有序”、“连贯”原则，分阶段地推动区域务实合作，巩固“点”上成果，带动“面”上突破，以次区域合作推动大区域合作，最终实现大区域经济一体化。三是在合作领域上统一规划、分步实施，最终实现全领域合作。四是既发挥政府的引导作用，又重视市场的调节功能，培育市场机制和市场观念，寻找市场调节功能促发机制。就进一步深化环渤海区域务实合作的主要举措而言，它包括以下几个方面：从合作的重点区域看，加快推进京津冀都市圈的建设;从合作的核心内容看,促进产业融合发展;从合作的动力机制看,注重科技人才合作;从合作的基础环节看,连续加大交通合作的力度;从合作的物质保证看,加强资源环境合作;从合作的民生保障看,注重食品安全合作。

天津城市建设学院副院长王建廷教授:进入21世纪,环渤海地区成为我国社会经济发展的热点地带。在区域内经济高速发展的同时,也面临着区域经济发展不平衡加剧、区际分工弱化、区域产业结构趋同、地方保护主义严重、区域间的矛盾和冲突明显、区域经济发展过多地依赖政策路径等问题。解决环渤海地区经济发展面临的这些现实问题,必须从提升区域经济发展的动力入手。聚集作为区域经济发展的动力,取决于聚集带来的分工效应、规模效应、外部效应和市场效应。为此,提升环渤海区域经济发展的正确路径,应重点围绕上述四种效应进行。这就是:第一,建立新型的产业分工体系,提升区域的分工与专业化水平。环渤海区域应着力于区域产业结构的整合与优化,建立新型的产业分工体系,逐步形成区域产业链的对接与分工,形成错位竞争、上下关联的新格局。建立创新型、低碳化、无污染、互补型的产业结构。第二,制定区域总体规划,有效提升区域经济的规模水平。环渤海区域应在现有基础上,制定区域总体规划,明确城市发展定位,明确产业发展方向。第三,加强区域协调,实现外部效应最大化。环渤海区域应积极推动建立区域产业协作发展模式。全面梳理当前制约区域内经济合作体制、机制、制度、法规等方面的障碍,积极进行制度创新,推进新型产业分工协作。第四,打破市场封闭,获得更高的市场效应。环渤海地区各省区市从区域整体利益最大化角度出发,解放思想,统筹兼顾,打破“诸侯经济”的局面,逐步建立起统一的区域市场体系。第五,充分发挥政策优势,提高国家战略区的辐射力。充分发挥天津滨海新区等5个国家战略区的作用,使之惠及全区域,成为带动和引领区域经济社会发展的引擎。第六,充分发挥科技优势,促进区域主导产业升级。环渤海区域充分发挥自身的优势,针对区域内不同地区的地位、特点和资源条件,基于区域的总体发展方向,明确差异化的战略性新兴产业发展目标。

天津市人民政府合作交流办公室副主任孙虎军:在“十二五”时期,环渤海区域合作的深化,可通过落实《加强环渤海区域合作的天津共识》提出的合作内容进行。在新的发展形势下,环渤海区域应在以下六方面深化务实合作:一要加快大交通体系建设,促进区域内海港、空港、公路、铁路等多种运输能力之间的协作与分工;二要发挥重点功能区的服务辐射带动作用,形成多点支撑、共同发展的格局;三要促进产业融合发展,实现产业链条的延伸与推进;四要加大生态环境保护的力度,形成共同治理与保护的格局;五要加强社会领域的合作,致力于公共服务的均等化;六要完善定期会商机制,包括高层协商决策制度、职能部门协调落实制度、中央支持协调制度。

五、从整体合作到要素深度再造

南开大学经济研究所副所长刘刚教授:“十一五”期间产业发展的现状表明,环渤海区域经济发展的主导力量,是以要素驱动为主导来加速工业化过程。进入“十二五”时期,重化工业和第三产业加速增长、工业向沿海集中布局、区域产业适度竞争与合作格局良性发展,以及战略性新兴产业加速启动,这些构成了环渤海区域产业结构发展的现状和发展趋势。作为北方经济中心,为了促进环渤海区域经济的合作与发展,天津战略的核心是通过自主创新高地的建设、生产性服务业的发展、战略性新兴产业的启动和优势产业的高端化,率先转型和发展成为创新型城市。通过自身经济的辐射带动作用,促进环渤海区域经济走向创新驱动和内生增长。因此,率先创建创新型城市,幅射带动区域产业发展和升级,就成为天津的战略选择。在我看来,天津成长为创新型城市的关键机制和发展路径,一是大力发展“官产学研”一体化的新型混合组织,形成创新创业活动的发源地。二是创新型城市的主导产业形态,是高科技新兴产业和生产性服务业,而启动新兴产业和生产性服务业发展的主体,则是创新型企业的快速成长和发展。天津市充分利用自身丰富的科技资源优势,先后启动和发展了电动汽车、生物医药、物联网和数字内容产业,引进了以大火箭和大飞机为代表的航空航天产业。同时,充分利用国家给予的先行先试政策优势,把金融改革创新作为滨海新区综合配套改革试验的重中之重,在扩大直接融资渠道、健全金融服务体系、创建资本要素市场、改善金融发展环境等方面,取得了明显成效和重大进展。

天津商业大学经济学院周桂荣教授:环渤海区域作为中国区域增长的第三增长极,近年来经济发展迅速，但也受到各种因素的制约。如目前这一区域的资源环境负荷已处于过载状态，水资源严重不足，环境污染和生态破坏已成为该区域经济可持续发展的主要制约因素等。在新一轮环渤海区域务实合作中，要充分发挥区域间资源禀赋优势，扩大环渤海区域资源环境合作领域。我认为，推进环渤海区域资源环境合作领域的务实合作，主要有六个实施路径：一是充分利用天津碳排放交易平台，建构环渤海区域环境保护的市场化和制度化机制。二是充分利用天津制造业的优势，拓宽环渤海风能发电的市场空间。三是以天津研发转化基地建设为载体，促进环渤海区域专利技术在天津转化。四是充分发挥市场对资源配置的基础性作用，建构互补型竞争的区域共同市场。五是创新生态补偿方式，不断完善环渤海区域生态补偿机制。六是整合环渤海辖区的应急资源，建立环渤海联动的应急机制。

天津科技大学经济学院王殿华教授：国家“十二五”规划把保障和改善民生作为经济发展的根本目标。环渤海区域是全国重要的食品生产、加工区域，食品安全意义重大。目前，环渤海区域食品安全监管网络已基本形成，食品安全监管合作初步展开，区域内食品安全信息交流加剧，食品安全监管体系尚不完善。随着城市化和区域经济的迅速发展，环渤海区域经济一体化的趋势已不可逆转。我认为，可从六个方面来构建环渤海区域应对食品安全风险的战略合作模式：一是建立与国际接轨的动态的区域食品安全标准体系。二是借鉴国际经验，创新区域食品安全监管方式。三是瞄准国际前沿，以技术进步来保障区域食品安全。四是打破各城市间和行政区经济体制，构建整个区域食品安全体系。五是积极引导区域内公众形成健康的消费理念。六是控制生产环节，打造环渤海生态产业示范基地。

（本文作者：丁大同，天津市社会科学界联合会《天津社会科学年鉴》编辑部副主任）

两界联盟课题研究

天津市第25届两界联盟课题研究成果概要

在天津社会科学院、市社科规划办、市社会科学界联合会、天津市科学技术协会的共同主办下，第25届两界联盟课题研究（2011年）密切联系天津市“十二五”规划，以“智慧天津”建设为主题，对“智慧城市”建设的理论基础及其六个具体领域选定课题和子课题，就此一主题的研究背景、主要研究内容及成果、对策建议等开展调查研究。具体包括：（1）智慧城市理论基础：智慧天津建设愿景、路径和对策；（2）智慧技术：物联网关键技术与应用的研究、智慧天津与网络基础设施演进研究——建设光纤城市；（3）智慧产业：智慧天津建设与科技型中小企业发展研究、天津构造航空制造业智慧型产业链研究；（4）智慧服务：智慧天津建设中信息安全问题的法律思考、智慧天津建设中的智慧教育研究、智慧天津体育场馆及设施建设研究；（5）智慧管理：智慧天津建设与网络舆情研究；（6）智慧民生：智慧天津中的智慧政务若干问题研究；（7）智慧人文：智慧天津与智慧市民。最后，在各项研究成果的基础之上，对智慧天津建设的技术及配套措施的发展提出建议。其中，部门政策建议得到主要市领导的重要批示，相关实际部门加以采纳，有力地推动了天津市经济社会发展和信息化建设。

（《天津社会科学年鉴》编辑部）

智慧天津光纤基础设施建设研究

刘　豪

智慧城市是以互联网、物联网、电信网、广电网、无线宽带网等网络为基础，是继工业化、电气化、信息化之后，世界科技革命又一次新的突破。利用智慧技术，建设智慧城市，是当今世界城市发展的趋势和特征。对基础网络网元进行了前瞻性课题研究,同时进行了无线宽带接入方式的论证:一是根据“智慧天津”建设过程中行业应用项目的多样性特点,确认了应用无线宽带接入方式的必要性。二是通过实际基站小区的性能对比分析,确认了实施相应的解决方案后,当前网络中无线宽带接入方式的缺点在一定程度上是可以得到改善的,同时也证明了无线宽带接入方式的可行性。三是通过 HSPA + 技术的演进分析以及现网验证统计数据,确认了 HSPA + 技术向前演进在提升无线宽带接入方式应用能力方面的重要推动作用。最后,针对天津市开展“智慧天津”建设,提出了政府宏观政策法规建议:天津市政府持续的支持智慧天津和光纤城市项目,按照宽带、泛在、智能、融合、安全的总体要求,到 2013 年,实现全市城区和城镇化地区光纤入户全覆盖,使天津成为国内通信质量、带宽和服务最具竞争力的地区之一。

(本文作者:刘豪,中国联合网络通信有限公司天津市分公司副总经理。沈丽妹摘)

物联网关键技术研究与应用

孙桂玲

物联网是指通过信息传感设备,实现人与物全面互联的网络,主要特征就是通过互联网络、通信网络进行信息传递与交互,最终达到信息资源共享,实现智能化决策和控制。物联网的发展离不开国家和相关部门的支持,只有在制定我国物联网标准化体系和发展规划的基础上,突破具有自主知识产权的物联网核心技术;协调产业链上下游产品与技术的发展,推动应用行业规范;寻求持续盈利的商业模式,才能将物联网推向真正的产业应用。在政策与法规上建议,真正的物联网是面向社会的庞大应用体系和高端学科,它不仅需要多种复杂的技术,更涉及到各行各业,产业链多线交叉,所以市政府和有关机构应制定出适合物联网行业发展的政策和法规,并设立专门的机构来研究和协调,以保证其顺利和有序的发展。在基层组织培训机制上建议,编写一套适用物联网专业的培训教材,对天津市有关技术人员进行物联网专业技术培训,提升参与者的技能水平和设施水平,从而为“智慧天津”的建立和天津市的经济腾飞做出贡献。

(本文作者:孙桂玲,南开大学信息技术科学学院院长、教授。沈丽妹摘)

构建智慧天津与科技型中小企业发展研究

赵立泉

科技型中小企业是构建智慧天津的生力军、是衡量天津智慧性的先行指标。科技型中小企业的发展壮大可以为构建智慧天津提供强大动力,同时,科技型中小企业技术创新的多样性和广泛性是构建智慧天津的加速器。当前天津科技型中小企业从传统产业向新兴产业扩展、创新创业环境不断优化,发展优势明显。但仍存在以下问题:缺乏技术标准、融资困难、产学研形式化、结构不合理、智慧产业链的形成较难、法律服务体系缺失、行业人才短缺、缺乏自有知识产权、技术研发水平薄弱等。对此,一是加强政府采购力度,加速自主创新产品的推广应用,提高科技型中小企业的积极性;二是加强市场化引导,管理部门可指定骨干企业负责牵头,依托牵头企业确定发展思路和主要方向,逐步迈向市场化;三是针对各区县经济、资源优势,确定发展方向。在同一区域内避免多元化,形成规模优势,使各区域由竞争走向竞合;四是在科技型中小企业五年规划完成时,天津科技氛围将形成科技文化,与中央文化体制改革,推动社会主义文化大发展相得益彰,在智慧天津、和谐天津建设方面可资进一步研究。

(本文作者:赵立泉,天津科技大学经济与管理学院副教授。沈丽妹摘)

天津构造航空制造业智慧型产业链研究

丁　勇

空客 A320 落户天津之后,推动了天津市民用航空制造业跨越式发展。短短几年时间,天津航空产业园已经吸引了国内外重大航空项目近 20 个,天津已经成为了国内重要的航空制造基地,但是相对比全球航空制造业来说,还有很大差距。从定性的角度看天津航空制造产业链的智慧化程度不高:一是天津航空制造业产业链不够完整,二是产业链的治理模式主要表现为控制式治理模式。从定量的角度来看,通过智慧型产业链的评价指标体系和RBF神经网络评价模型,天津市航空制造业智慧程度仅处于中等水平。对此,提出了有针对性的政策建议和可行性措施,主要包括三个方面,一是完善航空产业链,通过智慧城市的建设促进产业链的发展,同时拓展产业链的上下游环节,提升产业链价值;二是加大R&D政策投入与支持,建设高水平的全球创新网络和公共技术服务平台;三是建立和完善服务支撑体系,加快天津市信息化建设的步伐,为智慧化提供技术支持。建立产业信息枢纽和资源共享平台。

(本文作者:丁勇,中国民航大学经济与管理学院副教授。沈丽妹摘)

智慧天津中的智慧政务若干问题研究

陈卫东

智慧政务(Smart Government)是政府依托网络系统(如物联网、互联网),通过先进的信息技术(如云计算等)使政府服务与管理达到和谐可持续发展,通过系统集成,有机地组合成一个一体化的、功能更加强大的由诸如政府信息资源系统、城市运行监测系统、社会保障系统、公共安全监管系统等组成的应用性系统,实现管理、服务的无缝化连接,为人们提供更客制化的服务选择、更透彻的需求分析以及更便捷的智慧响应。天津智慧政务发展解决途径:一是加强领导,强化组织保障。加强天津市政府的统一规划与领导,注重政府各职能部门以及上下级部门之间信息的资源整合和共享;建立物联网、云计算等产业发展推进工作机制,做好组织管理与协调工作;加快政府在信息资源共享方面的创新,实现政府信息资源的统筹管理和综合利用。二是加强政策法规及标准体系建设,提高建设和使用效率。建立智慧政务法律规范体系。进一步制定有针对性的法规和政策。三是构建多渠道投融资机制,不断加大天津智慧政务投入。不断加大政府对智慧政务建设与维护的持续性投资;鼓励和吸引企业及民间资金、风险资金和国外资金投入到信息基础设施建设中;设立智慧政务发展专项资金。四是加强人才队伍建设,完善人才引进和交流机制。创新人才培养模式,开设物联网开发应用、下一代互联网技术开发等“智慧革命”相关专业或专业方向,创办重点实验室和研究基地,建立教育与实践相结合、国内培养与国际交流合作相衔接的开放式培养体系,加强领军人才、核心技术研发人才培养和创新团队建设。

(本文作者:陈卫东,天津大学管理与经济学部教授。沈丽妹摘)

智慧天津与智慧市民

王秀阁

“智慧城市”外在体现为信息化、网络化、智能化,但其主体是人,是广大市民。“智慧城市”的“智慧”是由人创造的,是人工智能;同时也是为人服务、供人享用的。因此,要实现“智慧城市”,必须有智慧市民作为支撑。智慧市民指具有适应智慧城市生活方式基本素质的市民。其基本特点是:具有掌握基本网络信息知识,识别、使用和处理网络信息基本技能,良好网络道德等特点;其素质内容是:具有智慧市民的理念(包括整体意识、责任意识、和谐意识、创新意识、法治意识等)、较为系统的网络知识(包括现代信息化基本知识)、基本的运用网络的能力(包括辩证思维能力、信息处理和运用能力、学习能力、心理调适能力等)、网络时代要求的道德素养;其层次分为领导层、管理层和实施层三个层次。目前,多数天津市民还缺乏智慧市民应具有的理念和知识;中、小学生对信息网络方面的理念、知识和能力均缺乏;老年人明显不适应网络信息时代的发展要求。对此,首先,明确素质提高的目标,确立不同层次的目标,让市民根据自身情况进行选择。其次,明确不同层次市民素质提升的重点。领导层市民应全方位提高,既要继续加强智慧理念的提升,又要加强网络信息知识的学习,为科学制定天津智慧城市发展的总体目标、总体思路及相关的政策法规,领导智慧天津的建设和发展奠定基础。

管理层市民应着重提高其知识素质方面的水准,提高网络信息的管理能力。实施层市民应着重强化智慧理念,加强网络信息知识和应用网络信息的一般能力。再次,重点抓好的工作。第一、加强基础教育、学历教育中信息技能培养。第二、积极制定和完善人才引进与激励制度。第三、开展对不同层次人才的培训。最后,应建立市民信息素质综合评价制度。

(本文作者:王秀阁,天津师范大学马克思主义学院教授。沈丽姝摘)

智慧天津建设中的智慧教育研究

王繁珍

智慧教育是智慧城市的重要组成部分之一。智慧教育框架包含四个要素:学习者、数字化学习、教育基础设施、教育部门。本市已经构建了比较完善的基础教育、职业教育、高等教育体系所共同构成的国民教育体系。但调研组通过对滨海新区的教育信息化情况的调研发现,经过多年的发展与建设,当前滨海新区基础教育信息化虽具备了一定的基础,但远远未达到与滨海新区地位、以及与教育发展战略相匹配的水平。对此,一是出台天津市智慧教育建设条例,天津市教委成立智慧教育建设指导服务中心,各区县相应成立智慧教育推进办公室,选择有条件的区作为试点地区,率先实现智慧教育;二是完善智慧教育系列保障政策和法制法规建设。将智慧教育建设纳入终身教育立法,通过立法的形式,明确各方的义务,制定相关政策,确保我市市民切实享受到智慧教育的权利;三是成立常设的智慧教育建设专家委员会,完善专家咨询机制,明确专家委员会的职能,形成专家委员会的长效运转机制,保障智慧教育建设项目决策的科学性;四是建立智慧教育运行维护和应用服务体系,通过智慧教育维护和应用服务体系,保证智慧教育各类应用和系统建设的持续稳定发展;五是设立智慧教育建设试点专项资金,用于保障智慧教育建设的顺利推进。

(本文作者:王繁珍,天津广播电视大学副校长、教授。沈丽姝摘)

智慧天津建设与网络舆情研究

张健华

在智慧城市建设的大背景下,面对网络舆情发展给政府治理带来的一系列挑战,天津市政府必须用智慧的头脑武装自己,实现网络舆情的有效治理,从而回应时代变革对自身发展的要求。第一,要塑造智慧治理理念。主要是树立创新理念,注重网络舆情的创新治理;贯彻服务理念,营造对网民诉求的服务意识;树立开放理念,推进网络舆情治理的开放透明;塑造平等理念,进行政府和网民间的平等对话;树立多元主体合作治理理念,推进对公共事务的网络化治理。第二,要构建智慧治理体制。主要是打破传统的官僚体制模式和信息传递、处理瓶颈,加强高层决策者和行政执行层的直接联系和沟通,构建扁平化行政组织结构;改变传统的行政命令式决策方式,广泛了解网络舆情,建立吸纳公众参与的参与式决策机制;通过精简、重建和改进三个环节再造政府业务流程。第三,要建立“智慧”的网络舆情治理机制。主要是建立网络信息公平流动机制、政府信息公开机制、网络舆情引导机制、网络舆情应对和处理机制。

(本文作者:张健华,天津工业大学人文与法学院教授。沈丽姝摘)

智慧天津建设与信息资源保护的法律思考

罗瑞芳

智慧城市作为信息化对人类生活更为深入而全面渗透的城市形态,信息安全保障体系对未来智慧城市显得尤为重要。智慧天津建设中必须把握好一个平衡——既要促进城市信息的共享和流通,同时又要切实做好城市信息安全。这就对信息安全法制提出了一项基本要求——既要充分发挥信息安全法律法规对城市信息的安全保障,同时还要充分保障信息的流动、联通、共享和利用。需树立三项法制安全观:安全发展观、相对安全观、协同安全观。并提出以下对策建议：一是充分发挥天津市信息安全立法的能动性，制定《天津市信息安全保护条例》，加快天津市网络信息安全配套法律体系建设，加快技术标准体系立法。二是充分发挥天津市信息安全执法的能动性，加强网络安全秩序的监管，建立网络技术监测执法平台，把网络信息安全监管和网络执法有机结合起来。三是充分发挥天津市信息安全司法的能动性，一方面，吸收和培养一批具备一定的高科技水平的专业人才进入司法系统，并配备一定的高科技设备，确保对信息安全案件的侦查能够顺利进行；另一方面，法院和检察院应该成立专门的网络信息安全案件研究小组对于如何适用相关法律对网络信息侵权案件、网络信息违法犯罪案件进行审判，如何对电子信息证据进行采认，进行专门的研讨，并应用于实际工作中。四是充分发挥天津市信息安全法制宣传研究的能动性，主导实施一项网络安全意识和培训计划，增强市民的信息安全意识。五是引导和规范网络信息行业自律组织，引导建立信息行业自律组织，发挥行业组织对信息安全监管的作用。

（本文作者：罗瑞芳，天津社会科学院副研究员。沈丽妹摘）

智慧天津建设愿景、路径和对策

张　琴

智慧城市建设涵盖了人们生活的方方面面，主要包括智慧交通、智慧医疗、智慧物流、智慧政府、智慧金融、智慧商务、智慧安全监管、智慧教育、智慧服务等等，它将给人们带来一种全新的生活方式。结合国内外成功实施智慧城市项目的经验，分析智慧天津建设的基础，发现天津具有良好的信息化基础、经济基础、产业基础和地理位置优势，城市规模适中，拥有智慧城市建设的良好契机。“智慧天津”建设的对策建议：第一，制定整体战略规划，三年基础设施建设、五年重点建设、十年全面建设。第二，“智慧天津”建设必须走“政府主导，多方共建”之路。政企合作，共担风险，多方共赢是“智慧天津”建设的最佳前景。第三，加快建立人才培养体系。物联网企业、高校和科研院所、专业培训机构三者密切配合，共同推进建设合理完善的物联网人才培养体系，形成以企业为主体，以高校和科研院所为支撑，以专业培训机构为辅的优势互补人才培养体系。第四，把握技术标准，注重技术标准的制定、信息安全和信息主权的维护。第五，推行典型示范项目，把滨海新区作为示范工程和辐射对象，合理利用有限资金，重视金融资本的利用，以点带面逐步发展。第六，技术先行，高端服务后进，智能政务持续建设。技术是智慧城市发展的基础，服务是动力，智能政务是保障，三者缺一不可。第七，建立健全目标责任考核体系和激励机制，细化目标任务，确立考核标准，打造绿色宜居城市。

（本文作者：张琴，天津大学管理与经济学部讲师、课题组组长，课题组成员：王岩华、梁浚洁、冯浩源。沈丽妹摘）

“智慧天津”体育场馆及设施建设研究

李　实

2013年4月30日—5月10日，天津市将迎来第六届东亚运动会，天津22个配套的场馆已全面展开建设，部分场馆将于2011年内初具规模。推动天津市体育场馆能够更好更快的建设，应与推动天津市“智慧城市”建设相结合。首先，在体育场馆目标和方向上需要市级政府和机构进行宏观调控，并制定相应的政策对场馆进行管理和完善；其次，管理部门以及上级领导部门进行调查或派出技术人员进行协助，对于设施不完善的体育场馆政府部门还应当进行资金的注入，帮助其改进，迅速提高场馆方面的设施；再次，场馆设施比较落后的从整体上进行提升，对比较完善的体育场馆，对其场馆维护人员进行技能方面的培训，对基层管理人员进行管理方面的培训，以达到场馆、人员的最优化利用；最后，针对个别特殊的体育场馆减小其规模、控制标准、节俭办赛；利用和更新现有场馆，发挥最大效益；节约能源与材料。

（本文作者：李实，天津体育学院运动与文化艺术学院院长、教授。沈丽妹摘）

责任编辑：肖雅楠

滨海新区开发开放研究

探索有中国特色的区域开发模式

郝寿义　孙　洋

内容提要：滨海新区区委区政府将天津市委市政府提出的"打好滨海新区开发开放攻坚战"细分为"十大战役"，在九个功能区选取了十个加快开发开放的主战场。以战役的形式完成区域开发启动时期各项资源的快速有效配置，实现区域开发建设的快速准确决策，符合新区当前加快功能区开发建设的实际需要。

关键词：区域开发模式　滨海新区　经济增长极

一、滨海新区以"十大战役"为核心的区域开发系统实践

天津市委市政府提出"打好滨海新区开发开放攻坚战"，滨海新区区委区政府将其细分为"十大战役"，在九个功能区选取了十个加快开发开放的主战场，形成了包括空间布局、目标设计、开发模式、推进方法、组织保障等一系列内容，将转变发展方式打造增长极、推进综合配套改革试验、全面贯彻落实科学发展观走在全国前列的任务落实到各项工作中去，形成推进全方位开发开放的实践路线与思路。"十大战役"牢牢抓住"东航运、西高新、南重化、北旅游、中服务"的区域发展功能定位，计划用5—10年的时间，通过在滨海新区建设10个具有经济社会环境全面协调可持续发展特色的热点区域，带动整个区域的开发开放与改革创新，落实国家和天津对于滨海新区的发展功能定位，探索出一条经济发展方式转变、综合配套改革创新、社会与环境和谐的区域发展道路，成为深入贯彻落实科学发展观的排头兵。

1. 快速形成区域发展功能布局

"十大战役"区域开发的重点，是通过在新区重点加快十个功能区的开发建设，在较短时间内形成"东航运、南重化、西高新、北旅游、中服务"的发展功能布局。通过加快东疆保税港区开发，在东部重点打造国际航运中心和国际物流中心；通过加快临港经济区和南港经济区开发，在南部重点打造以重化工和机械制造为支撑的重化产业基地；通过加快西部区域开发，重点发展高新技术产业，打造高端制造业和研发转化基地；通过加快中新天津生态城、滨海旅游区、北塘经济区和中心渔港开发，重点发展休闲旅游、文化创意、会议会展产业，打造国际旅游目的地；通过加快核心城区和中心商务区开发，在中部重点发展金融商贸产业，打造高端服务业和新型消费服务热点区域。通过完善"东南西北中"的区域功能，落实天津市为新区制定的"一核双港、九区支撑"的发展路线，从而实现"对外开放门户、北方国际航运与国际物流中心、高水平制造业和研发转化基地、宜居生态型新城区"的发展定位。

2. 创新区域开发的体制机制

"指挥部＋管委会＋平台公司"构成了"十大战役"推进过程中"三位一体"的组织架构。其中，指挥部是统筹推动各项开发建设工作的决策中枢，由区长担任总指挥，成员由参与开发建设的政府部门与建设企业的主要领导组成。指挥部就近战役现场，针对区域开发的重点领域和关键环节及时发现、解决问题，确保各项工作顺利实施。管委会作

为新区区委区政府的派出机构，为“十大战役”提供组织支撑和后勤保障。平台公司则是各项战役的主力军，负责区域开放建设的具体工作。

采用这样一种多级联动、集中决策的战时模式，一是在现有的体制框架下，最大限度提高工作效率。在处于新老体制转轨的过渡期，针对新区政府与各城区、功能区、街镇的管理职权还不够明确的现实问题，采用“指挥部”的方式，在不触动现有体制的前提下，集成决策权和审批权，保障行政审批的效率与开发建设一线部门的政策执行力。二是有效整合各级行政资源，最大限度做好“全方位保姆式”服务。针对开发建设初期，加快引进大项目、好项目的客观需要，通过管委会作为执行主体，若干国有企业作为开发主体，形成了招商引资政策配套、行政审批高效规范、项目开发建设的基础设施与融资等生产性服务、企业员工的住房医疗社会管理等综合性社会服务这一整套的全方位服务。三是形成协调互动、协同履责的工作方法，为进一步深化管理体制改革奠定基础。多部门协同履责的战役模式，加强了新区各职能部门与各管委会、街镇基层单位的沟通与联系，明确了各级机关的职能定位，为进一步理顺区政府、各城区和功能区管委会、各街镇的事权划分提供了理论依据与实践指导，为加快建设统一、协调、精简、高效、廉洁的行政管理体制奠定了扎实基础。

3. 讲求科学的策略方法与建设路径

“十大战役”在“三位一体”的战时体制下，将“尽力而为、量力而行”、“先谋后动、动则必成”、“有所为有所不为”、“积极平衡、综合平衡”的科学策略方法贯穿区域开发的整个过程，坚持开发先期，加快“启动器”建设并迅速向“吸附器”转化的建设路径，实现区域开发的系统推进。

坚持“尽力而为、量力而行”，既保持奋发有为的精神状态，尽最大的可能去保证开发建设的速度与质量，同时又从各功能区的资金、技术、人才等基础条件出发，实事求是，讲求建设的科学性与实际效果。坚持“先谋后动、动则必成”，就是要以科学发展观为指导，在制定发展目标、作出决策部署、组织推动工作中，坚持调查研究，根据客观条件和发展的目标规划进行分析比较，科学谋划、统筹兼顾、多谋善断；一旦作出决策，必须坚决抛弃任何私心杂念，坚决杜绝推诿扯皮，必须知难而进，勇于担当，用心把握，狠抓落实，快速高效推进，高质量地完成，真正见到实效。坚持“有所为有所不为”，就是要面对各方面人才物力需求旺盛与一定时期内可供投入建设的人财物力不足的长期矛盾，比较甄别好各项工作、各种项目的轻重缓急，处理好先为与后为、多为与少为、快为与慢为的关系，使得新区有限的人财物力资源通过在时间与空间上的合理配置，能够产生最佳的经济社会效益。坚持“积极平衡、综合平衡”，就是要以资金运作为核心，统筹协调好开发建设的各项工作。既强化负债建设和经营还债意识，又创新资本运作方式，形成建设资金“借、用、管、还”的良性循环机制。坚持从“启动器”到“吸附器”的建设路径，就是针对部分区域在开发建设初期基础设施与引导性项目不足的情况，以国有企业为建设主力，通过基础设施配套、标准化厂房、蓝白领公寓、引导性项目等“启动器”的开发建设，把产业与项目的招商引资带动起来，让区域开发尽快旺起来，从而形成对于外部企业和资金的“吸附”能力，让区域开发尽快进入良性循环。

4. 推动发展方式的转变，实现内生式增长

在区域开发中，“十大战役”形成了加快产业结构战略性调整的四个重点领域。一是以重型装备制造等领域较为完善的生产制造能力为基础，通过利用新技术成果完善研发设计能力与产业配套能力，实现资本技术密集型制造业的集群发展；二是在电子信息等领域发挥产业配套优势，提升市场营销、产品研发等环节的发展空间，实现产业链价值延伸；三是发挥钢铁、粮油加工、现代物流、化学工业等领域的规模经济优势，提升产业的信息化与现代化水平；四是利用航空航天、新能源与环保材料、生物医药、新一代信息技术等领域的领先优势，率先突破一批重大技术瓶颈，引领战略性新兴产业的科技创新。

在“十大战役”的具体实践中，一是通过系统完善适合技术创新的政策环境、适合技术转化的产业平台、鼓励创新的体制机制以及“全方位保姆式”服务等四方面工作，形成有利于内生式增长的发展环境；二是结合新区的优势产业、主导产业以及产业的发展方向，重点打造航空航天、现代信息技术、现代生物医药、新型能源等八大现代产业集群，发挥产业集群式发展的集聚效应；三是重点推进现代制造业与生产性服务业的融合式发展，大力鼓励通信、消费电子、信息网络、金融服务等服务业扩散性关键技术的发展，扶持现代信息技术对传统产业的

改造，规范行政审批来减少产业进入的市场壁垒。

5. 建设宜居生态与区域开发同步推进

“十大战役”将实现低碳绿色循环发展、建设宜居生态，作为区域开发的一项重要任务。随着经济的快速发展，在“十二五”末，新区将发展成为常住人口500—600万人的新兴城市。考虑生态环境承载能力，兼顾经济发展、环境保护、社会和谐，实现可持续开发，是“十大战役”必须要破解的一项重大课题。新区以加快中新天津生态城建设为重点，对于兼顾经济发展与宜居生态建设，进行了全方位的探索。

以“人与人和谐共存、人与经济活动和谐共存、人与环境和谐共存，能实行、能复制、能推广，成为中国其他城市可持续发展的典范”为目标，新区在生态城建设中进行了三个方面的探索。一是大力发展绿色经济，实施绿色、低碳、节能等新兴产业的创新引领计划，形成了绿色经济在技术创新与转化、政策扶持机制、人才交流机制、碳排放权交易与金融创新等四个领域的支撑体系，大力发展低碳经济、绿色经济、海洋经济；二是全面推进节能减排与环境保护，推动全社会在制造、运输、回收利用、居住、出行等方面的节能降耗，加快推进高能耗产业与住宅的节能改造，全面加强生态补偿与修复工作；三是全面提升现代城市的建设与管理水平，提高城市规划的现代化水平，高标准建设现代化的基础设施，持续不懈的推动城市绿化、亮化、美化的市容综合整治工作。

6. 改革与区域开发同步推进

“十大战役”区域开发的顺利推进，必须不断破解当前发展中所面临的产业发展不协调、区域发展不协调、经济和社会发展不协调、基础设施建设不协调、居民收入不协调、城乡发展不协调等方面的现实问题，必须将改革与区域开发紧密结合、同步推进。

围绕三大核心任务，根据“十大战役”在推进中需要破解的具体问题，滨海新区适时推出了十个方面的重点改革方案。一是完善政府职能，提高行政效率与服务水平，提出了行政管理体制改革与行政审批体制改革；二是完善经济体制改革，全面推进社会主义市场经济体制建设，提出了金融改革创新、土地管理体制改革、国有企业与非公经济改革创新、涉外经济体制改革；三是完善社会事业与保障制度，维护社会和谐稳定健康发展，提出了医疗卫生体制改革、住房体制改革、创新城乡统筹发展和社会管理创新。改革方案既是对滨海新区综合配套改革任务的细化落实，同时紧紧抓住新区在攻坚战中面临的最主要矛盾。“十大改革”作为打好开发开放攻坚战的核心动力，与“十大战役”一同成为新区争当科学发展排头兵的重要实践创新。

7. 加强党的建设筑牢防腐堤坝

始终坚持将加强党的执政能力建设和全力打好“十大战役”紧密结合，注重用党的思想武装教育干部、用党的组织指导保障工作、用党的作风预防化解腐败。一是加强党组织的理论学习，全面学习领会科学发展的思想、理念与方法，认真学习贯彻胡锦涛总书记、温家宝总理对新区开发开放的系列要求，增强各级干部的使命感、责任感和主人翁意识。二是培养锻炼干部队伍，采用“高位嫁接”的方式，加快选派有思想、有能力、有干劲的党员干部到“十大战役”的建设一线、到各街镇基层单位任职，使党组织的人才优势转化为推动“十大战役”、打好攻坚战的强大力量。三是加强党风廉政建设，针对“十大战役”涉及项目多、投入资金大、容易滋生腐败的问题，创新推出“筑堤行动”计划，以预防为主、从源头出发，建立立体式防控监督机制，筑牢防腐堤坝。

二、滨海新区对我国区域开发模式的探索与创新

“十大战役”是滨海新区在区域开发建设全面推开的特殊时期采取的一种特殊手段。以战役的形式完成区域开发启动时期各项资源的快速有效配置，实现区域开发建设的快速准确决策，符合新区当前加快功能区开发建设的实际需要。战役模式不是常态化建设机制，当新区“东南西北中”的区域功能定位格局基本形成，“一核双港、九区支撑”的发展路线基本成型，科学发展排头兵的历史使命基本完成，“十大战役”也就实现了攻坚战的发展任务，将自然过渡到下一个符合新区发展阶段特征的区域发展途径。

“十大战役”着眼于打好滨海新区开发开放攻坚战，通过统筹布局区域开发，分类加快重点基础设施和产业项目建设，同步推进招商引资和社会事业发展；着眼于显著增强综合实力，通过打造若干平台载体，进而聚集更多高水平大项目好项目；着眼于解决新区发展的结构性短板，更加注重经济结构、产业结构、要素结构、社会结构、治理结构的战

略性调整，形成结构调整与开发开放共同加速推进的新局面；着眼于完善政策支持体系，全面跟进政府“全方位保姆式”服务措施，打造产业竞争区域政策高地；着眼于推进体制机制创新，通过打破部门、区域界限，创新开发建设模式，创新资本运作方式，创新利益分配形式，不断破除发展中的体制性障碍，激发各方面加快发展的活力；着眼于提升滨海新区的吸引力、竞争力，力促国内外各类客商聚集滨海新区，力促资金、技术、人才和先进管理经验向新区汇聚；着眼于培养锻炼干部，让更多干部在参与“十大战役”中提高能力、增长才干，造就一支想干事、会干事、干成事、不出事的干部队伍；着眼于营造干事创业的浓厚氛围，进一步凝心聚力，把广大干部群众的主要精力集中到开发建设上来，为实现又好又快发展注入强大动力。

滨海新区“十大战役”打响以来，生产总值连续三年跨过三个千亿元大台阶，年均增幅超过24%，2011年突破6000亿元；石油与海洋化工、汽车及装备制造等八大主导产业集群已经形成，生物医药、新能源新材料等战略性新兴产业正在迅速成长为新的支柱产业；累计建成了50个国家级和省部级研发中心，组织实施了160项自主创新重大项目，高新技术产品产值比重超过40%；基金投资、股权交易、离岸金融、意愿结汇、航运金融等方面的制度创新走在全国前列；社区管理、流动人口管理与服务、生态城市规划建设标准等方面成为全国示范。

滨海新区加快区域开发的具体实践，对于在我国北方区域，如何实现将产业升级与区域开发有机结合、将转变发展方式与保持经济社会持续快速健康发展有机结合、将改革创新与发展实践有机结合，进行了有益的探索。滨海新区的探索实践，符合科学发展的要求与区域开发的客观规律，促进了经济社会环境的统筹发展，是对探索我国区域全面协调可持续发展路径的一次重要创新。

（本文作者：郝寿义，天津滨海综合发展研究院院长；孙洋，天津滨海综合发展研究院）

发挥滨海新区在区域发展中的作用研究①

戴学来　董智勇等

内容提要：滨海新区适于选择“高端集聚，内外联动，一体多元，领先示范”的经济发展模式，始终把带动区域发展放在重要战略位置，坚持对内增强实力、提高综合素质，对外加强联系、搞好服务，寓开发开放于强化聚集辐射功能之中，通过改革创新扩大聚集和扩散效应，做到在服务区域发展中加快自身发展，通过加快自身发展带动整个区域发展。

关键词：滨海新区　区域经济　地位和作用　发展模式

滨海新区在带动区域经济又好又快发展中发挥了重要作用。在“十二五”时期，新区将通过推进经济结构调整，转变发展方式，提升滨海新区龙头作用；通过完善综合服务体系，提升综合服务水平；通过率先改革与创新，提升滨海新区示范带动作用，当好科学发展排头兵。

一、高端集聚——造就优质要素和高端产业集聚的高地

1. 加快产业结构优化升级，加快形成先进制造业基地。首先，以龙头项目形成产业链条，打造产业集群，提升区域产业对接水平。在延伸石油化工、航空航天、汽车制造、电子信息、生物医药、海河下游现代冶金、天津港物流等产业链上实现新突破，实现产品有机衔接和资源利用效益的最大化。其次，大力发展新能源、新材料、航空航天、生物医药、物联网、节能环保等产业。建立战略性新兴产业发展基金，股权投资与新兴产业紧密结合，运用产业税收减免政策和土地优惠政策，推动产学研协

①本文发表于《天津师范大学学报》（社会科学版）2011年第2期。

调合作，推动新兴产业技术进步。依托研发转化基地，构建“高端、高质、高新”产业高地，打造集群化、国际化的战略性新兴产业体系。①

2. 积极构建区域中心市场，实现金融等高端服务业新的突破。首先，加快建立区域交易中心。继续拓展要素交易所，设立金融交易平台，包括设立全国性非上市公司股权交易市场，进一步提高国有企业国际融资洽谈会品牌效应，建立国际化的常设直接投融资平台，开展私募基金和债券交易试点，进行石油化工、钢材、煤炭及棉花等商品远期合约交易试点。其次，提高新区金融机构聚集度。积极引入外资金融机构，改善社会资金结构，拓宽直接融资渠道。尤其是促进新区在东北亚投资资本自由流动，鼓励金融机构相互进入对方市场。

3. 聚集全球创新资源，充分发挥研发转化基地带动作用。首先，加快产业研发转化基地建设。新区应重点发展生物医药、能源环保、信息产业、航空航天、装备制造、新材料、海洋技术、高技术的现代服务业等研发转化基地，加快形成现代产业体系，增强产业自主创新能力和产业综合竞争力。着力建设滨海高新区、天津经济技术开发区科技园、天津空港加工区科技园、塘沽海洋高新科技创新园，增强基地聚集资源的承载力。其次，构筑产业研发转化大平台。着力打造生物制药、工业生物、民航科技、纳米技术、装备制造、新能源技术、海洋科技等高水平专业性公共研发转化平台，为高层次人才来新区创业提供条件，使之成为聚集科技资源、提高产业创新能力的重要载体，分级建设企业技术中心，促进创新要素向企业聚集。

二、内外联动——服务区域经济发展

1. 提升对外开放水平，充分发挥门户作用。首先，应在涉外经济体制改革方面寻求新突破。以国际自由贸易港区的通行规则监管口岸；积极扩大离岸金融业务；放宽资本项目外汇管制；完善航运服务区和口岸信息平台；建立国际采购中心和跨国连锁采购展示平台、网络平台；拓展“内陆无水港”运作模式，实现环渤海区域口岸通关一体化。其次，应提升经济国际化水平。把利用外资与产业结构升级相结合，有针对性地引导外资投向高新技术产业、高端制造业和服务业、现代农业、节能环保产业、创意产业等领域，引进更多的国内外大公司的地区总部、研发机构和营销中心。培育一批具有国际竞争力的大型跨国公司或集团，实行国际化经营。进一步加强构建海外投资和经营的公共信息平台，为企业国际化经营提供境外投资服务。再次，努力推进外贸发展方式转变，优化进出口商品结构。大力培育拥有核心技术、自主知识产权和自有品牌的重点出口企业，推进高档次、高质量、高附加值产品和绿色产品出口。加大进口政策和产业政策协调互动，积极推进金融、信息通讯等新兴服务贸易发展，改善服务贸易结构。积极承接国际服务外包，建设一批高水平的服务外包园区。积极推动加工贸易向研发、销售和售后服务等环节延伸。深度拓展拉美、中东欧、东南亚等市场。

2. 完善综合交通体系，发挥辐射作用。首先，新区应积极构筑多层次、一体化的区域综合交通体系，发挥对内外腹地的辐射和龙头作用。加快建立以综合枢纽为中心、大运力和快速运输干道为主骨架、各种运输方式有机衔接的齐全、完备、智能化综合运输体系，使之成为内吸外引的集疏运体系的国际枢纽。其次，加强内外集疏运功能。铁路方面，加快建设天津直通中西部铁路运输大通道；公路方面，构建完备、高效的快速网络；完善天津港水运、陆运集散体系，以多式联运带动腹地发展。加强天津滨海国际机场与京津冀区域其他机场的分工与协作，与首都机场共同构筑东北亚地区的国际航空枢纽。与国际物流中心定位相适应，形成物流通道衔接便捷、空间布局合理的交通与产业协调发展。

3. 完善内外合作机制，发挥区域经济增长内生动力作用。首先，积极促进京津冀对外开放与合作。以新区为核心发展京津冀沿海经济带，向南北两翼拓展，加快经济重心向新区转移。其次，率先创新环渤海区域合作方式。促使生产要素在区域内自由流通，促进企业跨行政区发展和推进区域经济合作。通过建设区域性市场，使新区成为环渤海地区最大的生产要素与各类商品的集散地，成为北方最重要的资源配置中心。加强环渤海区域港口跨区域资源整合，加快建设京津冀港口群、山东半岛港口群、辽东半岛港口群，形成分工协作的现代化港口体系。再次，发挥新区作为我国北方与东北亚合作的桥梁作用。特别是在中、日、韩三国新的合作框架下，新区应承担起加快推进我国与日、韩

①李文增：《战略性新兴产业发展的现代金融服务体系研究》，《天津师范大学学报》（社会科学版）2010年第5期。

自贸区建设，加大贸易便利化力度，成立协调高效的运输和物流系统；促进投资资本自由流动，加强金融合作；反对保护主义，消除技术壁垒，加强科技与创新合作；推进节能环保、低碳经济、高新技术等领域合作，打造新的合作增长点等。①

三、一体多元——强化多元化功能载体

1. 完善区域功能体系，提升功能载体服务带动作用。首先，打造高新技术产业和临空产业基地，引领区域科技与经济协调发展。着力促进新区成为我国高水平现代制造业和研发转化基地，促进京津冀地区科技资源、生产要素合理布局和配置，使新区既是高端创新链的发源地和承接地，也是高端产业链的聚集地，引领京津冀都市圈乃至环渤海地区科技与经济的协调发展。发展临空产业，建设以航空物流、民航科技产业、临空会展商贸、民航科教为主要功能的现代化生态型产业区、总部经济聚集区。其次，创建航运交易中心，逐步成为国际物流中心。创建天津国际航运交易所，建立统一、开放、竞争有序的航运交易有形市场，形成以天津为中心，辐射青岛、大连及腹地的航运和货物信息及交易平台，全面发展海陆空一体化大口岸物流，建设符合国际惯例的航运环境。再次，健全现代服务产业功能，发挥门户服务带动作用。以先进技术拓展国际业务领域，扩大专业服务贸易，满足国内外客户的服务需求，提升新区在区域对外经济贸易中的窗口、枢纽、品牌作用。实施滨海新区都市旅游发展战略，利用岸线、生态、文化、港口和工业资源，重点开发旅游集聚区，形成区域性休闲旅游中心。②

2. 强化新区港口资源配置优势，发挥港口经济功能作用。首先，实现世界一流大港目标。提升天津港规模等级，占据国际物流供应链、技术创新、政策创新和港城一体化发展的高端，提高港口规模化、国际化、现代化水平，以“节能减排”、“绿色低碳”的科技，推进天津港向技术密集型、生态港口的升级发展。发挥海向和陆向的辐射作用，发挥连接东北亚和中西亚的纽带作用。其次，打造港航产业集群。推进港口装卸业、国际物流业、港口地产业、综合服务业“四大产业”的发展，增强港口产业竞争力。统筹港区联动发展，继续按照“一核双港、九区支撑、龙头带动”的发展策略，提升完善港口发展规划。构建航运产业集群，鼓励金融、保险等与现代物流企业结成合作联盟。以东疆保税港区离岸金融试点为契机，提高金融机构、中介机构等专业服务水平，营造良好的市场发展环境。再次，推进国际一流邮轮母港发展。加大对邮轮母港周边配套设施、邮轮城等项目进行科学合理规划，制定出相应的优惠政策。包括设立邮轮经济发展专项资金、制定完善的邮轮服务标准体系等，吸引更多的国际邮轮公司落户、挂靠天津，推进天津发展为国际一流邮轮母港。最后，完善区域港口合作机制。以东北亚区域合作为契机，造就新区成为我国北方与东北亚合作的桥梁，特别是在中、日、韩三国新的合作框架下，新区承担起我国与日、韩加快推进自贸区建设，成立协调高效的港口运输和港口物流系统的任务。

3. 完善国际航运物流服务体系，强化港航、物流等中心地位作用。首先，实施“腹地—中转—服务复合型”战略，建设“第四代国际航运中心”即“低碳智网型”国际航运中心。以天津港为载体，转变发展方式，完善现代交通体系和金融、贸易、保险、信息等综合服务功能，组建清洁燃料船队，成立区域涉航碳排放资源交易中心，推行低碳经济运营模式。其次，加强现代港口综合服务能力。扩展“无水港”城市范围和功能，提升服务质量，巩固天津港在服务品牌上的比较优势，形成与港口城市地位相适应的现代综合服务体系。在无水港建设大型物流配货中心，集聚航运功能性机构、航运重点企业和地区总部型企业落户滨海新区，建立区域性货运信息中心。再次，建设港航、物流信息网络。加强港口信息化管理，建设环渤海港口运输信息网络。

四、领先示范——担当科学发展排头兵

1. 加快重点领域改革突破，发挥综合配套改革先导作用。首先，完善涉外经济体制，加快建设和谐社会的体制保障，重点推进社会事业体制、分配体制改革，大力发展劳动力市场，推进就业服务体系建设。其次，深化新型区域管理模式的改革。加快理顺新区内层级之间的关系，强化行政管理体制；优化国有资产配置，积极推进民营企业发展，推动以培育成长型、创新型为重点的中小企业成长工程的实施。再次，金融领域改革实现新突破，建设与北方经济中心相适应的现代金融服务体系和全

①祝尔娟：《京津冀都市圈发展新论》，北京：中国经济出版社2008年，第3－17页。
②殷升光：《滨海新区文化产业发展构想》，《天津师范大学学报》（社会科学版）2010年第3期。

国金融改革创新基地。同时,适应经济全球化需求,在外汇管理制度改革上先行先试,为人民币国际化进程做相应的准备。

2. 提高自主创新能力,充分发挥创新驱动示范作用。首先,深化科技体制改革,进一步探索破解制约创新的体制机制障碍的路径和方法;提升各功能区的创新能力;依据滨海新区"一核双港"和九个功能区的空间总体规划,加快形成各具特色的创新功能区,充分发挥对环渤海发展的服务辐射作用。其次,构筑优化人力资源结构,建立人才资源库,营造激励人才自主创新的优良环境。再次,进一步完善创新政策体系。

3. 优化消费需求结构,发挥带动作用。新区应改善区域消费结构,增建高端商业设施、特色商品交易市场等。以国际化和品牌商业服务和旅游服务以及招商服务理念,通过对市场需求细分的大项目和高质项目,形成布局合理、定位明确和功能务和旅游服务体系。①

4. 建设绿色经济先行区。全力建设生态产业园区和循环经济产业链,加强生态保护,积极探索绿色经济的新途径,大力发展循环经济、低碳经济,推进绿色消费和生态宜居等文明生活方式,建立健全体制、技术、政策等重要支撑体系,使新区循环经济发展走到全国的前列。

(本文作者:戴学来,天津师范大学经济学院教授;董智勇,天津师范大学经济学院讲师;胡东宁,天津师范大学经济学院讲师;郭素芳,天津师范大学经济学院副教授;王洪,天津师范大学经济学院教授;易志云,天津师范大学经济学院教授;黄松玲,天津师范大学经济学院教授)

2011 开局之年:天津滨海新区面临的机遇与挑战②

周桂荣

内容提要:2011 年是"十二五"规划开局之年,滨海新区既面临着重要的战略机遇期,也面临着经济结构调整,投融资压力加大;外部环境不确定因素加剧、出口形势严峻以及区域竞争全面加剧等诸多问题。创新发展思路,坚持体制机制的深度改革、加快产业发展的转型升级,才是应对后危机时代挑战的出路所在。

关键词:天津滨海新区　机遇　挑战国内外形势

2011 年是实施"十二五"规划的开局之年,也是滨海新区争创贯彻落实科学发展观的"排头兵"继续推进"十大战役",实施"五大改革"谋好篇布好局攻坚克难的重要一年。在开局之年,我们清醒地看到,深圳经济特区、浦东新区等国内先进地区正在推动新一轮的改革发展,外部环境的竞争更为激烈。尽管滨海新区在过去的一年里创造了"滨海速度",但仍面临着亟待解决的一系列问题。以全球视野谋划发展,以"十大战役"推进发展,争夺科技制高点,加快经济发展方式转变,全面加快国际化进程,则成为抢占"后危机"时代发展先机的关键。

一、滨海新区面临的国内外机遇

纵观开局之年的国际国内形势,新区发展信心与困难同在,机遇与挑战并存,但总体上仍处于大有可为的重要战略机遇期和加快发展的黄金期。面临的机遇主要体现在:

1. 全球经济低缓回升,为新区经济增长提供了良好的外部环境

2010 年,发达国家经济出现恢复性增长,这主要得益于2009 年基数低,加上经济刺激政策在一定程度上改善了市场预期,带动了生产恢复。在此基础上,预计2011 年其经济增长将出现回调。依据联合国发布的《2011 年世界经济形势与展望》报告,世界经济从"衰退"走向复苏过程缓慢,各国的增长力

①陈元清、赵津:《天津市消费与投资比例关系变动及其思考》,《天津师范大学学报》(社会科学版)2010 年第3 期。

②本文节选自《经济界》2011 年第3 期。

度不一。其中,美国经济复苏由2010年的2.6%,预计到2011年将减缓至2.2%。欧元区2011年的增长可望维持在1.5%,与2010年持平。受主权债务困扰的欧洲国家如希腊、葡萄牙、爱尔兰和西班牙的经济将继续衰退或停滞不前。日本经济由于通货紧缩和数额庞大的公共债务的困扰,2011年增长率预计为1.4%。发展中国家和转型经济国家,由于采取的经济刺激政策促进内需增长,因而较为有效地减缓了外部冲击。2011年经济增长可能也会从2010年的7.0%下降到6.0%。中国和印度仍将是亚洲发展中国家经济体增长的引擎。2011年,国内宏观政策调控的效果以及主要发达国家复苏乏力的影响可能减缓中国和印度两大新兴经济体的增长速度,预计2011年中国经济增长预期为8.9%,印度为8.2%。2011年,滨海新区作为对外开放的门户城市,外向型经济对新区GDP贡献仍会在国外需求拉动下呈现快速增长势头,其进出口的增长将会保持在20%左右。伴随大项目好项目的投产运营所产生的经济效益,以及固定资产投资的增长,住房保障和医疗改革的惠民政策的落实,社会事业改革的整体推进,预计2011年滨海新区经济增长有望达到24%左右,到2015年,地区生产总值年均增长17%以上。

2. 工业发展仍将保持快速增长势头,战略性新兴产业规模优势突出

2010年,在全市贯彻“解难题、促转变、上水平”的决策部署下,滨海新区以大项目好项目为建设重点,经济发展实力显著提升,其GDP增速远远超过了上海浦东新区,工业增速更是高出浦东新区14个百分点,达到了35.1%。2011年,随着天碱新厂、中航直升机、三星LED以及阿尔斯通水电设备、友达光电等项目的建成投产,以及新一代运载火箭产业化基地、长城汽车等重大项目的快速推进,工业发展仍将保持快速增长势头。且高端高质的战略性新兴产业发展优势突出:围绕节能环保、新型信息与网络、生物技术与现代装备制造、新能源新材料、云计算、空客投产运营的顺利发展,产业集群发展的聚集效果成为主导今年乃至未来几年经济发展大势。预计2011年,尽管受到国家宏观调控政策趋紧的影响,但新区工业发展的后劲及新区金融创新的支撑作用仍会使新区工业发展势头不减,预计工业总产值仍会保持30%左右的快速增长态势,到2015年,战略性新兴产业产值达到10,000亿元,占工业总产值的比重达到40%以上。

3. 经济发展方式转变稳步推进,现代服务业发展集群崛起

2010年,滨海新区以转变经济发展方式为主线,以综合配套改革为契机,以金融改革创新为助推器,以创新服务功能、完善金融市场为切入点,加快了第三产业发展的步伐,逐步形成了传统服务业和现代服务业、生产性服务业与制造业互动发展的格局。可以说,2010年是滨海新区现代服务业加速汇集、放量增长的一年,服务业占生产总值比重达到32%。2011年,随着滨海新区服务业发展环境的日臻完善和国际服务业产业转移的加快推进,以及“十大战役”的全面实施所带来的机遇,滨海新区加快服务业发展政策效果的释放,以新区核心区、东疆保税港区、中新生态城、滨海旅游区、中心商务区、渤龙湖总部经济区、航天城航空谷等以高端服务业为代表的区域,将直接带动生产性服务业加快发展,并衍生新的服务行业。

生产性服务业为主的第三产业发展必将跃上新的发展水平。可以预计,2011年,随着大项目好项目的聚集和现代服务业项目的建成运营,产业链由此延伸,产业结构随之调整,物流、金融、保险、科技信息等现代服务业将会集群崛起。预计滨海新区服务业的发展有望在2010年增长21%的水平上,再跃新水平,预计达到23%左右,到2015年,服务业增加值占生产总值的比重有望达到40%。

4. 投资消费快速增长,新区跨越发展的内需增长动力强劲

2011年是我国“十二五”规划的开局年,各地重大规划项目陆续开工建设,特别是随着滨海新区大项目好项目的落户,功能区和重大项目建设加快推进,中俄大炼油项目的开工、新一代运载火箭基地、中船重工造修船基地建设顺利实施,东疆保税港区口岸开放验收的国家批复,渤海商品交易所的成功运营,内陆港区的发展壮大,以及近年来滨海新区收入分配的增长,医改的惠民解负,促进了消费的增长,可以预计,2011年,投资、消费对滨海新区内需增长依旧强劲,预计增速保持在20%左右。

5. 管理体制改革稳步推进,区域整合效果进一步显现

2011年,随着滨海新区五大改革的整体推进,以管理体制改革为关键,以体制机制创新为突破点,以促进科学发展、和谐发展、率先发展为目标,

以及经济功能区的发展目标定位，将会有力促进滨海新区经济社会同步发展，区域整合的效果将会进一步显现。区域的整合，不仅为招商引资、人才流动、产业集聚与发展奠定了基础，更为资源的统一协调与配置、提升区域的整体竞争力提供了保障。

6. 开发开放全面提速，龙头带动作用凸现

2011年，是滨海新区全力打好开发开放攻坚战，落实“十二五”规划的开局年，随着区域整合的逐步到位，以整合公共资源和提高配置效率为重点的区域统筹的发展思路，将会有力促进城区与功能区互动发展，持续推动新区开发开放向纵深发展，而“中服务、南重化、北旅游、东港口、西高新”的产业布局和发展思路，有力地推动了区域均衡发展。集聚的发展优势，不仅夯实了新区总体实力，也大大提升了新区在环渤海中的总体竞争力。

二、创新驱动：滨海新区应对挑战之策

面对国内外严峻的经济形势，滨海新区唯有创新发展思路，以全球化的视野谋发展，抢抓后危机时代发展先机，才能在开局之年收益见效。

1. 创新发展思路，拓展功能区建设与发展

滨海新区开局之年，应以功能区建设与发展为主攻方向，以十大战役为主战场，打好开发开放的攻坚战。其主要的思路是：以区域资源禀赋为基础，以功能区开发为目标，加快功能区的建设与发展。在功能区建设上，以基础设施建设为先导，以项目的引进和建设为关键环节，以功能区划分为平台，以此形成功能与产业的融合发展，建设与招商同步推进的发展格局。而在功能区的发展上，更多地体现招商引资资源节约环保型、产业发展的前瞻性和可持续性，以区域功能的复合发展、专业化、综合化发展形成区域的发展优势，从而提升区域的总体竞争实力。

2. 创新经济发展方式，推动产业发展转型升级

滨海新区创新经济发展方式，首先要在调整产业结构上实现突破性发展。着力发展第三产业，特别是生产性服务业。生产性服务业的发展要充分发挥新区制造业规模大、实力强的优势，以现代金融、航运物流、科技研发服务、文化创意、旅游会展、高端商务为重点，加快推进制造业服务业，努力形成现代制造业与现代服务业相互促进、加快发展的良性格局。其次，瞄准世界产业发展新趋势，着力发展低碳环保产业。低碳环保产业已在世界各国的产业发展趋势上取得了共识，且严格的碳排放指标约定已成为产业市场国际化的准入证。这就要求滨海新区在重化工业占比比较大的情况下，通过技术创新、改造提升传统产业、淘汰高耗能产业，力推节能减排，从而实现产业的转型升级。第三，提高科技创新能力，大力发展战略性新兴产业。新区要充分利用政策创新的先行先试的优势，广泛吸收全球的创新资源和成果，并通过研发平台的建设，集聚高端领军人才，壮大航空航天、新能源、生物医药、新材料、海洋科技产业，推进战略性新兴产业集聚化、高端化、融合化和国际化发展。

3. 创新体制机制，提升区域服务水平

体制机制创新不仅是滨海新区综合配套改革的主要内容，更是创新区域发展模式，推动经济又好又快发展的保障。因此，首先要深化行政管理和审批制度的改革，遵循政府管理与市场运作的边界，就是要强化政府经济调节、市场监管、社会管理和公共服务职能。通过建立责权到位、分工明确的管理体制和运行机制，适时开展功能区整合，探索构建统一的财政预算体制，完善转移支付制度，优化支出结构，严格政府债务管理。通过改革行政审批制度，筹建统一的行政审批服务中心和分中心，减少审批事项，简化审批环节，提高政府的服务效能。其次，要深化财税、金融和投资体制改革。通过推进基本公共服务均等化和经济功能区建设，完善新区财税体系。第三，通过健全金融调控机制，完善新区金融业务、金融市场、金融开放和金融风险防范。第四，通过规范各类投资主体行为，健全和严格市场准入制度，完善政府投资主体和民营经济发展的关系，推动民营经济的健康发展。

总之，通过体制机制的创新，不断完善服务新区发展的政策环境，提升新区服务环渤海的水平。

（本文作者：周桂荣，天津商业大学教授）

滨海新区战略性新兴产业启动和发展的机制和路径①

刘　刚

内容提要：经过对滨海新区战略性新兴产业启动和发展的研究，提出进一步推进滨海新区战略性新兴产业启动和发展的机制和路径，一是以滨海高新区为依托规划新的研发服务以及高科技产业聚集区和发展带，为战略性新兴产业的发展提供空间依托；二是制定天津新兴产业发展的系统性规划，创造科技创新洼地，吸引高科技产业资源的加速集聚；三是大力发展官、产、学一体化的新型混合组织，推动新兴产业的快速发展；四是制定促进新兴产业快速启动和发展的政策支持体系。

关键词：滨海新区　战略性新兴产业　产业集群　产业发展

经过多年的发展，滨海高新区初步形成了电动汽车、生物医药、物联网和数字内容四大战略性新兴产业集群的雏形。虽然其仍处于产业发展初期，但已拥有以自主创新为基础的创新极核和产业发展的主导逻辑与机制。

一、滨海新区：国家战略性新兴产业的策源地

与传统产业的发展不同，战略性新兴产业依赖于重大科技创新及其产业化，是知识密集型产业。在战略性新兴产业的启动和发展过程中，对初始条件具有高度的敏感性，存在着强烈的网络效应和客户嵌入性。因而，报酬递增规律是战略性新兴产业启动和发展的支配规律。率先探索和发现战略性新兴产业启动和发展的条件、规律和模式，是启动和发展战略性新兴产业的前提和关键。

经过多年的培育、集聚和发展，立足于自主创新，天津滨海高新区初步形成了电动汽车、生物医药、物联网和数字内容四大战略性新兴产业集群的雏形。尽管它们大都处在产业发展的初期，但都拥有以自主创新为基础的创新极核，在技术上处于国际和国内领先地位，即将进入爆发式增长阶段，都代表了21世纪产业发展的方向，是新一轮经济增长周期中产值达“万亿级”的新兴主导产业。

1. 电动汽车产业

包括电动汽车在内的新能源汽车产业，是驱动新一轮经济增长的新兴主导产业。据预测，2011年中国的电动汽车产业将达到1000亿元的产值规模，随后将进入爆发式增长阶段。在电动汽车的早期研发阶段，天津曾经具有非常强的竞争优势，拥有相对完整的研发网络。但由于缺乏本地汽车整车企业的加入，在产品开发和市场推广阶段，无论是从研究网络，还是从开发网络和生产网络上看，天津都已经落后于深圳。由于电动汽车产业的创新是系统性的，未来产业的竞争力不仅取决于系统的产品研发，更重要的来源于制造工艺的系统创新。因而，尽快组建集研发和制造于一体的龙头企业或战略联盟，整合国内外电动汽车研发和制造资源，开发和生产出适合国内市场需求的产品，制定一整套行之有效的营销推广方案，完善基础设施，成为加快天津电动汽车产业发展的关键。

2. 生物医药产业

近年来，生物医药产业呈现出快速发展的势头。2007年中国的生物医药产业的产值为543亿元，是1996年的30倍，从2003年到2007年，中国生物医药产业的年均增长率为443%。据预测，到2011年，中国生物医药产业的产值将达到5000亿，2020年将达到2万亿。在生物医药的干细胞技术领域，中国处于国际前沿，而天津的干细胞技术在研究网络和开发生产网络上处于全国前列。从产业的发展趋势看，天津的干细胞技术正处于从研究网络向开发和生产网络转化的阶段。其中，存贮和移植、第三种治疗技术和干细胞药物的开发是天津干细胞技术最有前景的三大产业化领域。随着以北科生物为代表的干细胞产业化主体的出现和快速发展，天津必须依托以天津市血液研究所、协和干细胞基因工程有限公司和天津昂赛细胞基因工程有限公司为核心的干细胞创新极核，通过新企业

①本文节选自《城市》2011年第1期。

的孵化、第三种治疗技术临床应用的标准化和药物的开发，加快天津生物医药产业的发展。

3. 物联网产业

物联网是继计算机和互联网之后的信息技术产业新的发展前沿，并将进入快速发展的黄金时期。天津的物联网产业主要集中在安防产品的研发和生产领域。尽管拥有发展物联网产业所需的关键资源和节点，例如，适合云计算的高性能计算机、软件、系统集成和电子元器件企业，却没能形成统一的物联网产业网络。在物联网产业的发展上，既没有物联网产业发展的战略和规划，又缺乏专门的推动物联网产业发展的管理或协调组织。

从发展现状看，滨海高新区已拥有发展物联网产业所需的关键资源和节点，但是无论是研究网络，还是开发和生产网络都缺乏必要的资源整合和整体的产业发展战略规划。加快相关资源整合并与北京相关研究机构深度合作是物联网产业发展的方向。

4. 数字内容产业

2008 年，全球数字内容产业的产值规模已超过 4 万亿美元，中国的数字内容产业的产值仅为 2100 亿元人民币，而年增长率却高达 40%。天津的数字内容产业主要包括动漫和数字出版两个产业领域，近年来呈现出快速发展的势头。研究表明，滨海高新区动漫产业的价值网络并不完整，主要集中在漫画和手机游戏两个领域，需要加快动画和网游两类产业关键资源的引进。在天津动漫产业的发展中，应当以原创动漫形象为核心，以"领军人物 + 政策扶持"和"龙头企业 + 专业化中小企业"为两翼，以版权交易和展示平台为纽带，加快构建可持续发展的产业价值网络。目前，数字出版业仅有少数企业落户滨海高新区，通过相应的鼓励政策，滨海高新区有可能成为数字出版产业的集聚区。从现有的实际出发，把发展数字出版产业的工作重心放在引进关键资源、做好基础设施和整合现有相关产业资源上，不失为可行的选择。

二、启动和发展战略性新兴产业的机制和路径

我们的近期研究表明，在后金融危机时期构筑自主创新高地的关键含义，是快速发展包括新能源、航空航天、新材料、现代医药和文化创意产业等在内的战略性新兴产业。而战略性新兴产业的发展，不可能再像过去一样通过简单的放松管制和优化投资环境来实现，而是需要新的战略思维、方法、机制和路径。这些新的规律和机制包括以下 3 个方面：

1. 官、产、学一体化的新的混合组织：战略性新兴产业的策源地

与传统产业所依靠的标准化生产和制造不同，战略性新兴产业来源于新知识的创造及其产业化。从国际成功经验看，高新技术产业化不能依靠简单的招商引资，而是区域内官、产、学一体化混合组织及其推动下的中小科技型企业的创建和发展。

在官、产、学中，官是指政府及其相关机构，产是指企业，学是指大学和研究机构。官、产、学一体化的混合组织是指在政府、企业和大学及研究机构传统职能的交叉地带衍生出的新型经济组织。例如，官、产、学战略联盟、产业联盟、公开技术和研发平台、孵化和加速计划以及大学科技园等。在官、产、学一体化中，推动战略性新兴产业发展的主体是企业和大学研发机构，政府主导作用表现为构建创业环境、提供资金和政策支持。

2. 战略性新兴产业兴起和发展的主导是中小型创新企业的创业、聚集和快速成长

国内外新兴产业发展的规律表明，在新兴产业的兴起阶段，新兴产业的发展主要表现为持续的产品创新，实施产品创新的主体不是大企业，而是中小型科技创新企业。随着新产品的标准化和市场范围的扩大，工艺创新将取代产品创新成为创新的主流，相应地大企业将取代中小企业成为产业的主导。

在战略性新兴产业兴起和发展的初期，不可能通过招商引资引来大的外资企业。尽管新兴产业在发展初期的主导者是中小企业，但是我们可以通过链接、孵化和加速计划使企业快速成长为大企业或跨国公司。例如，作为目前 IT 产业主导者的微软和惠普，在 20 世纪 70 年代 IT 产业刚刚兴起时，都只是襁褓中的婴儿。

3. 自主创新高地的空间组织形态是创新型新兴城市

20 世纪 70 年代以来，战略性新兴产业的发展依托的不再是一个传统的工业城市，也不是一个简单的工业园，而是创新型新兴城市。因为战略性新兴产业在发展的初始阶段高度依赖基础科学研究，必须靠近或邻近大学和科研机构。随着新技术和知识的逐渐标准化，新兴高科技产业开始逐渐脱离大学和科研机构，向周边地区扩散。只有当技术完

全标准化,物化为机器设备时,才可能进行自由的空间扩散。在此之前,战略性新兴产业空间集聚的依托是创新型新城。

与传统城市或简单的工业园不同,创新型新兴城市的目的是为了满足战略性新兴产业的发展和集聚的特殊要求。在高新技术的产业化过程中,所需要的不再是简单的劳动力和廉价的土地,而是具有创业精神、掌握高科技知识的创业者以及知识的创新和交流。创新型新城主要是新知识交流和传播的空间,而不是标准化生产和制造的载体。

三、抢占自主创新的制高点

第一,从发展战略性新兴产业的角度,天津需要在"双城"的基础上规划出新的创新型城市,为自主创新高地的构建提供空间依托。从目前的实际情况看,能够承担战略性新兴产业发展的主要是滨海高新区,尤其是邻近南开大学和天津大学的华苑高新技术产业区。从战略性产业发展的规律看,应当依托南开大学、天津大学和华苑高新区建立新的创新型城区,通过官、产、学一体化混合新组织的建立,加快战略性新兴产业的发展。

第二,大力发展官、产、学一体化的新型混合组织,通过官、产、学战略联盟,对中小型科技企业实施链接、孵化和加速计划,加快高新科技产业化的步伐,推动战略性新兴产业的兴起、聚集和快速发展。战略性新兴产业发展过程的一般规律为:依附官、产、学一体化新型组织构建创新极核网络,通过创新极核网络吸引战略性新兴产业关键资源的集聚,促进战略性新兴产业的形成和发展。在战略性新兴产业的发展过程中,应当针对创新极核网络、关键资源的集聚和战略性新兴产业的形成和发展的不同阶段制定相应的政策。

第三,利用国家高层次人才引进战略,集聚战略性新兴产业的关键资源。2008 年以来,为了吸引海外归国人员回国创新和创业,国家制定了高层次人才引进战略。但是到目前为止,高层次人才引进计划的实施主体主要是大学和科研院所。而企业才是真正的创新主体,应当把高层次人才引进计划落实到企业创新活动中去。滨海新区可以建立类似科学城的平台,集中天津和国内高科技企业的研发中心,为企业吸引高层次人才提供支持和帮助。

第四,运用新的研究方法,对天津及滨海新区可能发展的战略性新兴产业进行详尽的研究和考察,针对每个产业的具体情况,提出战略性新兴产业发展的对策和思路。2005 年以来,随着天津滨海新区、江苏沿海经济带、辽宁沿海经济带、海峡西岸经济区和北部湾经济区先后纳入国家开发开放战略,东部地区新一轮区域竞争格局已经出现。构筑自主创新高地,探索中国特色的自主创新道路,将成为决定天津及滨海新区在未来的区域竞争格局中的地位的关键环节。

(本文作者:刘刚,南开大学滨海开发研究院副院长、教授、博士生导师)

滨海新区房地产业发展和住房保障体系研究

谷俊青

内容提要:住房是人的基本权利,各国政府均十分关注。住房保障是市场经济必不可少的补充,是房地产发展的重要组成部分。滨海新区人口规模的扩大、经济的高速发展对住宅需求持续增加。然而,滨海新区在房地产市场发展过程中也暴露出一些问题。本文研究了滨海新区房地产业和住房保障体系的经济背景和社会背景,剖析了深圳和浦东新区以及英国、日本、新加坡和我国香港地区的住宅经验。通过比较分析,提出完善滨海新区房地产业和住房保障体系的具体措施。

关键词:流动人口　住房保障　住宅经验　体系建设

本文针对滨海新区房地产业发展和住房保障体系建设,从剖析国内深圳、上海和香港特区以及英国、日本和新加坡等发达国家经验入手,阐述滨海新区房地产业和住房保障体系建设;通过比较分析，形成滨海新区房地产业发展和完善住房保障体系的目标和思路，论证了住房保障体系是房地产业的重要组成部分，并促进房地产业的繁荣发展。最后，详细阐述加强滨海新区房地产业和住房保障体系建设的具体措施、政府监管部门风险规避等解决方案。从实践意义上讲，本研究可以为滨海新区房地产市场，特别是保障性住房政策的制定、组织实施提供参考。

一、滨海新区房地产市场与保障性安居工程建设存在的问题

（一）房地产市场发展中的问题

1. 各地区楼面地价差距较大。同为一级市场，由于不同区域地理位置、市政规划等历史原因而导致土地供应价格的极不均衡，如塘沽中心区域作为塘沽区最繁华的区域，交通路网完善，商业配套齐全，各种基础、公共设施齐全，并且人口和建筑密度较高，土地非常稀缺，因而形成了较高的土地价格；新河区域作为塘沽区重点扶持的区域，加之未来规划的呈现，楼面地价节节攀升；海洋高新区域次之；海河南岸、胡家园地区的楼面地价相对较低。

2. 房地产价格总体偏高。超出了居民整体收入水平的实际涨幅，总房价适中的产品缺少，限制了刚性需求者的购买能力。近三年以来城市基础设施、危旧房改造进程逐步加快，未来经济发展预期持续向好，也是推动房价大幅上涨的重要原因。

3. 各地区房地产市场发展不平衡。其中塘沽区与开发区发展较快，房地产市场体系较为成熟，市场价格较高；而汉沽区发展较慢，房地产市场相对落后，大港成交量和成交价格虽然较低，但涨幅较大；新划定的功能区——空港物流园区和开发区西区，则刚开始起步。

4. 投资型购房比例攀升。一是由于滨海新区目前的特殊区位优势和政策性因素的影响，造成外来人口在滨海新区购房的数量不断增长，投资性购房比例明显加大。二是由于目前居民的投资渠道较少，股市波动大，使许多股民投资楼市。三是居民对滨海新区的房地产升值空间预期较高而存在过热投资倾向。

通过对滨海新区保障性住房建设规划分析、建设用地分析和完善法规建设分析，结合滨海新区保障性住房建设的特点，我们总结出滨海新区保障性住房建设中的问题。

（二）保障性安居工程建设中的问题

1. 保障性安居工程建设资金筹集渠道较窄。当前，滨海新区保障性安居工程建设资金筹集渠道主要有以下几个方面：年度财政预算安排的专项建设资金；提取贷款风险准备金和管理费用后的住房公积金增值收益余额；土地出让金净收益中按照不低于10%的比例安排的资金；保障性住房售房款；保障性住房建设融资款；其他方式筹集的资金。但从住房保障资金运筹情况来看，由于保障性安居工程建设和资金运筹属于政府行为，政策性强、微利或不盈利，财政赤字难以形成规模、开发商无利不投资，加上宏观经济金融政策调整的影响，商业银行“慎贷”，甚至不贷，资金难以形成有效循环。

2. 保障性安居工程仍不能有效覆盖外来常住人口，制约滨海新区快速发展。限价商品房的供给严重小于需求，限价商品住房由于价位较低、户型适中等特点，在商品房价格居高不下的背景下，广受市民欢迎，上市后屡屡脱销，但由于限价房的定位模糊，土地供应和投资来源不稳定，导致供求严重失衡，所发挥的住房保障作用极其有限；保障性住房“只进不出”，无法实现合理循环，由于机制和政策设计的原因，除了有少量家庭退出廉租住房租金补贴体系，各级保障对象均缺乏向上流动的动力，导致保障住房“只进不出”。

3. 保障性安居工程建设上缺乏长效机制设计。截至目前，全国已经开始大规模建设保障性安居工程，特别是公共租赁房建设呈现前所未有之势，虽然很多城市已经出台了相关管理办法，然而，整体上出现重视房屋实体建设、忽视长效机制建设。这种在制度不完善的情况下大规模地推进保障性安居工程建设，存在一定的风险，不但会对住房的保障功能带来消极影响，还将产生一系列新的社会矛盾。

二、滨海新区房地产业发展和完善住房保障体系的建议

（一）房地产业发展建议

1. 利用作为综合配套改革试验区的政策优势，进行先行先试制度创新

天津滨海新区既是国家第三个重点开发开放的地区，也是国家第三个进行综合配套改革的试验区，具有先行先试的有利条件。国家也允许天津滨海新区进行土地管理制度和金融制度的改革，这就决定了滨海新区可以在新一轮大规模土地开发利用和管理过程中出现的新问题进行新的探索。也

就是说，滨海新区具备了土地利用和管理制度改革与创新的有利条件和责任。不仅可以大规模开发开放，而且可以为国内其他地区的深入改革开放与经济发展提供保证和经验。

2. 完善市场监测分析工作机制，建立土地市场动态监测制度

（1）加快房地产市场信息系统建设。依托房地产管理信息平台，将各管理环节的市场信息进行有效整合，加快实现房地产市场信息系统基本技术、基础数据及数据采集的标准化。滨海新区政府应加强对房地产市场监测分析工作的组织领导。在滨海新区应尽快建立起房地产市场形势分析报告制度，以反映本区域房地产市场总体运行状况，并作出分析判断。通过及时对调查数据进行整理，科学分析市场需求，为房地产市场健康发展提供依据。

（2）建立土地市场动态监测制度。

土地市场动态监测系统由土地供应情况和地价走势两部分组成。通过土地市场动态监测制度的实施，准确把握土地市场运行走势，为政府适时调整制定有关政策提供依据；通过土地市场动态监测制度的实施，及时发布土地供应情况、地价走势等市场信息。

新区的国土资源管理部门要建立完善土地市场动态监测系统的操作运行、数据审核、市场运行情况报告评审、保密安全、人员上岗培训等各项管理制度，确保土地市场监测系统高效、安全、规范运行。

3. 房地产市场风险监控手段及应对措施

（1）调控房地产市场的供求结构。“十二五”期间，滨海新区土地管理部门，应根据新区人口流动状况，各层次消费者的消费能力和需求特点，合理供应土地。选取合适的地段进行建设居民住房，改善滨海新区房地产产品结构，形成多层次供应体系，消除房地产供需结构的不平衡。此外，政府部门应着力发展房地产二级市场，完善房地产市场体系，分层次提供住宅产品，促进房屋商品的流通，实现新房市场和旧房市场的滚动发展。

（2）进一步明确滨海新区政府职能，提高各行政区工作效率及协调能力。具体调控措施表现在平衡好土地一级市场总量、结构和区域，建立土地储备制度，改进土地供应方式；平衡好二级市场规模、节奏、档次，坚决把两年以上不开发的土地收回，重新供应市场，杜绝单纯炒卖地皮的谋利行为，制约土地价格的过快增长；规范行政收费与交易行为，减少房地产开发项目的行政收费，加强交易过程的监督，制止各种隐性支付，制定合理的土地拍卖规则。

（3）加强对国际游资的监控。滨海新区政府对外资大规模进入区域内楼市制定风险评估与预警机制，以加强对外资投资房地产领域的准入和管制。比如取消外资房地产企业在税收、土地出让等方面的优惠待遇，实行国民待遇；加大对投机性购房行为的限制；对外资进入房地产的交易和汇兑环节进行规范等等。

（4）建立滨海新区房地产市场风险预警机制。滨海房地产市场风险预警机制应该在下面几个方面加强改善：一是对滨海新区宏观经济的预测机制；二是滨海房地产市场的预测机制，包括对滨海房地产市场的供求、结构、价格、预期的判断，这是风险预警的基础；三是滨海房地产类贷款的预测机制，包括贷款总量、贷款比重、不良贷款变化情况等，这是建立滨海新区风险预警机制的关键。

4. 建立房地产市场发展评价指标体系

鉴于我国目前现有的一些指标大多侧重于从投资角度反映商品房屋（不包括个体经济）的房地产开发经营活动，滨海新区对房地产统计指标体系的完善必须抓住以下方面的转变。一是由侧重从投资角度设计的统计指标体系，向全方位反映房地产市场运行状况（包括开发、经营、管理、经济、代理、中介服务）为目标设计指标转变。二是由以反映房地产业务成果为主设计指标，向以反映房地产业务成果和经济效益、社会效益、环境效益并举而设计指标转变。三是由侧重描述现状指标设计向既有描述又有推断分析预警指标设计方面转变。一方面要尽量满足我国现实管理工作的需要；另一方面要尽量采用国际惯例通用的指标，便于国际对比。四是增加对虚拟经济因素的判断指标。增加对资本市场运作数据的采集，并研究衍生金融工具交易对房地产市场的影响。五是在完善房地产统计指标的过程中要尽量采用国际惯例通用的指标，便于在进行市场分析时统计口径和计量范围与国际保持一致，有利于国际间房地产经济的合作研究。

5. 编制房地产景气指数的建议

要把滨海新区建设成为生态城市、宜居城市，

就必须实现滨海新区的房地产可持续发展，相应的必须为滨海新区建立房地产可持续发展指标体系。滨海新区房地产业可持续发展评价指标体系可以从人民生活、经济、环境三个方面进行综合分析。

（1）人民生活方面的房地产可持续发展指标。主要反映滨海新区人口的增长和收入的增长与房地产业可持续发展的相互促进作用，指标包括：滨海人口增长率、房价收入比、人均居住面积、居民住房成套率、个人住房贷款增长率。

（2）经济方面的房地产可持续发展指标。反映的是滨海新区房地产业与经济发展之间的协调性和相互影响，指标包括：人均房地产业环保增加值、房地产业环保增加值占 GDP 的百分比、房地产价格总指数、房地产银行贷款偿还率和新区房地产开发投资额/天津整体房地产开发投资额。

（3）环境方面的房地产可持续发展指标。环境方面的房地产可持续发展指标用于反映滨海新区房地产业的生态效益，指标包括：城市绿化率、土地供应增长率、农业用地被征用面积增长率、土地开发面积增长率、土地有效利用率、空置率和房地产开发小区绿化覆盖率。

（二）完善住房保障体系建议

不论是发达国家还是发展中国家，均将实施保障性安居工程建设作为政府调控房地产市场的一项重要政策工具。在房地产市场中，保障性安居工程发挥着平衡供求结构、保障城镇低收入家庭对住房基本需求、推动楼市向理性健康方向发展的作用。为此建议：

1. 实现投资主体多元化。在各地实践经验的基础上目前可采取以下模式：一是城市政府作为投资主体；二是开发企业作为投资主体；三是机关、企事业单位作为投资主体；四是外来务工人员集中的开发区或工业园区作为投资主体；五是政府和企业作为联合投资主体；六是鼓励社会上任何机构或个人拥有符合标准的自有存量住房作为公共租赁住房房源；七是由政府出资收购社会上任何机构或个人拥有的符合标准的存量自有住房作为公共租赁住房房源；八是由政府划拨土地入股和企事业单位部分投资入股为主，并吸收符合享受公共租赁住房保障条件的住房困难家庭按规定的最低额度投资入股（超过最低额度多投资者不限），共同组建股份制住宅合作社集资合作建设公共租赁住房。

2. 科学界定供应对象。公共租赁住房的供应对象大体包括：一是中低收入住房困难家庭中不符合享受经济适用住房和廉租住房保障条件而又无力购买市场商品房者；二是外来务工人员和新就业职工的过渡性住房需求对象；三是符合经济适用住房保障条件但无力购买的低收入家庭或虽有能力购买但由于供应不足尚在轮候的家庭；四是领取廉租住房租赁补贴的家庭；五是属于拆迁安置等待还迁的家庭。

3. 租金标准的确定应低于市场租金水平、高于廉租住房租金水平，与承租人的经济承受能力相适应。公共租赁住房政策的推出，主要源于目前市场商品房价格水平和市场租金水平远远超出了承租人的经济支付能力，同时决定了公共租赁住房租金标准的确定必须以承租家庭的经济支付能力为基础和前提条件。

4. 公共租赁住房的建设和管理应采取以政府主导与市场机制相结合的模式，以适应投资主体多元化的要求。

（1）建设规模。应根据供应范围对公共租赁住房的需求总量、结合现有存量租赁住房情况，政府的财力和社会参与的可能程度由政府统筹规划，分期分批实施。

（2）公共租赁住房的户型面积应从保障供应对象的基本生活需要出发和照顾承租人经济承受能力等原则按低标准限定。

（3）各投资主体建设的公共租赁住房必须统一按照政府制定的规范运营管理办法实施规范管理。公共租赁住房的规范管理主要包括租金管理、租赁对象管理、租赁期间管理、租赁期限管理和解除租赁合同管理。管理的核心重点是建立动态管理机制，因此需要切实加强基础工作，充分运用现代信息技术网络手段，以便随时掌控保障对象住房和收入情况的变化。

5. 解决流动人口住房问题是完善滨海新区住房保障体系的重中之重。流动人口包括顶尖人才、领军人才和急需紧缺人才，也包括大量的劳务人员。我们将上述人员分为两大类，第一类是顶尖人才、领军人才和急需紧缺人才；第二类是广大的劳务人员，即一般意义上的流动人口。

建设滨海新区需要顶尖人才、领军人才和急需紧缺人才。以超常规的胆略、决心和魄力，加大引进力度是当务之急。为此建议：

（1）实施“筑巢引凤工程”，为建设滨海招贤纳士。

(2)将流动人口住房纳入城镇人口住房管理范畴。除第一类人才外,更多的是第二类人员(以下称为“流动人口”)。

(3)建立健全滨海新区长效住房保障管理体制。对流动人口施保是滨海新区住房保障的重点难点。为此建议:一是对滨海新区流动人口住房状况进行摸底调查,建立流动人口住房保障档案数据库,针对流动人口的不同住房需求,采取针对性较强的住房保障措施。使滨海新区的流动人口愉快择业,安居乐业。二是组建天津市滨海新区住房公积金管理分中心,为滨海新区流动人口建立住房公积金制度,具体负责住房公积金归集、使用、提取、贷款等事宜。三是将流动人口的住房问题纳入到城市住房保障建设管理。在每年的城镇居民居住指标中,将流动人口居住状况一并统计,以真实反映滨海新区的居住水平。实施分类施保原则,以完善滨海新区住房保障制度。四是加强对住房租赁市场的管理。从市场准入的角度,对这些区域出租住房的基础设施、公共卫生和环境等制定相应的标准,只有符合标准的住房才能进入供流动人口租赁的住房。同时,政府还可通过设立流动人口住房管理和服务部门,免费为流动人口提供住房租赁服务,使流动人口能以低成本获取符合租赁要求的住房。

滨海新区解决流动人口住房问题之时,即为滨海新区住房保障制度完善之日。在市委市政府的领导下,在滨海新区管委会的努力下,滨海新区不仅可以创造出滨海经验,而且会形成滨海模式,对滨海新区的社会经济发展产生不可估量的影响。

(本文作者:谷俊青,天津财经大学房地产经济研究所所长、教授)

滨海新区商业银行市场约束的整体架构及功能完善

王学龙　兰　莉

内容提要:滨海新区的金融改革,坚持金融改革创新和金融风险防范并举,扩大规模与优化结构并重,加快推进金融六大体系建设。滨海新区商业银行市场约束的整体架构及功能完善是其改革中的一个重要领域。为了更好地促进滨海新区银行业的发展,滨海新区商业银行可进一步完善市场约束功能,主要有:(1)进一步开放市场。(2)取消“存款利率上限”限制。(3)减少政府对问题银行的救助。(4)强化商业银行的信息披露。

关键词:金融　滨海新区　商业银行　金融创新

一、引言

2009年11月,国务院正式批复的《天津滨海新区综合配套改革试验金融创新专项方案》,不仅事关天津市乃至环渤海地区的经济发展,同时也是对我国金融业改革的一次巨大推动。虽然经过多年改革,我国金融领域的开放程度已大大提高,但在一些领域仍然存在难以突破的瓶颈,加之国家对金融实行严格的管制,任何创新和改革都必须经过相关部门批准。因此,从一定意义上讲,这很大程度上束缚了我国金融改革的步伐。天津滨海新区金融业的“先行、先试”在很大程度上无疑将使得我国金融业改革少走一些弯路,并为之进行有益的探索和尝试。

在滨海新区的金融改革试验中,坚持金融改革创新和金融风险防范并举,扩大规模与优化结构并重,加快推进金融六大体系建设,推动金融业快速、健康、可持续发展,努力建设与北方经济中心相适应的现代金融服务体系和全国金融改革创新基地等举措无疑将成为重点。尽管现代金融服务体系的建设需要多层次、全方位的机构、市场及基础环境支撑,并将导致我国传统的中介主导的金融体系发生一些变化,但商业银行的作用毋庸置疑,它是市场功能得以发挥的关键，一方面，它降低了企业以及居民个人参与市场交易的成本，另一方面，也减少了交易双方因信息不对称而造成的摩擦。在滨海新区商业银行金融创新的过程中，银行运营充满不稳定性，毕竟，金融创新在提高银行效益、扩大银行影响的同时，也在很大程度上增加了银行运营风险。金融创新风险管理无疑会成为滨海新区商业银行今后发展面临的重要课题之一。基于此，发挥银行利益相关者防范运营风险的功效则是必需的，市场约束的有效性应当提高。只有利益相关者很好地发挥其对银行风险的抑制作用，那么，银行的稳定运营才有根基，滨海新区金融业创新才能顺利推进。

二、商业银行市场约束的“两个阶段”

作为银行监管的三大支柱之一，市场约束常常被定义为：存款人、债权人以及股东等利益相关人在面对银行风险不断增加所造成的成本变化时而采取具体行动的情形。通常情况下，银行利益相关者所采取的行动不外乎两种：一是当一家银行的经营风险较高时，要么存款人会减少其在该银行的存款，要么股东会相应地减少对该银行的投资，或者债券持有人减少对该银行所发行债券的持有；二是当银行运营风险较高时，银行利益相关者会要求银行支付更高的回报率，以补偿其所面对的各种损失。从一定意义上讲，利益相关者的上述行动自然会影响银行吸收资金的数量，进而对其贷款产生影响。

市场约束的根基无疑在于银行运营信息的披露。只有银行充分披露其运营信息，那么，利益相关者才能获悉上述信息，并据此采取行动。强化信息披露或增加信息透明度的好处有四个方面：一是有利于市场约束更快、更有效地发挥功效；二是能够激励银行以审慎、高效的方式运营；三是有利于改善银行的风险管理及内部控制；四是有利于健全的、运转良好的银行与其他风险较大的银行加以区分，并获得竞争优势。

信息的披露应当适当、及时和充分。首先，适当信息（right information）通常涉及信息的可信性及质量，这样可以避免银行向市场及监管者隐藏真相的事情发生。从监管的角度而言，市场参与者都非常关注信息披露的可靠性，否则，会出现传染效应，即一家借款人所面临的债务难题会被其他借款人认为是其自身出现问题的信号。其次，有关银行涉险行为的及时信息披露（information at right time）同样重要，否则，银行的冒险行为将缺乏来自外部检查的制约，并容易引发道德风险。再次，新巴塞尔协议建立了一套信息披露的架构，并对信息披露涉及的每个部分提出了详细要求。如对银行资本的现状、组成及特征等都要求进行风险暴露的披露。这样，信息披露制度可以确保银行向市场提供类似的信息，从而方便了投资人对信息所做的对比。

从一定意义上讲，市场投资者对银行风险的识别及控制是非常重要的。当利益相关者识别银行风险并据此进行风险控制时，市场约束才能有效。

市场约束的两个阶段主要是指投资者对风险的识别和控制。

首先，从投资者对风险识别的角度而言，有效的市场约束要求投资者应充分考虑自己是否处于风险之中，并能够有效地观察银行风险。此外，投资者还应能够正确地处理信息。否则，不准确的信息会被传递给银行。实际上，上述风险识别的过程还应当包含两个阶段，一是关注风险；二是据此正确处理信息。当银行投资人关注到银行风险，认识到银行风险的严重程度时，他们通常需要据此作出正确判断，并采取措施，此时，市场约束的风险制约功能就显得尤为重要。这不仅可以在一定程度上改善投资者对银行条件变化的识别。同时，也激励投资者对银行风险及其行为的监测更趋针对性。

其次，从投资者对风险的控制角度来看，市场约束的控制阶段同样包含两个阶段：一是投资者行为从风险识别阶段的自然延伸；二是与借款者的行为相关。如果投资者认识到由于银行的冒险行为而造成自身面临的风险正在增加，那么，他们自然会通过价格或数量效应来加以控制。然而，实际的风险控制最终依赖于银行是否对这些信号作出反应，并且是否采取了与其自身偿付能力相适应的行动。

从市场约束的有效性来看，仅仅考虑投资者的风险识别和风险控制是远远不够的，必须同时考虑市场约束的必要条件。

三、商业银行市场约束的必要条件

有效的市场约束应当包含四个必要条件:

第一,开放的资本市场是必需的。当资本市场封闭时,银行运营的环境及状况会受到影响,这样,市场约束的功能将难以发挥。当资本市场开放时,投资人获取银行运营的信息及方式等方面均不存在限制,由此,其通过自身行为影响银行运营的过程是顺畅的。这样,投资人可通过不受限制的、高效资本市场来对各类银行加以区分,进而向市场提供恰当的信号。

第二,银行资本结构及风险暴露的公开披露。这项要求便于投资者获得银行债务的相关信息。事实上,当今的银行业面临着非常复杂的业务竞争,其中既有来自并购方面的影响,也有来自全球化因素的影响,还有来自银行自身进行金融创新等因素的影响。所有这些都会导致对银行风险进行监测的代理问题,进而要求增加银行的透明度。巴塞尔委员会(1998)认为,银行信息的公开披露对投资者而言是必需的,以便于他们能够更好地利用这些信息来对银行的运营状况及其风险组合进行评价。

资本市场的开放以及信息披露的及时、可信共同构成了市场约束的识别阶段。如果没有这两个条件,那么,投资者就不能确定银行是否已对其冒险行为采取措施,从而使得相关信息也不能通过资本市场传递出来。由此,资本市场开放以及银行相关信息的披露应当是构建有效市场约束架构的必要条件之一。

第三,当银行面对违约或可能出现的违约时,市场参与者确信银行不会得到救助。当银行出现违约时,如果市场参与人确信他们可以得到救助,那么,市场价格及数量就不会对银行风险的变化作出反应。这无疑将破坏市场约束对银行冒险行为的抑制作用,并在借贷双方之间产生严重的道德风险问题。通常情况下,银行救助的形式无非是政府实施的“大而不倒”政策以及存款保险制度。事实上,美国为了救援自1999年开始的科技泡沫破裂和2001年“911”事件危机,而采用扩大流动性所带来的新一轮更大规模的次贷危机,到现在发展成金融海啸的历史和事实,将被本次全球救援行动在更大规模和更深程度上再次证明,用扩大泡沫抢救危机,只会从一个危机陷入到一个更大的危机。

第四,银行必须对市场信号作出反应。面对不断增加的市场成本以及投资者提款时,理性的信贷机构会采取适当措施来应对上述变化。然而,面对当今的银行多领域经营状况,借款人可以通过一系列步骤来降低风险暴露并改善资本结构。这就产生了投资者能否观测到银行反应的问题。如果他们不能看到银行的反应,市场约束似乎失败。投资者不得不过度反应,进而采取措施来处罚银行以迫使其行为与其自身的偿付能力保持一致。

Lane(1993)指出,借款人可能不对市场信号作出反应。当银行运营趋向倒闭时,他们缺乏偿付投资者的动机,因此,仅靠提升融资成本这样的信号来引起银行作出反应是不现实的。次级债务资金的提供以及承保存款人的道德风险问题都可以提供资金的供应。当银行濒临破产时,事实上,仅靠利率是难以使得市场约束发挥作用的。此时,诸如存款人支取存款或阻止人们用旧债券去购买新债券等数量效应则可以起到对银行的警示作用。

四、滨海新区商业银行市场约束功能的完善

从我国现阶段银行监管的实际情况看,在现行的以资本充足率为核心的风险管理框架下,监管当局的管制力量较为强大,市场约束的作用相对微弱。目前,我国银行业隐性担保下的银行监管力量主要来自政府,而非市场。事实上,对于任何监管而言,不管采取何种形式,规则是必需的。它们提供了监管中最为基础的具有确定性以及可预测性的内容。然而,由于这些规则缺乏必要的灵活,因此,金融机构与整个体制进行游戏的不当激励将进一步导致监管措施的灵活化与市场化。无疑,这在滨海新区金融改革中对今后银行业的发展提出一些警示。

目前,困扰我国银行业市场约束功能发挥的因素主要在于其有效条件尚不完备。首先,从市场开放而言,尽管我国资本市场开放在2003—2008年间取得了一些进展,主要表现为2003年推行了QFII(合格的境外机构投资者)项目和QDII(合格的境内机构投资者)项目,在一定程度上直接联通了国内和国际证券市场，但相对而言，国内投资者可供投资的选择余地较小，渠道略显单一，无疑，这会提高投资者资金的储蓄化程度。即便面临银行的高风险运营，投资者也别无选择或者可供选择的余地较小。这对健全投资者的市场约束功能是不利的。其次，从银行信息披露的角度看，我国商业银行存在着信息披露不及时、不充分等问题。由此，投资者难以据此作出正确的投资判断。第三，在国家实施隐性担保的情形下，投资者缺乏足够的激情来对银行的运营实施监督，进而加重道德风险问题。毕竟，政府对问题银行的救助及担保在很大程度上降低了市场参与者对银行运营状况的关心，并使其难以区分"好银行"与"坏银行"。第四，针对银行利益相关者而言，存款人和银行债券持有人抑制银行风险行为的有效手段便是利率，但当前，尽管我国人民币存款利率市场化已进行了诸多尝试，但这一进程较为谨慎。很显然，"存款利率上限管制"对存款人及债券持有人抑制银行风险产生了不利影响，他们难以对高风险运作的银行要求更高的利率。现阶段，上述问题自然也存在于滨海新区银行业的改革、发展之中。

为了更好地促进滨海新区银行业的发展，积极应对运营风险，滨海新区商业银行可以借助此次"先行、先试"的良机进一步完善市场约束功能。

1. 进一步开放市场

滨海新区的金融改革可以借助此次市场体系完善之机，进一步开放市场，拓宽投资者的投资渠道。当面对银行机构的高风险运营时，投资者可以从容应对，并根据银行风险的大小来对其投资作出撤离、转移之策，进而真正发挥投资人对其资金进行"监管"的功效。这样，商业银行的市场约束功能才能发挥。

2. 取消"存款利率上限"限制

取消"存款利率上限"限制，进一步发挥利率的风险抑制功能。在商业银行的利益相关者当中，存款人无疑是主体，是银行资金的主要源泉。只有激发存款人关注其存款资金的热情，存款人面对银行运营的高风险时，市场约束的风险抑制功效才能显现。

3. 减少政府对问题银行的救助

减少政府对问题银行的救助，不仅可以增强银行自身的运营责任，还会进一步增强市场参与者对银行风险的敏感程度。滨海新区金融改革应当借助金融体系完善之机降低对政府实施的"大而不倒"政策的依赖，健全与实施银行机构的退出机制。实际上，"大而不倒"政策不仅增加了银行机构的运营风险，进而加大银行危机发生的可能性，同时，还会造成资源错配。一方面，银行救助的可能性使得银行不能很好地在成本与效益的对比中运营，进而导致创新不足；另一方面，"大而不倒"政策的存在正在不断激励银行追求规模扩张以寻求获得大而不倒的优势。这样，银行规模超出了其合理状态，从而导致银行不断合并。

4. 强化商业银行的信息披露

创建涉及相关、充分且具有可比性的适时信息披露制度是非常重要的，但银行作为信息处理专家，通常会采用隐藏一定信息的方式来对其客户提供增值服务，这样，在市场约束所要求的有益信息披露与银行私有信息保护之间寻求一种平衡也就十分必要。事实上，强化信息披露的激励措施不可能诱使银行自愿披露更多的附加信息。尽管信息披露制度要求满足适当和及时，但有必要在这两个方面进行平衡，因为达到对比的要求通常会导致规模小的银行机构的披露准备成本上升。如果规模小的银行所面对的系统风险较小，那么，有必要建立以银行规模为基础的双重披露制度。

（本文作者：王学龙，天津财经大学副教授；兰莉，天津工商银行副行长）

天津北方国际航运中心核心功能区建设与环渤海区域合作

张　博　武晓庆　刘庆良

内容提要:《天津北方国际航运中心核心功能区建设方案》获批后,作为滨海新区开发开放的标志区,东疆保税港区承载着中国新一轮改革开放和创新发展的历史使命。本文解读了北方国际航运中心核心功能区建设方案获批的重要意义,并对该核心功能区建设与环渤海区域合作的作用进行相关的研究。

关键词:东疆保税港区　北方航运中心　环渤海区域合作

2011年5月10日,国务院正式批复天津市政府上报的《天津北方国际航运中心核心功能区建设方案》。5月19日,国家发改委将该《方案》正式下发,同意以天津东疆保税港区为核心载体,开展国际船舶登记制度、国际航运税收、航运金融和航运租赁四个方面的政策创新试点。国务院要求以建设东疆保税港区为重点,加快建设北方国际航运中心和国际物流中心,推进国际化市场体系建设,条件成熟时进行建立自由贸易港区的改革探索。天津北方国际航运中心核心功能区的建设不仅对天津和滨海新区的开发开放将产生重要的影响,同时,对于环渤海区域的合作与发展,也将发挥重要的作用。

一、国家对北方国际航运中心和探索自由贸易港区发展道路的定位

中央作出关于加快天津滨海新区开发开放的重大战略决策,要求更好发挥经济特区、上海浦东新区和天津滨海新区在改革开放和自主创新中的重要作用。《国务院关于推进天津滨海新区开发开放有关问题的意见》(国发〔2006〕20号)要求天津滨海新区"努力建设成为我国北方对外开放的门户、高水平的现代制造业和研发转化基地、北方国际航运中心和国际物流中心,逐步成为经济繁荣、社会和谐、环境优美的宜居生态型新城区",并批准天津滨海新区为全国综合配套改革试验区,要求坚持重点突破与整体创新相结合,加快转变发展方式,完善基本经济制度,健全现代市场体系,发挥辐射服务示范作用,促进区域协调发展。

《国务院关于设立天津东疆保税港区批复》(国函2006第81号)要求,东疆保税港区要在机制、体制创新等方面先行试验一些重大的改革开放措施,并借鉴国际通行做法,积极探索海关特殊监管区域管理制度创新,以点带面,推进海关特殊监管区域整合和政策叠加工作。《国务院关于天津滨海新区综合配套改革试验总体方案的批复》(国函2008第26号),要求天津东疆保税港区率先开展建设自由贸易港区的改革探索。作为滨海新区综合配套改革的先行先试区和北方国际航运中心、国际物流中心的核心功能区,东疆保税港区具有港区一体化的功能特点,以保税为核心的政策优势,三面环海且易于封闭管理的特性,规模大、条件好、政策宽松、服务高效、环境优美。经国务院同意,国家发展改革委员会批准天津筹建总规模200亿元的船舶产业投资基金,支持我国企业购建大型船和特种船,显著增强我国国货国运和战略物流国运能力。依托滨海新区,以天津东疆保税港区为改革创新载体,天津具有打造国际航运融资中心、推进北方国际航运中心建设和开展自由贸易港区改革探索的良好条件和比较优势。

2010年,天津也出台了加快发展北方国际航运中心的意见,明确提出建设北方航运中心的发展目标是:到2012年,天津港货物吞吐量超过4.6亿吨,集装箱吞吐量超过1300万标准箱;东疆保税港区10平方公里开发建设和项目引进全部完成,国际中转、国际配送、国际采购、国际转口贸易和进出口加工等功能有效发挥;航运服务企业数量明显增加,航运服务体系初步构建,各类航运交易市场形成规模,航运及相关产业增加值超过1000亿元。到2015年,天津港航道等级达到30万吨级,货物吞吐量超过5.5亿吨,集装箱吞吐量超过1700万标准箱;东疆保税港区经济规模、增长速度、服务功能等均位于全国保税港区的前列,自由贸易港区初步建成,并做好争取扩区的各项准备工作;航运及相关产业增加值比2012年翻一番,超过2000亿元;初步建成以自由贸易港区为核心功能区的航运资源高度集聚、航运服务功能健全、航运市场交易活跃、国际物流服务高效,具有国际航运物流资源优化配置能力的北方国际航运中心。

在这个意见中,也进一步明确了要进一步加快东疆港区建设的近期目标:到2012年,10平方公里保税港区全面建成并积极推进保税港区功能和空间拓展。同时,进一步加快20平方公里毗邻区配套基础设施和综合服务设施建设,加快推进东部观景岸线、海铁换装中心等功能性项目。

二、天津北方国际航运中心核心功能区建设有助于发挥天津对环渤海地区的辐射作用

随着东疆保税港区建设进程的加快,天津整体的产业结构和周边环渤海地区的产业集结均会显著提升。

1.航运金融中心与平台

推进东疆保税港区航运金融试点建设是《方案》中的重点内容。在《方案》出台后,将允许在东疆注册、有离岸业务需求的企业开设离岸账户深入服务,在相关监管政策支持下,简化离岸账户审批流程,这点对于金融机构及企业来讲,特别重要。对于已经开展离岸业务的商业银行来讲,入驻东疆也颇具潜力,谁能率先进入市场,谁就能抢到无限商机。

2.构建航运业务平台

我国航运产业规模还比较小,大量新船好船和船舶公司在国外登记,造成上述情况主要原因在于税负,包括两方面:一是登记税负过高,即进口关税和进口环节增值税负高;二是企业营运税负偏重。

加快航运中游、上游产业发展,需要给予与国际税负水平接轨的政策支持,如对国际航运船舶实行免税登记,对从事国际航运的船舶公司,给予营运税费减免。国际船舶免税登记和营运税费减免是国际通行做法,欧洲大多数国家基本实行吨税制,韩国、日本近年也实施了吨税制,税负水平相当于国内水平的10%~20%。在我国,由于国内造船业还处于发展阶段,一下子给予国际航运企业与国际税负水平相同的政策扶持,还需要各方面共同努力。但是,在能够承受的范围内,应该给予力所能及的支持,以加快航运产业的发展。

目前获批的政策可以缩短与国外税赋差距,降低企业经营成本,吸引大量中资船舶回国登记运营,并促使国际航运企业更多地投资航运产业,更多地选择在国内建造船舶,加速航运基础要素聚集,进而壮大我国航运产业;对再投资部分返还60%所得税收,可能会减收少量税收,但是直接促进航运业投资,增大航运产业规模,将产生更多增量税收和就业机会。尤其是,航运产业具有1:6的放大效应,通过拉动其他产业发展,将带来税收总量的大幅增加。在对其他区域影响很小的前提下,有利于国内外航运要素优化配置,促进航运服务业发展,加快船舶修造、设备制造等关联产业壮大,逐步改变我国航运产业长期徘徊于中低端的局面。

3.环渤海物流网建设

保税物流网络内的企业通过集约型的信息化管理,可提高通关的效率,缩短流通时间,降低企业的费用和成本,增强企业的竞争力。深加工结转货物只要报关进入中心即可享受退税,避免了过去"一日游"的现象(将货物运到香港,不做任何加工,再运回国内)。保税物流中心有政策优势,进入中心视同进出口;中心内注册的企业,可自动获得进出口经营权、国际货运代理权、货物境内运输权等。

通过发展国际物流,可以更好地利用世界范围产业结构调整的机遇,使中国低生产成本优势与跨国公司生产性服务以及综合物流运作能力相结合,从而有可能形成为跨国公司全球网络提供从采购、加工制造、仓储运输直到分销和售后服务的能力。通过构建保税物流网,可以优化我国投资软环境,为供应链企业提供综合物流服务;优化产业链间的深加工结转,延长加工贸易的国内增值链。

构建环渤海保税网,大力提升滨海新区现代物流服务水平,为把滨海新区建设成为北方国际物流中心、增强滨海新区在国际与国内的辐射能力和市场竞争地位提供重要支持。

环渤海保税网的建设是天津市乃至整个北方地区的一件大事,也是一个复杂的系统工程,需要市政府特别是海关、检验检疫、铁路、公路等相关部门的配合和支持。要进一步协调环渤海行政区划之间的关系,进一步发挥天津港在构建北方国际航运中心和国际物流中心过程中的核心作用,推进环渤海各港口合理分工、错位发展,增强环渤海港口群的整体竞争力。

4.邮轮母港和游艇产业将带动环渤海地区旅游业的发展

随着人民生活水平的提高和全球化程度的加深,邮轮经济市场需求日益增长,邮轮产业发展空间巨大。为抢抓发展机遇,需要对国际邮轮产业适度开放,以加快国内相关产业发展。

2007 年 9 月,东疆保税港区成立了邮轮母港筹备组,建成两个邮轮泊位,可停靠世界上最大的邮轮,6 万平方米的客运大厦以及 10 万平方米的室外广场设计,年旅客通过能力为 50 万人次。2010 年 6 月 26 日,邮轮母港开始开港和试运行,歌诗达浪漫号举行了首航仪式,母港全年停靠 26 艘次,客流量达到 6.8 万人次。东疆保税港区管委会提出,在邮轮母港建设方面,通过加强与全球邮轮公司的合作,将东疆港作为母港或者挂靠港,开辟更多母港航线,发展邮轮经济,将邮轮经济作为东疆港发展国际航运中心的重要组成部分。

目前,在环渤海地区,大连、秦皇岛、天津、北京等地都有各自的旅游资源,为海内外游客提供了旅游需求。本次获批的方案明确提出,"允许境外邮轮公司在东疆保税港区注册设立经营性机构,开展经批准的国际航线邮轮服务业务。鼓励境外大型邮轮公司挂靠东疆港区,逐步将东疆港区发展成为邮轮母港。经国家交通运输主管部门批准后,外国邮轮可以从事国内港口多点挂靠业务,游客在国内港口下船观光后返船继续旅行。"这项政策的出台,将为环渤海口岸城市的旅游业带来新的发展机遇。

(本文作者:张博,天津社科院历史研究所副研究员;武晓庆,天津滨海综合发展研究院助理研究员;刘庆良,天津东疆保税港区管委会政策研究室副科长)

滨海新区社会管理体制与运行机制创新研究

关信平

内容提要:滨海新区不仅要在转变经济发展方式和促进经济发展方面起到排头兵的作用,而且还应该在社会管理方面走在全国前面。滨海新区加强社会管理的任务,主要包括:明确工作目标、健全工作体系、突出工作重点、加强财政投入、创新体制机制和建设人员队伍。其中,推动体制机制创新是加强社会管理的的中心任务。社会管理体制创新应在三个层次上展开,一是优化党委领导下的政府社会管理组织体系,二是以提高社会协同为目标的基层社会管理组织能力建设和规范化发展,三是对基层社会组织的功能整合。最后,应大力加强滨海新区社会管理人才队伍建设。

关键词:滨海新区　社会管理　管理体制　机制创新

在当代社会中,社会管理的体制机制是保障社会管理长期可持续运行的重要条件。社会管理的体制机制是社会管理在各个方面的制度化安排,包括从静态看的组织结构及各类组织间关系的制度安排,以及从动态看的各种社会管理行动运行方式的制度规定。滨海新区在加强社会管理方面做了大量工作,取得了成绩和经验,但在创新和发展社会管理仍面临着很大的挑战。如滨海新区建区不久,多个城区和功能区各有特点,因此面临整个新区一体化部署与不同城区、功能区和城市、农村不同的制度安排上的挑战。又如,滨海新区产业结构较复杂,外来人口较多,社会管理难度大。再如,国家和天津市对滨海新区都寄予厚望,滨海新区不仅要解决自身的社会管理问题,还要为天津乃至全国的社会管理创新做出探索。在此,加强滨海新区的社会管理,要明确工作目标、健全工作体系、突出工作重点、加强财政投入、创新体制机制、建设人员队伍。

1. 明确滨海新区加强社会管理的基本目标。滨海新区社会管理的基本目标,可以概括为三个方面:一是满足人民群众不断提高生活质量的需要,二是维护社会生活秩序和社会稳定,三是为经济发展建构更加良好的社会基础。其中,第三个目标所强调的是,将加强社会管理与促进滨海新区经济发展有机地结合在一起。

2. *健全滨海新区社会管理的工作体系*。围绕社会管理的基本目标，滨海新区加强社会管理的工作体系应包括两方面的内容：首先，要切实加强滨海新区的民生事业和社会服务水平。具体的行动包括：优化社会政策，增大对民生事业和社会服务的投入，提高滨海新区在就业质量、社会保障、教育、医疗卫生、住房保障等方面的水平，以及对老年人、儿童、残疾人、外来劳工等特殊群体的服务保障水平，从而使滨海新区的劳动者获得更高的就业和收入的安全感，以及生活的幸福感，从而稳定劳动者的就业，并吸引更多的劳动力来滨海新区就业作出贡献。同时，通过政府提供更多的公共服务而加强再分配过程，以更好地调节各个群体之间利益关系，为促进社会公平正义，降低社会矛盾和维护社会稳定作出贡献。为此，政府应该进一步增大对民生事业的投入，使滨海新区在民生事业方面的财政性投入占 GDP 的比例明显高于全国和天津市的平均水平，人均水平不低于或至少接近上海、深圳等地的水平。并且，在民生事业的各个方面都建立指标体系，按照指标体系对政府各个部门的工作提出具体的要求，然后按照指标去对各个部门的工作进行评估。

其次，要进一步加强和优化社会秩序治理，保障安全有序的社会生活。滨海新区的治安管理的加强，一方面要进一步加强对社会治安的投入，建构有效的社会治安工作体系，并提高社会治安的水平，包括硬件水平和软件服务及管理水平。除了一般性的社会治安和预防犯罪以外，还应该针对新的风险而建立健全网络安全、食品药品安全、交通安全等方面的机制，以及预防突发事件的机制。另一方面，更应注重加强建立矛盾调解和疏导机制，包括建立健全多元化的纠纷调节机制、个人及组织行为管控机制、群体及个人心理疏导机制等。再一方面，应创新社会秩序治理的体制机制，形成专业队伍和社会组织及民众参与相结合的有效体制，尤其是要形成社区、社会组织和专业社会工作人员及志愿者参与下的社会秩序治理体系。

3. *突出滨海新区社会管理的工作重点*。在全面提升社会管理水平和惠及全区居民的基础上，滨海新区社会管理应抓住如下环节：一是加强社区社会管理。社区是社会管理的重要平台，滨海新区一方面需强化“新区—街镇—居委会”三级社会管理构架，另一方面需突出以乡镇为重要平台的社区社会管理体系，并在此基础上将滨海新区的“强街强镇”工作纳入到社会管理的行动体系中，进一步加强“强街强镇”的工作，形成以街镇为中心的基层社会管理资源调动和资源分配体系，以居委会、村委会为具体执行单位的社会管理和社会服务体系，从而打造坚实的社区社会管理的组织基础、资源基础和行动网络。二是加强企业社会管理，构建和谐劳动关系。鉴于滨海新区是工业化程度较高的地区，企业职工占总人口的比例很大，并且外来人口中很大一部分是在企业中工作，因此利用企业的平台开展社会管理和社会服务工作对加强全区社会管理具有重要的意义。应该进一步强调企业社会责任，将加强企业对职工的服务和管理作为企业承担社会责任的重要方面，通过构建和谐劳动关系的综合性行动而加强企业社会管理及服务的职能，三是加强对外来人口的社会管理。滨海新区外来人口众多，对外来人口的管理是社会管理的重要方面。滨海新区加强对外来人口的管理应该在社区和企业两个平台上展开。一方面加强社区服务和管理外来人口的职能，另一方面，由于滨海新区的外来人口主要是在各类企业中就业，因此，应将对外来人口管理和服务作为企业社会管理的主要方面，通过构建和谐劳动关系而稳定外来劳动者的就业和生活，并且以外来职工公寓为平台，加强对外来人口的服务和管理。

4. *创新滨海新区社会管理组织体制*。滨海新区的社会管理需要组织体制的创新。加强社会关系的各项行动计划都需要具体通过一定的组织去加以实施，因此需要从组织体系建构上具体落实“党委领导、政府负责、社会协同、公众参与”的社会管理格局。应在三个层次上加强社会管理体制创新，一是优化党委领导下的政府社会管理组织体系，二是以提高社会协同为目标的基层社会管理组织能力建设和规范化发展，三是在社会管理方面政府对基层社会组织的功能整合。

首先，加强基层社会组织建设，大力提升社会组织的能力，促进社会组织的规范化运行。加强社会管理是政府的重要职责，但政府自己不能仅靠自身的组织力量去实施具体的社会管理行动。过去，党和政府的社会管理主要是通过企事业单位去实施的，但改革开放后企事业单位的社会管理职能大大萎缩。由企业剥离出来的许多社会管理职能必须有相应的组织去承接，才能落实社会管理行动。能够承接社会管理职能的主要是社区和社会组织，在新的社会管理格局中，要求企业也承担一定的社会管理职责。因此就形成了“单位—社区—社会组织”的三足鼎立格局。但事实上在滨海新区许多企业很难具体承担社会管理的具体工作，企业在社会管理方面的责任需要以“服务外包”的方式交给社区或社会组织去承担。而社区（包括街镇组织和居民自治组织）自身也不具备足够的直接管理和服务能力，它们提供管理和服务的职责也必须由建立在社区中的社会组织去具体承担。

因此，面对大量的社会管理和社会服务的具体工作，必须要有足够的社会服务组织去具体实施。对此政府只能有两种选择：一是创新社会管理体制，大力发展社会组织，通过大量的社会组织去承担社会管理和社会服务的具体工作；二是回到过去的老路，通过大规模地建立新的国办事业单位来承担社会管理及服务的具体工作。很明显，后一种选择是不行的，政府只能选择依靠社会组织去实施社会管理和服务的道路。

其次，加强社会管理体制创新的重点，除了要积极培育社会组织之外，还要理顺政府与社会组织之间的关系，更好发挥社会组织在社会管理中的作用。政府对社会组织的关系一是向社会组织提供支持，二是对社会组织加强规范管理；社会组织对政府的关系主要是承担和完成政府交办的社会管理具体工作。对于政府来说，有三个方面的关键性行动：一是改革社会组织登记管理制度，降低社会组织成立的门槛。二是通过政府购买服务、大力发展慈善事业等方式，加强政府和社会对公益性社会组织支持的力度。其中重点是建立政府向公益性社会组织购买服务制度，逐渐增大政府向社会组织购买服务的开支占其在社会管理方面财政开支的比例，并逐渐过渡到公益性社会组织和国有事业单位在获得政府财政投入方面的“同工同酬”。三是通过强化和优化政府监管及建立健全行业管理等方式，加强对社会组织的引导和监管。滨海新区应该像推动区内建立世界一流企业那样，大力推动建立、发展和做强公益性社会组织，力争在较短的时期内发展起一批在国内外具有较高知名度的社会组织，让社会组织成为滨海新区的又一张耀眼的名片。

5、加强滨海新区社会管理人才队伍建设。加强社会管理有着大量的具体工作要做，而要做好这些工作最终要具体落实到人。为了完成加强社会管理的任务，必须要建立足够数量和质量的工作人员队伍，其中包括以专职的社会管理工作人员为基础、以志愿者为补充的社会管理人员队伍建设；以及以专业社会工作者为核心的社会管理人才队伍建设。

党的十六届六中全会上早已提出“建设一支宏大的社会工作人才队伍”的号召，并且在中央的同意下，国家有关部委将在近期联合出台促进专业社会工作人才队伍建设的具体指导意见。滨海新区属于工业化程度较高、外来人口众多和劳动者及居民收入水平和文化水平较高的地区，应将大力加强专业社会工作人才队伍建设作为社会管理人员队伍建设的重点。发达国家和地区包括我国广东、上海等地在此方面已有成熟的经验可借鉴。在借鉴国内外已有经验的基础上，滨海新区可研究出台大力发展专业社会工作人才队伍的具体做法。

（本文作者：关信平，南开大学社会建设与管理研究院院长、社会工作与社会政策系主任，教授、博士生导师）

滨海新区流动人口社会管理创新的研究

丛　梅

内容摘要:天津市滨海新区外来流动人口的社会融入与管理,已成为影响新区发展与社会稳定的重要战略问题。为此,滨海新区建立了流动人口服务管理制度,包括实施“三类管理”、构建“三级平台”、建立“三层保障”等,取得了实效。在新的历史发展中,滨海新区需要进行流动人口社会管理创新,即转变流动人口服务管理理念、建立健全流动人口服务管理体制机制、创新流动人口服务管理办法等。

关键词:滨海新区　流动人口　人口社会管理

近年来,随着天津市滨海新区开发开放建设加快,吸引了大批外来流动人口,2011 年滨海新区外来常住人口已达 124.45 万人。滨海新区在未来要以较快速度发展,就必须从战略的高度来认识和解决流动人口的社会融入问题。

一、滨海新区制定的流动人口服务管理制度

滨海新区流动人口的年龄主要分布在 18 - 25 岁之间(约占流动人口总数的 70%),主要从事职业是务工和个体经商,主要分布领域是工业和服务业、建设工地和街道社区。根据这些特点,滨海新区因地制宜、因人制宜,积极探索符合不同流动人口群体特点的人性化管理方式。

1. 实施“三类管理”

对在新区长期工作的外来建设者实施集宿式、公寓式管理。截至 2010 年底,滨海新区区委、区政府通过政策引导、政府投资等方式已建设各类公寓 30 处,建筑面积近 200 万平米,住房 35000 多套,可容纳 20 多万人。滨海新区把集宿式、公寓式管理作为加强流动人口管理的创新点和突破口,形成了一整套工作模式。其总的原则是“四早四同步”。即早规划,早启动,早管理,早教育。同时,建设标准是“三定三高”,确定建设成本、容积率、绿地率、人均建筑面积等控制性规划指标,建筑设计与建设达到高水平;确定功能区域、家具种类、电器配备等硬件设施标准,住宅功能达到高水平;确定餐饮类、金融商业服务类、文化体育娱乐类、医疗保健理容类、物业管理类、政府综合办公类等六大类公建项目,环境配套达到高水平。在管理方式上实行“四化管理”,即管理主体联动化,管理队伍专业化,管理制度规范化,管理方式精细化。

兴建“建设者之家”,对在建设工地的临时劳动者实行同城化、规范化、动态化管理。根据目前建筑工地规模大、农民工人数多、建设工期长的特点,新区投资近 1 亿元在大项目、大工地集中的区域,集中建设了一批面积超 3 万平米、可容纳近万人的“建设者之家”,参照社区模式进行管理,各项管理服务工作取得了明显成效。其主要做法,一是完善配套设施,二是推行建设者自治,三是实施“零距离”服务,四是加强打防管控,五是推广建设者实名制管理系统。

创新“以业管人、以房管人、以证管人”新途径,全方位做好散居在社区的流动人口服务管理工作。新区按照 500 名流动人口配备 1 名协管员的标准,组建稳定的流动人口专职协管员队伍,全面开展流动人口登记、法制宣传教育、维权服务、出租房屋登记建档等工作,做到人来登记、人走注销,问题和隐患第一时间发现和上报。目前,新区已建立临时治保会 214 个,专兼职治保人员 1070 名。

2. 构建“三级平台”

新区率先建成流动人口服务管理“三级平台”。第一级平台为功能区管委会流动人口管理中心,第二级平台为街镇流动人口服务管理站,第三级平台为重点社区(村队、建筑工地)服务管理分站。同时,以三级平台为基础,开发建设了基于互联网络运行,集政府各部门服务管理信息为一体的流动人口信息综合应用系统,实现流动人口登记办证、计划生育、法律咨询、劳动就业、卫生防疫、子女入学、房屋租赁、税收征管等信息资源社会化采集、跨部门共享,对流动人口实施一站式服务和动态管理。“三级平台”建成后,共为劳动、卫生、教育、民政各部门提供查询、核准服务 1500 余次,为流动人口现场登记办证 6000 多人,查破违法犯罪案件 140 多

起，真正做到服务前移、管理前移和阵地前移，成功实现了由控制管理型向服务管理型转变。

3.建立“三层保障”

按照“保障个人权益、共享发展成果”的原则，滨海新区建立了多层次的保障机制。一是建立教育培训机制，二是建立维权保障机制，三是建立激励引导机制。专门出台了《关于为滨海新区优秀建设者解决户口问题的暂行办法》，开展优秀建设者表彰活动，为符合条件的1000名优秀外来建设者颁发证书、奖章，发放户口准迁证，解决天津本地户籍，逐步解决保障性住房等实际问题，在社会保险、就医、子女教育、就业等方面给予同城待遇，不断强化外来建设者的认同感和归属感。同时，还强化居委会、社工站的引导功能，推广“青年农民工融入社区”试点经验，使流动人口更好地融入当地社区，投身于滨海新区开发建设。

二、滨海新区流动人口社会管理的创新

1.转变流动人口服务管理理念

树立以人为本、公平对待、均等服务的理念。坚持服务与管理并重，流动人口与城市户籍人口“同对待、同管理、同服务”，通过改善公共服务，推进流动人口管理创新，逐步实现流动人口与新区居民享受同等待遇。坚持统筹城乡和区域发展，采取综合措施，有效提升城市社会管理和公共服务水平，逐步消除城乡二元结构。引导人口合理有序流动和就业。促进流动人口有效融入当地社区，实现同当地居民和睦相处。

2.建立健全流动人口服务管理体制机制

全面实行居住证制度，对区域内流动人口全部实现“一卡通”管理，促进户籍人口与流动人口差别管理向社会实有人口同一管理转变，使持有居住证人员在办理社会保障、劳动用工、申领证照、民政优抚、卫生防疫、义务教育、车务手续等方面享有市民化待遇。鼓励流动人口参与社区公益服务，以增强其社会责任感和归属感。

建立健全统一、高效的流动人口管理协调机构，对涉及全局性、政策性的重大问题进行研究协调。在街镇设立流动人口服务站，在社区设立流动人口服务管理分站，履行流动人口管理职责，将流动人口服务管理工作下移，实现流动人口服务管理全覆盖。加强公益性组织对流动人口的服务，发挥其在提供社会救助、公共福利等方面的作用。统一建立综合协管员队伍，按照每500名流动人口配备1名综合协管员的标准，2012年底达到2000人的规模。

创新公共服务供给机制和获得机制。新区按照“需求主导”型的供给模式，根据流动人口的实际需要，及时增加和调整居住、就医、入学等公共服务内容、设施和方式。政府根据流动人口在当地务工年限、职业稳定性、有无合法住所等参考指标，建立梯度累进的公共服务获得机制，使其待遇逐步升级，直至成为市民。

建立流动人口权益保障制度。将流动人口逐步纳入社会保障体系，逐步实现基本公共服务均等化。完善创业就业扶持政策，为流动人口创造更多的发展机会。制定和实施流动人口养老保险、医疗保险关系转移接续办法，建立健全流动人口社会救助制度。成立“流动人口法律咨询服务中心”和“流动人口法律咨询服务站”，积极为流动人口提供法律援助。

建立流动人口居住保障制度。在功能区继续推行集宿式、公寓式服务管理模式，在此基础上将长期居住的流动人口纳入保障性住房的适用范围，同时将公积金制度逐步扩大到拥有固定工作的流动人口，使流动人口的居住权从根本上得以保障。对外来建设者逐步实现住房保障本地化。

3.创新流动人口服务管理办法

规范政府各部门职责任务、服务范围，实现流行人口服务管理制度化、法制化。加强对流动人口管理工作的考核评估，将流动人口满意度纳入到政府相关部门的服务工作绩效评价体系，发挥有效的激励作用。逐步建立以常住人口为基本参数的社会资源和公共服务匹配机制，将已经取得“居住证”人口纳入新区政府公共预算，并逐渐加大对外来人口公共预算的存量和增量投入。

建立健全流动人口信息数据库和网络系统管理。在功能区、街镇、社区三级平台的基础上，开发建设集政府各部门和社会服务管理信息为一体的流动人口信息综合管理平台，实现流动人口登记办证、计划生育、劳动就业、子女入学、税收征管等信息资源社会化采集、跨部门共享，对流动人口实施一站式服务和动态管理。

加强流动人口治安长效管理。重视对流动人口违法犯罪活动规律的研究，强化对违法犯罪高危人群的管控，严厉打击流动人口违法犯罪活动，预防和掌控流动人口中危害国家安全和社会稳定的活动。

做好境外人员的服务管理工作。依法保护境外人员合法权益,建立境外人员权益保障及涉外执法难点会商解决机制。积极探索建立境外人员参与社区公共事务管理服务新模式,实现境外人员的社会化管理,努力营造开放、宽松、以人为本的出入境和居留环境。

(本文作者:丛梅,天津社会科学院法学研究所副研究员)

2011 年滨海新区开发开放研讨会综述

王冠淳

"滨海新区开发开放研讨会"是由天津市社会科学界联合会、天津滨海综合发展研究院共同举办的高端会术研究平台。每月一次,定于星期六上午半天举行。每次确定一个议题。研讨地点设在天津市社联学术会议中心。主要召集人分别是中共天津市委原副秘书长、市社联副主席吴敬华,天津市人大财经委主任曹达宝,天津市社联党组书记李家祥,滨海新区人大常委会副主任、滨海综合发展研究院院长郝寿义。与会专家学者来自中共天津市委研究室、市政府研究室、市发改委、市金融办,滨海新区区政府办公室、区发改委、区财政局、区经信委,开发区、保税区、高新区、东疆港、生态城、中心商务区等部门负责人,还有来自南开大学、天津大学、天津师范大学、天津财经大学、天津社会科学院、市委党校、天津市经济研究所等高校和科研部门的专家学者,共约 30 人。2011 年共举办 12 次。现将全年研讨成果综述如下。

一、滨海新区创新性研究

第三次会议设定的主题是"滨海新区社会管理创新研究",第四次会议设定的主题是"滨海新区科技金融体系创新"。南开大学社会工作与社会政策系主任关信平教授作了"滨海新区社会管理创新研究思路"的主题演讲,重点说明了社会管理的功能定位,介绍了现阶段加强社会管理的背景、社会管理的内容与要求。他主张通过提供服务,实施有效管理,从个人层面、社会层面等入手,以满足社会管理的基本要求。对于社会管理的对象,针对不同现象应有不同管理方法,特别要加强对流动人口的管理,并要通过管理体制保证政策运行的规章制度,明确政府在社会管理中的主体地位。中新生态城法制局副局长王学伟作了"中新生态城社会管理创新研究"的报告,并介绍了滨海新区的经济与社会特点。他认为中新生态城的特点是规模较大,对于我国其他生态区、生态城的建设有很好的启迪作用。目前生态城正处于前期建设阶段,还没有固定人口的大规模进驻。在人口未大量居住时即超前研究,属于观念上的转变。对于目前政府、街道、社区的三层架构。他指出,应按照"政社分开"的原则,使政府对行政职能负责,力争为社区实现更扁平化和近距离的服务。他还介绍了中新生态城力争做"实现经济增长方式转变"的代表地区,正在大规模引进知识经济、文化经济,建立和谐的劳资关系,实现生态城的更好发展。滨海综合发展研究院区域研究室主任孙洋博士作了"滨海新区社会管理创新整体思路"的报告,提出三个观点。一是要补齐社会管理服务的短板,实现社会的均衡发展。二是滨海新区缺少对居民社会行为的管理划分,需要加强,以有的放矢的做好管理。三是说明社会管理是社会资源的再配置,应抓住本质,实现更快发展。天津社科院社会学研究所所长张宝义认为,社会管理模式的重点是秩序。规范社会行为,应保持协调性,应保持公正是以人为本的落脚点,确保公民权。目前滨海新区消费相对滞后,人员流动性较大,如能实现人员流动是为生活而不仅只是为工作往返,则滨海新区必将长足发展。

滨海综合发展研究院海泰研究所金融室主任牟福江作了"滨海新区科技金融体系创新研究——以海泰担保公司和海泰投资公司为案例"的主题演讲。他重点说明了滨海新区科技金融体系创新探索,介绍了海泰在贷款担保业务、股权投资业务、科技金融服务业务、科技金融业务间的系统整合所做的有益尝试，阐述了滨海新区科技金融创新的操作思路。天津滨海综合发展研究院产业研究室主任蒋宁作了“滨海新区融资体系建设思路研究”的报告，他介绍了滨海新区融资体系建设现状，滨海新区融资体系建设面临的挑战，认为从国家层面和地域层面看，扩大融资面临较多问题，因此应加快滨海新区融资体系建设，即要加快制定专项规划并积极推动，同时开展金融业综合经营，以担保带动融资租赁和投资基金发展，并加快扶持企业上市，提高资产证券化率和再融资能力。

二、滨海新区深化体制改革研究

第五次会议设定的主题是“滨海新区融资租赁业发展”。天津市滨海新区人大常委会副主任、滨海综合发展研究院院长郝寿义介绍了“中国租赁业研究中心”在东疆保税港区揭牌成立的有关情况。在揭牌新闻发布会上，研究中心推出了成立后的首个研究成果，即中国租赁蓝皮书《2010 中国融资租赁业发展报告》。该报告是目前中国融资租赁行业唯一的权威报告，获得了商务部、银监会等权威部门的指导和帮助，《人民日报》、新华社、中央人民广播电台、新浪网、《天津日报》等媒体报道了相关情况。他说明了研究中心成立后的研究目标和研究方向，指出应充分利用高等院校、研究所的智力优势，努力将该中心打造成政府、专家、企业三方密切交流的平台，为把滨海新区建设成为融资租赁业的先进区和示范区做贡献。天津市租赁行业协会会长杨海田作了“2010 中国融资租赁业发展报告”的主题演讲，重点介绍了融资租赁业发展概况。他认为，融资租赁行业实力在继续增强，其业务范围向深度和广度延伸，业务创新取得了进展，并且租赁企业也在积极拓展融资渠道，目前厂商租赁形势喜人。他同时指出中国融资租赁业还存在一些问题，即社会认知度不高，地区发展不平衡，法规体系不健全。可以预见，中国融资租赁业将由几何式增长转为算数式增长，预计 2011 年，全国融资租赁业务总量将增长 50% 左右，仍可突破 10000 亿大关。东疆保税港区管委会研究室主任张忠东作了《东疆保税港区航空租赁创新与探索》的演讲。他首先介绍了天津东疆保税港区基本情况，分析了东疆保税港区的功能政策优势，指出保税港区已纳入国家发展战略，下一步应努力搞好国际航运中心建设和自由贸易港区的创新探索。他说明了航运金融和租赁业市场需求，剖析了航运金融与租赁业发展面临的政策问题、功能问题、认识问题，认为应努力推进功能政策突破，实现飞机船舶业务创新，带动金融与租赁发展服务，努力持续推进发展环境的建设。

第九次会议设定主题是“滨海新区行政体制改革与城乡一体化改革”。滨海新区政府研究室主任李彩良作主题演讲，题目是“滨海新区行政体制改革思路”。他主要说明了滨海新区为什么要改革，怎么改革，下一步怎么干三个问题。他认为，滨海新区成立之初存在各区域各自为战，自己发展自己的情况，缺少统一的规划，容易出现招商引资无序竞争的状态，客观造成管理机构相对重叠的情况，降低了管理效能。滨海新区管委会应明确分类服务的职能，同时注意街镇的管理问题。滨海新区正致力于通过建立社区便民中心和社区服务站等形式，为广大社区居民提供一条龙式服务和一站式办理，方便了百姓，提高了效率。新区正逐步建立起“新区事在新区办”的模式，以做到先行先试。新区通过统一规划，统一建设基础设施，建立统一的财政支付体系，统一社会管理和公共服务，建立滨海新区的领导职能。并将通过完善市政府与滨海新区政府的对口机制，以更好的发展滨海新区。

第十次会议设定的主题是“滨海新区城乡一体化改革”。天津滨海综合发展研究院区域研究室主任孙洋博士作“滨海新区城乡一体化改革”的主题演讲。他介绍了滨海新区城乡统筹改革方案的思路，说明了农村社会服务体系不健全，城乡居民收入差距较大，农村的民主法制建设和社会管理任务较繁重的现实情况。他介绍了对成都等地区的调研情况，并结合天津滨海新区农村发展的特点，表示应力争对农村社会化组织模式进行尝试，在宅基地换房的基础上开展多种住房保障措施，并对农村集体产权制度改革，在社会管理和公务服务等方面进行改革探索，努力实现滨海新区城乡一体化。南开大学唐忠新教授介绍了津南区城乡改革的一些情况，认为滨海新区内部发展较不平衡。他说明了在天津不同地区应按照当地的农村发展水平，进而选取城市化模式、小城镇建设模式、新农村建设这三种模式中符合当地的发展模式。天津财经大学张盘铭教授认为研究很有意义，对可能出现的产权问题等考虑较周全，应更加注重财政对农村教育、医疗方面的保障，保证政策的更好实施。天津市经济发展研究所李胜利研究员提出建议,应考虑农村如何发展,统筹管理不能代替统筹发展的问题,进而考虑都市型农业的发展。对于招商引资方式可以考虑村企互助,城乡公共服务应该细化。天津社科院蔡玉胜研究员认为,新区内部非农转化压力较大,目前定的目标更侧重于经济,一体化应实现农村生产形态和生活形态的两个变化,注重提高农村生活水平。应努力实现户籍一体化,管理一体化,劳动就业一体化,城乡管理一体化等,考虑城乡产业之间的互动与衔接,注意农村空心化的问题,避免区县工业园过多过散的情况。

第十一次会议设定的主题是“滨海新区文化事业改革发展”。天津社科院研究员王琳作“滨海新区文化产业发展研究”的主题演讲。她从滨海新区文化产业发展的现状与成就,滨海新区在“十二五”期间文化产业的发展环境分析,文化产业的战略规划及部分设想,滨海新区发展文化产业的政策创新这四方面入手,介绍了天津滨海新区文化产业的发展情况。她认为可以通过推动产业升级、搭建合作平台,设立金融资金支持,拓宽融资渠道,加强人才培养,保护知识产权等形式,发展滨海新区文化产业,以此为契机,全面落实好十七届六中全会提出的建设“文化强国”的目标,以增强国家文化软实力。滨海新区区委宣传部副部长陈健表示,滨海新区常住人口仅 248 万,人口密度较低,居住点位分散,公共文化服务覆盖有待提高。滨海新区的基层文化服务设施网络正通过在街镇行政审批中心设点来进行推广,通过农家书屋、涉农文体服务室等来为农民服务,以居民书房等形式为城镇居民服务。滨海新区正在着手建设区一级文化服务设施,并积极鼓励文艺创作,塑造文化品牌等,更好为滨海新区的文化发展服务。天津市委宣传部研究室主任李晓敏认为“近代百年中国看天津”作为历史旅游资源的开发背景相对严肃,开发其娱乐性有一定难度,应注意更深挖掘。他认为,滨海新区文化定位不应仅限于在新区,而应放到全市乃至环渤海地区的层次来考量,突出自身优势,以此解决滨海新区产业发展的空间问题。天津还可以进一步研究海洋文化,发挥自身特点,谋划发展。

第十二次会议设定的主题是“滨海新区诚信体系建设”。天津滨海综合发展研究院产业研究室主任蒋宁作“滨海新区诚信体系建设研究”的演讲。他从诚信体系内的关系和运行模式、新区诚信体系运行的现状、诚信体系运行中存在的问题、滨海新区诚信体系建设总体思路、建设的工作目标、相关建议等六个方面入手,向与会同志进行了简明扼要的介绍。他指出,诚信体系建设应坚持自上而下和自下而上相结合,坚持政府主导与市场推动相结合,坚持政策培训与市场培育相结合,来合理的设定各项保障制度。目前总体来看,滨海新区企业普遍认为滨海新区的诚信体系运行优于全国总体环境,但与浦东新区、江浙地区相比还有一定差距,主要体现在政策制定和组织推动两个方面。开发区的诚信体系建设位于滨海新区前列,具备 4 个特点:一是有完善的政策信用体系,二是建设政策体系基础信用平台,三是引进专业化的政策体系信用机构,四是政府引导,做了很多实际工作。新区目前还存在政策不连续,政策体系尚未系统化,诚信体系较为淡薄,缺少一定透明度等问题,需要进一步解决。他还介绍了滨海新区法院、检察院方面在诚信体系建设方面所做的工作。

三、滨海新区功能区建设研究

第二次会议设定的主题是“滨海新区国际航运融资中心建设”。天津财经大学经济学院副院长刘恩专教授作“国际航运融资中心建设方案的研究”的专题报告。从国际航运中心的功能与外部经济效应方面入手,通过关注高端航运产业的聚集与整合,关注航运中心融资政策体系,重点介绍了航运业未来发展的两大趋势。他指出,航运发展离不开金融的支持。在这方面,东疆保税港区已经走在了全国前列。通过国际航运融资中心的建设,可以更好地促进天津滨海新区的发展。

第六次会议设定的主题是“北方国际航运中心核心功能区建设”。东疆保税港区管委会研究室主任、金融与租赁发展办公室主任张忠东介绍了国务院批复“北方国际航运中心核心功能区建设”有关情况及下一步工作设想。他认为,东疆保税港区应力争一流、先行先试,应努力做到全国第一。他举例介绍了船舶登记制度,说明了国际航运中心建设由浅入深的探索性尝试。国务院的批复确定了东疆保税港区作为天津市的先行先试区,是天津建设国际航运中心、国际物流中心的门户。在工作中,应认识到建设北方国际航运中心任务的严肃性和艰巨性,正视目前与国际一流水平差距较大的客观情况,应注意整体提升天津市产业结构的转变,实现东疆保税港区的跨越式发展。

第七次会议设定的主题是“滨海新区‘十大战役’建设与国有企业发展”。海泰集团副总经理王卫东作演讲，介绍了海泰集团在“十大战役”中着力探讨工作创新性问题的心得。他认为，创新管理模式有利于解决工程难题，创新思路能提高规划水平。在工作中应注重讲求方法，讲求策略，努力将企业的核心竞争力转变为区域竞争力。“十大战役”是海泰集团进行发展的有力时机，海泰集团会加快发展，努力为滨海新区作贡献。天津滨海新区管委会政策研究室副主任李彩良作演讲，对滨海新区“十大战役”体制开发模式开展研究。认为通过“十大战役”可以把滨海新区的经济、社会等各项资源全方位调动起来，以建设滨海新区九区双港的五大板块。他介绍了各大功能区板块的发展情况，以及如何对各功能区进行定位。滨海新区正通过专业性、针对性的招商，促进各功能区的发展，壮大力量，走向繁荣。天津财经大学罗永泰教授作点评。他说，天津面临新的竞争态势，这要求滨海新区以新的起点、新的水平在全国展示面貌。天津的发展模式对于全国的部分地区发展有很好的借鉴意义。目前看，在滨海新区做资源的整合是非常必要的，这为未来企业的进驻，产业的建立创造了条件。滨海新区正在做全面的产业调整，这有力地促进了新区的可持续发展。

第八次会议设定的主题是“滨海新区 CBD 建设”。南开大学经济学院教授段文斌作“天津滨海新区 CBD 总体发展思路”的主题演讲，认为金融业是 CBD 的灵魂，专业服务业是 CBD 的主体，商业是现代服务业的基础，会展旅游业是 CBD 发展的新方向，这四大产业是目前 CBD 所重点发展的。我国的 CBD 建设是由政府主导的，这是一个显著特点。他通过对比环渤海和长三角的区域经济、上海与天津的经济情况，说明了天津目前存在着服务业较薄弱等情况，介绍了天津滨海新区 CBD 发展的方向。他建议做好功能区的定位，吸引人才，更好地关注 CBD 发展的科学化。滨海新区中心商务区管委会刘默林介绍了滨海新区中心商务区建设情况与未来发展思路。中心商务区是滨海新区九大功能区之一，只有了解滨海新区的定位含义，才可以做好中心商务区的建设。中心商务区已全面开工建设，正在扎实推进中，以努力完成好响螺湾商务区、于家堡起步区等特大项目的建设，并努力围绕企业区域总部，构建产业链。

（本文作者：王冠淳，天津市社会科学界联合会科研处）

2011 年滨海新区开发开放研讨会统计表

场　次	时　间	主　题
第 21 次	2 月 12 日	国际航运融资中心建设方案的研究
第 22 次	3 月 12 日	滨海新区社会管理创新研究
第 23 次	4 月 9 日	滨海新区科技金融体系创新
第 24 次	5 月 14 日	滨海新区融资租赁业发展
第 25 次	6 月 11 日	北方国际航运中心核心功能区建设
第 26 次	7 月 9 日	滨海新区“十大战役”建设与国有企业发展
第 27 次	8 月 13 日	滨海新区 CBD 建设
第 28 次	9 月 17 日	滨海新区行政体制改革与城乡一体化改革
第 29 次	10 月 15 日	滨海新区城乡一体化改革
第 30 次	11 月 12 日	滨海新区文化事业改革发展
第 31 次	12 月 10 日	滨海新区诚信体系建设

专论摘要

滨海新区综合配套改革体制制约及行动框架

陈桂生

在滨海新区综合配套改革的指标体系中，加快推进滨海开发开放是检验改革成功与否的标尺，也是实现其他改革目标的基础。实现经济持续快速健康发展，需要和谐稳定的社会环境作保证，二者相辅相成。在滨海新区可持续发展进程中，行政管理制度不仅是整个系统的信息中心和控制中心，也是其各项综合配套改革措施实施的指挥中心和促进中心。滨海新区综合配套改革的体制制约，主要是：(1)法律制度配套不充分。(2)行政体制层面的制约。(3)市场制度层面的制约。而滨海新区综合配套改革的行动框架，则是继续沿着“政治—经济—社会—自然”的立体发展模式，鼓励和支持获得“创新租金”驱动经济社会发展。其中包括：(1)市场创新战略。一是完善金融、土地等要素市场。二是以加速科技成果转化和技术商品化为重点。三是涉外经济体制改革。(2)政府发展战略。从发展愿景看，在发挥市场对资源配置起基础作用的同时加强宏观调控。从改革方式看，引入多层次的治理网络是滨海新区制度创新的重要环节。(3)和谐社会战略。一是要正确处理效益与公平的关系。二是缩小城乡可支配收入差距。三是进一步完善滨海社会保障体系建设。(4)生态环境战略。在战略层面，要构建滨海新区“绿色发展”新模式。

（本文作者：陈桂生，男，天津商业大学公共管理学院博士、副教授、研究生导师。研究方向：政府经济学）

跨国公司与产业集群互动的实证研究

丛　屹　李艳丽

20世纪中后期，经济全球化的迅速发展使得集群区域不再是传统的封闭性地方体系，而是经济全球化与工业发展的集聚化或者说是区域化并存。在这一过程中，一方面，作为经济全球化载体的跨国公司成为了联结全球经济和传统地方产业集群的纽带；另一方面，借助新一轮的国际产业转移浪潮，跨国公司还主导参与和诱导形成了一大批新兴的外生型产业集群。通过天津滨海新区中产业集群与跨国公司的互动关系的实证研究，检验多个相关方程的统计量，说明模型变量之间存在一定的自相关性，说明了产业集群的发展具有自强化性，区位熵系数较高的地区和产业，其动态集聚系数也较大，加上外商投资具有“跟进”特征，因此越是产业集聚的地区和产业，集群发展速度越快，越能吸引到更多的外商投资。分析表明，近些年来，滨海新区一直是国家级重点发展的区域，除了跨国公司的FDI之外，由于国家政策的倾斜，还有很多国内大型国企投资于滨海新区，以及大量的“南资北上”等都促进了滨海新区产业集群的快速发展，因此跨国公司FDI对产业集群作用的相对份额就没有那么大了。但反过来看，滨海新区的产业集群水平及其较快的发展速度，已经成为了吸引外商直接投资的极重要因素。

（本文作者：丛屹，天津财经大学经济学院经济学系，副院长，教授，研究方向：西方经济学；李艳丽，天津财经大学经济学院硕士研究生）

先进制造业在国家级区域规划中的定位及发展

吴建新

天津滨海新区作为国家综合配套改革试验区，发展好先进制造业不光对新区意义重大，而且具有全国范围内的示范带动作用，但也存在诸多问题与不足。滨海新区发展先进制造业，一是积极推进先进制造业产业集聚；二是进一步改造提升优势传统制造业；三是着力提升创新能力；四是加强重大先进制造产业项目投融资体系建设；五是构建适应新区先进制造业的高技能人才引进与培养模式；六是建立推进工作体系。具体作法是：(1)紧跟世界先进制造业发展最前沿，建立科技信息中心，实时收集世界先进技术发展动态，定期向新区企业发布相关信息；(2)鼓励支持绿色制造，加快构建绿色制造体系，实施绿色生产，加强绿色认证，推行国际标准，积极创建绿色品牌；(3)营造本地世界知名品牌，新区应立足现在，积极培育一批以规模经济和自主知识产权为依托的世界知名品牌。

（本文作者：吴建新，天津滨海综合发展研究院助理研究员，博士，研究方向：经济社会系统分析与建模）

滨海新区游艇产业环境分析与发展动力机制研究

王　利　尚晓昆　蒋　宁

游艇产业，因其产业链条长，产业关联性强，被誉为“漂浮在黄金水道上的巨大商机”。“十二五”期间是新区游艇经济起步的关键时期。一个健康、有序的产业发展环境，不仅有利于促进游艇经济的快速发展，更将进一步在滨海新区产业结构优化、扩大就业、提升消费结构等方面发挥重要作用。促进滨海新区游艇经济发展的动力机制主要是：(1)坚持“顶层设计”理念，统筹规划新区游艇产业发展，坚持“顶层设计”的思路，制定游艇产业发展的短期和中长期规划。(2)大力扶持游艇俱乐部发展，探索多样化游艇消费模式，新区政府可参考借鉴日本曾经发展游艇俱乐部的做法，用土地和岸线资源折价入股的方式，再配合相关的减税、免税政策，积极扶持、帮助游艇俱乐部的发展。(3)引进和培养游艇专业人才，创新人才培养模式。在发展的起步阶段新区应积极向游艇经济发达地区引进现有人才，注重本地产业人才的培养，积极探索以游艇俱乐部为平台，俱乐部与高校相互合作、委托培养的人才培养新模式。(4)积极宣传游艇运动，培育多层次游艇消费市场，新区在除了要发展面向高端消费群体的豪华游艇以外，还应面向京津冀地区的广大中等收入阶层，逐渐让中等收入家庭接受并建立起游艇消费的意愿。

（本文作者：王利，天津滨海综合发展研究院产业研究室助理研究员，研究方向：产业经济、综合配套改革；尚晓昆，天津滨海综合发展研究院产业研究室；蒋宁，天津滨海综合发展研究院产业研究室）

滨海新区物流中心运作模式研究

蔡南珊

滨海新区物流中心主要服务于天津保税区、天津港及京津冀和“三北”地区的各类中心。其服务模式的方向是在符合实际条件的基础上，为用户提供综合性、全过程、集成化的现代物流服务项目。滨海新区物流中心主要服务对象主要包括以下几类：一是高端制造业；二是商贸流通业；三是电子商务；四是现代农业。其主要物流服务模式有：1. 为制造业提供物流服务的模式。具体包括产品采购物流服务、产品销售物流服务。2. 为商贸流通业提供物流服务的模式。具体包括为流通企业提供配送、库存控制等物流服务；为百货、建材等流通企业提供仓储服务；提供整车物流服务。3. 为电子商务网站提供物流服务的模式。电子商务网站的生存和发展在很大程度上受到物流网络的制约，物流中心依托与上下游企业联网的物流信息系统，为开展电子商务的企业提供采购、库存、配送、回收货款等物流服务。4. 为农产品提供物流服务的模式。在为农产品提供物流服务时，物流中心应该对每一服务对象的农产品采购、生产支持、配送及流通加工，在专业化的基础上对农产品的总体物流活动进行计划和协调，为提高农产品物流服务质量奠定基础。

（本文作者：蔡南珊，天津市财贸管理干部学院副教授、中国物流学会理事、中国物流学会特约研究员。研究方向：物流管理）

天津滨海新区构建OTC市场的可行性与措施研究

郭 红 曾庆菊 冯 驰

通过对北京、上海、天津的一些经济指标的对比分析，来说明天津的地域优势从而进一步说明天津滨海新区构建OTC市场的可行性。银行业方面，虽然天津在三大城市中实力不是最强的，但其发展潜力比较大，发展加速度比较快。金融创新方面，北京和深圳非常关注金融产品创新，而天津关注机构和业务层面的创新。经济基本面，天津所具有的优势已经为建立OTC市场提供了条件。天津滨海新区构建OTC市场，有必要对美国OTC多层次资本市场的发展模式进行研究，了解和研究美国的场外交易市场的状况及其运作特征，对天津OTC市场的建设和完善以及多层次资本市场体系的建设有着非常重要的实践指导意义。首先，美国OTC市场的运作模式——做市商制度。以做市商制度为基础的OTC市场运行模式对天津滨海新区打造全国性OTC市场具有非常大的借鉴意义。其次，美国对OTC市场的监管模式。由于交易机构的分散性以及做市商制度所存在的一定程度上的缺陷性，美国OTC市场曾经是个十分不规范的证券交易场所。最后，退出机制。完善的退出机制可以带动风险基金的发展，从而一方面使得投资人获得进行资本投资的收益，另一方面使得那些拥有高新技术成果但缺乏资金支持的企业将成果转化为经济效益。天津构建OTC市场的措施主要包括：大力发展做市商制度，加强对OTC市场的监管力度，完善退出机制。

（本文作者：郭红，天津财经大学金融系讲师；曾庆菊，天津财经大学硕士生；冯驰，天津财经大学硕士生）

税制改革背景下滨海新区地方税源建设研究

刘 荣

结合滨海新区发展战略，提出了培育滨海新区地方税源、促进地方经济与社会和谐发展的一系列设想。首先，未来地方税改革方向及对滨海新区地方税收入的影响。1. 现有税种的改革方向及对新区地方税收入的影响。营业税未来最需要解决的就是与增值税征收范围的分工问题。无论是从税制本身的变化，还是从金融危机对企业的影响看，未来几年内企业所得税增长乏力的现象在所难免。未来个人所得税面临着分类制向分类综合制转化、细化费用扣除标准、降低边际税率等改革任务，其在滨海新区地方税收入中的比重有望进一步提升。未来会进一步扩大资源税的征收范围，这样有助于打破资源型企业过多占有资源收益的垄断局面，使政府参与到资源价格上涨的收益分配之中。房产税、城镇土地使用税方面，近年来，滨海新区的房地产价值越发被天津乃至全国的购房者所认同，呈现出持续火爆的局面，其未来的房地产税收入也甚为可观。2. 尚未开征税种的构建设想及对新区地方税收入的影响。开征社会保险税具有明显的优势，税收具有强制性特征，税金纳入政府预算管理体系，较收费方式具有更高的效率和更强的约束力。遗产税开征对于缩小贫富差距、鼓励个人自我奋斗、促使富人向公益事业捐赠等方面都有重要的意义。环境保护税上缴中央部分用于全国性的荒漠治理、水土流失防治以及具有明显外溢性的跨地区自然环境治理项目。其次，对滨海新区地方税源的建设与培育的建议。充分利用滨海新区发展机遇，促进整体经济实力提升；推动金融保险、信息咨询等现代服务业发展；推动建筑业与交通运输业发展；促进房地产市场健康稳定发展；推进社会保障制度改革；构筑环保节约型社会。

（本文作者：刘荣，天津财经大学经济学院副教授）

滨海新区区域科技创新平台网络化发展研究

马　涛　赵　宏

如何根据滨海新区自身特点，重塑创新过程，通过要素流动、资源共享和互动协同作用加强各类创新平台之间的合作与互动，从产业链和技术链层面逐步形成一个覆盖整个区域的科技创新平台网络，对加速滨海新区区域科技创新具有重要的现实意义。滨海新区区域科技创新平台网络构建中应遵循以下原则：整体化原则；突出特色原则；对接性原则；共享和互动原则。由虚拟联盟形式构成的区域整体研发合作平台和成果转化平台体现了滨海新区创新网络发展的持续性、协调性和运行环境的有效性三个特点。而滨海新区区域科技创新平台网络化运行机制需要从整合机制、激励机制和保障机制等多方面对创新平台网络化发展提供支撑。首先，就整合机制而言，滨海新区创新平台网络整合机制的中心问题是建立集群优势。其次，就激励机制而言，根据在滨海新区区域科技创新平台网络建设不同时期的作用不同，其发展动力可分为生成动力和发展动力两类。再次，就保障机制而言，保障机制是为创新平台网络正常、有效运行提供各种必要支持和保障的社会有机系统及其作用原理和作用过程。综上所述，在区域创新系统中，各行为主体自身的建设固然重要，但区域创新系统作为一个复杂系统，其主体之间的合作更是充分发挥区域创新系统功能的关键。本文从区域角度分析创新主体间的合作机理，提出滨海新区创新平台网络化发展定位，有助于发挥滨海新区各创新平台间的协同作用，提升区域创新系统的整体绩效。

（本文作者：马涛，天津工业大学讲师，博士，研究方向：经济管理研究。赵宏，天津工业大学副校长、教授、硕士生导师）

责任编辑：丁大同

学术活动

国际学术活动

日本现代化历程、经验与教训学术研讨会

2011年4月2日，“日本现代化历程、经验与教训”学术研讨会在南开大学召开。南开大学教务长朱光磊、日本国际交流基金北京文化中心主任杉田松太郎、中国社会科学院日本研究所所长李薇、天津市社联党组书记李家祥、天津外国语大学校长修刚、天津社会科学院院长张健等国内60余位日本问题专家学者出席会议。

朱光磊在致辞中说，南开大学与日本的关系是近代以来中日关系的一个缩影。南开创始人张伯苓、严范孙先生曾东渡日本考察教育。中国日本史研究的奠基人之一吴廷璆先生，在南开大学建立了日本研究基地，带出了一支日本研究队伍。日本研究是南开大学国际问题研究的一个重要学术品牌，经过吴廷璆先生、俞辛焞先生以及杨栋梁教授、李卓教授为代表的三代人的艰苦努力，日本研究院已成为我国日本研究的重镇之一，在国际上享有一定影响。近日，杨栋梁教授主持完成的十卷本《日本现代化历程研究》丛书，是集全院教师之力、费时十年的又一具有标志性意义的重大成果。专家学者汇聚南开，深入探讨日本现代化得失、阐述未来研究方向及重点课题，将进一步推动南开日本研究的深入开展。研讨会上，与会专家学者就日本现代化研究的理论方法和焦点问题进行了交流。

（网摘）

中国共产党与中国现代化国际学术研讨会

2011年4月23日，由南开大学主办、南开大学马克思主义教育学院承办的“中国共产党与中国现代化”国际学术研讨会在东方艺术大楼举行。中共天津市委宣传部副部长李毅，天津市教育委员会副主任、市教育招生考试院院长张静，天津市委党史研究室副主任李文芳，南开大学党委副书记刘景泉，越南国家社会科学院中国问题研究所所长杜进森以及来自越南、日本和我国23个科研单位、党校、高校的60余位专家学者出席研讨会。

与会者就相关主题进行了深入交流和研讨。张静、杜进森、陈述等分别作主题报告。李毅说，今年是中国共产党建党90周年，也是我国经济社会发展实施“十二五”规划的开局之年，在此时召开“中国共产党与中国现代化”国际学术研讨会具有重要的意义。探讨、研究中国共产党与中国现代化的关系，一是要将这一关系放在中国共产党90年发展历程当中去认识；二是要将这一关系与马列主义普遍真理与中国实际相结合的历史实践结合起来；三是要将这一关系与完成全面建设小康社会、实现中华民族伟大复兴的重任结合起来。李文芳说，现代化建设是人类的共同追求和目的，由于改革开放的伟大实践，中国取得了举世瞩目的成就，近年来对于“中国模式”的研究日益增多，特别是学者将研究历史和服务现实更加紧密地结合起来，是一大研究特点。刘景泉说，中国共产党是中国现代化的积极倡导者和设计者，同时也是中国现代化的有力领导者和实践者。从这个意义上讲，中国共产党与中国现代化这一主题，具有丰富的理论内涵和重要的学术价

值，也具有高度的现实针对性。

（网摘）

创新与创造力国际研讨会

2011年5月21日，由南开大学主办的“创新与创造力国际研讨会”在北京举行。意大利前总理、南开大学名誉教授普罗迪，中欧论坛创始人、中欧国际工商学院教授、南开大学客座教授高大伟，南开大学校长龚克应邀出席研讨会。

龚克在大会上作题为“创造力与教育的可持续发展”的演讲。他说，创造力是人类发展的内在动力，人类发挥创造力的同时也必须负起时代责任，而这正是教育的职责所在。南开大学的校训“允公允能”，把“公德心”放在首位，也恰恰强调了责任感的重要性。与会代表围绕“创新与创造力”这一主题，展开了热烈的讨论。

（南开新闻网）

未来五年全球金融格局：变革与趋势研讨会

2011年5月21日，由中国国际金融学会、《国际金融研究》编辑部与南开大学经济学院共同主办的《国际金融研究》杂志第三届理事单位年会在南开大学省身楼召开。大会主题是“未来五年全球金融格局：变革与趋势”。中国银监会副主席王兆星，中国银行股份有限公司副行长王永利，中国银行国际金融研究所所长、《国际金融研究》主编黄志强，南开大学副校长佟家栋和来自国内外的近百名专家学者出席会议。

与会专家学者就金融、经济领域的热点和学术前沿问题展开热烈讨论。王兆星、王永利、佟家栋分别作主旨演讲。当天，研讨会还邀请多位著名专家学者作大会主题报告，并以“金融监管与金融风险”、“国际金融与金融市场”为议题分组讨论。

（南开新闻网）

第二届中欧工程教育研讨会

2011年5月24—25日，第二届中欧工程教育研讨会在葡萄牙里斯本举办。主题是“创新和知识产权的管理、工程教育的可持续发展以及联合学生培养”。瑞典皇家理工学院、德国卡尔斯鲁尔大学、爱尔兰都柏林圣三一大学、法国格勒诺布尔理工学院、意大利都灵理工大学、清华大学、天津大学等11所高校代表出席此次研讨会。天津大学校长李家俊教授应邀参加论坛。

李家俊作了题为“天津大学工程创新人才体系构建”的主题发言，介绍了天津市在中国现代工业发展中的重要地位与贡献，说明了天津大学作为中国第一所现代大学在工程教育发展史中所发挥的作用。天津大学应对诸多挑战的主要思路，就是进一步明确并细化“工程创新人才培养标准”，实现标准构建培养体系，并着重阐述以“素质提升系统”、“能力强化系统”、“知识优化系统”为主体，以“工程创新环境支撑平台”为保障（简称“三系统一平台”）的工程创新人才培养体系以及相关实施效果。会后，中国教育部与欧盟工程教育联盟代表共同签署了《里斯本行动计划》。

（天津大学新闻网）

美国族裔与社会文化国际学术研讨会

2011年6月10日，南开大学世界近现代史研究中心、美国历史与文化研究中心主办“美国族裔与社会文化”国际学术研讨会在南开大学举行。南开大学副校长佟家栋和来自欧美、拉美、亚洲、非洲等国内外90多位学者参加会议。共收到《美国华侨华人与中国软实力关系讨论》、《从奥巴马现象看美国社会种族融合问题》、《从2010年美国人口普查数据看当前美国种族关系现状》、《“生态的印第安人”假说辨析》等近50篇论文，研究的内容既包括历史问题，又包括现实问题，并涵盖了美国各个族裔群体的研究。

学者们围绕种族、文化等问题展开讨论。美国历史与文化研究中心负责人说，美国是一个多种族的国家，同时也是一个主要由移民组成的国家，深入探讨各民族、各种族在美国历史发展进程中的作用，考察美国历史和当代的种族关系，进而揭示美国社会文化的复杂性，对于我们更好地认识和了解当代美国社会大有裨益。

（南开新闻网）

国际中国语言学学会第十九届年会

2011年6月11日，由南开大学和天津市语言学会联合主办的国际中国语言学学会第十九届年会在南开大学拉开帷幕。南开大学党委书记薛进文和来自日本、韩国、新加坡、马来西亚、澳大利亚、美国、加拿大、英国、法国、德国、意大利、匈牙利、荷兰以及国内的300余位专家学者出席。共收到441位学者提交论文提要407篇，确定参会论文共345篇。本届年会循例设立“青年学者奖”、“桥本万太郎汉语历史音韵学”及“跨学科研究奖”三个奖项，奖励在相关领域取得突出成绩的学者。

美国哈佛大学黄正德、北京大学陆俭明、法国高等社会科学院贝罗贝等多位国内外汉语专家学者作主题演讲。南开大学党委书记薛进文说，作为一所有着悠久历史和深厚文化积淀的大学，南开大学一直是中国语言学研究的重镇之一，早年有邢公畹、马汉麟、张清常等先驱学者在汉藏语言学、汉语语法学、汉语音韵学等方面奠定了坚实的基础。国际中国语言学学会会长李行德说，本次会议上大家围绕语言类型学、语言共性特点、方言研究手段的更新等多个新主题开展了形式多样的研究，这将使语言的核心本体结构、语言结构和大脑、语言习得等领域的研究更加深入。国际中国语言学学会执行秘书长、美国威斯康辛大学教授、南开大学陈省身讲席教授张洪明说，南开大学不仅语言学研究队伍传承有自、梯队整齐，并始终保持着和海外学界的密切交流与合作，这也正是学会能够两次选择南开大学作为年会主办方的原因之一。

（南开新闻网）

首届中韩日本研究论坛

2011年6月16—18日，天津社会科学院日本研究所与韩国高丽大学日本研究中心、南开大学日本研究院共同主办的“首届中韩日本研究论坛”在天津社会科学院举办。天津社会科学院院长张健研究员、韩国高丽大学日本研究中心所长崔官教授、南开大学日本研究院院长李卓教授等近40位专家学者出席会议。

高丽大学日本研究中心的学者就“东亚论的概念与主体”、“战后日本记忆的再构筑”发表了研究成果，南开大学的专家就“中国的日本研究”、“选举制度改革与日本世袭政治的变化”做了介绍和阐述，天津社会科学院学者在关于“日本青少年蛰居问题”、“老龄社会背景下日本社会保障制度改革”问题发表了研究成果。

（周建高）

APEC低碳示范城镇论坛

2011年6月21—23日，APEC低碳示范城镇论坛在津举行。主题是“绿色能源让城市更美好——APEC城镇的低碳发展之路”。国家能源局副局长钱智民、天津市委常委、常务副市长杨栋梁和来自APEC各经济体的100多位官员、专家学者和企业代表出席论坛开幕式。

杨栋梁在致辞中说，发展绿色低碳经济是转变发展方式、建设生态城市的重要举措。天津市委、市政府采取一系列政策措施，鼓励支持绿色低碳经济加快发展。在国家能源局大力支持下，于家堡金融区成功入选首个APEC低碳示范城镇项目，标志着天津在发展绿色低碳经济方面取得了新成绩。我们将以此为契机，强化节能减排和环境保护，全力打造环保、低碳、绿色生态宜居城市。钱智民介绍了我国在建设低碳城市、减少环境污染方面所做的工作。

（天津网）

服务系统与服务管理国际学术研讨会

2011年6月25日，由南开大学与美国电气和电子工程师协会、清华大学、香港中文大学主办，南开大学商学院承办的“服务系统与服务管理国际学术研讨会”在南开大学召开。东北财经大学校长、长江学者、南开大学公司治理中心主任李维安，清华大学现代管理研究中心主任、长江学者、南开大学兼职教授陈剑担任本次大会主席。收到来自16个国家和地区的投稿467篇，经过严格的评审过程录取243篇。南开大学常务副校长陈洪，美国国家工程院院士、南开大学名誉教授田家美，南开大学商学院负责人等230余人出席。

会议分为主题演讲和专题研讨两部分，研讨领域涉及服务科学理论，服务系统设计、运营和管理，服务供应链管理、服务营销和财务管理，具体产业服务管理，服务信息技术和决策支持，服务行为研究和案例研究，客户满意度和服务价值创造，服务系统中的决策技术和服务管理，行为运营管理，公共资源管理，中国供应链创新，服务创新，中国和韩国移动商业市场的比较研究，P2P领导的网络时代，供应链管理和金融服务，医疗服务系统，服务供应链风险分析等。邀请到在服务系统与服务管理领域的知名学者和企业代表做主题演讲。

（南开新闻网）

国际生物经济大会

2011年6月26—28日，由天津市政府联合14个国家部委和5个国际与区域性组织共同主办的“2011国际生物经济大会”在天津梅江国际会展中心举行。大会主题是“发展生物经济、促进民生改善”。分为“生物”、“经济”和“民生”三个核心议题。来自国内外的知名专家学者和企业家126人参加大会。

国际生物经济大会主要活动，包括开幕式及主题报告、学术分会、大会展览和专题活动，其中学术分会包括生物技术产业化与科技金融、前沿生物技术、农业生物技术、医药生物技术、化学药、中医药、生物医学工程、工业生物技术、生物资源与生物多样性等9个学术分会。与会者针对当前国内外生物科技、医药科技及产业发展的前沿、热点问题进行了广泛深入的学术研讨。

（天津网）

第四届中法国际论坛

2011年7月4—12日，由法国人文科学基金会、法国国家科学研究院（当代中国研究中心），以及天津市社会科学界联合会和天津商业大学联合主办的“第四届中法国际论坛”在法国巴黎举行。主题为“中法城市化与土地资源利用——聚焦天津与巴黎”。天津市社联党组书记李家祥教授、法国人文科学基金会副会长让·路可·热恩教授、法国国家科学研究院副院长佛朗索娃·吉普鲁教授和天津商业大学副校长邱立成教授等出席。

李家祥教授作题为“城市化进程中的新问题和新措施——以巴黎大区为例”的演讲，简要回顾了前三届中法国际论坛的举办情况，以及论坛在促进两国经济社会发展中的建设性作用，充分肯定了中法学者从事合作研究的互动机制和所取得的积极成果，着重阐述了本届论坛主题“中国城市化与土地资源利用”的重要理论与实践意义。天津商业大学邱立成教授在题为“中国城市化过程中的农村土地制度改革”发言中，简要回顾了中国农村土地制度改革发展过程，强调当前土地制度赋予了农民长期且有保障的使用权，从而促进了土地要素的物权化、财产化和资产化。天津城市建设学院王建廷教授在题为“中国的城镇化进程与农村土地开发利用”的发言中指出，大力推进城镇化进程是中国实现现代化的必由之路，但也不可避免的面临着经济、社会、文化、环境等方面的制约问题，而土地的合理利用是解决上述问题的关键所在。天津师范大学杜勇教授在题为“天津城市历史文化遗产的保护与利用”的发言中指出，天津是中国历史文化名城之一，在全国率先制订了《天津市历史风貌建筑保护条例》，妥善处理了历史文化名城保护与城市建设的关系并成效显著。天津大学肖凤翔教授在题为“城市化中的高等教育发展路径”的发言中，具体分析了教育在推动城市化进程中的积极作用。法国经济法学家密篩拉·普儒兹教授和法国国家科学研究院副院长佛朗索娃·吉普鲁教授及近现代中国研究中心安妮·居里安教授分别就城市化问题和土地资源合理利用问题等作主旨发言。

（边芳）

海外华人学者管理科学与工程协会第四次国际年会

2011年7月23日，由OCSAMSE主办，天津大学和美国哥伦比亚大学中国企业研究中心联合承办的“海外华人学者管理科学与工程协会（OCSAMSE）第四次国际年会”在天津喜来登酒店二层天津厅举行。主题是“运营管理的新前沿”。天津大学党委常务副书记杨贤金，年会联合主席、天津大学管理与经济学部主任张维，国家自然科学基金委员会管理科学部处长刘作仪和国际知名管理科学与工程领域的专家、世界500强企业负责人共280余人参加年会。年会得到了国家自然科学基金委员会的资助。

美国宾夕法尼亚大学沃顿商学院运营与信息管理教授、《管理科学》杂志主编卡桑（Gérard Cachon）教授作题为“运营管理的新前沿”的特邀主旨演讲。中国人保财险执行副总裁降彩石博士与大会代表交流了“财产保险承保中的风险控制与风险定价”。美国戴尔亚太及日本地区消费及中小企业事业部总裁、戴尔南亚地区总裁、戴尔大中华区董事长闵毅达（Amit Midha）就“戴尔转型中的供应链管理”发言。与会专家学者还就“制造、服务与供应链管理”、“实践中的运营管理”等问题开展了深入研讨。

（人民网·天津视窗）

天津世界语教学研讨会暨第一届东亚世界语教学研讨会

2011年8月12—15日，由国际世界语教师协会中国、日本、韩国分会共同发起，天津外国语大学和天津市世界语协会承办的“天津世界语教学研讨会暨第一届东亚世界语教学研讨会”在天津外国语大学召开。国际世界语科学院李士俊院士、北京语言大学李威伦教授、北京师范大学周流溪教授、天津市世界语协会会长韩祖武等来自中国、韩国、日本、蒙古、巴西的80余人出席研讨会。

大会研讨了如何提高世界语教学水平，促进世界语推广与应用。与会学者探讨的论题主要有，“韩国的世界语培训班及其教学法”（韩国：李仲琦）、“亚洲人能在一个月内会说世界语吗”（中国：弓晓峰）、“世界语教学的思考”（中国：汪敏豪）、“亚洲学生如何越过词汇障碍”（韩国：朴容承）、“日本人在世界语学习中的困难”（日本：石川智惠子）、“中国高校的世界语教学”（中国：李威伦）、“常州的世界语教学”（中国：张常生）、“寺庙中的世界语教学”（中国：妙慧大师）、“如何提高中国的世界语水平”（中国：韩祖武）等。

（汉兹）

世界日语教育研究大会

2011年8月20日，由中国日语教学研究会主办、天津外国语大学承办的“第十届世界日语教育研究大会”在天津外国语大学召开。主题是“跨文化交流日语教育”。来自26个国家和地区的近800名日语教育专家、学者出席。教育部副部长郝平发来贺信。天津市委常委、市委教育工委书记苟利军会见了专程来津出席大会的日本众议院议员、前文部科学省副大臣中川正春和日本驻华公使堀之内秀久等国内外嘉宾。教育部国际交流司和市有关部门负责人参加。

大会设有高级论坛、专题论坛、分科发表会、海报发表、硕士论坛等研讨平台。与会代表围绕日语语言学研究、日本文学研究、日语教育研究、日本社会文化研究等领域展开广泛深入的研讨。

（天津网）

第六届公司治理国际研讨会

2011年8月20—21日，由南开大学商学院、东北财经大学工商管理学院和南开大学公司治理研究中心共同主办的第六届公司治理国际研讨会在大连举行。主题为“公司治理：后危机时代的共同准则”。南开大学校长龚克应邀出席研讨会并致辞。

南开大学公司治理研究中心课题组最新完成的“中国上市公司治理评价报告”受到与会学者的重视。报告认为，中国公司治理改革的总体路径和方向，是从“行政型治理”向“经济型治理”的转型，随着外部治理环境的渐进性改善，企业更应警惕隐性的公司治理风险。解析三年前的金融危机，显然不再是单纯的金融风险处置不当所致，其根源就在于治理风险的累积。相对于显性违规所带来的风险累积，隐性的治理风险更具特殊性与突然性。同时，在后金融危机时代，在防范公司治理风险、完善制度建设的同时，企业应着力构建和谐的治理文化。

（南开新闻网）

全球化过程中东亚文化的价值研讨会

2011年9月10日，“全球化过程中东亚文化的价值研讨会”在南开大学举办。来自不同国家和地区的近百名专家学者参会。南开大学副校长朱光磊、中华日本哲学会会长卞崇道、日本国际交流基金会以及南开大学日本研究院有关负责人出席研讨会开幕式。

研讨会探讨全球化对东亚国家的历史、思想、文化等方面的影响，东亚各国应对全球化的措施、经验、教训以及从东亚文化看东亚共同体成立的可能性。日本国学院大学教授铃木靖民、韩国全南大学教授金容仪、南开大学日本研究院院长李卓分别作了主旨报告。卞崇道说，经济的全球化给世界各国的经济、社会发展以及人们的生活方式带来了深刻的变化，尤其为各地域、民族与国家的文化带来巨大的冲击。与此同时，反全球化运动也为我们带来许多值得反思的问题。

（南开新闻网）

第二届中国（天津滨海）国际生态城市论坛

2011年9月23—24日，第二届中国（天津滨海）国际生态城市论坛在滨海国际会议中心举行，本届论坛由国家发展和改革委员会、国家住房和城乡建设部、天津市政府、中国国际经济交流中心共同主办。外国驻华使节、联合国环境规划署、世界自然基金会、国际地方环境理事会等国际组织代表以及中国工程院院士、四川大学校长谢和平和各界专家学者、企业界代表，以及滨海新区有关负责人约600人参加。

本次论坛包括主论坛和六个分论坛。主论坛主题为“低碳发展与生态城市”，分论坛主题涉及生态城市指标体系与实践创新、低碳发展投融资的机制与政策、城市规划与基础设施的低碳改进、低碳工业发展及标准化、绿色建筑的再认识与发展方向、低碳生活与生态文化。国家发改委副主任解振华，国家住建部副部长仇保兴，天津市委副书记、滨海新区区委书记何立峰，新加坡国家发展部兼贸易及工业部政务部长李奕贤，欧盟驻华代表团团长艾德和，国际地方环境理事会秘书长康纳得·奥托·茨尔曼分别作了题为“以建设低碳生态城市为契机推动绿色低碳发展”、“现状、问题、对策——中国生态城发展之回顾与展望”、“坚持绿色发展打造生态滨海”、“生态城市的公共政策——新加坡经验”、“中国—欧盟未来的可持续城市化的合作伙伴关系”、“国际角度看低碳城市特点”的主旨发言。中国国际经济交流中心秘书长魏建国主持。

（天津网）

中日知识产权法治论坛

2011年10月8日，由日本早稻田大学国际产学官合作总部、早稻田大学国际COE知识产权法制研究中心、早稻田大学重点领域研究机构知识产权基地形成研究所、天津大学知识产权研究中心共同主办的“中日知识产权法治论坛”在天津大学举办。天津市知识产权局副局长王成、天津市高级人民法院专业人士、天津工业大学师生代表和文法学院法学系师生参加了本次论坛。

日本早稻田大学知识产权法制研究中心主任高林龙、中国社会科学院知识产权中心主任李明德、原日本知识产权高等法院法官三村量一、上海大学知识产权学院院长陶鑫良、早稻田大学知识产权基地形成研究所研究员安藤和宏、北京大学知识产权学院副院长张平分别作了专题报告，引起与会师生的强烈反响。

（天大新闻网）

第六届中法市长圆桌会议

2011年10月12—13日,由中国人民外交学会与法国法中委员会共同主办,天津市人民政府承办的第六届中法市长圆桌会议在天津召开。主题为"新规划、新城市:兼顾效率与包容的快速城市化"。中国人民外交学会副会长程涛,副市长熊建平、王治平、市政府秘书长袁桐利等出席。

法国巴黎市、格勒诺布尔市、滨海卡涅市、欧贝利维耶市、蒙吕松市、昂古莱姆市、奥尔良市、佩皮尼昂市、波尔多市、波城市等城市市长和苏伊士环境集团、威立雅集团、阿尔斯通公司、液化空气集团、施耐德电气公司等企业代表,天津市、南京市、呼和浩特市、贵阳市、佛山市、扬州市、桂林市、承德市、北海市、佳木斯市、广州市、烟台市等城市市长或市长代表围绕能源与循环经济、城市交通、城市化挑战与社会需求等议题进行了深入探讨。

(天津网)

第二届国际投资论坛

2011年10月21日,由中国经济学会主办,南开大学跨国公司研究中心、国际经济研究所、国际经济贸易系和天津外国语大学联合承办的第二届国际投资论坛在南开大学举行。论坛主题为"跨国投资与发展:政策与制度的创新"。南开大学副校长佟家栋、中国世界经济学会秘书长邵滨鸿出席并致辞。来自商务部、外管局、各著名院校专家学者、企业界代表参加了本次论坛。共收到中英文论文50余篇,有34篇论文入选。

与会专家围绕"中国对外直接投资的跨国投资与发展:全球视角与政策"、"跨国投资与发展:中国实践"、"中国企业跨国投资与发展:规制与策略"、"中国企业跨国投资与发展:理论分析"等议题展开讨论。佟家栋说,在学术领域面临着两个非常重要的问题,一是企业在现在条件下如何开展贸易投资,二是从空间上如何安排企业的分工、合作、一体化,在全球范围内如何去有效的运行和发展。外汇管理局监察管理司司长王允贵说,当前中国企业对外投资主要面临三大难题:融资难、对投资目的国的法律法规以及文化不了解、缺乏竞争力。南开大学跨国公司研究中心主任冼国明表示,中国企业国际化的发展,是中国宏观经济增长方式的一个缩影。改革开放30多年来,随着投资的增长,中国产生了大量的对能源和资源的需求,在国内这些能源、资源需求供应不足的情况下,必然会促使企业在海外寻求新的资源能源供应保证。相对国营企业的发展,民营企业的发展到目前为止还是比较弱的,所以就导致以国有为主体的能源资源投资格局,以及相应的租赁和商务的发展,这是和许多发达国家以及新兴发展中国家不同的投资发展的宏观模式。这个模式,短期内很难予以改变。上海社科院世经所所长张幼文说,由于国际直接投资超越了贸易成为当今世界经济最本质、最基础、最核心的特征,世界经济出现了九大变化:一是全球经济发展特征的变化,也就是板块差别;二是国际贸易数量结构的变化;三是国际分配的原理发生了变化;四是世界经济增长的成因发生了变化;五是两类国家增长格局的变化;六是GDP内在含义的变化;七是国家竞争力主要标志的变化;八是当代国家竞争优势的内容发生了变化;九是均衡状态发生了变化。

(南开新闻网)

第六届中国艺术管理教育年会暨艺术管理国际论坛

2011年10月21—23日,由中国艺术管理教育学会主办、天津音乐学院承办的"第六届中国艺术管理教育年会暨艺术管理国际论坛"在天津音乐学院举办。主题为"分享办学经验,推动跨界合作"。来自国内外40余所高校艺术管理及相关专业的专家学者、文化艺术企事业机构的业界精英、文化艺术机构相关领导、主要媒体及160余位学生代表参加。共提交论文近百篇。

与会专家就艺术管理学科前沿与行业发展、艺术管理学科建设、艺术管理人才培养模式等热点问题展开热烈讨论。上海大剧院艺术总监钱世锦、哥伦比亚大学艺术管理研究生部主任琼·杰弗里教授、天创国际演艺制作交流有限公司总经理曹晓宁、国际艺术管理中心(CIAM)主任彼得·M·林恩教授、中国对外文化集团新闻总监王洪波等就国内外文化产业热点和艺术管理学术前沿问题作主题发言。

（天津音乐学院艺术管理系）

中英职业教育政策对话会议

2011年12月6—7日，由国家教育部和英国商业、创新与技能部共同主办，英国驻华使馆、英国文化交流协会与天津市教委联合承办的“中英职业教育政策对话会议”在海河教育园区举行。主题为“加强合作，共同发展，互惠共赢”。天津市委常委、市委教育工委书记苟利军分别会见了专程来津的国家教育部副部长鲁昕和英国商业、创新与技能部副部长约翰·海耶斯一行。国家教育部、市教委、市外办等有关部门负责人出席会议。

与会者深入交流中英两国在职业教育战略谋划、政策机制、体系设计与运行等方面的经验做法和深化双方合作的具体措施。鲁昕对海河教育园区建设取得的成绩给予高度评价，希望天津以此次国家西部民族地区技能型紧缺人才培养基地落户为契机，认真落实国家职业教育改革创新示范区各项任务，全面提升教育教学质量，着力培养高技能优秀人才，充分发挥职业教育在全国的示范和引领作用。

（天津网）

2011新万金中国论坛

2011年12月16—17日，由韩国全罗北道驻中国代表处、天津社会科学院共同主办的“2011新万金中国论坛”在天津举行。主题为“韩国新万金自由经济区与天津滨海新区合作与发展”。天津社会科学院院长张健和中韩地方政府官员、学者、企业界人士70人出席论坛。

韩国湖原大学、韩国国立群山大学、南开大学、滨海新区政府及天津社会科学院的专业人士和学者围绕论坛主题作学术报告，进行了学术讨论。南开大学滨海开发研究院常务副院长周立群教授在题为“滨海新区开发战略对新万金地区发展的借鉴”的主旨演讲中，详细介绍了中国环黄渤海地区发展新格局和滨海新区开发开放的特点，同时对韩国新万金地区建设与招商引资提出了建议。天津社会科学院经济社会预测研究所所长卢卫研究员作了题为“天津滨海新区与新万金群山自由区经济合作的前景、问题与建议”的主旨报告。韩国湖原大学教授、新万金观光研究所所长张秉权作了题为“新万金观光开发现状与韩中间交流合作计划”的主旨报告，韩国国立群山大学校新万金综合开发研究院院长金旻荣教授就“新万金与滨海新区共同繁荣互补方案”作了主旨报告。滨海综合开发研究院院长郝寿义教授、天津经济技术开发区副主任王恺、韩国全州文化放送局局长柳基河、天津社会科学院经济社会预测研究所王琳研究员等专家学者提出了不同的学术见解。

（天津社会科学院科研处）

2011教育技术国际学术会议

2011年12月17—18日，“2011教育技术国际学术会议”在天津师范大学举行。主题为“教育信息化与教育技术人才培养模式创新”。教育部高等学校教育技术学专业教学指导委员会主任徐福荫、天津师范大学校长高玉葆和来自全国的19位教学指导委员会委员、79位院长、系主任和韩国、日本、澳大利亚等国家的专家学者共270余人参加会议。

本次会议通过大会报告、分会报告、圆桌会议、论文分组发表等方式展开交流研讨。同时召开的2011年全国教育技术院长、系主任联席会议主要研讨了《高等学校教育技术学专业指导性专业规范》以及全国教育技术学专业评估方案。

（天津师范大学网）

全国（港澳台）学术活动

子牙循环经济高层论坛

2011年3月24日，由中国再生资源产业技术创新战略联盟主办，天津子牙循环经济产业区、南开大学、天津理工大学共同承办“中国再生资源产业技术创新战略联盟第一届三次理事会暨子牙循环经济高层论坛”在南开大学举办。来自天津市政府、南开大学、清华大学、中国工程院等部门、高校和科研院所的专家学者及行业内多家龙头企业代表出席。

中国再生资源产业技术创新战略联盟秘书长王吉位说,2011年是‘十二五’开局之年,国家将给予科技创新和再生资源产业更大支持,在当前发展循环经济、低碳经济、绿色经济的过程中,资源的综合与可再生利用始终是其中最重要的组成部分。联盟将重点推广成员企业在这方面所取得的优秀成果,并加强与区域的对接,在更多方面争取国家有关部门的支持,促进再生资源行业健康发展。天津市纪委副书记、静海县委书记孙文魁说,天津子牙循环经济产业区是中日循环型城市合作项目,是目前中国北方最大的再生资源专业化园区,致力打造循环经济发展的“子牙模式”。南开大学副校长许京军说,南开大学始终重视推动再生资源综合利用科技成果的研发和转化,学校“985工程”循环经济哲学社会科学创新基地已于2009年在子牙循环经济产业区成立“南开大学中国再生资源研究中心”,并先后承担了多项研究项目,希望也为国家相关产业的发展贡献高校的力量。中国再生资源产业技术创新战略联盟理事、南开大学环境科学与工程学院朱坦教授主持了废旧有色金属、废旧机电产品再制造、废旧电子电器、废旧高分子材料等领域“十二五”产业技术创新路线图解读会及“废旧高分子材料”小组讨论会。中国再生资源产业技术创新战略联盟专家委员会委员、南开大学化学学院刘双喜教授作了题为“废轮胎热解产物的高质化研究”的报告。

(南开新闻网)

全国世界史学科建设研讨会

2011年3月26—27日,由教育部社会科学委员会历史学部和天津师范大学历史文化学院共同主办的全国世界史学科建设研讨会在天津师范大学召开。主题为“中国特色的世界史学科的建设和发展”。天津市委常委、市委教育工委书记苟利军,中国社科院副院长武寅,民进中央副主席、北京市人大常委会副主任、首都师大校长刘新成,教育部社科委历史学部召集人马克垚,国务院学位委员会历史学科评议组召集人钱乘旦,市教委主任靳润成和天津师范大学校长高玉葆等高校学科带头人和知名学者参加了研讨会。

专家围绕世界史学科体系、学术队伍、课程设置、国内世界史研究的分工布局等问题进行探讨,以期进一步完善中国的世界史学科,推动国内世界史研究的发展。

(天津师范大学网)

国家级精品课“科研方法论”建设研讨会

2011年4月9日,国家级精品课“科研方法论”建设研讨会在南开大学主教学楼召开。南开大学教务长朱光磊及信息技术科学学院负责人和来自北京大学、清华大学、南开大学、天津大学、河北工业大学、天津理工大学等高校的专家、教师和研究生40余人参加了会议。

研讨会中,张伟刚代表课程组作“科研方法论”课程建设工作报告,南开大学顾沛教授作“教学团队及其中的‘科研方法论’课程”报告,天津大学刘铁根教授作“以科研为主线的教学方法探讨”报告,南开大学2007级光电子技术科学专业本科生范弘建作“参加本科创新科研的收获和感想”报告,课程组教师王斌辉作“课程网站深化建设规划”报告。与会专家和教师还就“科研方法与研究性教学”、“科研方法与研究性学习”、“本科创新与科研技能训练”等议题进行了认真研讨,提出了建议。

(南开新闻网)

中国欧洲学会第八届年会

2011年4月22日,中国欧洲学会第八届年会在南开大学举办。主题为“未来十年的欧盟与中欧关系”。天津市副市长任学锋,南开大学党委书记薛进文,中国欧洲学会会长周弘,中国社会科学院欧洲研究所党委书记罗京辉,中国欧洲学会副会长伍贻康、戴炳然、沈雁南等全国近150名欧洲问题研究专家出席。南开大学副校长佟家栋教授主持。

与会学者就相关问题进行了研讨。中国现代

国际关系研究院欧洲研究所所长冯仲平认为，随着中国经济的发展，欧洲人看中国的“眼光”正在变化，以至欧盟对华政策随之调整，中欧关系发展的机遇与挑战并生。

（网摘）

中国金融租赁高峰论坛

2011年5月25日，由中国银行业协会、天津市人民政府和中国外商投资企业协会联合主办的第二届中国金融租赁高峰论坛在天津召开。主题为“全球化视角下的融资租赁”。天津市委常委、副市长崔津渡，中国神华能源股份有限公司总裁凌文，中国工商银行副行长李晓鹏，交通银行副行长王滨，中国银行业协会专职副会长杨再平等出席论坛。

论坛设立三个分论坛，分别是：融资租赁的国际经验、跨境租赁业务面临的机遇和挑战、创造融资租赁最佳实践。

（天津网）

高校思想政治理论课教育教学与建党90周年研讨会

2011年5月27日，由天津大学马克思主义学院主办的“高校思想政治理论课教育教学与建党90周年研讨会”在天津召开。天津大学党委书记刘建平、副书记李义丹，教育部社科司副司长徐维凡等出席会议。

会上，教育部社科司副司长徐维凡作专题报告，从思想政治理论课面临的紧迫问题出发，提出提高思政课教师业务素质的主要抓手是转化，即教材体系向教学体系的转化；要深入研究教材、提炼核心观点来建构教材的内容体系、突出分层设计的逻辑线索；提炼教材中、生活中大家喜闻乐见的语言，从活跃的案例中寻找改进教学方法的突破口；推动思想政治教育理论课的科学研究，提升教师的科研水平，从而推动教学质量的提高。各位专家就高校思政课教学问题域方法、针对性和实效性、学科建设等方面进行热烈讨论。

（天大新闻网）

古典学·国学·中国史一级学科建设高峰论坛

2011年6月12日，“古典学·国学·中国史一级学科建设”高峰论坛在南开大学举行。南开大学校长龚克和北京大学、清华大学、中国人民大学等30多所部省属院校的分管领导或历史学科负责人、学术带头人以及中国社会科学院、《中国社会科学》杂志社等多家研究机构、学术刊物、出版社专家出席论坛。

论坛上，学者们就“国学”的由来、形成和兴起的社会背景，“国学”学科建设，古典学、国学和现有相关学科之间的关系，学科目录调整与史学人才培养等问题进行讨论。教育部社会科学委员会历史学学部召集人、著名历史学家瞿林东作了题为“‘十二五’中国史学科规划”的大会报告。龚克说，在最新一轮学科目录调整中，中国史成为一级学科，这为学科发展提出了新的要求。南开大学在治学上，注重学术规范与求真精神。在史学人才培养上，要给予学生更大的舞台和更多的自由度，使学生同时具备深邃的目光和宽广的视野。西北大学校长、中国思想文化研究专家方光华教授认为，要从时代的角度对中国史的发展进行观察，明确国学在中国史学科中的地位。同时，在要注重研究成果的表现形式，让社会大众乃至全世界了解中国史。

（南开新闻网）

谷书堂经济学学术基金成立大会暨南开经济论坛

2011年6月19日，由南开大学经济研究所、南开大学政治经济学研究中心和谷书堂经济学学术基金共同主办“谷书堂经济学学术基金成立大会暨南开经济论坛（2011）”在南开大学举行。主题为“经济发展方式转变：难点与对策”。著名经济学家谷书堂教授、国家统计局局长马建堂、教育部社科司副司长张东刚、南开大学党委书记薛进文、南开大学校长龚克、天津市政府副秘书长陈宗胜、天津市社联党组书记李家祥、南京大学党委书记洪银兴、中国人民大学副校长林岗、辽宁大学副校长黄泰岩、国家发改委宏观经济研究院常修泽教授、著名经济学家卫兴华教授、张卓元教授、熊性美教授、朱光华教授等出席会议。南开大学政治经济学研究中心主任逄锦聚主持开幕式。

会议分开幕式和主题演讲两个时段进行。在主题演讲阶段，来自全国多所高等院校和科研机构的新老学者围绕论坛主题展开深入研讨，分别从价格改革、制度创新、土地和产权制度和经济结构调整等方面，对“十二五”期间中国经济发展方式转变中面临的难点进行系统的理论分析，并提出相关政策建议。与会人员一致认为，经济发展方式转变是深入贯彻落实科学发展观的重要目标和重要举措，对于推动可持续发展，促进社会和谐稳定，特别是对实现全面建设小康奋斗目标的要求都有重大意义。

（刘刚）

2011年华北、东北地区社科联协作会议

2011年7月19日，“2011年华北、东北地区社科联协作会议”在呼和浩特市召开。来自华北、东北8个省区市社科联代表50余人参加会议。内蒙古自治区党委常委、宣传部部长乌兰出席并致辞。天津市社联党组书记李家祥、北京市社科联党组书记史秋秋、河北省社科联副主席曹宝刚、辽宁省社科联副主席杨路平、吉林省社科联副主席刘亚政、黑龙江省社科联副主席韩伟、山西省社科联学会部主任王崇德出席并发言，吉林省社科联原党组书记、《吉林日报》社党组书记兼社长邴正应邀出席会议并讲话。

会上，与会代表就落实国家哲学社会科学研究“十二五”规划与发挥社科联独特作用等问题，分别以“牢记使命，发挥优势，推动社科事业繁荣发展”、“充分发挥社科联自身职能，不断提高服务发展能力”、“贯彻落实社会科学‘十二五’规划，引领推动社科事业跨越式发展”等为题进行了深入交流探讨。

李家祥书记作了题为“把握国家社科研究‘十二五’规划与社科联工作的结合点，明确现阶段社科联繁荣社会科学研究的着力点”的大会发言。他指出，贯彻落实社科研究“十二五”规划，充分发挥社联作用，要做好以下工作：一是把握对“十二五”社会科学发展形势和指导方针原则的分析，明确社科联推动社科研究的重要方向；二是把握对“十二五”社会科学研究主要任务的分析，明确社科联组织学术活动的重要课题；三是把握对“十二五”社会科学研究保障措施的分析，明确社科联促进学术繁荣的重要工作内容。

（之刚　宁源）

创业与创新研究暨青年学术研讨会

2011年8月22—23日，由南开大学商学院、浙江大学管理学院、中山大学管理学院共同主办，南开大学商学院创业管理研究中心承办的“创业与创新暨青年学术研讨会”在南开大学举行。南开大学副校长朱光磊、国家自然科学基金委管理学部处长冯芷艳等出席研讨会。

研讨会上，南开大学商学院创业管理研究中心向与会代表发布了创业动态跟踪调查项目的设计和实施情况，以开放调查问卷和数据的方式来推动跨院校的学术合作。天津大学管理与经济学部主任张维教授、同济大学全球创新中国创业研究所所长斯晓夫教授、国家自然科学基金委管理学部处长冯芷艳教授分析了创业与创新研究的发展现状和未来趋势。清华大学社会学系、中国社会学会社会网研究专业委员会理事长罗家德教授、中国人民大学商学院副院长毛基业教授、中国对外经济贸易大学中小企业研究中心主任林汉川教授结合自身独特的学术背景，从不同的角度分析为青年学者和博士生们提供创业与创新研究理论和方法上的指导。南开大学商学院院长张玉利教授、吉林大学管理学院葛宝山教授、清华大学经管学院雷家骕教授、浙江大学管理学院魏江教授、浙江工业大学池仁勇教授围绕“创业领域独特科学问题与中国情境化研究”陈述各自的观点，展开自由讨论。

（南开新闻网）

第二届中国战略环境评价学术论坛

2011年8月26日，由南开大学与香港中文大学联合主办的“第二届中国战略环境评价学术论

坛”在南开大学举办。来自南开大学、香港中文大学、清华大学、复旦大学、北京师范大学、南京大学、中国城市规划设计研究院、环境保护部、天津市环保局等高校、研究机构和部门的近120人出席论坛。

与会学者围绕重点产业发展战略/规划环境影响评价项目经验交流、规划环境影响评价相关法律法规导则的编制和研究进展、战略/规划环境评价理论新进展、战略/规划环境评价技术方法研究进展、战略/规划环境评价能力建设、规划环评管理与监督、战略/规划环境影响评价有效性研究、战略/规划环境影响评价实践经验与典型案例分析、战略/规划环境影响评价的信息公开与公众参与等议题进行交流。

（南开新闻网）

2011年度京津冀区域协作论坛

2011年9月4—5日，由京津冀三地社科联和科协共同主办，河北省社科联承办的“2011年度京津冀区域协作论坛”在石家庄市召开。主题为“让文化引领未来——‘十二五’京津冀文化产业协同发展研究”。河北省政协副主席段惠军，北京市社科联党组书记、常务副主席史秋秋、天津市社联副巡视员、秘书长陈根来和来自三地六方的专家学者、新闻记者100余人出席论坛。共有60篇论文收入论文集。其中，天津社联提交论文11篇。

段惠军说，本届论坛突出“十二五”时期京津冀三地促进文化产业发展的主题，适应了京津冀区域协作向更高层次迈进的新要求。史秋秋认为，文化在经济社会发展中的地位日益彰显，文化产业也因此被誉为21世纪最具潜力、最具优势的朝阳产业和绿色产业，大力推动京津冀文化产业协同发展，需要三地政府和社会各界的广泛参与。米建国研究员在题为“抓住制高点促进京津冀文化产业协同发展”的主题发言中，对推动京津冀文化产业协同发展提出三大工作目标。一要从文化的层面上摒弃尊卑观念；二要加快建立京津冀文化产业协同发展体制机制；三要不断提升信息化水平，提升京津冀公共文化传播和服务能力。

（龙言　宁源）

公共治理、区域合作与第三部门发展学术交流会

2011年9月10日，由南开大学主办的“公共治理、区域合作与第三部门发展”学术交流会在南开大学明珠园举行。南开大学党委副书记张式琪、台北大学校长侯崇文、台湾大学社会科学院院长赵永茂和来自南开大学、北京大学、浙江大学、台湾大学、台北大学等地高校的专家学者与会。

与会学者就非盈利组织治理、民间与政府的关系、政府执行力提升、社会治理的多元治理场域构建、农民工权利保护、地方政府合作、地方政府的权力制约等议题进行热烈讨论。张式琪说，各地专家探讨内地和台湾地区的公共治理、区域合作及第三部门发展问题，具有重要意义，这必将促进相关领域的研究进步，有利于加强内地与台湾高校的互动与合作。侯崇文结合实例阐述了加强地区间学术交流和文化交流的重要意义，希望通过加强对相关领域的深入研究进一步推动教育管理工作的发展。

（南开新闻网）

欧洲文明进程学术研讨会

2011年9月10—11日，由天津师范大学欧洲文明研究院、历史文化学院主办的“欧洲文明进程学术研讨会暨《欧洲文明史稿》（多卷本）项目启动仪式”在天津师范大学召开。天津师范大学校长高玉葆教授、中国社会科学院荣誉学部委员、世界历史研究所原所长张椿年等出席研讨会。

与会专家就欧洲文明的概念、定义、范围等问题开展研讨。认为世界文明的多样性自古使然，而且是今后的发展趋向。近代以来，中国的世界史研究自一开始就是与启蒙和借鉴功能密切联系在一起的，甚至是它的天然属性。当代学者应当更加珍视这种以中国人的视角和情结来著述欧洲史的传统，并作为学科发展的巨大动力。

（天津师范大学校网）

华北图协第25届学术年会

2011年9月14日，华北地区高等学校图书馆协作委员会(简称“华北图协)第25届学术年会在津举行。主题为:“复合型图书馆建设与复合型人才培养”。南开大学副校长朱光磊、天津市教委副主任韩金玉、全国高校图工委秘书长朱强和来自华北地区高校图书馆的180多位代表参加会议。共收到论文166篇，从中评选出优秀论文46篇，会议论文集收录了108篇论文。

会上，南开大学教授来新夏、香港中文大学图书馆副馆长梁黄朝荣、天津高等教育文献信息中心主任李秋实和南开大学商学院图书馆系柯平教授的发言，使与会代表在图书馆工作的理念、工作管理方式等方面受益颇多。来自华北地区高校馆的9位作者的发言，围绕着新形势下图书馆资源和服务建设的主题，就图书馆人才建设、知识服务的理念、复合型图书馆的发展等进行了探讨。

(南开新闻网)

纪念鲁迅诞辰130周年学术研讨会

2011年9月17—18日，由南开大学文学院与鲁迅博物馆共同主办的“纪念鲁迅诞辰130周年学术讨论会”在南开大学举行。南开大学原常务副校长陈洪和来自全国15个省市的60余位专家学者出席了会议。

与会专家围绕“回到鲁迅”、“鲁迅与当代中国”、“鲁迅研究之再反思”等议题进行讨论，从作家本体和文学本体研究注意回到鲁迅言说的历史语境，或追溯“国学”概念的历史生成，厘清鲁迅“反传统”的针对对象；或探讨鲁迅的语言方式，观照作家语汇特质中潜藏的内在焦虑；或对文本叙事中的人物形象进行深度分析；或回到作家童年经历，探察其思想根源形成的潜意识因素。鲁迅精神遗产的当下意义也是讨论重点。专家们将鲁迅的精神特质放置在中外理论系统中，结合晚清文化转型的历史背景展开考察，重申鲁迅精神的普适性与当下性。有专家指出，鲁迅思想的价值不仅仅限于历史文化、民族国家的“宏大叙事”，更在于对民众日常的人生启示；鲁迅的生命力在于，他不仅属于过去，更属于现在和未来。

(南开新闻网)

特大型沿海城市群发展模式论坛

2011年9月17日，由中国科学技术协会和天津市人民政府主办，中国城市规划学会、天津市规划局承办的第十三届中国科协年会“特大型沿海城市群发展模式论坛”在津召开。市政协副主席陈质枫、国家住房和城乡建设部总规划师唐凯出席会议，来自珠三角、长三角和环渤海等城市的规划局领导和专家学者160余人参加了会议。

城市群是城市发展到成熟阶段的最高空间组织形式，是在地域上集中分布的若干城市和特大城市集聚而成的多核心、多层次的城市集团，是大都市区的联合体。我国在“十二五”规划中明确提出把城市群作为我国城镇化发展的主体空间。环渤海区域作为我国主体功能区划优先开发的区域之一，集聚了大量人才科技优势和技术密集型产业优势，在我国区域经济和城镇化发展格局中发挥了举足轻重的作用。此次论坛的召开，紧密结合天津滨海新区的国家发展战略，就环渤海城市空间发展的特征、规律、模式以及持续协调发展等重要问题进行深入探讨、交流，具有很强的针对性和重要的现实意义。

(天津网)

环渤海区域发展与天津战略选择论坛

2011年9月20日，由中国科协、天津市政府主办，中国地理学会协办，天津市社联承办的第十三届中国科协年会“环渤海区域发展与天津战略选择”专题论坛在市社联召开。天津市人大常委会副主任李亚力、中国地理学会副会长刘毅研究员、滨海新区人大常委会副主任郝寿义教授、中国地理学会秘书长张国友教授、市社联党组书记李家祥教授、中国科学院可持续发展研究中心主任、中国城市规划学会副理事长樊杰研究员、中国区域科学协会会长、北京大学杨开忠教授和来自本市高等院校、科研院所和学会研究会的专家学者和媒体记者150余人参加论坛。

与会专家学者认为,深化环渤海区域务实合作,推动京津冀区域协调发展,应从宏观上充分论证区域经济发展的战略定位和战略取向,在微观上逐项深入分析区域合作的可行性和实现路径。专家们认为,(1)要实施主体功能区域战略,促进各区域协调发展。(2)要适应经济社会发展要求,建设中国特色的世界城市。(3)要落实中央战略部署,深化环渤海地区务实合作。(4)要探求环渤海区域发展战略定位,促进环渤海区域协调发展。(5)要关注多领域合作现状,有步骤有重点地推动区域合作。

(肖雅楠)

第十三届中国科协年会

2011年9月21日,由中国科学技术协会、天津市人民政府共同主办的第十三届中国科协年会,在梅江会展中心开幕,主题是“科技创新与战略性新兴产业发展”。中共中央政治局委员、国务委员刘延东,中共中央政治局委员、天津市委书记张高丽,全国人大常委会副委员长、中国科协主席、大会主席韩启德,全国人大常委会原副委员长、中国科协名誉主席周光召,中国科学院院长白春礼,市委副书记、市长黄兴国,市人大常委会主任肖怀远,市政协主席邢元敏,市委副书记何立峰等出席。

黄兴国、白春礼和中科院外籍院士、美国工程院院士马佐平,中国工程院院士王浩、范维澄分别作报告。黄兴国简要介绍了天津经济社会和科技事业发展情况。他说,我们要借助中国科协年会这一重要平台,不断加快科技创新步伐,大力提高自主创新能力,促进天津科学发展和谐发展率先发展。本届科协年会吸引了7位诺贝尔奖获得者、多个国外科技团体代表、百余名中国“两院”院士等5000余名国内外科技领域专家学者,通过学术交流、科普活动、专题论坛、院士专家座谈会、专项活动等,进行交流研讨沟通,促进学科交叉融合,推动经济社会发展。其中,学术交流活动有“低碳经济与环境保护”、“工程技术与产业发展”、“医疗健康与食品安全”、“区域经济与城乡发展”、“信息技术与科技传播”五大板块,设学术交流分会场22个,并设立9个国际分会场,是历届年会国际分会场最多、比例最高的一届。

(天津网)

全国第十三次社科普及理论研讨与经验交流会

2011年9月21—23日,全国第十三次社科普及理论研讨与经验交流会在北京召开,主题是“提高社科普及工作水平,服务公民人文素质提升”。中宣部原常务副部长、中国大百科全书总编辑徐惟诚,中宣部宣教局副局长杨樱,北京市委副秘书长傅华,北京市社联党组书记、常务副主席史秋秋,天津市社联党组书记李家祥等出席会议。来自全国31个省、自治区、直辖市社科联主要负责人、社科普及工作主管领导和科普工作者100余人参加会议。

天津市社联党组书记李家祥作了题为“新形势下提高社科普及工作水平的思考”的交流发言。他指出,一方面,社科普及工作是创新社会管理和繁荣发展社会主义文化的基础工程。另一方面,加强创新社会管理和繁荣发展社会主义文化对社科普及工作提出新的重点任务。国家“十二五”规划比较系统地对文化建设方面作出规划,既明确提出要繁荣发展哲学社会科学,又明确了提高全民族素质的任务。各省、自治区、直辖市的代表在发言中紧紧围绕服务党和政府的中心工作,针对不断提升公民人文素质,创新推进社科普及工作等问题,进行研讨交流,共同谋划社科普及工作创新发展大计。

(刘晖)

中国通用航空发展研讨会

2011年9月22日,由中国科学技术协会、天津市人民政府主办,中国航空学会承办,中国民航大学、中国民航飞行学院联办,中航工业通用飞机有限责任公司、辽宁通用航空研究院支持的“中国通用航空发展研讨会”在天津成功举行。沈阳航空航天大学校长、中国工程院院士杨凤田、中国民航大学副校长吕宗平、中国民航飞行学院副校长吴旭勇、中航工业通用飞机有限责任公司通用飞机研究院副院长熊贤鹏等出席。

此次研讨会作为第十三届中国科协年会的第22分会场，共有70余人参会，18位代表作专题演讲。本次会议将国内从事和关注通用航空的各界人士和专家聚集在一起，围绕“抓住低空空域管理改革机遇，促进我国通用航空发展”主题，广泛开展了学术交流活动，研讨发展战略，进一步加强我国通用航空领域的交流和合作，共同促进通用航空又好又快发展，为我国经济结构调整中的通用航空这个新兴增长点搭建了一个高水平的交流平台。

（邓明）

全国高校社会主义经济理论与实践研讨会第25次年会

2011年9月24—25日，全国高校社会主义经济理论与实践研讨会第25次年会在辽宁大学召开。会议由全国高校社会主义经济理论与实践研讨会领导小组主办，辽宁大学经济学院承办。辽宁省政协原主席肖作福、教育部社会科学司副司长张东刚、辽宁大学党委书记程伟、南开大学原副校长逄锦聚等出席，来自全国80余所高等院校的负责人和专家学者170余人参加会议。

天津市社联党组书记李家祥教授应邀出席年会，并作了题为“转变经济发展方式理论在新世纪我国理论创新中的地位及其新任务”的大会发言。国家教育行政学院院长顾海良教授、南京大学党委书记洪银兴教授、湖南商学院院长唐未兵教授、辽宁大学经济学院院长林木西教授、厦门大学吴宣恭教授分别作主旨发言。研讨会分论坛围绕“我国‘十二五’时期宏观经济走势与对策”、“中国从经济大国向经济强国的转变”和“经济学学科建设面临的挑战与应对”主题，组织专家学者进行交流研讨。

（吕景春）

京津沪渝妇联社会管理创新理论与实践研讨会

2011年9月26日，京津沪渝四直辖市妇联社会管理创新理论与实践研讨会在津召开，中共中央政治局委员、天津市委书记张高丽25日中午在迎宾馆会见嘉宾。全国人大常委会副委员长、全国妇联主席陈至立出席会议并讲话。市委副书记何立峰陪同参观考察。全国妇联副主席甄砚，市委常委、市委组织部部长史莲喜，市委常委、市委秘书长段春华，市人大常委会副主任李亚力，市政协副主席田惠光，市人大常委会秘书长王世新参加会见、出席会议和陪同考察。

陈至立说，各级妇联组织要明确加强和创新社会管理的目标任务，结合妇联职责，找准定位，落实工作。要转变思想，更新观念，创新方式方法，创新体制机制，进一步探索妇联组织参与社会管理创新途径。要加强妇女需求调研，主动沟通交流，及时有效地反映利益诉求，提高妇女群众的参与程度。要把参与社会管理创新与解决妇女实际问题相结合，促进创业就业，完善维权机制，帮扶困难群体，使妇女儿童得实惠、普受惠、长受惠。要把参与社会管理创新的重心放在农村和社区，扎扎实实地把各项工作做到基层和妇女群众身边。

研讨会上，甄砚介绍了在中央和各部委的大力支持下，全国妇联系统参与社会管理创新的进展情况，李亚力介绍了天津在支持妇女组织全面参与社会管理和公共服务方面的做法和成效。四个直辖市妇联主席分别作了专题发言。

（天津网）

地方政府服务创新与杭州实践学术研讨会

2011年10月22日，由南开大学周恩来政府管理学院、南开大学中国政府与政策联合研究中心和杭州市委市政府联合主办的“地方政府服务创新与杭州实践”学术研讨会在南开大学明珠园二楼会议厅举行。南开大学副校长朱光磊，杭州市发展研究中心副主任、杭州国际城市学研究中心副主任陈跃，中国社科院政治学研究所所长房宁等出席会议。

本次研讨会以“地方政府服务创新与杭州实践”为核心主题，以杭州创新实践为例，重点讨论新形势下地方政府服务创新的内涵与发展。众学者深入交换了对我国地方政府未来服务创新发展趋势的看法。杭州市发展研究中心政治文明建设研究处处长孙颖介绍了杭州的情况以及“我们”的价值观构建问题；浙江大学教授余逊达重点关注了杭州在实践中形成的以公民参与为基础的民主的工作体制，以及这种工作体制对深化民主建设的作用；陈娟介绍了“湖滨晴雨”工作室以及“杭网议事厅”等案例并从微观角度具体展示了杭州的创新实践。其他学者们也从不同学科视角讨论了协商民主、“我们”的价值观构建及政府职能转变等问题。

（南开新闻网）

黎元洪与近代中国社会高端论坛

2011年10月22日，由南开大学历史学院举办的“辛亥百年纪念　南开教改实践——黎元洪与近代中国社会高端论坛”在南开大学范孙楼226多功能厅召开。南开大学副校长朱光磊与历史学院负责人出席论坛开幕式。

在学术报告中，辛亥革命历史研究名家中山大学孙中山研究所前所长林家有教授、著名学者复旦大学历史系姜义华教授、中央民族大学历史系徐永志教授、《历史研究》杂志社副主编李红岩研究员、南开大学历史学院中国近代教研室主任侯杰教授以及优秀青年学者的代表香港中文大学历史系李净昉博士等人有关辛亥革命、黎元洪与近代中国社会等议题的最新研究成果一一得以精彩呈现。

（南开新闻网）

首届中国老年心理研究与发展论坛

2011年11月4—5日，由中国老年学学会老年心理专业委员会、天津市民政局与天津师范大学共同主办，天津市老年事业研究与发展中心和天津师范大学心理与行为研究院承办的“首届中国老年心理研究与发展论坛暨中国老年学学会老年心理专业委员会第五次学术年会”在天津师范大学举行。此次论坛主题是“老年心理研究与应用”。天津市政协副主席、天津师范大学校长高玉葆，天津市老同志、市老年人大学校长王鸿江，民政部政策法规司司长、挂职滨海新区区委常委、政法委副书记王建军，天津市民政局副局长、市老龄委办公室主任程怀金，天津师范大学心理与行为研究院院长沈德立出席论坛开幕式。来自中科院心理研究所、北京大学、人民大学等国内多所著名高校的专业学者和养老机构等70余位代表参加会议。

高玉葆指出，心理学研究是一门交叉性基础学科，涉及到社会学、人类学、生理学、脑科学、哲学、遗传学、教育学、运动学、管理学等诸多学科，而老年心理学研究是心理学研究的一个分支。综合性大学学科齐全，为老年心理学研究提供了雄厚的理论基础和较高的研究水准。今后，天津师范大学还将全力支持老年心理研究的发展，把学术研究与社会发展和老龄事业的发展紧密结合，走产学研发展之路，为高校融入社会发展、服务经济发展开创新路。与会专家从城乡老年人的生活质量和心理健康问题、老年人力资源的开发及应用、社会支持和养老服务的需求、老年认知心理特点、宜居社区的建设等问题作了专题研讨。

（天津师范大学网）

中西方文化差异与家庭教育论坛

2011年11月10日，由天津市社会心理学学会与中国教育学会家庭教育专业委员会主办，天津心帆心理辅导中心和中国统一教育网承办的“中西方文化差异与家庭教育”论坛在天津市实验中学举办。天津市社联党组书记李家祥教授、中国教育学会家庭教育专业委员会理事长赵忠心、天津市心理学会原副理事长孙少强、北京国际学校执行董事迟铮铮、天津市社会心理学学会副会长贾晓波等专家学者出席会议，本市近600名家庭教育工作者和学生家长出席论坛。

与会专家学者围绕我国现行家庭教育中存在的问题、传统的家庭教育思想与西方的家庭教育理念和教育模式中值得继承学习的东西、成功的家庭教育模式究竟应该具备的条件等问题进行了交流研讨。赵忠心教授以“新时期家庭教育问题的文化反思”为题，认为对国外的教育方式与教育心理成果进行有选择的吸收、批判的吸收。钟思嘉教授作了题为“发展现代华人家庭教育之我思”的发言，建议中国父母应学习西方家长，尊重孩子的自主权，了解孩子的行为动机，注重亲子沟通。孙少强教授作了题为“走出知识与生物健康模式的樊篱，实施童蒙养正的家庭教育”的发言，建议家长要汲取中国“仁爱和合”思想中的有益成分。贾晓波教授作了题为“改善亲子环境的文化心理基础”的发言，提出家长应做到学会理解、学会沟通、学会尊重，这是改善亲子关系的必要条件。李振涛教授作了题为“亲子关系中的比较文化因素”的发言。他针对东西方间存在的文化差异，提出要通过推进社会改革改善家庭教育，改善家庭教育要从家长抓起，要关注个体差异和促进个性化地互动，要对智商、情商和抗挫折商给予同等关注。迟铮铮以教育一线的经历为基础，作了题为“放手的爱”的发言；袁辛教授结合大学生心理辅导工作经验，作了题为“中西方家庭教育价值取向比较——追求成功还是追求快乐”的发言；张伟桥教授简要介绍了英国的家庭教育情况及其对我国家庭教育的启示。

（李强）

南开国际关系论坛2011

2011年11月12—13日，由南开大学周恩来政府管理学院国际关系系主办的“南开国际关系论坛2011”在省身楼举行。来自北京大学、清华大学、中国人民大学、中国社科院、外交学院、现代国际关系研究院等全国20多所高校和科研院所的近40位学者参加了此次学术盛会。南开大学副校长朱光磊出席论坛闭幕式并致辞。

本次论坛由“当前世界国关学科发展前沿”、“中国国关学科发展的进展与不足”、“中国国关研究创新的突破方向”、“中国外交与中国的国际地位”、“中国外交面临的挑战及其应对”以及“中国崛起的世界意义”等专题讨论组成。与会的专家学者围绕会议主题，从自身研究出发，进行了广泛深入的探讨。100余名来自南开大学各学院的同学也参与了此次论坛活动，同学们利用这次难得的机会向有关专家学者请教，纷纷表示受益匪浅。

（南开新闻网）

首届全国府际关系与区域治理博士生论坛

2011年11月23—25日，由南开大学周恩来政府管理学院和南开大学中国政府与政策联合研究中心、周恩来政府管理学院研究生会联合主办的首届“全国府际关系与区域治理博士生论坛”举行。南开大学副校长朱光磊、中山大学行政管理研究中心区域公共管理研究所所长陈瑞莲、北京师范大学政治学与国际关系学院院长助理施雪华教授出席，来自全国各高等院校的40余位硕博研究生参加。

在开幕式上，周恩来政府管理学院常务副院长杨龙、MPA中心主任孙涛作了主题发言。本次论坛共设7个分论坛，与会博士生们就地方政府合作与竞争、央地关系、区域协调发展、现代化背景下的政府治理等议题进行了发言和讨论。每个论坛都安排了政府学院的老师作点评嘉宾，与论坛主讲人就相关议题交流研讨。参与本次论坛的博士生来自全国各院校，与会者在对相关领域提出议题的同时也开拓了学术视野，为以后的学术研究打开了新的思路。

（南开新闻网）

城市化与公共管理高端学术论坛

2011年11月26日，由南开大学周恩来政府管理学院和南开大学中国政府与政策联合研究中心主办的“城市化与公共管理”高端学术论坛在南开大学明珠园二楼会议厅举行。南开大学副校长朱光磊、香港中文大学王绍光教授、四川大学姜晓萍教授、云南大学崔运武教授、苏州大学金太军教授、《新华文摘》编辑部胡元梓编审、中山大学马骏教授、西安交通大学朱正威教授、兰州大学包国宪教授等出席。

本次论坛以“城市化与公共管理”为核心主题，众学者就其相应的研究成果进行了深入交流和沟通。王绍光、姜晓萍和崔运武、杨小云分别就城市化进程中的重庆经验、成都经验和云南开远经验、长株潭实验区的经验进行了重点介绍;金太军重点从社会稳定和社会冲突的角度研究城市化,指出城市化利益格局的调整可能会引发社会冲突的加剧;陈振明、马骏、章康之、包国宪分别从社会协同治理、公共服务质量的可持续改进和城市中心—边缘结构、政府绩效等方面对城市化进行了详细的解读;朱正威则从如何构建"幸福城市"角度对"国际化大都市"的内涵进行了深入解读,强调要构建以"人"为中心的多元开放的城市;杨龙从地方政府间的合作对其权能进行了定位;谭术魁最后从土地资源管理专业的学科角度对其做了深入的介绍,令人耳目一新。

(南开新闻网)

WTO法与中国论坛

2011年11月26—27日,"WTO法与中国论坛"暨2011年中国法学会世界贸易组织法研究会在南开大学举行。中国法学会副会长周成奎,中国WTO法研究会会长孙琬钟,商务部政策研究室主任张向晨,南开大学党委副书记张式琪,商务部条法司副司长杨国华出席,国内法学界100余名专家学者和实务工作者参加。

本次会议共收到学术论文80余篇,来自南开大学、中国政法大学、清华大学、复旦大学、武汉大学、华东政法大学等高校与实务部门的专家学者作了专题发言,内容涉及法制建设、WTO争端解决机制,多哈回合谈判研究、WTO争端解决和知识产权及服务贸易法律问题研究等。与会专家学者围绕WTO与中国法制建设、中国与WTO争端解决机制、中国与多哈回合谈判、WTO争端解决、知识产权及服务贸易法律问题等议题展开深入讨论。

(南开新闻网)

当代中国社会管理问题学术研讨会

2011年12月10日,"当代中国社会管理问题学术研讨会"暨南开大学当代中国问题研究院成立大会在南开大学举行。市政协主席邢元敏出席并讲话,市委常委、市委教育工委书记苟利军出席,南开大学校长龚克致辞,教育部社会科学司致信祝贺。开幕式由南开大学党委书记薛进文主持。主题为"社会主义市场经济条件下社会管理理念的更新"。来自海内外的近百名专家学者参加研讨会。与会代表就当前我国社会管理工作面临的主要矛盾和问题展开了深入的探讨。

研讨会上,清华大学国情研究中心主任胡鞍钢,北京大学中国国情研究中心主任沈明明,南开大学周恩来政府管理学院副院长常健等专家学者,分别作了题为"2030年中国"、"群体事件与和谐社会"、"中国公共冲突管理面对的挑战和应对路径"的专题报告。

(天津网)

人民共和国党报论坛年会

2011年12月17日,由天津师范大学新闻传播学院、中国传媒大学党报党刊研究中心、天津日报传媒集团、中国环境报社共同主办的"人民共和国党报论坛"第八届年会在天津举行。主题为"党与党报"。来自中宣部和市委宣传部、中国人民大学等国内外各高校以及《人民日报》等国内主流媒体的近百名领导及专家与会。

与会代表围绕贯彻落实党的十七届六中全会提出的"深化文化体制改革,推动社会主义文化大发展大繁荣"的决定、中国共产党报刊理论的发展与创新、纪念建党90年新闻报道特色、"走转改"与马克思主义新闻观、提升主流媒体舆论引导与国际传播能力等议题展开了深入研讨。中国社会科学院新闻与传播研究所尹韵公教授、中国人民大学新闻学院郑保卫教授、广西日报传媒集团党委书记李启瑞、新疆经济报总编辑晏果辉等分别作了主题发言。

(天津师范大学校报)

大学生思想政治教育高层论坛

2011年12月21日,由南开大学承办的"2011年全国高校思想政治教育研究会年会暨大学生思想政治教育高层论坛”在省身楼拉开帷幕。教育部党组副书记、副部长杜玉波，天津市委常委、市委教育工委书记苟利军，全国高校思想政治教育研究会会长、北京师范大学党委书记刘川生，南开大学校长龚克，教育部思想政治工作司司长杨振斌，南开大学党委副书记、副校长杨克欣等出席，教育部有关司局和各省区市教育部门、教育部直属高校负责同志参加。

杜玉波在致辞中说，大学生是国家宝贵的人才资源，大学生的思想政治状况和道德素质，直接关系到中华民族的素质，关系到党和国家的前途命运。要坚持用马克思主义中国化的最新成果武装师生，用中国特色社会主义共同理想凝聚师生，用社会主义道德规范教育引导师生，努力培养德智体美全面发展的中国特色社会主义事业合格建设者和可靠接班人。苟利军说，我们要认真落实中央和市委的部署要求，积极借鉴兄弟省区市的先进经验，不断提高全市大学生思想政治教育工作的科学化水平。杨克欣作了题为“凝练南开精神，彰显南开品格，培养公能兼备的高水平人才”的主题报告。

（南开新闻网）

建设社会主义核心价值体系学术论坛

2011 年 12 月 24 日，南开大学马克思主义教育学院举办“南开大学建设社会主义核心价值体系学术论坛”。马克思主义教育学院党政领导、管理干部、各教学研究部门的学科带头人以及全体任课教师参加论坛。

论坛特邀中央马克思主义建设工程首席专家、清华大学博士生导师吴潜涛教授，以及中央马克思主义建设工程首席专家、东北师范大学当代中国马克思主义研究中心主任田克勤教授为全体思想政治理论课教师作学术报告。吴潜涛教授在报告中系统梳理了社会主义核心价值体系的理论沿革和研究现状，围绕体系的基本内涵，本质特征、理论框架、内在逻辑关系以及在马克思主义意识形态中的地位功能等方面做出了细致全面的阐释。田克勤教授围绕马克思主义中国化的概念界定和内涵解读、马克思主义中国化的两大历史演进过程以及初期探索、实现突破、成功推进等三个历史发展阶段等问题阐释了自己的研究心得。

（南开新闻网）

天津市学术活动

社会管理科学化与创新思维学术研讨会

2011 年 4 月 16 日，天津市逻辑学学会创新思维分会召开“社会管理科学化与创新思维”学术研讨会。市逻辑学学会名誉会长陶文楼教授、会长任晓明教授出席并讲话。会议由市逻辑学学会副会长、创新思维分会理事长齐子祯研究员主持。来自高等院校的专家学者和市政协、市委研究室、区实际部门负责人和新闻媒体代表等 30 余人参加会议。

《天津工人报》社新闻部副主任张春津研究员作了题为“社会管理科学化的当务之急——司法体制改革与创新初探”的发言。天津财经大学刘明明副教授在题为“‘正名’逻辑与社会理性”的发言中指出，提高社会管理水平要特别重视逻辑思维的作用，大力弘扬中国传统文化中的和谐思维，强化人们的社会理性，促进社会和谐。市委研究室副调研员孙良在题为“城市管理创新的成功探索”的发言中，详细介绍了天津市城市规划管理的发展理念、思路、体制、机制以及创新举措，并列举了社会管理科学化的成功经验和典型实例。南开大学张晓芒教授以药家鑫案为例，说明司法判案的创新，要运用批判性思维。任晓明教授指出，当前出现的许多社会问题需要通过创新和运用逻辑提高社会管理水平来得以解决。

（刘明明）

天津城市形象高层论坛

2011 年 4 月 29 日，天津城市形象高层论坛在南开大学举行。本次论坛由南开大学天津文化研究中心主办。来自天津市委党校、天津社会科学院、天津市政协文史资料委员会、南开大学、天津大学、天津师范大学、天津理工大学、天津图书馆、天津市档案局、天津市博物馆等20多家单位相关领域的专家学者齐聚一堂,共同为天津城市形象的定位献计献策。

南开大学校长龚克指出,专家学者与实际工作者齐聚一堂探讨天津城市形象,研究天津文化,这是一件非常有意义的事情。同时希望天津的专家学者研究南开大学、研究天津的高等教育,从不同的视角为南开的形象和文化,提出见解共同探讨。市人大原副主任、市社联主席罗远鹏致辞指出:"天津文化的精华是什么?怎样弘扬天津优秀的文化传统?怎样结合时代发展建设津味文化?作为中国的直辖市,在工业化、信息化、全球化的世界潮流中,天津的文化走向何处?这些都是综合性的问题,需要认真思考。非常高兴和众多专家学者一起讨论天津的文化问题,进一步服务社会,为天津文化的建设做出贡献。"来新夏、郭凤岐、李喜所、方兆麟、张利民等著名学者在会上作专题报告,分别就天津的文化定位、天津城市形象的提升等问题提出自己的观点。

(南开新闻网)

推动律师业科学发展论坛

2011年5月3日,"推动律师业科学发展、给力法治天津建设"论坛在津举行,本次论坛由河西区政府主办、市律师协会协办,天津市人大常委会副主任张元龙出席。

来自京津两地的专家学者和律师代表进行了主旨发言。在论坛的现场访谈环节,主持人就"律师参与服务重大项目工程、律师参与社会管理创新、律师面对滨海新区发展的机遇与挑战、法治天津的标志与内涵"等方面与主讲嘉宾进行了观点互动。论坛深入探讨"十二五"时期律师的使命、责任和发展问题,为做大做强律师业,拓展法律服务市场,助推区域经济发展提供理论支撑。

(天津网)

天津楼宇经济与社会发展研讨会

2011年5月29日,"商业地产赢在当下——天津楼宇经济与社会发展研讨会"在梅江国际会展中心举办,副市长任学锋出席并讲话。来自天津市商务委、中小企业局、和平区领导以及多家房地产CEO就商业楼宇优惠政策、本市商业新格局、五大院招商、打造地标性楼宇、商业配套建设提升楼宇价值等展开研讨。

该研讨会的主题是"搭建平台,促进交流,推进天津楼宇经济及商业地产发展",旨在探讨发展楼宇经济快速健康发展模式,促进楼宇经济健康有序发展。在此次论坛上,和平区区长张盛如介绍了和平区楼宇经济及5大院招商信息发布;天津财经大学经济学院副院长丛屹教授就如何发展楼宇经济促进社会发展发言;来自金地房地产、五矿房地产、融创房地产、亿城房地产、南开允公房地产的相关负责人就如何完善配套建设、打造地标性建筑以及产业园区板块赋予商务综合体的精神价值等问题进行了探讨。

(天津网)

天津商业地产与亿元楼宇研讨会

2011年5月29日,"天津商业地产与亿元楼宇研讨会"在天津市蓟县召开。会议由市房地产学会、市房地产协会、万事兴投资控股集团联合主办,中宇卫浴(德国)股份有限公司协办。市房地产学会会长杨族耀出席会议,市房地产协会会长张建台主持会议,来自本市房地产开发、软件信息、市场连锁、餐饮酒店、文化传媒、律师等行业代表100余人参加会议。

此次研讨会旨在搭建起天津房地产行业与现代服务行业之间的交流合作平台,深入研讨理解和用足天津优惠政策,共同助力天津商业地产与亿元楼宇经济发展,全力推介区县优势商业地产项目,扩大区县招商引资平台,为区县经济社会和谐发展作出更大贡献。会上,多家大型房地产企业、行业协会组织,以及知名上市企业围绕在宏观调控下商业地产如何健康发展、房地产行业与现代服务业如何结合共促亿元楼宇经济、亿元楼宇物业管理如何规范运作等方面展开了深入的研讨,达成了多项合作成果。同时,市房地产业协会、市房地产学会与其他行业协会也达成合作意愿,将利用各自行业优势,开展行业之间大型企业多层次的交流与合作,组织行业内大型企业到有需求的区县进行实地考察等活动,共同助推天津商业地产与亿元楼宇经济跨越式发展。

(刘红哲)

天津市纪念建党90周年理论研讨会

2011年6月17日,按照市委要求和部署,作为全市纪念中国共产党成立90周年活动的一项重要内容,市委组织部、市委宣传部、市委党校、市委党史研究室、市委教育工委、市教委、市社联、天津社会科学院、天津警备区政治部联合召开天津市纪念建党90周年理论研讨会。市委常委、市委宣传部部长成其圣出席并讲话。

成其圣指出,中国共产党90年的奋斗历史是一部生动的教科书。纪念活动要高举中国特色社会主义伟大旗帜,以马克思列宁主义、毛泽东思想、邓小平理论和"三个代表"重要思想为指导,深入贯彻落实科学发展观。要深入挖掘天津丰富的宣传教育资源,广泛开展形势政策和党的知识、党的历史主题宣传教育,通过丰富多彩、形式多样的纪念活动,营造喜庆祥和、团结奋进的浓厚氛围。广大理论工作者要坚持以马克思主义中国化最新成果为统领,深入研究总结天津科学发展的生动实践,为实现"十二五"发展目标提供强大思想保证和理论支撑。

(天津网)

马克思主义中国化九十年学术研讨会

2011年6月19日,天津市科学社会主义学会在市社联召开"马克思主义中国化九十年学术研讨会"。天津市教育科学院党委书记、市科学社会主义学会会长荣长海教授出席并作发言。市社联副巡视员、秘书长陈根来出席会议,来自天津师范大学、南开大学、天津大学、天津社科院、天津市委党校等单位的专家学者40余人出席会议。

与会学者认为,(1)深刻分析生产力的发展是推动马克思主义中国化的助推器。有学者认为,资本主义生产方式开启了人类历史中运用精神生产解决物质生产的历史进程。还有学者认为,中国特色社会主义理论破解了马克思主义的难题,即如何在落后国家走社会主义道路。(2)准确把握中国共产党是推动马克思主义中国化的主体力量。有学者认为,政党是推动马克思主义中国化的主体力量,而成熟的政党需要成熟的理论作为指导。(3)科学对待马克思主义中国化、时代化、大众化的区别与联系。有学者认为,在传播马克思主义理论的过程中,中国人独特的思维习惯和文字表达特点,以及中国革命建设和改革的实践特征逐渐形成了独具特色中国化的马克思主义。有学者认为,马克思主义时代化是指马克思主义随时代和实践的发展而不断丰富和发展。有学者认为,马克思主义大众化就是对广大人民群众进行马克思主义的宣传、普及和教育,领导人民群众用马克思主义的立场、观点、方法认识世界和改造世界。有学者认为,马克思主义中国"三化"既有区别,又存在联系。有学者认为,马克思主义中国化、时代化、大众化存在共同的显著特征,即实践性。还有学者认为,马克思主义中国化、时代化、大众化是一种并列、互通、递进的关系。要加强高校马克思主义文化课的学习,完善学科体系,建设与马克思主义相交叉的学科,不断扩展马克思主义的传播渠道。

(田甜　艾博)

逻辑应用与网络文化研讨会

2011年6月26日,市逻辑学学会在南开大学召开"逻辑应用与网络文化研讨会"。理事长任晓明出席会议并作发言。市逻辑学学会田宏第教授和张东江教授作点评发言。20余人参加会议。

南开大学哲学院张晓芒教授在题为"网络沟通中的逻辑理性"的发言中指出,理性地对待网络和追求批判的权力,对社会具有推动作用。任晓明教授在题为“逻辑应用与虚拟社会——逻辑理性与网络文明”的发言中指出，微博是一面“照妖镜”，网络信息传播是一把“双刃剑”，逻辑的应用要更多地体现在关注社会、民生上。青年学者王绍源、李章吕、刘奇和云龙分别围绕论证据决策理论的困境与出路、如何做好法律逻辑教学，以及意大利和中国的哲学教学的比较等内容进行发言。在自由发言中，市委党校张维真教授指出，应结合现实需要，重视逻辑理性工具的作用，从理性精神培养的方面去发展逻辑。天津师范大学张靖副教授和天津广播电视大学古文化教授认为，逻辑工作者要有人文关怀精神，关注现实生活，服务社会发展。天津财经大学刘明明副教授认为，西方文化重“求真”，中国文化重“求善”。在社会转型期，应将对西方逻辑“求真”的思维品格和中国古代逻辑“求善”的思维品格的学习有机结合起来。

（刘明明）

天津市党史学界庆祝中国共产党成立90周年理论研讨会

2011年6月28日，由市委党史研究室、市党史学会联合主办的天津市党史学界庆祝中国共产党成立90周年理论研讨会在南开大学召开。

研讨会上，来自市委党校和南开大学、天津大学、天津师范大学、天津商业大学、河北工业大学的7名党史专家学者作了发言，阐述了中国共产党在90年奋斗历程中取得的光辉业绩和宝贵经验，以及无数共产党员在民族独立、人民解放和国家富强、人民富裕的不懈斗争和探索实践中表现出来的不怕牺牲、艰苦奋斗、开拓创新、无私奉献的精神。

（天津网）

摄影与城市发展理论研讨会

2011年7月3日，由市社联和市老年摄影艺术研究会共同主办的用镜头描绘津城幸福生活新画卷——“摄影与城市发展”理论研讨会在市社联召开。本市摄影家、摄影艺术理论家和会员代表60人参加了研讨会。

著名摄影艺术理论家、天津市医药保健进出口公司原高级经济师马延年作了题为“用照相机记录时代”的主题报告。他指出，(1)实地准确记录实际是摄影的根本属性。摄影是用照相机摄取景物的过程，是在特定的环境、时间、地点、事件等特定条件约束下光和影的结合。摄影表现的是摄影人的思维、愿望、意图和目的，人是首位，不能完全以器材是否先进，是否时尚前卫与作品优劣相提并论。(2)摄影的社会责任意识。城市摄影概括面广，包罗万千，可以通过照片来展现历史变迁。城市摄影不仅能表现城市的历史遗迹、风貌建筑等有形物体，也可以从不同角度去记录动态的社会，发展的社会。(3)摄影评论。摄影评论是通过评价、讨论、研究等过程来进行的，有利于推动摄影事业的发展。评论摄影作品的原则主要有三条：作品要主题鲜明；要具备一定的技术标准；要能引起受众的共鸣。市老年摄影艺术研究会副秘书长范振欧、常务理事李大鹏和何海江分别以“用镜头记录和表现人生”、“摄影对于国和家”和“摄影丰富了油田离退休职工生活”为主题阐述了摄影对于国家发展和个人生活的重大影响。在交流互动阶段，与会者纷纷提问，就感兴趣的问题与专家进行讨论。

（周传林）

马克思主义哲学与中国共产党研讨会

2011年7月4日，由中央党校哲学部和天津市委党校联合主办的全国党校系统2011年哲学年会暨“马克思主义哲学与中国共产党研讨会”在天津召开。中央党校副校长陈宝生出席会议。市委常委、市委组织部部长史莲喜会见中央党校领导。市委常委、市委宣传部部长成其圣出席会议。中央党校哲学部，全国各省、副省级党校哲学部负责同志60余人与会。

本届年会的主题为“马克思主义哲学与中国共产党”，从哲学层面深刻总结建党90年来，学习哲学、运用哲学、发展哲学的宝贵经验，深入探讨新形势下哲学教学和科研工作，对于促进马克思主义哲学创新，推动党的思想理论建设，具有十分重要的意义。

（天津网）

天津社科界学习胡锦涛总书记重要讲话座谈会

2011年7月8日,本市社科理论界召开学习胡锦涛总书记在庆祝中国共产党成立90周年大会上的重要讲话,学习贯彻市委书记张高丽在市级领导干部专题学习班上的讲话精神座谈会。市委常委、市委宣传部部长成其圣和市高校、党校、科研院所和实际工作部门的专家学者参加座谈。

成其圣在讲话中指出,广泛深入开展学习宣传总书记重要讲话,社科理论界担负着重要的责任。学习领会胡锦涛总书记的重要讲话精神,一定要在全面理解、准确把握精神实质上下功夫,把思想认识行动高度统一到讲话精神和市委要求上来。要充分发挥全市社科研究机构和社科理论工作者的优势,先学一步、学深学透,宣传阐释讲话提出的新思想新观点新论断,推出有深度的研究成果。社科理论工作要紧紧围绕市委确定的主题主线主攻方向,深入研究总结天津科学发展的生动实践,回答广大群众普遍关注的热点问题,努力在破解发展难题、健全推动科学发展的体制机制中发挥思想库、智囊团作用。本市社科理论界专家代表张健、荣长海、李大勇、平章起、魏继昆、王胜利、孙兰英、徐中、寇清杰先后发言。

(天津网)

天津房地产科学发展论坛

2011年9月3日,由市房地产学会、市房地产业协会主办,天津市房屋建筑装饰工程有限责任公司、株式会社普利司通(日本)、乐意涂料(上海)有限公司(新加坡)等单位协办的“天津房地产科学发展论坛”在天津举办。市房地产学会会长杨族耀、市房地产业协会会长张建台和来自天津房地产开发企业界100余名代表参加会议。

论坛围绕当前房地产行业最关注的市场、政策、技术等三个方面展开,旨在帮助企业正确掌握当前房地产市场走势,深入理解把握房地产政策,全力搭建新技术、新材料在房地产行业中的应用平台,努力引导天津房地产行业科学发展。市房地产学会副会长、天津城建学院副院长王建廷作了天津房地产市场形势分析;天津财经大学罗永泰教授作了天津市商业地产形势分析。株式会社普利司通(日本)公司竹中与乐意涂料(上海)有限公司(新加坡)总经理黄奕忠分别介绍了本公司的产品和技术。市国土房管局资金监管中心主任许建明介绍了天津市资金监管政策。

(刘红哲)

纪念辛亥革命一百周年座谈会

2011年9月20日,天津大学在会议楼第四会议室召开纪念辛亥革命一百周年座谈会。民革天津市委会孙中山研究会秘书长葛培林、天津大学校党委副书记、纪委书记汪曦等出席座谈会。

葛培林作“辛亥革命与天津的活动”的专题报告,从辛亥革命与天津,孙中山先生与天津的革命活动两个侧面给大家介绍了辛亥革命的历史及孙中山在天津的革命活动,介绍了许多仁人志士包括北洋大学的师生参加反帝反封建的革命活动,使与会者对辛亥革命时期天津作为北方民主革命发展中心、舆论中心、组织中心有了进一步的了解,同时也对“驱除鞑虏,恢复中华,创立民国,平均地权”这一同盟会政纲加深了理解和认识。汪曦说,纪念以孙中山为首的革命先贤,回顾并牢记他们为争取中国的独立、民主、富强所作出的历史功绩,以史明鉴,将促使新一代党外人士更加坚定地团结在中国共产党周围,走建设有中国特色的社会主义道路,为我国社会主义建设和发展,为我国教育事业的腾飞作出新的更大的贡献。

(天大新闻网)

纪念辛亥革命百周年座谈会

2011年9月22日,市中共党史学会、市委党史研究室与南开大学历史学院联合在南开大学举办“纪念辛亥革命百年座谈会”。南开大学历史学院院长陈志强、中共党史学会会长周根会、市党史研究室副主任李文芳和来自南开大学、天津大学、天津师范大学、天津外国语大学、中国民航大学、周恩来邓颖超纪念馆等80余人参加座谈会。

会上，南开大学历史学院副院长江沛教授作了题为“辛亥革命学术史回顾及思考”的主题报告，系统介绍了自辛亥革命爆发后不同历史时期对辛亥革命的时代性理解及评价，并对辛亥革命的性质、领导阶级与民众关系、成功还是失败、列强态度等问题进行梳理。他特别强调了辛亥革命的重要意义，指出辛亥革命是20世纪中国发生的第一次历史性巨变，推翻了清王朝，结束了统治中国长达两千多年的封建帝制，使争取民族独立和振兴中华成为中国人民共同追求的奋斗目标。与会党史专家学者围绕辛亥革命的历史意义和现实意义、辛亥革命和中国共产党的关系、如何推进辛亥革命史研究和史学研究方法等问题发表意见。

（朱光）

第六届京津沪渝卫生经济管理论坛

2011年9月26—27日，由天津市卫生局、天津市卫生经济学会主办，天津市人民医院承办的“第六届京津沪渝卫生经济管理论坛”在天津市智选假日酒店召开。天津市人大教科文卫委原副主任张愈，天津市卫生局副局长林立军，上海市卫生局原局长邵部奇，天津市卫生经济学会会长陈力和来自卫生经济管理的专家学者140余人参加论坛。共收到4市提交的学术论文89篇，会前编纂了论文集。

中国中医药大学程薇教授作专题报告，她围绕卫生部、财政部新颁发的《医院财务制度》和《医院会计制度》，为与会者详细阐述了新旧两种制度的差别，以及工作中需要注意的各种情况，将有助于明年开始的新《医院财务制度》和《医院会计制度》的执行。与会学者从不同的侧面和角度全面阐述了卫生经济领域改革和发展中面临的新问题，并针对公立医院机构改革产生的管理问题、公立医院补偿机制、公立医院绩效考评运行机制、新医院会计、财务制度有关成本核算、资产管理等方面的问题进行探讨。

（魏福深）

纪念辛亥革命100周年研讨会

2011年10月8日，南开大学纪念辛亥革命100周年研讨会在办公楼举行。校党委副书记刘景泉、历史学院、马克思主义教育学院师生代表参加研讨。

刘景泉指出，此次研讨会是南开大学纪念辛亥革命100周年系列活动的重要组成部分，具有重要意义。要充分认识辛亥革命给中国历史发展带来的深刻启示，辛亥革命100年来的历史证明，历史和人民选择了马克思列宁主义，选择了中国共产党，选择了社会主义，选择了改革开放；要把辛亥革命放在中华民族伟大复兴的历史进程中考察，继续深化对辛亥革命的研究，希望相关学科的师生多出科研精品、力作，促进南开哲学社会科学的大繁荣、大发展。历史学院教授江沛认为，辛亥革命的范式具有时代特征，它成功推翻了清朝的统治，结束了中国两千多年来的封建帝制，但总体来说，辛亥革命没能完成救亡图存的民族使命和反帝反封建的历史任务。马克思主义学院教授纪亚光认为，辛亥革命的胜利使西方资产阶级的自由、平等、博爱思想及西方的民主宪政原则在社会大众中广泛传播，从而为人们进行政治参与提供了有力的思想武器，这标志着人们从唯命是从的百姓到勇于争取自己应有权利的公民这一伟大转变的开始。历史学院教授侯杰认为，辛亥革命不同于历史上其他革命，不是由处于被统治地位的农民起义的外部力量为主导的，而是由其内部的统治柱石——新军的起义与社会各种力量联合进行的，正是由于孙中山先生的宣传、组织、领导，社会各阶层人士的参与，辛亥革命才取得了推翻帝制、建立民国的成果。

（南开新闻网）

天津市纪念辛亥革命100周年座谈会

2011年10月9日，天津市纪念辛亥革命100周年座谈会在天津礼堂召开。市委书记张高丽，市委副书记、市长黄兴国，市人大常委会主任肖怀远，市委副书记何立峰出席。市政协主席邢元敏主持会议。本市各界约350人参加座谈会。

张高丽在讲话中指出，100年前，以孙中山先生为代表的革命党人发动的辛亥革命，集中反映了当时中国人民争取民族独立、振兴中华的深切愿望，推翻了清王朝统治，结束了统治中国几千年的君主专制制度，传播了民主共和的理念，开创了完全意义上的近代民族民主革命，极大地推动了中华民族的思想解放，打开了中国进步潮流的闸门，为中华民族发展进步探索了道路。辛亥革命永远是中华民族伟大复兴征程上一座巍然屹立的里程碑。中国共产党人不断实现和发展了孙中山先生和辛亥革命先驱的伟大抱负，紧紧依靠人民，完成了新民主主义革命，实现了民族独立、人民解放，建立了中华人民共和国；完成了社会主义革命，确立了社会主义基本制度，实现了中国历史上最广泛最深刻的社会变革；进行了改革开放新的伟大革命，开创、坚持、发展了中国特色社会主义，推动社会主义现代化建设取得举世瞩目的伟大成就。邢元敏指出，张高丽同志的讲话，高度评价了辛亥革命的伟大意义，系统回顾了辛亥革命100年来中国人民百折不挠、顽强拼搏的奋斗历程，深刻阐明了新形势下实现中华民族伟大复兴、加快天津改革开放和社会主义现代化建设的历史使命。

（天津网）

侵权责任法学术研讨会

2011年10月22日，由天津市法学会民法学分会主办、天津大学文法学院承办、天津击水律师事务所协办的“天津市法学会民法学分会2011年会暨侵权责任法学术研讨会”在天津大学文法学院召开。市人大常委会法工委主任高绍林、市法学会民法学分会会长贾邦俊和高校专家学者100余人出席会议。

研讨会上，学者围绕侵权责任法适用提出了独特见解，对惩罚性赔偿制度的适用、侵权责任的承担方式以及共同侵权行为的认定等实务问题提出了有价值的观点。还有的学者就侵权责任法在知识产权领域中的适用问题，尤其是在商标权侵权的认定及责任承担等方面进行了探讨。认为电子商务领域中的商标侵权行为的认定以及责任的法律适用具有积极的现实意义，同时，针对航空运输中旅客精神损害赔偿等问题进行分析讲解。

（梁静娴）

十二五时期社会管理问题理论研讨会

2011年11月25日，天津社会科学院召开“十二五时期社会管理问题理论研讨会”。市社联党组书记李家祥教授、天津社会科学院副院长王立国研究员和有关专家40余人参加会议。

社科院城市经济所所长蔡玉胜作题为“新时期天津发挥区域辐射带动作用的形势与路径”演讲，就京津冀区域发展的特点及其影响，天津发挥区域辐射带动作用的必然性、基础条件、制约因素、途径、重要保障等作了细致的说明。社科院现代企业所所长孙明华作题为“天津市若干主导产业劳动力成本竞争优势比较分析”演讲，分析了天津市劳动力成本上升的原因、影响，并应对未来劳动力成本增长趋势提出了建议。李家祥教授在点评发言中充分肯定了两项研究的重要理论和实践意义，并提出研究要适当考虑政策规定的合理性建议。天津大学张琴博士作题为“智慧城市：天津城市发展新动力”的演讲，通过界定智慧城市含义和内容，说明智慧城市建设的意义，并指出天津建设智慧城市的基础和基本思路。社科院法学所所长刘晓梅作题为“天津社区矫正工作调研报告”，界定了何谓社区矫正，并指出其优势和不足，提出应调动社会力量参与社区矫正的合理化建议。社科院社会学所所长张宝义就“天津市义务教育资源非均衡化及社会效应”课题研究，以大量的调研数据说明天津市义务教育资源分布的状况及引发的社会问题。

（天津社会科学院科研处）

2011年天津经济社会论坛

2011年11月30日，由天津经济社会理事会主办的“2011年天津经济社会论坛”举行。主题是“‘十二五’开局之年的天津经济与民生”。中国经济社会理事会副主席、市政协主席邢元敏发来贺信。天津经济社会理事会名誉理事长吴振，理事长卢金发，副理事长曹秀荣、朱坦、陆锡蕾和秘书长陈福顺出席。

在论坛上,8 位理事和专家学者作了主旨发言,就财政金融政策、文化产业发展、科技型中小企业融资、社区医疗卫生、养老事业以及低碳城市建设等问题提出了有价值的意见建议。

（天津网）

天津市理论界“天津精神”讨论座谈会

2011 年 12 月 5 日和 7 日,天津市理论界“天津精神”讨论座谈会在市社联召开。市文明办副主任刘春雷、市社联党组书记李家祥和来自天津各高等院校和科研院所的近 40 名社科理论界专家学者和《天津日报》、《今晚报》、《每日新报》和天津电视台等十余家媒体记者出席。会前,市社联组织本市高等院校、科研院所的哲学社会科学专家学者组成南开大学、天津大学、天津师范大学、天津社科院、市委党校等 5 个专家组,从理论高度探讨提炼总结“天津精神”。会议由天津市社联党组书记李家祥主持。

座谈会上,天津市教育科学院党委书记荣长海教授说,表述“天津精神”应坚持三个原则,一是历史与现实的贯通,既要反映今天的现实,也要充分体现天津的历史文化特色。二是个体与整体的一致,即“天津精神”应当是“天津人”一般精神状态的描述,并且能够体现在天津人的日常生活中。三是地域特点鲜明,同时反映国家的一般状况。天津财经大学陈曼娜教授认为,真正的城市精神,不在庙堂之高,在乎市井之间,城市精神应该是自下而上的市民精神,它是城市文化的精髓。天津位于九河下梢、渤海之滨,“河海”的元素成为许多专家表述“天津精神”的焦点。天津大学社会科学与外国语学院原院长宗文举提出“汇通河海”,天津社科院哲学所研究员李超元提出“兼容河海”。

最后,课题组提交的表述语主要集中在以下几个方面:一是基于对天津城市精神的表述。如南开大学提出的“拼搏进取”、“奋进如河川”、“厚重若盘山”,天津大学提出的“创新进取”、“务实高效”,天津师范大学提出的“包容”。二是基于对天津城市定位的表述。如南开大学提出的“开放若渤海”、“多元兼容”、“雅俗共荣”,天津大学提出的“和谐宜居”,天津师范大学提出的“前卫”,天津社科院提出的“开放”,市委党校提出的“创新”。三是基于对天津人特质的表述。如南开大学提出的“乐观若蓝天”、“豪爽”、“不服输”、“敬业乐群”、“尚德重义”,天津大学提出的“干事创业”,天津师范大学提出的“坚韧”、“乐天”,天津市委党校提出的“务实”、“爱国”等。

（兰云）

理论创新论坛

第 39 次理论创新论坛

2011 年 1 月 10 日,天津市社会科学界第 39 次理论创新论坛在市社联举办。主题是“创新新形势下群众工作的理论与实践”。市社联党组书记李家祥教授、市社联秘书长陈根来、天津师范大学党委副书记史瑞杰教授、南开大学唐忠新教授、天津商业大学李晖教授、天津公安警官职业学院刘援朝教授、天津科技大学赵士辉教授等专家学者 30 余人参加论坛。

与会学者认为,新形势下群众工作表现出三大特点:一是群众工作内涵多元化,表现为群众主体多元化、价值观多样化、利益需求多元化、反映的问题多元化。二是群众工作涉及的内容广泛,包括政治、经济,社会保障和社会生活等;覆盖的范围广泛,包括个人、家庭、单位、社区、社会等层面;既涉及历史遗留问题,也有现实问题;既有多数人的合理诉求,也有少数人的特殊诉求。三是工作方法滞后,存在“老办法不管用、新办法不会用、软办法不顶用、硬办法不敢用”的现状。如何做好新时期群众工作,需做好:(1)整合价值观,建立核心价值体系。(2)转变工作观念,从“管理”到“服务”。群众工作模式转变的核心是由行政特性向服务特性的转化,由领导群众向服务群众的转换。(3)引入社会工作理念,建立社会工作体系,建立通畅的群众诉求和参政议政的渠道。(4)发动社会力量参与,联动开展群众工作,特别要积极发动工、青、妇、学会等社团组织和民非组织参与,将居委会之类的基层组织培育为群众工作的重要阵地。(5)开展心理疏导,体现人文关怀。在全社会范围内通过开设幸福学课程、建立心理疏导机制、开通宣泄渠道,设立社会安全阀机制,建立有效控制挫折能量限度和宣泄渠道。(6)搭建交流平台,开展形势介绍与交流活动,定期或不定期开展的面向群众的形势介绍与交流活动。(7)提前预防矛盾,有效控制群体事件。控制群体性事件的根本对策是解决群众的基本需求,自觉维护群众的合法权益;关键措施是全方位增进社会公平,特别要加大反腐败力度;重要措施是改进群众工作方法;必要手段是以民主、法制的手段解决群众问题,确保公正协调的利益关系,使政府与群众形成良性互动。

(黄旭涛)

第40次理论创新论坛

2011年4月15日,市社联举办第40次理论创新论坛。主题为"加强和创新社会管理的理论与实践"。市社联党组书记李家祥、市社联秘书长陈根来、南开大学关信平教授、孙涛教授、天津工业大学阎耀军教授、天津社科院张宝义研究员、天津市公安警官职业学院刘文成教授等近40人参加论坛。

与会学者认为,加强和创新社会管理主要应做好:(1)创新社会管理的宏观理论框架。社会管理内容创新的基本方向是管理和服务相结合,党和政府通过法制管理各种功能性的组织、企事业单位和社会组织。各种功能性组织则通过委托企事业单位、社区组织和社会组织完成职能分工,所有的组织单位直接服务民众个人。(2)创新社会管理的途径和方法。有学者提出,建立在预测、预警、预控理论基础上的社会管理前移及社会安全管理的前馈控制,会使社会管理更有效。但现实存在的预测预警的困难性、灾害预报的风险性、危机事件的小概率性、执政行为的短期性、政绩考核的片面性等问题,在一定程度上阻碍了社会管理的前移,挤压了前馈控制空间。还有学者讨论了群众工作与社会管理的价值指向的差异性和融合性,认为群众工作是执政党实施社会管理的必然选择,是创新社会管理的有效工作方法。同时,做好群众工作不仅要推进政府服务和解决民生问题,更主要的是健全和完善社会管理体系。有学者建议将协商民主的理论方法应用于我国的社会管理,把协商民意调查技术作为社会治理有效手段之一。社会治理中的民主协商流程,是审议指导小组和协商委员会的多种角色,协商过程通常是有代表性的民众团体和精英协商的结合。(3)创新特定领域的社会管理。有学者认为,要创新公安社会管理的内部体制和运行机制,发掘并借助社会管理资源,发挥社会中介组织的管理职能与作用,完善公安社会管理的绩效考评。有学者认为,当前城市文化管理需要注意提倡文化的多元化和包容性,保护城市历史文物,形成特色城市文化,关注城市化快速发展时期中的城市文化冲突。

(黄旭涛)

第41次理论创新论坛

2011年6月15日,天津市社联与市党建研究会共同主办天津市社科界第41次理论创新论坛在市社联召开。主题为"信息化发展与党的建设"。市社联主席罗远鹏、中共天津市委党校常务副校长、市党建研究会常务副会长祝宝钟、市社联副巡视员、秘书长陈根来和来自高校专家学者、实际工作者40余人参加论坛。

与会专家认为,(1)以党建信息化推进服务型党组织建设。要把信息网络技术应用于党建工作,一是建立标准化、一站式服务阵地体系,要建立党建网、远程教育网以及党员信息管理系统、网络视频系统和手机短信等运行控制中心;二是建立上下联动、协调配合的服务网络体系,创办手机党报、手机党课,形成党建网、远程教育网、手机网"三网合一"的综合网络平台;三是建立全方位的组织服务体系,大力推进区域化党建,建立"网上党组织",保证党的工作全覆盖。(2)运用信息网络技术推进基层党建工作,是当今党建工作与时俱进的重要标志。推进党建工作信息化,创建网络信息平台,形成党建现代化新阵地,加强流动党员异地管理,提高资金投入效率与效益。(3)建设企业党建网站,促进企业党建信息化。要统筹宏观、中观和微观三个层面,突出业务特色,优化栏目设置,做到图文并茂、静动结合,充分展示企业形象、党的建设、文明单位创建和企业文化建设等方面的成果。(4)应用信息技术推进社区党建工作,一是建立志愿服务网站，二是开通党建博客，建立“红网”，三是利用新媒体平台推进党务公开。（5）信息化发展对意识形态和价值观念的挑战与机遇并存。应扩大执政党意识形态的包容性，实现内容的创新，构建网上执政党意识形态传播主阵地。（6）建立健全网络反腐倡廉的工作机制，推进网络舆论监督，健全网络管理、网络监督的相关法规率。

（木长　宁源）

责任编辑：沈丽妹

学术年会

天津市社会科学界第七届（2011）学术年会综述

在天津市学术年会组委会全体成员和全市社会科学工作者的共同努力下，在社科界各有关单位的大力支持下，主要集中于第4季度举行的天津市第七届社会科学界学术年会取得圆满成功。本次学术年会主题是"新规划·新视野·新发展"。共征集到论文千余篇，经专家评审，其中的200篇获优秀论文奖。年会组委会将优秀论文编辑出版了《天津学术文库（2011年度）》共3卷。学术年会分为主会场和分会场。主会场由市社联召集举办。分会场共设28个，由全市各高等院校、科研机构、党干校和部分学会研究会承办。各分会场分设不同主题，多于9—11月在各承办单位和市社联陆续召开。年会期间，约有5000余名社科工作者出席会议，200余名专家学者演讲或点评。年会的召开，进一步推动了全市哲学社会科学学科体系、学术观点和研究方法的创新，为推动文化大发展大繁荣做出贡献。

2011年11月29—30日，天津市社会科学界第七届学术年会主会场会议在天津市社联召开。来自全市高等院校、科研院所、学术团体和市级部门的专家学者400余人参加会议。会议宣读了对23个获年会分会场组织工作奖的单位及200名获得优秀论文奖的个人的表彰决定。本次年会主会场分设"综合专场"和"青年学者成长论坛"两个专场。市社联党组书记李家祥主持会议。市社联主席罗远鹏，天津市委教育工委常务副书记魏大鹏教授分别出席了两天的开幕式并致辞。本届学术年会在全市广大社会科学工作者中产生了积极的反响并取得了新的发展，从最初的鲜为人知到现在的投稿数量大、参与人员多、涉及领域广，可谓一年一台阶，年年出新篇，已逐渐发展成为全市社科理论界的年度学术交流盛会和特色项目。这充分显示了在市委、市政府的领导及广大社会科学工作者的共同努力下，全市哲学社会科学发展水平得到进一步提升，社科理论人才队伍建设得到进一步增强，为党和政府的科学决策，为经济社会发展服务的功能得到进一步发挥。同时也反映了全市社科工作者贯彻十七届六中全会和十一次全会的认真态度，预示着繁荣发展哲学社会科学的任务会完成的越来越好。总结本届学术年会活动，主要具有如下几个特点。

一、把握正确舆论导向　推动文化发展繁荣

本届学术年会注重对党的政策的宣传和研究，特别是十七届六中全会及市委九届十一次会议精神的解读，在各会场主题策划方面把马克思主义基本理论研究尤其是对马克思主义中国化、时代化、大众化的探索，对学习型党组织和社会管理科学化的研究，对社会主义核心价值体系的宣传和阐释，对围绕中心、服务大局的理论与对策研究，放在突出的位置，强调在科学发展观的指导下注重理论与实际相结合，不断推动中国特色社会主义理论建设。天津大学马克思主义学院院长孙兰英教授在年会主会场作了题为"社会主义核心价值体系建设的现代意义"的演讲，深刻解读社会主义核心价值体系的内涵，指出当今的时代呼唤社会主义核心价值体系，它是提升国家文化软实力之"魂"，具有引领、创新、提升社会先进文化的现代意义。发言紧密结合十七届六中全会精神，具有重要现实意义和指导作用。此外，南开大学旅游与服务学院副院长徐虹教授的"文旅融合提升天津文化产业竞争力"、天津医科大学医学人文学院讲师郭卫华的"儒家道德哲学对增强文化软实力的价值启示"、南开大学马克思主义教育学院张健副教授的“中国共产党在社会管理创新中的领导作用”等学术演讲，着眼于天津的实际，注重对党的重大理论和政策的解读，这些对于推动天津市文化发展繁荣，促进党和政府的科学决策具有积极作用。

二、完善年会组织工作　参与广泛成果丰硕

本届学术年会与往届相比，意义非同一般。今年正值中国共产党建党90周年以及“十二五”规划的起步年，日前，中央召开了历史上第一次以推进文化大发展大繁荣为内容的六中全会。这些对于开好本届社会科学学术年会不仅具有重要的指导作用，同时也丰富了年会的内容，为加快发展天津市社会科学提供了难得的机遇。

1. 参与范围广泛，学术成果丰硕。2011年年会获得广大社科工作者的大力支持，分会场达到30个，创历史新高。约有5000余名社科工作者参加会议，200余名专家和青年学者以及一些国内外著名专家登台演讲或点评。共征集到论文千余篇，其中200篇获优秀论文奖，省部级社科基金项目43篇。获奖作者中有教授93人，副教授60人，文章的质量和水平较往年有较大提高。编辑出版了年会的学术文库，要将优秀的论文在中国知网上发表，来进一步扩大年会的影响。

2. 精心组织实施，程序规范严谨。本届学术年会的论文评审工作增设了网上查重程序。组委会将征集的千余篇论文一一交由各学科专家打分，严格控制论文质量。并将入选文章进行网上查重，实现二次筛选，防止一稿多投以及抄袭文章入选，保证了学术年会的公平、公正性，树立学术年会的权威性，并借此纠正学术不端现象，营造开放、民主、和谐、求实的学术氛围，促进本市的学风道德建设。

3. 领导高度重视，会议水平提升。本届学术年会得到各个高校、科研院所以及学会的大力支持和领导的高度重视，各分会场在会场设置、参会规模、专家水平以及演讲内容方面都做了精心的组织，会议质量较往年有了很大的提升。各分会场在邀请演讲专家方面精心策划，既有学科方面代表，又有单位方面的代表，既有本地专家又有外地知名学者，扩大了学术交流范围，同时也提升了会议的国际水准。如天津大学分会场邀请了中央党校原副校长、全国政协常委李君如教授，李教授就“学习型党组织与社会管理科学化”作了精彩发言。天津师范大学分会场邀请中国社会科学院马勇研究员就“以温情和敬意重评辛亥革命”进行主题发言。此外，天津商业大学、天津科技大学、天津职业技术师范大学等分会场还分别邀请了中国科学院科技政策与管理科学研究所原所长徐伟宣教授、中国人民大学农村发展学院唐晓纯教授、北京师范大学校长钟秉林教授作学术演讲。外省专家的加入使学术年会的学术交流平台作用发挥的更加充分，这不仅有利于提升天津市学术年会的国内知名度，同时也将促进天津市学术水平的提高以及专家学者的成长。

三、强化服务理念　立足天津实际

按照胡锦涛总书记对天津工作提出的一系列重要要求，为落实市委着力构筑“三个高地”，全力打好“五个攻坚战”的部署，为天津开展“调结构、增活力、上水平”活动，本届年会在主题策划上从天津城市定位的战略目标出发，聚焦我国和天津市改革开放与现代化建设，特别是滨海新区开发开放中的重大理论和现实问题，制定了“新规划·新视野·新发展”这一主题，力求引导广大社科理论工作者以重大现实问题为主攻方向，加强对全局性、战略性、前瞻性问题研究，密切关注国计民生和社会热点问题，坚持基础理论研究与应用对策研究相结合，选好题材，静下心来，潜心研究，拿出成果，努力为促进天津经济社会发展和文化大发展大繁荣提供理论支持和智力服务。

按照这一主题要求，一批为党和政府决策以及经济社会发展提供直接或间接理论支持和智力服务的学术演讲获得了专家的好评。这些成果涉及了经济建设、社会治理、环境保护等。如：滨海新区人大常委会副主任、天津滨海综合发展研究院院长郝寿义教授的题为“我国新区发展与滨海新区开发开放”学术演讲，介绍了我国新区新一轮发展概况和特点，分析了其实质和内在动因，同时指出了新区发展所面临的问题，并以此为基础提出了滨海新区开发开放的基本思路和主要做法。天津财经大学图书馆党总支书记黄凤羽教授，在题为“中国个人所得税的分配职能研究”演讲中，分析了我国个人所得税在居民收入分配调解中的局限与定位，并提出了优化个税改革的意见。天津理工大学管理学院李春发教授在“产业创新、产业和谐与生态文明”演讲中，阐述了产业与文明之间的紧密联系，指出产业创新是产业和谐的要求，产业和谐与生态文明在本质上是一致的，即“人与自然、人与人间的和谐与协调”。各位专家学者的发言紧密联系经济社会发展的实践，突出科学发展这一主题，在学术研究上抓住加快转变经济发展方式这条主线，把握产业结构调整这一主攻方向，为国家和天津市的科学发展提出科学管用、及时有效、切实可行的对策。

四、注重人才队伍建设　着力推出理论新人

关心青年人才的发展，重视青年人才的培养，是我国人才强国战略的重要内容，也是推动党和人民事业不断发展、社会主义文化不断繁荣的必然要求。对此天津市社联主办的社会科学界学术年会，一贯秉持这一传统，有意识地加强社科理论青年学者的培养，在优秀学术论文的评选以及年会演讲人员的安排上加大青年学者的比例，不断探索社科青年人才脱颖而出的机制。青年学者成长论坛，就是本届学术年会的一项新举措、新安排。本届年会主会场打破往年以学科划分的传统，专设青年演讲专场，旨在给社科理论青年人才提供一个宽广的展示平台，让更多的优秀青年参加到经济社会发展的变革和实践中，通过深入探索，拿出精品力作，展示优秀成果，使更多的青年人才被学界认知、被社会认可，以此来进一步激发其学术创造力、扩大学术影响力。

本次年会主会场，选取了9名在各自学术领域有一定造诣的杰出青年作学术演讲，各位青年学者精心准备，权威专家现场点评，演讲内容涉及党建、文化软实力的增强、公共文化服务的提升、城市低碳交通等政治、经济、文化、环境等多个领域，发言质量高、涵盖领域广，反映了本市社科青年学者的学术水平在不断提高、学科体系在不断健全，同时也显示了青年学者服务政府决策和经济社会发展的意识进一步增强。此外，分会场在组织上也不断探索新的途径，努力为青年学者创造展示的机会，如天津大学学术年会的青年专场、天津财经大学举办的青年博士论坛以及由天津市哲学学会、天津外国语大学联合举办的哲学专业研究生论坛，就是加强青年学者培养的新的尝试。特别是天津财经大学的青年博士论坛作为本次学术年会的示范性分会场，得到校领导的高度重视和广大老师同学的大力支持。会议紧扣年会主题，思想认识到位、组织管理到位。6位青年博士的精彩发言既展示了天津财经大学年轻科研群体的研究成果，也有利于推动校科研氛围的提升和科研骨干的培养。总之，年会青年专场的举办对于营造宽松健康的学术氛围，促进社科人才的可持续发展起到了积极的作用。

（江俞）

南开大学分会场

2011年6月20日，天津市社会科学第七届学术年会分会场“科研评价与哲学社会科学发展”暨2011年度南开大学哲学社会科学研究优秀成果颁奖会，在南开大学省身楼隆重举行。校党委书记薛进文、常务副校长陈洪和天津市社科联党组书记李家祥出席并讲话。校党委副书记刘景泉宣读了优秀成果奖励名单。副校长佟家栋主持会议。相关部门、学院负责人、获奖教师代表等参加。

薛进文介绍了学校关于继续加强建设人文学科的思路和方针，指明了目前存在的差距和今后发展的方向，希望哲学社会科学研究工作者增强责任意识、忧患意识和创新意识，主动参与，积极谋划，为学校文科繁荣献智献力。

李家祥致辞说，天津市社会科学界，特别是作为其主体的高等教育战线社会科学工作者在推动学术研究繁荣发展的进程中，面临着新的形势，迎来了新的动力和良好环境，也将面临新的机遇与挑战，肩负更大责任与使命。南开大学组织研讨，表彰先进，显示了富有前瞻性的科研视野和强劲的研究实力，体现出对繁荣哲学社会科学发展的自觉担当。

陈洪说，此次会议的召开对学校今后哲学社会科学研究工作取得新成绩具有重要意义，教师们齐聚一堂探讨科研评价体系建设，推动哲学社会科学发展，更加机会难得，希望大家广泛参与，积极建言。他对今后工作做出部署，要求必须结合学校实际，深刻领会《国家中长期教育改革和发展规划纲要（2010—2020年）》和《国家哲学社会科学研究“十二五”规划》精神，进一步修订《南开大学人文社会科学研究优秀成果奖励办法（试行）》，完善科研评价体系，进一步增强社会服务能力，充分发挥智囊团、思想库作用。

会上，历史学院江沛教授作了题为“以精品意识带动评价体系转型，推动史学科研水平的提高”的发言；哲学院陈建洪教授作了题为“科研评价和哲学社会科学的繁荣发展”的发言；经济学院马君潞教授作了题为“发挥学科优势，调整科研方向，更好地服务社会"的发言;商学院刘志远教授作了题为"优化科研评价,繁荣管理科学,促进学科发展"的发言。

(南开大学社科处)

天津城市建设学院分会场

2011年6月30日,天津市社会科学界第七届学术年会天津城市建设学院分会场在该校现代教育中心召开。会议主题是"天津城市定位与未来发展"。城建学院书记周剑琴代表学校致欢迎辞。城建学院副院长王建廷主持会议。市社联党组书记李家祥教授、天津滨海新区人大常委会副主任郝寿义教授、市社联秘书长陈根来、天津师范大学社科处处长杜勇教授、天津大学肖凤翔教授和和平建设发展有限公司王善余董事长出席。

围绕会议主题,郝寿义对天津市建设交通委员会副局级巡视员王旭东所作的"围绕城市定位加快城市建设"精彩演讲作了点评;天津市社会科学界联合会秘书长陈根来高度评价城建学院教师张戈、王振坡的学术报告。

李家祥教授对城建学院发挥学科优势、积极开展融入天津经济社会发展和滨海新区开发开放的社科理论研究与创新的活动予以了充分肯定,并希望城建学院在校领导的高度重视和广大教师及研究生的积极参与下,取得更多富有卓见和实践价值的高质量社科研究成果。该校社科部、管理系和建筑系的教师及研究生50余人参加了会议。

(龙天炜)

天津师范大学分会场

2011年9月27日,天津市社会科学界第七届学术年会天津师范大学分会场在天津师范大学办公楼多功能厅召开了以"追寻先行者足迹:纪念辛亥革命一百周年"为主题的学术报告会。市社联秘书长陈根来,天津师范大学副校长王延文出席了报告会。师大社科处处长杜勇教授主持会议。中国社会科学院近代史研究所研究员、中国社会科学院研究生院马勇教授,南开大学历史学院王先明教授、天津师范大学历史文化学院李学智教授分别作了专题报告。

马勇的报告以"以温情和敬意重评辛亥革命"为题,站在还原历史本来面目的角度,重构中国这场大革命的来龙去脉,对辛亥革命做出了新的解读。他从大历史的角度提出了辛亥革命发生的两个原因,一是皇族内阁阻断了中国中产阶级分享政治权力的任何可能性;二是铁路国有阻断了中国民族资产阶级的经济利益。无论是革命派还是立宪派,袁世凯还是清王朝权贵,都有自己的坚持和自己的让步,最后以和平的方式实现了清王朝消亡,共和国成立。它使全国人民避免了一场内战一场血腥,实现了不战而屈人之兵的完胜,历史意义是不容低估的。

李学智在题为"辛亥革命中的西方因素"的报告中分析认为,辛亥革命推翻清王朝,建立了民主共和政体的中华民国,使中国第一次摆脱了数千年来政权更迭的传统模式,中国政治在由传统走向现代的进程中,迈出了极其重要的一步,这是辛亥革命的领导者从理念到行动,学习、仿效近代西方政治的结果。而19世纪中期以来在西方世界的冲击下,中国社会经济生活和社会结构均发生的重大变化,资本主义经济在中国的发展,中国民族资产阶级和新型知识分子的逐渐形成,为出现这样的辛亥革命提供了历史条件和社会基础。

王先明以"从风潮到传统:辛亥革命与'革命'话语的时代性转折"为题,扼要阐明了世纪"革命"的话语。他指出,20世纪以来的"革命话语"呈现出繁复和多变的面相。辛亥革命后,社会现实促动着历史的主潮沿着各种各样"革命"的轨迹前行。历史的惯性将"革命"——曾经引领时代的思潮,转变为无须论辩的传统,甚至超越了历史上久已存在的"伦理传统"。"革命"话语几乎主导了一切社会生活,并成为一个世纪性的话语。王先明认为,并不是历史上的一切造反、起义、暴动均可归结为革命。孙中山以及辛亥革命之所以赢得划时代的地位与意义,正在于它从根本上完成了从传统造反向近代革命的历史性转折。

中国社科院社科文献出版社的编审徐思彦、天津师范大学历史文化学院田涛教授、天津社会科学院历史研究所所长张利民研究员分别对三个学术报告进行了精彩的点评。他们对报告内容做了深入浅出的解读,给人以更多的思考和启迪。报告会对于推进本校的人文社会科学的研究起到引领和示范作用。

(天津师范大学社科处)

天津财经大学分会场

2011年10月13日，天津财经大学在财大月牙报告厅成功举办了“天津市社会科学界第七届学术年会分会场——天津财经大学青年博士论坛”。天津市社联党组书记李家祥、天津市社科规划办主任杜鸿林以及来自天津工业大学、天津理工大学和天津工程技术大学科研处的相关领导出席。校党委书记王玉英、副校长于立出席论坛并作主旨发言。王玉英和李家祥分别代表天津财经大学和与会来宾致辞。天津财经大学科研处处长李炜光主持会议。

李家祥指出，天津财经大学紧扣年会主题，思想认识到位、管理到位，谋划在先，校领导高度重视，老师同学们大力支持，弘扬了优良学风。作为本届年会试点，部分其他高校科研处长也来参会，学习先进经验，力求推出创新观点，起到了繁荣社会科学的作用。

王玉英代表天津财经大学张嘉兴校长热烈欢迎与会来宾，表示财经大学一直致力探索和营造健康宽松的学术氛围，鼓励青年学者进行学术研究和创新活动。更期待青年学者们在这次论坛上的精彩展现。

此次会议的主题为“转变经济增长方式，新规划、新视野和新发展”。此次博士论坛，旨在展示年轻博士在科研领域的研究，着重培养后备科研力量。天津财经大学副校长于立以“忧中有喜”为题，通过翔实的数据和与综合类、财经类等不同高等院校的对比分析，指出在该校国家级项目申请取得快速突破的情况下，科研项目申请的方向以及年轻科研骨干面临良好机遇，鼓励广大教师学做“行不言之教，处无为之事”的高人，追求“精于术而以道为本，守于道而以术御事”的境界，走“人无我有，人有我强，人强我特”的“抱朴守拙，以弱胜强”的不争之路，在国家级项目申请中争取实现更大突破。

此次会议由天津财经大学6位年轻博士，商学院卢政营博士、刘玉斌博士、张建宇博士和经济学院马红瀚博士、李伟博士、温博慧博士分别作了“旅游‘活化’之路——《刘三姐》文化资源活化机制的扎根分析研究”、“基于心理契约理论的高技能人才隐性人力资本转化机理研究”、“基层员工创新行为的驱动因素及其向企业创新能力转化——基于制造企业的跨案例研究”、“滨海新区高新技术产业发展的经验与启示”、“西方政府主权债务危机的警示作用”、“复杂网络结构中货币量值的系统性金融风险测控体系构建”等主题发言，展示了最新的研究成果。论坛邀请天津市哲学社会科学规划办主任杜鸿林教授作了精彩点评，杜教授对年轻博士的学术报告和所展示的精神面貌给予了充分肯定，同时也指出了存在的不足，鼓励年轻学子以中国思维和理论对实践中的重大问题进行探索。副校长于立教授对商学院三位博士的学术报告从选题的科学和严谨性、研究对象的准确性和研究内容的内涵与外延等方面作了精彩点评，要求年轻博士选择科学问题、从事规范研究、勇于创新。经济学院副书记李宏教授对经济学院三位博士的学术报告点评，对选择科学的学术问题、研究主题在实践中是否存在以及把握好研究的重点等方面进行了评价。

（天津财经大学社科处）

天津商业大学分会场

2011年10月19日，以“新规划·新视野·新发展”为主题的天津市社会科学界第七届学术年会天津商业大学分会场学术报告在天津商业大学图书馆三楼报告厅隆重召开。中国科学院科技政策与管理科学研究所原所长徐伟宣教授、天津大学管理与经济学部马军海教授出席了会议，天津商业大学党委杨万义副书记在报告会上致辞。本校公共管理学院、经济学院、商学院、理学院的300多名师生参加了会议。报告会由社科管理处王泓处长主持。

会议听取了中国科学院科技政策与管理科学研究所原所长徐伟宣所作的“管理科学研究热点问题与创新研究”的主题报告。报告详细地讲述了中国管理科学覆盖的学科领域、热点研究的问题以及分析问题的新方法和新路径，并介绍了NSFC管理科学优先资助的研究领域等。徐伟宣教授强调，管理科学的研究要在“跻身国际前沿”和“立足中国实践”两个方向上同步推进，从应用研究和已有方法的改进与综合集成方面进行创新，并特别注重从政府管理、企业管理、公共管理角度，探讨在新的历史时期如何更好地承担管理科学的社会责任，促进我国经济社会的全面发展与和谐社会的建设，推进现代管理科学的不断创新，对于推动我国管理科学的进一步发展具有非常重要的意义。

天津大学管理与经济学部马军海教授对徐伟宣教授的发言作了精彩的点评。最后，公共管理学院院长孙钰教授发言，她认为徐伟宣教授的报告使与会者很受启发，对商业大学管理学科凝练研究方向、确定科研选题很有帮助，在以后工作中将围绕经济社会发展的实际，在管理实践中提出新思路、探索新方法、解决新问题，推进科研工作迈上新的台阶。

（天津商业大学社科管理处）

天津工业大学分会场

2011年10月20日，天津市社会科学界第七届学术年会天津工业大学分会场在天津工业大学人文与法学院模拟法庭召开，会议的主题是“加强人文社科研究，服务开发开放实践”。天津社联党组书记李家祥、天津工业大学党委书记张宏伟、天津工业大学校长杨庆新、副校长李克敏，天津市人大法工委主任高绍林，中共天津市委宣传部副巡视员杜鸿林，天津师范大学新闻传播学院院长刘卫东等出席会议。天津工业大学人文与法学院院长肖强主持会议。300余人参会。

李家祥作题目为“我国经济发展方式转型理论的发展与启示”演讲。他表示本届年会恰逢建党90周年和“十二五”规划的开局之年的背景下，以“新规划·新视野·新发展”为年会主题。十七届六中全会公报中也提到了繁荣和发展哲学社会科学，说明了哲学社会科学工作的重要性。他介绍了转变经济发展方式理论的几种不同提法，认为理论的提出是一个渐进的过程，并从改革开放初期入手，为同学逐步捋清了演进脉络。他从服务经济社会发展的角度，介绍了转变经济发展方式的内容和内涵，指出提升经济增长速度的同时，必须注意存在的问题，注重发展的可持续性和协调发展。杜鸿林作精彩点评，认为工大在校园建设上已走到了前列，未来必将更加美好。他认为报告对经济发展方式提出了需要警惕的方面，特别是我国人口众多，底子薄，改革难度很大。我国发展模式处在转型期而非定型期。

高绍林作了“‘十二五’期间天津地方立法的主要任务”的报告，他在介绍中国特色社会主义法律体系形成过程基础上，围绕天津地方立法需求、服务滨海新区开发开放实践，就天津“十二五“期间地方立法作了展望。刘卫东作了“文化产业与文化安全”的报告，从文化产业发展的需求及历史事件的深入分析入手，界定文化安全的内涵，探讨文化产业与文化安全的关系。杜鸿林针对每位专家的报告作了点评。

（王冠淳）

天津科技大学分会场

2011年10月21日，“天津市社会科学界第七届（2011）学术年会——食品安全风险控制研讨会”在天津科技大学河西校区C区报告厅隆重召开。天津市社会科学界联合会秘书长陈根来、天津市食品安全委员会食品安全协调处处长李志勇、天津科技大学副校长王学魁和天津市食品安全战略与管理研究中心主任、经济与管理学院副院长杜子平和相关领导及老师出席了本次会议。陈根来和王学魁分别致辞，杜子平主任主持会议。

陈根来代表市社联对天津科技大学社科学术年会的召开表示衷心祝贺，并指出天津市社会科学界学术年会是我市高水平的学术盛会，以关注经济社会、聚焦学术前沿、展示学术精品、推出理论新人为宗旨，是营造我市开放、民主、竞争的学术氛围，推进学术观点创新、学科体系创新和研究方法创新的高水平交流平台。本届学术年会以“新规划·新视野·新发展”为主题，充分发挥哲学社会科学认识世界、传承文明、创新理论、咨政育人、服务社会的重要作用。各位与会代表，从食品安全战略的高度探索民生问题，从自然科学和社会科学交叉融合的视角开展理论和对策研究，用科学精神和人文精神、工具理性和价值理性的方法来创新学科体系，体现了天津科技大学在研究定位和学科定位的前瞻性和创新性。他希望全体师生继续支持市社联的相关工作，积极作出应有贡献并预祝大会圆满成功。

王学魁在讲话中对与会嘉宾的到来表示热烈欢迎，并衷心感谢市社联、市食品安全委员会等上级领导和兄弟院校一直以来对本校科研事业的支持帮助。他指出，天津科技大学一直以来力求探索和营造健康宽松的学术氛围，鼓励青年学者进行学术研究和创新活动，希望全体师生能够在这次会议中有所收获。

研讨会得到了天津市社联、食品安全委员会以及有关高校专家学者的大力支持和积极参与。此次会议共有11位代表发言，天津市食品安全管理委员会李志勇、天津大学刘蓉、南开大学宋华琳，食品安全管理与战略研究中心李昌模、王俊平、慕静、卢照坤、张文胜、杜子平、徐越如，宝迪农业科技于福满分别就“天津市食品安全现状及对策思考”、“以光谱技术为核心的食品安全快速检测方法”、“中国食品安全标准法律制度研究”、“食用油脂安全与技术监管”、“食品加工过程安全与管理”、“供应链视角下食品安全风险调控体系”、“食品安全监管的政府角色定位之路”、“国内外食品安全教育状况探索”、“现代食品技术应用的伦理研究”、“宝迪农业科技集团食品安全管理实践”等主题发言，展示了最新的研究成果。

（天津科技大学科技处）

天津理工大学分会场

2011年10月26日，天津理工大学举办了天津市社会科学界第七届学术年会分会场“管理创新，绿色发展”专题报告会。天津市社联秘书长陈根来以及天津师范大学、天津工业大学科研处的相关领导出席报告会，管理学院师生聆听了报告会。报告会由天津理工大学副校长滕建辅教授主持。

天津理工大学校长马建标代表学校致辞，衷心感谢市社联、市教委等各级领导和兄弟院校一直以来对我校科研事业的支持帮助。他说，本次大会的主题——管理创新，绿色发展，既有重要的理论意义，又具有现实的必要性和紧迫性，是社科界贯彻落实科学发展观，探索解决我国经济发展与资源约束、环境保护以及产业结构升级之间的矛盾的重要着眼点，这一研究领域具有浓厚时代背景和广阔的研究前景。他希望进一步加强社科领域学术交流，活跃学术氛围，促进青年学者成长。

陈根来在讲话中对天津理工大学近年来在社会科学研究领域取得的成绩给予充分的肯定，对此次报告会的主题给予高度评价，并就当前社会科学研究领域的发展现状、存在问题以及终极目标等问题进行了深入阐述。他说，社会管理实践需要社会科学理论来指导，社会科学理论研究的终极目标是真善美的统一。社会科学需要打通与自然科学的互动通道，让自然科学探求的客体之真成为社会科学求真的标准和原则。他希望学术交流要更好地坚持“百花齐放、百家争鸣”的方针，善于求真证伪，敢于理性怀疑，努力创造出经得起实践和历史检验的精品学说。

报告会上，5位专家学者分别结合自己的研究成果，就“管理创新，绿色发展”的主题进行阐释。天津大学学术委员会副主任齐二石教授的“管理创新与企业可持续发展”专题报告，深入浅出、生动详实地介绍了当今管理创新研究领域的最新理论及他本人近期的研究成果；天津子牙循环经济产业区副主任汤桂兰博士在“天津子牙循环经济产业区现状与发展”的专题报告中，介绍了一个管理创新、绿色发展的成功案例——子牙循环经济产业区。

天津理工大学三位青年教师杨强、严玲、李春发围绕会议主题，分别以“关于破坏性创新的企业成长模式”、“公共项目管理绩效改善的新范式”、“产业生态系统和谐观与生态文明建设”为题作主题发言，并向大家汇报了其多年的研究成果。

（天津理工大学科技处）

天津医科大学分会场

2011年10月28日，天津市社会科学界第七届学术年会天津医科大学分会场在天津医科大学学术会议中心小报告厅举行。天津医科大学党委副书记侯洁，天津市社联副局级巡视员、秘书长陈根来出席会议。30余人参会。天津医科大学医学人文学院副院长古津贤主持会议。

侯洁介绍了天津医科大学的发展状况，认为人文学科对天津医科大学的建设做出了很大的贡献，只有有为，才能有位，医科大学将积极拓展交叉学科研究，与相关院校做好交流，扩展视野。

陈根来代表年会组委会介绍了学术年会的情况，对医科大学的论文入围情况给予了肯定。学术年会通过聚焦学术前沿，展示学术精品，为广大老师提供了一个交流和展示的精品平台。医科大学的论文以人文社会科学的宏观视角研究微观领域的众多问题，反映了学校在研究定位和学科定位方面的针对性和创新性，展示了学科的优势和研究特色，体现了学校的发展理念。社联愿意在哲学社会科学领域与医科大学共同发展，共同进步。

天津市教委科研处副处长阮澎涛介绍了市教委的工作情况，说明了天津市人文社科重大项目申报过程的详细内容，并表示市教委科研处将努力做好工作，支持医科大学的发展。

天津医科大学医学人文学院副教授刘玮纬作"我国老年健康支持体系对策研究"的报告，介绍了我国老年健康支持体系存在的问题和我国老年健康支持体系的完善对策。天津医科大学医学人文学院讲师郝志红作"群体性突发事件产生的社会心理原因及应对策略"的报告，天津医科大学医学人文学院讲师郃哈斯其木格作"马克思主义中国化时代化大众化研究"的报告。天津医科大学医学人文学院副教授王琳以"创新天津市医疗卫生公共投入机制的探讨"为题，对创新天津市医疗卫生公共投入机制提出了自己的思考。天津医科大学医学人文学院讲师韩爱叶作"对提高大学生思想政治教育实效性的哲学分析"发言，认为当前思想政治理论课的困境呼唤提高教学实效性。天津医科大学医学人文学院讲师赵会朝作"医学伦理学研究生教育探析"发言，提出了对发展医学伦理学研究生教育的几点思考。天津医科大学人文学院讲师柏高原以"完善我国新型农村合作医疗的法学思考"为题，天津医科大学医学人文学院讲师郝静以"生命科技发展的国际法应对"为题，天津医科大学医学人文学院讲师郭卫东以"论孟子以'乐'为核心的幸福观及其现代价值"为题，天津医科大学医学人文学院讲师潘新丽以"'仁'道主义医德及其价值"为题，分别提出了新的建议和研究成果。天津医科大学医学人文学院苏振兴教授、刘惠军教授分别对演讲内容进行了精彩的点评，得到了与会老师的普遍肯定。

（王冠淳）

天津大学分会场

2011年10月30日，由天津大学人文社科处和天津大学马克思主义学院联合举办的天津市社会科学界第七届学术年会——天津大学分论坛在天津大学会议楼第八会议室隆重举行。参加此次会议的有中央党校原副校长、全国政协常委李君如教授，天津市委宣传部社科规划办主任杜鸿林教授、南开大学党委副书记刘景泉教授，天津大学党委副书记李义丹教授同天津大学马克思主义学院的全体教职工参加会议。

本次学术年会的主题是"学习型党组织与社会管理科学化"。李君如指出，将学习型党组织与社会管理科学化联系起来是一个挑战的话题，同时也是一个探讨型的话题。就中国共产党成功的秘密讲，学习马克思主义基本原理、学习历史经验、学习现实性问题是我党保持独立自主性的秘密。建设学习型政党是重大而紧迫的战略任务，是提高党的建设科学化水平的重大举措，是提高党的执政能力、创新社会管理的题中之义，同时也是加强和完善社会主义制度的必然要求，是化解社会矛盾、完成现代化使命的内在要求。

刘景泉以"中国共产党学习运动的思考"为主题，指出重视学习是中国共产党的优良传统，善于学习是中国共产党从小到大、从弱到强、从胜利走向胜利的重要法宝。建党90周年来，在革命建设、改革处于重大历史关头的时候，我党都毫不例外的重视学习的重要性，对掌握马克思主义理论的立场、方法、观点也都给予了高度的重视。他同时强调，领导干部要争做全党学习的楷模，要始终把马克思主义理论的学习放在核心地位，在学习中与时俱进，不断推进理论创新，使工作学习化，学习工作化，人人处于学习之中，时时体验学习之风。

天津大学马克思主义学院院长孙兰英教授作了"建设学习型政党、提升文化软实力是实现文化强国的根本保证"的主题报告，提出建设学习型政党，提升文化软实力是适应时代要求的科学定位，是建设社会主义文化强国的固本强基之策，在这一过程中，社会主义核心价值体系是建设社会主义文化强国的文化之魂。建设学习型政党，统领网络文化，建设社会主义文化强国的崭新文明，中国在说话，世界在倾听。

天津大学马克思主义学院的李光福教授从"自主创新与无为而治"的角度，对当今我国自主创新成果较少的现状进行了分析。指出政府要无为而治，少一些"命题作文"，政府"无为"是为了让科研人员"有为"，要促使科研人员独立思考，确立研究课题，开拓科研之路。

杜鸿林教授作精彩点评，指出天津大学作为一个以工科见长的学校能够举办这样的年会，这是天大办学理念的转变，是非常值得推崇的。同时，他也对学习型党组织与社会管理科学化做了精辟的分析，指出二者的关系要从两个维度考虑：从党的维度看，党的执政能力必然体现在社会管理科学化水平上，党的建设的科学化程度决定社会管理的科学化程度，建设马克思主义学习型政党是实现社会管理科学化的根本保证，建设学习型党组织是实现社会管理科学化的基本途径，充分发挥党组织的引领作用，聚拢社会组织资源，合力提升社会管理的科学化；从社会管理科学化的角度看，实现社会管理科学化是提高党的执政能力的题中之义，社会管理科学化取决于党的建设的科学化，取决于马克思主义学习型政党的建设，取决于学习型党组织的建设，取决于学习型党组织的引领，要充分发挥各种组织资源的能动作用。

（天津大学社科处）

天津职业大学分会场

2011年11月18日，由天津市社会科学界联合会主办，天津职业大学和天津大学职业技术教育研究所共同承办的天津市社会科学界第七届（2011）学术年会天津职业大学分会场在天津职业大学隆重召开。天津市社会科学界联合会党组书记李家祥教授，天津市教育委员会副主任孙志良，中共天津市委宣传部副巡视员、市社会科学规划办公室主任杜鸿林教授，天津市教育科学研究院党委书记荣长海教授，天津职业大学党委书记刘文江教授，天津职业大学校长董刚教授等领导出席会议。天津高新区管委会经济发展局局长刘宪明代表产业界参加会议。参加会议的嘉宾还有南开大学、天津大学、天津师范大学、天津职业技术师范大学的教授、博士生，以及天津市高职国家示范校和骨干校的领导。会议由天津职业大学副校长孙诚教授主持。

此次论坛的主题为“职业教育：服务·发展·示范”，旨在针对《国家中长期教育改革和发展规划纲要（2010－2020年）》的基本精神和《天津国民经济和社会发展第十二个五年规划纲要》，同时也是贯彻落实十七届六中全会精神，官产学研用结合，就如何发挥天津市作为国家职业教育示范区功能，深化校企合作、工学结合，提升职业教育服务经济社会发展能力进行探索和讨论。

刘文江和李家祥致辞，杜鸿林代表天津市委宣传部作重要讲话。会议还从战略性新兴产业发展、人才培养、文化产业等不同角度进行了学术交流。刘宪明作“加快技能型紧缺人才培养助推高新技术企业大发展”演讲、荣长海作“高职教育研究要为区域经济发展服务”演讲、天津大学职业技术教育研究所所长肖凤翔教授作“我国职业教育改革与创新示范工程的思考”演讲、董刚作“高职教育高素质技术技能型人才培养质量研究”演讲和天津艺术科学规划办公室常务副主任万镜明教授作“文化产业与文化精神”演讲。

天津市社会科学界学术年会已举办七届，这是首次在高职院校设立分论坛，这标志着天津市高等职业教育发展提升到了科学发展的新阶段，必将对天津发挥国家职业教育改革创新示范区功能起到积极的推动作用。《天津日报》、《天津教育报》、天津广播电视台等媒体也专门到会进行采访报道。

（天津职业大学科研产业处）

天津外国语大学分会场

2011年11月19日，由天津市社联、天津市哲学学会、天津外国语大学联合举办的“天津市社会科学界第七届（2011）学术年会外国语大学分会场——天津市哲学学会学术年会暨第二届哲学专业研究生论坛”在天津外国语大学隆重召开。天津外国语大学副校长陈法春教授，市哲学学会会长、南开大学陈晏清教授，天津大学马克思主义学院院长孙兰英教授，天津师范大学杨仁忠教授，南开大学李国山教授、阎孟伟教授、陈建洪教授，天津医科大学苏振兴教授以及来自南开大学、天津大学、天津师范大学、天津医科大学、天津外国语大学等高校哲学专业的50余名研究生参加了学术年会暨研究生论坛。天津外国语大学科研处处长、欧美文化哲学研究所所长佟立教授主持会议。

第一场论坛由李国山主持，南开大学中国哲学专业博士研究生罗洪作了题为“民族性与时代性的艰难选择——关于梁胡文化观对话的反思”的发言、天津医科大学伦理学专业硕士研究生姚瑶作了题为“心死亡捐献的伦理思考及规范——以潜在捐献者的视角”的发言、天津师范大学马克思主义原理专业博士研究生张文富作了题为“全球化视角下消费主义的意识形态功能解读”的发言、天津大学马克思主义理论专业硕士研究生钱小雪作了题为“论马克思主义大众化的语言艺术性”的发言、天津外国语大学欧美文化哲学研究所青年教师骆长捷博士作了题为“休谟的因果性理论研究”的发言。

第二场论坛由杨仁忠主持，南开大学中国哲学专业博士研究生李训昌作了题为“诠释与建构：朱熹和王阳明知行观的比较研究”的发言、天津师范大学马克思主义基本原理专业博士研究生高永强作了题为“论人的政治需要与人的自由全面发展”的发言、天津外国语大学欧美文化哲学研究所外国哲学专业硕士研究生刘佩丽作了题为“关于理查德·伯恩斯坦后现代哲学的理论述评”的发言、南开大学逻辑学专业博士研究生林田作了题为“美国神话的日常性解构”的发言。

第三场论坛由天津医科大学苏振兴教授主持，南开大学科学技术哲学专业博士研究生王东浩作了题为“比较逻辑学理论体系建构的必要性”的发言、天津外国语大学欧美文化哲学研究所外国哲学专业硕士研究生韩贵芝作了题为“关于海登·怀特新历史主义的理论述评”的发言、天津医科大学伦理学专业硕士研究生王倩倩作了题为“我国医疗资源配置公正的必要性和有限性原因探析”的发言、南开大学外国哲学专业硕士研究生苏国凤作了题为“康德与音乐的本质”的发言。

（宋杨）

天津中医药大学分会场

2011年11月22日，以“中国特色社会管理创新研究”为主题的天津市社会科学界第七届学术年会天津中医药大学分会场在天津中医药大学国际学院第二会议室隆重召开。本次分会场由中医药大学人文管理学院承办，并得到市社联、市委宣传部及校领导的大力支持。市社联党组书记李家祥教授应邀出席。校党委书记张金钟教授在开幕式上作了重要讲话并对学术报告一一点评。校纪委书记张福兰教授及人文管理学院全体教师等出席本次学术年会。

本次会议由人文管理学院副院长袁红霞教授主持。人文管理学院青年教师聂存虎博士、刘爽博士、方俊涛博士和张天懿博士为大家作了精彩的学术报告。

张金钟发言指出，选定科研题目要从社会需求、国家战略、方针出发，“从大处着眼、从小处着手”。研究要聚焦于一个点上，应把握关键点，解决实际问题。在学科交叉中深化拓展，体验到科研工作的乐趣，大家应该发挥学习的自主性，变被动为主动，在寂寞中寻找快乐。

（天津中医药大学科技处）

天津职业技术师范大学分会场

2011年11月22日，天津职业技术师范大学在本校图书馆二楼报告厅召开了天津市社会科学界第七届学术年会分会场学术报告会。本次会议的主题是“职业教育·区域经济·科学发展”。天津市社联秘书长陈根来教授、天津市哲学社会科学规划办公室主任杜鸿林教授、副校长苗德华教授等出席学术论坛，学校相关部门、教师等150余人参加。学术报告会由科技处处长何文章教授主持。

陈根来代表天津市社联向天津职业技术师范大学分会场会议的召开表示热烈祝贺，他说，职业技术师范大学是一所特点鲜明、文理并重、人文与科学相融合，并形成了教育遗传科学知识体系的大学。随着科技的不断创新，特别是战略性新兴产业的快速发展，以人为本、着眼于未来经济社会发展的职业教育以及人文科学、经济学、管理学等学科的理论性、应用型研究在实践中不断丰富，研究范畴、理论框架和研究方法以及形成的知识体系和学科体系日臻完善，实现了教育的传授、体现了传承、创新、育人的科学性特征。他希望学校与天津社联一起继续支持本校的哲学社会科学的创新发展，促进职业技术师范大学在人文社科领域多出成果、多出精品、多出人才，在天津乃至全国形成独特和优势的专业方向，为哲学社会科学整体发展作出应有的贡献。

苗德华在致辞中指出，近年来，我校在社会科学研究方面取得的成绩离不开市委宣传部、社科联及各位专家多年来的鼎力支持和帮助，更希望各位领导、各位专家今后继续对我校学科建设、科学研究等方面给予大力的支持和帮助。我们将围绕实现“十二五”规划开好局、起好步的目标，紧密结合天津“调结构、增活力、上水平”活动，推进马克思主义中国化、时代化、大众化，探讨天津经济社会又好又快发展和滨海新区开发开放，创新社会管理、繁荣发展文化，促进学术理论和学科创新发展，更好地为我国职业技术教育的发展，为社会经济的转型、科技创新，为服务滨海新区的开发开放，为天津市社会经济做出我们的贡献。

开幕式后，天津职业技术师范大学自动化学院院长崔世钢教授就“以机器人教育为载体——高中与大学创新教育有效衔接的实践研究”，天津职业技术师范大学经管学院王学信教授就“天津到上海究竟有多远(一个金融发展的视角)”、天津职业技术师范大学职教学院赵文平博士就“职业文化：职业教育不可忽视的内容”作了专题报告。杜鸿林、陈根来、苗德华、天津职业技术师范大学孙可娜教授对学术报告进行了点评，与会的师生对点评专家精彩的点评报以热烈的掌声。到会的师生与各位专家就学术报告的内容进行了互动，师生们提出的问题，教授们均一一作答。

最后，主持人何文章对各位领导和专家莅临本校学术论坛表示感谢。本次学术论坛的成功举行，使在校师生能够聆听不同风格的学术报告和专家学者对学术报告的精彩点评，是一次难得的学习交流机会，既增强了学科间的学术交流与学习，又对职业教育的发展起到了积极的推动作用。

（程卿）

中共天津市委党校分会场

2011 年 6 月 13 日，市党建研究会、市委党校、市委党校教育研究会在市委党校联合召开纪念中国共产党成立 90 周年理论研讨会，本次会议也是天津市社会科学界第七届(2011)学术年会分会场活动之一。市委常委、市委组织部部长史莲喜出席并讲话，市党建研究会会长房凤友主持会议。出席这次研讨会的有市党建研究会、市委党校、市党校教育研究会的部分领导同志，市委有关部委、区县局党委、高等院校、国有企业和区县局党校入选论文的作者代表共 100 多人。

史莲喜指出，开展党史学习教育是加强党的思想理论建设的重要任务。要教育和引导广大党员干部特别是党员领导干部自觉学习党的历史，着力增强党性观念，不断提高思想政治素质和领导水平。对建党 90 周年的最好纪念，就是全面贯彻落实科学发展观，按照胡锦涛总书记提出的“四个注重”重要要求，深入开展创先争优活动，努力推动天津又好又快发展。广大党建理论研究和实际工作者要以纪念建党 90 周年为契机，深入研究总结 90 年来我们党加强自身建设的历史经验和实践经验，深入研究新形势下党的建设和组织工作中迫切需要解决的实际问题，努力把党建研究的最新成果转化为组织、推动、引领天津又好又快发展的强大动力。要按照建设马克思主义学习型政党的要求加强党建研究会自身建设，努力打造一支高素质的党建研究人才队伍，进一步提高党建研究工作水平。

市委党校常务副校长、市党建研究会常务副会长祝宝钟在会上通报了这次理论研讨会的征文评奖情况。这次研讨会共收到理论征文 314 篇，经专家审议，共评出获奖论文 193 篇，其中一等奖 31 篇，二等奖 49 篇，三等奖 113 篇。

（徐华娟）

天津市教育科学研究院分会场

2011 年 11 月 3 日，天津市社会科学界第七届学术年会天津市教育科学研究院分会场在天津市教科院河东分院河东区教育中心学术报告厅举行。会议由教科院副院长刘金明主持。市教科院河东分院院长、河东区教育局局长郑庆东，市教科院河东分院常务副院长、河东区教育中心主任郑若兴出席了会议。河东区普教系统各中小学校长和科研主任、骨干教师共 300 余人参会。

大会聘请天津师范大学大学教育科学学院教授康万栋作了题为“实践·学习·研究三位一体的教师专业化发展模式”的学术报告，从有效教师专业发展模式的原则、特点，实践、学习、研究三位一体专业发展模式的内涵，以及实践、学习、研究三者之间的关系等三方面作了系统论述。刘金明院长作了精彩点评。与会者普遍感到报告站位高，对于克服当前教师专业发展过程中的学习、实践研究三者相脱节的低效发展模式具有较强的实践指导意义。

此次会议主题紧扣分院“十二五”科研工作重点，也是市教科院为加强科研服务、引领基层教育教学的针对性和实效性而采取的重要举措。

（王秋月）

天津社会科学院分会场

2011年11月25日，天津社会学科界第七届（2011）学术年会天津社会科学院分会场举行主题为“‘十二五’时期社会管理问题探讨”理论研讨会。会议由副院长王立国主持，天津市社科联党组书记李家祥出席会议，40余位科研人员参加了会议。城市经济所所长蔡玉胜、现代企业所所长孙明华、天津大学张琴博士、法学所所长刘晓梅、社会学所所长张宝义、社会学所副研究员王光荣等作了主题发言。

城市经济所所长蔡玉胜作题为“新时期天津发挥区域辐射带动作用的形势与路径”的演讲，就京津冀区域发展的特点及其影响，天津发挥区域辐射带动作用的必然性、基础条件、制约因素、途径、重要保障等作了细致的说明；现代企业所所长孙明华作了题为“天津市若干主导产业劳动力成本竞争优势比较分析”的演讲，分析了天津市劳动力成本上升的原因、影响，并应对未来劳动力成本增长趋势提出了有关建议。李家祥进行点评，肯定两个研究的重要意义。张琴作“智慧城市：天津城市发展新动力”演讲，她在界定智慧城市涵义和内容的基础上说明智慧城市建设的意义，并指出天津建设智慧城市的基础和基本思路。王立国在点评中肯定了其研究在社会管理方面的创新，并指出研究需要加强对比分析。第三阶段，首先由刘晓梅陈述“天津社区矫正工作调研报告”，界定了何谓社区矫正，并指出它的优势和不足，同时提出调动社会力量参与社区矫正的合理建议。张宝义介绍了“天津市义务教育资源非均衡化及社会效应”研究概况，以大量的调研数据说明天津市义务教育资源分布的状况及引发的社会问题。王光荣副研究员作了“天津市低碳交通及其实现路径”的演讲，就低碳交通的概念、提出的背景，实行低碳交通的必要性，以及城市低碳交通的体系作了详细的说明。三位研究人员演讲完后，城市社会学首席专家潘允康研究员作了点评。潘允康肯定三个研究的实践意义，并对三个实证研究今后努力的方向做出了说明。

王立国作总结发言，他肯定了这次会议的积极意义，并希望不断加强学术交流，进一步开阔研究视野，在现有基础上提高科研能力和水平。

（天津社科院科研处）

天津市无形资产研究会分会场

2011年6月4日，由市无形资产研究会主办的“高新技术产业知识产权融资问题”暨国家社科基金项目开放式研讨会在天津财经大学召开。天津财经大学的师生以及天津社科院、北方技术交易市场、海泰担保公司、正泰资产评估公司、市知识产权局、工商局、商标协会等单位的研究人员和管理者60余人参加了会议。

市无形资产研究会秘书长苑泽明教授在汇报发言中指出，知识产权融资问题涉及财务管理、资产评估、金融、公共政策、贸易、管理、法学等多学科领域，既要在理论上进行创新性研究，又要在政策层面和操作层面拿出可行的建议与规范。本次会议围绕“高新技术企业知识产权融资问题”这一主题进行探讨，具有重要的现实意义。

该课题组主要研究人员围绕研讨主题进行发言。姚王信在题为“知识产权融资担保问题研究”的发言中指出，可以通过制度经济学、财务学、评估方法三种思路的融合来完成课题的研究工作，并针对担保问题对相关英文文献进行了分析。李海英在题为“知识产权质押融资价值评估：收益分成率研究”的发言中，以文献述评和理论分析为基础，详细介绍了市场调查和因子分析的研究设计。陈洁在分析了高新技术企业知识产权质押融资及评估现状后指出，应在研究知识产权质押价值的同时着重探讨期权价值；在构建质押评估理论框架时，应重点考虑高新技术企业的各种影响因素。高敬忠强调访谈结果的代表性和普遍性、问卷调查人群的分布与代表性，认为应建立一个多维因素作用的质押评估概念体系。

天津财经大学于立教授、李宏教授和徐碧琳教授在点评发言中肯定了课题组前期研究工作。于立认为，课题研究要明确概念，政策建议要具体化，并建议采用案例方法，以便更好地从中发现问题并解决问题。李宏教授认为，不同目的的知识产权融资、不同类型的知识产权、不同评估者、不同的评估方法，都会导致评估价值的差异，应进行系统分类分析，从而使评估价值更接近于现实。徐碧琳教授认为，课题研究中要融入产品生命周期，建议从法学角度找到突破点。

来自实务界的管理者也分别围绕研讨主题进行发言。北方技术交易市场总裁张丽珠指出，滨海国际知识产权交易所的成立将为中小企业知识产权融资拓展新的渠道。该交易所主任杨伟民强调了估价对知识产权融资的重要意义，希望建立一套评价标准，尽量降低评估师的主观判断，同时应建立风险分散机制，以降低知识产权交易风险。天津社科院陈柳钦教授认为，课题研究要把握研究视角和研究高度相统一的原则，限定在政策范围内和法律框架中，并考虑成本效益原则。正泰资产评估公司副所长黄永康指出，在实践操作过程中案例的需求量很大，要借助知识产权服务联盟实现信息互通，网络互连。海泰担保公司政策研究室主任赵江敏认为，应明确知识产权融资路径，通过搭建平台把政府、企业、中介机构三者联合起来，以解决企业孵化问题。天津财经大学霍宏指出，由于知识产权的类型多，评估的价值影响因素多，实务案例搜集和调查难度大等原因导致知识产权融资问题研究难度很大。崔金珍指出，知识产权质押融资方面的制度体系不完善，不同的知识产权在不同的部门进行登记，缺乏统一性，应集中精力完善相关制度建设。

（苑泽明）

天津市创意策划研究会分会场

2011年6月24日，由市社联与市创意策划研究会共同召开“民营企业与创意经济理论和实践研讨会”。此次活动是天津市社科界第七届学术年会分会场之一，也是市社联资助的学会重点学术活动。市创意策划研究会会长杜金皋出席并致辞，和平区工商联、市企业家协会、市文化产业协会、市创业投资协会等单位负责人以及天津日报集团、今晚报集团、今晚网、“品牌中国”等文化传播媒体代表、市创意策划研究会会员单位代表和专家学者50余人出席研讨会。

南开大学滨海研究院文化创意产业研究中心研究员康军、天津神界漫画有限公司董事长陈维东、天津市福丰达影视科技投资有限公司副总经理刘志鹏、南开大学商学院现代管理研究所所长李亚出席会议并作主旨发言。天津市开明创业投资有限公司董事长胡岩华、天津市创业投资协会秘书长王建国、天津市企业家联合会副会长刘远征出席会议并先后发言。会议由市创意策划研究会常务副会长张合军主持。

杜金皋在致辞中全面地介绍了天津市创意产业发展概况，指出了目前本市民营企业在推动创意经济发展过程中遇到的瓶颈和需要解决的问题，以及民营企业在促进文化产业发展中的重要作用。

在会议主题发言阶段，康军介绍了我国创意产业界中小企业发展的最新状况。陈维东结合神界漫画公司的发展历程，分析了人类文化表述语言和文化传播方式的变革与历史各个时期的最新科技发展密不可分的现象；阐述了全球化、信息化时代的文化创造形式与发展表现形式越来越多样化、复合化、综合化的发展趋势。刘志鹏在发言中强调，创意产业的民营企业要主动作为，争取社会支持，创造发展机会，提高发展能力。技术研发是企业发展的根本，政府的扶植政策是长期外因，推动产业化是企业发展的内在根本因素。李亚围绕人才是创意产业发展的根本原动力进行阐述，对创意人才创造性的特质、成长环境、管理和选拔任用进行了论述。

在自由发言阶段，胡岩华围绕金融如何助推文化创意产业发表了自己的看法。王建国针对科委对不同企业的扶持政策作了解释，并表示将进一步帮助企业与资本对接，为企业服务，把好事办好。刘远征提出民营企业在创意产业中出现的“体验经济”、“眼球经济”现象，鼓励在创意经济大好形势下应努力将民营企业做大做强。

（张合军）

天津市法制心理学会分会场

2011年8月21日，天津市法制心理学会2011年学术年会暨天津市法制心理学会心理咨询师分会成立大会在武清开发区腾龙会议中心召开，本次会议同时是天津市社会科学界第七届学术年会分会场之一。市法制学会创会会长林秉贤出席并讲话，市法制心理学会会长刘援朝作重要讲话，市法制心理学会顾问李永志、副会长兼秘书长史宝欣，以及学会会员代表80余人出席会议。会议由市法制心理学会副会长陈绵麓主持。本次分会场共收到学术论文16篇。

9位学者在会上作交流发言，涉及大学生、青少年和儿童心理健康问题，老年心理健康、公安司法干警心理健康和人力资源管理等领域，李永志和李晖分别对发言进行点评。

（李杰）

天津市历史学学会分会场

2011年9月17日，天津市社会科学界第七届学术年会分会场之一，“纪念辛亥革命百周年座谈会暨学术研讨会”在南开大学召开。本次研讨会由市社联、市历史学学会、南开大学主办，市档案局、天津社科院协办，通用地产（天津）有限公司赞助支持。来自北京、天津、南京、西安等地的专家学者以及企业界人士80余人参加会议。南开大学副校长朱光磊，市社联副巡视员、秘书长陈根来，《中国社会科学报》总编辑李红岩，通用地产（天津）有限公司董事长方军出席开幕式并讲话。市历史学学会理事长陈志强致辞。市历史学学会副理事长兼秘书长王先明主持会议。

陈根来在讲话中指出，我们研究纪念辛亥革命，应实事求是地宣传辛亥革命的伟大历史意义，正确地评价孙中山等辛亥革命先驱们的历史地位和作用。通过开展爱国主义传统教育，帮助人们正确了解历史，从而更加坚定坚持中国特色社会主义道路，这是近代中国历史发展的必然结果，是中国人民的必然选择。

朱光磊在讲话中指出，近百年来，南开大学秉承张伯苓校长提出的“允公允能，日新月异”的校训，始终与国家和民族的发展道路紧密相连，为中华民族复兴作出了重要贡献。在辛亥百年即将到来之际，组织召开纪念座谈和研讨活动，具有深刻的教育和现实意义，希望南开大学与天津史学界一道通过深入研究和探讨，进一步丰富天津作为历史文化名城的精神资源，不断扩大天津市在海内外的影响，努力为文化名城与和谐社会的构建提供智力和精神支撑。

陈志强在致辞中说，辛亥革命在中国近代历史发展中具有重要地位，它推翻了数千年的封建帝制，为中国的进步潮流打开了闸门，使中国发生了翻天覆地的历史巨变，对中华民族实现伟大复兴具有重要作用。我们作为历史学者，在研究辛亥革命过程中，要站在新的历史高度，进一步深刻认识和研究辛亥革命的伟大意义，从中总结出符合时代需要的历史经验，为实现富民强国提供有益借鉴。

开幕式后，陕西师范大学张华腾教授、南开大学王先明教授和通用地产（天津）有限公司董事长方军分别作了题为“武昌起义后清廷组编新军三军考略”、“从风潮到传统——辛亥革命与‘革命’话语的时代性转折”和“小站练兵与中体西用”的主题报告。在学术研讨阶段，与会人员围绕“辛亥革命的文化考量、辛亥革命前后京剧界的新变化”、“辛亥前后的妇女运动”等方面进行了深入交流。

（王昊）

天津市国学研究会分会场

2011年10月9日，市社联、市国学研究会在市社联会议楼联合召开主题为“孙中山先生对传统文化的继承与发展”的学术研讨会。该研讨会是天津市社会科学界第七届学术年会分会场之一，也是市社联资助的一项重点学术活动。市国学研究会会员、国学爱好者以及新闻媒体代表100余人参加研讨会。会议收到论文17篇。会上聘请著名企业家王强为市国学研究会名誉会长。

王处辉和天津市河西区政协文史委副主任张绍祖分别作“论孙中山的社会思想”和“孙中山关注下的天津辛亥革命”的主题报告。市国学研究会副会长吴克峰等专家学者和实际部门研究人员分别围绕孙中山所论“道统”发微、孙中山先生在天津的革命活动初探、孙中山先生的宗教观与中国传统文化精神、孙中山民生社会主义产生的历史背景及其评价、清末民初国学面临的新挑战、辛亥革命与农民问题、孙中山先生书法艺术赏析、辛亥革命时期的佛教情况、纪念辛亥革命诗词等方面进行了论述、展开了研讨。内容涉及孙中山的宗教思想、历史观念、经济学说、为政理念、书法艺术、影视形象和孙中山在天津的革命活动，以及辛亥革命失败的原因等方面的问题。与会学者一致认为，孙中山先生的治国为政思想和崇高的人格魅力体现出了中国传统文化深厚的底蕴。

（叶修成）

天津市逻辑学学会分会场

2011 年 11 月 6 日，由市社联、市逻辑学会主办的“社会管理科学化与逻辑应用研讨会”在南开大学召开，本次活动是天津市社会科学界第七届学术年会分会场之一。市逻辑学会会员与创新思维分会主要负责人以及高等院校逻辑专业师生，近 50 人参加会议。会议由市逻辑学会会长任晓明教授主持。

市逻辑学会副会长、南开大学逻辑学教研室主任田立刚副教授作了题为“坚持逻辑创新思维，实现社会管理的科学化”的发言，指出逻辑学是“社会理性化的支柱性学科”，这是逻辑学最根本的人文性质。我们要重视逻辑推理在管理和决策中的应用，学习发达国家制度建设过程中崇尚逻辑理性的精神，加强社会管理科学化。一是科学管理要重视逻辑理性，而不是经验主义和教条主义。经验主义和教条主义，都不注重批判性思维和通过逻辑推理、论证来获得“真知”；二是社会管理科学化，要求管理者必须掌握逻辑，具备较强的逻辑思维能力；三是社会管理创新必须讲逻辑。中国逻辑学会经济逻辑专业委员会主任、天津商业大学瞿麦生教授作了题为“经济逻辑与社会管理科学化”的发言，扼要介绍了经济逻辑学的基本原理，阐述了把经济逻辑理论应用于社会管理之中的重要意义，以及在推动社会管理科学化中应发挥的作用。《天津工人报》新闻部副主任张春津就“浅议在监督领域应实行‘国家垂直领导’”发言，运用典型案例说明我国的监督体系实行的是“层层自治体制”和“行政化职能”。南开大学战略发展研究部部长、翟锦程教授以“逻辑与社会文化”为题发言，从人类社会的三个知识体系：西方、印度和中国人手，分析了西方文化传入中国后，中国传统文化教育就发生了断层的情况，提出要重视文化安全问题，从“逻辑与文化体制建设”的层面去思考“社会管理科学化与逻辑应用研究”。天津商业大学关兴丽教授以“‘强拆’的逻辑思维分析”为题作演讲，指出中国的城市化过程中，某些地方政府为“强拆”辩解说“没有强拆就没有中国的城市化”，这种扭曲的政绩观和发展观，一是在逻辑思维上犯了片面“概括”的错误；二是不尊重“拆迁”的逻辑程序，以致公权力被滥用；三是这种思维模式和行为方式践踏了社会公平、正义，必然引发和加剧社会矛盾冲突。市逻辑学会副会长、天津大学徐锦中副教授作了题为“逻辑视野中社会管理科学化问题”的发言，认为要提高社会管理科学化水平，必须强化社会管理者的逻辑思维能力。在各类教育和公务员培训中，要重视逻辑思维训练，必须重视逻辑的社会功能。市逻辑学会副会长兼秘书长、天津财经大学经济学院刘明明副教授联系现实生活，简要介绍了中国古代逻辑在社会管理科学化中的价值。名誉会长陶文楼教授进行点评，指出研讨会具有“切题”、“应用”、“具体”、“生动”的特点，并围绕这 4 个特点作了简要阐述。

（刘明明）

天津市世界经济学会分会场

2011 年 11 月 12 日，由南开大学国际经济贸易系、国际经济研究所承办的天津市世界经济学会 2011 年会在南开大学召开。本次会议是天津市社会科学界第七届学术年会分会场之一。市社联党组书记李家祥教授、中国世界经济学会秘书长邵滨鸿研究员、天津市世界经济学会会长陈漓高教授出席会议并致辞。天津市世界经济学会秘书长张伯伟教授主持年会开幕式。来自天津市各高等院校的专家学者 100 余人参加会议，以“变局中的世界经济与中国”为主题进行了交流研讨。年会入选论文 20 余篇。根据年会征文主题，分别设置了“世界经济运行中的问题、趋势和对策”、“新形势下中国对外开放的战略”、“天津的对外开放与发展”等三个论坛。

南开大学校长助理、泰达学院院长冼国明教授主持年会的主题演讲，市人大常委会原副主任、南开大学WTO研究中心主任王述祖以“在调整中推进开放，在改革中谋求发展——基于天津的几点思考与展望”为题，中国社科院亚洲太平洋研究所所长、中国世界经济学会副会长李向阳研究员以“跨太平洋战略经济伙伴协定(TPP)的动机、未来走向以及对中国的影响”为题，南开大学经济学院副院长李坤望教授以“生产率增长和美国经济的复苏前景”为题，南开大学国际经济研究所所长蒋殿春教授就“中国是否具备大批海外并购的条件”，天津财经大学经济学院党委副书记李宏教授针对中国外贸顺差问题分别作演讲。

在“世界经济运行中的问题、趋势和对策”研讨中，学者认为，TPP是美国回归亚洲战略的支柱，美国推动TPP除了分享亚洲经济高速增长的收益这个经济动机外，还有防止被排除在东亚合作进程之外、阻止在东亚形成以中国为核心的合作格局这两个非经济动机。有学者认为，消除全球贸易失衡需要国家间，特别是发达国家与发展中国家之间的经济政策协调，降低金融发展差异水平，发展中国家需要有针对性的改善金融结构、促进企业的创新活动，发达国家则需要提升制造业规模，减少对成本导向型FDI的过度依赖。在“新形势下中国对外开放的战略”研讨中，学者认为，大型国企的发展壮大主要源自行政保护和资源垄断，部分企业盲目闯进海外市场很可能是赢了交易，输了利益。建议中国企业可优先并购国外资源性企业。有学者认为，国内劳动力就业随着贸易的增长而增加，贸易对就业有正向的推动作用。农民工预期收入、流动成本和劳动偏好等因素是影响农民工就业在区域分布及变化的主要原因，而中国持续的经济增长特别是大规模的城市建设和交通建设，是影响农民工需求变化的主要因素。中国低廉的劳动力要素价格正在面临周边国家的挑战，中国必须依靠市场机制及政府的政策措施对制造业进行提升改造，逐渐向资本及技术密集型的制造业转变。有学者认为，垂直专业化分工体系下，通过竞争性部门的要素积累谋求经济增长反而会恶化本国的福利，而通过累积不完全竞争部门的专用要素则能在实现经济增长的同时增进本国的福利水平。均衡状态下的污染排放水平与资源中间品国际价格呈正比，这意味着在开放条件下，资源品价格越低就越有利于环境质量的改善。在“天津的对外开放与发展”研讨中，学者认为，滨海新区在继续保持FDI利用质量的同时，还应优化利用外资的来源结构，引导FDI投向高技术产业和服务业。

(伯伟　木长)

天津市中国特色社会主义理论研究会分会场

2011年11月22日，市中国特色社会主义理论研究会在市社联召开2011年度学术年会。会议主题为“加强和创新社会管理”，本次会议同时是天津市社会科学界第七届学术年会分会场之一。市中国特色社会主义理论研究会会长李锦坤教授，副会长李家祥教授、荣长海教授、张景荣研究员，秘书长张博颖研究员等出席会议，学会的理事以及来自南开大学、天津社科院等高等院校和科研院所的专家、学者40余人参加会议。会议由荣长海教授主持。

7位专家学者分别作主旨发言。南开大学张健副教授认为，高校在社会管理中具有理论创新、咨政育人、维护社会稳定、保障教育公正等方面的重要作用；南开大学丁军教授梳理和分析了东欧国家在转型进程中解决民生问题的经验教训及其对我国加强和创新社会管理的重要启示；天津师范大学薛新国教授介绍了当今欧洲国家的一些社会党关于社会管理方面的思想，并阐述这些思想对于我国加强和创新社会管理的启示；市委党校康之国教授介绍了天津市和平区社区社会组织参与社区服务的成功经验，并探讨了完善参与机制和途径；天津师范大学王力教授分析了当前有效推动我国社会管理创新的动力机制，认为这是我国社会管理能够取得成效的关键；市委党校王宝彦副教授阐述了天津市农村在推进城市化进程中社区管理所面临的问题，并就如何解决这些问题作了进一步探讨；天津社科院张达助理研究员分析了新媒体时代我国社会管理面临的挑战和机遇，并进一步提出了新媒体时代加强和创新社会管理的对策建议。天津社科院张景荣研究员作了点评，认为大家的发言从理论上进一步深化和拓展了我们对中国特色社会主义社会管理中的一些重大问题的认识，所提出的建设性对策建议有助于推进我国社会管理的创新。

李锦坤在总结讲话中对本次研讨会的主题和研讨成果给予充分肯定，并谈了四点看法和意见：一是社会管理的出发点必须坚持马克思主义的立场、观点、方法，坚持科学发展观所强调的以人为本，也就是全心全意为人民服务；二是社会管理的落脚点是让社会继续发展、建设和谐社会、让老百姓满意，其中最根本的是让老百姓满意；三是社会管理的根本途径是坚持党的领导和走群众路线，要发挥党对社会管理的领导作用、尊重人民群众的主体地位；四是社会管理研究一定要以马克思主义为指导，以中国特色社会主义理论体系为武装，坚持理论联系实际。同时，他还对研究会下阶段的工作提出进一步要求，希望研究会继续加强理论宣传和研究，密切关注社会现实问题，以推动理论创新和研究会工作的深入发展。

（杨昕）

天津市环渤海经济研究会分会场

2011年11月23日，天津市环渤海经济研究会在华城宾馆召开第七次会员大会暨环渤海区域发展与民生问题研讨会。本次会议也是天津市社会科学界第七届学术年会分会场之一。市级老同志王成怀、市社联党组书记李家祥、市人民政府合作交流办副主任孙虎军出席会议并讲话。80余人参加会议。

与会专家学者围绕“环渤海区域发展与民生问题”的主题进行了探讨和交流。天津社科院潘允康研究员说，民生问题关系执政党的命运和国家的生死存亡。在现代民主政治的背景下，一个在民生方面长期没有建树，或无力解决重大民生问题的政党和政府，不可能获得合法性，不可能实现长治久安。要解决中国的民生问题必须要有相应的对策和方法，用统筹的办法解决民生问题。当务之急是要建设服务型政府，向社会提供好公共产品和公共服务。天津城建学院王建廷教授以天津滨海新区为例，着重探讨环渤海区域城乡经济一体化中的民生问题。农村地区的发展是解决民生问题的关键，城乡一体化是解决民生问题的必由之路。最后，提出了滨海新区改善民生的主要思路和环渤海区域城乡一体化发展对策建议。天津财经大学罗丽艳教授在题为“滨海新区生态建设的制度需求分析”的发言中，运用制度经济学的基本思想分析研究滨海新区生态建设过程中对制度的需求，建立制度—技术互补替代模型解释制度与技术的关系。并结合滨海新区生态建设的发展目标，建立了天津滨海新区生态建设制度支撑体系的结构框架。南开大学吴浙副教授对我国“城市经营”的理念和实践进行了深刻反思。他认为，合理负担城市经营成本，是实现城市可持续发展的必然选择。但从长远来看，城市建设必须逐步减少对建设用地开发过程中的一次性收入的依赖，更多地转向以“使用者付费”为主，只有这样才能将城市经营的成本控制在合理的范围内。天津社科院张宝义研究员以调查数据为基础，分析了天津中心城区小学“跨片生”现象及其民生问题，并针对由于教育资源分布不平衡而引发的一系列民生问题提出了对策建议。

（余桂玲）

天津市语言学学会分会场

2011年11月26日，“天津市语言学会暨对外汉语教学分会2011年学术年会”在天津工业大学召开。本次会议是天津市社会科学界第七届学术年会分会场之一，由天津工业大学国际教育学院承办。来自天津大学、南开大学等高校的专家学者以及师生代表200余人参加会议。天津工业大学副校长赵宏教授、市语言学会会长石锋教授出席开幕式并致辞。天津工业大学国际交流与合作处处长姜亚明教授主持。

刘丹青教授围绕语言库藏类型学这一新的领域作了题为“汉语里的若干显赫范畴：语言库藏类型学视角”的主题报告；施向东教授和石锋教授分别介绍了梵汉对音与“借词音系学”以及汉语韵律语调的层级系统的一些问题；赵红弢教授作了关于对外汉语教学测试的报告。与会者分别从语音、语法、对外汉语教学、文学文化、文字、社会语言、儿童语言等不同方面进行研讨，大家各抒己见，相互交流学习。

（冉启斌）

天津市政治学学会分会场

2011年11月27日,天津市社会科学界第七届学术年会分会场之一、第二届天津市青年政治学论坛暨(2011)天津市政治学学会年会在天津市社联举办。知名学者徐大同、朱光磊、史瑞杰、高健、钟会兵、杨龙和来自10个团体会员单位的师生和政治学爱好者60余人参加论坛。佟德志教授主持开幕式,天津师范大学党委副书记史瑞杰教授和南开大学副校长朱光磊教授分别致辞。青年政治学论坛收到论文近30篇,编印了25万字的论文集。本次论坛划分为四个板块。

第一板块的主题是"中国共产党与中国政治发展",由天津市委党校的刘耀臣教授主持。与会学者围绕预算制度、社会阶层分化与公民社会发展、中国政治模式、政治儒学与新兴儒学、中国共产党与中华民族的复兴之路、政治合法性等议题展开探讨。任晓兰、叶国平、冯石岗、李洪卫、周多刚、成为杰分别作学术发言,常士訚和李宇征等作了点评发言。

第二板块的主题是"民主政治与政治哲学",由南开大学孙晓春教授主持。与会学者围绕民主转型理论、自由主义民主理论、网络博客传播与民主政治发展、生态民主、宗教与政治冲突、约翰·罗尔斯与阿玛蒂亚·森的平等理念比较、《联邦党人文集》政治思想解读、哈耶克的平等理论等议题,展开讨论。高春芽、乔贵平、倪明圣、钟龙彪、高景柱、张国栋、王坚分别作学术发言,佟德志和刘训练等作点评发言。

第三板块的主题是"行政管理与政府决策",由南开大学杨龙教授主持。与会学者围绕公众参与政府决策的法制化,公共服务均等化的制约因素,跨国公司对中国政府管理体制的影响,行政管理体制改革的重点,我国服务型政府建设的特点等议题进行了探讨。李国旗、赵聚军、孙兵、邢亮、邸晓星、王坚分别作学术发言,徐行和仲崇盛等作点评发言,与会的其他学者也积极参与到讨论之中。

第四板块的主题是"地方政府治理",由天津师范大学吴春华教授主持。与会学者围绕转型期地方政府的权责配置、地方政府职能转变、公共政策中公众与地方政府的合作博弈、后援建时代的府际关系等议题展开了讨论。鲁敏、张翔、邹宗根、郑春勇作了发言,井健斌和韩志明等作点评发言。

(孙晓春)

天津市社会科学界第七届(2011)学术年会指南

主会场

(一)

主　题:新规划·新视野·新发展(综合专场)
时　间:2011 年 11 月 29 日下午 2:00
地　点:天津社联会议楼 4 楼学术报告厅
主持人:李家祥　天津社联党组书记、教授

开幕式与学术演讲

第一单元

1. 孙兰英　天津大学马克思主义学院院长、教授
社会主义核心价值体系建设的时代意义
2. 徐　虹　南开大学旅游与服务学院副院长、教授
文旅融合提升天津文化产业竞争力

第二单元

1. 郝寿义　天津滨海新区人大常委会副主任、天津滨海综合发展研究院院长、教授
我国新区发展与滨海新区开发开放
2. 黄凤羽　天津财经大学图书馆党总支书记、教授
中国个人所得税的分配职能研究
3. 李春发　天津理工大学管理学院教授
产业创新、产业和谐与生态文明

(二)

主　题:新规划·新视野·新发展(青年学者成长论坛)
时　间:2011 年 11 月 30 日下午 2:00
地　点:天津社联会议楼 4 楼学术报告厅
主持人:李家祥　天津社联党组书记、教授

第一单元

1. 张　健　天津市学习型党组织建设研究会副秘书长、南开大学马克思主义教育学院副教授
中国共产党在社会管理创新中的领导作用
2. 郭卫华　天津医科大学医学人文学院讲师
儒家道德哲学对增强文化软实力的价值启示
3. 张亚勇　中共天津市委党校党建研究所副教授
廉政文化的大众化

第二单元

1. 黄旭涛　南开大学周恩来政府管理学院副教授
提高公共文化服务水平的研究——基于十一五期间文化建设情况的分析
2. 吕景春　天津师范大学经济学院副院长、教授
包容性增长、民富优先与发展战略转型
3. 张学英　天津职业技术师范大学经济与管理学院副教授
征地补偿与被征地农民社会保障国际比较研究

第三单元

1. 张健宇　天津财经大学商学院企业管理系讲师
提升制造企业创新水平研究
——基层员工创新行为向企业创新能力转化的驱动因素研究
2. 杨　琪　天津商业大学公共管理学院副教授
打造中国会展第三极:天津会展产业发展战略研究
3. 王光荣　天津社会科学院社会学所副研究员
论城市低碳交通体系及其实现路径

分会场

1. 南开大学

主　题:科研评价与哲学社会科学发展
时　间:2011 年 6 月 20 日
地　点:南开大学省身楼
主持人:佟家栋　南开大学副校长、教授
演讲内容:

1. 江　沛　南开大学历史学院教授
以精品意识带动评价体系转型,推动史学科研水平的提高
2. 陈建洪　南开大学哲学院教授
科研评价和哲学社会科学的繁荣发展
3. 马君潞　南开大学经济学院教授
发挥学科优势,调整科研方向,更好地服务社会
4. 刘志远　南开大学商学院教授
优化科研评价,繁荣管理科学,促进学科发展

2. 天津大学

主　题:学习型党组织与社会管理科学化
时　间:2011 年 10 月 30 日
地　点:天津大学会议楼第八会议室
主持人:李义丹　天津大学党委副书记、教授
演讲内容:

第一场　综合论坛

1. 李君如　中央党校原副校长、全国政协常委、教授
学习型党组织与社会管理科学化
2. 刘景泉　南开大学党委副书记、教授
中国共产党学习运动的思考

3. 孙兰英　天津大学马克思主义学院院长、教授
建设学习型政党、提升文化软实力是实现文化强国的根本保证
4. 李光福　天津大学马克思主义学院、教授
自主创新与无为而治
点评人:杜鸿林　中共天津市委宣传部副巡视员、理论研究室主任、教授

第二场　青年论坛
主　题:学习型党组织与社会管理科学化
时　间:2011年11月2日
地　点:天津大学25教学楼B907
主持人:孙兰英　天津大学马克思主义学院院长、教授
演讲内容:
1. 郑广淼　北京市信访矛盾分析研究中心主任
社会管理视角下的信访与政府治理
2. 王　凯　北京市信访矛盾分析研究中心编辑部主任
信息化视角下的社会管理科学化——以信访工作为例
3. 陈多旭　天津大学马克思主义学院、副教授
我国宗教问题与社会治理
4. 刘志华　天津大学马克思主义学院讲师
论我国农村基层治理科学化
5. 谭小琴　天津大学马克思主义学院讲师
电子政务对社会管理模式的影响
6. 张　巍　天津大学马克思主义学院讲师
新的技术背景下对社会管理科学化的思考
7. 李孟国　天津大学马克思主义学院讲师
关于社会管理科学化问题的思考
8. 王秀丽　天津大学马克思主义学院副教授
浅议信访机构的基本功能
9. 马　明　天津大学马克思主义学院讲师
社会管理科学化的若干基本理念
点评人:陈根来　天津市社联秘书长、教授
张博颖　天津社会科学院马克思主义研究所所长、研究员

3. 天津师范大学
主　题:追寻先行者足迹:纪念辛亥革命一百周年
时　间:2011年9月27日
地　点:天津师范大学办公楼一楼多功能厅
主持人:杜　勇　天津师范大学社科处处长、教授
演讲内容:
1. 王先明　南开大学历史学院教授
从风潮到传统——辛亥革命与"革命"话语的时代性转折
点评人:张利民　天津社会科学院历史研究所所长、研究员
2. 李学智　天津师范大学历史文化学院教授
辛亥革命中的西方因素
点评人:田　涛　天津师范大学历史文化学院教授
3. 马　勇　中国社会科学院近代史研究所研究员
以温情和敬意重评辛亥革命
点评人:徐思彦　中国社科院社科文献出版社编审

4. 天津财经大学
主　题:转变经济增长方式,新规划、新视野和新发展
时　间:2011年10月13日
地　点:天津财经大学月牙报告厅
主持人:李炜光　天津财经大学科研处处长
演讲内容:
第一单元　管理学组
1. 卢政营　天津财经大学商学院旅游系讲师
旅游"活化"之路——《刘三姐》文化资源活化机制的扎根分析研究
2. 刘玉斌　天津财经大学商学院副教授
基于心理契约理论的高技能人才隐性人力资本转化机理研究
3. 张建宇　天津财经大学商学院企业管理系讲师
基层员工创新行为的驱动因素及其向企业创新能力转化——基于制造企业的跨案研究
点评人:于　立　天津财经大学副校长、教授
第二单元　经济学组
1. 马红翰　天津财经大学经济学院经济学系讲师
滨海新区高新技术产业发展的经验与启示
2. 李　伟　天津财经大学经济学院财政系讲师
西方政府主权债务危机的警示作用
3. 温博慧　天津财经大学经济学院金融系讲师
复杂网络结构中货币量值的系统性金融风险测控体系构建
点评人:李　宏　天津财经大学经济学院副书记、教授

5. 天津商业大学
主　题:新机遇·新台阶·新跨越——经济社会转型的创新机制
时　间:2011年10月19日
地　点:天津商业大学图书馆三楼学术报告厅
主持人:王　泓　天津商业大学社科管理处处长
演讲内容:
1. 徐伟宣　中国科学院科技政策与管理科学研究所原所长、教授
管理科学研究热点问题与创新研究
点评人:马军海　天津大学管理与经济学部教授

6. 天津工业大学
主　题:加强人文社科研究,服务开发开放实践
时　间:2011 年 10 月 20 日
地　点:天津工业大学人文与法学院模拟法庭
主持人:肖　强　天津工业大学人文与法学院院长、教授
演讲内容:
1. 李家祥　天津市社联党组书记、教授
我国经济发展方式转型理论的发展与启示
2. 高绍林　天津市人大法工委主任
"十二五"期间天津地方立法的主要任务
3. 刘卫东　天津师范大学新闻传播学院院长、教授
文化产业与文化安全
点评人:杜鸿林　中共天津市委宣传部副巡视员、社科规划办主任、教授

7. 天津理工大学
主　题:管理创新,绿色发展
时　间:2011 年 10 月 26 日
地　点:天津理工大学主校区 10 号楼 2 层报告厅
主持人:滕建辅　天津理工大学副校长、教授
演讲内容:
第一单元
1. 杨　强　天津理工大学管理学院副教授
关于破坏性创新的企业成长模式
2. 严　玲　天津理工大学管理学院教授
公共项目管理绩效改善的新范式
3. 李春发　天津理工大学管理学院教授
产业生态系统和谐观与生态文明建设
点评人:韩士元　天津社会科学院研究员
第二单元
1. 汤桂兰　子牙循环经济产业区管委会副主任
天津子牙循环经济产业区现状与发展
2. 齐二石　天津大学管理与经济学部教授
管理创新与企业可持续发展
点评人:尹贻林　天津理工大学管理学院院长、教授

8. 天津外国语大学
主　题:哲学专业研究生论坛
时　间:2011 年 11 月 19 日
地　点:天津外国语大学逸夫楼莎翁厅
主持人:陈法春　天津外国语大学副校长、教授
演讲内容:
哲学专业研究生演讲
点评人:陈晏清　天津市哲学学会会长、南开大学哲学院教授
佟　立　天津外国语大学科研处处长、欧美文化哲学研究所所长、教授
孙兰英　天津大学马克思主义学院院长、教授

9. 天津科技大学
主　题:食品安全风险控制研讨会
时　间:2011 年 10 月 21 日
地　点:天津科技大学主楼 C 区报告厅
主持人:杜子平　天津科技大学食品安全管理与战略研究中心主任、教授
演讲内容:
1. 王俊平　天津科技大学食品学院教授
食品加工过程安全与管理
2. 刘　蓉　天津大学精密仪器学院副教授
以光谱技术为核心的食品安全快速检测方法
3. 李昌模　天津科技大学食品学院副教授
食品油脂安全与技术监管
4. 唐晓纯　中国人民大学农村发展学院教授
食品安全风险预警
5. 慕　静　天津科技大学经济与管理学院教授
供应链视角下食品安全风险调控体系
6. 王殿华　天津科技大学经济与管理学院教授
食品安全风险预警机制——天津市清水园可追溯之路
7. 宋华琳　南开大学法学院副教授
中国食品安全标准法律制度研究
8. 张文胜　天津科技大学经济与管理学院副教授
国内外食品安全教育状况探索
9. 卢照坤　天津科技大学经济与管理学院副教授
食品安全监督的政府角色定位之路
10. 徐越如　天津科技大学法政学院副院长、副教授
现代食品技术应用的伦理研究
11. 王静雅　宝迪农业科技(集团)股份有限公司技术副总监
宝迪农业科技集团食品安全管理实践

10. 天津医科大学
主　题:医学与人文
时　间:2011 年 10 月 28 日
地　点:天津医科大学学术会议中心小报告厅
主持人:黎小沛　天津医科大学科技处处长
演讲内容:
1. 刘玮纬　天津医科大学医学人文学院副教授
我国老年健康支持体系对策研究
2. 郝志红　天津医科大学医学人文学院讲师
群体性突发事件产生的社会心理原因及应对策略
3. 邰哈斯其木格　天津医科大学医学人文学院讲师
马克思主义中国化时代化大众化研究

4. 王　琳　天津医科大学医学人文学院副教授
创新天津市医疗卫生公共投入机制的探讨
5. 韩爱叶　天津医科大学医学人文学院讲师
对提高大学生思想政治教育实效性的哲学分析
6. 赵会朝　天津医科大学医学人文学院讲师
医学伦理学研究生教育探析
7. 柏高原　天津医科大学医学人文学院讲师
完善我国新型农村合作医疗的法学思考
8. 郝　静　天津医科大学医学人文学院讲师
生命科技发展的国际法应对
9. 郭卫华　天津医科大学医学人文学院讲师
论孟子以"乐"为核心的幸福观及其现代价值
10. 潘新丽　天津医科大学医学人文学院讲师
"仁"道主义医德及其价值
点评人:苏振兴、刘惠军　天津医科大学医学人文学院教授

11. 天津职业技术师范大学
主　题:职业教育·区域经济·科学发展
时　间:2011年11月22日
地　点:天津职业技术师范大学图书馆二楼报告厅
主持人:何文章　天津职业技术师范大学科技处处长、教授
演讲内容:
1. 崔世钢　天津职业技术师范大学自动化学院院长、教授
以机器人教育为载体——高中与大学创新教育有效衔接的实践研究
2. 王学信　天津职业技术师范大学经管学院教授
天津到上海究竟有多远——金融发展的视角
3. 赵文平　天津职业技术师范大学职教学院博士
职业文化:职业教育不可忽视的内容
点评人:杜鸿林　市委宣传部副巡视员、市社科规划办主任、教授;
孟庆国　天津职业技术师范大学校长、教授;
孙可娜　天津职业技术师范大学经济与管理学院院长、教授

12. 天津中医药大学
主　题:中国特色社会管理创新研究
时　间:2011年11月22日
地　点:天津中医药大学国际学院一楼第二会议室
主持人:张金钟　天津中医药大学党委书记、教授
袁红霞　天津中医药大学人文管理学院副院长、教授
演讲内容:
1. 何　宁　天津中医药大学人文管理学院副教授
不断积累,广泛学习——科研课题申报感想与体会
2. 刘彦慧　天津中医药大学护理学院讲师
选题的交叉学科视角——教育部人文社科项目申报体会
3. 刘　爽　天津中医药大学人文管理学院讲师
我国物流业产业外部融合研究
4. 魏　巍　天津中医药大学科研处助理研究员
跨学科研究的评价方法——申请人与评价人之间的交流
5. 朱　琳　天津中医药大学社科部讲师
科研与教学相长
6. 聂存虎　天津中医大学人文管理学院讲师
古村落保护的文化自觉
7. 方俊涛　天津中医药大学人文管理学院讲师
响应曲面方法中实验设计研究
8. 张天懿　天津中医药大学人文管理学讲师
天津都市型现代农业发展研究

13. 天津城市建设学院
主　题:天津城市定位与未来发展
时　间:2011年6月30日
地　点:现代教育中心第三会议室
主持人:王建廷　天津城市建设学院副院长、教授
演讲内容:
1. 王旭东　天津市建交委副局级巡视员
围绕城市定位加快城市建设
2. 王振坡　天津城市建设学院管理工程系教授
天津北方经济中心的思考
3. 张　戈　天津城市建设学院规划与建筑系教授
天津生态城市建设与思考
点评人:郝寿义　滨海新区人大常委会副主任、天津滨海综合发展研究院院长、教授;
邱立成　天津商业大学副校长、教授;
陈根来　天津市社联秘书长、教授

14. 天津职业大学
主　题:职业教育:服务·发展·示范
时　间:2011年11月18日
地　点:天津职业大学行政楼319会议室
主持人:孙　诚　天津职业大学副校长、教授
演讲内容:
1. 刘宪明　天津高新区管委会经济发展局局长
加快技能型紧缺人才培养助推高新技术企业大发展
2. 荣长海　天津教科院党委书记、教授
高职教育研究要为区域经济发展服务
3. 肖凤翔　天津大学职业技术教育科学研究所所长、教授

我国职业教育改革与创新示范工程的思考

4. 董　刚　天津职业大学校长、教授
高职教育高素质技术技能型人才培养质量研究

5. 万镜明　天津艺术科学规划办常务副主任、教授
文化产业与文化精神

15. 中共天津市委党校

主　题:加强和改进党的建设推进经济社会科学发展

时　间:2011 年 6 月 13 日

地　点:市委党校育良园 3 楼多功能厅

主持人:房凤友　天津市党建研究会会长

演讲内容:

1. 郭宝琴　中共天津市武清区委组织部部长
加强和改进新形势下党的作风建设

2. 刘云光　中共天津市委党校教务处副处长
加强党员干部理想信念教育的现实需要

3. 张德发　滨海新区党委组织部副部长
努力构建滨海新区城乡统筹基层党建新格局的思考

4. 于　理　中共宁河县委党校副校长
浅析中国共产党的思想发展历程

16. 天津社会科学院

主　题:"十二五"时期社会管理问题探讨

时　间:2011 年 11 月 25 日

地　点:天津社会科学院科研办公楼二楼 2 号会议室

主持人:王立国　天津社会科学院副院长、研究员

演讲内容:

1. 蔡玉胜　天津社科院城市经济研究所所长、研究员
新时期天津发挥区域辐射带动作用的形势与路径

2. 孙明华　天津社科院现代企业研究所所长、研究员
天津市若干主导产业劳动成本竞争优势比较分析

3. 张　琴　天津大学管理与经济学部副教授
智慧城市:天津城市发展新动力

4. 刘晓梅　天津社科院法学所所长、研究员
天津市社区矫正工作调研报告

5. 张宝义　天津社科院社会学所所长、研究员
天津市义务教育资源非均衡化及社会效应

6. 王光荣　天津社科院社会学所副研究员
天津市低碳交通及其实现路径
点评人:潘允康　天津社科院研究员
　　　　王立国　天津社科院副院长、研究员

17. 天津市教育科学研究院

主　题:教师专业化发展的区域推进策略

时　间:2011 年 11 月 3 日

地　点:天津市河东区教育中心

主持人:刘金明　天津市教育科学研究院副院长、研究员

演讲内容:

1. 康万栋　天津师范大学教育学院教授
"实践·学习·研究"三位一体的教师专业化发展模式
点评人:刘金明　天津市教育科学研究院副院长、研究员

18. 天津市世界经济学会

主　题:变局中的世界经济与中国

时　间:2011 年 11 月 12 日

地　点:南开大学爱大会馆 2 楼学术报告厅

主持人:张伯伟　天津市世界经济学会秘书长、教授
**　　　　冼国明　南开大学校长助理、泰达学院院长、教授**

演讲内容:

一、主题演讲

1. 王述祖　天津市人大常委会副主任、原天津市副市长、南开大学 WTO 研究中心主任
在调整中推进开放,在改革中谋求发展——基于天津的几点思考与展望

2. 李向阳　中国社科院亚太研究所所长、研究员,中国世界经济学会副会长
跨太平洋战略经济伙伴协定(TPP)的动机、未来走向以及对中国的影响

3. 李坤望　南开大学经济学院副院长、教授
生产率增长和美国经济的复苏前景

4. 蒋殿春　南开大学国际经济研究所所长、教授
中国是否具备大批海外并购的条件

5. 李　宏　天津财经大学经济学院党委副书记、教授
中国外贸顺差问题研究

二、分论坛讨论

论坛一:世界经济运行中的问题、趋势和对策
地　点:南开大学经济学院 9 楼学术报告厅
主持人:邢成教授
评论人:戴金萍教授,刘小军教授

论坛二:新形势下中国对外开放的战略
地　点:爱大会馆 4 楼第 2 会议室
主持人:刘恩专教授
评论人:周申教授、彭金荣教授

论坛三:天津的对外开放与发展
地　点:爱大会馆 4 楼第 3 会议室
主持人:钱伟荣教授
评论人:李丽君教授,王立国研究员

19. 天津市无形资产研究会

主　题:高新技术产业知识产权融资问题

时　间:2011 年 6 月 4 日

地　点:天津财经大学商学院会议室

主持人:苑泽明　天津财经大学商学院教授、天津市无形资产研究会秘书长

演讲内容:

1. 姚王信　中国科技大学高级会计师
知识产权融资担保问题研究

2. 李海英　天津财经大学商学院会计系讲师
知识产权质押融资价值评估:收益分成率研究

3. 陈　洁　天津广播电视大学副教授
高新技术企业知识产权质押融资及评估现状

4. 高敬忠　天津财经大学商学院会计系讲师
知识产权质押资产估价估价方法及模型创新

点评人:于　立　天津财经大学副校长、教授;
李　宏　天津财经大学经济学院党委副书记、教授;
徐碧琳　天津财经大学商学院副院长、教授

20. 天津市环渤海经济研究会

主　题:环渤海区域经济发展与民生问题

时　间:2011 年 11 月 23 日

地　点:天津市华城宾馆

主持人:潘镇贵　市环渤海经济研究会理事长

演讲内容:

1. 王建廷　天津市城市建设学院副院长、教授
环渤海城乡一体化中的民生问题

2. 罗丽艳　天津财经大学经济学院教授
滨海新区生态建设的制度需求分析

3. 余桂玲　天津社科院现代企业研究所研究员
环渤海区域产业梯度转移中的民生问题探讨

4. 董智勇　天津师范大学经济学院博士
基于民生的城市经营研究

5. 吴　浙　南开大学经济学院副教授
对城市经营的反思

点评人:王立国　天津社科院副院长、研究员;
王明浩　天津市城市科学研究会副会长兼秘书长;
安虎森　南开大学经济学院教授;
武彦民　天津财经大学经济学院院长、教授;
戴学来　天津师范大学经济学院教授;
潘允康　天津社科院研究员

21. 天津市创意策划研究会

主　题:民营企业与创意经济理论和实践研讨会

时　间:2011 年 6 月 24 日

地　点:日航酒店六楼会议室

主持人:张合军　市创意策划研究会常务副会长

演讲内容:

1. 杜金皋　天津市创意策划研究会会长
民营企业在创意经济发展中的瓶颈及政府在文化产业发展中的作用

2. 康　军　南开大学滨海开发研究院文化创意产业研究中心副主任
我国民营企业在文化创意产业发展中的状况

3. 陈维东　天津神界漫画有限公司董事长
文化创意产业发展是人类社会全球化和信息化发展的一种必然

4. 刘志鹏　天津福丰达影视科技投资发展有限公司副总经理
技术研发是民营企业的根本产业化是民营企业发展的道路

5. 李　亚　南开大学商学院现代管理研究所所长、教授
人才是创意产业发展的根本原动力

22. 天津市政治学学会

主　题:党的领导与当代中国政治发展研讨会

时　间:2011 年 11 月 27 日

地　点:天津师范大学政治与行政学院

主持人:佟德志　天津师范大学政治与行政学院副院长、教授

演讲内容:

第一板块:中国共产党与中国政治发展　天津市委党校刘耀臣教授主持

第二板块:民主政治与政治哲学　南开大学孙晓春教授主持

第三板块:行政管理与政府决策　南开大学杨龙教授主持

第四板块:地方政府治理　天津师范大学吴春华教授主持

23. 天津市中国特色社会主义理论研究会

主　题:加强和创新社会管理

时　间:2011 年 11 月 22 日

地　点:天津市社联会议楼多功能厅

主持人:荣长海　天津市教育科学研究院党委书记、教授

演讲内容:

1. 张　健　南开大学马克思主义教育学院副教授
高校在社会管理中的地位与作用

2. 丁　军　南开大学马克思主义教育学院教授
转型国家解决民生问题的成败得失与启示

3. 薛新国　天津师范大学政治与行政学院教授
欧洲社会党的社会管理思想及其启示

4. 康之国　中共天津市委党校公共管理教研部教授

完善社区社会组织参与社会服务机制研究

5. 王 力 天津师范大学政治与行政学院教授

社会管理创新的动力机制

6. 王宝彦 中共天津市委党校党建研究所副教授

天津农村城市化过程中加强社区管理的探索

7. 张 达 天津社会科学院马克思主义研究所助理研究员

新媒体时代的社会管理

24. 天津市法制心理学会

主 题:和谐社会与心理健康研讨会

时 间:2011 年 8 月 21 日

地 点:天津市武清开发区腾龙会议中心

主持人:陈绵簏 天津诺信律师事务所首席合伙人律师、市法制心理学会副会长

演讲内容:

1. 孙 颖 天津大学职业技术教育学院副教授

大学生群体对教育腐败问题的认识及改善对策的考量

2. 杨 燕 天津大学心理研究所副教授

亲子关系及其互动模式与大学生网络迷恋

3. 李 军 天津中天职业心理健康咨询服务中心咨询师

突发事件对“老知青”心理健康的影响

4. 刘援朝 天津公安警官职业学院教授

对心理训练在警察培训中应用的思考

5. 汪 洁 天津社科院社会学所副研究员

监狱警察的心理健康与职业发展

6. 李合群 天津医学高等专科学校精神卫生教研室主任、教授

公安民警心理应激产生原因及其应对

7. 李淑华 天津市委党校党建研究所研究员

推进和谐社区建设的几点设想——从社会学视角切入研究

8. 史宝欣 天津医科大学临终关怀研究中心主任、教授

音乐治疗与老年抑郁症

点评人:于明盛 天津市法制心理学会副会长;

李永志 天津市法制心理学会顾问

25. 天津市逻辑学学会

主 题:社会管理科学化与逻辑应用研讨会

时 间:2011 年 11 月 6 日

地 点:南开大学范孙楼哲学院会议室

主持人:任晓明 南开大学哲学院教授、市逻辑学学会理事长

演讲内容:

1. 田立刚 南开大学哲学院逻辑学教研室主任、副教授

坚持逻辑创新思维,实现社会管理的科学化

2. 张春津 天津工人报社新闻部副主任

浅议在监督领域应实行“国家垂直领导”

3. 翟锦程 南开大学战略发展研究部部长、教授

逻辑与社会文化

4. 关兴丽 天津商业大学公共管理学院行政管理系主任、教授

“强拆”的逻辑思维分析

5. 徐锦中 天津大学文法学院副教授

逻辑视眼中社会管理科学化问题

6. 刘明明 天津财经大学经济学院副教授

中国古代逻辑与社会管理

26. 天津市语言学学会

主 题:提升语言学研究水平 加速软实力发展步伐

时 间:2011 年 11 月 26 日

地 点:天津工业大学国际教育学院大楼

主持人:姜亚明 天津工业大学国际教育与交流处处长

演讲内容:

1. 刘丹青 中国社科院教授

汉语里的若干显赫范畴:语言库藏类型学视角

2. 石 锋 南开大学汉语言文化学院教授、市语言学学会会长

汉语语音研究中的实验语音学

3. 施向东 南开大学汉语言文化学院教授、市语言学学会副会长兼秘书长

音韵研究与汉藏语比较

4. 曾晓渝 南开大学文学院教授

音韵与汉语方言、少数民族语言研究

27. 天津市国学研究会

主 题:孙中山先生对传统文化的继承和发展

时 间:2011 年 10 月 9 日

地 点:天津市社联会议楼四楼学术报告厅

主持人:朱彦民 南开大学历史学院教授、市国学研究会副会长兼秘书长

演讲内容:

1. 王处辉 南开大学高教所所长、教授、市国学研究会会长

论孙中山先生的社会思想

2. 张绍祖 天津市河西区政协文史委副主任

孙中山关注下的天津辛亥革命

3. 樊国安 《中国新闻出版报》主任记者、天津记者站站长

孙中山先生在天津的革命活动初探

4. 王振良 今晚报社出版部副主任

京津同盟会之成立与遣散

5. 张培锋　南开大学文学院教授、市国学研究会副秘书长
孙中山先生的宗教观与中国传统文化精神

6. 张雪峰　天津师范大学经济学院副教授、市国学研究会副秘书长
孙中山民生社会主义产生的历史背景及其评价

28. 天津市历史学学会

主　题:纪念辛亥革命百周年座谈会暨学术研讨会

时　间:2011 年 9 月 17 日

地　点:南开大学爱大会馆二楼学术报告厅

主持人:王先明　南开大学历史学院教授、市历史学学会秘书长

演讲内容:

1. 王先明　南开大学历史学院教授、市历史学学会秘书长
从风潮到传统——辛亥革命与“革命”话语的时代性转折

2. 张华腾　陕西师范大学历史文化学院教授
武昌起义后清廷组编新军三军考略

3. 方军　通用地产(天津)有限公司董事长
小站练兵与中体西用

4. 王　杰　天津大学高等教育研究所教授
辛亥革命的文化考量

5. 牛秋实　安阳师范学院历史系副教授
辛亥革命的遗产:割据传统与维护民族统一的努力——辛亥革命后的 1913 年

6. 李永胜　南开大学历史学院副教授
1907—1908 年中德美联盟问题研究

天津市社会科学界第七届(2011)学术年会优秀论文名单

马克思主义·人文科学

马克思主义中国化九十年——概念、进程和规律(荣长海)

科学的调查研究是中国共产党的兴盛之基　成功之路(李亚东)

优秀共产党员崇高精神的历史传承(周根会)

忧患意识:创先争优的内驱动力和重要举措(李家祥　魏继昆　李磊等)

中国共产党社会管理思想与实践(王立国　王　勇　王　焱等)

中国共产党对群众工作理论的探索及其经验(徐　中　徐　琛)

中国共产党农民群众工作的历史进程与基本经验(张亚勇)

试论中共执政以来对基层干部的教育培训(徐　行)

论建党以来社会主义核心价值体系的形成(王秀阁)

构建基于社会主义核心价值体系的公共价值观(吕景春)

新中国城市化的基本经验(张新华　杨升祥　任淑艳等)

中国特色社会主义理论在滨海新区的成功实践(中共滨海新区区委宣传部)

试论中国共产党在社会建设中的角色定位——基于社会学层面的解读(刘琼莲)

中国共产党实行党内民主的优良传统及其对当代中国民主政治建设的深刻影响(张　健)

中国共产党干部培训90年历史回顾(李　晖)

提高干部德的考核科学化水平研究(王保彦)

科学信仰生长点的培育与当代青年马克思主义教育(刘　苑)

理想信念价值性原则及教育的有效性(刘云光)

贯彻落实科学发展观深入推进和谐校园建设(王玉英　张　玲)

把党史教育融入高校思想政治理论课教学的探索(刘　霞)

关于马克思主义中国化文化依据的思考(王淑辉)

延安时期党的学习活动对推进马克思主义大众化的历史贡献(张凤霞　霍　伟)

民主革命时期党领导救灾工作的经验及启示(柴观珍　武　盼)

民主联合政府与政治协商会议——1944—1949年中国政治发展演变述论(秦立海)

中共革命史上的县长本色——基于陕甘宁边区县长为中心的考察(杨　东)

中国共产党在抗战时期领导的协商民主实践及其基本经验(陈映霞)

马克思主义中国化的两种路径(王时中)

马克思与黑格尔知性观之比较(王汐朋　胡亚军)

列宁晚年对人民内部阶层矛盾问题的理论探索及启示(周多刚)

试析国外学者对"中国特色社会主义"的解读(翟昌民)

论后国际金融危机时期中国文化软实力的提升(孙兰英)

文化视野下的理想、信念和纪律(姜晓梅)

"和""创"范畴与建设有中国特色社会主义和谐文化(王　冬)

天津城镇居民文化消费水平研究初探(郭俊华)

说"敬畏"(温克勤)

清儒《易》学平议(杨效雷)

百年中国的"中体西用"思想及其盛行原因(任晓兰)

文化政治研究中的教育诉求——理查德·罗蒂的教育哲学述评(范立民　张　楠)

中国古代的和谐思维方法——兼论其现代价值(刘明明)

论孟子以"乐"为核心的幸福观及其现代价值(郭卫华)

转型期的社会文化审美与文化生态平衡(杨　岚)

现代西方思想文化核心术语对我国语言文化的影响(佟　立　张　虹　季文娜)

孙犁在抗战期间对鲁迅的宣传和普及(刘运峰)

天津报刊与曹禺早期媒体形象(杨爱芹)

在"革命现代性"与"乡土中国"传统的接榫处——从"当代"视角重读梁斌《红旗谱》(刘卫东)

论加强城市文化遗产保护与传承——以天津为例的研究(姚　旸)

论清代小说《金钟传》中的天津形象(聂春艳)

试论知识结构与理想人格的塑造(付　洪)

我国数字出版现状及发展的思考(申心刚)

入世的才情与出世的有情——李叔同(弘一大师)新论(鲍国华)

主题学对中国叙事文学研究方法创新的借鉴意义(刘　杰)

中华吟诵的前生今世——兼论吟诵在语文教育普及的必要性(张　静)

方尔谦对联论(李志刚)

英诗汉译中阴性韵传译研究(杨立学 王改娣)

任务构想对中国非专业英语学习者口语产出的影响(黄 嫱)

天津话响音的鼻化度考察(时秀娟 肖 媛)

外来词、字母词的使用和规范化研究(苏立昌)

外来词撼动不了汉语——日本外来词输入带给我们的启示(郝 蕊)

从荣国府看四合院建筑的文化内涵(白艳玲)

江户时代文学的特质与分类(张海萌)

媒介融合中主流媒体框架提供研究(梁小建)

从事实到新闻:意义的生产和再生产(王 静)

元杂剧的主题倾向与时代之关系(张立环)

谈翻译中的文体意识(祁芝红)

法学·教育学

政治集权与经济分权的搭配:中国经济增长的制度主义解释(杨 龙 张振华)

程序民主:实质民主的保障(杨升祥 杨 睿 徐 颖)

从国际金融危机看两种社会制度的差异(扬 弃)

进一步深化天津市行政许可(审批)制度改革研究(张霁星)

略论乡镇机构改革对民族地区农村基础教育的冲击——以内蒙古白村调查为例(郝亚明)

西方协商民主理论与中国特色社会主义民主政治建设(韦幼苏)

非物质文化遗产代表性传承人的法律地位(王吉林)

浅议食品权(朱新华)

论物联网实名法律制度的构建(刘晓纯)

渤海专门立法的生态保护事务思考(凌 欣)

后金融危机时代,金融衍生品定价的法律规制(冯 博)

生命科技发展的国际法回应(郝 静)

给付行政视域下的失地农民保障研究(张艳丽)

刑事和解制度实施中的若干争点(蓝 蓝)

评批判实在论社会科学方法论的创新与发展取向(马国旺)

论自己责任原则地位衰落的缘由及矫正对策——以机动车交通事故侵权责任承担为视角(郭 明 钱志刚)

社会道德示范群体建设简论(赵士辉)

我国社会组织面临的问题与对策研究(何 悦)

论公共领域对构建社会主义和谐社会的独特作用(杨仁忠)

积极心理学视域下的大学生公民教育与人的发展(李 晖 赵慧敏)

社会管理创新与社区建设问题研究(康之国)

我国农村基本公共卫生服务均等化问题探讨——基于天津市某县的调查研究(王晓霞)

完善我国农村公共卫生体系建设的思考与建议(何 宁 王丽莉)

公司社会责任的本质及其司法适用(孙学亮)

加强社区体育文化建设与促进和谐社会发展(邱晓德)

基于 Panel Data 的东部地区城镇居民文化消费研究(王 岚)

我国老年健康支持体系发展对策研究(刘玮玮)

中国民工荒的原因与对策(何永江)

社会转型背景下加强企业社会工作的思考(孙 颖)

群际宽恕与社会和谐发展(艾 娟)

社会认同与和谐社会的建构(钟 彬)

我国医患信任危机的内在机制及其信任重构(刘月树)

积极老龄化视角下的老年社会参与和社会管理创新(陈洁琼 何兰萍)

提升高校校园环境水平的现状分析与路径选择(马三津 田 真 薛宗厚)

中学生问题行为量表的理论构建与编制(孟四清)

制约当代农村教育发展的因素分析(王 慧)

实施强迫性练习对学生意志品质影响的研究(杨菊生)

现代职业教育体系架构(秦 虹)

职业教育教学研究现状及趋势(李向东)

恩德文化与大学生恩德观教育(初明利 张 坤)

高校思想政治理论课实践教学模式初探(伍学军)

高校基金会存在的问题及对策(安丰梅)

提高天津市教育国际化水平研究(贾欣岚 张健青)

TRIZ 进入课堂教学的策略选择(张雪峰)

大学生创业实践活动模式研究(胡 洁)

联合学区:推进城市城区教育均衡的探索——对天津市河西区小学"教育发展联合学区"的调查(丰向日 杨宝忠)

高等教育大众化视域下我国高校分类与定位的探析(曹莉艳 张 云)

天津市义务教育阶段农村教师队伍现状与对策研究(赵丽霞 王敏勤)

创新型卓越工程师培养机制研究(黄 熙 张纹祯 殷世宇)

自我肯定意识及其相关因素对大学生生命价值观的影响(温子栋 高 健 赵 娜)

天津市独立学院科学定位创办特色的对策研究(陈慧军 田永伟)

坚持科学发展,在改革独立学院的教学方式中构建特色"课堂"(孟庆铂 张筱玮 王 林)

大学生综合素质教育机制的探讨——大学生英语学习策略及思辨能力的培养(李朝红 张纹祯)

高校招生考试制度研究——以美、英、德、韩为例(宋爱军)

天津市义务教育国际化发展路径研究(李丽洁)

对构建高校科研管理学习型组织的几点思考(孙 晶)

职业教育发展的“两然性”思考(李美丽 赵 欣)

中日消防从业者资格制度比较初探(马玉河 尤胜战 彭立新)

经济学·管理学

中国境外经济贸易合作区的功能与发展探析(赵晓晨)

天津产业结构分析与转变经济发展方式的思考(张国旺)

经济增长、人力资本与教育投入的数学模型解析(张宝贵)

中国房地产泡沫的原因分析(曹景林 郝妙春 马 飞)

碳税、碳排放权与技术创新激励机制研究(耿 伟 徐双双)

低碳城市建设水平综合评价指标体系构建研究(王爱兰)

中国近期通货膨胀的成因:研究综述及实证检验(周国富 谢 卿)

突破性创新资产与新兴战略产业培育机制(易训华 魏大鹏)

资源环境、环境库兹涅茨曲线与产业竞争力生成能力(张慧毅)

后危机时代之经济危机理论再阐释:明斯基的视角(王 璐 杨 阳)

基于OECD国家的宏观税负比较与中国税制改革(陈旭东 张 樱)

虚拟经济全球化与世界经济周期研究(张 丽 陈漓高)

我国“低成本、集约型”城镇化模式的理论阐释(王家庭)

天津市科技型中小企业的提升模式和发展对策研究(罗永泰 管 瑶 王艳婷)

天津市科技型中小企业融资体系构建与整合——基于要素重组下三维动态模型分析(张元萍 陈 闯 王力平)

完善收入形成市场机制,提高居民市场化收入(任碧云 王智茂)

劳动要素份额影响因素的实证分析——基于中国省际面板数据的解释(丛 屹 闫亚玲)

天津市城镇居民收入流动性的实证分析——伪面板数据门限自回归模型的估计与检验(白仲林 赵 亮)

公共事业产品价格变动对城镇低收入家庭生活影响的研究(董顺荣 杨 维 徐学增)

我国工资收入差异变化及影响因素分析:基于家计调查的的实证研究(胡永健)

强化个人所得税收入调节功能的研究——基于对天津市城镇居民收入数据的分析(刘 荣)

天津市最低工资就业效应:实证问题与理论解释(谭庆刚 潘 越)

天津市上市公司执行资产减值会计准则的研究——基于天津市上市公司的年报数据(盖 地 赵 丹)

天津市上市公司财务预警实证研究(高建来 辛 磊)

构建天津市低碳型交通体系研究(孙 钰 王 楠)

论我国私募股权投资基金退出机制的完善(薛智胜 古正宇)

“十二五”时期天津调整和优化投资结构研究(任洪源 韩 颖)

城市运营商的商业模式解析(张 威)

电力企业财务预警模型实证研究(陈 洁 杨继飞 苗润生)

当前贸易融资业务的供需矛盾与对策研究(王 捷 刘 帅)

天津市土地政策参与宏观调控绩效评价研究(黄凌翔 金丽国 赵元强)

努力做到“五个更加”优质高效服务经济社会科学发展(王海福)

“双中心”联手“五大板块”,环渤海经济圈加速崛起(杜西平 杜 威 黄 瑛等)

加强环渤海区域合作的战略思考(张继明)

旅游业承接服务外包的趋势及其发展战略研究(徐虹 吕兴洋 杨永梅)

人民币汇率变动对天津市入境旅游影响研究——基于日元/人民币汇率变动的分析(黄树青)

关于金融支持天津文化产业发展问题的研究(吴 超 李文君)

工商银行支持农村城镇化建设的探究与实践(臧 毅)

政府债务的适度性问题:基于欧元区财政警戒线的考察(马蔡琛 黄年吉)

构建扩大内需长效机制问题研究——基于税收增长视角的财税政策选择与评估(卢 静)

对天津港设立融资性担保公司开展融资性担保业务的思考(张凤路)

编制镇域经济发展指数,促进镇域经济发展壮大(杨宝勤等)

全力打造“大服务”体系为天津经济腾飞保驾护航(邓升明 李宝成 陈克俭等)

消费者对农产品质量安全的态度和消费行为分析——基于天津消费者的调查统计(窦艳芬 姜 岩)

推进“三品一标”持续发展的长效机制研究(姜 岩 窦艳芬 苗 强)

后危机时代科技中小企业的间接融资模式研究(刘娜 孙可娜 吴纬地)

天津市农村节能减排的实证研究(于志勇)

基于改进的引力模型解析我国外贸发展的动因变化(王晨钟)

东亚生产网络受冲击机制及效应研究——基于东亚和

中国贸易结构的分析(王荣艳)

人力资本投资对经济增长影响的实证研究(王凤慧)

天津市经济与环境协调发展综合评价研究(王玉婧 孔 静)

京津冀区域产业分工、区位优势与经济合作(于明言)

水资源对区域经济可持续发展的支撑能力的评价方法研究——以北京市、天津市、河北省为例(王 楠 张雪花 杨 铮)

天津市建设我国文化事业与文化产业示范城市对策研究(课题组)

培养天津文化产业人才的机制研究(华 梅 王 鹤 华 欣)

天津政府对文化体制改革文化产业发展的引导协调作用(吕 堃)

当前会展业发展趋势及对天津会展业的思考(李春红)

天津会展业品牌的培育与创新发展机制研究(张宏亮 邓恩远)

关于奢侈品消费市场的研究(马广洲 王 媛 邢萍萍)

科技成果转化流程中的供应链协同思想(张慧颖 史紫薇 陈根来 张颖春)

天津市城市管理长效机制研究(李国旗)

基于多级政府分工模式的我国行政管理体制改革的探索(曹桂全)

电子文件管理现状及对策研究(汤荣宏)

浅析我国农产品质量安全保障的现状(刘 双 姜 岩)

当前我国食品安全管理行政问责制的问题与对策(何延昆 张晓玉)

天津生产者服务业集聚区发展研究(章 林 曹明福)

地方黑恶势力向农村基层政权渗透的若干思考(周博文)

基于匹配能力的三级物流服务供应链任务分配模型研究(周莲子 刘伟华)

天津市城乡基层医疗卫生机构资源配置现状与发展对策(黄金虎 董燕敏)

高校突发事件应急体系及管理研究(黄晓达 张 杰 王 英)

从绿色与低碳角度探究滨海新区公共环境设施形象设计(钟 蕾 张 妍)

天津滨海新区高端旅游业发展战略与路径选择(梁 强)

市场需求视域下高校人才培养与人才对接平台建设——以滨海新区现代服务业发展为例(曹晓丽 杨 震 王颖振)

天津滨海新区企业职务发明激励机制研究(俞风雷 王广娜)

天津滨海新区企业集群创新模型及其作用机理研究(武 开 慕 静 任立肖)

滨海新区社会管理模式研究——基于幸福指数的视角(强恩芳)

基于滨海新区产业发展的高技能人才需求分析和对策研究(陈保荣)

天津滨海新区科技型中小企业专利权质押融资策略研究(李 虹 亚 琨)

责任编辑:王冠淳

宣传普及

渤海名家大讲堂

服饰文化与科学养生

由天津市文明办、市社联、市科协联合《渤海早报》社举办的“渤海名家大讲堂”讲座于5月13日在天津市社联报告厅举行。本次讲座邀请天津师范大学美术设计学院院长华梅教授主讲“服饰文化与科学养生”。她通过讲述生活中服饰色彩、款式、质地等穿衣学问,指导市民“穿出健康,活出精彩”。华梅教授对于中西服装史、服装美学、服饰文化等方面有着多年深入、系统地研究。她认为,养生应先注重“养心”。虽然服饰本身没有生命,但一经人穿上并共同构成服饰形象时,便有了人的灵气与文化内涵,显现出着装人的品德和品位。此外,日常穿衣打扮的颜色、质地、薄厚等也都与养生关系密切。华教授提出,“养生尊天意,色彩显示四时服;养生靠自然,质料宜用原生态;养生重细节,染色保存也重要;养生选款式,冷暖适宜利健康;养生看个性,追随时尚要谨慎;养生养自我,社会自然两相宜;养生要真我,肌肤动刀不可取”等观点,通过日常穿衣的微小细节,细致解读出“穿衣养生”的大学问。

追忆孙中山革命事业与天津密切关系

在市文明办、市社联、市科协联合《渤海早报》举办的“渤海名家大讲堂”上,《中国新闻出版报》驻天津记者站站长樊国安追溯了孙中山在天津的革命足迹。樊国安介绍说,1912年8月24日下午,孙中山在广东会馆演讲后,来到河北公园(即如今中山公园),参加官绅们为他举办的欢迎会。在这次欢迎会上,孙中山发表的演说讲话如今铭刻在孙中山先生的铜像底座上。1928年,为纪念孙中山先生,河北公园被命名为中山公园。樊国安先生还详细介绍了高近2.2米、重2吨多,安装在2.3米高基座上的孙中山先生铜像的来历。樊国安介绍,孙中山先生三次来到天津,其中1894年第一次来津上书李鸿章提出革新政治的主张,被拒绝后转赴檀香山,创立了兴中会。1912年8月第二次来天津会晤袁世凯,先后于广东会馆、河北公园等处三次发表演说,阐明了祖国南北统一、发展经济、振兴中华的思想。1924年12月孙中山第三次来天津,为推翻军阀统治,提出召开国民会议、废除不平等条约的政治主张。

金庸与天津往事

4月1日,南开大学陈洪教授在“渤海名家大讲堂”上细数了几十年来金庸与天津、与南开结缘的一段段往事。

“半个世纪前,予与南开失之交臂,今日得偿夙愿,大快平生。”这是金庸在南开大学演讲时的一席话。1944年金庸曾报考西南联大的经济学专业,正隶属于南开大学,但由于时局动乱、路费不足等原因,终究未能成行。“金庸先生虽没有成为南开的学生,但却当上了南开的名誉教授。”陈洪风趣地补充道。

“天津人懂戏,真懂!”这是金庸对天津市民的一句评价。陈洪教授介绍,在香港就对天津戏曲水平有所耳闻的金庸,在来南开演讲后,特别提出要去听戏。听戏时,金庸发现天津观众的表情和戏中的每个“节骨眼”都格外合拍,也因此由衷发出了这句赞叹。金庸和天津还有更深的渊源:赫赫有名的水西庄曾是清朝时身为大盐商的金庸祖上查家在天津的产业。陈洪教授讲,那次在南开演讲后,金庸兴致勃勃地参观水西庄遗址,并写下《水西庄有感》诗,其中两句是:“前辈繁华事,后人想象中。”

陈洪教授透露,金庸在南开大学演讲时,当听说“陈洪有个上联悬重赏多年征下联”时,同为“文坛中人”的他立马来了精神,陈洪当即亮出上联:“一门二校长,侯门南开”。陈洪为观众解释道:当时南开中学康校长和南开大学侯校长同年上任,而这二人恰好是夫妻,所以是“一门”出了“二校长”,“侯门”又引申出“侯门深似海”,恰与当年“南开南开,越难越开”的谐音联系起来。“金大侠”在低头苦苦沉思十几分钟后,提笔在餐巾纸上对出了“六朝三故都,大江东去”的下联。五年后,84岁高龄的“金大侠”与陈洪教授再次在香港相遇,“金大侠”对当年那次“对联”比试仍“耿耿于怀”,便以谜语向陈洪“反击”:无边落木萧萧下,不尽长江滚滚来,打一人名。陈洪为观众们解释道,“南朝时,齐、梁两位皇帝都为萧姓,而其后,就是陈。因此‘萧萧下’就暗指‘陈’;‘不尽长江滚滚来’则暗含‘洪’的意思。”讲罢,陈洪还为观众展示了金庸随手抄在菜单上留下的“真迹”。

(杨鸿梁整理)

社科讲坛

1月18日,河东区图书馆举行讲座,邀请默风文化发展公司总经理冯绍伟为近200名市民作“社交与沟通礼仪”讲座。冯先生主要从礼仪的重要性、礼仪的原则、形象塑造、着装、社交礼仪等几方面,特别是从手姿、坐姿、行姿和立姿举止礼仪等对居民进行培训。冯先生用大量的实例、图片,结合理论进行讲解,使大家懂得了在塑造个人形象时要依照个人的条件扬长避短,通过努力学习,不断提高个人的文化、艺术素养和思想道德水准,培养出自己的高雅气质和美好心灵,使自己秀外慧中、表里如一;懂得了如何利用肢体语言,做到自然大方、高雅脱俗;懂得了不同场合着装技巧等。

3月8日,为庆祝“三八”国际妇女节,南开区图书馆与南开区房管局工会邀请天津师范大学马克思主义学院副院长、硕士研究生导师李建营副教授,为基层房管站所、机关各科室200余名女职工作题为“以充分发挥女性作用,构建和谐家庭”的讲座。李建营副教授从当代女性的母亲扮演者角色,对婚姻和家庭的含义做了诠释,用生动的事例作了深入浅出地分析。通过此次专题讲座,李建营副教授鼓励广大女职工进一步树立起“自尊、自信、自强、自立”信念,在家庭中,树立起终身学习的观念,以提高自身素质,带动整个家庭的文明和进步,争做“促家庭和谐的女性”;在工作中,以知识求进步,以能力谋发展。

3月16日,河东区图书馆邀请天津市委党校安连成教授作题为“中国周边形势”讲座,100多名社区干部和群众听取了讲座。安教授用大量翔实的资料和数据,详细介绍了朝鲜半岛、中日关系、南沙群岛以及中美关系等局势,使听众对中国周边形势有了更加深刻的认识和理解。

3月26日,南开区图书馆邀请天津市委党校安连成教授作解读2011年“两会”精神的辅导报告,200余名同志听取了讲座。安教授从稳定物价、保障改善民生和城市管理建设、促进文化事业发展等七个方面,以详实的数据、典型的例证,详细解读了两会精神。

4月15日,河东区图书馆邀请市食文化研究会理事徐双立作题为“酒文化与酒质鉴别”讲座,来自14个社区的130多人收听了讲座。徐老师从酒的发展历史、酒的分类、酒质鉴别三个方面介绍了中国制酒的历史和品种。黄酒是世界上最古老的酒类之一，约在三千多年前的商周时代，中国人独创酒曲复式发酵法，开始大量酿制黄酒。约一千年前的宋代，中国人发明了蒸馏法，从此，白酒成为中国人饮用的主要酒类。酒文化渗透于整个中华五千年的文明史中，从文学艺术创作、文化娱乐到饮食烹饪、养生保健，在中国人生活中都占有重要的位置。通过讲座，听众了解到酒的香型包括酱香型、浓香型、清香型、米香型、凤香型、董香型、芝麻香型等。

4 月 25 日，南开区图书馆邀请南开大学艾跃进教授主讲"台海形势报告会"。南开区统战部、南开区台办和台属联谊会会员等干部群众 200 多人参加了报告会。艾教授从当前的国际形势格局、美国的终极目标及步骤、美伊战争的由来及其影响、台海现状和中国的应对措施等方面，对当前的国际国内形势和中国的任务做了详尽的讲解。

5 月 9 日、16 日，河北区图书馆分别在新开中学、七十八中学举行活动，邀请本市青少年心理学研究中心主任王虹翔教授作"中学生青春期心理健康"专题辅导讲座，师生 1000 人聆听了报告。王教授说，青春期是每一个人从儿童向成人过渡的阶段，是学生发展的关键时期。他以大量实例和数据向同学们讲解了青春期的健康知识，告诫学生要正确面对个人成长中出现的变化，努力学习文化知识，调整心态处理好各种关系，从容度过青春期。

5 月 17 日，河北区图书馆特邀天津师范大学马克思主义学院副院长李建营副教授在二十四中学为 500 名师生授课，题为"文质彬彬，然后君子——中学生礼仪漫谈"。李建营副教授从礼仪概念、仪表形象、言谈举止、待人接物等方面，向同学们介绍了用语、倾听、请求、送行的礼仪。他结合自己亲身实践为同学们进行规范示范，纠正学生中各种不雅的姿态，增强学生礼仪常识，促进他们养成良好的文明礼仪习惯。

5 月 19 日，红桥区图书馆邀请天津商业大学吴爱明教授作题为"传统文化的精髓与感悟"的讲座，天津武警六支队 200 余名官兵听取了讲座。吴教授结合青年战士的特点，把中国五千年的传统文化从理论到实践作了精辟地介绍。

6 月 16 日，兴南街居委会、南开中学和南开区图书馆邀请天津市委党史研究室副主任李文芳在南开中学作关于中共党史的讲座，兴南街全体党员干部及社区、街属企业、部队、医院的党员代表 300 人参加。李文芳对《中国共产党历史》第二卷进行了全面系统的辅导，就学习党史的现实意义、学习《中国共产党历史》第二卷过程中的重点难点等问题进行了讲解，为广大党员干部上了一堂精彩生动的党史学习课。

7 月 7 日，天津武警三支队举办了"社科讲坛"图书馆系列讲座，邀请天津公安警官职业学院教授刘援朝为 100 余名官兵作题为"心理健康素质与调试"的讲座。刘教授运用大量实际例子讲述心理学知识，提高和增强了他们的心理素质，给年轻的战士们上了一堂生动的教育课。

7 月 13 日，向阳楼街道与河东区图书馆在街居委会 4 楼礼堂共同举办了"社科讲坛"讲座，邀请天津师范大学历史学院教授、天津市孙子兵法研究学会会长李海涛作题为"取用孙子兵法精华，走好今世人生路"的讲座，社区居民 150 人参加讲座。李教授深入浅出地把《孙子兵法》的精髓思想与现实生活联系起来，受到听众热烈欢迎。

7 月 18 日，河北区图书馆在武警二支队礼堂举办讲座，邀请天津市委党校漆玲教授为官兵作"当今世界形势与科学发展观"讲座，支队官兵一千余人听了讲座。漆教授通过当前国际的经济、政治、文化形势，各国不同的发展模式，科学发展观的基本内涵及其科学性及贯彻落实科学发展观的思路和对策等方面，结合实际举例向广大官兵阐明坚持科学发展能力的硬道理。

8 月 12 日，红桥区残联邀请市委党校安连成教授作题为"当前国内外形势政策热点问题"的讲座，200 余名残疾朋友听取了讲座。安教授对当前国际、国内出现的热点问题做了全面客观的解读，提出我们怎样认识和面对出现的新情况、新问题，讲座博得了广大残疾听众的热烈掌声。

8 月 16 日，河东区图书馆邀请天津市青少年心理研究所主任王虹翔为社区的青少年和家长作讲座。王主任从检查孩子身体中缺少的微量元素入手，讲解生活中应注意的饮食习惯和作息时间的调整，从细微处调节好身体，才能在课堂上做到认真听讲，做一个品学兼优的好学生。

10 月 16 日，河东区图书馆邀请天津商业大学吴爱明教授作题为"中国茶文化"讲座，来自街道 15 个社区 140 多人听取讲座。吴教授从茶叶、水、茶具、茶礼仪几个方面进行了生动的讲解，使听众了解到茶叶名称的多样化，有的是由于各个产茶地的山川名胜而命名的，如西湖龙井、普陀佛茶；有的根据茶叶形状的不同而命名的，如珠茶、银针；有的根据民间传说和历史故事而命名的，如大红袍、铁观音。他还介绍了关于茶的理论。从一杯好茶需要金水、珍茶、活火、妙器，到茶叶的外形、颜色、口感、香型、产地和泡制方法，与听众们共享了茶文化中的一些趣闻乐事。

10月21日，在和平区图书馆，市食文化研究会许先以“饮食生活方式与健康”为题，从三个不同方面给听众讲述了饮食与健康的重要性。

10月28日，在红桥区意库创意产业园，天津大学管理学院博士生导师傅利平教授作题为“当前我国社会经济形势与发展思路”的讲座，产业园经理和员工共80余人听取讲座。傅教授通过列举大量的图文数据，分析了当前我国社会经济形势和面临的机遇与挑战，提出了发展经济的个人见解。

11月24日，南开区万兴街举办学习贯彻党的十七届六中全会精神辅导报告会，天津市委党校漆玲教授做辅导报告。漆教授从文化与文化体制改革、十七届六中全会精神和市委九届十一次全会的主要内容、当前文化建设的背景和意义、文化建设的主要任务和实现等方面作报告，报告具有很强的指导性、针对性和启发性。

12月9日，河西区图书馆邀请天津师范大学教授郭春明为空军某部队100多位干部战士作了题为“滨海新区综合配套改革”的讲座。郭教授讲述综合配套改革的目的、特点、主要内容以及10项主要任务，即：金融体制改革创新；涉外经济体制改革；土地管理体制改革；科技体制改革；推进国有经济结构调整，发展民营经济；行政管理体制改革；统筹城乡和区域发展；建设资源节约型和环境友好型社会；加强和创新社会管理；职业教育体制改革等，使广大干部战士对滨海新区综合配套改革情况有了进一步了解。

（杨鸿梁供稿）

天津市第九届社会科学普及周

天津市第九届社会科学普及周概述

2011年9月2日至8日，由中共天津市委宣传部、天津市社会科学界联合会共同主办的天津市第九届社会科学普及周活动隆重举行。主题是“提升市民素质，促进科学发展”。共设开幕式暨主题报告会、大型现场咨询及网络咨询和电话咨询、“渤海名家大讲堂”和百场社科普及公益讲座、“社会管理创新与社会科学普及”科普理论研究、“建设美好天津”有奖竞答、建设学习型社会读书活动等六大板块200余项活动。

本届科普周得到各级党委政府的大力支持和社会各界的广泛参与，政府机关、宣传系统、社科单位、企事业单位、学术团体和新闻媒体等百余个单位部门直接参与组织社科普及周各项活动。据统计，社科普及周期间共举办社科理论知识普及讲座近百场；组织社会科学界、自然科学界28个学会、研究会、协会，百余名两界专家，设置科普咨询项目65个。两界专家学者围绕策划设计了主要包括天津文化、社会管理、低碳生活、婚姻家庭、教育就业、科学理财、社交礼仪、法律维权、社会保障、心理健康、防灾避险等民生方面的内容进行现场咨询，法律、心理健康、社会保障、婚姻家庭等80余个贴近群众生活的咨询项目，进行现场义务咨询，参与咨询群众3000余人次；免费发放近百种科普图书和宣传读物、资料万余份；以“践行科学发展观，普及社会科学”为主题召开社科普及理论研讨会，《天津日报》理论版整版刊发了与会人员发言摘要，北方网等媒体进行转载；与《天津日报》合作开展“纪念改革开放三十周年”知识竞答活动，有405名答题者分获一、二、三等奖，参与答题的群众来自全市各个区县和社会各界；与天津电视台、电台合作开展社科讲坛和人物访谈活动，邀请京津两地知名专家担任主讲，节目精彩纷呈，受众范围更加广泛；与天津图书大厦合作举办社会科学类图书展销活动；组织编辑印发2本科普读物，12种社科知识宣传材料，向社会发放各类科普宣传材料近3万份；科普周期间直接聆听科普讲座受众达3.4万人，受到社会各方面的普遍欢迎。

本届社科普及周活动以科学发展观的宣传普及为主线，积极营造推动科学发展、建设和谐天津的良好氛围。一些社科普及活动围绕宣传中国特色社会主义理论体系，纪念改革开放30年，加快滨海新区开发开放建设，推动天津经济社会又好又快发展等重点内容进行宣传普及，使社科普及活动更具时代特征。在科普形式和手段上有所创新，在科普报告会和讲座中，增加受众与专家提问，互动的环节，将知识讲座与咨询答疑相结合。运用图片展览、多媒体演示、实物展示等多种方式方法，加强专家演讲的生动性，便于听众理解。还与新闻媒体合作，在报纸、电台、电视台开展知识竞答、人物访谈、社科讲坛等多种方式，扩大受众范围。在社科普及内容上丰富多彩以适应群众需求。在与高等院校、科研院所，学会团体，市、区图书馆合作的基础上有所扩展，重点推出与团市委、市妇联、区县宣传部、滨海新区、新闻媒体等方面的合作内容，聚集社会各界优势，打造社科普及平台，使社科普及周活动范围更加宽广，惠及的人群更加众多。同时，在“公众人文社会科学素养与需求调查”专题调研活动中，采取抽样调查的方法，在全市各区县进行问卷调查。此项调研活动对于了解本市公众人文社会科学素养及科普需求，为进一步提升社会科学普及工作水平，提供了重要参考依据。在保持社科普及周活动数量的同时，重点在提高活动质量和实际效果上下工夫。在确定咨询项目，讲座主题和专项活动的内容时，认真策划、反复筛选，并精心组织、保证质量，突出活动的针对性和有效性。如《我国文化创意产业的理论与实践》主题讲坛报告、“纪念改革开放30年系列访谈”活动、“关爱灾区学生”科普讲座活动，“情系外来工”专场活动、“帮家长解难题，为孩子成长助力”社会热线咨询、市民专场科普讲座等活动，紧紧联系当前政治、经济、社会等实际问题，既有理论、又有实践，拓宽了广大听众的视野，提升了公众科学理念，绝大部分科普讲座受众都有二、三百人，有的达到千人以上，均收到较好效果。

在天津市委、市政府的领导下，社会各界和广大市民群众的积极参与下，本届社科普及周取得了良好的社会效益。社会科学普及必将促进人民群众思想观念一次次更新，创新发展的力量一次次凝聚。

（华敏）

开幕式和主题报告会

9月2日，天津市第九届社会科学普及周开幕式在天津大礼堂隆重召开。中共天津市委常委、市委宣传部部长成其圣出席并讲话。市科技工委书记、市科委主任赵海山，市人大教科文卫专业委员会主任程津新，市社联党组书记李家祥，市新闻出版局局长荣新海，《天津日报》社社长杨桂华，《今晚报》社社长贾长华，市社联副主席、市教科院党委书记荣长海，市科协副主席刘惠通出席开幕式。来自学会、研究会和高等院校、科研院所的专家学者，以及新闻媒体记者500余人参加。市委宣传部副部长李毅主持开幕式。

成其圣在讲话中指出，大力推进当代马克思主义大众化，架起理论与群众、政策与百姓之间的桥梁，是广大社科工作者的职责所系、使命所在。要牢牢把握社会科学工作的正确方向，大力弘扬社会主义核心价值体系，唱响时代的主旋律、最强音。当前，要把学习宣传贯彻胡锦涛总书记“七一”重要讲话精神不断引向深入，充分发挥社科工作的作用，在广泛宣传、深刻阐释和深入人心上下功夫，用党的理论创新成果引导群众、动员群众，调动人民群众的积极性、主动性、创造性，为加快实现天津科学发展和谐发展率先发展提供强大动力。要更加自觉地心系大局、服务大局，努力凝聚起全市人民团结奋斗的强大力量。要充分发挥社科普及周的品牌效应，为打好我市文化大发展大繁荣攻坚战做贡献。要加强对社科普及工作的领导，把宣传普及社会科学、提高群众文化素质摆上重要位置。宣传文化系统各单位要自觉担当主力军作用，充分发挥社科机构、大专院校、社会团体的优势，各类媒体要积极办好社科普及栏目，形成全社会支持社会科学工作、推动社会科学繁荣发展的浓厚氛围。

开幕式上，市委宣传部常务副部长陈浙闽宣读《关于表彰2010年度天津市社会科学普及活动优秀组织单位和优秀工作者的决定》，会议表彰了2010年度科普工作优秀组织单位和优秀工作者，向64个优秀组织单位代表和134名优秀工作者代表颁发奖牌和证书。市社联党组书记李家祥介绍第九届社会科学普及周筹备情况及主要活动安排。大会还举行了“科普知识进社区、进农家”赠书仪式，向全市16个区县社区学校、农家书屋代表赠送《从怎么看到怎么办——理论热点面对面2011》等优秀理论读物，以及天津市社科界编写的社科普及图书与读物6种2千余册。

开幕式后，市社联党组书记李家祥教授主持主题报告会。天津市政府副秘书长、南开大学教授、博士生导师陈宗胜作题为“转变经济发展方式，推进天津科学发展”的报告。市有关部委、各区县局党委宣传部(处)、市有关宣传文化部门的负责人和专家学者代表、市民500余人听了报告。陈教授以大量数据和事实阐释了目前我国经济增长方式转型的15组概念，阐述了天津在转变增长方式中建设中国第三经济增长极的特点、所取得的成绩及其原因，分析了当前国际形势对加快转变经济增长方式的迫切要求，提出了增长方式转型是一个长期任务等观点。同时，他还介绍了天津市在加快转变经济增长方式中取得的多方面成就。

(宋奇　华敏)

大型义务咨询活动

9月3日，由市委宣传部、市社联主办，和平区委宣传部协办的天津市第九届社会科学普及周大型义务咨询活动在金街举行。市委宣传部副部长李毅等领导同志到咨询现场慰问专家学者和市民群众。

天津市法制心理学会等28个学会、研究会的百余名专家学者亲临咨询现场普及社科知识，为广大市民解疑释惑。咨询项目达65个，涉及天津文化、社会管理、低碳生活、教育就业、科学理财、法律维权、社会保障、心理健康、防灾避险等方面的内容。同时，市天文学会、气象学会和地震协会等自然科学界专家学者也参与了此次活动，成为本届咨询活动的亮点之一。整场咨询活动共接待市民群众6000余人。咨询现场发放了市社联以及各学会、研究会编印的社科普及图书和宣传读物2.65万份(册)。其中，《渤海名家大讲堂(第一辑)》、《中国共产党天津历史大事择要(1919年5月—2010年12月)》、《解读〈天津市国民经济和社会发展第十二个五年规划纲要〉》、《天津创意产业与文化发展》和《2010年以来时事热点摘编》等，受到市民群众的普遍关注和欢迎。

咨询期间，天津电视台“都市报道60分”栏目对市社联党组书记李家祥教授进行了专访，还就社会热点和焦点问题采访了社科界的部分权威专家。《天津日报》、《今晚报》、《渤海早报》以及新华网、北方网对咨询活动进行了大篇幅的报道。

(王铭徽)

社会科学普及讲座

区县系列讲座

1.走进滨海新区

9月7日，由滨海新区区委宣传部承办的第九届社科普及周百场系列讲座活动在开发区滨海建投大厦举办。天津社科院历史所所长张利民研究员为建投集团各部门、各子公司负责人及员工代表作题为“天津历史与城市建设”的报告，近100人听取了报告。张利民研究员全面梳理了天津600年建城设卫的历史脉络，阐释了明清以来经济因素、文化因素对天津城市发展的推动作用，现当代政府规划建设，精英阶层和市民对城市建设的影响，对尊重历史、汲取传统文化精华建设好我们的城市，提出了有益的建议。

2.走进河东区

9月5日，市社联与河东区委宣传部共同举办了“科普知识进社区”赠书仪式。市社联向河东区房地产管理局所属基层单位及河东区部分社区学校代表赠送了本市社科界专家学者新撰写的《中国共产党天津历史大事摘要》、《解读天津市国民经济及社会发展第十二个五年规划(纲要)》等4种社科普及读物，以及社科普及图书《渤海名家大讲堂(第一辑)》200余册。

赠书仪式后，天津法制心理学会秘书长、天津医科大学教授史宝欣作了“饮食、生活方式与健康”的科普讲座，河东区房地产管理局和区部分社区学校代表约150人参加了活动。河东区有线电视台对活动进行了专题报道。

3.走进河西区

9月6日，天津职业技术师范大学李晖教授为进城务工青年作关于生涯规划的主题报告，来自河西区尖山街辖区内各个企业的外来务工青年代表

100余人听取报告。李晖教授从人生规划、认清自己、转变观念3个方面作了精彩的报告，对广大外来务工青年更好地理解和把握人生，进一步理清思路、增强信心、实现理想具有意义。

9月14日，由河西区委宣传部承办的天津市第九届社会科学普及周专题辅导报告会在河西区人大礼堂举行。市社联党组书记、教授、博士生导师李家祥作“深入学习‘七一’重要讲话精神，加快转变经济发展方式”专题讲座。全区各单位分管宣传和经济工作的领导、宣讲团成员、党员教育骨干200多人聆听了报告。李家祥教授结合学习领会胡锦涛总书记“七一”讲话精神，围绕加快转变经济发展方式这个主题，从转变经济发展方式的理论概念、现阶段特点、面临的问题三方面，从理论上阐释了加快转变经济发展方式的重要意义，又从我国和本市的经济社会发展实践层面进行了解读。

4. 走进南开区

9月8日，中共天津市委党校漆玲教授来到天津中医药大学作题为“和谐社会的道德建设”的辅导报告。她就当今社会存在的道德现象进行分析，提出了存在的问题、产生的根源，举出了一些事例，剖析了原因，并指出了解决的办法。

10月18日，南开区房管局邀请天津大学公共管理学院杨文明副教授作题为“加快经济发展方式转变与天津发展”的专题报告会，近百余人参加了报告会。杨文明副教授从提出转变经济发展方式的背景，为什么转变经济发展方式，如何转变经济发展方式及天津发展情况等方面，深入浅出地讲解了转变经济发展方式的重要性和必要性。

5. 走进红桥区

9月16日，中共天津市委党校漆玲教授在红桥区政府礼堂作题为“建设社会主义核心价值体系”的主题报告会。漆玲教授围绕社会主义核心价值体系的基本内涵和如何自觉践行社会主义核心价值体系需要解决的问题、条件以及途径，紧密结合当前形势深入浅出生动实际地进行了讲解，对进一步提升区直机关广大党员干部思想道德素质，正确把握社会主义核心价值体系充分发挥凝聚力量、引领风尚、教育人民、树立党政机关新形象等方面有着积极作用。

9月16日，中共天津市委党校安连成教授在红桥区行政许可中心作题为“当前中国周边形势及热点问题”的报告。安连成教授用生动的语言和翔实的事例，认真分析了当前我国所面临的国际经济环境和政治环境，从中亚局势、南海问题、中美关系等诸多方面进行了深入的讲解，讲解深入浅出，引人入胜，具有很强的指导性和启发性，使大家在开阔视野的同时，增长了知识，受益匪浅。

10月13日，红桥区图书馆邀请天津大学张再生教授在咸阳北路街举办题为“社会保障与社会和谐”的精彩讲座。全街社区居委会主任及社区志愿者共100余人参加讲座。张教授就社会保障与社会和谐之间的关系，并结合当前政策一一举例说明。

6. 走进西青区

9月6日至9日，西青区举办第九届社科普及周系列讲座活动，邀请南开大学李强教授作心理学辅导，邀请天津师范大学李建营副教授作题为“社区干部的沟通与协调能力”的报告，邀请天津科技大学赵士辉教授作关于“加强社区干部伦理建设”的讲座等，西青区各街镇、委局的负责同志和干部170余人听取了报告。报告后，西青区还组织广大基层干部到张家窝镇社区等全区经济亮点进行了参观考察。这次培训对提升广大基层干部能力素质，加快全区实施“五个先行区”建设具有重要意义。

7. 走进津南区

9月14日，津南区卫生局邀请天津大学曹桂全副教授讲授管理学知识。区卫生局领导班子成员、基层各单位领导班子成员、局机关、卫生监督所各科室负责人约80人参加了活动。曹教授就管理的职能、管理角色和管理者技能、领导艺术等方面进行详细讲解。

9月23日，津南区文明办、民政局邀请南开大学唐忠新教授，为区各镇副镇长、各社区工作人员以及还迁村书记、主任讲授加强社区管理与服务讲座，150余人参加活动。唐忠新教授分别从社区党建、居民自治等6个方面对社区管理与服务做了深刻细致的讲解。

8. 走进宁河县

9月16日，天津师范大学副教授李建营应邀来到宁河县芦台第二中学作专题讲座，宁河县委宣传部、宁河县教育局有关领导和高中学生共340余人听了讲座。李老师说，良好的气质，高雅的风度和基本的礼仪，是新时期青年学生必备的基本素质，不但要努力学习好科学文化知识，还要在塑造自身的形象美方面下工夫，争做“品德好、素质优、形象美”的新一代青年。

9. 走进蓟县

9月5日，南开大学教授、博士生导师、著名心理学专家李强教授到蓟县四中作题为“青少年心理困扰与应对”的报告。全县中小学的心理咨询教师以及蓟县四中部分教师代表共计300余人参加讲座。李强教授围绕当前青少年面临的心理困扰、中小学心理咨询教师如何开展青少年心理指导等问题，通过列举生动实例，分析了当前青少年心理问题的本质和种类，指明了中小学心理咨询教师工作的重点和主要方法，案例翔实、理论深刻，使听众们受益匪浅。

同日，家庭教育专家、市社联张其博老师作题为“家长素质与孩子的成长”讲座，来自全县教育战线的德育工作干部共计230余人参加活动。讲座从中小学德育教师如何引导家长教育学生出发，通过三个典型案例，分析了现代家庭教育对于学生人格素质养成的重要作用。讲座案例翔实、条理清晰、说理深刻，使广大听众进一步认识到了现代家庭教育的本质和意义，对蓟县中小学学生德育工作的开展具有重要的启发意义。

（王铭徽整理）

高校系列讲座

9月20日，天津市第九届社会科学普及周科普讲座“走进大学校园”活动如期举行。天津商务职业学院邀请了解放军301医院的陈钰教授为200名师生作专题讲座。讲座围绕“学科学，保健康”，为广大学生深入浅出的介绍了如何就医、如何更有效的使用医院、如何认识科学技术与健康和远离烟酒等问题。

9月23日，天津商业大学邀请本校马克思主义学院教师杨东以“科学研究中的情感体悟”为题对马克思主义学院100余名研究生作专题讲座。杨老师以类比的方法点题，将情感生活与科学研究之间的内在联系有机地结合起来，分为如何选择研究对象、如何处理精读与泛读之间的关系、如何选择研究课题、如何撰写研究论文、如何做好学问与人生五个部分，从科研与人生之间的内在关联中寻找契合点，提升了学生对科学研究的认知，开阔了学生的视野。

（杨鸿梁整理）

学会系列讲座

9月6日，由宁河县政府、滨海新区汉沽教育学会和开发区教育促进中心承办、天津市教育学会主办的系列科普讲座分别在芦台二中、汉沽五中、开发区第二小学举行。市教育学会有关专家学者和中小学教师代表1000余人次参加。市教育学会副会长田福安、宝坻区教育局副局长李富旺分别作了题为“教育专业化成长”和“当代教育工作者应当具备的基本素养”讲座。田福安从教师专业成长的形势和要求、教师职业理想的确立、知识结构的构建、师德和专业技能以及教学行为等方面作了详细阐述。李富旺围绕我国教育方针政策的发展变化，教育思想和教育规律的重要性，以及教育管理、教学实施、毕业班工作开展等方面作了深入讲解。他特别指出，教学活动的开展要具备“四性”，即计划性、目的性、参与性和有效性。同时，备课要讲求“五备”，即备课标、备教材、备学生、备方法和备训练。考试不在多，而在于精，要注重考试的分析与反馈。

图书馆系列讲座

8月27日，天津青年宫邀请到著名曲艺表演艺术家魏文亮老师为300多名青年朋友作题为“听相声说相声爱相声”讲座。魏老师对自己的从艺经历、创作历程作了详细介绍，针对不同时期的代表作和创作来源以及过程作了详细的说明。最后，魏老师即兴表演了相声《要条件》，使观众重新回味了相声名段的艺术魅力。

同日，天津市图书馆邀请国家一级编剧、著名相声作家王鸣禄作题为“浅谈相声的表演与创作”的讲座，290多名图书馆读者听了讲座。王鸣禄老师讲述了自己对相声创作方面的理解，认为一段好的相声需要大量的包袱，抖包袱是相声的灵魂所在，也是相声升华的闪光点。失去它，相声就如同一杯白开水，平淡无味。此外，相声还需要与时俱进，时时创新，悉心观察，把情理之中，意料之外的事情提炼成相声的元素，融入到全新的段子当中，这样才能赢得观众的好评，得到观众的认可。王老师说，相声创作并不是一件容易的事情，一名优秀的相声创作者，需要具备相当的思想意志品质和素养。首先，要求创作者虚心向各位相声大家学习，吸取大师们的相声艺术精华，形成属于自己的创作素材。其次，要求创作者要通晓各类知识，这样才能拥有源源不断的创作灵感。另外，自身的文学修养也要不断升华，因为多余的一个助词，一个动作都可能将整个相声推至无底深渊。

9月4日，天津市少年儿童图书馆举办了“播撒爱的种子——小学生感恩系列亲子互动活动”。通过系列亲子游戏活动，帮助亲子双方了解、理解对方，使大家真切地体会到对方爱的情感和爱的付出，进而产生感恩的心，感恩的情感和感恩的行动，促进亲子情感，提升亲子间的幸福感。

9月14日，河东区图书馆邀请天津市食文化研究会执行会长许先在天津警备区第九干休所举办讲座，为大家讲解“饮食、生活方式与健康”，共有100多名干部群众听了讲座。许会长按照中国五千年的食文化历程，讲解了科学的饮食习惯和健康的生活方式。

9月21日，和平区图书馆邀请天津医科大学史宝欣教授作题为“健康饮食与生活方式”的讲座，200多市民听了讲座。史教授从“生活方式与健康的关系”、“不良生活方式与死因”、“合理的饮食结构”、“如何减少脂类食物摄入”、“合理膳食，适量运动，心理平衡”等方面对中老年听众的生活方式加以指导，以便提高他们的生活质量，预防疾病发生，保障身体健康。

（杨鸿梁整理）

专题特色活动

9月1日，由中共天津市委宣传部、天津市社会科学界联合会主办，《天津日报》社、天津达仁堂京万红药业有限公司协办的天津市第九届社会科学普及周“建设美好天津——学习天津市‘十二五’发展规划纲要”京万红杯有奖竞答活动举行。全市广大市民和外省市部分群众踊跃投稿竞答，活动共收到答题卡4000余份。9月15日，在市社联举行抽奖仪式，市社联党组书记李家祥，市委宣传部副巡视员、理论处处长杜鸿林，天津达仁堂京万红药业有限公司党委副书记胡汉勇等出席并讲话。市社联副巡视员、秘书长陈根来主持抽奖仪式。共抽出一等奖5名，二等奖100名，三等奖300名。9月17日在《天津日报》公布一、二等奖获奖名单。全部获奖名单在“天津社会科学网”予以公布。9月21日至23日获奖人员在市社联领取奖品。

（王铭徽）

建设学习型社会读书活动

“科普知识进社区、进农家”赠书活动，是第九届社会科学普及周“建设学习型社会读书活动”的重要项目，也是本市社会科学界推动“文化惠民”工程的一项具体举措。这一活动旨在加强党的理论创新成果的宣传普及和党的路线方针政策的宣传阐释，让广大市民群众学习掌握社会科学知识，全面提高公民人文社会科学素养，推进文明城市建设。市社联为本市滨海新区等16个区县赠送《从怎么看到怎么办——理论热点面对面2011》、《渤海名家大讲堂（第一辑）》，《中国共产党天津历史大事择要（1919年5月—2010年12月）》、《解读〈天津市国民经济和社会发展第十二个五年规划纲要〉》等优秀社科图书和读物。同时，还组织市、区图书馆深入到部队、机关、学校、社区开展特色科普活动，为部队官兵和基层干部群众赠送社科类图书和读物30余种万余册。

（华敏）

9月2日，市图书馆积极配合科普周活动，紧密围绕活动主题开展了“图书馆送书下基层”活动。流动服务车来到了北方人才市场，为基层读者进行近距离的送书服务。流动借阅服务车上的图书种类齐全，可挑选余地大，‘送书上门’深受广大职工欢迎。一个半小时后，又马不停蹄的赶往第二个送书点——冷轧薄板厂。当流动车开进冷轧薄板厂大门的时候，读者们早已等候在送书点位。中午一点半时，工作人员顾不上午休，就又赶往第三个送书点河西分局。

（杨鸿梁）

天津图书大厦
社科图书展活动

与天津图书大厦合作举办的社会科学类图书展活动，以书台、书花的形式集中陈列热点社科书籍近百种，销售社科类图书1.4万册，销售额达37万元。

（华敏）

天津市第九届社会科学普及周活动指南

一、开幕式

时　间:2011年9月2日上午9:00

地　点:天津大礼堂中剧场3楼1号会议厅

主题报告会

题　目:转变经济发展方式,推进天津科学发展

主讲人:陈宗胜(天津市政府副秘书长,南开大学教授、博士生导师)

二、社科普及咨询活动

现场咨询

时　间:2011年9月3日上午9:00-11:30

地　点:和平区和平路(滨江道至赤峰道段)

主　办:中共天津市委宣传部　天津市社会科学界联合会

协　办:中共和平区委宣传部

咨询项目	参加学会
住宅消费理念;住宅选择:区位环境价格;物业管理公司对业主的权利和义务	市城市建设综合开发研究会
养老、医疗保险知识;企业改制常识	市劳动保障学会
经济合同;消费维权;商事登记	市工商行政管理学会
财产险、人寿险;综合保险知识	市保险学会
司法实务咨询;民法实务咨询;诉讼法实务咨询	市法学会
会计与财务知识	市会计学会
行政审批如何为市民服务;城市管理如何融入社会服务;公共管理与社会服务	市行政管理学会
书画鉴赏;社交礼仪	市艺术学会
就业培训;市民素质教育;低碳生活	市商业文化协会
如何学习诸子百家;国学与现代社会;易学与生活	市国学研究会
世界语与国际交往;世界语应用与普及	市世界语协会
档案查询利用与政府信息公开;档案文化	市档案学会
地名管理知识	市地名学会
人际关系疏导;青少年心理疏导;压力应对与情绪管理	市社会心理学会
社会、家庭、心理健康;婚姻家庭与社会心理	市法制心理学会
婚姻家庭矛盾调适;大龄青年婚恋心理咨询;80后婚姻关系调处	市婚姻家庭研究会
家庭教育与亲子和谐	市家庭教育研究会
未成年人责任意识培养;子女道德教育与心理健康;家庭和谐与道德培育	市伦理学学会
残疾儿童教育;如何引导孩子喜爱运动;孩子厌学,家长怎么办	市教育学会
摄影器材的选择;摄影技巧运用与人像拍摄	市老年摄影艺术研究会
食品与健康;酒类知识;中国食文化知识	市食文化研究会
网络社交中的逻辑应用;诉讼中的逻辑方法与应用;批判性思维中的逻辑方法	市逻辑学会
太阳黑子知识科普	市天文学会
地震基本知识:家庭地震避险措施	市地震协会
共同应对气象灾害:提高防灾避险措施	市气象协会

电话咨询

时　间:2011年9月2—8日

地　点:消费者权益保护热线—12315

主　题:消费者权益知识

主　办:中共天津市委宣传部　天津市社会科学界联合会

协　办:天津市工商行政管理学会

时　间:2011年9月3日、4日上午9:00—11:00

地　点:23931617热线

主　题:新生学习适应性培养

主　办:中共天津市委宣传部　天津市社会科学界联合会

协　办:天津市妇联儿童部　市家庭教育研究会

时　间:2011年9月2-8日

地　点:青少年维权热线——12355

主　题:青少年权益保护

主　办:中共天津市委宣传部　天津市社会科学界联合会

协　办:天津市青年宫

网络咨询

时　间:2011年9月2—8日

主　题:心理健康与社会和谐

地　点:北方网科技频道"天津市第九届社会科学普及周专题"栏目

主　办:中共天津市委宣传部　天津市社会科学界联合会

协　办:北方网　天津市社会心理学会

三、百场社科普及讲座

"社科讲坛"五进工程:区县系列

举办单位	题目	主讲人	时间	地点
东丽区委宣传部	和谐社会与人际关系协调	贾晓波(天津师范大学教授)	8月19日	东丽区委党校
东丽区委宣传部	气质·风度·礼仪——形象美三要素	汪加千(南开大学教授)	8月23日	东丽区金钟街何兴庄
宝坻区委宣传部	区县要走科技驱动新型城市化道路	刘刚(南开大学教授)	8月25日	宝坻宾馆会议厅
宁河县委宣传部	如何调整生活与饮食,防控慢性疾病	史宝欣(天津医科大学教授)	8月30日	宁河县建设管理委员会
滨海新区区委宣传部	中国历史文化与城市发展	张利民(天津社科院研究员)	9月1日	滨海新区建投大厦11层
宁河县委宣传部	中国共产党对群众工作理论的探索及其经验	漆玲(天津市委党校教授)	9月2日	公安宁河分局
滨海新区区委宣传部	竞争环境中的和谐心理构建	袁辛(南开大学教授)	9月5日	滨海新区党校
蓟县县委宣传部	青年心理困扰与应对	李强(南开大学教授)	9月5日	蓟县四方台宾馆
蓟县县委宣传部	家长素质与孩子的成长——谈学习型社会的家庭教育	张其博(市家庭教育研究会顾问)	9月5日	蓟县四方台宾馆
河东区委宣传部	当前国际形势分析	吴志成(南开大学教授)	9月6日	河东区政府一楼报告厅
河西区委宣传部	外来务工青年人生规划	李晖(天津职业技术师范大学教授)	9月6日	尖山街社区服务中心
河西区委宣传部	学习"七一"重要讲话精神 加快转变经济发展方式	李家祥(市社联党组书记、教授)	9月14日	河西区人大礼堂
宁河县委宣传部	气质·风度·礼仪——形象美三要素	李建营(天津师范大学副教授)	9月7日	宁河县芦台二中
西青区委宣传部	以人为本,强化社区管理	赵士辉(天津科技大学教授)	9月7日	西青宾馆
南开区委宣传部	和谐社会的道德建设	漆玲(天津市委党校教授)	9月8日	天津中医学院报告厅
西青区委宣传部	社区干部的沟通与协调能力	李建营(天津师范大学副教授)	9月8日	西青宾馆
红桥区委宣传部	社会主义核心价值体系建设	漆玲(天津市委党校教授)	9月9日	红桥区政府礼堂
津南区委宣传部	引进现代管理理念,提高基层领导干部的管理水平	曹桂全(天津大学教授)	9月13日	津南区卫生局

举办单位	题目	主讲人	时间	地点
红桥区委宣传部	当前国际形势分析	安连成(天津市委党校教授)	9月16日	红桥区政协四楼会议室
河东区委宣传部	饮食、生活方式与健康	史宝欣(天津医科大学教授)	9月16日	河东区政府一楼报告厅
津南区委宣传部	社区居民管理与服务	唐忠新(南开大学教授)	9月16日	津南区委会议楼会议室
南开区委宣传部	学习“七一”重要讲话精神 加快转变经济发展方式	杨文明(天津大学副教授)	9月16日	南开区房管局五楼会议厅
宝坻区委宣传部 宝坻区团委	贯彻落实科学发展观与天津发展	漆玲(天津市委党校教授)	10月7日	宝坻科委会议室
宝坻区委宣传部 宝坻区团委	青年心理困扰与应对	李晖(天津职业技术师范大学教授)	10月14日	宝坻科委会议室

“社科讲坛”五进工程:学会系列

举办单位	题目	主讲人	时间	地点
市老年摄影艺术研究会	数码相机的应用与选择	王继东(市老年摄影艺术研究会顾问)	8月20日	河北区老年大学
市老年摄影艺术研究会	摄影技巧的运用	周传林(市老年摄影艺术研究会常务副会长兼秘书长)	8月26日	和平区中心小学
市老年摄影艺术研究会	摄影艺术创作	李玉琪(市老年摄影艺术研究会副会长)	8月30日	和平区中心小学
市教育学会	教师专业化成长	田福安(市教育学会副会长)	9月1日	宁河县教育学会
市教育学会	当代教育工作者应当具备的基本素养	李富旺(宝坻区教育局副局长)	9月1日	经济技术开发区教育学会
市教育学会	教师专业化成长	田福安(市教育学会副会长)	9月2日	汉沽区教育学会
市法制心理学会	大学生生涯规划	史宝欣(天津医科大学教授)	9月6日	天津医科大学
市法制心理学会	老有所依老有所靠——老龄化社会的自我应对	汪洁(天津社科院副研究员)	9月6日	天津市开发区泰达康翠社区
市法制心理学会	做求知老人,享受不老人生	汪洁(天津社科院副研究员)	9月7日	西青区中北镇大地十二城社区居委会
市伦理学学会	子女道德教育	赵士辉(天津科技大学教授)	9月8日	河西区柳林街东海社区
市法制心理学会	角色调整与大学新生适应	刘援朝(天津公安警官职业学院教授)	9月13日	天津公安警官职业学院
市伦理学学会	师德建设的若干问题	赵士辉(天津科技大学教授)	9月13日	天津工程技术师范大学
市家庭教育研究会	一年级新生家庭教育指导	王建环(天津市网上家长学校常务副校长)	9月13日	天津市妇女活动中心
市逻辑学学会	诉讼中的主张、证据与逻辑方法	张靖(天津师范大学 副教授)	9月15日	天津师范大学法学院模拟法庭
市逻辑学学会	公务员考试中的逻辑问题	徐锦中(天津大学副教授)	9月15日	天津师范大学法学院模拟法庭
市逻辑学学会	经济决策中的逻辑应用	刘明明(天津财经大学副教授)	9月15日	天津师范大学法学院模拟法庭

举办单位	题目	主讲人	时间	地点
市婚姻家庭研究会	婚姻家庭的社会管理	潘允康(天津社科院研究员)	9月20日	市社联社科活动中心四楼报告厅
市家庭教育研究会	慈孝文化主题教育	张其博(市家庭教育研究会顾问)	9月20日	天津市妇女活动中心
市行政管理学会	深化行政审批制度与改革推动经济社会和谐发展	张霁星(市行政管理学会副会长兼秘书长、研究员)	9月26日	静海县行政许可服务中心
市世界语协会天津师范大学	你知道世界语吗?	韩祖武(市世界语协会会长)	9月16日	天津师范大学
市会计学会	会计创新与滨海新区发展	刘志远(南开大学教授)	8月10日	滨海新区
市会计学会	企业内部控制与风险管理	韩传模(天津财经大学教授)	9月15日	会计学会会计之家
市行政管理学会	提高行政审批效率,优化经济发展环境	张霁星(市行政管理学会副会长兼秘书长、研究员)	10月13日	宁河县行政许可服务中心

“社科讲坛”五进工程:高校系列

举办单位	题目	主讲人	时间	地点
天津大学	“机器人总动员”探索模拟世界	刘鸣(天津大学教授)	9月2日	科图二层报告厅
天津大学	日本福岛核事故应急述评	郑钧正(天津大学教授)	9月2日	市社联社科活动中心一层报告厅
天津大学	保护知识产权激励知识创新	王秀奎(天津大学教授)	9月7日	市社联社科活动中心204会议室
天津大学	漫谈创新思维	申泮文(南开大学中科院院士)	9月7日	市社联社科活动中心一层报告厅
天津商务职业学院	卫生健康知识	赵忠华(天津商务职业学院主治医师)	9月12日	天津商务职业学院
天津师范大学	树立正确“三观”做合格大学生	王辅成(天津师范大学教授)	9月13日	天津师范大学音乐厅
天津中医药大学	体质与健康	陆小左(天津中医药大学教授)	9月13日	国际教育中心二楼报告厅
天津师范大学	研究生如何树立科研意识	王中良(天津师范大学教授)	9月14日	天津师范大学音乐厅
天津商业大学	科学研究中的情感体悟	杨东(天津商业大学讲师)	9月14日	市社联社科学术交流中心
天津商务职业学院	应急科普知识	李富森(天津商务职业学院常务副院长)	9月15日	天津商务职业学院
天津商业大学	话语与社会生活	田海龙(天津商业大学教授)	9月16日	市社联社科学术交流中心
天津商业大学	关于税收问题研究	梁学平(天津商业大学教授)	9月18日	市社联社科学术交流中心
南开大学	当前国际形势	乐玉成(南开大学教授)	9月19日	南开大学礼堂
南开大学	当前中国社会阶层发展	朱光磊(南开大学教授)	9月20日	南开大学礼堂
南开大学	人生的直线	李彦宏(南开大学教授)	9月21日	南开大学礼堂
天津商业大学	司法考试导向下的中国法学教育	邹晓梅(天津商业大学教授)	9月22日	市社联社科学术交流中心

举办单位	题目	主讲人	时间	地点
天津师范大学	汉字艺术与当代社会	顿子斌(天津师范大学教授)	9月26日	美术设计学院报告厅
天津师范大学	女大学生形象塑造及社交礼仪	苏爱洁(天津师范大学教授)	9月28日	天津师范大学劝学楼

"社科讲坛"五进工程:区图书馆系列

举办单位	题目	主讲人	时间	地点
和平区图书馆	饮食、生活方式与健康	许先(天津食文化研究会执行会长)	9月2日	和平区图书馆报告厅
南开区图书馆	青年心理困扰与应对	王虹翔(天津市青少年心理学研究中心主任)	9月5日	南开中学
和平区图书馆	青年心理困扰与应对	王虹翔(天津市青少年心理学研究中心主任)	9月7日	和平区图书馆报告厅
河北区图书馆	青少年心理困扰与应对	王虹翔(天津市青少年心理学研究中心主任)	9月7日	河北区宙纬路46号
河东区图书馆	饮食、生活方式与健康	许先(天津食文化研究会执行会长)	9月7日	警备区第九干休所
河西区图书馆	滨海新区成为中国经济增长"第三极"的战略思考	郭春明(天津师大法学院讲师)	9月7日	空军93688部队
红桥区图书馆	当前我国的社会经济形式及发展思路	傅利平(天津大学教授)	9月9日	天津意库创意产业园
红桥区图书馆	社会保障与社会和谐	张再生(天津大学教授)	9月16日	咸阳北路街社区报告厅

"社科讲坛"五进工程:渤海名家大讲堂

举办单位	题目	主讲人	时间	地点
市青年宫	水彩画创作及赏析	石增琇(天津师范大学教授)	8月13日	市青年宫报告厅
市青年宫	说相声、听相声、爱相声	魏文亮(天津市政协委员)	8月29日	市青年宫报告厅
市图书馆	饮食.生活方式与健康	许先(天津食文化研究会执行会长)	9月3日	市图书馆报告厅
市国学会	孙中山先生在天津的革命活动	樊国安(中国新闻出版报主任记者)	9月27日	市社联社科活动中心

四、社科普及理论研究

课题题目:社会管理创新与社会科学普及

课题时间:2011年3月至12月

课题组长:天津市社会科学界联合会党组书记、教授李家祥

成　员:陈根来、关颖、何兰萍、李祖光、华敏等

研究成果:论文

五、“建设美好天津”有奖竞答活动

题　目:“建设美好天津——学习天津“十二五”经济社会发展规划纲要”京万红杯有奖竞答
时　间:2011 年 8 月 25 日—9 月 7 日
主　办:中共天津市委宣传部　天津市社会科学界联合会
协　办:天津日报报业集团　天津达仁堂京万红药业公司

六、建设学习型社会读书活动

“送书到社区学校”、“送书到农家书屋”活动
时　间:2011 年 9 月 2 日
地　点:天津大礼堂中剧场 3 楼 1 号会议厅
赠书方:中共天津市委宣传部　天津市社会科学界联合会
接书方:天津市部分农家书屋代表、社区学校

全国社会科学图书展示
时　间:2011 年 9 月 10—14 日
地　点:北京市社会科学界联合会
举　办:全国社会科学普及工作经验交流会组委会

社会科学图书展
时　间:2011 年 9 月 2—30 日
地　点:河西区大沽南路 362 号
举　办:天津图书大厦

特色科普活动
题　目:《保险法》知识有奖竞答
时　间:2011 年 8 月 18 日—9 月 7 日
主　办:天津市社会科学界联合会　天津市保险监督局
举办:天津市保险学会　天津市保险行业协会　城市快报

时　间:9 月 2—8 日
地　点:全市范围
内　容:消费维权　食品安全
举　办:天津市工商行政管理学会

时　间:9 月 2—8 日
地　点:河东区图书馆一楼展厅
内　容:社会科学普及周专题书展
举　办:天津市河东区图书馆

时　间:9 月 2 日
地　点:蓟县城区、街区
内　容:同在一方热土　共建美好家园咨询
举　办:天津市法制心理学会

时　间:9 月 2 日
地　点:驻津部队
内　容:社科知识进军营
拥军图书分馆开馆仪式
讲座、咨询活动
举　办:天津市南开区图书馆

时　间:9 月 2 日
地　点:北方人才市场
内　容:图书馆送书下基层
举　办:天津市图书馆

时　间:9 月 3 日
地　点:天津市档案局
内　容:天津历史文化讲座
举　办:天津市档案学会

时　间:9 月 3—4 日
地　点:社区
内　容:新学期学生学习适应性培养
举　办:天津市家庭教育学会

时　间:9 月 4 日
地　点:滨海新区
内　容:普及心理健康知识,提高滨海新区职业女性健康水平
举　办:天津市法制心理学会

时　间:9 月 4 日
地　点:天津市少年儿童图书馆

内　容:播撒"爱"的种子——小学生感恩系列亲子互动活动
举　办:天津市少年儿童图书馆

时　间:9月5日
地　点:河东区社区
内　容:送书进社区
举　办:天津市河东区委宣传部

时　间:9月6日
地　点:南开区图书馆或社区礼堂
内　容:普及心理知识,建设和谐社区
举　办:天津市法制心理学会、天津市南开区政法委

时　间:9月12日
地　点:全市范围
内　容:现代女性大讲堂
举　办:天津市婚姻家庭研究会

责任编辑:刘　晖

科研课题

2011年天津市国家社科基金项目情况综述

杨向阳

2011年，天津市国家社科基金项目研究紧紧围绕党和国家工作大局，深入阐释关系中国特色社会主义事业发展的重大理论和现实问题，与时俱进，开拓创新，社科立项取得新突破，社科研究取得新进展，一批优秀成果脱颖而出，哲学社会科学认识世界、传承文明、创新理论、咨政育人、服务社会的作用得到更好发挥。

一、立项创佳绩，规划开好局

本年度项目立项获历史最好成绩。2011年是“十二五”规划开局之年，国家社科基金项目首次实行限额申报，全市申报数较去年减少36%，申报压力大、难度高。面对新情况，市委宣传部社科规划办和全市各高校、相关科研单位一起，精心组织，周密安排，创新申报方式、方法，采取申报预审方式，使申报项目论证水平和总体质量有了较大提升。经预审，全市精选410项课题入京参评，61个课题中标立项，获资助935万元，创年度立项历史最好成绩。立项课题涉及20个学科。2个重点项目、33个一般项目、26个青年项目，分别由南开大学、天津师范大学、天津财经大学、天津理工大学、市委党校、天津社会科学院、天津体育学院、天津大学、天津科技大学、天津工业大学、天津医科大学、天津中医药大学等12所高校和科研单位获得。其中，师大和财大分别实现突破，获年度立项历史最好成绩，天津科技大学首次获准立项，实现零的突破。南开大学独揽29个课题，占全市立项总数的48%。

各级各类国家社科基金项目喜获丰收。在三次国家社科基金重大项目招标中，本市5个项目中标，获资助360万元；5个项目被转立当年年度重点项目，获资助125万元；10个项目获立后期资助项目，获资助156万元；2个项目入选优秀成果文库，获资助30万元；1个项目入选西藏项目，获资助10万元。全年全市累计获得各级各类国家社科基金项目84项，获资助经费总额达1616万元。

二、科研结硕果，决策见成效

把握政治方向，潜心钻研，研究工作稳步推进。2011年全市国家社科基金项目研究工作坚持正确导向，围绕大局，服务实践，在创新理论、创新科研方法上下工夫，开阔研究视野，拓展研究领域，科研工作扎实有序，稳步推进，阶段性成果丰硕。全市302项各级各类国家社科基金在研项目累计推出阶段性成果260项，其中专著1部，研究报告4部，论文255篇。

打造社科品牌，多出精品力作，体现国家水平。从已发表的阶段性成果看，多数水平较高。被核心期刊刊载转载、引用、获奖的比比皆是，社会反响好，评价高，充分体现了国家社科基金项目的导向、示范作用。南开大学宣朝庆的《中国特色的社会建设思想研究》项目，分别在《天津社会科学》、《南开学报》、《社会科学战线》、《社会学研究》、《齐鲁学刊》等刊物发表论文7篇，其中2篇分别被《中国社会科学文摘》和人大复印资料转载；管健的《城市二代移民社会认同与认同威胁研究》项目，分别在《南京社会科学》、《南京师大学报》、《心理科学进展》、《中国临床心理学》等CSSCI等索引期刊上发表论文9篇，其中4篇受邀国际会议主题发言；天津师范大学高景柱的青年项目《20世纪70年代以来西方政治哲学中的平等理论跟踪研究》,分别在《马克思主义与现实》、《学海》、《道德与文明》、《中山大学学报》(社科版)、《同济大学学报》(社科版)、《华中科技大学学报》(社科版)、《河北师范大学学报》(社科版)发表论文6篇,其中1篇被《中国社会科学文摘》转载。据不完全统计,全市国家社科基金在研项目在核心期刊发表阶段性成果63篇,CSSCI索引刊物96篇,EI索引6篇,SCI索引1篇,人大复印资料11篇,获各级各类奖项的10篇。

立足实践,围绕大局,充分发挥服务决策功能。南开大学刘刚的《中国新的发展阶段创新驱动的经济发展模式研究》课题,发表阶段性成果6篇,其中2篇调研报告分别被《社科界咨政要报》(内参)、《调研报告》(天津市政府内参)选用,1篇受到天津市常务副市长杨栋梁同志批示,市委相关部门认真研究了该调研报告并作出反馈,将报告中所提建议纳入到未来全市发展规划中;南开大学宋华琳的《药品安全监管的行政法研究》项目发表论文3篇,其中《中国食品安全标准法律制度研究》的成果(《公共行政评论》2011年第2期)受到卫生部、国务院食品安全办的高度重视。据不完全统计,天津市全年有8项国家社科基金在研项目的阶段性成果直接或间接地为政府决策所采纳。

三、服务上水平,管理出效益

为认真贯彻落实全国社科规划办《关于认真贯彻落实国家社科基金项目经费审计整改工作会议精神的通知》,市社科规划办采取多种形式,着重从加强制度建设入手,加大管理力度,对在研项目经费使用情况分单位、分阶段进行抽查,进一步严格了对项目经费的管理。各科研管理单位进一步完善工作措施和工作程序,严格"两签两审"制度、严把开题建账关和结题清账关,严密关注经费流向的每个环节,随时防止可能出现的漏洞,防止资助经费用于非研究支出,把全过程跟踪管理落实到项目管理全过程之中,最大限度地发挥了资助经费在科研管理工作中的杠杆调节作用和使用效益。

当然,在取得成绩的同时,我们的研究和管理工作还存在着许多问题和不足。如延期项目多、超期项目多问题等仍然存在;在创新学术观点,创新科研方法,增强项目选题与内容的原创性上还有待提高;在优秀成果宣传、推介、转化方面还需要进一步探索新途径、发掘新招法等等,这些仍然是我们共同的努力方向。

(本文作者:中共天津市委宣传部理论研究室副处长杨向阳)

国家社会科学基金资助项目(2011年度)天津市立项课题

马克思主义·科学社会主义(2项)

项目编号	项目名称	负责人	工作单位	项目类别	预期成果	计划完成时间
11BKS031	和谐社会视野下我国社会保障制度的公平与共享研究	赵春玲	南开大学	一般项目	专题论文集 研究报告	2013-6-1
11BKS051	"三俗文化"对社会主义文化建设的影响及对策研究	张九海	天津理工大学	一般项目	专题论文集	2013-12-31

党史·党建(1项)

项目编号	项目名称	负责人	工作单位	项目类别	预期成果	计划完成时间
11BDJ037	提升农村党员干部信息素质能力与推进农村党的基层组织信息化建设	李淑华	天津市委党校	一般项目	研究报告	2013-12-31

哲学(2项)

项目编号	项目名称	负责人	工作单位	项目类别	预期成果	计划完成时间
11AZX006	儒家生态哲学史研究	乔清举	南开大学	重点项目	专著	2014-12-31

续表

项目编号	项目名称	负责人	工作单位	项目类别	预期成果	计划完成时间
11CZX065	先秦儒家情理主义道德哲学形态研究	郭卫华	天津医科大学	青年项目	专著	2014-3-1

理论经济(4 项)

项目编号	项目名称	负责人	工作单位	项目类别	预期成果	计划完成时间
11BJL055	京津冀都市圈发展的脆弱性研究与评估	冯振环	天津财经大学	一般项目	研究报告	2013-12-30
11BJL068	新经济地理学视角下的转移支付与中国区域协调发展研究	薄文广	南开大学	一般项目	专题论文集 研究报告	2013-12-1
11CJL003	中国跨越“中等收入陷阱”的战略创新研究	李　月	南开大学	青年项目	专题论文集 研究报告	2013-12-30
11CJL028	我国土地资本化进程中的制度创新研究	张海鹏	南开大学	青年项目	专题论文集 研究报告	2014-6-30

应用经济(5 项)

项目编号	项目名称	负责人	工作单位	项目类别	预期成果	计划完成时间
11BJY119	中国食品安全战略研究	王殿华	天津科技大学	一般项目	研究报告 专题论文集	2013-12-31
11BJY140	资产价格波动与金融脆弱性互动机制研究	马亚明	天津财经大学	一般项目	专著	2013-12-30
11CJY072	全球价值链分工背景下中国贸易利益分配机制研究	李宏艳	天津财经大学	青年项目	专著	2014-7-1
11CJY093	后“次贷”危机时期金融风险财政化问题研究	李　伟	天津财经大学	青年项目	专著 研究报告	2014-6-30
11CJY094	我国投资效率及国际比较研究	李泽广	南开大学	青年项目	专题论文集 研究报告	2013-7-1

统计学(2 项)

项目编号	项目名称	负责人	工作单位	项目类别	预期成果	计划完成时间
11BTJ018	消费者价格指数(CPI)偏差的测度与调整方法研究	雷怀英	天津工业大学	一般项目	研究报告	2013-6-30
11CTJ007	国家竞争力评价指标体系设计及应用研究——基于中国的视角	王　健	天津财经大学	青年项目	研究报告	2013-6-30

政治学(3 项)

项目编号	项目名称	负责人	工作单位	项目类别	预期成果	计划完成时间
11BZZ028	我国政府决策专家咨询制度建设研究	张颖春	天津市委党校	一般项目	专题论文集 研究报告	2013-6-30
11CZZ013	利益冲突的整合协调机制研究	张振华	南开大学	青年项目	专著 专题论文集	2013-9-1
11CZZ029	我国人大和政协“两会”机制实证研究	盛　林	南开大学	青年项目	专著 研究报告	2014-6-30

法学(4 项)

项目编号	项目名称	负责人	工作单位	项目类别	预期成果	计划完成时间
11BFX021	民俗习惯的司法适用研究	于语和	南开大学	一般项目	专著 专题论文集	2013-12-31

续表

项目编号	项目名称	负责人	工作单位	项目类别	预期成果	计划完成时间
11BFX028	中国物权变动“混合模式”问题研究	陈光华	天津财经大学	一般项目	专著	2013－12－31
11BFX060	多重目标下的循环经济促进法实施机制研究	刘　芳	南开大学	一般项目	专著 研究报告	2014－6－30
11CFX077	国际金融法视角下的金融业宏观审慎监管	刘　轶	南开大学	青年项目	专题论文集 研究报告	2014－6－30

社会学(5 项)

项目编号	项目名称	负责人	工作单位	项目类别	预期成果	计划完成时间
11ASH009	现阶段我国转变经济发展方式的社会政策研究	关信平	南开大学	重点项目	专著	2012－12－31
11BSH045	城市低龄老年人再职业生涯心理与行为模式研究	吴　捷	天津师范大学	一般项目	专著 电脑软件	2013－12－30
11CSH043	集体行动参与的心理路径研究	姚　琦	南开大学	青年项目	专题论文集 专著	2014－7－1
11CSH054	国家规制视角下的劳资关系潜规则生成及其对策:以新《劳动合同法》的执行情况为例	吕小康	南开大学	青年项目	专著	2014－6－30
11CSH059	舆情疏导机制建构与城市基层社会管理研究	冯希莹	天津社会科学院	青年项目	专著	2013－12－30

民族问题研究(2 项)

项目编号	项目名称	负责人	工作单位	项目类别	预期成果	计划完成时间
11BMZ050	民国时期西北边疆地区现代教育的推进与民族文化互动研究	娜　拉	天津师范大学	一般项目	专著	2013－12－30
11CMZ001	多民族国家建设视角下少数民族社会融合的理论与实践研究	郝亚明	南开大学	青年项目	专题论文集 研究报告	2013－12－30

国际问题研究(4 项)

项目编号	项目名称	负责人	工作单位	项目类别	预期成果	计划完成时间
11BGJ011	中医学专业国际认证体系研究	张炳立	天津中医药大学	一般项目	研究报告	2013－12－31
11BGJ019	二战前后的冲绳问题及中日美关系研究	刘少东	天津理工大学	一般项目	专著	2013－12－31
11CGJ001	国际安全视野下的网络文化及我国国家软实力建设研究	刘兴华	南开大学	青年项目	专题论文集 研究报告	2013－12－31
11CGJ021	中国出口净技术含量的形成机制及提升路径研究	齐俊妍	天津财经大学	青年项目	专题论文集 研究报告	2013－7－1

中国历史(3 项)

项目编号	项目名称	负责人	工作单位	项目类别	预期成果	计划完成时间
11BZS012	儒道佛的特质与六朝时期三教融合研究	张荣明	南开大学	一般项目	专著	2014－6－30
11BZS018	唐代谏官制度的结构与功能研究	胡宝华	南开大学	一般项目	专著	2014－6－30
11BZS047	铁路与近代华北城市化进程(1881—1937)研究	江　沛	南开大学	一般项目	专著 专题论文集	2014－7－1

世界历史(2 项)

项目编号	项目名称	负责人	工作单位	项目类别	预期成果	计划完成时间
11BSS004	中世纪城市对近代西欧文明的孕育研究	刘景华	天津师范大学	一般项目	专著	2013-12-30
11BSS013	马克思主义在拉丁美洲的传播及其影响研究	董国辉	南开大学	一般项目	专著	2014-6-30

中国文学(2 项)

项目编号	项目名称	负责人	工作单位	项目类别	预期成果	计划完成时间
11BZW091	周作人年谱长编	张铁荣	南开大学	一般项目	专著	2014-7-31
11CZW061	中美科幻小说发展机制比较研究	吕　超	天津师范大学	青年项目	专著	2013-12-30

外国文学(1 项)

项目编号	项目名称	负责人	工作单位	项目类别	预期成果	计划完成时间
11BWW021	纪伯伦在中国的传播与影响研究	甘丽娟	天津师范大学	一般项目	专著	2013-12-30

语言学(4 项)

项目编号	项目名称	负责人	工作单位	项目类别	预期成果	计划完成时间
11BYY002	生物语言学概论:理论、方法及课题	宁春岩	天津师范大学	一般项目	专著	2013-12-30
11BYY040	语言前耳聋者中国手语理解的神经机制研究	李　强	天津理工大学	一般项目	研究报告 专题论文集	2013-7-31
11BYY091	西周青铜重器铭文集释(西周早期)	周宝宏	天津师范大学	一般项目	专著	2013-12-30
11BYY093	汉语句法中的指称问题研究	王红旗	南开大学	一般项目	专题论文集	2014-7-1

新闻学(2 项)

项目编号	项目名称	负责人	工作单位	项目类别	预期成果	计划完成时间
11BXW041	我国网络舆情及主流媒体的舆论引导研究	王艳玲	天津师范大学	一般项目	专题论文集	2013-12-30
11CXW008	“三网融合”背景下的广播电视制播分离与市场适应机制变革研究	陈　鹏	南开大学	青年项目	研究报告	2013-7-1

图书馆·情报与文献学(4 项)

项目编号	项目名称	负责人	工作单位	项目类别	预期成果	计划完成时间
11BTQ009	基于用户多维交互行为的数字图书馆可持续发展评估模型与实证研究	李月琳	南开大学	一般项目	专著	2014-7-1
11BTQ022	中国专利文献与世界科学论文之间的引文分析研究	杨祖国	天津大学	一般项目	专题论文集 研究报告	2014-7-30
11CTQ001	全球背景下知识流程外包与中国知识型服务业发展战略研究	李　颖	南开大学	青年项目	专题论文集 研究报告	2014-6-30
11CTQ009	中国农民数字化贫困实证研究:现象、根源与对策	闫　慧	南开大学	青年项目	研究报告	2014-2-28

体育学(1 项)

项目编号	项目名称	负责人	工作单位	项目类别	预期成果	计划完成时间
11CTY005	我国残疾人公共体育服务体系构建及运行机制研究	宋　珏	天津体育学院	青年项目	研究报告	2013-5-31

管理学(8 项)

项目编号	项目名称	负责人	工作单位	项目类别	预期成果	计划完成时间
11BGL023	中小企业团体融资路径与机制研究	潘永明	天津理工大学	一般项目	研究报告 专题论文集	2014－12－31
11BGL081	理顺政府间财政关系实施全口径公共预算管理	李冬妍	南开大学	一般项目	研究报告	2013－8－30
11BGL094	公共信息符号系统管理标准研究	牟　跃	天津师范大学	一般项目	专著 研究报告	2013－12－30
11CGL012	团队互动过程对团队效能的影响机制研究	王海霞	天津财经大学	青年项目	专题论文集 研究报告	2013－12－31
11CGL045	保险公司治理的合规性与有效性及其对绩效影响的实证研究	郝　臣	南开大学	青年项目	专题论文集 研究报告	2013－7－1
11CGL058	我国农村村庄治理对公共基础设施投资影响的实证研究	张同龙	天津师范大学	青年项目	研究报告	2013－12－30
11CGL073	服务型地方政府的组织模式与运行机制研究	翟　磊	南开大学	青年项目	专著 专题论文集	2013－7－1
11CGL102	电子商务声誉结构与评价研究	卢志刚	天津财经大学	青年项目	专著	2013－7－1

国家自然科学基金资助项目管理科学部(2011 年度)天津市立项课题

序号	项目批准号	项目名称	负责人	依托单位
1	71103096	中国企业技术创新激励的缺失与重构:基于产权与资源分配体制市场化改革的研究	张　宇	南开大学
2	71172216	公司治理中高管层决策神经机制与治理评价研究	张国萍	南开大学
3	71102046	“社会关系—市场资产”的转化机制及二者的整合效应研究	张　峰	南开大学
4	71172072	基于 SaaS 的 IT 服务供应链激励与风险控制研究	严建援	南开大学
5	71172069	以迁移性和交互性分离为特征的现代服务业全球营销战略研究——兼及在中国的管理实践	吴晓云	南开大学
6	71102049	创业者人力资本对新企业绩效作用过程中的创业学习机制研究	王晓文	南开大学
7	71101075	稳健季节调整的信号提取理论与应用研究	王群勇	南开大学
8	71173121	流动农民工信息获取与跨区域公共信息服务保障体系研究	王　芳	南开大学
9	71102051	基于初始条件的新创企业组织烙印机制研究	田　莉	南开大学
10	71103095	基于 DSGE 模型的保险业结构与经济增长关系的数量分析	邵全权	南开大学
11	71102048	基于产品线的委托设计与制造外包模式的研究	山　峻	南开大学
12	71102050	技术创业企业新产品开发的绩效提升机制研究	秦　剑	南开大学
13	71172067	基于战略性信息披露的公司治理溢价研究	牛建波	南开大学
14	71103094	短视认知偏差、偏好动态不一致与地方政府投资中的冲动或拖延:机制分析与管理建议	那　艺	南开大学
15	71132001	我国集团企业跨国治理与评价研究	林润辉	南开大学
16	71172068	新生代员工的偏好与信念特质——基于行为经济学视角和实验经济学方法的研究	李　政	南开大学
17	71110307017	2011 年 IEEE 服务系统与服务管理国际学术研讨会(第八届)	李勇建	南开大学
18	71171118	不完美市场中的基金契约——投资者非理性和市场非充分竞争下的连续时间契约模型	李学峰	南开大学

续表

序号	项目批准号	项目名称	负责人	依托单位
19	71102045	成员偏好结构、信念特征与团队激励——基于行为视角和实验方法的研究	李晓义	南开大学
20	71103099	基于"生态效率—生态全要素生产率"视角的中国区域经济增长效率与提升路径研究	李兰冰	南开大学
21	71141012	人口变化对经济发展的影响	李建民	南开大学
22	71171119	路径依赖型期权的数值方法以及应用研究	李冰清	南开大学
23	71172066	中国商业银行高管激励约束机制与风险承担研究	郝项超	南开大学
24	71103097	城市化与收入分配:基于同生群效应的分析与预测	韩　军	南开大学
25	71173120	宏观经济视角下的中国住房市场价格研究	龚　刚	南开大学
26	71103098	基于空间及行业碳排放差异的我国多层次配额型碳交易市场构建研究	高丽洁	南开大学
27	71172070	混合动态情绪及记忆对消费者购买决策的影响机制研究	杜建刚	南开大学
28	71172071	集装箱绿色航运供应链的协调机制与协同优化调度研究	陈秋双	南开大学
29	71102047	基于空间变换的复杂耦合制造过程质量监控与异常诊断算法研究	车建国	南开大学
30	71103100	国内市场分割、地理集聚与中国出口企业的生产率悖论	包　群	南开大学
31	71111140132	国际应用系统分析研究学会暑期青年科学家项目	张永杰	天津大学
32	71110107040	复杂金融系统计算实验国际合作研究	张永杰	天津大学
33	71140021	海峡两岸管理科学技术名词审定	张　维	天津大学
34	71131007	基于计算实验方法的复杂演化金融系统建模、资产定价及风险管理研究	张　维	天津大学
35	71172149	国际 PPP 项目合约治理研究	张水波	天津大学
36	71171144	基于随机波动 Heath – Jarrow – Morton 模型的可违约债券定价及风险管理策略研究	杨宝臣	天津大学
37	71172148	建筑市场执业资格人员信用行为及其治理模型研究	王雪青	天津大学
38	71102140	多元计量值测量系统能力评价方法研究	施亮星	天津大学
39	71171143	基于鲁棒性原理的医疗决策系统品质与效率研究	沈　江	天津大学
40	71171145	基于生态位和协同演化理论的制造企业信息化演进机制研究	邵宏宇	天津大学
41	71172147	基于广义纳什协商解的工程争端谈判研究	吕文学	天津大学
42	71171142	汽车产品保证策略设计与服务运作系统优化研究	刘子先	天津大学
43	71111120059	基于自举法对生产前沿面效率的研究	李　磊	天津大学
44	71101102	城市道路上的自发秩序——不规范驾驶行为的形成、影响与治理	贾　宁	天津大学
45	71110307041	复杂产品制造过程质量控制与诊断国际研讨会	何　桢	天津大学
46	71110307013	海外华人学者管理科学与工程协会第四次国际年会	何龙飞	天津大学
47	71110107042	NIS 安全风险管理中业务流程连续性问题研究	冯　楠	天津大学
48	71101103	复杂管理环境下 Web 服务应用中的服务组合与进化	陈富赞	天津大学
49	71102139	非盈利顾客的评估、激励与放弃:理论模型与实证研究	白　寅	天津大学
50	71102012	企业探索性创新与开发性创新的协调机制及其对绩效的影响研究	张建宇	天津财经大学
51	71103126	复杂网络结构下货币量值的系统性金融风险测控体系构建研究——基于资产价格波动冲击	温博慧	天津财经大学
52	71173151	人民币国际化进程中实际有效汇率的合理定价研究——基于汇率战略博弈的视角	王爱俭	天津财经大学
53	71172018	基于关系传递的企业网络组织结构嵌入与控制机制研究	彭正银	天津财经大学
54	71171139	SolvencyII 框架下非寿险准备金风险度量与控制研究	刘乐平	天津财经大学
55	71171140	精益建设(LC)技术采纳行为与决策模型研究	李书全	天津财经大学
56	71101104	复杂长距离调水工程水质水量安全综合评价与应急对策研究	孙月峰	天津工业大学
57	71171146	基于仿真的复杂产品研发项目进度费用联合风险研究	杨宝森	天津商业大学

续表

序号	项目批准号	项目名称	负责人	依托单位
58	71102032	CGM 环境中顾客参与内容创造的个体心理机制及群体创造规律研究	曹花蕊	天津师范大学
59	71172175	合同风险分担对工程项目管理绩效的影响机理研究：理论、实证与应用	尹贻林	天津理工大学
60	71173152	基于多维关联规则和可拓理论的地铁施工灾害警情诊断模型和灾害后果可控度研究	陈伟珂	天津理工大学
61	71141019	我国食品安全风险来源与控制研究	曹小红	天津科技大学
62	71171141	工程质量政府监督多层次激励协同机理研究	郭汉丁	天津城市建设学院

国家社科基金教育学项目(2011 年度)天津市立项课题

课题批准号	课题名称	负责人	工作单位	课题类别
BFA110049	以机器人教育为载体的高中与大学创新教育有效衔接的实践研究	崔世钢	天津职业技术师范大学	国家一般

教育部人文社会科学研究规划项目(2011 年度)天津市立项课题

序号	学科门类	项目类别	项目名称	申请人	学校名称
1	管理学	规划基金项目	旅游者权力、增权及其对旅游供应链权力结构的影响研究	徐　虹	南开大学
2	管理学	规划基金项目	基于信息披露战略的公司治理溢价研究	牛建波	南开大学
3	管理学	规划基金项目	政策性动因对我国民营企业投融资互动机理影响研究：进入壁垒、融资约束	李　莉	南开大学
4	管理学	规划基金项目	用机制拉动服务型政府建设	沈亚平	南开大学
5	管理学	青年基金项目	网络精准服务中消费者隐私决策过程与机理研究	李　凯	南开大学
6	管理学	青年基金项目	基于社会关系视角的营销能力形成及使用机制研究	张　峰	南开大学
7	管理学	青年基金项目	特许人公开化影响行动及其作用效果的研究：基于社会网络	任星耀	南开大学
8	国际问题研究	青年基金项目	美国粮食外交及中国的对策	徐振伟	南开大学
9	交叉学科/综合研究	青年基金项目	中国形象与俄罗斯民族身份的建构	陈金鹏	南开大学
10	经济学	规划基金项目	新时期区域协调发展的内生机制与政策创新研究——基于新经济地理学的视角	朴银哲	南开大学
11	经济学	规划基金项目	国家综合配套改革试验区运行绩效测度与评价研究：以沪津深三大试验区为例	王家庭	南开大学
12	经济学	规划基金项目	不完美市场中的基金契约——投资者非理性和市场非充分竞争下的连续时间契约模式	李学峰	南开大学
13	经济学	规划基金项目	未来收益呈规律性变化条件下的财务报告特征分析研究	边　泓	南开大学
14	经济学	青年基金项目	国际气候变化博弈与我国对策研究	王　芳	南开大学
15	经济学	青年基金项目	基于金融史学和政治经济学视角的人民币国际化问题研究	王　博	南开大学

续表

序号	学科门类	项目类别	项目名称	申请人	学校名称
16	经济学	青年基金项目	我国空间与行业碳排放的差异特征以及多层次配额型碳交易市场的构建研究	高丽洁	南开大学
17	经济学	青年基金项目	基于"生态效率—生态全要素生产率"视角的中国区域经济增长效率与提升路径研究	李兰冰	南开大学
18	经济学	青年基金项目	非均质后发大国中经济极化、区域互动与协调发展的路径选择研究	周　密	南开大学
19	经济学	青年基金项目	金融中介发展对经济增长的影响和渠道——基于宏观数据和微观数据的证据	张　津	南开大学
20	历史学	规划基金项目	20 世纪上半期的中国留学生与中国文化的对外传播	元　青	南开大学
21	马克思主义理论/思想政治教育	规划基金项目	互联网条件下维护我国意识形态安全研究	杨永志	南开大学
22	外国文学	青年基金项目	日本古代大陆移民的文学研究	王　凯	南开大学
23	心理学	青年基金项目	集体行动参与机制的社会心理学研究	陈　浩	南开大学
24	语言学	规划基金项目	课堂纠错反馈对于汉语语法习得的作用	祖晓梅	南开大学
25	语言学	规划基金项目	汉语语法点教学案例研究	卢福波	南开大学
26	哲学	规划基金项目	多维视野中的当代自身意识理论	郑辟瑞	南开大学
27	哲学	青年基金项目	价值哲学与意向性问题研究	钟汉川	南开大学
28	政治学	青年基金项目	环渤海、长三角、珠三角劳资纠纷比较研究	刘　骥	南开大学
29	中国文学	规划基金项目	佛教的吟诵传统及其对文学的影响研究	张培锋	南开大学
30	中国文学	规划基金项目	一代宗师缪荃孙年谱长编	杨洪升	南开大学
31	中国文学	青年基金项目	"十七年"文学批评与文学生产关系研究	曹　霞	南开大学
32	管理学	规划基金项目	战略人力资源管理的一致性与柔性效应的整合研究	王兰云	天津财经大学
33	管理学	青年基金项目	集装箱港口中多码头泊位的协调运作与应急管理研究	徐　亚	天津财经大学
34	交叉学科/综合研究	青年基金项目	国际经济合作法制化不平衡性研究——兼论国际贸易法制对国际货币金融法制的借鉴	张川华	天津财经大学
35	经济学	规划基金项目	伪面板数据建模方法及其应用研究	白仲林	天津财经大学
36	经济学	规划基金项目	多因素随机利率理论模型、数值模拟及实证研究	张书华	天津财经大学
37	经济学	青年基金项目	篮子平价区间爬行视角下人民币最优汇率动态定标研究	林　楠	天津财经大学
38	经济学	青年基金项目	我国地方政府投融资平台债务风险的实证评估及其治理路径	张　平	天津财经大学
39	经济学	青年基金项目	体育产业示范基地培育机制与评估体系研究	梁　强	天津财经大学
40	历史学	青年基金项目	农业合作化与乡村社会变迁研究	王俊斌	天津财经大学
41	马克思主义理论/思想政治教育	青年基金项目	西方左翼学者论新帝国主义	闫海潮	天津财经大学
42	政治学	规划基金项目	产业和平与多层级的集体劳动关系创新系统——以产业人力资源开发带动中国劳动	王兴化	天津财经大学
43	政治学	青年基金项目	跨国公司对中国外资政策的影响研究——政策过程的视角	刘　畅	天津财经大学
44	管理学	规划基金项目	公私伙伴关系合作治理及其互动机制研究	任志涛	天津城市建设学院
45	管理学	规划基金项目	废旧电器再生利用产业链主体责任分配机理及其协同机制研究	张印贤	天津城市建设学院
46	管理学	青年基金项目	城乡统筹视角下农村土地流转与农户权益保护的耦合机制研究	张　贞	天津城市建设学院

续表

序号	学科门类	项目类别	项目名称	申请人	学校名称
47	交叉学科/综合研究	青年基金项目	基于上证主要板块指数相关分析的多变量金融混沌时序重构与预测技术研究	修　妍	天津城市建设学院
48	经济学	规划基金项目	中国城市发展的 Tiebout 效应研究	胡玉敏	天津城市建设学院
49	管理学	规划基金项目	我国城市基础设施建设市场化运作环境下的投资公司结构性风险研究	孙　慧	天津大学
50	管理学	规划基金项目	区域品牌伞情境下区域形象对消费者购买行为影响机理研究	马向阳	天津大学
51	管理学	规划基金项目	合约视角下的国际 PPP 项目风险防范体系研究	张水波	天津大学
52	管理学	规划基金项目	国企内部控制、高管权力对并购绩效的影响效应研究	赵　息	天津大学
53	管理学	青年基金项目	非盈利顾客资产管理理论与方法研究	白　寅	天津大学
54	管理学	青年基金项目	基于消费者涉入转化的品牌延伸产品广告说服机理研究	王　寒	天津大学
55	交叉学科/综合研究	规划基金项目	学科建设提升我国高校核心竞争力的研究	肖凤翔	天津大学
56	交叉学科/综合研究	青年基金项目	中国文物建筑测绘史研究(1900 年至今)	张凤梧	天津大学
57	交叉学科/综合研究	青年基金项目	中国贸易隐含碳转移变化与国际产业分工	王　媛	天津大学
58	交叉学科/综合研究	青年基金项目	新凯恩斯主义宏观金融模型下我国违约利率期限结构与宏观经济因素间互动关系研究	苏云鹏	天津大学
59	交叉学科/综合研究	青年基金项目	基于系统论的中国现代城市雕塑全寿命期设计方法研究	王　鹤	天津大学
60	经济学	青年基金项目	土地开发模式合理化与减少小汽车排放量的模拟研究——以天津市为例	邢锡芳	天津大学
61	经济学	青年基金项目	养老保险制度转制与现有制度可持续性研究	张　琴	天津大学
62	社会学	规划基金项目	我国新农村城镇化模式探析与片区空间规划理论研究	闫凤英	天津大学
63	图书馆、情报与文献学	青年基金项目	基于文献计量学的学术表现评价体系研究	张　玲	天津大学
64	心理学	规划基金项目	大学生生命感的时代解读及提升路径研究	孙　颖	天津大学
65	语言学	规划基金项目	中国崛起与国家独特宏观外语资源需求理论及实证研究	李鸿斌	天津大学
66	语言学	规划基金项目	解构主义对中国翻译的影响研究	贾欣岚	天津大学
67	政治学	青年基金项目	近代日本的中国"民族国家"观(1860—1931 年)	王美平	天津大学
68	法学	青年基金项目	法律经济学的中国式探索——以中央与地方分权为中心	陈正华	天津工业大学
69	管理学	规划基金项目	文化创意企业投融资决策机理与效率的研究	魏亚平	天津工业大学
70	管理学	青年基金项目	城市交通拥堵的街区缓冲模型及仿真研究	陈敬柱	天津工业大学
71	管理学	青年基金项目	海河流域城市洪灾易损性评价与对策研究	孙月峰	天津工业大学
72	管理学	青年基金项目	基于需求信息更新的消费者行为与两周期供应链管理策略的交互影响研究	申成霖	天津工业大学
73	经济学	青年基金项目	随机环境下投资——消费问题:理论与实证研究	常　浩	天津工业大学
74	历史学	青年基金项目	国家法令与民间利益的博弈——民国时期河北旗地地权变革	王立群	天津工业大学
75	中国文学	青年基金项目	孙伏园与现代报纸文艺副刊	田　露	天津工业大学
76	管理学	规划基金项目	科技型创业企业孵化资源配置效率及优化路径研究	宋　清	天津科技大学
77	统计学	青年基金项目	注资限制下的金融保险公司分红问题研究	张立东	天津科技大学
78	管理学	规划基金项目	基于"逾渗理论"的 LCC 技术推广模块化机理研究	何伟怡	天津理工大学
79	管理学	规划基金项目	大型工业城市低碳发展的途径、模式与对策研究——以天津市为例	李　健	天津理工大学

续表

序号	学科门类	项目类别	项目名称	申请人	学校名称
80	交叉学科/综合研究	规划基金项目	基于可持续开发理论的纤维素乙醇开发策略研究	冯　炘	天津理工大学
81	教育学	规划基金项目	我国聋人大学生职业竞争力现状及就业对策研究	童　欣	天津理工大学
82	经济学	青年基金项目	基于排污权交易制度的碳交易市场运行机制研究	刘炳春	天津理工大学
83	社会学	青年基金项目	乡土性与现代性的交融:集镇化社区社会动员机制研究	魏智慧	天津理工大学
84	艺术学	青年基金项目	老龄化背景下产品易用性设计研究	张芳燕	天津理工大学
85	法学	规划基金项目	民事政策的法源性研究	齐恩平	天津商业大学
86	管理学	青年基金项目	社会组织参与公共冲突治理的功能、机制和路径	赵伯艳	天津商业大学
87	经济学	规划基金项目	中国 CO_2 排放、影响因素及低碳经济政策研究:多部门多地区的分析	张宏武	天津商业大学
88	经济学	规划基金项目	经济发展方式转型与产业结构升级的互动机理:模型研究及实证检验	吕明元	天津商业大学
89	语言学	规划基金项目	语境的本体与认知研究	田海龙	天津商业大学
90	法学	青年基金项目	风险刑法基础理论研究	张　晶	天津师范大学
91	管理学	青年基金项目	土地征收过程中农民福利变化研究	高进云	天津师范大学
92	教育学	规划基金项目	城乡教育一体化进程中乡村学校文化适切性问题研究	纪德奎	天津师范大学
93	教育学	规划基金项目	课程的理论基础的深化、拓展与整合研究	和学新	天津师范大学
94	教育学	规划基金项目	城镇化背景下家庭教育社会支持体系研究	杨宝忠	天津师范大学
95	教育学	青年基金项目	美国营利性高等教育机构的组织学分析	李丽洁	天津师范大学
96	经济学	规划基金项目	城市水资源的循环经济发展模式及动态经济调控机制研究	荆　平	天津师范大学
97	历史学	规划基金项目	赫鲁晓夫时期的文化“解冻”对俄罗斯民族文化艺术的影响	杨海云	天津师范大学
98	历史学	规划基金项目	清代以来谣谚与社会风貌研究	宫宝利	天津师范大学
99	历史学	青年基金项目	近邻:16 至 19 世纪湘鄂赣交边山区的土著与移民研究——以江西万载高村为中心	罗艳春	天津师范大学
100	历史学	青年基金项目	3—11 世纪县级行政演变研究——兼论国家权力与基层社会互动关系	张玉兴	天津师范大学
101	马克思主义理论/思想政治教育	规划基金项目	中国特色社会主义理论体系发展逻辑的宏观与微观研究	王　力	天津师范大学
102	图书馆、情报与文献学	规划基金项目	基于语义 Web 服务的协同政务知识共享研究	高　洁	天津师范大学
103	心理学	规划基金项目	知识型城市低龄老年人再职业生涯心理与行为模式研究	王晓庄	天津师范大学
104	心理学	规划基金项目	中小学生学习中的协作抑制	唐卫海	天津师范大学
105	心理学	青年基金项目	情绪体验和调节的年老化研究	王　芹	天津师范大学
106	语言学	规划基金项目	中国大学英语学习者群体分类研究	王　静	天津师范大学
107	政治学	青年基金项目	我国土地历史遗留问题研究——政治、行政与法律三维视域	张艳丽	天津师范大学
108	中国文学	青年基金项目	1950—1970 年代中国文学与“社会主义新人”理论谱系	刘卫东	天津师范大学
109	中国文学	青年基金项目	《国语》研究史略	陈鹏程	天津师范大学
110	中国文学	青年基金项目	《淮南子》生命艺术思想研究	赵　欣	天津师范大学
111	交叉学科/综合研究	规划基金项目	我国青少年体质健康促进模型的构建及实证追踪研究	谭思洁	天津体育学院
112	交叉学科/综合研究	青年基金项目	我国青少年校园足球的发展模式研究	王炜华	天津体育学院
113	教育学	青年基金项目	中西方文化视野下的自闭症教育干预策略研究	李　芳	天津体育学院

续表

序号	学科门类	项目类别	项目名称	申请人	学校名称
114	管理学	青年基金项目	传统企业向创新型企业演进的战略变革研究——基于知识生态视角	刘　妍	天津外国语大学
115	国际问题研究	青年基金项目	超越博弈:国际气候合作的动因、内涵、路径、困局及其破解之钥	李　强	天津外国语大学
116	教育学	青年基金项目	利益相关者视角下的职业教育吸引力驱动机制及提升对策研究	李名梁	天津外国语大学
117	经济学	青年基金项目	国际贸易与劳动力收入分配:基于国际分工视角的研究	牛　蕊	天津外国语大学
118	新闻学与传播学	青年基金项目	绿色发展与媒体创新:环境传播视阈中的当代中国可持续发展研究	张建中	天津外国语大学
119	语言学	规划基金项目	大学生英语程式短语学习影响因素研究	魏　梅	天津外国语大学
120	法学	青年基金项目	医疗损害责任认定的裁判规则及类型化研究	石旭雯	天津医科大学
121	交叉学科/综合研究	青年基金项目	基于现场和网络视域的男同性恋者艾滋病认知及相关行为特征调查	崔　壮	天津医科大学
122	交叉学科/综合研究	青年基金项目	基于数据挖掘技术的医疗保险信息分析的应用研究	李长平	天津医科大学
123	教育学	青年基金项目	我国普通高校大学生体质测试管理的闭环机制研究	姜卫芬	天津医科大学
124	心理学	规划基金项目	“癌症生存者”的创伤后成长	刘惠军	天津医科大学
125	艺术学	规划基金项目	当代中国音乐批评史研究	明　言	天津音乐学院
126	管理学	规划基金项目	区域卫生资源公平配置机制的研究	何　宁	天津中医药大学
127	交叉学科/综合研究	青年基金项目	基于授权理论的护理人员职业倦怠行为学干预研究	刘彦慧	天津中医药大学

国家软科学研究计划(2011年度)天津市立项课题

天津市科委

序号	项目编号	项目名称	承担单位
1	2011GXS2D015	低碳经济背景下科技创新支撑天津制造业升级研究	天津工业大学
2	2011GXQ4D031	提升循环农业科技创新能力与发展对策研究	天津城市建设学院

教育部

序号	项目编号	项目名称	承担单位
3	2011GXQ4B008	低碳旅游与旅游消费拉动经济的一般均衡研究	天津大学

2011年天津市哲学社会科学规划综述

杨向阳

2011年,天津市哲学社会科学规划项目研究,高举中国特色社会主义理论伟大旗帜,深入贯彻落实科学发展观,坚持正确政治方向,以服务科学发展为主题,以庆祝建党90周年为主线,以学习宣传贯彻党的十七届六中全会精神为重点,以大力推进马克思主义大众化为目标,遵循社会科学研究规律，牢固树立精品意识，多出优秀成果，多出优秀人才，围绕中心，服务大局，立足实践，取得显著成效。

一、精心组织，重点策划，为纪念建党90周年活动隆重开展提供有力学理支持

为认真贯彻落实中央和天津市委的决策部署，做好建党90周年的理论研究和宣传教育工作，努力营造良好的思想氛围，经过调研和论证，设立了《论党的学习自觉——关于中国共产党九十年学习之路回顾与思考》、《中国共产党的社会管理思想与实践——发展中的思考》、《中国共产党的群众工作理论与实践》、《建党以来社会主义核心价值体系形成历史探析》、《中国共产党推进马克思主义大众化的历史经验》、《中国共产党对中国现代化的三大贡献》、《中国特色社会主义理论在天津滨海新区的成功实践》和《张太雷在津的革命活动》等重点委托课题，围绕中国共产党领导革命、建设和改革的成功实践和基本理论等主题，深刻总结中国共产党成立90年来的光辉历程和宝贵经验，为天津市建党90周年纪念活动的隆重开展提供有力的学理支持。

二、围绕党和国家中心工作，服务改革发展稳定大局，市社科评审立项内容丰富多彩

按照2011年天津市委宣传思想工作要点的部署，在天津市委宣传部直接领导下，天津市社会科学规划办公室和全市各高校相关科研单位一起，及早筹划，认真实施，精心组织开展2011年度市社科规划项目评审工作。共受理课题申报项目848项。2011年的申报，单位多，覆盖面广，申报数量虽少于去年，但申报材料质量明显提升，申报者整体年龄呈年轻化趋势。选题反映了天津市哲学社会科学的学科发展方向，具有较强的前瞻性。经评审，共有205个课题获准立项，立项率为24.1%，与往年持平。其中，南开大学33项，天津师范大学30项，天津财经大学19项，天津商业大学17项，天津工业大学13项，天津社会科学院12项，天津科技大学11项，天津理工大学9项，天津大学9项，天津外国语大学9项，天津体育学院7项，天津职业技术师范大学7项，天津市委党校5项，天津城建学院5项，天津职业大学4项，天津医科大学3项，天津市教育科学研究院3项，天津中医药大学2项，天津农学院1项，中国民航大学1项，天津市农业科学院1项，天津电视大学1项，天津市卫生局1项，市人口情报中心1项，河西区人民政府1项。这一结果客观地反映出天津市社会科学研究单位的科研实力，也注重了适当兼顾。为了体现公平公正公开的评审原则，使有限的科研资源得到合理的享用。

2011年的申报立项工作呈现出以下特点：

1. 关系党和国家事业发展全局的重大理论和现实问题的课题占有相当大的比例，这类项目约占立项总数的三分之一。如《党的指导思想创新发展的历史进程和基本经验研究》、《推进惩治和预防腐败的制度建设》、《调整收入分配与转变经济发展方式研究》、《经济发展方式根本转变与法制改革问题研究——以环境资源法为例》、《中国制造业出口竞争力结构研究》等。

2. 以人为本，关注现实，与人民群众生活密切相关的课题数量大幅度提高。如《新形势下促进就业与改善收入分配关系实证研究》、《金钱崇拜与企业家社会责任关系研究》、《天津市义务教育均衡发展改革研究》、《面向城市社区的社区物流体系的构建与运营模式研究》、《大学生应激和抗挫折心理训练研究》、《基于民生保障的社会建设路径研究》、《住房的隐性再分配功能研究》等。

3. 与天津经济社会发展密切相关的课题占有相当比例，约占立项总数的三分之一。如《天津市区县经济协调发展水平测度与对策研究》、《天津市工程质量安全影响因素实证诊断与防范对策研究》、《天津市社区居民健身服务需求与享有基本体育服务及利用状况研究》、《天津市地方投融资平台债务风险研究——风险的评估、预警与治理》、《法治天津建设机制研究》、《滨海新区金融中心构建与金融脆弱性防范机制研究》、《天津市中学生自我调节能力学习发展特点研究》、《面向提高国际竞争力的天津市信息服务业环境扫描战略研究》等。

三、紧紧围绕哲学社会科学创新体系建设，加强理论研究和应用对策研究，拓展研究领域，天津市社会科学理论研究取得新进展

为推进马克思主义大众化研究和贯彻落实“十二五”天津文化发展纲要，将《当代马克思主义大众化若干理论和实践问题研究》和《天津文化发展及城市形象现代走向研究》纳入天津市2011年度重点学科建设工程项目。此外，以《中华民国史》为代表的部分重点工程项目陆续结项，受到业内专家好评。在开展应用对策专题研究上，也取得了新的进展。围绕“智慧天津建设”、“天津文化产业竞争力”等专题，组织天津市社会科学界和自然科学界有关专家开展综合研究，产出了一批针对性强、有价值的成果。特别值得提出的是,本年度课题紧紧围绕中心服务社会,切实加强了应用对策性研究。为推进防范和处理邪教工作等理论研究,针对新时期面临的新形势、新任务,结合天津市的实际,精心组织筛选了23个课题,列入天津市2011年度市社科重点学科研究和建设工程。这些科研课题所取得的成果,都积极地推进了实际工作的开展,取得了实效。

(本文作者:杨向阳,中共天津市委宣传部理论处副处长)

天津市哲学社会科学重点学科建设工程研究课题(2011年度)

序号	项目编码	承担人	牵头单位	项 目 名 称
1	TJSKGC-ZJ1001	王立新	南开大学	海外邪教研究及对中国的启示
2	TJSKGC-ZJ1102	元 青	南开大学历史学院	我国历史上邪教产生和发展的背景分析
3	TJSKGC-ZJ1103	白 冬	天津财经大学法学院	外国政府与立法机关关于破坏性教派问题的文献分析
4	TJSKGC-ZJ1104	薛智胜	天津工业大学人文与法学院	国内外惩治邪教法律法规比较研究
5	TJSKGC-ZJ1105	王玉英	天津财经大学	社会转型期邪教存在的文化基础研究
6	TJSKGC-ZJ1106	赵晓呼	天津市委党校	加强无神论教育构筑防范和抵御邪教的精神支柱研究
7	TJSKGC-ZJ1107	丛 屹	天津财经大学经济学院	邪教组织滋生蔓延的机理分析与综合治理研究——基于经济学与社会管理视角
8	TJSKGC-ZJ1108	任晓明	南开大学哲学院	探析新兴膜拜团体的破坏性因素
9	TJSKGC-ZJ1109	高琳琦	天津师范大学政策与法规研究室	论邪教迷魂、洗脑的伪科学机制及防范对策研究
10	TJSKGC-ZJ1110	杨明光	天津政法干部管理学院	新时期建立健全防范和处理邪教体制机制研究
11	TJSKGC-ZJ1111	佟家栋	南开大学	宗教的文化基础及其与邪教的本质区别
12	TJSKGC-ZJ1112	李旭炎	天津科技大学	当代新兴宗教研究
13	TJSKGC-ZJ1113	汪 波	天津大学管理学院	世界末日论的起源与变迁
14	TJSKGC-ZJ1114	郭利平	天津中医药大学	从中医角度探究健身气功与法轮功本质区别
15	TJSKGC-ZJ1115	刘援朝	天津警官学院	邪教精神控制的心理机制、社会危害及对痴迷者的心理救助
16	TJSKGC-ZJ1116	李增田	天津商业大学公共管理学院	公共治理视角下的反邪教社会网络建设研究
17	TJSKGC-ZJ1117	王立国	天津社科院	当前世界各国邪教组织蔓延渗透活动研究
18	TJSKGC-ZJ1118	赵万里	南开大学周恩来政府管理学院	基于社会学与心理学的人类神秘信仰分析
19	TJSKGC-ZJ1119	陈学奇	天津商业大学	巫术、迷信与邪教的差异性研究
20	TJSKGC-ZJ1120	薛有志	南开大学商学院	试析构建反邪教社会安全网络研究
21	TJSKGC-ZJ1121	梁 艳	市委防范办秘书处	加强网络反邪教文化建设的研究
22	TJSKGC-ZJ1122	王 洪	市委防范办一处	境外邪教组织向境内渗透活动方式特点分析及对策研究
23	TJSKGC-ZJ1123	李 洋	市委防范办二处	新时期对"法轮功"痴迷人群的教育管理纳入群众工作范畴的探索与实践
24	TJSKGC-ZJ1124	王德禄	天津师范大学	基于社会管理创新的反邪教研究
25	TJSKGC-ZL1021	李喜所	南开大学	天津文化发展及城市形象现代走向研究
26	TJSKGC-KS1102	张博颖	天津社科院	当代中国马克思主义大众化若干理论和实践研究

天津市哲学社会科学规划项目(2011 年度)

马列·科社、党史·党建(11 项)

序号	项目编码	单　　位	姓　名	课　题　名　称	项目类别	成果形式
1	TJKS11－014	天津社会科学院	王　勇	政治发展视野中的社会管理创新研究	一般	系列论文
2	TJKS11－017	南开大学	李　洁	调整收入分配与转变经济发展方式研究	一般	系列论文
3	TJKS11－020	南开大学	寇清杰	当前我国“儒家社会主义”思潮研究	一般	系列论文
4	TJKS11－022	天津师范大学	曹金华	国企青年员工的价值观教育研究——基于非正式学习理论的探析	一般	系列论文
5	TJKS11－023	天津师范大学	姜晓梅	十六大以来文化发展理论与实践研究	重点	专著
6	TJDJ11－001	市委党校	李清华	执政党精神懈怠与政治惰性的应对策略研究	一般	研究报告
7	TJDJ11－003	市委党校	钦建军	党的指导思想创新发展的历史进程和基本经验研究	一般	专著
8	TJDJ11－010	市委党校	王伟华	推进干部教育培训科学化研究	一般	研究报告
9	TJDJ11－012	天津商业大学	徐世强	建国以来党风廉政建设阶段性特征与历史经验研究	一般	研究报告
10	TJKS11－012	天津工业大学	王　熙	新自由主义的传播与我国意识形态安全研究	一般	系列论文
11	TJKS11－024	天津师范大学	褚凤英	思想政治教育“以人为本”的价值基础与实现路径研究	一般	专著

哲学(4 项)

序号	项目编码	单　　位	姓　名	课　题　名　称	项目类别	成果形式
1	TJZX11－001	市委党校	万希平	政治哲学视域下生态马克思主义理论研究	一般	专著
2	TJZX11－004	天津医科大学	苏振兴	和谐社会视域中的医疗公平问题研究	一般	系列论文
3	TJZX11－007	南开大学	李　娜	基于反基础公理 AFA 的解悖方法及应用研究	一般	研究报告
4	TJZX11－016	天津商业大学	王　坤	马克思的劳动价值论与知识经济	一般	系列论文

政治学(9 项)

序号	项目编码	单　　位	姓　名	课　题　名　称	项目类别	成果形式
1	TJZZ11－025	南开大学	杨　雷	中俄在朝鲜半岛问题上的战略协作	一般	系列论文
2	TJZZ11－016	天津工业大学	张　磊	政府采购实施低碳消费模式的公共政策研究——以天津市政府采购为例	一般	研究报告
3	TJZZ11－031	天津师范大学	刘训练	西方古典共和主义研究	一般	专著
4	TJZZ11－027	天津师范大学	吴春华	推进惩治和预防腐败的制度建设——防止公务员利益冲突制度研究	重点	研究报告
5	TJZZ11－019	天津社会科学院	平力群	日本国家软实力资源的建设、运用及其经验研究	一般	系列论文
6	TJZZ11－021	天津社会科学院	刘　娜	天津市社会组织管理体制创新研究——基于公共治理理论视角	一般	研究报告
7	TJZZ11－015	天津科技大学	林建衡	天津市基本公共服务均等化的路径选择与制度创新	一般	研究报告
8	TJZZ11－008	天津外国语大学	孔凡伟	企业应对气候变化战略:欧洲经验及其对天津企业发展的启示	一般	研究报告

续表

序号	项目编码	单位	姓名	课题名称	项目类别	成果形式
9	TJZZ11－009	天津商业大学	王雪丽	“双维度、多线性”：弹性化城市公共安全管理体系研究——以天津市为例	一般	研究报告

法学（13项）

序号	项目编码	单位	姓名	课题名称	项目类别	成果形式
1	TJFX11－002	市委党校	刘书祥	天津滨海新区司法体制的现状、问题与改革路径	一般	研究报告
2	TJFX11－010	天津外国语大学	焦洪宝	包容性增长理念与政府采购制度的完善	一般	研究报告
3	TJFX11－017	天津商业大学	吴常青	刑事司法鉴定权合理配置研究	一般	系列论文
4	TJFX11－019	天津商业大学	邹晓玫	网络环境下权利冲突的系统化解决机制	一般	系列论文
5	TJFX11－029	天津社会科学院	刘志松	先秦犯罪学说史研究	一般	专著
6	TJFX11－033	南开大学	刘风景	法律拟制的原理与立法技术研究	重点	研究报告
7	TJFX11－034	南开大学	史学瀛	经济发展方式根本转变与法制改革问题研究——以环境资源法为例	一般	研究报告
8	TJFX11－038	南开大学	张　玲	专利侵权诉讼实务问题研究	一般	专著
9	TJFX11－039	南开大学	张志坡	物权类型的梳理与思考——类型视域下的物权法研究	一般	专著
10	TJFX11－044	天津财经大学	白　冬	法治天津建设机制研究	一般	专著
11	TJFX11－048	天津财经大学	栗明辉	抗日根据地金融法律制度研究	一般	研究报告
12	TJFX11－050	天津师范大学	胡兰玲	政府采购中供应商权利保障研究	一般	专著
13	TJFX11－055	天津师范大学	魏建新	行政决策权制约	一般	系列论文

社会学（12项）

序号	项目编码	单位	姓名	课题名称	项目类别	成果形式
1	TJSR11－015	天津社会科学院	张雪筠	住房的隐性再分配功能研究	一般	研究报告
2	TJSR11－009	天津市人口情报中心	胡耀岭	天津市人口老龄化问题研究	一般	研究报告
3	TJSR11－003	天津职业技术师范大学	赵丽华	天津市职业适应期高校毕业生就业稳定性研究——基于心理资本视角	一般	研究报告
4	TJSR11－016	天津社会科学院	杨　政	基于民生保障的社会建设路径研究	一般	研究报告
5	TJSR11－034	天津师范大学	于　莉	城乡一体化进程中城乡结合部“村改社区”组织建设研究——以天津为例	一般	专著
6	TJSR11－036	河西区人民政府	张金英	新时期人口计生公共服务体系转型的研究	一般	专著
7	TJSR11－032	天津城市建设学院	焦爱英	“村改社区”组织建设研究——以天津为例	一般	研究报告
8	TJSR11－026	南开大学	杜林致	金钱崇拜与企业家社会责任关系研究	一般	系列论文
9	TJSR11－019	天津社会科学院	李　莹	廉政感知指数研究——以天津市为例	一般	研究报告
10	TJSR11－017	天津社会科学院	李培志	城市基层社会管理中的社会协同研究——以天津“泰达模式”为例	一般	研究报告
11	TJSR11－006	天津理工大学	王克婴	基于文化产业集聚的天津创意城市发展研究	一般	研究报告
12	TJSR11－021	天津医科大学	崔　壮	基本公共服务均等化视角下的门诊医疗费用控制机制及预测预警指标体系研究	一般	研究报告

理论经济(8 项)

序号	项目编码	单　　位	姓　名	课　题　名　称	项目类别	成果形式
1	TJLJ11－009	天津商业大学	刘立霞	天津生产性服务业发展与城市功能提升研究	一般	研究报告
2	TJLJ11－012	天津工业大学	鲍建波	“十二五”时期推进天津服务业结构优化的理论与对策研究	一般	研究报告
3	TJLJ11－018	南开大学	杨　光	加快转变经济发展方式与改善民生关系研究——以天津市为例	一般	研究报告
4	TJLJ11－019	南开大学	张志强	金融发展、研发创新与天津战略新兴产业发展的机制研究	一般	研究报告
5	TJLJ11－024	天津财经大学	罗丽艳	资源约束条件下的经济增长与经济规模问题研究	一般	研究报告
6	TJLJ11－028	天津财经大学	房　林	多重视角下的投资消费失衡研究	一般	研究报告
7	TJLJ11－031	天津财经大学	张　丽	虚拟经济全球化与世界经济周期研究	一般	研究报告
8	TJLJ11－035	天津师范大学	陈元清	对外贸易对近代华北产业结构演进的影响	一般	系列论文

应用经济、统计学(7 项)

序号	项目编码	单　　位	姓　名	课　题　名　称	项目类别	成果形式
1	TJYY11－1－002	天津市农业科学院	宋建辉	天津城市化进程中提高失地农民收入水平对策研究	一般	研究报告
2	TJYY11－1－022	天津财经大学	李秀芳	中国制造业出口竞争力结构研究	一般	研究报告
3	TJYY11－1－007	天津工业大学	李　江	知识网络视角下战略性新兴产业集群创新能力发展研究——以天津新一代信息技术产业为例	一般	研究报告
4	TJYY11－1－019	天津财经大学	杜金向	新型农村金融机构可持续发展研究	一般	研究报告
5	TJYY11－1－008	南开大学	倪志良	深化财税制度改革,优化天津各级财政占比	一般	研究报告
6	TJTJ11－003	南开大学	张　云	虚拟经济的统计测度指标研究	一般	研究报告
7	TJTJ11－004	天津大学	谷伟哲	基于优化方法的校正理论与算法研究	一般	系列论文

天津经济(19 项)

序号	项目编码	单　　位	姓　名	课　题　名　称	项目类别	成果形式
1	TJYY11－2－005	天津职业技术师范大学	王学信	天津产业结构升级的金融支持研究	一般	研究报告
2	TJYY11－2－042	天津工业大学	王　巍	推进滨海新区改革开放先行区发展研究——基于共生理论的高端航运服务业集群发展	重点	研究报告
3	TJYY11－2－083	天津广播电视大学	张春明	基于产业链对接视角发展天津信用服务业的路径研究与政策建议	一般	研究报告
4	TJYY11－2－016	天津农学院	赵淑杰	天津市财政金融合力支持现代农业发展的机制创新研究	一般	研究报告
5	TJYY11－2－029	天津商业大学	许春淑	财政社会保障支出绩效实证研究:以天津为例	一般	研究报告
6	TJYY11－2－032	天津商业大学	王文静	天津金融服务业集聚研究	一般	研究报告
7	TJYY11－2－045	天津社会科学院	石森昌	天津市区县经济协调发展水平测度与对策研究	一般	研究报告
8	TJYY11－2－046	天津社会科学院	王　丽	“近代中国看天津”旅游文化品牌战略与实施研究	一般	研究报告

续表

序号	项目编码	单位	姓名	课题名称	项目类别	成果形式
9	TJYY11－2－049	南开大学	邵敏	新形势下促进就业与改善收入分配关系实证研究	重点	研究报告
10	TJYY11－2－055	南开大学	张永强	天津科技型企业商业模式创新研究	一般	研究报告
11	TJYY11－2－060	天津市职业大学	高雅群	高技术产业集群的知识溢出对环渤海区域创新系统的影响研究	一般	专著
12	TJYY11－2－065	天津城市建设学院	龙天炜	天津村镇住宅建设投融资对策研究	一般	研究报告
13	TJYY11－2－066	天津财经大学	李炜光	房产税改革与天津市的应对之策	重点	研究报告
14	TJYY11－2－067	天津财经大学	孙森	天津市社会信用体系构建研究	一般	研究报告
15	TJYY11－2－069	天津财经大学	武彦民	天津市地方投融资平台债务风险研究——风险的评估、预警与治理	一般	研究报告
16	TJYY11－2－076	天津财经大学	张元萍	天津市养老金融产品创新研究	一般	研究报告
17	TJYY11－2－080	天津师范大学	孟猛	垂直专业化与天津对外贸易的快速发展	一般	系列论文
18	TJYY11－2－048	南开大学	李健英	近代天津自主创新产业化的历史考察——以黄海化学工业研究社为例	一般	系列论文
19	TJYY11－2－078	天津师范大学	滑冬玲	滨海新区金融中心构建与金融脆弱性防范机制研究	一般	系列论文

历史学(7 项)

序号	项目编码	单位	姓名	课题名称	项目类别	成果形式
1	TJZL11－005	天津工业大学	张文涛	晚清天津海防中“以民制夷”策略研究	一般	研究报告
2	TJZL11－008	天津社会科学院	王静	一个新崛起的城市中间阶层——近代天津律师群体研究	一般	专著
3	TJZL11－011	南开大学	李永胜	清末民初涉外知识产权保护问题	一般	研究报告
4	TJZL11－022	天津师范大学	刘金明	天津区域文化的北方民族因素研究	重点	系列论文
5	TJSL11－001	天津医科大学	张俊芳	文艺复兴时期意大利的拜占廷流亡学者研究	一般	系列论文
6	TJSL11－004	天津师范大学	张晓晗	自愿捐助与近代英国教育发展	一般	系列论文
7	TJZL11－012	南开大学	刘雨珍	清代首届驻日公使馆员笔谈研究（1877—1882）	一般	专著

汉语言文学(8 项)

序号	项目编码	单位	姓名	课题名称	项目类别	成果形式
1	TJHY11－010	南开大学	谷峰	先秦汉语情态副词研究	一般	系列论文
2	TJHY11－012	南开大学	于辉	语言接触与跨语言词汇借用的音系研究	一般	专著
3	TJHY11－018	天津师范大学	陈鹏飞	晋方言嵌 L 词比较研究	一般	系列论文
4	TJHY11－004	天津外国语大学	李旭	霸州方言语音差异研究	一般	研究报告
5	TJZW11－006	南开大学	卢盛江	中古唐代诗歌声律思想史	一般	专著
6	TJZW11－012	天津师范大学	杨伯	唐代文术研究	一般	专著
7	TJZW11－003	天津社会科学院	王士强	天津当代诗歌论	一般	专著
8	TJHY11－011	南开大学	王萍	汉语焦点句中信息结构与韵律结构的互动关系研究	一般	系列论文

外国文学(8 项)

序号	项目编码	单位	姓名	课题名称	项目类别	成果形式
1	TJWW11－004	天津理工大学	蒲海丰	托尔金幻想文学思想研究	重点	系列论文
2	TJWW11－013	天津外国语大学	郭德艳	石黑一雄、菲利普斯、奥克里作品中的历史叙事研究	一般	系列论文
3	TJWW11－014	天津外国语大学	何琳	《中国文学》翻译文化研究	一般	系列论文
4	TJWW11－019	天津科技大学	潮洛蒙	日本无产阶级诗人及作品研究——以中野重治、谷川雁为例	一般	系列论文
5	TJWW11－020	南开大学	索金梅	工业革命时期的英美文学 1719—1798	一般	专著
6	TJWW11－023	南开大学	王旭峰	后殖民文学内部流派研究	一般	系列论文
7	TJWW11－037	天津师范大学	周宝东	加华作家张翎小说研究	一般	专著
8	TJWW11－032	天津师范大学	刘金娟	20 世纪以来英国文学同性恋主题研究	一般	系列论文

外国语言学(13 项)

序号	项目编码	单位	姓名	课题名称	项目类别	成果形式
1	TJWY11－057	天津师范大学	罗晓霞	俄汉跨文化对比教学研究——以“文化象征为例”	一般	系列论文
2	TJWY11－060	天津师范大学	马瑞	写作任务复杂度难度与写作表现的关系	一般	系列论文
3	TJWY11－044	南开大学	苗菊	信息时代下的译者知识体系研究	一般	系列论文
4	TJWY11－041	南开大学	苏立昌	外语隐喻能力对英语专业人才培养的效用研究	一般	系列论文
5	TJWY11－034	天津科技大学	赵颖	多模态宣传语篇的社会符号学研究	一般	系列论文
6	TJWY11－028	天津科技大学	顾毅	文化全球化语境下博物馆文物展览解说词的英译研究	一般	系列论文
7	TJWY11－016	天津外国语大学	朱鹏霄	语料库及内省法在日汉语言研究中的应用策略探讨	一般	专著
8	TJWY11－013	天津外国语大学	姜雅明	俄罗斯跨文化交际学理论研究	一般	系列论文
9	TJWY11－006	天津理工大学	张敬品	海事英语的课程设置和教学模式研究	一般	系列论文
10	TJWY11－009	天津理工大学	吴自选	以培养工程技术口笔译人才为目标的翻译硕士专业学位(MTI)教育体制研究	一般	研究报告
11	TJWY11－026	天津商业大学	赵芃	批评话语分析在中国语境中的应用研究	一般	系列论文
12	TJWY11－022	天津外国语大学	李欣	当代西方文化学派翻译理论在中国的传播与接受(1990—2010)	一般	专著
13	TJWY11－029	天津科技大学	丁峻	翻译作品的文体研究	一般	系列论文

新闻·传播(6 项)

序号	项目编码	单位	姓名	课题名称	项目类别	成果形式
1	TJXC11－009	南开大学	何厚今	影像细读的理论框架与研究方法构建	一般	系列论文
2	TJXC11－012	天津师范大学	杨爱君	手机摄影信息的创作与传播	一般	系列论文
3	TJXC11－018	天津师范大学	孙卫华	媒介融合与中国国家形象传播	一般	系列论文
4	TJXC11－008	南开大学	梁小建	报刊质量评估体系研究	一般	研究报告
5	TJXC11－022	天津师范大学	张传香	新媒体环境下的重大突发公共事件舆论引导	一般	研究报告
6	TJXC11－015	天津师范大学	张艳君	依托广播影视平台打造喜剧文化品牌——天津建设京津冀文化产业枢纽城市对策研究	一般	研究报告

图书·情报(6项)

序号	项目编码	单　位	姓　名	课　题　名　称	项目类别	成果形式
1	TJTQ11－020	天津大学	王　玲	市场竞争环境下高校图书馆专利信息服务模式构建	一般	研究报告
2	TJTQ11－011	中国民航大学	任传荣	提高高等院校图书馆电子资源使用效率的策略研究	一般	研究报告
3	TJTQ11－023	天津财经大学	赵良英	面向天津市的开放存取接受行为及对策研究	一般	研究报告
4	TJTQ11－018	南开大学	王　晶	提升国际竞争力的知识管理策略研究——创新型企业知识成本与员工激励策略研究	一般	研究报告
5	TJTQ11－026	天津师范大学	钱蔚蔚	用户对图书馆服务质量感知的归因研究	一般	研究报告
6	TJTQ11－013	天津商业大学	杨　琪	唐代贞观时期国家知识创新机制研究	一般	专著

体育学(14项)

序号	项目编码	单　位	姓　名	课　题　名　称	项目类别	成果形式
1	TJTY11－002	天津职业技术师范大学	庞志强	节庆旅游导向型民间体育体验营销研究	一般	研究报告
2	TJTY11－004	天津理工大学	徐彩桐	天津市社区居民健身服务需求与享有基本体育服务及利用状况研究	一般	研究报告
3	TJTY11－009	天津体育学院	王　志	第6届东亚运动会财务风险分析与防范措施研究	一般	研究报告
4	TJTY11－047	天津财经大学	袁　莉	天津市楼宇经济中健身俱乐部竞争力评价体系的研究	一般	研究报告
5	TJTY11－007	天津商业大学	穆瑞杰	天津市高校高水平运动员就业状况及教育对策研究	一般	系列论文
6	TJTY11－015	天津体育学院	叶加宝	基于城市营销的大型体育赛事管理研究——以天津承办全运会为例	重点	研究报告
7	TJTY11－020	天津体育学院	薛　欣	天津市传统武术文化资源的开发及利用研究	一般	研究报告
8	TJTY11－023	天津体育学院	张运亮	天津市优秀竞技体育教练员选拔机制优化设计研究	一般	研究报告
9	TJTY11－025	天津体育学院	孙　敬	体育院系专项课学生多元互动全息化管理与教学评价系统设计与实现	一般	研究报告
10	TJTY11－029	天津体育学院	卢铁元	天津团泊健康园发展规划下相关高等院校健康公共服务研究	重点	研究报告
11	TJTY11－037	天津工业大学	隋晓燕	天津体育产业发展的策略与途径研究	一般	著作
12	TJTY11－040	南开大学	齐春燕	体育强国视野下天津市竞技高尔夫球跨越式发展战略的研究	一般	研究报告
13	TJTY11－017	天津体育学院	金　梅	城市弱势青少年群体体育参与状况及其社会支持系统研究	一般	研究报告
14	TJTY11－048	天津财经大学	李先燕	《天津市全民健身条约》修订的理论与实证研究	一般	研究报告

教育学·心理学(28项)

序号	项目编码	单　位	姓　名	课　题　名　称	项目类别	成果形式
1	TJJX11－097	天津师范大学	李素敏	天津市义务教育均衡发展改革研究	重点	专著
2	TJJX11－018	天津市教科院	马开剑	普通高中特色发展与新课程实施创新	一般	研究报告
3	TJJX11－085	天津大学	那一沙	基于现代信息技术的通用教学设计平台研究	一般	系列论文

续表

序号	项目编码	单　　位	姓　名	课　题　名　称	项目类别	成果形式
4	TJJX11－080	天津市职业大学	丁桂芝	校区合作分层培育知识产权文化和知识产权创造源的路线图研究	重点	研究报告
5	TJJX11－040	天津商业大学	张淑敏	积极心理学视角下的积极工作应激:以零售商业企业员工为例	一般	研究报告
6	TJJX11－008	天津职业技术师范大学	孟庆国	促进国家职业教育改革创新示范区人才高地建设研究	一般	研究报告
7	TJJX11－056	天津工业大学	苌庆辉	我国高校创业教育标准构建研究:基于标准化和专业融合的双重路径	一般	研究报告
8	TJJX11－065	天津医科大学	于　斌	心理韧性和积极情绪对大学生压力应对的影响	一般	系列论文
9	TJJX11－096	天津师范大学	苏　丹	天津市中学生自我调节能力学习发展特点研究	一般项目	研究报告
10	TJJX11－023	天津市教科院	沙　红	网络传媒对天津市中小学教育教学质量的影响及其对策研究	一般	研究报告
11	TJJX11－087	天津大学	夏　军	支持混合学习的数字化教学应用对策研究	一般	研究报告
12	TJJX11－074	天津市职业大学	王向华	基于思维导图,在“教学做一体”课程实施中构建学生终身学习能力的研究	一般	研究报告
13	TJJX11－036	天津商业大学	吴宝贵	全面提高教育质量,完善高校质量监控体系的研究	一般	研究报告
14	TJJX11－003	天津职业技术师范大学	郭　清	用社会主义核心价值观培育大学生社会责任感的研究	一般	研究报告
15	TJJX11－059	天津工业大学	黄　洁	大学生应激和抗挫折心理训练研究	一般	研究报告
16	TJJX11－093	天津城市建设学院	胡　洁	大学生心理健康干预系统研究	一般	研究报告
17	TJJX11－100	天津师范大学	赵恕敏	隐性课堂教学文化对师生交往的影响研究	一般	系列论文
18	TJJX11－019	天津市教科院	陈雨亭	特色学校建设的规划与实施研究	一般	研究报告
19	TJJX11－083	天津大学	李义丹	基于自主科研实践的本科生科研能力培养的体系构建——以国内外高校调研为基础	一般	研究报告
20	TJJX11－073	天津市职业大学	赵学昌	天津市职业教育校企合作法律制度研究	一般	研究报告
21	TJJX11－009	天津职业技术师范大学	苗德华	研究生层次工程类应用型人才培养模式的研究与实践	一般	研究报告
22	TJJX11－063	天津工业大学	王丽伟	大学新生心理应激分析与对策研究	一般	研究报告
23	TJJX11－052	天津科技大学	赵利军	高校内部岗位编制动态管理机制的研究	一般	研究报告
24	TJJX11－105	天津师范大学	王　雁	积极心理学取向的学校心理健康教育实践研究	一般	研究报告
25	TJJX11－002	天津职业技术师范大学	程　卿	促进天津市高素质技能型人才队伍建设的对策研究	一般	研究报告
26	TJJX11－069	天津中医药大学	孔月霞	关于医学院校公民教育实践模式若干问题的研究	一般	研究报告
27	TJJX11－053	天津科技大学	范丽娟	现代大学制度建设中优化二元权力结构的实证性研究	一般	研究报告
28	TJJX11－067	天津中医药大学	孙红梅	基于分析与非分析类别学习策略的中医舌诊学习效果研究	一般	研究报告

管理学(29 项)

序号	项目编码	单位	姓名	课题名称	项目类别	成果形式
1	TJGL11－006	天津理工大学	李　慧	公众环境意识社会化与生态城市品牌塑造的互动关系研究	重点	研究报告
2	TJGL11－048	天津商业大学	孟利锋	动态知识管理能力与中小企业成长性关系研究——以天津市为例	一般	研究报告
3	TJGL11－049	天津商业大学	宗　毅	城市用地系统的协调型集约度管理评价研究——以天津市为例	一般	研究报告
4	TJGL11－055	天津商业大学	薛立强	城镇化背景下的城市市容管理创新研究	一般	系列论文
5	TJGL11－069	天津科技大学	狄琳娜	食品安全违法成本与监管策略研究——天津市食品安全问题与对策	一般	研究报告
6	TJGL11－122	天津财经大学	陈　颉	孵化网络绩效机制的实证研究——基于天津地区的调查	一般	系列论文
7	TJGL11－046	天津商业大学	齐　萱	天津上市公司自愿性会计信息披露研究	一般	研究报告
8	TJGL11－070	天津科技大学	黄艳梅	天津市农村公共体育物品供给现状及对策研究	一般	研究报告
9	TJGL11－076	天津工业大学	马立群	内部控制在高校预算管理中的运用研究	一般	研究报告
10	TJGL11－078	天津工业大学	付　聪	天津市工程质量安全影响因素实证诊断与防范对策研究	一般	研究报告
11	TJGL11－124	天津财经大学	易牧农	顾客组合价值与业务层战略类型动态契合机制模型的实证研究	一般	系列论文
12	TJGL11－134	天津师范大学	王　琳	面向提高国际竞争力的天津市信息服务业环境扫描战略研究	一般	系列论文
13	TJGL11－017	天津理工大学	严　玲	天津城市公共交通建设与管理问题研究——城市轨道交通融资建设集成管理模式关键问题研究	重点	研究报告
14	TJGL11－030	天津市卫生局	屠　彦	天津市政府卫生投入效率研究	一般	研究报告
15	TJGL11－057	天津科技大学	金桂荣	天津市中小企业节能减排效率研究	一般	研究报告
16	TJGL11－112	天津城市建设学院	陈君彦	天津市新型城镇居民低碳出行为及政策引导研究	一般	研究报告
17	TJGL11－119	天津财经大学	韦　琳	节能减排背景下的天津中小企业成本领先战略研究	一般	研究报告
18	TJGL11－079	天津工业大学	孙　彤	滨海新区中小企业节能减排投融资模式创新与风险控制研究	一般	研究报告
19	TJGL11－113	天津财经大学	罗永泰	发展天津现代服务业研究	重点	系列论文
20	TJGL11－132	天津师范大学	张　昕	面向城市社区的社区物流体系的构建与运营模式研究	一般	研究报告
21	TJGL11－109	天津城市建设学院	曹琳剑	天津市城市发展水平与商品住宅价格关系的实证研究	一般	研究报告
22	TJGL11－099	天津大学	郭均鹏	互动型网络团购社区模式研究	一般	研究报告
23	TJGL11－100	天津大学	林　强	面向中小企业供应链金融业务的供应链风险与融资决策研究	重点	系列论文
24	TJGL11－106	天津大学	殷红春	天津市科技型中小企业雇主品牌竞争力提升策略研究	一般	研究报告
25	TJGL11－089	南开大学	陆宇建	不确定环境下公允价值会计信息供给者和使用者行为研究	一般	系列论文
26	TJGL11－088	南开大学	李　姝	低碳经济背景下天津企业环境信息披露研究	一般	系列论文
27	TJGL11－082	南开大学	张建勇	天津城市公共交通建设与管理问题研究	重点	研究报告

续表

序号	项目编码	单　位	姓　名	课 题 名 称	项目类别	成果形式
28	TJGL11－034	天津外国语大学	李丽君	基于产业竞争力提升的人才集聚效应研究——以天津滨海新区为例	一般	研究报告
29	TJGL11－021	天津理工大学	李　虹	基于PPP模式的政府公共项目投融资风险分担机制研究	一般	研究报告

综合组(4项)

序号	项目编码	单　位	姓　名	课 题 名 称	项目类别	成果形式
1	TJZH11－003	天津科技大学	乔　洁	天津地区民间艺术保护传承与产业开发研究	一般	研究报告
2	TJZH11－015	天津理工大学	何家蓉	日本女性从业及其对中国女性从业的启示研究	重点	研究报告
3	TJZH11－010	天津大学	袁逸倩	一种养老新模式的探索——社区老人日间护理中心与幼儿园相结合的模式研究	一般	研究报告
4	TJZH11－012	天津财经大学	强志源	天津市社会工作人才队伍建设实证研究	一般	研究报告

天津市科技发展战略研究计划项目(2011年度)

序号	项目名称	承担单位	负责人
1	科技型企业创新方法集成推广应用与政策保障研究	天津市创新方法推广应用服务中心	许　静
2	本市政府资助科技项目成果转化激励政策研究	天津市科学技术信息研究所、天津财经大学创新与创业研究中心	张拓宇 张立艳
3	天津知识产权强市建设发展路线图研究	天津市环境保护知识产权信息中心	侯晓俭
4	科技法律法规实施情况科学评估	天津市人民政府法制办公室	矫　捷
5	增强本市技术转移与交易服务能力对策研究	北方技术交易市场	张丽珠
6	天津未来科技城建设发展考核评价指标体系研究	天津市科学学研究所	王双双
7	科技进步推动低碳发展路径的研究	天津市经济发展研究所	王天伟
8	天津市战略性新兴产业发展思路及案例研究	河北工业大学管理学院	张　贵
9	天津实施创新驱动战略的路径选择和对策研究	天津财经大学工商管理研究中心	罗永泰
10	大专院校师生创办科技型企业案例与政策研究——基于大学衍生企业理论	天津大学管理与经济学部	马向阳
11	天津市科技服务业统计方法优化研究	天津市科技服务业协会	霍子君
12	科技类民办非企业单位在我市科技创新中作用及对策研究	天津市科技咨询业协会	张　磊
13	创新团队培育与建设的对策研究	天津医科大学附属肿瘤医院	王　瑛
14	提升产学研创新联盟创新绩效的激励与保障措施研究	天津工业大学	张健华
15	天津市科技型中小企业科技投入机制创新研究	天津市科技经费监管服务中心	安学湘
16	科技型中小企业创业环境保障机制研究	天津理工大学管理学院	赵　斌
17	天津市科技型中小企业发展的金融支持政策研究	天津财经大学金融与保险研究中心	任碧云
18	科技型中小企业知识人员激励政策研究	南开大学公司治理研究中心	张耀伟
19	天津滨海新区高端服务业发展战略研究	天津师范大学管理学院	周　红
20	科技型中小企业可持续成长动态管理机制研究	天津理工大学管理学院	王丽平
21	天津市科技型中小企业融资模式拓展研究	天津广播电视大学	陈　洁
22	天津市产业优化与城市进化双轮驱动的实现路径及对策研究	河北工业大学管理学院	高素英
23	促进我市海洋科技产业做优做强的路径及对策研究	天津市科学技术信息研究所	徐大海

续表

序号	项目名称	承担单位	负责人
24	天津市高技术产业创新效率研究	中国民航大学经管学院	丁　勇
25	天津市高端装备制造业研发活动成本控制研究	天津大学经济与管理学院	赵　息
26	天津市行业特色型高校在战略性新兴产业集聚化发展中的作用机制研究	天津工业大学经济学院	薛岩松
27	促进天津市高素质创新创业人才队伍建设的优化方略研究	天津职业技术师范大学	孟庆国
28	科技企业孵化器协作孵化网络治理及其绩效评价研究	天津市东丽区科学技术委员会	田先钰
29	天津市科技型中小企业融资体系构建与整合——基于要素重组下的三维动态模型	天津财经大学经济学院	张元萍
30	基于科技型中小企业发展的高等职业教育产学研合作战略研究	天津市职业大学	刘文江
31	天津城镇化发展战略研究	民革天津市委员会	王玉佩
32	科技创新引领天津生产性服务业的对策研究	天津商业大学经济研究所	李　宁
33	科技研发团队创新能力的制约因素与对策研究	南开大学周恩来政府管理学院	周　详
34	发展战略性新兴产业,培育创新主体研究	天津社会科学院	余桂玲
35	高校科研人员向创业者转型的障碍、路径及对策研究	天津工业大学管理学院	姚　飞
36	天津市科技创新创业环境评价与优化研究	天津大学管理与经济学部	白　寅
37	创业投资与中小型高科技企业的良性互动机制研究	天津城市建设学院	龙天炜
38	创新型科技企业产融结合路径研究——基于企业生命周期理论的视角	南开大学经济与社会发展研究院	支　燕
39	区域产学研结合技术创新体系研究——基于天津市的实证分析	南开大学经济学院	马云泽
40	促进官－产－学－研－中协作网建设的政策研究——基于创新链、产业链与技术转移链深度融合的视角	南开大学经济与社会发展研究院	周　密
41	公共安全科技工程产学研促进机制的研究	天津理工大学科学技术开发中心	陈伟珂
42	本市中药产学研技术创新战略联盟组建的机制与模式研究	天津中医药大学中药学院	方　玲
43	推进天津市设施农业发展的对策研究	天津市农业科学院信息研究所	宋治文
44	农业科技成果转化的农村金融生态建设研究	天津职业技术师范大学经济与管理学院	李秀红
45	开展国际科技合作引领都市型现代农业产业升级的对策研究	天津农学院经济管理系	张淑荣
46	天津科技型中小企业集群化发展战略研究	天津大学马克思主义学院	柳　洲
47	天津市服务业转型升级对策研究	中国民航大学航空运输经管科研基地	白义霞
48	产学研联合促进天津市奶牛育种产业发展战略研究	天津市奶牛发展中心	马　毅
49	科技进步与低碳经济发展的互动效应研究	河北工业大学管理学院	金　浩
50	科技进步支撑医院绿色物流体系构建的研究	天津市人民医院	吕文光
51	天津低碳农业发展科技问题及对策研究	天津市农村经济与区划研究所	贾凤伶
52	我市科技人才发展软环境问题研究	中共天津市委党校	齐冬梅
53	壮大高素质创新创业人才队伍的财税政策研究	天津市财政学会	马培祥
54	科技创业孵化公共服务供给理念及体制机制研究	中国民航大学职业技术学院	覃　睿
55	本市促进企业自主创新的政策模拟研究	天津科技大学法政学院	徐荣贞
56	构建天津科技型中小企业创新激励环境研究	中共天津市委党校	王　俊
57	高校产学研合作模式探析与对策研究	天津大学管理与经济学部	杨斯博
58	中心城区发展科技型中小企业的思路与对策研究	天津市和平区科学技术委员会	徐智超
59	发展低碳经济的科学技术支撑体系研究	南开大学环境科学与工程学院	邵超峰
60	天津都市现代农业科技创新与推广思路及对策研究	天津市农村经济与区划研究所	孙国兴
61	天津转变经济发展方式问题的研究	科学学与科学技术管理杂志社	王魁臣
62	促进国家863计划项目成果转化的体制与机制研究	天津市高新技术成果转化中心	喻　凯
63	加强科研院所基层党组织建设对策研究	中共天津市委科技工委党校	陈巧林
64	强化我市科技管理部门行政效能监察的对策研究	天津市科学技术信息研究所	张　青
65	本市科技创新工作成效外部评价研究	天津市科技统计与发展研究中心	吴　达

续表

序号	项目名称	承担单位	负责人
66	天津市建设宏大的高素质创新创业人才队伍的对策研究	天津市科技发展战略与政策研究中心	马虎兆
67	天津科技金融改革创新试点方案研究	天津市科学技术信息研究所	叶缘民
68	关于整合打造科技成果转化服务平台的对策研究	天津师范大学	于树香
69	天津市科技创新政策年度实施情况评估(2011)	天津市科学学研究所	贾蓓妮
70	创新人才培养暨高水平大学入学选拔制度研究	天津市教科文卫委员会	乔丽娟
71	科技型中小企业年度统计分析研究	天津市科技统计与发展研究中心	高　文
72	关于我国外资股权投资基金发展的研究方案	天津创业投资研究中心	宋岗新
73	天津市实施科技创新产品认定及跟踪研究	天津市科学学研究所	闫凌州
74	滨海新区科技体制机制创新研究	天津市科学学研究所	李春成
75	企业研发经费税前加计扣除项目认定跟踪研究	天津市科学技术评价中心	张文勇
76	科技奖励制度改革的思路研究	天津市高新技术成果转化中心	郭庆祥
77	本市探索企业股权和分红激励方案研究	天津市国有资产监督管理委员会	吴　瑜
78	加强民生科技促进科技惠民的对策研究	天津市科学技术信息研究所	李　林
79	改革科技评价体系与机制的研究	天津市科学技术评价中心	胡　炎
80	东丽经济开发区建设成为市级高新区规划研究	天津市东丽经济开发区管理委员会	刘　峰
81	子牙环保产业园提升发展水平的规划研究	天津子牙环保产业园有限公司	李　健
82	宝坻九园低碳工业园区发展规划研究	天津宝坻九园工业园区管理委员会	周振亮
83	华明工业园区建设创新型园区的思路与对策研究	天津市东丽区华明工业园区管理委员会	郑　立
84	天津专用汽车产业园发展战略研究	天津专用汽车产业园管理委员会	马占亭
85	天津八里台工业区关于创建市级高新技术产业区的对策研究	天津市津南区八里台工业园区管理中心	李树国
86	中北镇科技创新服务体系建设研究	天津市西青区科学技术委员会	刘　焱
87	天津科技体制机制创新研究	中共天津市委研究室	王小宁
88	关于加快发展科技型中小企业,培育更多科技“小巨人”的研究	天津市人民政府研究室	刘剑刚
89	京津科技谷发展战略	天津自行车王国产业园区有限公司	韩万源
90	天津生物医药产业及天津市承担国家科技计划现状研究	天津市科技统计与发展研究中心	盛　刚

国家社科基金艺术学项目(2011年度)天津市立项课题

立项批准号	项　目　名　称	立项类别	负责人	单　　位
11BH066	中国民族艺术设计研究	国家一般	苗延荣	天津理工大学
11BG073	现代社会转型期天津皇会的研究	国家一般	向云驹	天津大学
11CF106	天津民间美术发展现状的调查与研究	国家青年	孙志虹	天津财经大学
11CH117	文化战略中的数字博物馆建设与艺术设计应用研究	国家青年	吴立行	南开大学

天津市教委社会科学重大项目立项课题(2011年度)

序号	项 目 名 称	学 校	研究机构/首席研究员
2011ZD001	农村城镇化的中外比较研究	南开大学	中国政府与政策联合研究中心
2011ZD002	天津市创业升级与保障体系研究	南开大学	创业与中小企业管理研究中心
2011ZD003	十二五期间我市促进工业向绿色低碳和服务化转型升级的战略和对策研究——基于物质流分析的理论与方法	南开大学	循环经济与低碳发展研究中心
2011ZD004	社会管理创新与诚信社会建设研究	南开大学	人权研究中心
2011ZD005	天津八大优势支柱产业链发展现状调查及对策与对策研究	南开大学	现代物流研究中心
2011ZD006	探索发挥高校优势服务滨海新区开发开放的体制机制	南开大学	孙　涛
2011ZD007	天津高校科技成果转化中心建设与运行维护研究	南开大学	杜传忠
2011ZD008	滨海新区科技融资创新体系研究	天津大学	中国社会计算研究中心
2011ZD009	天津市社会管理科学化指标体系构建若干问题研究	天津大学	傅利平
2011ZD010	社会科学成果评价标准与评价体系构建研究	天津大学	张慧颖
2011ZD011	技术哲学“三性”研究方法设计与创新	天津大学	科学技术与社会研究中心
2011ZD012	职业教育提升滨海新区产业竞争力研究	天津大学	王世斌
2011ZD013	高校推进社会主义核心价值体系的教育研究	天津大学	孙兰英
2011ZD014	2013年—2015年天津市义务教育现学校代化标准再提升工程对策研究	天津市教育科学研究院	沙　红
2011ZD015	天津市高等教育人才资源研究	天津市教育科学研究院	马开剑
2011ZD016	高血压相关脑卒中社区及三甲医院防治体系的建立	天津医科大学	王　林
2011ZD017	天津市信息化建设发展研究	天津医科大学	杨　昆
2011ZD018	优质实体经济项目源培育、天津自生能力——财政与金融的联动	天津财经大学	高正平
2011ZD019	提高天津市居民市场化收入水平的战略选择与策略安排研究	天津财经大学	任碧云
2011ZD020	团队互动对创新团队效能的影响机制研究	天津财经大学	纪春明
2011ZD021	天津旅游文化资源创意机制研究	天津财经大学	卢政营
2011ZD022	社会转型期群体性公共危机的预警机制研究	天津师范大学	政治文化与政治文明建设研究院
2011ZD023	滨海新区构建和谐劳动关系的顶层设计及其制度安排——基于劳资利益协调机制创新的研究	天津师范大学	温志强
2011ZD024	欧洲背景下的天津市中心镇发展研究	天津师范大学	经济社会发展与世界文明多样性研究中心
2011ZD025	基于城乡一体化的天津市公共文化服务体系构建研究	天津工业大学	张健华
2011ZD026	基于航空租赁的多方位业务创新、定价及风险管理研究	天津工业大学	梁朝辉、李发升
2011ZD027	高校毕业生就业稳定性促进机制与对策研究——基于天津高校的实证分析	天津工业大学	王晓红
2011ZD028	天津市生产性服务业聚集发展研究	天津商业大学	李海伟

序号	项 目 名 称	学 校	研究机构/首席研究员
2011ZD029	天津高校知识产权发展战略研究	天津商业大学	马 晨
2011ZD030	环渤海区域食品安全战略协作与风险预警防控机制建设研究	天津科技大学	食品安全战略与管理研究中心
2011ZD031	天津建设生态宜居城市的策略与评价体系构建研究	天津理工大学	循环经济与低碳发展研究中心
2011ZD032	天津地区患者用药行为影响因素研究	天津中医药大学	张福兰
2011ZD033	天津航空金融发展研究	中国民航大学	丁 勇
2011ZD034	天津市发展村镇绿色住宅对策研究	天津城市建设学院	天津城镇化与新农村研究中心
2011ZD035	天津加快发展服务外包产业研究	天津外国语大学	冯雷鸣
2011ZD036	艺术科学成果评价标准与评价体系构建研究	天津音乐学院	艺术创作与表演研究中心
2011ZD037	海河教育园区支撑滨海新区现代产业体系发展研究	天津职业技术师范大学	职业能力与师范能力研究中心
2011ZD038	产业链创新与天津市战略性新兴产业发展研究	河北工业大学	张 贵

责任编辑:江 俞

机　构

党　政　机　关

中共天津市委研究室

2011年,在中共天津市委的领导下,市委研究室紧紧围绕全市中心工作和市委工作重点,牢固树立"三服务"意识,恪尽职守,扎实工作,在文稿起草、课题调研、资料信息研究、刊物编发等方面取得了新的成绩,服务质量和工作水平有了新的提高。

1. 文稿起草

深入学习领会中央的指示精神和市委的部署要求,主动适应和把握形势的发展变化,切实加强对实际情况的了解和掌握,积极组织全室力量,精心做好市委重要文稿的起草工作,文稿写作的质量和水平不断提高,得到了市领导同志的充分肯定。完成了市委九届十次、十一次、十二次全会文件和市委其他重要文稿的起草任务。先后起草和组织起草了《市委关于学习贯彻胡锦涛总书记在津考察重要讲话精神,全面落实"四个注重"工作要求的实施意见》、《市委关于贯彻落实〈中共中央关于深化文化体制改革推动社会主义文化大发展大繁荣若干重大问题的决定〉的意见》、《市委、市政府关于进一步加强和创新社会管理的实施意见》、《市委、市政府关于贯彻〈中共中央国务院关于加快水利改革发展的决定〉的实施意见》、《市委2012年工作要点》等文件,以及市委给中央的报告和有关汇报等文稿;组织起草了《市第九次党代会以来天津经济社会发展成就展(大纲)》等材料,与有关部门一起完成了市委理论学习中心组读书会暨"调结构、增活力、上水平"活动现场交流推动会的指标汇总和布展工作。

2. 调研工作

充分发挥职能作用,切实加大调研工作力度,加强对宏观性、战略性和重大现实问题的研究,注重对改革发展稳定工作中重点、难点、热点问题的研究,努力创新课题研究方式,增强调研的针对性、时效性和实用性,形成了一批水平较高、价值较大的调研成果。主要包括:市第九次党代会以来天津经济社会发展情况综述、把天津建设成为独具特色的国际性现代化宜居城市的研究、加快发展海洋经济的研究、对加快调整优化经济结构的思考与建议,以及加快推进科技金融创新、加快生产性服务业发展、加快公共交通事业发展、推进国家自主创新示范园区建设等方面的研究成果,为服务领导决策、推动实际工作发挥了重要作用。全年共完成各类调研报告100余篇。

组织各方面的调研力量,共同参与全市重点调研课题的研究,不断拓宽为市委决策服务的渠道,努力构筑开放式调研工作格局。面向全市公开招标市级重点调研课题110项,有100多个党政机关、高等院校、社科研究机构的300多个课题组、500多位研究人员参加了课题调研。整合研究力量开展跨领域的协同研究,有效提高了课题研究成果的质量和水平。截止年底,共完成全市重点调研课题研究成果80余项。

3. 信息服务

努力拓宽视野,扩大信息收集范围,注重强化综合分析和研究,为市领导同志提供了及时有效的资料信息服务。全年共编印各类资料汇编56辑。主要包括《天津经济社会发展情况》、《社会主义新农村建设有关材料汇编》、《关于提高城市核心竞争力材料》、《关于文化体制改革和文化大发展大繁荣材料》、《中央领导同志关于推进社会管理创新的重要论述摘编》、《国家服务业综合改革试点区域工作进展情况资料汇编》等,为中央领导同志来津考察、市领导决策、对外工作交流提供了重要参考。

4. 编辑出版

增强政治意识、服务意识,精益求精、严谨细致,突出刊物特色,努力在稿件的深度和时效性上下功夫,刊物质量和水平明显提高。全年共编发各种刊物529期,获市领导同志批示192件。

(张妍)

天津市人民政府研究室

2011年,天津市政府研究室深入贯彻落实科学发展观,围绕市委、市政府中心工作,积极为市领导提供决策参考,发挥了参谋助手作用。

一、机构概况

天津市政府研究室编制40人,内设办公室、一处、二处、三处、四处、资料室、天津年鉴社(事业编)7个处室。

现任研究室主任由市政府副秘书长刘剑刚(兼)。

二、工作概述

2011年,研究室圆满完成了文稿起草、调查研究、信息资料服务、年鉴改版出版、政府新闻发布等任务,工作提升到一个新的水平。

1. 文稿起草

按照黄兴国市长对研究室提出的"希望继续发扬好作风好做法,把2011年工作做得更好更出色"的总体要求,大家用心谋篇、用心起草、用心修改,文稿质量和水平有新的提高,全年共完成各类文稿480余篇,200多万字,比上年多30篇。特别是《政府工作报告》的起草,研究室充分准备,精心把握,精益求精,确保了起草质量和水平。

2. 调研工作

坚持"2+1"调研模式,继续开展人人动手搞调研活动,紧紧围绕全市发展大局,围绕发展改革中热点难点问题,深入开展调查研究,水平明显好于上年。全年共完成调研课题71篇,比去年多16篇,其中53篇在研究室刊物上发表,市领导批示29次,为领导决策提供了参考依据。

3. 信息服务

信息资料服务工作取得新突破,又有新提升,主动从会议、文件、新闻、讲话和批示中挖掘领导关心重点工作的信息线索,全年《调研报告》、《政务参考》、《参阅资料》、《直辖市动态》、《报刊动态》共出刊233期,共96万字,市领导批示102条,比去年多24条。编发《专家咨询建议专报件》、《研究室工作简报》39期。较好地发挥了议事资政作用。

4. 编辑出版

实现了《天津年鉴》全新改版,全书共计140余万字。主题更突出,内容更充实,结构更合理,文字更精炼,版面更精美,受到读者的好评。还编辑完成了《加快发展楼宇经济文件汇编》、《大项目好项目文件汇编》、《2011年主要市情数据手册》、《市政府研究室2010年调研报告汇编》、《天津市情》、《城市对比资料》等。

5. 政策研究

与市委研究室、市发改委合作起草完成了《关于认真学习贯彻胡锦涛总书记在津考察重要讲话精神全面落实'四个注重'工作要求的实施意见》;与市委研究室、市水务局等部门合作,起草完成了《贯彻落实中共中央、国务院关于加快水利改革发展的决定的实施意见》;还起草了《关于促进中心城区加快发展楼宇经济的若干意见》、《关于支持妇女手工编织业发展的意见》、《关于推动开展"三改一化"试点的意见》。这些政策文件的研究起草,对推动重点工作发挥了作用。

6. 新闻发布

刘剑刚同志作为天津市人民政府新闻发言人,全年共召开7次新闻发布会,分别向新闻媒体介绍了科技小巨人、行政审批、水利改革发展、楼宇经济、知识产权保护、信息化、开展"调增上"活动等方面的工作情况，受到欢迎。

7. 机关建设

一是加强学习。各处室坚持每周学习制度，积极参加机关读书体会交流活动，认真落实资料积累的相关制度要求，为提高工作水平打好基础。二是培养作风。领导率先垂范，加班不计时间。全室上下形成了爱岗敬业、忠诚服务、埋头苦干、团结协作、争创一流的良好风气。三是完善制度。起草了《关于调整调研处工作分工的通知》、《年鉴社财务管理暂行办法》、《市长文稿起草运转管理办法》等内部管理文件，促进了工作规范运行。四是建设队伍。根据工作需要，提拔2位正处长、2位正处级干部、2位正科级和1位副科级干部。招入2名公务员（硕士学位），从南开区调入1名干部（硕士学位），人员结构趋于合理。

（盖军）

高等院校

南开大学

一、机构概况

南开大学是国家教育部直属重点综合性大学，2011年南开大学占地210.2万平方米（3154亩），建筑面积124.2万平方米，校园网络设施先进，图书馆藏书347万册。除主校区外，还有迎水道校区（天津市内）、旅游与服务学院（天津市内）、泰达学院（天津经济技术开发区）。有21个专业学院，设有研究生院、继续教育学院、现代远程教育学院。学科覆盖文、史、哲、经、管、法、理、工、农、医、教、军全部12个门类。现拥有77个本科专业，231个硕士点，172个博士点，24个博士学位授权一级学科，21个博士后科研流动站，6个一级学科国家重点学科（覆盖35个二级学科），9个二级学科国家重点学科，48个省市级重点学科，2个国家重点实验室，20个省部级重点实验室，1个国家工程中心，9个国家基础学科人才培养和科学研究基地，1个大学生文化素质教育基地，8个全国高校人文社会科学重点研究基地，7个“985”工程哲学社会科学创新基地，4个“985”工程科技创新平台。在2052名专任教师中有博士生指导教师619人，教授723人，副教授787人，中国科学院院士和中国工程院院士12人，发展中国家科学院院士5人，“973”和“863”计划首席专家9人，国务院学位委员会学科评议组成员12人，国家级有突出贡献的专家12人，长江学者奖励计划特聘教授31人，长江学者特聘讲座教授14人，国家杰出青年基金获得者29人，入选国家百千万人才工程20人，教育部新世纪优秀人才支持计划（包括原教育部跨世纪优秀人才基金）入选者120人，全国高校教学名师8人，天津市“131”人才工程第一层次25人。现有全日制在校学生23595人，其中本科生12669人，硕士研究生7820人，博士研究生3115人。此外，有留学生1845人，成人教育学生5808人，远程教育学生26373人。

现任党委书记薛进文，校长龚克。

二、工作概述

1. 科研工作

2011年，该校人文社会科学研究继续稳步发展，获准立项资助的纵向项目有167项，新增承担横向委托项目265项，全年实际入校研究经费8236.47万元，比2010年度增长877.82万元。

在科研项目立项方面共有41项国家社科基金项目获准立项，经费资助总计778万元，其中重大招标项目2项、重点项目6项、一般项目12项、青年项目15项、后期资助项目5项，艺术学青年项目1项；承接国家自然科学基金项目28项，资助经费1001.5万元，其中重点项目1项，面上项目11项、青年项目15项、专项基金项目1项；承担教育部人文社会科学研究各类项目46项，资助经费484.15万元，其中一般项目26项，重点研究基地重大项目12项，后期资助项目2项，专项任务项目6项。承担天津市社科规划项目33项，资助经费44.9万元，其中重点项目2项，一般项目31项。承担国务院侨务办公室等部委课题多项。此外,该校文科教师承担各类横向项目多项。

2011 年,该校共有 34 项国家社科基金项目提交了鉴定结项材料,16 项已出鉴定结果,其中 2 项鉴定等级为优秀、8 项为良好;有 8 项国家自然科学基金项目、2 项教育部哲学社会科学研究重大课题攻关项目、10 项教育部重点研究基地重大项目、23 项教育部人文社会科学研究一般项目和 56 项天津市社科基金项目顺利结题。另外,有 178 项校内项目办理了结项手续。

2011 年该校文科教师共完成各类成果 2426 项,其中专著 100 部、教材 70 部、工具书 5 部、译著 37 部、学术论文 2043 篇、研究报告 142 篇、译文 16 篇、音像作品 7 部、古籍整理 6 部。

2011 年度,该校有若干项研究成果获得不同部门的奖励。在中国法学会开展的第二届"中国法学优秀成果奖"评选中,法学院左海聪的论文"直接适用条约问题研究"以及刘风景的论文"例示规定的法理与创制"分别获得二等奖和三等奖。在第四届全国教育科学研究优秀成果奖评选中,该校梁吉生教授编著的"张伯苓年谱长编(三卷)"荣获三等奖。该校哲学院王南湜教授的成果"实践哲学视野中的马克思主义哲学中国化研究"入选 2011 年"国家哲学社会科学成果文库"。以商学院李维安教授为负责人的"中国上市公司发展报告"获批"2011 年度教育部哲学社会科学发展报告建设项目",建设周期为三年,每年资助 30 万元。以滨海开发研究院周立群教授为负责人的"滨海新区发展报告"获批"2011 年度教育部哲学社会科学发展报告培育项目",培育周期为三年,每年资助 5 万元。

南开大学经济与社会发展研究院刘秉镰、刘维林撰写的关于"打造区域交通科学管理的一体化示范区"的建议案作为协助天津政协《关于推进区域经济统筹发展的联合建议案》的核心内容,获得高度评价和一致认可,并得到温家宝总理和李克强副总理的重要批示。

历史学院侯杰教授参加中宣部、全国政协办公厅、中央统战部、中央文献研究室、中央党史研究室、中央档案馆、中央电视台为纪念辛亥革命 100 周年而联合摄制的大型电视文献片《辛亥革命》的脚本撰写,受到中宣部表彰。

由该校政治经济学研究中心主任、天津市政府参事逄锦聚教授为负责人的课题组对天津市发展创新金融市场情况进行了广泛调研,完成了《天津市发展创新型金融市场研究报告》,市长黄兴国等领导为此专门做出批示。目前,有关部门正在认真研究,吸取报告建议。

2. 基地发展

2011 年,该校 6 个教育部人文社会科学重点研究基地成功申报 12 项教育部人文社会科学重点研究基地重大项目,获得天津市人文社会科学重点研究基地重大项目 7 项。人权研究中心获批教育部人文社会科学重点研究基地,并成功跻身于首批国家人权教育与培训基地行列。

3. 学术交流

2011 年,该校举办的较有代表性的学术会议包括:"日本现代化历程、经验与教训"学术研讨会、党史名家论坛第三场报告会暨"周恩来思想生平与当代青年的成长"主题座谈会、中国欧洲学会第八届年会、"中国共产党与中国现代化"国际学术研讨会、天津城市形象高层论坛、党史名家论坛之"中国改革开放的历程和经验"、"美国族裔与社会文化"国际学术研讨会、"古典学 · 国学 · 中国史一级学科建设"高峰论坛、"服务系统与服务管理"国际学术研讨会、首届"酒店行业人才培养暨校企合作论坛"、第六届公司治理国际研讨会、创业与创新暨青年学术研讨会、"全球化过程中东亚文化的价值"国际学术研讨会、"公共治理、区域合作与第三部门发展"学术交流会、天津史学界纪念辛亥革命百周年研讨会、纪念鲁迅诞辰 130 周年学术讨论会、第十三届中国科协年会科学道德建设论坛、当代中国科学家学术谱系研究论坛、"中国日常生活史的多样性"国际学术研讨会、中国旅游教育年会、"地方政府服务创新与杭州实践"学术研讨会、黎元洪与近代中国社会高端论坛、第二届国际投资论坛、"城市化与公共管理"高端学术论坛、"WTO 法与中国论坛"暨 2011 年中国法学会世界贸易组织法研究会年会、中国人权事业发展研讨会、当代中国社会管理问题学术研讨会、第 16 届世界经济史学会年会等。2011 年 6 月 20 日,学校召开天津市社会科学第七届学术年会分会场"科研评价与哲学社会科学发展"暨 2011 年度南开大学哲学社会科学研究优秀成果颁奖会。

三、领导视察

2011 年 1 月 30 日,中共中央政治局委员、天津市委书记张高丽看望中国科学院院士、南开大学教授葛墨林先生，并向全校师生致以亲切的新春问候。市委常委、市委组织部部长史莲喜，市委常委、市委教育工委书记苟利军，市委常委、市委秘书长段春华，副市长张俊芳等市领导及该校负责人陪同慰问。5 月 12 日上午，教育部党组成员、副部长李卫红，社会科学司司长杨光、副司长张东刚等来到南开大学，就全面贯彻落实教育规划纲要，深入推进"十二五"期间高校哲学社会科学繁荣发展，进一步提高哲学社会科学创新能力和社会服务水平进行调研。6 月 9 日，教育部副部长杜占元来津考察研究生培养机制改革试点工作。6 月 24 日，在中国共产党成立 90 周年之际，中共中央政治局委员、天津市委书记张高丽来到南开大学省身楼，与南开大学、天津大学的近百名学生代表亲切座谈。苟利军、段春华、成其圣、张俊芳等市领导和市有关部门负责同志出席座谈会。6 月 23 日，天津市委常委、常务副市长杨栋梁带领市发改委、经信委、科委、教委、统计局有关负责同志来到南开大学，就推进产学研合作和成果转化，强化自主创新，依靠科技进步，促进发展方式加快转变进行调研。6 月 28 日，天津市委常委、市委教育工委书记苟利军看望哲学院陈晏清教授。10 月 14 日上午，天津市委常委、市委教育工委书记苟利军来到南开大学，就海河教育园区二期工程的规划建设情况进行调研。12 月 20 日上午，海河教育园区二期工程暨南开大学、天津大学新校区建设开工仪式在海河教育园区举行。天津市委书记张高丽出席开工仪式并宣布开工。市委副书记、市长黄兴国，教育部副部长鲁昕致辞。开工仪式由市委常委、市委教育工委书记苟利军主持。

（宫立杰）

天津大学

一、机构概况

天津大学是教育部直属国家重点大学。2011 年，学校占地面积 182 万平方米，建筑面积 140.6 万平方米。现有教职工 4368 人，其中有中国科学院院士 5 人，中国工程院院士 9 人，双聘院士 10 人。国家"千人计划"入选者 20 人，天津市"千人计划"入选者 40 人，"长江学者"特聘教授、讲座教授 33 人，"973"首席科学家 8 人，国家杰出青年基金获得者 16 人，博士生导师 551 人，具有正高以上职称的教职工 605 人，教授 512 人。学校现有全日制在校生 28000 人，其中本科生 15379 人，硕士研究生 9763 人，博士研究生 2858 人。有两座总建筑面积为 2.6 万平方米的图书馆，馆藏书刊总量 240 多万册，另有多种音像资料、微缩资料和各类光盘数据库。现有 24 个学院，54 个本科专业，35 个一级学科硕士点，27 个一级学科博士点，20 个博士后科研流动站；拥有一级学科国家重点学科 7 个（覆盖 21 个二级学科），二级学科国家重点学科 8 个，二级学科国家重点（培育）学科 2 个；天津市重点学科 25 个。学校拥有 1 个重大专项国家级分中心，4 个国家重点实验室，1 个国家工程实验室，1 个国家工程技术研究中心，2 个国家工程研究中心，2 个国家新技术推广中心，1 个国家文物重点科研基地，60 个省部级重点实验室、工程（技术）中心、8 个人文社会科学重点研究基地等科研基地（含 7 个参建天津市工程中心）。有国家创新研究群体 1 个，教育部创新团队 8 个，国防科技创新团队 1 个。科研经费实现了稳定和持续的增长，2011 年科技经费总量 15.05 亿元。

现任党委书记刘建平，校长李家俊。

二、工作概述

1. 科研工作

2011 年，天津大学人文社科科研立项实到项目经费 2729.65 万元，新立省部级社科项目 56 项，获得资助经费 993.4 万元。其中，国家社科基金重大项目 2 项，资助经费 160 万元；国家自然科学基金管理学部项目 11 项，资助经费 582.5 万元；国家软科学研究计划项目 1 项。教育部哲学社会科学研究重大课题攻关项目 1 项，资助经费 80 万元。教育部人文社科一般项目 17 项，资助经费 134 万元。天津市社科规划项目 9 项，资助经费 10.6 万元。天津市科委软课题 5 项，资助经费 12 万元。天津市艺术科学规划课题 10 项，资助经费 14.3 万元。此外，天津市政府决策咨询课题 7 项，资助经费 4.9 万元。天津市教委社科重大项目6项,资助经费48万元。天津市教育科学规划课题19项,资助经费4.7万元。

2. 科研成果

2011年,该校共发表、出版社科类科研成果412项,其中CSSCI来源论文344篇,出版专著24部,译著5部,教材39部。

3. 学术交流

8月8日,《中国建筑文化遗产》首发暨《20世纪中国建筑遗产大典》(天津卷)启动仪式在庆王府举行。10月15日,由当代中国建筑创作论坛、天津大学建筑学院主办,《城市·环境·设计》(UED)杂志社协办的第18届当代中国建筑创作论坛暨首届UED中国建筑节开幕式举行。天津大学建筑学院名誉院长、中国科学院院士彭一刚,中国工程院院士、华南理工大学建筑学院院长何镜堂,中国建筑设计大师、中国工程院院士程泰宁应邀参加开幕式并发表主题演讲。论坛以"面向可持续发展的适宜建筑"为主题,会期3天。10月22日,天津法学会民法分会2011年年会在天津大学文法学院模拟法庭举行。天津市人大法工委主任高绍林等出席了会议。10月30日,天津市社会科学界第七届学术年会分论坛举行。近百名师生出席论坛。11月5日,中国木版年画申报世界非物质文化遗产工作在本校启动。5月24日,墨尔本大学副校长Simon Evans教授率该校学术代表团一行10人访问天津大学。9月9日,美国前农业部副部长、佐治亚大学农业与环境科学学院名誉院长、名誉教授盖尔·布坎南(Gale Buchanan)博士一行访问天津大学。10月11日,美国旧金山大学法学院教授Dolores A. Donovan在北京市集佳律师事务所李永波律师的陪同下访问天津大学。双方就今后开展学术和学生交流问题进行了深入探讨。Dolores A. Donovan教授还在文法学院模拟法庭作了关于美国法律教育制度的学术报告。10月23至25日,天津大学校长李家俊、校党委常务副书记杨贤金率天津大学代表团访问美国弗吉尼亚理工学院(VT),签署两校《合作谅解备忘录》和《学生交换项目协议》,并就双方合作建立孔子学院及建立全面战略合作伙伴关系进行了探讨。

三、领导视察

1月25日,全国人大副委员长、九三学社中央委员会主席韩启德到该校看望王学仲教授。1月31日,中共中央政治局委员、天津市委书记张高丽,市委常委、市委组织部长史莲喜,市委常委、教育工委书记苟利军,市委常委、市委秘书长段春华,副市长张俊芳等专程来到天津大学看望彭一刚院士,并向全校师生、校友致以新春的祝福。1月31日上午,天津市委宣传部常务副部长、市文明办主任陈浙闽专程来到天津大学地热中心,代表天津市市长黄兴国专门看望了蔡义汉教授。6月23日,市委常委、常务副市长杨栋梁带领市发改委、经信委、科委、教委、统计局有关负责同志来该校就推进产学研合作和成果转化、强化自主创新、依靠科技进步促进发展方式加快转变进行调研。6月26日,中央政治局委员、国务委员刘延东到天津大学视察,参观了校史博物馆和精仪学院微纳机电系统实验室后现场题词勉励天大学子"成才报国,振兴中华"。她肯定了天津大学厚重的历史文化底蕴,鲜明的学科特色,以及在人才培养和科研成果方面所取得的成绩。希望学校进一步做好人才培养、科学研究、社会服务、文化传承与创新等方面的工作,在教育体制改革和科技体制改革方面作出贡献。中共中央政治局委员、天津市委书记张高丽,天津市市长黄兴国等领导陪同视察。

(卞薇)

天津师范大学

一、机构概况

2011年,学校占地面积3840亩(2560826平方米)、建筑面积804190平方米。学校现有25个学院,61个本科专业,涉及文学、理学、教育学、历史学、法学、经济学、管理学、工学、艺术学等9个学科门类。学校现有2个国家重点学科,8个天津市重点学科,4个天津市"重中之重"学科,6个教育部特色专业建设点。有6个一级学科博士学位授权点,

28个一级学科硕士学位授权点,11个专业硕士学位授权点,5个博士后科研流动站。学校已建成6门国家级精品课程、25门市级精品课程,1支国家级教学团队,2支市级教学团队。拥有教育部人文社会科学重点研究基地——天津师范大学心理与行为研究院、全国多媒体技术开发与培训基地、全国大学生文化素质教育基地、国家教育部中小学骨干教师培训基地、天津市教委人文社会科学重点研究基地——天津师范大学政治文化与政治文明建设研究院、天津师范大学经济社会发展与世界文明多样性研究中心等6个重点基地和天津市思想政治教育队伍专职人员培养基地。与中国科学院地球化学研究所联合建设了天津市水环境与水资源重点实验室,建有天津市现代教育技术实验中心,6个天津市高等学校优秀教学实验室,1个国家级实验教学示范中心建设单位。学校始终坚持开放办学,与21个国家和地区的102所大学建立了友好协作与交流关系。学校定期出版《天津师范大学学报》等9种期刊。

学校现有全日制在校生26823人,其中本科生22485人,博士、硕士研究生3173人,各类留学人员2700余人。学校现有教职工2402人,其中专任教师1387人,拥有正高级职称251人,副高级职称401人。

现任党委书记王璟,校长高玉葆。

二、工作概述

1. 科研工作

2011年,该校获各级各类人文社会科学项目278项(含国家级项目14项,省部级项目127项),科研(合同)总经费1491.12万元,经费比去年增长84%。该校承担人文社科横向科研项目达116项,科研(合同)经费946.62万元,经费比去年增长156%。

该校教学科研人员全年共发表学术论文839篇,其中在学科级刊物上发表学术论文41篇,核心期刊论文370篇,出版著作99部,其中学术专著38部,编著30部,译著7部。

2. 学术交流

3月26日至27日,全国世界史学科建设研讨会在天津师范大学召开。市委常委、市委教育工委书记苟利军,中国社科院副院长武寅等领导出席开幕式并讲话。国务院学位委员会历史学科评议组部分成员、教育部社科委部分委员、中国社会科学院及北京大学、清华大学、南京大学、南开大学等40余所高校学科带头人和知名学者参加研讨会。4月16日—17日,“中国比较文学与世界文学博导高层论坛”在该校召开,中国比较文学学会会长乐黛云、中国社会科学院文学研究所所长陆建德等专家学者及相关领导出席会议。此次高层论坛是天津市首次举办的比较文学与世界文学学科最高规格的盛会。来自北京大学、中国社会科学院、清华大学、复旦大学、南京大学、中国人民大学等单位的代表出席论坛。9月27日,以“追寻先行者足迹:纪念辛亥革命一百周年”为主题的天津市社会科学界第七届学术年会(分会场)在该校举办。天津市社科界专家学者、天津师范大学师生代表160余人参加会议。11月4日—5日,“首届中国老年心理研究与发展论坛暨中国老年学学会老年心理专业委员会第五次学术年会”在该校举行。来自中科院心理研究所、北京大学、人民大学等多所高校的专业学者和养老机构等70余位代表参加会议。12月16日,美国犹他大学孔子学院院长吴伏生教授应该校文学院的邀请作题为“误读的启示:庞德与中国诗歌”的学术讲座。12月17日至18日,2011教育技术国际学术会议(ETIF2011)在该校举行。来自全国的19位教学指导委员会委员、79位院长和系主任及韩国、日本、澳大利亚等国的专家学者270余人参加会议。

三、领导视察

4月27日,新疆维吾尔自治区党委书记张春贤率领自治区党政代表团在中共天津市委副书记、市长黄兴国的陪同下,来到天津城市建设管理职业技术学院,亲切看望新疆和田地区首批少数民族高校毕业生赴津培训班学员并座谈。张春贤代表新疆各族人民向天津市表示感谢。他说,天津市委市政府对新疆少数民族普通高校毕业生赴津培训工作高度重视,倾注了很大的心血,付出了很多的努力。担负培训工作的天津市各高校精诚团结、科学管理,尤其是天津师范大学在首阶段的语言培训中,派出最精干的教师,选用最好的教材,根据学员的语言实际因材施教,培训工作开局良好。中共天津市委常委、组织部部长史莲喜,副市长李文喜,天津市部分委办局负责同志及该校党委书记王璟同志陪同看望并参加了座谈会。

4月28日,九三学社天津师范大学委员会成立大会在办公楼多功能厅隆重举行。天津市政协副主席、九三学社市委主委、南开大学副校长陈永川，校党委书记王璟，校党委常委、纪委书记孙杰，九三学社市委秘书长张玉芳出席会议。会上宣读了九三学社天津市委员会关于同意九三学社天津师范大学支社改建为委员会的批复。陈永川在讲话中充分肯定了九三学社天津师大支社多年来的工作，勉励新当选的委员们要发扬九三学社的优良传统，进一步发挥民主党派在参政议政方面的职能，使九三学社天津师范大学委员会的各项工作越办越好。

（米亚）

天津财经大学

一、机构概况

2011 年，天津财经大学占地面积 1500 亩，建筑面积 45.8 万平方米，建有数字化逸夫图书馆、14 万平方米的大学生公寓城。拥有经济学、管理学、文学、理学、法学、工学、教育学等七大学科门类、拥有应用经济学和工商管理 2 个一级学科博士点和博士后流动站，有 14 个二级学科博士点，有应用经济学、工商管理、管理科学与工程 3 个一级学科硕士点和 24 个二级学科硕士点以及 11 个专业学位点。2011 年，新增 7 个专业学位硕士点（金融硕士、保险硕士、应用统计硕士、税务硕士、资产评估硕士、国际商务硕士、翻译硕士）。学校拥有国家级重点学科 1 个；天津市“重中之重”学科 2 个；天津市重点学科 6 个。形成了层次完整、形式多样的办学体系。现有专任教师 842 人，教师占教职工总数的 60%；其中正教授 160 人、副教授 284 人；专任教师中 87% 以上具有研究生学历，其中 45% 具有博士学位；有各级各类专业人才 403 人。享受国务院政府特殊津贴专家 34 人，全国优秀教师 3 人，并聘请了 170 余名国内外知名的专家学者担任学校的客座、兼职教授和礼聘教授。在校生 15000 余人，其中研究生 2200 余人，留学生 470 余人。

现任校党委书记王玉英，校长张嘉兴。

二、工作概述

1. 科研立项

2011 年，天津财经大学获得国家级项目 18 项、省部级项目 46 项、横向课题 61 项，获得资助经费为 936.61 万元。2011 年该校国家社科基金项目立项 9 项，立项率达到 25%，远超全国 13.6% 的立项率；2011 年该校国家艺术项目首次立项，实现零的突破；副校长王爱俭教授作为首席专家申报的“人民币国际化进程中我国货币政策与汇率政策协调研究”获批立项，资助经费 70 万元，实现了该校国家级重大资助项目零的突破。

2. 科研成果

2011 年，该校 45 项省部级项目结项。教师和科研人员在核心期刊上发表学术论文 281 篇。出版学术专著 26 部。该校多项科研成果得到了市领导的批示，如高正平教授、任碧云教授撰写的“实现全市居民收入持续、全面增长的建议”（刊登在市社联《社科界咨政要报》）获得了市委书记张高丽批示；张元萍教授的“以房养老：住房反向抵押贷款模式研究”一文获得了市委副书记、市长黄兴国和副市长崔津渡、熊建平批示；罗永泰教授撰写的“天津高端服务业发展研究”（刊登在市政府办公厅咨询工作处《决策咨询建议》）获常务副市长杨栋梁、副市长只升华、熊建平、任学锋、市政府副秘书长陈宗胜批示。

3. 学术交流

2011 年，天津财经大学共组织高水平的学术活动 63 场次，学校及各学科有计划有重点地通过组织形式多样的学术研讨会和邀请校外知名学者讲学等活动，为广大教师营造了良好的学术氛围。成功举办天津市社会科学界第七届学术年会天津财经大学分会场活动、围绕科普活动周“携手建设创新型城市——科学发展 · 科技创新 · 科普惠民”主题的“青年学者学术论坛”特色活动、天津财经大学亚洲商学院大师讲坛活动。来自校内外的专家学者登台演讲，场场报告会精彩纷呈，师生员工踊跃参加。报告人大都是国内知名高校、研究机构的学术带头人和国外的专家学者，如英格兰及威尔士特许会计师协会咨询委员会主席 Graham Durgan 先生、中国股权投资基金协会会长邵秉仁教授、中科院数学与系统科学研究院王世坤研究员、中欧国际工商学院经济学和金融学教授许小年、北京市华远地产股份有限公司董事长任志强先生等。

三、领导视察

2011年10月17日，中共天津市委常委、市委教育工委书记苟利军，副市长张俊芳率领市委办公厅、市政府办公厅，市委教育工委、市教委负责人，各区县分管教育的负责人等来校考察指导工作，重点考察学校金融与保险研究中心发展建设情况，了解学科建设、成果转化、环境提升、服务经济社会发展等方面的成绩和经验，借此推动全市各级各类教育又好又快发展。张俊芳副市长对金融与保险研究中心的发展建设给予高度评价，充分肯定研究成果为市委、市政府科学决策所起的作用，认为对新金融问题的研究是滨海新区作为国家金融改革试验区进行先行先试的重要内容，应在全国处于领先地位。

（王大立）

天津商业大学

一、机构概况

2011年，天津商业大学占地1379亩。学校设有商学院、机械工程学院、生物技术与食品科学学院、经济学院、法学院、信息工程学院、外国语学院、公共管理学院、理学院、艺术学院、TUC—FIU合作学院、国际教育学院、高职与继续教育学院及马克思主义学院14个学院和大学外语教学、基础课教学、体育教学、研究生部4个教学部。学校现有50个本科专业，65个硕士点，在校生1.6万余人。教学科研仪器设备总值达到1.8亿元。图书馆现有中外文藏书189万余册，期刊杂志2000余种，中外文数据库30余个，电子图书100万余册。学校现有专任教师800余人，其中具有高级职称的教师500余人，教授130余人。

学校积极发展国际交流与合作，引进国外优质教育资源。先后与美国、日本、韩国、法国、澳大利亚等国家的30多所高校建立了合作关系，开展学术交流，共同培养人才。

现任校党委书记陈学奇，校长刘书瀚。

二、工作概述

1.科研工作

2011年，该校共获省部级以上社科类项目83项。其中，获教育部人文社会科学研究项目7项；获天津市哲学社会科学规划项目23项；获天津市教育科学规划课题32项；获天津市教委社会科学重大项目2项，天津市高等学校人文社会科学研究项目11项。科研经费达到3700万元。全年共出版专著、教材、编著、译著和工具书等60部，发表论文669篇。论文被SCI、EI、ISTP、SSCI收录50篇。刘书瀚的“推进全市生产性服务业发展的建议”一文刊登在天津市社联主办的《社科界咨政要报》上，中共天津市委副书记何立峰、天津市副市长任学峰、王治平分别作出批示；陈桂生给市政府提出的《天津低碳新能源发展系统研究》建议，被天津市人民政府办公厅咨询工作处《决策咨询建议》采纳，并上报市政府领导参阅，得到了常务副市长杨栋梁和副市长熊建平的批示。

2.学科建设

2011年，该校在学科和专业建设上，围绕经济建设对人才的需求，坚持以商科为主，经、工、法、文、理多学科相互支撑、协调发展，逐步形成应用学科的综合优势。该校拥有3个市级重点学科（工商管理、产业经济学和民商法学）；校级重点学科有土地资源管理和外国语言学及应用语言学。学校现有财务管理、金融学、旅游管理、热能与动力工程4个国家级特色专业；1个“国际酒店管理”国家级人才培养模式创新实验区和中国旅游及饭店业优秀人才培养基地；1个热能与动力工程国家级实验教学示范中心；1个冷冻冷藏技术工程教育部研究中心；2个天津市重点实验室（食品生物技术、制冷技术）；1个天津市人文社会科学研究基地（管理创新与评价研究中心）；4个省部级重点学科（企业管理、产业经济学、制冷及低温工程、农产品加工及贮藏）。

3.学术交流

3月2日，该校商学院邀请我国著名旅游文化学者、中国旅游报经济部主任刘思敏博士，就中国旅游业转型等热点问题作专题学术报告。3月15

日，英国赫瑞·瓦特大学(Heriot－Watt University)心理学专业教授、英国高等教育学会委员、教授克瑞思(Chris Brotherton)博士受学校教学质量监控中心邀请，为该校教育管理工作者作了题为“英国高等教育面临的挑战”的学术报告。4月8日，全国大学生数学建模创始人之一、竞赛组委会专家组副组长、清华大学教授姜启源，来该校作了题为“让数学走进生活——数学建模”的学术报告。4月15日，澳大利亚查理斯特大学人力资源管理专业博士生导师、教授AlanFish对该校国际教育学院进行访问。4月28日下午，会展经济与管理系邀请万里学院会展国家级特色专业负责人、中国会展经济研究会会议组织工作委员会副主任任国岩来校作了“会展策划与会展研究方法”的专题讲座。5月7日，由该校主办、马克思主义学院承办的“纪念建党九十周年”学术研讨会召开。天津市委党史研究室、天津市委党校、经济科学出版社、兰州商学院、北京工商大学、河北工业大学、南开大学、天津大学、天津师范大学等10余所科研机构和高等院校的专家学者出席了此次会议。5月17日，为纪念中国共产党成立90周年，该校邀请中央党校原副校长、第十一届全国政协常委李君如作了题为“中国共产党的执政经验”专题报告。7月3日—12日，应法国人文科学基金会和法国国家科学研究院的邀请，市社联党组书记李家祥教授率本市专家学者，参加“中法城市化与土地资源利用——聚焦天津与巴黎”国际会议。12月15日上午，黑龙江大学党委书记、中国法学会民法学研究会副会长、博士生导师杨震教授应邀在该校作了题为“司法理性研究”的学术讲座。

(天津商业大学社科处)

天津工业大学

一、机构概况

2011年，天津工业大学拥有纺织科学与工程、材料科学与工程2个一级学科博士点，14个二级学科博士点，2个博士后流动站，20个一级学科硕士点，70个二级学科硕士点，4个专业硕士及15个工程硕士领域，53个本科专业，覆盖工、理、文、管、经、法、艺等7个学科大类。学校拥有1个国家重点学科、7个天津市重点学科、3个天津市“重中之重”学科、1个天津市重点发展学科。学校已与美国、英国、德国、加拿大、澳大利亚、法国、瑞士等30多个国家及港澳地区的50多所高校建立了友好合作关系，每年选派本科生、研究生到国外留学，同时接收国外及港澳地区留学生来校深造。学校现有专任教师1500余人，其中具有高级职称750余人，特聘两院院士和国外兼职教授50余人。学校拥有国务院学位委员会学科评议组成员、教育部院校设置评议委员会委员、教育部学科建设与专业设置专家委员会委员、国家级突出贡献专家、“新世纪百千万人才工程”入选专家、全国杰出专业技术人才等高层次人才。现有全日制在校生26040人。该校拥有设备一流的各类实验室、语音室、多媒体教室及现代化图书馆。学校设有国家标准游泳馆、体育馆、运动场和学生活动中心。

现任党委书记张宏伟，校长杨庆新。

二、工作概述

1.科研工作

2011年，该校获教育部人文社科项目立项8项，天津市哲学社会科学规划项目立项13项，天津市艺术规划项目立项17项；天津市战略计划立项3项，天津市教委社科重大项目3项。在重大项目立项方面，科技部软课题项目实现新的突破。该校全年共出版哲学社科类著作56部；发表论文548篇。

2.学科建设

2011年6月，该校启动首批6支B类和2支C类校级人文社科创新团队立项建设，建设期为3年。人文社科创新团队的建设，将大力推进人文社会科学学科与理工学科的交叉渗透，努力培育具有区域经济社会特点的学科特色，扶持人文社会科学学科发展，创建人文社会科学综合研究基地，形成新的学科增长点。

3.学术交流

2011年，该校加强了与国内外知名专家的学术交流，外聘专家讲学46人次。学校成功举办了天津市社会科学界第七届学术年会天津工业大学分会场暨创新与发展论坛、天津市法学会经济法学分会和商法学分会2011年学术年会。

2011年5月5日上午，唐山市委常委、副市长吴海英一行来该校参观访问。吴海英副市长表示希望未来能和该校开展更加深入的合作。

（天津工业大学科技处）

天津理工大学

一、机构概况

天津理工大学是一所以工为主，工理结合，工、理、文、管等学科协调发展的多科性大学。2011年，现有主校区和王顶堤校区总占地面积181.07万平方米。拥有56个本科专业、39个硕士点、6个工程硕士学位授权领域，覆盖工、理、文、管等学科门类。拥有2个市级"重中之重"学科，5个市级重点学科，2个市级重点发展学科。建有2个教育部重点实验室，1个教育部工程研究中心，4个市级重点实验室，3个市级人文社科研究基地。学校现已成为立项建设的博士学位授予权单位，包括3个一级申报学科及2个支撑学科。现有本科以上全日制在校学生22094人。学校已与20多个国家的54所知名大学和科研机构建立了友好合作关系。图书馆中外文藏书总量已达148.48万册。图书馆订购了电子期刊和数据库，电子图书总量达到110万册，全文型电子期刊2.4万余种，文摘型电子期刊6.3万种。自建数据库4个。

现任校党委书记孟庆松，校长马建标。

二、工作概述

1. 科研工作

2011年，该校获得国家级科研项目5项、省部级项目22项、横向项目120项，文科科研总经费854万。文科在研项目421项。教师和科研人员共在刊物上发表科研论文315篇，出版学术专著11部，编著教材、工具书3部。

2. 学术交流

10月26日，天津市社会科学界第七届学术年会天津理工大学分会场会议在校本部的学术报告厅举行，主题是：管理创新绿色发展。500多师生就专题学术报告展开了互动交流。

三、领导视察

2011年3月23日上午，市委常委、市委教育工委书记苟利军到该校调研，他指出，理工大学作为天津市重点建设的地方高校，申请博士学位授予权，是天津市经济社会发展的需要，也是天津高等教育抢占制高点、达到高水平的客观要求。

2011年4月6日下午，张俊芳副市长到该校计算机与通信工程学院调研，出席该校天津市食品安全信息化"十二五"规划工作汇报座谈会并观看了科研成果展示，与学院师生进行交流，并对该校计算机学科近年来所取得的标志性成果给予了充分肯定。市政府办公厅等有关领导陪同调研并出席会议。

（天津理工大学科技处）

天津科技大学

一、机构概况

2011年，天津科技大学现建有河西、泰达、塘沽3个校区，总占地面积110.78万平方米，建筑面积62.03万平方米。设有机械工程学院、电子信息与自动化学院、材料科学与化学工程学院、食品工程与生物技术学院、生物工程学院、海洋科学与工程学院、包装与印刷工程学院、艺术设计学院、经济与管理学院、法政学院、计算机科学与信息工程学院、理学院、外国语学院、国际学院、继续教育学院和体育教学部等16个学院（部）。现有教职工1906人，博士生导师、硕士生导师339人，教授、副教授678人，其中双聘院士5人，1人入选国家"千人计划"，2人入选教育部"长江学者"特聘（讲座）教授，10人被聘为国务院特贴专家，5人入选天津市"千人计划”,2人入选“新世纪国家百千万人才工程”国家级人选,6人入选“教育部新世纪优秀人才支持计划”,13人被聘为天津市特聘(讲座)教授。学校现有49个本科专业,国家重点学科1个,4个国家特色专业,6个省部级重点学科。2个一级学科博士学位授权点,覆盖13个博士学位授权学科、2个博士后科研流动站和1个博士后科研工作站;13个一级学科硕士学位授权点,覆盖63个二级硕士学位授权学科;4个硕士专业学位授权点,覆盖16个授权领域专业。学校建有2个教育部重点实验室和1个教育部工程研究中心,与中科院等单位共建2个国家工程实验室,建有4个天津市重点实验室和1个天津市普通高校人文社会科学重点研究基地。各类科研立项达到869项,科研经费突破6400万元。学校现有全日制在校生21748人,其中本科生19539人,硕士生1928人,博士生210人,留学生72人。2011年图书馆馆藏各类图书201万册。

现任党委书记李旭炎,校长曹小红。

二、工作概述

1. 科研工作

2011年,该校获得国家社会科学基金项目1项、教育部人文社会科学研究课题立项6项、天津市哲学社会科学规划项目13项、天津市科技发展战略研究计划项目1项,天津市教委人文社会科学项目6项。

本年度,全校共有4项天津市哲学社会科学规划项目结项,最终评价结果均为“优秀”。在天津市社会科学界第七届(2011)学术年会上,该校共有13篇论文获优秀奖。

2. 学科建设

2011年,该校争取“十二五”综合投资经费15400万元,新增5个天津市战略新兴产业相关专业,18个专业获得天津市高等学校“十二五”综合投资规划专项建设投资,对列入“十二五”综合投资规划的9个专业进行了投资。启动并实施了“行业卓越人才培养计划”,成功入选教育部第二批“卓越工程师培养计划”高校。在2011级新生中,选拔了249名优秀学生组建了4个卓越人才实验班。

3. 学术交流

7月,该校主办了全国性学术会议“供应链食品安全管理论坛”,中国食品科学技术学会有关负责人与会,来自北京、天津、山东等地的专家学者作了农产品安全监管及冷链物流的重要报告。9月,举办了中国科协第十三届年会“食品营养与健康国际研讨会”,促进食品安全观念向食品健康营养的提升。10月,承办了天津市第七届社科学术年会天津科技大学分会场“食品安全风险控制研讨会”,天津市食品安全委员会有关负责人、天津高校的学者共同研讨了食品安全风险的热点问题。

三、领导视察

1月22日,中共天津市委常委、市委教育工委书记苟利军、副市长张俊芳率市委办公厅、市政府办公厅、市委教育工委、市教委、市公安局、市消防局等相关部门负责人来该校视察假期和春节期间安全稳定工作。9月30日下午,中共天津市委常委、教育工委书记苟利军和市教委领导来该校考察调研。对学校的办学理念以及领导班子的整体思路予以充分肯定,并就学校的校区基本建设规划、校园绿化美化等提出了具体要求。

(李明琪)

天津外国语大学

一、机构概况

2011年,天津外国语大学设有研究生部、英语学院、日语学院、欧洲语言文化学院、亚非语学院、国际商学院、涉外法政学院、汉文化传播学院、教育技术与信息学院、国际交流学院、基础课教学部、体育教学部、应用外语教学中心、继续教育学院14个教学单位。拥有31个本科专业:英语、日语、俄语、德语、法语、西班牙语、朝鲜语(韩语)、意大利语、葡萄牙语、阿拉伯语、斯瓦希里语、对外汉语、国际经济与贸易、金融学、法学、国际政治、教育技术学、信息管理与信息系统、新闻学、行政管理、汉语言文学、经济学、人力资源管理、市场营销、财务管理、会计学、翻译、广告学、传播学、旅游管理、动画,其中国家级特色专业4个,国家级教学团队1个,国家级精品课程2门。中国语言文学、外国语言文学获批天津市一级重点学科,外国哲学、世界经济获批天津市二级重点学科。天津市品牌专业9个。拥有1个教育部重点研究基地——拉美研究中心,2个天津市普通高校人文社会科学重点研究基地—外国语言文学文化研究中心和语言符号应用传播研究中心。该校拥有与中共中央编译局共建的“中央文献翻译研究基地”,和由天津市政府批建的“天津国际发展研究院”等科研机构。有4个一级学科硕士学位点,23个二级学科硕士学位点,2个专业硕士学位点。现有全日制在校生近万人,研究生近千人,生源覆盖29个省、市、自治区。学校专任教师中有将近50%的教师拥有海外留学经历,具有博士学位的专任教师占22.5%,具有高级专业技术职务者占53.8%,硕士生导师占19%,常年聘请外国专家、教师百余名。该校具有推荐优秀本科毕业生免试攻读硕士学位的资格,同时还具有招收同等学历人员申请硕士学位和外国留学生攻读硕士学位的资格。学校主办的外国语言文学研究类重要学术期刊《天津外国语大学学报》和《世界文化》杂志,拥有外语音像出版社。

该校拥有现代化的教学手段和先进的电化教学仪器设备,建有1个市级实验室、48个基础实验室,14个专业实验室,36个语言实验室,71个多媒体教室,4套国际标准的同声传译报告厅,11个语种25套国际卫星电视接收系统以及覆盖两个校区的校园计算机网络。图书馆藏书百万册,中外文报刊、杂志近千种,中外文数据库数10个,其中“英语资源检索中心”含有的数据库成为全国英语学科教学研究领域的权威共享资源。学校体育设施完善,拥有标准运动场、足球场、网球场、篮球场、排球场、健身房等体育设施及万余平方米的综合体育馆。

现任校党委书记李虹,校长修刚。

二、工作概述

1. 科研工作

2011年,获省部级及市教委科研项目57项,较去年同期增加137.5%。与上海译文出版社签署合作出版图书协议,国家出版基金项目《汉日大词典》编纂工作扎实推进。积极开展信息咨询和调研服务,获批各级各类调研课题20项,涉及政治、经济、文化等各个方面。获天津市社会科学界第七届(2011)学术年会优秀论文奖3项。天津市宣传思想文化工作优秀调研成果奖1项,天津市纪念中国共产党成立90周年理论征文二等奖3项、三等奖1项。《天津外国语大学学报》继续被评为全国优秀社科学报。编辑出版了杂志《世界与天津》。

2. 学术交流

该校先后与世界18个国家的70余所大学和多个教育组织建立了友好合作关系。在韩国顺天乡大学、葡萄牙里斯本大学、法国图卢兹第一大学和俄罗斯伏尔加格勒国立师范大学分别建有孔子学院,并承接了在天津建立韩国世宗学堂、歌德语言中心、ESEC等教育培训项目。学校不断探索“3+1”、“2+2”、“4+1”等国际合作办学模式,每年派出大量中国学生到国外学习,并接收来自世界各地的学生进行长、短期的中文和中华文化学习。

全年成功举办“第十届世界日语教育研究大会”、“首届全国语言研究与外语教学研讨会”、“纪念《语法修辞讲话》发表60周年学术研讨会”、“2011东北亚经济发展论坛”、“教育部外指委阿语分委会2011年年会暨高校阿语专业联席会议”等8场高水平学术会议,累计投入经费233万元。其中,第十届世界日语教育研究大会举办期间,来自全球26个国家和地区的近2000名专家学者莅临大会,受到中日两国政界和学界高度评价。主办与合作举办学术讲座80余场,营造了浓厚的学术氛围。

(孟昭阳)

天津职业技术师范大学

一、机构概况

2011年,天津职业技术师范大学占地79.9116万平方米,建筑面积47.6445万平方米,体育运动场所面积6.2610万平方米。图书馆1.7万平方米;纸质图书160.66万册,电子图书9600GB,中外文数据库26个;校园网出口带宽100MBTS;教学、科研仪器设备3.03亿元。

天津职业技术师范大学拥有以工学、教育学、理学、管理学、经济学、文学、艺术学7个学科门类，设有项目博士后工作站1个、一级学科硕士点7个、专业学位授权点1个、本科专业38个，其中职业技术教育管理等6个专业已建成优势(特色)专业；教育学为天津市(省部级)重点学科，师范能力与职业能力研究中心为天津市高校人文社会科学重点研究基地；设有职业教育研究所、非洲职业教育研究中心等38个学术研究机构。形成了以本科教育为主，具有硕士学位授予权，面向全国培养职业教育师资和应用型高级专门人才较完整的办学体系。学校拥有一支高水平的师资队伍，现有专任教师858人，教师占教职工总数的67.48%；其中正教授104人、副教授312人；专任教师中579人具有研究生学历，占专任教师的70.72%，其中具有博士学位的专任教师164人，占专任教师的19.11%。学校还设有供学生教育实习的附属高级技术学校。学校拥有13个专业学院(所)，现有全日制在校学生1.89万余人，研究生651人，专科781人，成人教育在校生1529人。此外，有留学生共124人，其中研究生73人，本科51人。学校编辑出版的学术刊物《天津职业技术师范大学学报》、《职业教育研究》多年来被评为天津市一级期刊；《职业教育研究》杂志还连续多年获得“全国职教期刊评比一等奖”。

学校被教育部、人力资源和社会保障部等部委确定为首批“全国重点建设职教师资培训基地”、“全国高职高专教育师资培训基地”、“国家级职业培训教师培训基地”、“国家高技能人才培训基地”、“教育部教育援外基地”等13个培训基地。

现任党委书记于立军，校长孟庆国。

二、工作概述

1.科研立项

2011年，该校文科教师主持(在研)国家社科基金项目3项(包括教育学单列学科)、国家自然科学基金委员会管理学部项目1项、教育部人文社科项目3项、全国教育规划(重点、规划、青年、职教专项)项目20项、天津市人文社科规划(艺术规划)项目24项、国家人力资源和社会保障项目4项、天津市教育规划47项、天津市高校人文社科重大项目1项、天津市高校人文社科项目2项，企事业委托项目21项，合计各级、各类在研项目共计83项，共获得资助经费239万元。

2.科研成果

2011年，该校共有1项国家社科基金项目、3项国家劳动和社会保障部项目、5项全国教育科学研究规划项目、2项教育部人文社科项目、1项天津市科技发展战略项目、7项天津市社科项目、6项天津市教育规划项目、2项天津市教委人文社科项目获准结项。为国家体育总局射击射箭运动管理中心修订《体育场所开发条件与技术要求》(GB19079.9－2011)1项。

2011年，该校文科有关科研人员出版专著2部，其中教育学2部；编著9部，其中教育学1部、艺术学5部、历史学1部、管理学2部。完成研究报告29份，其中经济学4份、社会学2份、管理学2份、教育学15份、心理学4份、体育学1份、网络信息安全1份。

2010年该校人文社科科研工作者发表学术论文194篇，其中在CSSCI来源期刊上发表学术论文15篇，在国外学术会议发表学术论文21篇，被EI收录2篇，ISTP收录5篇。

2011年，该校获第四届全国教育科研优秀成果二等奖1项，三等奖1项。

2011年，该校主持的天津市民主党派的调研项目“职业技能大赛对中、高等职业教育发展的影响”，获市政协优秀调研成果三等奖。

3.学术交流

2011年，该校召开升大学后的首届科研工作会议。承办了天津市第七届学术年会分会场学术报告会，邀请国内外知名专家来校讲座30余场次。该校各文科学院和科研机构积极开展学术交流活动。

2011年，该校选派6名中方教师赴埃中职教学院任教；负责组织天津市政协主席邢元敏率领的30余人代表团赴埃的接待工作，拜会了埃塞俄比亚人民代表院议长阿卜杜拉格梅达，出席该校与升格后的埃中学院签署合作协议及天津市政府200万元留学生奖学金执行协议签字仪式；在埃塞俄比亚的亚的斯亚贝巴孔子学院工作取得显著成绩，在亚的斯亚贝巴大学、阿瓦萨大学和马克雷大学建立了3所汉语教学中心，成功承办教育部第九次对发展中国家教育援外工作会议。

本年度，承办教育部、商务部援外培训项目共4期，共培训亚、非、欧、大洋洲37个国家的职业教育官员或教师160人。认真做好“中非高校20＋20合作项目”,组团赴巴黎参加教育部主办的联合国教科文组织中非大学校长论坛。6月27日,“广西壮族自治区教育厅、西藏自治区教育厅、新疆维吾尔自治区教育厅与天津职业技术师范大学合作培养免费中职师范生签约仪式”在天津滨海圣光皇冠假日酒店多功能厅隆重举行,教育部副部长鲁昕、天津市副市长张俊芳出席仪式并讲话。6月27日至28日,该校配合教育部、人力资源和社会保障部在天津联合组织召开了全国职业教育科研工作会议。教育部副部长鲁昕,人力资源和社会保障部副部长王晓初,天津市委常委、教育工委书记苟利军,副市长张俊芳,中国职业技术教育学会会长张天保等领导同志出席会议。鲁昕作工作报告,王晓初讲话。

7月19日至21日,受教育部委托,由挂靠该校的中国职业技术教育学会职教师资专业委员会举办的“职教师资培养工作研讨会”在南昌召开。来自全国38所承担职教师资培养培训任务的本科院校的专家共计70余人参加了会议。

三、领导视察

6月10日下午,国家教育部副部长郝平莅临天津职业技术师范大学指导工作,郝平充分肯定了学校多年来教育援外工作取得的成绩,并对学校如何进一步做好教育援外工作作重要指示,一是要站在国家、外交战略的高度开展教育援外工作,并做好埃塞—中国职业技术学院后续教育和管理工作,教育部、外交部、商务部将给予大力支持;二是要充分发挥学校办学特色,成立专门研究机构,加强对我国在非洲投资企业人才需求、投资政策等方面的研究,不断提高特色人才培养质量,向在非洲投资企业输送大批高水平的应用型高级专门人才,使学校人才在非洲遍地开花;三是要成立专门机构,聘请经济学家开展我国在非洲投资企业的有关研究,并定期培养、输送青年教师开展相关研究,不断提高教师的英语授课能力,为援外教师提供人才储备;四是要稳定埃塞—中国职业技术学院办学规模,注重提高人才培养质量,形成中国援非教育的品牌。

2011年,该校完成中国天津职业技能公共实训中心一期建设和运行管理工作。配合天津市人力资源和社会保障局完成中国天津职业技能公共实训中心一期现代制造、现代控制、信息技术三个领域的建设任务和前期运行管理工作,中共中央政治局委员、国务委员刘延东,中共中央政治局委员、天津全国政协副主席张榕明,原中央政治局常委吴官正,国家人力资源与社会保障部副部长杨志明、王晓初,教育部副部长鲁昕、杜玉波,世界技能组织主席杰克·杜塞尔多普先生,中共中央政治局委员、天津市委书记张高丽,天津市市长黄兴国,市委组织部部长史莲喜,市委教育工委书记苟利军,副市长崔津渡、张俊芳等领导莅临该校实训中心视察工作,并给予高度评价。

(程卿)

天津医科大学

一、机构概况

天津医科大学为天津市属高校。前身天津医学院创建于1951年,1994年6月与天津第二医学院合并组建天津医科大学。是国家211工程重点建设的97所高等院校之一。

2011年,学校拥有一批国内外知名的教授、学者。现有教职工8079人,其中各类专业技术人员7194人,包括正高级专业技术人员534人,副高级专业技术人员890人,中国科学院院士1人,中国工程院院士2人,“长江学者”特聘教授等进入国家级人才资助项目人员、国家人事部、卫生部有突出贡献的中青年专家30余人,享受国务院政府特贴专家164人,天津市授衔专家29人。学校现有18个学院、1个学系、3个教学部。学校现有全日制在校生9040人,其中,本科生5138人,博士生401人,硕士生2381人,学历留学生1120人(留学生总数1430人)。学校现有本科专业15个,博士后流动站3个,博士学位授权点37个,硕士学位授权点68个,博士生导师180人,硕士生导师672名。现有国家教学名师2名,天津市级名师7名;国家精品课程4门,天津市级精品课程15门;国家级“十一五”规划教材主编19本。学校现有国家级重点学科5

个,"211 工程"重点建设学科 10 个,天津市重点学科 15 个。省部级重点实验室 11 个。临床教学基地有 7 所大学医院、13 所非直属临床学院、1 所非直属附属医院、8 所教学医院、33 所实习基地,1.5 万余张教学床位。学校先后与 17 个国家的 73 所大学建立了学术交流与合作关系,成立了“外国专家顾问委员会”。聘请了 108 位世界知名医学专家、教授担任该校各学科的名誉教授和客座教授。2011 年引进出站博士后和接收国内重点院校毕业的博士 5 名。

天津医科大学图书馆藏有国内外期刊 3200 种。在卫生部组建的全国医学文献资源共享网络系统中被确定为省(市)级中心馆。

现任校党委书记张连云,校长郝希山(院士)。

二、工作概述

1. 科研工作

2011 年,该校获国家社会科学基金立项 1 项,经费 15 万;获教育部人文社科基金项目 2 项,经费 16 万;获天津市哲学社会科学规划课题 3 项,经费 3.6 万;获准立项天津市教委课题 1 项经费 1.2 万;获准中国法学会课题立项 1 项。本年度主编、参编学术专著 7 部。其中:独著 5 部,《企业重整程序的正当性基础与规范建构》、《仁心仁术》、《专业性心理帮助的研究》、《药品不良反应法律救济制度研究》、《古典时代希腊教育思想研究》。主编、参编教材 7 部。发表学术论文 101 篇,其中国内核心期刊 48 篇。

2. 学科建设

本年度,该校加强国家精品课程建设。按照教育部《国家精品课程建设工作实施办法》,进一步加强《医学伦理学》国家级精品课程建设,及时补充完善课程网上教学资源。出版普通高等教育“十一五”国家级规划教材《医学伦理学》。

本年度,该校把大学生社会实践活动与专业能力培养有机结合,开展“模拟法庭”进社区等活动。制定本科毕业论文查阅英文文献,撰写英文摘要等相关规定,提高学生的英语口语能力。继续完善“法与医”、“法与德”结合和早期司法实践为特色的法学人才培养模式,走在全国高等医学院校的前列。

作为国内高等医学院校首次面向临床医学、药学、生物医学工程、护理学等专业在校学生开设法学二学位教育,在原专业的基础上,系统学习和掌握了医学法学专业知识。整体综合素质和法律意识普遍提高,成为适应医疗卫生事业改革发展需要的复合性人才,增强了学生考研和就业的竞争力。

3. 学术交流

6 月 13 日,新加坡国立大学学者就“长期医疗照护与国家医疗保障体系的构建”问题来该校进行学术交流。11 月 5 日,尼日利亚学者就“医学心理学教学与研究”问题与该校进行学术交流。10 月第三军医大学专家来该校就“医学人文教育”问题进行访学交流。11 月 8 日南开大学余新忠教授作题为“医疗社会文化史的意义与方法”的学术报告。12 月中科院心理所隋南教授做药物精神依赖及其生物心理学机制的讲座。由于加强了对外宣传力度,提高了学科知名度和影响力,《天津日报》、新华网等国内媒体有关本校的新闻报道 30 篇。有 26 人次参加国内学术会议与交流。1 名教师应邀赴美国北卡罗来纳州 Wake Forest 大学做访问学者半年;1 名教师应美国俄克拉荷马城市大学法学院邀请,赴美做访问学者四个月;1 名教师获得主办方全额资助,参加香港浸会大学“构建中国生命伦理学研讨会”;1 名教师论文在台湾举行的第十二届亚洲生命伦理学大会中以全英文展牌形式展示,作为大会交流论文;5 位教师在南宁参加 2011 年繁荣高校哲学社会科学协作会第二届会议,并作主旨报告。

(天津医科大学科技处)

天津中医药大学

一、机构概况

天津中医药大学始建于 1958 年。1992 年经国家教委批准,加挂中国传统医药国际学院校牌,是教育部高等学校中医学教学指导委员会和世界中医药学会联合会教育指导委员会挂靠单位。学校建有中医学、中药学、中西医结合 3 个博士后科研流动站，中医学、中药学2个一级学科博士学位授权学科，23个博士学位授权学科和45个硕士学位授权学科。学校现有教职工3200余人，有中国工程院院士3人，现有本科以上在校生9000余人，其中留学生1100余人。

学校目前拥有针灸推拿学和中医内科学2个国家级重点学科，中医妇科学、针灸学等11个国家中医药管理局重点学科，中药学、针灸推拿学等5个天津市高校“十二五”综合投资规划学科。学校还拥有2个国家级实验室，22个省部级重点实验室。学校建有省部共建国家重点实验室培育基地天津市现代中药实验室，科技部、天津市政府和意大利卫生部共建的中意中医药联合实验室，教育部省部共建方剂学重点实验室，教育部现代中药发现与制剂技术工程研究中心等重点科研和教育机构。

现任校党委书记张金钟，校长张伯礼（院士）。

二、工作概述

1. 科研工作

2011年，天津中医药大学新增纵向课题117项，科研总经费6898.42万元。其中，国家级课题57项，科研经费5990万元；省部、局级课题68项，科研经费908.42万元。开展校企联合横向课题30项，经费1071.57万元。登记科研成果21项，申请专利24项。获科研奖励15项，其中天津市科技进步一等奖1项、二等奖1项、三等奖5项；中国高等学校科学研究科技进步奖一等奖1项；中华中医药学会科学技术奖二等奖3项、三等奖1项；中国中西医结合学会科学技术奖二等奖1项、三等奖1项；中国针灸学会科学技术奖三等奖1项。该校发表论文总计1848篇，其中SCI收录论文总计79篇，EI收录论文总计19篇，ISTP收录论文1篇，SSCI收录论文1篇。

2. 学术交流

2011年，该校积极开展多次学术交流活动、主办学术会议。其中，为进一步促进该校人文、哲学社会科学的发展，该校积极承办天津市社会科学界第七届学术年会天津中医药大学分会场会议，主题为：中国特色社会管理创新研究。会议征文31篇。

三、领导视察

2011年9月20日上午，全国人大常委会原副委员长、中国科协名誉主席、973计划专家顾问组荣誉组长周光召来津考察该校973计划重大项目“治疗心血管疾病有效方剂组分配伍规律研究”的进展情况，并参观了国际生物医药联合研究院现代中药研发中心、现代中药国家重点实验室（培育），听取了研究工作汇报。周光召对该校科技工作和研究项目组取得的成绩给予充分肯定。他指出，973计划瞄准国家重大需求中的科学问题，在中药创制等重要方面进行部署，具有重要意义。

2011年10月17日上午，市委常委、市委教育工委书记苟利军，副市长张俊芳来校调研，实地考察了校中一制药有限公司，参观了学校科研成果展，听取了学校工作汇报。苟利军边看学校科研成果展边询问该校中药组分库、中药配伍规律研究、科技成果转化等方面的进展情况，饶有兴致地查看舌象仪、脉象仪、腹诊仪等该校自主研发的中医诊疗等仪器设备，与工作人员交谈详细了解仪器使用情况，还亲自测试了用于教学的脉象仪。

苟利军在讲话中对该校加强产学研结合特别是在科技创新、科研与推广、服务社会发展取得的显著成效给予充分肯定，对该校领导班子带领全校教职工干事创业的精神和工作激情给予高度评价。他说，天津中医药大学是全市“科技成果转化”单位代表，多年来积极探索以大学为依托的现代中药创制模式，构建产学研联盟，推动名优中成药二次开发，为人民群众健康医疗服务和中医药现代化、国际化作出了突出贡献，值得各高校学习、借鉴。

（天津中医药大学科技处）

天津城市建设学院

一、机构概况

2011年，该校占地总面积68.11万平方米，建筑面积近45.9万平方米。拥有城市规划与建筑、城市建设、城市生态与环境、城市经济与管理、数字化城市、城市文化等6大学科门类，，本科专业41个（新增工程造价和地质工程2个新专业），并获批建筑学学士学位授予权。拥有硕士学位授权一级学科达9个,二级学科硕士点25个,工程硕士学位授权领域3个。拥有4个市级重点学科和2个市级重点实验室,4个市级优秀实验室。建立吹填造陆与滨海软土教育部工程技术研究中心、天津市水质科学与技术重点实验室、天津城镇化与新农村建设研究中心3个科研机构,形成了以工为主,工、管、文、理相互渗透且协调发展的学科专业体系。现有专任教师812人,教师占教职工总数的68.9%;其中正教授115人,副教授306人;有“长江学者”特聘教授、国家杰出青年科学基金获得者、“新世纪百千万人才工程”国家级人选1人,国家有突出贡献中青年专家、享受国务院政府特殊津贴专家15人;双聘院士3人,天津市“千人计划”特聘专家2人,天津市讲座教授1人。

学校拥有一支较强的科学研究队伍,已承担国家级、省部级科研项目236项。现有全日制在校生14192人,其中本科生13447人,硕士研究生745人。

现任党委书记周剑琴,院长李忠献。

二、工作概述

1. 学科建设

2011年,在市高校“十二五”综合投资规划工作中,该校共获批建设7个品牌专业和5个战略性新兴产业相关专业,重点学科由原先的2个二级学科重点学科,跃增为4个一级重点学科,共获批市高校“十二五”综合投资规划建设总经费超过1亿元,获得中央财政支持地方高校发展专项资金600多万元;3个专业完成了住房和城乡建设部高等教育专业评估后的督查工作;确定了6门校级优秀课程;启动实施了“卓越工程师教育培养计划”,获批卓越工程师教育培养计划专项建设经费2500万元。该校新增城乡规划学和风景园林学2个硕士学位授权一级学科,使硕士学位授权一级学科达到9个,二级学科硕士点增至25个;工程硕士学位授权领域增至3个。

2. 科研工作

2011年,该校科技工作取得了突破性进展。获批国家级项目22项,其中,国家重点基础研究发展计划“973计划”课题1项,实现了国家级重点基础研究项目零的突破,国家自然科学基金项目19项、国家星火计划项目1项、科技部软科学项目1项。省部级科研项目69项,其中,社科项目包括:教育部人文社科项目4项、天津市哲学社会科学基金项目6项、天津市科技计划项目1项、天津市“十二五”教育规划项目30项、建设部软课题4项。全校实到科研经费2692万元。2011年,学校获得天津市科技进步一等奖1项、二等奖1项、三等奖9项;国家授权发明专利3项,实用新型7项、外观设计专利19项;SCI、EI、ISTP三大检索收录论文256篇,出版学术专著16部。

3. 学术交流

2011年,该校共举办各类学术报告会45场,涉及城市建设管理、环境保护、艺术创意和经济社会领域的各个方面。澳大利亚阿德莱德大学吴成清教授、美国康奈尔大学AnnForsyth教授、天津凯佳李建筑设计有限公司总裁兼首席设计师克雷·沃格尔先生、美国加利福尼亚长滩州立大学艺术学院计宇教授、天津中德筑邦建筑设计有限公司总经理褚伟石、德国莱茵—瓦尔应用科技大学校长Marie-Louise Klotz教授、澳大利亚阿德莱德大学杰出学者吴成清博士、澳大利亚西澳大学首席教授郝洪博士、澳大利亚西澳大学杰出学者马国伟教授、美国华盛顿特区水务局高级工程师、美国马里兰州立大学巴尔的摩郡分校兼职研究生教授张建祺博士、日本东北大学环境科学研究院李玉友副教授、台湾大学骆尚廉教授、丹麦VIA大学经济与技术学院院长JanUweWolff教授等应邀到该校作学术报告和开展学术交流。3月16日,该校与天津世纪万都房地产投资有限公司产学研合作基地挂牌仪式在武清区盛世豪庭小区举行。双方签订了《关于设立世纪万都专项基金的协议》,标志校企双方实质性合作正式启动。4月22日,天津社会科学院社会学所研究员、中国社会学学会城市社会学专业委员会会长、天津市人大代表潘允康研究员作“社会学与城市社会学”为主题的学术讲座,140余名教师和研究生到场聆听。6月30日,该校承办了主题为“天津城市定位与未来发展”的天津市社会科学界第七次学术年分会场会议。该校教师及研究生50余人参加会议。11月20日,澳大利亚皇家墨尔本理工大学代表团一行13人在副校长史蒂芬·康纳利的带领下参加与天津市教委联合举办的为期两天的主题为“构建和谐城市”的学术研讨会。研讨会结束后,皇家墨尔本理工大学三位教授分别来该校进行学术交流与访问。

三、领导视察

2011年10月17日，天津市“校园环境提升”现场交流会在该校召开。市委常委、市委教育工委书记苟利军，副市长张俊芳率领市委办公厅、市政府办公厅等单位一行100余人，实地考察该校校园环境提升情况。苟利军对该校校园环境提升工程取得的成效给予了充分肯定。

（胡洁）

天津音乐学院

一、学院概况

2011年，天津音乐学院拥有一级学科艺术学硕士学位授权点，音乐学、作曲与技术理论、音乐表演、舞蹈编导、舞蹈学、表演、文化产业管理、学前教育等8个本科专业。其中，二级学科音乐学（涵盖所有音乐专业方向）属于天津市重点学科，音乐学、音乐表演专业为国家级特色专业建设点，音乐学、作曲与作曲技术理论、音乐表演、舞蹈编导、文化产业管理等5个专业为市级品牌专业。本院拥有一支结构合理、学术水平和综合素质较高的师资队伍。本院享受国务院政府特殊津贴21人，天津市教学名师2人，天津市优秀教师6人，区永熙教学奖获得者5人；正教授74人，副教授65人，具有博士学位21人，硕士学位109人。

现任校党委书记徐建栋，院长徐昌俊。

二、工作概述

1. 学科建设

以艺术学成为学科门类为契机，认真组织一级学科硕士学位授权点的申报工作，获批音乐与舞蹈学、戏剧与影视学两个一级学科授权点。在原艺术学一级学科的基础上，自主增设舞蹈学、戏剧影视学两个二级学科硕士授权点，使全院二级学科硕士授权点增至为3个。音乐与舞蹈学、戏剧与影视学两个一级学科被批准为天津市重点学科。本院积极开展“服务国家特殊需求人才培养项目”博士授权的申报工作，不断探索建立学位授权、学科建设与国家急需高层次人才培养紧密结合，努力形成以国家需求为目标，以“政产学研用”紧密结合的人才培养新机制。加大专业建设力度，以国家级特色专业建设为龙头，发挥国家级特色专业和市级品牌专业建设的辐射作用，成功申报了音乐教育、音乐科技、艺术批评三个新兴战略性产业专业。完善学院本科专业门类，建立了指挥专业和竖琴专业。

2. 科研工作

2011年，本院积极申报国家级、省部级、局级等各类科研项目，获批教育部一般项目1项，天津市艺术科学规划项目3项，天津市高校人文社科项目3项，提高了项目数量和质量。完善了市教委人文社科重点研究基地“天津音乐学院艺术创作与表演研究中心”的基础设施、人员队伍建设，并接受了市教委专家组对本院“艺术创作与表演研究中心”的调研考察工作。

鼓励创新创作，注重投资规划。做好天津市高校“十一五”综合投资全面总结和检查验收，以及“天津市高等学校‘十二五’综合投资规划”启动、实施等各项工作。落实“十二五”综合投资规划专项经费720万元。

3. 学术交流

本院与美国北科罗拉多大学、奥地利安东布鲁克纳艺术大学等分别签署了合作协议，与美国茱莉亚音乐学院达成了合作意向。开展国际交流活动30余次，接待短期来访团涉及美国、意大利、法国等多个国家和地区，共计240余人次。举行讲座、大师班26场、音乐会54场，国际会议及研讨会两场。其中，“五月音乐节”和“‘解读巴洛克’主题音乐周”活动在天津市乃至全国都反响热烈。开办了美国杨柏翰大学、新加坡裕廊中学等短期留学生培训班。本院获教育部批准具有招收港、澳、台硕士研究生资格，提升了留学生的培养层次。

以艺术管理系、现代音乐系、舞蹈系和戏剧影视系成功举办建系十周年活动为契机，展示办学水平和教学成果。各系开展的学术季、全国歌剧展演、打击乐研讨会、宋国生教授学术研讨会系列活动，均产生了积极广泛的社会影响。

4. 社会服务

2011年，本院将第四届“春华秋实”艺术院校舞台艺术精品展演周上的演出作为重点，青年交响乐团首次在北京国家大剧院音乐厅举办“鎏彩津滨”交响音乐会，精彩的演出得到出席领导、嘉宾的一致好评。本院师生参加了天津市2011年新年音乐会、滨海新区2011年迎新春军民联欢会等演出活动。本院隆重举办庆祝建党90周年主题晚会，十几场高水平演出得到市领导肯定。

（张春晖）

天津体育学院

一、机构概况

2011年，天津体育学院占地534亩，建有综合馆、田径馆、篮球馆、排球馆、游泳馆、舞蹈馆等12座，国际标准塑胶田径场、足球场和灯光棒球场等室外场地20余块。科研仪器设备总值7000余万元，现有各类实验室26个，其中基础实验室8个，专业实验室11个，实验室总面积为6655平方米。同时建有实习实践基地100余个。学校设有15个本科专业，分别是体育教育、运动训练、社会体育、民族传统体育、运动人体科学、舞蹈学、新闻学、市场营销、旅游管理、特殊教育、教育技术学、英语、公共事业管理、应用心理学、运动康复与健康，涉及教育学、管理学、文学、理学4个学科门类。图书馆总面积8725平方米，图书馆藏文献量（含电子文献）达192万余册，其中，中外文纸质图书32.24万册，中外文期刊（含电子文献）3万余种。拥有16个中外文检索系统，电子图书150万册，宽带光缆接入天津市数字图书馆，可检索图书资源61万册。学校1979年开始招收硕士研究生，1986年获得硕士学位授予权，现在已有7个硕士研究生专业，分别是运动人体科学、体育人文社会学、体育教育训练学、民族传统体育学、课程与教学论、康复医学与理疗学和体育硕士（专业学位）。2010年，学校还被教育部批准为具有推荐优秀应届本科生免试攻读硕士研究生资格的院校。2003年本院被教育部正式批准为“开展联合培养博士学位研究生工作单位”，运动人体科学被批准为联合培养博士生专业，同年开始与北京体育大学联合招收和培养博士研究生。2010年本院又经国务院学位委员会批准为“立项建设的新增博士学位授予单位”，2011年7月已顺利通过天津市人民政府学位办公室组织的新增博士学位授予单位立项建设中期检查。

2011年，学校在编教职工463人，专任教师287人，其中教授和国家级教练员53人，副教授97人；具有博士学位的教师61人，具有硕士学位的教师187人；其中有享受国务院政府特殊津贴专家13人，国家教学名师1人，教育部新世纪人才2人，天津市特聘教授、特聘（讲座）教授4人，天津市教学名师6人，天津市千人计划1人。博士研究生导师6人、硕士研究生导师106人。学校现有全日制在校生6000余人，其中本科生5000余人、硕士研究生520人，联合培养博士研究生13人。

现任党委书记冯文明，院长姚家新。

二、工作概述

1. 科研工作

2011年，本院获批各级各类科研项目60项，其中国家级3项，省部级31项，企事业单位委托11项，科研经费570.7万元。全年在各级各类学术刊物上发表论文199篇，其中核心期刊77篇；出版学术著作20部，其中专著8部，编著和教材12部。获中国体育科学学会三等奖1项、教育部一等奖1项、国家体育总局一等奖2项、二三等奖各1项。

2. 学科建设

2011年，本院“体育学”被批准为天津市高等学校“十二五”综合投资规划一级学科建设项目；课程与教学论、康复医学与理疗学被批准为二级学科建设项目。

3. 学术交流

2011年，本院承办和参加了一系列具有影响力的学术会议，其中包括“第九届全国体育科学大会”、“全国体育院校第三届思想政治理论课教学研讨会议”和“国家体育总局重点实验室课题评审会议”等。

（天津体育学院科研处）

天津职业大学

一、机构概况

天津职业大学地处北辰科技园区,2011年,学校占地面积1196亩,建筑面积30余万平方米,资产总值8亿多元,实验实训设备总值已达11777万元。在校生万余人,教职工600余人,专任教师457人,其中高级职称教师占46%,硕士以上学历教师占57%,双师素质教师占82%。图书馆藏书74余万册,电子图书12058.8GB,是天津市高等学校电子图书馆成员单位。

学校下设7个学院:机电工程与自动化学院、生物与环境工程学院、经济与管理学院、电子信息工程学院、国际交流学院、艺术工程学院、眼视光工程学院;2个直属系:社会管理系、印刷工程系;2个教学部:社会科学部、基础课教学部。建有51个专业,涵盖工、经、管、文等专业门类,其中眼视光技术专业、包装技术与应用专业、应用化工技术专业、物流管理专业、酒店管理专业5个专业为中央财政支持重点建设专业;机械制造与自动化专业、计算机应用技术专业——嵌入式技术与应用专业、社区管理与服务专业3个专业为天津市财政支持重点建设专业。

现任党委书记刘文江,校长董刚。

二、工作概述

1.科研工作

2011年,该校获得国家级、省部级以上项目55项。2011年到账科研经费268.065万元,其中横向引进经费212.37万元,纵向引进经费55.695万元。各级各类结项课题45项,其中全国课题2项,省部级课题17项,教委课题5项。科委高新技术成果转化中心鉴定项目16项。全年共发表科研论文390篇,其中重要期刊114篇,经检索论文36篇。出版专著、教材56部。

2.学科建设

2011年,该校在学科建设上,“眼视光技术专业教学资源库”、“酒店管理专业教学资源库”被教育部评为高等职业教育专业教学资源库建设项目;《眼镜材料与工艺学》、《仓储管理》、《传质与分离技术》、《包装结构与模切板设计》、《社会工作方法》等14门课程被评为国家级精品课程,另有《有机化学》、《眼屈光学》、《VC++程序设计》、《企业物流管理》、《网络营销》等28门课程被评为市级精品课程。该校国家级教学名师1名,天津市教学名师2名。由该校教师主编的23种教材入选国家“十一五”规划教材。

学校实行多种办学形式,开展学历与非学历教育,生源类型包括高中毕业生、三校生。吉林大学、天津大学分别在该校设立了函授站、网络教育学院第三教学中心。学校重视国际间的交流与合作,先后与美国、法国、英国、澳大利亚、新加坡、韩国、日本等国家和香港地区有关学校建立了友好校际关系,进行合作办学、师资培训和留学生教育。学校有设施齐全的机械工程、化工、印刷等学训中心,有各类校内实验实训室145个,与社会共建校外实训基地151个。天津市国家职业技能鉴定中心在学校设立了职业技能鉴定第28所,可开展对43个职业或工种的初、中、高级别职业技能鉴定;设有全国计算机高新技术考试站,可开展25个模块的中高级鉴定和培训,学校“双证书”教育学生取证率达86%。

学校的办学紧贴市场需要,走产学研结合之路,取得了显著成绩。先后与天津保税区、开发区、华苑高科技园区、北辰科技园区、天津滨海新区,与天津一汽丰田汽车有限公司、天津天地伟业数码科技有限公司、日上免税行(中国)有限公司、天津长荣印刷设备股份有限公司、天津市眼科医院、日本尼德克有限公司等上百家国内外企事业单位合作,创新并实践了“课证融合‘准技师’”、“旺入淡出、工学交替”等多种工学结合人才培养模式。

3.学术交流

2011年5月30日,日本菊池眼镜专门学校校长关真司教授在该校进行了为期2天的学术交流活动。2010年2月21日,香港岭南大学第四批交流生抵达该校,进行为期12周的酒店专业课程学习。2011年8月1日至19日,应韩国忠清大学的邀请,旅游学院应用韩语专业师生8人参加了该校举办的暑期夏令营活动。2011年10月14日至10月22日,美国国际英语文化交流团(IECS)一行12人在该校旅游管理学院开展为期9天的语言文化交流活动。2011年11月23日上午,台湾建国科技大学校长黄燕飞一行访问该校,就增进两校间相互了解,促进两岸职业教育和科技方面的合作交流进行深入探讨。

2011年6月25日至26日,由教育部主办,天津市教委承办的全国职业院校学生技能作品展洽会(以下简称"展洽会")在天津梅江会展中心展出。中共中央政治局委员、国务委员刘延东在中共中央政治局委员、天津市委书记张高丽、市长黄兴国、教育部副部长鲁昕等有关领导的陪同下,亲临展洽会现场,并对会议给予高度评价。中央电视台等40多家媒体报道了展洽会盛况。该校负责此次展洽会的全部组织工作。此次展洽会全面展示了240多所中高职院校和培训机构选送的约900个项目、3300多件学生(学员)技能作品,展洽会设置了优秀学生技能作品奖、优秀合作企业奖和组织工作成绩突出奖,最后有823项学生作品获奖,其中一等奖86项,二等奖170项,三等奖225项,优秀奖342项,该校学生作品获得一、二、三等奖各1项。

三、领导视察

2010年12月29日下午,天津市职业教育社会培训工作座谈会在该校召开,市委副书记、市长黄兴国出席并讲话。会议由市委常委、市委教育工委书记苟利军主持,副市长张俊芳和市政府秘书长李泉山等出席。黄兴国市长对职业院校努力发挥资源优势,政府职能部门积极进行政策扶植的做法给予了充分肯定,从全市经济社会发展全局的高度阐述了职业院校开展社会培训的必要性和紧迫性,特别是对全市职业院校未来的发展、创新示范区的建设和社会培训工作指明了方向,并要求,各地区、各部门要围绕建设国家职业教育改革创新示范区这一任务,大力支持职业教育发展,努力推动职业教育改革创新不断取得新进展。

2011年9月8日上午,天津市人大常委会主任、党组书记肖怀远率全国人大天津代表团一行18人莅临该校专题调研高等职业教育。肖怀远说,天津的职业教育有了长足进步。作为全国最早举办高等职业教育的院校之一,天津职业大学继续保持了在全国的领先位置。

(吕英芳)

天津公安警官职业学院

一、学院概况

2011年,天津公安警官职业学院占地面积541亩(约35.7万平方米,含天津市政法管理干部学院),学院建筑面积14.9万平方米。教学科研仪器设备总值2200万元,现有学生用计算机670台,装有多媒体的教室座位超过1400个;图书馆藏书22.43万册,年订购中外文期刊500多种,阅览座位1100余个(含电子阅览室);校园内有标准田径运动场及各种球类操场5.3万平方米,警体训练馆建筑面积1600平方米,射击训练场面积3600平方米。本年度学院有干部教师352人,其中行政干部171人,具有专业技术职称的175人,工勤人员6人。专业技术人员中具有正高级职称9人,副高级职称59人,中级职称83人,初级职称24人。2011年学院计划招生1500人,录取1200余人,实际报到810人。完成侦查、治安管理、公安管理、交通管理、法律事务、信息网络安全监察、安全保卫、社区管理与服务8个专业847名学生毕业工作,实际就业719人,就业率达84.89%。2011年5月23日,市委正式批复天津公安警官职业学院和天津市政法管理干部学院合并。2011年,学院有2个部门记集体三等功,5个部门荣获集体嘉奖,7人荣立个人三等功,47人荣获个人嘉奖。本年度顺利通过市教委人才培养工作评估。

现任党委书记兼院长尹利民。

二、工作概述

1. 科研工作

2011年,全院申报部级、市级、局级课题6项,已经批准的项目5项,获得科研项目资助经费12万元。目前,在研项目11项。已经完成《社会治安评价标准及决策管理研究》局级项目的鉴定工作。全年报送12篇论文分别参加公安部、天津市法制办和天津市警察协会、天津市教委等单位组织的优秀论文评奖,有6篇论文获奖。完成10次论文征集,共征集论文48篇。同时，成为市教委高职成高类《联合学报》主办单位，并在《联合学报》上发表9篇论文。本院苏越主持《刑事诉讼法课程改革与实践》获得高等教育天津市级教学成果二等奖。

2011年本院在青年教师培养过程中，通过组织开展拜师"结对子"活动，为每位青年教师配备一名经验丰富、治学严谨的骨干教师，进行跟踪指导。拜师"结对子"活动实施以来，一批德才兼备的骨干教师尽心尽力、倾囊相授。为检验"结对子"成果，举行了青年教师擂台比武，由资深教师组成评委会，对青年教师的教学水平进行测评和考核，青年教师的教学水平大幅提高。本年度培训工作涵盖军转干部培训、民警司晋督警衔晋升培训等内容。全年，教育培训部门共完成各级各类培训8期，累计培训学员919人。包括：司晋督警衔晋升培训6期，学员791人；军转干部培训班1期，学员98人；宁夏公安民警新警培训1期，30人。此外，还承担274名2010级公安基层民警试点班的学员管理工作。

2. 学术交流

2011年，本院为2011级学生举办了"进入大学生角色，促进心理健康发展"专题讲座。

（马世君）

天津医学高等专科学校

一、机构概况

2011年，天津医学高等专科学校占地面积39.6万平方米，建筑面积15.6万平方米，运动场地2.32万平方米，绿化用地10.1万平方米。教学科研仪器设备总值5177.56万元，拥有多媒体教室座位5043个，教学用计算机963台，语音实验室坐位448个。馆藏图书39.98万册，电子图书3122GB。电子阅览室计算机配置总数达170台。学校现有专任教师370人（其中具有博士学位17人，硕士学位80人）。高级职称教师174人，占专任教师47.03%；中级职称教师153人，占专任教师41.35%。拥有天津市人民医院、天津市天和医院、天津市海河医院、天津市安定医院、天津市口腔医院等5所附属医院，在本市及全国建有156个校外实训基地。学校现有6个系：护理系、医学系、口腔系、医疗技术系、药学与医学检验技术系、公共卫生与卫生事业管理系。2个教学部，基础医学教学部、公共课教学部。全校共设22个专业，在校生6689人，其中，全日制专科在校生6648人，成人专科41人。2011年学校通过国家示范校建设项目验收，研究制定学校"十二五"规划，全面开展后续示范校建设。《天津日报》和《天津教育报》分别以《特色模式树品牌校园合作创示范》、《校园合作结硕果科学发展育英才》等为题宣传示范校建设成果，全年在报纸、电视台和中国高职高专网报道学校49次。工会获得天津市工会工作先进集体、卫生局先进基层工会。团委荣获天津市卫生局五四红旗团委、天津市大中专学生志愿者暑期文化科技卫生"三下乡"社会实践活动优秀组织单位、天津市青年志愿者工作优秀组织单位。

二、工作概述

1. 科研工作

2011年，是该校申报课题的次数及数量历年最多的一年，学校积极组织校内学术委员会对49项课题论证两次，组织申报局级以上课题6次，中标12项。2011年获天津市教委重点调研课题立项2项。获教委英语专项课题立项1项；获卫生局课题立项2项。该校荣获"全国高职高专院校支持科研工作的校长"和"全国高职高专院校科研工作先进单位"荣誉称号，在天津市第二十五届科技活动周活动中荣获"先进组织单位"荣誉称号。

2. 学科建设

2011年，该校制定《天津医学高等专科学校"十二五"专业发展规划》，继续加强临床医学类、护理类、药学类、相关医学类专业的内涵建设；积极开发医药卫生行业紧缺的高端技能型人才的相关专业，以及与人民健康密切相关的新兴专业；为构建覆盖城乡居民的全民医疗卫生体系，为天津市社会发展和滨海新区建设提供高素质高端技能型医药卫生专门人才。到"十二五"末期，学校形成以医药卫生大类、食品药品大类专业为主，公共服务大类专业、健康管理类专业以及健康产业相关的制造类专业为辅的各专业各具特色、协调发展的专业布局。按照国家“十二五”规划部署，为国家现代产业体系建设输送大批高端技能型专门人才，申报药学专业、针灸推拿专业为中央财政支持建设专业，建设期2年，中央财政投入400万元。根据医学行业发展对人才的需求，经过充分调研论证，组织申报新专业“医用电子仪器与维护”，并通过教委评审，于2012年开始招生。并组建了一支专兼结合、结构合理的师资队伍，共同参与人才培养方案的设计、实施、评价及反馈。

3. 成果展示

4月，该校参加国家示范高职院校建设四周年成果展示，承办了“职业教育让生活更美好”主题展的服务任务，护理、针灸推拿、康复治疗技术、医疗美容技术、医学营养5个专业项目和医疗保障项目在展示会上展示并为参会专家及代表服务，受到了中共中央政治局委员、国务委员刘延东，教育部副部长鲁昕，市委常委、市委教育工委书记苟利军，副市长张俊芳及参会专家各级领导的高度评价，校企合作共同研发的“静脉穿刺虚拟训练系统”和“人体解剖虚拟三维演示系统”作为学生参赛作品参加了展示，分别获得2011年全国职业院校学生技能作品一等奖和二等奖。

4. 教育教学

一是教学资源库建设取得新突破。由该校牵头负责的药物制剂技术专业教学资源库项目，获国家级教学资源库立项，650万元建设资金到账。该校作为第二牵头单位，负责《成人护理》、《用药护理》两门课程资源库建设，参与《母婴护理》、《老年护理》、《儿童护理》等9门课程资源库建设。二是课程建设再上新水平。组织完成了各专业64门核心课程标准的制定，使课程教学与岗位工作过程和标准对接，继续推动9门国家级精品课和13门市级精品课课程建设，带动学校课程建设整体水平的提高。三是组织开展全员说课活动。本学年50余名校内专任教师说课，全体教师参与听课。组织药学系、护理系两名教师参加全国卫生职业教育说课大赛，获得一等奖。四是吸引社会资金20万，建立“课程开发与建设工作室”，支持教师深入开展教育教学改革。

5. 学术交流

2011年，与新增的韩国济州汉拿大学、澳大利亚瑞沃瑞娜学院签署友好院校正式协议。全年与海外多所院校洽谈外事合作项目。今年出访教师及学生分别赴芬兰、加拿大等地区考察、交流、培训，交换实习，出访国家及地区达10个，出访人员为28人次，2名交流学生。

全年该校接待苏州职业技术学院等26所院校、共计226人次来访，安排商丘医学高等专科学校等6所院校19人次来校进修工作。与重庆三峡医药高等专科学校等4所学校正式签署了合作协议，目前对口支援学校累计达到13所，就办学机制、专业建设、课程建设、师资培训等方面给予指导。

6. 咨询服务

制定《非学历教育管理办法》，继续规范培训管理，开发培训项目，全年完成行业继续教育培训14838人次，考核1166人次。首次开展天津市全科医师规范化培训理论培训和开发区全科医师转岗培训；完成天津市卫生局委托重点培训项目，包括全科医师岗位培训、住院医师规范化培训、全科医师、社区护士再认证补考等；完成机关事业单位技术工人培训考核工作，举办8个班次，303人参加培训；开展5期美国心脏协会急救技能培训，24人取得BLS证书，20人取得ACLS证书。按照国家医学考试中心对执业医师实践技能考试基地评审的要求，组织完成了学校4个基地的迎评和验收工作，被确定为临床、口腔、中医、公卫执业医师实践技能考试基地，成为全国唯一一个集4个基地为一体的考核基地。基地建设提升了服务教学和行业的功能，使教学环境与临床工作环境、教学标准与工作标准相统一。

（刘樑）

河北工业大学

一、机构概况

河北工业大学是一所以工为主、多学科协调发展的国家“211 工程”重点建设大学。学校坐落在天津市，并在河北省廊坊市设有分校。2011 年，河北工业大学占地4000 余亩，建筑面积84 万余平方米。学校教学科研仪器设备总值2.69 亿元，藏书180 万册。学校设有 15 个学院(部)、1 个独立二级学院(河北工业大学城市学院)、1 个直属教学部和3 个教学管理学院，所设 62 个本科专业，20 个专科专业，涵盖工、理、经、管、文、法六大学科门类；拥有6 个国家级特色专业建设点，2 个国家级重点学科、17 个省级重点学科，8 个博士后科研流动站；拥有7 个一级学科博士学位授权点、30 个二级学科博士学位授权点，22 个一级学科硕士学位授权点、120 个硕士学位授权点或专业学位授权领域(种类)，是全国地方工科院校中最早开展 MBA 教育的高校。拥有50个校内科研机构，1 个省部共建国家重点实验室培育基地，3 个教育部工程研究中心(重点实验室)，10个省(市)级科研机构；拥有1 个天津市高校人文社科重点研究基地。

2011 年，学校拥有教职工2400 余人，专任教师近1300 人，900 余人具有高级职称，620 人具有博士学位；博士生导师83 人，硕士生导师610 余人；全国专业技术先进集体1 个，国家级教学团队3 个，教育部创新团队1 个，国家级教学名师1 名，省级教学团队5 个；170 人具有国家有突出贡献的中青年专家、“新世纪百千万人才工程”国家级人选等省部级以上专家称号；近百人担任省级以上专业学会或协会的正副理事长、秘书长。全日制在校生 20117 万余人，其中研究生 5500 人；另有成人本专科教育学生近1.6 万人。

学校与法国、美国、德国、俄罗斯、意大利、澳大利亚、英国等国的60 所高校签订了合作办学协议，正在实施的项目 20 余项，合作培养覆盖专科到博士各层次，学历教育合作项目已拓展到美国、法国、英国、德国、新西兰、瑞典等国家，目前在校生 380 余人。

现任党委书记马树强，校长傅广生。

二、工作概述

1.科研工作

2011 年，河北工业大学获省部级以上人文社会科学类项目 66 项。34 项教育部哲学社科委托研究项目、教育部哲学社科研究重大课题委托项目顺利结项。

全年该校发表人文社会科学类论文 253 篇；出版人文社会科学类著作7 部，其中，管理学2 部，语言学1 部，体育学2 部，艺术学1 部，法学1 部；出版教材2 部，译著1 部，所属学科均为管理学。

2.学术交流

2011 年，学校共主办、承办国际国内学术会议34 次，参加国际、国内学术会议 1740 余人次，派出百余名教师到国内外知名高校和科研机构进行学习和工作，邀请数百名国内外知名专家教授到校讲学和进行学术交流。

3.学科建设

2011 年，该校与人文社会科学相关的下属机构主要包括：管理学院、人文与法律学院、社会科学部、外国语学院、建筑与艺术设计学院、体育部和图书馆。其中，社会科学部为新增设的部门，于 2011 年5 月从人文与法律学院中分离并独立，现拥有学生近200 人，教师42 人，其中高级职称 17 人，博士8 人，硕士22 人。该部门不仅承担全校本科、硕士、博士公共思政课任务，而且拥有思想政治教育本科专业和马克思主义理论一级硕士点。

三、领导视察

2011 年4 月28 日下午，中共中央政治局常委、全国政协主席、该校校友贾庆林在北京亲切接见了校党委书记马树强、副校长檀润华一行。贾庆林主席对近年来学校建设与发展所取得的成绩感到欣慰和满意，表示将会进一步关心和支持学校的发展和建设。

(河北工业大学科学技术研究院)

科研院所

天津社会科学院

一、机构概况

天津社会科学院是天津市政府所属高级人文与哲学社会科学综合研究机构。2011 年,全院占地面积 20666 平方米,建筑面积 3 万平方米。现有科学研究部门 13 个,图书编辑出版部门 4 个,教育培训部门 3 个,行政管理部门 6 个。全院在职员工近 300 人,其中各类高级科研、编辑及其他专业人员 160 余人,博士 78 人,硕士 50 人,拥有一批国内知名的专家学者和学有专长的中青年科研骨干。

现任院党组书记兼院长张健。

二、工作概述

1. 科研工作

2011 年,全院科研人员共承担国家课题 1 项,市社科规划课题 17 项,院级课题 35 项(其中委托重点课题 12 项,重点课题 10 项,青年课题 13 项)。此外,还承担天津市委宣传部宣传思想文化工作重点调研课题 2 项,天津市政府决策咨询重点课题 5 项。

该院 2010 年制定的《天津社会科学院青年科研骨干选拔管理办法(修订)》、《天津社会科学院"关于设立天津社会科学院重大招标课题和委托重点课题的决定"的实施细则》、《关于调整国家级报刊和国内重要报刊目录及对国家级报刊成果给予奖励的决定(暂行)》和《关于国家和市社科规划课题、院级课题申报管理的若干补充规定(试行)》等科研管理的规章制度正式实施。全院共有 669 项成果通过鉴定评估,其中重要成果 635 项,重要成果率为 94.92%,较 2010 年度增长了 1.2 个百分点,再创历史新高。国家级报刊(免评)成果达到 98 项,较 2010 年度增长了 139.02%,实现历史新跨越。符合高等级成果标准的成果有 16 项,较 2010 年度增长了 14.3%,高质量科研成果大幅度增加。全年共有 60 项成果分获天津市委宣传部优秀科研成果"创新奖"、天津社会科学院优秀科研成果奖和天津社会科学院青年优秀科研成果奖。9 名科研人员获得"业绩突出奖",27 名科研专业人员获得 150%"超额津贴奖",23 名科研专业人员获得 120%"超额津贴奖"。在中国人民大学公布的 2010 年度《复印报刊资料》转载学术论文指数排名第二(仅次于上海社科院)。

本年度全院应用研究成果数量、质量明显提高。申报调研报告、对策研究、咨询研究成果共 128 项,在 98 项国家级报刊(免评)成果中,对策和咨询研究成果有 42 项,其中 7 项成果得到中共中央政治局委员、天津市委书记张高丽和市长黄兴国的批示。全年编发《论点・建议》40 期,其中获市主要领导批示 16 次,10 余期被市委办公厅《内参》、市政府办公厅《信息专报》转载,受到市委市政府的高度重视。

2. 学术交流

2011 年 1 月,文学研究所与韩国高丽大学校 BK21 中日语言文化教育研究团联合主办了"东亚语境下中国语言文学新解读"国际学术研讨会;4 月,法学研究所与中国政法大学青少年犯罪与少年司法研究中心共同主办了"社会公共安全机制的反思与创新・中国犯罪学高峰论坛"(2011 海河论坛);5 月,全院举办了主题为"借鉴与创新"的院学术年会;《道德与文明》编辑部与中国伦理学会、中国人民大学伦理学与道德教育研究中心、清华大学哲学系共同主办、并具体承办了"文化'三自'与社会主义核心价值体系"学术研讨会;6 月,日本研究所与韩国高丽大学日本研究中心、南开大学日本研究院共同主办了首届"中韩日研究论坛";7 月,召开了"2011 年度天津市经济社会形势分析会";现代企业研究所与韩国群山发展论坛合办了"激活中韩交流方案——激活新万金与滨海新区交流的方案"国际学术会议;10 月,举办了"庆祝卞慧新先生百岁寿诞暨学术思想研讨会"并就《天津社会科学》创刊三十周年举办了学术研讨会;11 月,与韩国圆光大学校、国立群山大学校在韩国圆光大学校共同主办了第六届"中韩环黄渤海合作・天津论坛",该院派出代表团出席并发表学术演讲。同时,该院在本市首届“给力韩津友好交流周”活动中，成功举办“中韩友好合作论坛”。

3. 编辑出版

《天津社会科学》编辑部始终坚持“精选精编”的工作方针，在选题策划、编校等各个环节精益求精。2011 年继续增加重大现实问题稿件的比重，推出一系列颇具影响的重点选题。截至目前，已有 50 多篇次被《新华文摘》、《中国社会科学文摘》、《高等学校文科学报文摘》、《光明日报》、《人大报刊复印资料》等刊物的多个学科专题转载，获得学术界广泛好评。《道德与文明》编辑部 2011 年正式采用远程电子审稿软件，规范了审稿流程，大大提高了编审效率，密切了与作者的联系和沟通。在提高办刊质量，文章转载量、转载率方面均有明显提高。在 2010—2011 年度《人大复印报刊资料》转载学术论文指数排名中位居前列。在 260 余种哲学类学术期刊中，转载量位列第 6 名，转载率位列第 13 名，综合指数位列第 7 名，社会反映良好。图书馆加快馆藏数据库建设，完成了日文图书的回溯建库工作和古籍图书的数据核对工作，对破损图书开始整理修补。全年累计编印《新书通报》24 期，编印《论文目录》12 期。

（陈静）

天津市教育科学研究院

一、机构概况

2011 年，天津市教育科学研究院有在岗在编职工 90 名，具有专业技术职称的人员 78 名，其中正高级 16 名，副高级 32 名，中级 22 名，初级 8 名。设有专职研究所 8 个，院刊编辑部 1 个，研发中心 1 个，科研管理、行政管理与后勤服务部门 8 个，设置在本院的天津市教育科学规划领导小组办公室、天津市教育发展与办学水平评估中心和挂靠在本院的部分全国、市级学会。

现任院党委书记荣长海，院长张武升。

二、工作概述

1. 科研工作

2011 年，按照市委教育工委和市教委的要求，确定全年为“两委”提供决策服务的重点调研课题 13 项，多项课题成果直接发挥了服务决策的作用。2011 年全院共出版著作 5 部，发表论文 120 余篇，其中：核心一类期刊 8 篇，一般核心期刊 76 篇，《人大复印资料》全文转载 2 篇，《新华文摘》转载 1 篇。在第四届全国教育科学优秀成果评选中，该院获得三等奖 1 项，获天津市社会科学第七届学术年会优秀论文奖 4 项。获全国教育科学规划重点项目立项 1 项、天津市哲学社会科学课题 3 项、天津市教育科学规划课题 24 项。天津市教育科学规划领导小组办公室圆满完成天津市教育科学“十二五”规划相关文件的编制工作，在市教委直接领导下，顺利完成课题立项工作，随即转入课题开题准备阶段。

2. 学术交流

2011 年，该院先后组织或承办各种学术会议 4 次，支持科研人员参加境内外学术会议 7 次。与市社联合作，结合分院区域性课题，在教科院河东区分院举办了关于教师专业化发展的学术年会。全年该院科研人员在市内外开办各类讲座 20 余场，受众近万人；接受各类媒体访谈、热线咨询的专家 10 余人次。按照预定计划高质量地完成市政府“未来教育家奠基工程”的 2 次学员成果推介活动，举办了第三次“全国基础教育未来教育家高层论坛”。以中小学教学副校长为学员的培训班也在年内如期开班。

3. 学科建设

2011 年按照年初召开的分院工作会议精神，进一步理顺了与各分院之间的关系，使分院工作更加顺畅。兼职研究员队伍进一步扩大，聘任名师名校长作特聘、兼职研究员，充分发挥他们在课题合作和培训、指导年轻研究人员方面的作用，不断拓展专兼结合的研究队伍。各相关研究部门定点或自愿到各自联系的学校、幼儿园听课评课和开展辅导讲座，有的科研人员听课达 300 多课时。2011 年，该院共引进 5 名科研人员，其中 4 人具有博士学位，2 人具有高级职称，为科研队伍增添了活力。

（张津波）

天津市经济发展研究所

一、机构概况

天津市经济发展研究所,位于天津市河西区福建路17号,隶属于天津市发展和改革委员会,是一个以应用经济研究为主的副局级事业单位。研究宗旨是为政府决策服务,为行业部门服务,为企业发展服务。主要研究领域有:发展战略研究、发展规划编制、产业问题对策研究、经济形势分析与预测等。2011年该所内设办公室、第一、二、三、四研究室、编辑室,下属《天津经济》杂志社和吉伟印务中心,《天津经济》杂志是天津市发展和改革委员会主管,天津市经济发展研究所主办、天津市财政科学研究所协办的大型综合性经济期刊,多次被评为天津市一级期刊、优秀期刊和全国城市十佳期刊,并入编《中国人民大学书报资料中心》,被《中国学术期刊网络出版总库》、《中国核心期刊(遴选)数据库》收录。挂靠有天津市宏观经济学会、天津市城市经济学会、天津市能源研究会三个社会团体。现有在职人员33人,其中拥有副高级以上职称者13人。

现任党委书记张桂枝,所长王天伟。

二、工作概述

1. 科研成果

2011年,该所承接了天津市重点课题4项:《关于天津市加快发展生产性服务业的研究》、《关于全市经济运行情况及走势的跟踪研究》、《推进天津市"三区"联动发展的研究》、《推进与东疆港向自由贸易港转型相适应的离岸金融业务发展研究》;厅局以下课题共20余项:《利用私募股权投资和融资租赁扩大天津直接融资规模的对策研究》、《天津市海洋经济管理业务体系研究》、《天津市高端服务业发展对策研究》、《转变经济发展方式,调整产业结构研究》、《区域视角下的天津产业结构调整》、《天津市新能源发展比较分析与对策研究》、《天津市发展特色低碳型经济模式研究》、《京津冀区域经济合作的政府协调机制研究》、《新能源项目融资方案设计研究》、《区域一体化中的天津生态城市建设研究》、《建筑企业经营绩效综合评价研究》、《远东金融培训基地决策分析报告》等;发表在核心期刊及其他报刊杂志的学术论文50余篇;出版《中国产业发展之路》和《中国现代金融服务体系研究》2部经济学专著;获第十三届科协年会优秀论文奖2项;市政协专题调研成果二等奖1项。

2. 学术交流

2011年,该所继续与天津社科院合作,开展《天津经济社会蓝皮书》组稿选题工作;与北京首都经贸大学合作,编写《京津冀蓝皮书》;与中国基本建设优化研究会、国家发展改革委能源研究所、美国能源基金会、中国能源研究会能效与投资评估专业委员会、国瑞沃德(北京)低碳经济技术中心一起参加第十三届中国科协年会,就能源问题开展交流;与市科协一起策划组织第十一届全国科技周和天津市第二十五届科技周活动。与宁波市发展规划研究院同仁交流;参加了国家发改委宏观经济研究院第十七届年会,就学术研究和事业单位改革进行交流。

(李青贤)

天津滨海综合发展研究院

一、机构概况

天津滨海综合发展研究院是滨海新区区委、区政府直属事业单位,滨海新区开发开放的专业研究机构。该研究院下设综合办公室、信息研究室、产业研究室、区域研究室、社会研究室5个部门。此外还与相关单位合作成立下属研究机构:与首都经贸大学合作成立了"区域发展研究中心"、"都市圈研究滨海基地";与天津港集团合作成立了"港航研究中心";与滨海新区发改委、东疆保税港区、天津市租赁协会合作成立了"中国租赁业研究中心";与海泰控股集团合作成立了"海泰研究所"。

现任院长郝寿义(滨海新区人大常委会副主

任兼)。

二、工作概述

1. 科研工作

2011年，该院以《攻坚战与排头兵——滨海新区“十大战役”与“十大改革”的实践与思考》一书的编著为核心，针对滨海新区的发展战略、开发思路、改革创新等开展了系列研究。组织完成市社科重点学科建设工程“滨海新区开发开放课题研究”系列工作，并开展对63项课题成果的结集出版工作。组建了“中国租赁业研究中心”，开展滨海新区金融创新的研究工作。组织开展了“社会管理创新”学习资料编辑和相关研讨工作。组织开展了“滨海新区诚信体系建设”研究。接受区委、区政府各职能部门委托交办的多项研究工作。本年度，该院科研人员在各类学术期刊和报刊发表文章50余篇，被《天津社会科学年鉴》收录3篇研究报告，被《2011天津经济社会蓝皮书》收录5篇经济形势分析预测文章。

2. 学术交流

2011年，该院与市社联共同主办12次“滨海新区开发开放研讨会”。2011年12月24日，本院与上海社科院、深圳综合开发研究院在上海浦东新区共同主办了“第七届中国综合配套改革沪津深三城论坛”，国务院研究室、国家发改委体改司和上海、天津、深圳三地有关部门的领导、有关专家共100余人参加了会议。2011年12月5日，本院与东疆保税港区管委会、天津港集团在滨海新区共同主办了“建设东疆自由贸易港区研讨会”。

3. 咨询服务

2011年，该院先后委派17人次到区委办公室、区委组织部、区人大、区政府办公室、区政府研究室、区发改委、区财政局、区经信委、区商务委、区人社局、区质监局等部门工作。先后参与了新区区委五次、六次、七次、八次全会相关文件的起草和制定工作。参与了区委二届一次党代会报告和第一届区委常委会工作总结的撰写。参与了《2011年滨海新区政府工作报告》、《2011年滨海新区政府工作要点》、《滨海新区深化管理体制改革指导意见及实施方案》、《滨海新区城乡统筹改革指导意见》等重要文件的起草工作，参与天津市人大、政协建议提案答复、“国际生态城市论坛”筹备、新区人大修订《天津滨海新区条例》的研究和撰写等工作。2011年共编印刊发《滨海研究》12期，《滨海研究——环渤海城市发展专报》3期，《滨海研究——中国租赁业研究中心工作简报》4期，《研究报告》12期，《工作动态》2期，获得市和新区领导以及各有关单位的好评。

（武晓庆）

天津市艺术研究所

一、机构概况

天津市艺术研究所是天津市文化广播影视局所属唯一的艺术理论综合研究机构。2011年，该所设有理论研究室、剧本创作室、信息资料中心和办公室。在职人员27人。正副高级职称人员7人。

现任副所长张蕴和(主持工作)。

二、工作概述

1. 科研工作

2011年，该所积极组织全市专业科研力量申报国家社科基金艺术学项目和文化部艺术学科项目，共收到本市各科研单位和高校报送材料91项。获得国家社科基金艺术学项目4项，其中2项一般课题，2项青年课题；文化部艺术科学研究项目1项。文化部项目“《大公报》与京津戏剧(1902—1949)”已进入撰稿阶段，预计2012年完成。

2. 科研成果

2011年全所出版专著1部，公开发表论文10余篇，其中1篇获第二十四届“田汉戏剧奖”论文二等奖，1篇论文获得第七届中国曲艺节曲艺论坛优秀奖。作为国家级科研项目中级管理单位，完成3项国家社科基金艺术学项目和1项文化部项目的课题结项工作，完成50多项天津市艺术科学规划课题结项工作。年初，该研究所对天津市未来现实题材的戏剧创作需求进行调研，完成了本市未来5年现实题材戏剧创作规划及实施规划的具体途径和措施。在征集评选优秀剧本的基础上，提出了从剧目立意—剧本研讨—剧团建组—演出的一条龙跟进的新思路。同时利用“演博会”的契机，与市文化促进公司一起，完成22个剧本的拍卖，占全部参拍剧目的71%。在剧本交易途径、剧本市场拓展、搭建剧本流通市场新平台等方面进行了新的尝试，取得了很好的效果。

3. 学术交流

2011年，该所展开各种形式的学术交流研讨活动，以此为平台锻炼青年科研人才队伍。同时坚持“以项目促科研，以科研带队伍”，积极为青年科研人员搭建舞台，提高科研能力，使他们逐步成长起来。坚持调研活动，完成了文广局交付的《关于财政支持公共文化服务体系建设有关情况的调查》、《天津市公共文化场所免费开放情况的调查报告》撰稿任务，为政府部门提供决策依据。

（杨秀玲）

天津市医院管理学研究室

一、机构概况

天津市医院管理学研究室成立于1986年，主要承担天津市卫生软课题的设计、研究及卫生领域的调研、卫生管理专业教学、卫生管理干部培训和卫生管理咨询、指导等工作。2011年，本研究室有研究人员4人，其中教授2人，副研究员1人，讲师1人。

现任研究室主任杨文秀。

二、工作概述

1. 科研工作

2011年，该研究室承担并完成了卫生部关于社区卫生重点联系城市第三次常规监测调查工作，其中包括6城区12个社区卫生服务中心360名社区卫生机构利用者满意度常规检测表、12个社区卫生服务站240名社区卫生机构利用者满意度常规检测表，共计600份社区卫生机构利用者满意度常规检测表，组织学生通过拦截调查方式进行。另外，本研究室还负责塘沽、大港、汉沽三个区各100份调查表数据录入。通过对调查数据分析，使相关部门更加有效地利用社区卫生重点联系城市试点工作本底资料奠定了基础。

协助卫生局财务处完成了2011年天津市卫生总费用测算工作，承担了数据收集工作，并形成2011年天津市卫生总费用摘要（数据手册），为天津市卫生总费用相关数据及时、准确登入2011年天津市统计年鉴奠定基础。协助天津市卫生局财务处完成了“天津市政府医改投入监测工作”，研究室承担了2009年、2010年政府卫生投入数据收集、审核、分析工作，形成了2009—2010年天津市政府卫生投入报告集。协助天津市卫生局财务处完成2011年政府卫生投入在线监测培训及部分数据收集工作。

本年度研究室承担并完成了天津市和平区社区卫生服务管理中心关于和平区社区公共卫生服务社会满意度调查。此次调查采用现场、入户和电话等方法，对1020名调查对象的城乡居民档案、老年人健康管理、高血压患者健康管理、Ⅱ型糖尿病患者健康管理、脑卒中患者健康管理、妇女保健和计划生育技术服务（孕产妇、30—65岁已婚育龄妇女）、一类疫苗预防接种、社区儿童保健进行了调查，共计问卷1020份（均为有效问卷）。本项工作为考评18项公共卫生服务项目开展情况提供了依据，也为更加清晰地反映各社区卫生服务机构的工作成效奠定了基础。

该研究室在已取得上述调研及研究成果的基础上，结合卫生改革热点、难点问题，相继开展了题为“天津市公立医院投入与补偿机制研究”、“天津市公立医院绩效考核体系研究”和“医院实施全面预算管理研究”的课题研究。

2. 咨询服务

该研究室受卫生局社区处委托，组织社区卫生服务站管理干部培训，市内六区280余名社区卫生服务站长及管理干部参加培训。

（卞淑芬）

天津市文博研究院

一、机构概况

天津市文博院是天津市文化广播影视局管理的副局级事业单位。天津市文博院与天津博物馆合署办公。2011 年，该院内设办公室、研究部。人员编制 7 人，其中正高级职称 2 人，副高级职称 2 人，中级职称 2 人。同时，聘用具有高级职称以上的专家、教授 20 人，担任人才培养兼职导师。聘请若干高级职称人员，担任相关出版物的执行主编和审稿人。

现任院长李家璘研究员。

二、工作概述

1. 科研成果

该院汇集了第一期“名师教室”活动的相关文件、活动图片和结业论文，形成《天津市文博系统第一期‘名师教室’成果文集》，于 2011 年 9 月由天津人民出版社正式出版。该书收录专业论文 33 篇，活动图片 100 余幅。同时，编印了《天津市文博系统‘名师教室’第一期结业综合考核资料汇编》，内容分为“学生自我鉴定”、“导师点评”和结业综合考核会议纪要及对学生的评审意见。

2. 培训服务

继续教育是本市文博系统一项基础性工作，是专业技术人员知识更新的重要工程。这项工作由局人事教育处主抓，文博院负责实施，主要任务是课程的策划和讲座安排。2011 年举办了“博物馆与记忆”、“文物博物馆审美欣赏”、“中东变局与中国机遇”、“‘十二五’规划中的文化发展战略”、“文化遗产的价值和保护理念”、“积极心理调适提高工作效能”等系列讲座。全市文博系统（包括区、县）专业技术人员 400 余人次参加了培训。

在 2010 年第一期“名师教室”工程作为文博人才培养的初步尝试后，2011 年 4 月 28 日，市文广局下发了《关于开展文博系统第二期“名师教室”活动的通知》（津文广人[8]号）。提出根据《关于加强优秀青年人才培养，开展“名师教室”活动的通知》精神，按照《天津市文化广播影视局 2011 年工作要点》有关文博人才培养工作的要求，在成功举办文博系统首期“名师教室”活动的基础上，继续开展第二期培养工作。截至目前已确定入选学生 47 人，聘请导师 28 人。

（刘煜）

天津国际发展研究院

一、机构概况

天津国际发展研究院成立于 2010 年 5 月 28 日，是由天津市政府指导、天津外国语大学负责运行的以国际化研究为特色的开放型研究机构。依据天津国际发展研究院的功能定位和发展目标，天津国际发展研究院下设：世界大城市研究中心、国别战略资源研究中心、国际化人才发展研究中心、滨海新区研究中心等多个分支机构。

天津国际发展研究院实行理事会领导下的院长负责制。理事会是研究院的最高决策机关，负责人为秘书长。天津国际发展研究院现有专职研究人员 4 人，2 人具有高级职称，全部具有博士学位或博士在读，具有跨学科研究的优势；国内兼职研究人员共 32 人，分别来自政府机构、国内著名高校和知名企业，在各自领域均有较强的学术影响力；国内外兼职研究人员 6 人，分别来自美、加、法、日、瑞典等国家和香港地区的世界知名大学。

天津国际发展研究院学术委员会现有 15 人，学术委员会主任为南开大学滨海开发研究院常务副院长周立群教授。学术委员会任期为 3 年，主要职责是审议学科发展规划；研究院工作绩效的评价工作；学术成果和奖励申报的评价工作；指导和组织学术交流活动；指导和审定人才引进、队伍建设工作和相关计划；指导岗位的设置、规划和评聘工作；指导、组织各种形式的学风和学术道德规范教育等。

现任院负责人修刚教授。

二、工作概述

1. 科研工作

学院成立以来,在研教育部哲学社会科学重大项目1项,教育部哲学社会科学青年项目1项,天津市哲学社会科学规划项目1项,天津市政府重点调研项目1项、中央部委委托项目2项。2010年6月以来,该院科研人员在CSSCI来源期刊共发学术论文15篇,出版专著2部。

《世界与天津》是由天津国际发展研究院主办的学术内刊,为双月刊。该刊物紧密围绕服务于天津市经济与社会发展的办刊宗旨,主要刊发国内外知名学者关于天津市国际化发展问题的对策性研究,为天津市委、市政府和企业事业单位提供决策依据。

2. 学科建设

天津国际发展研究院依托天津外国语大学的外国语言文学、世界经济学和管理科学与工程等一级学科,积极开拓世界大城市研究、国别战略资源研究、国际化人才发展研究、滨海新区研究等多个研究领域,使学科建设服务于国际型城市建设、促进天津滨海新区开发开放、促进天津外国语大学国际发展研究院国际化教学研究型大学的建设。

3. 学术交流

该院成立以来,积极拓展与国内外高校、学术机构的合作与交流。2011年12月10日至16日,天津国际发展研究院秘书长卢德平教授应芝加哥大学和纽约州立大学邀请赴美访问、讲学。访美期间,卢德平教授分别在芝加哥大学国际著名的Chapin Hall儿童研究中心和纽约州立大学Levin Institute分校,以"China's Rural Children in the Tideof Population Mobility"和"Child Laborin China"为题作了两场英文学术报告,受到美国同行的高度评价。卢德平教授在访问纽约期间,还参加了题为"Impact of Global Economy on New York State and City"的国际学术会议,就推进纽约和天津的经贸、教育合作等议题,与美国前白宫新闻发言人J. Rubin、纽约市开发公司总裁Seth W. Pinsky、纽约州立大学总校副校长Mitch Leventhal、纽约州立大学Plattsburgh分校副校长JamesLiszka、纽约州立大学Levin Institute分校校长Garrick Utley等人交换了意见,并商定了后续工作的推进日程。

2011年12月18日,"合作与共赢:2011东北亚经济发展论坛"在该校隆重举行。原天津市副市长、天津市亚太经济贸易研究促进会理事长孙海麟,韩国外交通商部亚洲局局长张元三,天津外国语大学校长修刚等出席大会并致辞。来自中国社会科学院、国务院发展研究中心研究室、商务部国际贸易经济研究院、日本经济大学、韩国对外经济政策研究院、南开大学、天津工业大学、天津外国语大学等近20名中、日、韩专家学者参加了会议。国内外专家学者分别围绕东北亚区域经济合作路径及挑战、东北亚区域内产业重组与分工、港口城市合作模式、东北亚自由贸易区建设等问题展开了广泛、深入的讨论和交流。

(孟昭阳)

党 干 校

中共天津市委党校　天津行政学院

一、机构概况

2011年,中共天津市委党校　天津行政学院分为东西两个校区,占地面积241亩,建筑面积84000平方米。拥有11个教研部(研究所)。图书馆藏书近50万册,已加入由天津市图书馆牵头联合市高校图书馆,以及市科研、卫生、社科院等24家机构共同打造的天津市数字化图书馆(天津市文化、教育、科研系统资源共建共享项目),实现了与全市高等院校、教卫文系统的信息文献资源共享。常设主体班次有:部委办区县局(总公司)主要领导干部进修班、处级领导干部进修班、处级领导干部中青培训班、处级领导干部任职班、党校系统师资培训班、处级女领导干部研修班、国家公务员初任培训班等。现有职工404人，教研人员211人，占教职工总数的52%，其中正高级职称30人、副高级职称93人，占教研人员总数的58%；具有博士学位的教研人员35人，硕士学位79人；享受国务院政府特殊津贴专家2人（在职），全国优秀教师4人，天津市"五个一批"人才1人，天津市劳动模范7人，天津市社会科学评委17人。

现任校长张高丽，常务副校长祝宝钟。

二、工作概述

1. 科研工作

2011年，该校申报各类项目共计161项，包括国家社科基金项目20项、中央党校调研课题9项、国家行政学院项目3项、天津市社会科学规划项目38项、天津市教育科学规划项目13项、天津市重点调研课题56项、天津市科委项目2项、市委宣传部调研课题20项。各类项目立项共44项，其中国家级2项，省部级28项、天津市委宣传思想文化工作调研课题14项。本年度共有23项课题结项，主要包括全国党校系统重点调研课题2项、天津市社科规划项目6项、天津市文化艺术项目1项、天津市重点调研课题9项、天津市科委科技普及项目1项、市委宣传部调研课题4项。

该校全年共出版学术专著数部，发表学术文章400多篇，其中，在重点报刊上发表的文章为30余篇。同时，加大了为党和政府决策服务的力度，全年共完成调研报告15篇。编辑印发《研究与建议》4期。

本年度组织本系统参加天津市社会科学界第七届（2011）学术年会征文246篇，经专家评审16篇获优秀论文奖，1项组织工作奖；参加天津市纪念中国共产党成立90周年理论研讨会征文有246篇文章参选，经专家评审，27篇论文获奖，其中一等奖7项，二等奖7项，三等奖13项；组织了天津市党校系统第七届优秀科研成果评奖，共收到经各基层单位初评后推荐的参评成果48项，经专家组评审，共有37项科研成果获奖，其中一等奖7项，二等奖12项，三等奖18项，8所区县局党校获得科研工作优秀组织奖；在该校第十四届优秀科研成果评奖活动中，共收到65项科研成果，经专家组评审，评出优秀科研成果23项，其中，一等奖3项，二等奖6项，三等奖14项。

2. 学术交流

6月13日，在该校联合召开纪念中国共产党成立90周年理论研讨会。市委常委、市委组织部部长史莲喜出席并讲话，市党建研究会会长房凤友主持会议。市委党校常务副校长、市党建研究会常务副会长祝宝钟在会上通报了这次理论研讨会的征文评奖情况，100多人与会。该次会议收到征文314篇。7月4日—6日，由中共中央党校哲学教研部和中共天津市委党校联合主办的"全国党校系统2011年哲学年会"在中共天津市委党校举行。中共中央党校副校长陈宝生出席会议并讲话，中共天津市委常委、市委宣传部部长成其圣出席会议。天津市委党校常务副校长、校务委员会主任祝宝钟等分别致辞。会议主题是：马克思主义哲学与中国共产党——纪念中国共产党成立90周年。7月中旬主办了华北地区党建研究会纪念中国共产党成立90周年高端理论研讨会。本年度共有20余篇文章参加国际和全国性学术研讨会。在中组部、中宣部等8部门举办的纪念中国共产党成立90周年理论研讨会的征文活动中，该校有3篇理论文章参选，徐中的《中国共产党对群众工作理论的探讨及其经验》一文入选，成为天津市唯一一篇入选文章，并受邀出席会议。

（中共天津市委党校　天津行政学院科研处）

实际部门

天津市地方志编修委员会办公室

2011年，天津市地方志办公室全力组织推动、指导、督促全市地方志书、地方综合年鉴编修工作，圆满完成了各项任务。

一、机构概况

天津市地方志编修委员会办公室是天津市人民政府负责地方志工作的直属机构。2011年，该室内设：秘书处、规划研究处、市志指导处、区县志指导处、年鉴指导处、市地方志馆。

现任天津市地方志办公室主任苏长伟。

二、工作概述

3月8日，天津市召开全市地方志工作会议，市委常委、常务副市长杨栋梁讲话，市人大常委会副主任李泉山主持会议，规格之高前所未有，在全市地方志系统引起强烈反响。

本年度，天津市地方志办公室的编辑出版工作有：(1)《天津通志》第二轮编修取得新突破。出版《成人教育志》，完成《灾后重建志(天津篇)》的撰稿任务，受到国家发改委、中国地方志指导小组的表扬。审定、修改《人民防空志》、《外事志》、《军事志》、《水务志》、《食品药品监督管理志》等志书初稿，总计600余万字。(2)区县志书编修工作取得新成就。出版《宝坻县志》，为宝坻县829年的历史编志工作画上一个圆满的句号。《静海县志》进入蓝本评程序。《宁河县军事志》通过评审。(3)地方年鉴编纂再创新业绩。指导《滨海新区年鉴》、《津南年鉴》、《天津军事年鉴》、《天津南开中学年鉴》4部年鉴创刊出版。改革《天津区县年鉴》编纂内容，完善体例结构，充实和丰富涉及民计民生的资料，受到普遍好评。在全国第五届年鉴编校质量评比中，全市有5部年鉴获奖，其中2部获得特等奖。(4)开展读志用志迈上新台阶。以《天津史志》为平台，推动方志理论和史志工作研究，对期刊进行创新改版。为纪念辛亥革命100周年，专门编辑了特刊，汇集全市有关专家学者文章20篇，引起较大反响。组织修志人员分别赴江西、重庆进行学习交流，着手编写《天津通志培训教材》。(5)科普工作又有新进展。本室积极参与中国地方志指导小组《方志百科全书》编纂，承担有关内容的撰写任务。与市委党史研究室合作编纂出版《中国共产党天津历史图鉴》，作为献礼书于6月24日举行首发式。出版《天津史志研究文集》。《清初良相杜立德》、《小站练兵图集》和《小站练兵轶事》正在审改之中。这些地情资料书的编辑出版，不仅锻炼了修志队伍，还进一步扩大了地方志工作的社会影响。

(徐勇)

天津博物馆

一、机构概况

2011年，天津博物馆共有员工201人，大专以下25人，大专47人，大学本科110人，硕士17人，博士2人。初级职称56人，中级职称62人，副高职称25人，正高5人。本年度新增8人。藏品总数20万件，其中珍贵文物136605件、一级文物759件。本年度新征集文物60件，修复文物95件(套)。

现任党委书记陈卓，馆长白文源。

二、工作概述

1. 科研成果

2011年，天津博物馆共出版专著2部、发表论文45篇。

2. 展览工作

2011年,陈列展览共13个,其中延续上年展览3个,本年度新增展览6个,展览投入经费65.6万元。全年免费开放215天,观众总人数为10万人次。

3. 学术交流

3月10日,继续推行"一展、一书、一会"的业务发展模式,举办全国性学术研讨会——"民国瓷器学术研讨会",邀请瓷器研究泰斗耿宝昌先生等多位国内顶尖专家参与,推动馆内展览和学术交流,专家们对博物馆办展思路和模式给予肯定。4月11日,举办"天津博物馆新馆(美术馆)文物艺术品陈列专家论证会",邀请云希正、刘光启、田凤岭、崔锦、徐静修、蔡鸿茹、田俊荣、邢捷、张安鸽、刘毅等专家对新馆9个及美术馆2个文物陈列进行研讨论证,与会专家对上述11个展览表示肯定。6月17日,馆长白文源、副馆长黄克力带队,与海河假日酒店服务高管座谈,为在新馆创新管理机制,推行"五星级"规范化服务进行多方面的准备工作。6月24日,市委常委、市委宣传部部长成其圣、副市长张俊芳率队赴山东省博物馆考察新馆建设,并与山东省相关人员进行座谈。该馆党委书记陈卓、馆长白文源及部分新馆陈列大纲主创人员随行。7月8日,天津市文化广播影视局班子全体成员听取天津博物馆新馆陈列展览设计方案汇报,认为展览思路创新、内容丰富、设计新颖。9月13日,由国家文物局、国际文物交流中心举办的"英国博物馆代表团访华交流活动"来天津,党委书记陈卓详细讲解了新馆建设情况。11月8日,中共中央政治局委员、天津市委书记张高丽、市长黄兴国、市政府秘书长段春华、宣传部部长成其圣、副市长张俊芳、熊建平等市领导听取天津博物馆新馆陈列展览情况汇报,对展览方案予以肯定。

(侯晓慧)

天津市政府参事室　天津市文史研究馆

2011年,该机构在天津市委、市政府的正确领导下,在市委统战部的关心指导下,发扬团结一致、开拓进取的精神,圆满完成了全年各项工作任务。

一、机构概况

2011年天津市政府参事室、天津市文史研究馆建筑面积2658平米。内设参事业务处、文史业务处、秘书处、人事处。

现任室馆党组书记刘志永。

二、工作概述

1. 参事工作

精心选准参事调研课题,注重调查研究的前瞻性。在社会发展重点领域和政府中心工作中,选取亟待解决的重大研究课题,注重政府领导与政府参事互动,提出了关于"滨海新区开发开放环境安全保障研究"、"天津市社区公共卫生服务能力与水平研究"等七项重点课题,实现与政府决策同频共振。全力做好参事调查研究工作,注重调查研究的科学性。2011年的参事调研工作将传统调研方法与现代调研方法有机结合,在坚持召开研讨会、走访调研、实地考察等传统调研方法的基础上,拓展调研渠道,实现了以统计调查、问卷调查、抽样调查相结合的方式,增强了调查研究的科学性和严谨性,为提出更具实效性的调研报告提供了一手材料。全体政府参事在深入各区县、委办局、社区街道的近50次大量调查研究的基础上,向市政府提交了7篇高质量的参事调研报告,圆满完成了2011年调研任务,得到了黄兴国市长、何立峰副书记等市委、市政府领导的重要批示。重点加强跟踪反馈工作,注重调查研究的实效性。为推动调研成果的转化利用,实现参事有效的咨询国是,2011年参事室注重加强与批示中市发改委、商务委、规划局、建交委、文广局、旅游局等职能部门的衔接和沟通工作,密切跟踪参事建议的办理落实情况,有力地推动了天津经济社会又好又快发展。

2. 文史研究馆工作

探索工作新途径。在建言献策方面,2011年文史馆馆员首次列席两会,标志着政府越来越注重发挥馆员参政议政、建言献策、民主监督的作用,文史馆馆员作为政府智囊团的作用得以显现,对于推进政府科学民主决策又迈出了坚实的步伐。丰富工作新内容。在艺术交流方面,举办了"黔风——文史馆馆员赴贵州采风作品展"和"漫步富春江——

文史馆馆员赴浙赣采风作品展”，进一步延伸了馆员采风工作，突出了馆员采风的实效性，激发了馆员创作热情，促进了馆员之间的艺术交流。在涉及领域方面，“挥毫颂党恩泼墨念党情——天津市书画名家纪念中国共产党成立九十周年暨庆祝天津医科大学建校六十周年书画展览”首次将中国书画这一优秀的传统文化送进大学校园，使广大师生近距离了解传统书画艺术，欣赏、品味传统书画艺术的非凡魅力。在宣传天津文化名人方面，举办了“卞慧新、夏明远双百老人祝寿”系列活动，系统整理了两位百岁老人在文史研究和艺术创作中取得的重要成就，宣传了天津文化名人。提升书刊编辑宣传力度。积极推进《馆员著述丛书——沽泮文耕录》的公开出版编辑工作，极大地宣传了天津历史文化遗存、天津城市文化精神。进一步扩大《天津文史》发行范围，加强交流力度，扩大书刊的社会影响力。

（天津市政府参事室　天津市文史研究馆）

天津市教育科学规划领导小组办公室

一、机构概况

天津市教育科学规划领导小组由市政府领导、市教委组建，领导本市教育科学规划工作，制定规划、课题指导和管理办法，审批市级教育规划课题，领导重大学术交流活动和重要科研成果宣传及推广工作，促进全市教育科研事业的健康发展。“十一五”期间，天津市教育科学规划领导小组办公室两次荣获教育科研管理先进单位，2011 年，该办公室设有常务副主任 1 名，3 名常务管理人员。办公地点设在天津市教育科学研究院。

现任天津市教育科学规划办公室主任张武升（兼）。

二、工作概述

市教育科学规划办“十二五”负责管理各类课题总计 2100 余项，其中天津市“十二五”规划各类立项课题 807 项；全国规划二级管理上报的课题和天津市教委委托课题等。

2011 年，为了有效地服务于课题项目，市教育科学规划办参照全国教育科学规划办科研管理的相关做法，修定了《天津市教育科学规划课题管理办法》，做到开题、中期检查和结题等重点环节工作到位，推动和落实到位。同时根据业务发展的需要建立了相应的培训制度、奖励制度、简报交流制度、精品成果激励制度，优秀成果转化推广制度。

为体现该办公室为科研服务的宗旨，建立并强化了本市由基础教育、高等教育、职业教育和综合部门四大系统，同时理顺市、区、校、课题负责人组成的教育科研管理体制及运行系统，为本市形成一支专、兼、群组合的教育科研队伍提供良好的组织基础，提高了管理效率。在纸介文本规范管理的基础上，构建了天津市教育科学管理信息库、文件包和模板库，使课题管理向科学化、规范化、信息化迈进。

（天津市教育科学规划领导小组办公室）

天津市语言文字工作委员会办公室

一、机构概况

天津市语言文字工作委员会办公室是天津市语言文字工作委员会（下称市语委）的办事机构。市语委主任由主管教育的副市长担任。自 2000 年，天津市语言文字工作委员会办公室设在天津市教育委员会。市语委由 16 区县、24 个委（办、局）、4 个新闻媒体、5 个学术团体、3 所大学 52 个单位组成。

现任天津市语言文字工作委员会办公室主任焦罕珍。

二、工作概述

1. 科研工作

本年度，在国家语委“十二五”科研工作座谈会上,市语委副主任孙志良代表天津市语委作了题为“科研先导,注重语用,以标准建设规范、服务、引领社会语言生活”的典型发言,受到国家语委的高度赞扬。10月26日,《普通话朗诵水平测试》、《普通话演讲水平测试》、《旅游行业普通话水平测试》3项测试标准通过国家语委鉴定验收。12月11日,组织全市各区县教育局、各高等院校及市语委有关成员单位2341人参加教育部2011年汉字应用水平测试。起草制定《天津市语言文字工作委员会2011年工作要点》,明确了2011年市语委工作的总体思路,确定了6项15个重点工作。强调坚持以机关、学校、媒体和服务行业为重点领域,加大推广普及国家语言文字工作力度;以开展“中华诵·经典诵读行动”、语言文字规范化示范校建设、规范汉字书写教育特色学校建设等为抓手,促进语言文字工作有机融入学校教育教学工作。巩固“行政推动、部门协同、专家支持、社会参与”的工作格局,采取宣传、培训、测试、评估等措施,推进语言文字事业发展,构建和谐的社会语言生活。编制了《天津中长期语言文字事业改革和发展规划纲要》,以《国家中长期语言文字事业改革和发展规划纲要》为挈领,紧密结合天津经济与社会发展的实际,坚持“加快普及,提升能力,弘扬文化,服务大局,和谐发展”的方针,制定了天津市语言文字工作未来10年的目标与任务、改革和发展重点及保障措施。

2. 宣传普及

2011年,开展了“规范汉字书写教育特色学校”创建活动,各区县共有54所申报学校,其中小学37所,中学17所。经评审,遴选出10所学校上报教育部申报国家级特色校。举办了“‘校讯通杯’2011全国中小学生作文大赛”。按照教育部语用司《关于开展“校讯通杯”2011全国中小学生作文大赛的通知》要求和市语委“关于组织全市学生参加‘校讯通杯’2011全国中小学生作文大赛的通知”精神,本办公室和中国移动天津公司合作,举办主题为“诵读经典,感悟成长”大赛活动。活动历时4个月,达到了预期效果。全市共有1万6千多篇作文参加比赛,涉及所有区县,700多所中小学校和1至9年级不同学段的学生;179名学生分获市级一、二、三等奖,5000名获优秀奖;选送了90名选手参加全国比赛。其中11名获国家级奖,一等奖1名、二等奖1名、三等奖5名、优秀奖4名。有90名教师分获市级、国家级优秀指导教师奖;河东实验小学荣获国家级学校优秀组织奖;中国移动通信集团天津有限公司荣获国家级优秀组织奖。组织参加了“‘汉口银行杯’全国‘双推’漫画大赛漫画大赛”。主题是:语同音·书同文。组织开展“中华诵·2011经典诵读大赛”和“中华诵·2011全球华人学生暨全国学生规范汉字书写大赛”活动,全市共计260多学校上报了300余个诵读作品;265463份书法作品,参加大赛人数达26万多人。经专家评审,全市选送22个诵读作品和78份书法作品参加全国决赛。开展了第14届推广普通话宣传周活动。市语委、市委宣传部等单位联合印发了《关于转发〈教育部等九部门关于开展第14届全国推广普通话宣传周活动的通知〉的通知》(津语委〔2011〕4号),主题是“提升国家通用语言文字应用能力,弘扬中华优秀文化传统”。推普周期间,一是与天津移动公司合作,向20万手机用户和近百万校讯通学生用户发送了推普宣传短信,扩大了宣传范围。二是制作了12000个印有推普宣传主题的环保提袋,印制了4000套推普公益广告宣传画,发放到全市各有关单位和学校。三是市文广局组织各级广播电视新闻机构,在推普周期间的黄金时段和主要频道播放国家语委公益广告600余次、时长400分钟,收到了较好宣传效果。在推普周期间,《天津日报》、《今晚报》等媒体刊登了系列推普文章,报道了推普活动。四是面向大学生开展“口才助你成功”推普公益讲座18场,受益人群10800人;结合语文教学,面向语文教师举办“教师职场口才”公益讲座6场,参与人数约1800人。本次全市各种形式活动的参与人次达200余万。五是开展第三批语言文字规范化示范校创建工作。全市76所各级各类学校,参加了示范校申报工作。教育部、国家语委认定天津市第四中学等15所学校为国家级语言文字规范化示范校,天津市语委认定天津市城市职业学院等61所学校为市级语言文字规范化示范校。

3. 培训咨询

推普周期间,面向书法教师开展书法教师业务培训2场。面向社会推出普通话朗诵水平、普通话演讲水平和汉字书写水平培训、测试服务项目,举办了两场口才公益讲座,并免费为参加讲座人员进行语音诊断朗诵演讲测试1500人,免费语音诊断630人。

(王长海)

责任编辑:曹向东

研究基地

国家部委人文社会科学重点研究基地

南开大学人权研究中心

一、机构概况

南开大学人权研究中心2010年11月被天津市教育委员会批准为天津市普通高校人文社会科学重点研究基地。2011年12月4日,前全国政协副主席、中国人权研究会会长罗豪才,中共中央对外宣传办公室副主任、国务院新闻办公室副主任、中国人权研究会副会长兼秘书长董云虎,全国政协常委、中共中央党校原副校长、中国人权研究会副会长李君如参加了揭牌仪式,并对中心的工作给予了高度的评价。中共中央政治局委员、中共天津市委书记张高丽、市政协主席邢元敏在迎宾馆会见出席仪式的嘉宾。2011年7月,中心被教育部和中共中央对外宣传办公室批准为国家人权教育与培训基地。中国人权研究会副会长兼秘书长董云虎教授担任中心学术委员会主任,南开大学副校长朱光磊教授担任学术委员会副主任。中心下设人权政策研究室、人权法律制度研究室、拉丁美洲人权研究室和综合研究室。中心现有研究人员36人。其中,专职研究人员6人,包括教授3人,副教授3人;校内外兼职人员30人,包括教授13人,副教授12人,讲师5人。

现任中心主任薛进文教授。

二、工作概述

1. 科研工作

2011年,该中心成功申报了国家社科重大攻关项目"中国特色人权发展道路研究",12月4日,课题组举办了开题评审会,教育部社科司张东刚副司长、北京大学罗艳华教授、中共中央党校李云龙研究员、上海社会科学院刘杰研究员、南开大学朱光磊教授担任了评审委员,课题研究思路得到评审专家的一致好评。中心还成功申报了天津市教委人文社会科学重大项目"社会管理创新与诚信社会建设",南开大学2011年度文科科研创新基金项目"中国公共冲突面对的挑战和应对路径",相关研究正在有序进行。

2011年,中心协助中国人权研究会编写出版了第一本人权蓝皮书——《中国人权事业发展报告》(2011),中心的10余位成员在其中发表了专题研究报告。中心还配合中国人权研究会编写出版了《中国人权在行动》(2010),对2010年中国人权的重大法律法规、政策举措和重要案例进行了分析。此外,中心成员还发表了"价值内涵与实现方式:人权研究的两个视角"、"利益与自由:人权的两个内在维度"、"从《世界人权宣言》看人格尊严与人权间的内在联系"等多篇学术论文。

2. 学科建设

2011年12月4日,该中心召开了学术委员会第一次会议,对2012年中心的工作进行了讨论。会上,学术委员会主任董云虎特别强调要充分发挥多学科交叉研究的优势,关注重大现实问题,作出南开品牌。在这种定位下,中心充分整合南开大学政治学、社会学、法学、历史学、公共管理、哲学等相关学科力量,建立了4个研究室,联合申报课题项目,开展高质量的综合研究,大大提高了中心的综合研究能力。

3. 政府咨询

中心充分发挥思想库作用,积极为政府提供高质量的咨询报告。2011年,常健、赵正群作为专家组成员受国务院新闻办公室邀请参加《〈国家人权行动计划(2009—2010年)〉评估报告》的起草工作。

4.学术交流

2011年,中心成员参与的境外学术交流包括:常健教授参加了在肯尼亚举行的“中非民间论坛”,在哈萨克斯坦举行的“亚洲相互协作与信任措施会议”,作为中国人权研究会代表团成员,访问了台湾中华人权协会、东吴大学张佛泉人权研究中心、台湾民主基金会、亚太和平研究基金会。9月起,郝亚明副教授到美国明尼苏达大学开始为期一年的学术访问,与该校人权研究中心进行了多方位的学术交流。12月3—4日,中心举办了“中国人权事业发展研讨会”。来自中国人权研究会、中共中央党校、南开大学、北京大学等单位的30余位专家学者参加了会议。会议对中国人权事业的最新发展和存在的问题进行了深入研讨,并对中国人权事业的未来发展提出了许多建设性的建议。2011年,中心成员参加的国内学术交流还包括,中国人权理论与实践的发展和创新理论研讨会、第三届全国人权研究机构工作经验交流会、人权教育年会、北京人权论坛等。

(许尧)

南开大学亚太经济合作组织(APEC)研究中心

2011年,南开大学亚太经济合作组织(APEC)研究中心的工作方针及其总体目标是:以邓小平理论和“三个代表”重要思想为指导,深入贯彻落实科学发展观,全面贯彻实施《国家中长期教育改革和发展规划纲要(2010—2020)》,秉持学校所一贯倡行的“知中国,服务中国”的办学理念,进一步解放思想、深化改革,在科研实践当中积极推进理论创新和制度创新,使研究中心的建设发展再上新阶。

一、机构概况

2011年,该中心有专职研究人员10名,均拥有博士学位和副教授以上高级职称。此外,该研究中心还拥有一支稳定的校内外兼职研究人员学术团队,由国内数所部属重点高校和社科院所的20余位专家学者组成。研究中心每年并招收培养多名世界经济专业的硕士和博士研究生。在完成研究生教培任务方面,年内中心共有4名博士研究生和15名硕士研究生顺利通过学位论文答辩,并被授予相关学位。同期,中心还招收了8名硕士研究生和4名博士生。此外,尚有2010和2011级两届世界经济硕士研究生单考班在读。

现任中心主任宫占奎教授。

二、工作概述

1.科研工作

2011年,在APEC专项研究方面,中心从APEC合作的连续性和未来发展的角度出发,结合2011年美国APEC会议主题,深入分析APEC进程中面临的重要问题,重点研究APEC发展中出现的那些新变化和新情况,对APEC的未来方向作出前瞻性探索,进而为中国参加美国APEC领导人会议提出咨询建议。在中心团队的协同努力下,本年APEC问题咨询研究报告于9月间如期向外交部和商务部提交。中心将与APEC问题相关的其他重要议题一并纳入研究范畴,内容涵括APEC经济增长新战略、APEC的未来发展与改革、以及像金融安全、社会安全、紧急事态应对、反恐、公共卫生安全、能源安全、性别平等、粮食及食品安全以及气候变化等近年渐热的一系列非传统议题。

受商务部委托,中心于本年还进行了“中日韩FTA可行性联合研究”和“跨太平洋战略经济伙伴协定(TPP)专项研究”两项重大课题研究。期间,中心研究人员除日常全力投入相关科研工作外,还应邀作为中方代表团成员参加历次中日韩三方自由贸易区联合专家组会议,参与筹策各种应对方案和讨论口径,为此得到商务部有关部门的高度肯定和好评。

本年,研究中心的另一项重点任务是完成APEC研究中心的学术年鉴——《2011亚太区域经济合作发展报告》的编撰与出版发行工作。该研究报告系由教育部人文社会科学重点研究基地——南开大学亚太经济合作组织(APEC)研究中心组织撰写,自1998年创刊至今,已连续出版14年。同时,该研究报告一直位于教育部人文社会科学重点研究基地重大课题的研究成果之列,也是我国亚太区域经济合作问题研究领域的标志性学术成果。

《亚太区域经济合作发展报告》在确定选题、撰写以及发布的全过程中均与政府部门保持着密切联系,充分发挥了服务于国家战略利益与政府决策的作用。APEC 研究中心坚持逐年将研究报告呈送教育部、外交部、商务部、财政部、农业部、人力资源和社会保障部、国家海洋局、海关总署等 10 余个部委。该报告已成为我国相关部委参与亚太区域经济合作的重要参考资料。研究报告中关于亚太区域经济合作问题的研究成果，为我国国家领导人参加每年一度的 APEC 领导人会议、以及我国外交部部长和商务部部长参与 APEC 双部长会议提供了有益的政策咨询，获得了领导的高度评价。外交部、商务部均曾多次致函南开大学，肯定并表彰研究报告的成果。上年末，经专家组评审，《亚太区域经济合作发展报告》获准列为教育部哲学社会科学发展报告资助项目，以将发展报告于日后“打造成高水平、有影响的学术品牌”。为了扩大该报告的社会影响力，进一步提升其学术水平和应用价值，APEC 研究中心于 2011 年 10 月 17—18 日在天津举办了“国际区域经济一体化学术研讨会暨《2011 年亚太区域经济合作发展报告》推介会”。此次会议对于《亚太区域经济合作发展报告》改版后第一年的撰写和出版工作进行了及时、充分地总结，进而明确了下一阶段如何进一步提升该报告的总体质量和水平的目标和思路，同时还为增进社会各界对该书的了解提供了一个良好契机。

2011 年 5 月间，该中心积极协助、配合河北省廊坊市政府成功举办第二届“亚太经济合作组织(APEC)智慧城市智能产业高端会议”，自始至终地参与了会议的前期筹备工作、起草会议主旨报告与相关致辞及演讲稿、以及大会发表的“行动倡议”等全过程，终使本次会议圆满实现了预期目标。

2. 科研成果

2011 年，APEC 研究中心共发表论文 29 篇，专著 2 部，提交咨询研究报告 25 篇，按计划完成了当年各项科研任务。在南开大学 2011 年度哲学社会科学研究优秀成果颁奖会上，APEC 研究中心宫占奎和刘晨阳两位学者因接受中央、部委和地方有关部门委托进行应用研究并得到肯定、2010 年在 CSSCI 来源期刊上发表 4 篇及 4 篇以上论文、以及为企事业单位承担课题效益显著等佳绩而分获相关奖项，受到大会表彰。

3. 学术交流

本年度，研究中心积极组织开展国内外学术交流，不断提高交流水准，拓展交流渠道和范围，扩大 APEC 研究中心在国内外的学术影响与知名度。自年初以来，中心学者即先后参加了中日韩自贸区官产学联合专家组第四、五、六、七次会议、在美国旧金山举行的“2011 年 APEC 研究中心联席会议”、由外交部和广西自治区政府主办的“中国—东盟互联互通战略研讨会”、中国太平洋经济合作全国委员会(PECC)在北京主办的“TPP 与亚太区域经济一体化问题”研讨会、由外交部亚洲司举办的“东北亚地区合作问题内部研讨会”、由延边大学朝鲜韩国研究中心主办的“教育部国际问题和港澳台侨片基地工作会议”、由中国美国经济学会主办的“中国美国经济学会 2011 年会”、由美国卡内基和平基金会在其首都华盛顿主办的“APEC 未来发展的中国观点”专题研讨会、由美国东西方研究中心和彼得森国际经济研究所主办的中美“一轨半”研讨会、由中国亚洲太平洋学会主办的“2011 年中国亚太学会年会暨学术研讨会”等 10 余次国内外学术及工作会议。

同年，研究中心还组织举办了“亚太区域经济一体化新趋势专题研讨会”、“中日韩自贸区专题研讨会”、“国际区域经济一体化学术研讨会暨《2011 年亚太区域经济合作发展报告》推介会”等学术会议。

3 月初，孟夏教授根据南开大学与芬兰 Haaga—Helia 应用科技大学两校交流协议，前往芬兰首都赫尔辛基执行为期 10 天的授课任务。6 月中，中心接待了台湾政治大学国际关系研究中心主任严震生研究员一行的来访；11 月间，时值亚太经合组织(APEC)第十九次领导人非正式会议于美国夏威夷州首府檀香山召开前夕，APEC 研究中心学者李文韬副教授应邀接受了新华社记者的电话采访，回答了媒体提出的相关话题；在此次 APEC 领导人峰会期间，中心刘晨阳副主任于夏威夷当地接受了中央电视台财经频道“经济半小时”、“财经连线”等栏目组的专访。

(吴弘宝)

南开大学跨国公司研究中心

一、机构概况

2011 年，中心专职教授 12 人，副教授 7 人，讲师 3 人。具有博士学位的 22 人。国务院学科评议组成员 1 人，人事部百千万人才入选 1 人，教育部新世纪优秀人才支持计划 2 人，优秀青年教师基金获得者1人。在人才培养工作上,本年度中心毕业博士研究生18名,硕士研究生60名,录取硕士生60名、博士生20名。2011年中心1名2009级博士生获得教育部学术新人奖。中心培养的研究生不仅理论基础扎实,而且具备很强的独立研究能力,博士与硕士毕业生的质量得到了社会用人单位的充分肯定。

现任研究中心主任冼国明教授。

二、工作概述

1.科研工作

2011年,该中心承担科研课题10项,其中教育部重点项目2项,国家自然科学基金项目1项,中央部委项目3项,项目总经费达140万元。出版专著4部,在CSSCI期刊上发表论文45篇。该中心自1998年开始,每年承担联合国贸发会议出版的《世界投资报告》的翻译工作,至今已完成13年相关工作,在国内外产生很大的影响。《2011年世界投资报告》主题是"非股权投资"。该中心选编并由中国经济出版社连续出版《跨国公司论丛》,该书研究和分析跨国公司的投资、经营、贸易和管理,关注和探索跨国公司对社会经济的深远影响和近期、中期、远期走势以及变化,并刊登有关跨国公司各专题的理论研究论文和跨国公司投资管理政策的研究论文。

2.学术交流

6月15日,由商务部政策研究室和南开大学国际经济研究所联合举办的"零售批发业企业在华投资、经营及其所面临的问题"座谈会在商务部政策研究室会议室举行。此次会议的参会人员包括商务部相关领导,南开大学国际经济研究所葛顺奇、李磊、罗伟等及相关企业负责人。此次座谈会探讨了公司在华投资经营情况及其未来发展战略、公司市场占有率、对中国零售批发业发展的影响、国内零售批发业市场公平竞争环境与存在问题,并提出相关的政策建议。6月16日,南开大学国际经济研究所、跨国公司研究中心与南开青年学者论坛联合世界一流科技信息与医学出版集团Elsevier,邀请美国知名学者、中国经济评论执行主编Belton Fleisher教授,以"如何撰写并发表一流的学术论文"为题,向青年经济学者讲授科技论文写作、投稿、出版道德等相关知识。讲座在经济学院12楼会议厅举行。10月21日,由中国经济学会主办,南开大学跨国公司研究中心、国际经济研究所、国际经济贸易系和天津外国语大学联合承办的第二届国际投资论坛在南开大学举行。论坛以"跨国投资与发展:政策与制度的创新"为主题,来自商务部、外管局、各著名院校的专家学者以及企业界的代表参加了本次论坛,并围绕"中国对外直接投资的跨国投资与发展:全球视角与政策"、"跨国投资与发展:中国实践"、"中国企业跨国投资与发展:规制与策略"、"中国企业跨国投资与发展:理论分析"等议题展开热烈的讨论。10月30—11月1日,美国Syracuse University教授Mary E. Lovely到中心访问,并为中心师生作了两场学术报告。

(严兵)

南开大学政治经济学研究中心

一、机构概况

2011年,南开大学政治经济学研究中心拥有办公用房520平方米,资料室面积260平方米,设有访问学者研究用房5间,有比较完备的计算机30部等软硬件设施和数据库与网站。中文藏书15600册,外文藏书7900册,中文报刊110种,外文报刊60种,并设有专职资料管理员。中心现有专职研究人员12人,其中教授7人,副教授3人,讲师2人;兼职人员5人全部为教授;基本形成了专兼结合的老、中、青结合的高水平教师队伍。中心主要的研究方向是政治经济学基本理论创新与改革理论研究、中国市场经济理论与实践研究等。

现任中心主任逄锦聚。

二、工作概述

1.科研工作

何自力教授参加中央马克思主义理论研究和建设工程办公室主持工程重点建材《西方经济学概论》、《世界经济概论》审阅和统稿工作。谢思全教授完成国家农业部课题"新农村建设的双轮驱动战略研究——以天津市示范小城镇建设为例"。6月9日,中心研究人员景维民教授被教育部人文社会科学重点研究基地、辽宁大学转型国家经济政治研究中心聘为学术委员会委员。8月,中心研究人员谢思全教授牵头并协调组织了"天津滨海低碳循环发展战略联盟",联盟成员包括国家级研究机构、知名高校、专业技术学会等社会团体、著名节能服务型企业，以及中国首家综合性环境权益交易机构天津排放权交易所等。联盟宗旨是为天津及滨海新区在快速经济增长中实现节能减排和低碳循环发展提供智力支持，天津滨海新区区长宗国英曾两次对联盟的有关报告进行批示，给予了肯定与支持。10月，中心副主任周立群教授负责的“滨海新区发展报告”被立为2011年度教育部哲学社会科学发展报告资助的培育项目。10月，由中心研究人员何自力教授承担的教育部社会科学重点研究基地重大课题《马克思主义经济学的创新及其主流地位研究》完成预定研究任务，经专家鉴定同意结项。课题的最终成果为专著《高级政治经济学——马克思主义经济学的发展与创新探索》，已于2010年9月由经济管理出版社出版，全书内容由导论和十五章组成，共56万字。11月29日，南开大学政治经济学研究中心主任逄锦聚教授主持召开《现代经济学大典》政治经济学卷的条目编写工作会议。《现代经济学大典》编委会主要由国务院社科评审委员、教育部经济学部委员、教育部教学指导委员会委员及政府部门、高校和科研机构的专家学者组成，马建堂、王保安担任编委会主任，洪银兴担任主编，顾海良、逄锦聚、林岗、李晓西、刘伟和黄泰岩担任副主编。11月，中心研究人员谢思全教授完成由天津市中小企业促进局立项资助的“天津民营经济三年计划及五年规划编写”项目，项目成果获得有关领导和专家的肯定与好评。12月14日，中心主任逄锦聚教授参加在京举行的《20世纪中国知名科学家学术成就概览·经济学卷》第三次编委会会议。《20世纪中国知名科学家学术成就概览·经济学卷》编委会由19位著名经济学家组成，张卓元、吴敬琏、厉以宁任主编，逄锦聚、刘伟、汪海波任副主编。12月23日，政治经济学研究中心谢思全教授、倪志良教授分别获得2011年度教育部人文社会科学重点研究基地重大项目资助，此次获批课题名称分别为：排放总量约束下政府和市场的治理互补与组织创新——以EMC和碳汇交易为例；我国经济社会协调发展与缩小收入分配差距研究。12月，由中心研究人员景维民教授为负责人承担的国家社科基金重点研究项目“现代国家治理模式重构研究”申报结项。

2. 科研成果

1月，人民网专题报道了逄锦聚教授和张海鹏博士的大型调研报告《科学发展与社会和谐的实践诠释——天津市在转变发展方式和应对世界金融危机中实现新崛起新发展的经验与启示》。2月，由贺京同教授作为执行主编主持翻译的“行为和实验经济学经典译丛”系列书籍由中国人民大学出版社出版发行。该套丛书介绍了近20—30年以来西方理论经济学的主要前沿著作，囊括了行为经济学、实验经济学、神经经济学和认知经济学诸多学科的重要科研成果，作者均为西方相关学科领域的著名学者，这些著作的引进为解决我国当前的重大经济问题提供了借鉴。4月26日，中心研究人员段文斌教授等撰写的“七年增产之后的安全隐忧——关于我国粮食供需状况的调查报告”由《光明日报》发表。8月2日，中心主任逄锦聚教授的学术文章“中国道路的客观性”发表于《人民日报》理论版。文章深入阐述了中国道路的客观性、实质和生命力。8月25日，《中国社会科学报》第9版全文刊登中心副主任周立群教授等撰写的学术文章“从农地转用矛盾看制度变革方向”。9月1日，《中国社会科学报》第9版全文刊登中心副主任周立群教授等撰写的学术文章“最优转让权安排是农地治理核心”。9月，人民日报内参刊登了由中心主任逄锦聚教授主持张海鹏博士执笔完成的《科学发展评价指标体系研究》的主要研究成果。10月18日，由南开大学政治经济学研究中心主任、天津市政府参事逄锦聚教授为负责人的课题组完成《天津市发展创新型金融市场研究报告》，天津市领导和有关部门对报告高度重视，市长黄兴国等作出批示。《报告》总结了天津市在发展创新型金融市场方面已经取得的重大进展，遇到的问题和面临的挑战；分析了天津市发展创新型金融市场的潜力和机遇；在此基础上，对天津市发展创新型金融市场提出10条建议。

3. 学术交流

1月17日，逄锦聚教授及在京两院院士、中央联系专家和“千人计划”入选专家应邀出席在人民大会堂举办的中央人才工作协调小组“2011年院士专家新春联谊会”。中共中央政治局委员、中央书记处书记、中组部部长、中央人才工作协调小组组长李源潮，全国人大常委会副委员长、中科院院长路甬祥，以及全国政协副主席徐匡迪出席联谊会。1月，中心主任逄锦聚教授与中央马克思主义理论研究和建设工程咨询委员会的20多位专家应邀参加中共中央思想宣传领导小组在人民大会堂举行的招待会。中共中央政治局常委李长春出席招待会并讲话，中共中央政治局委员、中宣部部长刘云山，中共中央政治局委员、国务委员刘延东，全国政协副主席、中国社科院院长陈奎元等出席招待会。4月，逄锦聚教授在南京主持召开全国“马克思主义基本原理概论”教学研讨会。全国50多所高校领导及从事“马克思主义基本原理概论”教育教学的专家学者近百人参加研讨会。逄锦聚教授发表《改革教学方式提高教学质量》的讲话。5月3日，逄锦聚教授出席教育部在京召开的“高校社科界学习贯彻胡锦涛总书记在庆祝清华大学建校100周年大会上重要讲话精神座谈会”，并作题目为“把人才培养的根本任务抓实抓好”的主题发言。部分在京高校的领导和学者参加会议，教育部副部长李卫红出席会议并讲话。逄锦聚教授的发言全文发表在5月26日《光明日报》。6月19日，由南开大学政治经济学研究中心、南开大学经济研究所、谷书堂经济学学术基金共同主办的“谷书堂经济学学术基金成立大会暨南开经济学论坛”在南开大学举行，老一代经济学家谷书堂教授、卫兴华教授、张卓元教授、熊性美教授、朱光华教授；中青年经济学家国家统计局局长马建堂、南京大学党委书记洪银兴、教育部社科司副司长张东刚、中国人民大学副校长林岗教授、辽宁大学常务副校长黄泰岩等教授，以及西北大学经济管理学院院长白永秀教授、重庆工商大学副校长黄志亮教授、天津市政府副秘书长陈宗胜，天津市社联党组书记李家祥教授；海王生物工程股份有限公司总经理刘占军等出席会议并发表演讲，南开大学党委书记薛进文和校长龚克出席了会议并讲话，中心主任逄锦聚教授主持会议。由谷书堂经济学学术基金支持举办的首届南开经济学论坛，主题是“转变发展方式：难点与对策”。8月21日，在西安交通大学逄锦聚教授主持召开国务院学位委员会马克思主义理论学科评议组会议。国务院学位委员会马克思主义理论学科评议组成员、陕西省学位办、西安交通大学、陕西师范大学、西北大学等院校领导及高校马克思主义理论学科负责人参加会议。会议就制定马克思主义理论一级学科简介和学位基本要求进行讨论。9月8日，逄锦聚教授应陕西省高教系统邀请，作“欧美债务危机与中国经济发展”学术报告。陕西省高校有关领导、教师代表和西安交通大学的部分博士生硕士生参加报告会，陕西省教委工委常务副书记出席报告会并向逄锦聚教授致送聘书。9月24日至25日，南开大学政治经济学研究中心主任逄锦聚等教授出席全国高校社会主义理论与实践研讨会第25次年会，并代表领导小组致开幕词。柳欣、刘凤义、张海鹏等多位学者论文入选。大会向为研讨会的创办和持续举行作出突出贡献的南开大学滕维藻教授和中心顾问谷书堂教授颁发了“杰出贡献奖”。9月底，何自力教授参加中央马克思主义理论研究和建设工程组织的考察团，赴俄罗斯、德国和保加利亚，进行了为期12天的考察访问，主题是了解苏东剧变对各国的影响及各国对苏东剧变研究的情况。10月28至30日，第三届中国经济学管理学基础课程教学论坛在武汉举行，来自全国400多所高校的近600多名经济管理类学者参加论坛。中心主任、教育部高等学校经济学学科教学指导委员会主任委员逄锦聚教授主持论坛并做主报告。逄锦聚教授报告的题目是“内涵发展协同创新提高质量”。11月16至20日，周立群教授参加在韩国首尔举行的“环黄海地区经济合作与韩国新万金发展国际研讨会”。12月1至4日，由台北市议员、国民党中常委厉耿桂芳率队，前台北市副市长、文化局长李永萍等参加的中华经贸文化创新协会代表团，在中心研究人员谢思全教授的邀请下，来津参加第二届滨海国际创意设计展交会和中国国际创意设计领袖论坛。谢思全教授归纳台湾专家观点撰写了《台湾专家对天津文化创意产业发展的建议》，报市领导参考。12月14日，中心主任逄锦聚教授参加在京举行的《20世纪中国知名科学家学术成就概览·经济学卷》第三次编委会会议。《20世纪中国知名科学家学术成就概览·经济学卷》编委会由19位著名经济学家组成，张卓元、吴敬琏、厉以宁任主编，逄锦聚、刘伟、汪海波任副主编。12月15日，中心研究人员景维民教授出席中国社会科学院俄罗斯东欧中亚研究所在京举行的“第三届俄罗斯东欧中亚与世界高层论坛”，并应邀作主题为“普京回归与俄罗斯国家治理发展前景”的学术演讲。

三、领导调研

6月22日，天津市常务副市长杨栋梁到中心调研。逄锦聚教授就中心做好科研工作服务国家和天津市经济发展作了汇报，杨栋梁副市长对中心工作给予了高度评价。

（荆克迪）

南开大学中国社会史研究中心

一、机构概况

2011年,南开大学中国社会史研究中心设有社会思想与大众心态史、传统基层社会与国家权力、社会生活与风俗史、区域社会史等4个研究室。共有专职人员19人,其中教授18人,副教授1人。设专职学术秘书1人。科研人员中,李治安、王先明为国家社科基金重大招标项目获得者,江沛、王利华、刘毅、李金铮、余新忠等教授为教育部新世纪优秀人才支持计划入选者。

现任中心主任常建华教授。

二、工作概述

1.科研工作

2011年,由朱彦民教授、张思教授分别申请的2011年教育部重大项目,即“先秦日常生活研究”(项目批准号:11JJD770028)与“现代中国的日常生活”(项目批准号:11JJD770026)获准立项并全面启动研究工作。冯尔康教授著《中国宗族制度与谱牒编纂》由天津古籍出版社出版。本年度中心研究人员在CSSCI入选期刊发表文章39篇。该中心年刊《中国社会历史评论》第12卷由天津古籍出版社出版。

2.学术交流

本年度,先后有澳大利亚西悉尼大学荷尼夫教授,日本上智大学顾琳教授先后来访并讲学。中心常建华、冯尔康、余新忠、张思、王先明教授等相继出访韩国、香港、台湾等国或地区高校或科研院所进行了深入的学术交流。5月,该中心和中国中医科学院中国医史文献研究所共同主办“多重语境下中国医疗(学)史研究的挑战与机遇”学术座谈会,来自中国中医科学院、北京大学、北京中医药大学等单位的7位医学(疗)史的近20位研究者参加了座谈。9月,中心主办“中国日常生活史的多样性”国际学术研讨会,来自中国大陆、香港、台湾,以及日本、韩国、澳大利亚等国家和地区的近60位专家学者出席了此次会议。会议共收到论文50余篇,论题涉及历史学、人类学、社会学、民族学、民俗学、宗教学、法学、文学、语言学等不同学科,此次会议是一次跨学科的学术交流。

3.资料整理

11月,张思教授带领研究团队赴山东省淄博市岭子镇沈家村从事村庄档案文献考察,对该村保存的自高级社时期以来的村行政文书类,包括党政文件、生产生活记录、土地承包合同等,以及财务类,包括账簿和单据等档案进行了查阅和拍照工作,并进行了初步的整理,同时与该村领导达成了合作利用研究协议。

(王昊)

南开大学公司治理研究中心

一、机构概况

南开大学公司治理研究中心成立于1997年11月。2011年该中心下设公司治理理论、公司治理原则与评价、跨国公司与集团治理、公司治理与企业管理创新、民营企业发展与治理、企业社会责任等15个研究室。现已拥有一支22名校内外专职研究人员和27名校内外兼职人员学术研究队伍,拥有专门的学术研究、行政办公、图书资料场所和来自学校方面的固定配套经费支持。2004年在国内率先设立公司治理博士点和硕士点。2011年2月28日,《光明日报》第10—11版以“立足创新、提高质量、继往开来——高校哲学社会科学繁荣计划‘十一五’成就巡礼”为题,报道南开大学通过研究将影响公司治理水平的多种复杂因素进行科学量化,形成了系统的公司治理评价指数,该项成果取得了显著的经济效益和社会效益。2011年,该中心9名博士和11名硕士毕业,毕业生将在包括中国银行、中国农业银行、华为技术有限公司、中远散货运输有限公司等在内的央企、民营企业从事公司治理相关领域的工作。

现任中心主任李维安教授。

二、工作概述

1.科研工作

2011年,南开大学公司治理研究中心共获得国家级、部委级科研项目9项,接受企事业委托项目2项。2011年,该中心有48个省部级以上项目结项。中心科研人员共在核心刊物上发表论文88篇,出版学术专著7部。

2011年度国家社科基金立项资助课题名单中,南开大学公司治理研究中心专职研究人员郝臣副教授获得青年项目资助,资助金额15万元,课题名称为:《保险公司治理的合规性与有效性及其对绩效影响的实证研究》(批准号11CGL045)。8月19日,国家自然科学基金委员会公布2011年度国家自然科学基金申请项目评审结果通告,以长江学者特聘教授、公司治理研究中心主任李维安教授为首席专家、公司治理研究中心网络治理研究室主任林润辉教授为主持人的团队项目获得重点课题资助,名称为《我国集团企业跨国治理与评价研究》(批准号:71132001),研究期限为2012—2016年。10月20日,教育部正式公布了2011年度教育部哲学社会科学发展报告资助项目评选结果。公司治理研究中心主任李维安教授负责的“中国上市公司发展报告”被立为建设项目。每年资助30万元,建设周期为3年。9月2日,教育部社科司公布2011年基地重大课题项目立项通知(教社科司函(2011)207号)。在批准立项的244项教育部人文社会科学重点研究基地重大项目中,公司治理研究中心公司治理伦理研究室主任薛有志教授的课题《企业战略转型中的公司治理问题研究》(11JJD630002)和中心副主任、投资者关系管理研究室主任马连福教授的课题《基于董事会能力的企业投融资战略治理研究》(11JJD630005)获得立项资助。课题金额各为20万元,研究期限为2—3年。

2. 学术交流

1月20日,中心兼职研究人员、英国萨瑞大学副校长陈靖涵教授在南开大学商学院接受南开大学客座教授致聘仪式并做学术报告。南开大学公司治理研究中心主任李维安教授参加致聘仪式,向陈教授颁发证书。3月20日,由长江学者特聘教授、南开大学公司治理研究中心主任李维安担任首席专家的国家社科基金重大招标项目《完善国有控股金融机构公司治理研究》开题论证会在中国保监会举行。3月24日,台湾大学沈中华教授以“Doing Well and Doing Good in the Banking Industry? Evidence from Cross—Country Data”为题的学术报告会在南开大学商学院举行。治理中心部分青年教师和研究生共37人参加报告会。3月26—28日,由世界银行国际金融公司中国公司项目、南开大学公司治理研究中心联合主办的“中国公司治理培训课程”培训师培训在南开大学商学院再度拉开帷幕。第三期中国公司治理培训师培训吸引了包括德勤华永会计师事务所、天津市委金融工作委员会、东北财经大学、河北工业大学、郑州大学、内蒙古财经学院等来自18所单位的25位学员参加培训。3月26日,李维安教授参加了在北京国家会议中心举行的“2011年两岸金融研讨会暨高峰论坛”。此次会议由南开大学公司治理研究中心和台湾金融教育协会、台湾大学金融研究中心、北京大学金融与证券研究中心、中国人民大学农业与农村发展学院、东北财经大学金融学院、清华大学公共管理学院共同主办,来自两岸监管部门、金融企业及科研机构代表等2000余人参加了会议。会议期间,李维安教授发表了题为“后金融危机时期现代金融企业制度的完善”的主题演讲,并主持了“十二五规划期间两岸金融监管平台的构建”的综合座谈会。5月27—29日,“第六届济州论坛”在韩国济州岛隆重举行。韩国国务总理金滉植、菲律宾前总统阿罗约、日本民主党代表鸠山由纪夫等出席了会议。本次论坛的主题是“新亚洲:和平与繁荣”。李维安教授出席本次论坛并作了“创新经济治理模式,推动亚洲共同发展”的主题报告,受到了与会学者的高度评价。

6月18—19日,第十二届中国MBA发展论坛暨第二届中国EMBA高峰论坛在广州举行。公司治理研究中心公司治理伦理研究室主任薛有志教授参会。6月20日,天津市社会科学界第七届学术年会分会场“科研评价与哲学社会科学繁荣发展”暨2011年度南开大学哲学社会科学研究优秀成果颁奖会,在省身楼隆重举行。公司治理研究中心兼职研究人员、商学院教授刘志远在大会上发言,主题为“优化科研评价,繁荣管理科学,促进学科发展”。中心专职研究人员吴德胜副教授获得2010年省部级配套奖励;该中心程新生、李建标、刘志远、梁琪、齐善鸿2010年在CSSCI来源期刊上发表3篇论文;薛有志、周建、李维安2010年在CSSCI来源期刊上发表4篇及4篇以上论文;李维安、吴晓云2010年在一级学科权威期刊上发表论文;李晓义博士、姜涛博士、李志国博士和马连福教授发表的论文被ISTP、SCI、EI论文索引收录而受到大会的奖励。

6月25日,第八届服务系统与服务管理国际学术研讨会在天津召开。李维安教授参加会议并致辞。来自亚、欧、美、澳近20个国家和地区的知名高校和研究机构学者230余人参加了会议。7月29日,辽宁省高等学校第二批攀登学者受聘仪式在辽宁友谊宾馆举行。副省长陈超英、省教育厅厅长张福昌出席仪式。长江学者特聘教授、公司治理研究中心主任李维安教授入选辽宁省高等学校第二批攀登学者。8月20—21日，由南开大学公司治理研究中心、南开大学商学院和东北财经大学工商管理学院共同主办的第六届公司治理国际研讨会在大连举行。本次会议以“公司治理：后危机时代的共同准则”为主题，李维安教授作《中国公司治理评价报告(2011)》主题报告，推出了由南开大学公司治理研究中心课题组最新完成的中国上市公司治理评价报告。共300余人参会。8月21日，由中央电视台财经频道主办的“2011CCTV中国上市公司峰会暨央视财经50指数启动仪式”在北京举行，峰会正式发布了《2011中国上市公司运行报告》，正式启动央视财经50指数。李维安教授为会议作“中国上市公司治理评价与公司治理转型二十年”的主题演讲。8月24—26日，由中国高等教育学会高等财经教育分会主办、山西财经大学、高等财经教育研究中心承办的“中国高等财经教育论坛”在山西太原举行。李维安教授在校长论坛上作《关于财经类高校大学治理和联盟的思考》主题发言。8月30日，长江学者特聘教授、公司治理研究中心主任李维安教授接受新华社邀请，做客新华网高端访谈节目《金融讲堂》。9月8—9日，国家自然科学基金委第67期双清论坛在长春召开，本期论坛的主题是“基于中国管理实践的重大理论创新问题”。李维安教授应邀参会并作“网络治理研究前沿与中国实践”主题报告。9月29日，在由全国MBA教指委主持召开的全国MBA20周年庆典上，颁布了第二届全国百篇优秀管理案例获得者名单。该中心副主任武立东教授和跨国公司与集团治理研究室主任、商学院周建教授进入今年95名获奖者之列。武立东教授获奖的百篇优秀管理案例为“新兴铸管集团治理转型：合法性机制与效率机制的双重互动”。周建教授获奖的百篇优秀管理案例为“天津金茂集团竞争优势的获取与延续”。10月23日，时值中国创业板迎来两周年之际，中国第三届创业板峰会在浙江省人民大会堂隆重举行。峰会以“民企新突围”为主题，邀请了国内知名经济学家、深交所、部分知名民营企业负责人及政府机构负责人出席会议，上千名中小企业主、投资机构代表参加了会议。峰会发布了“2011中国创业板投资价值排行榜”，公司治理研究中心主任、东北财经大学校长李维安教授应邀参会并在会上作“中国创业板公司治理——评价与完善”主题报告。11月17日，全国高等学校哲学社会科学工作会议在北京召开。中共中央政治局常委李长春作出批示。中共中央政治局委员、国务委员刘延东出席会议并讲话。李维安教授参加会议并在分组交流座谈会上作了发言。11月28日，南开商学院MBA中心教学案例开发项目评选结果公布。经过专家组审核，公司治理研究中心公司治理评价研究室张国萍副教授案例“基于DFSS的新产品开发流程：电子新产品研发流程设计中的应用”、公司治理理论研究室张耀伟副教授案例“先导性战略与公司治理协同演进：北京银行的创新发展案例”、公司治理理论研究室主任武立东教授案例“企业集团如何选择管控模式——以天津泰达集团为例”和公司治理与企业管理创新研究室牛建波副教授案例“万科的股权激励计划：‘留人’还是‘赶人’？”成功入选。12月20日，《经济研究》2011年第12期，钱先航、曹廷求、李维安发表论文：“晋升压力、官员任期与城市商业银行的贷款行为”。

3.咨询服务

该中心在公司治理理论研究基础上，积极为政府决策和企业实践服务。6月1日，以中心主任李维安为首席专家，公司治理评价研究室主任程新生教授负责的“天津股权交易所挂牌企业治理评价合作”项目启动，2011年项目已经结项，2012年签订的项目合作正在进行，天津股权交易所继续委托南开大学公司治理研究中心进行公司治理评价。截止目前，中心已为86家天交所挂牌企业进行公司治理评价。天交所对中心的工作给予高度评价和肯定。6月8—11日，辽宁省国有重要骨干企业“加快转变经济发展方式”专题培训班在大连举行，李维安教授受邀为学员作了“公司集团化发展背景下的治理结构建设”专题讲座。8月1日，李维安教授与国务院国有资产监督管理委员会副主任邵宁会面。双方就公司治理若干理论和实践问题深入交换了意见。自2005年起，公司治理研究中心与国资委在公司治理的多个层面开始合作，目前仍有多个合作项目正在进行。推动了中国国有企业公司治理改革的进程。9月25日，由中心主任李维安教授作为首席专家、中心副主任武立东教授为协调人的“关于建立并完善新区国有企业现代化公司治理结构的一揽子合作研究项目”开始启动。滨海新区国资委与南开大学公司治理研究中心共同组成课题组，联合对新区国有企业负责人经营业绩考核体系、国有企业监事会建设模式、国有企业董事会建设情况展开研究。项目的开展将帮助新区国有企业建立并完善现代公司治理结构,进而实现国有资产保值增值的目标。10 月 13 日,由大连市委组织部、市国资委主办的市政府出资企业领导干部“提高科学决策能力”高级研修班在中共大连市委党校举行,李维安教授受邀为研修班成员作“公司集团化发展背景下的治理结构建设”专题报告,33 位市政府出资企业集团公司领导参加了培训。11 月 18 日,中央企业外部董事专业资格认定委员会第二次会议在北京召开。国务院国资委副主任姜志刚出席会议并讲话。李维安教授作为委员会委员参加会议。会议对中央企业外部董事人选进行了专业资格认定。

(李嵘)

南开大学世界近现代史研究中心

一、机构概况

南开大学世界近现代史研究中心是教育部人文社会科学重点研究基地,于 2004 年 12 月正式成立。2011 年,该中心有专职研究人员 13 人,其中教授 12 人,副教授 1 人,具有博士学位者 11 人。还从国内外聘请了 11 位兼职研究人员,其中教授 10 人,副教授 1 人,全部拥有博士学位。

现任中心主任杨栋梁教授。

二、工作概述

1. 科研工作

2011 年,该中心成功申请基地重大项目 2 项,国家社科基金项目 1 项,国家社科基金后期资助项目 2 项,总计获得科研经费 106 万余元。该中心科研人员总计发表 CSSCI 文章 23 篇。该中心出版学术著作 8 部。世界近现代史研究中心经过了 6 年的发展与积累,一批标志性研究成果陆续问世。杨栋梁教授主持的 2004 年度基地重大项目“日本现代化历程研究”、李剑鸣教授主持的 2004 年度基地重大项目“世界近现代史上的政治民主化问题”目前已经结项,研究成果作为“日本现代化历程研究丛书”和“外国政治民主化进程研究丛书”分别由世界知识出版社和上海三联书店出版,陈志强教授主持的 2005 年度基地重大项目“欧洲文化的兴起及其世界影响”已经结项,“欧洲文化研究丛书”七卷本已经于 2011 年由天津人民出版社出版发行。

2. 学术交流

2011 年 6 月 10—12 日,由南开大学世界近现代史研究中心主办的“美国族裔与社会文化”国际学术学术研讨会在天津隆重召开。80 余名代表出席了大会,此次会议共收到论文 50 余篇,内容涵盖美国种族和族裔研究的各个方面,如美国移民、土著美国人、亚裔美国人、非裔美国人、犹太美国人以及当代美国族裔问题等。另外,该中心对外交流十分活跃,全年共邀请国内外学者 15 人次来中心讲学访问,同时也派出学者和研究生 20 人次赴国内外知名高校和机构从事访问、交流合作。

(丁见民)

天津师范大学心理与行为研究院

一、机构概况

2011 年,天津师范大学心理与行为研究院坐落天津师范大学八里台校区教育中心大楼。研究院现有教职工 34 人,27 名专兼职研究人员中,教授 13 人、博士生导师 7 人、副教授 7 人,具有博士学位的 19 人。本年度心理学一级学科博士学位授权点招收博士研究生 11 人,心理学博士后科研流动站招收 1 人。

现任院长沈德立教授。

二、工作概述

1. 科研工作

2011 年,该院获得各级各类项目 21 项:其中国家自然科学基金 1 项;国家社会科学基金 1 项;教育部人文社会科学重点研究基地重大项目 2 项;教育部人文社会科学研究一般项目 2 项;天津市教育科学“十二五”规划课题 8 项;天津市教委重点调研课题 1 项;校博士基金 2 项;校专业学位研究生教育综合改革研究课题 1 项;横向课题 3 项。全年共发表中文论文 59 篇、英文论文 5 篇,其中 SCI 收录 3 篇,CSCD 收录 1 篇;出版著作 3 部。

2. 学科建设

该院国家重点学科“发展与教育心理学”获中央财政支持地方高校发展特色重点学科建设项目计划专项资金款 170 万元、学校配套 40 万元,共计

210 万元。获天津市资助的购置各种仪器设备经费 511 万多元。购置 Psyc—ARTICLES 心理全文数据库。

2011 年,该院心理学博士后科研流动站被评为"天津市优秀博士后流动站"。沈德立教授再次被教育部聘为全国普通高等学校学生心理健康教育专家指导委员会主任委员,梁宝勇教授再次被教育部聘为该委员会秘书长。

3. 学术交流

2011 年,俄罗斯前教育部第一副部长沙德里科夫教授来院进行为期 5 天的学术交流。天津师范大学客座教授、香港中文大学心理学系讲座教授、认知与脑研究中心主任陈烜之教授应邀来院进行学术访问与研讨。南开大学客座教授、香港中文大学语言学系国际知名的儿童语言习得专家李行德教授来院参观,讨论相关合作事宜。澳大利亚墨尔本大学 Kenneth M. Greenwood 教授来院作学术报告。澳大利亚 Stephen Crain 教授在该院作题为 Child Language:A Biolinguistic Perspective 的发言。华东师范大学心理系梁宁健教授来该院作学术报告。北京师范大学李庆安教授来院讲座。该院 3 名教师参加在法国召开的第十五届欧洲眼动大会,5 名教师赴台北参加两岸三地华人心理学大会。博士研究生崔磊第二次受邀到英国南安普顿大学进行学术访问,博士研究生李馨完成在芬兰图尔库大学的访学任务回国,博士研究生王钰与梁菲菲获教育部留学基金委员会资助的联合培养博士项目分赴美国、英国学习一年,博士研究生田静完成在英国南安普顿大学一年的联合培养计划回国。

(郑欣)

天津体育学院体育人文社会科学研究中心

一、机构概况

天津体育学院体育人文社会科学研究中心成立于 1993 年,是我国第一个以研究全民健身为主要任务的科研机构。中心于 2001 年被国家体育总局批准为首批体育社会科学重点研究基地,2004 年被天津市教委批准为天津市首批高校人文社会科学重点研究基地。2011 年中心通过市教委的评估并根据市教委对重点研究基地整改的要求,进一步凝练了研究方向,整合了研究团队。"十二五"时期中心将紧密围绕国民的身心健康和精神文化需求,以满足体育事业发展、国民健康需求和体育文化传承为目标积极开展:体育发展战略和政策法规研究;体育与健康促进的心理学研究;全民健身公共体育服务体系的理论与实践研究;体育文化发展与传播研究。中心目前有专、兼职研究人员 25 人,其中正高级职称 11 人,副高级职称 11 人,中级职称 3 人;国家级教学名师 1 人,教育部新世纪人才 1 人。中心有独立使用的办公室、会议室、资料室、课题工作室总面积达到 400 平方米。

现任中心主任姚家新教授。

二、工作概述

1. 科研工作

2011 年,该中心科研人员共获各类课题立项 16 项,其中国家级课题 1 项,省部级课题 6 项,横向及天津市教育教学课题 9 项,累计科研经费 80 余万元。完成各级科研项目和委托研究项目 9 项。本年度中心研究人员发表论文 80 余篇,其中全国核心期刊发表论文 30 余篇,提交学术会议论文 17 篇,共出版专著 3 部,编写教材 2 部。"女子曲棍球项目竞赛心理特征及调控方法的研究"、"关于体育法制建设"十二五"规划的研究"、"关于《全民健身计划纲要》实施情况的报告"、"我国社会体育指导员管理办法"等多项重要横向委托课题的研究成果被国家体育总局采纳,在奥运争光和全民健身等领域发挥重要作用。有 5 项科研成果获得省部级科研奖励。

2. 学术交流

2011 年,该中心组织和开展了国内外多名专家学者的学术讲座和学术交流活动,20 余人参加了"第九届体育科学大会"、"全国青年体育理论成果报告会"、"第七届全国老年体育科学大会"、"第三届全国残疾人体育科学报告会"、"青少年体育俱乐部研讨会"、"青少年体育传统项目校研讨会"、"中国法学会体育法学研究会 2011 年年会"、"国家体育总局高层次专向技术人才赴英国培训班"等学术会议和学术交流活动。

(天津体育学院体育人文社科研究中心)

天津市普通高等学校人文社会科学重点研究基地

南开大学创业与中小企业管理研究中心

一、机构概况

南开大学创业与中小企业管理研究中心于2010年经天津市教育委员会批准正式成立,2011年12月被天津市确认为"普通高校人文社会科学重点研究基地",它的前身是南开大学商学院创业管理研究中心,成立于2003年9月。中心在"引领创业研究、服务创新型国家建设"的使命指引下,以利用最新知识和理念创新管理学科为主导,以创新管理、创业管理、中小企业成长、项目管理等新崛起的知识领域为主要研究对象,通过国家自然科学基金和国家社会科学基金项目等国家级项目以及"985"、"211工程"重点学科建设项目的实施,优化资源组合。目前拥有专职研究人员15人,其中教授7人,副教授3人,博士生导师7人,35岁以下的研究人员有7人,人员均有博士学位。

现任中心主任张玉利教授。

二、工作概述

1. 科研工作

2011年,该中心在国内首次针对中国新生创业者展开了为期3年的动态跟踪调查并建立了"新生创业者动态跟踪调查数据库"(CPSED)。该数据库的建立为从微观层次洞察中国新生创业企业的发展做出了重要贡献。该数据库数据已于2011年9月正式向社会开放,后续的数据挖掘与研究工作仍在陆续展开。

2. 学科建设

2011年,该中心负责人张玉利教授被聘请为"中国首批火炬创业导师"、"创业教育教学指导委员会委员",中心拥有"全国百篇优秀博士学位论文"、"国家级精品课程(《创业管理》《项目管理》)"等标志性成果,作为核心力量参与了天津市科技型中小企业"十二五"发展规划、滨海新区创业孵化发展规划、以及高等学校创业教育教学基本要求的论证。该中心进一步吸收社会学、心理学、教育学、经济学等多学科人才的加入,把中心建设成为多学科融合的研究和教育基地。该中心5位青年教师均独立主持国家自然科学基金和教育部青年基金课题研究,并成为各研究领域的学术带头人,独立指导硕士生并参与甚至联合指导博士生,牵头组织重大的调研项目,独立讲授创业与创新领域的课程,本年度他们分赴瑞典延雪平大学、美国百森商学院等多家海外高端学术机构交流学习,并合作开展研究。2011年,该中心结合课题研究已培养毕业博士14人,硕士17人,平均每年2—3位访问学者,为国内创业研究和教育工作输出了一批骨干力量。

3. 学术交流

近年来,该中心在国内外的影响日趋扩大,吸引一批国际知名学者来南开交流并开展合作研究,举办多次学术研讨会。与美国明尼苏达大学商学院、香港中文大学创业研究中心、《外国经济与管理》杂志、《创业家》杂志、《中外管理》杂志及一批创业服务中心等单位保持着紧密的合作关系。2011年8月22日至23日,由南开大学商学院、浙江大学管理学院、中山大学管理学院共同主办,南开大学商学院创业管理研究中心承办的"创业与创新暨青年学术研讨会"顺利召开。此次会议得到国家自然科学基金委管理学部的大力支持,吸引了来自全国各大高校的创业与创新知名教授、青年学者和博士生们的广泛参与,并取得了一致好评。

(张玉利)

南开大学现代物流研究中心

一、机构概况

南开大学现代物流研究中心始建于1999年,是南开大学与国家发展和改革委员会的共建单位,是依托区域经济、产业经济、交通经济、管理科学与工程等学科方向的多元性、综合性、应用性的学术研究机构。2010年经天津市教委正式批准成为天津市普通高校人文社会科学重点研究基地。主要研究方向是:物流产业规划与政策、供应链管理与物流工程、交通经济与产业分析。该中心现有16名专职研究人员,其中,正教授4名,副教授6名。天津市原副市长王述祖为中心名誉主任,该中心拥有国内领先水平的物流实验室、图书资料室、南开物流网(http://logistics. nankai. edu. cn/)、企业实习基地以及与可口可乐天津公司合作的研发中心。本机构藏书2.3万余册,拥有中文期刊133种,外文期刊56种。

现任中心主任刘秉镰教授。

二、工作概述

1. 科研工作

2011年,该中心受教育部哲学社会科学发展报告项目资助,由中心和国家发展和改革委员会联合编写的第9部国家物流产业报告——《中国现代物流发展报告[2011]》(中文版)正式出版,首部《中国现代物流发展报告》(英文版)由World Scientific出版发行。"十一五"国家科技支撑项目"绿色农产品封闭供应链技术集成与产业化示范"等一批课题顺利结项。2011年,获批纵向课题24项,其中国家级16项,省部级8项;向有关政府和企事业单位提交咨询报告12份;中心出版专著3部,学术论文76篇。

2. 学科建设

2011年,该中心在学科建设中,重点加强了以下工作:一是集中力量研究制约物流发展的理论问题,申请立项或完成了几项国家社科基金、国家自然科学基金、国家科技支撑计划等项目。二是紧密跟踪经济与社会发展重大问题,积极开展面向包括国家发展和改革委员会、交通部、天津市政府、中远集团、中储股份等在内的各级政府、企业界的咨询服务,以高质量的研究成果参与政府和企业的重大决策。三是建设与国际接轨的课程体系,加强实验室教学,以科研项目指导学生,中外合作联合培养学生,从而提高学生的理论水平、实践能力以及国际化视野。

3. 学术交流

2011年,该中心实施"走出去、请进来"战略,提高该中心的国际化水平。中心在全球供应链管理专业协会(CSCMP)全球大会上,积极推广研究成果,解读《中国现代物流发展报告》,受到国际学术和实业界的高度评价。中心聘请美国知名物流专家指导中心教师提升教学与科研水平。另外,中心和世界知名学术出版公司——施普林格(Springer)公司在期刊论文、学术专著及论文集出版等方面达成共识,并签署了共同出版《中国现代物流发展报告》(英文本)的协议。

(王玲)

南开大学性别文化与社会发展研究基地

一、机构概况

南开大学性别文化与社会发展研究基地始建于1994年6月,并于2006年6月入选全国妇联妇女/性别研究与培训基地,又于2010年经市教委批准成为天津市普通高校人文社会科学重点研究基地。基地充分发挥综合性大学的优势,依托该校社会学、社会工作、中国语言文学、历史学、心理学、教育学、经济学、人口学、管理学、传播学和艺术学等多学科的人才力量,在多学科互相渗透、男女学人共同参与的基础上,形成了以中国文学文化的性别研究、妇女/性别与社会发展的社会学研究以及性别与近代中国史研究等主要方向,开展跨学科联合攻关。2011年,基地研究人员扩增至32人。专职研究人员中教授16人,副教授10人。其中,吴帆副教授于2011年入选教育部新世纪人才支持计划。

现任基地主任乔以钢教授。

二、工作概述

1. 科研工作

2011年,基地成员承担课题研究共计10余项。乔以钢教授担任教育部重大课题攻关项目首席专家,继续主持"性别视角下的中国文学与文化"(2005—2011)。关信平教授主持两个重点项目,一是国家社科基金的重点项目"现阶段我国转变经济发展方式的社会政策研究",二是省部级重点项目"滨海新区社会管理体制与运行机制研究"。其余研究项目是:民政部与联合国儿童基金会合作项目"震后孤儿安置跟踪研究"和"中国儿童福利(四川凉山)示范区项目";中央高校基本科研业务费自助的"性别透镜下的文学现象辨析——以中国现代文学为中心"课题研究;天津市社科后期资助项目"大学情感教育理念"课题研究等等。本年度,基地研究人员以第一作者署名出版专著2部,教材1部,发表论文20余篇,其中主持《南开学报》"性别研究"专栏3期,刊发论文11篇。

2. 学科建设

本基地依托一级学科中国语言文学、社会学、历史学等多学科,继续加强各学科建设,并注重多学科之间的交流与合作。其中,社会工作专业应中国社会工作教育协会要求于2011年进行了专业评估,并取得满意结果。在各学科的共同努力下,基地综合实力不断增强,在全国范围内的领先地位也得到巩固和提升。

3. 学术交流

基地成员积极参加各类学术交流活动。2011年10月,基地成员应邀为天津市妇联召集的女性处长干部班举办专题讲座"性别意识与性别文化"。2011年11月,参加2011年中国妇女研究会年会暨"新时期中国妇女发展与性别平等:理论、现状、挑战"研讨会。2011年12月,参加"中国女性文学第十届国际研讨会"。

三、领导视察

2011年10月13日,全国妇联党组书记、副主席、书记处第一书记宋秀岩,全国妇联副主席、书记处书记陈秀榕,全国妇联书记处书记范继英一行莅临考察工作,并与各学科的专家教授亲切座谈。宋秀岩充分肯定基地作出的贡献,强调高校要与妇联组织加强合作,为破解妇女群体当前面临的现实问题和理论问题提供支持。

(杜平)

南开大学中国政府与政策联合研究中心

一、机构概况

南开大学中国政府与政策联合研究中心始建于2006年,2008年重建。2010年经天津市教委正式批准为天津市人文社会科学重点研究基地。研究中心下设中国政府过程研究中心,中国政府机构与编制研究中心,当代中国公共行政发展研究中心,中国区域政治研究中心,中国政策科学研究中心,比较政府与政治研究中心,公共冲突管理研究中心,中国农民问题研究中心等。2011年,联合中心拥有研究人员50人,其中教授18人(博士生导师17人),副教授18人,讲师14人。具有博士学位47人,占专任教师总数的94%。其中1人入选"长江学者奖励计划",3人入选"新世纪百千万人才工程"国家级人选,1人入选"五个一批"(理论界)人才,7人入选教育部"跨(新)世纪优秀人才支持计划","当代中国政府与政策"团队入选国家级优秀教学团队。

现任联合中心主任朱光磊教授。

二、工作概述

1. 科研工作

2011年,该中心获准立项的科研项目有:国家社科基金重大项目1项、青年项目4项,教育部社科规划项目1项、青年项目2项,天津市社科规划项目1项。共发表论文200余篇,其中CSSCI期刊及以上层次的论文60多篇,被《新华文摘》转载论文2篇;出版专著6部。

2. 学科建设

该联合中心以朱光磊教授牵头的"中国政府与政策"国家级教学团队为核心力量,通过对中国政府与政策的多角度和跨领域的研究,力求促进南开大学社会科学学科的融合和交流,并为国家建设和政府发展建言献策,加快社科研究成果的实践转化。联合中心的创建,既有利于整合政治学研究力量,形成集团和规模优势,又为中国政府与政治研究搭建了一个互相合作、共同发展以及方便对外交流的平台。截至2011年底,以联合中心为主要力量的南开大学周恩来政府管理学院政治学科拥有:1个国家级重点学科(政治学理论):2个一级学科博士学位授权点(政治学、公共管理)、3个一级学科硕士学位授权点(政治学、公共管理、民族学)、1个国家本科特色专业(政治学与行政学)。

(程同顺)

南开大学政治哲学与和谐社会建构研究中心

一、机构概况

"南开大学政治哲学与和谐社会建构研究中心"(原名"南开大学社会哲学研究所"),成立于1997年12月,2010年被批准为天津市人文社会科学重点研究基地。2011年,中心下设历史唯物主义与中国道路研究室、马克思主义政治哲学与和谐社会建构研究室、意识形态理论与社会主义核心价值体系建设研究室、中西政治文化及比较研究室。中心现有专职研究人员 19 人,其中教授 10 人,副教授 6 人,讲师 3 人,在读博士研究生 21 人,另外还有校内外兼职研究人员 10 人。中心图书资料室现有中文图书 3 万余册,外文图书 0.8 万册,中文报刊 178 种,外文报刊 28 种。

现任中心名誉负责人陈晏清教授、负责人王南湜教授。

二、工作概述

1. 科研工作

2011 年,该中心承担了国家社科基金项目 7 项,教育部社科基金项目 10 项,其他部委、省区市社科基金项目 5 项。该中心科研人员在学术期刊上发表论文 53 篇,其中在《中国社会科学》(英文版)和《哲学研究》等权威刊物发表论文 6 篇;出版著作 7 部,其中包括英文和土耳其文著作各 1 部。代表性的成果有:《中国哲学精神的重建之路——马克思主义哲学中国化探讨》、《马克思的实践唯物主义》(英文版、土耳其文版)、《辩证法:从理论逻辑到实践智慧》、《追寻哲学的精神》、《辩证的历史决定论》、《中国哲学的现代追寻》。这些理论成果还通过该中心研究人员参与中央马克思主义理论研究与建设工程教材编写,为首批重点教材《马克思主义哲学》、《马克思主义基本原理概论》、《思想道德修养与法律基础》等所吸收。

2. 学科建设

该中心依托南开大学马克思主义哲学学科(国家重点学科),以其马克思主义哲学基础理论研究为支持,密切结合中国社会实践,深入研究我国和谐社会建设过程的理论基础、实施过程、主要方面等问题。中心成员进行了明确的分工和有效的协作,在历史唯物主义的当代阐释、马克思主义哲学的中国化以及和谐社会建构的政治哲学基础等方面获得了重要进展。中心组建了一支高水平的研究队伍、确立了明显的学科优势,开拓了独特的研究路径并形成了自己的风格。

3. 学术交流

该中心的学术交流工作遵循“走出去,请进来”的方针进行。2011 年中心成员共参加国际、国内学术会议共计 32 人次,被邀请到国内著名学术机构访问和讲学 12 人次。另外,该中心长期举办“政治哲学:传统与现代”系列学术讲座,邀请海内外著名哲学学者来南开讲学。这个系列讲座以政治哲学为重点,覆盖了马克思主义哲学、西方哲学、中国哲学、伦理学等相关二级学科。举办讲座 9 次,报告人包括著名学者 Tom Rockmore、岩佐茂、孙正聿等国内外著名学者。

(谢永康)

南开大学马克思主义研究中心

一、机构概况

南开大学马克思主义研究中心始创于 2007 年 6 月。2010 年,经天津市教育委员会批准,成为天津市普通高等学校人文社会科学重点研究基地。2011 年,中心依托马克思主义理论、政治学两大一级学科,以校内哲学社会科学等相关学科作为有力支撑,该中心有专职研究人员 56 人,其中教授 19 人,副教授 22 人,讲师 15 人,同时选聘校外专家与学者多方参与,形成了学历层次高、年龄结构合理、专兼职相结合、科研能力突出的研究队伍。该中心图书资料室配有专职图书馆员 1 人,现有中文图书 5 万余册,外文图书 2000 余册,中文报刊 213 种,外文报刊 23 种。

现任中心主任刘景泉教授。

二、工作概述

1. 科研工作

自 2006 年南开大学获得“马克思主义理论”一级学科授予权以来,注重以学科建设为龙头,推进思想政治理论课教育教学。截至 2011 年,本学科有 8 位教授参加了中央马克思主义理论研究与建设工程,主持和参与了大学生思想政治理论课新课程体系 4 门课程中 3 门课程的教材编写。2011 年,该中心在原有研究方向的基础上,着重围绕马克思主义中国化研究、思想政治教育展开了一系列的学术及应用性研究。承担了包括国家社会科学基金、省部级项目在内的科研项目共 15 项,实到科研经费 37.6 万元。该中心科研人员全年在学术期刊发表论文 60 余篇,出版学术专著 5 部,提交研究报告 2 份。为纪念建党九十周年,组织教师撰写相关学术论文,并以《伟大旗帜领航中国》为题结集出版。

2. 人才培养

2011 年,该中心在人才培养方面取得了较大成绩,拥有8个博士点和10个硕士点,在读硕士研究生82名,博士生100名。

3. 学术交流

2011年,该中心积极开展学术交流。中共中央编译局局长衣俊卿受聘为兼职教授。举办中国共产党与中国现代化国际学术研讨会,有来自越南、美国、日本等多国学者参会;分别举办"贯彻十七届六中全会精神学术研讨会"、"周恩来与池田大作思想国际青年学术研讨会"、"社会主义核心价值观学术研讨会"、"思想理论教育导刊选题暨思政课教学研讨会"等多次学术研讨会,邀请全国多位知名学者参会、演讲。

(王迪)

南开大学循环经济和低碳发展研究中心

一、机构概况

南开大学循环经济和低碳发展研究中心是2010年经天津市教育委员会批准成立的,前身为南开大学环境与社会发展研究中心,始建于2000年。2011年,研究中心下设产业生态学与资源循环利用研究室。循环经济与低碳发展研究室和人口与资源环境研究室,依托南开大学国家重点学科环境科学学科,在发挥环境学科的理工特色基础上,通过整合经济学、管理学、法学、历史、哲学等相关社会科学的学科力量,凝练学科方向,搭建学科平台,组建了一支文、理、工交叉的国家级科研队伍,结合国家和天津市循环经济发展战略需求,全面系统开展前沿研究。研究基地现有专兼职研究人员47人,其中教授32人,副教授6人,讲师9人,还有一批博硕士研究生参与研究工作。

现任研究中心主任鞠美庭教授。

二、工作概述

1..科研工作

中心围绕循环经济与低碳发展理论与方法、规划与政策、技术与标准等研究内容,2011年承担或完成与循环经济相关的欧盟SWITCHASIA项目、国家社科基金项目、国家自然科学基金、中国清洁发展机制基金等项目:包括《碳排放权交易的监管体系研究》、《Sustainable Public Procurement in Urban Administrations in China(SuPP—Urb China)》、《促进中国城市居民可持续消费》、《基于物质流与能流分析的区域环境问题"诊断"系统及应用研究》、《基于空间差异性的环境规制行为影响机制与政策工具研究》、《基于空间及行业碳排放差异的我国多层次配额型碳交易市场构建研究》、《基于风险场理论的天津滨海新区环境风险评价及环境风险时空变化格》等课题。与此同时,该中心也努力为天津市循环经济与低碳经济发展服务,先后承担《十二五期间我市促进工业向绿色低碳和服务化转型升级的战略和对策》,天津社科基金重大课题《发展低碳经济的科学技术支撑体系研究》,天津市科委项目《环境风险防范制度与管理对策研究》等。

2. 开放基金

为促进学术交流,活跃学术思想,鼓励科研人员多出创新性成果,研究中心2011年特设立青年开放课题项目。本期优先资助的开放课题集中在以下研究领域:循环经济理论、方法与政策;气候变化与低碳发展理论与政策;产业生态学理论与方法;环境规划与评价理论与方法。

3. 合作研究

2011年,研究中心与天津市消费者协会、天津市政府采购中心等单位成立"天津市绿色消费教育研究基地",旨在通过开展绿色消费教学与科学研究,大力倡导生态消费理念,培养居民绿色、安全的可持续消费方式,提升消费者维权意识,加强对商品和服务的监督,建立课题调研协作和成果转化机制,服务经济社会发展,该基地为全国首个绿色消费教育研究基地。

(王军锋)

天津大学科学技术与社会研究中心

一、机构概况

2011年,天津大学科学技术与社会研究中心各项工作取得了进一步的发展。该中心依托天津大学马克思主义学院,在校、院两级领导的大力支持下,结合天津大学的学科特点及天津市社会经济的发展思路,重点关注天津市科技创新与城市创新中的生态、信息、战略选择等问题,积极开展了各项科学研究与社会服务工作,收效显著。2011年,该中心继续开展各项人才培养与人才引进工作,现有专职研究人员9人，其中博士生导师2人，教授3人，副教授4人，讲师2人，具有博士学位教师7人。计划五年内引进10名左右的高水平研究人才。

现任中心主任韩永进教授。

二、工作概述

1. 科研工作

2011年，该中心科研团队申报了教育部重大招标项目“当代技术哲学的发展趋势研究”，并进入答辩阶段。这次申报工作在国内学界中扩大了该中心的学术影响力。与此同时，2011年，该中心科研人员申请和承担了天津市科技政策研究课题，并且在国内本专业重点期刊发表多篇论文；2011年中心科研人员参加了全国科学哲学学术会议，并在会议上宣读论文，受到同行专家学者的一致好评。

2. 学科建设

2011年，该中心在已有的学术方向中进一步加以凝练，以教育部重大课题申报为契机，进一步发展该中心在技术哲学、技术社会学以及媒介哲学等方面的研究工作，并使其成为中心重点研究方向。

3. 学术交流

2011年，该中心在已有的学术交流工作基础上继续开展各类学术交流活动。上半年邀请了美国波士顿大学哲学系知名学者曹天予教授来校举办系列学术讲座，为广大师生介绍国际哲学界最新的研究动向和研究热点，反响热烈，效果明显；同时，该中心大力支持科研人员以公派留学的方式出国研修，目前去美国作访问学者1人次。中心也鼓励青年教师积极参加国内外的各种学术交流活动，保持、发展与国内外同行们的交流。

（韩永进）

天津大学公共资源管理研究中心

一、机构概况

2011年，天津大学公共资源管理研究中心认真贯彻落实中共中央《关于进一步繁荣和发展哲学社会科学的意见》、《教育部关于深入推进高等学校哲学社会科学繁荣发展的意见》的文件精神，加强自身建设，凝练研究方向，积极主动地把学科建设、理论研究、人才培养纳入中国改革发展进程之中，积极主动地为天津市各级政府公共资源配置管理服务。中心所依托的公共管理一级学科博士点，被评为天津市重点学科。本年度，中心科研人员30余人，其中教授12人，副教授12人，讲师4人。还有外聘专家、博士后、博士生等参与科研工作。

现任中心主任陈通教授。

二、工作概述

1. 科研工作

2011年，该中心承担各类课题19项，研究总经费305万元。其中国家级课题2项，省部级课题7项，企事业单位横向合作课题10项。在国内外核心期刊发表论文124篇，其中SSCI、SCI检索论文4篇，EI检索论文8篇，CSSCI检索论文102篇；出版学术专著、教材等3部。获得各类科研成果奖4项。本年度中心研究人员积极参与电台、电视台的社会热点问题讨论，并开始注重在国内重要报刊发表研究文章（如《人民日报》理论版、《光明日报》理论版），使得中心社会影响力不断扩大。

2. 学科建设

2011年，中心在强化学科建设，深化公共资源管理基础理论研究的基础上，积极为各级政府机关提供社会培训、咨询服务，尤其是积极主动地参与天津市公共资源管理领域的应用研究，为天津市各级政府提供咨询服务。马寿峰教授率领的课题组，多年来一直从事城市交通专项研究，承担国家自然科学基金多项、天津市课题多项。2011年马寿峰教授承担了市政府重点调研课题研究，黄兴国市长在马寿峰教授提交的《天津市落实公交优先战略研究》报告做了批示。中心其他成员研究成果多次被上报市领导参阅，杨栋梁常务副市长在郝清民副教授提交的《天津生态宜居城市指标体系研究》报告上作了批示；黄兴国市长在张再生教授提交的《天津市城市管理创新机制与对策研究》报告上作了批示；市政府参事汪波教授提交的元计算规划、陈通教授提交的城市管理等建议亦得到市领导批示。

3. 学术交流

2011年，中心成员参与国际交流与合作6人次，国外专家学者来中心进行学术交流合作5人次。

（天津大学公共资源管理研究中心）

天津大学教育科学研究中心

一、机构概况

天津大学教育科学研究中心于2010年经天津市教育委员会批准成立。本年度，中心下设天津大学职业技术教育研究所、天津大学高等教育研究所和天津大学现代教育技术研究所。图书资料室藏有中文图书2.1万册，外文图书591册，中文报刊112种，外文报刊3种。2011年，该中心拥有专兼职研究人员共55人，其中教授29人，副教授19人，讲师7人。

现任中心主任余建星教授。

二、工作概述

1. 科研工作

中心依托学校强大的工科优势和百余年的悠久历史，充分发挥自身学科优势，实现科研工作的两个“聚焦”，即聚焦国家需求，聚焦研究热点。2011年，中心专职教师独立或合作承担了国家级、省部级研究课题13项，科研经费累计达到了153.1万元。其中，周志刚教授牵头申请的教育部哲学社会科学重大课题攻关项目《职业教育质量评价体系研究》成功立项。该中心全年科研人员共发表学术论文50余篇，出版专著与教材3部；获第四届全国教育科学研究优秀成果奖一等奖、二等奖各1项，获天津市第二届教育科学研究优秀成果优秀奖1项。本年度中心高等教育研究所获第三届全国优秀高等教育研究机构称号，并在大会上作经验宣讲。中心共有17名学生参加“国际职业技术教育学双硕士”项目，申请获得国际合作项目1项，出版国际合作学术专著2部。

2. 学科建设

2011年，该中心在教育学一级学科的基础上，进一步凝练已有学科研究特色，获得“高等教育学”、“教育技术学”、“教育学原理”3个硕士学位授权点，基本形成结构合理、凸显教育学科特别是职业技术教育学科特色和高等工程教育研究特色的学科体系。

3. 人才培养

中心不断完善人才培养培训体系，依托E—learning教学平台，积极开展教学改革与创新，努力提高人才培养质量。2011年，中心共有各层次学历学位教育的在校生926人，其中全日制研究生100人（含博士研究生），第二学士学位生22人，本科职教师资班233人，高职专科156人，中职教师在职攻读硕士学位学员44人，职教师资成人专科、专升本371人。该中心在教育部全国职业教育师资培养培训基地评估中取得全优成绩。

4. 学术交流

2011年，该中心结合天津大学国际化战略实施纲要的要求，中心积极加强与德国马格德堡大学、澳大利亚悉尼大学、香港中文大学、台湾地区高校的合作与交流。与德国马格德堡大学合作培养“国际职业技术教育学双博士”、“3+1”、“2+2”本科层次人才项目进入实质性讨论阶段。本年度举办或参加国际学术交流活动6场。

（王世斌）

天津大学中国文化遗产保护国际研究中心

一、机构概况

天津大学中国文化遗产保护国际研究中心，始建于2008年9月，2010年经天津市教育委员会批准成立“天津市普通高等学校人文社科重点研究基地”。2011年，该中心有专兼职研究人员17人，其中教授9人，副教授3人，讲师4人，博士后1人。该中心以“跨学科”和“国际化”为宗旨，致力于建立文化遗产保护的高水平国际共同研究基地，与国内外重要研究机构建立了合作关系，已成为天津大学文化遗产保护研究的对外交流窗口。中心隶属于天津大学建筑学院。

现任中心主任青木信夫教授（特聘）。

二、工作概述

1. 科研工作

2011年，基地专兼职人员作为第一负责人新获国家级、省部级、以及国际科研项目11项，其中有国家自然科学基金项目2项（青木信夫教授《塑造创意城市：天津滨海新区工业遗产群保护与再生的综合研究》，谭立峰《明代海防军事聚落与防御体系整体性研究》），国家自然科学基金青年项目5项（郑颖《近代历史街区城市空间尺度的量化研究——以天津旧租界区为例》，张天洁《国际交流视角下的文化景观与公共空间生产——中国近代开埠城市公园历史研究》，李严《基于空间信息技术的明长城军堡空间关系研究》,张龙《颐和园营建过程研究》,杨葳《基于动态LCA模型的城市住宅建筑存量节能减排发展策略研究》),教育部社科青年基金1项(张凤梧《中国文物建筑测绘史研究(1900年至今)》),教育部博士点新教师基金1项(贡小雷《建筑拆解策略下废旧材料再利用的生态效益研究》),中国博士后科学基金1项(张蕾《洪涝适应性景观——历史黄泛区古城形态及其变迁研究》),国际合作研究项目1项(国际日本文化研究中心合作研究《万国博览会和东亚——探索共同研究的可能性》)。基地成员在各类期刊发表学术论文30余篇。

本年度,徐苏斌教授日文专著《中国的城市建筑与日本》分获日本建筑学会奖和日本建筑史学会奖,该奖项首次由外国学者获得;张玉坤教授和天津大学建筑学院、天津大学城市规划设计研究院、建筑设计研究院合作完成的《四川省阿坝州汶川县映秀镇鱼子溪村震后重建修建性详细规划及建筑设计》,获住房和城乡建设部村镇建设司和中国城市规划协会2011年颁发的2009年度全国优秀村镇规划设计一等奖;本年度徐苏斌教授还获得天津大学"三八红旗手"称号。

2. 学科建设

2011年,继续在研究生课程中开设"亚洲文化遗产保护"、"文化遗产保护方法论"等课程,并以天津近代建筑、工业建筑遗产的保护性再利用为题,与英国诺丁汉大学工程学院建筑与建成环境系系主任TimHeath、香港中文大学建筑学院院长何培斌合作,分别开展了两次国际学生联合设计。4月11—15日,基地聘请客座教授、联合国教科文组织世界遗产中心专员林志宏博士继续为研究生开设"世界文化遗产与相关案例研究",带来世界遗产保护的最新信息。

3. 学术交流

2011年,该中心主任青木信夫教授和徐苏斌教授多次受邀赴国内外进行主题讲演。3月,在东京大学作"关野贞と陵墓の世界"讲演,11月,在香港中文大学中国建筑百年艰辛路(1911)——社会营造之演替论坛讲演,南京大学"近现代中国建筑史"(中国建筑的近代演进)讲座等。中心的多名成员还赴日本、美国、新加坡等地参加国际学术会议7次,并发表演讲和论文。11月,中心协助主办了第四届世界建筑史教学与研究国际研讨会。该中心继续邀请中外知名文化遗产保护专家、学者,举办了10期系列讲座"中国文化遗产保护天津论坛——名家讲坛"。

(徐苏斌)

天津大学中国社会计算中心

一、机构概况

天津大学中国社会计算中心是2010年经天津市教育委员会批准成立的。其前身为1978年成立的天津大学系统工程研究所,是教育部首批批准在系统工程领域开展研究的5个单位之一。该中心依托的管理科学与工程一级学科,是全国11个管理科学与工程一级重点学科之一、天津大学7个一级重点学科之一。2011年,该中心现有研究人员30名,其中教授14人、副教授11人、讲师5人,研究团队成员包括国家自然科学基金杰出青年2人、教育部跨/新世纪优秀人才8人,以及一批博士后、博士和硕士研究生参加研究工作。中心现有中文图书1.2万册,英文图书3000余册;中文期刊125种,英文期刊52种。

现任中心主任张维教授。

二、工作概述

1. 科研工作

2011年,该中心获得了1项国家自然科学基金重点项目;这些课题涵盖了国家重大基础性项目、国家自然科学基金项目、部市级重点基础项目、市自然科学基金一般项目等领域,此外,还承担了众多横向项目,为国家的基础理论发展以及天津市的发展提供了众多有益的方案与建议;中心获得发明专利2项,并出版国内第一本有关计算实验金融研究专著《计算实验金融研究》,获得教育部高等学校科学技术奖(人文社会科学奖)二等奖;获得省部级一等奖2项,二等奖4项,三等奖2项,其他类奖项5项。

2. 学术交流

2011年,中心承办了教育部社科司"社会科学中的社会计算实验方法研讨会"。同年7月承办海外华人学者管理科学与工程协会(OCSAMSE)第四届年会,该系列会议是国内管理科学领域国际化程度最高的会议。2011年11月承办了国际ESHIA学术组织发起的计算实验金融学/经济学高端系列学术会议:2011 Winter Workshop on Economic Heterogeneous Interacting Agents(2011 Winter WEHIA),是本系类学术会议首次在中国大陆召开,有力地促进了本领域内国内外学者的交流与合作。

3. 学科建设

近年,中心已毕业博士生53人,硕士生69人,2011年,在读博士生22人,硕士生38人。中心培养的人才领导了中国第一个股指期货(2010)和第一个分离式基金(2009)的设计开发,创造了可观的社会和经济价值。中心分别于1997年和1985年承办了CSSCI检索期刊《管理科学学报》和《系统工程学报》,2011年中心负责人张维教授应邀担任计算实验领域国际重要期刊JEIC(SSCI刊)编委。

(熊熊)

天津师范大学政治文化与政治文明建设研究院

一、机构概括

天津师范大学政治文化与政治文明建设研究院前身为天津师范大学政治文化研究中心,2004年被批准为天津市人文社会科学重点研究基地;2007年中心的特色专业政治学理论专业成为国家级重点学科,并设政治学博士后流动站;2011年为进一步整合资源,发挥学科优势、突出特色和研究重点,更名为天津师范大学政治文化与政治文明建设研究院。

2011年,该研究院占地面积200多平方米,设有政治学专业图书馆、政治思想专题资料室、《政治思想史》编辑部、办公室等,研究院下设6个研究所(筹):传统政治思想与比较政治文化研究所、当代政治思潮与政治哲学研究所、社会主义政治文化研究所、公民文化与民主政治研究所、行政文化与政府治理研究所、多元文化与国家建设研究所。研究人员35人,其中教授18人,副教授8人,讲师9人。本院1人入选教育部"新世纪优秀人才支持计划",该院聘有兼职研究人员多人。本院政治思想专题资料室拥有中外文藏书1.5万册,外文政治理论专业期刊11种。

现任名誉院长徐大同教授,院长高建教授。

二、工作概述

1. 科研工作

2011年,研究院共获省部级以上科研立项8项。杨卫东教授主持的国家社科基金《冷战后美国宗教与外交关系研究》结项。本年度,研究院在全国中文核心期刊发表论文68篇(其中CSSCI论文52篇,《新华文摘》转载1篇,《中国社会科学文摘》转载6篇)、出版专著5部、教材4部。其中,由研究院主持、人民出版社出版的"政治文化与政治思想研究丛书"在2011年新推出2种:《在平等与责任之间》、《和平与得救》(黄其松著)。由研究院承办的《政治思想史》杂志自2010年创刊以来,在论文质量和转载率等方面取得显著成效,2011年人大复印资料学术期刊排名中,《政治思想史》杂志在政治学类转载率排在12名,政治学类综合指数排第16名。

2. 学术交流

2011年9月24—25日,研究院和中国世界民族学会在天津联合召开了"多元文化与国家建设学术研讨会",会议收到论文30余篇,目前已经正式结集由天津人民出版社出版发行。全年共有20多位国内知名专家学者来研究院交流和讲学,研究院参加国内各种会议达30多人次。

(刘训练)

天津师范大学欧洲经济—社会发展研究中心

一、机构概况

2011年,天津师范大学欧洲经济—社会发展研究中心以该校"欧洲经济—社会发展研究院"为依托,并以世界史、中国史两个一级学科博士学位授权点、博士后科研流动站为支撑,在科学研究、学术交流、信息建设等方面取得了成绩。中心现有专职研究人员22人,兼职研究人员7人,其中教授、博士生导师15人,副教授3人,讲师10人,编审1人。该机构成员中有国务院学位委员会历史学科评议组成员,国家社科基金项目评审组成员,一级学会"中国世界古代中世纪史研究会"理事长,教育部跨世纪人才,南京大学特聘教授,天津市授衔专家等。该中心现占地面积240平方米,建筑面积270平方米。中心图书资料室藏有英文原版图书4000余册,中文图书6.5万册;拥有英文期刊19种,中文期刊160种。该中心建有专业图书信息资料中心,在"十五"投资基础上,又获批"十一五"重点学科专项经费近百万元,招标购置西文原版图书。现又购置

JSTOR、EEBO 等大型外文学术文献全文数据库，以扩充学术信息资源。该中心建有专业网站"经济—社会史评论"，网址为 http://www.eshistory.com 和 http://www.eshistory.net。

现任中心主任侯建新教授。

二、工作概述

1. 科研工作

2011 年，该中心获省部级以上科研立项 7 项，其中国家级项目 2 项，省部级重点项目 1 项，省部级一般项目 4 项；获委局级重点项目 1 项。该中心科研人员出版专著 3 部；在核心期刊发表学术论文近 20 余篇；该中心编辑的《经济—社会史评论》已由三联出版社出版五辑。该中心侯建新教授主持修订的全国义务教育历史课程标准已以文件形式正式颁行；侯建新教授担任主编的全国义务教育历史教科书《世界历史》将于 2012 年秋季启用；刘景华教授参加教育部第一批高等学校哲学社会科学重点教材《世界文明史》的编写工作。

2. 学术交流

2011 年，中心邀请了中国社科院副院长武寅研究员，中国社科院荣誉学部委员张椿年教授，中国社科院世界史所所长于沛教授、赵文洪教授、刘军研究员，北京大学钱乘旦教授、李剑鸣教授，首都师范大学校长刘新成教授、著名学者齐世荣教授，南京大学陈谦平教授，南开大学陈志强教授，美国新泽西州罗文大学王晴佳教授举办讲座。3 月 26 日至 27 日，天津师范大学欧洲经济—社会发展研究院、历史文化学院与教育部社会科学委员会历史学学部共同举办了"全国世界史学科建设研讨会"。这是国务院学科目录调整后，世界史提升为一级学科之后首次召开的国内世界史学界高端学术会议。中共天津市委常委、市教育工委书记苟利军出席开幕式并发表重要讲话。9 月，"欧洲文明进程学术研讨会暨《欧洲文明史稿》项目启动仪式"在天津师范大学举行。侯建新教授主持的《欧洲文明史稿》多卷本（共 18 卷）编撰项目，将是国内首部全方位系统探讨转型时期欧洲社会历史发展及经验的大型著述，此项目以课题为纽带，专兼职队伍相结合，并遵循跨院校、跨地区的开放科研合作模式，相继聘请诸多知名学者加盟攻关，为把基地建设为全国性的科研平台和学术交流窗口做出了有益尝试。本年度，中心先后有 3 名学者分别赴英国伦敦大学、美国斯坦福大学、美国佛罗里达国际大学亚洲研究所访学。

（陈太宝）

天津财经大学金融与保险研究中心

一、机构概况

2011 年，中心继续整合校内科研资源，引进不同学科的专门人才。中心设有 6 个研究机构：金融宏观调控与货币政策研究所、商业银行管理研究所、金融与证券法研究所、国际金融与国际结算研究所、企业融资研究所和农村金融研究所。拥有多学科专家学者组成的研究团队，其中学科带头人 16 人、特聘专家 6 人、特聘研究员 16 人。

现任中心主任任碧云教授。

二、工作概述

1. 科研工作

2011 年，该中心共出版 6 期《滨海金融专报》，为天津市委、市政府决策提供理论依据和参考意见，为天津市金融业及金融机构的发展提供对策建议。该中心科研人员撰写的一批有实际价值的研究成果，得到市委市政府多位领导的批示和有关部门的采纳。这些成果分别是：刊登在《社科界咨政要报》高正平教授和任碧云教授的文章"实现我市居民收入持续、全面增长的建议"；刊登在本年度第五期《滨海金融专报》任碧云教授的文章《融资租赁的发展趋势及对我国的启示》；刊登在《决策咨询建议》第 74 期张元萍教授的文章《以房养老：住房反向抵押贷款模式研究》。这些研究成果为天津经济发展和滨海新区开发开放提供了有价值、有操作性的科学决策依据。

2. 学术交流

2011 年，该中心多位学术带头人应邀出席了"中国世界经济学会第五届两岸经贸论坛（2011）：'后金融危机时期区域货币合作'学术研讨会"、"中国—欧洲民间友好合作对话会"、"第十届 WTO 与中国国际学术年会"和"2011 构建宜居城市联合研讨会（Make Cities Work Research Symposium 2011）"等国际国内重要学术会议，并在会上作主题发言，受到好评。

三、领导视察

10 月 17 日，天津市委常委、市教育工委书记苟利军、副市长张俊芳来该校调研，重点考察了该中心的发展建设情况。在看完该中心工作汇报的视频短片后，任碧云教授汇报了中心在服务天津市委和市政府决策、服务滨海新区开发开放、服务金融企业改革创新等方面所做的主要工作和取得的成绩。市委市政府领导做了现场点评，对该中心的发展建设给予了高度评价。

（郭昱）

天津理工大学公共项目与工程造价研究中心

一、机构概况

2011年，天津理工大学公共项目与工程造价研究中心办公面积近1000平方米，下设公共项目投资与工程造价管理、循环经济与企业可持续发展、管理创新与产业发展、公共安全与风险管理4个研究方向。已建成“公共项目管理绩效改善与评价研究室”，正在建设“工程造价仿真研究室”，形成了开放性、综合性的创新型研究平台。该中心拥有7个硕士点，1个“十一五”天津重点建设学科，9个本科专业。研究人员80余名，有教授17名，副教授30余名，讲师40名。拥有1名国家级教学名师，该中心形成了一支年龄结构合理的研究团队。

现任中心主任尹贻林教授。

二、工作概述

1.科研工作

2011年，该中心获国家863项目1项（已公示）；国家科技支撑计划项目1项（已下达）；国家自然基金面上项目2项；国家社科基金面上项目1项；教育部社科基金项目3项，其他省部级项目9项；横向委托项目7项，科研经费近680余万元。该中心人员在核心刊物上发表论文60余篇，其中CSSCI检索13篇，包括在《土木工程学报》A类期刊发表论文2篇；EI检索文章10篇；出版学术专著3部；荣获天津市科技进步三等奖1项。尹贻林教授带领IPPCE3名核心研究人员及10余名硕士研究生协助贵阳市城市轨道交通有限公司攻克了BQ计价模式在轨道工程造价控制中的应用三大难题，顺利完成了《BQ计价模式在轨道工程造价控制中的应用研究》课题的研究内容，受到委托方的高度赞扬。

2.学术交流

2011年7月，该中心尹贻林教授等4名核心研究人员受邀出席在英国伦敦国会广场.RICS总部会议室隆重举行的RICS年度大会，同时该中心4名核心研究人员受邀出席亚太地区测量师学会举办的“第八届国际工程造价理事会会议”和“第十五届亚太地区测量师协会年会”；8月，该中心在长春主办“第九届全国普通高校工程造价类专业协作组会议”，有20余所高等学校代表及中国建设企业联合会的部分会员企业代表应邀参加研讨；12月，尹贻林教授受邀出席住房和城乡建设部标准定额司在海南组织的《建设工程工程量清单计价规范》及《房屋建筑与装饰工程计量规范》等八本计量规范审查会议；2011年该中心有10人次参加了在香港及在国内举办的学术交流会议，并派出9名教师参加国际会议和9名短期访问学者。

（天津理工大学科技处）

天津理工大学循环经济与企业可持续发展研究中心

一、机构概况

“循环经济研究院”创办于2005年，2008年重新组建为“天津市循环经济促进中心”、“循环经济与企业可持续发展研究中心”，2011年获批为天津市普通高等学校人文社会科学重点研究基地。中心依托天津理工大学管理学院、循环经济研究院，以及天津市循环经济促进中心，以管理科学与工程（天津理工大学博士点建设学科，已通过教育部中期检查验收）、工商管理等一级学科硕士点为支撑，成为天津市较有影响的循环经济与企业可持续发展的专业性研究单位。近五年，除完成国家社科基金和天津社科基金项目，还承担了包含天津子牙循环经济区产业发展规划在内的一大批天津市区县级循环经济规划项目，为天津市循环经济发展起到了重要的促进作用。2011年，该中心拥有教授、副教授18人，另有校内外兼职人员11人。

现任中心主任李健教授。

二、工作概述

1.科研工作

近年来，该中心共承担科研项目164项，包括国家社会科学基金项目3项，教育部社科基金2项，省市区社科基金25项，国际合作项目1项，实到科研经费555.7万元;出版专著3部。

2. 学术交流

该中心成立以来,在人力资源组合上形成梯队组成团队,形成了较为强大的科研生产力。采取集中式的办公研究方式,大量召开小型研讨会、对研究生进行集中指导,齐心协力攻克大课题等,同时每年选派并资助梯队多名骨干成员出国访学交流。近年,资助李健教授到英国剑桥大学、美国耶鲁大学做访问学者,开展循环经济领域的学术交流;资助李春发教授赴美国耶鲁大学森林与环境学院从事生态产业与循环经济方面的学术交流;资助苑清敏、陈力洁赴美国耶鲁大学做为期3个月的访问学者;资助吕荣胜教授赴英国Robert Gordon University访问;资助周慧博士赴美国耶鲁大学做为期3个月的访问学者。

(天津理工大学科研处)

天津商业大学管理创新与评价研究中心

一、机构概况

天津商业大学管理创新与评价研究中心是2004年第一批入选的天津市人文社会科学重点研究基地,于2006年通过评估验收正式挂牌。中心以工商管理学科为依托,以管理与制度创新理论、实践和经济与管理评价理论、方法及实践为研究方向,2011年学术研究队伍和研究水平得到了较大程度的提升。目前拥有核心研究人员20人,其中教授17人,副教授3人,并有校外兼职人员4人。

现任中心主任为寇小萱教授。

二、工作概述

1. 科研工作

2011年,该中心获教育部人文社会科学研究项目5项,完成1项,在研4项;获天津市社科规划项目等纵向课题14项。出版专著3部,教材27部,在核心期刊上发表论文40余篇。

2. 学科建设

2011年,中心认真凝练研究方向,不断发展和完善研究特色,形成相互支撑、协调发展的研究优势。在为天津经济建设服务过程中,着重对现代服务业的研究,随着研究工作的不断深入和研究成果的不断积累,中心明确了研究方向。研究方向包括管理与制度创新理论、实践和经济与管理评价理论、方法及实践,具体细化为面向现代服务业的管理运行模式、高新技术企业的知识员工管理、市场营销与服务管理和企业内部控制等管理创新与经济评价四个方面。研究领域和研究方向的凝练,为天津商业大学学科建设,特别是管理学科建设以及学科特色的形成搭建了重要的平台并提供了有力的支撑。

该中心通过努力工作有力地支持了由二级学科企业管理学科上升为一级学科工商管理学科的天津市重点学科建设工作;有力地支持了旅游管理和财务管理两个专业获得教育部特色专业;有力地支持了工商管理、旅游管理和财务管理三个专业获得天津市品牌专业。与此同时,在师资培养和研究生培养方面也取得了很大成绩。该中心注重培养学术带头人和中青年学术骨干,中心的硕士生导师承担学术硕士和专业硕士的课程,不断以最新的科研成果更新教学内容,提高硕士层次研究生等高级专门人才的培养水平。

3. 学术交流

2011年,该中心科研人员参加国内外学术交流会议21人次。

(孙艳丽)

天津外国语大学外国语言文学文化研究中心

一、机构概况

天津外国语大学外国语言文学文化研究中心于2004年5月11日经天津市教委批准成立(津教委科[2004]9号)。2011年,该中心占地面积200平米。根据学校重点学科建设发展的需要,现设有外国语言学研究、外国文学研究、词典(学)战略应用研究、翻译学研究、语言教育与资源研究等5个研究方向。现选聘校内专职人员9人,校外兼职人员3人,其中教授11人,副教授1人,博士6人,硕士6人。该中心下设硕士点有,外国语言学及应用语言学、外国哲学、比较文学与世界文学。该中心的英语语言文学学科和日语语言文学学科为天津市重点建设学科。

现任中心主任赵彦春教授。

二、工作概述

1. 科研工作

2011年中心科研人员获天津市社科规划项目1项,天津市教委科研项目1项。本年度中心研究员出版学术专著2部:《当代外国术语学与术语标准化研究》、《隐喻形态研究》;在《中国外语》、《天津外国语大学学报》、《俄罗斯文艺》等学术刊物发表论文10余篇;修刚教授主持的国家社会科学基金项目《术语标准化研究与多语种术语对照词典编撰》历时3年完成相关工作,取得了丰硕成果,包括专著1部:《当代外国术语学与术语标准化研究》;工具书1部:《多语种术语对照词典》;译著3部:《术语学理论研究与实践》、《术语标准化文献翻译》、《标准化概要》;研究报告《术语标准化研究在相关学术领域的价值与意义》等。

2. 学科建设

2011年,作为提供认识论与方法论基础的中心"理论语言学"研究方向,现已组建一支理论素质较强的学术团队,已拟定改写乔姆斯基——生成句法学理论体系重构;认知语言学的批判与继承;语言哲学的梳理与拓展;语言学统一解释体系的建构等多项课题,力争在形式句法学、形式语义学、认知语言学、计算语言学等领域形成自己的研究特色,并在哲学思辨、逻辑推导的基础上产生一系列原创性理论成果,实现学科的证伪、整合与拓展。

3. 学术交流

2011年10月29—30日,该中心赵彦春教授与项成东教授分别以特邀专家与主旨报告主持人身份参加由天津财经大学与美国佐治亚州立大学共同举办的"创新:2011认知语言学与外语教学"国际学术论坛。赵彦春教授以"认知词典学的词汇处理"为题作主旨报告。

(天津外国语大学科研处)

天津外国语大学语言符号应用传播研究中心

一、机构概况

天津外国语大学语言符号应用传播研究中心于2010年经天津市教委评估审查,正式批准为天津市普通高等学校人文社会科学重点研究基地。中心下设语言符号学、应用语言学、翻译传播学三个研究方向。有200多平方米的办公和研究区域,分为主任室、办公室、资料室和计算机室。有7千余册中外文图书、30余种常用外语类期刊。中心现有专职研究人员6人,兼职研究人员18人,其中教授16人、副教授5人。

现任中心主任王铭玉教授。

二、工作概述

1. 科研工作

2011年9月14日,由王铭玉教授主持的教育部人文社会科学重点研究基地重大项目《现代语言符号学》(项目号:06JJD740009)结项。于鑫副教授参与的国家社科基金一般项目"俄语动词的隐喻机制研究"(项目号:11BYY123,排名第二)和国家社科基金重大项目"俄罗斯《语言学大百科词典》翻译工程"(项目号:11&ZD131)立项。本年度,中心专职研究人员共发表论文8篇。包括在全国核心期刊发表论文4篇(其中《中国社会科学》1篇),在其他学术期刊发表论文4篇。

2. 学科建设

2011年,该中心在校领导的直接指导下,进行了实体化建设,聘任了专职研究人员,配置了专门的办公场地的器材,完善了各项制度。年底,中心成立了学术委员会,聘任了兼职研究人员。

3. 学术交流

2011年10月14—16日,天津外国语大学与中国语文现代化学会联合主办,北京大学中文系、商务印书馆、北京大学出版社等协办《语法修辞讲话》发表60周年学术研讨会,王铭玉教授作了主旨发言。中心邀请美国、德国、日本、加拿大等专家学者来校作报告10多场。国内北京大学、南开大学、复旦大学、北京外国语大学、四川大学、中国社会科学院、解放军外国语学院、辽宁师范大学等高校的知名学者教授来中心举办讲座13场。

(天津外国语大学科研处)

天津科技大学食品安全战略与管理研究中心

一、机构概况

天津科技大学食品安全战略与管理研究中心于2010年11月26日经天津市教育委员会批准的天津市高校人文社会科学重点研究基地。该研究中心以"管理科学与工程"和"食品科学与工程"两大学科融合为主,并逐渐形成经、管、法、工多学科交叉、多学院协调的复合式矩阵型学术研究组织。目前主要有食品安全风险评估与技术标准、食品安全工程风险管理与战略和食品安全监管与法制3个研究方向。

中心在多学科融合的背景下,已发展成由长江学者王硕教授、享受国务院特殊津贴专家魏大鹏教授带头,有20多名教授、10余名副教授、博士学位占主体、年龄结构合理、在食品安全风险评估与技术标准、食品安全工程风险管理与技术标准战略、食品安全监管与法制等领域有一定学术影响的研究团队。

现任中心主任杜子平教授。

二、工作概述

1. 科研工作

2011年,曹小红教授成功申报国家自然科学应急主任基金"我国食品安全风险来源与控制研究"项目;王殿华教授成功申报国家社科基金项目"中国食品安全战略研究",从食品安全技术标准的国际比较、出口贸易壁垒、食品安全区域合作协调监管的战略高度,探讨食品安全战略;李喜宏教授凝聚食品科学、管理科学及系统工程多方力量,开展"基于农产品物流全供应链的安全危害因子检测及控制研究",获得国家863计划的资助。曹小红教授等向天津市政府提交的"关于加强天津市食品安全的对策建议"得到市领导高度重视及批示。该中心由王艳林、赵士辉教授牵头,已完成食品安全教育培训教材《食品安全科学知识》、《食品安全行业伦理与道德建设》、《食品安全法律法规——企业指南》的编写工作,并将由中国政法大学出版社出版。

2. 学术交流

2011年7月,组织了全国性的学术会议"供应链食品安全管理论坛",中国食品科学技术学会有关负责人与会;9月与食品学院合作承办了中国科协第十三届年会"食品营养与健康国际研讨会",促进食品安全观念向食品健康营养的提升;10月承办了天津市第七届社科界学术年会天津科技大学分会场"食品安全风险控制研讨会",天津市食品安全委员会有关负责人、天津市肉制品食品企业人士等与会,共同研讨加强政、学、产、研合作。

3. 咨询服务

2011年,该中心广泛开展横向合作,王硕教授等与中国标准化研究院、天津顶育公司等进行了"食品加工环节监督管理规范"、"化学危害物毒理学数据库"等一系列的建设研究。中心与天津市食品工业协会、质检局合作组织了"质检邀您看企业,食品安全大家行"活动,通过天津广播电台向百姓宣传食品企业质量安全及安全知识,营造了"人人关心食品安全,家家享受健康生活"的社会氛围,增强了食品企业的"食品安全第一责任人"意识,受到社会好评。

(天津科技大学食品安全战略与管理研究中心)

中国民航大学航空法律与政策研究中心

一、机构概况

中国民航大学航空法律与政策研究中心于2010年经天津市教育委员会批准成立。2011年,该中心依托法学、管理、航空工程等学科,重点进行航空法学、航空政策以及民航文化等方向的研究。该中心拥有航空法学研究所、民航政策研究中心、民航文化研究所3个研究机构。现有专兼职研究人员18人(含校外兼职人员9人),其中教授10人、副教授4人、讲师4人。研究人员具有博士学历的研究人员占60%以上。

现任中心主任杨惠教授。

二、工作概述

1. 科研工作

2011年,该中心承担国家社科基金项目1项、天津市社科基金项目1项,获天津市教委课题3项,其中重点课题2项,民航局软科学项目3项以及其他部委企事业单位委托项目15项。在《法学杂志》等学术期刊发表论文20余篇,出版著作3部:《航空法学原理与实例》(法律出版社)、《航空法学评论》(法律出版社)等。

2. 学科建设

2011年,该中心充分利用得天独厚的民航专业学科门类齐全的优势,在民航领域展开具有专业性的多学科协作交叉研究。依托学校的行业优势与法学院的学科专业优势,重点推进航空法学的研究,逐步形成稳定的研究方向。着手开始招收国际法、刑法、民商法3个二级学科方向研究生,重点培养国际航空法学、航空私法以及航空刑法等民航特色方向的硕士研究生。

3. 学术交流

2011年9月,中心举办了"民航空防安全监察员培训班",为中国民航局公安局培训民航空防安全监察员60余人。本次培训应用了基地完成的民航局公安局委托的"国际航空安保公约现代化"等研究成果,结合民航空防安全监察实务,着重对民航安全保卫监察最新法律法规、国际公约进行讲解、剖析,培训效果良好,受到学员和局方的一致好评。这也是基地成立以来面向民航政府开展航空法律咨询培训服务的一次有益尝试。11月举办了中国航空法学年会暨热点问题研讨会。

(杨惠)

天津工业大学现代纺织产业创新研究中心

一、机构概况

天津工业大学现代纺织产业创新研究中心是2010年经天津市教委正式批准成立的普通高校人文社科重点研究基地。中心依托天津工业大学经济学、管理学、纺织工程和设计艺术等学科,联合中国纺织工业协会等社会力量,形成了在纺织经济与管理领域具有国内较高水平的研究团队。中心聘有专兼职研究人员近20人,其中教授8人,副教授8人。中心还拥有教育部新世纪人才1人,天津市教学名师1人,天津市"五个一批"人才1人,以及天津市政府政策咨询顾问、天津市科委咨询顾问、中国纺织工业协会咨询顾问等行业和企业决策咨询顾问多人。

现任中心主任赵宏教授。

二、工作概述

1. 科研工作

2011年,中心在"现代纺织业自主创新研究"等方面开展了广泛研究,尤其是围绕服务天津市和滨海新区的发展、纺织产业转移、纺织产业结构调整、纺织行业出口应对国外贸易壁垒、纺织产业联盟、管理创新和品牌建设等问题展开了专门研究。参与了国家纺织工业十二五发展规划的起草工作,承担了国家发改委、财政部、工信部、中国纺织工业联合会、天津市国资委、天津市经信委等政府委托项目和企事业委托项目10余项,到位科研经费近150万元。由赵宏教授主持的国家社科基金项目"推进创新的体制和政策措施研究"顺利结题并评审为优秀。本年度,中心科研人员共发表论文30余篇,出版教材2部,专著1部。孙淮滨主持编辑了本年度的"中国纺织工业发展报告"。获得军队科技进步二等奖1项;获得中国纺织工业联合会颁发的"中国纺织工业科技进步奖"和"中国纺织经济论文奖"多项。

2. 学科建设

2011年,中心紧密贴近十二五行业发展,瞄准学科发展方向开展研究。申报成功全国性的"中国现代纺织产业经济管理人才培训中心",依托基地资源,对行业经济管理人才开展各类培训,发挥基地服务社会的职能。受中国纺织企业家联合会邀请,对首届全国纺织行业企业管理创新成果奖申报材料进行了评估和总结,参与了成果奖的评选。组织了2次全国性纺织类高校贸易实务大赛,在全校学生范围内开展了"纺织类非遗传承、保护和创新研究项目"的征集活动,以特色科研带动了特色教学。中心大部分成员为学校的天津市十二五综合投资品牌专业和战略性新兴产业相关专业的建设做出了积极贡献,原中级职称的成员都晋升为高级职称。

3. 学术交流

中心支持团队成员开展企业调研、学访和参加各类学术会议,以提升团队成员的综合能力。2011年,有30多人次参加国(境)内外学术会议,如参加了"纺织企业家联合会理事会扩大会议",每年一度的由中国纺织工业联合会主办的"中纺圆桌论坛"等行业性会议,参加了"中国工业经济年会"、"中国生态经济学会年会"、"The 7th China International Silk Conference"和"2011国际营销科学与信息技术大会"等国际学术会议。多位教授赴韩国、台湾大学等地高校进行学术访问并洽商合作事宜。

(周庄)

天津职业技术师范大学师范能力与职业能力研究中心

一、机构概况

2011年,天津职业技术师范大学师范能力与职业能力研究中心引进了职业教育领域专门人才,采用专职、兼职科研编制相结合的方式,整合学校资源，形成工学和职业教育学科交叉融合的科研团队。中心现有3个研究方向：职业技术师范教育与人才培养、职业发展与职业能力评价、职业教育发展与职教师资队伍建设。该中心现有学术带头人3人，骨干研究人员12人，其中教授10人，副教授2人；拥有博士学位5人，特聘研究员和教授共13人。中心拥有独立的办公用房、专业资源库及各种办公设备。2011年该中心申报中央财政支持地方高校发展专项资金。项目总投资180万元，建设用于学术研究和实践的师范教育录播室，职业能力一体化教学环境教室和师范能力与职业能力资源库等配套设施。中心科研办公用房达到200平方米。

现任中心主任张兴会教授。

二、工作概述

1. 科研工作

2011年，该研究中心获国家人文社科基金项目1项；全国教育规划教育部重点项目1项；天津市社科规划办、天津市高校人文社科重大项目1项、教育科学规划办等省部级科研纵向课题16项。2010年，学校为中心设立人文社科研究基地开放基金，2011年向全市组织申报研究基地开放课题20项，其中重点课题4项，一般课题16项。

2. 科研成果

2011年，全年共发表学术论文49篇，其中在CSSCI来源期刊上发表学术论文12篇。中心获天津市第四届全国教育科研优秀成果教育部优秀成果二等奖1项，三等奖1项。

3. 学术交流

2011年，中心同经济与管理学院一起举办“经管论坛”学术报告会2次。参与完成世界技能大赛研究中心建设工作。6月27日至28日，该中心与学校一起配合教育部、人力资源与社会保障部在天津联合组织召开了全国首次职业教育科研工作会议。天津市教育委员会等16个单位作了大会发言。来自地方人民政府、地方教育行政部门、地方人力资源社会保障部门、国家和地方职业教育科研机构、社会团体、行业协会、高等学校、职业院校等方面的300多名代表参加了会议。教育部副部长鲁昕，人力资源和社会保障部副部长王晓初，天津市委常委、教育工委书记苟利军，副市长张俊芳，中国职业技术教育学会会长张天保等领导同志出席会议。

（程卿）

天津城市建设学院城镇化与新农村建设研究中心

一、机构概况

天津城市建设学院城镇化与新农村建设研究基地2010年被天津市批准为“普通高校人文社会科学重点研究基地”。2011年，该中心现有专职研究人员36人，其中教授10人，副教授17人，40岁以下的研究人员11人，全部人员均具有博士学位。王建廷教授《工程招投标与合同管理》被评为天津市精品课程。

现任中心主任王建廷教授。

二、工作概述

1. 科研工作

2011年，该中心承担在研国家自然科学基金项目1项、教育部人文社科基金项目6项，以及天津市教委人文社会科学重大项目“天津市发展村镇绿色住宅对策研究”等。该中心全年在国内外重要学术期刊发表论文40余篇，其中，EI13篇，核心期刊21篇。围绕主要研究方向，研究团队目前完成国家科技支撑重大课题2项，出版了《工程施工项目管理》、《施工项目管理》、《建设工程质量政府监督管理评价理论与实践》、《废旧电器回收再生利用项目管理理论与实证》、《建筑工程索赔实例教程》和《吉林省国有林区公共产品政府供给研究》等著作和教材。

2. 咨询服务

该中心与天津市科委、天津市建交委等部门联合成立了推进建交系统加速培育科技型中小企业工作小组；通过对建交系统科技型中小企业的培育和全市传统型有条件的建筑企业逐步转化为科研与产业化紧密结合的科技型建筑企业，提升企业技术创新能力与市场竞争力，为天津经济发展和产业升级提供强有力的支撑。

2011年开展了服务滨海新区和天津市有关委局政策研究，并出版了研究报告；由天津城市建设学院、天津滨海综合发展研究院、中新天津生态城管委会三方共同完成。形成了《中新天津生态城产业发展促进办法》、《关于中新天津生态城申请国家政策支持的研究》；《中新天津生态城绿色建筑评价标准》已经获得天津市建委批准和推广，该标准在全国绿色建筑标准化进程中位居前列，为确保天津在城市建设上四节一环保等方面的领先地位奠定了基础；建立了《天津市绿色建筑评价标准》，在标准编制过程中，学习借鉴了发达国家在绿色评价方面的先进经验，充分考虑了天津市的经济、社会、资源和环境条件，并经广泛征求有关方面的意见，对主要问题和具体内容进行专题论证并反复讨论、协调和修改，审查定稿，于2011年1月1日起正式实施；主持了《滨海新区农村城市化"十二五"规划及实施方案》；完成了由天津大学、南开大学、天津建委、国土局等单位参加，"天津城镇化与新农村建设研究基地"牵头组织的"城镇化与村镇建设科技领域"《天津市科学技术发展"十二五"规划》；主持了天津市建设科技"十二五"发展规划等。

（龙天炜）

天津音乐学院艺术创作与表演研究中心

一、机构概况

天津音乐学院艺术创作与表演研究中心是2010年经天津市教育委员会正式批准成立的。该中心前身始创于1983年10月，重建于2007年12月，是天津音乐学院整合优质艺术研究资源建立起来的国内首家专门从事艺术创作与表演研究的学术机构。主要研究方向有艺术创作研究、艺术表演研究、艺术批评研究。该中心自创建以来获得了丰富的研究成果和广泛的社会影响力。"作品分析"入选2010年国家级精品课程。2011年隶属于研究中心并承担中心科研任务的教师22人，其中包括教授9人，副教授5人，以及一批博士后、博士和硕士研究生参加研究工作。该中心现有中文图书15200册，英文图书3300余册；中文期刊68种，英文期刊22种。

现任中心主任杨雁行教授。

二、工作概述

1. 科研工作

该中心自重建至2011年，获文化部、天津市社科规划项目、天津市委宣传部、天津市文化局等课题立项12项。校内外期刊发表论文42篇。由杨雁行和靳昕等人参加的天津市委宣传部2011年宣传思想文化工作调研课题："文化艺术团体'走出去'海外演出经营运作模式研究"获一等奖。

2. 学术交流

2011年4月19日至5月31日，举办第二届"天津市五月音乐节"，有来自俄罗斯、瑞典、美国、挪威等国家以及天津本土的百余位艺术家参加演出，献上28场风格迥异的高水平音乐会。80多岁高龄的吴祖强先生在天津音乐学院举办了"天籁大师讲坛"。8月14日，承办2011"中国·天津国际吉他艺术节"。国际权威性吉他刊物，英国《古典吉他》（ClassicalGuitar）和日本《现代吉他》（现代ギター）相继对2011中国·天津国际吉他艺术节进行了追踪报导。此次活动是国内各个音乐学院古典吉他专业间的首次交流与合作。9月26日至30日，与中央音乐学院联合举办的中央音乐学院"211"工程三期国际音乐推广与交流项目"'解读巴洛克'主题音乐周"，邀请国内外知名学者姚亚平、于志刚、斯特方诺·费兹、弗拉维奥·考鲁索等专家通过讲座、专场音乐会等形式，对巴洛克音乐流派进行了全方位解读。10月13日至16日承办"第四届全国艺术院校民族打击乐教学研讨会"，来自全国9所音乐学院及15所艺术院校的专家和学者40多名代表参加了研讨会。10月21至23日，承办第六届中国艺术管理教育年会暨艺术管理国际论坛。此次年会以"国际视野、业界合作、广泛交流"为办会宗旨，确立了"国际化、专业化、人性化"的服务标准。来自国内外40余所高校艺术管理及相关专业的专家、学者、文化艺术企事业机构的业界精英、文化艺术机构相关领导、各主要媒体及160余位学生代表参加。11月18至20日，该中心成功举办了优秀音乐教育家、二胡演奏家、作曲家宋国生教授学术成果展演暨学术研讨系列活动。

（谈迪）

河北工业大学企业信息化与管理创新研究中心

一、机构概况

河北工业大学企业信息化与管理创新研究中心是2004年经天津市教育委员会批准成立的。2011年，该研究中心已具有7个特色鲜明、具有较强优势的研究方向。该中心现有副高级以上专职研究人员21人（教授20人、副教授1人）；博士19

人;博导10人。国务院特殊津贴获得者1人,获教育部新世纪优秀人才支持计划1人。该中心拥有管理科学与工程博士后科研流动站,拥有一级学科硕士、博士学位授权点。该中心依托2个省级重点学科(管理科学与工程和技术经济及管理)和1个校级重点学科(数量经济学),已拥有管理科学与工程、企业管理、技术经济及管理、数量经济学、国际贸易学、产业经济学、工商管理(MBA)、工业工程领域和项目管理领域工程硕士8个硕士学位授权点,管理科学与工程、环境管理与可持续发展、科技创新管理、区域经济发展与资源优化管理、项目管理与风险控制5个二级学科博士学位授权点和技术经济及管理二级学科博士学位授权点,形成了博士、硕士、本科层次齐全,科学学位与专业学位并重,全日制培养与在职培养途径多样的人才培养体系。该中心建筑面积1615平方米。资料室有中外文藏书共540千册,订阅中外文期刊共1390种。

现任中心主任康凯教授。

二、工作概述

1. 科研工作

2011年,该中心获批立项的厅局级及以上纵向科研项目共49项,其中包括国家自然科学基金、国家社会科学基金共2项;省级项目28项,分别是河北省自然科学基金项目6项,河北省科学技术研究与发展计划项目3项,河北省软科学项目4项,河北省社科基金项目6项,河北省社会科学发展研究课题6项,天津市科技计划项目3项。2011年新签订横向科研合同项目22项,合同金额总计398万元。该中心科研人员在核心期刊发表论文30篇,出版学术专著2部,提交会议论文共50篇。

2. 人才培养

2011年,该中心招收本科生270人,授予学士学位达99%;招收硕士生178人,授予硕士学位107人。招收博士生36人,授予博士学位22人,荣获省级优秀博士论文奖和省级优秀硕士论文奖各1篇。该研究中心学生获国家、省(市)各种奖励20余次。

3. 学术交流

本年度,该中心采取邀请国内外知名学者从事短期访问教学、科研合作等活动,并采取博士生联合培养、学术带头人出国访问、青年学术骨干出国研修、资助参加和协办国际学术会议等多种形式有力加强了国际学术交流。2011年有来自台湾、加拿大、美国等6名国内外知名学者来中心进行学术交流。2人次在美国、英国进行为期半年以上的进修和访问,3人次参加境内外国际学术会议,12人在国际国内会议上作主题发言,开拓了教师学术视野,密切了学术联系。

(栾新凤)

责任编辑:曹向东

学术团体

2011 年天津市社会科学学术团体工作综述

薛向军

2011 年，天津市社会科学学术团体工作主要围绕庆祝建党 90 周年重大活动和实施“十二五”规划开局重大任务，坚持以邓小平理论和“三个代表”重要思想为指导，深入贯彻落实科学发展观，全面贯彻党的十七大、十七届五中、六中全会和市委九届十次、十一次全会精神，积极落实市委宣传思想工作和市社联工作要点，着力创新社会组织管理方式，努力提高学术组织服务水平，顺利完成年初预定各项工作目标任务，取得了一定成绩，积累了经验。

一、开展社团党建工作，提前完成全覆盖阶段性目标

2011 年，市社联先后以开座谈会、走访学会和报表统计等多种调研方式，详细了解学会党员数量、分布状况和党组织活动情况，发现薄弱点和找准突破点。经研究，市社联党组批准成立“中共天津市社会科学界联合会直属社会团体委员会”，制定了《关于在天津市社会科学界联合会社会组织中建立党组织的意见》。截至年底，市社联所属 50 个社会组织中有 42 个建立党组织，应建必建率 100%，走在全市前列。其中，独立建 36 个、联合建 4 个、挂靠建 2 个。市社团工委《天津市社会组织创先争优活动工作简报》2010 年第 10 期和 2011 年第 23 期分别以“覆盖工程出实招创先争优结新果——市社联在民办社会科学研究机构中实施党组织‘全覆盖’工程”和“真抓实干切实推进社会组织党组织组建工作——市社联党组织覆盖率达 70%，超额完成年度目标任务”为题，对市社联所属社会组织党建工作给予充分肯定。

二、加强社会组织管理，提升规范化、科学化发展水平

2011 年，天津市社会科学类市级学会研究会 126 个，其中民办社会科学研究机构 10 个。市社联审查同意 34 个直属学会年检合格，批准成立市级学会 1 个，因故撤销学会 1 个，指导完成换届学会 7 个。监督学会廉洁办会行为，认真开展年度“小金库”专项治理，完成数据归口统一上报工作；健全制度规范管理，制定实施《天津社联关于筹备、成立市级学会研究会的暂行规定》；发挥学会管理专业委员会作用，就学会评选表彰和资助学会重点学术活动等年度重点工作进行研究审议；坚持“请进来”与“走下去”相结合工作机制，全年邀请学会参加科普周、学术年会、创新论坛、专题报告会等各类型活动 10 余次，走访、联系学会 50 余个；发挥会议沟通渠道功能，先后召开学会秘书长座谈会、“一站式”年检工作会议、天津社联直属社团党建工作会议、通讯员座谈会和举办学会工作研讨班。

三、开展学会评选表彰，发挥引领示范带动作用

2011 年，学会评选表彰工作在具体评判细节上作了改进：调整改进《评估指标体系》，增加 4 项一票否决内容；增加“佐证材料”要求；严格量化考核，进行初评、复评两次打分；对于考核分数不高但工作有特色、有亮点的学会给予表扬。经过学会申报、专家评选、学会管理专业委员会讨论审核、市社联党组批准等环节，本次评选表彰共评出 2009—

2010年度十佳学会、20个先进学会、8个表扬学会、104名学会先进工作者和107项学会优秀成果。召开2009—2010年度学会工作表彰大会，对评选出的先进学会、学会先进工作者和学会优秀成果作者进行表彰。

四、资助学会重点活动，增强学会发展活力、凝聚力

2011年，依据《天津市社联关于资助学会开展重点学术活动的办法》，起草《关于2011年市社联资助学会重点学术活动的工作方案》，确定重点学术活动参考选题、规定审批重点学术活动程序、严格重点学术活动管理办法。根据申报情况，提出《2011年度学会研究会重点学术活动资助方案》，报学会管理专业委员会讨论，全年共资助学会重点学术活动18项，资助金额近9万元。受资助活动中，围绕庆祝建党90周年活动2项、纪念辛亥革命百年活动2项、创新社会管理活动4项。同时，从中选取10项活动列为年会分会场。

五、组织开展学术活动，提高学会服务社会能力

据粗略统计，2011年，各学会组织学术活动400余次。组织学会参与第七届学术年会征文34篇，设立年会学会分会场13个。围绕全国性重大活动，市党史学会、党建学会、科学社会主义学会、梁斌文学研究会、会计学会、保险学会等以学术研讨、座谈交流、编辑出版党史图书、摄影展览、唱红歌、评选表彰等多种形式开展庆祝建党90周年活动8次，市历史学学会、国学研究会、党史学会等召开学术研讨和座谈会，开展纪念辛亥革命一百周年活动3次。围绕加强和创新社会管理，市社会学学会、逻辑学学会、特色社会主义理论研究会、婚姻家庭研究会组织相关学会召开学术研讨会5次。围绕全国和全市经济发展中关注的热点难点问题，市世界经济学会、创意策划研究会、无形资产研究会、国际贸易学会、环渤海经济研究会等分别召开“全球经济中的问题、趋势与天津对外经济发展研讨会”、“民营经济和文化创意产业理论与实践研讨会”、“滨海新区科技型中小企业融资创新理论与实务研讨会”、“入世10年外贸形势与展望报告会”、“环渤海区域经济发展与民生研讨会”，引起社会广泛影响。区域沟通联系方面，市世界语协会、档案学会、公共关系协会、行政管理学会、卫生经济学会等主办或参与各类型学术交流研讨10余次。市历史学学会、世界经济学会等6个学会被评为年会优秀组织单位。

六、协助筹备成立学习型党组织建设研究会，助力天津党建科学化发展

2011年，根据市委宣传部领导的指示精神，由南开大学党委书记薛进文教授牵头组织发起成立“天津市学习型党组织建设研究会”，这也是在全国首个围绕建设学习型党组织筹备成立的研究会。市社联在筹备成立过程中给予大力支持，起草筹备成立申请报告、研究会章程（草案），就研究会成立宗旨、业务范围、成立的必要性与可行性和筹备进程安排等进行详细说明；就会长、副会长、秘书长以及理事单位和理事的人选在全市实际部门、高等院校、科研院所、企事业单位等范围内进行遴选；组织召开筹备组第一次会议和参与筹备组第二次会议，为召开成立大会做了充分的准备。

七、举办理论创新论坛，引领前沿高端理论研究

2011年，天津市社联学会处举办理论创新论坛3次，分别为：与市法制心理学会举办的“创新新时期群众工作的理论与实践”论坛、与市社会心理学学会、市社会学学会举办的“加强和创新社会管理的理论与实践”论坛、与市党建研究会举办的“信息化发展与党的建设”论坛。其中，“信息化发展与党的建设”论坛综述被《天津日报》、“人民网·天津视窗”、“中国文明网”、“天津网”、“天津企业党建视窗”刊载。

八、参加京津冀区域协作论坛，促进三地文化产业协调发展

2011年，天津市社联学会处起草了《关于参加2011年度京津冀区域协作论坛的工作方案》，市社联领导分别带队参加论坛预备会议和正式大会。大会召开前，学会处广泛组织全市高等院校、科研院所，以及市公共关系协会、市党建研究会、市创意策划研究会等的专家学者和研究人员撰写论文，共向大会提交论文11篇并收入论坛论文集，有3位论文作者应邀作大会交流发言。

九、开展日常科普活动，提升市民文化素质和城市文明程度

2011年，市社联组织学会集中开展科普周大型义务咨询活动。市法制心理学会、行政管理学会、教育学会、伦理学会、保险学会、食文化研究会和婚姻家庭研究会等28个市级学会研究会的百余名专家学者到现场直接向市民普及社科知识，内容涉及天津文化、社会管理、低碳生活、教育就业、科学理财、法律维权、社会保障、心理健康、防灾避险等65个项目，接待市民群众6000余人。市保险学会等25个学会被评为“天津市社科普及优秀组织”，市行政管理学会副会长张霁星等9人被评为“天津市社科普及活动优秀工作者”。此外，市婚姻家庭研究会、市教育学会、市保险学会、市文学学会围绕“婚姻家庭的社会管理创新”等开展日常系列科普活动，受到市民群众的欢迎，提升了市民的文明素质。

（本文作者：薛向军，天津市社会科学界联合会学会工作处）

天津市社会科学学术团体基本情况（2011年）

序号	学会名称	业务主管单位	会长	秘书长	联系地址
1	市经济学学会	天津市社会科学界联合会	周立群	刘刚	卫津路94号南开大学经济学院高层8楼
2	市世界经济学会	天津市社会科学界联合会	陈漓高	张伯伟	南开大学经济学院办公楼908室
3	市数量经济学会	天津市教育委员会	张晓峒	王群勇	南开大学数量经济研究所
4	市卫生经济学会	天津市卫生局	韩淑荣	马秀	和平区南京路98号一号楼3楼305室
5	市城市经济学会	天津市发展和改革委员会	魏炳坤	王天伟	河西区福建路17号
6	市农业经济学会	天津市农村工作委员会	朱廉康	毛科军	和平区解放北路108号
7	市企业经济研究会	天津市社会科学界联合会	常修泽	施振疆	南开区红旗南路582号濠景国际A座1101
8	市粮食经济研究会	天津市粮食局	李久彦	樊力生	河东区八纬路207号
9	市供销合作经济学会	天津市供销合作总社	王建涛	邱汉祥	和平区重庆道25号
10	市市政工程经济研究会	天津市市政公路管理局	王占英	刘晰明	和平区成都道133号市政公路行业协会信息咨询部
11	市城建综合开发研究会	天津市城市建设委员会	贾一士	齐俊萍	和平区重庆道217号4楼
12	市财政学会	天津市财政局	杨福刚	樊登义	解放北路100号
13	市税务学会	天津市国家税务局	张洪奎	孔庆焯	河北区北安道38号B座
14	市国际税收研究会	天津市地方税务局	刘健	马培祥	和平区解放北路100号
15	市审计学会	天津市审计局	王兴虎	周莉	和平区洛阳道洛华里4号
16	市统计学会	天津市统计局	杜西平	吕金福	南京路244号
17	市价格学会	天津市物价局	翁家禄	郭永峰	（西）苏州道35号
18	市宏观经济学会	天津市发展和改革委员会	李亚力	刘东涛	河西区福建路17号102室
19	市国际贸易学会	天津市商务委员会	陈明铎	侯全军	和平区赤峰道51号
20	市经济杠杆学会	天津市发展和改革委员会	杨海田	武彦民	河西区珠江道25号财经大学财政系
21	市经济体制改革研究会	天津市发展和改革委员会	逄锦聚	郝玉兴	和平区大沽北路157号国投大厦1302
22	市金融学会	中国人民银行天津分行	林铁刚	吴超	和平区解放北路117号
23	市城市金融研究会	天津工商银行天津分行	华耀纲	吴昀	河西区围堤道123－2302
24	市钱币学会	中国人民银行天津分行	李文茂	谢钢	和平区解放北路117路
25	市保险学会	中国保险学会	胡文芳	张志怀	河西区友谊路7号鑫银大厦1805－1806室
26	市日本经济学会	天津社会科学院	薛敬孝	程绍海	宾友道三合里凯特饭店五楼
27	市商业文化协会	天津市商务委员会	刘俊心	李声远	和平区南京路君隆大厦C座901室
28	市无形资产研究会	天津市专利管理局	张嘉兴	苑泽明	河西区珠江道25号

续表

序号	学会名称	业务主管单位	会　长	秘书长	联系地址
29	市环渤海经济研究会	天津市社会科学界联合会	左　明	刘东涛	南开区育梁道4号市委党校4号楼214
30	市创意策划研究会	天津市社会科学界联合会	杜金皋	张合军	和平区睦南道143号
31	市管理学学会	天津市社会科学界联合会	李维安	马连福	南开大学商学院公司治理研究中心
32	市行政管理学会	天津市人事局	张惯文	张霁星	和平区建设路78号(科学会堂)303室
33	市工商行政管理学会	天津市工商行政管理局	高天彪	潘炳文	河北区民主道38号
34	市会计学会	天津市财政局	陆丽珍	牛佃庆	河西区广东路67号
35	市交通会计学会	天津市交通委员会	张德明	刘　俊	河东区七玮路65号增2号
36	市对外经济贸易会计学会	天津市商务委员会	成　钢	周　锐	和平区赤峰道51号东楼3楼303房间
37	市新技术产业园区会计学会	天津市新技术产业园区管委会	王　伟	王　伟	华苑产业园区梅苑路6号811室
38	市旅游学会	天津市旅游局	陈忠新	尹大勇	河西区宾水道增9号环渤海发展中心815室
39	市档案学会	天津市档案局	荣　华	刘同芝	南开区复康路11号增1号
40	市海关学会	天津市海关	郑维群	邢蕴莹	和平区营口道2号
41	市劳动保障学会	天津市劳动和社会保障局	唐延芹	刘春红	和平区建设路18号
42	市人力资源开发研究会	天津市发展和改革委员会	李功立	沈士仓	南开区卫津路
43	市政治学学会	天津市社会科学界联合会	朱光磊	孙晓春	南开区卫津路94号南开大学周政学院(范孙楼5楼)
44	市李大钊研究会	中共天津市委政法委员会	邵　健	王泽庆	南开区水上公园路45号
45	市延安精神研究会	天津市社会科学界联合会	何国模	阎　东	理工大学红旗路263号综合楼405室
46	市中共党史学会	中共天津市党史研究室	周根会	李文芳	湖北路14号
47	市中共党建研究会	中共天津市委党校	房凤友	刘润忠	南开区育梁道4号
48	市中国特色理论研究会	天津社会科学院	李锦坤	张博颖	南开区迎水道7号天津社科院马克思主义研究所
49	市科学社会主义学会	天津市社会科学界联合会	荣长海	薛新国	西青区宾水西道393号天津师范大学政治与行政学院
50	市思想政治工作研究会	天津市社会科学界联合会	肖怀远	王金树	河西区友谊路30号市委宣传部转政研会
51	市工人运动理论研究会	天津市总工会	李泮祥	郭振影	河东区光华路4号
52	市台湾研究会	中共天津市委台办	蔡世彦	邵宝明	南京路10号817室
53	市领导学研究会	天津市社会科学界联合会	李万鹏	刘树森	南开区育梁道4号
54	市政协理论研究会	政协天津市委员会	何国模	史晓成	和平区新华路209号1002
55	市统战理论研究会	中共天津市委统战部	黎　钦	朱　勇	和平区泰安道7号
56	市社会学学会	天津市社会科学界联合会	侯钧生	唐忠新	南开大学周恩来政府管理学院
57	市社会心理学学会	天津市社会科学界联合会	乐国安	李　强	南开大学主楼236室
58	市民政学会	天津市民政局	郭延益	高学庆	南开区苍穹路
59	市公共关系学会	天津市社会科学界联合会	王鸿江	于建军	河西区友谊路中乒公寓4－4－101
60	市老年学学会	天津市民政局	王　辉	高世忠	南开区苍穹路增1号
61	市人口学会	天津市民政局	韩　立	黄良操	和平区泰安道17号
62	市婚姻家庭研究会	天津市妇女联合会	潘允康	杨　健	和平区大沽路200号
63	市法学会	天津市司法局	散襄军	刘裕民	和平区大理道100号404室
64	市法制心理学会	天津市社会科学界联合会	刘援朝	史宝欣	武清开发区广源道1号
65	市检察官协会	天津市人民检察院	于世平	赵屹松	南开区万德庄大街1号
66	市监察学会	天津市监察局	梁文忠	孙长华	河西区西园道6号

续表

序号	学会名称	业务主管单位	会长	秘书长	联系地址
67	市监狱学会	天津市监狱工作管理局	郭忠华	崔炳顺	南开区凌宾路延长线
68	市劳教学研究会	天津市劳动教养管理局	宗连学	陈　岩	和平区常德道119号
69	市政府法制工作研究会	天津市政府法制办公室	张惯文	张秉银	友谊路30号
70	市哲学学会	天津市社会科学界联合会	陈晏清	王新生	南开大学哲学院
71	市逻辑学学会	天津市社会科学界联合会	任晓明	刘明明	河西区珠江道25号天津财经大学经济学系
72	市伦理学学会	天津市社会科学界联合会	漆　玲	赵士辉	河西区大沽南路1038号
73	市美学学会	天津市社会科学界联合会	薛富兴	石俊生	南开大学西南村58号楼3－505
74	市创造学学会	天津市社会科学界联合会	甄建民	周毓伟	河西区紫金山路38号
75	市文学学会	天津市社会科学界联合会	陈　洪	许祥麟	南开大学主楼105室
76	市外国文学学会	天津市社会科学界联合会	王立新	佟　立	河西区马场道117号
77	市比较文学学会	天津市社会科学界联合会	孟昭毅	郝　岚	西青区宾水道393号
78	市杂文研究会	天津市社会科学界联合会	贾长华	姜维群	南开区南京路358号
79	市解放区文学研究会	天津社会科学院	王之望	孙玉蓉	南开区迎水道7号天津社会科学院
80	市梁斌文学研究会	天津市社会科学界联合会	肖　元	宋安娜	和平区成都道108号
81	市孙犁研究会	天津市社会科学界联合会	张建星	宋安娜	河西区大沽南路873号
82	市鲁藜研究会	天津市社会科学界联合会	王玉树	郭武群	南开迎水道7号科研大楼
83	市国际文化交流研究会	天津市社会科学界联合会	车铭洲	周毓伟	河西区紫金山路38号
84	市食文化研究会	天津市社会科学界联合会	吴锁贵	徐双利	河西区吴家窑大街22号
85	市语言学会	天津市社会科学界联合会	石　锋	施向东	南开大学汉语言文化学院
86	市写作学会	天津市社会科学界联合会	任芙康	李润霞	南开大学文学院
87	市世界语协会	天津市社会科学界联合会	韩祖武	宋景全	河东区金湾花园28－4－201
88	市翻译工作者协会	天津市教育委员会	修　刚	洪　涛	马场道117号天津外大院内
89	市新闻学会	中共天津市委宣传部	刘凤银	朱康文	湖北路14号
90	市新闻摄影学会	天津市社会科学界联合会	张建星	陈国兴	天津日报社摄影部
91	市老年摄影艺术研究会	天津市社会科学界联合会	朱其华	周传林	河西区永安道泰达园4门901室
92	市广播电视学会	天津市广播电视局	胡兴华	窦秀珍	和平区卫津路143号
93	市艺术学会	天津市社会科学界联合会	郭凤岐	孙　越	河西区黄埔南路旭光里4－1－502
94	市国学研究会	天津市社会科学界联合会	王处辉	朱彦民	和平区成都道52号
95	市历史学学会	天津市社会科学界联合会	陈志强	王先明	南开区卫津路94号
96	市地名学研究会	天津市规划局	王东海	房志国	和平区西康路54号
97	市文物博物馆学会	天津市文化局	陈　卓	王晓满	和平区大理道44号
98	市孙子兵法研究会	天津市教育委员会	李海涛	李　鑫	西青区宾水西道393号天津师范大学学生处
99	市历史文化保护促进会	天津市社会科学界联合会	航　鹰	李玉林	和平区河北路314号
100	市教育学会	天津市教育委员会	李闻玺	刘长兴	和平区泰安道17号
101	市教育科学学会	天津市教育委员会	张武升	崔慧芝	南开区复康路25号
102	市家庭教育研究会	天津市妇女联合会	王鸿江	王冬梅	和平区大沽路200号
103	市学前教育学会	天津市教育卫生委员会	袁晴凯	徐　军	南开区双峰道38号
104	市高等教育学会	天津市教育委员会	靳润成	刘心廉	天津广播电视大学办公楼710室（迎水道1号）
105	市学位与研究生教育研究会	天津市教育委员会	吴咏诗	古　瑶	卫津路92号
106	市职业教育与成人教育学会	天津市教育委员会	龙德毅	李全奎	红桥区咸阳路8号
107	市党校教育研究会	中共天津市委党校	王全文	杜维训	南开区育梁道市委党校工作处
108	市陶行知研究会	天津市委统战部	何国模	张继仁	河西区体院北津淄东里26门201
109	市张伯苓教育思想研究会	天津市社会科学界联合会	申泮文	罗士龙	和平区南京路诚基中心1－1－612
110	市教育国际交流协会	天津市教育卫生委员会	于　愫	樊本章	和平区成都道52号

续表

序号	学会名称	业务主管单位	会　长	秘书长	联系地址
111	市房地产学会	市国土资源和房屋管理局	杨族耀	苏　浩	和平区洛阳道59号
112	市张弼士研究会	天津市社会科学界联合会	傅中华	刘海山	南京路129号诚基中心3-2-1902
113	市太平洋经济合作委员会	天津市社会科学界联合会	张元龙	夏幕禹	和平区花园路9号
114	市今晚科技工作者联谊会	天津市社会科学界联合会	袁瑞华	李胜贵	河西区友谊路25号
115	市警察学会	天津市公安局	武长顺	高家明	和平区鞍山道41号
116	市高等职业技术教育研究会	天津市社会科学界联合会	荣长海	赵丽敏	南开区复康路25号

2011年天津市民办社会科学研究机构工作综述

兰　云

2011年,天津市社会科学界联合会全面贯彻胡锦涛总书记对天津工作的一系列重要指示,认真落实市委九届九次、十次、十一次、十二次全会决策部署,在2010年实现民办社科机构党组织全覆盖的基础上,注重巩固成果,规范提高,充分发挥党组织和党员作用,引导和带动民办社科机构健康发展。截至2011年底,全市共有10家民办社科机构,研究力量不断充实,研究领域不断扩大,为繁荣天津市哲学社会科学起到了积极作用。各民办社科机构在天津市社联的领导下,认真履行职能,精心组织社科力量开展活动,为服务大众、繁荣发展哲学社会科学做出了积极的贡献。

一、建立组织载体,健全管理体制,推动党建规范化

为进一步完善社会组织党建工作体制,市社联于2011年6月成立了"中共天津市社会科学界联合会直属社会团体委员会"(简称"市社联直属社团党委")。市社联直属社团党委在市社联党组的直接领导和天津市社会组织党工委的指导下开展工作,具体负责市社联直属学会、民办社科机构和基金会的党组织建设各项工作。市社联直属社团党委成立后,先后向各民办社科机构、直属学会党支部下发《市社联关于认真学习贯彻胡锦涛总书记在天津考察工作时的重要讲话精神的通知》和《关于在市社联直属社会组织党支部开展深入学习贯彻十七届六中全会精神及市委九届十一次全会精神的通知》,使党组织不但扎实地建起来,还指导他们积极地开展活动。同时,以市社联直属社团党委的名义,向每个民办社科机构党组织发出正式批文,指导帮助各支部到公安管理机关刻章备案,统一建立党组织档案,建立各直属社团党组织工作信息和工作台账,对社团党组织工作做到"源头把关、过程引导和结果监督"。

二、大力加强组织建设,健全机构设置,规范制度建设

天津市鑫联社会科学咨询服务中心于2011年变更了法定代表人,重新成立董事会,推举了董事长和副董事长,组建了办公室,成立了党支部,并出台了《天津市鑫联社会科学咨询服务中心管理暂行办法》。天津民办教育发展研究中心经常性地开展自律与诚信建设活动,公示收费制度与标准,没有发生被投诉事件。天津滨海产权研究院按照有关要求,完善各项规章制度,强化财务管理,严格遵守国家有关法律法规。天津时代文化舆情研究中心建立并完善了财务管理制度,严格执行国家税务管理制度,定期向税务部门上报财务报表。天津市南开国际经济管理研究中心积极参与10月开展的天津市民办非企业单位评估,南开国际管理论坛执行主任郝臣被选为评估委员会委员,从管理的专业角度为评估提出合理建议,促进评估工作更趋完善。

三、搭建学术交流平台,综合研究重大理论和实践问题

天津滨海产权研究院组织各种类型的研讨会,加强学术研究。邀请高铁生、巴曙松等多位专家学者做专题讲座。认真调查研究我国场外交易市场发展现状及问题,编写《资本市场蓝皮书》(2011—

2012)。天津亚太政治经济研究中心为了不断提高研究中心的科研能力,加强与相关单位的交流,年内派员参加关于亚太形势的论坛和研讨会,组织“亚太局势与世界形势关系”研讨会1次,邀请天津社会科学院专家在南开大学作题为“日本大地震后的政治形势走向”专题讲座1次,取得了良好的社会效果。天津南开校史研究中心积极开展南开校史的研究工作,目前共编纂完成四本《南开中学校史研究》丛书,一本研究周恩来的专著。《以周恩来为人生楷模教育读本》、《南开中学年鉴》、《南开公能讲坛录》等七本书都通过国家相关权威机构审校,由天津教育出版社正式出版发行。天津市教育考试研究所参与了“高等教育自学考试制度建立三十周年纪念大会”国家领导人讲话提纲和全国继续教育工作会议文件的撰写,接受教育考试中心的委托,撰写教育部组织召开的“高等教育自学考试制度建立三十周年纪念大会”国务院讲话讨论文稿(9万字)。主持编著的作为天津高考改革研究项目成果的《高考改革论文集》已全部完成,目前已交付出版社出版。完成《〈高等教育自学考试制度设计与改革研究〉结项报告》的初稿(约21万字)。承担的《高水平大学入学选拔制度研究》课题研究取得积极进展和阶段性的成果。天津市南开国际经济管理研究中心先后邀请北京大学张会丽、韩国高丽大学 LiYan 副教授、美国 Bloomberg 公司固定收益研究部主管夏维柱博士等学者来南开大学商学院进行名人面对面讲座。5月,中心举办了主要由本科生参加的模拟炒股大赛,共有来自南开大学各专业约100名学生参加。本次大赛基于虚拟平台,模拟股市大盘的波动,使参赛者领会到资产定价的原理,学会稳健的投资理念,锻炼投资技巧。中心在开发区商会主办的杂志《新商界》设立论坛专栏,每月提供稿件1篇,就滨海新区发展、国有企业治理转型、高管限薪、员工离职、管理沟通等经济发展热点问题发表观点,为天津经济发展献计献策。

四、立足天津经济社会发展,开展咨询服务和教育培训

天津市鑫联社会科学咨询服务中心承接了“滨海新区国有经济”十二五“发展规划纲要研究”的相关课题研究工作,第十三届中国科协年会专题论坛——“环渤海区域发展与天津战略选择论坛”的组织工作、“《建筑·名人·城市》”课题和天津市第九届社会科学普及周“建设美好天津”京万红杯有奖知识竞答活动等4项咨询服务工作。天津民办教育发展研究中心针对中学生群体积极开展各项帮教助学活动,利用课余、节假日开办各种“智趣班”,培养学生的思维能力及动手实践能力,先后组办了24个小班,参加人数达2000人次。天津滨海产权研究院圆满完成全国产权交易行业首期业务培训工作,参与制定培训计划,编写培训教材,设计考题等工作。

五、积极参政议政,在提供决策支持方面发挥重要作用

天津市鑫联社会科学咨询服务中心为滨海新区国资委编辑印制的4万字的《滨海新区国有经济“十二五”发展规划纲要》得到好评,为天津滨海新区国有经济转型发展提出可供参考的宝贵资料。环渤海区域发展与天津战略选择专题论坛于9月20日在天津市社联举办,高水平、高质量地完成了工作调研和25万字报告文集的撰写编印工作,为天津乃至环渤海区域发展发挥了“智囊团”和“思想库”作用。天津民办教育发展研究中心理事会成员经常在一起探讨、研究天津民办教育存在的问题,并及时向市委、市教育工委反映情况,并以书面的形式就如何贯彻“两法”、贯彻《国家长期教育改革和发展纲要》及确定民办学校的法人身份等问题向河东区教育局提出建议。

六、整合社会资源,有效服务社会,服务民生

2011年10月,由天津民办教育发展研究中心出资,从北京旭日红文教育集团引进中学生读写一体化、学前教育项目、学前儿童早慧教育项目,免费用于天津市部分中学、培训机构及幼儿园的教师培训。其中,幼儿的拼音速成、手指算等项目已在部分幼儿园开展,现已开办了十个学习班,听课人数达300余人,教学效果良好,受到了家长的称赞和好评,为启迪幼儿智力、早育英才、惠及社会做出了一份贡献。天津时代文化舆情研究中心以“大学生心理认知与社会认同研究”为主题,了解学生的思想和行为特征、倾向性、对事物的认知判断能力、不良反应等,组织部分在校大学生进行多次座谈,通过座谈减轻了他们的心理压力,提高了心理健康水平,为创建平安校园、和谐校园提供了必要的研究支持,同时积累了科学研究数据。

(本文作者:兰云,天津市社会科学界联合会学会工作处)

天津市民办社会科学机构基本情况(2011年)

序号	单位名称	成立时间	法　人	联系人	联系地址
1	天津市南开国际经济管理研究中心	2003年12月	骆春树	郝　臣	南开大学商学院南开国际经济管理研究中心
2	天津民主法制建设研究中心	1993年11月	杨明光	李　艳	天津市政法管理干部学院
3	天津民办教育发展研究中心	1997年10月	王宗仁	王宗英	河东区华昌大街华馨公寓5-4-102
4	天津滨海产权研究院	2007年6月	洪振东	洪振东	琼州道103—1号
5	天津时代文化舆情研究中心	2008年7月	王　萍	王　萍	和平区烟台道82号301
6	天津新视界教育发展研究所	2008年7月	董　泉	董　泉	河西区金华道天庆里1-1-312
7	天津市教育考试研究所	2010年3月	乔丽娟	沈　洪	天津市教育招生考试院
8	天津市亚太政治经济研究中心	2010年7月	丁贵明	吴　峋	天津市南开区水上东路望园里5号1门301室
9	天津南开校史研究中心	2010年10月	吕宝桐	李　晖	天津市南开区南开四马路22号
10	天津市鑫联社会科学咨询服务中心	2002年11月	李家祥	边　芳	天津市和平区成都道52号

天津市社会科学界联合会

2011年,天津市社联在市委宣传部的直接领导下,在社会科学界有关单位、学会研究会及广大社会科学工作者大力支持下,打好文化大发展大繁荣攻坚战,为繁荣发展哲学社会科学事业做出了新贡献。

1. *组织建设*。市社联举办了天津市"五个一批"社科理论人才学习交流会暨中期工作推动会,加强了社科界青年人才队伍建设。

本年度对直属学会和民办社科机构进行了年度检查,批准成立市级学会1个,指导完成换届学会7个。积极推进社团党组织建立工作,在10个民办社科研究机构中实现党组织全覆盖的基础上,在全市率先成立了中共天津市社会科学界联合会直属社会团体党委,制定了《关于在天津市社会科学界联合会社会组织中建立党组织的意见》,市社联直属的50个社会组织中已有42个建立了党组织,其中,独立建党支部36个、联合建党支部4个、挂靠建党支部2个,党组织"应建必建"率达到100%。制定并实施《天津社联关于筹备、成立市级学会研究会的暂行规定》,评选出先进和资助重点学术活动,全年共资助学会重点学术活动18项,资助金额近9万元。全年各学会共组织开展学术活动400余次。进一步完善《学会评估指标体系》,评出2009—2010年度的十佳学会、20个先进学会、8个表扬学会、104名学会先进工作者和107项学会优秀成果。走访、联系学会50余个,并先后召开学会秘书长座谈会、"一站式"年检工作会议、通讯员座谈会和举办学会工作研讨班。

2. *学术活动*。(1)开展天津市纪念建党90周年理论研讨活动,理论征文600余篇,评选出169篇优秀论文。还组织了市科学社会主义学会、市党建研究会、历史学会和天津师范大学等召开纪念建党90周年理论研讨、纪念辛亥革命100周年学术研讨会。在市文明办的指导下,深入开展"天津精神"的总结提炼活动,组织社科界形成五个课题组进行深入研究。(2)举办了第七届学术年会,主题为"新规划·新视野·新发展"。分设市社联举行的2个主会场和17个高校、科研院所和13个学会研究会设置的30场分会场活动。200多名专家学者参加演讲或点评,5000余名社科工作者参加了学术活动,征集论文1000余篇,200篇入选优秀论文,编辑出版了百万字的《天津学术文库》。(3)由市科协、市社联、市社科院和市社科规划办共同举办了第25届社会科学与自然科学两界联盟课题研究,以"智慧天津建设研究”为主题。市社联承担了其中“构建天津航空智慧产业链”、“网络舆情”、“智慧型中小企业科技创新”、“建设终身教育体系”等6个子课题,部分成果得到市领导和有关实际部门的批示和采纳。(4)在中国科协和市政府举办主题为“科技创新与战略性新兴产业发展”的第十三届中国科协年会期间,市社联承办了专题为“环渤海区域协调发展与天津战略选择”的分论坛。《中国改革报》、《天津日报》等媒体整版刊登会议综述,产生了较大影响。(5)由京津冀地区社科联和科协主办,河北省社科联、科协承办的主题为“让文化引领未来——‘十二五’京津冀文化产业协调发展研究”的京津冀协作论坛,市社联组织本市高等院校、科研院所和学会研究会专家学者围绕天津文化产业发展与京津冀务实合作,深入调研,撰写了13篇研究报告,形成了报告综述并收入论坛文集。(6)由市社联、天津商业大学与法国人文科学基金会、法国国家科学研究院联合主办“第四届中法国际论坛”在法国巴黎举行。(7)理论创新论坛组织召开了3次研讨活动。

3.社科普及。天津市第九届社科普及周由市委宣传部与市社联共同主办,主题是“提升市民素质·促进科学发展”,重点开展了开幕式和主题报告会、金街咨询、百场讲座、“建设美好天津——学习天津市‘十二五’发展规划纲要”有奖竞答、“社科普及与社会管理创新”科普理论研究、建设学习型社会读书活动等六大版块200余项系列活动。组织28个学会百余名社科专家走上街头,设置了包括天津文化、社会管理、低碳生活、法律维权、防灾避险等65个民生方面的科普义务咨询项目,接受咨询市民群众约6千余人次。与《天津日报》和京万红药业集团共同开展的有奖竞答活动,收到答卷4千余份,400余人获奖。科普理论研究成果在《天津日报》等媒体刊发。建设学习型社会读书活动,向全市16个区县部分社区学校、农家书屋、市民群众及社会各界赠送图书和宣传材料近百余种4万余份。本届社科普及活动直接受益群众达10余万人。市社联主持的“渤海名家大讲堂—社科讲坛”,举办了近百场公益科普讲座,30余知名专家学者应邀举办讲座,受众近2万余人。联合国家统计局天津调查总队完成了同时作为天津市重点调研课题的“天津市公民人文科学素质”的调查研究。

4.编辑出版。市社联会刊《理论与现代化》学术影响力进一步提升,基金项目成果的论文显著增加。据中国知网发布统计报告显示,《理论与现代化》海内外用户达4743家,分布在16个国家和地区。7月,市社联获批成立了“天津社会科学年鉴编辑部”,出版了《天津社会科学年鉴》2010年卷,总计1200千字。年鉴编辑部举办了首届部分省市社会科学年鉴工作交流会,《天津社会科学年鉴》编辑部介绍了年鉴编纂经验,受到与会人员的好评,被公认起到了示范作用。市社联主持的《天津通志·社会科学志》编纂工作取得新进展,市社联所属单位近代天津博物馆先后出版了《往事》等历史文化作品。《天津社联通讯》全年共刊发文章270余篇近30万字,图片装帧260余幅。加强内部资料性刊物和网站建设。继续发挥好《社科界咨政要报》的平台作用,编辑上报12期,获得市领导29次重要批示,其中包括中共中央政治局委员、市委书记张高丽,市长黄兴国等领导同志多次重要批示。市教委把入选《社科界咨政要报》作为重大课题中研究报告类结题的必要条件。《工作与学习》、《社联工作简报》从内容到编排都有新的提高。“天津社会科学网”为宣传理论热点、普及社科知识、发布社科信息发挥了作用,并积极着手改版升级。

(编辑部)

天津市逻辑学学会

2011年,天津市逻辑学学会认真落实工作计划,以推动理论创新、应用研究和逻辑教改及搞好科普工作为重点,顺利完成了各项任务。

1.组织建设。会长任晓明,秘书长刘明明,现有个人会员130余人。于7月份申请成立了学会党支部,任晓明任党支部书记,田立刚、徐锦中、张靖、刘明明任支部委员。发挥顾问组的作用,形成了有效的沟通机制。制定《天津市逻辑学学会分工职责》,明确了学会主要领导的分工。学会获得市社联评选的2009—2010年度“十佳学会”奖;任晓明、张晓芒、张靖、刘明明获得“科普先进工作者”奖;陶文楼、齐子祯、刘明明获得“学会先进工作者”奖。

2.学术活动。4月16日,创新思维分会召开“社会管理科学化与创新思维”学术研讨会,30余人参加。6月29日,学会在南开大学召开“逻辑应用与网络文化研讨会”,20余人参加。11月6日,学会在南开大学举办天津市社会科学界第七届学术年会分会场“社会管理科学化与逻辑应用研讨会”，近50人参会。11月20日，由创新思维分会主办、河东区政协协办的“文化建设与创新”讲座，在海富新都酒店召开，30多人参加。

3. 科研课题。完成2项国家社科项目和3项局级社科项目。会长任晓明教授获批1项国家社科重点研究项目。

4. 编辑出版。副会长齐子祯负责编辑《津沽春潮》两期，共1万余字。9月，刘明明著《经济思维逻辑》（天津财经大学重点建设教材）第二版由清华大学出版社出版。该书有关内容直接用于第九届科普周讲座。

5. 科普活动。9月，会长任晓明和副会长刘明明、张靖参加了第九届社科普及周咨询活动。向市民发放科普材料，讲解法律逻辑知识和回答市民的问题，受到好评。9月，在天津师范大学法学院举办了“逻辑应用”科普讲座。刘明明、张靖和查非分别主讲了“逻辑在经济管理决策中的应用”、“法律逻辑”、“语言中的逻辑应用”等专题，听众达400人次，反响良好。

（兰云）

天津市伦理学学会

2011年，天津市伦理学学会积极开展学会工作，组织专家学者就现实道德问题开展研究与讨论，取得了较多成果。

1 组织建设。会长漆玲，秘书长赵士辉。按照市社联的要求，组建了中共天津市伦理学学会党支部。发展了一批具有较好专业基础的新会员，进一步充实学会会员队伍。进一步加强理事会的管理，充分履行和发挥理事会的职责。加强制度建设，建立学会领导的分工制度。

2 学术活动。7月中旬，学会杨义芹研究员、赵士辉教授应邀参加中国伦理学会与宝鸡文理学院在陕西宝鸡召开的“第二届周秦伦理与现代道德价值国际学术研讨会”，提交《周秦时期耻教思想的基本内容和历史价值》等论文，引起热烈讨论。11月26日，学会在天津职业技术师范大学召开“庆祝天津市伦理学会成立三十周年暨社会主义文化与道德建设研讨会”，70余人参加会议。会议分为“庆祝天津市伦理学会成立三十周年”与“社会主义文化与道德建设研讨”两个阶段进行。

3 科普活动。学会积极参加第九届社会科学普及周活动，组织专家队伍进行伦理学方面的咨询服务。同时还组织会员积极参加天津市社联组织的社会科学普及讲座活动，到天津职业技术师范大学、社区进行关于道德教育方面的专题讲座等活动。

（兰云）

天津市美学学会

2011年，天津市美学学会积极开展美学理论的研究，并关注现实生活中美学问题，取得了丰硕的成果。

1. 组织建设。会长薛富兴，秘书长石俊生，现有会员78人。经社联批准，美学学会美育专业委员会成立，选举赵洪恩为会长，并于2011年7月26日在李叔同纪念馆举行了成立大会。在市社联直属社团党委的领导下，学会于2011年建立了党支部，书记石俊生，副书记薛富兴，支部委员刘恒岳、刘顺利。

2. 学术活动。12月25日，学会召开“天津美学三十年”纪念活动暨学术研讨会。薛富兴主持会议。

（兰云）

天津市语言学会

2011年，市语言学会在市社联及有关单位的正确领导和鼎力支持下，各项工作得到顺利开展，圆满地完成了学会本年度的工作计划。

1. 组织建设。会长石锋，秘书长施向东。

2. 学术活动。2011年，学会邀请国内外语言学领域的知名学者举办多次“语言学名家讲座”。由学会会长石锋组织的语调研究讨论专题会于10月22日在中国社会科学院语言研究所举行。学会副秘书长冉启斌等参加并汇报了有关语调研究的成果。天津市语言学会、天津市对外汉语学会2011年年会于11月29日在天津工业大学召开，约150人参加，提交论文70余篇。此次学术年会的成功举办，对于推动汉语、外语以及对外汉语的学科发展，促进天津市人文学科的教学发展起到了重要作用。

（兰云）

天津市世界语协会

2011年，天津市世界语协会组织会员在学会组织建设和学术研究方面开展了多种形式和内容的活动。

1.组织建设。会长韩祖武，秘书长曹葆柱，现有个人会员150人。协会完成社团年检和组织机构代码证的年检工作；照章召开理事会和会长工作会议。7月8日，中共天津市世界语协会党支部成立；协会被评为“天津市社会科学界2009—2010年度先进学会”、“中华全国世界语协会省级先进世界语组织”。韩大强、刘骏、栾惠琴被评为“学会先进工作者”；坚持每月一次的会员例会，组织会员学习、培训和安排协会活动。

2.学术活动。8月12—15日，成功举办第一届东亚世界语教学研讨会，来自韩国、日本、蒙古、巴西和中国的80余位世界语者出席了研讨会。8月8—15日，举办国际世界语教师协会中国分会第二期世界语学习班，学员们通过了由中、日世界语教师组成的考评小组的口、笔试，国际世界语教师协会中国分会向优秀学员颁发了奖金。协会派员参加北京世界语协会成立30周年纪念活动，中华世界语协会成立60周年纪念会，访问内蒙古自治区世界语协会，参加全国第九届世界语大会。同时，接待来自瑞士、巴西和日本的世界语者，与其进行交流座谈。

3.编辑出版。全年出刊了四期《天津市世界语协会简报》。

4.科普活动。积极参加天津市第九届社会科学普及周活动，韩祖武、韩大强和陈玮彤参加了金街社科普及大型咨询活动，共接待了100多人咨询，散发了200多份宣传材料，被授予“2010年度天津市社会科学普及活动优秀组织单位”荣誉称号，韩祖武被授予“2010年度天津市社会科学普及活动优秀工作者”荣誉称号。协会与天津师范大学联合举办世界语讲座，是天津市第九届社科普及周活动的百场社科普及讲座之一。

（兰云）

天津市老年摄影艺术研究会

2011年，天津市老年摄影艺术研究会开展各项工作，取得较好的成果。

1.组织建设。会长朱其华，秘书长周传林，现有个人会员近500名，团体会员单位3个。召开第三届八、九、十次常务理事会和第三届七、八次全体理事会。12月17日，研究会在市社联召开第四届会员代表大会，审议并通过第三届理事会工作报告和2011年财务报告，在第四届第一次全体理事会上宣读了四届常务理事会候选人名单，全体理事审议并通过该名单。研究会分别荣获市社联2009—2010年度“先进学会”称号；在第九届天津市社会科学普及活动中被授予“2010年度天津市社会科学普及活动优秀组织单位”称号。根据市社联直属社团党委要求，成立中共天津市老年摄影艺术研究会支部委员会，书记为朱其华，副书记为周传林，委员为李玉琪、李大鹏、彭守梅。

2.学术活动。举办天津市第九届老年摄影艺术展，研究会组织对一、二、三等奖作品进行了讲评，约5千人次观摩此展。7月3日，在市社联召开了用镜头描绘津城幸福生活新画卷——“摄影与城市发展”理论研讨会。研究会与中国摄影家协会网共同组织主办了“首届京津冀鲁—台湾采风”和“西藏、四川西部”采风活动；组织部分会员赴内蒙、蓟县、山东、黄龙山庄进行采风活动；举行发现中国美、新湖美影赛的颁奖活动；举办第二届“生态园杯”摄影比赛颁奖活动；举办2010年度季赛（年赛）评选工作；举办李玉琪主讲的摄影艺术审视美，创作美的“情、型、空、变、美”摄影知识讲座；组织261名会员赴北京国家会议中心观摩第十四届中国国际照相机械影像器材与技术博览会。根据各季度评选摄影作品专题与时间的安排，研究会全年共有208人次选送了1025幅作品参加季赛的评选活动。在研究会内举办了11期月展，共展示了761幅作品，并组织各区评委进行打分评选工作。

3.编辑出版。完成编辑制作《天津市第九届老年摄影艺术展》、《2011年天津市老年摄影艺术研究会迎新春联谊会》实况和研究会与中摄网主办的台湾、西藏等地采风活动光盘。完成制作台湾、西藏等地采风摄影作品集。

（兰云）

天津市历史学学会

2011年,天津市历史学学会开展了一系列活动,在学术界产生了较大的影响,得到上级领导机构及社会各界的肯定和认可。

1.组织建设。会长陈志强,秘书长王先明,现有个人会员770余人。学会顺利完成年检工作。5月,按照上级主管单位的要求,学会全面开展并完成"小金库"复查工作,不存在"小金库"问题。7月,根据中共天津市委组织部、天津市民政局有关抓好社会组织党组织组建工作的要求,经本社团党员领导成员协商酝酿,经常务理事会党员选举产生中共天津市历史学学会支部委员会,陈志强为书记。学会被市社联评选为2009—2010年度十佳学会,刘恒岳、齐珏被评选为学会先进工作者。任吉东、高惠军、齐珏、王振良等人提交的论文分别获得学会优秀成果二等奖、三等奖。

2.学术活动。年初,学会联合政协天津文史资料委员会共同召开"天津史学界新春联谊会"。1月8日,艺术史专业委员会召开第四届学术年会,从多个角度对天津艺术史研究进行了交流。会议期间还举办了首届天津艺术史学奖——"文津奖"评选活动,共评出10部研究天津艺术史及相关课题的著作,该项活动为保护天津文化传统,繁荣天津市艺术史学研究做出了贡献,对推动津沽文化的发掘、整理和弘扬起到了积极的作用。9月17日,举办"纪念辛亥革命百周年座谈会暨学术研讨会",体现了华北地区研究力量的联合,弥补了以往有关研究的空白,产生了较好的学术和社会影响。12月10日,第四届"兵学与古代文化"学术研讨会召开,研讨《孙子兵法》现代智慧和孙氏源流及宗族问题。3月、9月、10月,艺术史专业委员会相继开展"文津雅集"活动、"曹禺戏剧讲坛"、复建"城南诗社"及重阳诗会等活动,在探寻津沽丰厚的文化底蕴,深入研究津沽文化等方面做了大量工作。孙子兵法与古代文化研究专业委员会成功举行天津市首届兵学文化研究成果奖评选颁奖活动,圆满完成评奖工作。8月、10月,孙子兵法与古代文化研究专业委员会徐勇、朱彦民、王进等学者先后赴豫、鲁参加"首届周武王与牧野大战研讨会"、"第八届中国(广饶)孙子国际论坛",与海内外专家学者开展广泛交流。

3.编辑出版。由孙子兵法与古代文化研究专业委员会主编的《兵学大观园》第四、五辑合刊由内蒙古出版集团、内蒙古科学技术出版社出版,该书为学会学术年刊。

(兰云)

天津市卫生经济学会

2011年,天津市卫生经济学会在市卫生局和社团管理局的领导下,在中国卫生经济学会以及市社联的支持下,按既定的计划开展工作,圆满完成了全年的各项工作。

1.组织建设。会长韩淑荣,秘书长马秀,现有团体会员单位63个,个人会员137人。按照市委组织部,市民政局要求,学会成立以陈力为支部书记,杜学武、韩淑荣为支部委员的中共天津市卫生经济学会支部委员会。被市社联评为2009—2010年度先进学会,3名会员被评为学会先进工作者。

2.学术活动。5月18日,召开学术专业组组长会议,组织学术专业组开展活动,促进学术活动的开展。全年共征集学术论文81篇,推荐参加各级、各类学术会议交流39篇,编印了《2011年学术论文汇编》。5月27日,受北京卫生经济学会之邀,由杜学武带队一行8人参加了由北京市卫生局财务处和北京市卫生经济学会主办的"医疗机构新会计制度实际操作座谈会"。8月3—5日,派会员参加在重庆召开的第五次京津沪渝卫生经济学会工作交流会。8月18—19日,会长韩淑荣带队11人参加在山西省太原市举办的"华北、东北"地区第十五次卫生经济学术论坛,并向论坛推荐学术论文10篇。9月,组织8人参加由中国卫生经济学会举办的"医疗机构会计财务制度培训班"。9月26—27日,召开由天津市卫生局、天津市卫生经济学会主办,市人民医院协办的第六届京津沪渝卫生经济管理论坛,140余人参加,共收到学术论文89篇,将征集的论文结成集,其中有10篇论文在论坛交流。12月2—9日,组织基层单位的28人参加在海口市举办《医疗机构内部价格管理执行规定》培训班。12月20日,陈力带队一行8人参加在北京召开的中国卫生经济学会第14次学术年会。

3.科研课题。组织参加中国卫生经济学会第十二批重点研究课题招标，共投标书五项。经总会组织专家认标、评审，学会投标的以陈力为课题负责人的《医院全面预算管理研究》中标自筹课题；以王贺胜为课题负责人的《我国医疗卫生资源配置现状与标准研究》中标资助课题，中标课题均按期开展研究。参与卫生局财务处2011年自立课题《天津市卫生事项单位经费分类核算应用效果与评价》的研究，该课题将于2012年完成。协助卫生部发展研究中心开展关于《基层妇幼卫生政府投入调研》和《慢性病费用核算调研》在本市的访谈和调查工作。

4. 编辑出版。参与2001—2010年天津市卫生局《财务物价管理文件汇编》工作。

（兰云）

天津市企业经济研究会

2011年，天津市企业经济研究会围绕年初制定的工作目标，在抓好研究会基础建设，开展理论研讨，扩大宣传，组织相关活动，推动研究会发展等方面积极开展工作。

1. 组织建设。会长施振疆，秘书长张霆。现有团体会员单位50个，个人会员60名。制定了研究会会议制度、会员管理制度和财务管理制度和档案管理制度等，进一步夯实了研究会依法办会、民主办会的制度基础。定期召开理事会和常务理事会，报告日常工作开展情况，听取对研究会工作的意见和建议，商讨研究会重大事项，部署有关工作。

2. 学术活动。多次深入天士力、立德、京万红等会员企业内部，组织专家学者帮助企业把品牌建设与企业长远发展结合起来，强化企业在自主创新中的主体地位，充分发挥企业的主体作用，并提出可行性的发展战略及具体建议。10月24日，召集部分高校专家学者就如何更好地开展理论学术研讨进行座谈，提出研究会要“走出去，请进来”，组织开展多种形式的理论研讨和经验交流，以不断增强研究会的凝聚力；充分利用院校平台，以课题带动科研；加强与其他学会的联系，以获取学术界有关企业经济研究方面的最新信息和成果，推动本市企业经济研究理论的开展。

（兰云）

天津市市政工程经济研究会

2011年，天津市市政工程经济研究会围绕年初制定的工作目标，在抓好研究会基础建设，开展理论研讨，扩大宣传，组织相关活动，推动研究会发展等方面积极开展工作。

1. 组织建设。会长王占英，秘书长刘晰明，现有会员156人。

2. 学术活动。共组织课题论文成果105篇，其中有36篇成果通过了等级评定，评出一等奖5篇，二等奖15篇，三等奖16篇，优秀奖15篇。上报全国市政工程经济研究会论文16篇，其中10篇获奖。上报市社联文章10篇，其中4篇获奖。

3. 科研课题。完成了《天津市市政设施养护维修经费严重短缺问题亟待解决》的调研报告，反映了会员单位的呼声，也为上级领导提供了决策依据。研究会抽调人员组成两个专题调研小组，深入有关会员单位进行调研，召开了各种类型的座谈会，搜集各方面的现状资料，撰写了《天津市市政设施养护维修资金严重短缺问题亟待解决》和《天津市市政公路行业施工企业拖欠款问题》两篇调研报告。这两篇调研报告引起了各级领导的关注，成为领导决策的重要依据，同时也得到了会员单位的好评。

4. 编辑出版。共出版期刊杂志7期，发行6500余册，其中正刊6期，刊登有关文章152篇，信息78条，共计65万余字；专刊1期，刊登文章82篇，共计36万余字。会刊工作实现了三个不断提高。一是会刊编辑水平不断提高；从文字排版到彩页设计突出了行业特色。二是会刊稿件质量不断提高；坚持严格审稿、改稿，择优刊登的原则，努力突出行业发展主题。三是信息决策服务水平不断提高；优选指导性强的政策、领导讲话、信息以及理论文章，为会员单位和政府部门提供全方位信息和决策服务。会刊刊登的文章涉及50多个会员单位。目前会刊受到会员单位及全国同行的关注和好评。研究会还组织了《中国城市地下空间开发高峰论坛论文集》在天津地区的论文征集活动，邀请行业内涉及地下空间开发利用的24个单位参加，并有针对性地约稿2篇。活动共收集论文15篇，经认真筛选向中国市政协会推荐了11篇论文，均被收入论文集。

（兰云）

天津市太平洋经济合作委员会

2011年，天津太平洋经济合作委员会通过举办国际性博览会，广泛邀请国内外商界、学术界机构参加，不断扩大影响。

1. 组织建设。会长张元龙，秘书长耿伟。

2. 学术活动。5月28日—6月1日，天津第十八届津洽会和第七届PECC国际贸易投资博览会隆重召开，全国各地PECC领导参加了此次博览会。为了进一步体现为天津经济服务的精神，委员会深入企业调查研究，探讨搭建研发平台、创业平台和创新平台三个立体合作平台的途径和模式，带动政府、企业、社团三方良性互动，推动PECC有关机构和天津工商界人士紧密互动。本年度先后走访了天津31个经济园区，进行招商投资活动。天津PECC和天津化学试剂商会联合举办了化学试剂行业、专业技术展览会，加强了和全国行业的联系，推动创新技术不断发展。在工作中，突出了工商界和学术界的资源优势，经常召开各种类型座谈会、技术项目推介会，注意发挥专家各自的专业技能。

（兰云）

天津市税务学会

2011年，天津市税务学会认真贯彻落实科学发展观，组织广大会员紧密结合天津经济、财政、税收的实际，深入开展税收理论、税收政策和税收征管的研究，为税收中心工作服务，为领导决策服务，为天津科学发展、和谐发展、率先发展做出了积极的贡献。

1. 组织建设。会长张洪奎，秘书长孔庆焯。现有团体会员单位45个，个人会员666人。学会继续加强自身规范化建设，建立完善会议、调研、财务、评选、刊物、档案等各项工作制度，健全内部组织机构，修改完善学会章程，实行规范化管理。根据上级党委关于在社会团体建立党组织的有关要求，本会成立了党支部。学会被市社联评为2009—2010年度先进学会，学会3名同志被授予先进工作者称号。

2. 学术活动。学会派员于4月到广西壮族自治区税务学会学习考察。学习考察结束后，向上级主管部门提交了考察报告，并结合本市税务学会工作实际情况提出了进一步加强和改进学会工作的建议。根据中国税务学会《关于开展第六次全国税收学术研究优秀成果评选活动的通知》和《关于开展第六次先进税务学会评选的通知》精神，按照两个“试行办法”积极做好参评工作。经过认真审核，推荐《全面强化税源管理提高税收征管水平》等7篇论文参加评选。

3. 科研课题。根据国家税务总局、中国税务学会的年度课题安排，组织国税、地税两局学会会员结合本市税收中心工作，完成了四项全国性重点课题的调研任务。一是“加强国地税之间联合密切跨地区税务合作大力促进环渤海区域发展”调研报告。二是“深化税源专业化管理工作的实践和思考”调研报告。三是“找准定位突出重点加大力度大力扶持战略性新兴产业发展”调研报告。四是“天津市地方税收与经济协调发展研究”调研报告。2011年，确定了“发挥税收职能，促进天津经济发展方式转变问题研究”等16个调研课题，并联合下发文件对国税系统调研工作做出部署，组织学会开展调研。到12月中旬，9个课题组已完成调研报告47篇、课题综述9篇。

4. 编辑出版。根据《天津国税调研》的功能定位，有针对性地做好调研成果刊发工作，切实增强《天津国税调研》的借鉴指导功能。与天津市国税局合作共编辑出刊《天津国税调研》12期，各类文稿的编辑质量有了大幅提高。

（兰云）

天津市统计学会

2011年，天津市统计学会不断推进统计改革，深入调查研究，积极开展统计科研，较好地完成了各项工作任务。

1. 组织建设。会长杜西平，秘书长吕金福，团体会员单位60个，个人会员3600名。秉承学会宗旨，认真履行学会各项章程，规范了选举制度、会议制度、日常管理制度，始终坚持重大问题集体讨论制，做到了组织机构健全、规章制度完善、领导班子有力，团队作用发挥明显。明确了学会秘书处内部和统计科研人员工作职责和相关责任。

2. 学术活动。5月，邀请南开大学数量经济研究所所长张晓峒教授作了题为“中国统计数据环比速度调整及计算方法”的讲座。在天津市统计系统举办的第一届统计建模大赛中，学会组织专家对论文进行初评、终评并承担答辩、出题等各个环节的工作，保证了整体工作的顺利开展。积极组织参加2012年全国统计科研计划项目的申报工作、全国第十六次统计科学讨论会征文工作、天津市社联2009—2010年度学会优秀成果评选工作以及中国统计学会的统计科普征文活动等。在天津市第十二届社会科学优秀成果奖评选活动中，天津统计学会组织、推荐的科研成果中有三项获奖。

3. 科研课题。加强科研课题管理和监控。全局和总队各部门共确定科研课题25个，比上年增加5个，其中重点课题9个，比上年增加2个。完成了与国家海洋局海洋信息中心合作的财政部公益项目《海洋经济监测评估技术与典型示范区域应用研究》课题，通过国家海洋局的验收并得到各位专家的高度评价。在国家立项的全国统计科研项目《海洋经济运行景气监测指标体系研究》进入验收阶段。还承担了天津生态城统计指标体系等课题研究工作。

4. 培训办学。组织了天津统计学会2011年度基层统计业务培训班。这次培训班的主题是，紧密围绕统计中心工作，针对基层统计单位实际工作需求，开展系统的统计业务知识的培训、研讨和座谈。

（兰云）

天津市国际贸易学会

2011年，天津市国际贸易学会围绕国际国内经济形势和外经贸中心工作，用好自身优势，克服困难因素，努力发挥学会作用，取得了一定成绩。

1. 组织建设。会长陈明铎，秘书长侯全军，现有团体会员单位122个，个人会员41人。

2. 学术活动。举办“人民币持续升值对外贸的影响及应对策略”研讨交流活动。学会组织南开大学、天津社科院、天津财经大学和天津商业大学等院校的专家学者，以及北方国际集团、利和集团等企业的企业家就应对人民币升值压力进行了深入交流。学会和北方国际集团联合举办“学术研究与调研报告”征文活动，以“入世十年外经贸形势与发展”为主题，从转变贸易增长方式、加快科技进步和自主创新、实现产品升级换代、发展低碳经济、加快加工贸易转型升级、实现走出去和品牌战略、应对贸易保护主义等不同视角广泛征集各界的研究成果。收到报送作品126篇。经专家评审组四个月的隐名评审，共有71篇作品获奖。

3. 科研课题。组织开展“天津建设北方对外贸易中心”课题的研究。成立了以天津财经大学博士生导师刘恩专教授为组长的课题研究小组，经过几个月的调查研究和论证，目前总体报告已完成，报告从天津建设北方对外贸易中心的战略意义、对外贸易中心建设的国际经验与借鉴、天津建设北方对外贸易中心的总体思路与路径等方面进行了深入详尽的阐述，具有较强的理论指导和实践参考价值。

4. 编辑出版。支持天津社会科学院历史研究所研究员姚洪卓出版《近代天津对外贸易研究》，填补历史记载空白。由天津市商务委主办、市国际贸易学会协办的会刊《商务世界》共出版12期。按照“指导商务工作，提供商务信息，开拓商务思路，丰富商务生活”的编辑原则，整合栏目，及时进行政策宣传，信息发布，经验介绍，理论探讨，业务交流等，编辑水平进一步提升，内容更加丰富务实。

（兰云）

天津市城市金融研究会

2011年，天津市城市金融研究会深入了解市场动态，努力把握客户需求，全力跟踪同业动态，组织多种形式的有质量、有层次、有深度的调研活动，为天津分行的经营发展进行有益的探索，被总行评为中国城市金融学最佳团体会员。

1. 组织建设。会长华耀纲，秘书长吴昀，现有43个团体会员单位。本年度研究会分别被天津市社联、人民银行、天津市金融学会评为先进学会。

2. 学术活动。举办“第四届青年沙龙——津通卡专题研讨会”，共收集征文70余篇，论文作者与相关部室专家面对面交流，从业务层面进行交流探讨，提出对策建议，并将建议提交相关实际部门。召开天津分行发展战略研讨会，根据未来三年新的变化与发展需求，编制2012—2014年第三个三年发展规划，全力做好规划的组织实施和后续研究。组织员工参加总行金融研究所开展的“聚焦工行——2011金融文学作品大赛”和“中国入世10周年——全面开放与走向国际的中国银行业”为主题的学术研讨会征文活动，分别有14篇和4篇文章入选。

3. 科研课题。研究会组织完成了77个调研课题和《关于开展货币政策对天津银行业经营情况影响的调研》、《本市金融机构经营和改革情况》等多项专题征文，对本市经济改革金融同业动态信息进行收集调研分析，完成多项内部专题报告和监管部门临时专项调查，为经济发展和分行经营献计献策。

4. 编辑出版。完成12期《天津金融同业信息集锦》，充分反映本市银行业的市场动态、营销策略和竞争举措。每月编辑《天津同业竞争动态》上报总行金融研究所，按照总行金融研究所要求，按时向政府部门报送宏观研究信息。

（兰云）

天津市钱币学会

2011年，天津市钱币学会在中国钱币学会和人民银行天津分行的关心和支持下，在第六届理事会的领导下，有针对性地开展学会活动，取得了一定的成效。

1. 组织建设。会长朱志强，秘书长谢钢，现有团体会员单位29个，个人会员230人。4月，召开市钱币学会第六届会员代表大会，完成了4年一次的学会理事会换届工作。7月初，人民银行天津分行内审处对钱币学会2009—2011年的财务进行了内审，学会针对内审提出的问题，进行了认真分析，并检讨工作中出现的问题，增补并修改了《天津市钱币学会财务管理办法》，制定整改措施。11月，人民银行天津分行机关党委批准天津市钱币学会秘书处成立党支部，并挂靠在人民银行天津分行货币金银处党总支第一党支部（市钱币学会秘书处党支部）。

2. 学术活动。组织人行分行机关约80人参观了中国钱币学会和中国钱币博物馆组织的反假币展览，并参观考察了北京印钞公司及厂史展览。7月1日，应中国金融博物馆邀请，学会与该博物馆联合进行了一次钱币鉴赏活动，学会组织了20多位会员，与众多钱币爱好者一起交流、座谈，宣传、普及钱币知识。

3. 编辑出版。2月，学会参与的河北区政协编写的《造币总厂》一书由天津教育出版社出版发行。学会承担了部分章节的编写，并提供了钱币实物图片和有关资料，以及全书的编排、校对、审定等工作。学会在会刊组稿、征稿等方面做了积极调整，得到了印钞造币总公司等单位和有关专家的支持，收到了一部分高质量的稿件，使《天津钱币》会刊的质量有所提高，顺利的完成了本年季刊的编辑出版工作。

（兰云）

天津市保险学会

2011年，天津市保险学会在天津保监局和市社联的领导下，在各会员公司的积极支持配合下，从调研入手，在保险实务研究、保险知识宣传以及加强自身建设等方面做了大量工作。

1. 组织建设。会长胡文芳，秘书长张志怀，现有团体会员单位71个。学会制定了《关于加强秘书处党组织自身建设的意见》，对组织管理、开展组织活动、遵守党的纪律、发挥模范作用、做好申请人培养等方面提出了要求并做好落实，秘书处党支部被保监局党委评为先进党支部，一人被授予优秀共产党员荣誉称号。完善制度，规范工作行为，分别修订了《员工管理制度》、《员工岗位职责》、《员工考核办法》、《会计电算化管理制度》、《中介从业人员资格证考试网上报名考试实施方案》等相关制度规定。完成了社团管理局、物价局、质监局、出版局等年检及换证工作；完成了财务电算化记帐工作；办理了8家新公司的入会手续，加强了对会员单位的各项服务。学会被天津市社科联授予2009—2010年度“天津市十佳学会”荣誉称号。

2. 学术活动。对本市汽车修理的工时情况进行了大规模的调研，根据调研结果制定了《保险事故车修理工时定额标准》，并与市汽修协会联合印发了《天津市事故车辆修复工时定额标准》。与爱和谊日生同和财产保险（中国）有限公司联合召开“车险理赔服务研讨会”。组织建筑工程保险专题讲座，提高保险中介业务骨干的业务水平，提升中介会员开展新险种的业务能力。组织了第11届寿险杯优秀代理人评选活动，对评选出的118名优秀代理人进行表彰,对236名代理人进行表扬,对曾经5次受到过表彰的18名优秀代理人授予"诚信标兵"称号、对连续10年在一家公司工作的1663名代理人授予"忠诚敬业"荣誉称号。表彰会上,安排了"诚信展业"、"销售技巧"等专题讲座。

3.科研课题。根据多年对定点医院管理的研究和实践,报送了研究成果《定点医院管理的思考》。该成果获得了中国保险学会组织评选的三等奖。

4.编辑出版。认真做好《天津保险》的编辑发行工作。从下半年开始,《天津保险》由双月刊改为月刊,增加了15%的发行量,增加了"高管专访"、"热点面对面"、"营销论道"、"封面故事"、"保险史话"等栏目。完成了《中国保险年鉴》2010年天津版的编辑工作,积极做好天津市往年年鉴的补编工作,完成了2003—2009年的年鉴补编工作。编辑下发《保险业务统计表》、《保险行业信息》、《天津保险中介信息》(电子版),及时为中介公司提供监管政策、行业发展、成功案例等信息,为经营决策提供参考。

5.科普活动。组织召开《保险法》专题知识讲座和知识有奖竞答活动,利用媒体进行宣传。积极参加天津市社联组织的科普周宣传活动,专门印制了明明白白买保险的宣传册;组织了保险专家上街宣传,学会获评优秀组织奖。

6.培训办学。做好中介从业资格考试工作。一是加强考试中心建设,秘书处组建中介考试培训中心,加强力量,专人负责;二是对考场进行了扩建改造,由过去的72个考试席位增至158个;三是实施了代理人考试网上报名缴费,加快了报名时效,保证了资金安全;四是定期召开会议,通报考试情况,发现问题,及时解决和纠正,保证了考试的顺利进行。全年共受理代理人考试报名48207人次,组织经济、公估人资格考试1096人次。做好保险代理人后续教育培训工作,全年受理安排了继续教育34218人次,同比增长12%。

(兰云)

天津市无形资产研究会

2011年,天津市无形资产研究会积极弘扬社会主义核心价值体系,在转变经济发展方式、发展低碳经济、建设自主创新国家、加快实施知识产权战略的宏观环境下,努力发挥无形资产研究会的积极作用。

1.组织建设。会长张嘉兴,秘书长苑泽明,现有个人会员129人。为完善内部工作制度,下半年设立专职办公人员;图书资料借阅制度、财务制度、会员管理制度等更加完善;会费管理办法(试行)已由常务理事会通过实行。本会被天津市社联评为2009—2010年度十佳学会,李玉梅、裴富才、王晓燕被评为学会先进工作者;苑泽明秘书长代表十佳学会作了题为"借势而为、顺势而上、克服困难、执着做事"发言,与其他学会交流工作管理经验。11月13日召开常务理事会议,副秘书长陈洁作工作总结,会员管理部部长李玉梅就研究会会费管理办法(讨论稿)进行说明,苑泽明秘书长通报了2012年全国无形资产理论与实务研讨会的筹备情况。全年研究会秘书处共组织了三次例行工作会议。

2.学术活动。市无形资产研究会积极参与市社联第七届学术年会活动,召开"高新技术企业知识产权融资问题"暨国家社科基金项目开放式研讨会。研究会成员受邀参加"中国国际融资洽谈会:知识产权融资论坛",英国知识产权管理杂志主办的"中国国际知识产权论坛","中国知识产权研究会常务理事会","中国会计学会2011年学术年会"等研讨会。12月13日,苑泽明教授受邀为天津市知识产权局举办的"知识产权质押融资研讨班"进行主题讲座,取得较好的社会反响。

3.科研课题。7月,研究会秘书长苑泽明教授向政府相关部门提交《促进本市科技型中小企业融资模式创新的建议》,为科技型中小企业融资服务,为政府决策提供参考。8月,天津市政府研究室主办的调研报告刊登了无形资产与投融资团队完成的报告"创新本市科技型中小企业融资模式的调查研究",12月得到天津市科委对此报告在政府制定中小企业发展政策有重要参考价值的反馈意见。

(兰云)

天津市环渤海经济研究会

2011年,天津市环渤海经济研究会以促进天津与环渤海区域协调发展为主题,坚持理论与实际相结合与"百花齐放、百家争鸣"的方针,深入开展调查研究，取得了较好的研究成果和社会效益。

1. *组织建设*。会长左明，秘书长刘东涛，现有团体会员单位12个，个人会员135人。11月23日，研究会召开会员大会，产生了第七届理事会，其中理事125人、常务理事42人、副理事长13人，左明当选为理事长，王成怀、邢明军、卢金发、李亚力当选名誉理事长。增加了企业和实际部门的代表，从组织上为进一步发展奠定了基础。研究会建立了党组织，保证研究工作的方向和研究任务的实现。完成了财务审计与年度检查工作，各方面都达到了合格，并发展了一大批新会员，扩大了理论研究队伍。按照上级要求修改了会议制度，会员管理、财务管理、文件归档、印章管理等各项制度，进一步完善了内部管理。

2. *学术活动*。4月，组织有关专家学者就年会主题进行座谈论证，确定将“民生问题”作为年会主题，并确定了重点发言人。11月，召开2011年年会，天津社会科学院潘允康、天津城建学院王建廷、南开大学吴浙、天津财经大学罗丽艳、天津社会科学院张宝义等学者重点发言，南开大学江曼琦、天津社会科学院王立国、天津财经大学高正平、武彦民等先后点评，市社联党组书记李家祥讲话。研究会先后组织人员参加环渤海市长联席会第15次市长会议，出席在山东省日照市召开的特派员会，会上进行交流，使研究会的工作更贴近于地区经济发展实际。

3. *科研课题*。研究会接受市发改委、市统计局委托，承担了“天津‘十二五’固定资产投资预测、投资结构、重大项目投向”等课题研究，已完成研究报告并通过评审验收。这些课题的研究，对本市经济发展和有关部门编制“十二五”发展规划起到了重要参考作用。

4. *编辑出版*。8月，《2010年环渤海经济年鉴》出版，总计110万字。本卷《年鉴》客观地反映了环渤海区域各省市抢抓机遇、加强合作、科学发展中的大事、要事。“城市介绍”部分由原有35个成员，增加到66个城市，并增加“金融保险”、“交通运输”两部分内容，使之更全面地反映了区域发展情况。从10月份又开始2011年年鉴的编辑工作。同时组织编印了《动态与建议》简报11期。

（兰云）

天津市创意策划研究会

2011年，天津市创意策划研究会紧紧围绕天津经济社会发展大局，广泛集聚资源、汇聚人才，积极构筑平台、开展活动，浓厚了天津创意产业发展氛围，为推进本市创意产业发展做出了积极贡献。

1. *组织建设*。会长杜金皋，秘书长常志旭，现有团体会员单位50个，个人会员12人。研究会坚持正规议事和例会制度，每周召开会长碰头会。起草了《天津市创意策划研究会会员管理制度》。3月，召开了会员大会，产生了以杜金皋为会长的新一届领导班子，增补刘远征、韩晓枫、孙建成为副会长。根据市社联直属社团党委的要求，组建了研究会党支部。

2. *学术活动*。5月，研究会在中新天津生态城协办“2011天津市动漫与休闲产业发展学术报告会”。6月，研究会协助市创意产业协会在天津利顺德大饭店举办“2011天津创意旅游与影视交流会”。8月，在北京银行天津分行举办文化创意产业座谈会。10月，研究会与市知识产权局共同举办“文化创意产业的价值实现、投融资模式及法律风险防范”培训。11月，以“思考在这里是真正的职业”为议题的“天津创意产业与创意生态建设座谈会”在天津奥林匹克中心体育场新闻厅召开。参加了“天津市工业品外观设计大赛”座谈会、“凌奥创意产业园三期项目论证会”，组织会员赴京参加“第三届中国服务贸易大会”、“2011年第六届北京国际文博会”等。组织专家提出贯彻落实天津市创意产业发展“十二五”规划的建议，召开“贯彻党的十七届六中全会精神，落实天津市创意产业十二五规划”征求意见座谈会。召开民营企业与创意经济理论和实践研讨会。与天津鑫茂科技集团公司合作，创建了大学生创意创业园。

3. *编辑出版*。研究会组织专家编写了《文化创意产业通俗读物小册子》、《中国创意产业园区年鉴》。

（兰云）

天津市政治学学会

2011年，在天津市社联的领导和各会员单位的共同努力下，学会在组织建设、学术活动等方面取得了成绩。

1. 组织建设。会长朱光磊，秘书长孙晓春，现有团体会员单位10个，个人会员210人。为了加强党对于学会工作的领导，增强学会工作的活力，学会建立党支部，由杨龙教授任支部书记，佟德志教授和程同顺教授担任支部委员。天津社会科学院和河北工业大学成为学会新的会员单位，扩大了学会的基础，壮大了学会的力量。王康等被增补为学会理事。

2. 学术活动。召开第二届天津市青年政治学论坛，收到高质量的学术论文20余篇。论坛的举办为本市政治学领域研究工作的进一步开展，提高广大中青年研究人员的学术素养和研究能力奠定了基础。各会员单位主办、承办公共管理高峰论坛、区域治理与第三部门等国际、全国学术会议十余次，会议主题涉及政治学理论、中外政治思想与中西政治文化比较、当代中国政治与政府、政治心理学、党史与党建等研究领域，促进了国际、国内的学术交流，扩大了本市政治学研究的学术影响。

3. 科研课题。政治学研究成果丰厚，出版政治学研究专著十余部，在省级以上核心期刊发表学术论文150余篇。由本市政治学研究人员担任首席专家或主要研究人员的马克思主义建设工程、西方政治思想史、政治学原理、中国政治思想史、发展政治学等建设项目均按期完成了任务，得到了国内同行专家的好评。

4. 科普活动。响应市社联的号召，参加了由市委宣传部、市社联共同举办的社科普及周活动，为普及科学文化知识，提高广大市民的文化素质做出了贡献。

（兰云）

天津市中国特色社会主义理论研究会

2011年，天津市中国特色社会主义理论研究会积极组织全体会员对中国特色社会主义重大理论和现实问题进行研究和探索，努力为天津发展和加快推进滨海新区开发开放提供强有力的精神动力、思想保证和智力支持。

1. 组织建设。会长李锦坤，秘书长张博颖，现有个人会员120余人。研究会进一步加强组织机构建设，完善领导班子工作机制，加强研究会管理工作的制度建设，完善研究会在日常管理方面的规章制度，进一步强化了研究会日常和学术管理工作规范化、制度化建设。

2. 学术活动。11月22日，研究会在天津市社联召开天津市社科界第七届学术年会分会场，主题是“加强和创新社会管理”，会长李锦坤，副会长李家祥、荣长海、张景荣，秘书长张博颖等出席会议，参会的各位专家学者就相关理论问题进行讨论并形成诸多共识。研究会理事多次参与市社联、市科学社会主义学会等单位举办的学术年会和研讨会，加强了与本市其他学会之间的交流、学习与合作。在本市纪念中国共产党成立九十周年理论征文活动中，刘景泉教授、荣长海教授、余金成教授、张博颖研究员、翟昌民教授等撰写的文章获得一等奖，张景荣研究员、王同起教授、杨升祥教授等撰写的文章获得二等奖。在市社会科学界第七届（2011）学术年会的理论征文中，荣长海教授、李家祥教授、杨升祥教授、翟昌民教授等撰写的文章获得优秀论文奖。

3. 编辑出版。研究会继续编辑出版《中国特色社会主义研究简报》，切实提高刊物的质量和水平，注重选编文章的思想性和理论性。《简报》每期200余份，呈送有关领导同志审阅，并寄送全国各地社科研究机构和专家学者交流，加强了本会同相关理论研究机构、实际工作部门和理论研究工作者的交流合作。

4. 科普活动。研究会积极参与市社联举办的第九届社科普及周活动，其中张博颖研究员等参与了市社联主持的市社会科学规划项目“马克思主义中国化与社会科学普及”的研究工作，并在《天津日报》上发表了《马克思主义大众化和社科普及应持有的理念》、在《理论与现代化》上发表了《关于马克思主义中国化、时代化、大众化的几点思考》等文章，向广大群众宣传普及社会科学理论知识和马克思主义中国化的最新理论成果。在市委宣传部、市社联组织的2010年度天津市社会科学普及活动优秀组织单位和优秀工作者的表彰中，荣长海教授、张博颖研究员、漆玲教授、张达助理研究员等被授予“优秀工作者”荣誉称号。

（兰云）

天津市台湾研究会

2011年，天津市台湾研究会在市台办的正确指导下，牢牢把握两岸关系和平发展的主题，深入开展对台研究和学术交流，为开创两岸关系和平发展新局面做出了新贡献。

1. 组织建设。会长蔡世彦，秘书长邵宝明，现有理事78人。研究会被市社联评为2009—2010年度“先进学会”，研究会秘书处有2人被评为“学会先进工作者”。

2. 学术活动。全年共接待台湾专家学者和各界人士25名，其中团组5个；有10多名理事赴台湾岛内进行学术交流、参访；撰写论文或涉台文章29篇，其中论文25篇，文章4篇，论文内容涵盖政治、经济、文化等领域；举（承）办专题研讨会、座谈会、台情报告会5场；表彰优秀研究成果41项，受到表扬和奖励的理事29名。“密切联系现实情况，进行认真分析研究，大胆提出个人见解和对策建议”，成为全年对台研究的亮点。

3. 科研课题。研究会接受市台办委托，组成课题组，分别由梅立权、邵宝明执笔，撰写了《面向2012年大选前后的民进党两岸政策探析》及《稳定国民党基本票源及争取中间选民的对策研究》两篇论文，张艳萍撰写了《美对台军售：难解的困局》的论文。

4. 编辑出版。会刊《天津台研通讯》编印出版6期，发行3000册。其中“特约专稿”6篇，“学者论坛”18篇，访台观感文章6篇，本会活动报道文章7篇，简讯15篇，岛内人物介绍6篇。

（兰云）

天津市人口学会

2011年，天津市人口学会在市人口计生委党组的领导下，在中国人口学会、市社联、市社团管理局的指导下，进一步研究探索人口发展理论和破解人口计生工作中的热点难点问题，促进了本市人口和计划生育工作发展。

1. 组织建设。会长韩立，秘书长黄良操。学会名称由“天津市人口学学会”变更为“天津市人口学会”，法人代表由张书统变更为韩立。在业务主管单位的协助下，进一步规范了学会财务管理制度，为进一步提高工作水平和管理水平打下了坚实基础。年初召开常务理事会，总结2010年的工作情况并拟定了2011年的工作计划；6月底召开常务理事会对2011年人口学会论文征集工作进行了具体部署；12月份推荐部分理事担任人口计生工作2011年度创新项目评审专家，协助市人口计生委完成年度考核工作。学会秘书处以通讯形式和学会理事、会员保持联络沟通。

2. 学术活动。开展“全面做好人口工作”论文征集活动，共收到论文30篇，论文评选活动将于2012年进行，有关优秀成果将结集出版。还协助中国人口学会和天津市社联开展了论文征集活动。

3. 科研课题。学会与南开大学人口所合作开展了《天津市人口集聚与分布变化趋势预测研究》课题研究。课题研究进入结题阶段，正协同市人口计生委筹划将研究成果向上级有关部门汇报，争取推动研究成果能够为政府决策提供参考依据。还协助市人口计生委完成了天津市人口发展“十二五”规划方案的编制。

4. 编辑出版。学会会刊《人口与生殖健康》以内刊形式正常发行，共计刊登文章40余篇，内容涉及人口理论、人口政策、人口数量和分布、人口素质和结构等。为全市各级人口计生战线上的实际工作者和理论工作者提供了丰富的参阅资料。

（兰云）

天津市法学会

2011年，天津市法学会在市委政法委、市司法局的正确领导下，在中国法学会的指导下，较好地完成了各项任务，自身建设取得了新的进展和较大突破。

1. 组织建设。会长散襄军，秘书长刘裕民，现有个人会员2268人。11月17日，学会召开第六次会员代表大会，中共天津市委常委、市委政法委书记散襄军，中国法学会副会长李清林出席并讲话。会议审议通过了第五届理事会工作报告，选举产生了第六届理事会，散襄军同志再次当选为法学会会长。6月中旬，学会派员参加中国法学会在郑州举办的全国省级、副省级法学会专职领导干部培训班。市编委已就变更法学会管理体制问题正式发文，批复同意由市委有关领导联系、市委政法委代管。年初，召开了法学教育分会的成立大会。之后，又陆续完成了国际经济法、刑法学、犯罪学分会的报批及筹备工作，

2. 学术活动。参加著名法学家信春鹰作的“形成中国特色社会主义法律体系”的专题报告。完成在北京举办首届“京津沪渝法治论坛”和在太原召开的第六届“环渤海区域法治论坛”论文的组织、评选、报送工作，并组织会员到两地参加研讨。两个论坛共报送文章60篇，有30篇获奖。各分会均于年内完成了学术年会交流活动，共交流论文441篇。

3. 科研课题。完成了第二届中国法学优秀成果和中国法学会部级课题的申报工作。

4. 编辑出版。《天津法学》（季刊）逐步形成了以资本市场法律研究、诉讼法律实践等为亮点的一批优势栏目，凝聚了高层次研究力量，扩大了在全国的影响力。

5. 科普活动。完成了本市第九届社科普及周咨询专家的组织、推荐工作，在咨询活动中，咨询人数创历年新高，得到了群众的一致好评。

（兰云）

天津市法制心理学会

2011年，天津市法制心理学会紧紧抓住学会的社会服务功能，积极参加各种科学普及活动，进一步加强学会的建设，增强学会工作的主动性和创造性。

1. 组织建设。会长刘援朝，秘书长史宝欣。现有个人会员260余人。1月23日，召开学会第七次会员代表大会，选举了天津市法制心理学会第七届理事会，选举刘援朝为会长，史宝欣为副会长兼秘书长。3月11日，经天津市民政局审批，成立心理咨询师分会。8月21日，召开了天津市法制心理学会2011年学术年会暨心理咨询师分会成立大会。积极参加市社联举办的各项活动，被评为2009—2010年度先进学会。成立了学会党支部，刘援朝任支部书记，史宝欣、李晖为支部委员。

2. 学术活动。会员积极关注社区建设，开展多种形式公益活动，深入社区、学校、机关、警营，通过咨询、讲座、活动训练等多种形式开展科普宣传、进行法制心理知识普及。心理咨询师分会大学生专业委员会充分挖掘全市高校的优势力量，为提升本市大学生群体的心理咨询及心理健康教育水平献计献策。11月，会长刘援朝和秘书长史宝欣接待来中国访问的春口德雄教授，就天津市法制心理学会心理咨询师分会与日本角色书信疗法学会达成合作意向，并草签合作协议。天津大学教育学院和心理咨询师分会共同举办春口德雄教授学术报告会，90余人参加。刘援朝教授应邀参加在泰国举行的反邪教国际研讨会，并作大会报告。史宝欣教授应邀在3次全国学术会议，1次国际会议上作专题学术报告。

3. 科研课题。学会会员孙颖申报成功2011教育部人文社会科学研究基金规划项目1项。依托该项科研课题，大学生专业委员会完成了全市大学生生命感研究抽样调查工作，现在已进入数据整理阶段。孙颖《社会转型背景下加强企业社会工作的思考》一文入选天津市社科界第七届学术年会论文集。学会理事汪洁副研究员承担并完成了天津市政府课题《天津市社家养老与“三社”体系建设》，发表四篇论文和调研报告。心理咨询师分会徐红委员中标国家击剑队备战伦敦奥运会女子佩剑项目重点运动员个案心理诊断与心理调控研究项目。史宝欣教授中标国家十二五教育规划项目1项。

4. 编辑出版。学会学术性刊物《社会心理科学》全年共出刊12期。刊文反映了本学科最新的研究动态和国内高水平成果，在办刊方向和刊物质量上受到专家学者的肯定。学会另一会刊《心理咨询师》，运用心理学及相关学科的专业知识，通过心理咨询的技术与方法，帮助求助者解除心理问题，促进社会的合谐与安定。学会定期对刊物进行天

津市内部资料性出版物的年度核验换证工作。会员常志旭担任《EAP高级讲师教材》副主编。

5.科普活动。刘援朝教授和李军参加“渤海名家大讲堂”讲座，其讲稿被收入《渤海名家大讲堂》第一辑，李军还被红桥区科委、科协授予“红桥区科普先进个人”荣誉称号。学会团体会员单位杨村一中心理健康教育中心等举办了“健康心理、阳光人生”心理健康宣传咨询公益活动。刘援朝教授被评为2010年度天津市社会科学普及优秀工作者以及全国优秀社会科学普及专家。组织专家学者参加市社联组织的第九届科学普及周大型义务咨询活动，并多次举办讲座，取得了良好的社会效应。

（兰云）

天津市警察协会

2011年，天津市警察协会在市公安局的领导和市社联的指导下，以重点课题研究为主线，深入开展警学理论和公安工作实践研究，为推进新时期公安工作的创新发展发挥了应有的作用。

1.组织建设。会长武长顺，秘书长高家明，现有团体会员单位73个。自2011年开始，其办事机构由天津市公安局政治部转为天津市公安局指挥部，并相应调整了协会领导的分工，充实了办公室力量。同时明确，天津市警察协会的主要职能为学术研讨、调查研究、对外交流和《警界时空》办刊工作。

2.学术活动。全年学术活动和研究成果主要有3项，一是重点课题研究取得预期成果。由学术委员会牵头，组织了15名特邀研究员，对“公安社会管理创新”课题进行了深入系统的研究，确定了14个研究专题，并围绕课题研究的重要观点、研究思路等，对分别承担专题研究的特邀研究员进行研讨式培训和具体指导。课题获得圆满结题，共撰写9万余字。此组文章以协会会刊《警界时空》的专刊形式发表，在各级公安机关以及广大民警中产生了强烈反响。二是对外交流有新进展。协会派员出席了中警会第三届警学论坛、两岸四地警学研讨会，以及四直辖市、部分城市警察协会理论研讨会等学术会议，共提交了9篇论文。下半年，派出5人赴四川、江西、陕西等地，学习兄弟省市警察协会理论研究、办刊和协会建设的经验。三是认真做好优秀论文评选工作。共收到各会员单位报送的论文145篇，经过精心组织评审、汇总以及充分讨论，最终评出各级奖项，下发《2011年度警学优秀论文评选情况的通报》，编辑印发了《2011年度警学优秀论文汇编》并发放到各单位。

3.编辑出版。会刊《警界时空》共出刊6期，总字数近40万。先后编发11期《警学研究参考》，部分新观点选登在《警界时空》“观点在线”栏目中。参与天津市公安局60年画册的研究策划、撰文整理和美术编辑等工作，为编辑出版这一图文并茂的记录天津公安60年辉煌历程的文献做出贡献。

（兰云）

天津市教育学会

2011年，在天津市教委领导下，在中国教育学会和市社团管理局、市社联的指导下，天津市教育学会助推全市基础教育改革与发展，各项工作呈现蓬勃向上的生动局面。

1.组织建设。会长李闻玺，秘书长刘长兴。现有个人会员62000余人，团体会员单位35个。

2.学术活动。举办“巨川杯”天津市第六届青年教师学术论坛，主题是“让高效教学落实到每一节课”，300余人出席开幕式。旨在让教师能够进一步学习贯彻《国家中长期教育改革和发展规划纲要》，加快专业化成长，提升实施素质教育的能力和水平，提高课堂教学效率，培养富有人格魅力和学识魅力的教师。组织了2011年度“教育创新”论文评选、基础教育教学科研成果认定工作。还积极参与中国教育学会发起的论文征集活动。全年为中国教育学会第24次年会推荐论文35篇。10月18日，学会和韩国京畿道教员团体总联合会在韩国京畿道联合举办“第三届中韩基础教育论坛”，论坛主题是“教师水平发展的课题与方向”。组织会员参加“刘京海成功教育教学管理与德育管理专题研讨会”、“第二届全国省区市教育学会工作研讨会暨《中国教育学刊》杂志社2011年度工作会议”、中国教育学会第24次全国学术年会暨现代学校联盟行动计划启动会议等学术活动。

3.科研课题。学会成功举办天津市基础教育“十二五”教育科研规划课题启动仪式暨课题立项培训咨询活动，顺利完成“十二五”教育科研规划课题首批申报立项工作。为保证申报工作顺利进行，保证申报课题质量水平，市教育学会对申报“十二五”教育科研规划课题的负责人分期分批进行了课题立项申报工作的培训。经认真评议，反复论证，评选出推荐参加中国教育学会立项课题、市级重点课题、市级规划课题、市级一般课题共1264项。

4. 编辑出版。充分利用学会网站，及时报道各区县教育学会和各专业委员会、优秀教科研基地的先进典型。2011年，在学会网站上发表的区县教育学会特色活动报道112篇。《天津社联通讯》2011年采用学会稿件4篇。

5. 科普活动。学会积极组织参加市第九届社科普及周活动，组织专家走上街头，为百姓进行义务咨询和宣传，并免费发放宣传材料300余份。分别在芦台二中、汉沽五中、开发区第二小学举办第九届社会科学普及周教育讲座活动，1000余人听取报告。

（兰云）

天津市张伯苓教育思想研究会

2011年，张伯苓教育思想研究会在党组织建设、编辑出版、网站建设、挖掘整理张伯苓研究的文史资料和宣传推广张伯苓教育思想等方面的工作有了很大进展。

1. 组织建设。会长申泮文，秘书长罗世龙，现有团体会员单位5个，个人会员204人。根据天津市委组织部、天津市民政局和天津市社联直属社团党委的要求，研究会于7月成立了中共天津市张伯苓教育思想研究会支部委员会。自党支部成立以来，研究会积极参与社联直属社团党委组织的各项活动，及时向上级党组织和业务主管单位汇报情况，在工作开展中坚持正确的政治方向和舆论导向。

2. 学术活动。8月22日，召开了“严修、张伯苓文史资料征集委员会成立暨首届南开校友捐赠大会”。严修、张伯苓文史资料征集委员会设立了办事机构，该委员会设顾问2人，主任1人，副主任1人，委员若干名。12月9日，严修、张伯苓文史资料征集委员会举行第二次捐赠大会。在征集文史资料工作过程中，张伯苓研究会还同时进行了对90岁左右老校友的口述史抢救工作。目前，征集委员会已经抢救整理了800余件南开校友捐赠的相关文史资料，极大地丰富了正在规划建设的严修、张伯苓纪念馆馆藏史料。

3. 编辑出版。研究会已完成对《张伯苓教育思想研究》第六期会刊的编辑、印刷、邮发工作。本期会刊主要反映了研究会严修、张伯苓文史资料征集委员会成立暨南开校友捐赠大会的工作动态，登载了侯杰教授《张伯苓：提倡体育教育与中国人心灵重建》一文，此文在香港相关论坛上受到高度好评。

（兰云）

天津市职业教育与成人教育学会

2011年，天津市职业教育与成人教育学会在市教委及市社团局的领导和监督管理下，结合天津市职业教育与成人教育的重点问题，充分发挥社团组织的桥梁、纽带作用，彰显了学会的生机与活力。

1. 组织建设。会长龙德毅，秘书长李全奎，现有团体会员单位133个。7月20日，在天津中德职业技术学院召开了学会第五届会员代表大会。会议由中德职业技术学院院长李大卫主持，龙德毅作第四届理事会工作报告，审议通过了第四届理事会财务报告及学会换届筹备工作报告，表决通过了学会章程修改意见，审议新一届理事会建议名单，最后选举产生了新一届学会领导成员，并由新一届学会领导部署了学会2011—2015年工作要点。在中国成人教育协会举办的评选表彰各级各类成人教育先进工作者和中国成人教育协会先进集体的活动中，学会推荐的7名贡献奖、11名优秀奖全部获奖，学会被评为先进集体。

2. 学术活动。顺利完成2011年全国职业院校技能大赛新闻宣传工作。学会秘书处赛前完成了《承办校风采》的组稿、编校工作，海报的编印、天津媒体通气会、教育部新闻发布会等赛前宣传筹划工作的文字及会务工作，以及对2009、2010两届获奖选手跟踪调查工作。此外，为方便媒体了解大赛及相关活动，还特别准备了电子版的背景资料和采访须知等文字材料供媒体参考。大赛期间，完成了报道技能大赛以及相关活动新闻媒体接待工作，负责来自全部新闻工作者的接待工作。

3. 科研课题。组织申报市教委2011年度重点调研课题4项,2个课题被批准立项,现均已结题。

(兰云)

天津市行政管理学会

2011年,天津市行政管理学会创新工作思路,积极参加各种有关活动,取得了实效。

1. 学术活动。8月2—6日及11月5—9日,学会分别在河南和云南举办了两期会员与通讯员培训班。7月、10月,学会分别派员参加在吉林长春召开的全国行政管理学会联络会议以及中国行政管理学会和山东省日照市联合举办的东方行政论坛。10月5—7日,学会领导与市公务员局领导及部分处室负责人举行了座谈。11月,学会组织6位专家学者参加了中国行政管理学会在江苏昆山召开的2011年会。学会组织参加市社联第七届学术年会,5篇论文获优秀论文奖。组织参加第十二届天津市社会科学界学会优秀成果评选,张霁星获一等奖,史瑞杰、陈桂生等获二等奖,黄凤羽、沙冰等获三等奖。11月3日,秘书处召集获奖作者举行了座谈会,会长张惯文,副会长路平、张霁星与获奖作者进行了座谈。推荐并帮助和平区申报“中国地方政府创新奖”,已成功入围。张霁星研究员策划并撰写了《政府退一尺,社会宽一丈》项目全部申报材料,天津《体改研究》2011年9月25日第9期全文转发。

2. 编辑出版。在无专门编制、经费的条件下,连续第八年圆满完成会刊《天津行政管理》的编辑出版工作。

3. 科普活动。参加第九届社科普及周活动,2人获得市社会科学普及活动先进个人,受到中共天津市委宣传部、市社联的表彰。

(兰云)

天津市工商行政管理学会

2011年,天津工商行政管理学会紧紧围绕全市工商行政管理中心工作,积极搭建平台,开拓创新,在加强理论研究、提高季刊质量和提高调研成果转化力度等方面,取得了显著成效。

1. 组织建设。会长高天彪,秘书长潘炳文,现有团体会员单位21个,个人会员20名。3月,学会召开常务理事会,通报2010年学会工作情况和2011年工作要点,审议并通过了增补理事名单。3月底,以通讯会的方式召开了二届二次理事会,向理事会通报了召开常务理事会的情况及新的理事名单。

2. 学术活动。学会推荐五篇调研文章参加天津市社联组织的“2009—2010年度学会优秀成果”评选活动,两篇被评为一等奖,一篇被评为二等奖。

3. 科研课题。学会精心制定重点调研课题133项,其中中国工商局学会下达的3项课题,学会分别指派了6个单位承担,并下发了《关于印发2011年天津市工商行政管理系统重点调研课题的通知》。共有18篇调研文章被中国工商学会《中国工商管理研究》和《中国工商管理研究(增刊)》刊发,3篇文章被天津市委市政府刊物刊发。

4. 编辑出版。1月,学会完成了《同心协力共创辉煌——天津市工商局“十一五”成就“十二五”规划》专刊的组稿、编辑、印刷和发放工作。3月,完成了《天津年鉴》和《中国工商年鉴》的组稿、修改、审核和报送工作。完成了入世十年论文征集工作。印发了《关于表彰天津市工商行政管理系统2009—2010年度优秀调研成果的决定》,并将荣获一、二、三等奖和优秀奖的36篇文集编辑成册,印制了《天津市工商行政管理系统2009—2010年度优秀调研成果集》。发布《调研动态》12期,积极发挥《天津工商》季刊作用,广泛宣传天津工商优秀调研成果。

5. 科普活动。积极参加中共天津市委宣传部、市社联共同组织的第九届社科普及周活动,与消保处共同开展科普宣传系列活动。学会被评为2010年度科学普及活动先进组织单位。

(兰云)

天津市交通会计学会

2011年,天津市交通会计学会在各会员单位的大力支持和配合下,按照第七届二次理事会确定的年度工作要点积极开展活动,各项工作取得了较好的成绩。

1. 组织建设。会长张德明,秘书长刘俊,现有团体会员单位32个,个人会员25个。2011年吸收了天津市交通专业人员资格评价中心和天津港引航中心为团体会员单位，并经常务理事会审议增补了上述两个单位的财务部门负责人为学会第七届理事会的理事。吸收25名在业务领域内具有影响的专家学者和财务工作者为个人会员。学会建立了党支部，有利于更好发挥党组织战斗堡垒和党员的先锋模范作用，学会的自身建设进一步加强。召开常务理事会和第七届理事会二次会议，审议2010年工作并部署2011年工作。5月，召开联络员会议，传达学会年度工作要点，对联络员工作进行部署。在市社联组织的先进学会评比活动中，学会获得2009—2010年度先进学会称号，学会副秘书长王鼎铭和天津港（集团）有限公司的张宇营被评为学会先进工作者。

2. 学术活动。5月，举办学术报告会，邀请中共天津市委党校臧学英教授作题为“关于在国际国内经济发展大趋势下天津宏观经济形势及其展望”的报告。年内，共收到天津港集团、天津海事局、中航天津航道局等单位作者撰写的论文19篇。论文紧密联系工作实际，涉及加强财务管理和内部控制、金融危机对外向型经济的影响研究等方面。经学会秘书处推荐，多位会员的论文获得天津市社联2009—2010年度优秀科研成果称号及市会计学会2010年度优秀论文称号。9月，组织本学会2009—2010年度优秀论文的评选工作。经过专家组评选，共有36位作者的24篇优秀论文获奖。受中国交通会计学会公路运输专业委员会委托，学会成功地承办了该委员会的第四届代表大会，到会代表80余人。

3. 培训办学。学会与会员单位合作共举办培训班12期，培训财会人员1512人次。培训内容紧密联系当前会计改革和发展中本行业涉及到的热点、难点问题以及急需解决的实际操作问题。

（兰云）

天津市对外经济贸易会计学会

2011年，天津市对外经济贸易会计学会认真实践“为企业服务、为会员服务、为商务事业服务”的宗旨，立足本职，完善服务，各方面工作取得了较好的成绩。

1. 组织建设。会长成刚，秘书长李红芳，现有团体会员单位64个，个人会员78名。年初召开常务理事会，总结了全年工作，并讨论研究布署下一年的重点工作。按照市社联、市社团管理局和市商务委关于在社团组织中组建党的组织的有关文件精神，学会组建了党支部，落实了学会的党建工作。

2. 学术活动。组织召开华北地区第二十五届外经贸财会理论研讨会，筛选7篇较好的论文推荐到华北地区研讨会上参加优秀论文评选，获得一等奖1篇，二等奖4篇，三等奖2篇。积极参加天津市社联、天津市会计学会举办的优秀论文评选活动。推选的优秀论文分别荣获天津市社联颁发的“2009—2010年学会优秀成果三等奖”，2011年度会计学术论文二等奖等奖项。学会荣获由全国商务财会论文评选委员会和中国对外经济贸易会计学会共同颁发的“2011年度理论研究论文评选工作组织奖”。6月，组织会员单位参加由天津市商务委组织参加的“第三届中国服务贸易大会”。派员参加了天津市社联“环渤海区域发展与天津战略性选择”会议；12月，在“关于召开《国际商务财会》杂志第15次编委会暨第22次通讯员会议”上，学会代表参加由部财务司、综合司负责人主讲“国内外经济形势和促进外经贸发展的相关政策”的专题报告。4月、5月、11月，分别组织参加由中国对外经济贸易会计学会在广西、江苏、河南举办的全国性的专题培训。

3. 编辑出版。积极参与和完成由中国对外经济贸易会计学会主编、中国商务出版社出版《对外经贸财务管理》一书的修改校正工作。

4. 培训办学。特聘熟悉和精通外经贸行业会计业务的魏祖堂高级会计师于7月举办了新《会计准则》的专题培训班，共有330余人参加了培训，顺利完成了2011年会计人员继续教育的培训工作。

（兰云）

天津市档案学会

2011年，市档案学会围绕局馆中心工作和档案理论研究的开展，积极动员各种力量，取得了丰硕的成果。

1. 组织建设。会长荣华，秘书长刘同芝，拥有个人会员2398人。召开了第七届理事会第二次理事会议，部署全年学会工作，通过了增补常务理事和理事事项，确立档案学会各专业委员会工作。参加了2011年全国档案秘书长工作会，及时向学会全体理事传达了会议精神。按期完成了学会各项年检工作。完成了学会归档文件的立卷、检查和计算机保密检查工作。

2. 学术活动。组织会员学术论文报送，做好参会论文的组织、评审、选送论文ppt的制作审查和报送。参加在北京举办的“第20届海峡两岸档案暨缩微学术交流会议”。召开企业委员会、咨询委员会专委会的工作研讨会议。组织会员50人参加在北京举办的京津沪渝档案学会学术研讨会。组织会员代表分别到陕西、吉林学习考察。组织理事代表24人参加了由国家档案局和中国档案学会在北京联合举办的国际档案学术报告会。举办天津市档案学会第七届青年档案学术交流会，编辑印刷了《天津市档案学会第七届青年档案学术交流会》论文集。做好组织评选2009—2010年度学会优秀成果及先进个人(3人)材料报送工作。有4篇成果获奖，市档案学会分别获得由中共天津市委宣传部、市社联授予的2010年度科普活动优秀组织单位、2009—2010年度十佳学会。

3. 编辑出版。为了纪念学会成立30周年，编辑出版《天津市档案学会成立三十周年纪念》。全年学会信息工作累计报道32篇，分别在《中国档案报》、《天津社联通讯》、《天津档案》杂志及局馆内外网刊登、发布，做到及时准确。

4. 科普活动。参加第九届科普周金街义务咨询活动，邀请和平区、河北区和市局馆档案专家3人，发放宣传资料，开展有奖问卷答题，协助举办首届档案大讲堂活动的组织工作。

(兰云)

天津市海关学会

1. 组织建设。3月10日，天津海关学会完成了换届工作，新一届学会正式开展工作。会长肖亚农，秘书长邢蕴莹。学会着力完善各项管理规范，建立岗位责任制，建立和修订完善了《天津海关学会论文评审办法及标准》、《天津海关学会理论研究成果转换推荐办法》、《天津海关学会网页管理责任制》等管理制度，为学会各项工作规范有序开展奠定了基础。为1904名会员建立了会员档案，并实行动态管理，设专人负责日常的维护更新。学会制定了《天津海关学会理论研究成果转换推荐办法》，使理论研究成果转化工作成为学会一项长期性、规范性的工作内容。设立了“理论研究成果转换奖”，专项奖励每年在理论研究成果转换中的重要成果和表现突出的个人。

2. 学术活动。学会举办“2011年论文征文专题讲座”。特邀海关总署驻天津特派办研究室薛俊海主任做论文写作辅导，围绕中国海关学会和天津分会征文内容，从论文选题、立意、写作及如何理解海关执政能力建设进行了深入剖析，帮助大家更好地选题、立意。举办“综合配套改革与海关创新发展”专题研讨活动。邀请天津东疆保税港区管委会政研室张忠东主任围绕国务院关于《天津北方国际航运中心核心功能区建设方案》的批复为理论骨干授课辅导，帮助大家从历史、战略、地源、全局及发展的视角，对滨海新区在国家开发开放中的地位、作用及发展前景进行了较为详尽了解。8月4日至10月12日，连续举办了8期“2011年理论研讨培训班”，100多位论文作者参加研讨培训。积极组织参加沪、深、津和重庆海关学会“综合配套改革与海关创新发展”专题研讨会。组织了22篇论文参加了天津市国际贸易学会“学术研究与调研报告”专题征文，其中13篇获奖。

3. 编辑出版。制作完成了“天津海关学会主页”，于10月正式挂网运行，借此搭建起学会为会员服务、与会员交流沟通的平台。网页运行两个月，点击量已超过6500人次。加强信息工作，做好《海关研究》的发行工作，密切与中国海关学会的联系。

(兰云)

责任编辑：兰云

学术期刊

2011年天津市社会科学学术期刊综述

沈丽妹

国家新闻出版总署2011年4月20日印发的《新闻出版业"十二五"时期发展规划》指出，要重点推进国家重点学术期刊建设工程。建立学术期刊科学遴选和培育机制，重点支持代表我国学术水平、具备国际办刊能力、具有良好发展前景的学术期刊发展。培育20种国际一流学术水平的国家重点学术期刊，培育一批有影响力的优秀学术期刊，推动我国学术期刊整体学术水平和国际影响力的提升。

通过比较分析，以期了解天津市社会科学学术期刊的发展现状，总结经验，可以为"十二五"时期推进全市社会科学学术期刊的发展提供科学依据，有利于提升本市社会科学学术期刊的学术水平和国际影响力。

一、本市社会科学学术期刊概况

天津市现有各类期刊236种。其中，2011年公开出版的社会科学期刊共有39种，见表1。

表1　2011年天津市社会科学期刊概况

序号	期刊名	主管与承办单位	刊型	综合影响因子
1	南开管理评论	南开大学商学院	双月刊	1.634
2	管理科学学报	国家自然科学基金委员会管理科学部（主办） 天津大学（承办）	单月刊	1.062
3	南开经济研究	南开大学经济学院	双月刊	0.985
4	天津体育学院学报	天津体院学院	双月刊	0.889
5	图书馆工作与研究	天津图书馆 天津市图书馆学会 天津市少年儿童图书馆	单月刊	0.844
6	科学学与科学技术管理	中国科学学与科技政策研究会 中国管理科学研究院 天津市科学学所	单月刊	0.769
7	天津法学	天津市政法管理干部学院 天津市法学会	季刊	0.654
8	道德与文明	中国伦理学会 天津社会科学院	双月刊	0.471
9	现代财经	天津财经大学	单月刊	0.430
10	城市	天津市城乡建设研究所	单月刊	0.420
11	心理与行为研究	天津师范大学	季刊	0.400
12	天津师范大学学报（社科版）	天津师范大学	双月刊	0.361
13	南开学报（哲社版）	南开大学	双月刊	0.348

续表

序号	期刊名	主管与承办单位	刊型	综合影响因子
14	天津职业院校联合学报	天津市职业教育与成人教育学会 天津41所职业院校	单月刊	0.320
15	天津社会科学	天津社会科学院	双月刊	0.319
16	环渤海经济瞭望	天津市信息中心	单月刊	0.317
17	天津市教科院学报	天津市教育科学院	双月刊	0.306
18	天津行政学院学报	天津行政学院	双月刊	0.290
19	天津音乐学院学报	天津音乐学院	季刊	0.273
20	中共天津市委党校学报	中共天津市委党校	双月刊	0.264
21	天津外国语大学学报	天津外国语大学	双月刊	0.253
22	天津市经理学院学报	天津企业管理培训中心 天津市经理学院 天津市职工现代企业管理学院	双月刊	0.248
23	天津商业大学学报	天津商业大学	双月刊	0.229
24	历史教学	历史教学社	单月刊	0.229
25	天津大学学报(社科版)	天津大学	双月刊	0.227
26	理论与现代化	天津市社会科学界联合会	双月刊	0.207
27	天津经济	天津市经济发展研究所	单月刊	0.058
28	求知	中共天津市委(主办) 天津市委党校(承办)	单月刊	
29	港口经济	开益国际咨询研究中心	单月刊	
30	世界文化	天津外国语大学	单月刊	
31	河北工业大学学报(社科版)	河北工业大学	季刊	
32	华北金融	中国人民银行天津分行	单月刊	
33	天津市财贸管理干部学院学报	天津市财贸管理干部学院	季刊	
34	天津电大学报	天津广播电视大学	季刊	
35	社会心理科学	天津市法制心理学会	单月刊	
36	天津社会保险	天津市社会保障基金管理中心	双月刊	
37	天津市社会主义学院学报	天津市社会主义学院	季刊	
38	文学与文化	南开大学文学院	季刊	
39	政治思想史	天津师范大学	季刊	

注:①资料来源:中国知网(CNKI)《中国学术期刊网络出版总库》。

②影响因子计算方法:综合影响因子=(该期刊前两年发表的可被引文献在统计年被综合统计源文献引用的总次数)/(该期刊前两年发表的可被引文献总量)。

从上表可见,天津市社会科学学术期刊主要集中在各大高校、科研院所和相关学会,但也有相关实际工作部门主办的期刊,如社会保障基金中心、中国银行天津分行等。形成这一分布状况的原因,一方面是社科类刊物可以有效地借助各高校、科研院所的学术背景、资金来源、编辑队伍等办刊资源,另一方面是这类期刊的作者群和读者群主要集中在高校。

二、天津市社会科学学术期刊的质量和影响力

考察社会科学类学术期刊的质量和影响力,主要的依据是其公信力的影响因素。公信力的影响因素包括社会评价、读者评价和自我评价等。社会评价往往由学术界公认的权威机构发布,如中国社会科学院文献信息中心、北京大学图书馆、南京大学中国社会科学评价研究中心、武汉大学中国社会科学评价研究中心,以及中国学术期刊(光盘版)电子杂志社等。读者评价尤其是核心受众的评价,是决定刊物受欢迎度的重要构成部分。自我评价则是一种重要评估手段,运用得较少,不敢面对现实,

或自恋情结影响到学术期刊公信力的自我评价。①

在社会评价方面，从目前国内社会科学界公认的三大核心期刊目录公布的数据，可以看出天津市社会科学学术期刊的质量和影响力的基本状况。

1.《南京大学CSSCI核心期刊》

2010—2011年，最新CSSCI核心期刊目录共收录来源期刊527种。其中，天津市社会科学学术期刊被收录13种。CSSCI核心期刊目录扩展版共收录173种，其中，天津市3种，见表2和表3。

表2 天津市被CSSCI核心期刊收录的期刊

所属分类	期刊名	排名
管理学(26种)	南开管理评论	5
	管理科学学报	6
	科学学与科学技术管理	9
哲学(12种)	道德与文明	10
历史学(26种)	历史教学	21
经济学(72种)	南开经济研究	15
图书馆、情报与文献学(20种)	图书馆工作与研究	14
体育学(10种)	天津体育学院学报	6
心理学(7种)	心理与行为研究	6
综合性社会科学(50种)	天津社会科学	5
高校综合性社科学报(70种)	南开学报(哲社版)	8
	天津师范大学学报(社科版)	30
	天津大学学报(社科版)	52

注：排名指期刊在所属分类中的排名，不代表大排名。

表3 天津市被CSSCI来源期刊扩展版收录的期刊

所属分类	期刊名	排名
经济学(21种)	现代财经	5
艺术学(10种)	天津音乐学院学报	2
综合性社会科学(15种)	理论与现代化	2

注：排名指期刊在所属分类中的排名，不代表大排名。

2.《中文核心期刊目录》

中国知网、中国学术期刊网和北京大学图书馆期刊工作研究会2011年联合发布中文核心期刊目录(第六版)，共收录本市社会科学学术期刊11种，见表4。

表4 天津市被《中文核心期刊目录》收录的期刊

所属分类	期刊名	排名
综合性人文、社会科学	南开学报(哲社版)	15
	天津社会科学	21
	天津师范大学学报(社科版)	68
哲学	道德与文明	8
管理学	管理科学学报	1
综合性经济科学	南开经济研究	6
	现代财经	13
工业经济	南开管理评论	2

①王佳宁：《学术期刊转型发展的着力点》，《传媒》2011年第10期。

续表

所属分类	期刊名	排名
综合性人文、社会科学	南开学报(哲社版)	15
	天津社会科学	21
	天津师范大学学报(社科版)	68
图书馆学	图书馆工作与研究	15
科学学	科学学与科学技术管理	3
体育	天津体育学院学报	10

注:排名指期刊在所属分类中的排名,不代表大排名。

3.《中国人文社会科学核心期刊要览》

由中国社会科学院文献信息中心和社科文献计量评价中心共同建立的《中国人文社会科学核心期刊要览》每四年发布一次,目前最新的第二版是2008年发布的,共收录社会科学类核心期刊380种,其中本市被收录的有9种,见表5。

表5　天津市被《中国人文社会科学核心期刊要览》收录期刊

所属分类	期刊名	排名
综合性人文社会科学(76种)	天津社会科学	6
	南开学报(哲社版)	14
	天津师范大学学报(社科版)	47
经济学(12种)	南开经济研究	7
经济计划与管理(7种)	南开管理评论	4
图书馆、情报与文献学(16种)	图书馆工作与研究	13
管理学(16种)	管理科学学报	1
	科学学与科学技术管理	4
教育学(20种)	历史教学	19

注:排名指期刊在所属分类中的排名,不代表大排名。

从上述列表可以看出,被三大核心期刊目录收录(简称“三核心”)的有:《南开学报》(哲社版)、《南开经济研究》、《南开管理评论》、《天津师范大学学报》(社科版)、《天津社会科学》、《管理科学学报》、《科学学与科学技术管理》、《图书馆工作与研究》共8种。其中,南开大学主办的3种,占37.5%;天津大学主办的1种,天津师范大学主办的1种,天津社科院主办的1种,天津市科学学所主办的1种,天津图书馆主办的1种。这说明,本市社会科学优秀学术期刊主要集中在各大高校及科研院所。

另外,《道德与文明》、《历史教学》、《天津体育学院学报》被两大核心期刊收录(简称“双核心”)。

三、本市“三核心”期刊特点分析

1.编辑部构成情况

本市“三核心”期刊编辑部短小精干,专职编辑在4—10人之间,注重编辑部制度建设,包括编辑部领导沟通制度、外审专家管理制度、稿件管理制度等,见表6。

表6　2011年天津市“三核心”期刊编辑部组成情况

期刊名	编辑部组成情况
南开学报(哲社版)	在编10人:教授、博导2人,副教授3人,讲师1人,馆员1人,助理研究员1人
南开经济研究	暂无资料
南开管理评论	专职编辑8人:博士学位7人,硕士学位1人
天津师范大学学报(社科版)	专职编辑4人:高级职称3人
天津社会科学	专职编辑4人:高级职称3人,中级职称1人,其中在读博士2名,硕士1名
管理科学学报	编辑部现有4名专职编辑,正高级职称3人,副高级职称1人

续表

期刊名	编辑部组成情况
图书馆工作与研究	专职编辑7人:高级职称5名,中级职称1名
科学学与科学技术管理	专职编辑7人:副编审1人、高级工程师1人,编辑4人,助理编辑1人

注:①排名不分先后;②资料来源:各期刊编辑部

2. 载文和被转载情况

本市"三核心"期刊省部级以上基金项目载文,有3个期刊占到90%以上,分别是《南开管理评论》、《天津师范大学学报》和《管理科学学报》,《科学学与学技术管理》占到82%,其余的期刊也占到50%左右,见表7。

表7 2011年天津市"三核心"期刊载文及被转载情况

期刊名	全年载文量	省部级以上基金项目载文	转载情况
南开学报(哲社版)	108	49	人大复印资料全文转载22篇
南开经济研究	60	39	人大复印资料全文转载13篇
南开管理评论	95	90	人大复印资料全文转载10篇
天津师范大学学报(社科版)	94	90	《新华文摘》转载3篇,《高等学校文科学术文摘》转载22篇
天津社会科学	147	56	《新华文摘》、《中国社会科学文摘》、《高等学校文科学术文摘》等文摘报刊转载50余篇
管理科学学报	103	98	人大复印资料全文转载15篇
图书馆工作与研究	409	64	人大复印资料全文转载4篇
科学学与科学技术管理	315	258	人大复印资料全文转载32篇

注:①排名不分先后。②资料来源:各期刊编辑部、中国知网

3. 对外宣传及学术交流

为应对全国期刊专业化转型与集约化、数字化发展的趋势,《南开学报》(哲社版)与《南京大学学报》、《清华大学学报》等17家单位协作,联合同方数字化集团,积极参加全国高校专业期刊的筹备和创办,执行主编姜胜利承担了全国高校学报历史学专刊的总统筹工作,现已出版9期,该刊在全国产生了广泛影响。

根据中国科学文献计量评价研究中心和清华大学图书馆共同研制的《中国学术期刊影响因子年报》(人文社会科学)2011年第九卷数据,《南开管理评论》复合影响因子居国内"管理学"学术期刊首位。《光明日报》、新华网、北方网等媒体给予了报道。《南开管理评论·国际版》(Nankai Business Review International)于2010年正式创刊后,本年度进一步优化编审队伍,建立了一支拥有国际化学术背景的审稿专家队伍;致力于提高高水平的原创稿件比例,原创稿件比例为45.83%;系统策划了国际期刊的发展策略,并开展了全方位的宣传和组织工作。

《天津社会科学》在2011年10月27日成功举办创刊30周年座谈会,纪念专刊选用知名学者衣俊卿《百年经典著作编译事业与中国马克思主义理论创新》等一批前沿论稿。

(本文作者:沈丽妹,天津市社会科学界联合会《天津社会科学年鉴》办公室副主任)

《南开学报》(哲学社会科学版)

《南开学报》(哲学社会科学版)是中华人民共和国教育部主管、南开大学主办的中文类综合性双月刊。2011年度,学报编辑部认真学习和贯彻科学发展观,按照学校的部署,积极开展工作。学报的学术质量和社会影响保持稳定并有一定程度提高。本年度在编人员10名。其中教授、博士生导师2名,副教授3名,讲师3名,馆员1名,助理研究员1名。

(1)管理工作。2011年,学报编辑部坚持党的基本路线,全面准确地宣传党的路线、方针、政策,严格遵守党的宣传纪律,严格遵守党和国家有关新闻出版方针、政策和法规。按照办刊宗旨及专业分工范围出刊,坚持为社会主义现代化服务的方向,认真贯彻党的“双百”方针,促进社会科学学术事业的繁荣。

(2)编辑工作。学报全年出刊6期,发表文章108篇。2011年,学报贯彻教育部名刊工程办刊方针,不断推出新举措,采取新措施,秉承以质量求生存、以特色谋发展的原则,发挥该校的学术优势,创办以该校优势和特色学科为基础、由国内外专家学者共同参与的特色栏目。在继续办好“当代西方研究”、“性别视角下的中国文学与文化”、“生态环境史”等知名栏目的基础上,努力开辟了一批新的专栏专题,陆续刊出了“中国共产党对外交往90年”、“信息法制与中国社会发展”、“亚太区域经济合作”、“近代画报与中国社会”等。这些栏目在积极吸收该校优秀稿件的同时,还多方约发国内外、校内外知名专家、学者的文章,转载率比一般栏目大幅提高,提升了特色栏目和专题栏目的学术影响,扩大了刊物和栏目的知名度。如刘景泉教授的《中国共产党领导社会建设的实践和基本经验》一文,被中央部委和地方多次评为优秀论文。“中国共产党对外交往90年”栏目的文章被《中国社会科学文摘》等多种文摘刊物转载、摘编。

(3)社会影响。2011年度,学报积极参与全国期刊改革,抢占期刊专业化和数字化发展的先机。为应对全国期刊专业化转型与集约化、数字化发展的趋势,与《南京大学学报》、《清华大学学报》等17家单位协作,联合同方数字化集团,积极参加全国高校专业期刊的筹备和创办。目前,姜胜利承担了全国高校学报历史学专刊的总统筹工作,现已出版9期,该刊在全国产生广泛影响。本年度学报在《新华文摘》、《中国社会科学文摘》、《高校社会科学文摘》、《人大复印资料》等各大文摘中和“中国人文社会科学引文索引”、“全国核心期刊目录”等各种期刊评价体系中,排名均在全国学报前列。

主　　编:陈　洪

执行主编:姜胜利

通讯地址:天津市南开区卫津路94号南开大学伯苓楼

邮政编码:300071

联系电话:022—23509325

电子信箱:xbb@ nankai. edu. cn

(《南开学报》(哲学社会科学版)编辑部供稿)

《天津社会科学》

《天津社会科学》是天津社会科学院主管主办的哲学社会科学综合性学术刊物,双月刊。2011年出刊6期,发稿147篇,省部级以上基金项目文章56篇,约占发文量的38%。据不完全统计,该刊被《新华文摘》、《中国社会科学文摘》、《高等学校文科学术文摘》等文摘报刊转载50余篇。

(1)编辑部现有4名专职编辑,高级职称3名,中级职称1名,其中在读博士2名,硕士1名。编辑部定期开展考核、培训,加强政治责任意识教育。

(2)该刊严格执行专家审稿和编辑审稿相结合的审稿制度。在审稿上,严格实行三审制,并提出“精选精编”的要求。“精选”,要确保稿件质量,杜绝人情稿、关系稿;“精编”,语言、文字、标点及技术处理坚持规范化和标准化。终审中发现的文字、标点错误,要登记在案,并建立差错统计制度。

(3)2011年精心组织“纪念中国共产党成立九十周年”、“历史唯物主义与空间化研究”、“马克思哲学当代阐释”、“中国转型与中国道路”、“理论经济学研究”、“政治发展与政治文明”、“辛亥革命研究”等专题讨论。“历史唯物主义与空间化研究”专栏选用《历史唯物主义为何与如何面对空间化问题》、《马克思资本主义生产方式批判的空间视域》、《历史唯物主义的空间化解释:历史与可能》、《都市化、全球化与空间政治批判》等文。“马克思哲学当代阐释"栏目选用《马克思恩格斯对城市居住空间的研究及启示》、《资本剥削的经济—伦理体系及其终结的命运》、《唯物史观的三个维度》等文。"中国转型与中国道路"专栏选用《论"转型与发展"》、《需要的变化与当今中国社会的转型》、《改革进程中的力量转型:在事实与规范之间》、《我国政府与社会关系转型及其趋势》等文。

(4)2011年10月27日成功举办创刊三十周年座谈会。纪念专刊选用衣俊卿《百年经典著作编译事业与中国马克思主义理论创新》、万俊人《现代社会发展模式的伦理再反思》、周晓虹《中国经验与中国体验:理解社会变迁的双重视角》、陈明明《从超越性革命到调试性发展:主流意识形态的演变》、王南湜《中西思维方式的差异及其意蕴析论》、周宁《巨大的他者——日本现代性自我想象中的"中国"》、许纪霖《为何权力代替了权威——辛亥革命百年反思》、杨念群《中国艺术表达中的"隐喻"传统与历史写作》等前沿论稿。

(5)该刊连续入选天津市一级期刊和优秀期刊,荣获国家新闻出版总署"第三届国家期刊提名奖",为中国社会科学引文索引(CSSCI)来源期刊、中文核心期刊、中国人文社科核心期刊。

主　　编:赵景来

通讯地址:天津市南开区迎水道7号

邮政编码:300191

联系电话:022－23369296

电子邮箱:tjshkx@126.com

(《天津社会科学》编辑部供稿)

《南开管理评论》

《南开管理评论》是由南开大学商学院主办的管理理论类学术期刊,是国内企业管理类重要核心期刊,系国家自然科学基金委员会管理科学部认定的A类重要期刊、中文社会科学引文索引(CSSCI)来源期刊、北京大学图书馆《中文核心期刊要目总览》及中国社会科学院《中国人文社科核心期刊要览》等核心期刊、中国企业管理研究会"中国高等院校工商管理研究力排名"来源期刊。

2011全年共出刊6期,用稿件为95篇,刊用率为4.5%,呈持续降低态势。全年刊发稿件总量中,省部级以上课题研究成果的稿件占95%。根据中国科学文献计量评价研究中心和清华大学图书馆共同研制的《中国学术期刊影响因子年报》(人文社会科学)2011年第九卷数据,《南开管理评论》复合影响因子居国内"管理学"学术期刊首位。2011年12月,《光明日报》等媒体给予了报道。同时,据中文社会引文索引指导委员会第九次会议最新消息,CSSCI(2012—2013)拟收录25个大类的学术期刊535种,《南开管理评论》在"管理学"大类(共29种期刊)中位居第二。

(1)在编辑队伍基本稳定和完备情况下,进一步加强编辑部制度建设,包括编辑部领导沟通制度、外审专家管理制度、稿件管理制度等。在学院支持下,选派编辑赴海外进修,加强理论学习。

(2)在国内同行竞争日益激烈形势下,加强期刊核心能力建设,通过研究国际一流期刊的办刊经验,找出期刊的特点及核心优势。同时,加强对刊发文章学术影响力的跟踪研究,不断提升学术水平和影响力。

(3)加强《南开管理评论·国际版》的出版质量管理及学术影响力。2011年,进一步优化编审队伍,建立了一支拥有国际化学术背景的审稿专家队伍;致力于提高高水平的原创稿件比例,原创稿件比例为45.83%;系统策划了国际期刊的发展策略,并开展了全方位的宣传和组织工作;召开青年骨干教师研讨会,广泛征询一线教师,尤其是具有海外留学背景教师对期刊发展的建议,共谋期刊发展战略;积极筹划Scholar One投稿系统的上线工作。

(4)着力加强期刊品牌建设。借助期刊复合影响因子居国内"管理学"学术期刊首位及入编CSSCI"管理学"期刊第二位时机,大力开展宣传工作。南开大学网站与报纸、新华网、北方网及《光明日报》等国内著名媒体先后报道了《南开管理评论》的成绩及学术影响力。

(5)积极参与全国高校学报研究会与教育部相关部门组织的学报"名栏"工程申报工作。通过申报过程,系统总结了期刊发展的优势、特色及进一步努力的方向。借此机会,加强了与相关组织的联系与沟通。

(6)加强对外联络工作。责成专人制作了期刊宣传资料,及时更新,在全国性会议上加强宣传交流。本年度,通过参与协办和参加管理学领域国内外主要学术会议的合作,如美国管理学年会(Academy of Management Annual Conference)、第六届

(2011)中国管理学年会、第六届公司治理国际研讨会、创业与创新研究暨青年学术研讨会、第八届服务系统与服务管理国际学术研讨会等,拜会外审专家和作者,进一步扩大了《南开管理评论》在国内外相关领域的影响。

主　　编:李维安
通讯地址:天津市卫津路94号南开大学商学院
邮政编码:300071
联系电话:022-23505995　23498167
电子邮箱:nkwxx@nankai.edu.cn

(《南开管理评论》编辑部供稿)

《南开经济研究》

《南开经济研究》为国家教育部主管、南开大学经济学院主办,由《南开经济研究》编辑部编辑出版,在国内外公开发行(双月刊)。全年共出刊6期,发稿60篇,外稿42篇,占发文量的70%。省部级以上基金项目的文章达39篇,占发文量的65%。该刊得到了海内外同行、管理和实际部门及广大读者更多地关心和大力支持,转载率和转引率有了新的提高。

(1)本年度加强了制度化建设和基础性建设。在强调以制度推进工作的理念下,进一步规范了编辑部工作流程,加大了匿名审稿的力度。2011年12月撰写了申请国家社会科学基金资助报告。更新了所有工作人员的计算机,新置办了彩色打印复印传真一体机,优化了办公环境。

(2)进一步完善了网络化管理工作,更新和改善了《南开经济研究》编辑部的网站,加强了投稿、审稿和编校的无纸化运行,提高各方面的效率。

(3)选文突出了国家关注的重大理论与现实问题,刊载了一批高质量的经济理论研究成果。为领导机关、实际部门、教学科研一线提供了研究成果的转化平台和载体。

(4)该刊被国家新闻出版署评为"中国期刊方阵"的双效期刊,被全国各大数据库和多家载体收录,是CSSCI重要的来源期刊之一。

主　　编:李坤望
通讯地址:天津市南开大学经济学院大楼1013室
邮政编码:300071
联系电话:022-23508250
电子邮箱:nkes-editor@nankai.edu.cn

(《南开经济研究》编辑部供稿)

《天津大学学报》(社会科学版)

《天津大学学报》(社会科学版)是由国家新闻出版总署正式批准,国家教育部主管,天津大学主办,国内外公开发行的哲学社会科学综合性的学术理论刊物。是中文社会科学引文索引(CSSCI)来源期刊、全国中文社会科学核心期刊、天津市优秀期刊。2011年度,共发行6期,计119篇。

(1)编辑部现有3名专职编辑,博士1名,硕士1名,高级职称2名,中级职称1名。编辑部定期开展考核、培训,加强政治责任意识教育。

(2)采用网络远程稿件处理系统。2011年3月1日采用网络远程稿件处理系统以来到12月26日为止,共收到来搞495篇,已经录用的稿件70篇,退稿333篇,退稿率为67.3%,撤稿21篇,正在处理稿件71篇。

(3)坚持办刊宗旨。始终坚持党的基本路线,坚持社会主义办刊原则,坚持该刊的办刊宗旨;认真贯彻、执行党和国家有关科学技术、编辑出版方面的政策、法令、法规,严格执行有关保密、版权、专利、国界等方面的规定;认真学习党的重要理论,深刻体会其精神和精髓,并贯彻于实际工作中,刊载、传播先进的科研成果和信息。

(4)健全内部管理规章制度。该刊建有来稿登记制度、审稿制度、校对制度、审读制度、编辑守则及稿件处理流程等,同时,该刊自创刊以来一直履行"《天津大学学报》(社会科学版)编辑部论文版权转让合同",要求被采用论文的作者与编辑部签定版权合同。对所有来稿都实行登记、编号,责任编辑初审、有关专家二审、主编终审的流程;为了严把校对关,不仅实行"三校制度",而且实行印前审读制度,保证了该刊的政治质量和校对质量,期刊的编辑、文字、校对、印刷等出版质量符合国家标准和期刊行业管理标准。

2011年度该刊被评为全国高校百强社科期刊、该编辑部被评为全国理工农医院校学报优秀编辑团队,该刊“现代企业管理”被评为全国特色栏目。

主　　编:李家俊
主　　任:王义兴
通讯地址:天津市南开区卫津路 92 号
邮政编码:300072
联系电话:13820484228
电子邮箱:wangyixing@ tju. edu. cn

(《天津大学学报》(社会科学版)编辑部供稿)

《管理科学学报》

《管理科学学报》是国家自然科学基金委员会主管,国家自然科学基金委员会管理科学部主办,天津大学承办的管理科学学术类期刊,为全国性一级学术刊物,主要刊登管理科学领域高质量的学术论文。2011 年,按照主办单位和编委会制定的办刊方针,发展的目标定位于国内管理科学一流学术类期刊,能够代表和反映中国管理科学基础研究和应用基础研究的最高水平、最新进展,能够成为优秀管理科学家发表中文代表作的第一选择。该刊以刊登高质量的学术类论文为基础,要求论文具备前瞻性、超前性、创新性和较高的学术参考价值。

(1)2011 年,编辑部现有 4 名专职编辑,正高级职称 3 人,副高级职称 1 人。编辑部定期开展考核、培训,加强政治责任意识教育。主编为郭重庆院士,副主编由李一军教授、寇纪淞教授及张维教授担任。执行主编为张维教授。编委会现有编委 43 人,均为我国管理科学领域知名学者和领军人物。其中,有中国科学院院士 1 人,中国工程院院士 4 人。编委中既有来自高等院校管理科学的研究工作者,也有来自中国科学院、国务院发展研究中心等研究机构的研究人员构成。

(2)2011 年,出刊 12 期,刊文 103 篇。收稿数量为 1230 篇。刊登文章栏目继续保持为论文(97 篇)、综述(1 篇)、研究简报(3 篇)、应用研究、科学基金管理(2 篇)。为配合国家自然科学基金会管理科学部的管理工作,该刊于 2011 年 6 期刊发“运作管理专辑”。专刊内容、篇幅等内容均已报天津市新闻出版局备案。

(3)该刊继续列入《中国科学引文数据库(CSCD)》、《中文社会科学引文索引(CSSCI)》全文入库期刊。根据中国科学技术信息研究所报告,《管理科学学报》期刊影响因子和被引频次历年统计中在管理类刊物中继续名列前茅。学报在国内 985 高校的管理学院中,均视为一级核心期刊,部分高校的管理学院将《管理科学学报》发表的文章视为与 SCI 检索平级对待。

主　　编:郭重庆(院士)
通讯地址:天津市南开区卫津路 92 号
邮政编码:300072
联系电话:022 - 27403197
电子邮箱:jmstju@ 263. net

(《管理科学学报》编辑部供稿)

《天津师范大学学报》(社会科学版)

2011 年,该刊贯彻党的路线方针政策,严格遵守党的宣传纪律和国家有关新闻出版的政策法规。全年共出刊 6 期,发稿 94 篇,外稿 61 篇,占发文量的 65%。省部级以上基金项目的文章 90 篇,占发文量的 96%。该刊由《新华文摘》转载 3 篇,《高等学校文科学术文摘》转载 22 篇,被 CSSCI 索引 94 篇。

(1)加强编辑队伍建设,提高学报编辑的学术水平。编辑部现有 4 名专职编辑,编辑中有硕士 2 名,高级职称 3 名。聘请各学科教师 4 名为特约编辑,参与相关栏目策划等。编辑部定期开展考核、培训、参加学术交流和加强政治责任意识教育。

(2)健全规章制度,严格执行专家审稿和编辑审稿相结合的审稿制度。执行教育部下发的学报编排规范,努力使期刊的出版编排质量达到国家的标准和要求。同时进一步健全编辑部内部管理制度,完善和规范稿件审校制度,切实做好稿件的初审、复审、终审与学科专家匿名评审相结合的审稿工作。刊发稿件不低于三个校次,保证了校对的质量。

(3)继续充实“21 世纪中国文学研究”的品牌栏目,约请国内外知名文学评论专家投稿。根据该校的学科优势,打造由国内外专家学者共同参与的特色栏目。

(4)在本年度天津市评刊中,获一级期刊和优秀期刊。为南京大学《中国社会科学引文索引》(CSSCI)、北京大学图书馆《中文核心期刊要目总览》、中国社会科学院《中国人文社科核心期刊要览》等核心期刊,2010年度荣获"全国高校三十佳社科期刊"称号。文章摘转率在全国师范大学学报排名中居第14位。

主　　编:李家祥
执行主编:王如青
通讯地址:天津市河西区吴家窑大街57号增1号
邮政编码:300074
联系电话:022-23766725　23766761(传真)
电子信箱:zhujianguo820818@sina.com

(《天津师范大学学报》(社科版)编辑部供稿)

《心理与行为研究》

《心理与行为研究》杂志是由国家新闻出版总署批准,2003年1月创刊的综合性心理学学术期刊。该刊由天津市教育委员会主管,天津师范大学主办。

2011年,由我国著名心理学家、教育部社会科学委员会委员、教育部人文社会科学重点研究基地天津师范大学心理与行为研究院院长、天津师范大学资深教授沈德立任主编,梁宝勇、阴国恩、乐国安、白学军四位教授任副主编,由全国30位心理学知名教授专家组成编委会。编辑部现有专兼职编辑5名,其中4人为教授、心理学博士。

2011年,获得天津市优秀期刊提名奖和全国优秀社科学报等称号。是中国社会科学引文索引(CSSCI)来源期刊。共出版正刊4期,增刊1期,正刊发表文章49篇,其中第1期为"眼动研究专刊",稿件全部来源于国际知名眼动研究专家,刊登英文稿件8篇。

为了落实《国家中长期人才发展规划纲要》和《国家中长期教育改革和发展规划纲要》的要求,贯彻中国共产党十七届五中全会提出的"促进经济长期平稳较快发展和社会和谐稳定"精神,本院发起并组织了全国心理学界著名专家于2010年12月16日召开"心理和谐与人才强国"高层论坛。论坛上,每位与会专家紧紧围绕主题做了精辟阐述。该刊将各位专家的发言整理成辑,以增刊的形式出版。增刊刊登文章42篇。

主　　编:沈德立
通讯地址:天津市河西区卫津路241号
邮政编码:300074
联系电话:022-23065320　23541213(传真)
网　　址:http//journal.psytj.net

(《心理与行为研究》编辑部供稿)

《科学学与科学技术管理》

《科学学与科学技术管理》杂志于1980年创刊,是改革开放以来我国创刊最早的关于科学技术管理理论与实践研究方面的综合类科技期刊,由天津市科学技术委员会主管,中国科学学与科技政策研究会、天津市科学学研究所共同主办。2011年出版12期,共发文315篇。

(1)坚持正确的办刊方向和导向。注重宣传科学精神和科学学理论,在理论和实践上做出研究与探索,进一步推动了我国科技政策与科技管理水平的提升。着眼于国家发展战略核心"提高自主创新能力,建设创新型国家",以及经济发展的热点、难点问题进行理论与实践相结合的前瞻性分析和研究,具有政策性、学术性、实证性、资料性的风格。

(2)加强编辑队伍建设。编辑部现有编辑7名,其中副编审1名,高级工程师1名,编辑3名,助理编辑2名。

(3)奉行办刊严肃性与可读性的原则,学术水平和应用效果得到社会广泛认可。该刊载文的被转载量在管理科学类刊物中名列前茅,分别被评为国家基金委管理科学部重要期刊、中文社会科学引文索引(CSSCI)来源期刊、中国科学引文数据库(CSCD)来源期刊、中国学术期刊综合评价数据库(CAJCED)统计刊源,入选《中文核心期刊要目总览》(北京大学图书馆《中文核心期刊要目总览》编委会)、《中国人文社会科学核心期刊要览(CASS)》(中国社会科学院文献信息中心)等。2011年该刊发表的文章被人大复印资料全文转载32篇、引文索引253篇;期刊影响因子为0.86。

(4)积极整合人才资源,全方位打造学术理论人才方阵。该刊拥有百名以上国内外专家学者形成的咨询网络,编委中拥有十多名我国科技管理界著名专家和学者,他们为该刊多年来保持较高的学术水平、不断提升影响力起到了重要的支撑作用。

主　　编:柳卸林

编辑部地址：天津市河东区新开路138号
电　　话：022－24324829
网　　站：http//www.tjkxx.com
（《科学学与科学技术管理》编辑部供稿）

《道德与文明》

《道德与文明》是由天津社会科学院主管，中国伦理学会和天津社会科学院主办的学术理论类期刊。2011年《道德与文明》贯彻党的路线方针政策，严格遵守党的宣传纪律和国家有关新闻出版的政策法规。全年共出刊6期，发稿185篇。省部级以上基金项目的文章达69篇，占发文量的37.3%。2011年该刊被中国人民大学书报资料中心《人大复印报刊资料》、《新华文摘》、《中国社会科学文摘》、《教育科学文摘》等全文转载31篇，取得了良好的社会反响，提高了刊物的质量和水平。在2011年度《人大复印报刊资料》转载学术论文指数排名中位居前列，在233种哲学类学术期刊中，转载量位列第8名，转载率位列第12名，综合指数位列第9名。

（1）加强编辑队伍建设，提高编辑的学术水平。编辑部现有5名专职编辑，其中有博士2名，在读博士2人，硕士1名，高级职称2名，中级职称3名。编辑部定期进行考核、培训，参加学术交流和加强政治责任意识教育。

（2）健全规章制度，建设基础设施。该刊严格执行专家审稿和编辑审稿相结合的审稿制度，聘请十余名外审专家对所有拟采用的稿件进行匿名外审，严把学术关。该刊严格坚持三校责任制，同时利用微机进行勘误，从而使内文差错率稳定保持在万分之零点二五以下。本年度编辑部正式采用远程电子审稿软件，大大提高了编审效率，节约了资源，规范了审稿流程，避免了许多人为因素的干扰，在稿件的选择上更加科学与公正，同时也使编辑部的办公自动化上了一个层次，加强了与作者的联系和沟通。配合软件的使用，添置了必要的设备，进一步实现了办公自动化。

（3）设置特色专栏，重视专题研究。本年度，该刊除了继续加强伦理学基础理论研究外，还针对社会热点问题策划选题，组织约稿。主办了"文化'三自'与社会主义核心价值体系"理论研讨会，特辟"文化'三自'与社会主义核心价值体系"专栏。为了纪念中国伦理学会成立三十周年，该刊组织了"纪念中国伦理学会成立三十周年论坛"。此外，该刊还开设了专题研究栏目，如"经济伦理"、"热点问题探析"、"特别推荐"、"传媒中的伦理问题"、"幸福伦理学专栏"等栏目，反响很大，大大增强了期刊的学术影响力。

（4）年度重大活动。2011年该刊编辑部在院领导的大力支持下，与中国人民大学伦理学与道德教育研究中心、清华大学哲学系合作主办，并承办了"文化'三自'与社会主义核心价值体系"理论研讨会，收到了良好的效果，引起了《中国社会科学报》、《天津日报》、《哲学动态》、《齐鲁学刊》等多家媒体的关注。

（5）本年度该刊继续保持为中国人文社会科学核心期刊、中文社会科学引文索引（CSSCI）来源期刊。中国北方地区优秀期刊、全国中文核心期刊、中国人文社会科学引文来源期刊、天津市一级期刊。

主　　编：杨义芹　万俊人
通讯地址：天津市南开区迎水道7号
邮政编码：300191
联系电话：022－23075124
电子邮箱：daodeyu@126.com
（《道德与文明》编辑部供稿）

《理论与现代化》

《理论与现代化》是由天津市社会科学界联合会主管、主办的学术理论类期刊。2011年，《理论与现代化》贯彻党的路线方针政策，严格遵守党的宣传纪律和国家有关新闻出版的政策法规。

（1）提高编辑水平，影响力日益扩大。《理论与现代化》是CSSCI扩展版来源期刊。2011年该刊连续8年被评为天津市一级期刊。本年度出刊6期，共发表129篇文章。作者队伍的职称分布如下：博导15人，占9.49%；教授、研究员20人，占12.65%；博士后6人，占4%；博士73人，占46.20%；副教授和副研究员30人，占18.99%；讲师5人，占3%；硕士9人，占5.69%。2011年，该刊的《论行政执法方式创新的法治路径》、《"两会机制"与中国政治发展》被《中国社会科学文摘》全文转载。国家基金项目11项；占8.5%，省部级基金项目24项，占18.6%，比去年有较大的增幅。据最新发布的《"中国知网"〈理论与现代化〉发行与传播统计报告》显示,2010统计年度,《理论与现代化》的海内外机构用户总数达4743家,分布在16个国家和地区,期刊的国内学术影响力继续提升,国际学术认同度进一步扩大。

(2)积极开展和国内理论单位的合作,参与"中国现代化研究论坛"的组织工作。在8月5日以"现代化的特征与前途"为主题的第九期中国现代化研究论坛在北京中关村举行。论坛主办单位为中国科学院规划战略局、中国科学院中国现代化研究中心、北京大学世界现代化进程研究中心;合作单位为中国科学院《科学时报》社、天津市社联《理论与现代化》杂志社和北京同响时代现代化管理咨询中心。

(3)设置特色专栏,重视专题研究。本年度,先后设置了"现代化研究"、"政治学研究"、"社会学研究"、"哲学研究"等重点专题栏目。该刊还先后设立了"滨海新区研究"、"天津文学研究"等专题研究栏目。本年度为庆祝中国共产党成立90周年,期刊专门制定《宣传方案》,全年共发表文章129篇,其中,建党90周年专栏20篇,占全年15.5%。

主　　编:李家祥
通讯地址:天津市和平区成都道52号
邮政编码:300051
联系电话:022-23398649　23307884
电子邮箱:xdhbjb@126.com

(《理论与现代化》编辑部供稿)

《现代财经——天津财经大学学报》

《现代财经——天津财经大学学报》是由天津市新闻出版局主管,天津财经大学主办的社科综合经济类期刊。该刊的办刊宗旨是,以马列主义、毛泽东思想、邓小平理论和"三个代表"的重要思想为指导,深入贯彻落实科学发展观,坚持为经济社会发展服务和繁荣我国学术研究的基本方向。严格遵守《中华人民共和国著作权法》等法律和法规。

2011年该刊继续保持着"全国中文核心期刊"和"CSSCI来源期刊"(扩展版)的荣誉,被中国学术期刊评价委员会和武汉大学中国科学评价研究中心制作的《中国学术期刊评价研究报告》评为"RCCSE中国核心学术期刊";一直保持着全国优秀人文社科学报和全国社科百强学报;评选为"天津市一级期刊"荣誉称号。

该刊基本按照财经各专业的特点设置栏目,以突出该刊的特色。其中,"会计与审计"、"金融与保险"、"投资与证券"、"财政与税务"等栏目组成的主要栏目群继续发挥着主干作用,其他栏目如"统计研究"、"经营与管理"、"国际经济与国际贸易"、"商业经济研究"、"经济与法"等质量也有明显提高。连续刊发了一批优秀论文,特别是该刊设置的"经济理论探索"栏目,开设十几年来一直坚持办出特色,抢占学术研究的制高点。刊发了一批在学术界和社会具有广泛影响和热烈反响的探索性、争鸣性文章,栏目特色益愈明显。

该刊突出应用经济学和管理学研究的特长,将办刊重点放在研究和解决经济社会发展的重大理论和实践问题上。2011年该刊共出刊12期,刊登文章186篇,被重要刊物全文转载占14%;其中国家级基金项目占30%,省部级基金项目占63%;校外作者占70%。

为提高办刊质量和学术水平,该刊还注意加强编辑的业务培训,不断提升编辑的业务水平,并鼓励编辑人员从事学术研究活动,加强对外交流。同时,内部制度建设不断加强,努力实现规范化管理。

主　　编:蔡双立
通讯地址:天津市河西区珠江道25号
邮政编码:300222
联系电话:022-88186195
电子邮箱:xdcj@tjufe.edu.cn

(《现代财经》编辑部供稿)

《天津商业大学学报》

2011年,该刊继续秉承质量为先、服务为本、创新发展的办刊理念,齐心协力、锐意进取、严谨务实,顺利地完成了2011年的工作任务。

(1)坚持正确办刊方向,努力提高编校水平。编辑部在办刊过程中坚持正确的政治路线,努力提高编辑人员政治水平和思想觉悟,按照确定的办刊宗旨、业务范围出版。关注前瞻问题,注重理论探索,发现学术新人,及时跟踪国内外经济发展不同阶段的热点问题和难点问题,提高编校水平。发挥了为国家经济发展、滨海新区经济建设服务，为改革开放，为社会主义建设服务的作用。

(2)以学术质量为核心，打造特色栏目。2011年，我们继续打造重点栏目和特色栏目，如“经济逻辑”、“产业发展与创新”、“第三产业”等特色栏目的建设。以上栏目吸引了学术界的关注，众多知名教授、专家不断向栏目赐稿，带动了学报整体质量的稳步提高。全年在重点栏目上发表的文章14篇，多篇被转载和索引。特色栏目的建设带动了学报整体质量的稳步提高。

(3)积极扩大对外交流。2011年编辑部出版学报6期，发表论文80篇，其中内稿33篇，外稿47篇。外稿比重显著增加，学报影响力进一步扩大。同时学报加强与兄弟院校合作交流，与多家院校、研究所、资料室、图书馆互换杂志，同时向学界知名专家赠阅杂志，并通过参加高水平学术会议、研究学术热点问题和专题专访等方式扩大了该刊的知名度和学术影响力。

(4)完善学报管理制度，提升工作效率。2011年，学报编辑部严格做好部门文件整理、归档工作；及时完成档案材料整理、移交工作；做好读者咨询、接待、联系工作。严格财务管理，做到了收支平衡，及时完成了学校交付的各项工作任务。

(5)2011年，学报被评为天津市一级期刊，这是学报连续第10年被评为天津市一级期刊。在《中国学术期刊评价报告》(2011—2012)中，学报再次被评为“RCCSE中国核心学术期刊”。根据《人大复印报刊资料》和《高等学校文科学术文摘》的数据，全年14篇被全文转载，索引收录39条，转载率为66%。

主　　编：刘书瀚

通讯地址：天津市北辰区津霸公路东口

邮政编码：300134

联系电话：022－26667507

电子邮箱：xb@tjcu.edu.cn

(《天津商业大学学报》编辑部供稿)

《天津体育学院学报》

《天津体育学院学报》是天津市教委主管、天津体育学院主办的国内外公开发行的综合性体育学术期刊。2011年，该刊贯彻党的路线方针政策，严格遵守党的宣传纪律和国家有关新闻出版的政策法规。全年共出刊6期，来稿量为3700多篇，发稿121篇，发稿率3.2%。省部级以上基金项目的文章达60多篇，占发文量的50.2%，比去年提高10个百分点。

(1)加强编辑队伍建设，提高学报编辑的学术水平。编辑部现有5名编辑，其中硕士5名，高级职称3名，中级职称2名。聘请各学科教师2名为特约编辑，参与相关栏目策划等。该刊始终把“加强学习和研究，努力将编辑部建成学习型组织”作为努力方向，在从事编辑业务知识提高的同时，还积极参与体育科学研究。编辑部人员积极参加各种学术会议，提高自身素质，及时把握各学科研究前沿问题、热点问题。该刊还加强与兄弟院校期刊的合作与交流，不断学习其先进的办刊经验。加大对国内知名学者约稿力度，并成功实施。

(2)健全规章制度，建立基础设施。编辑部在办刊过程中，建立健全了一系列内部管理规章制度，并在实际工作中严格执行。目前，该刊已经付诸实施的文件有：来稿登记制度、审稿制度、校对制度、审读制度、编辑守则、来稿处理流程等。2011年，该刊继续使用并完善由北京勤云科技发展有限公司开发的“编辑部远程稿件处理系统”，大大提高了编辑部的办公效率。

(3)设置特色专栏，重视专题研究。先后设置了“教练员与学者沙龙”、“博士(生)论坛”等特色专栏。还先后设立了“特邀论坛”、“成果报告”、“百家论坛”、“专题研究”等专题研究栏目。

(4)《天津体育学院学报》始终关注体育科学领域的前沿和重大理论问题，严格审稿制度，坚持不断创新的办刊精神，使该刊在体育学术界享有较高声誉。2011年，入选中文体育类核心期刊，被评为天津市一级期刊、天津市优秀期刊。《天津体育学院学报》囊括了国内绝大部分体育学术期刊评价机构的核心期刊(CSSCI来源期刊，中文核心期刊要目总览，中国科学评价研究中心核心期刊，SCD来源期刊)。

2011年，由清华大学图书馆、中国科学文献计量评价研究中心等单位共同研制的《中国学术期刊影响因子年报(2011版)》(以下简称《年报(2011版)》)系列数据库在北京发布，从此次《年报(2011版)》发布的数据来看，2010年，该刊“复合影响因子”(1.903)和“期刊综合影响因子”(1.437)排名均跃升为第2位；“人文社科影响因子”(1.357)排名跃升为第1位。影响因子学科排位创历史新高。基金论文比达到了60%；引用半衰期为6.0年；引用期刊数为243种；被引用刊数为460种；Web即年下载率为73，Web下载量为11.91万次，这些指标均比上一年度有不同程度的提升。

主　　编：姚家新
通讯地址：天津市卫津南路51号
邮政编码：300381
联系电话：022－23012636
电子邮箱：xb@tjus.edu.cn；
　　　　　tjtyxyxb@yahoo.com.cn
网　　址：http://journal.tjus.edu.cn

(《天津体育学院学报》编辑部供稿)

《中共天津市委党校学报》

《中共天津市委党校学报》是由中共天津市委党校主管、主办的哲学社会科学综合性学术理论期刊，双月刊。

(1)严格遵循办刊宗旨。坚持正确政治导向，遵守国家法律法规和党的方针政策。主动围绕党的理论研究和宣传工作重点，在贯彻落实科学发展观、构建社会主义和谐社会等方面，组织刊载了一批高质量的文稿。组织和刊载的文章具有全局性、战略性、前瞻性，侧重研究解决中国社会和天津发展面临的重大问题，多数文稿具有较重要理论价值和实践意义，受到读者和作者普遍好评，有些文稿引起较大反响。

(2)学术质量明显提高。全年共出版6期，审稿3千余篇，发表文章98篇，其中多篇入选高层学术研讨会或获省部级以上优秀科研成果奖。有些文稿被《新华文摘》、《中国社会科学文摘》和《复印报刊资料》等二次文献转载、转摘，转载、转摘率在全国党校、行政学院期刊系列中排位靠前。该刊系全国中文核心期刊、(RCCSE)中国核心学术期刊、中文社会科学引文索引(CSSCI)扩展版来源期刊。

(3)进一步改善编辑工作。严格遵守学术规范，形成鲜明、规范的学术风格。在坚持实行“三审制”和“三校一读”制度基础上，增加“会审”和“轮流校对”等环节。缩短审稿时间，采用稿件作者在10日内得到用稿通知。调整和健全工作机制，及时修改和完善编辑人员岗位职责等管理制度。编辑人员认真学习和掌握业务知识，充分运用现代化办公手段。

主　　编：何敬文
通讯地址：天津市南开区育梁道4号
邮政编码：300191
联系电话：022－23679027　23679113
电子邮箱：tjdxxb@sina.com；
　　　　　tjdxxb@yahoo.com.cn

(《中共天津市委党校学报》编辑部供稿)

《天津行政学院学报》

《天津行政学院学报》由天津市政府主管、天津行政学院主办。该刊为双月刊，刊号为ISSN1008－7168(国际)、CN12－1284/D(国内)。2011年共刊出6期，累计发文102篇。本年度被《新华文摘》全文转载1篇，中国人民大学书报资料中心转载14篇。

(1)努力推进编辑队伍建设。编辑部现有4名专职编辑，编辑中有博士2名，硕士2名，高级职称3名，中级职称1名，整体年龄结构和专业结构较为合理。编辑部加强制度建设，规范工作程序，倡导敬业精神，定期开展考核、培训、参加学术交流和加强政治责任意识教育。努力提高编辑工作的学术含量，为社会提供优质的编辑产品。

(2)整体办刊质量稳步提高，在多个重要期刊研究机构的期刊评价活动中取得长足进步。学报在中国科学评价研究中心(RCCSE)全国“政治学”类243种期刊排序中名列第18位，较上届提升了8位，被评为“中国核心学术期刊”；在2011版《中国学术期刊影响因子年报》(人文社会科学)全国“政治学”类290种期刊复合影响因子排序中居第24位，较2010版年报上升4位。同时，学报已被预选为中文社会科学引文索引(CSSCI)扩展版来源期刊(公示中)。

(3)坚持办刊宗旨，定位于“专业性为主的小综合性期刊”。以政治学和行政学为主要专业方向，进一步细化栏目。提倡原创、理性、厚重、宽容的文风。一年来，学报的专业凝聚力和学科影响力都得到一定加强，主要量化指标基本稳中有升，个别评价指标进步明显。

主　　编：段志超
通讯地址：天津市南开区育梁道4号
邮政编码：300191
联系电话：022－23679005
电子邮箱：xb238@yahoo.com.cn

（《天津行政学院学报》编辑部供稿）

《求知》

2011年，《求知》认真贯彻落实党的路线方针政策，严格遵守党的宣传纪律和国家有关新闻出版的政策法规，全年共出刊12期，发稿292篇，外稿196篇，占发文量的67.2%。年内该刊由《中国共产党》、《马克思主义列宁主义研究》、《邓小平理论研究》等期刊转载、索引共计63条。《求知》在面向全国发行的同时，还受到了国外数十所知名大学的关注，《求知》的国内外影响力不断提高。

（1）坚持以常设栏目为主体、以临设栏目为补充的理论栏目、工作栏目、信息栏目"三位一体"的栏目框架，较好地配合了中央和市委的战略布署和中心工作，在建设学习型党组织、创先争优活动中，在学习贯彻党的十七届五中、六中全会及市委九届九次、十次全会精神中发挥了重要作用，受到了市委有关领导和广大党政干部的好评，尤其是一些高质量的党建理论文章，在人大复印资料上转载，不仅提升了期刊的档次，也在全国省级党校期刊界扩大了影响，吸引了更多的高水平作者投稿。

（2）扎实开展纪念中国共产党成立90周年理论宣传工作。开设专栏，组织高层专家学者和地方党史部门的有关人员撰写理论文章和史料介绍文章，主要从党的发展历程、伟大成就、历史经验、未来启迪四个方面展开设计选题，突出纪念活动的现实针对性，促进广大读者在纪念中国共产党成立90周年的同时，更加珍惜今天，努力创造明天。

（3）扎实开展建设学习型党组织的理论宣传工作。一是开设专栏。组织高层专家学者和基层党务部门有关人员撰写理论文章和工作经验交流文章，从什么是学习型党组织，为什么建设学习型党组织，怎样建立学习型党组织，以及建立学习型党组织的好做法、好典型、好经验等方面，全方位、多层次、大篇幅地诠释建立学习型党组织的重要意义和深远影响，对全市建立学习型党组织活动起到了一定的推动作用。二是经市委宣传部和市委党校同意，以市委宣传部和市委党校的名义（由《求知》杂志承办），在全市范围内开展了建设学习型党组织理论征文活动。理论征文活动历时五个月，在全市各区县宣传部、党校，市直各部门，各企业、各高等院校党委理论宣传部门以及广大理论宣传工作者的大力支持和积极参与下，共收到征文262篇，经有关专家组成的评审委员会对论文进行严格审阅评选后，最终评选出一等奖5篇、二等奖10篇、三等奖15篇。征文活动结束后，我们择优编辑出版了《学习是一种生活方式》一书，这部书配合建设学习型党组织活动的理论宣传，起到了很好的推动工作和展示成果的作用，受到市委有关领导和广大读者的好评。

（4）按照出版与订阅统筹、出版与通联统筹、出版与广告统筹、出版与多种经营统筹、出版与党建行政工作统筹的"五统筹"的发展理念，《求知》杂志强化期刊质量、广开发行渠道、积极开展通联、搞活经营管理，形成了以出版为核心、以订阅为基础、以多种经营为支撑、以理事会协办为经济后盾的新的期刊发展模式，为《求知》杂志未来企业化经营打下了坚实的基础。

（5）积极开展期刊自身建设，提升硬件条件，改善办公环境，各项工作效率大幅提高。《求知》杂志进一步优化了与全市各区县局宣传部和有关单位的人际环境，获得了诸多业务、征订、财力上的支持，广告传媒公司运作良好，形成了《求知》发展的有力支撑。

主　　编：钦建军
通讯地址：天津市南开区育梁道4号
邮政编码：300191
联系电话：022－23679143
电子邮箱：qiuzhi2087@sina.com

（《求知》编辑部供稿）

《天津外国语大学学报》

《天津外国语大学学报》是由天津市教育委员会主管，天津外国语大学主办的外语类学术期刊。该刊辟有翻译研究、外国语言研究、外语教学研究、外国文学研究及综合外语研究等栏目。

2011年，学报出版6期，共刊发论文74篇，其中国家社科项目及省部级科研项目论文39篇，占总发文量的53%。被中国人民大学《复印报刊资料》索引63篇，索引率高达85%。具有高级职称或博士学位的作者占90%以上，包括知名学者北京大学的胡壮麟教授和复旦大学的熊学亮教授。2011年4月与天津外国语大学英语学院联合承办“全国首届语言研究与外语教学研讨会”，10月与天津外国语大学国际交流学院等联合承办“纪念《语法修辞讲话》发表60周年学术研讨会”，加强了学术交流与合作。

学报严格执行《中国社会科学期刊质量标准》和《高校文科学报编排规范》，严把编辑、校对、出版的每一个环节，保证编校质量，使差错率低于规定标准。聘请各学科编委参与审稿及推荐稿件工作，严格执行三审制度，主编终审重点把关。该刊连续被评为全国高校优秀社科期刊，天津市一级期刊，被天津市教育委员会职称工作办公室列为重要学术刊物，并在南京大学中国社会科学评价中心来源期刊中的排名也不断提高。该刊是CNKI中国知识基础设施工程中国期刊全文数据库(CJFD)全文收录期刊、中国学术期刊综合评价数据库(CAHCED)统计刊源期刊、万方数据—数字化期刊群全文上网收录期刊、中文科技期刊数据库全文收录期刊。学报国内外影响日益扩大，成为目前我国外语研究领域不可缺少的重要学术园地。

主　　编：修　刚

通讯地址：天津市河西区马场道117号

邮政编码：300204

联系电话：022－23285743

电子邮箱：journal@tjfsu.edu.cn

（《天津外国语大学学报》编辑部供稿）

《天津经济》

《天津经济》是天津市经济发展研究所主办、天津市发展和改革委员会主管的经济类期刊。2011年，《天津经济》紧紧抓住市委“调结构、增活力、上水平”的工作思路，全面解读财政税收的相关政策和提升财税专业水平，通过描写天津地标建筑重点反映天津蓬勃发展的良好势头，高度凝聚国内外最新资讯精华，从而在刊物质量上和发行上再次跃上了一个新的台阶。

2011年，全年共出刊12期，发稿300余篇，刊登基金论文15篇，期刊的载文量、可被引文献量、影响因子都呈上升趋势，网络下载量已到达5.58万次。

(1)加强编辑队伍建设，提高编辑的业务水平。编辑部现有5名专职编辑，编辑中有博士1名，硕士1名，高级职称3名，中级职称3名。编辑部定期开展考核、培训，参加学术交流和加强政治责任意识教育。

(2)确立核心期刊转型目标，进一步提升质量。2011年，《天津经济》继续保持着“学术化、规范化、网络化”的办刊思路，沿着既定的向“核心期刊”转型的目标，不断在内容上全力为“目标”服务。进一步贴近经济热点、反映经济难点、突出地区特色、体现地区特点，力求所刊内容具有创新性、时效性、资料性和可操作性，力求有较高的理论价值和决策参考价值。杂志社将立足天津，面向全国，为天津及全国的经济发展服务，为区域经济合作与发展服务。

(3)健全规章制度，建设基础设施。该刊更加严格地执行专家审稿和编辑审稿相结合的审稿制度，每校规定严格的时间要求和校样存档。本年度，编辑部还添置了设备，购置了图书，建设了学科资料室和库房。

(4)设置特色专栏，重视理论与实际相结合。该刊设置了“专稿”、“发展”、“社会”、“聚焦”、“封面”、“财税”、“金融”、“视界”等重点专题栏目。

(5)在天津市评刊中，多次获一级期刊和优秀期刊。

主　　编：王天伟　社长：张桂枝

执行主编：仲成春

通讯地址：天津市河西区福建路17号

邮政编码：300202

联系电话：022－83836403　83834106(传真)

电子邮箱：83836403@126.com

（《天津经济》编辑部供稿）

《港口经济》

《港口经济》是我国唯一专门研究港口经济的综合性经济期刊。该刊由中国人民政治协商会议天津市委员会主管，开益国际咨询研究中心(天津)

主办。连续多年被评为天津市一级期刊。

(1)贯彻落实科学发展观,坚持理论与实际紧密结合。2011年,《港口经济》紧紧围绕办刊宗旨,继续坚持理论与实践相结合的传统,力求为港口经济提供可持续发展的对策建议。结合国内外社会经济发展和我国改革开放的新形势,继续大力扩大范围组织稿件,使刊物的特色和优势得到巩固和提升。同时,刊物在港口经济转变经济发展方式、调结构和发展战略规划的学术探索方面也取得了新成果、达到了新水平。

(2)不断扩充编辑力量,丰富编辑队伍的专业结构。2011年,刊社共有编辑人员8名,其中编审2名、编辑3名,其余3名为高校讲师、教授。全年出版12期,载文269篇,其中省部级基金项目文章18篇。全年由中国人民大学《复印报刊资料》转载文章9篇,由CSSCI索引6篇。这些文章着眼现实、把握宏观、开阔视野,对转变经济发展方式、促进港口经济又好又快发展起到了很好的导向作用,使2011年《港口经济》刊物的整体质量再上新水平。

(3)立足服务航运企业,结合发展热点创新栏目。2011年,增设了"两会建言献策"、"经济社会发展论坛"、"综合运输"等新栏目,结合中国港口经济发展的特色,推出一批受读者关注的稿件。刊物针对全球港航业在国际金融危机严峻的形势下,为谋求市场发展的新战略新模式,加强了"环球港城"专栏的组稿工作,集中力量组织、编发了国外港口与港口城市的发展经验和作法,给我国港口经济发展提供借鉴。在"港口经济论坛"和"动态信息"专栏中,刊载了一批具有典型意义和特色的发展港城经济短文,发表一批政府、企业领导人和专家学者的针对性的观点和建议。继续全面加大天津滨海新区的宣传力度,在"滨海新区"专栏中重点反映新区在2011年令人瞩目的"十大战役"所取得的重大发展成就及各主要功能区的又好又快发展动态,突出了坚持改革开放的滨海新区在区域经济发展中的强大引擎作用,得到了中央与地方领导的好评。刊物在保持工作指导类文章的基础上,增加了一批具有科学性、前瞻性、创新性的学术文章,提升了刊物的理论水平和影响力。

主　　编:王海平
执行主编:刘秉镰
联系地址:天津市和平区电台道香榭里2—1—101
邮政编码:300070
联系电话:022-27845414
电子信箱:gkjj2008@yahoo.com.cn

(《港口经济》编辑部供稿)

《城市》

《城市》创刊于1992年,月刊,由天津市城乡建设和交通委员会主管,天津市城乡建设研究所主办,是城市科学研究领域内办刊历史最久的刊物之一。《城市》致力于探索中国城市发展的思路与对策,研究城市经济与社会发展的理论与方法,介绍国内外城市规划与建设的动态与信息,交流城市经营与管理的经验与成就,是学术理论与决策实践相结合的刊物,面向政府官员、高管、研究人员及高校学者。2011年共出刊12期,发表文章220篇,124万字;刊发各类基金项目论文34篇,占发文量的15.4%。该刊连续12年在天津市期刊质量评估中被评为一级期刊。

(1)提高编辑部业务素质。该刊拥有健全、高效的编辑部和高水平的专职采编人员。编辑部共6人,本科及以上学历5人,高级职称1人,中级职称3人。

(2)聚焦热点议题。该刊设有探讨与研究、城市发展战略、城市经济、城市规划、城市文化等10余个栏目,为城市建设理论的发展完善和实践经验的推广搭建了广阔平台。根据国家政策的新变化和对城市建设的新要求,刊发了《我国当前城市发展中的主要问题》、《全面提高天津城市建设水平的对策研究》等文章。以城市文化大发展大繁荣为视角,与城市建设实践相结合,刊发了《我国城市文化印象与发展瞻望》、《天津滨海新区文化肌理及文化资源整合方向研究》等文章。

(3)组织交通论坛专刊。本年度,该刊结合天津市建交委举办的天津市城市交通发展战略论坛,发表高质量论文近30篇,在城市交通拥堵治理、公共交通优先发展和静态交通建设等方面提出了新思路与新举措,为城市交通的良性运转及相关政策的制定提出了有益的意见和建议。

(4)提升刊物学术水平。先后被中国期刊网、中国学术期刊(光盘版)、中国核心期刊(遴选)数据库、中文科技期刊数据库等收录为刊源单位;现有网上用户6542个,其中机构用户3271个;期刊被引频次、影响因子以及网上点击率、下载率持续上升。多篇文章被人大复印资料转载。

主　　编:李　菁
通讯地址:天津市河西区南昌路116号
邮政编码:300203
联系电话:022-23243277
电子邮箱:a2324@126.com

(《城市》编辑部供稿)

《环渤海经济瞭望》

《环渤海经济瞭望》由天津市发展和改革委员会主管,天津市信息中心主办,是环渤海经济区惟一公开发行的区域性经济期刊,全面反映该地区经济、社会发展全貌。该刊为经济类综合性期刊,月刊,天津市一级期刊,天津市优秀期刊。国内外公开发行。国际16开本,64页,全彩印刷。2011年,该刊秉承既定办刊宗旨,出刊12期,发表各类文章200余篇。

(1)加强编辑队伍建设,提高学报编辑的学术水平。编辑部现有专职编辑3人,其中高级职称2人,副高职称1人。编辑部定期开展考核、培训、参加学术交流和加强政治责任意识教育。

(2)该刊的主要栏目有该刊特稿、环域在线、经济纵横、瞭望视点、对策研究、博士论坛、经营管理、财金投资、国际观察、渤海聚焦。所设重点专栏"该刊特稿"、"环域在线"主要报导环渤海区域发展动态及发展思路,全面系统报导本区域内各市地概况,为扩大环渤海地区宣传力度不懈努力。2011年,"特稿"栏目发表了郑春勇的《寻找经济增长与社会稳定协调发展之路——对"天津模式"的思考》和王琦《政府营销的天津实践——对"上水平"活动的理论考察》等,反响较好。另外还发表一些高层领导对当前经济发展和今后发展态势的精准分析和前瞻性预测的文章。如天津市发改委主任张志强和中共河北省委原书记叶连松等领导的文章。

(3)2011年,该刊继续被评为天津市一级期刊,并在天津市第十届期刊出版质量评估活动中被评为天津市优秀期刊。被《中国核心期刊(遴选)数据库》收录。

主　　编:沈洪洲
地　　址:天津市河西区友谊路39号
邮政编码:300201
联系电话:022-28130705
电子信箱:hbhjjlw@163.com

(《环渤海经济瞭望》编辑部供稿)

《天津法学》

《天津法学》是由原《天津市政法管理干部学院学报》,经国家新闻出版总署批准,更名为《天津法学》(新出审字【2009】230号)的。该刊由中共天津市委政法委员会主管,天津市政法管理干部学院和天津市法学会主办,是天津市唯一的法学学术理论刊物。

2011年,《天津法学》坚持正确的办刊宗旨和编辑方针,已成为党领导下的从事马克思主义法学教育、法学研究、法制宣传的重要阵地,在全国的影响越来越大,受到全市、全国法学理论工作者和政法实际工作者的关注和欢迎。

(1)加强编辑队伍建设,提高学报编辑的学术水平。编辑部现有专职编辑3人。编辑部定期开展考核、培训、参加学术交流和加强政治责任意识教育。

(2)规章制度健全。在内部管理上,形成了一套比较严密的制度和程序。实行三审终审、三校一读、现场办公等制度规定,大力减少错误和失误。为提高刊物质量,坚持聘请编委或专家审稿把关,作为提高刊物质量的重要保障。

(3)该刊为季刊,2011年共出刊4期,发表各类文章70余篇。目前特色栏目有:立法建议、金融法制、李大钊研究。

主　　编:杨明光
地　　址:天津市南开区水上公园路45号
邮政编码:300191
联系电话:022-23616158
电子信箱:49254654@qq.com

(《天津法学》编辑部供稿)

《河北工业大学学报》(社会科学版)

该刊是由河北省教育厅主管,河北工业大学主办的社会科学类学术期刊,大16开,季刊。学报以邓小平理论和“三个代表”重要思想为指导,以深入贯彻落实科学发展观和构建社会主义和谐社会作为办刊的根本出发点和立足点。

(1)在办刊过程中始终坚持紧密围绕办刊宗旨,服务人文社会科学学术研究与交流,追踪学术前沿,弘扬科学精神和创新思想。学报坚持为社会主义服务、为人民服务的方针,坚决把社会效益放在第一位,全力为教育、科研服务,积极宣传党和国家的路线、方针、政策,传播有益于提高民族素质,有益于经济发展和社会进步的科学、文化知识。

(2)2011年,学报继续采取多种方式积极吸纳优质稿源,提升学报文稿的质量。学报通过主动约稿、重点课题、优秀论文优先发表,优稿优酬等方式吸引优秀、高质量的稿件;编辑严格执行稿件三审三校制度,坚决杜绝人情稿、因人论稿的不良风气;为确保学报出版质量,从源头杜绝学术不端行为,同时也保护知识产权和维护学报形象。2011年6月,编辑部经报请编委会同意正式启用了AMLC检测系统(学术不端文献检测系统),并与作者签订《版权转让协议书》,从而为解决作者与出版单位版权纠纷和稿件评审的客观性、科学性提供了法律依据和科技支撑。

(3)学报坚持质量第一,不断努力探索、创新,近两年来影响力提升迅速:2011年1—3期共刊发文章48篇(第4期尚未在统计之中),被索引40篇,索引率为83.3%,其中全文转载3篇。中国科学文献计量评价研究中心2011版中国学术期刊影响因子年报显示:该刊综合影响因子为0.285,在全国600多家人文社科期刊中排名323,已进入河北省综合性人文社科期刊前十名之列。

(4)2011年共出刊4期,文章数量为73篇。目前该刊主要栏目有:文史研究、经济与管理、政治理论与哲学、法学研究、教育理论与实践等。

主　　编:马树强
地　　址:天津市北辰区双口镇西平道5340号
邮政编码:300401
联系电话:022-60438312
传　　真:022-60438311
电子信箱:xbshk@126.com

(《河北工业大学学报》编辑部供稿)

责任编辑:沈丽妹

大 事 记

2011年天津市社会科学大事记

1月

6日　市十五届人大常委会召开第二十一次会议。市社联党组书记李家祥列席会议。

10日　主题为“创新新形势下群众工作的理论与实践”的天津市社科界第39次理论创新论坛在市社联举办。市社联党组书记李家祥出席并讲话，30余人参加论坛。

12日　《天津市创先争优活动简报》第178期，以《覆盖工程出实招创先争优结新果》为题，报道市社联党组推动在民办社会科学研究机构中实现党的组织全面覆盖的做法。

14日　市社联召开学会秘书长座谈会。市社联党组书记李家祥，市社联秘书长陈根来出席并讲话，30余人参加会议。

15日　市法学会召开法学教育分会成立大会。会上，邀请中国法学会法学教育研究会常务副会长张文显作专题学术报告，100余人参加。

16日　市社联组织12位社科界知名专家学者学习讨论“十二五”规划纲要报告。市社联党组书记李家祥主持讨论会。

17日　市企业经济研究会等举办“中国品牌盈利模式专题报告会”，200余人参加。

25日　《理论与现代化》编辑部召开专家约稿座谈会，10余名专家学者出席会议。

26日　市社联召开五届十八次常委会议。市委宣传部副部长李毅出席并致辞，市社联主席罗远鹏出席并讲话，市社联党组书记李家祥主持会议，38人参加。

28日　天津市第十二届社科优秀成果颁奖大会在天津礼堂召开。市人大常委会主任肖怀远、市社联主席罗远鹏出席，市委宣传部常务副部长陈浙闽出席并讲话。市委宣传部副部长李毅主持会议，市社联党组书记李家祥作评奖工作总结报告，200余人参加。

同日　2011年社科界新春联谊会在南开大学举办。市人大常委会主任肖怀远出席并讲话，市委宣传部常务副部长陈浙闽、副部长李毅出席，南开大学党委书记薛进文出席并致辞，40余人出席。市社联党组书记李家祥主持联谊会。

30日　市社联机关召开2010年度工作总结表彰大会暨机关新春联欢会。党组书记李家祥出席并讲话，秘书长陈根来主持会议。

本月　市社联参与主办的“渤海名家大讲堂”系列活动被天津市精神文明建设委员会授予“2010年度精神文明建设优秀品牌项目”荣誉称号。

2月

11日　市社联召开2011年度工作会议，研究讨论2011年度工作。市社联党组书记李家祥、秘书长陈根来以及中层以上干部出席会议。

12日　主题为“国际航运融资中心建设方案的研究”的第21次滨海新区开发开放研讨会在市社联召开。

21日　市社联与市科协就落实本市政协委员提案“关于社会科学、自然科学两界联动开展科学普及活动的建议”进行座谈。市社联党组书记李家祥出席。

22日　由市委宣传部副部长李毅带队的督察调研组一行三人来市社联检查指导工作。市社联党组书记李家祥参加汇报会。

23 日　市统计学会召开天津市统计系统 2011 年统计科研课题意向研讨会。市统计局副局长张强出席并讲话。

25 日　市社联召开 2011 年科研处长工作会议,30 余人参加。市社联党组书记李家祥,市社科规划办主任杜鸿林出席并讲话。

3 月

4—5 日　京津沪渝人文素质联合调查研讨会在北京召开。四市社科联领导和科普工作人员 16 人出席。天津市社联党组书记李家祥、国家统计局天津调查总队副总队长杨维出席。

9—18 日　市社联召开民办社科机构和直属学会研究会"一站式"年检工作会议,近 50 人出席会议。

12 日　主题为"滨海新区社会管理创新研究"的第 22 次滨海新区开发开放研讨会在市社联召开。滨海新区人大常委会副主任郝寿义出席并讲话,市社联党组书记李家祥出席会议,50 余人参加。

19 日　以"国际关系视野中日本的历史、现状与未来"为主题的第五届北大、南开、复旦三校博士生日本研究论坛正式开幕,来自北京大学、南开大学、复旦大学三学府的博士生参加。

24 日　由中国再生资源产业技术创新战略联盟主办,天津子牙循环经济产业区、南开大学、天津理工大学共同承办的中国再生资源产业技术创新战略联盟第一届三次理事会暨子牙循环经济高层论坛在南开大学召开,来自天津市政府、南开大学、清华大学、中国工程院等部门、高校和科研院所的专家学者及行业内的多家龙头企业代表出席会议。

28 日　市社联发布《天津市社会科学界第七届(2011)学术年会方案》,并发出《征文通知》,部署第七届学术年会工作。

同日　山东省社科联成立 50 周年纪念大会在济南举行,500 余人参加。天津市社联党组书记李家祥应邀出席大会。

31 日　天津市宣传信息和调研工作会议在市社联召开。其中,由市社联党组书记李家祥为组长的课题组撰写的《社会科学普及载体创新的实践模式探讨》,荣获 2010 年度天津市宣传思想文化工作优秀调研成果一等奖。

同日　市国际贸易学会召开"天津建设北方对外贸易中心"专题研讨会,10 余人参加。

4 月

1 日　市社联等举办"渤海名家大讲堂——社科讲坛"市民专场第十九场讲座。南开大学常务副校长、市文学学会会长陈洪作题为"金庸与天津暨金庸小说与传统文化"的专题讲座,160 余人参加。

同日　市金融学会召开 2011 年工作会暨学术报告会。会长林铁钢出席并作题为"宏观审慎政策及在我国的实践"专题学术报告,130 余人参加。

2 日　"日本现代化历程、经验与教训"学术研讨会在南开大学开幕,国内 60 余位日本问题专家学者参加会议。南开大学教务长朱光磊,日本国际交流基金北京文化中心主任杉田松太郎,中国社会科学院日本研究所所长李薇、副所长高洪,天津外国语大学校长修刚,天津市社会科学界联合会党组书记李家祥,天津市社会科学院院长张健出席开幕式。

8 日　由市科协承办的天津市第 25 届两界联盟课题开题会召开。市社科规划办主任杜鸿林主持会议,天津社会科学院副院长王立国,市社联秘书长陈根来出席并讲话,50 余人参加。

同日　市语言学学会等举办"李世瑜先生逝世百日纪念会"。本市各界专家学者、媒体记者和李世瑜先生亲属近 40 人参加。

9 日　主题为"滨海新区科技金融体系创新"的第 23 次滨海新区开发开放专题研讨会召开,社科界专家学者和实际部门研究人员 60 余人参加。

同日　国家级精品课"科研方法论"建设研讨会在南开大学主教学楼召开。南开大学教务长朱光磊及信息技术科学学院负责人出席会议,40 余人参加。

14 日　市社联举办"社会科学理论前沿与热点问题"系列讲座第一讲,邀请南开大学教务长朱光磊教授作《关于中国治国理政思路调整的几个重要问题》讲座,市社联党组书记李家祥出席。

15 日　主题为"加强和创新社会管理的理论与实践"的天津社科界第 40 次理论创新论坛在市社联举办。市社联党组书记李家祥出席,近 40 人参加。

16 日　市逻辑学学会创新思维分会召开"社会管理科学化与创新思维"学术研讨会,30 余人参加。

21 日　市保险学会召开 2011 年产险总经理高峰会议。市保监局副局长李振达出席并讲话,30 余人参加。

22 日　以“未来十年的欧盟与中欧关系”为主题的中国欧洲学会第八届年会在南开大学召开,150 名欧洲问题研究专家出席。天津市副市长任学锋,南开大学党委书记薛进文,中国欧洲学会会长周弘,中国社会科学院欧洲研究所党委书记罗京辉,中国欧洲学会副会长伍贻康、戴炳然、沈雁南等出席开幕式。南开大学副校长佟家栋主持。

23 日　由南开大学主办、南开大学马克思主义教育学院承办的“中国共产党与中国现代化”国际学术研讨会在南开大学东方艺术大楼举行。天津市委宣传部副部长李毅,天津市教育委员会副主任、市教育招生考试院院长张静,天津市委党史研究室副主任李文芳,南开大学党委副书记刘景泉,越南国家社会科学院中国问题研究所所长杜进森,中央党史研究室第二研究部研究员庞松,中央党校党史教研部教授陈述,上海市中共党史学会会长张云出席,国内外 60 余位专家与会。

29 日　由南开大学天津文化研究中心主办的天津城市形象高层论坛在南开大学举行。天津市社联主席罗远鹏等受聘为南开大学天津文化研究中心兼职教授。南开大学校长龚克出席会议,并为兼职教授颁发聘书。

本月　天津市教委立项重点调研课题 182 项。

5 月

3 日　市统计学会邀请南开大学数量经济研究所所长张晓峒教授作题为“中国统计数据环比速度调整及计算方法”的专题讲座,近 130 人参加。

同日　由河西区政府主办、市律师协会协办的“推动律师业科学发展给力法治天津建设”论坛在津举行,天津市人大常委会副主任张元龙出席。

3—4 日　2011 年度京津冀区域协作论坛预备会在石家庄市召开。三省市社科联、科协的领导,以及相关工作人员 20 余人参加。天津市社联党组书记李家祥出席。

6 日　市社联召开中层以上干部会议。传达学习、研究落实胡锦涛总书记在天津考察工作时的重要讲话精神和市委的重要工作部署。市社联党组书记李家祥主持会议并讲话。

9 日　由南开大学党委学生工作部主办,经济学院承办的党史名家论坛举办第五场专题讲座。中央党校中共党史教研部副主任、南开大学马克思主义教育学院兼职教授谢春涛,应邀演讲“中国改革开放的历程和经验”。校党委副书记刘景泉出席报告会并致辞。

13 日　市社联等举办主题为“服饰文化与科学养生”的“渤海名家大讲堂”科普讲座。天津师范大学美术设计学院院长华梅教授主讲,市民群众 140 余人参加。

14 日　主题为“滨海新区融资租赁业发展”的第 24 次滨海新区开发开放专题研讨会在市社联召开。市社联党组书记李家祥出席会议,50 余人参加。

19 日　市保险学会举办《保险法》与保险诉讼实务专题讲座。金诺律师事务所范大鹏律师主讲,220 余人参加。

21 日　由南开大学主办的“创新与创造力国际研讨会”在北京举行。意大利前总理、南开大学名誉教授普罗迪,中欧论坛创始人、中欧国际工商学院教授、南开大学客座教授高大伟、南开大学校长龚克等出席。

同日　由中国国际金融学会、《国际金融研究》编辑部与南开大学经济学院共同主办的《国际金融研究》杂志第三届理事单位年会在南开大学省身楼召开,近百名专家学者参加。

25 日　由中国银行业协会、天津市人民政府和中国外商投资企业协会联合主办的第二届中国金融租赁高峰论坛在津召开,主题为“全球化视角下的融资租赁”。市委常委、副市长崔津渡,中国神华能源股份有限公司总裁凌文,中国工商银行副行长李晓鹏,交通银行副行长王滨,中国银行业协会专职副会长杨再平等出席。

同日　市企业经济研究会等召开“中国品牌赢利模式”大型公益性商业论坛,200 余人参加。

同日　市交通会计学会召开七届二次理事会暨经济形势报告会。会长张德明主持会议,80 余人参加。

27 日　市社团局副局长陶忠实等一行 3 人来市社联就新社会组织党建工作进行专题调研。市社联党组书记李家祥出席。

同日　市教育学会召开“十二五”教育科研规划课题启动仪式暨区县教育学会秘书长联席会。常务副会长兼秘书长刘长兴出席并作动员报告,近

30人参加。

同日 由天津大学马克思主义学院主办的高校思想政治理论课教育教学与建党90周年研讨会在天津召开，天津大学党委书记刘建平、党委副书记李义丹，教育部社科司副司长徐维凡等出席。

29日 “商业地产赢在当下——天津楼宇经济与社会发展研讨会”在梅江国际会展中心举办，副市长任学锋出席并讲话。本次会议主题是“搭建平台，促进交流，推进天津楼宇经济及商业地产发展”。

同日 市房地产学会等举办“天津商业地产与亿元楼宇研讨会”。会长杨族耀出席会议，市房地产协会会长张建台主持会议，100余人参加。

31日 市台湾研究会召开优秀研究成果表彰暨台情报告会。上海国际问题研究院台港澳所所长严安林研究员作台情报告，180余人参加。

6月

2日 天津社联学会管理专业委员会会议在市社联召开。市社联党组书记李家祥出席并讲话。

3日 市中共党史学会等举办纪念建党90周年学术沙龙活动。秘书长李文芳出席并讲话，70余人参加。

4日 市无形资产研究会召开“高新技术产业知识产权融资问题”暨国家社科基金项目开放式研讨会，此次会议是天津市社科界第七届学术年会分会场之一，60余人参加。

8日 市梁斌文学研究会等在湖北省襄阳市举办“大地之子襄阳情——梁斌文学艺术展”。中国文联副主席廖奔出席开幕式并讲话，天津市委常委、政法委书记散襄军出席开幕式。1200人参加。

9日 天津市第九届社科普及周活动部署推动会在市社联召开，60余人参加。市社科规划办主任杜鸿林出席并讲话，市社联秘书长陈根来主持会议并部署工作。

10日 由南开大学世界近现代史研究中心、美国历史与文化研究中心主办的“美国族裔与社会文化”国际学术研讨会在南开大学举行。南开大学副校长佟家栋及来自国内外的90多位学者参加会议。

11日 主题为“北方国际航运中心核心功能区建设”的第25次滨海新区开发开放专题研讨会在市社联召开。社科界专家学者和实际部门研究人员40余人参加。市社联秘书长陈根来出席会议。

同日 由南开大学和天津市语言学会联合主办的国际中国语言学学会第19届年会（IACL－19）在南开大学拉开帷幕，来自17个国家和地区的300余位从事中国语言学研究的专家学者出席会议。

12日 “古典学·国学·中国史一级学科建设”高峰论坛在南开大学举行。南开大学校长龚克出席论坛开幕式并讲话。

13日 中共天津市委党校和市中共党建研究会等召开主题为“加强和改进党的建设推进经济社会科学发展”的纪念中国共产党成立90周年理论研讨会，此次会议是天津市社科界第七届学术年会分会场之一。市委常委、市委组织部部长史莲喜出席并讲话，100余人参加。

15日 市社联与市党建研究会共同主办的主题为“信息化发展与党的建设”的天津市社科界第41次理论创新论坛召开。市社联主席罗远鹏出席并讲话，40余人参加。

17日 市委组织部、市委宣传部、市委党校、市社联等9单位联合召开天津市纪念建党90周年理论研讨会。市委常委、市委宣传部部长成其圣出席并讲话。6位学者作学术发言，70余人参加。市社联党组书记李家祥出席。

19日 市科学社会主义学会召开“马克思主义中国化九十年学术研讨会”，40余人参加。市社联秘书长陈根来出席。

同日 主题为“经济发展方式转变：难点与对策”的“谷书堂经济学学术基金成立大会暨南开经济论坛（2011）”在南开大学举行。市社联党组书记李家祥出席。

20日 南开大学召开天津市社会科学界第七届学术年会分会场暨2011年度哲学社会科学研究优秀成果颁奖会。主题为“科研评价与哲学社会科学繁荣发展”，100余人参加。市社联党组书记李家祥出席并讲话。

21—23日 APEC低碳示范城镇论坛在津举行。市委常委、常务副市长杨栋梁出席论坛开幕式并致辞。来自APEC各经济体的100多位官员、专家学者和企业代表出席。

23日 市社联组织机关干部职工参观天津海河教育园区。市社联党组书记李家祥率队前往。

24日 庆祝中国共产党成立90周年党史图书首发座谈会召开。市委常委、市委组织部部长史莲喜出席并讲话。市委宣传部常务副部长陈浙闽出席会议,70 余人参加。市社联党组书记李家祥出席并发言。《中国共产党天津历史图鉴》等 24 部党史图书出版发行。

同日　市社联与市创意策划研究会共同召开“民营企业与创意经济理论和实践研讨会”,此次会议是天津市社科界第七届学术年会分会场之一。会长杜金皋出席并致辞,50 余人参加。

25 日　由南开大学与美国电气和电子工程师协会、清华大学、香港中文大学主办,南开大学商学院承办的第八届服务系统与服务管理国际学术研讨会在南开大学召开。南开大学常务副校长陈洪,美国国家工程院院士、南开大学名誉教授田家美出席开幕式,200 余人参加。

26 日　市中共党史学会等召开纪念中国共产党成立 90 周年理论研讨会。市委党史研究室主任王以鸿出席并讲话,80 余人参加。

同日　市逻辑学学会召开“逻辑应用与网络文化研讨会”。名誉理事长陶文楼主持会议,理事长任晓明出席并发言,20 余人参加。

26—28 日　由天津市政府联合 14 个国家部委和 5 个国际与区域性组织共同主办的“2011 国际生物经济大会”在天津梅江国际会展中心举行,主题为“发展生物经济、促进民生改善”。

27 日　中共天津市社联党组批准成立“中共天津市社会科学界联合会直属社团党委”。

27—28 日　全国职业教育科研工作会议在津召开,教育部副部长鲁昕、天津市委常委、教育工委书记苟利军、人力资源和社会保障部副部长王晓初、教育部原副部长张天保、天津市人民政府副市长张俊芳等出席,300 余人参加。

28 日　本市宣传系统召开庆祝建党 90 周年表彰大会。市社联党组书记李家祥参加。

同日　由市委党史研究室、市党史学会联合主办的天津市党史学界庆祝中国共产党成立 90 周年理论研讨会在南开大学召开。

29 日　市社联机关召开纪念建党 90 周年表彰大会。市直机关工委副书记王雄、市社联党组书记李家祥出席并讲话,50 余人参加。会后,举行了以歌唱党为主题的歌会。

同日　河北区教育学会举办主题为“课程改革与学生发展”的第三届中美基础教育学术论坛。市教育学会常务副会长刘长兴出席并致辞。

30 日　天津城市建设学院举办主题为“天津城市定位与未来发展”的天津市社科界第七届学术年会分会场活动,50 余人参加。市社联党组书记李家祥出席并作点评发言。

同日　天津社联直属社团党委发出《关于在天津市社会科学界联合会直属社团中建立党组织的意见》的文件,推动学会研究会和民办社科机构的党建工作。

本月　经全国哲学社会科学规划领导小组批准,2011 年度国家社科基金项目评审结果于 6 月 17 日正式公布,2883 项课题获准立项资助。其中天津市获批 61 项。

7 月

1 日　市社联组织机关和所属单位党员干部职工集中收看胡锦涛总书记在庆祝中国共产党成立 90 周年大会上的重要讲话。市社联党组书记李家祥参加收看并提出要求。

3 日　市社联与市老年摄影艺术研究会共同主办“用镜头描绘津城幸福生活新画卷——《摄影与城市发展》理论研讨会”,60 人参加。

4 日　由中央党校哲学部和天津市委党校联合主办的全国党校系统 2011 年哲学年会暨“马克思主义哲学与中国共产党”研讨会在津召开。中央党校副校长陈宝生,市委常委、市委宣传部部长成其圣出席会议。

4—12 日　由法国人文科学基金会、法国国家科学研究院(当代中国研究中心)以及天津市社会科学界联合会和天津商业大学联合主办的第四届中法国际论坛在法国巴黎举行。主题为“中国城市化与土地开发——聚焦天津与巴黎”。天津市社联党组书记李家祥率我市社科界专家学者团组出席论坛致辞并作学术演讲。

8 日　本市社科理论界召开座谈会,学习胡锦涛总书记在庆祝中国共产党成立 90 周年大会上的重要讲话,学习贯彻市委书记张高丽在市级领导干部专题学习班上的讲话精神。市委常委、市委宣传部部长成其圣出席并讲话。

14 日　第二届全国高校数学文化课程建设研讨会在南开大学省身楼拉开帷幕。教育部高等学校文化素质教育指导委员会主任委员、中国科学院院士杨叔子,中国科学院数学与系统科学研究院应用数学研究所研究员、中国科学院院士严加安,东北师范大学校长史宁中，高等教育出版社高等理工事业部副总经理李艳馥，南开大学校长龚克、原校长侯自新出席开幕式。

15日　天津市社会科学界2009—2010年度学会工作表彰大会在市社联召开。市社联主席罗远鹏出席并致辞，市社联党组书记李家祥讲话，130余人参加。

19日　2011年华北、东北地区社科联协作会议在呼和浩特市召开。市社联党组书记李家祥出席并发言。来自华北、东北8个省区市社科联代表50余人参加会议。

23日　主题为“运营管理的新前沿”的海外华人学者管理科学与工程协会(OCSAMSE)第四次国际年会开幕式在天津喜来登酒店二层天津厅举行，来自国内外170余位专家学者参加。

26日　第25届两界联盟课题中期推动会召开，30余人参加。

26—30日　由南开大学接待服务中心主办的首届“酒店行业人才培养暨校企合作论坛”在南开大学明珠园会议室召开，20余人参加。

本月　市社联所属社会组织党组织覆盖率达到74%，超额完成全年预定50%的目标任务。

8月

2日　市保险学会等召开“《保险法》与公司管理制度建设研讨会”，70余人参加。

2—6日　市行政管理学会举办学会工作研讨班，30余人参加。

3—5日和10—12日　市交通会计学会等分两期在蓟县举办财务培训班。180余人参加。

4日—10月12日　天津海关学会连续举办8期理论研讨培训班，100余人参加。

10—12日　市会计学会召开2011年度教学研讨会暨会计从业资格考试大纲修订会，30余人参加。

12—15日　由国际世界语教师协会中国、日本、韩国分会共同发起，天津外国语大学和天津市世界语协会承办的天津世界语教学研讨会暨第一届东亚世界语教学研讨会在天津外国语大学召开，80余人参加。

13日　由市社联和天津滨海综合发展研究院主办的第27次滨海新区开发开放研讨会在天津市社联举行。议题是“滨海新区CBD建设”，30人参会。

20日　第十届世界日语教育研究大会在天津外国语大学召开，市委常委、市委教育工委书记苟利军出席开幕式并致辞，800余人参加。

20—21日　由南开大学商学院、东北财经大学工商管理学院和南开大学公司治理研究中心共同主办的第六届公司治理国际研讨会在大连举行，主题为“公司治理：后危机时代的共同准则”，南开大学校长龚克应邀出席研讨会并致辞。

21日　市法制心理学会召开2011年学术年会暨心理咨询师分会成立大会，主题为“和谐社会与心理健康”，此次会议是天津市社科界第七届学术年会分会场之一，80余人参加。

22日　严修、张伯苓文史资料征集委员会成立大会暨南开校友捐赠大会召开，100余人出席。市社联党组书记李家祥出席并讲话。

22—23日　由南开大学商学院、浙江大学管理学院、中山大学管理学院共同主办，南开大学商学院创业管理研究中心承办的“创业与创新暨青年学术研讨会”在南开举行。南开大学副校长朱光磊、国家自然科学基金委管理学部处长冯芷艳出席研讨会开幕式并致辞。

23日　市保险学会召开保险代理会员公司经营交流研讨会。

25日—9月14日　由市社联、天津保监局主办，市保险学会等承办的《保险法》有奖知识竞答活动举办。

26日　由南开大学与香港中文大学联合主办的第二届中国战略环境评价学术论坛在南开大学拉开帷幕，120余人参加。

同日　市老年摄影艺术研究会举办摄影讲座，100余人参加。

30日　天津市第九届社科普及周新闻发布会在市社科活动中心举行。

9月

1—23日　天津市第九届社会科学普及周举办“京万红杯”有奖竞答活动。市社联党组书记李家祥出席抽奖仪式。

2日　主题为“提升市民素质，促进科学发展”天津市第九届社会科学普及周开幕式召开。市委常委、市委宣传部部长成其圣出席并讲话，常务副部长陈浙闽宣读表彰决定，副部长李毅主持开幕式。500余人参加。市社联党组书记李家祥出席。

2—8日　市委宣传部与市社联联合举办天津市第九届社会科学普及周，推出六大板块200余项活动。本市主要媒体进行了报道。

3日　天津市第九届社会科学普及周大型义务咨询活动在金街举行。市委宣传部副部长李毅出席，6000余人参加咨询。市社联党组书记李家祥出席。

同日　市房地产学会等举办天津房地产科学发展论坛，100余人参加。

4—5日　2011年度京津冀区域协作论坛在石家庄市召开。本次论坛由京津冀三地社科联和科协共同主办，河北省社科联承办，主题为“让文化引领未来——‘十二五’京津冀文化产业协同发展研究”。天津市社联秘书长陈根来率天津社科界专家学者一行14人出席论坛，并主持大会专题报告。

5日　市社联与河东区委宣传部共同举办“科普知识进社区、进农家”赠书仪式，150人参加。

6—8日　华北地区第二十五届外经贸财会理论研讨会在天津召开，20余人参加。市商务委副主任黄春艳出席并讲话。

10日　“全球化过程中东亚文化的价值”国际学术研讨会在南开大学拉开帷幕，近百名专家参会。南开大学副校长朱光磊、中华日本哲学会会长卞崇道、日本国际交流基金会以及学校日本研究院有关负责人出席研讨会开幕式。

同日　由南开大学主办的“公共治理、区域合作与第三部门发展”学术交流会在南开大学明珠园举行。南开大学党委副书记张式琪、台北大学校长侯崇文、台湾大学社会科学院院长赵永茂、北京大学政府管理学院教授谢庆奎应邀出席。

13—16日　市社联举办2011年学会工作研讨班，30余人参加。

14日　华北地区高等学校图书馆协作委员会（简称“华北图协）第25届学术年会在汇高花园酒店开幕，南开大学副校长朱光磊、天津市教委副主任韩金玉、全国高校图工委秘书长朱强应邀出席并致辞，180人参加。

17日　由中国科学技术协会和天津市人民政府主办，中国城市规划学会、天津市规划局承办的第十三届中国科协年会“特大型沿海城市群发展模式论坛”在津召开，市政协副主席陈质枫、国家住房和城乡建设部总规划师唐凯出席会议，160余人参加。

同日　由市社联和天津滨海综合发展研究院共同主办的第28次滨海新区开发开放研讨会在市社联召开。会议主题是“滨海新区行政体制改革与城乡一体化改革”，20余人参会。

同日　由市社联、市历史学学会、南开大学主办的“纪念辛亥革命百周年座谈会暨学术研讨会”在南开大学召开，本次研讨会是天津市社会科学界第七届学术年会分会场之一，80余人参加。南开大学副校长朱光磊、市社联秘书长陈根来出席开幕式并讲话。

17—18日　由南开大学文学院与鲁迅博物馆共同主办的纪念鲁迅诞辰130周年学术讨论会在南开大学举行，来自全国15个省市的60余位专家学者出席了会议。南开大学原常务副校长陈洪出席会议。

18日　市社联召开党组民主生活会。市社联党组书记李家祥主持会议，市委宣传部纪检组副组长陈德猛出席会议。

20日　由中国科协、天津市政府主办，中国地理学会协办，天津市社联承办的第十三届中国科协年会“环渤海区域发展与天津战略选择”专题论坛在市社联召开。天津市人大常委会副主任李亚力出席开幕式并讲话，中国地理学会副会长刘毅研究员出席开幕式并致辞。滨海新区人大常委会副主任郝寿义教授、中国地理学会秘书长张国友研究员出席开幕式。市社联党组书记李家祥主持开幕式和主题演讲，150余人参加。市社联秘书长陈根来主持会议交流活动。

同日　天津大学在会议楼第四会议室召开纪念辛亥革命一百周年座谈会，邀请民革天津市委会孙中山研究会秘书长葛培林应作“辛亥革命与天津的活动”的专题报告。校党委副书记、纪委书记汪瞛出席并讲话。

21日　由中国科学技术协会、天津市人民政府共同主办的第十三届中国科协年会，在梅江会展中心开幕。中共中央政治局委员、国务委员刘延东，市委书记张高丽出席开幕式并讲话。全国人大常委会副委员长、中国科协主席、大会主席韩启德致开幕词。全国人大常委会原副委员长、中国科协名誉主席周光召，中国科学院院长白春礼，市委副书记、市长黄兴国，市人大常委会主任肖怀远，市政协主席邢元敏，市委副书记何立峰等出席。

21—23 日　主题为“提高社科普及工作水平、服务公民人文素质提升”的全国第十三次社科普及理论研讨与经验交流会在北京召开。中宣部原常务副部长、中国大百科全书总编辑徐惟诚，中宣部宣教局副局长杨樱，北京市委副秘书长傅华，北京市社科联党组书记、常务副主席史秋秋，天津市社联党组书记李家祥等出席。

22 日　市中共党史学会、市委党史研究室与南开大学历史学院联合在南开大学举办“纪念辛亥革命百年座谈会”。中共党史学会会长周根会出席，80 余人参会。

同日　市妇联、市婚姻家庭研究会联合举办“婚姻家庭的社会管理创新学术报告会”。近百人参加。

23 日　市社联组织召开天津社科界第七届学术年会分会场工作推动会，30 余人参加。市社联党组书记李家祥出席并讲话。

同日　中国创新方法研究会管理技术分会成立大会在天津大学会议楼第三会议室举行。国务院参事、中国创新方法研究会常务副理事长、科技部原副部长刘燕华，创新方法研究会秘书长，中国 21 世纪议程管理中心副主任周元，天津大学校长李家俊出席，60 余人参加。

23 日—10 月 1 日，市老年摄影艺术研究会组织会员赴四川进行摄影采风活动。15 人参加。

24 日　第二届中国（天津滨海）国际生态城市论坛主论坛在滨海国际会议中心举行。国家发改委副主任解振华，国家住房与城乡建设部副部长仇保兴，市委副书记何立峰，新加坡国家发展部兼贸易及工业部政务部长李奕贤，欧盟驻华代表团团长艾德和，国际地方环境理事会秘书长康纳得·奥托·茨尔曼、中国国际经济交流中心秘书长魏建国、中国工程院院士、四川大学校长谢和平等出席，600 余人参加。

24—25 日　由全国高校社会主义经济理论与实践研讨会领导小组主办，辽宁大学经济学院承办的全国高校社会主义经济理论与实践研讨会第 25 次年会在辽宁大学召开。辽宁省政协原主席肖作福、教育部社会科学司副司长张东刚，辽宁大学党委书记程伟、南开大学原副校长逄锦聚等出席。来自全国 80 余所高等院校的负责人和专家学者 170 余人参加会议。

25 日　天津师范大学外国语学院召开第八届（2011）学术年会，230 余人参加。

26 日　京津沪渝四直辖市妇联社会管理创新理论与实践研讨会在津召开。全国人大常委会副委员长、全国妇联主席陈至立出席会议并讲话。

26—27 日　由市卫生经济学会等主办的第六届京津沪渝卫生经济管理论坛召开，140 余人参加。

26—30 日　市会计学会在郑州市召开 2011 年度会计学术研讨会和学术报告会，50 余人参加。

27 日　天津市社科界第七届学术年会天津师范大学分会场召开，主题为“追寻先行者足迹：纪念辛亥革命 100 周年”，100 余人参会。市社联党组书记李家祥出席。

同日　市社联等举办“渤海名家大讲堂”，讲解“孙中山先生与天津的历史渊源”，150 余人参加。

同日　由市延安精神研究会等举办的《云起东方·光辉印记》书画摄影展开幕。名誉会长房凤友出席并致开幕词。

30 日　市档案学会召开第七届青年档案学术交流会，60 余人参加。

本月　市教育学会举办系列科普讲座。宁河县政府、滨海新区汉沽教育学会和开发区教育促进中心分别承办，1000 余人次参加。

10 月

8 日　由日本早稻田大学国际产学官合作总部主办，早稻田大学国际 COE 知识产权法制研究中心、早稻田大学重点领域研究机构知识产权基地形成研究所、天津大学知识产权研究中心共同主办的中日知识产权法治论坛在天津大学举办。

同日　南开大学纪念辛亥革命 100 周年研讨会在办公楼举行。南开大学党委副书记刘景泉、党委宣传部负责人出席研讨会，历史学院、马克思主义教育学院师生代表参加研讨。

9 日　天津市纪念辛亥革命 100 周年座谈会在天津礼堂召开。市委书记张高丽出席并讲话。

同日　市社联、市国学研究会联合召开主题为“孙中山先生对传统文化的继承与发展”学术研讨会，此次会议是天津市社科界第七届学术年会分会场之一，100 余人参加。

12—13 日　由中国人民外交学会与法国法中委员会共同主办，天津市人民政府承办的第六届中法市长圆桌会议在津召开。中国人民外交学会副会长程涛,副市长熊建平、王治平,市政府秘书长袁桐利等出席。

同日 “部分省市首届社会科学年鉴工作交流会”在市社联召开。全国7省市社科联的20余位代表出席。市社联党组书记李家祥出席并致辞。

13日 主题为“新规划·新视野·新发展”的天津财经大学青年博士论坛召开,此次会议是天津市社科界第七届学术年会分会场之一。市社联党组书记李家祥出席并致辞。

15日 由市社联和天津滨海综合发展研究院主办的第29次滨海新区开发开放专题研讨会在市社联举行,议题是“滨海新区城乡一体化改革”,20余人参会。

16日 由市译协等联合举办的第三届天津市高等院校汉译英翻译大赛复赛在天津理工大学举办。

18日 市教育学会副会长隋艳春率团参加第三届中韩基础教育论坛。

19日 天津市社科界第七届学术年会天津商业大学分会场学术报告会召开,主题为“新机遇·新台阶·新跨越——经济社会转型的创新机制”,300余人参加。

20日 天津工业大学举办创新与发展论坛,主题为“加强人文社科研究服务开发开放实践”,此次会议是天津市社科界第七届学术年会分会场之一,300余人参加。市社联党组书记李家祥出席论坛并作演讲。

21日 由中国经济学会主办,南开大学跨国公司研究中心、国际经济研究所、国际经济贸易系和天津外国语大学联合承办的第二届国际投资论坛在南开大学举行,主题为“跨国投资与发展:政策与制度的创新”。南开大学副校长佟家栋、中国世界经济学会秘书长邵滨鸿出席并致辞。

同日 天津科技大学召开“食品安全风险控制研讨会”,此次会议是天津市社科界第七届学术年会分会场之一,300余人参加。市社联秘书长陈根来出席。

22日 由南开大学周恩来政府管理学院、南开大学中国政府与政策联合研究中心和杭州市委市政府联合主办的“地方政府服务创新与杭州实践”学术研讨会在南开大学明珠园二楼会议厅举行。南开大学副校长朱光磊,杭州市发展研究中心副主任、杭州国际城市学研究中心副主任陈跃,中国社科院政治学研究所所长房宁等出席。

同日 南开大学历史学院在南开大学范孙楼226多功能厅举办“辛亥百年纪念南开教改实践——黎元洪与近代中国社会高端论坛”。南开大学副校长朱光磊出席开幕式。

同日 “天津市法学会民法学分会2011年会暨侵权责任法学术研讨会”召开,100余人参加。

25日,市社联召开天津市第二批“五个一批”人才培养工程中期推动会。市社联党组书记李家祥出席并讲话。

26日 天津理工大学举办主题为“管理创新绿色发展”的专题报告会,此次会议是天津市社科界第七届学术年会分会场之一。市社联秘书长陈根来出席并讲话。

28日 2011年全国社科联协作会议在南宁市召开,160余人参加。市社联党组书记李家祥率团出席。

同日 天津医科大学举办天津市社科界第七届学术年会分会场活动,主题是“医学与人文”,30余人参加。市社联秘书长陈根来出席。

29日 市孙子兵法研究会2011年学术研讨会召开,100余人参加。天津师范大学党委副书记史瑞杰出席并致辞。

30日 主题为“学习型党组织与社会管理科学化”天津市社科界第七届学术年会天津大学分论场召开,100余人参加。全国政协常委李君如出席并讲话。

11月

2日 天津大学举办主题为“学习型党组织与社会管理科学化”的青年论坛,50余人参加。市社联秘书长陈根来出席。

3日 天津市教育科学研究院举办天津市社科界第七届学术年会分会场,主题是“教师专业化发展的区域推进策略”,300余人参加。

6日 市逻辑学学会召开“社会管理科学化与逻辑应用研讨会”,此次会议是天津市社科界第七届学术年会分会场之一,近50人参加。

同日 市写作学会召开(2011)年会暨“公共写作与新媒体的话语责任”学术研讨会,30余人参加。

7日 市写作学会新媒体写作分会举办“新媒

体与影像文化"专题研讨会。

10 日　由天津市社会心理学学会与中国教育学会家庭教育专业委员会主办,天津心帆心理辅导中心和中国统一教育网承办的"中西方文化差异与家庭教育"论坛在天津市实验中学举办。天津市社联党组书记李家祥教授出席会议并讲话。本市近600 名家庭教育工作者和学生家长出席论坛。

12 日　由天津市社联和天津滨海综合发展研究院主办的第 30 次滨海新区开发开放研讨会在市社联召开。会议主题是"滨海新区文化事业改革发展",30 余人参会。

同日　市世界经济学会召开主题为"变局中的世界经济与中国"2011 年年会,此次会议是天津市社科界第七届学术年会分会场之一,100 余人参加。市社联党组书记李家祥出席并致辞。

12—13 日　由南开大学周恩来政府管理学院国际关系系主办的"南开国际关系论坛 2011"在省身楼举行,40 余人参加。南开大学副校长朱光磊出席论坛闭幕式并致辞。

16 日　市延安精神研究会召开滨海新区延安精神研究会成立大会。名誉会长房风友,滨海新区区委常委、区委宣传部部长于景森出席并讲话。

18 日　天津职业大学举办主题为"职业教育:服务·发展·示范"的研讨会,此次会议是天津市社科界第七届学术年会分会场之一。市社联党组书记李家祥出席并致辞,80 余人参加。

19 日　天津外国语大学和市哲学学会举办第二届哲学专业研究生论坛,此次会议是天津市社科界第七届学术年会分会场之一,50 余人参加。

20 日　第三届天津市高等院校汉译英翻译大赛典礼暨"中国资深翻译家"颁证仪式举行。

同日　市逻辑学学会创新思维分会举办"文化建设与创新"讲座暨中国逻辑与语言函授大学 30 周年校庆座谈会,40 余人参加。

22 日　市中国特色社会主义理论研究会召开主题为"加强和创新社会管理"的研讨会,此次会议是天津市社科界第七届学术年会分会场之一,40 余人参加。市社联党组书记李家祥出席并致辞。

同日　天津中医药大学举办天津市社科界第七届学术年会分会场活动,主题为"中国特色社会管理创新研究"。80 余人参加。市社联党组书记李家祥教授出席并讲话。

同日　天津职业技术师范大学举办学术报告会,主题为"职业教育·区域经济·科学发展",此次会议是天津市社科界第七届学术年会分会场之一,150 余人参加。市社联秘书长陈根来出席并讲话。

23 日　市环渤海经济研究会召开第七次会员大会暨环渤海区域发展与民生问题研讨会,此次会议是天津市社科界第七届学术年会分会场之一,80 余人参加。市社联党组书记李家祥出席并讲话。

同日　市社联召开《天津社联通讯》通讯员座谈会。市社联秘书长陈根来出席并讲话。40 余人参加。

23—25 日　由南开大学周恩来政府管理学院和南开大学中国政府与政策联合研究中心、周恩来政府管理学院研究生会联合主办的首届全国"府际关系与区域治理"博士生论坛举行,来自全国各高等院校的 40 余位硕博研究生参加了此次论坛。南开大学副校长朱光磊出席并致辞。

25 日　天津社会科学院召开"'十二五'时期社会管理问题探讨"理论研讨会,此次会议是天津市社科界第七届学术年会分会场之一,40 余人参加。市社联党组书记李家祥出席并作点评发言。

26 日　由南开大学周恩来政府管理学院和南开大学中国政府与政策联合研究中心主办的"城市化与公共管理"高端学术论坛在南开大学明珠园二楼会议厅举行。南开大学副校长朱光磊出席。

同日　市语言学会暨对外汉语教学分会 2011 年学术年会召开,主题为"提升语言学研究水平加速软实力发展步伐",此次会议是天津市社科界第七届学术年会分会场之一,200 余人参加。

同日　市伦理学学会召开"庆祝天津市伦理学学会成立三十周年暨社会主义文化与道德建设研讨会",70 余人参加。

26—27 日　"WTO 法与中国论坛"暨 2011 年中国法学会世界贸易组织法研究会在南开大学举行,100 余人参加。中国法学会副会长周成奎,中国 WTO 法研究会会长孙琬钟,商务部政策研究室主任张向晨,南开大学党委副书记张式琪,商务部条法司副司长杨国华出席。

27 日　市政治学学会举办第二届天津市青年政治学论坛暨(2011)天津市政治学学会年会,主题为"党的领导与当代中国政治发展研讨会"。此次会议是天津市社科界第七届学术年会分会场之一,60 余人参加。

同日　市科学社会主义学会召开“学习党的十七届六中全会精神暨科学社会主义学科建设”座谈会,40余人参加。

29—30日　以“新规划·新视野·新发展”为主题的天津市第七届学术年会主会场召开。市社联主席罗远鹏出席并讲话,市社联党组书记李家祥主持开幕式,300余人参加。主会场分“综合专场”和“青年学者专场”两个场次进行。

30日　由天津经济社会理事会主办的“2011年天津经济社会论坛”召开。天津经济社会理事会名誉理事长吴振,理事长卢金发,副理事长曹秀荣、朱坦、陆锡蕾和秘书长陈福顺出席。

本月　市杂文研究会编辑的《津门杂文选》(第八集)出版。

12月

5日　市社联组织召开天津市理论界“天津精神”讨论座谈会。市社联党组书记李家祥主持会议,近40人参加。

6—7日　由国家教育部和英国商业、创新与技能部共同主办,英国驻华使馆、英国文化交流协会与天津市教委联合承办的中英职业教育政策对话会议在海河教育园区举行,主题为“加强合作、共同发展、互惠共赢”。国家教育部、市教委、市外办等有关部门负责同志参加。

7日　市社联组织5个专家组召开提炼总结“天津精神”座谈会。

10日　“当代中国社会管理问题学术研讨会”暨南开大学当代中国问题研究院成立大会在南开大学举行。市政协主席邢元敏,市委常委、市委教育工委书记苟利军,南开大学党委书记薛进文,南开大学校长龚克等出席。市社联党组书记李家祥出席会议。来自海内外的近百名专家学者参加研讨会。

同日　第三十一次滨海新区开发开放研讨会召开,议题为“滨海新区诚信体系建设”,30余人参加。市社联秘书长陈根来出席。

同日　市美学学会召开主题为“文化创新时代的美学事业”2011年学术年会暨换届会议,40余人参加。

同日　市历史学学会孙子兵法与古代文化研究专业委员会举办“兵学与古代文化”学术研讨会,30余人参加。

13日　市延安精神研究会召开“高校建设社会主义核心价值体系,推动延安精神进校园”研讨会,50余人参加。

17日　由天津师范大学新闻传播学院、中国传媒大学党报党刊研究中心、天津日报传媒集团、中国环境报社共同主办的“人民共和国党报论坛”第八届年会在津举行。天津师范大学党委书记王璟,中国传媒大学副校长袁军,原中宣部网络办公室主任、《人民日报》副总编辑、中国传媒大学博士生导师张虎生教授等出席,近百人参加。

19—20日　“中欧公共管理项目——电子政务”研讨班在天津举办。市行政管理学会副会长兼秘书长张霁星出席,60余人参加。

20日　中国卫生经济学会召开第十四次学术年会,近200人参加。市卫生经济学会会长陈力等出席。

21日　由南开大学承办的“2011年全国高校思想政治教育研究会年会暨大学生思想政治教育高层论坛”在省身楼拉开帷幕。教育部党组副书记、副部长杜玉波,天津市委常委、市委教育工委书记苟利军,全国高校思想政治教育研究会会长、北京师范大学党委书记刘川生,南开大学校长龚克,教育部思想政治工作司司长杨振斌,南开大学党委副书记、副校长杨克欣等出席开幕式。

22日　天津市第六届青年教师学术论坛颁奖大会举行,400余人参加。

23日　天津市高等职业技术教育研究会召开成立大会。市社联党组书记李家祥出席会议并讲话。选举第一届理事会,荣长海为会长。

24日　南开大学马克思主义教育学院举办“南开大学建设社会主义核心价值体系学术论坛”。

责任编辑:沈丽妹

统计资料

2011年天津市国民经济和社会发展统计公报

2011年是实施“十二五”规划的第一年。全市人民在市委、市政府的正确领导下，深入贯彻落实科学发展观，积极落实中央各项宏观调控政策，牢牢把握主题主线主攻方向，大力实施市委“一二三四五六”的奋斗目标和工作思路，着力构筑“三个高地”，全力打好“五个攻坚战”，统筹三个层面联动协调发展，锐意进取，奋力拼搏，推动经济社会取得新发展、新变化和新突破，实现了“十二五”发展的良好开局。

一、经济发展

经济总量

全市生产总值迈上万亿台阶。据初步核算，并经国家统计局评估审定，全市生产总值(GDP)完成11190.99亿元，按可比价格计算，比上年增长16.4%。分三次产业看，第一产业增加值159.09亿元，增长3.8%；第二产业增加值5878.02亿元，增长18.3%；第三产业增加值5153.88亿元，增长14.6%。三次产业结构为1.4:52.5:46.1。

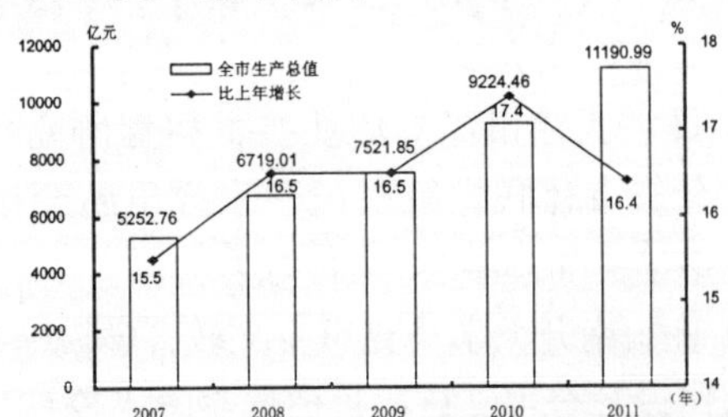

图1　2007—2011年全市生产总值及增长速度

财政收支

财政收入保持快速增长。全年地方一般预算收入1454.87亿元，增长36.1%，增幅比上年提高6个百分点。税收拉动财政增收作用明显。全年地方税收收入1004.25亿元，增长29.3%，占地方一般预算收入的69%。其中，企业所得税增长45.1%，营业税增长24.3%，增值税增长18.6%，个人所得税增长21.1%。

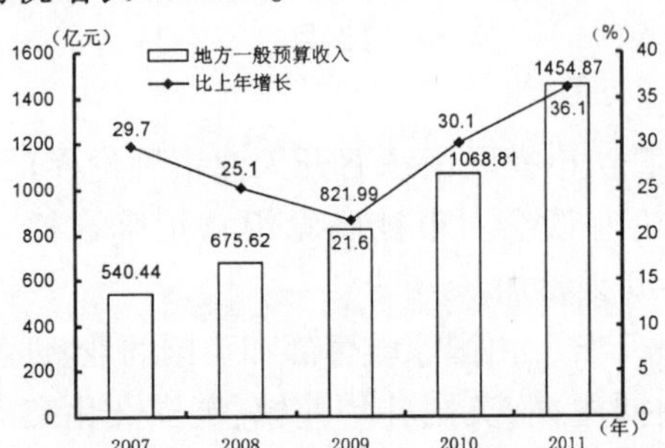

图2　2007—2011年地方一般预算收入及增长速度

民生领域投入力度加大。全年一般预算支出1755.86亿元，增长28.2%。其中，教育支出增长35.6%，文化传媒支出增长28.3%，医疗卫生支出增长29.7%，社会保障和就业支出增长28.9%。

人口和劳动就业

人口总量继续增长。年末全市常住人口1354.58万人，比上年末增加55.29万人；其中，外来人口344.84万人，增加44.40万人，占常住人口增量的80.3%。外来人口占常住人口的比重达到25.5%，同比提高2.4个百分点。全市户籍人口996.44万人，其中，农业人口382.50万人，非农业人口613.94万人。保持低生育水平。全市人口出生率为8.58‰，死亡率为6.08‰，自然增长率为2.50‰。

就业规模稳步扩大。实施更加积极的就业政策，统筹推进高校毕业生、失业人员、农村富余劳动力就业，加快创业带动就业实验区建设，启动百万技能人才培训计划。全年新增就业47.12万人，增长4.4%，年末城镇登记失业率控制在3.6%，低于全国平均水平0.5个百分点。截至年末，全市就业人口总量达到763.16万人，比上年末增加34.46万人；其中，城镇单位从业人员达到208.6万人，同比增加2.9万人。

价　格

物价水平同比上涨。居民消费价格水平比上年上涨4.9%，涨幅同比提高1.4个百分点，八大类商品和服务价格呈现"六升二降"格局（见表1）。食品类价格上涨11.4%，拉动消费价格总水平上涨3.2个百分点；居住类价格上涨4.7%，拉动消费价格总水平上涨1.0个百分点。生产价格呈现涨幅回落态势，工业生产者出厂价格同比上涨3.8%，工业生产者购进价格同比上涨9.8%，涨幅分别比上年回落1.3个和0.2个百分点。

表1　　居民消费价格指数（CPI）

指　　标	指数（上年=100）
居民消费价格指数	104.9
其中：食品	111.4
烟酒	104.8
衣着	102.1
家庭设备用品及维修服务	106.1
医疗保健和个人用品	101.8
交通和通信	99.9
娱乐教育文化用品及服务	99.5
居住	104.7

固定资产投资

投资实现快速增长。全年全社会固定资产投资7510.67亿元，增长31.1%。其中，城镇投资7057.20亿元，增长31.2%；农村投资453.47亿元，增长29.8%。全年城镇新开工项目3785个，比上年增加1060个；完成投资2603.48亿元，增长36.5%。在城镇投资中，第一产业投资57.64亿元，增长41.8%；第二产业投资3104.13亿元，增长31.7%，其中，工业投资3076.03亿元，增长31.6%；第三产业投资3895.43亿元，增长30.6%。三次产业投资结构为0.8:44.0:55.2。

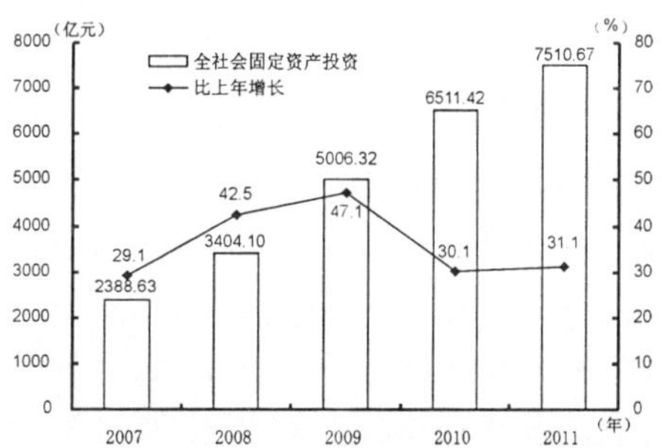

图3　2007—2011年全社会固定资产投资及增长速度

重大项目和民间投资支撑有力。当年新推出340项重大项目，累计达到1280项。全年民间投资完成3308.15亿元，增长47.5%，拉动全社会投资增长18.6个百分点。

农业和新农村建设

农业稳步发展。全年农业总产值完成349.43亿元，比上年增长4.2%。其中，种植业产值179.87亿元，增长5.5%；林业产值2.45亿元，增长4.1%；畜牧业产值98.49亿元，增长1.6%；渔业产值58.59亿元，增长2.9%；农林牧渔服务业产值10.03亿元，增长9.0%。粮食生产再获丰收，总产量达到161.83万吨，比上年增长1.3%，实现连续8年增产。主要农副产品产量保持稳定增长（见表2）。

表2　　主要农副产品产量

产品名称	单位	产量	比上年增长（%）
粮　食	万吨	161.83	1.3
棉　花	万吨	7.06	12.6
肉　类	万吨	42.98	0.3
蔬　菜	万吨	444.23	5.9
禽　蛋	万吨	18.65	-0.4
牛　奶	万吨	69.09	0.1
水产品	万吨	35.21	2.1
水　果	万吨	61.58	2.6

农村"三区"统筹联动发展。31个区县示范工业园区加快建设，起步区基础设施建设基本完成，拓展区建设全面提速，800个重大项目全部开工，成为保障小城镇农民就业、推动区县经济发展的重要支撑点。高标准设施农业累计达到60万亩，建成20个现代农业示范园区、155个养殖示范园区。农民专业合作社达到2414个，市级及以上农业产业化重点龙头企业达到152个，进入产业化体系的农户比重达到90%。4批示范小城镇试点项目扎实推进，新开工农民住房1000万平方米，累计竣工1800万平方米，40万农民迁入新居。农村城镇化进程进一步加快。全市城镇化率达到80.50%，比上年提高0.95个百分点。新创建文明生态村139个，新建改造一批农村公路、污水和垃圾处理设施，农村基础设施不断完善。

工　业

工业总产值突破两万亿元。全年工业增加值完成5380.53亿元，增长19.3%，拉动全市经济增长9.2个百分点，贡献率达到56.3%；全部工业总产值完成21523.32亿元，增长28.7%。规模以上工业总产值20857.72亿元，增长29.2%；其中，轻工业总产值3524.47亿元，增长40.0%，重工业总产值17333.25亿元,增长27.2%。主要工业产品产量继续增长(见表3)。

表3　主要工业产品产量

产品名称	单位	产量	比上年增长(%)
发电量	亿千瓦时	619.08	11.1
天然气	亿立方米	18.43	7.2
汽油	万吨	178.18	12.3
乙烯	万吨	134.26	22.9
水泥	万吨	765.53	16.5
生铁	万吨	2096.98	11.7
粗钢	万吨	2295.75	8.9
成品钢材	万吨	5163.77	15.9
#无缝钢管	万吨	338.51	3.0
汽车	万辆	77.44	4.9
两轮脚踏自行车	万辆	2233.26	0.1
移动电话机	万部	9061.68	7.9
锂离子电池	亿只	4.57	29.3
电子元件	亿只	5320.34	14.7
布	万米	27791.96	9.1
服装	万件	14129.97	2.7

主要行业支撑作用显著。全年航空航天、石油化工、装备制造、电子信息、生物医药、新能源新材料、轻纺和国防八大优势产业完成工业总产值18881.52亿元,增长29.0%,占全市规模以上工业的比重为90.5%。高新技术产业产值完成6487.93亿元,占规模以上工业的31.1%。高耗能行业增速放缓,黑色冶金、电力热力、化学原料及制品、石油加工、石油和天然气开采、非金属矿物制品等六大高耗能行业增加值分别增长17.6%、9.3%、17.5%、20.9%、9.4%和15.0%,均低于全市平均水平。

企业效益持续增加。全年规模以上独立核算工业企业完成主营业务收入20711.91亿元,同比增长26.5%;实现利税总额2777.58亿元,增长42.0%,其中,利润1669.26亿元,增长39.5%。在37个工业行业大类中,有36个行业实现盈利,30个行业利润同比增长。盈利居前的五大行业分别是:石油和天然气开采业(616.31亿元)、交通运输设备制造业(156.63亿元)、黑色金属冶炼及压延加工业(130.82亿元)、煤炭开采和洗选业(96.78亿元)和通信设备计算机及其他电子设备制造业(94.70亿元)。

建筑业

建筑业保持平稳发展。全年建筑业增加值完成497.49亿元,增长8.6%;总产值完成2925.57亿元,增长20.7%。房屋建筑施工面积10007.97万平方米,增长32.3%;房屋建筑竣工面积2527.68万平方米,增长4.5%。年末全市有总承包和专业承包资质的建筑企业1534家,实现利润71.42亿元,增长7.5%;上缴税金89.52亿元,增长14.6%。

交通邮电

全年交通运输、仓储及邮政业增加值完成698.98亿元,比上年增长10.6%。

客货运输业务量稳定增长。全年客运量完成25330.79万人,增长2.1%。其中,公路22053.33万人,增长1.1%;铁路2801.30万人,增长8.0%。货运量完成44651.25万吨,增长8.6%。其中,公路23426万吨,增长12.3%;铁路7286.02万吨,增长5.1%;水路12710.70万吨,增长5.2%。旅客周转量完成342.14亿人公里,增长7.1%。其中,公路133.92亿人公里,增长1.5%;铁路148.38亿人公里,增长8.4%。货物周转量完成10121.44亿吨公里,增长2.4%。其中,公路266.70亿吨公里,增长15.3%;铁路296.14亿吨公里,下降1.9%;水路9552.63亿吨公里,增长2.2%。

北方国际航运中心和物流中心建设取得积极进展。北方国际航运中心核心功能区建设方案获国务院批复,国际船舶登记、国际航运税收、航运金融和租赁业务等试点启动实施。全年港口货物吞吐量完成4.53亿吨,增长9.7%。其中,进港2.27亿吨,增长6.6%;出港2.26亿吨,增长13.1%。集装箱吞吐量完成1159万标准箱,增长14.9%。全年天津机场共完成运输7.4万架次,增长1.1%。机场旅客吞吐量755.42万人次,增长3.8%;货邮吞吐量18.29万吨,下降9.7%。服务辐射功能不断增强。外省市经由天津口岸进出口总额占比为59.8%。内陆"无水港"发展到21个。

邮政电信规模进一步扩大。全年邮电业务总量完成180.78亿元,增长13.2%。其中,电信业务总量159.10亿元,增长12.7%;邮政业务总量21.68亿元,增长17.0%。全年发送邮政函件17053.43万件,增长14.6%;其中,快递5803.03万件,增长33.9%。年末公网固定电话用户333.81万户,下降9.0%;移动电话用户1234.66万户,增长13.2%。互联网用户819.28万户,增长17.3%;其中,宽带接入用户190.19万户,增长9.3%。全年公网电话本地通话量56.76亿次,下降16.1%;长途电话通话量13.02亿次,增长25.1%,其中,国际及港澳台长途电话0.25亿次,增长31.6%。短信业务总量133.05亿条,增长5.6%。

公共交通服务规模进一步扩大。全年公交客运量13.01亿人次,比上年增长5.1%;新辟公交线路13条,优化调整线路25条,更新车辆791辆;年末全市公交线路523条,运营车辆7686辆。更新出租汽车1020辆,总数保持31940辆。地铁客运量4853.61万人次,增长16.1%。轻轨客运量2585.48万人次,增长15.3%。

民用汽车拥有量增长较快。截至年末,全市民用汽车拥有量达到206.56万辆,增长17.3%;其中,轿车拥有量122.98万辆,增长22.9%。民用私人汽车拥有量达到169.22万辆,增长19.4%;其中,轿车拥有量106.80万辆,增长25.6%。当年新注册民用汽车33.21万辆,增长6.8%;其中,新注册轿车22.54万辆,增长9.5%。

国内商业和旅游

全年批发和零售业增加值完成1377.06亿元,比上年增长18.1%。住宿和餐饮业增加值完成186.22亿元,增长10.0%。

消费市场持续活跃。全年批发和零售业销售额超过两万亿元,达到20831.44亿元,增长33.2%;住宿和餐饮业营业额494.81亿元,增长27.1%。社会消费品零售总额3395.06亿元,增长18.7%。其中,城镇消费品零售总额3227.09亿元,增长19.3%;乡村消费品零售总额167.97亿元,增长8.3%。大悦城、水游城、佛罗伦萨小镇、红星国际广场等大型商业设施建成开业,促进了商品市场繁荣。汽车、石油及制品、金属材料等成为消费热点。全年限额以上批零企业销售额中,汽车类增长47.9%,石油及制品类增长31.3%,金属材料类增长42.9%,三大类别销售额合计比重达到72.7%。

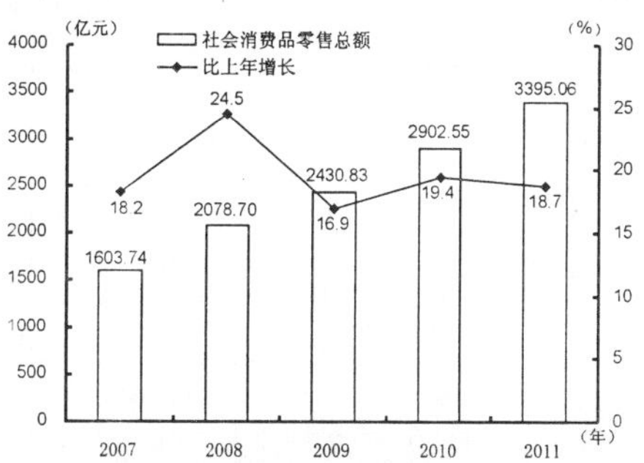

图4 2007—2011年社会消费品零售总额及增长速度

旅游业快速发展。海河风光游等旅游线路持续升温,成为展示城市形象的重要窗口。邮轮母港接待来津旅游观光的国际豪华邮轮39艘,接待出入境游客7.2万人次。年末全市有星级宾馆112家,旅行社368家,其中国际旅行社20家。A级景区65个,工农业旅游示范点14个。全年接待入境旅游者200.44万人次,比上年增长20.7%;其中,外国人183.67万人次,增长20.0%。旅游外汇收入17.56亿美元,增长23.7%。接待外省市游客人数比上年增长12.4%,国内旅游收入增长20.2%。全市25.80万人次出国出境旅游,增长7.1%;旅游支出40.50亿元,增长15.7%。

金融业

全年金融业增加值完成701.79亿元,比上年增长16.3%。

金融改革创新进一步深化。累计注册股权投资基金企业及管理机构2408家,启动外资股权投资基金试点。融资租赁法人机构达到56家,业务合同余额超过2200亿元。73家小额贷款公司开业运营,累计发放贷款147亿元。累计引进20家保理公司。

存贷款稳定增长。截至年末,全市金融机构(含外资)本外币各项贷款余额15924.71亿元,同比增长15.7%,比上年末回落7.8个百分点。当年新增贷款2162.97亿元,同比少增451.30亿元。其中,新增短期贷款979.99亿元,新增中长期贷款732.87亿元,新增融资租赁428.02亿元,新增票据融资68.23亿元。年末全市各项存款余额17586.91亿元,同比增长6.7%,比上年末回落12.1个百分点。当年新增存款1094.37亿元,同比少增1508.21亿元。其中,新增单位存款361.15亿元,新增个人存款688.34亿元。

证券市场交易平淡。年末全市在沪深两市上市公司37家,其中当年上市1家。全年各类证券交易额12839.36亿元,比上年下降16.9%。其中,股票交易额11161.17亿元,下降24.7%;债券交易额25.52亿元,增长36.6%;基金交易额190.12亿元,增长29.5%。年末证券帐户开户275.74万户,增长3.9%。全年期货市场成交量3412.61万手,同比下降27.8%;成交额41574.31亿元,下降4.2%。

保险业稳健运行。年末全市共有保险总公司4家,分公司46家,各类保险支公司、营业部及营销服务部527家,专业中介机构91家,兼业代理机构2800余家。全年保费收入211.74亿元,增长13.6%。其中,财产险收入75.10亿元,增长15.3%;人身险收入136.64亿元,增长12.6%。全年赔款给付66.17亿元,增长27.5%。其中,财产险赔付35.51亿元,增长11.2%;人身险赔付30.66亿元,增长

53.6%。

房地产业

住宅用地有所减少。全市土地供应总量8628.15公顷，比上年增长27.9%。其中，工矿仓储用地3962.47公顷，增长50.6%；住宅用地2206.44公顷，下降14.2%。

房地产市场稳中回落。全年房地产业增加值完成427.28亿元，比上年增长5.5%。全年房地产开发投资1080.04亿元，增长24.6%。商品房销售面积1643.11万平方米，增长8.5%；销售额1473.11亿元，增长14.9%，增幅比上年回落2.2个百分点。存量房交易面积581.22万平方米，交易金额434.09亿元，比上年分别下降24.2%和13.3%。

二、改革开放

对外贸易

外贸进出口总额超过千亿美元。全年外贸进出口总额达到1033.91亿美元，增长25.9%。其中，出口444.98亿美元，增长18.7%；进口588.93亿美元，增长32.0%，快于出口增速13.3个百分点。对美国、欧盟、韩国、日本四大传统市场出口保持稳定，分别增长1.7%、22.3%、10.9%和20.5%，合计出口占全市的53.8%。对东盟、俄罗斯、澳大利亚等新兴市场出口增势强劲，分别增长44.7%、38.5%和33.3%。贸易结构进一步改善。一般贸易出口177.64亿美元，增长25.9%，领先于加工贸易12.3个百分点，占全市出口的比重为39.9%，同比提高2.3个百分点。机电产品出口307.8亿美元，高新技术产品出口173.5亿美元，分别占全市出口的69.2%和39.0%。

招商引资

利用外资规模持续扩张。全年新批外商投资企业634家，合同外资额168.37亿美元，增长10.1%；实际直接利用外资130.56亿美元，增长20.4%。服务业实际利用外资72.26亿美元，增长25.9%，占全市的55.3%；其中，租赁和商务服务业增长1.2倍，房地产业增长1倍。制造业实际利用外资57.01亿美元，增长14.9%。在津投资的世界500强企业累计达到150家。香港在津投资规模保持领先地位，合同外资额和实际到位额分别占全市的49.2%和48.0%；日本在津投资增势迅猛，合同外资额和实际到位额分别增长1.7倍和88.3%。

利用内资保持较快增长。全年实际利用内资首次突破2000亿元，达到2085.87亿元，增长27.7%；其中，引进服务业到位资金1487.5亿元，占全市的71.3%。新引进国内500强优势企业43家。

经济合作与交流

服务外包迅速发展。全年服务外包合同额9.33亿美元，增长1.2倍；服务外包执行额6.08亿美元，增长78.9%，其中，离岸执行额3.94亿美元，增长91.4%。

对外承包工程和劳务合作业务较快增长。全年对外承包工程合同额19.44亿美元，增长11.9%；营业额29.91亿美元，增长22.0%。截至年末，全市在境外劳务人员1.61万人，增长26.8%。对外投资增势强劲。当年中方境外投资18.36亿美元，增长7.8倍。年末境外投资涉及的国家和地区达到98个。技术引进工作持续稳定开展。当年技术引进合同489项，合同金额15.3亿美元，增长25.2%。全市外资研发中心达到28个。

对口支援深入开展。新一轮援疆工作实现良好开局，全年财政资金投入4.8亿元，启动实施63个援疆项目，完工60个。对口支援西藏昌都、青海黄南州、甘肃和重庆万州工作顺利推进。

滨海新区

滨海新区龙头带动作用突出。滨海新区生产总值完成6206.87亿元，按可比价格计算，比上年增长23.8%。规模以上工业总产值完成12732.22亿元，增长29.4%；全社会固定资产投资3702.12亿元，增长32.0%；社会消费品零售总额882.53亿元，增长24.3%；实际直接利用外资85.02亿美元，增长20.8%。

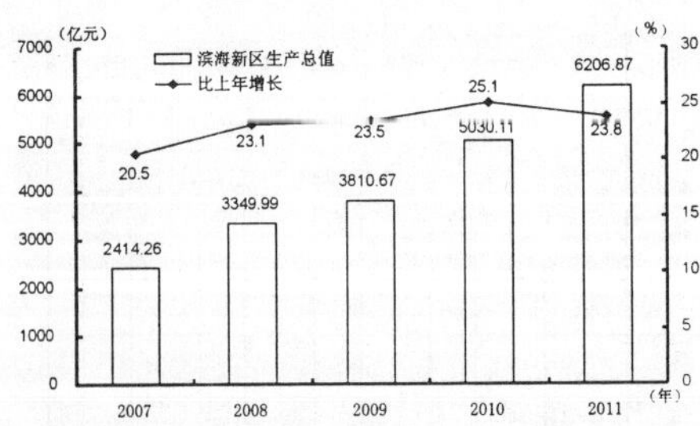

图5　2007—2011年滨海新区生产总值及增长速度

新一轮开发开放步伐加快。滨海新区综合配套改革第二个三年计划启动实施，“十大战役”全面推进，功能区开发与招商引资同步进行。东疆保税港区二期具备封关条件。中新天津生态城起步区基础设施基本建成。中心商务区加快建设，铁狮门和罗斯洛克金融中心等项目启动，五矿大厦投入运营。南港工业区、临港经济区建港造陆23平方公里，北方重装基地、中石油原油储备库、中粮油生物化工等项目建成投产，中船重工造修船基地建设加快推进。中航直升机、长城汽车一期、软件及服务外包产业基地一期建成，新一代运载火箭等项目顺利实施。

国有企业改革

国有企业改制面继续扩大。通过股权转让、增资扩股、合资合作等多种形式实施国有企业改制58户，累计完成市属国有企业改制3642户，改制面达到96.8%。

国有资产保值增值取得新进展。天津产权交易中心公开挂牌转让完成交易的国有产权项目275宗，成交金额137.92亿元，增值率达13.2%。

三、城市建设和管理

城市载体功能

基础设施建设全面提速。全年基础设施投资完成1567.78亿元，增长8.8%。滨海国际机场二期开工建设。西站综合交通枢纽、铁路南站投入运营，京沪高铁天津段建成通车，津保铁路、津秦客运专线、地下直径线加快建设。津宁、国道112等高速公路和团泊快速路竣工，全市高速公路通车里程达到1100公里。地铁9号线试运行，2、3号线装修调试，5、6号线加快建设。南水北调天津境内干线工程全面建成。新增供排水、供气、供热等地下管网1000公里。年末城市铺装道路长度5764.56公里，增长6.0%；铺装道路面积9986.12万平方米，增长9.0%。

公用事业服务水平不断提升。全社会用电量695.15亿千瓦时，增长7.7%。全年新增供热面积2040万平方米。更新改造老住宅供水、供气管道11万户，新建一批菜市场、农村消费品连锁店，建成人行天桥20座，增设交通安全岛45处，新增停车泊位2万个。

市容环境

生态宜居城市建设迈出新步伐。启动第二个生态市建设三年行动计划。高标准实施清水工程，综合治理卫津河、复兴河等38条河道。城镇污水处理率达到87.5%。当年造林27.3万亩。第一热电厂关停，供热转换顺利完成。环境空气质量二级以上良好天数达到320天，占总监测天数的87.7%。饮用水源地水质达标率保持100%。新创建“安静居住小区”23个。西青区建成国家生态区，全市23个镇完成创建生态镇任务。全市共有环境监测站21个，自然保护区8个，自然保护区面积9.11万公顷。

高标准实施市容环境综合整治。整修建筑5239栋，整治道路571条、社区350个，新建和改造公园22个，新建和提升绿地2427万平方米，建成区绿化覆盖率提高到31.6%。海河夜景灯光体系进一步提升，群众生活环境得到明显改善。

安全生产和质量监督

安全生产形势总体稳定。全年各类安全事故共死亡1032人，比上年下降5.5%。其中，道路交通事故死亡908人，火灾死亡17人。亿元生产总值生产安全事故死亡人数为0.096人，比上年下降18.8%。

产品质量整体水平持续提升。培育认定天津名牌111个，全市地理标志产品达到10种。年末全市产品质量检验机构401个，其中国家检测中心23个，全年发放产品认证证书5262张，发放工业产品生产许可证(含QS)3659张；计量检定技术机构48个，全年强制检定计量器具188万台(件)。全年天津口岸截获植物检疫性有害生物235种、共2869批次，检出动物疫情6种、共18批次。

四、科教文卫事业

科　技

科技创新体系进一步发展。全社会研发经费支出占生产总值的比重提高到2.6%。新认定高新技术企业156家，获得国家级新产品认定20项。科技型中小企业累计达到2.1万家。国家数字出版基地云计算中心投入运营。截至年末，全市有国家级重点实验室9个，国家部委级重点实验室43个，国家级工程(技术)研究中心33个，国家高新技术产业化基地16个，国家级企业技术开发中心29家，市级企业技术开发中心370家。

科技项目硕果累累。综合科技水平继续位居全国第三位。全市16项科技成果获得国家科学技术奖，涉及新能源新材料、生物医药、电气工程、水利水电等多个领域，获奖数量为近三年来最多。全年完成市级科技成果2020项，其中，基础理论成果75项，应用技术成果1917项，软科学成果28项；属于国际领先水平的59项，达到国际先进水平331

项。全年签订技术合同11726项,合同额171.59亿元,增长43.2%;交易额113.99亿元,增长16.7%。

知识产权水平达到新高度。当年专利申请36258件,同比增长44.2%;专利授权13982件,增长30%;年末有效专利拥有量突破4万件,达到40016件,增长34.9%。当年提出专利申请的企业3126家,其中1200余家科技型中小企业实现专利申请"零突破",拥有专利的企业达到4366家。全市每万人口发明专利拥有量达到6.3件,居全国第三位。

人才队伍不断壮大。全年从外省市引进落户人才3714人,是上年的1.4倍;引进海外留学人员1800人,总数达到1.7万人。实施"三年引进千名高层次人才"计划,引进332名拥有自主知识产权、掌握关键技术的高端人才。启动新一轮"131"创新型人才培养工程。新建博士后流动站、工作站12个,总数达到210个,在站博士后860余人。高级以上技术工人达到31.60万人,同比增长6.0%。

教　育

年末全市有各级各类学校1554所,其中,普通高校55所,中等专业学校40所,职业中学27所,技工学校33所,普通中学525所,小学874所,在校学生总数达到154.32万人。全市新增劳动力平均受教育年限为14.81年。

基础教育发展更加优质均衡。大力实施学前教育三年行动计划,新建、扩建和改造提升幼儿园485所,"入园难"问题得到一定缓解,年末全市幼儿园在园幼儿22.61万人,比上年增加0.8万人。全市小学招生10.01万人,毕业8.46万人,年末在校51.85万人,专任教师3.75万人;普通中学招生14.33万人,毕业15.07万人,年末在校44.74万人,专任教师4.10万人。年末全市特殊教育学校20所,在校学生2647人,专任教师535人。

高等教育综合实力不断增强。高等院校博士、硕士学位授权一级学科分别增加19个和91个,大学软件学院投入运行,全国高校科技创新成果转化中心启动建设。全市普通高校共招收本专科学生13.31万人,毕业10.87万人,年末在校44.97万人,专任教师2.89万人。招收研究生1.61万人,毕业1.06万人,年末在校4.61万人,指导教师6507人。成人高校年末在校学生6.66万人。全年发放国家助学贷款8494万元,惠及贫困学生4836人次。

职业教育改革加快推进。成功举办第四届全国职业院校技能大赛。海河教育园区一期工程完成,7所职业院校6.5万名师生迁入新校区。国家职业教育改革创新示范区起步建设,职业教育资源共享平台建设加快,职业技能公共实训中心建成,13所中职学校进入国家中等职业教育改革发展示范校建设行列。年末在校学生中,中等专业学校7.22万人,职业中学2.70万人,技工学校2.84万人,成人中专0.89万人。

卫　生

医疗卫生布局进一步优化。医大总医院、肿瘤医院、人民医院等改扩建项目投入运营,中医一附院、胸科医院等建设进展顺利。年末全市有各类卫生机构4431个,其中,医院、卫生院461个,社区卫生服务中心95个,卫生防疫机构24个,妇幼保健机构23个。卫生机构床位49423张,其中,医院、卫生院44661张,社区卫生服务中心2851张。卫生技术人员7.33万人,其中,执业医师及执业助理医师2.98万人,注册护士2.58万人。

公共卫生服务水平不断提高。基层医疗卫生服务体系进一步完善,完成6个区县医院和中医院、11个社区卫生服务中心和乡镇卫生院、657个村卫生室标准化建设,完成首批全科医生临床规范化培训。公办基层医疗机构实行基本药物零差率销售。18项基本公共卫生服务政府补助标准由人均20元提高到30元。持续实施妇女儿童健康行动计划,受益人群达到289.2万人次。

文　化

公共文化服务体系更加完善。市文化中心主体工程完工,杨柳青木板年画博物馆建成开馆,李叔同故居纪念馆对外开放,平津战役纪念馆提升改造完成。年末全市有艺术表演团体38个,文化馆18个,博物馆19个,公共图书馆31个,电影放映单位55个。全市广播节目达到21套,市级电视节目36套。有线电视用户达到270万户,其中数字电视用户230万户。全年摄制电影故事片7部。京剧《无旨钦差》、歌剧《原野》、电视剧《解放》等一批优秀文艺作品荣获大奖。

文化产业快速发展。全年文化产业增加值392.73亿元,现价增长29.6%,占全市生产总值的3.5%。国家动漫产业综合示范园投入使用,动漫产业公共技术服务平台达到世界领先水平。成功举办2011年中国(天津)演艺产业博览会,观众近5万人次,现场成交额2.3亿元,协议成交额近5亿元。文化体制改革继续深化，组建天津广播电视台、天津广播电视传媒集团。

体　育

竞技体育捷报频传。全年在国内外大赛上共获得69枚金牌，其中，国际比赛获得40枚金牌，全国高水平比赛获得29枚金牌。女子排球九年八次取得联赛冠军，男子足球问鼎足协杯。群众体育蓬勃开展。举办第二届全民健身运动会、第七届农民运动会，新建和更新改造1500个健身园和30个体育公园。承办世界女子水球总决赛等大型赛事，获得2017年第十三届全国运动会的举办权。全年体育彩票销量超过25亿元，增幅达63%，再创历史新高。

五、人民生活

收入与消费

居民收入稳步增长。认真落实增加居民收入20项措施，最低工资标准由920元增加到1160元，提高26%，颁布新的工资指导线，推进工资集体协商，连续第七年调增企业退休人员养老金。全年城镇单位从业人员人均劳动报酬58635元，增长13.9%。城市居民人均可支配收入26921元，增长10.8%。农村居民人均可支配收入增长15.5%。

居民消费水平不断提高。全年城市居民家庭人均消费性支出18424元，增长11.2%。其中，服务性消费支出4683元，增长8.9%；商品性消费支出13741元，增长12.1%，快于服务性消费支出3.2个百分点。城市居民恩格尔系数为36.2%。年末每百户城市居民家庭拥有家用汽车20.3辆，比上年末增加4.2辆；电脑95.6台，增加4.4台；移动电话217部，增加11.8部。

社会保障

保障能力不断增强。社会保险体系由制度全覆盖向人员全覆盖延伸，在全国率先实施全民医疗保险和意外伤害附加保险制度。截至年末，城镇职工基本医疗保险参保人员474.52万人，城乡居民基本医疗保险参保人员498.30万人，城镇职工基本养老保险参保人员458.70万人，城乡居民基本养老保险参保人员97.80万人，失业保险参保职工258.75万人，工伤保险参保职工320.42万人(见表4)。职工五项社会保险基金总收入510.6亿元，增长18.1%；其中，养老保险基金收入335.8亿元，增长20.4%。

表4　　各类社会保险参保人数

指　　标	参保人数（万人）	比上年增长(%)
城镇职工基本医疗保险	474.52	1.0
城乡居民基本医疗保险	498.30	2.5
城镇职工基本养老保险	458.70	6.3
城乡居民基本养老保险	97.80	6.0
失业保险	258.75	5.1
工伤保险	320.42	5.2
生育保险	234.60	10.6

保障性住房建设加快推进。全年保障性住房投资完成306.77亿元，占房地产开发投资的28.4%。全年开工建设保障性住房1600万平方米、23.9万套，发放租房补贴8.5万户。年末城市人均住宅建筑面积32.77平方米，同比增长4.8%。

社会福利与救助

社会福利与救助水平进一步提高。城镇低保标准由450元调整为480元，农村低保标准由250元调整为280元，优抚抚恤、特困救助、农村五保供养、老年人生活补贴标准等都有新的提高。政府抚恤、补助各类优抚对象3.02万人；城乡低保对象27.77万人，其中城镇17.93万人。完善价格补助联动机制，受益群众由18.4万人增加到33.7万人。年末全市各类福利院有床位3.28万张，同比增长14.5%；在院收养2.04万人，增长15.5%。当年新安排残疾人就业3070人。全市11个救助站全年救助5046人。接受社会捐赠2790.6万元，销售社会福利彩票16.07亿元，筹集彩票公益金4.86亿元。

注：1. 2011年各项统计数据为快报数。

2. 全市生产总值、各产业增加值绝对数按当年价格计算，增长速度按可比价格计算。

3. 从2011年1月起，规模以上工业统计的起点标准从年主营业务收入500万元提高到2000万元，固定资产投资统计的起点标准从计划总投资额50万元提高到500万元。

4. 从2011年1月起，国家统计局实施新的工业生产者价格统计调查制度方法，将“工业品出厂价格指数”和“原材料、燃料、动力购进价格指数”分别改称为“工业生产者出厂价格指数”和“工业生产者购进价格指数”。

5. 城镇职工基本医疗保险和养老保险的参保对象为城镇职工和退休人员，城乡居民基本医疗保险和养老保险的参保对象为城乡非从业人员。

天津市在全国的地位

指　　标	2006年		2011年	
	天　津	占全国比重(%)	天　津	占全国比重(%)
年末常住人口(万人)	**1075.00**	**0.8**	**1354.98**	**1.0**
社会从业人员(万人)	**562.92**	**0.7**	**763.16**	**1.0**
全市生产总值(亿元)	**4359.15**	**2.1**	**11307.28**	**2.4**
第一产业	118.23	0.5	159.72	0.3
第二产业	2488.29	2.4	5928.32	2.7
#工　业	2292.73	2.5	5430.84	2.9
第三产业	1752.63	2.1	5219.24	2.6
人均生产总值(元)	**42141**	**高25641**	**85213**	**高50130**
城市居民人均可支配收入(元)	**14283**	**高2524**	**26921**	**高5111**
农村居民人均纯收入(元)	**7942**	**高4355**	**11891**	**高4914**
财政、金融(亿元)				
地方一般预算财政收入	417.05	2.3	1455.13	1.4
一般预算财政支出	543.12	1.8	1796.33	1.6
金融机构本外币存款余额	6839.20	2.0	17586.91	2.2
金融机构本外币贷款余额	5415.72	2.3	15924.71	2.9
保费收入	105.18	1.9	211.74	1.5
主要工业产品产量				
天然原油(万吨)	1943.09	10.6	3187.78	15.7
发电量(亿千瓦小时)	359.24	1.3	619.08	1.3
天然气(亿立方米)	10.50	1.8	18.43	1.8
原　盐(万吨)	236.10	4.4	184.02	2.9
化学纤维(万吨)	18.68	0.9	12.77	0.4
纱(万吨)	7.62	0.4	3.08	0.1
布(亿米)	2.83	0.5	2.78	0.3
乙　烯(万吨)	23.17	2.5	134.26	8.8
水　泥(万吨)	607.33	0.5	765.53	0.4
生　铁(万吨)	1131.51	2.8	2096.98	3.3
粗　钢(万吨)	1285.34	3.0	2295.75	3.4
汽　车(万辆)	41.44	5.7	77.44	4.2
自行车(万辆)	1707.77	25.4	2233.26	37.2
房间空气调节器(万台)	482.13	7.0	322.25	2.3
移动电话机(万台)	10129.72	21.1	9061.68	8.0
集成电路(亿块)	5.76	1.7	8.86	1.2
主要农产品产量(万吨)				
粮　食	143.52	0.3	161.83	0.3
肉　类	59.53	0.7	42.92	0.5
禽　蛋	23.08	0.8	19.26	0.7
水产品	35.49	0.7	35.21	0.6
全社会固定资产投资额(亿元)	**1849.80**	**1.7**	**7510.68**	**2.4**
#房地产开发投资额	402.32	2.1	1080.05	1.7

续表

指标	2006年		2011年	
	天津	占全国比重(%)	天津	占全国比重(%)
运输、邮政、电信				
沿海主要港口货物吞吐量(万吨)	25760	7.5	45338	7.4
社会货物运输量(万吨)	42863	2.1	44651	1.2
邮电业务总量(亿元)	227.79	1.5	180.78	1.4
商业、外贸、外经				
社会消费品零售总额(亿元)	1356.79	1.8	3395.06	1.8
外贸出口总额(亿美元)	335.40	3.5	444.98	2.3
实际直接利用外资额(亿美元)	43.69	5.9	132.40	11.2
教育、科技、卫生、文化				
高等学校在校学生数(万人)	35.74	2.1	44.97	1.9
技术市场成交额(亿元)	58.86	3.2	113.99	2.4
专利申请授权量(项)	4159	1.9	13982	1.5
医院(个)	401	0.7	296	1.3
医院床位(万张)	3.89	1.2	4.08	1.1
图书出版数(万册)	5106	0.8	3942	0.5
杂志出版数(万册)	4060	1.4	3768	1.2
报纸出版数(亿份)	9.48	2.3	9.25	2.0

注:2006年医院个数及床位数含卫生院,2011年"农村居民人均纯收入"天津为可支配收入。

天津市专业技术人员(2010—2011年)

单位:人

项目	全市		平均每万人口有科技人员(2011年)	平均每万名城镇单位从业人员有科技人员(2011年)
	2010年	2011年		
合计	**419373**	**418752**	**316**	**1767**
自然科学专业技术人员	**218431**	**222619**	**168**	**940**
#工程技术人员	116860	118838	90	502
农业技术人员	3246	3046	2	13
科学研究人员	4290	4592	3	19
卫生技术人员	59227	60174	45	254
教学人员	34808	35969	27	152
社会科学专业技术人员	**200942**	**196133**	**148**	**828**
#科学研究人员	822	804	1	3
教学人员	93080	92145	69	389
经济人员	40774	39623	30	167
财会人员	31274	29969	23	126
统计人员	2484	2211	2	9
翻译人员	623	614		3
图书、档案、资料人员	4868	4746	4	20
编辑、记者、播音员	2625	2659	2	11
体育教练人员	528	547		2
工艺美术人员	261	261		1
文艺人员	2103	2083	2	9

注:专业技术人员统计范围为公有制企事业单位。

天津市专业技术人员构成(2011年)

单位:人 (person)

项目 Item	按性别分 By Sex	按受教育程度分 By Education Status		按职称分 By Title	
	#女专业技术人员数 Female	#受过高等专业教育人数 Having Higher Special Education Background	#受过中等专业教育人数 Having Special Secondary School Background	#高级职称人数 Senior Professional Certification	#中级职称人数 Medium Professional Certification
合计 Total	**209037**	**343703**	**55531**	**69273**	**154168**
一、自然科学专业技术人员 Natural Science	**98878**	**185969**	**29919**	**39544**	**72732**
#工程技术人员 Engineering	33058	99170	14757	18307	32467
农业技术人员 Agriculture	1145	2187	740	522	906
科学研究人员 Scientific Research	2095	4563	21	1684	1843
卫生技术人员 Health Care	41877	45871	12834	6842	20450
教学人员 Teaching	20703	34178	1567	12189	17066
二、社会科学专业技术人员 Social Science	**110159**	**157734**	**25612**	**29729**	**81436**
#科学研究人员 Scientific Research	384	790	8	184	361
教学人员 Teaching	61081	83536	7422	19516	53891
经济人员 Economics	15038	25736	7969	1486	7115
财会人员 Accountant	18844	20702	6578	1062	5991
统计人员 Statistician	1556	1517	415	211	639
翻译人员 Translator	365	602	12	132	175
图书、档案、资料人员 Librarian and Archivist	3281	4105	389	826	1984
编辑、记者、播音员 Editor, Reporter and Broad caster	1270	2543	49	981	935
体育教练人员 Coach	138	503	31	198	187
工艺美术人员 Arts and Craft	93	203	35	48	55
文艺人员 Literature and Art	807	1063	779	799	774

天津市社会科学专业技术人员构成(2011年)
(按国民经济行业分)

单位:人 (person)

行业 Sector	合计 Total	#教学人员 Teaching	#经济人员 Economy	#财会人员 Accountant	#图书、档案、资料人员 Librarian and Archivist
总计 Total	**196133**	**92145**	**39623**	**29969**	**4746**
农、林、牧、渔业 Farming, Forestry, Animal Husbandry and Fishery	1092	41	307	440	10
采矿业 Minerals Mining	4582	599	1386	972	159
制造业 Manufacturing	14835	941	5658	3669	240
电力、燃气及水的生产和供应业 Production & Supply of Power, Gas and Water	2903	50	863	883	70
建筑业 Construction	6068	119	1643	2382	102
交通运输、仓储及邮政业 Transportation, Storage and Post Services	8814	60	5871	1250	54
信息传输、计算机服务和软件业 Information Transmitting, Computer Services & Software	761	5	300	161	19
批发和零售业 Wholesale and Retail Trade	5555	26	2862	1663	53
住宿和餐饮业 Accommodation and Catering Services	344	2	109	148	1
金融业 Finance Intermediation	26859	19	15808	9784	60
房地产业 Real Estate	2886	17	1575	785	47
租赁和商务服务业 Leasing and Business Services	1402	11	507	366	23
科学研究、技术服务和地质勘察业 Scientific Research, Technical Services and Geological Prospecting	2894	89	635	1009	210
水利、环境和公共设施管理业 Management for Water Conservancy, Environment and Public Facilities	2199	3	300	823	77
居民服务和其他服务业 Resident Services and Other Social Services	1145	104	376	324	19
教育 Education	98771	89705	218	2036	1400
卫生、社会保障和社会福利业 Health Care, Social Security and Social Welfare	5880	165	774	2462	296
文化、体育和娱乐业 Culture, Sports and Recreational Services	7862	64	111	485	1851
公共管理和社会组织 Public Management and Social Organizations	1281	125	320	327	55

责任编辑:丁大同

附　录

2011年CSSCI来源期刊天津作者发表论文总览

序号	文章名称	第一作者	单位	年、卷、期
法　学				
《政法论坛：中国政法大学学报》				
1	清末五大臣对德国宪政的考察	柴松霞	天津财经大学	2011,29(1):133-141
2	梁启超：中国公共财政的启蒙师与先行者	李炜光	天津财经大学	2011,29(4):3-12
3	法律适用中的国家利益	孙　建	南开大学	2011,29(6):123-130
《行政法学研究》				
1	信访制度的性质、功能、结构及原则的承接性研究	田文利	河北工业大学	2011,(1):57-62,105
《环球法律评论》				
1	冲突的积极功能的边界——兼谈法学的自主性	朱桐辉	南开大学	2011,33(4):37-46
《法学》				
1	税收制度在抗灾重建中的功能之强化	李建人	南开大学	2011,(6):117-125
《当代法学》				
1	案外因素与案内裁量：疑罪难从无之谜	朱桐辉	南开大学	2011,25(5):26-34
《现代法学》				
1	股份公司内部权力配置的结构性变革——以股东“同质化”假定到“异质化”现实的演进为视角	汪青松	天津财经大学	2011,33(3):32-42
《政治与法律》				
1	我国“宪法司法化”路径问题之思考——基于刑法裁判规范建构之法源视域	张心向	南开大学	2011,(2):54-64
《法学杂志》				
1	对陕甘宁边区人民调解制度的几点共识——来自抗战时期陕甘宁边区的实践	侯欣一	南开大学	2011,32(1):80-84
2	在我国建立消费者公益诉讼制度的构想——从治理虚假电视购物谈起	赵　侠	天津市北辰区人民检察院	2011,32(1):91-94
3	铁矿石贸易纠纷的法律救赎	张　洁	天津师范大学	2011,32(2):74-77
4	对搜查、扣押、冻结等强制性侦查措施检察监督有关问题研究	天津市河北区人民检察院课题组	天津市河北区人民检察院	2011,32(2):95-98
5	基于3G技术移动电子商务的法律问题研究	刘晓纯	天津大学	2011,32(4):42-45
6	犯罪构成之三维形态解读——基于现象学社会学的思考	张心向	南开大学	2011,32(4):62-67
7	我国高等教育仲裁制度的建构研究	王吉林	天津科技大学	2011,32(5):1-4
8	程序外剥夺犯罪分子生命问题研究	杨文革	南开大学	2011,32(6):47-50
9	论承运人倒签提单或预借提单的法律性质	左海聪	南开大学	2011,32(8):40-43
10	锅得缸商标谐音“郭德纲”之法律分析	陈灿平	天津财经大学	2011,32(8):51-54
11	诉讼构造：裁判不适用原则的实证探究	孙　山	天津市第一中级人民法院	2011,32(8):95-98
12	国际海上货物运输承运人责任基础立法中的价值体系与演进	胡绪雨	南开大学	2011,32(9):66-69
13	检察维度的司法公信力问题研究	天津市人民检察院第二分院课题组	天津市人民检察院第二分院	2011,32(9):104-106,143

序号	文章名称	第一作者	单位	年、卷、期
14	价格歧视行为的反垄断法分析	许光耀	南开大学	2011,32(11):21-24
《法学论坛》				
1	受害人过错对加害人无过错责任范围的影响——风险比例规则的提出与适用	刘海安	中国民航大学	2011,26(1):116-120
2	论渤海特别法的调整范围	申进忠	南开大学	2011,26(3):42-45
3	司法能动主义的中国化	王　彬	南开大学	2011,26(6):117-122
《法学家》				
1	论专利侵权诉讼中的停止侵权民事责任及其完善	张　玲	南开大学	2011,(4):106-117
《法制与社会发展》				
1	作为法院创造物的法律——格雷法律渊源理论探究	马　驰	天津商业大学	2011,17(6):84-93
《华东政法大学学报》				
1	死刑不引渡不应成为“倒逼”国内废除死刑的理由	王强军	南开大学	2011,(4):41-45
《法律科学：西北政法学院学报》				
1	生物科技研究中人体组织提供者补偿模式研究	焦艳玲	天津医科大学	2011,29(1):93-101
《知识产权》				
1	知识产权融资不对称性的法经济学分析	苑泽明	天津财经大学	2011,(2):41-45
2	药品专利权与公共健康权的冲突和协调	许子晓	南开大学	2011,(3):92-97
《中国刑事法杂志》				
1	侵犯知识产权犯罪数额新论	陈灿平	天津财经大学	2011,(6):28-32
2	特殊累犯裂变式增加的思考	王强军	南开大学	2011,(9):12-16
3	完善与创新检委会工作机制研究	刘宏波	天津市蓟县人民检察院	2011,(9):86-89
4	天津市外来务工人员严重暴力犯罪实证研究	高亚男	天津市人民检察院第二分院	2011,(10):115-119
高校综合性社科学报				
《中国人民大学学报》				
1	公务员规模省际差异影响因素研究：基于 2001—2008 年面板数据	孙　涛	南开大学	2011,25(1):133-142
2	在转变政府职能的过程中提高政府公信力	朱光磊	南开大学	2011,25(3):120-128
《北京大学学报》（哲学社会科学版）				
1	《四声指归》与唐前声病说	卢盛江	南开大学	2011,48(2):73-82
2	两种不同人生价值取向的抉择——郭璞《游仙诗•京华游侠窟》试解	赵沛霖	天津社会科学院	2011,48(3):57-63
《北京师范大学学报》（社会科学版）				
1	中国工业行业全要素生产率增长的决定因素：1996—2007	周　燕	南开大学	2011,(1):133-141
《南京大学学报》（哲学・人文科学・社会科学）				
1	全球化背景下全球治理面临的新挑战	吴志成	南开大学	2011,48(2):43-49
2	宗教价值和人文内涵的契合与寻求	钢　夫	南开大学	2011,48(2):50-51
3	全球治理的价值向度与气候变化治理	吴志成	南开大学	2011,48(4):58-60
《南开学报》（哲学社会科学版）				
1	《八月之光》：宗教多重性与民族身份认同	王立新	南开大学	2011,(1):9-15
2	美国中期选举及“茶党”兴起的影响	徐　步	南开大学	2011,(1):45-52
3	中立与求新：晚清《直报》概说	李喜所	南开大学	2011,(1):53-58,114
4	胡适与汪精卫政治关系的历史考察	高志勇	南开大学	2011,(1):59-64
5	中国古代农忙止讼制度的形成时间试探	岳纯之	南开大学	2011,(1):65-71

序号	文章名称	第一作者	单位	年、卷、期
6	中国古代哲学中的时间与存在	吴学国	南开大学	2011,(1):82-89
7	价值认定与价值存在——马克斯o舍勒的价值现象学探析	钟汉川	南开大学	2011,(1):90-100
8	政治哲学“理论品格”的定位——以马克思和罗尔斯为例的考察	赵亚琼	南开大学	2011,(1):101-106
9	权利保护的经济理论与中国转型期的地权流转	陈国富	南开大学	2011,(1):107-114
10	国家制度能力与经济结构调整——基于转型期的中俄比较研究	景维民	南开大学	2011,(1):115-122
11	近代中国碱业技术变迁中的"跨国"影响	赵　津	南开大学	2011,(1):123-132
12	行业自律的定位、动因、模式和局限	常　健	南开大学	2011,(1):133-140
13	中国共产党领导社会建设的实践和基本经验	刘景泉	南开大学	2011,(2):1-13
14	中国共产党建党九十年来的对美交往	张睿壮	南开大学	2011,(2):14-22
15	中国共产党对欧交往的历史回顾与思考	吴志成	南开大学	2011,(2):23-32
16	中国共产党建党九十年来的对日政策	宋志勇	南开大学	2011,(2):33-42
17	中国共产党对拉丁美洲交往的历史进程及启示	王翠文	南开大学	2011,(2):43-52
18	中国的知情权保障与信息公开制度的发展进程	赵正群	南开大学	2011,(2):53-64
19	转型期：女性文学中的女性自我	盛　英	天津市作家协会	2011,(2):79-93
20	理而情的选择：论梁启超早期女学思想	刘　堃	南开大学	2011,(2):94-102
21	媒体·视觉·性别——以清末民初天津画报女性生活为中心的考察	侯　杰	南开大学	2011,(2):134-140
22	全球治理的国内拓展	刘兴华	南开大学	2011,(3):20-27
23	科学发展与社会和谐的实践诠释——天津市实现新突破新崛起的经验和启示	逄锦聚	南开大学	2011,(3):87-99
24	国际货币体系变革中的人民币国际化	戴金平	南开大学	2011,(3):100-106
25	社会经济权利之宪法解读	魏健馨	南开大学	2011,(3):107-114
26	反垄断法规制的新视点——对行政指导卡特尔的规制	孙　炜	南开大学	2011,(3):115-122
27	秦始皇缘何焚书坑儒	陈生玺	南开大学	2011,(3):123-132
28	奥斯曼帝国加入欧洲外交体系的历史探究	王　黎	南开大学	2011,(3):133-140
29	APEC 茂物目标——进程与评估	宫占奎	南开大学	2011,(4):1-8
30	中国推进中日韩自由贸易区建设的策略思考	于晓燕	南开大学	2011,(4):19-25
31	近三十年“城乡交叉地带叙事”中的“新才子佳人模式”——以《人生》、《高老庄》、《风雅颂》为中心的考察	乔以钢	南开大学	2011,(4):46-54
32	多民族国家的文化整合：历史经验与实践的再审视	高永久	南开大学	2011,(4):55-62
33	工业化时代的住房保障——基于民国时期劳工住宅问题的分析	宣朝庆	南开大学	2011,(4):100-107
34	逻辑的求善功能	张晓芒	南开大学	2011,(4):117-125
35	从辛亥革命看知识分子的社会担当	张　静	南开大学	2011,(5):1-8
36	论进步主义运动时期美国政治的发展	谭　融	南开大学	2011,(5):9-18
37	一战后美国对中东欧的粮食外交	徐振伟	南开大学	2011,(5):19-26
38	经济增长的新来源与中国经济的第二次转型	刘　刚	南开大学	2011,(5):97-106
39	网络集群行为的理论解释模型探索	乐国安	南开大学	2011,(5):116-123
40	营销心理健康专业服务——专业心理求助行为研究的应用分析	李　强	南开大学	2011,(5):124-132
41	组织行为学中的信任违背和修复研究	姚　琦	南开大学	2011,(5):133-140
《中山大学学报》(社会科学版)				
1	清末民初乌托邦文学的类型、源流与文化心理考察	耿传明	南开大学	2011,51(1):49-55
2	论“前朦胧诗”的意象革命	罗振亚	南开大学	2011,51(2):44-50

序号	文章名称	第一作者	单位	年、卷、期
《西北师大学报》(社会科学版)				
1	明代臣僚封爵制度略论	曹 循	南开大学	2011,48(1):46-52
2	晚明所见利玛窦名称字号琐谈	庞乃明	南开大学	2011,48(1):53-58
3	艾伦·卡尔松论建筑审美特性	薛富兴	南开大学	2011,48(4):62-66
4	公共产品供给过程中的地方政府合作与竞争——印第安纳学派的多中心治理理论述评	张振华	南开大学	2011,48(4):101-106
《湘潭大学学报》(哲学社会科学版)				
1	基于旅游体验过程的游客感知评价	胡道华	天津大学	2011,35(2):80-84
2	辛亥革命"失败"辨析	李新宇	南开大学	2011,35(3):86-91
《清华大学学报》(哲学社会科学版)				
1	柳宗直《西汉文类》考论	卢燕新	南开大学	2011,26(1):120-126
2	经济转型时期的资源危机与社会对策——对先秦山林川泽资源保护的重新评说	王利华	南开大学	2011,26(3):80-97
3	熊十力"断染成净"说与牟宗三"良知坎陷"说的比较	韩 强	南开大学	2011,26(3):123-132
《湖南大学学报》(社会科学版)				
1	语言观决定区别特征定义方式	夏赛辉	南开大学	2011,25(1):101-104
2	宋代礼制专篇——《宋史·礼志》的史料价值初探	王志跃	南开大学	2011,25(3):22-25
3	基于GARCH族模型的深证成指价格波动研究	关 华	天津大学	2011,25(3):62-65
4	惩罚性赔偿制度的理论定位与适用范围	陈灿平	天津财经大学	2011,25(4):131-137
5	代工合作中后进企业知识学习的平台、机制与特征分析	陈国绪	天津大学	2011,25(5):64-68
《陕西师范大学学报》(哲学社会科学版)				
1	12—15世纪英格兰从劳役地租向货币地租转变的动因分析	刘 超	天津师范大学	2011,40(4):148-153
2	种植理性与清代农家经济选择——以河南省为中心的研究	邓玉娜	天津师范大学	2011,40(5):145-156
《南京师大学报》(社会科学版)				
1	社会认同复杂性与认同管理策略探析	管 健	南开大学	2011,(2):96-102
2	论人类心理普遍性假设的检验策略	纪海英	天津医科大学	2011,(2):108-112
3	精神疾病诊断标准中的神经衰弱与躯体化的跨文化分歧	汪新建	南开大学	2011,(5):113-118
《武汉大学学报》(哲学社会科学版)				
1	地方合作在区域性公共危机处理中的作用	杨 龙	南开大学	2011,64(1):57-68
2	孙昌武教授与佛教文化研究——以《中国佛教文化史》、《禅思与诗情》为中心	张培锋	南开大学	2011,64(4):95-100
《武汉大学学报》(人文科学版)				
1	试论朱彝尊词学理论的成就及意义	孙克强	南开大学	2011,64(1):60-67
《河南师范大学学报》(哲学社会科学版)				
1	论伽达默尔与马克思科技理性观的对立及其原因	杨仁忠	天津师范大学	2011,38(1):10-13
2	基金"老鼠仓"的法律规制探析	曾 艳	天津大学	2011,38(1):106-109
3	唐代女教书《女论语》相关问题考论	郭 丽	南开大学	2011,38(1):148-151
4	论李准《李双双小传》的话语策略	常世举	南开大学	2011,38(1):178-180
5	产业结构调整、高等教育改革与大学生就业	马云泽	南开大学	2011,38(2):116-119
6	宋代诗歌美学对绘画美学的早期文人化改造	王 海	天津大学	2011,38(2):171-173
7	春秋战国时期证据法的演变	郭明月	南开大学	2011,38(3):78-81
8	论慈善品牌建设与慈善事业的发展	何兰萍	天津大学	2011,38(3):135-138
9	日本汉诗训读研究的价值与方法论前瞻	辛 文	南开大学	2011,38(4):177-180

序号	文章名称	第一作者	单位	年、卷、期
10	章士钊逻辑思想初探	黄　海	南开大学	2011,38(5):25-28
11	立宪君主制时期埃及华夫托党的兴衰及其原因分析	谢志恒	南开大学	2011,38(5):163-167
《西安交通大学学报》(社会科学版)				
1	创新性科技劳动在价值创造中的作用	阎维洁	南开大学	2011,31(2):49-53,94
2	多边环境合作问题的阐析与展望——基于“国际公共品”的视角	孔　元	南开大学	2011,31(4):64-69
《中国农业大学学报》(社会科学版)				
1	文献与田野的融合：历史人类学与当代中国乡村研究	吴家虎	南开大学	2011,28(1):52-58
2	现代科技革命与科技社团的国际合作	黄浩明	天津大学	2011,28(2):41-47
《西南大学学报》(社会科学版)				
1	论清代“盐法”律例实施中贫民的困境	任晓兰	天津财经大学	2011,37(1):47-51
2	爱国的逾越与压力——略论抗战时期中国史家的民族观与节操观	郑善庆	南开大学	2011,37(2):168-174
3	关于燕王朱棣的两篇敕书造假案献疑	南炳文	南开大学	2011,37(3):45-51
4	大西欧罗巴：明人对欧地理认知新突破	庞乃明	南开大学	2011,37(3):52-58
5	阿马尔那时代近东大国外交研究述评	袁指挥	天津师范大学	2011,37(3):180-183
6	实践思维方式与马克思主义哲学的理论创新——评倪志安教授等著《马克思主义哲学原理新探》	阎孟伟	南开大学	2011,37(3):194-195
7	清代抄家案件与抄没法律	柏　桦	南开大学	2011,37(4):67-74
8	国家祭祀、地方统治与其推动者：论元代岳镇海渎祭祀	马晓林	南开大学	2011,37(5):193-196
9	里根政府“低烈度战争”理论探析	刘长新	南开大学	2011,37(5):208-213
《天津师范大学学报》(社会科学版)				
1	从实践性视角看马克思主义中国化	申心刚	天津师范大学	2011,(1):1-6
2	党的形象：关系党的前途的重要课题	李朝阳	天津师范大学	2011,(1):7-11
3	民营企业党建嵌入公司治理的思路与模式	初明利	天津商业大学	2011,(1):12-16
4	城市人口比重与非农产品消费比重关系研究	郝寿义	南开大学	2011,(1):17-20,46
5	创新型企业获取持续性竞争优势研究	赵道致	天津大学	2011,(1):21-24
6	环渤海区域产业集群效应与重构路径	黄松龄	天津师范大学	2011,(1):25-28
7	英国城市现代化的准备阶段——老城市的转型与新城市的兴起(1500—1750年)	刘景华	天津师范大学	2011,(1):29-33
8	中古英国敞田制的运作及经济社会效应	孙立田	天津师范大学	2011,(1):34-39
9	俄罗斯中国俗文学研究述略	李逸津	天津师范大学	2011,(1):53-57
10	高丽文人的诗学意识形态建构	刘顺利	天津师范大学	2011,(1):58-63
11	高等教育层次结构风险分析	李全生	天津大学	2011,(1):64-67
12	高考命题质量评价体系的缺陷及对策分析	陈士俊	天津大学	2011,(1):72 75
13	发挥滨海新区在区域发展中的作用研究	戴学来	天津师范大学	2011,(2):1-7
14	“历史”的四种形态与“史学”的学术伦理	张分田	南开大学	2011,(2):8-14
15	汉代夫妇合葬习俗与“夫妇有别”观念	阎爱民	南开大学	2011,(2):15-20,43
16	现代主义的现实主义——21世纪长篇小说的五种文体图景	周志强	南开大学	2011,(2):26-33
17	“父”之缺位与“时代孤儿”的道德困境——东西的《耳光响亮》、《后悔录》与后传统时代的寓言化写作	耿传明	南开大学	2011,(2):34-39
18	秦汉时期的汉字字序法	陈　燕	天津师范大学	2011,(2):44-48,66
19	人力资本对经济增长的作用机理	李发昇	天津大学	2011,(2):53-56
20	完善税收激励机制，促进企业参与职业教育	马兆瑞	天津财经大学	2011,(2):57-61
21	工作—家庭关系研究：积极视角	张　伶	南开大学	2011,(2):62-66

序号	文章名称	第一作者	单位	年、卷、期
22	奥苏伯尔的有意义学习理论对教学的指导意义	王惠来	天津师范大学	2011,(2):67-70
23	学前儿童生命认知现状研究	韩映虹	天津师范大学	2011,(2):71-76
24	论党的学习自觉——关于中国共产党 90 年学习之路的回顾与思考	杜鸿林	天津师范大学	2011,(3):1-5
25	中国共产党“权为民所用”的三种形态	余金成	天津师范大学	2011,(3):6-9
26	论延安时期马克思主义中国化与大众化的互动	魏继昆	天津师范大学	2011,(3):10-15
27	关于马克思主义大众化的若干思考	张　静	南开大学	2011,(3):16-19,50
28	中国传统人生哲学的理论成就及其当代价值	周德丰	南开大学	2011,(3):20-25
29	五都与五大古都：对毛泽东论古代邯郸的考订	毛　曦	天津师范大学	2011,(3):31-33
30	英国宪政自由主义传统的理论基础与基本价值	于语和	南开大学	2011,(3):34-37
31	唐代“捣衣”诗及其士人政治心态	肖占鹏	南开大学	2011,(3):51-55
32	高绩效科研团队构建的问题与对策分析	刘　慧	天津大学	2011,(3):66-68
33	加强大学生的创业意识与能力培养的几点思考	郝维钢	天津青年职业学院	2011,(3):69-71
34	复杂系统“精益涌现”的形成机理研究——以供应链系统为例	张英华	天津财经大学	2011,(3):72-76
35	循环经济发展的影响因素研究	吴宝华	天津农学院	2011,(3):77-80
36	强化质量，突出特色，建立现代大学制度——为纪念中国共产党成立 90 周年而作	中共天津师范大学委员会	天津师范大学	2011,(4):1-3
37	国外学者对“中国特色社会主义”的解读	翟昌民	天津师范大学	2011,(4):4-9
38	中国共产党对马克思主义政党建设理论的贡献	王同起	天津师范大学	2011,(4):10-14
39	农民工的政治参与与党的执政安全研究	李朝阳	天津师范大学	2011,(4):15-20
40	社会性别意识与新世纪女性写作之变	张　莉	天津师范大学	2011,(4):43-48
41	秦帝国政治模式分析	张荣明	南开大学	2011,(4):49-54
42	欧美和平运动与近代中国	田　涛	天津师范大学	2011,(4):55-60
43	发扬优良传统，走民主、科学道路	谭　融	南开大学	2011,(4):61-65
44	城市低龄老年人需要问卷的编制	吴　捷	天津师范大学	2011,(4):77-80
45	中西性好利论比较	王元明	南开大学	2011,(5):1-6
46	全球化与文化研究范式的转换	王金宝	天津师范大学	2011,(5):7-11
47	敦煌俗字研究方法对日本汉字研究的启示——《今昔物语集》讹别字考	王晓平	天津师范大学	2011,(5):15-21
48	《小说神髓》与日本小说观念的近代转型	甘丽娟	天津师范大学	2011,(5):22-26
49	租界社会与近代天津新闻事业的发展	王　薇	天津师范大学	2011,(5):27-30
50	综合改革试验区的制度创新与经济增长研究	郝寿义	南开大学	2011,(5):31-35
51	天津滨海新区会展业协同发展的分析及对策	汪　波	天津大学	2011,(5):36-39
52	天津滨海新区平台竞争力提升途径研究	王晓耕	天津商业大学	2011,(5):40-43
53	大型体育场馆项目的政府监管框架研究——以公私合作模式为例	陈　通	天津大学	2011,(5):44-47
54	法理学视角下诉讼调解生效制度研究	李　旭	天津师范大学	2011,(5):48-52
55	银行卡高睡眠率问题研究	邓向荣	南开大学	2011,(5):53-56
56	中小企业信贷风险分担机制研究	王志强	天津大学	2011,(5):57-60
57	我国与国际及美国每股收益准则的比较	王　磊	天津财经大学	2011,(5):65-68
58	关于办学特色构成要素研究	赵丽敏	天津市教育科学研究院	2011,(5):76-80
《湖南师范大学社会科学学报》				
1	我国民航业市场结构现状分析	郑兴无	中国民航大学	2011,40(3):98-101

序号	文章名称	第一作者	单位	年、卷、期
《河北大学学报》(哲学社会科学版)				
1	分税制模式下中国地方财政与房价的关系	武彦民	天津财经大学	2011,36(1):46-52
2	关于社会文化史理论的几点思考	李志毓	南开大学	2011,36(1):53-58
3	论马克思意识形态理论的逻辑起点	李　萍	南开大学	2011,36(3):24-28
4	民国旧体词变革的两种尝试——以胡适的白话词和陈柱的自由词为例	梁艳青	天津财经大学	2011,36(4):101-105
《上海交通大学学报》(哲学社会科学版)				
1	“肯定美学”析义	邓军海	天津师范大学	2011,19(4):84-89
《山东大学学报》(哲学社会科学版)				
1	公务员绩效考核中的问题及对策分析	王　骚	南开大学	2011,(1):25-31
2	基于模糊二叉树模型的高速公路投资项目价值评估	王雪青	天津大学	2011,(2):128-132
3	山东经济增长模型与要素分析——基于现代经济增长理论的视角	刘险峰	天津大学	2011,(3):92-99
4	读《史记》,探讨政府治理问题	张志超	南开大学	2011,(4):1-7
5	保守的倾向,自由的精神:对柏克政治价值的解读	季乃礼	南开大学	2011,(4):15-20
6	历史人物评价标准的反省与重建——以“成王败寇论”为中心的考察	乔治忠	南开大学	2011,(4):130-134
7	法律隐喻的原理与方法	刘风景	南开大学	2011,(5):124-132
《河南大学学报》(社会科学版)				
1	弱势群体的犯罪趋势预测	刘媛媛	天津商业大学	2011,51(2):20-25
2	刑事和解适用范围的理性限定	王强军	南开大学	2011,51(6):36-42
《北京工商大学学报》(社会科学版)				
1	农村居民消费与地区经济发展的系统动力学分析	赵道致	天津大学	2011,26(1):123-128
2	基于“命运共同体”视角的和谐员工关系构建研究	罗永泰	天津财经大学	2011,26(3):94-98
3	传统零售商“优势触网”的条件与权变策略	李桂华	南开大学	2011,26(5):6-12
4	中国金融系统和谐状态的实证分析——基于开放复杂巨系统的研究	史跃峰	天津大学	2011,26(6):71-77
《东南大学学报》(哲学社会科学版)				
1	学术不端行为泛滥及其严重后果	李光福	天津大学	2011,13(3):57-61
《四川大学学报》(哲学社会科学版)				
1	从《历史》中的人物样态看利奥的史学新思想	赵法欣	南开大学	2011,(3):22-28
《兰州大学学报》(社会科学版)				
1	我国地方政府创新行为的制度分析	张志辰	南开大学	2011,39(1):99-102
2	继承、实践和超越:从新三民主义到新民主主义	杨　谦	南开大学	2011,39(2):14-21
3	论西部地区农村富余劳动力的转移——以定西市为例	王明寿	天津大学	2011,39(3):118-122
《首都师范大学学报》(社会科学版)				
1	1928年国民党内激进左派的“党治”理论	李志毓	南开大学	2011,(1):16-22
2	工业革命时代英国农业工人的工资与生活水平	徐　滨	天津师范大学	2011,(3):18-25
《西北大学学报》(哲学社会科学版)				
1	提升西部地区基层政府公共服务有效性	张志超	南开大学	2011,41(1):10-14
2	唐代女教书《女孝经》相关问题考辨	郭　丽	南开大学	2011,41(3):126-132
《中国地质大学学报》(社会科学版)				
1	战略性新兴产业自主创新问题研究	陈柳钦	天津社会科学院	2011,11(3):56-61
2	中国省际工业增长模式与提升路径分析——基于工业部门全要素能源效率视角	庞瑞芝	南开大学	2011,11(4):28-33

序号	文章名称	第一作者	单位	年、卷、期
3	新型国际分工条件下中国制造业竞争力影响因素分析	杜传忠	南开大学	2011,11(5):65-71
《山西大学学报》(哲学社会科学版)				
1	《文镜秘府论》的二处原典考证	卢盛江	南开大学	2011,34(1):23-28
2	21 世纪唐代文学与其他学科的交叉研究回顾——兼论跨学科学术研究方法	郭 丽	南开大学	2011,34(1):38-43
3	论阿根廷现代化进程中的政府角色	谭 融	南开大学	2011,34(2):103-109
4	"标新"与"立旧"——新世纪小说的双动向	耿传明	南开大学	2011,34(4):9-15
5	初唐编纂的诗歌总集考论	卢燕新	南开大学	2011,34(6):25-30
6	公共教育类高知识型员工柔性绩效评价研究——以高校教师绩效评价为例	李 磊	天津大学	2011,34(6):106-110
《暨南学报》(哲学社会科学版)				
1	民族文化自觉与国家权利介入——加拿大土著族群语言的保护	陈·巴特尔	南开大学	2011,33(2):138-143
《烟台大学学报》(哲学社会科学版)				
1	论船舶所有权移转中间省略登记	王立志	中国民航大学	2011,24(1):17-22
2	论明朝河湟李氏土官在西北边防中的作用	张兴年	南开大学	2011,24(2):58-63
3	作为公众话语的身体——论新感觉派小说的身体想象	耿传明	南开大学	2011,24(3):65-71
4	关于我国人口老龄化的思考——基于现代社会的政策研究	刘险峰	天津大学	2011,24(3):102-105
《华南师范大学学报》(社会科学版)				
1	牟宗三对康德"物自身"学说的改造及其内在问题	卢 兴	南开大学	2011,(1):15-18
2	世纪回望:辛亥百年遗产解析	侯 杰	南开大学	2011,(4):61-67
《重庆大学学报》(社会科学版)				
1	1876 年江北教案研究	李重华	南开大学	2011,17(1):135-141
2	DEA 和信息熵改进的评标方法研究	曹琳剑	天津大学	2011,17(2):86-89
3	中国社会科学研究的多重基金资助分析	党亚茹	中国民航大学	2011,17(2):95-101
4	余栋臣第二次起义与义和团运动的爆发	李重华	南开大学	2011,17(3):130-137
5	论国有企业经理人的信托责任	张培尧	天津师范大学	2011,17(5):96-101
《郑州大学学报》(哲学社会科学版)				
1	试论利普哈特"共识民主"对"多数裁定原则"的反思与超越	寇鸿顺	天津师范大学	2011,44(1):18-23
2	论历史知识普及工作的基本原则	乔治忠	南开大学	2011,44(1):104-107
3	新型农村社会养老保险参保档次分布的影响因素分析及对策建议——基于河南省某试点县的调查	田 栋	南开大学	2011,44(3):32-34
4	试论女同性恋 T 性别的身体表达	赵 然	天津师范大学	2011,44(3):35-38
5	中国特色城镇化道路:模式、动力与保障	黄留国	天津师范大学	2011,44(3):76-80
6	记忆•文本•性别——以 20 世纪 30 年代赛金花为中心	侯 杰	南开大学	2011,44(3):121-130
7	剩余思想与分配理论——基于马克思经济学研究视角的重新解读	王 璐	南开大学	2011,44(4):61-68
8	社会普遍服务理念之于我国公共服务均等化的政策价值与建议	李冬妍	南开大学	2011,44(5):61-65
9	我国企业内部薪酬结构研究综述	王明海	天津大学	2011,44(5):74-78
10	媒体视角下的《大公报》白话文与清末的开民智	林绪武	南开大学	2011,44(5):110-114
《大连理工大学学报》(社会科学版)				
1	试论党争现象对雅典民主制的影响	关小舟	南开大学	2011,32(1):125-128
2	基于自组织理论的城市创新体系"四元主体模型"研究	张 璐	天津大学	2011,32(3):39-43

序号	文章名称	第一作者	单位	年、卷、期
《天津大学学报》(社会科学版)				
1	企业核心问题与企业理论的发展——从管理学视角探讨	徐全军	天津社会科学院	2011,13(1):7-10
2	基于小波多分辨分析的中国股票市场因果关系分析	梅世强	天津大学	2011,13(1):11-16
3	中国园林化教育环境的场所精神及其文化传统浅析	刘彤彤	天津大学	2011,13(1):22-25
4	基于城市视角的主题公园选址研究	薛　凯	天津大学	2011,13(1):26-29
5	天津市城乡规划编制体系方案的重构及诠释	张秀芹	天津大学	2011,13(1):30-34
6	论城市历史街区整改中的和谐文化——以成都市宽窄巷子历史街区整改为例	董　雅	天津大学	2011,13(1):35-38
7	既有住宅再生的策略研究——以天津市为例	汪丽君	天津大学	2011,13(1):39-44
8	哈代小说的生态意识	滕爱云	天津大学	2011,13(1):45-48
9	“好不好”的固化及相关问题	王天欣	天津大学	2011,13(1):49-52
10	汉语和藏语复音拟声词的比较研究	王用源	天津大学	2011,13(1):53-56
11	醉酒驾车犯罪法律适用若干问题探析	王瑞祥	天津市政法管理干部学院	2011,13(1):57-60
12	中国税制改革的道德意蕴分析	姚丽莎	天津财经大学	2011,13(1):65-69
13	现代口述史对传统历史学的突破与拓展	李小沧	天津大学	2011,13(1):70-74
14	西学东渐与近代中国色彩文化的嬗变——以字典辞书为中心的考察	许哲娜	天津社会科学院	2011,13(1):75-79
15	工笔重彩绘画的写意性分析	刘　虎	天津大学	2011,13(1):84-86
16	笔墨情趣——明代文人画的再审视	聂瑞辰	天津大学	2011,13(1):87-90
17	试论树立人的科学发展观	李义丹	天津大学	2011,13(2):97-101
18	心为之主与顺其自然——笛卡尔伦理学发微	宋　斌	南开大学	2011,13(2):102-106
19	柳宗元的“统合儒佛”思想及其复性路向	高会霞	天津大学	2011,13(2):107-110
20	中韩企业文化比较研究	孙明华	天津社会科学院	2011,13(2):111-115
21	水库溃坝洪水数值模拟与防洪管理对策研究	黄　凌	天津大学	2011,13(2):116-120
22	看板系统导入与仿真设计研究	罗宜美	天津大学	2011,13(2):121-124
23	以敞开的视界设计——论广义设计学的必要性与实在性	董　雅	天津大学	2011,13(2):129-132
24	论中埃早期陵墓建筑的天文与时空观——以吉萨金字塔和濮阳墓为例	陈春红	天津大学	2011,13(2):133-137
25	物尽其用——废旧建筑材料利用的低碳发展之路	贡小雷	天津大学	2011,13(2):138-144
26	1935年天坛修缮保护工程经验管窥	曹　鹏	天津大学	2011,13(2):145-149
27	中国园林中的聆赏意识初探——以韵琴斋为例	张　宇	天津大学	2011,13(2):150-154
28	女性高技能专业人才短缺问题的成因分析与对策	许艳丽	天津大学	2011,13(2):155-159
29	发达国家职业教育办学模式与经验启示	郄海霞	天津大学	2011,13(2):160-163
30	“舆情”社会内涵新解	于家琦	天津社会科学院	2011,13(2):164-167
31	对施工合同承包人占有已竣工工程的探讨	何红锋	南开大学	2011,13(2):168-171
32	论林语堂对儒家文化的人文主义诠释	李　艳	天津大学	2011,13(2):182-185
33	《秦腔》走向经典的遗憾——兼谈贾平凹创作困境	商昌宝	天津师范大学	2011,13(2):186-189
34	刍议时代语境下的学院派绘画	孙　锐	天津大学	2011,13(2):190-192
35	讨价还价下供应链批发价格契约参数分析及实验研究	林　强	天津大学	2011,13(3):193-197
36	影响RFA高尔夫产业发展的因素分析与对策	段永桓	天津大学	2011,13(3):198-201
37	随机梯度的海岸带渔业经济影响因素分析	王洪礼	天津大学	2011,13(3):202-206
38	会计文化的作用机理和路径与重构研究——从会计制度改革的视角探讨	张　云	天津财经大学	2011,13(3):207-211

序号	文章名称	第一作者	单位	年、卷、期
39	区域经济一体化进程中的公共服务体制创新研究	陆明远	天津大学	2011,13(3):212-216
40	我国经济发展方式转变与战略性新兴产业的发展	陈月生	天津社会科学院	2011,13(3):217-221
41	岂唯玩景物，亦欲摅心素——中国古典园林的时间审美	赵建波	天津大学	2011,13(3):222-225
42	现代绘画理念对园林设计思维变革的影响	陈学文	天津大学	2011,13(3):226-229
43	当代建筑立面设计的肌理视觉特征	荆子洋	天津大学	2011,13(3):230-234
44	在线翻译工具辅助科技论文翻译的使用流程探讨	王立松	天津大学	2011,13(3):240-243
45	论误译之克服——一种文化解释学的分析范式	李　捷	天津财经大学	2011,13(3):244-247
46	从个人叙事到民族叙事——沈从文小说地域色彩的形成	闫立飞	天津社会科学院	2011,13(3):248-252
47	无固定期限劳动合同制度研究——在职业安定与灵活用工之间	田　野	天津大学	2011,13(3):253-257
48	论网络交易平台提供商的民事法律责任——以淘宝网为例	刘晓纯	天津大学	2011,13(3):258-263
49	宋明宫廷画院职官待遇对画院水平的影响	王　海	天津大学	2011,13(3):268-272
50	欧风影响下的清代宫廷绘画探析	刘　虎	天津大学	2011,13(3):273-275
51	中日绘画交互影响蠡论	何　问	天津大学	2011,13(3):276-278
52	中国大学国际化发展的政策与战略趋势初探	杨福玲	天津大学	2011,13(3):279-283
53	中新天津生态城的城市治理研究	蔺雪峰	天津大学	2011,13(3):284-288
54	航空制造业的全球价值链分析	丁　勇	中国民航大学	2011,13(4):289-293
55	PPP 项目的再谈判比较分析及启示	孙　慧	天津大学	2011,13(4):294-297
56	外源推动与内源融合：经济新区管理体制的创新机理——以天津滨海新区管理体制改革为例	高雪莲	南开大学	2011,13(4):298-302
57	我国地理标志农产品品牌化的必要性分析	许文苹	天津大学	2011,13(4):303-307
58	海岸带城市经济发展与环境污染的关系研究	郑玉昕	天津大学	2011,13(4):308-311
59	希波克拉底“体液”论哲学观念及其对古典幽默概念的影响	赵新宇	南开大学	2011,13(4):316-321
60	非物质文化遗产的权利主体研究	王吉林	天津科技大学	2011,13(4):322-326
61	国外“合作居住”(Co-Housing)社区开发过程解析	张　睿	天津大学	2011,13(4):327-333
62	医疗建筑的弹性设计和可持续更新	黄　琼	天津大学	2011,13(4):339-343
63	“新诉求群体”的时代影响力	毕宏音	天津社会科学院	2011,13(4):344-347
64	全面风险管理框架在我国高等教育中的应用	李全生	天津大学	2011,13(4):353-357
65	提升文化软实力指向下的滨海新区文化产业创新战略研究	王　琳	天津社会科学院	2011,13(4):358-363
66	论教育的职业服务功能	王　博	天津大学	2011,13(4):364-368
67	贬责感叹和褒扬感叹的语义结构和语用功能——以“好你个+NP”为例	董淑慧	南开大学	2011,13(4):369-371
68	口述史学的发展及研究范式的转换	李小沧	天津大学	2011,13(4):372-375
69	曼斯菲尔德短篇小说的情感解读	张　洁	天津大学	2011,13(4):376-380
70	走向世界的中国文学与“世界文学的标准”	李进超	天津社会科学院	2011,13(4):381-384
71	李曙森教育思想的地位与作用探析	余建星	天津大学	2011,13(5):385-388
72	李曙森教育思想与实践研究	米　靖	天津大学	2011,13(5):389-394
73	基于人本理念的高考制度改革研究	傅利平	天津大学	2011,13(5):395-398
74	基于流程的制造类企业质量管理组织设计	何　桢	天津大学	2011,13(5):403-407
75	上市公司信息披露的一个经济博弈分析	赵　息	天津大学	2011,13(5):408-412
76	经济增长决定要素研究	李发昇	天津大学	2011,13(5):413-417
77	建筑与天文——古代建筑中时空测算的技术特征	吕衍航	天津大学	2011,13(5):418-424
78	集成通变——从艺术和设计的同构性看广义设计观	初　冬	天津大学	2011,13(5):425-428

序号	文章名称	第一作者	单位	年、卷、期
79	中国职业教育的产生及其启示——基于近代人才观念的变迁	闫广芬	南开大学	2011,13(5):429-434
80	职业及其对教育的规定性	肖凤翔	天津大学	2011,13(5):435-440
81	混合方法研究：范式、设计与质量标准	张　培	天津财经大学	2011,13(5):441-444
82	报馆、学堂与天津近代文学	张宜雷	天津社会科学院	2011,13(5):451-454
83	走向“元文论”——当下文艺学思想条件与思想语境的“元理论”反思	张大为	天津社会科学院	2011,13(5):455-459
84	试论清遗民对共和民国认知的复杂性	孙爱霞	天津社会科学院	2011,13(5):460-465
85	《屠场》与厄普顿•辛克莱的历史选择	李颜伟	天津大学	2011,13(5):471-475
86	谈外语词的汉化处理	陈家宁	天津大学	2011,13(5):476-480
《深圳大学学报》(人文社会科学版)				
1	论保险公司和养老服务业的合作与发展	祝向军	南开大学	2011,28(2):58-62
2	论中国传统饮食理念中的生态观	王伟凯	天津社会科学院	2011,28(4):54-57
《华中科技大学学报》(社会科学版)				
1	《孝经》“以孝治国”理想政治模式论略	王　贞	南开大学	2011,25(4):22-26,41
2	在激进与保守之间——德沃金平等理论的两副面孔	高景柱	天津师范大学	2011,25(5):42-47
《东北大学学报》(社会科学版)				
1	“不在地主”与城乡关系——以租佃关系为视角的个案分析	安　宝	南开大学	2011,(1):216-217
2	明代“太仓库”称谓考	苏新红	南开大学	2011,(1):96-101
3	地方高校科技创新效率评价研究——基于超效率的三阶段 DEA 分析	李　瑛	南开大学	2011,(2):177-181
4	侠文化视野中的胡人形象	韩　林	南开大学	2011,(2):227-228
5	后冷战时期美国与伊斯兰世界冲突的文化根源	杨卫东	天津师范大学	2011,(5):6-10
6	1917—1935 年全国铁路运输会议述论	张　玮	南开大学	2011,(6):82-87
7	低碳经济与政府作用分析	张　健	天津大学	2011,13(1):38-42
8	基于耗散结构理论的资源型城市创新能力评价	曹　杨	天津大学	2011,13(2):124-127,133
9	股份公司控制权集中及其对公司治理的影响	汪青松	天津财经大学	2011,13(2):146-150,156
10	躯体化：苦痛表达的文化习惯用语	朱艳丽	南开大学	2011,13(3):273-277
《福建师范大学学报》(哲学社会科学版)				
1	林纾与杜亚泉	王　勇	南开大学	2011,(2):54-59
2	工业化进程中的美国为什么没有社会主义——一个“阶层分化与政治整合”的分析框架	吴晓林	南开大学	2011,(2):108-114
3	论加拿大特鲁多政府官方发展援助的特点和目标	贺建涛	南开大学	2011,(2):120-127
《华南农业大学学报》(社会科学版)				
1	交通体系与近代中国区域社会变动——胶济铁路与沿线烟草业的发展(1913—1937)	张学见	南开大学	2011,10(1):126-133
《北方论丛》				
1	论黄溍的诗学思想	陈博涵	南开大学	2011,(1):55-58
2	萧红的女性意识与艺术审美创造	王小乐	南开大学	2011,(2):27-30
3	薛福成与近代中西文化的交融会通	王　冬	天津科技大学	2011,(2):113-118
4	波普的开放社会理论	谢江平	天津师范大学	2011,(2):140-143
5	《宋史•礼志》所载赏赐考论	王志跃	南开大学	2011,(3):87-90
6	中世纪西欧法律观念下的王权	陈太宝	南开大学	2011,(4):82-86
7	北齐皇室的文学取向及影响	白云娇	南开大学	2011,(5):1-4

序号	文章名称	第一作者	单位	年、卷、期
《齐鲁学刊》				
1	历史人物评价标准之反思——以1959年“替曹操翻案”讨论为中心	高希中	南开大学	2011,(1):33-39
2	中日两国历史学疑古思潮的比较	乔治忠	南开大学	2011,(4):45-54
3	制度突围与生活重构——从王艮的生命历程看儒学的平民化	宣朝庆	南开大学	2011,(5):9-14
4	社会公正的基本原则探析	吴佩芬	天津社会科学院	2011,(5):90-93
《北京理工大学学报》(社会科学版)				
1	基于跳跃特征的证券市场信息融入效率研究	王春峰	天津大学	2011,13(1):1-5
2	合同能源管理项目评价	尚天成	天津大学	2011,13(1):11-14
3	企业视角下的天津科技成果转化障碍因素研究	何　桢	天津大学	2011,13(1):32-37
4	城市基础设施项目PPP模式的运作方式选择研究	李公祥	天津大学	2011,13(1):50-53,58
5	金融发展水平对汇率制度的选择效应分析	刘　坚	天津大学	2011,13(1):64-67,72
6	BT模式下工程建设前期投资控制研究	尹贻林	天津大学	2011,13(2):1-5,48
7	开盘对隔夜信息的揭示效率——基于A股和H股的实证研究	王春峰	天津大学	2011,13(2):43-48
8	货币替代的铸币税问题及其政策含义研究——以美、中及东盟等周边国家为例	刘　玲	天津商业大学	2011,13(2):49-55
9	基于类生物理论的技术属性及技术转移分析	闵　锐	天津大学	2011,13(2):59-63
10	基于Malmquist指数的人力资源管理外包供应商效率评价模型研究	李志红	天津大学	2011,13(2):64-69
11	中国股市已实现“核”波动研究	王春峰	天津大学	2011,13(3):11-15,26
12	基于美式交换实物期权的项目估值研究	梁朝晖	天津工业大学	2011,13(3):16-20
13	动态环境下战略新兴产业政策体系建设研究	蒋　宁	天津大学	2011,13(3):36-40
14	基于IAHP的项目经济评价群体决策研究——以大型基础设施项目为例	吴绍艳	天津理工大学	2011,13(3):51-54
15	有限理性的Stackelberg双寡头技术创新演化博弈分析	姚丰桥	天津大学	2011,13(4):25-28,57
16	基于系统动力学模型的发动机再制造经济性研究	郭　伟	天津大学	2011,13(4):46-51
17	SACI-4S2:企业间网络组织演化模型——核心企业组织的产品合作创新驱动力视角	张　靓	天津天保国际物流集团有限公司	2011,13(4):52-57
18	商业银行风险管理信息系统的内部审计	刘久彪	天津财经大学	2011,13(4):58-60,107
19	回顾与反思:改革开放以来中国政治整合的变迁	吴晓林	南开大学	2011,13(4):102-107
20	基于红皇后理论的低碳经济对企业竞争力影响	纪　方	天津大学	2011,13(5):7-11
21	生态产业链中的委托代理问题研究	朱耿先	天津大学	2011,13(5):31-33
22	垄断制造商与双寡头零售商的合作广告研究	秦娟娟	天津财经大学	2011,13(5):48-53,58
23	我国高等教育层次结构与经济发展适应性分析	李全生	天津大学	2011,13(5):142-146
《西藏大学学报》(社会科学版)				
1	论道教与藏传佛教女性伦理观之契合	刘玮玮	天津医科大学	2011,26(1):87-91
《新疆大学学报》(哲学社会科学版)				
1	对新疆国有矿业企业薪酬体系的分析	乔雪莲	天津大学	2011,39(1):52-55
2	创新不确定条件下溢出效应对企业创新决策影响	张慧颖	天津大学	2011,39(5):1-7
《云南大学学报》(社会科学版)				
1	论阿波罗多洛斯的疯狂——兼注柏拉图《会饮》173d	陈建洪	南开大学	2011,10(2):13-19,63
2	关于可供取舍的可能性原则的一个再思考——在哈里·G.法兰克福的自主性理论框架内	段素革	天津社会科学院	2011,(4):58-63

序号	文章名称	第一作者	单位	年、卷、期
《福州大学学报》(社会科学版)				
1	基于知识发酵模型的大学集群知识增长机制分析	潘海生	天津大学	2011,25(2):98-102
《浙江大学学报》(人文社会科学版)				
1	主体行为、预期形成与房地产市场稳定	贺京同	南开大学	2011,41(5):175-187
《北京交通大学学报》(社会科学版)				
1	铁路投资公司经营模式及发展路径研究	齐庆祝	天津工业大学	2011,10(3):24-28
2	跨层面元素流分析的环境影响模型	赵　涛	天津大学	2011,10(3):40-47
《苏州大学学报》(哲学社会科学版)				
1	区域创新系统绩效评价模型研究——基于知识生产函数和主成分分析	傅利平	天津大学	2011,32(5):111-116
《同济大学学报》(社会科学版)				
1	平等与残障的疏离和回归——以德沃金为例的探讨	高景柱	天津师范大学	2011,22(3):97-103
2	二轨外交与亚太合作：作用与问题	王存刚	天津师范大学	2011,22(4):64-70
3	论中国长城的天文学特征	陈春红	天津大学	2011,22(5):42-47,56
《海南大学学报》(人文社会科学版)				
1	试论隋唐王朝海南治理政策变迁	张朔人	南开大学	2011,29(1):7-11
2	论以马克思主义“三化”指导我国的道德建设	黄　燕	天津工业大学	2011,29(1):28-33
3	论高校学生中马克思主义大众化推进工作	田贵平	天津工业大学	2011,29(2):130-135
4	国际旅游岛背景下海口美兰区产业发展	李　杰	天津大学	2011,29(5):19-22
5	西汉海南置罢郡历史研究	张朔人	南开大学	2011,29(5):46-52
6	海南省税务代理行业发展与对策研究	胡秀群	天津大学	2011,29(6):12-17
7	国防生培养综合素质影响因素分析	赵跃强	天津财经大学	2011,29(6):140-146
管理学				
《管理世界》				
1	心理契约理论及其在行政组织中的应用探究	张淑敏	天津商业大学	2011,(1):180-181
2	基于组织免疫视角的科技型中小企业风险应对机理研究	许　晖	南开大学	2011,(2):142-154
3	投票权制度改进与中小投资者利益保护	姚　颐	南开大学	2011,(3):144-153
4	制度环境、地方政府干预、公司治理与IPO募集资金投向变更	马连福	南开大学	2011,(5):127-139,148
5	我国股息重复征税及其减除	关　华	天津大学	2011,(5):174-175
《管理评论》				
1	董事会战略参与效应及其影响因素研究	李国栋	中国民航大学	2011,23(3):98-106
《科研管理》				
1	服务性全球营销战略前置因素的实证研究	吴晓云	南开大学	2011,32(2):97-105
《中国软科学》				
1	跨国公司在华新产品开发的绩效提升机制研究	秦　剑	南开大学	2011,(3):128-139
《科学学研究》				
1	联盟网络自主知识创造与组织绩效关系研究	吴翠花	天津工业大学	2011,29(2):268-274
2	知识基因论的源起、内容与发展	和金生	天津大学	2011,29(10):1454-1459
《南开管理评论》				
1	基于网络联盟环境的工作满意度、组织承诺与网络组织效率的关系研究	徐碧琳	天津财经大学	2011,14(1):36-43,64
2	治理主体干预对公司多元化战略的影响路径——基于管理者过度自信的间接效应检验	周　杰	南开大学	2011,14(1):65-74,106

序号	文章名称	第一作者	单位	年、卷、期
3	新企业创业导向转化为绩效的新企业能力：理论模型与中国实证研究	胡望斌	南开大学	2011,14(1):83-95
4	服务品牌内化的概念及概念模型：基于跨案例研究的结论	陈　晔	南开大学	2011,14(2):44-51,60
5	企业新员工工作期望与组织社会化早期的适应：领导—部属交换的调节作用	姚　琦	南开大学	2011,14(2):52-60
6	产品市场竞争、融资约束与公司现金持有：基于中国制造业上市公司的实证分析	韩忠雪	南开大学	2011,14(4):149-160
《管理科学学报》				
1	具有相关波动因子的广义随机波动 HJM 模型	杨宝臣	天津大学	2011,14(9):77-85
2	治理人监督与战略绩效信息偏误的情境依赖	程新生	南开大学	2011,14(10):1-10
《外国经济与管理》				
1	CPSED 概述及其学术价值探讨	张玉利	南开大学	2011,33(1):11-18
2	国外绿色创业研究现状评介	高嘉勇	南开大学	2011,33(2):10-16
3	人力资源管理角色研究述评	李　隽	南开大学	2011,33(4):43-50
4	基于效果推理理论的创业实证研究及量表开发前沿探析与未来展望	秦　剑	南开大学	2011,33(6):1-8
5	PWYW 定价策略研究前沿探析	张　辉	南开大学	2011,33(6):34-41
6	基于多理论视角的董事会-CEO 关系与公司绩效研究述评	周　建	南开大学	2011,33(7):49-57
7	公司治理评价研究前沿探析	李维安	南开大学	2011,33(8):57-封 3
8	任务复杂性研究前沿探析与未来展望	彭正银	天津财经大学	2011,33(9):11-18
9	品牌资产管理新视角——基于员工的品牌资产研究述评	张　辉	南开大学	2011,33(9):34-42
《科学对社会的影响》				
1	当代 STS 研究的社会学进路及其转向	赵万里	南开大学	2011,1(1):80-93
2	从“钱学森之问”说起	周　恒	天津大学	2011,1(2):1-6
3	摩西低桥与技术产品政治性	王　阳	南开大学	2011,1(3):62-71
《研究与发展管理》				
1	创业决策：Effectuation 理论及其发展	张玉利	南开大学	2011,23(2):48-57
2	国外信息技术接受模型研究述评	高芙蓉	南开大学	2011,23(2):95-105
3	新生技术创业者及其创业过程解析——基于 CPSED 微观层次随机抽样调查的证据	张玉利	南开大学	2011,23(5):1-23,109
《科学学与科学技术管理》				
1	网上创新竞争研究综述	郑海超	南开大学	2011,32(1):82-88
2	产业集群的技术创新机理及实现路径——兼论理解“两个熊彼特”悖论的新视角	李大为	南开大学	2011,32(1):98-103
3	技术进步、制度安排与产业竞争力生成能力	魏大鹏	天津科技大学	2011,32(1):116-122
4	企业应急反应战略动态能力构建研究	刘东华	天津大学	2011,32(1):141-145,158
5	企业孵化器与创投合作类型、管理成本与信息租的博弈分析	王　忠	天津大学	2011,32(2):117-120,145
6	营销资源和技术资源的互补、替代效应与创业型企业的新产品开发	秦　剑	南开大学	2011,32(2):133-139
7	高管薪酬、行政级别与代理成本	黄福广	南开大学	2011,32(2):171-179
8	管理科学发展的内在逻辑与未来趋势	齐善鸿	南开大学	2011,32(3):21-29
9	R&D 与生产率变动研究综述	田先钰	天津科技大学	2011,32(3):44-49
10	滨海新区区域科技创新平台网络化发展研究	马　涛	天津工业大学	2011,32(3):74-77
11	传统制造业集群协同演进机制探析——天津自行车集群纵向案例研究	张红娟	南开大学	2011,32(4):116-126

序号	文章名称	第一作者	单位	年、卷、期
12	促进科技型创业企业成长的孵化要素实证研究	宋　清	天津科技大学	2011,32(5):108-114
13	市场进入战略创新性与新技术企业初期绩效——对成长性绩效与规模绩效影响差异性的分析	田　莉	南开大学	2011,32(5):123-130
14	科技企业孵化器与创业投资合作模式比较研究	赵黎明	天津大学	2011,32(5):131-135
15	团队的决策程序公正与决策质量分析	庞荣辉	南开大学	2011,32(5):157-163
16	新技术企业创业团队的人口特征与冲突模式	王　瑞	南开大学	2011,32(5):170-179
17	基于科学发现史建构知识生成转化矩阵模型的尝试	赵国杰	天津大学	2011,32(6):86-89
18	高新技术产业集群网络关系治理效应研究	陈金梅	南开大学	2011,32(6):154-158
19	基于协同理论的创业投资机构与科技型中小企业演化博弈分析	卢　珊	天津大学	2011,32(7):120-123,179
20	企业社会责任前移：小企业和新创企业的社会角色	张慧玉	南开大学	2011,32(7):130-135
21	高新技术企业自主创新的法律保护机制	常　慧	天津大学	2011,32(8):44-48
22	员工导向与客户关系管理的整合机制研究——基于华泰证券的案例分析	许　晖	南开大学	2011,32(8):130-138
23	新创企业成长过程中商业模式的构建研究	王迎军	南开大学	2011,32(9):51-58
24	基于因子分析的生产过程维度下精益实施能力分析及评价研究	牛占文	天津大学	2011,32(9):111-116
25	宏观调控、地区特征与技术进步策略选择——基于中国地区层面的证据	王立军	南开大学	2011,32(10):92-97
26	台湾“后发式”科技发展战略的反思——兼论对大陆构建创新型国家的启示	李　月	南开大学	2011,32(11):49-56
27	基于外部治理的虚拟孵化器与创投的合作研究	赵黎明	天津大学	2011,32(11):100-104
28	物流企业服务创新的战略路径选择	赵道致	天津大学	2011,32(11):152-158,172
《中国管理科学》				
1	基于遗传算法的虚拟企业协同资源优化问题研究	齐二石	天津大学	2011,19(1):77-83
2	基于符号时间序列方法的金融收益分析与预测	徐　梅	天津大学	2011,19(5):1-9
《管理工程学报》				
1	PPP 模式下高速公路项目最优股权结构研究	孙　慧	天津大学	2011,25(1):154-157
2	终极控制股东两权偏离、替代效应与公司价值	张耀伟	南开大学	2011,25(3):85-90
《管理科学》				
1	创业团队、正式结构与新企业绩效	薛红志	南开大学	2011,24(1):1-10
2	交易所与银行间债券市场交易机制效率研究	吴　蕾	南开大学	2011,24(2):113-120
3	先前经验、学习风格与创业能力的实证研究	张玉利	南开大学	2011,24(3):1-12
4	基于委托代理关系的生态产业链均衡研究	李春发	天津理工大学	2011,24(3):101-110
5	对满意度函数变异性的评估——一种蒙特卡罗方法	朱鹏飞	天津大学	2011,24(4):14-21
6	风险规避与一级密封拍卖的有限腐败——模型及实验	李建标	南开大学	2011,24(4):95-104
《管理评论》				
1	从波动性和流动性判别股指期货跨市场价格操纵行为	张　维	天津大学	2011,23(7):163-170,176
2	中国上市公司投资者关系水平及对公司绩效影响的实证研究	马连福	南开大学	2011,23(10):19-24,35
3	长期资产减值、盈余管理与价值相关性——基于新会计准则变化的实证研究	李　姝	南开大学	2011,23(10):144-151
《科学管理研究》				
1	我国区域创新体系中政府科技投入效益的实证分析	王向华	天津大学	2011,29(1):1-5
2	网络创新过程中的知识流动与传播——基于信息空间理论的分析	张红娟	南开大学	2011,29(1):21-26
3	基于 QHSE 的企业技术创新模式研究	吴　煜	天津大学	2011,29(1):27-31

序号	文章名称	第一作者	单位	年、卷、期
4	创新型城市建设中人才创新资源的聚集	王瑞文	天津商业大学	2011,29(1):69-72
5	价值链、创新链与创新服务链——基于服务视角的科技中介系统的理论框架	常爱华	天津大学	2011,29(2):30-34
6	住宅建造企业科技创新团队成长性评价研究	张 园	天津大学	2011,29(3):30-33
7	天津市生产力促进中心建设思路与发展对策研究	李晓锋	天津市科学学研究所	2011,29(3):34-37
8	高校档案馆人力资源科学化管理研究	常辽华	天津大学	2011,29(3):117-120
9	基于CAS理论的出版企业技术创新行为模式研究	原继东	天津大学	2011,29(4):32-36
《中国行政管理》				
1	转型中的秩序与“二元治理结构”	李建标	南开大学	2011,(1):105-110
2	近年来服务型政府建设研究述评	孙 涛	南开大学	2011,(1):120-124
3	管理学中案例研究方法的科学化探讨	王 革	天津工业大学	2011,(3):116-120
4	中国高龄老人的社会保障问题初探	刘险峰	天津大学	2011,(6):20-23
5	高校毕业生就业稳定性促进机制与对策研究	张再生	天津大学	2011,(7):79-82
6	民生改善问题及规制路径初探	张艳丽	天津师范大学	2011,(10):79-81,103
7	浅析西方政府规制的典型研究路径	檀秀侠	天津师范大学	2011,(11):57-60
《管理学报》				
1	先前工作经验、创业机会与新技术企业绩效——一个交互效应模型及启示	杨 俊	南开大学	2011,8(1):116-125
2	网上创新竞争中解答者对发布者的信任问题研究	郑海超	南开大学	2011,8(2):233-240
3	风险偏好信息非对称下的供应链寄存契约研究	秦娟娟	天津财经大学	2011,8(2):284-288
4	市场知识管理与营销动态能力构建——基于天津奥的斯的案例研究	许 晖	南开大学	2011,8(3):323-331
5	基于DEA和方向性距离函数的中国省际能源效率测度	汪克亮	天津大学	2011,8(3):456-463
6	我国上市公司银行贷款与投资行为的关系研究——基于终极控制人性质调节效应的分析	李胜楠	天津大学	2011,8(3):464-470
7	中国企业的“精神管理”实践模式研究	齐善鸿	南开大学	2011,8(4):480-485
8	信息不对称与服务企业多元化程度及其绩效关系研究	杨 坤	南开大学	2011,8(4):539-543
9	基于顾客的品牌资产构成研究述评与模型重构	张 峰	南开大学	2011,8(4):552-558,576
10	多重不确定环境下基于证据理论的NIS安全风险评估模型	冯 楠	天津大学	2011,8(4):614-620,627
11	大向砥砺，学术铿锵——《批评》引发的思考	齐善鸿	南开大学	2011,8(5):661-665
12	企业战略—组织环境协同演进与产业空间转移——以自行车产业为例	张红娟	南开大学	2011,8(5):666-675,682
13	跨国公司海外R&D机构区位选择过程影响因素研究	杜 军	天津大学	2011,8(5):683-690
14	内部营销对员工品牌内化行为的影响关系与路径研究——以服务型企业为例	陈 晔	南开大学	2011,8(6):890-897
15	基于效果推理理论视角的创业机会创造研究	秦 剑	南开大学	2011,8(7):1036-1044
16	零售商强势的供应链VMI模式演化机理研究	赵道致	天津大学	2011,8(8):1207-1212
17	道本管理“四主体论”：对管理主体与方式的系统反思——管理从控制到服务的转变	齐善鸿	南开大学	2011,8(9):1298-1305
18	网络口碑发布平台对消费者产品判断的影响研究——归因理论的视角	李 巍	南开大学	2011,8(9):1345-1352
19	职业弹性的结构研究及测量工具开发	李 霞	南开大学	2011,8(11):1625-1629,1637
20	高层管理团队多样性与组织创新：外部社会网络与内部决策模式的作用	任 兵	南开大学	2011,8(11):1630-1637
21	组织学习、技术合作与跨国公司在华突破性创新	秦 剑	南开大学	2011,8(11):1655-1662

序号	文章名称	第一作者	单位	年、卷、期
22	基于计划行为理论的信用卡使用意向分析及其营销策略研究	王大海	天津工业大学	2011,8(11):1682-1689,1713
《公共管理学报》				
1	耕地非农化与区域经济增长的因果关系和耦合协调性分析——基于中国省际面板数据的实证研究	许恒周	天津大学	2011,8(3):64-72
2	“寄居蟹的艺术”：体制内社会组织的环境适应策略——对天津市两个省级组织的个案研究	邓宁华	南开大学	2011,8(3):91-101
3	论中国政策执行模式的特征——以“十一五”期间成功关停小火电为例	薛立强	天津大学	2011,8(4):1-7
《中国科技论坛》				
1	中国区域科技竞争力实证研究——基于灰色关联投影模型	周小柯	南开大学	2011,(1):98-103,111
2	基于战略导入的EVA管理决策模式初探	许学娜	天津大学	2011,(1):130-134
3	环渤海区域知识创新网络问题解析与机制构建研究	丁明磊	南开大学	2011,(2):82-88
4	基层农业技术推广体系构建及运行机制研究——基于河北省640个农户的调查分析	郑红维	天津大学	2011,(2):125-132
5	危机下汽车企业核心竞争力及危机后我国企业战略选择	肖远飞	南开大学	2011,(3):35-41
6	科研人员选择研究方向的微观因素研究：以我国水稻科研为实证	杨　飞	天津大学	2011,(3):138-141
7	台湾新竹与内湖科技园区发展模式比较研究及经验借鉴——基于区域创新网络视角	丁明磊	南开大学	2011,(5):91-96
8	项目中止决策研究述评	刘广平	南开大学	2011,(6):126-130
9	知识联盟运行绩效评价指标体系构建的实证分析	任　慧	天津大学	2011,(7):101-106
10	“科技企业孵化器、风险投资、创业企业”三方合作网络研究	曾　鑫	天津大学	2011,(8):62-66
11	京津沪农村基础设施投资效率比较研究	宋　清	天津科技大学	2011,(10):143-149
12	留学回国人员对科研环境的认知调查及建议	赖继年	南开大学	2011,(11):119-125
《软科学》				
1	基于粗糙集的科技成果转化指标约简方法研究	何　桢	天津大学	2011,25(1):28-31
2	董事会职能实现过程研究——基于山东省农信社的调查分析	王　倩	南开大学	2011,25(1):45-50
3	中国式信任与企业购买决策——基于普遍信任与特殊信任的二维视角	李桂华	南开大学	2011,25(1):102-109
4	营销能力对企业市场战略与经营绩效的影响研究——基于成渝地区民营企业的实证数据	李　巍	南开大学	2011,25(1):114-119
5	发展追赶过程中收入差距与环境破坏的动态关系——对KC和EKC关系的模型与实证分析	钟茂初	南开大学	2011,25(2):1-6
6	联盟网络中关系资源形成机制与影响因素研究	肖远飞	南开大学	2011,25(2):24-28
7	煤矿安全水平边际效应影响因素及提升方法研究——基于安全投入和管理投入的视角	刘广平	南开大学	2011,25(3):47-50
8	基于知识生命周期的企业技术能力演化研究	杨俊祥	天津大学	2011,25(3):51-56
9	不同力量对比供应链中两种VMI模式下的决策问题研究	秦娟娟	天津财经大学	2011,25(5):41-46
10	两岸三地主要沿海港口动态效率评价——基于DEA-Malmquist全要素生产率指数	李兰冰	南开大学	2011,25(5):80-84
11	企业合作与非合作并行研发模式下政府补贴策略研究	吴　勇	天津大学	2011,25(6):25-27
12	中小企业贷款中反担保和比例担保机制分析	熊　熊	天津大学	2011,25(6):80-85
13	企业网络组织治理机制与绩效：基于协同视角的研究	韩　炜	天津财经大学	2011,25(6):97-102
14	基于系统动力学的农产品加工业对地区经济推动效应研究	赵道致	天津大学	2011,25(7):72-75,91

序号	文章名称	第一作者	单位	年、卷、期
15	技术进步影响农村劳动力转移的条件和机理	刘洪银	南开大学	2011,25(7):87-91
16	我国制造企业信息技术投资效率的区域差异分析——基于SBM模型四阶段DEA方法的实证研究	霍　明	天津大学	2011,25(8):1-5,9
17	组织知识创新与企业能力成长：一个实证分析	耿小庆	天津财经大学	2011,25(8):17-21,30
18	农村生物质能资源利用效能综合评价研究	任　峰	天津大学	2011,25(9):20-23,30
19	基于扎根理论的可持续建设与公众参与关系机理研究	杨秋波	天津大学	2011,25(9):31-34,63
20	消费者网络购物意向分析——理性行为理论与计划行为理论的比较	张　辉	南开大学	2011,25(9):130-135
21	供应链脆弱性的研究综述	王　玲	南开大学	2011,25(9):136-139
22	基于红皇后理论的汽车产业竞争研究	纪　方	天津大学	2011,25(10):1-5
23	电子商务模式对消费者线上购买行为的影响研究	胡海清	南开大学	2011,25(10):135-140
《科技进步与对策》				
1	基于创新价值链的区域创新价值链概念模型	张慧颖	天津大学	2011,28(1):28-32
2	新兴产业发展规律及启示	高　峰	天津市科学学研究所	2011,28(1):56-58
3	我国知识产权的未来发展态势及发展路径研究	刘　露	天津师范大学	2011,28(4):24-28
4	基于科技人才性别差异的多层满意度因素影响研究	史　容	天津大学	2011,28(4):146-150
5	基于利益相关者理论的区域管治模式创新及其综合评价研究——以滨海新区为例	马向阳	天津大学	2011,28(7):32-38
6	北京市科技服务业发展研究——基于产业协同和制度谐振的视角	李建标	南开大学	2011,28(7):51-56
7	区域科技孵化网络的自组织演化机制研究	李振华	天津大学	2011,28(7):70-73
8	提升我国高新技术产业自主创新能力的关税政策研究	王　巍	天津工业大学	2011,28(7):120-123
9	大学集群竞争优势及其形成机制研究	潘海生	天津大学	2011,28(7):140-143
10	我国进口受限国家关键技术创新投资模型研究	余　玲	天津工业大学	2011,28(8):14-19
11	中小企业持续内创业的动态管理机制研究——基于双元能力的圆形组织结构视角	王丽平	天津大学	2011,28(8):78-82
12	天津市低碳发展路径选择研究	刘妹琴	天津科技大学	2011,28(9):47-50
13	产学研合作创新中的政策激励机制研究	吴　勇	天津大学	2011,28(9):109-111
14	区域战略性新兴产业核心竞争力的识别与培育——以天津市新能源产业为例	李晓锋	天津市科学学研究所	2011,28(11):55-58
15	联盟网络与持续竞争优势：基于关系资源的视角	肖远飞	南开大学	2011,28(12):1-5
16	公共项目合同治理与关系治理的理论整合研究	尹贻林	天津大学	2011,28(13):1-4
17	我国沪市土木工程建筑企业竞争力评价与实证研究	孙　慧	天津大学	2011,28(13):102-106
18	城市轨道交通项目PPP模式交易方式选择的多案例研究	严　玲	天津理工大学	2011,28(13):110-115
19	工程管理硕士专业学位教育的国际经验及其启示	王雪青	天津大学	2011,28(13):140-143
20	江苏省专利产出与经济增长关系的实证研究——基于技术经济学的时间序列分析	殷青伟	天津大学	2011,28(15):36-39
21	基于环境视角的先进生产性服务业创业策略	池　军	南开大学	2011,28(15):64-68
22	基于复杂系统视角的城市科学发展评价研究——以天津为例	吴旭晓	天津大学	2011,28(15):119-125
23	民航产业技术创新系统分析	李艳华	中国民航大学	2011,28(17):62-66
24	我国化学工业节能减排与清洁生产技术发展战略研究	孟祥芳	天津大学	2011,28(17):67-71
25	基于创新能力演进的服务外包企业策略研究	刘　妍	天津外国语大学	2011,28(17):90-95
26	基于不同评价主体的知识联盟绩效评价模型构建	石书玲	天津商业大学	2011,28(18):119-122
27	知识联盟阶段性演化的四维透视	任　慧	天津大学	2011,28(18):126-131
28	有限理性视角下基于价值结构的企业组织协同分析	韩敬稳	天津财经大学	2011,28(19):84-88

序号	文章名称	第一作者	单位	年、卷、期
29	基于知识类生物模型下的知识熟化研究	张凌志	天津大学	2011,28(19):107-111
30	高等学校在国家创新体系中的作用	薛岩松	天津工业大学	2011,28(20):144-150
31	战略与执行——基于价值创新战略的企业过程管理能力研究	李　奕	天津财经大学	2011,28(23):114-119
《经济体制改革》				
1	自然资本、碳排放权与我国的碳交易能力建设	李殿伟	天津工业大学	2011,(3):15-19
2	社会保障促进社会和谐与经济增长的作用研究	刘　畅	天津财经大学	2011,(3):25-29
3	企业行为因应生态环境责任的研究述评与理论归纳	钟茂初	南开大学	2011,(3):94-99
4	耕地保护：农户、地方政府与中央政府的博弈分析	许恒周	天津大学	2011,(4):65-68
5	商业银行最优资本结构研究——基于资本监管与特许经营权价值视角	沈庆劼	天津财经大学	2011,(5):138-141
《经济管理》				
1	转换成本四维度对顾客保留影响的实证研究	张初兵	天津财经大学	2011,33(3):93-100
2	核心技术员工的知识占有特征分析——高科技企业雇佣关系的视角	袁庆宏	南开大学	2011,33(5):88-94
3	中国企业国际营销动态能力的维度构建研究——基于三家企业国际营销实践的理论探索	许　晖	南开大学	2011,33(5):183-192
4	公共危机管理资源配置机制的构建	温志强	天津师范大学	2011,33(7):156-159
5	我国上市公司股权激励对公司业绩的影响——基于2006—2008年度的面板数据	盛明泉	南开大学	2011,33(9):100-106
6	房价拉动地价，还是地价推高房价——基于1998—2009年中国房地产市场数据的实证研究	张同龙	天津师范大学	2011,33(10):121-126
7	两经济体建立自由贸易区的影响因素研究	曹吉云	南开大学	2011,33(11):9-16
8	培训系统与农民工职业培训绩效关系的实证研究	张　伶	南开大学	2011,33(11):76-83
《宏观经济管理》				
1	国内生产总值构成与经济结构调整	樊长在	南开大学	2011,(2):37-38
2	收入分配视角下的城乡一体化社会保障体系	刘　畅	天津财经大学	2011,(2):49-50
3	我国消费率的变化特征及启示	李　颖	天津财经大学	2011,(4):41-43
4	优化投资主体结构的财政政策研究	李　颖	天津财经大学	2011,(8):44-45
《华东经济管理》				
1	基于ARMA模型的我国政府行政成本支出研究(1978—2009)	高常水	天津大学	2011,25(1):51-53
2	天然气汽车项目后评价指标体系的构建	赵　涛	天津大学	2011,25(1):158-160
3	基于对CUP方法的关联交易转移定价研究	张　帅	天津财经大学	2011,25(2):114-117
4	面向多元利益主体的公共项目价值模型研究	王　玻	南开大学	2011,25(2):137-141
5	跨文化整合中文化差异的集成管理	王雪青	天津大学	2011,25(3):91-93
6	中国民航机场基于城市群发展的战略设计——长沙国际机场与长株潭一体化案例	谢　羽	中国民航大学	2011,25(4):35-39
7	基于系统动力学的总部经济发展研究	赵黎明	天津大学	2011,25(5):46-49
8	区域金融发展与经济增长关系研究	李发昇	天津大学	2011,25(6):43-48
9	论企业本位的员工职业发展管理	王　博	天津大学	2011,25(8):91-94
10	创业型企业的商业模式研究——基于创业板上市公司的案例研究	李　飞	天津大学	2011,25(8):151-154
11	产品参与度对会员重购及口碑传播的影响	苏　钰	天津商业大学	2011,25(9):123-126
12	发达国家食品安全标准对中国食品出口的影响	于丽艳	天津科技大学	2011,25(10):66-69
13	中国行业收入差距文献综述	任国强	天津理工大学	2011,25(12):129-134

序号	文章名称	第一作者	单位	年、卷、期
环境科学				
《中国人口·资源与环境》				
1	农地城市流转前后农户福利变化差异分析	高进云	天津师范大学	2011,21(1):99-105
2	不同发展水平地区农民被征地意愿及影响因素——基于南京市、鹰潭市的实证研究	许恒周	天津大学	2011,21(1):106-109
3	政府环境监管与企业污染的博弈分析及对策研究	张学刚	天津商业大学	2011,21(2):31-35
4	基于LMDI方法的中国国际贸易隐含碳分解	王 媛	天津大学	2011,21(2):141-146
5	农村土地流转影响因素的理论与实证研究——基于农民阶层分化与产权偏好的视角	许恒周	天津大学	2011,21(3):94-98
6	农民非农收入与农村土地流转关系的协整分析——以江苏省南京市为例	许恒周	天津大学	2011,21(6):61-66
7	2020年中国低碳经济发展前景研究	刘 朝	天津大学	2011,21(7):73-79
8	政府主导型流域生态补偿机制研究——对子牙河流域生态补偿机制的思考	王军锋	南开大学	2011,21(7):101-106
9	清洁发展机制与中国碳排放交易市场的构建	羊志洪	南开大学	2011,21(8):118-123
10	主体功能区建设与区域协调发展:促进亦或冒进	薄文广	南开大学	2011,21(10):121-128
《资源科学》				
1	海冰离心脱盐理论与实验研究	谭 蔚	天津大学	2011,33(2):372-376
2	中国低碳经济影响因素分析与情景预测	刘 朝	天津大学	2011,33(5):844-850
3	基于投入产出法的中国行业水资源消耗分析	张宏伟	天津大学	2011,33(7):1218-1224
4	基于国际分工角度的中国贸易碳转移估算	王 媛	天津大学	2011,33(7):1331-1337
5	中国荒漠化地区发展生物柴油的最优选择——微藻	赵 涛	天津大学	2011,33(8):1529-1536
6	农地流转市场发育对农民养老保障模式选择的影响分析——基于有序Probit模型的估计	许恒周	天津大学	2011,33(8):1578-1583
7	天津近海风能资源的高分辨率数值模拟与评估	杨艳娟	天津市气候中心	2011,33(10):1999-2004
《环境保护》				
1	天津低碳城市建设之路怎么走	邢 维	南开大学	2011,(10):41-42
2	低碳发展的重要保障——碳管理	孙振清	天津科技大学	2011,(12):40-41
3	国际再生资源大循环——中国未来的“资源宝库”	张 墨	南开大学	2011,(17):37-39
4	持续推进循环经济,构建新型经济增长模式	朱 坦	南开大学	2011,(23):38-41
5	从“住宅环保积分制度”看日本环保产业政策设计	尹晓亮	南开大学	2011,(24):66-68
《长江流域资源与环境》				
1	南水北调西线一期工程调水河流之间实施补偿调度的可能性分析	张 永	天津大学	2011,20(1):48-52
2	市场失灵、非市场价值与农地非农化过度性损失——基于中国不同区域的实证研究	许恒周	天津大学	2011,20(1):68-72
《干旱区资源与环境》				
1	我国西部欠发达地区资源依赖型经济的资源诅咒分析——以甘肃省为例	周亚雄	南开大学	2011,25(1):25-29
2	天津市灌溉水利用率测算方法与成果分析	李绍飞	天津农学院	2011,25(3):171-176
3	内蒙古高原典型草原生态系统健康评价和退化分级研究	吴 璇	南开大学	2011,25(5):47-51
4	天津郊区农田降雨径流重金属的污染特征及来源分析	师荣光	农业部环境保护科研监测所	2011,25(5):213-217
5	节水评价指标体系构建及对策研究	贾凤伶	天津大学	2011,25(6):73-78
6	近20年来天津市降水资源的变化特征	郭 军	天津市气候中心	2011,25(7):80-83
7	海河流域水利与经济社会协调发展定量评价	毛慧慧	水利部海河水利委员会	2011,25(10):44-47

序号	文章名称	第一作者	单位	年、卷、期
8	改进的模糊物元模型在灌区农业用水效率评价中的应用	李绍飞	天津农学院	2011,25(11):175-181
	教育学			
《教育研究》				
1	全国职业院校技能大赛促进职业教育发展的战略思考	靳润成	天津市教育委员会	2011,(9):56-61
2	全国职业院校技能大赛对职业教育理念和观念的影响	秦　虹	天津市教育科学研究院	2011,(11):76-81
《高等教育研究》				
1	美国研究型大学的教学激励机制及其启示	陈　超	南开大学	2011,32(5):70-76
《比较教育研究》				
1	美国营利性大学的职业性课程——以德夫里教育公司为例	李丽洁	天津师范大学	2011,33(1):50-53
2	解析美国高等教育中的协约性规则	熊　耕	南开大学	2011,33(2):55-59
《远程教育杂志》				
1	“后教育时代”的新兴教学媒体——国内“教育游戏”相关硕士论文综述	刘　琼	天津职业技术师范大学	2011,29(1):96-104
《电化教育研究》				
1	远程教育公共服务体系建设与运行若干问题的分析	平　凡	天津广播电视大学	2011,(2):49-54,64
2	中国教育技术学研究现状探析与反思——《电化教育研究》近10年载文分析	杨丽娜	天津外国语大学	2011,(4):48-53
3	混合式学习中监控方式的实证研究	武　开	天津科技大学	2011,(11):37-40,52
《中国电化教育》				
1	虚拟实验的“热”现状与“冷”思考	王济军	天津外国语大学	2011,(4):126-129
《清华大学教育研究》				
1	西方大学管理制度模式研究	张　丽	天津市教育科学研究院	2011,32(2):20-27,39
《开放教育研究》				
1	在线学习共同体知识创新的实证分析	菅光宾	天津职业技术师范学院	2011,17(2):88-93
《教育发展研究》				
1	大学生“有业不就”现象的实证研究	徐丽敏	天津理工大学	2011,31(1):81-85
2	农村中职免费教育财政可行性的实证分析	刘洪银	天津农学院	2011,31(17):24-28
3	教育的职业服务功能与教育公平	王　博	天津市教育科学研究院	2011,31(13/14):76-81
《教育研究与实验》				
1	学校教育培养目标的当代取向——主体教育的学生发展目标探索	和学新	天津师范大学	2011,(2):7-10
《中国高等教育》				
1	提升高等学校的成本管理理念	王　勇	天津大学	2011,(2):55-56
2	完善“四会”体制，促进民校健康规范发展	王军胜	天津大学	2011,(6):59-60
3	论教育变革中教育科研的使命	张武升	天津市教育科学研究院	2011,(7):25-27
4	理工科大学开设艺术类课程浅探	聂瑞辰	天津大学	2011,(7):62
5	坚持党的领导核心地位，把“培养人”的重任落到实处	薛进文	南开大学	2011,(12):12-14
6	关于提高“马克思主义基本原理概论”课教学质量的几个问题	逄锦聚	南开大学	2011,(19):32-33
7	卓越工程创新人才的核心素质要求及培养研究	余建星	天津大学	2011,(20):39-41

序号	文章名称	第一作者	单位	年、卷、期
《教育科学》				
1	中学生问题行为状况的调查与分析	孟四清	天津市教育科学学院	2011,27(4):43-48
《外国教育研究》				
1	国外区域语境下职业教育的功能与定位研究	马　君	天津大学	2011,38(1):86-89
《中国高教研究》				
1	大学生就业背景下的美国高等教育改革及其启示	闫广芬	南开大学	2011,(5):49-52
2	基于产业发展的高校学科结构优化设计	刘　畅	天津财经大学	2011,(8):46-49
3	南开大学的数学文化课程十年来的探索与实践——兼谈科学教育与人文教育的融合	顾　沛	南开大学	2011,(9):92-93
《课程·教材·教法》				
1	新课改十年：争鸣与反思——兼论新课改如何穿新鞋走出老路	纪德奎	天津师范大学	2011, 31 (5):3-11
2	我国课程改革理论基础研究的反思	和学新	天津师范大学	2011, 31 (5):3-11
3	转型时期高师职前教师教育课程的重构——以地理课程为例	仲小敏	天津师范大学	2011,31(8):81-88
《高等工程教育研究》				
1	高等工程教育改革的理念与实践——以麻省、伯克利、普渡、天大为例	王世斌	天津大学	2011,(1):18-23
2	浅析美国大学中国家实验室的管理特点	熊　耕	南开大学	2011,(1):112-117
3	基于互联网的远程交互式工学实验	孟庆浩	天津大学	2011,(3):147-151,156
4	推进卓越工程师孵化的现实阻力及对策性思考	孙　颖	天津大学	2011,(5):40-45
《全球教育展望》				
1	论学校课程制度	和学新	天津师范大学	2011,40(2):22-27,14
2	发展适宜性教育：内涵、效果及其趋势	梁玉华	天津师范大学	2011,40(8):53-59
3	校本课程开发活动的问题反思与改进和学新	和学新	天津师范大学	2011,40(9):13-18
《复旦教育论坛》				
1	医学研究生 PBL 模式教学质量评价体系的构建	祖雅琼	天津医科大学	2011,9(2):83-87
2	海峡两岸高等教育合作发展的策略研究	张宝贵	天津财经大学	2011,9(5):57-62
《高教探索》				
1	从学术自由与大学自治的关系看我国大学“去行政化”改革	茹　宁	南开大学	2011,(2):14-18
《现代大学教育》				
1	民国时期私立大学取得办学成就的原因——基于政府培育与引导政策的分析维度	宋秋蓉	南开大学	2011,(2):72-77
2	三边互动下的留英教育：“中英友好奖学金计划”的执行及其影响	赖继年	南开大学	2011,(5):44-49
《中国大学教学》				
1	面向卓越工程师培养，构建现代工程实训平台	王浩程	天津工业大学	2011,(6):83-85
2	工程类高素质人才基本要求大纲的提出与初步研究	徐　斌	天津大学	2011,(9):21-24
3	工程管理特色专业建设的思考	王雪青	天津大学	2011,(9):44-46
《现代教育技术》				
1	一种新型机器视觉教学系统的应用	宋丽梅	天津工业大学	2011,21(6):126-128
2	基于 Web 的听力教学语料库的设计与实现	刘连勇	天津开发区社区学院	2011,21(7):72-74
3	终身学习理念下的 U-learning 环境设计	亢春艳	天津广播电视大学	2011,21(10):83-86

序号	文章名称	第一作者	单位	年、卷、期
《江苏高教》				
1	高等教育质量保障、评价与改进的评论	张　丽	天津市教育科学研究院	2011,(2):7-10
2	中国大学精神的本土传统与当代传承：教育文化学的尝试	张建鲲	天津师范大学	2011,(4):21-24
3	从就业角度探寻赫钦斯的通识教育思想	朱瑞刚	南开大学	2011,(4):38-40
4	论高校生命伦理教育的价值生态及其超越	张　鹏	南开大学	2011,(4):112-115
《中国教育学刊》				
1	创造型课堂教学文化的特征	陈雨亭	天津市教育科学研究院	2011,(1):47-49
2	学校课程规划：动力、向度与路径	和学新	天津师范大学	2011,(2):36-40
3	我国“择校”现象的教育社会学阐释	陈•巴特尔	南开大学	2011,(5):5-7
4	基于师生本位的学校制度文化建设	张军凤	天津市教育科学研究院	2011,(5):18-20
5	学校办学水平与教育质量关系之研究	杨　骞	天津经济技术开发区国际学校	2011,(5):21-24
6	校际合作：义务教育均衡发展机制探讨——基于天津市河西区小学“教育发展联合学区”调查	丰向日	天津师范大学	2011,(10):27-30
7	试析当前学校课程结构变革模式	赵文平	天津职业技术师范大学	2011,(10):43-46
8	学校变革价值标准与行动研究	杨　骞	天津开发区国际学校	2011,(11):37-39
《学位与研究生教育》				
1	研究生创新能力培养的真谛是什么?——以费孝通的学术成长历程为例	苌庆辉	天津工业大学	2011,(5):15-20
2	全日制专业学位硕士生招考工作问题之归因	任欣荣	天津大学	2011,(5):55-60
3	以质量为核心，培养高质量工程硕士	李云章	天津大学	2011,(6):14-17
《中国特殊教育》				
1	大学生时间透视与焦虑的关系：应对方式的完全中介效应	戴必兵	天津医科大学	2011,(8):77-80
《高教发展与评估》				
1	从静默期到调整期：美国高校学生权力发展历程	李朝阳	天津师范大学	2011,27(6):54-59
《思想理论教育导刊》				
1	关于高职院校“基础”课教学模块设计的几点思考	张泽玲	天津交通职业学院	2011,(1):86-89
2	新时期我们党推进农村基层民主建设的思想轨迹	祖金玉	南开大学	2011,(2):50-55
3	论学习的意义——关于学习型党组织建设的一点思考	李　毅	南开大学	2011,(3):45-47
4	关于加强马克思主义理论学科科学研究的一些思考	逄锦聚	南开大学	2011,(3):70-74
5	简论我们党重视理论学习的几个特点	张凤霞	天津商业大学	2011,(4):50-53
6	论中国共产党的意识形态战略策略和斗争艺术	邵云瑞	南开大学	2011,(7):25-30
7	中国共产党的理论自觉铸就90年历史辉煌	寇清杰	南开大学	2011,(8):21-25
8	关于思想政治教育环境的思考	刘　娜	天津师范大学	2011,(8):94-97
9	“中国共产党与中国现代化国际学术研讨会”综述	林绪武	南开大学	2011,(8):117-119
10	胡锦涛“七一”讲话精神引领下的高职院校德育工作探析	张泽玲	天津交通职业学院	2011,(10):105-107
《国家教育行政学院学报》				
1	以微博为载体开展大学生思想政治教育探析	方宏建	天津大学	2011,(1):52-55
2	思想政治教育的新变革——基于网络思维特征的思考	张九海	天津理工大学	2011,(1):56-59

序号	文章名称	第一作者	单位	年、卷、期
3	论高校管理机构的“大部制”改革	卢 威	天津工业大学	2011,(3):59-63
4	基于教师知识结构的教师培训研究	周金虎	天津师范大学	2011,(5):63-66
5	论知识传统与我国现代大学制度	刘红梅	天津财经大学	2011,(6):49-52
6	教育功能观的社会学分析	胡振京	天津市教育科学研究院	2011,(8):20-23,53
《现代远距离教育》				
1	数字化教学资源共享信息平台建设研究	刘艳莉	天津大学	2011,(2):39-42
2	基于模糊神经网络分类算法的绩效考核评聘策略研究	王 彤	天津大学	2011,(2):60-62
3	关于开放大学办学模式创新的设想	徐美恒	天津广播电视大学	2011,(4):20-22
4	英国开放大学兼职教师管理及对我国开放大学建设的启示	张胜利	天津广播电视大学	2011,(4):40-43
	经济学			
《中国工业经济》				
1	转型期间我国新型工业化增长绩效及其影响因素研究——基于“新型工业化”生产力视角	庞瑞芝	南开大学	2011,(4):64-73
2	我国节能减排潜力、治理效率与实施路径研究	余泳泽	南开大学	2011,(5):58-68
3	交通基础设施建设与中国制造业企业库存成本降低	刘秉镰	南开大学	2011,(5):69-79
4	中国汽车产业的协同演进特征及协同度提升策略——基于四时点投入产出表的实证分析	支 燕	南开大学	2011,(7):76-85
5	我国企业出口对员工收入的影响——基于企业异质性视角的经验研究	邵 敏	南开大学	2011,(9):67-77
《世界经济》				
1	基础设施对中国企业出口行为的影响:“集约边际”还是“扩展边际”	盛 丹	南开大学	2011,34(1):17-36
2	现行的国际货币体系是否是全球经济失衡和金融危机的原因	王道平	南开大学	2011,34(1):52-72
3	全球失衡与中国对外净资产:金融发展视角的分析	肖立晟	南开大学	2011,34(2):57-86
4	美国在华直接投资的引力模型分析	蒋殿春	南开大学	2011,34(5):26-41
5	金融发展、企业国际化形式与贸易收支	施炳展	天津财经大学	2011,34(5):42-73
6	市场化、技术复杂度与中国省区的产业增长	盛 丹	南开大学	2011,34(6):26-47
7	出口企业转型对中国劳动力就业与工资的影响:基于倾向评分匹配估计的经验分析	邵 敏	南开大学	2011,34(6):48-70
8	金融发展与出口技术复杂度	齐俊妍	天津财经大学	2011,34(7):91-118
9	中国地区实际经济周期的协同性	黄玖立	南开大学	2011,34(9):19-41
10	教育、金融市场和中国居民的收入不平等	李俊青	南开大学	2011,34(9):42-65
11	空间集聚是否总能促进经济增长:不同假定条件下的思考	孙浦阳	南开大学	2011,34(10):3-20
《金融研究》				
1	金融发展、对外开放与城乡居民收入差距——基于1978—2008年省际面板数据的实证分析	孙永强	南开大学	2011,(1):28-39
2	卖空约束、投资者行为和A股市场的定价泡沫	古志辉	南开大学	2011,(2):129-148
3	从贸易调整渠道到金融调整渠道——国际金融外部调整理论的新发展	范小云	南开大学	2011,(2):194-206
4	极化理论视角下我国金融发展的区域比较	邓向荣	南开大学	2011,(3):86-96
5	询价制度第一阶段改革有效吗	刘志远	南开大学	2011,(4):158-173
6	中国股票市场流动性风险溢价研究	周 芳	天津大学	2011,(5):194-206
7	公积金约束、家庭类型与住宅特征需求——来自中国的经验分析	周京奎	南开大学	2011,(7):70-84

序号	文章名称	第一作者	单位	年、卷、期
8	转型时期中国农业全要素耕地利用效率及其影响因素分析	刘玉海	南开大学	2011,(7):114-127
9	公司价值、自愿披露与市场化进程——基于定性信息的披露	程新生	南开大学	2011,(8):111-127
10	开放条件下产出缺口型菲利普斯曲线的再验证——基于中国省际季度动态面板数据	吕　越	南开大学	2011,(10):47-60
11	我国证券投资基金的隐性激励——测度、机制与契约优化	李学峰	南开大学	2011,(10):185-197
《会计研究》				
1	基于低碳经济视角的项目投资决策模式研究	李　虹	天津理工大学	2011,(4):88-92
2	会计确认的再认识及应用——基于事实判断和价值判断的认知论释义	盖　地	天津财经大学	2011,(8):3-8
3	内部控制披露、审计意见、投资者的风险感知和投资决策：一项实验证据	张继勋	南开大学	2011,(9):66-73
《经济研究》				
1	不完全金融市场、海外资产结构与国际贸易	李俊青	南开大学	2011,46(2):31-43
2	外包与要素价格：从特定要素模型角度的分析	刘　瑶	南开大学	2011,46(3):48-58
3	通货膨胀率周期波动与非线性动态调整	张凌翔	南开大学	2011,46(5):17-31
4	逾期债务、风险状况与中国财政安全——兼论中国财政风险预警与控制理论框架的构建	郭玉清	南开大学	2011,46(8):38-50
5	“金砖国家”通货膨胀周期的协动性	张　兵	南开大学	2011,46(9):29-40
6	出口改善了员工收入吗	包　群	南开大学	2011,46(9):41-54
《经济科学》				
1	社会资本与企业会计盈余质量	曾亚敏	南开大学	2011,(3):93-104
2	美国经济“二元化”与“奥肯定律”的困局	许平祥	南开大学	2011,(5):26-42
《国际经济评论》				
1	新形势下，中国国际贸易政策面临挑战	盛　斌	南开大学	2011,(5):45-47
2	入世十年转型：中国对外贸易发展的回顾与前瞻	盛　斌	南开大学	2011,(5):84-101
《数量经济技术经济研究》				
1	基于零和DEA模型的欧盟国家碳排放权分配效率研究	林　坦	南开大学	2011,28(3):36-50
2	经济规模、技术创新与垂直专业化分工	文东伟	南开大学	2011,28(8):3-20,34
3	基于相对剥夺理论的基尼系数子群分解方法研究	任国强	天津理工大学	2011,28(8):103-114
4	中国工业增长模式转型绩效研究——基于 1998—2009 年省际工业企业数据的实证考察	庞瑞芝	南开大学	2011,28(9):34-46，130
5	生产率与创新工资门槛假说：基于中国经验数据分析	张庆昌	南开大学	2011,28(11):3-21
6	准备金评估的随机性 Munich 链梯法及其改进——基于 Bootstrap 方法的实证分析	张连增	南开大学	2011,28(11):98-111
《财经研究》				
1	企业退出出口市场行为与企业的经营表现——基于倾向评分匹配的经验分析	邵　敏	南开大学	2011,37(1):79-90
2	强制披露、盈余质量与市场化进程——基于制度互补性的分析	程新生	南开大学	2011,37(2):60-71
3	工资、出口贸易与全要素生产率：1979—2009	张庆昌	南开大学	2011,37(4):26-36
4	贸易自由化、外商直接投资与出口贸易地区差异	安虎森	南开大学	2011,37(5):36-46
5	金融危机背景下政府干预与银行信贷风险研究	王连军	南开大学	2011,37(5):112-122
6	经济发展与中国近代银行业结构的演化——基于 1918—1936 年市场集中度的实证分析	王玉茹	南开大学	2011,37(6):112-121
7	地方官员一定偏好FDI吗——来自我国283个市级地区面板数据的经验证据	李飞跃	南开大学	2011,37(8):16-25

序号	文章名称	第一作者	单位	年、卷、期
8	外商直接投资与能源消费强度非线性关系探究——基于开放条件下环境“库兹涅茨曲线”框架的分析	孙浦阳	南开大学	2011,37(8):79-90
《农业技术经济》				
1	农民职业分化、养老保障与农村土地流转——基于南京市372份农户问卷调查的实证研究	许恒周	天津大学	2011,(1):80-85
2	我国棉花产业安全状况评价	张淑荣	天津农学院	2011,(2):92-95
3	美国政府直接支付对农业生产和出口的影响	邹 洋	南开大学	2011,(7):113-118
《国际问题研究》				
1	美国国债危机与解决前景	李雪莲	南开大学	2011,(5):112-124
《国际金融研究》				
1	银行危机救助策略的分析	崔红宇	南开大学	2011,(3):68-73
2	量化宽松货币政策的实践——以日本为例	万志宏	南开大学	2011,(4):10-17
3	投资者个体的羊群行为:分布及其程度——基于分割聚类的矩阵化方法	李学峰	南开大学	2011,(4):77-86
4	基于GARCH族模型的黄金市场的风险度量与预测研究	周茂华	南开大学	2011,(5):87-96
5	汇率调整是否能有效的改变贸易逆差呢——从金融市场完善程度差异性的角度分析	孙浦阳	南开大学	2011,(6):25-33
6	我国房地产价格与银行绩效——基于省际面板数据的实证研究	梁 琪	南开大学	2011,(9):90-96
7	资本充足率高代表资本充足吗——基于中国上市银行2007—2011年季度数据分析	翟光宇	南开大学	2011,(10):65-72
《财贸经济》				
1	政治关联关系、官员背景及其对民营企业银行贷款的影响	郝项超	南开大学	2011,(4):55-61
2	“制度外”政府收支:内外之辨与预算管理	李冬妍	南开大学	2011,(6):17-23
3	中国旅游业服务质量规制与产业效率提升	韩元军	南开大学	2011,(10):127-134
4	关于我国加入GPA后政府采购开放性风险预警的基本设想	周 庄	天津工业大学	2011,(11):39-43
《南开经济研究》				
1	中国转型期投资效率下降的所有制结构解析	刘宇春	南开大学	2011,(1):15-23
2	FDI、产业特征与制造业地理集中——基于中国数据的实证分析	吴艳红	南开大学	2011,(1):72-88
3	具有行政背景的独立董事影响公司财务信息质量么——基于国有控股上市公司的实证分析	余峰燕	南开大学	2011,(1):120-131
4	指令簿透明度增加与市场价格发现——基于计算实验金融方法的指令驱动市场研究	马正欣	天津大学	2011,(1):132-141
5	基于投入产出法对中国出口中价值含量的分析	郑昭阳	南开大学	2011,(2):3-15
6	人民币升值对中国国际资本流动的影响	李 宏	天津财经大学	2011,(2):16-27
7	金融发展影响能源消费结构吗——跨国经验分析	孙浦阳	南开大学	2011,(2):28-41
8	有效经济增长与中国经济发展阶段再判断——从日本与我国台湾地区的经验谈起	李 月	南开大学	2011,(2):100-117
9	一个以劳动力素质为核心的教育与经济增长关系模型——基于巴罗指标和中国31年相关数据的经验检验	李发昇	天津大学	2011,(2):118-128
10	基于PCAIDS模型的单边价格效应模拟——以国际铁矿石巨头力拓与必和必拓拟议的兼并为例	王继平	天津商业大学	2011,(2):147-封3
11	新型国际分工、国际收支失衡与金融创新	佟家栋	南开大学	2011,(3):3-15,96
12	通货膨胀与收入不平等关系的研究——基于信贷市场不完美的视角	刘晓峰	南开大学	2011,(3):16-29
13	企业区位选择与空间集聚的博弈分析	郝寿义	南开大学	2011,(3):69-78

序号	文章名称	第一作者	单位	年、卷、期
14	我国金融机构的系统性风险贡献测度与监管——基于边际风险贡献与杠杆率的研究	范小云	南开大学	2011,(4):3-20
15	金融发展与制造业出口的二元边际——基于新新贸易理论的实证分析	陈　磊	南开大学	2011,(4):67-85
16	我国房地产市场周期与金融稳定——基于随机游走滤波的分析	郭　娜	南开大学	2011,(4):98-107
17	研发能力、规模与高新技术企业绩效	丁　勇	中国民航大学	2011,(4):137-封3
《世界经济研究》				
1	全球化与经济周期同步性——以中国和OECD国家为例	李　磊	南开大学	2011,(1):14-20
2	中美贸易失衡的三元边际——基于广度、价格与数量的分解	施炳展	天津财经大学	2011,(1):39-43
3	外商直接投资与东道国经济增长——基于模仿与创新的研究	葛顺奇	南开大学	2011,(1):56-60
4	FDI、融资约束与民营企业出口——基于中国企业层面数据的经验分析	孙灵燕	南开大学	2011,(1):61-66
5	外资进入与技能溢价——兼论我国FDI技术外溢的偏向性	邵　敏	南开大学	2011,(1):67-74
6	中国出口竞争优势的空间分解——内部供给能力和外部市场潜力	王　岚	南开大学	2011,(2):27-31,47
7	贸易自由化、工业化与企业区位——新经济地理视角中国FDI流入的研究	安虎森	南开大学	2011,(2):54-58
8	产业特征、宏观调控与技术创新策略选择——来自中国工业层面的证据	王立军	南开大学	2011,(3):3-8
9	金融发展、国际分工与全球失衡	杨珍增	天津财经大学	2011,(3):21-27
10	FDI、技术势能与国内投资的挤出(入)效应——来自我国高技术产业的实证研究	余泳泽	南开大学	2011,(3):69-74,80
11	东亚区域生产网络的动态演变——基于零部件贸易产业链的分析	张伯伟	南开大学	2011,(3):81-86
12	资源中间品贸易下的经济增长与资源节约	陆建明	天津财经大学	2011,(6):22-27
13	中国制造业出口的技术复杂度及其跨国比较研究	文东伟	南开大学	2011,(6):39-43,50
14	奥巴马中期经济“新政”与世界经济展望	刘兴赛	南开大学	2011,(6):81-86
15	外商直接投资与中国制造业的污染排放：基于行业投入—产出的分析	王文治	南开大学	2011,(8):55-62
16	长波框架下美国经济走势分析	张　兵	南开大学	2011,(8):76-80
17	贸易便利化对中国—东盟贸易影响的实证分析	谢娟娟	南开大学	2011,(8):81-86
18	收入分配对我国出口贸易的影响——基于非参数核密度估计的需求结构重叠视角	文　洋	南开大学	2011,(10):33-39
《世界经济文汇》				
1	地方政府补贴企业行为分析：扶持强者还是保护弱者	邵　敏	南开大学	2011,(1):56-72
2	中国的工资性别差距及其分解——性别歧视在多大程度上存在?	宁光杰	南开大学	2011,(2):19-34,86
3	创新和生产的垂直分工与全球失衡：金融发展与金融开放的影响	陆建明	天津财经大学	2011,(4):1-16
4	城市高房价和户籍制度：促进或抑制城乡收入差距扩大?——中国劳动力流动和收入差距扩大悖论的一个解释	安虎森	南开大学	2011,(4):41-54
《经济学家》				
1	中国经济发展中的“涌现”现象及其发展模式的形成和演化	刘　刚	南开大学	2011,(1):23-30
2	符号价值理论评析——对马克思使用价值理论的再审视	马淑娟	南开大学	2011,(2):5-10

序号	文章名称	第一作者	单位	年、卷、期
3	新中国经济学 60 年之理论探索——谷书堂教授的社会主义政治经济学研究	王 璐	南开大学	2011, (3):13-23
4	消费跨期替代中的财富传承偏好——理论模型与中国的证据	李腊生	天津财经大学	2011, (3):33-41
5	马克思经济学方法论创新探析——批判实在论视域中的异端经济学启示	马国旺	天津财经大学	2011, (4):5-13
6	新自由主义、金融危机与资本主义模式的调整——美国模式、日本模式和瑞典模式的比较	刘凤义	南开大学	2011, (4):86-95
7	后金融危机时代国际货币秩序变革研究——人民币国际竞争力的提升	于学伟	天津财经大学	2011, (10):77-83
8	我国城乡建设用地增减挂钩的实践探索与理论阐释	张海鹏	南开大学	2011, (11):22-27
《经济学动态》				
1	人民币汇率调整、经济结构转型及其对宏观经济的影响	马君潞	南开大学	2011, (1):40-45
2	公共项目管理绩效改善路径研究	尹贻林	天津理工大学	2011, (1):93-96
3	科学发展与马克思主义经济学中国化——第四届中国政治经济学年会综述	王 璐	南开大学	2011, (1):153-156
4	不同经济态势下货币政策的有效性——大萧条时期的历史经验	刘 巍	南开大学	2011, (2):132-137
5	基于 TRIZ 理论的企业流程再造实施模型研究	吕荣胜	天津理工大学	2011, (3):50-53
6	国际资本流动突然中断的经济社会影响研究评述	范小云	南开大学	2011, (5):118-123
7	2010—2011 年我国宏观经济政策研究评述	刘澜飚	南开大学	2011, (6):22-28
8	我国通货膨胀的短期动态特征与驱动因素比较	刘喜和	天津财经大学	2011, (6):69-72
9	公共事务治理百年研究历程	冷志明	南开大学	2011, (6):108-114
10	认知经济学研究新进展	贺京同	南开大学	2011, (7):149-154
11	虚拟经济的研究范式——兼论虚拟经济与次贷危机	刘兴赛	南开大学	2011, (10):26-32
《经济社会体制比较》				
1	后危机时代中国治理模式提升的策略选择	黄秋菊	南开大学	2011, (1):132-140
2	中国战略性新兴产业的成长机制研究——基于污水处理产业的经验	乔晓楠	南开大学	2011, (2):69-77
3	制度中的历史——制度变迁再思	王 星	南开大学	2011, (2):94-103
4	经济体制评价标准的探讨及应用——生产力与幸福度"双标准"	张仁德	南开大学	2011, (3):1-15
5	街头官僚及其行动的空间辩证法——对街头官僚概念与理论命题的重构	韩志明	天津师范大学	2011, (3):108-115
6	出口导向型经济：我国生产性服务业落后的根源与对策	刘书瀚	天津商业大学	2011, (3):138-145
7	再分配倾向决定框架模型及经验验证	陈宗胜	南开大学	2011, (4):35-46
8	房地产市场财富效应及其影响因素研究——基于我国省际面板数据的分析	梁 琪	南开大学	2011, (5):179-184
《经济评论》				
1	国有控股公司治理中合谋防御的机制设计	蒋神州	南开大学	2011, (1):116-126
2	反倾销申诉和措施中的政治经济因素实证分析	李 磊	南开大学	2011, (2):75-84
3	中国制造业贸易的要素含量：中间产品贸易对测算的影响	刘 瑶	南开大学	2011, (2):85-92, 112
4	创新要素集聚、政府支持与科技创新效率——基于省域数据的空间面板计量分析	余泳泽	南开大学	2011, (2):93-101
5	钝化信念维系的信息瀑布及其应用	李建标	南开大学	2011, (3):30-35
6	中国利率政策与房地产价格的互动关系研究	郭 娜	南开大学	2011, (3):43-50

序号	文章名称	第一作者	单位	年、卷、期
7	中国式分权下地方政府FDI税收竞争的策略性及其经济增长效应	杨晓丽	南开大学	2011,(3):59-68
8	中国—东盟自由贸易区建立后FDI流入能替代进口贸易吗——基于新经济地理贸易自由化的研究	颜银根	南开大学	2011,(4):114-123
9	地方政府财政支农支出与农村居民消费——来自中国29个省市面板数据的经验证据	毛其淋	南开大学	2011,(5):86-97
10	再分配倾向的决定：对既有文献的考察	李清彬	南开大学	2011,(5):119-129,150
11	能源消耗、二氧化碳排放与APEC地区经济增长——基于SBM-Undesirable和Meta-frontier模型的实证研究	刘玉海	南开大学	2011,(6):109-120,129
12	能源消费对经济增长溢出效应的差异分析——以人均消费作为减排门限的实证检验	史亚东	南开大学	2011,(6):121-129
《改革》				
1	生产性服务业与制造业融合背景的产业升级	杨仁发	南开大学	2011,(1):40-46
2	行业收入差距细分与演进轨迹：1990—2008	武　鹏	南开大学	2011,(1):53-59
3	收入分配失衡与“低价工业化”增长机制的牵扯	夏　华	天津财经大学	2011,(3):25-30
4	现行经济学学科设置问题与法律经济学的兴起	于　立	天津财经大学	2011,(4):144-151
5	产业链低端探源与技术逆向行走困境的摆脱	周　密	南开大学	2011,(5):44-49
6	人民币汇率之谜	于　立	天津财经大学	2011,(8):10-11
7	宏观经济的特定影响因素	景维民	南开大学	2011,(8):20-23
8	经济转型与包容性增长的关联度	黄秋菊	南开大学	2011,(9):28-32
《经济理论与经济管理》				
1	二元经济、刘易斯拐点和中国对外贸易发展战略	佟家栋	南开大学	2011,(1):18-26
2	中国房地产价格泡沫原因分析	王培辉	南开大学	2011,(3):39-44
3	我国上市商业银行盈余管理与市场约束——基于投资收益及风险管理的视角	赵胜民	南开大学	2011,(8):75-85
4	土地职能和土地产权制度选择——中国土地产权私有化有效性质疑	杨成林	南开大学	2011,(10):22-30
5	中国国有粮食企业购销波动研究——基于小波分析和格兰杰因果检验的方法	吴文清	天津大学	2011,(10):31-38
《中国社会经济史研究》				
1	地方社会中官方祠庙的经济问题：以元代会稽山南镇庙为中心	马晓林	南开大学	2011,(3):12-17
2	义利之辨：民国时期天津市小本借贷处成立之初的官商博弈	冯　剑	南开大学	2011,(3):79-91
《国际贸易问题》				
1	替代账户与国际货币体系改革	张一平	南开大学	2011,(1):129-136
2	FDI、人力资本与省际工业能源效率	陈媛媛	南开大学	2011,(3):99-109
3	APEC合作的理论基础：新区域主义视角的分析	路宇立	南开大学	2011,(4):48-55
4	欧盟对华反倾销的贸易转移效应：基于产品角度的经验分析	刘重力	南开大学	2011,(7):91-101
5	收入分配差距对我国进口贸易的影响	文　洋	南开大学	2011,(11):43-52
6	中澳自由贸易区的建立对中国乳品进口贸易的影响研究	李慧燕	天津农学院	2011,(11):77-84
《当代经济科学》				
1	海峡两岸证券业经营效率比较研究：基于Metafrontier方法	李兰冰	南开大学	2011,33(1):40-46
2	我国IT产业的空间集聚：基于30省区面板数据的实证研究	王家庭	南开大学	2011,33(1):85-90

序号	文章名称	第一作者	单位	年、卷、期
3	危机损失、经济复苏与金融结构比较——什么样的金融体系更能摆脱危机	范小云	南开大学	2011,33(2):1-9
4	金融发展与城市化:基于政府治理差异的视角	孙浦阳	南开大学	2011,33(2):43-52
5	比较经济学文化学派的"历史研究"和"实证研究"	李建标	南开大学	2011,33(3):13-18
6	契约执行效率与最优投资的主体差异	刘 斌	南开大学	2011,33(3):26-32
7	行业环境管制对就业影响的经验研究:基于25个工业行业的实证分析	陈媛媛	南开大学	2011,33(3):67-73
8	异质性与跨国公司的战略选择	张庆昌	南开大学	2011,33(5):92-98
9	中国商业银行系统性风险溢价实证研究	李志辉	南开大学	2011,33(6):13-20
《财经科学》				
1	我国居民消费带动经济长期增长的实证研究——基于省际离散面板模型的分析	沈 妍	南开大学	2011,(3):67-75
2	基于"消费优势"解析自然资源与经济增长的关系	李发昇	天津大学	2011,(4):48-55
3	新公共管理框架下的城市管理体系	王 双	天津社会科学院	2011,(5):96-103
4	真是过剩流动性引发了中国的通货膨胀吗	戴金平	南开大学	2011,(7):1-8
5	市场经济下的增长质量评价——基于被修正的国民经济核算模型推论	吴练达	天津商业大学	2011,(8):44-52
6	西部大开发有助于缩小西部地区的收入不平等吗——基于双倍差分法的经验研究	毛其淋	南开大学	2011,(9):94-103
7	量化宽松、流动性溢出与新兴市场通货膨胀	陈 磊	南开大学	2011,(10):48-56
《审计研究》				
1	上市公司财务报告舞弊的识别——基于三角形理论的实证研究	韦 琳	天津财经大学	2011,(2):98-106
2	客户重要性与审计谈判	张继勋	南开大学	2011,(3):56-63
《财经问题研究》				
1	主体偏移与信息视角的财务会计价值选择	盖 地	天津财经大学	2011,(1):109-115
2	中国区域金融发展:差异、特点及政策研究	田 菁	天津商业大学	2011,(2):63-70
3	基于XBRL的审计流程再造	吕志明	天津财经大学	2011,(3):125-封3
4	我国存款市场信息传递是有效的吗	翟光宇	南开大学	2011,(4):79-84
5	项目绩效评价构建及改善研究	丁正红	天津大学	2011,(4):85-90
6	税收非均衡增长中的财政风险甄别与防范	关 飞	天津财经大学	2011,(4):98-102
7	环境壁垒对我国食品出口的影响——基于农产品食品安全的视角	于丽艳	天津科技大学	2011,(5):47-52
8	我国村镇银行可持续发展研究	高晓燕	天津财经大学	2011,(6):96-100
9	我国寿险企业的相对效率与竞争格局——基于情景依赖DEA模型的分析	白雪洁	南开大学	2011,(7):98-104
10	上市公司股权融资规模决策研究——基于治理机制与时机选择的视角	尹丹莉	天津财经大学	2011,(8):49-53
11	我国利用技术溢出的新贸易方式分析——基于产业内贸易的跨行业溢出	张建东	南开大学	2011,(9):81-85
《国际贸易》				
1	中日韩FTA服务贸易谈判前景初探:基于三国竞争力的比较	刘晨阳	南开大学	2011,(3):47-51
2	政府在经济市场化中的作用——中国入世十年的思考	佟家栋	南开大学	2011,(10):18-22,27
《当代财经》				
1	金融市场发展与全球失衡:基于创新与生产的垂直分工视角	陆建明	天津财经大学	2011,(1):49-63
2	参与式环境下紧控制、棘轮对预算影响的实验研究	程新生	南开大学	2011,(1):74-84

序号	文章名称	第一作者	单位	年、卷、期
3	大股东在SEO中的认购行为与恶性增资	唐 洋	天津商业大学	2011,(1):112-120
4	物流服务创新与物流需求关系研究——基于共生理论视角	罗永泰	天津财经大学	2011,(2):61-68
5	基于盈余管理动机的财务重述研究	周晓苏	南开大学	2011,(2):109-117
6	中印出口增长方式比较——基于广度、价格与数量的分解	施炳展	天津财经大学	2011,(4):94-101
7	中国影响就业因素的区域差异分析——基于省级面板数据的实证检验	杜传忠	南开大学	2011,(5):16-23
8	生产性服务业是经济中心的核心要素——基于上海和香港的实证分析	刘书瀚	天津商业大学	2011,(5):100-111
9	收入差距“倒U”曲线迷失与中国经济运行模式	刘兴赛	南开大学	2011,(6):14-22
10	财政透明度的限度与效率:对一个分析框架的诠释	凌 岚	天津财经大学	2011,(6):23-29
11	对外贸易方式与工资不平等	冯 冰	南开大学	2011,(7):101-109
12	“十二五”时期我国地方投融资平台债务的治理路径	张 平	天津财经大学	2011,(8):34-41
13	融资约束、再融资能力与现金分红	郭牧炫	南开大学	2011,(8):119-128
14	加工贸易转型升级效果评价	赵晓晨	天津财经大学	2011,(9):85-93
15	送转行为、年报绩效信息与融资约束	周宝源	南开大学	2011,(10):108-115
《中国土地科学》				
1	天津市七里海湿地土地利用结构优化配置	蔡为民	天津工业大学	2011,25(4):78-83
2	天津市西青区农用地征用补偿标准分析	王 静	天津农学院	2011,25(6):60-64
《上海经济研究》				
1	双重信贷担保无法解决中小企业融资难——以新疆生产建设兵团为例	秦海林	天津工业大学	2011,(1):79-88
2	货币政策成本渠道传导机制——来自制造业的实证研究	齐 杨	南开大学	2011,(2):3-10
3	金融控制是收入分配库兹涅茨效应的原因吗——基于省际数据的动态面板GMM分析	许平祥	南开大学	2011,(5):44-51
4	货币供应量的实时监测——基于季节调整方法	陈雄强	南开大学	2011,(7):26-34
5	贸易开放是否改善了能源效率:基于省区间比较优势非线性的实证分析	许启钦	南开大学	2011,(8):21-28
6	中国的环境规制强度与区域工业效率研究:1999—2008	韩元军	南开大学	2011,(10):102-113
《产业经济研究》				
1	政府支持、制度环境、FDI与我国区域创新体系建设	余泳泽	南开大学	2011,(1):47-55
2	信息不对称条件下的中国民营企业技术创新	张庆昌	南开大学	2011,(1):72-79
3	中国工业创新:过程、效率与模式——基于2001—2008年大中型工业企业的数据	庞瑞芝	南开大学	2011,(2):1-9
4	全要素生产率增长有利于提升我国能源效率吗——基于35个工业行业面板数据的实证研究	段文斌	南开大学	2011,(4):78-88
《财贸研究》				
1	出口贸易、后向关联与全要素生产率	陈媛媛	南开大学	2011,(1):46-51,118
2	FDI、出口密集度与环境技术效率——基于产业数据的分位数回归方法分析	王海宁	南开大学	2011,22(2):24-32,129
3	金融危机后中国频遭贸易壁垒的内因分析:以中美贸易为例	施炳展	天津财经大学	2011,22(4):46-53
4	公共投资、土地利用效率与城市增长的区域差异性——基于1999—2006中国城市面板数据的实证分析	吴晓燕	天津农学院	2011,22(4):68-77
5	惯性或反转策略会提升投资绩效吗——以开放式基金为例的实证分析	李学峰	南开大学	2011,22(5):93-98,108

序号	文章名称	第一作者	单位	年、卷、期
《世界经济与政治》				
1	国际关系研究的定量数据库及其应用	刘 丰	南开大学	2011,(5):18-41
2	一代巨擘褒与贬	张睿壮	南开大学	2011,(5):143-154
《世界经济与政治论坛》				
1	西方话语体系下的伊斯兰世界	杨卫东	天津师范大学	2011,(2):113-121
2	论奥巴马政府的新能源政策	孔祥永	天津师范大学	2011,(5):28-41
《财经理论与实践》				
1	发展循环经济对公共政策的需求分析	廖 筠	南开大学	2011,32(1):87-91
2	基于ARMA模型的我国国内旅游客源预测	关 华	天津大学	2011,32(3):114-118
3	公共项目公私合伙制中政府保证的会计问题研究	孙燕芳	天津大学	2011,32(4):62-66
4	基于股份减持中的大股东隧道行为实证研究	傅利平	天津大学	2011,32(5):39-43
5	当前贸易融资业务的供需矛盾与对策研究	王 捷	天津财经大学	2011,32(5):107-112
《中央财经大学学报》				
1	货币供应量对居民消费价格指数与房屋销售价格指数的影响——基于1978—2009年中国经验数据的分析	任碧云	天津财经大学	2011,(1):21-26
2	我国要素收入分配结构变迁的实证研究——一个基于我国宏观经济基本假设的结构模型	李学林	天津外国语大学	2011,(1):56-61
3	“报复”、“安全阀”效应与发展中国家对外反倾销	李 磊	南开大学	2011,(1):62-67
4	我国收入差距扩大对宏观经济的影响	胡 晓	南开大学	2011,(4):51-57
5	公允价值计量、资产价格波动与金融稳定	盛明泉	南开大学	2011,(4):87-91
6	2001—2009年中国居民财富的估算与统计分析	刘国风	天津大学	2011,(5):50-54,65
7	基于消费者认知不对称的品牌延伸机理探析	王 寒	天津大学	2011,(5):81-85
8	货币流动性与我国资本形成	李 程	南开大学	2011,(6):29-34
9	DEA模型的扩展及其在经济预测中的应用	王舒鸿	南开大学	2011,(6):56-60
10	中国个人所得税改革的路径选择：从分类到综合	黄凤羽	天津财经大学	2011,(7):1-5
11	基于系统观的中国收入分配问题分析	刘国富	天津工业大学	2011,(8):1-6
12	当前我国财政扶持中小企业融资的政策分析	尹丹莉	天津财经大学	2011,(8):18-22
13	二元财政政策影响城乡差距的实证分析	秦海林	天津工业大学	2011,(9):7-12
14	政策性金融扶持农户和小企业的创新思路	高晓燕	天津财经大学	2011,(9):37-40
15	公司治理机制对企业经营效率影响的实证研究——基于台湾面板企业的经验证据	刘羽芬	南开大学	2011,(9):75-80
16	我国房地产价格上涨的宏观结构效应分析	刘纯彬	南开大学	2011,(10):48-53,71
17	经济性工学无资格方案概念的修正与证明	李海涛	天津大学	2011,(10):88-92
《现代日本经济》				
1	日本参与国际碳交易的政治经济分析	刘晨阳	南开大学	2011,(1):25-30
2	日本企业管理模式及其进化路径	张玉来	南开大学	2011,(2):38-48
3	战后日本实现金融深化的路径分析	郑 蔚	南开大学	2011,(4):32-38
4	政策时滞与战略超越——评日本经济危机对策	平力群	天津社会科学院	2011,(5):1-10
5	日本政府投资、民间投资和产业资本收益之间关系的实证分析	邹 洋	南开大学	2011,(5):39-45
《山西财经大学学报》				
1	我国农村居民健康影响因素实证分析——基于健康生产函数	徐颖科	南开大学	2011,33(1):1-8
2	中国机械设备行业经营绩效评价及影响因素——基于超效率DEA-Tobit模型	吉生保	南开大学	2011,33(1):64-71

序号	文章名称	第一作者	单位	年、卷、期
3	管理层持股与中小上市企业绩效——基于中小企业板数据的实证分析	谭庆美	天津大学	2011,33(2):92-99
4	基于Bootstrap方法的随机性准备金进展法及R实现	张连增	南开大学	2011,33(4):18-24
5	基于CHINA-VALS模型的中国寿险市场细分研究	李桂华	南开大学	2011,33(5):32-42
6	就业增长和产业结构升级——基于中国30个省市面板数据的实证分析	韩元军	南开大学	2011,33(6):20-26
7	股权结构与投资者关系管理——基于中国上市公司的实证研究	赵　颖	天津外国语学院	2011,33(8):92-100
8	经济开放会影响我国的熟练劳动供给吗	周　申	南开大学	2011,33(9):1-8
9	基于动态卡尔曼滤波的基金条件业绩评价	张　剑	天津大学	2011,33(9):35-41
10	服务消费中的面子建构研究	杜建刚	南开大学	2011,33(9):57-64
11	股权结构、境外背景独立董事与公司绩效——来自沪市上市公司的证据	马连福	南开大学	2011,33(9):74-82
12	能源消耗、二氧化碳排放与区域经济增长效率——基于APEC视角的面板数据分析	刘玉海	南开大学	2011,33(10):1-12
《商业经济与管理》				
1	金融发展、外生冲击与经济波动——基于我国省级面板数据的研究	朱　彤	南开大学	2011,(1):52-59
2	基于产业互动的制造业物流服务创新研究	刘　刚	天津财经大学	2011,(5):22-29
3	多层资本市场体系资源配置与风险配置的一致性分析	李腊生	天津财经大学	2011,(7):62-69
4	企业低碳化运营的本质与管理内涵	张建宇	天津财经大学	2011,(8):36-42
5	物流企业集群服务创新行为演化模型及案例分析	慕　静	天津科技大学	2011,(9):5-11
《税务研究》				
1	我国财税政策与居民消费的实证分析	武彦民	天津财经大学	2011,(2):24-29
2	开征社会保障税的理论依据及现实意文	刘植才	天津财经大学	2011,(2):49-54
3	关于开征社会保障税的若干思考	马蔡琛	南开大学	2011,(2):54-57
4	个人所得税综合计征的制度设想	黄凤羽	天津财经大学	2011,(3):41-43
5	完善外籍纳税人相关个人所得税制度的思考	刘　荣	天津财经大学	2011,(8):80-82
6	我国逃税问题的模型研究与防治对策	李　庭	南开大学	2011,(9):65-68
《中南财经政法大学学报》				
1	基于数据挖掘的会计舞弊识别问题研究综述	汪士果	天津财经大学	2011,(1):79-84
2	工业集聚与劳动生产率的空间计量经济分析——来自我国东北34个城市的经验证据	连　飞	天津财经大学	2011,(1):108-114
3	地方政府FDI税收竞争的策略性及其经济增长效应	杨晓丽	南开大学	2011,(2):22-28
4	公共财政框架下我国预算制度改革研究	李冬妍	南开大学	2011,(2):42-47
5	企业融资中的银行角色与最优融资契约	张　彀	南开大学	2011,(2):101-106
6	论商业银行全面风险管理体系的构建	郭保民	天津财经大学	2011,(3):80-85
7	劳动力选择性流动对农业技术创新的影响	刘纯彬	南开大学	2011,(4):39-45
8	基于交易成本经济学的节能服务外包决策研究	田小平	天津大学	2011,(4):101-106
9	虚拟企业战略执行力与企业绩效关系研究	李文强	天津大学	2011,(4):113-118
10	机构股东的积极治理效应研究——基于投资者关系管理调节效应与中介效应的检验	高　丽	天津外国语大学	2011,(5):127-133
《当代经济研究》				
1	从次贷危机到经济危机的机制解析——基于马克思经济学危机理论的重新解读	王　璐	南开大学	2011,(2):8-13
2	资本主义企业经济民主的马克思主义解读	沈文玮	天津师范大学	2011,(4):17-21
3	把握市场经济行动规律与转变经济发展方式	王晓林	天津财经大学	2011,(4):66-70

序号	文章名称	第一作者	单位	年、卷、期
4	马克思产权思想从萌芽到确立——对 1848 年以前马克思产权思想发展历程的考察	苏志强	南开大学	2011,(5):7-13
5	批判资产阶级庸俗经济学还是批判马克思——就转形问题与刘元胜先生商榷	史哉书	天津商业大学	2011,(5):50-54
6	中国通胀水平、通胀不确定性及货币政策波动	于 佳	南开大学	2011,(5):76-80
7	我国城市商业银行跨区域经营问题研究	刘久彪	天津财经大学	2011,(7):55-59
8	重树马克思科学抽象法在经济学研究中的重要地位——马克思主义经济学和西方主流经济学方法论的比较分析	杨成林	南开大学	2011,(11):8-13
9	经济危机背景下各国失业治理政策的比较	宁光杰	南开大学	2011,(11):14-17
《财经论丛:浙江财经学院学报》				
1	我国优质实体经济项目源培育的政府作用机制	高正平	天津财经大学	2011,(1):26-32
2	中国房地产公司股权收益与资本回报率、债务利率关系	赵国庆	天津大学	2011,(3):71-77
3	中国的集体工业:规模、效率及其影响因素	李清彬	南开大学	2011,(4):3-9
4	金融开放度与宏观经济波动——基于发达国家与发展中国家和地区的实证研究	张 瑜	南开大学	2011,(5):52-57
5	高新技术企业融资约束与R&D投资和企业成长性的相关性研究	顾 群	天津财经大学	2011,(5):86-91
《经济纵横》				
1	经济学研究模型的比较	白红光	南开大学	2011,(1):17-19,69
2	经济思想史中的经济危机理论及其争论	王 璐	南开大学	2011,(2):11-16
3	我国地方政府投融资平台的债务风险研究	张丽恒	天津财经大学	2011,(4):81-85
4	要辩证地看待马克思的劳动价值论	赵子军	天津大学	2011,(5):11-13
5	我国私募股权基金发展战略与路径	张 杰	天津财经大学	2011,(5):39-42
6	对央企控股上市公司实施独立董事间接薪酬制的质疑	李秋蕾	天津财经大学	2011,(6):110-113
7	经济危机与技术创新关系的内在机理分析	李金辉	南开大学	2011,(9):11-14
8	投资消费转换与中国经济增长的协整分析	孟 昊	天津财经大学	2011,(9):31-34
9	政府债务的适度性问题——基于欧元区财政警戒线的考察	马蔡琛	南开大学	2011,(9):44-47
10	韩国征地补偿制度的启示	李忠辉	天津外国语大学	2011,(10):99-102
《经济问题探索》				
1	公平视角下的个人所得税改革设想	刘 畅	天津财经大学	2011,(2):183-187
2	信息不对称与并购支付方式的理论分析	谷留锋	南开大学	2011,(4):69-73
3	基于国际比较的我国低成本航空商业生态系统的构建	李艳华	中国民航大学	2011,(4):146-150
4	中国制造业国际分割生产程度分析:基于投入—产出方法	赵 磊	南开大学	2011,(5):8-14
5	基于后危机视角的我国私募股权基金发展方略研究	张 杰	天津财经大学	2011,(5):34-39
6	企业战略决策动态能力构建——利益相关者方法	刘东华	天津大学	2011,(5):85-90
7	中国制造业发展的现实反思及其国际竞争力研究	王家庭	南开大学	2011,(7):1-8
8	“低价工业化”增长机制是我国收入分配失衡的根本原因	夏 华	天津财经大学	2011,(7):107-112
9	中国企业税费负担分析——政策执行的视角	刘 畅	天津财经大学	2011,(7):134-138
10	近代海外白银流入的货币效应分析:中西方比较的视角	别 曼	南开大学	2011,(8):29-33
11	基于制度距离的跨国公司知识转移研究	吴晓云	南开大学	2011,(9):17-23
12	基于产业融合的我国生产性服务业发展研究	刘纯彬	南开大学	2011,(9):69-73
13	中国环保税收政策的“绿化”程度和完善对策	李 颖	天津财经大学	2011,(9):138-143
14	我国航空公司服务创新能力提升路径研究	龙继林	中国民航大学	2011,(11):142-145

序号	文章名称	第一作者	单位	年、卷、期
《经济与管理研究》				
1	网络组织核心企业领导力与网络组织效率关系研究	徐碧琳	天津财经大学	2011,(1):108-116
2	私募股权投资基金价值实现的机制设计——基于行业典型特征的研究综述	高正平	天津财经大学	2011,(2):103-110
3	转型后的增值税费用化会计处理方法探讨	盖　地	天津财经大学	2011,(2):123-128
4	区域绿色产业发展效果评价研究	朱春红	天津工业大学	2011,(3):64-70
5	银行信贷中第三方监督创新研究——以资产管理公司为例	张　弢	南开大学	2011,(4):72-79
6	财政腐败原因的制度分析	李炜光	天津财经大学	2011,(4):115-119
7	公司诉讼风险与管理层盈余预告披露方式选择——来自中国A股上市公司的经验证据	高敬忠	天津财经大学	2011,(5):102-112
8	股权制衡、两权特征与公司价值——基于中国民营上市公司的实证研究	高　楠	南开大学	2011,(11):24-29
9	公允价值计量层级与信息的决策相关性——基于中国上市公司的经验证据	白　默	南开大学	2011,(11):101-106
《证券市场导报》				
1	资本结构、股权结构与中小企业成长性——基于中小企业板数据的实证分析	谭庆美	天津大学	2011,(2):65-70
2	询价对象之间是竞争还是合谋——基于IPO网下配售特征的分析	刘志远	南开大学	2011,(3):35-44
3	管理层风险提示信息、诚信度与投资者决策——一项实验证据	张继勋	南开大学	2011,(9):51-56
《中国经济史研究》				
1	在国家、社会与当铺之间:近代天津当息的博弈史	李金铮	南开大学	2011,(2):40-51
2	购买力平价法在中国经济史研究中的运用初探	王玉茹	南开大学	2011,(3):9-14
《城市问题》				
1	中国城市化平稳快速演进的别样路径——创业园、安居园、培训园互动机制研究	许正中	天津大学	2011,(1):24-28
2	天津小城镇建设的“华明模式”评析	何邕健	天津大学	2011,(1):52-56
3	海南岛典型灾害对东线环岛城市带的影响	孙晓峰	天津大学	2011,(4):37-41
4	城市设计的时间和空间透视	邓军海	天津师范大学	2011,(7):26-31
5	天津市产业结构与能源消费强度分析	刘小军	天津商业大学	2011,(7):43-48
6	城市基础设施的政府与非政府共同供给	高　健	中国民航大学	2011,(7):78-82
7	城市新区设计中的文化植入	洪再生	天津大学	2011,(10):21-26,32
《国际经贸探索》				
1	金融危机前后加拿大MNEs对华FDI变化轨迹——基于国际化风险感知与企业资源基础观视角	许　晖	南开大学	2011,27(3):55-60
2	贸易自由化视角下新新贸易理论的再审视	赵海斌	南开大学	2011,27(3):72-77
3	国际贸易、技术变动对我国工业部门劳动收入份额的影响	周　申	南开大学	2011,27(4):40-46,82
4	WTO导致了反倾销的泛滥吗	李　磊	南开大学	2011,27(5):68-75
5	我国对外贸易地区结构变化影响因素的实证检验——基于1995—2007年面板数据的分析	孙灵燕	南开大学	2011,27(6):34-39
《金融论坛》				
1	对外贸易与区域金融发展的动态演化——基于银行业视角的分析	陈　磊	南开大学	2011,16(9):45-50
2	中小企业信用风险评价指标体系的构建——基于供应链金融视角的研究	夏立明	天津理工大学	2011,16(10):73-79

序号	文章名称	第一作者	单位	年、卷、期
《南方经济》				
1	企业异质性、地理距离与中国出口产品价格的空间分布	施炳展	天津财经大学	2011,(2):61-74
2	地价对房价影响程度区域差异的实证分析——来自国土资源部楼盘调查数据的证据	王岳龙	南开大学	2011,(3):29-42
3	工业集聚对行业清洁生产与末端治理的影响	陈媛媛	南开大学	2011,(5):17-27
4	对外贸易、区域间贸易与地区专业化	黄玖立	南开大学	2011,(6):7-22
5	关系差序偏好、董事会羊群行为与掏空	蒋神州	南开大学	2011,(9):3-16
《财政研究》				
1	低碳经济框架下我国钢铁供应链成本重构与管理问题研究	李 莉	南开大学	2011,(2):55-58
2	精益物流过程绩效评价研究	蒋丽华	天津财经大学	2011,(5):73-76
3	村级债务问题调查分析与滚动负债模型——基于J县地区的实地调研	任子俊	南开大学	2011,(6):50-53
4	从可持续发展角度看车船相关税收体系建设	于 兵	天津市财政科学研究所	2011,(7):69-71
5	避税港型离岸金融中心对我国跨境资本流动的影响及监管建议	刘晨阳	南开大学	2011,(9):38-41
《广东金融学院学报》				
1	上市公司可转换公司债券融资决策研究	翟淑萍	天津财经大学	2011,26(2):44-55
2	董事会结构、股权结构与中小企业绩效	谭庆美	天津大学	2011,26(3):16-33
3	经济增长、国际资源品价格与输入性通货膨胀——基于扩展的新凯恩斯菲利普斯曲线的实证分析	刘喜和	天津财经大学	2011,26(4):44-53
4	汇率风险与中国出口贸易的动态关系	丁 勇	中国民航大学	2011,26(4):91-98
5	基于现行法律框架的中国金融监管协调合作研究	文洪武	天津财经大学	2011,26(4):120-128
6	基于计算实验金融方法的决策偏好比较研究	张海峰	天津大学	2011,26(5):32-42
《经济经纬》				
1	贸易对中国工业部门劳动力工资的影响	牛 蕊	天津外国语大学	2011,(1):32-36
2	财政政策、收入分配与经济增长——基于财富效用的视角	邹卫星	南开大学	2011,(2):14-19,69
3	城市化水平与长期经济增长关系的实证分析——基于27个省份面板数据的考察	闫晓红	天津城市建设学院	2011,(3):25-28
4	城市化与能源消费的动态相关性及其传导机制——基于1978年—2008年的实证研究	周国富	天津财经大学	2011,(3):62-66
5	金融发展提升贸易量的途径研究：跨国经验分析	施炳展	天津财经大学	2011,(3):82-85
6	基于IRM管理视角的企业社会责任信息需求与披露现状调查研究	赵 颖	天津外国语大学	2011,(4):86-90
7	基于领导素质与员工状态的知识共享分析	闵 锐	天津大学	2011,(4):121-125
8	中国产品种类统计测度及内生增长检验	肖红叶	天津财经大学	2011,(5):1-8
9	次级债对商业银行利益相关人影响的数理分析——基于市场约束的视角	翟光宇	南开大学	2011,(5):139-144
10	家庭金融视角下人力资本与家庭消费关系的实证研究——来自CFPS的调查	周 弘	南开大学	2011,(6):16-20
11	产业结构"国际标准模式"的适用性研究:1952年—2008年中国经验的实证分析——兼对"产业结构偏差"的一个解释	吕明元	天津商业大学	2011,(6):52-56
12	两岸商业银行效率的DEA比较分析	李文华	南开大学	2011,(6):141-145
《国际经济合作》				
1	中国制造业的出口竞争力及其国际比较	文东伟	南开大学	2011,(2):4-10

序号	文章名称	第一作者	单位	年、卷、期
2	国际PPP项目合同网络及其承购合同的安排	张水波	天津大学	2011,(2):47-51
3	韩国PPP法律框架及其对我国的启示	叶秀贤	天津大学	2011,(2):52-55
4	国际环境不确定条件下的集成营销策略	王学成	天津财经大学	2011,(2):64-68
5	国际工程项目遴选因素分析	宫　玮	天津大学	2011,(3):78-81
6	房地产企业开发绿色建筑项目的影响因素	刘俊颖	天津大学	2011,(3):82-85
7	国际工程中的情势变更索赔	杨权利	天津大学	2011,(4):44-47
8	世界银行灾后恢复重建的政策框架及实施程序	康　飞	天津大学	2011,(4):48-50
9	"灵猫六国":崛起的原因与面临的风险	王璐瑶	南开大学	2011,(4):64-69
10	工程争端处理决策研究	金春华	天津大学	2011,(6):44-48
11	国际工程承包合同条件风险管理机制对比分析	张连营	天津大学	2011,(6):49-51
12	中国融资租赁业发展的问题与对策	秦　丽	河北工业大学	2011,(7):23-25
13	对外承包"中国模式"的再思考	吕文学	天津大学	2011,(7):47-49
14	中国工程建设标准"走出去"发展战略	孙利国	渤海银行	2011,(8):56-59
15	国际工程项目外派人员心理健康问题分析	焦　璇	天津大学	2011,(8):60-63
16	国际工程总承包合同范本设计接口责任分析	李　尧	天津大学	2011,(9):38-42
17	谈判力研究现状与前景	王晓旭	天津大学	2011,(9):43-46
18	成本加酬金合同目标成本调整影响因素及机制	孟繁盛	天津大学	2011,(10):64-67
19	不可抗力下国际工程保函风险分析	金春华	天津大学	2011,(10):68-71
《江西财经大学学报》				
1	社会保障支出对经济发展与社会公平的影响研究	刘　畅	天津财经大学	2011,(2):43-48
2	文化产业研究30年:现状与特点	博　赫	天津财经大学	2011,(3):18-25
3	农村公共产品多元合作供给效应实证研究	董明涛	天津大学	2011,(3):72-81
4	监管套利的动因、模式与法律效力研究	沈庆劼	天津财经大学	2011,(3):123-128
5	旅游资源群的协同管理机制研究	游群林	天津财经大学	2011,(4):46-50
6	共和主义与当代中国政治体制改革研究——理念、制度与绩效	万绍红	天津师范大学	2011,(4):93-98
7	内部控制的有效性影响审计收费吗——来自中国资本市场的经验证据	孙新宪	天津财经大学	2011,(5):19-27
《现代经济探讨》				
1	后工业化时期农民工在人才结构中的定位研究	张学英	天津职业技术师范大学	2011,(3):55-58
2	提高利率能否抑制通胀——基于成本渠道的理论分析	刘继广	天津财经大学	2011,(4):52-54
《科技与经济》				
1	项目导向型企业知识创新机理研究	潘　辉	天津大学	2011,24(1):16-19
2	国内外创新型城市建设中高校科技创新能力分析	王瑞文	天津商业大学	2011,24(3):6-10
3	基于五元协同机理的高技术产业竞争力评价研究——以天津市为例	马向阳	天津大学	2011,24(5):42-47
4	基于科技型中小企业成长视角的新型科技服务平台——科技企业孵化转化载体建设研究	李晓锋	天津市科学学研究所	2011,24(6):52-56
《经济问题》				
1	地方政府竞争的博弈行为与流域水环境保护	易志斌	南开大学	2011,(1):60-64
2	关于批判实在论的回溯法的研究——兼论马克思经济学的方法论	夏　华	天津财经大学	2011,(2):10-15
3	低碳经济模式下我国城市化发展的新思路	毛丽芹	天津商业大学	2011,(2):40-43
4	指数基金投资绩效分析	齐　岳	南开大学	2011,(2):95-98,115
5	城镇非正规就业人员社会保障制度探析——以天津为例	许春淑	天津商业大学	2011,(2):121-125

序号	文章名称	第一作者	单位	年、卷、期
6	我国通货膨胀与粮食价格的实证分析	张娉研	南开大学	2011,(3):16-20
7	对外贸易与我国经济增长——基于中国宏观经济基本假设条件的理论分析	李学林	天津外国语大学	2011,(3):27-32
8	低碳产业与低碳经济发展路径研究	李金辉	南开大学	2011,(3):37-40,56
9	天津市金融发展和经济增长关系的实证研究	王晓耕	天津商业大学	2011,(3):88-92
10	金融产品拓展的引致路径与风险传导	周 远	天津财经大学	2011,(3):93-96,107
11	我国关税政策影响经济增长路径的实证研究	温宇静	天津财经大学	2011,(4):26-31
12	当前金融宏观调控中货币政策工具的效应研究	郭保民	天津财经大学	2011,(4):73-77
13	国民收入分配效率对通货膨胀的影响——基于1978—2007年时间序列数据的分析	任碧云	天津财经大学	2011,(5):4-8,57
14	有限责任、财务柔性与金字塔结构	郭 威	南开大学	2011,(5):61-64
15	我国环保行业的技术效率测度及提升——基于30省市面板数据的实证研究	王家庭	南开大学	2011,(6):4-8,77
16	基于DEA模型的航空制造业创新效率研究——以天津为例	丁 勇	中国民航大学	2011,(6):57-60,71
17	论我国农业保险制度建设中政府行为的优化	李冬妍	南开大学	2011,(6):94-96
18	我国区域经济运行效率研究——以医疗卫生系统为例	刘 军	南开大学	2011,(6):114-118
19	国资控股企业实施股票期权激励的探讨	饶雨平	南开大学	2011,(7):58-60
20	中国上市公司资本结构趋势研究	孙青霞	天津财经大学	2011,(8):38-40
21	我国劳动力效率对东南亚经济发展影响的实证研究	董智勇	天津师范大学	2011,(8):41-45
22	中国城乡金融资源配置差异的测度与分析	王 婷	南开大学	2011,(8):95-98
23	中国股票市场的做市商制度探讨——基于信息不对称下市场参与者整体福利和交易成本的分析	张元萍	天津财经大学	2011,(9):91-95
24	科技创业生态群落要素构成与测度研究——基于结构方程模型的实证分析	赵 涛	天津大学	2011,(10):28-32,76
25	基于计算实验金融的交易者构成对市场的影响研究	马正欣	天津大学	2011,(10):67-70
26	土地政策调整对经济发展和社会福利的影响	谢思全	南开大学	2011,(11):4-9
27	我国农业支持与农民收入和消费的再思考——基于整体性的多变量协整系统	郭 英	天津财经大学	2011,(11):77-81
《亚太经济》				
1	低碳规则对我国国际收支的潜在影响	余 玲	天津工业大学	2011,(1):133-137
2	试析我国中小企业国际化发展面临的挑战与机遇	王忠文	天津社会科学院	2011,(2):98-101
3	APEC贸易投资自由化领域的茂物目标评估分析	宫占奎	南开大学	2011,(3):14-19
4	2010年后的APEC进程：格局之变与中国的策略选择	刘晨阳	南开大学	2011,(3):20-24
5	APEC贸易投资便利化合作进展评估与中国的策略选择	李文韬	南开大学	2011,(4):13-17
6	APEC经济增长新战略探析	孟 夏	南开大学	2011,(4):18-22
7	美国政府直接支付对农业投入的影响分析	邹 洋	南开大学	2011,(5):58-61,148
8	墨西哥加入“金砖国家”合作机制研究	张 兵	南开大学	2011,(5):67-71
《城市发展研究》				
1	我国建筑更新思想演变历程及其发展趋势探悉	张 颀	天津大学	2011,18(1):25-30,52
2	滨海新区湿地生态系统服务价值变化研究	李雪梅	天津城市建设学院	2011,18(3):48-52
3	低碳生态城市：三维目标综合评价方法研究	赵国杰	天津大学	2011,18(6):31-36
4	基于多属性决策的城市水资源分配方案的选择	徐志伟	天津财经大学	2011,18(6):94-98
5	试论低碳城市	郝寿义	南开大学	2011,18(8):97-102
6	城市快速扩张背景下高速公路改扩建研究——以天津为例	原 涛	天津市城市规划设计研究院	2011,18(8):彩页10-彩页13

序号	文章名称	第一作者	单位	年、卷、期
《农村经济》				
1	中国农村土地流转制度的变迁及制度创新	王家庭	南开大学	2011,(3):31-35
2	西部民族地区农村劳动力就业状况调查报告——以新疆维吾尔自治区为例	刘纯彬	南开大学	2011,(6):105-109
3	农村宅基地产权制度变迁的方向和路径分析	罗瑞芳	天津社会科学院	2011,(9):11-14
4	中国二元经济结构：特征、演进及其调整	李　颖	天津财经大学	2011,(9):83-87
《上海金融》				
1	区域金融稳定宏观预警模型研究——基于河北省的实证分析	文洪武	天津财经大学	2011,(1):107-112
2	信用卡使用意向成因分析及其营销策略研究	王大海	天津工业大学	2011,(2):76-82
3	博弈论和委托代理理论视角下的反洗钱监管研究	韩光林	天津财经大学	2011,(3):66-72
4	资本充足率监管对商业银行资本决策的影响——基于特许经营权价值的动态最优化	沈庆劼	天津财经大学	2011,(4):51-57
5	基于模糊决策空间的B-S期权评价模型研究	郭　倩	天津大学	2011,(4):72-76
6	我国跨境资金流动现状与特征分析	杜　鹏	天津财经大学	2011,(6):10-14
7	我国央行相对独立性的测度与通货膨胀关系	任碧云	天津财经大学	2011,(6):41-44
8	信用风险缓释工具及其在我国的最新进展	黄树青	天津财经大学	2011,(7):100-104
9	银行服务接触、顾客情感与满意度之间关系的实证研究	李　津	天津财经大学	2011,(8):102-106
10	澳洲经济背景下的三大货币指数比较研究	孙红霞	南开大学	2011,(10):54-60
《教育与经济》				
1	农村实行中职义务教育的经济学分析	刘洪银	南开大学	2011,(1):5-9
2	小学教育福利供给的地区差异：现实状况与未来走向——基于我国31省、市小学教育状况的定量研究	万国威	南开大学	2011,(3):16-20
《审计与经济研究》				
1	中美独立董事规模与会计舞弊相关性的比较	韩传模	天津财经大学	2011,26(1):64-71
2	契约理论视角下的企业税务筹划——基于企业和利益相关者之间契约关系的分析	盖　地	天津财经大学	2011,26(2):17-22
3	国外财务重述研究述评及启示	周晓苏	南开大学	2011,26(5):64-70
《价格理论与实践》				
1	公立医院增设药事服务费的影响因素分析	闫娟娟	天津大学药物科学与技术学院	2011,(2):44-45
2	品牌依恋对消费者价格敏感度的影响研究	李　慧	天津理工大学	2011,(2):79-80
3	城市百货业的商业生态再定位——基于“零售轮”理论的思考	何　强	天津大学	2011,(4):67-68
4	完善我国最低工资制度的对策研究	靳少泽	南开大学	2011,(6):50-51
5	我国绘画艺术品价格的影响因素分析	王庚兰	天津理工大学	2011,(7):81-82
6	策略性消费下的新产品定价模型研究	申成霖	天津工业大学	2011,(9):75-76
考古学				
《考古学报》				
1	徐州两汉诸侯王墓研究	刘尊志	南开大学	2011,(1):57-98
《文物》				
1	有关玄武门事变和中外关系的新资料——唐张弼墓志研究	胡明曌	南开大学	2011,(2):70-74
《考古与文物》				
1	浅议姬寏母豆与师[]钟作器者关系及族姓	耿　超	南开大学	2011,(1):100-103

序号	文章名称	第一作者	单位	年、卷、期
《敦煌研究》				
1	《大唐新定吉凶书仪·节候赏物第二》校证	杨 琳	南开大学	2011,(1):104-111
2	敦煌莫高窟清代及民国时期窟檐研究	李 江	天津大学	2011,(2):53-58
3	所谓现存《唐律疏议》为《永徽律疏》的新证——与郑显文先生商榷	岳纯之	南开大学	2011,(4):85-93
4	空海愿文研究序说	王晓平	天津师范大学	2011,(4):105-112
历史学				
《历史研究》				
1	汪精卫的性格与政治命运	李志毓	南开大学	2011,(1):105-122
2	一七九八年《惩治煽动叛乱法》与美国"公共领域"的初步发展	董 瑜	南开大学	2011,(2):142-159
3	现代环境主义视野下的"生态的印第安人"	付成双	南开大学	2011,(4):156-172
4	元和明前期南北差异的博弈与整合发展	李治安	南开大学	2011,(5):59-77
《中国史研究》				
1	"卜辞淮夷说"商兑	鄢国盛	南开大学	2011,(2):21-28
2	乾隆至道光年间天津的关税与海税	许 檀	南开大学	2011,(2):181-193
《华侨华人历史研究》				
1	身似断云零落——20世纪初期新加坡的妹仔	李 雯	天津市社会主义学院	2011,(1):47-55
2	拓荒者:华人对墨西卡利早期开发的贡献	袁 艳	南开大学	2011,(1):56-63
《清史研究》				
1	"盛清社会与扬州"学术研讨会综述	常建华	南开大学	2011,(1):153-156
2	晚清的卫生行政与近代身体的形成——以卫生防疫为中心	余新忠	南开大学	2011,(3):48-68
《史林》				
1	近代天津城市史研究综述	张利民	天津社会科学院	2011,(2):173-178
2	民国时期天津牙税向营业税的过渡——以油行为例	宋美云	天津社会科学院	2011,(6):1-6
《史学月刊》				
1	关于秦以降皇权官僚政治与贵族政治的复合建构	李治安	南开大学	2011,(3):28-31
2	制约美国在朝鲜战争中使用核武器的若干因素	赵学功	南开大学	2011,(4):75-82
3	1930年代上海的家庭生活图景——以《新家庭》杂志广告为中心	陈 旸	天津师范大学	2011,(4):116-121
4	清代乾隆至道光年间的锦州商业	许 檀	南开大学	2011,(5):78-86
5	刘向《战国策书录》中关键一字的破解	童 杰	南开大学	2011,(5):123-125
6	腹地、军阀官僚私人投资与近代天津的经济发展	龚 关	南开大学	2011,(6):46-55
7	《明清史料》之"满家洞"档案考析	郑善庆	南开大学	2011,(6):116-118
8	川东教案与四川辛亥革命	李重华	南开大学	2011,(6):118-121
9	关于天安门前竖孔子像问题答客问	刘泽华	南开大学	2011,(7):19-22,66
10	"三十年先秦史研究的理论反思"笔谈:先秦史研究的几点思考	刘泽华	南开大学	2011,(8):8-11
11	美国印第安人五大文明部落黑人奴隶制的产生	丁见民	南开大学	2011,(8):66-76
12	《史学月刊》创刊60周年笔谈:我心目中的《史学月刊》	魏宏运	南开大学	2011,(9):5-6
13	孔颖达论人性、王制与君道	张 鸿	南开大学	2011,(10):44-49
14	中日两国古代关系的性质与特征	杨栋梁	南开大学	2011,(10):105-113
15	体育与救国:第十八届华北运动会述评	杨 明	南开大学	2011,(11):63-68

序号	文章名称	第一作者	单位	年、卷、期
16	元代县尉述论	薛　磊	南开大学	2011,(12):29-35
《史学理论研究》				
1	战犯审判、历史认识、民族和解	宋志勇	南开大学	2011,(1):4-10
2	卫生何为——中国近世的卫生史研究	余新忠	南开大学	2011,(3):132-141
3	雷海宗的世界历史上的中国观	王敦书	南开大学	2011,(4):110-117
4	经济—社会史:欧洲社会转型研究的重要平台	侯建新	天津师范大学	2011,(4):118-123
《中国历史地理论丛》				
1	十年来中国的历史地图研究	潘　晟	天津师范大学	2011,26(3):33-37
2	胶济铁路及其沿线煤炭产销(1920—1937)	张学见	南开大学	2011,26(4):44-54
《当代中国史研究》				
1	近10余年周恩来与新中国外交研究述评	徐　行	南开大学	2011,18(1):99-106
2	中央人民政府政务院述论	秦立海	天津大学	2011,18(3):43-49
3	创新历史书写的试验文本——读《共和国期刊60年(1949—2009)》	王春敏	南开大学	2011,18(4):118-119
4	中美《上海公报》谈判的第一阶段	钟龙彪	中共天津市委党校	2011,18(5):93-100
5	“中英友好奖学金计划”与新时期留学教育的发展	赖继年	南开大学	2011,18(5):101-108
《史学集刊》				
1	18世纪末—20世纪初中国制瓷业的衰落:一个全球的视角	刘　强	南开大学	2011,(2):106-113
2	海瑞之廉洁反贪与传统文化的优秀成分	南炳文	南开大学	2011,(4):23-33
3	浅析中世纪晚期西欧官吏阶层的产生	徐延昭	天津师范大学	2011,(4):121-127
《抗日战争研究》				
1	浙赣会战新探	赖继年	南开大学	2011,(1):63-71
2	中日共同历史研究与九一八事变后日本对华政策的几个问题	宋志勇	南开大学	2011,(2):20-25
3	“三位一体”:抗战时期晋察冀边区村政权的构成及职能	邓　红	南开大学	2011,(3):23-32
4	战后华北地区日侨的收容与遣返	渠占辉	天津大学	2011,(3):128-138
《世界历史》				
1	试论美国工业化的起源	付成双	南开大学	2011,(1):44-55
2	1547年英国摄政改革初探	边　瑶	天津师范大学	2011,(2):102-109
3	交融与创生:西欧文明的三个来源	侯建新	天津师范大学	2011,(4):15-27
4	1907—1908年中德美联盟问题研究	李永胜	南开大学	2011,(4):39-47
5	初级产品出口与阿根廷的早期现代化——拉美独立运动爆发200周年的反思	董国辉	南开大学	2011,(4):69-78
6	文化使者与特洛伊木马——《俄国传教团与清代中俄文化交流》评介	张淑娟	南开大学	2011,(4):132-134
7	论西属美洲独立运动的意识形态根源	韩　琦	南开大学	2011,(5):15-24
《安徽史学》				
1	清代乾隆时期扬州人的引领时尚——建设文化教育休憩城的历史启示	冯尔康	南开大学	2011,(1):30-43,115
2	近十年宋辽金元宗族研究综述	常建华	南开大学	2011,(1):108-115
3	史学的生命在于说真话	冯尔康	南开大学	2011,(2):10-12,27
4	从史学论文标题的变化看学术观念的转移	常建华	南开大学	2011,(3):11-12
5	历史情境与现实关怀——我与中国近世卫生史研究	余新忠	南开大学	2011,(4):9-12,20
6	麦克米伦政府与塞浦路斯独立	耿　志	天津师范大学	2011,(4):65-73

序号	文章名称	第一作者	单位	年、卷、期
《民国档案》				
1	蒋介石与张伯苓及南开大学	江 沛	南开大学	2011,(1):69-79
2	近代天津金融史暨档案史料整理出版学术研讨会综述	黑广菊	天津财经大学	2011,(1):139-143
《历史档案》				
1	清朝大学士班次问题初探	刘 洋	南开大学	2011,(1):45-51
2	清征西将军祁里德生平钩沉	张 建	南开大学	2011,(1):106-107,114
3	松筠出生日期考辨	周学军	南开大学	2011,(1):108-109
4	从一张拈钱会约看近代钱会	刘 翔	天津博物馆	2011,(1):110-114
5	从“新清史”研究看《乾隆朝满文寄信档译编》的史料价值	常建华	南开大学	2011,(1):132-封3
《历史教学问题》				
1	论题：社会史理论研究的反思	王先明	南开大学	2011,(1):34-42
2	在体验性学习中不断提升学生的问题意识	高荣华	天津宝坻第一中学	2011,(2):125-126
3	隋代宗室制度考论	孙 俊	南开大学	2011,(3):71-75
《历史教学》				
1	形式不害内容——台湾指考多项选择题研究所得	陈 畅	天津大学	2011,(1):51-55
2	高中“欧美资产阶级代议制的确立与发展”专题教学参考	任世江	历史教学杂志社	2011,(1):64-69
3	1951年的《历史教学》	《历史教学》编辑部	历史教学杂志社	2011,(1):70-72
4	因为挚爱，所以收藏——我心目中的《历史教学》	罗澍伟	天津社会科学院	2011,(2):3-6
5	义和团与民族主义运动的时代转型——立足于近代民众抗争运动的比较分析	王先明	南开大学	2011,(2):7-15
6	军事动员与乡村传统：以晋察冀抗日根据地优待抗属为例	李军全	南开大学	2011,(2):32-37
7	查士丁尼时期君士坦丁堡的建筑研究	王云清	南开大学	2011,(2):43-48
8	传承与融合：菲律宾华文教育变迁(1945—1975)	姜兴山	南开大学	2011,(2):61-67
9	清代任官中的署理、护理差异	刘文波	南开大学	2011,(2):68-70
10	《万历起居注》的复活、修复与整容	张献忠	天津人民出版社	2011,(2):71-72
11	1952年：整顿与偏重教学	《历史教学》编辑部	历史教学杂志社	2011,(3):71-72
12	反思中国传统政治思想要有现实观照意识——刘泽华先生访谈	王 丁	南开大学	2011,(4):3-8
13	试析英国中世纪教师的资格与待遇	刘 伟	天津师范大学	2011,(4):61-67
14	宋代历史的两个特点	倪 彬	南开大学	2011,(5):10-13
15	用批判性思维解读第40题——兼论中国资本主义萌芽的教学观	戴羽明	天津市中小学教育教学研究室	2011,(5):14-18
16	依据认知理论，突出学科特点，研究分类目标——天津市哲学社科规划项目《新课程背景下历史学科考试目标分类研究》开题论证会纪要	陈光裕	天津师范大学	2011,(5):39-42
17	高考命题的封闭与开放——台湾指考命题开放性借鉴	陈 畅	天津大学	2011,(5):43-46
18	英、美、法、德代议制的比较	任世江	天津古籍出版社	2011,(5):64-65
19	1953年：既重教学，亦重学术	《历史教学》编辑部	历史教学杂志社	2011,(5):71-72
20	金城银行与“永久黄”团体的银企关系	赵 津	南开大学	2011,(6):10-15
21	清前期八旗挑甲制度演变浅析	王丽亚	南开大学	2011,(6):16-19
22	新中国成立初期华北地区婚姻家庭变迁诸问题	郭 凯	南开大学	2011,(6):41-45,9

序号	文章名称	第一作者	单位	年、卷、期
23	“孟母教子”故事考论	刘　洁	南开大学	2011,(6):51-54,40
24	天津先有“区”后有“市”的形成及其原因	王培利	天津师范大学	2011,(6):55-56
25	新视角下的义和团与近代民众启蒙研究	孙　俊	南开大学	2011,(6):69-70
26	“社会主义”的由来和发展	杨　静	天津师范大学	2011,(7):3-9,15
27	改革开放后首批留英生的选派及其影响	赖继年	南开大学	2011,(8):27-32
28	元代东北统治考述	薛　磊	南开大学	2011,(8):38-41
29	运用SOLO分类评价理论指导历史复习教学	戴羽明	天津市中小学教育教学研究室	2011,(9):20-25
30	《历史教学》创刊60周年回顾之四:“为中学历史教学服务”方针的确立	《历史教学》编辑部	历史教学杂志社	2011,(9):71-72
31	中国近世的第一次获赔——一战后德国对中国战事赔款	李婷轩	天津历史教学社	2011,(11):71-72
32	唐代陵令考述	张玉兴	天津师范大学	2011,(12):31-35
33	中国国民需要世界史知识——序《世界纵览丛书》	侯建新	天津师范大学	2011,(13):3-5
34	靠近学科特点,考查学科素养——2011年高考天津卷历史试题考查目标析要	陈光裕	天津师范大学	2011,(13):46-51
35	九一八事变“不抵抗”责任分析	全鹫颉	天津工程机械研究院	2011,(13):64-68
36	洋枪队是清政府的雇佣军	任世江	天津历史教学社	2011,(13):69-72
37	清末华北铁路体系初成诸因评析	江　沛	南开大学	2011,(14):3-11,29
38	高考全国新课程卷历史选择题在考什么	任世江	历史教学杂志社	2011,(15):47-48,66
39	《历史教学》创刊60周年回顾之五:新历史教科书与风声渐紧的政治运动	《历史教学》编辑部	历史教学杂志社	2011,(15):70-72
40	浅析德国成为社会福利国家的历史原因	王亚平	天津师范大学	2011,(17):3-10
41	2011年高考新课程卷第41题的立意及对教学的启示	任世江	历史教学杂志社	2011,(17):49-51
42	明太祖对待南海周边诸国政策初探	南炳文	南开大学	2011,(18):3-7
43	《朱子家礼》与《满洲四礼集》对比研究	王志跃	南开大学	2011,(18):14-17,64
44	抓住契机,科学布局,巩固创新 “古典学、国学与中国史一级学科建设高峰论坛”纪要	王　昊	南开大学	2011,(18):71-72
45	浅谈“国家资本主义”内涵的界定及必要性	袁训利	天津市实验中学	2011,(19):41-43
46	肯尼迪政府对古巴导弹危机的军事反应	赵学功	南开大学	2011,(20):8-15
47	从分散到归聚:清中央政府对兵工业的统筹管理	高德罡	南开大学	2011,(20):16-20
48	加拿大和美国不设防边界探源——从《拉什—巴格特协定》说起	张献华	南开大学	2011,(20):59-64
49	阶级斗争指导下得历史教学	任世江	历史教学杂志社	2011,(21):71-72
50	清代八旗制度中的值年旗	杜家骥	南开大学	2011,(22):3-11,20
51	再论“益公”及“益氏”——兼论西周金文“公”称中氏名的使用规律	魏　芃	南开大学	2011,(22):64-70
52	辛亥纪念的“天津特色”——天津史学界“纪念辛亥百周年座谈会暨学术研讨会”述略	杨　东	天津商业大学	2011,(22):71-72
《史学史研究》				
1	《宋史·礼志》史料价值初探	王志跃	南开大学	2011,(1):105-110
2	金毓黻《中国史学史》初版时间及定名原因考	郑善庆	南开大学	2011,(1):121-123
3	中国史学起源问题新论	乔治忠	南开大学	2011,(3):26-33
《文献》				
1	静嘉堂文库藏写本《当归草堂书目》考	石　祥	南开大学	2011,(1):161-167
2	支遁《逍遥论》内容辨正与创作时间考	戴丽琴	南开大学	2011,(1):189-192

序号	文章名称	第一作者	单位	年、卷、期
3	《文选楼藏书记》考实	杨洪升	南开大学	2011,(4):66-79
《中国地方志》				
1	试谈清代的道志	周勇进	南开大学	2011,(7):57-60
2	《析津志辑佚》勘误二则	马晓林	南开大学	2011,(10):63-64
3	试论科技志对规划的记述	李　红	天津市科技档案馆	2011,(11):36-39
马克思主义				
《教学与研究》				
1	20世纪70年代以来发达国家工人阶级的“白领化”特征	孙寿涛	南开大学	2011,(2):53-60
2	美国高收入阶层收入份额变动研究的新进展	张彤玉	南开大学	2011,(4):49-56
3	公民权利和贫富分化问题与当代中国政治文明的基本理念	阎孟伟	南开大学	2011,(9):23-30
4	在“政治经济学”与“西方经济学”的教学过程中充分运用比较分析的方法	石晶莹	天津财经大学	2011,(9):85-90
5	金融危机是美国劳资关系的转折点吗	崔学东	南开大学	2011,(10):13-21
6	全球金融与经济危机背景下德国劳动关系的调整	宁光杰	南开大学	2011,(10):22-29
7	北欧的国际关系研究评析	吴志成	南开大学	2011,(10):82-88
《马克思主义与现实》				
1	国家的性质、职能及其合法性——从恩格斯的国家学说谈起	阎孟伟	南开大学	2011,(2):49-55
2	政党权威与制度建设：当代中国的族际政治整合	常士訚	天津师范大学	2011,(3):13-18
3	平等与市场：德沃金的调和及其限度	高景柱	天津师范大学	2011,(3):85-89
《马克思主义研究》				
1	在主流经济学的范式危机中回归马克思经济学之古典传统	王　璐	南开大学	2011,(2):47-55
2	中国特色社会主义理论体系内在的历史与逻辑统一性论纲	王　力	天津师范大学	2011,(2):104-110
《毛泽东邓小平理论研究》				
1	中国共产党推进马克思主义大众化的历史经验	张博颖	天津社会科学院	2011,(4):62-66
2	中国共产党的理论自觉之路	魏胤亭	天津商业大学	2011,(7):32-38
3	文化自觉、文化自信、文化自强何以可能	王南湜	南开大学	2011,(8):13-17,75
《当代世界与社会主义》				
1	多元文化与当代政党的变革	常　晶	天津师范大学	2011,(1):126-130
2	苏联解体后哈萨克斯坦共产党的发展历程和政策主张	丁　军	南开大学	2011,(2):68-71
3	放弃社会主义价值目标是苏联解体的根本原因	余金成	天津师范大学	2011,(4):17-21
《中国特色社会主义研究》				
1	“政策试验”解析：基本类型、理论框架与研究展望	周　望	南开大学	2011,(2):84-89
2	党在局部执政时期的社会管理探析——以“示范区”抗战时期陕甘宁边区为例	赵铁锁	南开大学	2011,(4):46-50
《国外理论动态》				
1	霍布斯鲍姆谈马克思的《大纲》诞生150年及其现实意义	孙寿涛	南开大学	2011,(1):8-13
《科学社会主义》				
1	马克思主义大众化究竟在何种程度上是可能的——以民主革命时期的实践为例	杨　东	天津商业大学	2011,(1):35-38
2	马克思跨越理论的中国化与中国化的跨越理论	王　力	天津师范大学	2011,(3):45-48
3	民粹主义的历史考察与现实思考	张　岫	天津师范大学	2011,(4):133-135

序号	文章名称	第一作者	单位	年、卷、期
4	面向日常生活世界的马克思主义大众化	聂丽琴	天津工业大学	2011,(5):50-53
《社会主义研究》				
1	交互视域：人民调解委员会组织生产与流变的逻辑	李婷婷	南开大学	2011,(3):108-113
《高校理论战线》				
1	“中国模式”的基本内涵	尹 倩	南开大学	2011,(1):7-10
2	自由的理念与现实	阎孟伟	南开大学	2011,(2):23-29
3	国际分工与我国现代产业体系发展	汪立峰	南开大学	2011,(2):35-38
4	我国文化软实力的思想基础与提升路径	孙兰英	天津大学	2011,(4):40-42
5	高校思想政治教育与推进马克思主义中国化、时代化、大众化	李旭炎	天津科技大学	2011,(6):37-41
6	浅论提高大学生社会责任感	魏进平	河北工业大学	2011,(9):60-62
7	价值观建设与大学的社会责任	史瑞杰	天津师范大学	2011,(11):54-57
8	俄左翼学者对社会主义的新研讨	丁 军	南开大学	2011,(11):76-80
民族学				
《民族研究》				
1	试论民族概念界定的困境与转向	郝亚明	南开大学	2011,(2):1-9
2	清代内务府旗人复杂的旗籍及其多种身份——兼谈曹雪芹家族的旗籍及其身份	杜家骥	南开大学	2011,(3):74-82
《广西民族研究》				
1	中华民族认同：中华民族共有精神家园的建设目标	郝亚明	南开大学	2011,(1):1-6
2	中国现代国家构建中的族际政治整合	左宏愿	南开大学	2011,(1):25-32
3	民族地区政治稳定理论探析：内涵、特征与影响因素	左宏愿	南开大学	2011,(2):17-23
4	模式与互动：中华民族共有精神家园建设中的几个问题	马伟华	南开大学	2011,(2):53-57
《中央民族大学学报》（哲学社会科学版）				
1	儒言的语境、结构及转型——略论先秦儒家的语言观	高红樱	天津财经大学	2011,(1):43-48
2	蒙古国蒙古语使用状况报告——阿尔杭爱省浩同图苏木个案	马志坤	天津师范大学	2011,38(5):106-108
《中南民族大学学报》（人文社科版）				
1	民族关系评估与监测——预警管理信息系统的构建	阎耀军	天津工业大学	2011,31(3):18-23
《西南民族大学学报》（人文社科版）				
1	新经济地理学视角下中国区域收入差距研究	徐 杨	南开大学	2011,32(4):129-136
2	“分”何以能“合”：加拿大多元文化管理的内在机制分析	常士訚	天津师范大学	2011,32(5):8-13
3	从民族关系的角度解读中华民族共有精神家园的建设	马伟华	南开大学	2011,32(7):35-40
4	民族地区经济发展的滞后性分析	高永久	南开大学	2011,32(7):125-130
5	宁夏回族自治区农村劳动力就业状况调查报告	刘纯彬	南开大学	2011,32(9):128-132
《中南民族大学学报》（人文社会科学版）				
1	城市化进程中边疆地区民族问题治理	高永久	南开大学	2011,31(2):1-5
2	论卡尔松环境美学中的“类比”及其理论困境	左剑峰	南开大学	2011,31(3):128-132
《西北民族研究》				
1	从村寺、祠堂看宗族对土族乡村社会的控制——基于景阳镇李氏土族的田野调查	张兴年	南开大学	2011,(1):193-201
2	老挝北部的鸦片问题：Lanten 人的个案	袁同凯	南开大学	2011,(3):22-31
《云南民族大学学报》（哲学社会科学版）				
1	青少年犯罪成因实证分析——以新疆乌昌地区为例	薛广庆	南开大学	2011,28(4):84-89

序号	文章名称	第一作者	单位	年、卷、期
2	中国城市民族关系和谐发展的思路	高永久	南开大学	2011,28(5):28-32
3	老挝 Lanten 人的度戒仪式	袁同凯	南开大学	2011,28(5):94-97
《北方民族大学学报》				
1	论中华民族共有精神家园的功能定位	郝亚明	南开大学	2011,(2):41-46
2	城中村社区乡村权力关系研究——以天津市S社区为例	张小蕾	天津社会科学院	2011,(3):86-89
3	代孕生育亲子关系认定问题探析	李志强	天津医科大学	2011,(4):123-126
《民俗研究》				
1	论李世瑜先生的宝卷研究	倪钟之	天津市艺术职业学院	2011,(2):105-113
2	敦煌孟姜女曲子的写本情境	吴　真	南开大学	2011,(2):179-194
人文、经济地理				
《旅游学刊》				
1	旅游学人对国家旅游基本法的期盼	王　健	南开大学	2011,26(1):7-8
2	基于中国优秀旅游城市的航空客运网络分析	党亚茹	中国民航大学	2011,26(2):13-19
3	国外旅游目的地定位研究文献综述	曲　颖	南开大学	2011,26(2):41-49
4	中国旅游发展笔谈——关于旅游法(三):应建立违反旅游合同的精神损害赔偿制度	王立争	天津商业大学	2011,26(3):8-9
5	中国旅游产业关联度测算及宏观经济效应分析——基于2002年与2007年投入产出表视角	刘晓欣	南开大学	2011,26(3):31-37
6	基于伦理维度的旅游研究综述	王寿鹏	南开大学	2011,26(4):20-25
7	中国旅游发展笔谈——产业融合与旅游(二):经济学视角下的旅游产业融合	赵黎明	天津大学	2011,26(5):7-8
8	国外经典旅游目的地选择模型述评	李玮娜	南开大学	2011,26(5):53-62
9	隐私关注对旅游网站个性化服务的影响机制研究	李　凯	南开大学	2011,26(6):80-86
10	导游与游客交互质量对游客感知的影响——以游客感知风险作为中介变量的模型	陈永昶	南开大学	2011,26(8):37-44
11	中国旅游发展笔谈——出境旅游(三):我国出境旅游中的主人、客人和商人	王　健	南开大学	2011,26(9):10-11
12	会展专业观众的服务认知结构研究——兼论参展动因对服务认知的影响	周　杰	南开大学	2011,26(10):75-81
13	供应链视角下旅游者权力研究	吕兴洋	南开大学	2011,26(11):34-38
14	荀子游乐观探论	张　野	南开大学	2011,26(11):89-92
《经济地理》				
1	对阻碍环渤海地区发展障碍的重新认识	江曼琦	南开大学	2011,31(8):1246-1251
2	区域物流系统与经济增长的动态耦合机理与实证仿真	刘维林	南开大学	2011,31(9):1493-1498,1510
《城市规划》				
1	可持续发展指针导向的住区公共开放空间规划——以天津市卫安南里旧居住街区公共开放空间更新规划为例	卜雪旸	天津大学	2011,(4):85-89
2	变革背景下天津近期建设规划编制方法思考	谢广靖	天津市城市规划设计研究院	2011,(10):38-43
《人文地理》				
1	明长城军堡选址的影响因素及布局初探——以宁陕晋冀为例	李　哲	天津大学	2011,26(2):103-107
《旅游科学》				
1	中国式旅游发展道路的跨文化比较研究	王　健	南开大学	2011,25(1):1-10
2	会展经济效应的作用机制研究:一个以创业活动为传导路径的观点	王晓文	南开大学	2011,25(4):49-57

序号	文章名称	第一作者	单位	年、卷、期
3	酒店经营管理中的跨文化关系解析	王　健	南开大学	2011,25(4):67-74
《地域研究与开发》				
1	基于区位选择的中国区域发展差距研究	孙　兵	南开大学	2011,30(1):1-4,9
2	非常态下粮食生命线工程的战略保障	王顺生	天津大学	2011,30(1):139-142
3	城市产业共生网络的复杂性与管理模式分析	周　慧	天津大学	2011,30(3):35-38,43
4	天津市水资源足迹趋势预测与动态调节	李　健	天津大学	2011,30(5):131-134
社会学				
《社会学研究》				
1	中国社会政策变迁中的专家参与模式研究	朱旭峰	南开大学	2011,25(2):1-27
2	地方精英与农村社会重建——定县实验中的士绅与平教会冲突	宣朝庆	南开大学	2011,26(4):90-104
《中国人口科学》				
1	中国最低工资标准制定和调整依据的实证分析	宁光杰	南开大学	2011,(1):26-34
《人口研究》				
1	我国人口老龄化新变化及其经济社会挑战	原　新	南开大学	2011,35(3):45-50
《人口与经济》				
1	“东亚福利体制”的内在统一性——以东亚六个国家和地区为例	万国威	南开大学	2011,(1):1-9
2	制度性失业与中国大学生就业难	谭庆刚	天津财经大学	2011,(1):22-26
3	环境库兹涅茨理论解释机理的再考量	冯兰刚	天津大学	2011,(1):35-37
4	我国农村劳动力非农就业的经济增长效应	刘洪银	南开大学	2011,(2):23-27,51
5	创新与合法化战略的权变关系模型	闫丽平	南开大学	2011,(3):3-5
《人口学刊》				
1	大城市外来人口迁移行为影响因素分析	原　新	南开大学	2011,(1):59-66
《人口与发展》				
1	气候变化与全球变暖：基于人口经济学的文献研究述评	姚从容	南开大学	2011,(2):107-112,93
2	关于我国退休制度改革的几点思考	李建民	南开大学	2011,17(4):23-26
3	成年子女照料者角色经历的性别差异研究	袁小波	天津师范大学	2011,17(5):75-79,86
《南方人口》				
1	农村多子女家庭代际交换中的新性别差异研究	高　华	天津理工大学	2011,26(2):55-64
《西北人口》				
1	我国农村劳动力非农就业的农村收入分配效应	刘洪银	南开大学	2011,32(1):6-10
《社会：社会学丛刊》				
1	技术的政治经济学基于马克思主义劳动过程理论的思考	王　星	南开大学	2011,(1):200-222
2	中国老年歧视的制度性根源与老年人公共政策的重构	吴　帆	南开大学	2011,31(5):190-206
体育学				
《体育科学》				
1	比较体育学科性质流变与发展研究	高　飞	天津体育学院	2011,31(4):90-封3
2	青少年户外运动动机对运动坚持性的影响：运动氛围的中介作用	刘微娜	天津体育学院	2011,31(10):41-47
《体育与科学》				
1	孔子教育思想融入现代体育教学理念的探讨	杨　明	南开大学	2011,32(4):110-112,53
《上海体育学院学报》				
1	现代体育科学形成初期美国体育教育研究热点的演进	王　琪	天津师范大学	2011,35(4):64-69

序号	文章名称	第一作者	单位	年、卷、期
《中国体育科技》				
1	2010年法国网球公开赛女子单打“黑马”运动员技、战术特征分析	石 磊	天津师范大学	2011,47(4):57-61,68
2	世界优秀女子跳马运动员高难动作完成情况的对比分析——兼论2012年伦敦奥运会女子跳马竞争格局	曲鲁平	天津体育学院	2011,47(5):20-24
《北京体育大学学报》				
1	高校俱乐部型体育教学对教师运动技能要求的研究	杨 波	天津工业大学	2011,34(2):101-102
2	力量训练的动作模式	安胜钢	天津理工大学	2011,34(2):121-124
3	莫斯科第五十届世乒赛中国女子乒乓球队技战术特征研究	蒋津君	河北工业大学	2011,34(2):142-144
4	高校大学生课外体育锻炼的调查研究——以天津市普通高校为例	刘洪俊	天津体育学院	2011,34(3):98-101
5	比赛教学法在普通高校篮球选项课教学中的应用研究	乔 诚	天津大学	2011,34(3):108-109,112
6	中外优秀运动员女子跳马的比较与分析	曲鲁平	天津体育学院	2011,34(4):138-141
7	高水平运动员奥运年度运动训练过程的调控研究	谢 云	天津体育学院	2011,34(7):121-124,127
8	中国乒乓球队组织文化内容体系构建	白 杨	天津体育学院	2011,34(8):142-144
《天津体育学院学报》				
1	我国14—17岁优秀女子长距离游泳运动员专项体能诊断	姚旭霞	天津工业大学	2011,26(1):24-26,29
2	不同身体姿势与运动节奏对男子游泳选手腹直肌训练效果影响的肌电特征分析	王 嵘	天津体育学院	2011,26(1):90-92
3	我国优秀少年女子篮球运动员身体形态与基本技术的测试分析	李 实	天津体育学院	2011,26(2):167-170
4	激励相容——我国优秀运动员流动机制分析	张运亮	天津体育学院	2011,26(3):200-203
5	中国体育管理学科范式转换：从体系建构到问题关注	郇昌店	天津体育学院	2011,26(3):259-263
6	不同迁移方式与不同学习“方式”对知觉运动序列学习的影响——一项ERP研究	胡 伟	天津师范大学	2011,26(4):277-283
7	论《中华人民共和国体育法》修改的基本路向	于善旭	天津体育学院	2011,26(5):369-373
《西安体育学院学报》				
1	我国公共体育服务概念的辨析——兼与范冬云先生商榷	郇昌店	天津体育学院	2011,28(3):305-308
2	国际奥林匹克运动研究前沿的知识图谱分析	王 琪	天津师范大学	2011,28(4):433-436
《武汉体育学院学报》				
1	中国的体育仲裁探索和对国际体育仲裁效力的理解	于善旭	天津体育学院	2011,45(1):5-10,23
2	西方学者关于古希腊体育运动研究述评	路光辉	天津师范大学	2011,45(5):17-21
3	基于实践变迁与转型的群众体育促进模式——走向公共政策	孙荣会	天津师范大学	2011,45(8):15-20
《体育学刊》				
1	运动员竞技子能力非同步性发展的致因解析	李 赞	天津体育学院	2011,18(1):95-98
2	“体育”不是“身体教育”质疑——兼论中国体育本质研究的症结	魏立宇	天津工业大学	2011,18(3):1-6
《成都体育学院学报》				
1	天津滨海新区运动健康产业需求与发展	刘铁刚	天津大学	2011,37(4):31-34
2	体育锻炼对老年人整体自尊与心理幸福感的影响研究	杨 波	天津工业大学	2011,37(7):70-73
3	水中健身运动对女大学生体适能的影响	刘锦瑶	天津体育学院	2011,37(8):88-90
统计学				
《统计研究》				
1	我国通货膨胀率非线性特征研究	王培辉	南开大学	2011,28(1):49-53

序号	文章名称	第一作者	单位	年、卷、期
2	中国靠什么成为世界第一出口大国	施炳展	南开大学	2011,28(5):27-34
3	中国季度GDP的季节调整：结构时间序列方法	王群勇	南开大学	2011,28(5):78-83
4	开放式样本综合指数的编制与调整	李腊生	天津财经大学	2011,28(5):97-104
5	结构突变趋势平稳过程与随机趋势过程的虚假回归研究	张凌翔	南开大学	2011,28(5):105-110
6	我国通货膨胀率的最优目标区间几何	白仲林	天津财经大学	2011,28(6):6-10
7	原油价格、流动性与我国的通货膨胀	赵　懿	南开大学	2011,28(8):28-33
8	对外承包工程国际收支统计存在问题与改进建议	朱　莉	中国人民银行天津分行	2011,28(9):25-27
9	出口企业转型与企业的经营表现	邵　敏	南开大学	2011,28(10):76-83
《数理统计与管理》				
1	中国建筑产业竞争力形成机理分析——基于PLS结构方程模型的实证研究	刘炳胜	河海大学	2011,30(1):12-22
2	水雷保险器水压膜贮存寿命预测	张　涛	天津大学	2011,30(1):178-184
3	我国城市消费者寿险购买行为的影响因素及预测	张　阔	南开大学	2011,30(2):291-298
4	ARL计算方法综述	王兆军	南开大学	2011,30(3):467-497
5	基于空间滞后随机前沿模型技术效率的估计	胡　晶	南开大学	2011,30(5):831-839
《统计与决策》				
1	基于网络购物的服务质量与顾客满意及忠诚度研究	孙　莹	天津城市建设学院	2011,(1):95-97
2	信息不对称下基于VMI模式的讨价还价模型	安　彤	天津大学	2011,(3):58-61
3	区域投资环境对FDI区位选择影响的实证分析	周国富	天津财经大学	2011,(3):100-102
4	基于模糊综合评价的BOT高速公路建设项目后评价	孙　慧	天津大学	2011,(4):40-42
5	经济增加值与股票市场收益率相关性分析	付景莉	天津工业大学	2011,(4):97-100
6	物流产业集群与外环境的协同演化及仿真	王仙雅	天津科技大学	2011,(4):167-169
7	动态因子模型与ARMA模型的比较	杜勇宏	南开大学	2011,(5):31-32
8	股指收益率与成交额间引导关系分析	吴明华	南开大学	2011,(5):141-144
9	价值导向下的企业预算风险管理	许学娜	天津大学	2011,(6):167-169
10	基于回馈与惩罚策略的资源节约共享契约模型	刘炳春	天津大学	2011,(7):62-64
11	知识员工薪酬制度感知的实证检验	李　希	天津大学	2011,(9):170-172
12	高校毕业生心理资本、工作嵌入与离职倾向关系的实证研究	赵丽华	天津大学	2011,(10):92-95
13	基于经济波动及产业税源因素视角的税收增长实证分析	关　飞	天津财经大学	2011,(10):127-129
14	对统计学中几个基本问题的探讨	李从欣	天津大学	2011,(11):41-42
15	我国外汇干预效力的作用机制的实证检验	郭　红	天津财经大学	2011,(12):114-117
16	未决赔款准备金评估的Mack模型及其预测均方误差的实现	张连增	南开大学	2011,(13):20-23
17	汽车“产品召回”对消费者心理和行为的影响研究	孙　莹	天津城市建设学院	2011,(13):105-108
18	基于模糊层次分析法的税务风险评价	吕志明	天津财经大学	2011,(13):161-163
19	基于多目标规划的商业银行资产负债管理	李　静	南开大学	2011,(14):149-151
20	混沌算子模型在人口预测中的应用	邹晓玫	天津商业大学	2011,(15):169-171
21	外商直接投资对我国经济增长影响研究	肖树强	天津大学	2011,(16):111-113
22	企业知识转移的影响因素及模型	邵　帅	南开大学	2011,(16):183-185
23	基于顾客风险偏好行为的无条件退货策略	姜　宏	天津大学	2011,(17):60-63
24	基于Shapley值的产业集群知识利益分配的策略	张凌志	天津外国语大学	2011,(19):50-51
25	基于支持向量机的汽车曲轴质量诊断模型	赵　凯	天津大学	2011,(20):59-61

序号	文章名称	第一作者	单位	年、卷、期
26	基于模糊层次分析法的企业员工敬业度评价	殷青伟	天津大学	2011,(20):78-80
27	一类区间线性双层规划的最小最大后悔解及其解法	王建忠	中国民航大学	2011,(20):160-162
28	基于共同模式挖掘的时间序列相似性度量方法	贾　湖	天津大学	2011,(21):12-15
《统计与信息论坛》				
1	基于遗传算法的扩展 Nelson-Siegel 模型及实证研究	苏云鹏	天津大学	2011,26(1):15-19
2	“堤坝”型结构突变的时间序列单位根检验及其应用——对 PPP 的经验分析	白仲林	天津财经大学	2011,26(2):20-26
3	捕获再捕获抽样估计量的模拟研究	杨贵军	天津财经大学	2011,26(3):3-7
4	美元流动性、国际大宗商品价格与上证指数的关联性分析	刘喜和	天津财经大学	2011,26(3):45-49
5	大学生创业自我效能、行为控制知觉与创业意向的实证研究	丁明磊	南开大学	2011,26(3):108-112
6	国际资本流动、对外贸易和金融发展对新兴经济体全要素生产率的影响	殷书炉	南开大学	2011,26(5):45-51
7	辽宁文化产业与经济发展协调状况评价及其思考	博　赫	天津财经大学	2011,26(5):102-104
8	Shift-Share 区域经济评价模型及其扩展研究	董　麓	天津财经大学	2011,26(6):9-13
9	金融类上市公司公允价值会计信息的价值相关性分析	陆宇建	南开大学	2011,26(7):78-84
10	城镇居民消费行为的生命周期变异——来自微观面板数据的证据	高玉伟	南开大学	2011,26(8):94-101
11	《科学推断》一书评介	龚凤乾	天津财经大学	2011,26(10):109-112
图书馆、情报与文献学				
《国家图书馆学刊》				
1	《中图法》(第五版)世界地区表“3/7”述评	刘少武	天津市滨海新区汉沽图书馆	2011,20(2):34-40
《中国图书馆学报》				
1	数字鸿沟研究的未来:国外数字不平等研究进展	闫　慧	南开大学	2011,(4):87-93
2	2001—2010 年境外信息管理研究进展——基于相关文献的计量分析和内容分析	柯　平	南开大学	2011,37(5):61-74
3	数字信息分析中用户焦虑实验研究	周文杰	南开大学	2011,37(6):58-66
《大学图书馆学报》				
1	国外图书馆学研究生学位论文学科分布特征分析	王知津	南开大学	2011,(1):99-103
2	面向 Y 一代的大学图书馆用户服务	柯　平	南开大学	2011,29(4):5-10,17
《情报学报》				
1	面向影子分析的社交媒体竞争情报搜集	王树义	南开大学	2011,30(1):13-20
2	用户个体差异对数字图书馆可用性评价的影响	李月琳	南开大学	2011,30(9):980-989
《图书情报工作》				
1	国外知识交流研究进展	姚　伟	南开大学	2011,55(2):112-116
2	异构数字资源整合方案的研究与实现	吴一平	南开大学	2011,55(3):111-115
3	移动政务服务模式及其 SWOT 分析	王　芳	南开大学	2011,55(3):125-129
4	领域分析范式视角下知识组织中若干问题研究	王　琳	天津师范大学	2011,55(4):90-94,105
5	博学的专才:美国情报科学博士培养模式的启示	李月琳	南开大学	2011,55(6):66-69
6	基于战争游戏法的企业危机管理	周　鹏	南开大学	2011,55(8):93-96,101
7	基于创新视角的知识转移研究综述	吉鸿荣	南开大学	2011,55(8):107-111
8	打造 LIS 领域的 MBA:关于图书情报专业硕士(MLIS)学位教育的思考	李月琳	南开大学	2011,55(13):24-27,120
9	面向图书情报职业的信息伦理学课程设计探究	李　颖	南开大学	2011,55(13):37-41

序号	文章名称	第一作者	单位	年、卷、期
10	高校图书馆向社会开放的基本理论问题研究——几个基本概念探析	张　静	天津商业大学	2011,55(13):51-54,148
11	复杂性科学与现代情报学理论范式的转变	刘　冰	天津师范大学	2011,55(14):24-27,72
12	基于科学计量的同行评议专家遴选系统模型构建研究	贺　颖	天津师范大学	2011,55(14):28-31
13	尊敬与期待	徐建华	南开大学	2011,55(15):26-27
14	图书馆焦虑量表的构建与实证分析	宋志强	南开大学	2011,55(15):77-81
15	公共图书馆企业信息服务体系的构建——兼论泰达图书馆企业信息服务实践	刘云鹏	泰达图书馆	2011,55(15):94-97
16	情报分析与心理学	王知津	南开大学	2011,55(16):7
17	情报分析中的误判心理及其对情报失察的影响	王知津	南开大学	2011,55(16):12-15,24
18	从肯定到质疑——情报分析过程中的思维转换	王知津	南开大学	2011,55(16):20-24
19	非智力心理因素对情报分析过程的影响机理	周　鹏	南开大学	2011,55(16):25-28,49
20	近5年农家书屋研究论文热点分析	薛　调	天津理工大学	2011,55(17):57-60,86
21	基于用户体验的信息质量综合评价体系研究	刘　冰	天津师范大学	2011,55(22):56-59
22	REF与科研评价趋向	宋丽萍	天津师范大学	2011,55(22):60-63,100
23	IT强制使用环境下员工象征接受模型研究	齐晓云	中国民航大学	2011,55(22):128-132
《图书情报知识》				
1	企业竞争情报作战室运行准备机制研究	王知津	南开大学	2011,(1):102-107
2	图书馆战略规划流程模型研究	柯　平	南开大学	2011,(4):4-10
3	图书馆战略规划组织结构模型的构建	贾东琴	南开大学	2011,(4):11-18
4	图书馆战略规划影响因素模型实证分析	李廷翰	南开大学	2011,(4):19-23
5	图书馆战略规划文本模型的构建	柯　平	南开大学	2011,(4):24-31
6	笔谈·关于图书情报专业学位研究生教育的讨论：以职业为中心的图书情报专业学位教育	柯　平	南开大学	2011,(5):6-8
7	问卷法在我国图书情报领域应用探讨——基于458篇样本的文献计量和内容分析	贾东琴	南开大学	2011,(5):34-41
8	动态复杂环境下企业技术竞争情报战略研究	王知津	南开大学	2011,(5):76-81
《情报理论与实践》				
1	国外情报学研究生学位论文关键词分布特征分析	王知津	南开大学	2011,34(1):1-5
2	学科信息素养整合教育探究	彭立伟	天津师范大学	2011,34(2):34-37
3	扎根理论质性研究方法在情报学研究中的应用	韩正彪	南开大学	2011,34(5):19-23
4	知识动员的研究进展	姚　伟	南开大学	2011,34(5):115-120
5	情报学理论集成与突破——评《IRM-KM范式与情报学发展研究》	柯　平	南开大学	2011,34(5):126-128
6	基于人因工程的竞争情报分析空间模型研究	姚　伟	南开大学	2011,34(6):60-64
7	论情报学元理论的“3C”主义	王知津	南开大学	2011,34(7):9-12,8
8	情报学中信息社会化	冯　敏	南开大学	2011,34(8):26-30,25
9	高校图书馆面向学科虚拟集群知识服务模式研究	赵霞琦	天津商业大学	2011,34(8):69-71
10	基于知识进化视角的企业知识渐变性创新研究	张凌志	天津大学	2011,34(9):19-22
11	情报学反馈理论及模型：认知观和情境观视角	王知津	南开大学	2011,34(10):5-9
12	基于认知任务分析理论的网站测评方法的认识	吕　臣	天津师范大学	2011,34(10):85-88
13	知识协同的内涵探析	佟泽华	南开大学	2011,34(11):11-15
《图书馆建设》				
1	民间促读机构促进全民阅读策略研究	龙　叶	天津理工大学	2011,(5):93-96
2	《中国图书馆分类法》(第5版)新增类目与加“0”类目重号问题分析	于新国	天津石油职业技术学院	2011,(8):50-51,55

序号	文章名称	第一作者	单位	年、卷、期
3	图书馆中文图书征订书目排行榜实证研究	马 静	北京科技大学 天津学院	2011,(9):25-27
4	我国基层图书馆的专业化改造——从全覆盖到可持续的战略转向	于良芝	南开大学	2011,(10):7-11
5	示范性高职院校图书馆战略规划调研与启示	张 素	天津职业大学	2011,(10):25-27
《图书馆》				
1	基于知识管理的政府数字信息资源整合模式构建	王知津	南开大学	2011,(1):27-30
2	基于Web3.0思想的图书馆3.0服务新模式的研究与应用	吴一平	南开大学	2011,(1):90-92
3	按需分配：馆藏建设的市场原则——兼论合理馆藏结构的形成	周佳贵	天津财经大学	2011,(1):107-109
4	公共图书馆免费开放的理论思考	柯 平	南开大学	2011,(3):1-5
5	基于Web2.0的网络专题信息管理	洪 颖	天津音乐学院	2011,(3):123-124
6	论情报学的统一信息观和统一情报观	王知津	南开大学	2011,(5):17-21
《情报科学》				
1	中文网站社会网络分析方法的实证研究	张世怡	天津师范大学	2011,29(2):246-252
2	哲学诠释学视域下的情报学	王知津	南开大学	2011,29(3):333-337
3	我国图书馆联盟研究的文献计量分析	刘圣君	天津师范大学	2011,29(3):396-400,468
4	地方政府网站信息公开能力评价指标体系的构建与应用	王 芳	南开大学	2011,29(3):406-411
5	2004—2009年我国图书情报学研究热点及发展趋势分析	李 娜	天津大学	2011,29(4):583-587,637
6	我国数字图书馆研究论文作者分析	高国欣	天津师范大学	2011,29(5):723-726,734
7	基于Scopus数据库的学术评价方法实践研究——以天津大学为例	刘亚茹	天津大学	2011,29(5):739-741,765
8	数字图书馆专题文献的同被引聚类分析	张 立	天津大学	2011,(6):878-881
9	近六年国内图书馆学情报学研究论文热点分析	薛 调	天津理工大学	2011,29(7):1027-1030,1035
10	当代情报学理论思潮：实用主义	王知津	南开大学	2011,29(8):1121-1127,1166
11	基于IT治理的战略信息管理风险控制	周新杰	南开大学	2011,29(8):1167-1171
12	2010年国外图书馆学情报学研究热点分析	柯 平	南开大学	2011,29(9):1281-1288,1293
13	当代情报学理论思潮：经验主义、理性主义与实证主义	王知津	南开大学	2011,29(12):1761-1766,1772
《图书馆论坛》				
1	公共图书馆员与高校图书馆员职业满意度对比分析	马迪倩	南开大学	2011,31(4):49-52
2	利用社团活动促进中学生课外阅读指导工作的开展	柴会明	天津市耀华中学	2011,31(4):158-160
3	信息不对称对中文图书采访工作的影响及对策	陈学清	南开大学	2011,31(5):91-93,96
《现代图书情报技术》				
1	基于相关反馈的Web检索提问融合研究	景 璟	南开大学	2011,(1):57-62
《情报资料工作》				
1	国外竞争情报研究进展：概念辨析、问题论域及发展趋势	徐 芳	南开大学	2011,(1):46-51
2	基于关键词的国外图书馆联盟影响因素分析	刘圣君	天津师范大学	2011,(2):23-27,44
3	基于固定场所的企业竞争情报作战室的设计与实施	王知津	南开大学	2011,(2):97-101
4	当代国际情报学理论进展与中国情报学的理论创新研究•主持人导语	王知津	南开大学	2011,(4):5
5	情报学理论的创新：关注人类生活中的高层事物	王知津	南开大学	2011,(4):6-11

序号	文章名称	第一作者	单位	年、卷、期
6	科学哲学视域下的情报学	韩正彪	南开大学	2011,(4):12-18
7	当代情报学理论思潮：现象学	王知津	南开大学	2011,(4):19-23
8	当代情报学理论思潮：阐释学	王丽娜	南开大学	2011,(4):24-29
9	情报学对信息的理解与运用：本体论和认识论视角	谢丽娜	南开大学	2011,(4):30-35
《图书馆工作与研究》				
1	面向科学发展观的公共图书馆评估内容体系研究	贾东琴	南开大学	2011,(1):15-21
2	中美一流大学物理学教学信息数据库的构建与实现	董　蓓	南开大学	2011,(1):43-45
3	信息抽取在图书馆信息推送服务中的应用研究	邱亚娜	天津师范大学	2011,(1):46-47,55
4	缩微影像数据库系统应用探析	张　强	天津图书馆	2011,(1):52-55
5	砥砺进取三十载，图海扬帆博远航——天津商业大学图书馆发展历程	陈文生	天津商业大学	2011,(1):56-60
6	中国学术创新力的多学科比较研究——基于图书馆学、情报学、文献学和信息学作者分布的分析	马世杰	天津医科大学	2011,(1):61-65
7	我国文献分类法体系结构中的苏联因素	马　骊	天津图书馆	2011,(1):77-80
8	CNMARC 分析著录问题之再探讨	郭继棠	天津图书馆	2011,(1):85-87
9	《知不足斋序跋题记集录》序言	刘尚恒	天津图书馆	2011,(1):88-92
10	当前几种代表性中文古籍数字化产品评析——以用户需要和反馈为依据	史丽香	南开大学	2011,(1):101-103
11	基于反馈控制的查新接题模式探讨	高春艳	天津大学	2011,(1):104-105,115
12	谈以图书馆为依托的外语类院校竞争情报系统	范佳佳	天津外国语大学	2011,(1):116-118
13	我国高职院校图书馆论文产出的文献计量学研究	李志涛	天津电子信息职业技术学院	2011,(1):122-125
14	简述图书馆在提升国家文化软实力中的作为	张　颖	天津图书馆	2011,(2):4-7
15	试论高校图书馆学科博客的建立与实施	彭立伟	天津师范大学	2011,(2):32-35
16	自建数据库信息服务平台模式构建	鲁海宁	南开大学	2011,(2):40-43
17	中外网上学位论文数据库的检索与利用	何　怡	天津医科大学	2011,(2):44-45,85
18	高职院校图书馆数据库建设实践的探索与思考——以天津职业大学图书馆重点专业数据库建设为例	安静宜	天津职业大学	2011,(2):102-104
19	我国市级公共图书馆网站评价	余　慧	南开大学	2011,(2):108-113
20	浅析城乡图书馆在农村城市化进程中的作用——以天津滨海新区为例	李学玲	天津市塘沽区图书馆	2011,(2):114-116
21	论浅阅读时代图书馆的书评工作	刘东亚	解放军武警指挥学院	2011,(2):117-119
22	关于图书馆“十二五”战略规划的若干思考	柯　平	南开大学	2011,(3):4-11
23	梁启超报刊思想理论与实践重温	郭　英	天津财经大学	2011,(3):16-19
24	基于多层次模糊综合评价的复合图书馆信息资源评价指标体系研究	赵良英	南开大学	2011,(3):24-28
25	论文献评价的三个层次	周佳贵	天津财经大学	2011,(3):36-39
26	高校图书馆网络选书平台的设计与开发	郭明明	天津中医药大学	2011,(3):48-50,81
27	《国际标准书目著录》的发展及对我国西文编目工作的影响	夏晓林	南开大学	2011,(3):57-60
28	完善赠书管理，激发捐赠热情	李　娜	天津大学	2011,(3):61-66
29	关于公共图书馆科普宣传工作的几点思考	冯俊蓉	天津图书馆	2011,(3):100-102
30	有效发挥学校图书馆在学生课外阅读中的作用	及羽人	天津市第 57 中学	2011,(3):110-112
31	天津市图书馆联盟用户信息采集初探	田　宁	天津农学院	2011,(4):27-29
32	基于 TPI60 系统构建汽车职业技能培训特色数据库	宗燕燕	天津职业技术师范大学	2011,(4):30-32

序号	文章名称	第一作者	单位	年、卷、期
33	浅谈无线网络在图书馆应用的安全问题——以天津市塘沽图书馆为例	王 辉	天津市塘沽区图书馆	2011,(4):33-34
34	“妈妈型馆员”的职业发展探析	孙 波	天津科技大学	2011,(4):41-42,50
35	高校图书馆期刊人性化服务与管理创新	杨 红	南开大学	2011,(4):43-46
36	浅谈非善本西文古籍的开发整理	王雨卉	天津外国语大学	2011,(4):51-53
37	从连续出版物管理子系统看 ILASⅡ有待完善之处	苏 萍	天津图书馆	2011,(4):57-59
38	浅谈高职院校图书馆电子资源的管理和服务	赵红心	天津交通职业学院	2011,(4):60-62
39	古代医籍《备急千金要方》药方文献源研究	刘 毅	天津中医药大学	2011,(4):74-76
40	试论职业学校图书馆为校企合作搭建特色平台	窦艳梅	天津大港职业成人教育中心	2011,(4):80-82
41	建立高校图书馆与区域企业资源共享合作模式的思考	尹 鑫	天津职业大学	2011,(4):103-104,109
42	浅议少年儿童图书馆的延伸服务	刘丽珍	天津市河西区少年儿童图书馆	2011,(4):110-112
43	国外情报学研究生学位论文学科分布特征分析	王知津	南开大学	2011,(5):4-8
44	基于博弈论的高校数字图书馆发展策略研究	吴金鹏	天津财经大学	2011,(5):14-18
45	高职高专图书馆战略研究	黄立新	天津商业大学	2011,(5):24-27
46	云计算在图书馆联盟中的应用探讨	李 硕	天津市高等教育文献信息中心	2011,(5):36-38,42
47	基于 DSpace 系统的数字图书馆体系结构研究	王 媛	天津农学院	2011,(5):51-53
48	从日本强震看图书馆灾备建设	郑昭辉	南开大学	2011,(5):64-65,73
49	用户利用高校图书馆馆藏资源分析及对策研究——以南开大学图书馆借阅统计为例	杨军花	南开大学	2011,(5):66-70
50	国家图书馆与 CALIS 中文图书 CNMARC 编目实践的差异与统一	郭 红	天津电子信息职业技术学院	2011,(5):78-80
51	试论电子资源中责任说明项著录规则	杨 丽	天津图书馆	2011,(5):81-82,85
52	网络环境下为党政领导决策提供信息服务的几点探索——以天津图书馆为例	王建民	天津图书馆	2011,(5):96-97,109
53	医院医务人员信息素质现状的调查研究	魏英萍	天津市中心妇产科医院	2011,(5):107-109
54	阅读与互动——以泰达图书馆寒暑假读书营活动为例	海胜利	天津市泰达图书馆	2011,(5):110-112
55	宗教对我国古代和近代图书馆的影响	张雅男	天津工业大学	2011,(6):13-15
56	高校图书馆数字资源建设的效用优化研究	高 晋	天津商业大学	2011,(6):22-25
57	高校图书馆用户感知服务质量满意度调查研究	钱蔚蔚	天津师范大学	2011,(6):26-31
58	1999—2010 年“数字海洋”文献定量分析	张桂芬	国家海洋信息中心	2011,(6):42-44
59	图书馆继任管理问题探析	徐建华	南开大学	2011,(6):45-47
60	基于平衡计分卡的图书馆电子资源绩效评价体系探讨	宋建玮	天津图书馆	2011,(6):48-50
61	《中图法》第五版中的同书异号和异书同号现象分析	于新国	天津石油职业技术学院	2011,(6):67-69
62	预印本在网络环境下的复兴与发展	孙 斌	天津师范大学	2011,(6):70-73
63	非物质文化遗产旅游文献的统计分析	文 风	天津财经大学	2011,(6):74-77
64	试析公共图书馆在政府信息公开服务中的作为——以天津图书馆政府信息公开查阅中心为例	张为江	天津图书馆	2011,(6):84-87
65	机构仓储及高校机构仓储平台建设规划	吴一平	南开大学	2011,(6):95-98
66	浅谈我国儿童阅读危机的成因及对策	梁祥珍	天津市河西区少年儿童图书馆	2011,(6):109-110
67	对中学图书馆完善服务社区措施的思考	高 静	天津市滨海新区汉沽第一中学	2011,(6):111-112
68	基于知识视角的专业信息素质培养模式研究	陶海宁	天津理工大学	2011,(7):17-20

序号	文章名称	第一作者	单位	年、卷、期
69	基于CRM的医学图书馆知识服务体系构建	孙向丽	天津医科大学	2011,(7):25-27
70	网络合作——电子无形学院的延伸	宋丽萍	天津师范大学	2011,(7):31-34
71	CRM在图书馆联盟用户管理系统中的新发展——用户参与用户管理	张洪艳	天津农学院	2011,(7):35-37
72	影响学术博客发文的因素分析	黄原原	中共天津市委党校	2011,(7):38-40
73	从美学角度谈图书馆网页的设计	代文玲	天津图书馆	2011,(7):41-42
74	图书馆用户信用缺失问题刍议	徐　琳	南开大学	2011,(7):43-46
75	天津市高校图书馆员职业倦怠实证研究	张红莉	南开大学	2011,(7):47-50
76	基于SCIE的汽车产业文献定量分析	高淑萍	天津科技大学	2011,(7):64-67
77	天津图书馆藏解放区出版革命文献述略	刘桂芳	天津图书馆	2011,(7):79-81
78	区县图书馆实施农家书屋建设的思考	张广明	天津市东丽区图书馆	2011,(7):93-95
79	公共图书馆如何适应老龄化社会的探索	陈彤芳	天津市河东区图书馆	2011,(7):96-98
80	浅谈图书馆服务工作如何应对数字化阅读的挑战	赵　荣	天津社会科学院	2011,(7):99-101
81	从阅览室服务谈图书馆员形象的再塑造	赵薏敏	天津图书馆	2011,(7):102-104
82	浅谈公共图书馆公益性与社会化服务	段　枫	天津市和平区图书馆	2011,(7):108-110
83	试论图书馆在大学文化软实力建设中的作用	魏晓兵	天津大学	2011,(8):11-13
84	国内图书馆学界学术规范问题研究概述	王雅丽	天津图书馆	2011,(8):19-22
85	元搜索引擎资源选择融合方法的研究	李　培	天津图书馆	2011,(8):30-34
86	基于关键词网络分析的数字图书馆研究现状探讨	邢　杰	天津职业技术师范大学	2011,(8):35-38
87	基于K.Pearson卡方假设检验模型的馆藏结构合理性判别	刘桂宾	南开大学	2011,(8):45-47
88	高校图书馆男性馆员工作满意度差异性调查及对策分析——以天津地区为例	吴　萌	天津商业大学	2011,(8):51-54
89	《四库全书总目》引用《直斋书录解题》原文例释	常　虹	天津图书馆	2011,(8):81-82
90	古代医籍《备急千金要方》(江户版)命名方剂特点及其文献研究	思金华	天津中医药大学	2011,(8):83-85
91	天津舞台艺术资料中心构建之思考	杨秀玲	天津市艺术研究所	2011,(8):91-92,101
92	浅议基层公共图书馆做好免费开放的对策——以天津市塘沽区图书馆为例	王　红	天津市塘沽区图书馆	2011,(8):96-97
93	谈图书馆对学习化生活方式形成趋势的影响	楚丽霞	天津社会科学院	2011,(9):25-27
94	梁启超对近代美国报刊事业的认知	邢　晖	天津市和平区图书馆	2011,(9):31-32
95	新形势下公共图书馆服务体系研究	张　军	天津市音像资料馆	2011,(0):33-34
96	图书馆联盟用户管理系统的调查与分析——以天津市部分联盟成员馆网站管理调查为例	解金兰	天津农学院	2011,(9):35-39
97	TPI在高校教学参考信息管理系统中的应用——以南开大学图书馆为例	李　玲	南开大学	2011,(9):40-42
98	图书馆联盟信息生态系统构建研究	董永梅	天津工业大学	2011,(9):43-45
99	Web2.0技术在图书馆采编业务中的应用	高卫民	天津图书馆	2011,(9):51-52,58
100	美国纽约皇后图书馆服务以及对我国的启示	李　茁	天津图书馆	2011,(9):53-55
101	天津市民信息素养现状调查研究	刘建国	中国民航大学	2011,(9):59-62
102	图书馆未来从业者职业认同感的培养策略分析	史全胜	天津师范大学	2011,(9):63-65
103	图书馆与创新型艺术人才的培养	付晓霞	天津美术学院	2011,(9):69-70
104	天津左翼文学期刊的文献学考察	侯　娴	天津师范大学	2011,(9):75-77

序号	文章名称	第一作者	单位	年、卷、期
105	疾病题材文学书籍的选择及其相关问题研究	赵 阳	解放军海军工程大学天津校区	2011,(9):78-79,85
106	高职院校图书馆文献信息资源建设的思考	徐 颖	天津开发区职业技术学院	2011,(9):80-82
107	浅谈CNMARC与MARC21	张 赞	天津医科大学	2011,(9):83-85
108	浅谈公共图书馆的社会责任——以天津图书馆延伸服务为例	叶 卿	天津图书馆	2011,(9):99-101
109	浅谈图书馆在学习型社会中的作用	袁世香	天津市塘沽区少年儿童图书馆	2011,(9):104-105
110	试论网络医学信息对医务人员信息素质的培养	王宝玲	天津市人民医院	2011,(9):117-119
111	谈大学生利用图书馆能力的培养——以天津师范大学图书馆为例	汤津岑	天津师范大学	2011,(9):120-122
112	中学图书馆开展导读工作的实践与思考	姚 芳	天津市第二中学	2011,(9):123-125
113	少年儿童早期阅读行为初探	赵陆燕	天津市河北区少年儿童图书馆	2011,(9):126-128
114	城市发展的内在诉求：图书馆多元文化服务	赵云利	天津市社会科学院	2011,(10):8-10,19
115	物理教学数字图书馆建设初探	赵雅洁	南开大学	2011,(10):38-41
116	建立医学图书馆联盟之我见	李 媛	天津中医药大学	2011,(10):42-43,53
117	数字环境中图书馆咨询档案的规范管理	肖 雪	南开大学	2011,(10):50-53
118	基于条件价值评估法的数字资源建设价值评估	赵霞琦	天津商业大学	2011,(10):70-73
119	基于书目组织细化的种次号聚类功能探索	张 素	天津职业大学	2011,(10):80-81
120	高校图书馆特藏资源信息共享空间的构建与效应研究——以中国民航大学图书馆为例	王代礼	中国民航大学	2011,(10):82-84
121	帛书《五十二病方》成书年代新探	陈红梅	天津中医药大学	2011,(10):95-97
122	公共图书馆网站内容建设探析	卜 洁	天津图书馆	2011,(10):100-102
123	公共图书馆视听文献服务工作的几点思考——以天津图书馆为例	任俊梅	天津图书馆	2011,(10):103-105
124	《汽车职业技能培训数据库》构建思路探讨	杨 静	天津职业技术师范大学	2011,(10):106-108
125	老龄化社会中加强图书馆信息服务的思考	李月芳	天津图书馆	2011,(10):109-110
126	读者满意度测评方案的编制及实施——以天津外国语大学图书馆为例	司丽慧	天津外国语大学	2011,(10):111-113
127	基于网络环境的海洋科技文献共享平台建设	董文静	国家海洋信息中心	2011,(10):114-115
128	图书馆讲座：一种立体阅读的新方式	刘继刚	天津市红桥区图书馆	2011,(10):120-121
129	关于少年儿童文献编目工作的探讨	张纳新	天津图书馆	2011,(10):122-124
《情报杂志》				
1	基于熵权TOPSIS法的企业对标评价模型及实证研究	许学娜	天津大学	2011,30(1):78-82
2	基于技术能力和网络能力协同的企业开放式创新研究	石芝玲	天津工业大学	2011,30(1):99-103,98
3	基于生物进化模式下的知识进化机理研究	张凌志	天津大学	2011,30(2):105-109
4	科技查新中信息分析模型的建立与应用	姜天笑	天津市科学技术信息研究所	2011,30(3):93-96
5	网络舆情灰色预警评价研究	李耘涛	天津商业大学	2011,30(4):24-27,23
6	知识网络：技术创新模式演化与发展趋势	任 慧	南开大学	2011,30(5):104-107,94
7	网络环境中信息弱势群体信息援助模式与策略研	常文英	天津师范大学	2011,30(5):152-155,123
8	我国制造企业信息技术投资转化效率影响因素分析——基于价值链DEA和Tobit模型的实证研究	郭 伟	天津大学	2011,30(6):107-111,86
9	伦理与创新关系研究现状评介与未来展望	戴万亮	天津大学	2011,30(6):112-118

序号	文章名称	第一作者	单位	年、卷、期
10	新形势下高校图书馆读者服务工作的特点与对策	解金兰	天津农学院	2011,30(6):186-188
11	知识联盟运行绩效评价维度的建构：以战略联盟为视角的比较分析	任　慧	天津大学	2011,30(7):104-108
12	基于DW+DM融合模式的企业竞争情报系统(E-CIS)研究	佟泽华	南开大学	2011,30(7):135-141
13	基于创新过程的区域创新系统协调发展的比较研究——兼析天津市区域创新复合系统协调性	张慧颖	天津大学	2011,30(8):12-16,21
14	知识进化下知识变异的来源、条件与过程研究	张凌志	天津外国语大学	2011,30(8):180-184
15	社会资本与创新关系研究的知识图谱分析	张慧颖	天津大学	2011,30(9):102-106
16	基于小世界现象的学科信息门户链接设计优化策略	肖　雪	南开大学	2011,30(10):134-138
17	基于物联网的逆向物流企业竞争情报系统研究	李　健	天津大学	2011,30(10):151-155
《图书馆杂志》				
1	智能检索环境下的索引编制	王知津	南开大学	2011,30(1):16-19
2	《四库全书》经部易书七种底本考	杨洪升	南开大学	2011,30(1):76-79
3	学术隐蔽资源的采集、评价与整合	张海游	天津商业大学	2011,30(3):23-27
4	英国研究资源集中保存项目的实践及启示	郭晓红	南开大学	2011,30(5):74-77,95
5	构建区域性青少年读者服务联盟初探	柴会明	天津市耀华中学	2011,30(6):49-52
6	对“中国图书馆学应该弘扬实证研究”的商榷	魏辅轶	天津工业大学	2011,(9):2-6
7	高校图书馆与企业合作建设特藏资源的有益探索——以中国民航大学图书馆波音和空客资料室为例	王代礼	中国民航大学	2011,(9):52-54
8	同光间八千卷楼丁氏访书事迹考	石　祥	天津师范大学	2011,30(11):86-91
《图书与情报》				
1	我国公共图书馆评估主体研究	贾东琴	南开大学	2011,(2):35-39,52
2	图书馆学研究中的实验法：回顾与前瞻	周文杰	南开大学	2011,(2):91-95
3	基于企业采购供应理论的图书馆战略采购趋势研究	张洪艳	天津农学院	2011,(2):111-113,133
4	电子商务网站顾客信息搜寻行为形成机制研究	王知津	南开大学	2011,(3):12-16
5	日本公共图书馆商务支援服务的成果及存在问题	万亚萍	天津社会科学院	2011,(3):111-116
6	试论三网融合背景下的数字图书馆发展	王雅丽	天津图书馆	2011,(4):112-115
《图书馆理论与实践》				
1	我国学术期刊论文网络参考文献可追溯性研究	王知津	南开大学	2011,(1):17-21
2	《敦煌社邑文书辑校》补正十七则	赵静莲	南开大学	2011,(1):50-54
3	“学科馆员”服务体系的构建	魏辅轶	天津工业大学	2011,(1):70-72
4	企业竞争情报系统开发集成规范化研究——基于知识管理视角	刘建准	天津工业大学	2011,(4):50-53
5	清末《户部颁发甘肃省牙帖》学术价值解析	林红状	南开大学	2011,(5):93-96
6	《宋史•礼志》职官考误	王志跃	南开大学	2011,(6):71-73
7	北美研究型大学图书馆教学支持服务研究	薛　调	天津理工大学	2011,(6):97-99
8	发展图书馆学的中层理论	周佳贵	天津财经大学	2011,(7):33-37
9	美国公共图书馆经济价值评估方法研究	邸雅静	天津职业大学	2011,(8):84-87
10	中外文报刊政府采购模式下的图书馆作为	苏　萍	天津图书馆	2011,(9):9-11
11	基于组织公民行为的知识共享分析	闵　锐	天津大学	2011,(10):47-51
《档案学通讯》				
1	美国政府信息公开进程中的数字档案馆建设及对我国的启示	王　芳	南开大学	2011,(2):49-52
2	宏观鉴定实践的先驱——荷兰PIVOT项目研究	潘未梅	天津师范大学	2011,(5):33-36
3	综合档案馆用户回访制度建设探析	蒋　冠	天津师范大学	2011,(6):81-84

序号	文章名称	第一作者	单位	年、卷、期
《档案学研究》				
1	国家综合档案馆馆藏资源建设策略探析	蒋 冠	天津师范大学	2011,(5):37-41
外国文学				
《外国文学研究》				
1	“恋之奴仆”与“纯粹之爱”——帕慕克爱情叙事的苏菲神秘主义原型结构	张 虎	南开大学	2011,(1):128-136
2	从《长生术》到《三千年艳尸记》——H. R. 哈葛德小说She 的中译及其最初的冷遇	郝 岚	天津师范大学	2011,33(4):70-73
3	反思与前瞻——中国“比较文学与世界文学”博导高层论坛会议纪要	吕 超	天津师范大学	2011,33(4):175
《国外文学》				
1	镜子与孪生兄弟——帕慕克《白色城堡》霍加形象探析	张 虎	南开大学	2011,(2):152-159
《当代外国文学》				
1	《无人伴随我》与后种族隔离时代的“政治正义”	王旭峰	南开大学	2011,32(2):5-13
《外国文学动态》				
1	“对往日家园的美好追忆”——梅森和她的肯塔基文学	张 军	天津外国语大学	2011,(1):19-20
2	2011 年美国凯迪克国画书奖获奖作品一览	张建萍	中国民航大学	2011,(3):49-50
3	迷失在时间里的人生——评詹妮弗•伊根的新作《恶棍来访》	谭 敏	中国民航大学	2011,(4):19-21
4	间或拨开隐遁人生的迷雾——评《塞林格传》	张建萍	中国民航大学	2011,(4):35-36
心理学				
《心理学报》				
1	不同年级学生阅读知觉广度及预视效益的眼动研究	闫国利	天津师范大学	2011,43(3):249-263
2	阅读障碍儿童与其年龄和能力匹配儿童阅读空格文本的注视位置效应	白学军	天津师范大学	2011,43(8):851-862
3	论坛客观性与网络口碑接收者的态度	杜伟强	天津师范大学	2011,43(8):953-963
4	视觉工作记忆内容对自上而下注意控制的影响：一项ERP 研究	白学军	天津师范大学	2011,43(10):1103-1113
《心理科学进展》				
1	自闭症谱系障碍的症状、诊断与干预	陈顺森	天津师范大学	2011,19(1):60-72
2	职业韧性研究述评	李 霞	南开大学	2011,19(7):1027-1036
3	从脑机制角度看言语知觉的理论争论	刘文理	南开大学	2011,19(10):1442-1452
4	中文阅读过程中的副中央凹预视效应	白学军	天津师范大学	2011,19(12):1721-1729
5	刻板印象威胁：新议题与新争议	管 健	南开大学	2011,19(12):1842-1850
《心理发展与教育》				
1	内隐序列学习与注意负荷关系的实验研究	卢张龙	天津师范大学	2011,(6):561-568
《心理科学》				
1	两种范式下有意遗忘的实验研究	白学军	天津师范大学	2011,34(1):2-6
2	部分线索效应的作用机制	刘希平	天津师范大学	2011,34(1):82-87
3	中学教师社会化过程：交互作用视角	马华维	天津师范大学	2011,34(1):145-150
4	非注意状态下拓扑性质优先加工的电生理学证据	王 钰	天津师范大学	2011,34(1):201-205
5	窗口大小、呈现速度和字号对引导式文本阅读的影响	白学军	天津师范大学	2011,34(2):278-283
6	书写和阅读中的镜像错误及其脑机制	马恒芬	中国民航大学	2011,34(3):552-557
7	职业弹性对工作绩效和职业满意度影响的实证研究	李 霞	南开大学	2011,34(3):680-685
8	组织内信任研究的核心问题及其发展趋势	马华维	天津师范大学	2011,34(3):696-702
9	辨别任务中线索有效性对儿童返回抑制发展的影响	唐卫海	天津师范大学	2011,34(4):839-844

序号	文章名称	第一作者	单位	年、卷、期
10	城市低龄老年人的需要满足状况、社会支持和心理健康的关系研究	吴　捷	天津师范大学	2011,34(5):1130-1136
11	社会支持网络对城市贫困人口身心状况的影响	贺寨平	天津师范大学	2011,34(5):1144-1150
12	2000—2009 年国内心理学论文研究热点的计量分析	王　涓	天津市科学技术信息研究所	2011,34(5):1209-1215
《中国临床心理学杂志》				
1	刻板印象内容模型的确认、测量及卷入的影响	管　健	南开大学	2011,19(2):184-188,191
2	寻求心理咨询帮助的行为意向问卷的修订	郝志红	天津医科大学	2011,19(3):309-311
3	自尊在完美主义和抑郁间的中介效应研究	杨　丽	天津大学	2011,19(3):335-339
4	团体辅导对大学生寻求专业性心理帮助意向影响的研究	郝志红	天津医科大学	2011,19(5):699-702
《心理与行为研究》				
1	词边界信息和词频在汉语阅读中的作用	李　馨	天津师范大学	2011,9(2):133-139
2	词频、可预测性及合理性对目标词首次注视位置的影响	吴　捷	天津师范大学	2011,9(2):140-146
3	交互分析理论对改善人际交往困惑的应用	孙　颖	天津大学	2011,9(2):147-153
4	决策任务反应模式对偏好反转的影响	常光伟	天津师范大学	2011,9(3):176-180
5	内隐序列学习不受注意负荷的影响：来自眼动的证据	卢张龙	天津师范大学	2011,9(3):214-218
6	自我调节学习量表的修订：发展性研究	苏　丹	天津师范大学	2011,9(3):225-230
7	高校教师知识共享态度的相关研究	陈世平	天津师范大学	2011,9(4):251-255
8	青少年决策中的风险选择框架效应	王青春	天津师范大学	2011,9(4):268-272,309
9	成语具体性效应的眼动研究	余莉莉	天津师范大学	2011,9(4):273-280
10	眼跳任务中的偏心距效应	田　静	天津师范大学	2011,9(4):286-290,314
11	词边界信息和词频在汉语阅读中的作用	李　馨	天津师范大学	2011,9(2):133-139
12	词频、可预测性及合理性对目标词首次注视位置的影响	吴　捷	天津师范大学	2011,9(2):140-146
13	交互分析理论对改善人际交往困惑的应用	孙　颖	天津大学	2011,9(2):147-153
《应用心理学》				
1	亲子关系对自尊的影响：一项基于贫困大学生的研究	乐国安	南开大学	2011,17(1):3-9
新闻学与传播学				
《编辑学报》				
1	彻查科技论文学术不端的编辑策略	王新英	天津大学	2011,(3):231-232
2	中国少儿出版产业链的瓶颈和对策	李　向	新蕾出版社	2011,(4):33-34
3	“国际医学”系列期刊主要引用计量指标统计与分析	张　彤	天津市医学科学技术信息研究所	2011,(4):53-55
4	《新闻画报》的出版背景释疑	张紫微	南开大学	2011,(6):111-112
5	我国“听书”产业在网络下的发展和标杆性策略分析	杨　航	南开大学	2011,(8):73-76
6	基于需求导向的数字出版产业生态系统的研究	徐　艳	天津外国语大学	2011,(8):81-84
7	当代中国动漫出版体系转型探讨	李　晖	天津财经大学	2011,(9):31-33
8	“轻解罗裳”释义商榷	程晓英	天津工业大学	2011,(10):87
9	“数字出版”的界定及其法律规制——“百度文库侵权案”引发的思考	王　熙	天津工业大学	2011,(10):91-93
10	双效出版物选题策划刍议	郑　澎	天津出版传媒集团	2011,(11):35-37
《中国科技期刊研究》				
1	利用 Google Analytics 追踪科技期刊门户网站流量数据	王　玥	中国肺癌杂志编辑部	2011,22(2):248-252
2	中文学术期刊翻译类栏目设立的实践——以《中国肺癌杂志》为例	南　娟	天津医科大学总医院	2011,22(3):446-448
3	我国出版体制的改革对高等院校学报的影响	陈丽丽	天津科技大学	2011,22(5):685-687

序号	文章名称	第一作者	单位	年、卷、期
4	海洋科技期刊作者群分析及核心竞争力探寻	杨 瑞	国家海洋信息中心	2011, 22(5):720-723
5	重视高校学报编辑的初审工作	胡玲玲	天津城市建设学院	2011, 22(5):774-775
《现代传播：中国传媒大学学报》				
1	论网络舆论生成的三要素	王艳玲	天津师范大学	2011, (4):138-139
2	当代西方激进媒介理论视阈中的“维基解密”	张建中	天津外国语大学	2011, (5):109-111
3	“国际电视包装与品牌塑造推广”研讨会会议综述	王艳玲	天津师范大学	2011, (7):130-131
4	中国戏曲互联网传播的受众及其需求	云海辉	天津工业大学	2011, (8):82-85
《国际新闻界》				
1	当民主遭遇威权政治：他信对泰国媒体的控制	张建中	天津外国语大学	2011, 33(2):94-99
《新闻大学》				
1	卷入度对品牌原产地效应的影响作用探究	王晓璐	天津师范大学	2011, (3):104-109
2	把握舆情转化临界点讲求舆论引导艺术性——物质相变规律对舆论引导的借鉴与启示	赵雅文	天津师范大学	2011, (3):136-141
《编辑之友》				
1	对当代动漫产业现状的几点思考	王 刚	天津财经大学	2011, (6):63-64
《新闻与传播研究》				
1	和谐社会背景下“舆论雪崩”的控制与疏导——辩证法三大规律对社会舆情转化及引导的启示	赵雅文	天津师范大学	2011, 18(3):106-109
《新闻记者》				
1	记者怎样面对学者——一个社会学者给记者朋友的六点提示	关 颖	天津社会科学院	2011, (5):18-20
2	让科学走出象牙塔——浅析松鼠会的科学传播策略	罗 红	南开大学	2011, (5):37-40
《出版科学》				
1	三审制现实之困的制度成因及改进建议	马瑞洁	南开大学	2011, (2):27-30
2	浅析出版企业成长的结构效应	原继东	天津大学	2011, (4):42-45
《出版发行研究》				
1	中国男性期刊研究中的五个问题	陈 宁	南开大学	2011, (2):57-61
2	三审制的现实之困及其突破	马瑞洁	南开大学	2011, (3):25-28
3	试论编辑如何面对数字出版	冯书生	天津社会科学院	2011, (3):43-46
4	我国出版企业的成长动力研究	原继东	天津大学	2011, (8):27-31
《当代传播》				
1	视听信息数字化与传播差异性竞争	梁婷婷	南开大学	2011, (1):82-85
2	“群氓”VS“民众崇拜”——网络语境下大众两种角色的学理透视	孙卫华	天津师范大学	2011, (2):17-20
3	试论传统报业衰退的系统机理	尹良润	天津师范大学	2011, (4):62-64
《中国出版》				
1	媒介转企改制的产权理论分析	陈 鹏	南开大学	2011, (1):17-21
2	国外传媒集团的并购经营及对我国出版业的启示	梁小建	南开大学	2011, (2):13-16
3	数字时代的版权纠纷——纸质文化作品的网络版权保护	李静一	天津财经大学	2011, (8):48-52
4	打开游戏之门——西方儿童文学意义的转变对童书出版的启示	李娟娟	今晚传媒集团智力杂志社	2011, (15):33-36
5	媒介融合中提升主流媒体舆论引导能力的思考	梁小建	南开大学	2011, (16):9-13
6	人文社科学术期刊网络化发展模式可行性探析	时世平	天津社会科学杂志社	2011, (17):49-51
《中国编辑》				
1	“校法四例”在编辑工作中的运用	刘 勇	百花文艺出版社	2011, (1):24-27

序号	文章名称	第一作者	单位	年、卷、期
		艺术学		
《文艺研究》				
1	景观化的中国——都市想象与都市异居者	周志强	南开大学	2011,(4):88-98
2	柏林文化状况中的克拉考尔——从生命经历到电影观念	李政亮	南开大学	2011,(6):85-94
《中国音乐学》				
1	第七届国际音乐考古学研讨会综述	刘　研	天津音乐学院	2011,(2):140-143
2	楚简“乐之百之赣之”试解	方建军	天津音乐学院	2011,(3):71-74
3	与崔宪先生再商榷——对《一篇缺少学术含量的“音乐评论”》一文的回应	徐荣坤	天津音乐学院	2011,(4):91-100
《中国音乐》				
1	大师驾鹤，挚友痛悼——泣祭冯光钰先生	唐朴林	天津音乐学院	2011,(2):1-2,72
2	“第七届国际音乐考古学学术研讨会”简述	夏侯玲玲	天津音乐学院	2011,(2):176-178
《民族艺术》				
1	天津旅游纪念品设计开发研究	钟　蕾	天津理工大学	2011,(3):118-121
《交响：西安音乐学院学报》				
1	子犯编钟音列组合新说	方建军	天津音乐学院	2011,30(1):19-21
《黄钟：武汉音乐学院学报》				
1	结构主义与音乐	张巨斌	天津师范大学	2011,(2):122-126
2	《律吕精义·乐器图样》读札	方建军	天津音乐学院	2011,(4):257-260
3	中国古代量音技术索隐	郭树群	天津音乐学院	2011,(4):267-277
《人民音乐》				
1	“微变奏”导论	顾之勉	天津音乐学院	2011,(5):76-79
2	桃李芬芳，师恩难忘——从学生音乐会看石惟正的声乐教育思想	宋　鸽	天津音乐学院	2011,(6):10-13
3	二胡曲创作中移植手法的思考与展望	金　蓝	天津音乐学院	2011,(9):32-35
4	永恒的魔咒——瓦格纳《指环》之“洛杉矶风格”解析	林　萍	天津音乐学院	2011,(11):70-73
《中国电视》				
1	“三网融合”时代电视媒体面临的新挑战	李慧娟	天津电视台	2011,(5):94-95
《北京电影学院学报》				
1	30年来中国纪录片的内在精神与外在形式	刘忠波	南开大学	2011,(1):39-42
		语言学		
《当代语言学》				
1	在MP理论平台上的人类语言研究	宁春岩	天津师范大学	2011,13(3):226-236
2	《话题与焦点：从跨语言的视角审视语义与语调》介绍	Lee,C.	天津师范大学	2011,13(3):275-278
《中国语文》				
1	辛集方言两字组连读变调与轻声	孔祥卿	南开大学	2011,(1):63-70
2	上古汉语“诚”、“果”语气副词用法的形成与发展	谷　峰	南开大学	2011,(3):241-249
3	山西山阴方言的拷贝式话题句	郭利霞	南开大学	2011,(3):253-259
4	吴语临绍小片的主观小量标记	盛益民	南开大学	2011,(6):536-539
5	普通话上声的本质是低平调——对《汉语平调的声调感知研究》的再分析	石　锋	南开大学	2011,(6):550-555
《现代外语》				
1	《二语研究中的问卷——编制、实施与数据处理》(第二版)评介	张文忠	南开大学	2011,34(3):320-322

序号	文章名称	第一作者	单位	年、卷、期
《外语界》				
1	教学法“死亡”了吗——论外语教学中教师中心角色的回归	常海潮	天津理工大学	2011,(3):36-43
2	《二语研究中的有声思维法争议》述评	吴延国	南开大学	2011,(4):93-96
3	面向翻译的术语能力：理念、构成与培养	王少爽	南开大学	2011,(5):68-75
《中国翻译》				
1	建构“社会翻译学”：名与实的辨析	王洪涛	天津外国语大学	2011,32(1):14-18
2	翻译项目管理与职业译员训练	王传英	南开大学	2011,32(1):55-59
3	集体记忆的千年传唱：藏蒙史诗《格萨尔》的翻译与传播研究	王宏印	南开大学	2011,32(2):16-22
4	汉英语篇结构非对应与思维模式转换	吕世生	南开大学	2011,32(4):60-63
5	编辑出版家林语堂的编译行为研究	冯智强	天津工业大学	2011,32(5):27-33
6	译品双璧，译事典范——林戊荪先生典籍英译探究侧记	王宏印	南开大学	2011,32(6):7-11
7	被遮蔽的另面景观：“学衡”派翻译研究	王雪明	南开大学	2011,32(6):27-31
8	Proletariat 中文翻译的文化解读	林克难	天津外国语大学	2011,32(6):69-70
《语言教学与研究》				
1	维吾尔族学习者习得汉语单字调的感知实验研究	易 斌	天津师范大学	2011,(1):26-33
《外语与外语教学》				
1	迷惘与挣扎——《白牙》的“离散”主题分析	马红旗	南开大学	2011,(4):71-74,82
2	赛珍珠何以被排除在“她们自己的文学”之外——以《群芳亭》为中心的研究	徐 清	南开大学	2011,(5):83-86
《语言科学》				
1	郑众、郑玄的“谐声”观及其对后世的影响	李玉平	天津师范大学	2011,10(2):142-149
《方言》				
1	镇江方言声调音系过程的管辖音系学解释	贺俊杰	南开大学	2011,(1):37-43
2	秦晋沿黄河方言声调的演变及其自然人文背景	王临惠	天津师范大学	2011,(3):223-232
《外语教学与研究》				
1	可及性和生命性对中国学生习得英语关系从句的影响——基于优选论的分析	侯建东	天津大学	2011,43(5):702-711
《解放军外国语学院学报》				
1	技术写作与职业翻译人才培养	王传英	南开大学	2011,34(2):69-73
2	试论 feudalism 与“封建”对译的政治	胡翠娥	南开大学	2011,34(4):76-80,85
3	论《伊斯坦布尔——记忆与城市》中的“呼愁”	张 虎	南开大学	2011,34(5):122-126
《暨南大学华文学院学报》				
1	二语习得和语言接触的关系——分析留学生汉语元音发音的偏误	石 锋	南开大学	2011,(1):14-20
《世界汉语教学》				
1	北京话、四川话歧义“动单+名单”结构的语音差异及意义	冉启斌	南开大学	2011,25(4):435-448
《汉语学习》				
1	“三个工厂的工人”类词组歧义倾向性研究——来自眼动实验的证据	于 秒	南开大学	2011,(2):52-59
2	朝鲜时代汉语教科书研究综述	刘春兰	南开大学	2011,(2):98-105
3	俄罗斯留学生使用“了”的偏误分析	王红厂	南开大学	2011,(3):99-104
《民族语文》				
1	韩国语 kim tʃhi“泡菜”探源	朴爱华	南开大学	2011,(2):22-28

序号	文章名称	第一作者	单位	年、卷、期
2	回辉话的性质特点再探讨	曾晓渝	南开大学	2011,(3):17-25
3	鄂伦春语双音节词重音实验语音学报告	李　兵	南开大学	2011,(3):48-55
	哲　学			
《哲学研究》				
1	朱子心性论的结构及其内在张力	乔清举	南开大学	2011,(2):28-35
2	历史唯物主义与政治哲学的变革	李淑梅	南开大学	2011,(4):22-28
3	评蒂利希对马克思唯物史观的研究	于　涛	南开大学	2011,(6):28-33
《自然辩证法研究》				
1	重新梳理和思考笛卡尔的身心问题	贾江鸿	南开大学	2011,27(3):1-6
《哲学动态》				
1	共代数模态逻辑研究述评	李　娜	南开大学	2011,(1):100-106
2	论证据决策理论的困境与出路	李章吕	南开大学	2011,(6):84-89
3	天人合一论的生态哲学进路	乔清举	南开大学	2011,(8):69-76
4	与望月清司"历史理论"的相遇	王南湜	南开大学	2011,(9):13-19
5	"文化'三自'与社会主义核心价值体系"理论研讨会综述	段素革	天津社会科学院	2011,(9):107-108
6	解悖方法研究近况	李　娜	南开大学	2011,(11):100-103
《世界哲学》				
1	康德著作英译文本的特点分析与汉语误译——与何兆武先生商榷	张国敬	天津外国语大学	2011,(1):143-149
2	马克斯·舍勒的质料先天主义	钟汉川	南开大学	2011,(6):16-28
《现代哲学》				
1	笛卡尔的直观理论新探	贾江鸿	南开大学	2011,(2):66-71
2	论作为现象学"意向性"概念之起源的笛卡尔式"夸张的怀疑"	宋　斌	南开大学	2011,(2):72-77
3	论马克思主义哲学的再生产难题——以阿尔都塞的解答方案为视角	王时中	南开大学	2011,(3):7-13
《伦理学研究》				
1	马克思博士论文的政治伦理向度——兼论其与近代契约论的关联	陈　菊	南开大学	2011,(3):70-74
2	意志软弱何以可能——哈里·G·法兰克福自主性理论框架内的道德心理学分析	段素革	天津社会科学院	2011,(4):80-84
《科学技术哲学研究》				
1	科学实在论的指称问题与拉姆齐语句的解答	贾向桐	南开大学	2011,28(2):71-75
2	科学危机的哲学干预及其政治取向——论阿尔都塞的科学危机观	王时中	南开大学	2011,28(3):97-101
3	冯·诺依曼的计算机科学哲学思想	任晓明	南开大学	2011,28(4):18-22
《中国哲学史》				
1	论"仁"的生态意义	乔清举	南开大学	2011,(3):21-30
《道德与文明》				
1	试论民主政治的伦理意蕴与道德追求	寇鸿顺	天津师范大学	2011,(1):145-150
2	比较视野中儒家忠恕思想的特点探究	安晋军	天津商业大学	2011,(2):82-88
3	略论生态文明意识及其建构	漆　玲	中共天津市委党校	2011,(2):125-128
4	道德滑坡还是范式转换——论社会转型时期的道德困境及其出路	邹平林	南开大学	2011,(2):143-147
5	现代日本中老年离婚热背后的伦理考察	张冬冬	南开大学	2011,(2):148-152

序号	文章名称	第一作者	单位	年、卷、期
6	“社会主义和谐社会与社会公正”学术研讨会综述	张 达	天津社会科学院	2011,(2):157-158
7	和谐社会呼唤公德	阎孟伟	南开大学	2011,(3):97-101
8	“文化‘三自’与社会主义核心价值体系”理论研讨会综述	冯书生	天津社会科学院	2011,(3):142-146
9	国内外集体主义思想研究综述	杜鸿林	天津师范大学	2011,(3):147-151
10	网络道德问题研究综述	李雅梅	天津医学高等专科学校	2011,(3):152-157
11	儒家“礼”思想对当代道德教育的启示	庾良辰	天津中德职业技术学院	2011,(4):91-93
《孔子研究》				
1	“孝”义考原——兼论先秦儒家“孝”的伦理观	周延良	天津师范大学	2011,(2):86-95
《周易研究》				
1	论儒家自然哲学的天道时序观及其生态意义——以《易传》为中心	乔清举	南开大学	2011,(5):48-56
政治学				
《美国研究》				
1	美国土地征收中的“公共利益”	高建伟	天津商业大学	2011,25(3):126-141
《欧洲研究》				
1	单极体系的影响与中国的战略选择	刘 丰	南开大学	2011,29(2):15-29
2	“利比亚危机”笔谈：从利比亚撤侨看中国海外国家利益的保护	吴志成	南开大学	2011,29(3):30-32
《现代国际关系》				
1	中东北非政治剧变之启示	吴志成	南开大学	2011,(3):15-16
《政治学研究》				
1	“中国模式”的争论与思考	高 建	天津师范大学	2011,(3):72-85
2	美国宪法的民主批判	佟德志	天津师范大学	2011,(3):93-100
《中共党史研究》				
1	二十世纪三四十年代华北根据地春节文娱述评	李军全	南开大学	2011,(2):92-99
2	试析一九五二年至一九五四年中央行政体制的调整	徐 悦	南开大学	2011,(6):29-38
3	“中国共产党与中国现代化”国际学术研讨会述要	张 健	南开大学	2011,(6):124-126
4	抗战以来中共领导的机关生产之变迁	樊云剑	南开大学	2011,(8):64-70
《当代亚太》				
1	安全预期、经济收益与东亚安全秩序	刘 丰	南开大学	2011,(3):6-25
2	国际冲突调停的理论与方法争鸣——评《调停国际危机》、《国际冲突调停》与《国际调停互动》	陈 冲	南开大学	2011,(3):132-157
3	东亚区域间主义：理论与现实	肖 斌	南开大学	2010,(6):32-48
《国家行政学院学报》				
1	群体性事件中的冲突升级及遏制机制研究	许 尧	南开大学	2011,(1):17-21
2	政府转型与政府创新研究述略	赵景来	天津社会科学院	2011,(1):68-72
3	政治文化视野中的基层政权运作探析	庾良辰	天津中德职业技术学院	2011,(2):36-41
4	利益平衡视野下我国公司的职工参与权制度研究	郝 磊	天津师范大学	2011,(2):57-60
5	我国古代前馈控制思想对现代社会管理的启示	阎耀军	天津工业大学	2011,(3):57-60
《求是》				
1	消极与积极并存：明朝建国前后祭祀活动述论	南炳文	南开大学	2011,38(1):126-140
2	朝鲜王朝对明朝的“宗系之辨”及政治意义	高艳林	南开大学	2011,38(4):141-147

序号	文章名称	第一作者	单位	年、卷、期
3	试论郑振铎的词学研究	孙克强	南开大学	2011,38(5):123-130
《外交评论：外交学院学报》				
1	中美关系中的议题联系与议题脱钩	周　舟	南开大学	2011,28(1):118-127
《东北亚论坛》				
1	当代俄罗斯贫富分化的危机与超越	庄晓惠	天津工业大学	2011,20(2):98-110
2	日本强震及核危机对世界经济的影响分析	王　俊	中共天津市委党校	2011,20(4):3-13
3	国际区域经济一体化进程与中国	宫占奎	南开大学	2011,20(4):14-20
4	中俄经济转型初期经济政治目标关系对比分析	王永志	天津师范大学	2011,20(4):63-70
5	美国的新重商主义贸易政策与中美贸易摩擦发展趋势分析	王　威	天津商业大学	2011,20(5):3-11
《中共中央党校学报》				
1	中国制造：环境成本及风险控制	樊良树	南开大学	2011,15(1):33-36
2	破除权责壁垒，推动地方政府转变职能	张　翔	南开大学	2011,15(2):33-37
《国际政治研究》				
1	国内学界关于马克思主义国际关系理论及其中国化研究——进展与问题	王存刚	天津师范大学	2011,32(3):81-98
《国际论坛》				
1	从对等平衡到威慑平衡——1970 年约旦危机与美国中东政策的转变	刘合波	南开大学	2011,13(1):34-39
《江苏行政学院学报》				
1	系统性完善与培育府际伙伴关系——关于“对口支援”制度的初步研究	朱光磊	南开大学	2011,(2):85-90
2	政治集权与经济分权配置制度的绩效与问题	杨　龙	南开大学	2011,(5):76-83
《日本学刊》				
1	塑造沙漏型产业结构：日本新一轮产业结构调整的特征与趋势	白雪洁	南开大学	2011,(2):81-95
2	日本经济危机对策与产业结构调整——以产业政策范式的影响为视角	平力群	天津社会科学院	2011,(2):96-111
3	中国日本思想史研究 30 年	刘岳兵	南开大学	2011,(3):53-57
4	日本人口减少及老龄化对综合国力的影响——兼论日本的人口政策及效果	田香兰	天津社会科学院	2011,(5):107-121
《上海行政学院学报》				
1	后危机时代跨国公司对华投资行为变化与我国外资政策调整	刘　畅	天津财经大学	2011,12(2):79-86
2	当代中国意识形态转型研究述评	郑兴刚	南开大学	2011,12(2):95-103
3	两个平台、四个支柱：略论构建服务型政府的前提条件	赵聚军	南开大学	2011,12(3):40-49
4	集体行动的多元逻辑：情绪、理性、身份与承认	高春芽	天津师范大学	2011,(4):27-36
《理论探讨》				
1	城市圈在国内区域治理中的作用	杨　龙	南开大学	2011,(1):27-31
2	党代会常任制难以推行的原因分析	赵铁锁	南开大学	2011,(2):104-107
3	论中国共产党执政资源的有效利用及其优势拓展	郭亚全	天津师范大学	2011,(3):15-18
4	马克思主义时代化的理论目标与实践目标	余金成	天津师范大学	2011,(3):22-25
5	马克思世界观的内涵及特点——由近年来历史唯物主义的争论说起	杨仁忠	天津师范大学	2011,(4):70-73
《俄罗斯中亚东欧研究》				
1	论哈萨克斯坦三玉兹的关系	杨　雷	南开大学	2011,(1):71-75
2	俄罗斯转型期的国家制度能力与经济发展	黄秋菊	南开大学	2011,(3):41-46

序号	文章名称	第一作者	单位	年、卷、期
《北京行政学院学报》				
1	服务型政府建设与政府间纵向关系调整	薛立强	天津商业大学	2011,(2):25-29
《新视野》				
1	中国与欧盟应对气候变化的合作：成就与挑战	孔凡伟	天津外国语大学	2011,(1):94-96
2	民主革命时期中国共产党的国际交往	王天韵	南开大学	2011,(3):7-9
3	中国共产党领导新中国社会建设的基本经验	钦建军	中共天津市委党校	2011,(4):57-60
《妇女研究论丛》				
1	从性别视角看丁玲小说中的身体书写	陈　宁	南开大学	2011,(2):74-79
2	解析阴魂附体的“处女”癖	杜芳琴	天津师范大学	2011,(3):62-63
3	对“十七年”女性文学史建构的省思	宋声泉	南开大学	2011,(3):91-95,107
4	不辨他者，何以自明——《性别研究：理论背景与文学文化阐释》评介	刘　堃	南开大学	2011,(4):109-112
5	女性公务员个体因素对同龄退休支持度影响的实证研究	张再生	天津大学	2011,(5):27-33,69
《党史研究与教学》				
1	中共“双十节”纪念述论(1937—1949)	李军全	南开大学	2011,(5):33-41
《党的文献》				
1	延安时期中国共产党的妇女政策	王纪鹏	天津师范大学	2011,(2):73-79
2	李大钊理想中的社会主义	赵壮道	天津师范大学	2011,(2):123-124
3	亲民之仆，治事之官——延安时期的县长群体	杨　东	天津商业大学	2011,(4):124-125
《求实》				
1	论现代思想政治教育目的观	闫　艳	天津师范大学	2011,(1):67-70
2	政党涵义新探	秦立海	天津大学	2011,(4):19-22
3	我国农村公共产品供给制度演变及其完善研究	董明涛	天津大学	2011,(5):83-86
4	对“钱学森之问”的思考	杨桂华	中共天津市委教育工作委员会	2011,(6):61
5	“以苏为鉴”与社会主义的合理性论证——由《论十大关系》缺少科学技术与经济建设关系论述的缘由谈起	刘孜勤	天津工业大学	2011,(9):76-78
6	以构建个体心理和谐增强思想政治教育实效性研究	詹启生	天津大学	2011,(10):77-80
7	努力赢得物联网及其产业发展的先机	张全升	天津星通联华物联网应用技术研究院	2011,(16):42-43
《德国研究》				
1	马丁·路德精神困苦的起源和实质	张仕颖	南开大学	2011,(3):72-78
《中国青年研究》				
1	建党90年来中国青年运动的基本历程与基本经验	于俊如	天津商业大学	2011,(7):24-29
2	解构我国普通初中教育的区域差异：教育福利的视角——基于我国31省市初中教育状况的定量研究	万国威	南开大学	2011,(8):59-64
3	“村官”政策实施效果与完善建议——天津市12区县575名大学生“村官”调查	南开大学“村官”课题组	南开大学	2011,(11):56-59
《理论与改革》				
1	生态文明理论与党的执政能力	张　明	南开大学	2011,(1):37-40
2	自由主义公民身份理论及其限度	高景柱	天津师范大学	2011,(2):31-34
3	从身份到契约——劳动关系中商业秘密法律保护方式的发展	张丽霞	南开大学	2011,(2):137-140
4	有中国特色的福利国家时代的来临、挑战与策略：《社会保险法》的社会政策分析	邓宁华	南开大学	2011,(3):27-29
5	政治学视域下的北宋新旧党争探析——摆脱党争困境的一些思考	罗　洪	南开大学	2011,(4):30-32

序号	文章名称	第一作者	单位	年、卷、期
6	“问题化”逻辑：弱势群体抗争行动的一种解释	韦长伟	南开大学	2011,(5):97-100
7	从对口合作到区域合作：后援建时代地方合作的应然转变	郑春勇	南开大学	2011,(5):144-146
8	政策群理论及其应用——以“十一五”期间成功关停小火电为例	薛立强	天津商业大学	2011,(6):91-95
9	社会网络对大学生从学校向工作转换成功影响的实证研究	张再生	天津大学	2011,(6):105-110
《太平洋学报》				
1	交易政治观的演变、应用及其局限	张国军	南开大学	2011,19(4):1-11
2	金融危机背景下全球贸易波动的“构成效应”和“共振效应”	王　岚	天津财经大学	2011,19(4):64-71
3	单极结构下的体系效应与国家行为——兼论中国的战略选择	刘　丰	南开大学	2011,19(7):41-52
4	人民币国际化进程中的货币替代与货币竞争博弈分析	刘　玲	天津商业大学	2011,19(9):64-71
5	海洋法争端解决机制与中国海洋争端解决政策的选择	孙立文	天津师范大学	2011,19(9):72-80
6	金融危机背景下的宏观审慎监管	李志辉	南开大学	2011,19(10):43-48
7	从海权战略向海洋战略的转变——20世纪50—90年代美国海洋战略评析	刘　佳	国家海洋信息中心	2011,19(10):79-85
《东南亚研究》				
1	太平洋战争期间日本对东南亚的贸易统制研究	毕世鸿	南开大学	2011,(2):83-88
《东南学术》				
1	日本大地震与核危机对亚洲经济增长的影响及评价	王　俊	中共天津市委党校	2011,(5):51-57
《探索》				
1	建构党委新闻发言人制度的时代逻辑与路径解析	倪明胜	中共天津市委党校	2011,(1):36-40
2	近年来我国意识形态安全研究综述	王　勇	天津社会科学院	2011,(2):16-20
3	中国共产党与中国特色社会主义三题	张景荣	天津社会科学院	2011,(3):4-10
4	对行政问责模式的比较分析及反思	韩志明	天津师范大学	2011,(4):77-82
5	公共项目的投资决策困境分析及对策研究	和春军	天津大学	2011,(4):83-86
6	先进性和创新性：党的建设一以贯之的基本经验	蒋宗文	天津工业大学	2011,(5):41-44
《中国青年政治学院学报》				
1	构建大学生核心价值体系引领范式的思考	王　良	天津青年职业学院	2011,30(3):84-88
2	以校园网络文化为载体建立服务大学生网络的新途径	王　荃	天津大学	2011,30(3):38-41
3	论农民专业合作社发展中的政府作用	王艺华	天津大学	2011,30(4):74-77
中国文学				
《文学评论》				
1	逞才游艺与魏晋南朝诗歌及诗学	张峰屹	南开大学	2011,(5):31-39
2	论诗与诗人的自我疗救——以灰娃、张烨、舒婷1966—1978年的创作为主	李贞玉	南开大学	2011,(5):108-113
《文艺争鸣》				
1	生活空间艺术与城市视觉文化品牌的塑造	陈高明	天津大学	2011,(2):24-25
2	艺术设计教育对创新型国家建设的重要意义	朱雁津	天津美术学院	2011,(2):152-154
3	构建城市形象的价值及意义	蒋　琨	天津职业技术师范大学	2011,(4):21-22
4	中国传统绘画空间意识的特性	徐学凡	南开大学	2011,(4):40-42
5	中国审美文化之设计元素阴阳变奏	白　路	天津工业大学	2011,(4):65-67
6	设计主体的缺失及能动性的回归	董　雅	天津大学	2011,(4):138-139

序号	文章名称	第一作者	单位	年、卷、期
7	城市更新中的广义设计倾向——以北京什刹海历史文化保护区为例	吴　卉	天津大学	2011,(4):140-142
8	广义设计学观念下的现代艺术设计教育	陈高明	天津大学	2011,(4):155-157
9	乌尔姆通识教育理念启示录	初　冬	天津大学	2011,(4):157-159
10	一个作家的重生——关于萧红的当代文学影响力	张　莉	天津师范大学	2011,(5):33-38
11	当代中国山水画风格式样初探	白　杨	南开大学	2011,(5):79-80
12	从“和而不同”走向审美生活——试论中国传统文化视野下的设计关怀	白　路	天津工业大学	2011,(6):39-40
13	从历史的发展看未来的艺术设计	张　玲	天津大学	2011,(6):48-50
14	设计何处安放——反思设计的位置与角色	赵　伟	天津大学	2011,(6):50-52
15	非跨界不设计——从时尚品牌的跨界设计看设计的融创精神	夏缘缘	天津大学	2011,(6):53-54
16	生态设计观：多元共生营造绿色生活	郝卫国	天津大学	2011,(6):55-57
17	漫谈中国风筝艺术	刘　卉	天津工业大学	2011,(6):138-140
18	上世纪 40 年代的知识分子文化乌托邦构建——以“战时文化重建运动”为例	李　国	南开大学	2011,(7):71-77
19	《中国新诗总系》的编选原则与史料问题	李润霞	南开大学	2011,(11):26-38
《中国现代文学研究丛刊》				
1	舒芜的妇女观及其性别文化批评	乔以钢	南开大学	2011,(5):90-101,217
2	作为研究方法的“浮出之前”——评张莉《浮出历史地表之前：中国现代女性写作的发生(1898-1925)》	刘　堃	南开大学	2011,(5):208-214
3	曹禺研究的新起点——纪念曹禺诞辰100周年国际学术研讨会综述	李锡龙	南开大学	2011,(8):213-215
4	《蜕变》与《莫斯科天空下》——从一篇佚文看曹禺的思想与创作	李　扬	南开大学	2011,(9):159-166
5	“中国现代诗歌的语言”国际学术研讨会综述	罗　麒	南开大学	2011,(11):216-219
《中国比较文学》				
1	反思与前瞻：比较文学与世界文学研究和教学——中国“比较文学与世界文学”博导高层论坛会议综述	郝　岚	天津师范大学	2011,(4):154-156
《文学遗产》				
1	以传奇为传记：姚燧散文读札	查洪德	南开大学	2011,(1):138-140
2	唐传奇校读札记(三)	李剑国	南开大学	2011,(2):30-45
3	明代戏曲家王元寿考	裴　喆	南开大学	2011,(2):117-124
4	蜂腰论	卢盛江	南开大学	2011,(3):22-30
5	明代文学思想个案研究的整体观照	罗宗强	南开大学	2011,(3):132-134
《当代文坛》				
1	沉潜中的灵魂——“中间代”诗歌的历史定位与价值估衡	邵　波	南开大学	2011,(4):73-75
《南方文坛》				
1	资本•劳动•女性——论郑小琼作为打工妹主体社会/文学形象的浮现	张　莉	天津师范大学	2011,(2):45-48,56
2	作为新世纪文学现象的“《秦腔》热”	李彦文	南开大学	2011,(5):80-84
《文艺理论与批评》				
1	《小说神髓》与日本近代的写实主义文学	甘丽娟	天津师范大学	2011,(4):100-104
2	文化认同危机下的“五四”乡土叙事	李俊霞	南开大学	2011,(5):77-80
《鲁迅研究月刊》				
1	当代问题开启现代文学研究新视野——“中国现代文学与文化”国际学术研讨会纪要	刘　堃	南开大学	2011,(4):93-96,89

序号	文章名称	第一作者	单位	年、卷、期
2	在骨子"依旧"中上下求索——鲁迅小说中的辛亥革命言说	张铁荣	南开大学	2011,(9):19-26
3	写实主义的边界：重新解读《伤逝》中的性别问题	刘　堃	南开大学	2011,(9):27-36,90
4	"纪念鲁迅诞辰130周年学术讨论会"综述	林　晨	南开大学	2011,(9):76-79
《明清小说研究》				
1	《聊斋志异》与清初文化价值取向	宁稼雨	南开大学	2011,(2):189-195
2	祝贺、敬意与愿景：学术苑囿《明清小说研究》百期华诞感言	陈　洪	南开大学	2011,(3):6-7
3	口传叙事、书写叙事及其相互转化——以中国古代小说为中心	孟昭连	南开大学	2011,(3):12-28
《民族文学研究》				
1	革命进程中民族、性别关系的文学构建——以新疆革命题材作品为中心	王志萍	南开大学	2011,(2):26-33
2	元诗中的一朵奇葩——论元代的天宝宫词	涂小丽	南开大学	2011,(3):40-44
3	钟敬文在日本的文学活动与民俗研修	吴　真	南开大学	2011,(3):118-132
4	契丹人石抹宜孙与元末浙东文坛	罗海燕	南开大学	2011,(5):105-112
宗教学				
《世界宗教研究》				
1	埃琉息斯秘仪与奥尔菲斯教之比较	梁小平	南开大学	2011,(2):165-171
《宗教学研究》				
1	天地门教抉原	濮文起	天津社会科学院	2011,(1):178-190
2	民间信仰与村落和谐空间的建构：对大义店村冰雹会的考察	侯　杰	南开大学	2011,(2):203-208
3	道教视域下的葛逻禄诗人廼贤	刘嘉伟	南开大学	2011,(2):232-235
《中国宗教》				
1	试论中国民间信仰的空间呈现与表达	侯　杰	南开大学	2011,(4):27-31
2	但去莫复问，白云无尽时——回忆从事宗教工作的老同事	刘洪源	天津市宗教局研究室	2011,(10):40-42
综合性社会科学				
《中国社会科学》				
1	"社会形态理论与历史价值观"笔谈：马克思社会形态理论的四次论说及历史哲学意义	庞卓恒	天津师范大学	2011,(1):18-28
2	宋代文白消长与小说语体之变	孟昭连	南开大学	2011,(3):185-198
3	汉唐地理数术知识的演变与古代地理学的发展	潘　晟	天津师范大学	2011,(5):167-181
《学术月刊》				
1	儒学在近代的历史命运：败也西学，成也西学	李富所	南开大学	2011,43(2):56-61
2	农地适度非农化：寻求合理的实现机制	周立群	南开大学	2011,43(2):78-85
3	"自我"是什么——前期维特根斯坦"形而上学主体"概念解析	徐　弢	南开大学	2011,43(4):53-60
4	第三种经济学理论体系的探索者——贾根良教授访谈	贾根良	南开大学	2011,43(6):155-160
5	中国究竟有几大古都——民国以来中国大古都不断认定的来龙去脉	毛　曦	天津师范大学	2011,43(7):144-154
《台湾研究集刊》				
1	美国对台军售——基于前景理论的分析	徐振伟	南开大学	2011,(1):56-62
2	台湾当局对菲律宾华文教育的影响(1949—1975)	姜兴山	南开大学	2011,(1):63-70
3	新形势下两岸产业合作的模式、区域与战略选择——基于全球价值链动力机制视角的分析	李　月	南开大学	2011,(2):36-44

序号	文章名称	第一作者	单位	年、卷、期
《国外社会科学》				
1	约翰•罗默的公平分配理论研究	王 坤	南开大学	2011,(1):56-62
2	俄罗斯转型期的社会政策与社会稳定	庄晓惠	天津工业大学	2011,(1):129-138
3	创新与可信——凡斯的《加拿大文化史》评介	李桂山	天津理工大学	2011,(1):139-141
4	技术进步与动态比较优势	苏 汾	天津理工大学	2011,(2):52-58
5	亨利•米勒小说的创作语境及文学流派影响	王庆勇	天津理工大学	2011,(3):125-129
6	18世纪俄国中国知识的欧洲来源	阎国栋	南开大学	2011,(4):63-72
7	实用主义法经济学视域下的冲突法研究——评《冲突法中的政策与实用主义》	阎 愚	南开大学	2011,(5):139-146
《天津社会科学》				
1	增长联盟：分析转型期我国地方政府与经济利益集团关系的一种理论视角	张振华	南开大学	2011,(1):72-77
2	企业竞争力研究方法论	徐全军	天津社会科学院	2011,(1):87-89
3	“乱象”中的突破及其限度：21世纪诗歌观察	罗振亚	南开大学	2011,(1):90-95
4	中国式民主的客体复合结构与综合推进战略	佟德志	天津师范大学	2011,(2):59-63
5	我国优质实体经济项目源培育体系的构建	高正平	天津财经大学	2011,(2):81-84
6	论非营利组织社会企业化的转型条件与模式选择	周丽丽	南开大学	2011,(2):90-94
7	论生态女性主义批评及其本土实践	乔以钢	南开大学	2011,(2):114-116
8	“气场”失调：晚清留学生被边缘化的人文解读——以容闳、严复为例	李喜所	南开大学	2011,(2):122-125
9	近代天津城市兴起与区域经济发展——以天津城市与周边集市(镇)经济关系为例(1860—1937)	熊亚平	天津社会科学院	2011,(2):139-142
10	地方政府合作中的政府创新初探	杨 龙	南开大学	2011,(3):41-45
11	简析卢梭与李普曼公众舆论思想	冯希莹	天津社会科学院	2011,(3):59-61
12	关于居民收入水平和消费水平双提高的思考：以天津为例	王立国	天津社会科学院	2011,(3):72-75
13	公共管理视角下的融资平台风险管理	凌 岚	天津财经大学	2011,(3):83-86
14	“专制”问题论纲——关于“重建中国思想史知识体系”的若干思考	张分田	南开大学	2011,(3):117-128
15	文化视域中的马克思主义中国化时代化大众化	姜晓梅	天津师范大学	2011,(4):29-30
16	制度的虚置与行动者的缺席——基于同体问责与异体问责问题的分析	韩志明	天津师范大学	2011,(4):56-59
17	方法论革命与制度理论的复兴——现代政治学发展视野中的理性选择制度主义	高春芽	天津师范大学	2011,(4):64-67
18	世界经济增长共生视角下的人民币升值与通货膨胀	刘喜和	天津财经大学	2011,(4):87-89
19	“文学”与“文章”——中国文学现代性的形成	闫立飞	天津社会科学院	2011,(4):100-103
20	“良医良相”说源流考论——兼论宋至清医生的社会地位	余新忠	南开大学	2011,(4):120-131
21	地方人才培养与社会重建——民国乡村建设研究中长期轻忽的一个问题	宣朝庆	南开大学	2011,(4):132-137
22	中西思维方式的差异及其意蕴析论	王南湜	南开大学	2011,(5):43-52
23	中俄转型进程中制度变迁方式演进与分化比较	景维民	南开大学	2011,(5):91-94
《东疆学刊》				
1	当文学遭遇战争——对战争期间川端康成的一点考察	王新新	南开大学	2011,28(1):39-44
2	日本非典型雇佣的发展及其启示	田 野	天津大学	2011,(2):105-110
3	延龙图区域市场整合的几点问题	朴银哲	南开大学	2011,(3):80-87
4	计数模型在旅游资源经济价值评估中的应用	刘焕庆	南开大学	2011,(3):88-92

序号	文章名称	第一作者	单位	年、卷、期
《北京社会科学》				
1	民初北京通俗讲演评析	万妮娜	南开大学	2011,(2):95-100
2	北京天桥的坤书馆辨证——与李雪梅、李豫老师商榷	陈钧	天津市艺术研究所	2011,(3):98-102
3	皮克林的实践冲撞理论	郭燕霞	南开大学	2011,(5):67-71
《浙江社会科学》				
1	经济开放、城市化水平与城乡收入差距——基于中国省际面板数据的经验研究	毛其淋	南开大学	2011,(1):11-22
《社会科学》				
1	中国城市史研究：源流、现状与前景	毛曦	天津师范大学	2011,(1):160-166
2	艾伦•卡尔松论野生自然的审美欣赏	薛富兴	南开大学	2011,(2):118-127
3	社会—文化视野下的辛亥革命与“革命话语”——关于拓展辛亥革命研究的几点思考	王先明	南开大学	2011,(2):152-155
4	青年卢卡奇对形式理性的批判	李文峰	南开大学	2011,(3):134-141
5	扬州“名医”李炳的医疗生涯及其历史记忆——兼论清代医生医名的获取与流传	余新忠	南开大学	2011,(3):142-152
6	长安之旅：康熙帝西巡探讨	常建华	南开大学	2011,(5):134-146
7	中国转型时期面临的稳定压力与制度建设	柳建文	南开大学	2011,(7):37-44
8	“悲观归纳”与科学实在论的辩护问题	贾向桐	南开大学	2011,(8):116-121
9	民族•性别•历史叙事——重读玛拉沁夫《茫茫的草原》	乔以钢	南开大学	2011,(10):175-180
《南京社会科学》				
1	公共经济学的发展动态分析	陈柳钦	天津社会科学院	2011,(1):21-28,42
2	中国城市移民的污名建构与认同的代际分化	管健	南开大学	2011,(4):30-37
3	技术创新成果转化的决定因素——基于技术特征和资产可逆性的均衡分析	刘纯彬	南开大学	2011,(5):20-27
4	回到黑格尔：后马克思主义的隐形逻辑	夏莹	南开大学	2011,(6):16-22
5	节能服务的经济学分析	陈剑	天津大学	2011,(6):51-56
6	农村土地制度变迁的经验研究：从“宅基地换房”到“地票”交易所	周立群	南开大学	2011,(8):72-78
7	家永三郎诉讼与表现自由	周建高	天津社会科学院	2011,(9):144-150,156
《社会科学研究》				
1	对经济发展方式转变的理论阐释与实践反思——《以质量看待增长》及《中国经济增长质量报告2010》简评	周立群	南开大学	2011,(3):190
2	古今中西：近代中国文化的两大轴心	李喜所	南开大学	2011,(4):146-149
《学术研究》				
1	中国马克思主义哲学范式转换研究析论	王南湜	南开大学	2011,(1):1-7
2	后危机时期中国产业的成长方式和路径转型	南开大学产业经济课题组	南开大学	2011,(2):82-90,117
3	死尸的威逼：清代自杀图赖现象中的法与“刁民”	段文艳	南开大学	2011,(5):125-129
4	从风潮到传统：辛亥革命与“革命”话语的时代性转折	王先明	南开大学	2011,(7):101-111
5	自然科学方法运用于历史研究的可能与限度——以环境史为中心的几点思考	方万鹏	南开大学	2011,(8):115-121
6	中国环境史研究的认识误区与应对方法	赵九洲	南开大学	2011,(8):122-127
7	再论人文科学与社会科学的统一——回应汪信砚教授	余金成	天津师范大学	2011,(9):28-32,45
8	试析唐代士大夫的转型——以韩愈所论“士大夫”为中心	胡明曌	南开大学	2011,(10):107-111,126
《文史哲》				
1	政策、思潮与文学思想倾向——关于明代台阁文学思潮的反思	罗宗强	南开大学	2011,(3):111-118

序号	文章名称	第一作者	单位	年、卷、期
《求索》				
1	和谐社会建设中和谐度指标体系研究	段学芬	天津理工大学	2011,(1):108-109,130
2	我国高校科技创新效率的实证研究	李　瑛	南开大学	2011,(1):177-179
3	隋代宗室制度初探	孙　俊	南开大学	2011,(1):245-247
4	环境约束下我国制造业全要素生产率的变动趋势	王　燕	南开大学	2011,(2):1-3
5	中国有效经济增长周期波动的特征事实	李　月	南开大学	2011,(2):17-20
6	学习型政党：当代马克思主义中国化的新理路	田贵平	天津工业大学	2011,(2):108-109,117
7	比较学视域下的唐代教育研究——以唐中原与敦煌地区童蒙教育为考察对象	郭　丽	南开大学	2011,(3):148-150
8	马克思主义大众化的主体性分析	李雅梅	天津医学高等专科学校	2011,(4):102-103,133
9	朱伊特宗教观和道德观的双重性	王飞贺	天津商业大学	2011,(4):113-114,130
10	基于知识生成与转化的“思维—行为”模型建构	郑芳华	天津大学	2011,(5):125-127
11	以登记为生效要件而未登记的抵押合同之法律保护	张淑君	天津城市建设学院	2011,(5):163-165
12	占星术与两晋南北朝政治	崔一楠	南开大学	2011,(5):240-243
13	基于HHM的生态工业园风险识别研究	苏青福	天津大学	2011,(6):1-4
14	我国公允价值理论与应用实证研究	王晓艳	天津商业大学	2011,(6):12-14
15	《湖南民族关系史》评介——《中国共产党历史》(第二卷)	伍绍勤	南开大学	2011,(6):257
16	当代中国马克思主义大众化研究的现状与前瞻	张　达	天津社会科学院	2011,(9):107-109
《江海学刊》				
1	从永嘉文体到永嘉文派	杨万里	南开大学	2011,(1):197-203
《江苏社会科学》				
1	法国黑格尔主义起源、演进及其影响	夏　莹	南开大学	2011,(1):62-67
2	长三角一体化与经济同步性	李　磊	南开大学	2011,(2):104-109
3	中国传统政治道德：内涵、特征与功能	王　贞	南开大学	2011,(3):220-226
4	论当前我国转变社会发展方式	关信平	南开大学	2011,(5):27-34
5	城市贫困人口社会支持的多水平分析	贺寨平	天津师范大学	2011,(5):50-58
《思想战线》				
1	西方人民主权观念现代化路径的比较分析	佟德志	天津师范大学	2011,37(1):71-74
2	我国文化产业发展与意识形态安全研究	吴佩芬	天津社会科学院	2011,37(5):79-82
《学习与探索》				
1	危机中的人民币汇率外部性与大国合作	刘　程	南开大学	2011,(1):162-164
2	“过去感”之现代性——从霍布斯鲍姆的《论历史》谈起	孙卫国	南开大学	2011,(1):214-218
3	中国式民主的主体复合结构与综合推进战略	佟德志	天津师范大学	2011,(2):75-79
4	论公共冲突治理的三个层次及其相互关系	常　健	南开大学	2011,(2):84-87
5	坚守求真理念，致力新中国史学整体建设——陈垣1949年之后的学术建树	乔治忠	南开大学	2011,(2):256-260
6	黑格尔自由意志思想的政治哲学内涵	阎孟伟	南开大学	2011,(5):35-39
《甘肃社会科学》				
1	体面劳动视域中的女性劳动权益问题研究	李朝阳	天津师范大学	2011,(1):13-16
2	论事后不可罚行为的法律性质	张莉琼	中国民航大学	2011,(1):214-217
3	中古西欧多元社会结构的核心特征	张巨斌	天津师范大学	2011,(3):47-50,58
4	典型区域发展模式对西部地区发展的借鉴——以甘肃省定西市为例	王明寿	天津大学	2011,(3):229-232

序号	文章名称	第一作者	单位	年、卷、期
5	基于农产品供应链的小额信贷运作模式研究	刘久彪	天津财经大学	2011,(4):235-238
《河北学刊》				
1	元明时期义门郑氏及其规范的社会影响	常建华	南开大学	2011,31(2):61-67
2	《东方杂志》与白话文运动	王　勇	南开大学	2011,31(2):120-123
3	反补贴调查对中国的影响及应对策略	何宪民	天津财经大学	2011,31(2):181-183
4	缩小城乡居民收入差距，扩大农村居民消费需求	刘　锐	南开大学	2011,31(2):184-187
5	软法实施模式及其效果研究	宋心然	南开大学	2011,31(2):252-255
6	永嘉之乱与北方政治格局变迁	孙立群	南开大学	2011,31(3):66-70
7	当代中国社会二阶冲突的特点、原因及应对策略	常　健	南开大学	2011,31(3):116-120
8	中国中央银行独立性与通货膨胀抑制的实证研究	任碧云	天津财经大学	2011,31(3):146-149
9	激励与约束机制对高校教师的激励作用	田　光	天津大学	2011,31(3):191-193
10	新时期党和国家救灾减灾举措及其基本经验	赵铁锁	南开大学	2011,31(4):93-97
11	马克思关于人的理论：以人为本科学发展观的理论渊源	张丽莉	南开大学	2011,31(4):183-186
12	马克思早期对人的本质理解方式的变化	李淑梅	南开大学	2011,31(5):20-25
13	对农村留守妇女问题的分析与思考	朱潼歆	南开大学	2011,31(5):119-121
14	加快河北省装备制造业发展对策研究	宋炳宏	南开大学	2011,31(5):219-221
15	元代西部、北部六行省与边疆控驭	李治安	南开大学	2011,31(6):49-54
16	新世纪中国少数民族诗歌的精神向度	罗振亚	南开大学	2011,31(6):101-105
《社会科学战线》				
1	新时期中国文学批评史研究之反思——学术思想的思考	卢盛江	南开大学	2011,(1):150-159
2	从过程视角看当前网络舆论的非理性问题	冯希莹	天津社会科学院	2011,(4):195-197
3	走向“批判的历史科学”	王南湜	南开大学	2011,(5):1-6
4	后危机时代的风险研究：后工业社会的格局、挑战及评估	张　健	中共天津市委党校	2011,(6):76-84
5	中国宗族的历史特点及其史料——《清代宗族史料选辑》序言	冯尔康	南开大学	2011,(7):82-91
6	政府如何主导新农村建设——基于韩国新村运动的分析	宣朝庆	南开大学	2011,(10):186-191
7	必然的，且是自由的——H.G.法兰克福论意志必然性	段素革	天津社会科学院	2011,(11):19-23
8	中国传统政治道德建设研究述论	王　贞	南开大学	2011,(11):231-233
《人文杂志》				
1	儒家经典“庶人之议”的本质属性和历史价值	张分田	南开大学	2011,(1):117-123
2	1978年以来中国“国”与“民”关系之历史演进——立足于国家自主性理论的思考	王　星	南开大学	2011,(2):58-70
3	由成身到成人：论儒家身体观的宗教性	李宪堂	南开大学	2011,(3):48-52
4	社会何以可能：16世纪泰州学派的探索	宣朝庆	南开大学	2011,(3):147-152
5	后工业社会的特征研究——基于哲学的视角	张　健	中共天津市委党校	2011,(4):22-29
6	义和团的历史记忆与文化认同——“后义和团”的文本类型比较研究	王先明	南开大学	2011,(4):127-139
7	辛亥革命与乡村公产运作的历史变迁——以两湖为中心的历史考察	任金帅	南开大学	2011,(5):112-122
《学海》				
1	韩国“三流政治”的一种解读：革命与意识形态视角	金东日	南开大学	2011,(1):53-57
2	自由主义平等观的谱系——对德沃金与罗尔斯、诺齐克平等理论亲疏关系的重新定位	高景柱	天津师范大学	2011,(3):113-119

序号	文章名称	第一作者	单位	年、卷、期
《江汉论坛》				
1	礼仪、习俗与气候变迁和环境演变关系的思考	潘 晟	天津师范大学	2011,(8):86-89
2	论郭小川干校时期的诗歌创作及心态投影	常金秋	南开大学	2011,(10):134-138
《江西社会科学》				
1	试析近代中国企业面对市场竞争的对策——以天津为例	高 展	天津财经大学	2011,31(1):148-152
2	论民俗学对比较文学主题学的启示	吕 超	天津师范大学	2011,31(4):14-18
3	中国本土文化身份的反思与重构——基于后殖民理论的考察	卢 兴	南开大学	2011,31(4):46-49
4	“以法理天下”的君道理论与隋唐法制的政治特征	张分田	南开大学	2011,31(4):127-133
5	皇帝的政治批判思想与经学的政治教育——以唐太宗《金镜》为典型事例	张 鸿	南开大学	2011,31(4):134-138
6	元代“国俗”制度对舆服的影响	吴 琼	天津师范大学	2011,31(4):200-203
7	基于生产性服务业就业效应视角的路径分析——以青岛市为例	吴淑玲	天津大学	2011,31(8):227-231
《广东社会科学》				
1	21世纪西方文学走向及其特征	曾艳兵	天津师范大学	2011,(1):179-184
2	高铁经济:城市转型的新动力	刘继广	天津财经大学	2011,(3):20-26
3	美国华裔戏剧与亚裔戏剧	徐颖果	天津理工大学	2011,(3):176-183
4	日常知识与生活世界——知识社会学的现象学传统评析	赵万里	南开大学	2011,(3):198-205
5	以人为本与全球文明笔谈:池田大作人生教育思想初探	纪亚光	南开大学	2011,(4):44-49
6	中国产业结构升级的影响因素分析——兼论后金融危机时代中国产业结构升级的思路	杜传忠	南开大学	2011,(4):60-66
7	行政主体代表受害人进行索赔研究——以行政主体“责令承担赔偿责任”的改进为视角	付大学	天津职业大学	2011,(4):243-246
8	文化立场与曹禺的创作转向	李 扬	南开大学	2011,(5):168-175
《福建论坛》(人文社会科学版)				
1	居民通信消费行为对当地通信市场发展影响的实证分析——以山东省为例	赵黎明	天津大学	2011,(5):27-29
2	魏晋南北朝志怪小说中伐树故事的民俗文化渊源	张黎明	天津大学	2011,(5):105-109
3	“统筹”——科学解决民生问题的门径	潘允康	天津社会科学院	2011,(7):158-162
4	周易、易经书名辨正	王汐朋	天津医科大学	2011,(9):58-61
5	1933年的两场思想论争与卢作孚中国现代化思想的形成	邓丽兰	南开大学	2011,(9):79-84
6	以艺术的方式解读心灵——评刘保昌先生的《郁达夫传》	罗 麒	南开大学	2011,(12):233-235
《中州学刊》				
1	我国国家助学贷款模式设计研究	宋 振	天津大学	2011,(1):138-140
2	粮食生命线视角下的新型“粮食银行”体制设计	王顺生	天津大学	2011,(2):56-58
3	中原经济区顶层设计的背景、历程与经验	喻新安	南开大学	2011,(2):65-68
4	中国企业国际化过程中跨文化管理问题分析	赵云龙	天津大学	2011,(2):126-128
5	“辨名析理”与“得意忘言”——冯友兰、汤用彤先生魏晋玄学方法论研究论析	马鹏翔	南开大学	2011,(2):159-163
6	二级制:中国古代地方行政层级的基调	胡志辉	南开大学	2011,(2):180-182
7	西方政党选举制度的历史演进及其启示	熊光慈	天津大学	2011,(3):22-26
8	农民阶层分化与农村土地流转中的产权偏好	许恒周	天津大学	2011,(4):75-78
9	网络监督中应处理好的四对关系	徐祖迎	南开大学	2011,(4):252-255
10	再谈罗素摹状词理论	崔文芊	南开大学	2011,(5):173-175

序号	文章名称	第一作者	单位	年、卷、期
11	从郭璞的神仙道教信仰看他的《游仙诗》	赵沛霖	天津社会科学院	2011,(5):209-213
《中国社会科学院研究生院学报》				
1	试析判例影响的强度	刘风景	南开大学	2011,(1):65-70
2	对近代中国现代化探索的哲学反思	韩爱叶	天津医科大学	2011,(4):40-45
3	北洋政府时期北京的贫民救助——以京师警察厅的衣食施救为例	丁　芮	天津社会科学院	2011,(5):120-123
《东岳论丛》				
1	基于耗散结构理论视角的中国创业资本系统研究	黄先可	天津大学	2011,32(1):115-119
2	基于区域经济角度的山东移动通信市场总量预测分析	刘　坚	天津大学	2011,32(1):134-138
3	徐子平与“子平术”考证——兼与刘国忠先生商榷	董向慧	南开大学	2011,32(2):98-103
4	报业集团薪酬管理研究	梁洪文	天津大学	2011,32(2):164-166
5	北方左联与上海中国左联关系辨析	范　伟	天津师范大学	2011,32(3):5-11
6	天津左翼作家联盟成立时间考辨	鲍国华	天津师范大学	2011,32(3):36-40
7	模糊理论在实物期权定价方法中应用的理论研究	郭　倩	天津大学	2011,32(4):181-185
8	论我国社会保障制度一体化建设的意义及相关政策	关信平	南开大学	2011,32(5):5-12
9	国家能力约束下的研发合作发展研究	刘婷婷	天津财经大学	2011,32(5):157-160
10	山东省工业企业科技投入产出现状分析	杜　纲	天津大学	2011,32(5):186-188
11	蓝色经济区研究述评	冯　瑞	天津大学	2011,32(5):189-191
12	台湾身心障碍者社会福利制度：社会需要与制度构建	彭华民	南开大学	2011,32(6):32-39
13	欧洲势力东渐与晚明军事工程改良	庞乃明	南开大学	2011,32(7):31-38
14	经济虚拟化与传统金融危机理论的困境——基于美国金融危机的启示	许平祥	南开大学	2011,32(7):138-145
15	中国新型工业化区域差异及协同发展分析——基于因子分析模型的研究	杜传忠	南开大学	2011,32(8):144-149
16	从转型期的另类文字看沈从文真实的心路历程	商昌宝	天津师范大学	2011,32(10):81-86
17	城市商业银行成长性评价研究及其成长战略选择	郭　涛	天津大学	2011,32(10):144-148
18	我国绿色建筑政策法规分析与思考	牛　犇	天津大学	2011,32(10):185-187
《内蒙古社会科学》				
1	和谐目标与冲突趋向：儒学政治价值体系的内在悖论	刘学斌	天津师范大学	2011,32(1):1-6
2	论十七年文学批评的外来资源与本土经验	曹　霞	南开大学	2011,32(1):153-158
3	民族地区地方政府合作模式比较研究	郑春勇	南开大学	2011,32(2):72-75
4	从美学比较到比较美学	邓军海	天津师范大学	2011,32(2):159-164
5	技术进步促进比较优势升级的机制分析与政策启示	苏　汾	天津理工大学	2011,32(4):94-99
《学术界》				
1	“清洁”的文本与“衰竭”的主体——论“十七年”文学批评的规训与惩罚功能	曹　霞	南开大学	2011,(1):96-103
2	论儒学与专制有必然的联系——与蒋国保先生商榷	李宪堂	南开大学	2011,(6):105-114
3	地方政府间合作组织的权能定位	杨　龙	南开大学	2011,(10):18-25
《云南社会科学》				
1	明代官员终养制度述论	赵树国	南开大学	2011,(1):131-135
2	中西方冲突管理的应急式与常规化	韦长伟	南开大学	2011,(2):5-9
3	经典马克思主义大众化的若干问题研究	赵学珍	天津外国语大学	2011,(2):120-125
4	新一轮“用工荒”现象的经济学分析——基于劳动力市场双重二元分割的视角	晋利珍	天津理工大学	2011,(3):41-45
5	中国高技术产业科技成果转化效率的实证研究——基于 DEA-Malmquist 指数方法	贺京同	南开大学	2011,(4):92-97

序号	文章名称	第一作者	单位	年、卷、期
6	低碳城市的公共治理系统及其路径	陈桂生	天津商业大学	2011,(5):15-19
7	职能导向论：地方政府机构改革的逻辑导向	张 翔	南开大学	2011,(5):24-28
8	民族认同的危机与文学建构——以当代中国少数民族小说为考察中心	樊义红	南开大学	2011,(5):141-146
9	论中国新诗中的“梦幻者”视角	卢 桢	南开大学	2011,(6):163-167
《探索与争鸣》				
1	地方合作对政府间关系的拓展	杨 龙	南开大学	2011,(1):38-41
2	转变经济发展方式与转变社会发展方式	关信平	南开大学	2011,(1):46-50
3	多元文化背景下执政党文化方略的选择	常士訚	天津师范大学	2011,(5):33-37
4	重建文化批评的文体政治学	周志强	南开大学	2011,(7):66-70
5	村民自治的复合结构及其战略选择	佟德志	天津师范大学	2011,(8):52-55
《山东社会科学》				
1	基督教在中国的身体规训——以太平天国为例	董 虹	南开大学	2011,(1):48-52
2	健全我国住房社会保障制度	韩金峰	天津大学	2011,(1):168-170
3	报业集团绩效管理探析	梁洪文	天津大学	2011,(2):40-45
4	历史意识的宗教性	高希中	南开大学	2011,(3):38-45
5	论农民专业合作社的联合发展	王艺华	天津大学	2011,(3):109-111
6	《聊斋志异》日本翻案的跨文化操控	王晓平	天津师范大学	2011,(4):23-29
7	学问吟咏之间——《文字同盟》与中日学术交流(1927—1931)	石 祥	南开大学	2011,(5):109-114
8	服务业结构升级的就业效应分析	吴淑玲	天津大学	2011,(5):156-159
9	精装房项目投资营销中的项目定位研究	马 莹	天津大学	2011,(5):167-169
10	山东省“十二五”时期沿海港口发展预测	冯 瑞	天津大学	2011,(5):174-176
11	《聊斋志异》与日本明治大正文化的浅接触	王晓平	天津师范大学	2011,(6):68-74
12	基于开发商视角的建筑节能经济激励制度研究	牛 犇	天津大学	2011,(7):157-159
13	协同学视角下的中小企业融资系统研究	黄先可	天津大学	2011,(7):163-165
14	出口企业收汇风险形成的原因分析	孙 旭	天津大学	2011,(7):172-174
15	《聊斋志异》日译本的随俗与导俗	王晓平	天津师范大学	2011,(8):51-57
16	关于中外史学比较研究问题的解说	乔治忠	南开大学	2011,(9):50-56
17	挽救非遗需唤醒全民文化情感	马知遥	天津大学	2011,(9):63-67
18	城市商业银行成长动力机制研究	郭 涛	天津大学	2011,(10):165-167,92
19	民众对再造文化空间的认同和选择——廿八都镇大王庙修缮后的文化传统变迁	冯 莉	天津大学	2011,(11):69-72,89
20	《聊斋志异》异人幻象在日本短篇小说中的变身	王晓平	天津师范大学	2011,(11):78-84
21	基于PPP视角的公共项目风险因素重要性调查分析	陈 通	天津大学	2011,(11):127-130
22	我国生产性服务业产业政策的目标、方向和着力点	郭东海	天津大学	2011,(11):139-142
《社会科学辑刊》				
1	公共领域理论范式何以可能	杨仁忠	天津师范大学	2011,(1):26-29
2	柯亨社会的“物质性”与“社会性”的区分理论对历史唯物主义的重建	孟庆龙	南开大学	2011,(1):39-41
3	回顾、反思与应对：国际金融危机的实质及其对中国经济发展的启示	何自力	南开大学	2011,(1):113-117
4	公平、效率与物业税征收的福利变化	王家庭	南开大学	2011,(3):87-90
5	政府规制与民间舆情的互动——以清代族正制的制度内涵及存废推展为中心	冯尔康	南开大学	2011,(3):120-125
6	李商隐《祭小侄女寄寄文》考论	尹 博	南开大学	2011,(3):203-205

序号	文章名称	第一作者	单位	年、卷、期
7	人的类本质与对生产、交换异化的批判——重读马克思的《詹姆斯·穆勒〈政治经济学原理〉一书摘要》	李淑梅	南开大学	2011,(4):5-9
8	资本充足监管对我国银行资产结构的影响分析	翟光宇	南开大学	2011,(4):128-130
9	开启中国创业型经济之路——评李政的《创业型经济:内在机理与发展策略》	张玉利	南开大学	2011,(4):241-242
10	“一刀切”政策不利于缩小我国区际收入差距——来自新经济地理学的启示	安虎森	南开大学	2011,(5):93-98
11	货币经济中的货币与经济危机——基于马克思货币理论的重新解读	王　璐	南开大学	2011,(6):130-135
《学术论坛》				
1	春秋战国时期思想家从交往视角阐述的德育思想	闫　艳	天津师范大学	2011,34(1):167-170
2	班杜拉社会学习理论视角中的马克思主义大众化	杨　谦	南开大学	2011,34(5):25-28
3	在幸福体验中内化社会主义核心价值观的具体思考	孙　颖	天津大学	2011,34(6):36-40
4	浅谈网络文化视界中的编辑准则	李文健	南开大学	2011,34(7):174-176
5	货物与劳务统一征税的国际经验及思考	马蔡琛	南开大学	2011,34(8):123-127
《学术探索》				
1	论民族居住格局对少数民族语言传承的影响——以乡村蒙古族为例	郝亚明	南开大学	2011,(2):36-41
2	我国高收入阶层的影响因素分析与对策	时学成	南开大学	2011,(2):68-73
《社会科学家》				
1	场外交易市场推进城市创意产业发展——以天津为例	段学芬	天津理工大学	2011,(2):117-120
2	我国大学捐赠基金资产管理研究	谢永超	天津大学	2011,(4):64-66
3	食品安全技术性贸易措施的经济效应分析——基于市场失灵的视角	狄琳娜	天津科技大学	2011,(6):63-66
4	儒家思想对传统医德的影响	潘新丽	天津医科大学	2011,(8):11-14,18
5	近三十年来大陆地区《国语》文学性研究	陈鹏程	天津师范大学	2011,(8):22-25
6	传统宗教思想与中国新文化体系的建构————简析晚清文化革新思路之一	李　威	南开大学	2011,(8):30-32
7	顾客参与对旅游企业服务质量影响的实证研究	王佳欣	天津大学	2011,(8):87-90
《河南社会科学》				
1	从“协合”到“共识”:利普哈特多元社会民主思想探析	寇鸿顺	天津师范大学	2011,19(1):84-87
2	中国企业国际化成长中的跨文化管理	赵云龙	天津大学	2011,19(1):136-138
3	浅析黑社会性质组织的犯罪心理	田　栋	南开大学	2011,19(3):211-212
4	“事实/价值”等于“现象/本体”吗——对牟宗三“良知自我坎陷说”的一个检讨	卢　兴	南开大学	2011,19(4):71-74
5	商业秘密侵权行为证明困难的法律对策	张丽霞	南开大学	2011,19(5):65-67
《贵州社会科学》				
1	高尔吉亚的语言批判及其历史意义	李国山	南开大学	2011,(4):4-8
2	马克斯·舍勒伦理学奠基的策略及其演进	钟汉川	南开大学	2011,(4):14-18
3	封建时代女性视角下的爱情与婚姻——南朝女诗人鲍令晖诗歌简论	赵沛霖	天津社会科学院	2011,(5):66-70
4	近年中国地方政府参与式预算试验评析	何包钢	天津师范大学	2011,(6):27-32
5	春秋战国时期文化消费初探	陈曼娜	天津财经大学	2011,(6):73-79
6	微观社会转型期及其临界点的确认	刘　畅	南开大学	2011,(7):4-11
7	延安时期毛泽东文艺大众化思想对马克思主义大众化传播的启示	张　静	南开大学	2011,(7):45-48

序号	文章名称	第一作者	单位	年、卷、期
8	关于提升新生代农民工城市融入能力的研究	张学英	天津职业技术师范大学	2011,(7):79-82
9	明清州县的狱囚衣粮	柏 桦	南开大学	2011,(8):119-124
10	个人的幻象：自由主义个人观的悖论分析	黄其松	天津师范大学	2011,(9):20-24
11	中世纪西欧法律视野下的抵抗权和暴君学说	陈太宝	南开大学	2011,(11):123-127
12	英国都铎王朝“王权至尊”的确立	边 瑶	天津师范大学	2011,(11):128-131
《晋阳学刊》				
1	问题意识：集体化时代中国农村社会的历史解释	李金铮	南开大学	2011,(1):13-21
2	城市新移民社会融入的行动研究——以天津市华章里社区为例	黄晓燕	南开大学	2011,(1):52-56
3	政治稳定视域下“以人为本”在实践层面应然涵义浅探	王志勇	南开大学	2011,(2):28-31
4	唐宋时期安置刑的发展变化	彭炳金	天津师范大学	2011,(4):100-103,108
5	陆军将校联合会述论	郭呈才	南开大学	2011,(5):106-108
《宁夏社会科学》				
1	我国农民工城市社会融入问题研究述评	毛哲山	天津工业大学	2011,(4):73-76
《新疆社会科学》				
1	文化中不能承受之俗——论“三俗”的内涵、表现与成因	张九海	天津理工大学	2011,(2):105-109
2	集体记忆：研究群体认同的新路径	艾 娟	天津商业大学	2011,(2):121-126
3	战略性新兴产业自主创新问题研究	陈柳钦	天津社会科学院	2011,(3):23-29
4	我国货币政策区域非对称性效应：来自投资的解释	曾拥政	南开大学	2011,(4):19-26
5	族际政治整合研究评析	薛广庆	南开大学	2011,(4):118-123
7	论冲突化解方式的可选择性	徐祖迎	南开大学	2011,(5):1-4
8	城中村社区村民政治参与研究——以天津市S社区为例	张小蕾	天津社会科学院	2011,(5):122-126
《青海社会科学》				
1	金融深化与我国的“双顺差”现象	陆建明	天津财经大学	2011,(1):85-89
2	论美国进步主义运动的历史背景和思想基础	谭 融	南开大学	2011,(1):158-163
3	宗教的生态观及在民族地区环境保护中的重要作用	马伟华	南开大学	2011,(4):88-91
4	改革开放以来我国残疾人研究的评述与展望	万国威	南开大学	2011,(5):153-158,174

2011年《人民日报》天津作者发表文章总览

序号	文章名称	第一作者	单位	时间
1	就喜欢按老传统过春节	华 梅	天津师范大学	2011/02/01
2	从社会生活到日常生活——中国社会史研究再出发	常建华	南开大学	2011/03/31
3	中国共产党领导社会建设的基本经验	刘景泉	南开大学	2011/05/23
4	珍惜学术期刊的公信力	梁小建	南开大学	2011/06/14
5	做好群众工作的宝贵精神财富	徐 中	中共天津市委党校	2011/06/23
6	把握提高政府公信力的着力点	朱光磊	南开大学	2011/07/15
7	灾后重建，日本面临资金难题	邹 洋	南开大学	2011/07/20
8	立体地看待国服(10幅细描图)	华 梅	天津师范大学	2011/07/30
9	中国道路的客观性	逄锦聚	南开大学	2011/08/02
10	辩证看待人权利益论与自由论之争	常 健	南开大学	2011/09/23
11	推动公民有序参与公共决策	朱旭峰	南开大学	2011/10/19

2011年《光明日报》天津作者发表文章总览

序号	文章名称	第一作者	单位	时间
1	昌明国故　融会新知——汤用彤对中国路径的求索	赵建永	天津社会科学院	2011/03/28
2	宁坐板凳十年冷 咬定青山不放松——《加快滨海新区循环经济发展的对策研究》课题组谈治学心得	李慧明	南开大学	2011/04/06
3	七年增产之后的安全隐忧——关于我国粮食供需状况的调查研究	姚万军	南开大学	2011/04/26
4	人才培养是根本任务	逄锦聚	南开大学	2011/05/06
5	一幅名画折射一个时代	赵春梅	南开大学	2011/05/24
6	通货膨胀与经济波动	柳　欣	南开大学	2011/05/25
7	高校音乐教育与创新型人才	岳英放	南开大学	2011/06/15
8	培育拔尖人才	张立彬	南开大学	2011/07/06
9	我国近代航空留学生派遣情况述评	王建明	天津社会科学院	2011/07/28
10	逻辑的求善功能	张晓芒	南开大学	2011/08/03
11	专家匿名鉴定:提高成果质量的重要环节	王家庭	南开大学	2011/08/10
12	基克拉底文明：陌生的古老文明	陈志强	南开大学	2011/08/18
13	北大校长蔡元培：开风气之先者	张晓唯	南开大学	2011/09/20
14	把握两岸产业合作的阶段性特征	李　月	南开大学	2011/09/27
15	辛亥百年的视觉盛宴	侯　杰	南开大学	2011/10/07
16	暗流涌动的十字路口——叙利亚政治乱象的历史透视	哈全安	南开大学	2011/10/28
17	《鲁迅大全集》新在何处	李新宇	南开大学	2011/11/15

2011年《新华文摘》天津作者发表、转载文章总览

序号	文章名称	第一作者	作者单位	期数	文章来源
1	中国宗族的历史特点及其史料——《清代宗族史料选辑》序言	冯尔康	南开大学	18	《社会科学战线》2011.7
2	当前我国马克思主义政治哲学研究的几个问题	陈晏清	南开大学	1	《哲学研究》2010.7
3	中国马克思主义哲学范式转换研究析论	王南湜	南开大学	8	《学术研究》2011.1
4	中国古代哲学中的时间与存在	吴学国	南开大学	14	《南开学报》(哲社版)2011.1
5	逻辑的求善功能	张晓芒	南开大学	23	《光明日报》2011.8.3
6	新世纪诗歌的精神担当与诗艺建构	罗振亚	南开大学	23	《文艺报》2011.7.22
7	《叫魂》谎言里的真实	马瑞洁	南开大学	5	《博览群书》2010.11
8	明代文学思想个案研究的整体观照	罗宗强	南开大学	18	《文学遗产》2011.3
9	再谈大学人文精神的复兴——基于专业设置视觉角下的分析	闫广芬	南开大学	22	《高校教育管理》2011.4
10	全球治理面临的新挑战	吴志成	南开大学	14	《南京大学学报》2011.2
11	把握提高政府公信力的着眼点	朱光磊	南开大学	18	《人民日报》2011.7.15
12	重构全球治理	杨　娜	南开大学	16	《南京大学学报》2011.2
13	战犯审判、历史认知、民族和解	宋志勇	南开大学	10	《史学理论研究》2011.1
14	中国式民主的主体复合结构与综合推进战略	佟德志	天津师范大学	12	《学习与探索》2011.1

序号	文章名称	第一作者	作者单位	期数	文章来源
15	高等教育质量保障、评价与改进的评论	张 丽	天津市教育科学研究院	14	《江苏高教》2011.2
16	国内外物联网发展动态及亟待解决的关键问题	陈柳钦	天津社会科学院	6	《全球科技经济瞭望》2010.12
17	我国近代航空留学生派遣情况述评	王建明	天津社会科学院	13	《徐州师范大学学报》（哲社版）2011.2

2011年《中国社会科学文摘》天津作者发表、转载文章总览

序号	作品名称	第一作者	作者单位	期数	字数（千字）
1	王国维“二重证据法”再审视	乔治忠	南开大学	1	14.8
2	明斯基金融不稳定假说对危机解释的局限性	陈 弘	南开大学	2	13
3	西方“协商民主”理论的困境	吴晓林	南开大学	3	6
4	历史真实与历史记忆	张荣明	南开大学	4	9
5	社会分工、法律类型和福利国家：非营利部门的多维情境	邓宁华	南开大学	4	20
6	无法消弭的冲突：美俄关系“重启”的前景	杨 雷	南开大学	4	11
7	汪精卫的性格与政治命运	李志毓	南开大学	6	28
8	基础设施对中国外贸增长方式的影响	盛 丹	南开大学	6	13
9	中国社会政策变迁中的专家参与模式	朱旭峰	南开大学	7	27
10	朝鲜战争中美国使用核武器的困境	赵学功	南开大学	10	14
11	安全预期、经济收益与东亚安全秩序	刘 丰	南开大学	11	20
12	早期中国佛法与文学里的“真实”观念	孙昌武	南开大学	12	19
13	民国工业化进程中的劳工住房保障	宣朝庆	南开大学	12	12
14	公民申请政府信息公开事件分析	韩志明	天津师范大学	4	3
15	“街头官僚”及其行动空间	韩志明	天津师范大学	10	3
16	假想市场上的运气逆转：德沃金的资源平等理论	高景柱	天津师范大学	10	4
17	集体行动的多元逻辑:情绪、理性、身份与承认	高春芽	天津师范大学	11	3
18	“中国模式”的争论与思考	高 建	天津师范大学	11	4
19	保守什么？为何保守？保守主义的四次浪潮与三个命题	刘训练	天津师范大学	12	4
20	以模式为导向,还是以问题为导向——两种改革思路之争评析	马德普	天津师范大学	12	4
21	经济学学科设置与法律经济学的兴起	于 立	天津财经大学	9	15
22	从过程视角看当前网络舆论的非理性问题	冯希莹	天津社会科学院	8	5.5

2011年《高等学校文科学术文摘》天津作者发表、转载文章总览

序号	文章名称	第一作者	期	全文/文摘（字数）	文章来源	作者单位
1	精细化的社会认同模型——集群行为理论的新发展	陈 浩	第1期	13000字	《南开学报》（哲社版）2010年第6期	南开大学
2	“生态认知系统”的概念及其环境史学意义——兼议中国环境史上的生态认知方式	王利华	第1期	15000字	《鄱阳湖》2010年第5期	南开大学

序号	文章名称	第一作者	期	全文/文摘（字数）	文章来源	作者单位
3	躯体与心理疾病：躯体化问题的跨文化视角	汪新建	第1期	10000字	《南京师大学报》2010年第6期	南开大学
4	中国的知情权保障与信息公开制度的发展进程	赵正群	第3期	17000字	《南开学报》（哲社版）2011年第2期	南开大学
5	“历史”的四种形态与“史学”的学术伦理	张分田	第3期	13000字	《天津师范大学学报》（社科版）2011年第2期	南开大学
6	试论民族概念界定的困境与转向	郝亚明	第3期	14500字	《民族研究》2011年第2期	南开大学
7	英国城市现代化的准备阶段——老城市的转型和新城市的兴起	刘景华	第3期	3000字	《天津师范大学学报》（社科版）2011年第1期	天津师范大学
8	经济体制评价标准的探讨及应用	张仁德	第4期	20000字	《经济社会体制比较》2011年第3期	南开大学
9	辛亥革命“失败”辨析	李新宇	第4期	16000字	《湘潭大学学报》2011年第3期	南开大学
10	对先秦山林川泽资源保护的重新评说	王利华	第4期	30000字	《清华大学学报》（哲社版）2011年第3期	南开大学
11	五都与五大古都：对毛泽东论古代邯郸的考订	毛　曦	第4期	2000字	《天津师范大学学报》（社科版）2011年第3期	天津师范大学
12	中日两国历史学疑古思潮的比较	乔治忠	第5期	19000字	《齐鲁学刊》2011年第4期	南开大学
13	汉唐地理数术知识的演变与古代地理学的发展	潘　晟	第6期	24000字	《中国社会科学》2011年第5期	天津师范大学
14	经济增长的新来源与中国经济的第二次转型	刘　刚	第6期	13500字	《南开学报》（哲社版）2011年第5期	南开大学

2011年天津作者出版著作总览

编号	成果名称	主编或第一作者	成果形式	出版单位	作者单位
1	金融危机背景下的中国企业投融资运作与管理研究	李 莉	专著	南开大学出版社	南开大学
2	财务管理学	陈国欣	编著或教材	南开大学出版社	南开大学
3	如何撰写结果驱动型商业计划书	戚安邦	译著	机械工业出版社	南开大学
4	复杂性项目的管理工具	戚安邦	译著	中国人民大学出版社	南开大学
5	项目管理：管理新视角	戚安邦	译著	中国人民大学出版社	南开大学
6	全球项目管理：跨国界的沟通，合作和管理	戚安邦	译著	南开大学出版社	南开大学
7	《公司治理评论》2011年第1辑	李维安	编著或教材	经济科学出版社	南开大学
8	公司治理	李维安	编著或教材	经济科学出版社	南开大学
9	CEO公司治理	李维安	编著或教材	北京大学出版社	南开大学
10	跨国公司在华经营策略	王迎军	专著	南开大学出版社	南开大学
11	蚁象共舞：新创企业与大企业的联盟管理	秦 剑	译著	机械工业出版社	南开大学
12	仓储和配送管理	刘彦平	编著或教材	电子工业出版社	南开大学
13	利顺德饭店管理模式	刘定军	专著	天津人民出版社	南开大学
14	新管理哲学:道本管理	齐善鸿	编著或教材	东北财经大学出版社	南开大学
15	服务品牌内化：概念界定、组成要素与模型测评	邱 玮	专著	天津社会科学院出版社	南开大学
16	U型理论	王庆娟	译著	人民大学出版社	南开大学
17	国际企业管理	许 晖	编著或教材	中国人民大学出版社	南开大学
18	服务营销	许 晖	编著或教材	科学出版社	南开大学
19	现代广告学（第3版）	李东进	编著或教材	中国发展出版社	南开大学
20	可迁移性和交互性服务判定矩阵与全球服务营销战略	吴晓云	专著	南开大学出版社	南开大学
21	市场调查	刘立宴	编著或教材	中央广播电视大学出版社	南开大学
22	管理学原理（第2版）	李东进	编著或教材	中国发展出版社	南开大学
23	战略管理	韩德昌	专著	山西经济 出版社	南开大学
24	宋教仁	刘景泉	专著	团结出版社	南开大学
25	马克思在21世纪互联网时代	张长虹	专著	江苏人民出版社	南开大学
26	大学生理论社团与高校马克思主义大众化研究	张 静	专著	南开大学出版社	南开大学
27	精神生产视野中的思想政治教育	宋成剑	专著	光明日报出版社	南开大学
28	当代社会发展的理论与现实	阎孟伟	专著	广西人民出版社	南开大学
29	在马克思实践哲学的视野中	阎孟伟	专著	武汉大学出版社	南开大学
30	轴心时代的阐释	朱进富	专著	南开大学出版社	南开大学
31	马克思的实践唯物主义（土耳其文版）	王南湜	专著	土耳其Kalkedon出版社	南开大学
32	马克思的实践唯物主义(英文版)	王南湜	专著	Canut国际出版社	南开大学
33	辩证法：从理论逻辑到实践智慧	王南湜	专著	武汉大学出版社	南开大学
34	泽及草木、恩至水土——儒家生态文化	乔清举	专著	山东教育出版社	南开大学
35	七重阶梯——吕斯布鲁克文集	陈建洪	译著	华东师范大学出版社	南开大学
36	奇谈怪论说名家	张晓芒	专著	湖北人民出版社	南开大学
37	先秦诸子的论辩思想与方法	张晓芒	专著	人民出版社	南开大学

编号	成果名称	主编或第一作者	成果形式	出版单位	作者单位
38	非经典逻辑系统发生学研究	任晓明	专著	南开大学出版社	南开大学
39	集合论中含有原子的自然模型和布尔值模型	李　娜	专著	北京师范大学出版社	南开大学
40	语言学译林	石　锋	编著或教材	世界图书出版社	南开大学
41	战国策—传统文化普及读本	王延栋	古籍整理著作	长春出版社	南开大学
42	训诂方法新探	杨　琳	专著	商务印书馆	南开大学
43	对外汉语教学实用语法(修订版)	卢福波	专著	北京语言大学出版社	南开大学
44	声临其境——高级实况听力教材（下）	段文菡	编著或教材	高等教育出版社	南开大学
45	国际商务合同的问题与翻译	刘庆秋	编著或教材	对外经济贸易大学出版社	南开大学
46	孙中山与梅屋庄吉	吴　艳	译著	世界知识出版社	南开大学
47	英汉口译基础教程	段云礼	编著或教材	对外经济贸易大学出版社	南开大学
48	世界文化典籍汉译	王宏印	编著或教材	外语教学与研究出版社	南开大学
49	朱墨诗集（创作卷）	王宏印	专著	世界图书出版公司	南开大学
50	朱墨诗集（翻译卷）	王宏印	译著	世界图书出版公司	南开大学
51	赫兹列散文精选	王宏印	编著或教材	上海外语教育出版社	南开大学
52	新译学论稿	王宏印	专著	中国人民大学出版社	南开大学
53	英语诗歌选译	王宏印	译著	国防工业出版社	南开大学
54	一本书学会佛教常识	张培锋	编著或教材	中华书局	南开大学
55	当代名家学术思想文库罗宗强卷	罗宗强	专著	万卷出版公司	南开大学
56	姚燧集	查洪德	古籍整理著作	人民文学出版社	南开大学
57	鲁迅大全集（1—33 卷）	李新宇	编著或教材	长江文艺出版社	南开大学
58	鲁迅与鲁门弟子	耿传明	专著	大象出版社	南开大学
59	弹拨缪斯的竖琴:欧美文学史传(共 3 册)	任子峰	编著或教材	山西教育出版社	南开大学
60	中国古代文学史（一、二）	张峰屹	编著或教材	北京大学出版社	南开大学
61	中国演剧史	吴　真	译著	北京大学出版社	南开大学
62	先唐叙事文学故事主题类型索引	宁稼雨	工具书或参考书	南开大学出版社	南开大学
63	《穀梁古义疏》点校	郜积意	古籍整理著作	中华书局	南开大学
64	欧洲近现代文学艺术史论	王立新	专著	天津人民出版社	南开大学
65	柳宗元评传	孙昌武	专著	南京大学出版社	南开大学
66	中国佛教文化史（全五册）	孙昌武	专著	中华书局	南开大学
67	隋唐五代文学思想史	罗宗强	专著	中华书局	南开大学
68	欧洲近现代文学艺术史论	王立新	专著	天津人民出版社	南开大学
69	天使，望故乡	朱小凡	译著	人民文学出版社	南开大学
70	英国文学通史（第二卷）	常耀信	专著	南开大学出版社	南开大学
71	父亲的肖像	王新新	译著	作家出版社	南开大学
72	俄罗斯文化概观	赵春梅	编著或教材	南开大学出版社	南开大学
73	契诃夫笔下的知识分子形象研究	许　力	专著	天津大学出版社	南开大学
74	中国和中国人	崔丽芳	译著	中华书局	南开大学
75	一个日本人眼中的邓颖超	石云艳	译著	天津人民出版社	南开大学
76	英国景观艺术	张　品	编著或教材	中国建筑工业出版社	南开大学
77	中国画 11 幅作品	尹沧海	工具书或参考书	中国文联出版社	南开大学

编号	成果名称	主编或第一作者	成果形式	出版单位	作者单位
78	最全的示范.张文恒.素描色彩速写 03	张文恒	工具书或参考书	湖北美术出版社	南开大学
79	名师速写本.3.张文恒速写（画百余幅）	张文恒	工具书或参考书	中国纺织出版社	南开大学
80	如飞如动	韩昌力	专著	南开大学出版社	南开大学
81	郑天挺隋唐五代史讲义	王力平	专著	中华书局	南开大学
82	中国近代出版史稿	元　青	专著	南开大学出版社	南开大学
83	泰晤士世界历史	杨巨平	译著	希望出版社、新世纪出版社	南开大学
84	欧洲文化起源研究	杨巨平	专著	天津人民出版社	南开大学
85	元国书官印汇释	薛　磊	专著	辽宁民族出版社	南开大学
86	魏宏运书序书评集	魏宏运	专著	当代中国出版社	南开大学
87	希腊神话之谜	王以欣	专著	陕西师大出版总社曲江出版传媒有限公司	南开大学
88	特洛伊战争	王以欣	专著	陕西师大出版总社曲江出版传媒有限公司	南开大学
89	中国近代史	王先明	专著	人民大学出版社	南开大学
90	从司马到司马——西晋的历程?	孙立群	专著	中华书局	南开大学
91	中国史学史	乔治忠	专著	中国人民大学出版社	南开大学
92	清史（上册）	南炳文	专著	天津人民出版社	南开大学
93	清史（下册）	南炳文	专著	天津人民出版社	南开大学
94	银线：十九世纪的世界与中国	毛立坤	译著	国立台湾大学出版中心	南开大学
95	元代行省制度（上）、（下）	李治安	专著	中华书局	南开大学
96	20 世纪的中国（社会生活卷）	李少兵	专著	人民出版社	南开大学
97	中国宗族制度与谱牒编纂	冯尔康	专著	天津古籍出版社	南开大学
98	台湾硕士博士历史学术文库	侯　杰	编著或教材	山西教育出版社	南开大学
99	跨国公司与墨西哥的经济发展	韩　琦	专著	人民出版社	南开大学
100	金陵梵刹志	何孝荣	古籍整理著作	南京出版社	南开大学
101	拜占庭研究入门	陈志强	专著	北京大学出版社	南开大学
102	张政烺批注两周金文辞大系考释	陈　絜	古籍整理著作	中华书局	南开大学
103	商周金文	陈　絜	专著	韩国 chinahouse 出版社	南开大学
104	先秦至隋唐五代藏书家考略	陈德弟	专著	天津古籍出版社	南开大学
105	乾隆帝起居注巡幸盘山史料	常建华	古籍整理著作	天津古籍出版社	南开大学
106	徐州汉墓与汉代社会研究	刘尊志	专著	科学出版社	南开大学
107	2011 年世界投资报告	严　兵	译著	经济管理出版社	南开大学
108	城乡投资与居民可支配收入变化对财政收入增长的影响分析	邹　洋	编著或教材	南开大学出版社	南开大学
109	把握两岸产业合作的阶段性特征	李　月	专著	南开大学出版社	南开大学
110	美国在华投资的引力模型分析	蒋殿春	编著或教材	高等教育出版社	南开大学
111	跨国经营的政治风险:结构、趋势与对策	葛顺奇	专著	经济管理出版社	南开大学
112	FDI、技术势能与国内投资的挤出（入）效应	邓向荣	专著	社会科学文献出版社	南开大学
113	新制度经济学导论——分析框架与中国实践	李飞跃	编著或教材	清华大学出版社	南开大学
114	全球化时代东亚的制度变革	郑　蔚	编著或教材	天津人民出版社	南开大学
115	国际税收（新版）	饶友玲	编著或教材	首都经贸大学出版社	南开大学

编号	成果名称	主编或第一作者	成果形式	出版单位	作者单位
116	中国场外交易市场发展报告 2010-2011	邓向荣	译著	社会科学文献出版社	南开大学
117	2011 年亚太区域经济合作发展报告	宫占奎	专著	高等教育出版社	南开大学
118	虚拟经济波动复杂性	李俊青	专著	南开大学出版社	南开大学
119	宏观经济学（21 世纪高等院校专业课系列教材）	李宝伟	编著或教材	机械工业出版社	南开大学
120	人身保险经营实务与研究	朱铭来	编著或教材	［中国台湾］白象文化事业有限公司	南开大学
121	世界经济概论	张　兵	编著或教材	高等教育出版社、人民出版社	南开大学
122	国际贸易实务 2	谢娟娟	编著或教材	清华大学出版社	南开大学
123	保险经济学	朱铭来	编著或教材	高等教育出版社	南开大学
124	Contemporary logistics in China	焦志伦	专著	世界科技出版社	南开大学
125	主动回收下的逆向供应链系统建模与优化	李　响	专著	中国物资出版社	南开大学
126	跨国公司在华经营策略	王迎军	专著	南开大学出版社	南开大学
127	中国现代物流发展报告	刘秉镰	专著	中国物资出版社	南开大学
128	供应链项目管理	王　玲	译著	南开大学出版社	南开大学
129	物流绩效管理	王　玲	编著或教材	高等教育出版社	南开大学
130	全球可持续发展经济学	钟茂初	专著	经济科学出版社	南开大学
131	中国建筑节能经济激励政策研究	李冬妍	编著或教材	中国财政经济出版社	南开大学
132	宏观经济学	秦海英	译著	机械工业出版社	南开大学
133	中国机构投资者交易行为与股市稳定性	秦海英	专著	中国市场出版社	南开大学
134	公平互惠与和谐公司治理机制构建	秦海英	专著	中国市场出版社	南开大学
135	公司治理、财务信息质量与投资者保护	郝项超	专著	中国金融出版社	南开大学
136	西方国家市场经济八大问题——当代资本主义经济专题研究	宁光杰	专著	山西出版集团 山西经济出版社	南开大学
137	经济与经济分析的逻辑	刘晓峰	专著	厦门大学出版社	南开大学
138	财务管理学	李雪莲	编著或教材	清华大学出版社	南开大学
139	非寿险实务	陈伊维	编著或教材	财经出版社	南开大学
140	国际贸易理论与政策	苑　涛	工具书或参考书	清华大学出版社、北京交通大学出版社	南开大学
141	国际税收	苑　涛	编著或教材	对外经济贸易大学出版社	南开大学
142	财税计量分析	邹　洋	编著或教材	南开大学出版社	南开大学
143	企业理论（第二版）	王昭凤	编著或教材	高等教育出版社	南开大学
144	行为经济学及其应用-行为和实验经济学经典译丛	贺京同	译著	人民大学出版社	南开大学
145	中国场外交易市场发展报告 2010-2011	邓向荣	专著	社会科学文献出版社	南开大学
146	《马克思主义基本原理概论》学生辅学读本（第三版）	逄锦聚	编著或教材	高等教育出版社	南开大学
147	风险投资与高新技术融合研究——基于天津的调查	支　燕	专著	南开大学出版社	南开大学
148	基于区域竞争力的物流系统规划模型与方法	王　燕	专著	经济管理出版社	南开大学
149	国际贸易实务	苑　涛	编著或教材	清华大学出版社、北京交通大学出版社	南开大学
150	国际经济学（第 8 版）	黄春媛	译著	机械工业出版社	南开大学
151	企业理论第二版	姜　磊	编著或教材	高等教育出版社	南开大学
152	APEC 内部 FTA 的发展及其对 APEC 的影响	李荣林	专著	天津大学出版社	南开大学
153	寿险精算习题解答	张连增	编著或教材	中国财政经济出版社	南开大学

编号	成果名称	主编或第一作者	成果形式	出版单位	作者单位
154	虎、米、丝、泥：帝制晚期华南的环境与经济	王玉茹	译著	江苏人民出版社	南开大学
155	伟大旗帜 领航中国	吴志成	编著或教材	南开大学出版社	南开大学
156	范式与沙堡：比较政治学中的理论构建与研究设计	张睿壮	译著	重庆大学出版社	南开大学
157	新型工业化背景下的政府职能研究	杨　雷	编著或教材	天津人民出版社	南开大学
158	公共行政学	沈亚平	编著或教材	天津大学出版社	南开大学
159	日本历届首相评传	乔林生	专著	天津古籍出版社	南开大学
160	日本政治民主化进程研究	乔林生	专著	上海三联书店	南开大学
161	战后日本能源政策	尹晓亮	专著	社会科学文献出版社	南开大学
162	中国政治制度史第 3 版	柏　桦	编著或教材	中国人民大学出版社	南开大学
163	刑事诉讼法学	朱桐辉	编著或教材	厦门大学出版社	南开大学
164	建设法规教程	何红锋	编著或教材	中国建筑工业出版社	南开大学
165	政府采购体系建设研究	何红锋	编著或教材	清华大学出版社	南开大学
166	周恩来邓颖超与池田大作	纪亚光	专著	南开大学出版社	南开大学
167	民事诉讼法学	张丽霞	编著或教材	厦门大学出版社	南开大学
168	行政法与行政诉讼法	闫尔宝	编著或教材	中国政法大学出版社	南开大学
169	国际商法自治性研究	向　前	专著	法律出版社	南开大学
170	刑法修正案（八）的理性辨思	王强军	专著	知识产权出版社	南开大学
171	法律解释的本体与方法	王　彬	专著	人民出版社	南开大学
172	宗教与美国宪政经验	宋华琳	译著	上海三联书店	南开大学
173	质量法学	宋华琳	专著	北京师范大学出版社	南开大学
174	国际私法案例精析	秦瑞亭	编著或教材	南开大学出版社	南开大学
175	欧盟法概论	秦瑞亭	编著或教材	中国人民大学出版社	南开大学
176	环境法学	刘　芳	编著或教材	清华大学出版社	南开大学
177	财税法	李建人	专著	南开大学出版社	南开大学
178	正义之镜——法律危机的文学省思	李　晟	译著	北京大学出版社	南开大学
179	经济法	李建人	专著	南开大学出版社	南开大学
180	国际海上货物承运人责任基础立法中的目的理性与价值判断研究	胡绪雨	专著	人民出版社	南开大学
181	WTO 争端解决裁决执行机制研究	胡建国	专著	人民出版社	南开大学
182	质量法学	朱桐辉	编著或教材	北京师范大学出版社	南开大学
183	另一个美国	郑飞北	译著	中国青年出版社	南开大学
184	科学的智力组织和社会组织	赵万里	译著	北京大学出版社	南开大学
185	张载	宣朝庆	专著	云南教育出版社	南开大学
186	解析社会福利运动	王　星	译著	上海人民出版社	南开大学
187	传统社会思想与当代核心价值建构——中国社会思想史论集	王处辉	编著或教材	知识出版社	南开大学
188	社会工作价值与伦理	陈钟林	编著或教材	中国高等教育出版社	南开大学
189	中国人权事业发展报告（2011）	常　健	专著	社会科学文献出版社	南开大学
190	一个村庄里的中国	熊培云	专著	新星出版社	南开大学
191	自由在高处	熊培云	专著	新星出版社	南开大学
192	制度与空间——中国媒介制度变革论	陈　鹏	专著	中国书籍出版社	南开大学
193	公共图书馆建设主体研究——全覆盖目标下的选择	于良芝	专著	国家图书馆出版社	南开大学

编号	成果名称	主编或第一作者	成果形式	出版单位	作者单位
194	社会公共服务体系中图书馆的发展趋势、定位与服务研究	柯　平	专著	国家图书馆出版社	南开大学
195	思想者言——当代大学教育管理问题	王处辉	专著	知识出版社	南开大学
196	群体参与中国教育变革研究	闫广芬	专著	天津人民出版社	南开大学
197	义务教育权利的推进与完善	闫广芬	专著	中国社会科学文献出版社	南开大学
198	辛亥革命人物传记：蔡元培卷	张晓唯	专著	团结出版社	南开大学
199	幼小衔接生活课程教师用书（上下册）	周　详	编著或教材	未来出版社	南开大学
200	普通心理学	张　阔	编著或教材	南开大学出版社	南开大学
201	社会心理学的历史与体系	汪新建	编著或教材	北京师范大学出版社	南开大学
202	罗杰斯	李　强	编著或教材	云南教育出版社	南开大学
203	社会心理学理论与体系	乐国安	编著或教材	北京师范大学出版社	南开大学
204	斯金纳	李　强	编著或教材	云南教育出版社	南开大学
205	健康心理学	乐国安	编著或教材	高等教育出版社	南开大学
206	社会心理学	管　健	编著或教材	南开大学出版社	南开大学
207	心理测量学	杜林致	编著或教材	南开大学出版社	南开大学
208	PDMA 新产品开发工具手册 3	赵道致	专著	电子工业出版社	天津大学
209	基础工业工程	刘洪伟	专著	化学工业出版社	天津大学
210	项目决策分析与评价真题点评与模拟试题	肖　艳	专著	天津大学出版社	天津大学
211	SPSS 多元统计分析方法及应用	陈勇强	专著	清华大学出版社	天津大学
212	基于 Excel 的商务与经济统计	杨宝臣	专著	北京大学出版社	天津大学
213	PDMA 新产品开发工具手册 2	赵道致	专著	电子工业出版社	天津大学
214	工程项目组织与管理	王雪青	专著	中国计划出版社	天津大学
215	建设工程项目管理	王雪青	专著	中国建筑工业出版社	天津大学
216	工程项目组织与管理复习精要与题解	王雪青	专著	天津大学出版社	天津大学
217	工程项目组织与管理真题点评与模拟试题	王雪青	专著	天津大学出版社	天津大学
218	国际工程合同管理	张水波	专著	中国建筑工业出版社	天津大学
219	工程项目成本规划与控制	王雪青	专著	中国建筑工业出版社	天津大学
220	工程估价	王雪青	专著	中国建筑工业出版社	天津大学
221	建设工程经济	王雪青	专著	中国建筑工业出版社	天津大学
222	现代企业管理学(第二版)	赵黎明	专著	天津大学出版社	天津大学
223	工程项目管理	王雪青	专著	高等教育出版社	天津大学
224	社会性别与公共管理（第 5 辑）	张再生	专著	天津大学出版社	天津大学
225	记忆天津医保 10 年	张再生	专著	天津大学出版社	天津大学
226	工业工程与管理	霍艳芳	专著	科学出版社	天津大学
227	公共绩效管理与方法	霍艳芳	专著	天津大学出版社	天津大学
228	现代企业管理学	汤伟钢	专著	天津大学出版社	天津大学
229	建设工程成本计划与控制	孙　慧	专著	高等教育出版社	天津大学
230	创新管理十大工具	齐二石	专著	高等教育出版社	天津大学
231	中国冷链物流发展报告	刘伟华	专著	中国物资出版社	天津大学
232	物流工程与管理	高举红	专著	北京大学出版社	天津大学
233	现代物流服务体系研究	刘伟华	专著	中国物资出版社	天津大学
234	中国物流管理优秀案例集（2010）	刘伟华	专著	中国物资出版社	天津大学
235	全国制造业与物流业联动发展示范案例精编	刘伟华	专著	中国物资出版社	天津大学

编号	成果名称	主编或第一作者	成果形式	出版单位	作者单位
236	中国现代物流发展报告 2011	刘伟华	专著	中国物资出版社	天津大学
237	项目成本管理	孙　慧	编著或教材	机械工业出版社	天津大学
238	学术诚信与学术规范指南	孙兰英	专著	天津大学出版社	天津大学
239	战略决策论	李树业	专著	天津大学出版社	天津大学
240	《史记》商周史事新证图补（一）——殷、周、秦《本纪》新证图补	陈家宁	专著	天津人民出版社	天津大学
241	科技法学	何　悦	编著或教材	法律出版社	天津大学
242	工业生产经营法教程	刘晓纯	编著或教材	天津大学出版社	天津大学
243	律师法学	何　悦	编著或教材	法律出版社	天津大学
244	科技法学	何　悦	编著或教材	法律出版社	天津大学
245	大学英语教程导学读本	张文真	编著或教材	天津大学出版社	天津大学
246	学术交流英语	刘常华	编著或教材	天津大学出版社	天津大学
247	研究生英语口语口译	付晓燕	编著或教材	天津大学出版社	天津大学
248	日语优秀作文大全	刘　伟	编著或教材	大连理工大学出版社	天津大学
249	英语词汇学纵横（专辑一：文化接触）	张文真	编著或教材	天津大学出版社	天津大学
250	英语影视欣赏	江　滨	编著或教材	天津大学出版社	天津大学
251	商务英语基础阅读	江　滨	编著或教材	天津大学出版社	天津大学
252	英美文学	江　滨	编著或教材	天津大学出版社	天津大学
253	英美文化掠影	江　滨	编著或教材	天津大学出版社	天津大学
254	西方文化掠影	江　滨	编著或教材	天津大学出版社	天津大学
255	实用英语写作	江　滨	编著或教材	天津大学出版社	天津大学
256	中国文化概览	江　滨	编著或教材	天津大学出版社	天津大学
257	偷窥历史学家的书桌(中国卷)	张凯峰	专著	中央编译出版社	天津大学
258	偷窥历史学家的书桌(世界卷)	张凯峰	专著	中央编译出版社	天津大学
259	中国知的财产法制度における公益と私益	俞风雷	专著	早稻田大学出版部	天津大学
260	偷窥社会学家的书桌	张凯峰	专著	中央编译出版社	天津大学
261	偷窥心理学家的书桌	张凯峰	专著	中央编译出版社	天津大学
262	居安思危：社会转型期中国公共危机管理预防准备机制研究	温志强	专著	中国社会科学出版社	天津师范大学
263	人力资源开发与管理（2011 版）	温志强	编著或教材	清华大学出版社	天津师范大学
264	中国现代物流发展报告（2011）	蒋笑梅	编著或教材	中国物资出版社	天津师范大学
265	人员素质测评理论与方法 2	吴春华	编著或教材	天津教育出版社	天津师范大学
266	小学生不能不知道的 100 个数学秘密	徐泽林	编著或教材	浙江少年儿童出版社	天津师范大学
267	交往视域中的思想政治教育	闫　艳	专著	人民出版社	天津师范大学
268	思想政治教育活动研究	褚凤英	专著	人民出版社	天津师范大学
269	经济为什么会崩溃：鱼、美元与经济学的故事	胡晓姣	译著	中信出版社	天津师范大学
270	资本主义 4.0	胡晓姣	译著	中信出版社	天津师范大学
271	日本儿童文学选读	覃思远	编著或教材	南开大学出版社	天津师范大学
272	韩国留学生阅读汉语文本的眼动研究	于　鹏	专著	北京大学出版社	天津师范大学
273	新 HSK 三级实战模拟考试	于　鹏	编著或教材	（韩国）J-PLUS 出版社	天津师范大学
274	新 HSK 四级实战模拟考试	于　鹏	编著或教材	（韩国）J-PLUS 出版社	天津师范大学
275	先秦与古希腊神话价值观比较研究	陈鹏程	专著	天津教育出版社	天津师范大学
276	文房四谱	石　祥	编著或教材	中华书局	天津师范大学

编号	成果名称	主编或第一作者	成果形式	出版单位	作者单位
277	2010年度短篇小说精选	林　霆	编著或教材	天津人民出版社	天津师范大学
278	20世纪上半叶中国现代主义诗歌概论	张林杰	编著或教材	中国文史出版社	天津师范大学
279	2010中国微型小说年选	卢　翎	编著或教材	花城出版社	天津师范大学
280	历代骈文精华（注译评）	董志广	编著或教材	长春出版社	天津师范大学
281	中国儒佛道思想在20世纪美国文坛的传播与接受	任　媛	专著	百花文艺出版社	天津师范大学
282	比较文学新视域：城市异托邦	吕　超	专著	中国社会科学出版社	天津师范大学
283	高级英语广播听力教程	杨　辰	编著或教材	南开大学出版社	天津师范大学
284	纪伯伦在中国	甘丽娟	专著	中国社会科学出版社	天津师范大学
285	面具下的日本人	康庆玮	专著	山东人民出版社	天津师范大学
286	东方现代民族主义文学思潮发展论	黎跃进	专著	中国社会科学出版社	天津师范大学
287	20世纪东方文学与中国	甘丽娟	专著	中国社会科学出版社	天津师范大学
288	新编韩国语阅读（上）	郑香兰	编著或教材	黑龙江朝鲜民族出版社	天津师范大学
289	弹拨缪斯的竖琴：欧美文学史传	任　媛	编著或教材	山西教育出版社	天津师范大学
290	价值重估：西方文学经典	曾艳兵	专著	中国社会科学出版社	天津师范大学
291	亚洲汉文学	王晓平	专著	天津人民出版社	天津师范大学
292	日本中国学文萃丛书：中国学文薮	王晓平	编著或教材	中华书局	天津师范大学
293	东亚文学经典的对话与重读	王晓平	专著	复旦大学出版社	天津师范大学
294	世界文学与20世纪天津	吕　超	编著或教材	中国社会科学出版社	天津师范大学
295	外国文学史	黎跃进	编著或教材	湘潭大学出版社	天津师范大学
296	城市音乐文化漫谈	陈　瑾	专著	沈阳出版社	天津师范大学
297	非典型设计生活丛书——街头游击	张　兵	编著或教材	天津大学出版社	天津师范大学
298	非典型设计生活丛书——非常印象	张　兵	编著或教材	天津大学出版社	天津师范大学
299	找寻发现设计丛书——设计的基因	张　兵	编著或教材	天津大学出版社	天津师范大学
300	找寻发现设计丛书——放大不实用主义	张　兵	编著或教材	天津大学出版社	天津师范大学
301	找寻发现设计丛书——得意忘形	张　兵	编著或教材	天津大学出版社	天津师范大学
302	找寻发现设计丛书——藏匿的体温	张　兵	编著或教材	天津大学出版社	天津师范大学
303	非典型设计生活丛书——玩物尚志	张　兵	编著或教材	天津大学出版社	天津师范大学
304	非典型设计生活丛书——乐活范式	张　兵	编著或教材	天津大学出版社	天津师范大学
305	非典型设计生活丛书——非典时代	张　兵	编著或教材	天津大学出版社	天津师范大学
306	找寻发现设计丛书——重拾过往烟云	张　兵	编著或教材	天津大学出版社	天津师范大学
307	找寻发现设计丛书——寻找未来	张　兵	编著或教材	天津大学出版社	天津师范大学
308	天津师范大学学报书画艺术教育专刊	陈元龙	编著或教材	天津师范大学出版社	天津师范大学
309	非典型设计生活丛书——杂卡物语	张　兵	编著或教材	天津大学出版社	天津师范大学
310	当代笔墨百家——花鸟专辑	陈元龙	专著	陕西人民美术出版社、陕西出版集团	天津师范大学
311	舞蹈鉴赏	郑　莉	编著或教材	北京师范大学出版社	天津师范大学
312	色彩教程	齐宝成	编著或教材	人民美术出版社	天津师范大学
313	音乐与相关文化	吴静欣	专著	沈阳出版社	天津师范大学
314	动态网页设计教程——美工与创意	徐延章	编著或教材	机械工业出版社	天津师范大学
315	中国当代青年国画家 杨彦辉作品集	杨彦辉	专著	天津人民美术出版社	天津师范大学
316	李骏逸画集	李骏逸	专著	山东美术出版社	天津师范大学
317	中国美术史	张　楠	编著或教材	浙江人民美术出版社、湖南美术出版社	天津师范大学

编号	成果名称	主编或第一作者	成果形式	出版单位	作者单位
318	大清皇室的延寿经：颐养卷	邓玉娜	专著	中国青年出版社	天津师范大学
319	英国史新探	李艳玲	译著	北京大学出版社	天津师范大学
320	战争改变历史——1500 年以来的军事技术、战争及历史进程	石 祥	译著	上海科学技术文献出版社	天津师范大学
321	汉代民间信仰与地方政治研究	贾艳红	专著	山东大学出版社	天津师范大学
322	百年记忆:民谣里的中国	田 涛	专著	人民出版社	天津师范大学
323	学术探求与春秋大义：魏源《诗古微》研究	曹志敏	专著	社会科学文献出版社	天津师范大学
324	天津城市空间结构与交通发展的相关性研究	刘 露	专著	天津大学出版社	天津师范大学
325	国际货运与报关代理	王 洪	编著或教材	中国铁道出版社	天津师范大学
326	国际市场营销	邹海涛	编著或教材	中国铁道出版社	天津师范大学
327	企业理论	张同龙	编著或教材	高等教育出版社	天津师范大学
328	国际贸易理论与政策	胡东宁	编著或教材	中国铁道出版社	天津师范大学
329	在平等与责任之间——罗纳德·德沃金平等理论批判	高景柱	专著	人民出版社	天津师范大学
330	信仰的构建与解读：宗教与美国外交	杨卫东	专著	中国社会科学出版社	天津师范大学
331	中心城区社区党建研究	郭亚全	专著	中共党史出版社	天津师范大学
332	比较政治文化——民主政治多样性的理论思考	佟德志	专著	高等教育出版社	天津师范大学
333	中国法制史关键问题	张 宜	编著或教材	中国人民大学出版社	天津师范大学
334	中国法制史	张 宜	编著或教材	北京大学出版社	天津师范大学
335	反思财产：从古代到革命年代	陈高华	译著	北京大学出版社	天津师范大学
336	合同解除权制度研究	郝 磊	专著	中国检察出版社	天津师范大学
337	行政规范性文件制定正当性研究	郭庆珠	专著	中国检察出版社	天津师范大学
338	面具下的日本人	田 园	译著	山东人民出版社	天津师范大学
339	城市贫困人口的社会支持网研究	贺寨平	专著	中国社会出版社	天津师范大学
340	“大民政”的理论和实践与“中国经验的成长”——夯实中国特色世界城市基础的“北京经验”	李 璐	编著或教材	中国社会出版社	天津师范大学
341	天津地理	仲小敏	编著或教材	北京师范大学出版社	天津师范大学
342	播音主持作品赏析	王 强	编著或教材	中国广播电视出版社	天津师范大学
343	中国报业数字化转型路径与策略研究	尹良润	专著	百花文艺出版社	天津师范大学
344	杭州丁氏八千卷楼书事新考	石 祥	专著	上海古籍出版社	天津师范大学
345	政务信息资源共享研究	高 洁	专著	中国社会科学出版社	天津师范大学
346	课堂教学常见问题处理技能强化训练	李素敏	编著或教材	中国林业出版社	天津师范大学
347	变革与重建：课堂优质化建设研究	纪德奎	专著	中国社会科学出版社	天津师范大学
348	新时期班主任工作技能强化训练	李素敏	编著或教材	中国林业出版社	天津师范大学
349	学校品牌论：基于学校组织特性	张连生	专著	中国国际出版社	天津师范大学
350	化学有效教学的实证研究	靳 莹	编著或教材	天津教育出版社	天津师范大学
351	国际教育政策发展报告（2010）（第六章、第七章）	沈练斌	译著	天津人民出版社	天津师范大学
352	小学数学教学与研究	高向斌	编著或教材	人民教育出版社	天津师范大学
353	中学综合实践活动指导	司成勇	编著或教材	高等教育出版社	天津师范大学
354	小学数学教学论	范文贵	编著或教材	华东师范大学出版社	天津师范大学
355	直面人生最后一刻——儿童死亡教育研究	韩映虹	编著或教材	天津教育出版社	天津师范大学
356	Eye movements during Chinese reading	臧传丽	专著	牛津大学出版社	天津师范大学
357	大学生学业情绪研究	马惠霞	专著	北京师范大学出版社	天津师范大学

编号	成果名称	主编或第一作者	成果形式	出版单位	作者单位
358	心理统计学	陈世平	编著或教材	南开大学出版社	天津师范大学
359	循环经济指标体系——生态累计理论与案例	孙振清	专著	中国环境科学出版社	天津科技大学
360	互利共赢的中俄经贸合作关系	王殿华	专著	科学出版社	天津科技大学
361	笑话中学德语	王　颖	译著	南开大学出版社	天津科技大学
362	The Collection of Essays on Kazak Aytis	吴　倩	译著	新疆美术摄影出版社	天津科技大学
363	The Collection of Essays on Kazak Aytis	高　巍	译著	新疆美术摄影出版社	天津科技大学
364	The Collection of Essays on Kazak Aytis	易　龙	译著	新疆美术摄影出版社	天津科技大学
365	英国文学通史（第二卷）	赵国柱	编著或教材	南开大学出版社	天津科技大学
366	证券投资理论与实务（第二版）	陈金玲	编著或教材	高等教育出版社	天津科技大学
367	国家司法考试攻略—民事诉讼法与仲裁制度	蔡　辉	编著或教材	研究出版社	天津科技大学
368	IT 与项目管理软件应用	程铁信	编著或教材	电子工业出版社	天津工业大学
369	大型活动下的城市交通组织管理	程铁信	专著	中国铁道出版社	天津工业大学
370	物流设施与规划	汤　齐	编著或教材	中国铁道出版社	天津工业大学
371	运营管理	邓　华	编著或教材	中国铁道出版社	天津工业大学
372	推销学	郑锐洪	编著或教材	中国人民大学出版	天津工业大学
373	分销渠道原理与实务	郑锐洪	编著或教材	中国水利水电出版社	天津工业大学
374	分销渠道管理	郑锐洪	编著或教材	大连理工大学出版社	天津工业大学
375	译学评论概要	赵秀明	编著或教材	天津教育出版社	天津工业大学
376	中国智慧的跨文化传播——林语堂英文著译研究	冯智强	编著或教材	中国海洋大学出版社	天津工业大学
377	小小的家	曹亚辉	译著	湖南文艺出版社	天津工业大学
378	实战卖场环境设计与实例	王芝湘	编著或教材	化学工业出版社	天津工业大学
379	实战卖场橱窗设计与实例	王芝湘	编著或教材	化学工业出版社	天津工业大学
380	实战卖场陈列设计与实例	王芝湘	编著或教材	化学工业出版社	天津工业大学
381	实战卖场店面设计与实例	王芝湘	编著或教材	化学工业出版社	天津工业大学
382	平面构成	肖英隽	编著或教材	中国纺织出版社	天津工业大学
383	狂想曲的塑造未来派	孙　戈	编著或教材	天津科学技术出版社	天津工业大学
384	包装设计	张　立	编著或教材	中国纺织出版社	天津工业大学
385	插画设计	战　宁	编著或教材	东华大学出版社	天津工业大学
386	招贴设计	任　莉	编著或教材	东华大学出版社	天津工业大学
387	CIS 设计	庞　博	编著或教材	东华大学出版社	天津工业大学
388	标志设计	王芙亭	编著或教材	中国纺织出版社	天津工业大学
389	插图设计	王芙亭	编著或教材	湖南大学出版社	天津工业大学
390	建筑模型设计与制作	王　维	编著或教材	南京大学出版社	天津工业大学
391	pop 广告创意与设计	肖英隽	编著或教材	清华大学出版社	天津工业大学
392	标志设计	高立燕	编著或教材	东华大学出版社	天津工业大学
393	图解服装结构及细部立体设计	肖　军	编著或教材	化学工业出版社	天津工业大学
394	基础色彩	解基程	编著或教材	中国纺织出版社	天津工业大学
395	服装材料学	何天虹	编著或教材	南京大学出版社	天津工业大学
396	新编服装立体裁剪	杨丽娜	编著或教材	东华大学出版社	天津工业大学
397	区域脆弱性与系统恢复机制	张炜熙	专著	经济科学出版社	天津工业大学
398	世界金融危机后我国的产业结构调整	马艳华	专著	经济科学出版社	天津工业大学
399	纺织品国际贸易实务	马　涛	编著或教材	冶金工业出版社	天津工业大学

编号	成果名称	主编或第一作者	成果形式	出版单位	作者单位
400	国际商法	肖 强	编著或教材	中国铁道出版社	天津工业大学
401	中国传统文化概论	韩秋月	编著或教材	哈尔滨工程大学出版社	天津工业大学
402	客观文化、主观认同与民族意识	佟春霞	专著	中央民族大学出版社	天津工业大学
403	影视声音传播与创作	倪 玲	编著或教材	哈尔滨工程大学出版社	天津工业大学
404	高校辅导员工作理论与实务	陈 虹	编著或教材	天津科学技术出版社	天津工业大学
405	我国普通高校高水平运动队的发展与创新建设	田建君	编著或教材	北京科学与电子出版社	天津工业大学
406	户外运动导论与实践	隋晓燕	编著或教材	中国出版集团现代教育出版社	天津工业大学
407	高校排球体能训练新视角	张 健	编著或教材	吉林大学出版社	天津工业大学
408	高校篮球综合训练理论与实践	周 龙	编著或教材	当代中国出版社	天津工业大学
409	多纬度高校排球训练实践	王 雨	编著或教材	当代中国出版社	天津工业大学
410	我国普通高校高水平运动队的理论与实践	孙玲玲	编著或教材	北京艺术与科学电子出版社	天津工业大学
411	高校排球体能训练新视角	赵爱民	编著或教材	吉林大学出版社	天津工业大学
412	企业安全文化评价体系研究	王亦虹	专著	天津大学出版社	天津理工大学
413	天津站综合交通枢纽工程设计—建设—运营集成管理创新模式研究	尹贻林	专著	人民交通出版社	天津理工大学
414	金瓶梅百问	付善明	专著	文化艺术出版社	天津理工大学
415	走进童话奇境：中西童话文学新论	舒 伟	专著	外语教学与研究出版社	天津理工大学
416	科幻小说变形记：科幻小说的诗学与文学类型史	丁素萍	译著	安徽文艺出版社	天津理工大学
417	西方科幻文论经典译丛（五部）	舒 伟	译著	安徽文艺出版社	天津理工大学
418	亿万年大狂欢：西方科幻小说史	舒 伟	译著	安徽文艺出版社	天津理工大学
419	民国时期美术史学的现代转型	曹铁铮	专著	天津人民美术出版社	天津理工大学
420	观复集——闫勇卷	闫 勇	专著	河北美术出版社	天津理工大学
421	彩墨梅兰竹菊画法	王春涛	编著或教材	天津杨柳青画社	天津理工大学
422	商业印刷设计	陈志莹	编著或教材	湖南大学出版社	天津理工大学
423	奢华的底线洛可可艺术	刘 博	编著或教材	天津科学技术出版社	天津理工大学
424	2010 华人设计年鉴 华人创新奖——2010 世界华人创新设计大赛作品集	张 磊	编著或教材	电子工业出版社	天津理工大学
425	写意天空巴洛克艺术	刘 博	编著或教材	天津科学技术出版社	天津理工大学
426	中国传统美术欣赏	郑丽萍	编著或教材	中国电力出版社	天津理工大学
427	通用管理知识概论	王丽平	编著或教材	高等教育出版社	天津理工大学
428	中国质量认证制度	傅庆业	专著	哈尔滨工程大学出版社	天津理工大学
429	生态产业链运作机制研究	王秀丽	专著	经济科学出版社	天津理工大学
430	加拿大多元文化新视野	李桂山	专著	机械工业出版社	天津理工大学
431	中国传统养生文化	苏长来	专著	人民体育出版社	天津理工大学
432	健美操运动健身与竞训	陈小华	编著或教材	原子能出版社	天津理工大学
433	武术 文化研究与技法学练	陈小华	编著或教材	原子能出版社	天津理工大学
434	日美冲绳问题起源研究（1942—1952）	刘少东	专著	世界知识出版社	天津理工大学
435	中国农业院校大学英语教学发展概论	王玮丽	编著或教材	中国农业科技出版社	天津农学院
436	大学英语六级主题诵读精华.激情晨读	李盈理	工具书或参考书	国防工业出版社	天津农学院
437	大学英语六级主题诵读精华.温馨夜读	朴淑慧	工具书或参考书	国防工业出版社	天津农学院

编号	成果名称	主编或第一作者	成果形式	出版单位	作者单位
438	大学英语四级主题诵读精华.温馨夜读	朴淑慧	工具书或参考书	国防工业出版社	天津农学院
439	大学英语四级主题诵读精华.激情晨读	朴淑慧	工具书或参考书	国防工业出版社	天津农学院
440	申请学士学位英语考试必备教程	李仕德	编著或教材	天津科学技术出版社	天津农学院
441	资产评估	曾玉珍	编著或教材	中国传媒大学出版社	天津农学院
442	都市农业规划与经营	陈宏毅	编著或教材	中国农业出版社	天津农学院
443	体育与健康教程	欧秀伶	工具书或参考书	中国经济出版社	天津农学院
444	大学生课余篮球竞技与健身	李学刚	工具书或参考书	原子能出版社	天津农学院
445	基于健身目的的体能训练研究	李　英	工具书或参考书	吉林人民出版社	天津农学院
446	21世纪的马克思主义哲学创新	韩爱叶	专著	江苏人民出版社	天津医科大学
447	古典时期希腊教育思想研究	苏振兴	专著	天津人民出版社	天津医科大学
448	企业重整程序的正当性基础与规范建构	李志强	专著	中国政法大学出版社	天津医科大学
449	医学人文素质与医患沟通技能教程	刘惠军	编著或教材	北京大学医学出版社	天津医科大学
450	心理学	刘惠军	编著或教材	中央广播电视大学出版社	天津医科大学
451	药事管理学学习指导与习题集(第2版)	何　宁	编著或教材	人民卫生出版社	天津中医药大学
452	药事管理学(第5版)	何　宁	编著或教材	人民卫生出版社	天津中医药大学
453	医院管理学	刘月树	编著或教材	中国中医药出版社	天津中医药大学
454	《实用中医汉语》精读提高篇	罗根海	编著或教材	外语教学与研究出版社	天津中医药大学
455	实用中医汉语教程——听力（提高篇）	薄　彤	编著或教材	外语教学与研究出版社	天津中医药大学
456	实用中医汉语教程——精读（提高篇）	薄　彤	编著或教材	外语教学与研究出版社	天津中医药大学
457	实用中医汉语教程——口语（提高篇）	薄　彤	编著或教材	外语教学与研究出版社	天津中医药大学
458	实用中医汉语听力（提高篇）	薄　彤	编著或教材	外语教学与研究出版社	天津中医药大学
459	卫生法学	何　宁	编著或教材	中国中医药出版社	天津中医药大学
460	基于循证医学《伤寒论》方治疗优势病证规律的研究	宋俊生	专著	中国中医药出版社	天津中医药大学
461	物流条码技术应用	翟希东	编著或教材	清华大学出版社	天津职业技术师范大学
462	平面构成	王亚东	编著或教材	东北师范大学出版社	天津职业技术师范大学
463	立体构成	黄　辉	编著或教材	东北师范大学出版社	天津职业技术师范大学
464	色彩构成	刘　洋	编著或教材	东北师范大学出版社	天津职业技术师范大学
465	中国近代出版史稿	王晓霞	专著	南开大学出版社	天津职业技术师范大学
466	职业心理学	徐大真	编著或教材	高等教育出版社	天津职业技术师范大学
467	Photoshop CS4 中文版基础与实例教程	郭建校	编著或教材	机械工业出版社	天津外国语大学
468	丹下左膳日光东照宫	王耀振	译著	吉林出版集团	天津外国语大学
469	导游韩国语	赵　华	编著或教材	大连理工大学出版社	天津外国语大学
470	德语基础词汇强化练习	宋　洁	工具书或参考书	南开大学出版社	天津外国语大学
471	德文版 法语基础词汇强化练习	宋　洁	工具书或参考书	南开大学出版社	天津外国语大学

编号	成果名称	主编或第一作者	成果形式	出版单位	作者单位
472	德文版 西班牙语基础词汇强化练习	宋 洁	工具书或参考书	南开大学出版社	天津外国语大学
473	大学英语阅读：人文 生活	于 涛	编著或教材	天津大学出版社	天津外国语大学
474	英汉语篇表征的批评隐喻分析	张 蕾	专著	南开大学出版社	天津外国语大学
475	我能帮助你——英法行业用语	周 玉	编著或教材	百花文艺出版社	天津外国语大学
476	服务外包实务英语入门	张 珺	编著或教材	对外经济贸易出版社	天津外国语大学
477	英汉语篇表征的批评隐喻分析	张 蕾	专著	南开大学出版社	天津外国语大学
478	英语综合教程（第二册）	程幼强	编著或教材	北京大学出版社	天津外国语大学
479	美丽的凶器	花 超	译著	南海出版公司	天津外国语大学
480	听美国之音学英语	李桂媛	编著或教材	天津科技翻译出版公司	天津外国语大学
481	物流成本管理	陈宝领	编著或教材	经济管理出版社	天津外国语大学
482	20 世纪 80 年代韩国民族主义研究(韩文)	李忠辉	专著	民族出版社	天津外国语大学
483	外国农村公共服务研究	靳利华	专著	中国社会科学出版社	天津外国语大学
484	行政管理学	陈桂生	编著或教材	中国铁道出版社	天津商业大学
485	公共关系理论与应用	周惠萍	编著或教材	首都经济贸易大学出版社	天津商业大学
486	全国二级建造师执业资格考试历年真题解析与模拟题集——建设工程施工管理	郝建新	编著或教材	华中科技大学出版社	天津商业大学
487	土地整理项目管理	郝建新	编著或教材	天津大学出版社	天津商业大学
488	形象视阈中的政府公共关系论纲	张志泽	专著	四川大学出版社	天津商业大学
489	土地储备与交易	王 伟	编著或教材	天津大学出版社	天津商业大学
490	工程造价案例分析	严 敏	编著或教材	天津大学出版社	天津商业大学
491	建设工程施工管理历年真题解析及模拟题集	王元明	编著或教材	华中科技大学出版社	天津商业大学
492	工程项目供应链风险传递	王元明	专著	中国电力出版社	天津商业大学
493	土地整治规划	刘双良	编著或教材	天津大学出版社	天津商业大学
494	市场营销调查与预测	冯花兰	编著或教材	首都经济贸易大学出版社	天津商业大学
495	中国现代服务业发展研究：理论、现状与发展趋势	裴淑媛	编著或教材	经济科学出版社	天津商业大学
496	会员卡定向促销研究	苏 钰	专著	天津大学出版社	天津商业大学
497	工程项目融资	白丽华	编著或教材	机械工业出版社	天津商业大学
498	房地产市场营销	王俊安	编著或教材	机械工业出版社	天津商业大学
499	国家司法考试商法·经济法·知识产权法要义	刘 安	编著或教材	中国政法大学出版社	天津商业大学
500	国际市场营销学	刘元元	编著或教材	机械工业出版社	天津商业大学
501	中级财务会计学习指导与练习	班景刚	编著或教材	南京大学出版社	天津商业大学
502	中级财务会计	班景刚	编著或教材	南京大学出版社	天津商业大学
503	旅游企业人力资源开发与管理	李志刚	编著或教材	北京大学出版社	天津商业大学
504	旅游规划与开发	王庆生	编著或教材	中国铁道出版社	天津商业大学
505	现代管理学	蒋国平	编著或教材	机械工业出版社	天津商业大学
506	领导科学基础	林 枚	编著或教材	首都经济贸易大学出版社	天津商业大学
507	领导科学基础	曹晓丽	编著或教材	首都经济贸易大学出版社	天津商业大学
508	工商管理专业知识与实务(中)	张 堃	编著或教材	中国人事出版社	天津商业大学
509	工商管理专业知识与实务(初)	张 堃	编著或教材	中国人事出版社	天津商业大学
510	《贞观政要》治道研究	杨 琪	专著	巴蜀书社	天津商业大学
511	新思维英语读写教程 1	孙淑玲	编著或教材	外文出版社	天津商业大学

编号	成果名称	主编或第一作者	成果形式	出版单位	作者单位
512	新思维英语精读 1	孙淑玲	编著或教材	外文出版社	天津商业大学
513	大学英语四级考试短文写作绿色通道	孔维斌	工具书或参考书	复旦大学出版社	天津商业大学
514	全国大学生英语竞赛 A 类（研究生）真题及解析	林　昊	工具书或参考书	吉林文化音像出版社	天津商业大学
515	7 天搞定托福单词	贾玉梅	工具书或参考书	中国人民大学出版社	天津商业大学
516	大学英语高分向导之四级真题胜经	栗丽娟	工具书或参考书	外语教学与研究出版社	天津商业大学
517	大学英语四级考试 短文写作绿色通道	黄乐平	编著或教材	复旦大学出版社	天津商业大学
518	大学英语听力指南	高　存	编著或教材	天津大学出版社	天津商业大学
519	大学英语阅读指南	孟庆升	编著或教材	天津大学出版社	天津商业大学
520	学新版标准日本语初级下册备考 N4 词汇篇	郭　葳	编著或教材	电子科技大学出版社	天津商业大学
521	学新版标准日本语初级上册备考 N5 词汇篇	郭　葳	编著或教材	电子科技大学出版社	天津商业大学
522	二维设计构成与表达	吴向阳	专著	清华大学出版社	天津商业大学
523	手绘商业环境效果图	乔雨林	专著	安徽美术出版社	天津商业大学
524	开放条件下中国货币政策的选择	黄乐平	工具书或参考书	中国人民大学出版社	天津商业大学
525	哈伯德《经济学》习题集	汪小雯	译著	机械工业出版社	天津商业大学
526	哈伯德经济学习题集	聂巧平	译著	机械工业出版社	天津商业大学
527	金融经济学	王中华	译著	清华大学出版社	天津商业大学
528	中国人权在行动 2008-2009	赵伯艳	编著或教材	五洲传播出版社	天津商业大学
529	证券法学	孙学亮	编著或教材	清华大学出版社	天津商业大学
530	案例解说人身损害	王立争	编著或教材	中国法制出版社	天津商业大学
531	宽严相济刑事政策司法解读	刘媛媛	专著	中国法制出版社	天津商业大学
532	刑法修正案（八）理解与适用	刘媛媛	专著	中国法制出版社	天津商业大学
533	经济法教程	刘　哲	编著或教材	经济科学出版社	天津商业大学
534	民法配套测试	王立争	编著或教材	中国法制出版社	天津商业大学
535	债权法教程	王立争	编著或教材	对外经贸出版社	天津商业大学
536	经济法教程	陈燕玲	编著或教材	经济科学出版社	天津商业大学
537	方言、地域文化与旅游文化	袁玉梅	专著	吉林大学出版社	天津商业大学
538	AA 商务之旅——马德里	卢雅楠	译著	电子工业出版社	天津商业大学
539	AA 商务之旅——多伦多	卢雅楠	译著	电子工业出版社	天津商业大学
540	AA 商务之旅——洛杉矶	刘艳霞	译著	电子工业出版社	天津商业大学
541	AA 商务之旅——华盛顿	刘艳霞	译著	电子工业出版社	天津商业大学
542	AA 商务之旅——波士顿	黎　涓	译著	电子工业出版社	天津商业大学
543	AA 商务之旅——香港	黎　涓	译著	电子工业出版社	天津商业大学
544	时代周刊精选片段选读	王　玮	编著或教材	天津大学出版社	天津商业大学
545	管理心理学	李　磊	编著或教材	南开大学出版社	天津商业大学
546	商场经理岗位培训手册	赵慧敏	专著	广东经济出版社	天津商业大学
547	西方心理学史	艾　娟	编著或教材	南开大学出版社	天津商业大学
548	航海体育与健康	王　茹	编著或教材	对外经济贸易大学出版社	天津商业大学
549	大学体育理论与实践	穆瑞杰	编著或教材	北京体育大学出版社	天津商业大学
550	健美操运动健身与竞训	居　阳	编著或教材	原子能出版社	天津商业大学
551	公共体育教学理论与实际研究	李卫东	编著或教材	中国高等教育出版社	天津商业大学

编号	成果名称	主编或第一作者	成果形式	出版单位	作者单位
552	CIO与企业创新管理	于宝琴	专著	中国物资出版社	天津财经大学
553	超组织人力资源管理研究：机理、模式与应用	苏 磊	专著	山西人民出版社	天津财经大学
554	基于任务复杂性的企业网络组织协同行为研究	彭正银	专著	经济科学出版社	天津财经大学
555	产业集群内企业的协同创新研究	张 哲	专著	人民交通出版社	天津财经大学
556	中国现代服务业发展研究：理论、现状与发展趋势	罗永泰	专著	经济科学出版社	天津财经大学
557	消费者行为学	张 理	编著或教材	中央广播电视大学出版社	天津财经大学
558	《财务管理》学习指导	孙青霞	编著或教材	大连出版社	天津财经大学
559	导游业务	梁 智	编著或教材	旅游教育出版社	天津财经大学
560	旅游计调师实务教程	梁 智	编著或教材	旅游教育出版社	天津财经大学
561	中国场外交易市场发展报告（2010-2011）	高援朝	专著	社会科学文献出版社	天津财经大学
562	财务诊断	高方露	编著或教材	格致出版社	天津财经大学
563	企业内部会计控制标准化指南	于玉林	编著或教材	上海财经大学出版社	天津财经大学
564	税务会计理论	盖 地	专著	大连出版社	天津财经大学
565	中国会计与财务实证方法研究	孙青霞	专著	东北财经大学出版社	天津财经大学
566	数据库应用与实验指导	严冬梅	编著或教材	清华大学出版社	天津财经大学
567	宾语一致的制约条件	李凤杰	译著	世界图书出版公司	天津财经大学
568	英语韵律结构层次	李凤杰	专著	天津大学出版社	天津财经大学
569	国际商务翻译教程	温秀颖	编著或教材	南开大学出版社	天津财经大学
570	财会英语	孙建成	编著或教材	高等教育出版社	天津财经大学
571	新育儿百科	秦 岚	译著	中央编译出版社	天津财经大学
572	日本儿童文学作品选读	秦 岚	编著或教材	南开大学出版社	天津财经大学
573	经贸英语阅读教程（新）	张 培	编著或教材	天津大学出版社	天津财经大学
574	电影台词美学阐释	高红樱	专著	天津社会科学出版社	天津财经大学
575	用语言书写生活——尼德兰画派	孟红雨	编著或教材	天津科学技术出版社	天津财经大学
576	色彩的叛逆——野兽派	蒋长虹	编著或教材	天津科学技术出版社	天津财经大学
577	情绪感染意识——现代派	李 晖	编著或教材	天津科学技术出版社	天津财经大学
578	写意天空——巴洛克艺术	李 晖	编著或教材	天津科学技术出版社	天津财经大学
579	转动的画布——立体派	李 晖	编著或教材	天津科学技术出版社	天津财经大学
580	金色畅想——佛罗伦萨画派	王 芳	编著或教材	天津科学技术出版社	天津财经大学
581	真实的谎言印象派	李海亭	编著或教材	天津科学技术出版社	天津财经大学
582	小提琴的奏鸣：维也纳分离派	王 刚	编著或教材	天津科学技术出版社	天津财经大学
583	音乐的符号抽象艺术	孙志虹	编著或教材	天津科学技术出版社	天津财经大学
584	放飞的情感：超现实主义	王 刚	编著或教材	天津科学技术出版社	天津财经大学
585	黑夜中的钻石：威尼斯画派	孔令伟	编著或教材	天津科学技术出版社	天津财经大学
586	阵风中的视野巴比松画派	李 振	编著或教材	天津科学技术出版社	天津财经大学
587	硬朗的直线——拉斐尔前派	刘晓洁	编著或教材	天津科学技术出版社	天津财经大学
588	苛刻的艺术——古典主义	王 奇	编著或教材	天津科学技术出版社	天津财经大学
589	伏特加的激情巡回展览画派	帅 起	编著或教材	天津科学技术出版社	天津财经大学
590	存在的空间浪漫主义	滑寒冰	编著或教材	天津科学技术出版社	天津财经大学
591	智慧者的语言——表现主义	刘 玥	编著或教材	天津科学技术出版社	天津财经大学
592	映射的存在现实主义	朱志刚	编著或教材	天津科学技术出版社	天津财经大学

编号	成果名称	主编或第一作者	成果形式	出版单位	作者单位
593	天津社会习俗的历史变迁（1860-1937）——以经济近代化为基本视角	高　展	专著	天津教育出版社	天津财经大学
594	中国扩大内需的财政政策研究	李　颖	专著	天津人民出版社	天津财经大学
595	经济思维逻辑（第二版）	刘明明	专著	清华大学出版社	天津财经大学
596	全流通预期下上市公司融资决策研究	翟淑萍	专著	中国统计出版社	天津财经大学
597	投资银行学教程	郭　红	编著或教材	人民邮电出版社	天津财经大学
598	全球货币市场	孟　昊	译著	东北财经大学出版社	天津财经大学
599	国际贸易实务操作教程	李秀芳	编著或教材	科学出版社	天津财经大学
600	公共财政：治理机制与治理结构	凌　岚	编著或教材	经济科学出版社	天津财经大学
601	美元流动性的溢出效应研究	刘喜和	专著	天津社会科学院出版社	天津财经大学
602	基于 FDI 视角的垂直专业化研究：理论与来自中国的实证	李宏艳	专著	北京理工大学出版社	天津财经大学
603	区域贸易协定对 FDI 影响的空间竞争效应研究	武　娜	专著	南开大学出版社	天津财经大学
604	国际贸易理论与政策	杨珍增	编著或教材	清华大学出版社	天津财经大学
605	财政学	武彦民	编著或教材	中国财政经济出版社	天津财经大学
606	中美收入分配研究	夏　华	专著	天津人民出版社	天津财经大学
607	现代西方货币金融理论发展研究	郭　红	专著	东北财经大学出版社	天津财经大学
608	中国汇率战略通论	王爱俭	专著	中国金融出版社	天津财经大学
609	金融创新与产业结构调整——内蒙古产融结合新思路	王爱俭	编著或教材	中国金融出版社	天津财经大学
610	我国非营利组织税制环境与税务筹划研究	刘植才	专著	天津社会科学院出版社	天津财经大学
611	不完全竞争条件下的人民币汇率传递效应	荣　岩	专著	经济科学出版社	天津财经大学
612	国际贸易实务	李秀芳	编著或教材	对外经济贸易大学出版社	天津财经大学
613	进出口贸易实务	王　捷	编著或教材	格致出版社	天津财经大学
614	中国都市商品建物予約販売制度の研究	朱　涛	专著	(日本)株式会社　晃洋書房	天津财经大学
615	我国司法调解的社会包容性研究	李静一	专著	法律出版社	天津财经大学
616	股份公司股东异质化法律问题研究	汪青松	专著	光明日报出版社	天津财经大学
617	韩国大法院判例选编（第三卷）	崔金珍	译著	(韩国)大法院图书馆出版社	天津财经大学
618	国事罪的刑法规制——历史与现实	穆伯祥	专著	知识产权出版社	天津财经大学
619	环境法视野下生态省建设的理论与实践研究	凌　欣	专著	法律出版社	天津财经大学
620	大型国际体育赛事资本运作与风险控制	袁　莉	专著	中国铁道出版社	天津财经大学
621	AA 商务之旅——纽约	刘希敏	译著	电子工业出版社	天津体育学院
622	AA 商务之旅——拉斯维加斯	刘希敏	译著	电子工业出版社	天津体育学院
623	新编体育实用写作教程	丁中林	编著或教材	天津科技翻译出版公司	天津体育学院
624	新编体育实用写作教程	李　鹏	编著或教材	天津科技翻译出版公司	天津体育学院
625	城市音乐文化漫谈	张晓丹	编著或教材	沈阳出版社	天津体育学院
626	传媒经济学教程	王　瑜	编著或教材	中国书籍出版社	天津体育学院
627	当代中国文化身份建构——基于奥运传播的视角	杨　珍	专著	北京体育大学出版社	天津体育学院
628	特殊儿童应用行为分析	李　芳	编著或教材	北京大学出版社	天津体育学院
629	高等体育院校教学全面质量管理	刘崇磊	专著	天津教育出版社	天津体育学院
630	旅游地可持续发展理论与实践的探索	韩鲁安	专著	旅游教育出版社	天津体育学院
631	现代足球训练理论诠释与应用	李文柱	编著或教材	中国出版集团现代教育出版社	天津体育学院

编号	成果名称	主编或第一作者	成果形式	出版单位	作者单位
632	中国足球后备人才的培养研究	张志东	编著或教材	中国出版集团现代教育出版社	天津体育学院
633	球类运动科学健身的理论与方法	张志东	编著或教材	吉林大学出版社	天津体育学院
634	田径论文集	赵春英	专著	中国文献出版社	天津体育学院
635	新编体育与健康	张洪杰	编著或教材	陕西人民出版社	天津体育学院
636	青少年足球训练纲要与教法指导	李　强	编著或教材	人民体育出版社	天津体育学院
637	短距离场地自行车制胜因素及充分发挥我国女子选手制胜能力的参赛策略	谢　云	专著	北京体育大学出版社	天津体育学院
638	我国“后奥运时代”体育管理组织系统的优化与重构	赵　晶	专著	光明日报出版社	天津体育学院
639	现代武术史	杨祥全	专著	长江出版社	天津体育学院
640	大学生健康生活方式导论	谭思洁	专著	天津科学技术出版社	天津体育学院
641	现代游泳运动实用技巧	邢荣颖	编著或教材	吉林大学出版社	天津体育学院
642	竞技运动体能训练	葛　青	编著或教材	陕西科学技术出版社	天津体育学院
643	中国田径百年——中国残疾人田径运动	赵春英	编著或教材	人民体育出版社	天津体育学院
644	大学生课余田径健身方法与科学规划	程国立	编著或教材	中国原子能出版传媒有限公司	天津体育学院
645	中国体育图书出版研究	吴文峰	专著	北京体育大学出版社	天津体育学院
646	跆拳道裁判必读	鲍巨彬	编著或教材	中国文献出版社	天津体育学院
647	大众塑身运动健身功能性研究与实践	王根英	编著或教材	当代中国出版社	天津体育学院
648	健康舞蹈电视——中国健身舞蹈的电视传播	董　焱	专著	人民体育出版社	天津体育学院
649	体育管理学	肖林鹏	编著或教材	北京师范大学出版社	天津体育学院
650	宋国生师生民族器乐论文集	靳学东	编著或教材	人民音乐出版社	天津音乐学院
651	音乐考古与音乐史	方建军	专著	人民音乐出版社	天津音乐学院
652	荷兰画派	李　津	专著	天津科学技术出版社	天津美术学院
653	寻找未来——未来设计构想专辑	李　通	专著	天津大学出版社	天津美术学院
654	杂卡物语——手工杂货设计专辑	李　通	专著	天津大学出版社	天津美术学院
655	马兆琳——水墨名家经典作品集	马兆琳	专著	四川人民美术出版社	天津美术学院
656	怎样写行书	喻建十	专著	天津人民美术出版社	天津美术学院
657	李孝萱速写集	李孝萱	专著	四川人民美术出版社	天津美术学院
658	敦煌壁画研究	颜宝臻	专著	香港三联书店	天津美术学院
659	英国景观艺术	彭　军	专著	中国建筑工业出版社	天津美术学院
660	无限疆域	彭　军	专著	中国建筑工业出版社	天津美术学院
661	中国画坛九十家——吴玉亮	吴玉亮	专著	文化中国出版社	天津美术学院
662	水墨丹青——四大家作品精选	邬海青	专著	中央美院出版社	天津美术学院
663	当代山水国画大师	邬海青	专著	中国美术出版社	天津美术学院
664	年度水墨——邬海青画集	邬海青	专著	河北美术出版社	天津美术学院
665	邬海青画集——邬海青国画系列作品 1—5 集	邬海青	专著	天津科学技术出版社	天津美术学院
666	邬海青人物、山水画集	邬海青	专著	中国国际文化出版社	天津美术学院
667	颠覆时尚——20 世纪街头流行时尚	吴妍妍	专著	百花文艺出版社	天津美术学院
668	中国美术大事迹——周世麟艺术创作状态	周世麟	专著	中国文史出版社	天津美术学院
669	中国当代名家画集——周世麟	周世麟	专著	北京工艺美术出版社	天津美术学院
670	郑岱——2011 年创作状态	郑　岱	专著	文史出版社	天津美术学院
671	中国美术大事记——2010 袁文斌艺术创作状态	袁文彬	专著	中国文史出版社	天津美术学院

编号	成果名称	主编或第一作者	成果形式	出版单位	作者单位
672	2010姜中立艺术创作状态	姜中立	专著	中国文史出版社	天津美术学院
673	弗朗西斯科	姜中立	专著	天津美术学院出版社	天津美术学院
674	动画场景美术设计	张 轶	专著	海洋出版社	天津美术学院
675	全国高等艺术院校学报优秀美术作品文集	邵 亮	专著	天津人民美术出版社	天津美术学院
676	全国高等艺术院校学报美术论文选	邵 亮	专著	天津人民美术出版社	天津美术学院
677	新中国连环画图史	刘永胜	专著	上海人民美术出版社	天津美术学院
678	项目管理与招标采购	姜 琳	工具书或参考书	天津大学出版社	天津城市建设学院
679	房地产项目商务谈判策略与技巧	焦爱英	编著或教材	化学工业出版社	天津城市建设学院
680	家——中国人的居家文化	李媛媛	编著或教材	新星出版社	天津城市建设学院
681	公共体育教学理论与实践研究	古立智	编著或教材	中国商务出版社	天津城市建设学院
682	体育与健康教程	袁文玉	编著或教材	西北农林科技大学出版社	天津城市建设学院
683	物流市场调研与开发	章建新	编著或教材	对外经济贸易大学出版社	天津职业大学
684	客户关系管理实务	王晓梅	编著或教材	北京大学出版社	天津职业大学
685	饭店前厅管理与服务	徐文苑	编著或教材	清华大学出版社	天津职业大学
686	宴会设计	王 珑	编著或教材	上海交通大学出版社	天津职业大学
687	酒店人力资源管理	王 珑	编著或教材	上海交通大学出版社	天津职业大学
688	演讲与口才	张宏亮	编著或教材	北京交通大学出版社	天津职业大学
689	企业物流管理	章建新	编著或教材	对外经济贸易大学出版社	天津职业大学
690	新编办公室管理实务	王淑文	编著或教材	中国水利水电出版社	天津职业大学
691	公共关系实务	张宏亮	编著或教材	北京师范大学出版社	天津职业大学
692	秘书写作实务	张少芳	编著或教材	北京大学出版社	天津职业大学
693	管理学概论	韩晓虎	编著或教材	天津大学出版社	天津职业大学
694	社交礼仪	张宏亮	编著或教材	北京师范大学出版社	天津职业大学
695	秘书英文写作	刘立莹	编著或教材	中国水利水电出版社	天津职业大学
696	新编应用英语综合教程（第一册）教师用书	安维彧	编著或教材	南开大学出版社	天津职业大学
697	酒店英语实训教学参考书	曹玉泉	编著或教材	对外经济贸易大学出版社	天津职业大学
698	新编应用应用综合教程（第一册）学生用书	安维彧	编著或教材	南开大学出版社	天津职业大学
699	新航标职业英语	安维彧	编著或教材	北京语言大学出版社	天津职业大学
700	职场日语	薛朝晖	编著或教材	中国科学技术大学出版社	天津职业大学
701	文秘英语	刘立莹	编著或教材	中国劳动社会保障出版社	天津职业大学
702	版式设计	白利波	编著或教材	华中科技大学出版社	天津职业大学
703	品牌字体设计	张爱鹏	编著或教材	华中科技大学出版社	天津职业大学
704	书籍装帧设计	于 瀛	编著或教材	华中科技大学出版社	天津职业大学
705	招贴设计	陈慧姝	编著或教材	华中科技大学出版社	天津职业大学
706	电脑平面设计	韩邦跃	编著或教材	华中科技大学出版社	天津职业大学
707	艺术工程学院	张玉忠	编著或教材	华中科技大学出版社	天津职业大学
708	3SAMAX中级技能实训教程	沙矿伟	编著或教材	华中科技大学出版社	天津职业大学
709	图形创意	窦 婧	编著或教材	中国民族摄影艺术出版社	天津职业大学
710	数码摄影基础	钟铃铃	编著或教材	华中科技大学出版社	天津职业大学
711	人物形象设计——美容篇	孙 甜	编著或教材	华中科技大学出版社	天津职业大学
712	PHOTOSHOP中级技能实训教程	杨 乐	编著或教材	华中科技大学出版社	天津职业大学
713	人物形象设计——色彩篇	孙 甜	编著或教材	华中科技大学出版社	天津职业大学

编号	成果名称	主编或第一作者	成果形式	出版单位	作者单位
714	人物形象设计——发型篇	孙 甜	编著或教材	华中科技大学出版社	天津职业大学
715	商业插画	万 越	编著或教材	华中科技大学出版社	天津职业大学
716	服装设计	谷 莉	编著或教材	华中科技大学出版社	天津职业大学
717	人物形象设计——美甲篇	孙 甜	编著或教材	华中科技大学出版社	天津职业大学
718	管理会计	陈瑞永	编著或教材	清华大学出版社	天津职业大学
719	物流成本管理	张国健	编著或教材	经济管理出版社	天津职业大学
720	老年社会工作方法与实务	卞国凤	编著或教材	北京师范大学出版社	天津职业大学
721	社会保险实务	赵 越	编著或教材	北京师范大学出版社	天津职业大学
722	中职体育与健康	郝 静	编著或教材	北京体育大学出版社	天津职业大学
723	天津滨海新区现代服务业研究	李 燕	专著	经济科学出版社	中共天津市委党校
724	南京国民政府盐政改革研究	张立杰	专著	社会科学出版社	中共天津市委党校
725	论人的精神世界	张 健	专著	河南人民出版社	中共天津市委党校
726	公职人员压力管理策略	刘耀臣	专著	中国人事出版社	中共天津市委党校
727	开放经济条件下我国财政理论与实践	郭桂萍	专著	河南人民出版社	中共天津市委党校
728	网络资源与信息检索	童锡骏	专著	北京师范大学出版社	中共天津市委党校
729	JSP 基础与应用教程	周 超	专著	北京师范大学出版社	中共天津市委党校
730	分类的认知理论与应用	曹 瑞	专著	天津教育出版社	天津市教育科学研究院
731	大学教学论基础	马开剑	著作或教材	山东大学出版社	天津市教育科学研究院
732	教育资助若干问题研究	齐兰芬	著作	天津古籍出版社	天津市教育科学研究院
733	中小学科技教育评估机制研究	齐兰芬	著作	天津古籍出版社	天津市教育科学研究院
734	有效教学评价	杨 延	专著	天津科学技术出版社	天津市教育科学研究院
735	天津文学史	闫立飞	专著	天津人民出版社	天津社会科学院
736	天津文学史·新时期卷	闫立飞	专著	天津人民出版社	天津社会科学院
737	天津文学史·新中国初十七年卷	张大为	专著	天津人民出版社	天津社会科学院
738	天津文学史·古代、近代卷	张宜雷	专著	天津人民出版社	天津社会科学院
739	巴尔塔萨美学与文化思想研究	李进超	专著	天津人民出版社	天津社会科学院
740	铁路与华北乡村社会变迁 1880—1937	熊亚平	专著	人民出版社	天津社会科学院
741	重新犯罪实证研究	丛 梅	专著	天津社会科学院出版社	天津社会科学院
742	乡土自治——系统观与中国传统乡土社会的自组织	刘志松	专著	河南人民出版社	天津社会科学院
743	父亲的来信	王建明	学术资料（著作）	华中师范大学出版社	天津社会科学院
744	怎样阅读<出埃及记>	段素革	学术资料（著作）	宗教文化出版社	天津社会科学院
745	事关己者	段素革	学术资料（著作）	浙江大学出版社	天津社会科学院

责任编辑：沈丽妹